DIREITO CIVIL
LEI DE INTRODUÇÃO E PARTE GERAL

O GEN | Grupo Editorial Nacional – maior plataforma editorial brasileira no segmento científico, técnico e profissional – publica conteúdos nas áreas de concursos, ciências jurídicas, humanas, exatas, da saúde e sociais aplicadas, além de prover serviços direcionados à educação continuada.

As editoras que integram o GEN, das mais respeitadas no mercado editorial, construíram catálogos inigualáveis, com obras decisivas para a formação acadêmica e o aperfeiçoamento de várias gerações de profissionais e estudantes, tendo se tornado sinônimo de qualidade e seriedade.

A missão do GEN e dos núcleos de conteúdo que o compõem é prover a melhor informação científica e distribuí-la de maneira flexível e conveniente, a preços justos, gerando benefícios e servindo a autores, docentes, livreiros, funcionários, colaboradores e acionistas.

Nosso comportamento ético incondicional e nossa responsabilidade social e ambiental são reforçados pela natureza educacional de nossa atividade e dão sustentabilidade ao crescimento contínuo e à rentabilidade do grupo.

FLÁVIO **TARTUCE**

DIREITO CIVIL
LEI DE INTRODUÇÃO E PARTE GERAL

21ª edição revista, atualizada e ampliada

■ O autor deste livro e a editora empenharam seus melhores esforços para assegurar que as informações e os procedimentos apresentados no texto estejam em acordo com os padrões aceitos à época da publicação, e todos os dados foram atualizados pelo autor até a data de fechamento do livro. Entretanto, tendo em conta a evolução das ciências, as atualizações legislativas, as mudanças regulamentares governamentais e o constante fluxo de novas informações sobre os temas que constam do livro, recomendamos enfaticamente que os leitores consultem sempre outras fontes fidedignas, de modo a se certificarem de que as informações contidas no texto estão corretas e de que não houve alterações nas recomendações ou na legislação regulamentadora.

■ Fechamento desta edição: *24.12.2024*

■ O Autor e a editora se empenharam para citar adequadamente e dar o devido crédito a todos os detentores de direitos autorais de qualquer material utilizado neste livro, dispondo-se a possíveis acertos posteriores caso, inadvertida e involuntariamente, a identificação de algum deles tenha sido omitida.

■ **Atendimento ao cliente:** (11) 5080-0751 | faleconosco@grupogen.com.br

■ Direitos exclusivos para a língua portuguesa
Copyright © 2025 by
Editora Forense Ltda.
Uma editora integrante do GEN | Grupo Editorial Nacional
Travessa do Ouvidor, 11 – Térreo e 6º andar
Rio de Janeiro – RJ – 20040-040
www.grupogen.com.br

■ Reservados todos os direitos. É proibida a duplicação ou reprodução deste volume, no todo ou em parte, em quaisquer formas ou por quaisquer meios (eletrônico, mecânico, gravação, fotocópia, distribuição pela Internet ou outros), sem permissão, por escrito, da Editora Forense Ltda.

■ Capa: Fabricio Vale

■ **CIP-BRASIL. CATALOGAÇÃO NA PUBLICAÇÃO**
SINDICATO NACIONAL DOS EDITORES DE LIVROS, RJ

T198d
21. ed.

    Tartuce, Flávio, 1976-
        Direito civil : lei de introdução e parte geral / Flávio Tartuce. - 21. ed., rev., atual e ampl. - [2. reimp.] - Rio de Janeiro : Forense, 2025.
        648 p. ; 24 cm.   (Direito civil ; 1)

    Inclui bibliografia
    questões
    ISBN 978-85-3099-604-8

    1. Direito civil - Brasil. I. Título. II. Série.

24-95550   CDU: 347(81)

Gabriela Faray Ferreira Lopes - Bibliotecária - CRB-7/6643

Às professoras
GISELDA MARIA FERNANDES NOVAES HIRONAKA e MARIA HELENA DINIZ
dedico a presente obra, agradecendo todo o carinho,
todo o afeto e todo o conhecimento transmitido.

NOTA DO AUTOR À 21.ª EDIÇÃO

As edições 2025 desta minha coleção de Direito Civil, com mais de duas décadas, chegam ao meio editorial brasileiro totalmente atualizadas com o Projeto de Reforma do Código Civil, tendo sido muito intenso e desafiador o trabalho de atualização neste último ano.

Em 24 de agosto de 2023, o Presidente do Senado Federal, Rodrigo Pacheco, nomeou e formou uma Comissão de Juristas para empreender os trabalhos de reforma e de atualização do Código Civil de 2002. Como se sabe, o projeto que gerou a atual codificação privada é da década de 1970, estando desatualizada em vários aspectos, sobretudo em questões relativas ao Direito de Empresa, ao Direito de Família, ao Direito das Sucessões e diante das novas tecnologias.

Voltou-se a afirmar, com muita força, que o atual Código Civil "já nasceu velho". Trata-se de um texto com mais de cinquenta anos de elaboração e que, por óbvio, encontra-se muito desatualizado, como se pode perceber da leitura desta coleção.

A Comissão de Juristas teve a Presidência do Ministro Luis Felipe Salomão e a Vice-Presidência do Ministro Marco Aurélio Bellizze, ambos do Superior Tribunal de Justiça. Tive a honra de atuar como Relator-Geral da Comissão, ao lado da Professora Rosa Maria Andrade Nery.

O prazo para o desenvolvimento dos trabalhos foi de cento e oitenta dias, com a possibilidade de eventual prorrogação. De todo modo, os trabalhos da Comissão de Juristas foram entregues no prazo, cumprindo-se a sua missão institucional, e com a entrega formal ao Congresso Nacional em 17 de abril de 2024.

Foram formados nove grupos de trabalho, de acordo com os livros respectivos do Código Civil e também com a necessidade de inclusão de um capítulo específico sobre o *Direito Civil Digital*, o que nos foi pedido no âmbito do Congresso Nacional.

As composições das Subcomissões, com os respectivos sub-relatores, foram as seguintes, conjugando Ministros, Desembargadores, Juízes, Advogados, Professores e os principais doutrinadores do Direito Privado Brasileiro.

Na Parte Geral, Professor Rodrigo Mudrovitsch (relator), Ministro João Otávio de Noronha, Professora Estela Aranha e Juiz Rogério Marrone Castro Sampaio.

Em Direito das Obrigações, Professor José Fernando Simão (relator) e Professor Edvaldo Brito.

Em Responsabilidade Civil, Professor Nelson Rosenvald (relator), Ministra Maria Isabel Gallotti e Juíza Patrícia Carrijo.

Quanto ao Direito dos Contratos, Professor Carlos Eduardo Elias de Oliveira (relator), Professora Angelica Carlini, Professora Claudia Lima Marques e Professor Carlos Eduardo Pianovski.

Em Direito das Coisas, Desembargador Marco Aurélio Bezerra de Melo (relator), Professor Carlos Vieira Fernandes, Professora Maria Cristina Santiago e Desembargador Marcelo Milagres.

Em Direito de Família, Juiz Pablo Stolze Gagliano (relator), Ministro Marco Buzzi, Desembargadora Maria Berenice Dias e Professor Rolf Madaleno.

No Direito das Sucessões, Professor Mario Luiz Delgado (relator), Ministro Cesar Asfor Rocha, Professora Giselda Maria Fernandes Novaes Hironaka e Professor Gustavo Tepedino.

Para o novo livro especial do *Direito Civil Digital*, Professora Laura Porto (relatora), Professor Dierle Nunes e Professor Ricardo Campos.

Por fim, para o Direito de Empresa, Professora Paula Andrea Forgioni (relatora), Professor Marcus Vinicius Furtado Coêlho, Professor Flavio Galdino, Desembargador Moacyr Lobato e Juiz Daniel Carnio.

Também foram nomeados como membros consultores da Comissão de Juristas os Professores de Direito Ana Claudia Scalquette, Layla Abdo Ribeiro de Andrada e Maurício Bunazar, a Defensora Pública Fernanda Fernandes da Silva Rodrigues, o Professor de Língua Portuguesa Jorge Miguel e o Juiz Federal e também Professor Vicente de Paula Ataíde Jr., especialista na causa animal.

No ano de 2023, foram realizadas três audiências públicas, em São Paulo (OABSP, em 23 de outubro), Porto Alegre (Tribunal de Justiça do Rio Grande do Sul, em 20 de novembro) e Salvador (Tribunal de Justiça da Bahia, em 7 de dezembro). Além da exposição de especialistas e debates ocorridos nesses eventos, muitos outros seminários jurídicos foram realizados em reuniões de cada Subcomissão.

Foram também abertos canais para envio de sugestões pelo Senado Federal e oficiados mais de quatrocentos institutos e instituições jurídicas. Mais de duzentos deles mandaram propostas para a Comissão de Juristas, em um sistema democrático de participação não visto em processos anteriores, de elaboração e alteração da Lei Geral Privada Brasileira, inclusive com ampla participação feminina.

Após um intenso trabalho no âmbito de cada grupo temático, em dezembro de 2023 foram consolidados os textos dos dispositivos sugeridos, enviados para revisão dos Relatores-Gerais.

Em 2024, foi realizada mais uma audiência pública, em Brasília, com a presença do Ministro da Suprema Corte Argentina Ricardo Lorenzetti e da Professora Aída Kemelmajer. Na oportunidade, os juristas argentinos compartilharam conosco um pouco da sua experiência com a elaboração do Novo Código Civil daquele País, de 2014.

Ocorreram, sucessivamente, os debates entre todos os membros da Comissão de Juristas, a elaboração de "emendas de consenso", a votação dos textos, em abril de 2024, e a sua elaboração final, com a posterior entrega.

Nesse momento, nos dias iniciais de abril de 2024, tivemos o *ponto alto* das nossas discussões, estando os vídeos desses encontros disponíveis para acesso nos canais do Senado Federal, com muito conteúdo técnico, cultura jurídica e interessantes embates.

Sendo assim, apresentado o Anteprojeto, a partir da edição de 2025 desta coleção de Direito Civil, trago para estudo as normas projetadas, com comentários pontuais e exposição dos debates que travamos, sendo imperiosa, sem dúvida, uma reforma e uma atualização do Código Civil de 2002 diante dos novos desafios contemporâneos e por tudo o que está exposto neste livro. Esperamos, assim, que o Projeto seja debatido no Parlamento Brasileiro ano que vem, e aprovado logo a seguir.

Como o leitor poderá perceber desta obra, é evidente a afirmação de não se tratar de uma projeção de um "Novo Código Civil", mas apenas de uma ampla reforma, com atualizações fundamentais e necessárias, para que o Direito Civil Brasileiro esteja pronto para enfrentar os desafios do Século XXI.

Na grande maioria das vezes, como ficará evidentes pelos estudos destes livros da coleção, as propostas apenas confirmam o entendimento majoritário da doutrina e da jurisprudência brasileiras.

Foram mantidos a organização, a estrutura e os princípios da atual Lei Geral Privada, assim como dispositivos fundamentais, que não sofreram qualquer alteração. Em muitos deles, houve apenas a correção do texto – como naqueles relativos do Direito de Família, em que se incluiu o convivente ao lado do cônjuge –, e a atualização diante de leis recentes, de decisões dos Tribunais Superiores e dos enunciados aprovados nas *Jornadas de Direito Civil*; além da retomada do Código Civil como *protagonista legislativo* em matéria do Direito Privado, o que foi esvaziado, nos últimos anos.

Muitos dos temas e institutos tratados há tempos nesta coleção, possivelmente, serão incorporados pela Reforma, havendo consenso quanto a vários deles. Por certo que essa deve ser a tônica do debate e do estudo do Direito Privado Brasileiro nos próximos anos, até a aprovação do projeto.

Compreender as proposições representa entender também o sistema vigente, em uma metodologia muito útil para os estudantes e para os profissionais do Direito.

Além de um amplo estudo do texto da Reforma do Código Civil, com análise detalhada e até mesmo crítica em alguns aspectos, procurei, como sempre, atualizar os meus livros com as leis recentes que surgiram no último ano, com destaque para a Lei 14.905/2024 – que trata dos juros e da correção monetária –, com as principais decisões da jurisprudência nacional e novas reflexões doutrinárias.

Espero, assim, que os meus livros continuem o seu papel de efetivação do Direito Civil, como foram nos últimos vinte e um anos.

Como tenho afirmado sempre, se a minha história como jurista se confunde com a própria história do Código Civil de 2002, o mesmo deve ocorrer com as transformações que virão, pela minha participação neste grupo de Reforma e Atualização da codificação privada, que marcou a minha vida para sempre.

Bons estudos a todos, uma excelente leitura e que os livros mudem a vida de vocês, como mudou a minha.

São Paulo, dezembro de 2024.

O autor.

PREFÁCIO

Flávio Tartuce, mestre em Direito Civil pela Pontifícia Universidade Católica de São Paulo, bastante dedicado ao estudo e ao magistério, nesta obra traça um panorama geral, procurando abordar aspectos mais relevantes da Lei de Introdução e da Parte Geral do novel Código Civil, sem olvidar dos testes já aplicados por inúmeras instituições para preenchimento de seus cargos, tendo por escopo uma coisa só: facilitar o dia a dia dos inscritos em concursos públicos, conduzindo-os à aprovação, colocando, de forma certeira, ao seu alcance conhecimentos teóricos e práticos.

Clara é a preocupação do autor em repassar de modo breve, fazendo uso de linguagem simples e objetiva, as noções básicas sobre: direito intertemporal, interpretação, integração de lacuna, solução de conflitos normativos, pessoa natural e jurídica, bens, negócio jurídico, prescrição e decadência, meios probatórios etc. Para tanto, valeu-se de sólidas construções doutrinárias, além de enfrentar as principais questões polêmicas engendradas pelo novo Código Civil, tornando-as mais claras.

Com sua experiência, o autor não se limitou a fazer meros bosquejos dos temas, mas procurou registrar seu posicionamento sobre eles.

Trata-se de obra de consulta obrigatória e de grande utilidade aos que se preparam para os concursos públicos por fornecer valiosos subsídios aos seus estudos.

São Paulo, 20 de abril de 2005.

Maria Helena Diniz

SUMÁRIO

1. **LEI DE INTRODUÇÃO** 1

   1.1 Aspectos gerais de Direito Privado 1

      1.1.1 Introdução 1

      1.1.2 As fontes do direito. A lei. As formas de integração da norma jurídica e as *ferramentas do sistema jurídico* 2

         1.1.2.1 Fontes formais, diretas ou imediatas 2

         1.1.2.2 Fontes não formais, indiretas ou mediatas 4

      1.1.3 A lei como fonte principal do direito brasileiro. O problema das lacunas da lei 5

         1.1.3.1 Da vigência das leis no tempo 7

         1.1.3.2 Da vigência das leis no espaço 14

         1.1.3.3 Principais classificações da lei 16

         1.1.3.4 A interpretação das leis 18

         1.1.3.5 As fontes diretas secundárias: a analogia, os costumes, os princípios gerais do direito. Estudo específico e aprofundado 20

         1.1.3.6 As fontes não formais, indiretas ou mediatas: a doutrina, a jurisprudência e a equidade 27

      1.1.4 As antinomias ou lacunas de conflito 30

   1.2 Da proteção do ato jurídico perfeito, da coisa julgada e do direito adquirido (arts. 6.º da Lei de Introdução e 5.º, XXXVI, da CF/1988). Relativização da proteção 33

   1.3 As normas específicas de Direito Internacional Público e Privado constantes na Lei de Introdução. Breves comentários 39

   1.4 Breve análise das inclusões feitas na Lei de Introdução pela Lei 13.655/2018. Repercussões para o Direito Público 47

   1.5 Resumo esquemático 52

   1.6 Questões correlatas 54

   Gabarito 68

XIV | DIREITO CIVIL • VOL. 1 – *Flávio Tartuce*

2. ENTENDENDO O CÓDIGO CIVIL DE 2002.. 69

   2.1 Introdução.. 69

   2.2 Codificar é preciso? O *big bang* legislativo e o sistema solar............... 70

   2.3 Visão geral do Código Civil de 2002. Diretrizes básicas da sua elaboração........... 73

   2.4 Os princípios do Código Civil de 2002 segundo Miguel Reale............. 77

      2.4.1 O princípio da eticidade.. 77

      2.4.2 O princípio da socialidade.. 79

      2.4.3 O princípio da operabilidade.. 81

   2.5 Fundamentos teóricos e filosóficos da atual codificação privada. O Direito Civil Contemporâneo ou novo Direito Civil. Influências da *ontognoseologia jurídica* de Miguel Reale no Código Civil de 2002.. 83

   2.6 Direito Civil e Constituição. Amplitude da expressão Direito Civil Constitucional. A eficácia horizontal dos direitos fundamentais................ 87

   2.7 O diálogo das fontes... 95

   2.8 A Reforma do Código Civil de 2002. A Comissão de Juristas nomeada no âmbito do Senado Federal, em 2023... 99

   2.9 Resumo esquemático.. 101

   2.10 Questões correlatas... 103

   Gabarito... 105

3. ANÁLISE DO CÓDIGO CIVIL DE 2002. PARTE GERAL. DA PESSOA NATURAL... 107

   3.1 Da pessoa natural, humana ou física. Conceitos iniciais. Personalidade e capacidade. A situação jurídica do nascituro.................................. 107

      3.1.1 Os absolutamente incapazes.. 118

      3.1.2 Os relativamente incapazes.. 124

      3.1.3 Teoria geral da representação.. 128

      3.1.4 Da emancipação... 130

   3.2 Os direitos da personalidade na concepção civil-constitucional........... 134

      3.2.1 Introdução. Conceito de direitos da personalidade. Análise da técnica da ponderação e do seu tratamento no CPC de 2015......... 134

      3.2.2 Classificação e características dos direitos da personalidade.......... 147

         3.2.2.1 Direitos inatos, ilimitados e absolutos........................... 149

         3.2.2.2 Direitos intransmissíveis e indisponíveis....................... 156

         3.2.2.3 Direitos irrenunciáveis.. 157

         3.2.2.4 Direitos imprescritíveis... 159

         3.2.2.5 Direitos impenhoráveis e inexpropriáveis...................... 161

      3.2.3 Os direitos da personalidade e as grandes gerações ou dimensões de direitos.. 162

      3.2.4 Previsões legais de proteção aos direitos da personalidade no Código Civil de 2002... 164

   3.3 Domicílio da pessoa natural... 207

   3.4 Morte da pessoa natural... 211

	3.4.1	Morte real	211
	3.4.2	Morte presumida sem declaração de ausência. A *justificação*	213
	3.4.3	Morte presumida com declaração de ausência	214
		3.4.3.1 Da curadoria dos bens do ausente (arts. 22 a 25 do CC)	214
		3.4.3.2 Da sucessão provisória (arts. 26 a 36 do CC)	215
		3.4.3.3 Da sucessão definitiva (arts. 37 a 39 do CC)	218
	3.4.4	Da comoriência	220
3.5		O estado civil da pessoa natural. Visão crítica	222
3.6		Resumo esquemático	229
3.7		Questões correlatas	233
		Gabarito	248

4. DA PESSOA JURÍDICA 251

4.1		Introdução. Conceito de pessoa jurídica. Regras gerais	251
4.2		Principais classificações gerais da pessoa jurídica	256
	4.2.1	Quanto à nacionalidade	256
	4.2.2	Quanto à estrutura interna	256
	4.2.3	Quanto às funções e à capacidade	256
4.3		Da pessoa jurídica de direito privado. Figuras previstas no art. 44 do CC	257
	4.3.1	Das fundações particulares	257
	4.3.2	Das associações	261
	4.3.3	Das sociedades	268
	4.3.4	Das organizações religiosas e dos partidos políticos. Corporações *sui generis*	270
	4.3.5	Das Empresas Individuais de Responsabilidade Limitada (EIRELI) e sua extinção pela Lei 14.382/2022 (Lei do SERP)	273
	4.3.6	Dos empreendimentos de economia solidária	276
4.4		Regras de direito intertemporal quanto às pessoas jurídicas	278
4.5		Domicílio das pessoas jurídicas	279
4.6		Extinção da pessoa jurídica e destinação dos bens	280
4.7		Da desconsideração da personalidade jurídica	281
4.8		Entes ou grupos despersonalizados	302
4.9		Resumo esquemático	304
4.10		Questões correlatas	306
		Gabarito	317

5. DO OBJETO DO DIREITO. OS BENS 319

5.1		Conceito de bens	319
5.2		Principais classificações dos bens	323
	5.2.1	Classificação quanto à tangibilidade	323
	5.2.2	Classificação quanto à mobilidade	324
	5.2.3	Classificação quanto à fungibilidade	326

5.2.4	Classificação quanto à consuntibilidade	327
5.2.5	Classificação quanto à divisibilidade	328
5.2.6	Classificação quanto à individualidade	329
5.2.7	Classificação quanto à dependência em relação a outro bem (bens reciprocamente considerados)	331
5.2.8	Classificação em relação ao titular do domínio	336

5.3 Do bem de família 338

5.3.1	Introdução. Concepção civil-constitucional do bem de família. A nova dimensão da ideia de patrimônio	338
5.3.2	O bem de família convencional ou voluntário	342
5.3.3	O bem de família legal	344

5.4 Resumo esquemático 364

5.5 Questões correlatas 367

Gabarito 376

6. TEORIA GERAL DO NEGÓCIO JURÍDICO 377

6.1 Fatos, atos e negócios jurídicos. Conceitos iniciais 377

6.2 Do ato jurídico em sentido estrito ou ato jurídico *stricto sensu* 383

6.3 Do negócio jurídico 384

6.3.1	Principais classificações dos negócios jurídicos	386
6.3.2	Os elementos constitutivos do negócio jurídico	388
	6.3.2.1 Introdução. Os três planos do negócio jurídico. A *Escada Ponteana*	388
	6.3.2.2 Elementos essenciais do negócio jurídico	391
	6.3.2.3 Elementos naturais ou identificadores do negócio jurídico	404
	6.3.2.4 Elementos acidentais do negócio jurídico	404

6.4 Estudo do negócio jurídico processual e o seu tratamento no CPC/2015 411

6.5 Resumo esquemático 420

6.6 Questões correlatas 422

Gabarito 430

7. DEFEITOS OU VÍCIOS DO NEGÓCIO JURÍDICO E TEORIA DAS NULIDADES 431

7.1 Introdução. Classificação dos vícios do negócio jurídico 431

7.2 Do erro e da ignorância 432

7.3 Do dolo 436

7.4 Da coação 439

7.5 Do estado de perigo 442

7.6 Da lesão 446

7.7 Da fraude contra credores 450

7.8 O novo tratamento da simulação 462

7.9 Da invalidade do negócio jurídico. A teoria das nulidades do negócio jurídico 469

7.9.1	Introdução	469
7.9.2	Da inexistência do negócio jurídico	470
7.9.3	Da nulidade absoluta	471
7.9.4	Da nulidade relativa ou anulabilidade	479
7.10	Resumo esquemático	486
7.11	Questões correlatas	487
Gabarito		501

8. DA PRESCRIÇÃO E DA DECADÊNCIA NO CÓDIGO CIVIL DE 2002. O TRATAMENTO DIFERENCIADO 503

8.1	Introdução	503
8.2	Da prescrição	505
8.2.1	Conceito de prescrição	505
8.2.2	Disposições gerais sobre a prescrição	506
8.2.3	Das causas impeditivas e suspensivas da prescrição	526
8.2.4	Das causas de interrupção da prescrição	532
8.2.5	Dos prazos de prescrição previstos na Parte Geral do Código Civil. As ações imprescritíveis	539
8.2.6	Prescrição e direito intertemporal	546
8.3	Da decadência. Conceitos e disposições gerais	550
8.3.1	Prazos de decadência	554
8.4	Resumo esquemático	555
8.5	Questões correlatas	558
Gabarito		571

9. A PROVA DO NEGÓCIO JURÍDICO NO CÓDIGO CIVIL DE 2002. VISÃO ATUALIZADA DIANTE DO CPC/2015 573

9.1	Introdução. A necessidade de o Código Civil trazer um capítulo específico quanto à prova	573
9.2	Os meios de prova previstos pelo Código Civil de 2002. Análise das regras constantes da atual codificação privada	575
9.3	Presunções, perícias e investigação de paternidade. Tratamento legal e análise prática	600
9.4	Confrontação entre o art. 221 do Código Civil e o art. 784, II, do CPC/2015, correspondente ao art. 585, II, do CPC/1973. Aplicação do estudo das antinomias ou lacunas de conflito	607
9.5	Do tratamento da ata notarial e da carga dinâmica da prova no Código de Processo Civil de 2015	609
9.6	Resumo esquemático	612
9.7	Questões correlatas	613
Gabarito		618

BIBLIOGRAFIA 619

LEI DE INTRODUÇÃO

1

> **Sumário:** 1.1 Aspectos gerais de Direito Privado: 1.1.1 Introdução; 1.1.2 As fontes do direito. A lei. As formas de integração da norma jurídica e as *ferramentas do sistema jurídico*; 1.1.3 A lei como fonte principal do direito brasileiro. O problema das lacunas da lei; 1.1.4 As antinomias ou lacunas de conflito – 1.2 Da proteção do ato jurídico perfeito, da coisa julgada e do direito adquirido (arts. 6.º da Lei de Introdução e 5.º, XXXVI, da CF/1988). Relativização da proteção – 1.3 As normas específicas de Direito Internacional Público e Privado constantes na Lei de Introdução. Breves comentários – 1.4 Breve análise das inclusões feitas na Lei de Introdução pela Lei 13.655/2018. Repercussões para o Direito Público – 1.5 Resumo esquemático – 1.6. Questões correlatas – Gabarito.

1.1 ASPECTOS GERAIS DE DIREITO PRIVADO

1.1.1 Introdução

O Decreto-lei 4.657/1942, que instituiu a Lei de Introdução, é um conjunto de normas sobre normas, ou uma norma de sobredireito (*lex legum*), eis que disciplina as próprias normas jurídicas, prevendo a maneira de sua aplicação no tempo e no espaço, bem como a sua compreensão e o entendimento do seu sentido lógico, determinando também quais são as fontes do direito, em complemento ao que consta na Constituição Federal.

A lei em questão não é só importante para o Direito Civil, atingindo outros ramos do Direito Privado ou mesmo do Direito Público. Por isso, e por bem, a Lei 12.376, de 30 de dezembro de 2010, alterou o seu nome de *Lei de Introdução ao Código Civil* (LICC) para *Lei de Introdução às normas do Direito Brasileiro* (LINDB). Isso porque, atualmente, a norma mais se aplica aos outros ramos do Direito do que ao próprio Direito Civil.

Confirmando essa afirmação, a recente Lei 13.655/2018 trouxe novas regras concernentes à atuação dos agentes públicos, tendo relação substancial com o Direito Administrativo (arts. 20 a 30). Pode-se dizer que essa norma emergente consolida um *distanciamento* do diploma em estudo perante o Direito Privado.

Por questões didáticas, nesta obra e nos demais volumes desta coleção, a norma será denominada tão simplesmente de *Lei de Introdução*.

DIREITO CIVIL • VOL. 1 – Flávio Tartuce

Com o presente esboço, pretende-se demonstrar seu âmbito de aplicação na esfera privada. Frise-se que a Lei de Introdução se dirige a todos os ramos jurídicos, salvo naquilo que for regulado de forma diferente pela legislação específica.

Ao contrário das outras normas, que têm como objeto o comportamento humano, a Lei de Introdução tem como objeto a própria norma. Por tal razão é que se aponta tratar-se de uma *norma de sobredireito*.

1.1.2 As fontes do direito. A lei. As formas de integração da norma jurídica e as *ferramentas do sistema jurídico*

A expressão *fontes do direito* é utilizada de forma figurada para designar o ponto de partida para o surgimento do direito e do seu estudo, a ciência jurídica. Serve também para demonstrar quais são as manifestações jurídicas, ou seja, *as formas de expressão do direito*, como prefere Rubens Limongi França (*Instituições...*, 1996, p. 10).

Assim, procurar as fontes do direito significa buscar o ponto de onde elas surgiram, no aspecto social, para ganhar relevância jurídica. Não há unanimidade na classificação das fontes do direito, sendo certo que, em uma *visão civilista clássica*, com base no que consta da Lei de Introdução, pode ser adotada a classificação desenvolvida a seguir.

1.1.2.1 Fontes formais, diretas ou imediatas

São constituídas pela lei, pela analogia, pelos costumes e pelos princípios gerais de direito, conceitos que são retirados do art. 4.º da Lei de Introdução. São fontes independentes que derivam da própria norma em estudo, bastando por si para a existência ou manifestação do direito. A lei constitui fonte formal, direta ou imediata primária, enquanto a analogia, os costumes e os princípios gerais do direito constituem fontes formais, diretas ou imediatas secundárias.

Logicamente, a lei é a principal fonte (*fonte formal primária*) do direito brasileiro, porque o nosso sistema é baseado no sistema romano-germânico da *Civil Law*, sendo as demais fontes diretas acessórias (*fontes formais secundárias*). Por certo que, com a Emenda Constitucional 45/2004, que introduziu a súmula vinculante, surgem dúvidas se o nosso país continua filiado ao sistema citado, ou se adotamos um sistema misto, próximo ao da *Common Law*, baseado nos costumes e nas decisões do Poder Judiciário.

Em complemento, pontue-se que essa tendência de caminho para o sistema da *Common Law* foi incrementada pelo vigente Código de Processo Civil, pela valorização dada, nessa lei instrumental emergente, aos precedentes judiciais. O art. 926 do CPC/2015 determina que os Tribunais devem uniformizar sua jurisprudência e mantê-la estável, íntegra e coerente. Conforme o § 1.º do dispositivo, na forma estabelecida e segundo os pressupostos fixados no regimento interno, os Tribunais editarão enunciados de súmula correspondentes a sua jurisprudência dominante.

Ademais, está previsto que, ao editar os enunciados das súmulas, os Tribunais devem ater-se às circunstâncias fáticas dos precedentes que motivaram sua criação (art. 926, § 2.º, do CPC/2015). Em complemento, o art. 927 da mesma norma enuncia a necessidade de os Tribunais e juízes de primeiro grau seguirem as orientações da jurisprudência superior, em especial do Supremo Tribunal Federal e do Superior Tribunal de Justiça. Como está nesse comando, os juízes e os tribunais de todas as instâncias observarão: *a)* as decisões do Supremo Tribunal Federal em controle concentrado de constitucionalidade; *b)* os enunciados de súmula vinculante; *c)* os acórdãos em incidente de assunção de competência ou de resolução de demandas repetitivas e em julgamento de recursos extraordinário e especial repetitivos; *d)* os enunciados das súmulas do Supremo Tribunal Federal em matéria constitucional e do Superior Tribunal de Justiça em matéria infraconstitucional; e *e)* a orientação do plenário ou do órgão especial aos quais estiverem vinculados.

O Estatuto Processual expressa, ainda, que as decisões judiciais precisam ser devidamente fundamentadas (art. 11 do CPC/2015). Em complemento, prescreve-se que não se considera fundamentada qualquer decisão judicial que se limitar a invocar precedente ou enunciado de súmula, sem identificar seus fundamentos determinantes nem demonstrar que o caso sob julgamento se ajusta àqueles fundamentos (art. 489, § 1.º, inciso V, do CPC/2015).

Também merece ser citado o art. 332 do *Codex*, pelo qual caberá o *julgamento liminar do pedido* nas causas que dispensem a fase instrutória, quando o juiz, independentemente da citação do réu, perceber que o pleito contrarie: *a)* enunciado de súmula do Supremo Tribunal Federal ou do Superior Tribunal de Justiça; *b)* acórdão proferido pelo Supremo Tribunal Federal ou pelo Superior Tribunal de Justiça em julgamento de recursos repetitivos; *c)* entendimento firmado em incidente de resolução de demandas repetitivas ou de assunção de competência; e *d)* enunciado de súmula de tribunal de justiça sobre direito local.

Como se percebe, as decisões superiores mencionadas nas duas últimas previsões passam a ter *força vinculativa*, para os juízes de primeiro e de segundo grau; e também para os advogados.

Entendo que o tempo e a prática já demonstram que esse caminho para um sistema jurídico costumeiro, baseado em decisões judiciais, está sendo concretizado, quebrando-se com a nossa secular tradição fundada somente na lei.

A propósito, no que diz respeito aos primeiros impactos da súmula vinculante em nosso país, André Ramos Tavares aponta uma radical oposição e aparente incompatibilidade entre o modelo brasileiro e o da *Common Law*, pois, "enquanto o modelo codificado (caso brasileiro) atende ao pensamento abstrato e dedutivo, que estabelece premissas (normativas) e obtém conclusões por processos lógicos, tendendo a estabelecer normas gerais organizadoras, o modelo jurisprudencial (caso norte-americano, em parte utilizado como fonte de inspiração para criação de institutos no Direito brasileiro desde a I República) obedece, ao contrário, a um raciocínio mais concreto, preocupado apenas em resolver o caso particular (pragmatismo exacerbado). Este modelo do *common law* está fortemente centrado na primazia da decisão judicial (*judge made law*). É, pois, um sistema nitidamente judicialista. Já o direito codificado, como se sabe, está baseado, essencialmente, na lei" (*Nova lei...*, 2007, p. 20).

Indagações ainda existem quanto ao reconhecimento da súmula vinculante como *fonte primária* de nosso ordenamento jurídico. A Emenda Constitucional 45 introduziu o art. 103-A ao Texto Maior, com a seguinte redação:

> "Art. 103-A. O Supremo Tribunal Federal poderá, de ofício ou por provocação, mediante decisão de dois terços dos seus membros, após reiteradas decisões sobre matéria constitucional, aprovar súmula que, a partir de sua publicação na imprensa oficial, terá efeito vinculante em relação aos demais órgãos do Poder Judiciário e à administração pública direta ou indireta, nas esferas federal, estadual e municipal, bem como proceder à sua revisão ou cancelamento, na forma estabelecida em lei".

Essa previsão continua sendo debatida pela comunidade jurídica nacional e pela doutrina especializada, notadamente quanto à sua extensão. Destaque-se que entrou em vigor a Lei 11.417, de 19 de dezembro de 2006, regulamentando a aplicação da súmula vinculante, sendo certo que o Supremo Tribunal Federal já aprovou algumas com conteúdo relevante para o Direito Privado, como a que veda a prisão civil do depositário infiel (Súmula Vinculante 25).

A propósito, há quem entenda que a súmula vinculante deve ser tida como fonte formal primária do Direito brasileiro. Parece ser essa a conclusão a que chega José Marcelo Menezes Vigliar, ao afirmar que "a regra da vinculação é extremamente clara e tem uma força que, convenhamos, supera em alguns aspectos a força da lei, pois a lei pode ser interpretada e levada aos tribunais. A decisão, nos limites do previsto na Constituição Federal, não. Terá eficácia *erga omnes* e efeito vinculante aos demais juízes e Administração" (A reforma..., *Reforma do Judiciário...*, 2005, p. 288). Todavia, pensando melhor sobre o tema, concluímos que a súmula vinculante tem uma posição intermediária, entre as leis e as demais fontes do direito. Nessa linha, destaca Walber Moura Agra que *as súmulas vinculantes não são leis, não tendo a mesma força dessas* (AGRA, Walber de Moura. *Curso...*, 2008, p. 500).

Em complemento a essa interessante conclusão, comentando a lei que regulamenta a súmula vinculante, André Ramos Tavares aponta a existência de críticas em relação ao instituto e indaga qual é a função do Poder Judiciário. Ensina esse doutrinador que, "a respeito da liberdade (de convicção) da magistratura em face da súmula vinculante, é necessário ponderar que: (i) ao magistrado sempre restará avaliar se aplica ou não uma dada súmula a um determinado caso concreto (operação de verificação), o que é amplamente reconhecido nos precedentes do Direito norte-americano; (ii) também a própria súmula é passível de interpretação, porque vertida em linguagem escrita, tal como as leis em geral" (*Nova lei...*, 2007, p. 108). No segundo ponto reside uma das supostas fraquezas do instituto em comento.

Relativamente às fontes formais secundárias, como mencionado, estas também constam da lei, particularmente do art. 4.º da Lei de Introdução, a saber: analogia, costumes e princípios gerais do direito.

Na primeira edição desta obra foi defendido que a ordem constante do art. 4.º da Lei de Introdução é perfeitamente lógica e deve ser seguida. Entretanto, a nossa opinião mudou na segunda edição do trabalho. Isso, diante da *eficácia imediata e horizontal dos direitos fundamentais*, da aplicação direta das normas protetivas da pessoa humana e dos princípios correlatos nas relações privadas, os quais estão de acordo com a tendência de *constitucionalização do Direito Civil*.

Ora, como é possível aplicar a analogia antes de um princípio constitucional que resguarda um direito fundamental? Oportunamente serão demonstradas as razões dessa mudança de entendimento.

1.1.2.2 Fontes não formais, indiretas ou mediatas

Constituídas, basicamente, pela doutrina e jurisprudência, que não geram por si sós regra jurídica, mas acabam contribuindo para a sua elaboração e interpretação. Esses institutos não constam da Lei de Introdução como fontes do direito de forma expressa. Alguns autores, entretanto, pretendem colocar a doutrina e a jurisprudência dentro do conceito de costumes.

De acordo com a melhor construção de Maria Helena Diniz, o costume é constituído por dois elementos básicos: o uso e a convicção jurídica daqueles que o praticam (*Lei de introdução...*, 2001, p. 119). Sendo assim, doutrina e jurisprudência podem ser consideradas partes integrantes do elemento costume, constituindo também fontes formais, diretas ou imediatas secundárias do direito, desde que reconhecida a sua utilização pela comunidade jurídica em geral.

Ensina Ricardo Luís Lorenzetti que o costume "tem um desempenho fundamental no Direito Contemporâneo, como teve no Direito antigo. Seu papel amplia e integra-se ao Direito, não somente como conflito, mas como atuação social, já que permite predizer o que os outros farão" (*Fundamentos...*, 1998, p. 272). Em havendo tal reconhecimento como parte do costume, como ocorre com as súmulas dos Tribunais Superiores (STF, STJ e TST), devem tanto a doutrina quanto a jurisprudência ser consideradas como fontes formais do direito. No caso dessas decisões judiciais, utiliza-se a expressão *costume judiciário*.

Ademais, pela sistemática do Código Civil de 2002, deve-se considerar que a equidade, a *justiça do caso concreto*, conforme Aristóteles, também é fonte não formal, indireta ou mediata do Direito Privado, assim como o são, em regra, doutrina e jurisprudência. Isso porque adota o atual Código Civil um sistema de *cláusulas gerais*, pelo qual por diversas vezes é o aplicador do Direito convocado a preencher *janelas abertas* deixadas pelo legislador, de acordo com a equidade, o bom senso. Esse sistema de cláusulas gerais mantém relação com o princípio da operabilidade, um dos regramentos básicos da codificação em vigor.

Superada essa observação, passa-se ao estudo das tradicionais fontes do direito, de forma detalhada e com maiores aprofundamentos.

1.1.3 A lei como fonte principal do direito brasileiro. O problema das lacunas da lei

A lei pode ser definida de vários modos. Preferimos conceituá-la da seguinte forma: *a lei é a norma imposta pelo Estado, devendo ser obedecida, assumindo forma imperativa*. Como aponta a melhor doutrina, "a norma jurídica é um imperativo autorizante" (DINIZ, Maria Helena. *Conceito de norma...*, 2003). Para tanto, Maria Helena Diniz utiliza a conceituação de Goffredo Telles Jr., professor emérito da Universidade de São Paulo, definição que é seguida também por mim para a construção citada (*O direito quântico...*, 1971).

Nas sociedades contemporâneas, a lei é indiscutivelmente a mais importante das fontes da ordem jurídica, tendo aplicação imediata. Nunca é demais repetir o texto que consta do art. 5.º, inc. II, da CF/1988, segundo o qual "ninguém será obrigado a fazer ou deixar de fazer alguma coisa senão em virtude de lei" (*princípio da legalidade*), o que demonstra muito bem qual o alcance da norma jurídica para o ordenamento jurídico nacional. Dessa forma, prevista a lei para um caso concreto, merece esta aplicação direta, conhecida como *subsunção*, conceituada como a *incidência imediata ou direta de uma norma jurídica*.

De toda sorte, não se pode ter um apego total à lei, sob pena de se cair nas raias do mais puro legalismo. Deve-se ter em mente que não vivemos sob o império do Estado de Legalidade, mas do Estado de Direito. Em suma, a conclusão é que a lei não é o *teto* para as interpretações jurídicas, mas o seu *piso mínimo*.

De outra forma, pode-se dizer que a lei não é a *chegada*, mas o *ponto de partida* do Direito. Como explica Sérgio Resende de Barros:

> "Com inspiração em Carré de Malberg, pode-se e deve-se distinguir o Estado de direito do Estado de legalidade. O que ele chamou de Estado 'legal' hoje se pode chamar de Estado de legalidade: degeneração do Estado de direito, que põe em risco a justa atuação da lei na enunciação e concreção dos valores sociais como direitos individuais, coletivos, difusos. No mero Estado de Legalidade, a lei é editada e aplicada sem levar em conta o resultado, ou seja, sem considerar se daí resulta uma injusta opressão dos direitos. Impera o legalismo, que é a forma mais sutil de autoritarismo, na qual o espírito autoritário se

6 | DIREITO CIVIL • VOL. 1 – *Flávio Tartuce*

aninha e se disfarça na própria lei. O processo legislativo atende à conveniência política do poderoso do momento, quando não é este *in persona* quem edita a norma 'provisoriamente'" (BARROS, Sérgio Resende de. *Contribuição...*, 2008. p. 140).

Pois bem, pela literalidade do art. 4.º da Lei de Introdução, quando a lei for omissa serão aplicadas as demais formas de expressão direta do direito, as denominadas *formas de integração da norma jurídica*, que são ferramentas para correção do sistema, utilizadas quando não houver norma prevista para o caso concreto.

Em total sintonia com o que prevê a Lei de Introdução, o Código de Processo Civil de 1973, no seu art. 126, estabelecia que "O juiz não se exime de sentenciar ou despachar alegando lacuna ou obscuridade da lei. No julgamento da lide, caber-lhe-á aplicar as normas legais; não as havendo, recorrerá à analogia, aos costumes e aos princípios gerais de direito". Esse dispositivo vedava que o magistrado não julgasse o caso concreto, o que se denomina *non liquet.*

O dispositivo foi repetido em parte pelo art. 140 do Código de Processo Civil de 2015, com a seguinte expressão: "O juiz não se exime de decidir sob a alegação de lacuna ou obscuridade do ordenamento jurídico. Parágrafo único. O juiz só decidirá por equidade nos casos previstos em lei".

Como se nota, o novo preceito não faz mais menção à analogia, aos costumes e aos princípios gerais de direito, remetendo a sua incidência ao art. 4.º da Lei de Introdução, com os aprofundamentos que ainda serão aqui analisados. De toda sorte, está mantida a vedação do *non liquet* ou *não julgamento.*

Portanto, deve ser reconhecido que o ordenamento jurídico constitui um sistema aberto, no qual há lacunas, conforme elucida Maria Helena Diniz em sua clássica obra *As lacunas no direito* (2002, p. 1-5). Entretanto, estas lacunas não são do direito, mas da lei, omissa em alguns casos. Na hipótese de lacunas, deverão ser utilizadas as formas de *integração*, que não se confunde com a *subsunção*. Nesse sentido, pode-se utilizar a seguinte frase, transmitida por Maria Helena Diniz no curso de mestrado da PUCSP, e de conteúdo interessante:

"O Direito não é lacunoso, mas há lacunas".

A frase poderia parecer um paradoxo, mas não é, pois traz muito bem o sentido do ordenamento jurídico. De fato, não existem lacunas no direito, eis que o próprio sistema prevê meios de preenchimento dessas nos arts. 4.º e 5.º da Lei de Introdução, no art. 8.º do CPC/2015 e também na Constituição Federal. As lacunas existentes são, na essência, da lei, diante da ausência de uma determinada norma jurídica prevista para o caso concreto.

No que tange às lacunas, é interessante seguir a classificação criada por Maria Helena Diniz, da seguinte forma (*As lacunas...*, 2002, p. 95):

- *Lacuna normativa*: ausência de norma prevista para um determinado caso concreto.
- *Lacuna ontológica*: presença de norma para o caso concreto, mas que não tenha eficácia social.
- *Lacuna axiológica*: presença de norma para o caso concreto, mas cuja aplicação seja insatisfatória ou injusta.
- *Lacuna de conflito ou antinomia*: choque de duas ou mais normas válidas, pendente de solução no caso concreto. As antinomias serão estudadas oportunamente, em seção própria.

Encerrando o presente tópico, destaque-se que a lei, como fonte principal do direito, tem as seguintes características básicas:

a) *Generalidade* – a norma jurídica dirige-se a todos os cidadãos, sem qualquer distinção, tendo eficácia *erga omnes*.

b) *Imperatividade* – a norma jurídica é um imperativo, impondo deveres e condutas para os membros da coletividade.

c) *Permanência* – a lei perdura até que seja revogada por outra ou perca a eficácia.

d) *Competência* – a norma, para valer contra todos, deve emanar de autoridade competente, com o respeito ao processo de elaboração.

e) *Autorizante* – o conceito contemporâneo de norma jurídica traz a ideia de um *autorizamento* (a norma autoriza ou não autoriza determinada conduta), estando superada a tese de que não há norma sem sanção (Hans Kelsen).

1.1.3.1 Da vigência das leis no tempo

A lei passa por um processo antes de entrar em vigor, sendo certo que, após a sua elaboração, promulgação e publicação, tem vigência depois de um período de *vacatio legis*. Como regra, esse período é previsto na própria norma, como ocorreu com o Código Civil de 2002 ("Art. 2.044. Este Código entrará em vigor 1 (um) ano após a sua publicação").

Não havendo tal previsão específica, segundo consta do art. 1.º da Lei de Introdução, o período de *vacatio* será de 45 dias, após a sua publicação oficial, para que a lei tenha vigência em todo o País.

Esse prazo de *vacatio legis* conta-se incluindo o dia do começo – o dia da publicação – e também o último dia do prazo – o dia do vencimento –, conforme determina o art. 8.º, § 1.º, da Lei Complementar 95/1998, modificado pela LC 107/2001. Esse dispositivo não foi revogado pelo art. 132 do atual Código Civil, pelo qual, "salvo disposição legal ou convencional em contrário, computam-se os prazos, excluído o dia do começo, e incluído o do vencimento". Isso, pela ressalva que consta do próprio dispositivo da codificação, sendo certo que a primeira norma é especial, devendo prevalecer.

Dúvidas surgem a respeito da entrada em vigor do Código Civil de 2002. Como é notório, a atual codificação material privada foi publicada no *Diário Oficial da União* do dia 11.01.2002.

Entendo que o art. 2.044 do atual Código Civil, norma de direito intertemporal, deve ser interpretado em consonância com a citada Lei Complementar 95, de 26 de fevereiro de 1998, que trata da vigência de leis. Prevê o art. 8.º desta norma, inclusive pela redação dada pela LC 107, de 26 de abril de 2001:

> "Art. 8.º A vigência da lei será indicada de forma expressa e de modo a contemplar prazo razoável para que dela se tenha amplo conhecimento, reservada a cláusula 'entra em vigor na data de sua publicação' para as leis de pequena repercussão.
>
> § 1.º A contagem do prazo para entrada em vigor das leis que estabeleçam período de vacância far-se-á com a inclusão da data da publicação e do último dia do prazo, entrando em vigor no dia subsequente à sua consumação integral. (*Parágrafo incluído pela LC 107/2001*.)
>
> § 2.º As leis que estabeleçam período de vacância deverão utilizar a cláusula 'esta lei entra em vigor após decorridos (o número de) dias de sua publicação oficial'". (*Parágrafo incluído pela LC 107/2001*.)

8 | DIREITO CIVIL • VOL. 1 – *Flávio Tartuce*

Na mesma linha por mim seguida, aplicando essa lei complementar, ensina Mário Luiz Delgado:

"Vê-se, portanto, que para a contagem do prazo anual inclui-se o dia 11, que foi o dia da publicação da lei, bem como o último dia do prazo. E qual foi o último dia? Se considerarmos o ano como sendo o período de 365 dias (e não se fale aqui em ano bissexto, uma vez que o ano de 2002 não o foi), temos que o período anual iniciado a 11.01.2002 terminou no dia 11.01.2003. Senão vejamos: somando 21 dias do mês de janeiro de 2002 (incluindo o dia 11.01.2002), mais 28 dias de fevereiro, mais 31 dias de março, maio, julho, agosto, outubro e dezembro, mais 30 dias de abril, junho, setembro e novembro, teremos 355 dias; para completar o período anual que é de 365 dias ficará faltando um período de 10 dias, se adicionarmos aos 355 dias transcorridos desde 11.01.2002 os 10 primeiros dias do mês de janeiro do ano subsequente (2003), teremos um período de 365 dias; assim, o período anual iniciado no dia 11.01.2002 completou-se exatamente no dia 10.01. 2003. Por esse critério, o novo Código Civil entrou em vigor no dia 11 de janeiro de 2003, primeiro dia subsequente ao término do prazo, nos termos ditados pela Lei Complementar aludida" (DELGADO, Mário Luiz. *Problemas de direito intertemporal...*, 2004, p. 51).

Também conclui dessa forma a Professora Maria Helena Diniz (*Comentários...*, 2005, v. 22, p. 1.660), que adota o mesmo sistema de contagem. Desse modo, como a maioria da doutrina, defendo que o Código Civil de 2002 entrou em vigor no dia *11 de janeiro de 2003*. Esse entendimento doutrinário majoritário consta, inclusive, de enunciado aprovado na *III Jornada de Direito Civil* do Conselho da Justiça Federal e do Superior Tribunal de Justiça, que trata dos juros. Preceitua o Enunciado n. 164 do CJF/STJ que, "tendo a mora do devedor início ainda na vigência do Código Civil de 1916, são devidos juros de mora de 6% ao ano até 10 de janeiro de 2003; a partir de 11 de janeiro de 2003 (data de entrada em vigor do novo Código Civil), passa a incidir o art. 406 do Código Civil de 2002". O enunciado doutrinário em questão mantém relação com os arts. 2.044 e 2.045 do CC/2002, bem como com o art. 2.035, *caput*, da mesma norma codificada, e que ainda será comentado, diante da sua enorme importância prática.

A jurisprudência do Superior Tribunal de Justiça igualmente tem entendido há tempos que 11 de janeiro é a data da entrada em vigor da atual codificação privada. Por todos os julgados transcrevem-se as seguintes ementas, uma recente e outra remota:

"Processual civil. Agravo interno no agravo regimental no recurso especial. Código de Processo Civil de 2015. Aplicabilidade. Argumentos insuficientes para desconstituir a decisão atacada. Recurso especial provido. Aplicabilidade do Código Civil. Matéria preclusa. Prescrição. Regra de transição. Art. 2.028 do Código Civil de 2002. Termo inicial. Data de entrada em vigor do novo Código Civil. (...). II – A discussão em torno da aplicabilidade do Código Civil à hipótese dos autos encontra-se preclusa, em razão da não interposição de recurso contra a sentença no ponto, bem como por não ter sido objeto do Recurso Especial. III – O termo inicial da regra de transição prevista no art. 2.028 do novo Código Civil, na hipótese, é o dia 11 de janeiro de 2003, devendo, assim, os autos retornarem à origem para prosseguimento do feito. IV – O Agravante não apresenta, no agravo, argumentos suficientes para desconstituir a decisão recorrida. V – Agravo Interno improvido" (STJ, Ag. Int. no AgRg no REsp 1.052.282/SC, 1.ª Turma, Rel. Min. Regina Helena Costa, j. 17.11.2016, *DJe* 30.11.2016).

"Civil. Processual civil. Recurso especial. Ação de indenização. Danos morais e materiais. Prescrição. Inocorrência. Prazo. Código Civil. Vigência. Termo inicial. 1. À luz do novo Código Civil os prazos prescricionais foram reduzidos, estabelecendo o art. 206, § 3.º, V, que prescreve em três anos a pretensão de reparação civil. Já o art. 2.028 assenta que 'serão os da lei anterior os prazos, quando reduzidos por este Código, e se, na data de sua entrada em vigor, já houver transcorrido mais da metade do tempo estabelecido na lei revogada'. Infere-se, portanto, que tão somente os prazos em curso que ainda não tenham atingido a metade do prazo da lei anterior (menos de dez anos) estão submetidos ao regime do Código vigente, ou seja, 3 (três) anos. Entretanto, consoante nossa melhor doutrina, atenta aos princípios da segurança jurídica, do direito adquirido e da irretroatividade legal, esses três anos devem ser contados a partir da vigência do novo Código, ou seja, 11 de janeiro de 2003, e não da data da ocorrência do fato danoso. 2. Conclui-se, assim, que, no caso em questão, a pretensão do ora recorrente não se encontra prescrita, pois o ajuizamento da ação ocorreu em 24.06.2003, antes, portanto, do decurso do prazo prescricional de três anos previsto na vigente legislação civil. 3. Recurso conhecido e provido, para reconhecer a inocorrência da prescrição e determinar o retorno dos autos ao juízo de origem" (STJ, REsp 698.195/DF, 4.ª Turma, Rel. Min. Jorge Scartezzini, j. 04.05.2006, *DJ* 29.05.2006, p. 254).

Os julgados do STJ colacionados discutem a aplicação do art. 2.028 do Código Civil em vigor, que consta do Capítulo 8 desta obra e que envolve questão em que a data de entrada em vigor da atual codificação é fundamental, conforme será analisado.

Imperioso dizer que, em sede de Tribunais locais, quanto ao dia 11.01.2003, assim também tem entendido o Tribunal de Justiça de São Paulo (Agravo de Instrumento 896.543-0/6 – Americana – 25.ª Câm. de Direito Privado – Relator: Amorim Cantuária – 28.06.2005 – v.u.), o Tribunal de Justiça do Rio Grande do Sul (Apelação Cível 70011021706 – Porto Alegre – 2.ª Câm. Cível – Relator: Roque Joaquim Volkweiss – 18.05.2005 – v.u.), o Tribunal de Justiça do Paraná (Apelação Cível 0282266-4 – Curitiba – 13.ª Câm. Cível – Relator: Costa Barros – 13.05.2005), o Tribunal de Justiça de Santa Catarina (Decisão Monocrática: Agravo de Instrumento 2004.012831-2/0000-00 – Comarca de Lages – Relatora: Maria do Rocio Luz Santa Ritta – 1.º.06.2004), o Tribunal de Justiça do Rio de Janeiro (Apelação Cível 2006.001.08823 – 5.ª Câm. Cível – Relator: Antonio Saldanha Palheiro – 14.03.2006) e o Tribunal de Justiça de Minas Gerais (Apelação Cível 2.0000.00.432089-6/000 – Relator: Eduardo Mariné da Cunha – 09.06.2004).

Mas, como não poderia ser diferente, há outros entendimentos doutrinários e jurisprudenciais sobre a entrada em vigor do Código Civil de 2002.

Segundo a doutrina do saudoso Mestre Zeno Veloso, o vigente Código Civil brasileiro entrou em vigor no dia 12 de janeiro de 2003, aplicando a simples contagem anual. Assim, se o Código foi publicado no dia 11.01.2002, pela contagem una, entrou em vigor no dia subsequente do próximo ano (VELOSO, Zeno. *Quando...*, Disponível em: <www.flaviotartuce. adv.br>. Artigos de convidados. Acesso em: 6 fev. 2006). Conclui da mesma forma Vitor Frederico Kümpel, para quem a contagem ano a ano é a melhor do ponto de vista técnico (*Introdução ao estudo do direito...*, 2007, p. 120).

Aliás, como reconhece o último doutrinador, "a matéria não é pacífica e as raras vezes em que o tema foi questionado em concurso público ou as duas respostas foram consideradas certas ou a questão foi anulada". Em sede jurisprudencial, há julgado do Tribunal de Justiça de São Paulo adotando esse último entendimento (Apelação Cível 892.401-0/0 – São Paulo – 27.ª Câm. de Direito Privado – Rel. Jesus Lofrano – 05.07.2005 – v.u.).

Na verdade, o grande embate existente refere-se às duas datas (11 ou 12 de janeiro), mas há outras duas teses, um pouco menos balizadas.

Primeiramente, há julgados apontando que o vigente Código Civil entrou em vigor no dia 10 de janeiro de 2003, não se sabendo ao certo qual foi o critério adotado (TJRJ, Apelação Cível 2006.001.09860, 5.ª Câm. Cível, Rel. Des. Roberto Wider, j. 18.04.2006).

Mário Luiz Delgado relata ainda outro suposto entendimento doutrinário de que o então novo Código Civil entrou em vigor no dia 25 de fevereiro de 2002 (*Problemas de direito intertemporal...*, 2004, p. 48). Essa linha de pensamento está fundamentada na existência de antinomia entre o art. 2.044 do CC/2002 e o § 2.º do art. 8.º da LC 95/1998, pois a primeira norma não adota a contagem em dias, como determina a segunda. Sendo a primeira norma inconstitucional, deve ser aplicado o art. 1.º da Lei de Introdução, no sentido de que, não havendo prazo de vacância expresso, a nova norma começa a valer 45 dias após a sua publicação. Não foi encontrado um julgado sequer aplicando essa tese, que não deve ser adotada, pois apegada a detalhes que não são levados em conta pelo senso comum.

Encerrando essa discussão, apesar de todos esses entendimentos, deve-se deixar claro, mais uma vez, que prevalece o primeiro posicionamento aqui esposado, o de que o atual Código Civil entrou em vigor no dia 11 de janeiro de 2003.

Superado esse ponto, de acordo com o art. 1.º, § 1.º, da Lei de Introdução, a obrigatoriedade da norma brasileira passa a vigorar, nos Estados estrangeiros, três meses após a publicação oficial em nosso país.

O § 2.º do art. 1.º da Lei de Introdução previa que, no caso de norma pendente de aprovação e autorização pelo governo estadual, vigoraria a lei a partir do prazo fixado por legislação estadual específica. A norma foi revogada pela Lei 12.036/2009 e, nessas circunstâncias, aplica-se a regra geral.

Em havendo *norma corretiva*, mediante nova publicação do texto legal, os prazos mencionados devem correr a partir da nova publicação (art. 1.º, § 3.º, da Lei de Introdução). A *norma corretiva* é aquela que existe para afastar equívocos importantes cometidos pelo comando legal, sendo certo que as correções do texto de lei já em vigor devem ser consideradas como lei nova.

Sobre o *erro legislativo*, Vitor Frederico Kümpel apresenta classificação interessante: *a) erro irrelevante* – aquele que o juiz pode corrigir de ofício, pois tem autoridade para tanto, uma vez que o erro não gera divergência na interpretação; *b) erro substancial* – aquele que gera problema de interpretação, havendo necessidade de uma correção legislativa (*Introdução ao estudo do direito...*, 2007, p. 122).

No que concerne à correção, ou *errata*, ensina Maria Helena Diniz que, "se a correção for feita dentro da vigência da lei, a lei, apesar de errada, vigorará até a data do novo diploma civil publicado para corrigi-la, pois uma lei deverá presumir-se sempre correta. Se apenas uma parte da lei for corrigida, o prazo recomeçará a fluir somente para a parte retificada, pois seria inadmissível, no que atina à parte certa, um prazo de espera excedente ao limite imposto para o início dos efeitos legais, salvo se a retificação afetar integralmente o espírito da norma. Respeitar-se-ão os direitos e deveres decorrentes da norma publicada com incorreção, ainda não retificada" (*Lei de introdução...*, 2001, p. 60).

Filia-se a esse último posicionamento, diante da proteção constitucional do direito adquirido e do ato jurídico perfeito, constante no art. 5.º, inc. XXXVI, da CF/1988 e também no art. 6.º da própria Lei de Introdução.

No que toca à vigência da norma no tempo, consagra o art. 3.º da Lei de Introdução *o princípio da obrigatoriedade da norma*, segundo o qual ninguém pode deixar de cumprir a lei alegando não conhecê-la. Seguindo mais uma vez o posicionamento defendido por

CAP. 1 · LEI DE INTRODUÇÃO | 11

Maria Helena Diniz, traz o comando visualizado, em seu conteúdo, uma *necessidade social*, "de que as normas devem ser conhecidas para que melhor sejam observadas" (*Lei de introdução...*, 2001, p. 87). Para a mesma autora, trata-se de uma obrigatoriedade simultânea ou do *princípio da vigência sincrônica*.

Não merece alento, assim, a tese da *ficção legal*, pela qual a obrigatoriedade é um comando criado pela lei e dirigida a todos; muito menos a teoria pela qual há uma *presunção absoluta* (*iure et iure*) de que todos conhecem o teor da norma, a partir da sua publicação. Sobre a tese da presunção, em certo sentido absurda, comenta Zeno Veloso:

"Não se deve concluir que o aludido art. 3.º da Lei de Introdução está expressando uma presunção de que todos conhecem as leis. Quem acha isto está conferindo a pecha de inepto ou insensato ao legislador. E ele não é estúpido. Num país em que há um excesso legislativo, uma superprodução de leis, que a todos atormenta, assombra e confunde – sem contar o número enormíssimo de medidas provisórias –, presumir que todas as leis são conhecidas por todo mundo agrediria a realidade" (VELOSO, Zeno. *Comentários...*, 2005, p. 53).

Concorda-se integralmente com o saudoso jurista, pois o legislador não seria tão estúpido! Aliás, a realidade contemporânea é de uma *explosão de leis*, de um *Big Bang Legislativo*, conforme denominou Ricardo Lorenzetti. Mesmo os aplicadores do Direito mais experientes não conhecem sequer 10% das leis em vigor em nosso país. O que dizer, então, do cidadão comum, que não estuda as leis? Em um tom crítico, percebe que o art. 3.º da Lei de Introdução perdeu aplicação prática, por falta de amparo e suporte social.

Soma-se a tal premissa a conclusão de que o princípio da obrigatoriedade das leis não pode ser mais visto como um preceito absoluto diante do atual Código Civil. Isso porque o art. 139, inc. III, da codificação material em vigor admite a existência de erro substancial quando a falsa noção estiver relacionada com um erro de direito (*error iuris*), desde que este seja a única causa para a celebração de um negócio jurídico e que não haja desobediência à lei. Cite-se que a Lei de Contravenções Penais já previa o erro de direito como justificativa para o descumprimento da norma (art. 8.º).

Deve-se entender que não há qualquer conflito entre o art. 3.º da Lei de Introdução e o citado art. 139, inc. III, do CC/2002, que possibilita a anulabilidade do negócio jurídico pela presença do erro de direito, consoante previsão do seu art. 171. A primeira norma – Lei de Introdução – é geral, apesar da discussão da sua eficácia, enquanto a segunda – Código Civil – é especial, devendo prevalecer.

Concluindo, havendo erro de direito a acometer um determinado negócio ou ato jurídico, proposta a ação específica no prazo decadencial de 4 (quatro) anos contados da sua celebração (art. 178, inc. II, do CC), haverá o reconhecimento da sua anulabilidade.

Ilustrando, trazendo interessante conclusão de aplicação do erro de direito, da jurisprudência trabalhista:

"Anulação – Erro de direito (art. 139, III, CC) – A concessão de benefício (assistência médica suplementar) previsto em acordo coletivo de trabalho calcada em regulamento já revogado traduz negócio jurídico eivado por erro substancial a autorizar sua supressão quando detectado o equívoco" (TRT 2.ª Região, Recurso Ordinário 2.032, Acórdão 20070028367, 7.ª Turma, Rel. Juíza Cátia Lungov, j. 1.º.02.2007, *DOESP* 09.02.2007).

Em complemento, a concretizar o erro de direito, cite-se julgado do Tribunal de Justiça de São Paulo que anulou acordo celebrado na extinta separação judicial diante de engano cometido pelo marido, "que destina à esposa, no acordo de separação, bens incomunicáveis seus" (TJSP, Apelação Cível 192.355-4/1-00, 4.ª Câmara de Direito Privado, Rio Claro, Rel. Des. Ênio Santarelli Zuliani, j. 02.02.2006).

Seguindo nos estudos, o art. 2.º da Lei de Introdução consagra o *princípio da continuidade da lei*, pelo qual a norma, a partir da sua entrada em vigor, tem eficácia contínua, até que outra a modifique ou revogue. Dessa forma, tem-se a regra do fim da obrigatoriedade da lei, além do caso de ter a mesma vigência temporária.

Contudo, não se fixando este prazo, prolongam-se a obrigatoriedade e o princípio da continuidade até que a lei seja modificada ou revogada por outra (art. 2.º, *caput*, da Lei de Introdução). A lei posterior revoga a anterior quando expressamente o declare, quando seja com ela incompatível ou quando regule inteiramente a matéria de que tratava a lei anterior (art. 2.º, § 1.º). Esse preceito consagra as revogações expressa e a tácita da lei, a seguir estudadas.

Entretanto, a lei nova, que estabelece disposições gerais ou especiais a par das já existentes, não revoga nem modifica a lei anterior (art. 2.º, § 2.º). O comando trata das *normas com sentido complementar*. A título de exemplo, pode ser citada a Lei dos Alimentos Gravídicos (Lei 11.804/2008), que não revogou as regras previstas no Código Civil a respeito dos alimentos (arts. 1.694 a 1.710), mas apenas completou tal tratamento legislativo. Essa norma especial terá uma breve análise crítica no Capítulo 3 deste livro.

Pelo que consta do texto legal transcrito, a *revogação*, meio mais comum para se retirar a vigência de uma norma jurídica, pode ocorrer sob duas formas, classificadas quanto à sua extensão:

a) *Revogação total* ou *ab-rogação* – ocorre quando se torna sem efeito uma norma de forma integral, com a supressão total do seu texto por uma norma emergente. Exemplo ocorreu com o Código Civil de 1916, pelo que consta do art. 2.045, primeira parte, do CC/2002.

b) *Revogação parcial* ou *derrogação* – ocorre quando uma lei nova torna sem efeito parte de uma lei anterior, como ocorreu com a parte primeira do Código Comercial de 1850, segundo está previsto no mesmo art. 2.045, segunda parte, do CC.

Em relação ao modo, as duas formas de revogação analisadas podem ser assim classificadas:

a) *Revogação expressa (ou por via direta)* – situação em que a lei nova taxativamente declara revogada a lei anterior ou aponta os dispositivos que pretende retirar. Conforme previsão do art. 9.º da Lei Complementar 95/1998, "a cláusula de revogação deverá enumerar expressamente a lei ou disposições revogadas". O respeito, em parte, em relação a tal dispositivo especial pode ser percebido pela leitura do já citado art. 2.045 do Código Civil, pelo qual "revogam-se a Lei 3.071, de 1.º de janeiro de 1916 – Código Civil e a Primeira Parte do Código Comercial, Lei 556, de 25 de junho de 1850". Entretanto, o atual Código Civil permaneceu silente quanto à revogação ou não de algumas leis especiais como a Lei do Divórcio (Lei 6.515/1977), a Lei de Registros Públicos (Lei 6.015/1973), a Lei do Condomínio e Incorporação (Lei 4.591/1967), entre outras. Nesse último ponto residem críticas ao Código Civil de 2002, por ter desobedecido a orientação anterior. O que se percebe, na prática, é que a questão da revogação das leis especiais anteriores deve ser analisada caso a caso pelo atento civilista. Em complemento, o dispositivo da citada lei complementar que impõe a revogação expressa de normas não é devidamente obedecido no Brasil, tornando-se verdadeira *letra morta* na lei.

b) *Revogação tácita (ou por via oblíqua)* – situação em que a lei posterior é incompatível com a anterior, não havendo previsão expressa no texto quanto à sua revogação. Como foi afirmado, o Código Civil de 2002 não trata da revogação de leis especiais, devendo ser aplicada a revogação parcial tácita que parece constar do seu art. 2.043 do Código Civil: "Até que por outra forma se disciplinem, continuam em vigor as disposições de natureza processual, administrativa ou penal, constantes de leis cujos preceitos de natureza civil hajam sido incorporados a este Código". Ilustrando, é notório que vários preceitos materiais de leis especiais, como a Lei do Divórcio (Lei 6.515/1973), foram incorporados pelo atual Código Civil. Desse modo, permanecem em vigor os seus preceitos processuais, trazendo a conclusão da sua revogação parcial, por via oblíqua. Não se pode concluir que *todas* as normas materiais não incorporadas foram revogadas, devendo-se analisar o caso concreto. Polêmica nesse sentido surge quanto ao direito real de habitação a favor do companheiro, que não foi incorporado pela atual codificação material, de forma expressa. Para consulta e aprofundamentos, o debate sobre o tema consta do Volume 6 desta coleção.

Muito importante lembrar que o art. 2.º, § 3.º, da Lei de Introdução afasta a possibilidade da lei revogada anteriormente repristinar, salvo disposição expressa em lei em sentido contrário. O *efeito repristinatório* é aquele pelo qual *uma norma revogada volta a valer no caso de revogação da sua revogadora*. Esclarecendo:

1) Norma A – válida.
2) Norma B revoga a norma A.
3) Norma C revoga a norma B.
4) A Norma A (revogada) volta a valer com a revogação (por C) da sua revogadora (B)?
5) Resposta: Não. Porque não se admite o efeito repristinatório automático.

A conclusão, portanto, é de que *não existe o efeito repristinatório automático*. Contudo, excepcionalmente, a lei revogada volta a viger quando a lei revogadora for declarada inconstitucional ou quando for concedida a suspensão cautelar da eficácia da norma impugnada – art. 11, § 2.º, da Lei 9.868/1999. Também voltará a viger quando, não sendo situação de inconstitucionalidade, o legislador assim o determinar expressamente.

Em suma, são possíveis duas situações. A primeira delas é aquela em que o efeito repristinatório decorre da declaração de inconstitucionalidade da lei. A segunda é o efeito repristinatório previsto pela própria norma jurídica. Como exemplo da primeira hipótese, pode ser transcrito o seguinte julgado do Superior Tribunal de Justiça:

"Contribuição previdenciária patronal. Empresa agroindustrial. Inconstitucionalidade. Efeito repristinatório. Lei de Introdução. 1. A declaração de inconstitucionalidade em tese, ao excluir do ordenamento positivo a manifestação estatal inválida, conduz à restauração de eficácia das leis e das normas afetadas pelo ato declarado inconstitucional. 2. Sendo nula e, portanto, desprovida de eficácia jurídica a lei inconstitucional, decorre daí que a decisão declaratória da inconstitucionalidade produz efeitos repristinatórios. 3. O chamado efeito repristinatório da declaração de inconstitucionalidade não se confunde com a repristinação prevista no artigo 2.º, § 3.º, da Lei de Introdução, sobretudo porque, no primeiro caso, sequer há revogação no plano jurídico. 4. Recurso especial a que se nega provimento" (STJ, 2.ª T., REsp 517.789/AL, Rel. Min. João Otávio de Noronha, j. 08.06.2004, *DJ* 13.06.2005, p. 236).

14 | DIREITO CIVIL • VOL. 1 – *Flávio Tartuce*

Muitas vezes, podem surgir conflitos quando uma norma é modificada ou com o surgimento de uma nova lei. Em casos tais, deve o aplicador do direito procurar socorro em regras específicas de *direito intertemporal*, denominadas *Disposições finais e transitórias*. O atual Código Civil traz essas ferramentas entre os seus arts. 2.028 e 2.046 que serão muito utilizadas no decorrer desta coleção, quando do estudo de temas específicos.

1.1.3.2   Da vigência das leis no espaço

Toda lei ou norma jurídica, em princípio, tem seu campo de aplicação limitado no espaço pelas fronteiras do Estado que a promulgou. Essa a melhor concepção do *princípio da territorialidade da lei*, segundo o qual no Brasil somente se pode aplicar a norma jurídica nacional.

O território nacional, em sentido amplo ou *lato sensu*, inclui a parte continental – o território propriamente dito –, o solo, o espaço aéreo, bem como as águas que nela se encontrarem. Também fazem parte do território nacional as ilhas, bem como uma faixa de mar territorial correspondente a 12 milhas.

Os Estados contemporâneos, todavia, têm admitido a aplicação, em determinadas circunstâncias, de normas estrangeiras e de fontes do Direito Internacional Público (tratados e convenções) em seu território, com o intuito de facilitar as relações entre os países. Conforme aponta a doutrina especializada no assunto, é essa uma das consequências do crescente relacionamento entre os sujeitos do direito internacional na comunidade globalizada.

Exemplificando, essa aplicação extraterritorial do direito pode surgir tanto no âmbito público – quando um estrangeiro comete um crime no Brasil – quanto no âmbito privado – quando um nacional possui bens ou realiza negócios em território estrangeiro. É importante repisar que a Lei de Introdução traz normas de aplicação aos dois ramos do direito internacional, seja público ou privado.

Como uma nação evoluída e soberana, nosso país adotou a *teoria da territorialidade moderada* ou *temperada*, princípio pelo qual as leis e as sentenças estrangeiras podem ser aplicadas no Brasil, observadas certas regras, algumas delas constantes na própria Lei de Introdução.

Nesse sentido, vale dizer que uma sentença estrangeira somente terá aplicação entre nós se for devidamente homologada pelo Poder Judiciário. Anteriormente, essa homologação cabia ao Supremo Tribunal Federal, órgão que era incumbido de proclamar o *exequatur* ou *cumpra-se* conforme previa o art. 15 da Lei de Introdução.

Nos termos desse comando, será executada no Brasil a sentença proferida no estrangeiro, que reúne os seguintes requisitos: *a)* haver sido proferida por juiz competente; *b)* terem sido as partes citadas ou haver-se legalmente verificado à revelia; *c)* ter passado em julgado e estar revestida das formalidades necessárias para a execução no lugar em que foi proferida; *d)* estar traduzida por intérprete autorizado; *e)* ter sido homologada pelo Supremo Tribunal Federal.

Entretanto, apesar de a última previsão não ter sido alterada ou revogada, com a Emenda Constitucional 45 passou a ter competência para tanto o Superior Tribunal de Justiça, pela regra que consta no art. 105, I, *i*, da CF/1988. Relativamente ao tema, o constitucionalista Olavo Augusto Vianna Alves Ferreira espera, com razão, que "o Superior Tribunal de Justiça mantenha o entendimento do Supremo Tribunal Federal quanto alguns pontos sobre a homologação de sentenças estrangeiras, como: os pressupostos para a homologação (previstos no art. 217 do Regimento Interno do STF), impossibilidade de discussão do processo de homologação da relação de direito material subjacente à sentença estrangeira, possibilidade de homologação de sentença proferida em júri civil e aplicação do princípio da sucumbência"

(Competências..., *Reforma do Judiciário...*, 2005, p. 205). Do mesmo modo esperamos que esse entendimento seja mantido.

O Código de Processo Civil de 2015 passou a tratar não só da homologação de sentença estrangeira, mas de qualquer outra decisão judicial proferida no estrangeiro, conforme regulamentação constante a partir do seu art. 960. Nos termos do art. 963 do CPC/2015, constituem requisitos indispensáveis à homologação de qualquer decisão proferida no estrangeiro: *a)* ser proferida por autoridade competente; *b)* ser precedida de citação regular, ainda que verificada a revelia; *c)* ser eficaz no país em que foi proferida; *d)* não ofender a coisa julgada brasileira; *e)* estar acompanhada de tradução oficial, salvo disposição que a dispense prevista em tratado; *f)* não conter manifesta ofensa à ordem pública. Como a norma instrumental não traz exatamente o mesmo teor do art. 15 da Lei de Introdução, entendemos que não houve revogação do último dispositivo, devendo ambos os preceitos conviver no sistema jurídico, em *diálogo entre as fontes.*

De toda forma, há interpretação no sentido de ter sido o art. 15 da LINDB revogado tacitamente pelo último comando do Estatuto Processual emergente citado. Assim, não haveria mais a necessidade do trânsito em julgado da sentença no país de origem, exigindo-se apenas a sua eficácia naquela localidade. Seguindo essa interpretação – que tende a ser a majoritária –, concluiu o Superior Tribunal de Justiça em 2018 em ação relativa à homologação de sentença proferida pelo Poder Judiciário da Bulgária a respeito da guarda e visitação de menores:

> "Com a entrada em vigor do CPC/15, os requisitos indispensáveis à homologação da sentença estrangeira passaram a contar com disciplina legal, de modo que o Regimento Interno desta Corte deverá ser aplicado em caráter supletivo e naquilo que for compatível com a disciplina contida na legislação federal. O art. 963, III, do CPC/15 não mais exige que a decisão judicial que se pretende homologar tenha transitado em julgado, mas, ao revés, que somente seja ela eficaz em seu país de origem, tendo sido tacitamente revogado o art. 216-D, III, do RISTJ. Aplica-se o CPC/15, especialmente no que tange aos requisitos materiais de homologação da sentença estrangeira, às ações ainda pendentes ao tempo de sua entrada em vigor, mesmo que tenham sido elas ajuizadas na vigência da legislação revogada" (STJ, SEC 14.812/EX, Corte Especial, Rel. Min. Nancy Andrighi, j. 16.05.2018, *DJe* 23.05.2018).

Seguindo no estudo do tema, deve-se entender que ainda está em vigor o art. 16 da Lei de Introdução, pelo qual, para a aplicação da lei ou sentença estrangeira, deve ser levado em conta o seu inteiro teor, sem considerar-se qualquer remissão feita pela própria, ou por outra lei ou sentença.

Em complemento, cabe pontuar que o Código de Processo Civil de 2015 passou a tratar, ainda, da cooperação internacional para o cumprimento de decisões estrangeiras. Conforme o seu art. 26, a cooperação jurídica internacional será regida por tratado de que o Brasil faz parte e observará: *a)* o respeito às garantias do devido processo legal no Estado requerente; *b)* a igualdade de tratamento entre nacionais e estrangeiros, residentes ou não no Brasil, em relação ao acesso à justiça e à tramitação dos processos, assegurando-se assistência judiciária aos necessitados; *c)* a publicidade processual, exceto nas hipóteses de sigilo previstas na legislação brasileira ou na do Estado requerente; *d)* a existência de autoridade central para recepção e transmissão dos pedidos de cooperação; e *e)* a espontaneidade na transmissão de informações a autoridades estrangeiras.

Ademais, a cooperação jurídica internacional terá por objeto: a citação, a intimação e a notificação judicial e extrajudicial; a colheita de provas e a obtenção de informações;

a homologação e o cumprimento de decisão; a concessão de medida judicial de urgência; a assistência jurídica internacional; e qualquer outra medida judicial ou extrajudicial não proibida pela lei brasileira (art. 27 do CPC/2015).

Verifica-se que o art. 15, parágrafo único, da Lei de Introdução foi revogado pela Lei 12.036/2009. A norma dispunha que não dependeriam de homologação as sentenças estrangeiras meramente declaratórias de estado de pessoas. Como bem escreve Gustavo Ferraz de Campos Mônaco, citando a norma processual anterior, "O STJ, seguindo antigo posicionamento do STF, entendia que esse dispositivo se encontrava revogado por força do art. 486, do CPC, razão pela qual toda e qualquer sentença estrangeira deveria se submeter ao processo de homologação no país. Nenhuma dúvida resta atualmente" (MÔNACO, Gustavo Ferraz de Campos. *Código Civil...*, 2010, p. 24).

A sentença estrangeira ou mesmo um tratado ou convenção internacional somente terá incidência no país se não contrariar a soberania nacional, a ordem pública e os bons costumes (art. 17 da Lei de Introdução). Anote-se que, conforme o art. 84, inc. VIII, da CF/1988, compete exclusivamente ao Presidente da República celebrar tratados, convenções e atos internacionais, sujeitos a referendo do Congresso Nacional. As dificuldades são de, no regime democrático, determinar quais os limites dessa assinatura pelo Presidente.

Superado esse ponto, cabe definir o que seria o *território nacional* no sentido do Direito Internacional, sendo certo que nos limites desse território é que o Estado exerce a sua soberania, pela aplicação das normas nele promulgadas.

Inicialmente, há o *território real* compreendido pelo solo, subsolo, espaço aéreo, águas continentais interiores, baías, golfos, formações geográficas internas, ilhas nacionais e uma faixa de mar exterior de 12 milhas. A respeito das doze milhas de mar territorial, esse é o pactuado na Convenção das Nações Unidas sobre o Direito do Mar, concluída em Montego Bay, Jamaica, em 10 de dezembro de 1982.

O *território ficto* é aquele criado pela lei e formado pelas embaixadas, que representam a extensão do território nacional. O mesmo não pode ser dito com relação aos consulados, que representam o seu povo. O *território ficto*, segundo os ensinamentos que me foram transmitidos, ainda compreende:

a) Os navios, embarcações e aeronaves de guerra nacionais, onde quer que se encontrem, não importando o local.

b) Os navios mercantes nacionais, quando estiverem navegando em águas territoriais brasileiras e em alto-mar, isto é, fora das águas territoriais de outro país.

c) Os navios e as embarcações mercantes estrangeiros, quando estiverem navegando em águas brasileiras.

d) As aeronaves nacionais, mesmo mercantes, quando sobrevoando em alto-mar a qualquer altura atmosférica.

Eventualmente, sendo celebrado um contrato no *território ficto*, aplica-se a norma brasileira, pelo que consta no art. 9.º da Lei de Introdução, que traz regra pela qual para reger obrigações incide a norma do local em que esta foi assumida (*locus regit actum*).

1.1.3.3 Principais classificações da lei

As classificações fundamentais e consolidadas da norma jurídica que mais interessam ao Direito Privado são as seguintes:

A) *Quanto à imperatividade:*

- *Normas cogentes* ou *de ordem pública* – são aquelas que interessam à coletividade em sentido genérico, merecendo aplicação obrigatória, eis que são dotadas de imperatividade absoluta. As normas de ordem pública não podem ser afastadas pela autonomia privada constante em um contrato, pacto antenupcial, convenção de condomínio, testamento ou outro negócio jurídico. O atual Código Civil está impregnado de normas dessa natureza, como aquelas relacionadas com os direitos da personalidade (arts. 11 a 21 do CC), com a nulidade absoluta dos negócios jurídicos, com os direitos pessoais de família e com a função social da propriedade e dos contratos (art. 2.035, parágrafo único, do CC/2002).

- *Normas dispositivas* ou *de ordem privada* – são aquelas que interessam tão somente aos particulares, podendo ser afastadas por disposição volitiva prevista em contrato, pacto antenupcial, convenção de condomínio, testamento ou outro negócio jurídico. São normas dessa natureza aquelas que dizem respeito ao condomínio edilício (em regra), ao regime de bens do casamento e à anulabilidade de um negócio jurídico.

B) *Quanto à sua natureza:*

- *Normas substantivas* ou *materiais* – são aquelas relacionadas com o direito material, como é o Código Civil brasileiro e o Código de Defesa do Consumidor no seu todo. Entretanto, é interessante observar que as leis citadas também possuem preceitos processuais, caso das normas relativas à prova do negócio jurídico previstas no Código Civil (arts. 212 a 232).

- *Normas formais* ou *processuais* – são aquelas relacionadas com o processo, que visa proteger o direito material, como é o Código de Processo Civil e que em certos pontos merece estudo na presente coleção, com as atualizações introduzidas pela nova norma promulgada em 2015.

C) *Quanto ao conteúdo de autorizamento:*

- *Normas mais que perfeitas* – são aquelas cuja violação do seu conteúdo possibilita a nulidade ou anulabilidade do ato ou negócio, com o restabelecimento da situação anterior, sem prejuízo da imposição de uma penalidade ao seu ofensor. A norma que veda o abuso de direito (art. 187 do CC) tem essa natureza, por ter condições de gerar a nulidade de um negócio por ilicitude do seu objeto (art. 166, II, do CC), além da imputação do dever de indenizar.

- *Normas perfeitas* – são normas que trazem no seu conteúdo somente a previsão de nulidade ou anulabilidade do ato ou negócio jurídico, segundo o que consta no art. 167 do CC, que consagra a nulidade absoluta do negócio jurídico simulado.

- *Normas menos que perfeitas* – são normas que preveem a aplicação de uma sanção ao violador, mas sem a declaração de nulidade ou anulabilidade do ato ou negócio jurídico. A norma que traz as condições suspensivas do casamento (art. 1.523 do CC) possui essa natureza.

- *Normas imperfeitas* – a violação dessa norma não acarreta qualquer sanção ou consequência jurídica, como acontece com as previsões que constam da Constituição Federal, por regra. Cite-se, nesse contexto, o art. 226, *caput*, do Texto Maior, pelo qual a família é a base da sociedade e tem especial proteção do Estado.

D) *Quanto à hierarquia:*

- *Normas constitucionais* – são aquelas constantes na Constituição Federal de 1988, que é a norma fundamental ou *norma origem* do ordenamento jurídico brasileiro.

Merecem tratamento equiparado as emendas à Constituição, como é o caso da Emenda Constitucional 40/2003, a qual trouxe um novo tratamento aos juros.

- *Normas complementares* – são as que regulam matérias especiais estipuladas no Texto Maior, relacionadas com um determinado assunto, conforme prevê o art. 69 da CF/1988.
- *Normas ordinárias* – são as leis comuns, elaboradas pelo Poder Legislativo, de acordo com o art. 61 e seguintes da CF/1988, como o Código Civil brasileiro e o Código de Defesa do Consumidor.
- *Normas delegadas* – são as que possuem a mesma posição hierárquica que as leis ordinárias, mas são elaboradas pelo Presidente da República que deverá solicitar delegação ao Congresso Nacional para a sua aprovação – art. 68 da CF/1988.
- *Medidas provisórias* – também com a mesma posição hierárquica das leis ordinárias, são normas com força de lei, baixadas pelo Presidente da República, somente em casos de relevância e urgência, devendo ser submetidas de imediato ao Congresso Nacional, para sua conversão imediata – art. 62 da CF/1988. Por regra, perdem sua eficácia, desde a edição, se não forem convertidas em lei ordinária no prazo de 60 dias da publicação. São prorrogáveis uma única vez, por igual prazo. Entretanto, é notório que essas regras de vigência das medidas provisórias não vêm sendo obedecidas na prática.
- *Decretos legislativos* – são normas promulgadas pelo Poder Legislativo sobre assuntos de sua competência, como, por exemplo, aqueles relacionados com a ratificação de tratados internacionais – art. 59, VI, da CF/1988.
- *Resoluções* – são normas expedidas pelo Poder Legislativo, destinadas a regular matéria de sua competência com natureza administrativa ou política, como, por exemplo, a cassação de um parlamentar – art. 59, VII, da CF/1988.
- *Normas internas* – são os regimentos e estatutos aplicáveis a certo ramo do poder estatal ou com eficácia aos particulares. Como exemplo, cite-se a previsão do art. 27, § 3.º, da CF/1988, pelo qual: "Compete às Assembleias Legislativas dispor sobre seu regimento interno, polícia e serviços administrativos de sua secretaria, e prover os respectivos cargos".

E) *Quanto à especialidade:*
- *Normas gerais* – são os preceitos que regulam de forma geral um determinado assunto, sem especificações no tratamento legal. Sua caracterização depende de análise comparativa em relação à outra norma (interpretação sistemática). No presente trabalho será demonstrado que o Código Civil, no seu todo, constitui norma geral, mas é constituído por normas gerais e especiais, de acordo com o caso concreto.
- *Normas especiais* – preceitos normativos aplicáveis a um determinado instituto jurídico. Assim, a Lei 8.245/1991 deve ser considerada norma especial, aplicável aos contratos de locação de imóvel urbano, o que justifica a redação do art. 2.036 do CC/2002, outra regra de direito intertemporal, nos seguintes termos: "A locação do prédio urbano, que esteja sujeita a lei especial, por esta continua a ser regida". Algumas normas jurídicas especiais são denominadas *microssistemas* ou *estatutos*, visando a uma proteção específica, uma *tutela de vulneráveis*, caso do Estatuto da Criança e do Adolescente (Lei 8.069/1990) e do Estatuto do Idoso (Lei 10.741/2005).

1.1.3.4 A interpretação das leis

Teoricamente, a norma jurídica deve sempre trazer um conteúdo claro, não sendo necessário qualquer trabalho do seu aplicador para entender o seu sentido e o seu alcance. Mas como *nem tudo são flores*, muitas vezes surgem no texto da lei ambiguidades, imperfeições ou falta de técnica, devendo haver a intervenção do intérprete, para pesquisar o verdadeiro sentido que o legislador realmente quis estatuir, bem como a eficácia social da norma jurídica.

Nessas situações, entra em cena a interpretação da norma jurídica, buscando a *mens legis*, a intenção da lei; nascendo daí a *hermenêutica*, a ciência da interpretação, a teoria da arte de interpretar, de descobrir o sentido e o alcance da norma jurídica.

Ressalte-se que a expressão *exegese* também é utilizada como sinônimo de hermenêutica. Entretanto, não se pode confundir *exegese*, que é usada com sentido de interpretação, com a *Escola da Exegese*.

Essa escola surgiu na França por volta do século XIX, conforme relata Zeno Veloso, diante de um verdadeiro fascínio pelo Código Civil de 1804. Ensina o mestre paraense que, "para esta Escola, o legislador detinha o monopólio da revelação do direito (juspositivismo); o direito é a lei escrita. A vontade do legislador é que importa, não cabendo ao intérprete buscar a solução do caso em outras fontes, fora do texto legal, privilegiando-se, assim, a análise gramatical" (*Comentários...*, 2005, p. 66). Nem é preciso explicar por que essa escola encontra-se totalmente superada.

Pois bem, como salienta Maria Helena Diniz, desde os primórdios do estudo da interpretação da norma jurídica, duas grandes escolas surgem a respeito do critério metodológico que o aplicador deve seguir para buscar o sentido da norma (*Compêndio...*, 2003, p. 420), a saber:

a) *Teoria subjetiva de interpretação* – tese pela qual a meta da interpretação é estudar a vontade histórica do legislador.

b) *Teoria objetiva de interpretação* – o intérprete deve se ater à real vontade da lei, à *mens legis*, desligando-se do seu elaborador.

Apesar da ciência de que predomina a adesão doutrinária à segunda tese, compreendemos que não poderá prevalecer qualquer uma das teorias, devendo o aplicador do direito buscar elementos dos dois campos doutrinários, visualizando a norma sempre de forma plena. Por isso, justifica-se a afirmação de Karl Engisch de que o aplicador do direito deve ser um *jurista completo* (*Introdução...*, 1964).

Superado esse ponto e dentro dessa sistemática de visualização plena da lei, surgem várias técnicas de interpretação, estudadas a seguir.

Primeiro, quanto às fontes, deve ser levado em conta quem faz a busca pelo sentido do texto legal. Inicialmente, pode haver a *interpretação autêntica*, realizada pelo próprio legislador. Pode a interpretação ser ainda *doutrinária*, quando feita pelos estudiosos do Direito, como no caso das obras jurídicas, dos manuais, das dissertações de mestrado e das teses de doutorado.

Na *interpretação jurisprudencial*, esta é realizada pelos órgãos do Poder Judiciário, que inclusive elabora súmulas aplicáveis a um determinado assunto.

Concernente aos meios, a interpretação da norma pode ser classificada da seguinte forma, conforme se retira dos estudos fundamentais sobre a Teoria Geral do Direito:

a) *Interpretação gramatical* – consiste na busca do real sentido do texto legal a partir das regras de linguística do vernáculo nacional.

b) *Interpretação lógica* – consiste na utilização de mecanismos da lógica, como de silogismos, deduções, presunções e de relações entre textos legais.

DIREITO CIVIL • VOL. 1 – Flávio Tartuce

c) *Interpretação ontológica* – busca pela essência da lei, a sua motivação a sua razão de ser (*ratio legis*).

d) *Interpretação histórica* – consiste no estudo das circunstâncias fáticas que envolviam a elaboração da norma, procurando nesse contexto o real sentido do texto legal.

e) *Interpretação sistemática* – meio de interpretação dos mais importantes, visa sempre a uma comparação entre a lei atual, em vários de seus dispositivos e outros textos ou textos anteriores.

f) *Interpretação sociológica* ou *teleológica* – busca interpretar de acordo com a adequação da lei ao contexto da sociedade e aos fatos sociais.

Por fim, no que concerne à sua extensão, é interessante deixar clara a seguinte classificação:

a) *Interpretação declarativa* – é a interpretação nos exatos termos do que consta da lei, sem ampliar ou restringir o conteúdo do texto legal.

b) *Interpretação extensiva* – amplia-se o sentido do texto legal, sob o argumento de que o legislador disse menos do que pretendia, sendo interessante deixar claro que as normas que restringem a liberdade, caso da autonomia privada (liberdade contratual), e as normas de exceção, em regra, não admitem essa forma de interpretação.

c) *Interpretação restritiva* – restringe-se o texto legal, eis que o legislador disse mais do que pretendia.

Cumpre destacar que todas essas espécies de interpretação não operam isoladamente, mas se completam. O renomado doutrinador alemão Karl Engisch, diante da ideia de *jurista completo* antes mencionada, recomenda que o cientista do direito, na hermenêutica, utilize todos os métodos interpretativos apontados (*Introdução do pensamento...*, 1964).

1.1.3.5 As fontes diretas secundárias: a analogia, os costumes, os princípios gerais do direito. Estudo específico e aprofundado

A) A analogia

A analogia pode ser conceituada como a aplicação de uma norma próxima ou de um conjunto de normas próximas, não havendo norma prevista para um determinado caso concreto. Dessa forma, sendo omissa a lei jurídica para uma dada situação fática, deve o aplicador do direito procurar alento no próprio ordenamento jurídico, permitida a aplicação de uma norma além do seu campo de atuação.

A título de exemplo de aplicação da analogia, estatui o art. 499 do CC/2002 que é lícita a venda de bens entre cônjuges quanto aos bens excluídos da comunhão. Como a norma não é, pelo menos diretamente, restritiva da liberdade contratual, não há qualquer óbice em afirmar que é lícita a compra e venda entre *companheiros* quanto aos bens excluídos da comunhão. Destaque-se que, em regra, o regime de bens do casamento é o mesmo da união estável, qual seja, o da comunhão parcial de bens (arts. 1.640 e 1.725 do CC).

Outro exemplo de aplicação da analogia era a incidência do Decreto-lei 2.681/1912, antes do Código Civil de 2002. Previa esse decreto a responsabilidade civil objetiva das empresas de estradas de ferro. Por ausência de lei específica, esse dispositivo legal passou a ser aplicado a todos os tipos de contrato de transporte terrestre. Por uma questão lógica, e pela presença de lacuna normativa, tal comando legal passou a incidir em ocorrências

CAP. 1 · LEI DE INTRODUÇÃO | 21

envolvendo bondes, ônibus, caminhões, automóveis, motos e outros meios de transporte terrestre, conforme esquema que segue:

Trens ⇨ Bondes ⇨ Ônibus ⇨ Caminhões ⇨ Automóveis ⇨ Motocicletas

Frise-se, porém, que não há mais a necessidade de socorro à analogia para tais casos, eis que o Código Civil de 2002 traz o transporte como contrato típico. Destaque-se que continua consagrada a responsabilidade objetiva do transportador, pelo que consta dos arts. 734 (transporte de pessoas) e 750 (transporte de coisas) da atual codificação material. Vale dizer, aliás, que, para alguns, como é o meu caso, o referido e antigo decreto está revogado.

Entende-se que é na analogia que se origina a missão conferida ao juiz pelo art. 4.º da Lei de Introdução, impedindo-o de furtar-se a uma decisão para o caso concreto (*non liquet*). Deve ele excluir todos os meios de integração, criando uma norma individual para uma situação em que a subsunção não é possível.

Dessa forma, tem o magistrado a autorização da lei para interpretar e integrar as normas, mantendo-se nos limites assinalados pelos arts. 4.º e 5.º da Lei de Introdução. O aplicador do direito acaba por *criar* uma norma individual, que só vale para aquele determinado caso concreto, pondo fim ao conflito, sem dissolver a lacuna.

Sendo assim, é pertinente apontar a classificação da analogia, nos seguintes termos:

– *Analogia legal ou legis* – é a aplicação de somente uma norma próxima, como ocorre nos exemplos antes citados.

– *Analogia jurídica ou iuris* – é a aplicação de um conjunto de normas próximas, visando extrair elementos que possibilitem a analogia. Como exemplo, cite-se a *antiga* possibilidade de aplicação, por analogia, das regras processuais previstas para a separação judicial consensual nos casos envolvendo o casamento (arts. 1.120 a 1.124 do CPC/1973), também para a ação de reconhecimento e dissolução da união estável que assumir a forma amigável. Nesse sentido, já entendeu em tempos remotos o Superior Tribunal de Justiça (STJ, REsp 178.262/DF, 3.ª Turma, Rel. Min. Antônio de Pádua Ribeiro, Rel. p/ acórdão Min. Carlos Alberto Menezes Direito, j. 19.05.2005, *DJ* 29.08.2005, p. 326). Utiliza-se a expressão *antiga* uma vez que estou filiado à corrente que afirma que a *Emenda do Divórcio* (EC 66/2010) retirou do sistema a separação de direito, o que inclui a separação judicial consensual. Essa premissa é mantida mesmo diante do tratamento da separação judicial no Código de Processo Civil de 2015. O tema está aprofundado no Volume 5 da presente coleção.

A encerrar esta abordagem, é forçoso deixar claro que não se pode confundir a aplicação da analogia com a interpretação extensiva. No primeiro caso, rompe-se com os limites do que está previsto na norma, havendo *integração* da norma jurídica. Na interpretação extensiva, apenas amplia-se o seu sentido, havendo *subsunção*. Vejamos um exemplo prático envolvendo o Código Civil em vigor.

O art. 157 do CC/2002 enuncia como vício ou defeito do negócio jurídico a *lesão*, presente quando a pessoa, por premente necessidade ou inexperiência, submete-se a uma situação desproporcional por meio de um negócio jurídico. O art. 171, inc. II, da atual codificação prescreve que tal negócio é anulável, desde que proposta a ação anulatória no prazo decadencial de quatro anos contados da sua celebração (art. 178, inc. II).

Entretanto, conforme o § 2.º do art. 157, pode-se percorrer o caminho da revisão do negócio, se a parte beneficiada com a desproporção oferecer suplemento suficiente para equilibrar o negócio. Recomenda-se sempre a revisão do contrato nessas situações, prestigiando--se a conservação do negócio jurídico e a função social dos contratos.

Pois bem, duas hipóteses podem ser expostas a respeito da lesão:

Hipótese 1. Aplicação do art. 157, § 2.º, do CC para a *lesão usurária*, prevista no Decreto-lei 22.626/1933 (Lei de Usura). Nesse caso haverá *interpretação extensiva*, pois o dispositivo somente será aplicado a outro caso de lesão. Amplia-se o sentido da norma, não rompendo os seus limites (*subsunção*).

Hipótese 2. Aplicação do art. 157, § 2.º, do CC para o *estado de perigo* (art. 156 do CC). Aqui, haverá aplicação da *analogia*, pois o comando legal em questão está sendo aplicado a outro instituto jurídico (*integração*). Nesse sentido, dispõe o Enunciado n. 148 do CJF/STJ, da *III Jornada de Direito Civil*, que: "Ao 'estado de perigo' (art. 156) aplica-se, por analogia, o disposto no § 2.º do art. 157".

Muitas vezes, porém, podem existir confusões, não havendo *fórmula mágica* para apontar se uma determinada situação envolve a aplicação da analogia ou da interpretação extensiva, devendo as situações concretas ser analisadas caso a caso, o que será feito pontualmente no decorrer dos volumes desta coleção.

B) Os costumes

Desde os primórdios do direito, os costumes desfrutam de larga projeção jurídica. Como é notório, no passado havia certa escassez de leis escritas, realidade ainda hoje presente nos países baseados no sistema da *Common Law*, caso da Inglaterra. Em alguns ramos jurídicos, o costume assume papel vital, como ocorre no Direito Internacional Privado. Pela ausência de um conjunto de normas específicas a tratar do assunto, principalmente dos contratos internacionais, é que os costumes e as práticas dos comerciantes eram considerados fontes primordiais desse ramo jurídico, pelo reconhecimento da *Lex Mercatoria*.

Com o passar dos tempos, o costume foi perdendo a sua importância, pois foi substituído pelas leis, mas ainda continua a brotar da consciência jurídica do povo, como inicial manifestação do direito. Por isso, é indeclinável a sua caracterização como fonte jurídica, pois dos costumes é que surgem as leis. Os costumes podem ser conceituados como as práticas e usos reiterados com conteúdo lícito e relevância jurídica.

Na visão clássica do Direito Civil, os costumes teriam requisitos para aplicação como fonte do direito. Rubens Limongi França apresenta cinco, a saber: *a)* continuidade; *b)* uniformidade; *c)* diuturnidade; *d)* moralidade; e *e)* obrigatoriedade. Resumindo, afirma o jurista que "é necessário que o costume esteja arraigado na consciência popular após a sua prática durante um tempo considerável, e, além disso, goze da reputação de imprescindível norma costumeira" (LIMONGI FRANÇA, Rubens. *Instituições...*, 1996, p. 14).

Os costumes, assim, são formados, além da reiteração, por um conteúdo lícito, conceito adaptado ao que consta no Código Civil de 2002. Isso porque, em vários dos dispositivos da novel codificação, é encontrada referência aos *bons costumes*, constituindo seu desrespeito abuso de direito, uma espécie de ilícito, pela previsão do seu art. 187.

Do mesmo modo, há menção aos bons costumes no art. 13 do CC/2002, regra relacionada com os direitos da personalidade, pela qual "Salvo por exigência médica, é defeso ato de disposição do próprio corpo, quando importar diminuição permanente da integridade física, ou contrariar os bons costumes". Em momento oportuno, será explicada a caracterização dos *bons costumes* como cláusula geral, e porque é comum a sua referência no Código Civil de 2002.

Em análise comparativa com a lei, os costumes podem ser classificados da seguinte forma:

– *Costumes segundo a lei (secundum legem)* – incidem quando há referência expressa aos costumes no texto legal, como ocorre nos artigos da codificação antes citados, sem prejuízo de outros, a saber, ilustrando: art. 569, inc. II, do CC – "O locatário é obrigado: a pagar pontualmente o aluguel nos prazos ajustados, e, em falta de ajuste, segundo o costume do lugar"; art. 596 do CC – "Não se tendo estipulado, nem chegado a acordo as partes, fixar-se-á por arbitramento a retribuição, segundo o costume do lugar, o tempo de serviço e sua qualidade". Também há referência aos bons costumes na própria Lei de Introdução, pelo que consta no seu art. 17, que receberá visualização mais aprofundada ainda neste capítulo. Na aplicação dos costumes *secundum legem*, não há *integração*, mas *subsunção*, eis que a própria norma jurídica é que é aplicada.

– *Costumes na falta da lei (praeter legem)* – aplicados quando a lei for omissa, sendo denominado *costume integrativo*, eis que ocorre a utilização propriamente dita dessa ferramenta de correção do sistema. Exemplo de aplicação do costume *praeter legem* é o reconhecimento da validade do cheque *pós-datado* ou *pré-datado*. Como não há lei proibindo a emissão de cheque com data para depósito e tendo em vista as práticas comerciais, reconheceu-se a possibilidade de quebrar com a regra pela qual esse título de crédito é ordem de pagamento à vista. Tanto isso é verdade que a jurisprudência tem reconhecido há tempos o dever de indenizar quando o cheque é depositado antes do prazo assinalado, ocorrendo inscrição do nome do emitente nos órgãos de proteção ao crédito: "a devolução de cheque pré-datado, por insuficiência de fundos, apresentado antes da data ajustada entre as partes, constitui fato capaz de gerar prejuízos de ordem moral" (STJ, REsp 213.940/RJ, 3.ª Turma, Rel. Min. Eduardo Ribeiro, j. 29.06.2000, *DJ* 21.08.2000, p. 124, *RJADCOAS*, v. 15, p. 46). Para consolidar esse entendimento, o Superior Tribunal de Justiça editou no ano de 2009 a Súmula n. 370, prevendo que "caracteriza dano moral a apresentação antecipada do cheque pré-datado".

– *Costumes contra a lei (contra legem)* – incidem quando a aplicação dos costumes contraria o que dispõe a lei. Entendemos que, pelo que consta no Código Civil em vigor, especificamente pela proibição do abuso de direito (art. 187 do CC), não se pode admitir, em regra, a aplicação dos costumes *contra legem*. Eventualmente, havendo desuso da lei, poderá o costume ser aplicado, o que, contudo, não é pacífico (ver: STJ, REsp 30.705/SP, 6.ª Turma, Rel. Min. Adhemar Ferreira Maciel, j. 14.03.1995, *DJU* 03.04.1995, p. 8.150). Também aqui, por regra, não há que falar em integração.

Por tudo o que foi exposto, e em resumo, deve ser entendida a análise da classificação dos costumes da seguinte forma:

– Costumes *secundum legem*	⇔	subsunção (aplicação direta da norma).
– Costumes *praeter legem*	⇔	integração (costume integrativo).
– Costumes *contra legem*	⇔	não há subsunção nem integração, constituindo abuso de direito (art. 187 do CC), por regra.

C) Os princípios gerais de direito

O conceito de princípios é demais controvertido, razão pela qual será buscado o aprofundamento quanto ao tema, principalmente pela relevância assumida pelos princípios na codificação privada emergente.

Inicialmente, é interessante demonstrar o conceito de Maria Helena Diniz, que ensina serem os princípios "cânones que não foram ditados, explicitamente, pelo elaborador da norma, mas que estão contidos de forma imanente no ordenamento jurídico. Observa Jeanneau que os princípios não têm existência própria, estão ínsitos no sistema, mas é o juiz que, ao descobri-los, lhes dá força e vida. Esses princípios que servem de base para preencher lacunas não podem opor-se às disposições do ordenamento jurídico, pois devem fundar-se na natureza do sistema jurídico, que deve apresentar-se como um 'organismo' lógico, capaz de conter uma solução segura para o caso duvidoso" (*Lei de introdução...*, 2001, p. 123).

De acordo com o magistério de Francisco Amaral, "os princípios jurídicos são pensamentos diretores de uma regulamentação jurídica. São critérios para a ação e para a constituição de normas e modelos jurídicos. Como diretrizes gerais e básicas, fundamentam e dão unidade a um sistema ou a uma instituição. O direito, como sistema, seria assim um conjunto ordenado segundo princípios" (*Direito civil...*, 2004, p. 92).

Confrontados com as normas jurídicas, por essa construção, percebe-se de imediato o sentido do conceito, sendo certo que os princípios são mais amplos, abstratos, muitas vezes com posição definida na Constituição Federal. São esses os pontos que os diferenciam das normas, dotadas de concretismo – denota-se um *alto grau de concretude* –, de uma posição de firmeza, em oposição ao nexo deôntico relativo que acompanha os princípios.

Ambos os conceitos – de princípios e normas – apontam as decisões particulares a serem tomadas no caso prático pelo aplicador do direito, existindo diferença somente em relação ao caráter da informação que fornecem. As normas deverão ser sempre aplicadas, sob pena de suportar consequências jurídicas determinadas previamente.

O próprio art. 5.º da Lei de Introdução traz em seu bojo um princípio: o da *socialidade*. Dessa forma, o magistrado, na aplicação da norma, deve ser guiado pela sua função ou fim social e pelo objetivo de alcançar o bem comum (a pacificação social). Esse dispositivo, na verdade, complementa o comando anterior, principalmente nos casos de solução de lacunas de conflito ou antinomias.

O comando legal é fundamental, ainda, por ser critério hermenêutico, a apontar a correta conclusão a respeito de determinada lei que surge para a sociedade, o que foi repetido pelo art. 8.º do CPC/2015, ainda com maior profundidade e extensão, pela menção aos princípios da dignidade da pessoa humana, da proporcionalidade, da razoabilidade, da legalidade, da publicidade e da eficiência.

Ilustrando, entrou em vigor no Brasil, no ano de 2007, a lei que possibilitou o divórcio e o inventário extrajudiciais (Lei 11.441/2007, que introduziu o art. 1.124-A no então CPC/1973). Como finalidades da norma, a guiar o intérprete, podem ser apontadas a *desjudicialização dos conflitos (fuga do Judiciário)*, a redução de formalidades e de burocracia, a simplicidade, a facilitação de extinção dos vínculos familiares, entre outras. Esses fins sociais também guiam o Código de Processo Civil de 2015, que igualmente tratou do divórcio e do inventário extrajudiciais, nos seus arts. 733 e 610.

Voltando ao cerne da questão, outro ponto a diferenciar normas e princípios é que as primeiras constituem um conceito universal de *imperativo autorizante*, podendo gerar sanções àqueles que não as respeitam. Em reforço, cite-se a conclusão de Geraldo Ataliba, para quem os princípios são as linhas mestras orientadoras do ordenamento jurídico, que "apontam os rumos a serem seguidos por toda a sociedade e obrigatoriamente seguidos pelos órgãos do governo" (*República e Constituição...*, 1985, p. 6). É de se concordar integralmente, eis que esse é o sentido lógico dos princípios que constam do Código Civil de 2002.

Partindo para outra análise, consigne-se que os princípios já estavam previstos como forma de integração da norma no direito romano, de acordo com as regras criadas pelo imperador, as *leges*, entre 284 e 568 d.C.

Nesse sentido, não se pode perder de vista que os princípios jurídicos consagrados pelo direito romano ou *mandamentos do direito romano: honeste vivere, alterum non laedere, suum cuique tribuere (viver honestamente, não lesar a ninguém, dar a cada um o que é seu,* respectivamente) continuam sendo invocados, tanto pela doutrina quanto pela jurisprudência. Aplicando um desses mandamentos, transcreve-se, do Tribunal de Minas Gerais:

> "Ação de cobrança. Pagamento indevido. Enriquecimento ilícito. Restituição. Recurso a que se nega provimento. O enriquecimento sem causa tem como pressuposto um acréscimo patrimonial injustificado e a finalidade de restituição ao patrimônio de quem empobreceu. Ele encontra seu fundamento no velho princípio de justiça *suum cuique tribuere,* dar a cada um o que é seu. Nessa toada, em que pesem a alardeada boa-fé e a situação econômica precária, com base simplesmente na concepção pura do enriquecimento sem causa, constata-se a necessidade de o Apelante restituir os valores recebidos indevidamente ao Apelado" (TJMG, Acórdão 1.0024.06.025798-7/001, 13.ª Câmara Cível, Belo Horizonte, Rel. Des. Cláudia Maia, j. 10.05.2007, *DJMG* 25.05.2007).

Nelson Nery Jr. e Rosa Maria de Andrade Nery anotam uma visão ampliadora do conceito de princípio, entendendo que pode o mesmo não estar previsto expressamente na norma, sendo comum, na grande maioria das vezes, a ausência de positivação (*Novo Código Civil...*, 2003, p. 4). Filia-se a esses autores, pois muitas vezes não há previsão legislativa do princípio na norma jurídica. Exemplifique-se que o princípio da função social do contrato é expresso no Código Civil de 2002 (arts. 421 e 2.035, parágrafo único), mas implícito ao Código de Defesa do Consumidor e mesmo à CLT, que trazem uma lógica de proteção do vulnerável, do consumidor e do trabalhador, consagrando o regramento em questão, diante do seu sentido coletivo, de diminuição da injustiça social.

A propósito, o princípio da função social dos contratos deve ser analisado frente aos fundamentos retirados da Lei 13.874/2019, conhecida como *Lei da Liberdade Econômica* e originária da Medida Provisória 881, que traz uma profunda valorização da liberdade individual, remontando à antiga ideia de autonomia da vontade. Conforme o seu art. 2.º, são princípios que norteiam o disposto nesta norma: *a)* a liberdade como uma garantia no exercício de atividades econômicas; *b)* a boa-fé do particular perante o poder público; *c)* a intervenção subsidiária e excepcional do Estado sobre o exercício de atividades econômicas; e *d)* o reconhecimento da vulnerabilidade do particular perante o Estado. No decorrer da coleção, especialmente no seu Volume 3, veremos como se dá essa confrontação.

Procurando um conceito interessante de princípio, estamos alinhados, quanto à natureza jurídica dos princípios gerais do direito, à *teoria filosófica* ao lado de expoentes nacionais do quilate de Eduardo Espínola e Eduardo Espínola Filho, Paulino Neto, Caio Mário da Silva Pereira, Washington de Barros Monteiro e Rubens Limongi França (todos constantes da obra clássica do último autor: *Princípios gerais do direito*, 1971).

Por isso, deve-se conceber que os princípios não decorrem rigorosamente das normas ou do ordenamento jurídico, mas da soma de vários fatores. Os princípios podem ser implícitos, abstraídos que são, além das normas, dos costumes, da doutrina, da jurisprudência, de aspectos políticos, econômicos e, sobretudo, sociais. Sem dúvida que, com a promulgação do Código Civil de 2002, ganhou força a corrente doutrinária nacional que apontou para o fato de não se poder desassociar dos princípios o seu valor coercitivo, tese defendida pelo próprio Rubens Limongi França em sua festejada obra sobre o tema (*Princípios...*, 1971).

Os princípios gerais devem assim trilhar o aplicador do direito na busca da justiça, estando sempre baseados na estrutura da sociedade. Citando Campos Batalha, verifica-se que os princípios devem se harmonizar com "os valores de determinada cultura e em determinado tempo (ideias políticas, sociais e jurídicas vigentes)", para que sejam utilizados como "*substractum* comum a todos os povos ou a alguns deles em determinado momento histórico" (*apud* LIMONGI FRANÇA, Rubens. *Princípios...*, 1971, p. 168).

Partindo para outra análise, também fundamental para a busca da essência dos princípios gerais do direito, é importante demonstrar a classificação apontada por Francisco Amaral, para quem os princípios podem ser classificados como *princípios gerais do direito* e *princípios gerais do ordenamento jurídico*.

Para o jurista, os *princípios gerais do direito* são "os grandes princípios, como o da justiça, o da liberdade, o da igualdade, o da dignidade da pessoa humana. 'Aqueles sobre os quais a ordem jurídica se constrói'". Por outra via, os *princípios gerais do ordenamento jurídico* são "os princípios jurídicos positivados na legislação vigente, de modo constitucional ou posterior, e de modo institucional, se pertinentes à legislação específica, como os princípios do direito de família, ou o da autonomia da vontade, ou do enriquecimento sem causa. O Código Civil de 2002 elaborou-se sob a égide de três princípios fundamentais, o da sociabilidade, o da eticidade e o da operabilidade" (AMARAL, Francisco. *Direito civil...*, 2003, p. 93-94).

A partir de todos esses ensinamentos transcritos, é possível conceituar os princípios como fontes do direito, conforme previsão do art. 4.º da Lei de Introdução, o que denota o seu caráter normativo. Analisando os seus fins, *os princípios gerais são regramentos básicos aplicáveis a determinado instituto ou ramo jurídico, visando auxiliar o aplicador do direito na busca da justiça e da pacificação social.*

Pelo prisma da sua origem, os princípios são abstraídos das normas jurídicas, dos costumes, da doutrina, da jurisprudência e de aspectos políticos, econômicos e sociais.

A encerrar, esclareça-se quanto a uma mudança de entendimento que tive quanto à aplicação das formas de integração da norma jurídica, especificamente em relação aos princípios.

Na primeira edição desta obra, foi defendida por diversas vezes a tese de que a ordem do art. 4.º da Lei de Introdução é perfeitamente lógica, devendo ser respeitada. Em outras palavras, havendo ausência de uma norma prevista para o caso concreto, o juiz deve procurar socorro, pela ordem: 1.º) na analogia; 2.º) nos costumes; 3.º) nos princípios gerais do Direito.

Esse, aliás, o entendimento clássico e ainda majoritário, defendido por Clóvis Beviláqua, Washington de Barros Monteiro, Maria Helena Diniz, entre outros, em suas obras devidamente consultadas. Desse modo, pode-se afirmar que essa continua sendo a regra, mas nem sempre o respeito a essa ordem deverá ocorrer.

O nosso entendimento mudou pelo fato de que nos tornamos adeptos da aplicação imediata dos princípios constitucionais que protegem a pessoa, da *eficácia horizontal dos direitos fundamentais*, a partir do estudo das obras de Daniel Sarmento e Ingo Wolfgang Sarlet. Inspirados na doutrina alemã, esses autores nacionais defendem que os princípios que protegem a pessoa e que constam do Texto Maior têm prioridade de aplicação, com base no art. 5.º, § 1.º, da Constituição Federal.

Exemplificando, em casos que envolvem a proteção da dignidade humana (art. 1.º, inc. III, da CF/1988), não se pode dizer que esse princípio será aplicado somente após a analogia e os costumes e, ainda, se não houver norma prevista para o caso concreto.

Em suma, os princípios constitucionais não podem mais ser vistos somente como último recurso. Essa ideia foi adotada pelo art. 8.º do Código de Processo Civil de 2015, norma de caráter revolucionário inegável, ao estabelecer que, ao aplicar o ordenamento jurídico, o juiz atenderá aos fins sociais e às exigências do bem comum, resguardando e promovendo a dignidade da pessoa humana e observando a proporcionalidade, a razoabilidade, a legalidade, a publicidade e a eficiência.

Consigne-se, como reforço, o trabalho de Paulo Bonavides, que há tempos aponta para a *constitucionalização dos princípios gerais do direito*, bem como o fato de que os princípios fundamentam o sistema jurídico, sendo também normas primárias (*Curso...*, 2005, p. 275).

Em resumo, deve-se reconhecer eficácia normativa imediata aos princípios, em alguns casos, particularmente naqueles que envolvem os direitos fundamentais da pessoa, ou de personalidade. Isso porque com o Estado Democrático de Direito houve a *transposição dos princípios gerais de direito para princípios constitucionais fundamentais*.

Entre os próprios civilistas contestam-se o teor do art. 4.º da Lei de Introdução e até mesmo a sua aplicação. Gustavo Tepedino, por exemplo, ensina o seguinte:

"A civilística brasileira mostra-se resistente às mudanças históricas que carrearam a aproximação entre o direito constitucional e as relações jurídicas privadas. Para o direito civil, os princípios constitucionais equivaleriam a normas políticas, destinadas ao legislador e, apenas excepcionalmente, ao intérprete, que delas poderia timidamente se utilizar, nos termos do art. 4.º da Lei de Introdução brasileiro, como meio de confirmação ou de legitimação de um princípio geral de direito. Mostra-se de evidência intuitiva o equívoco dessa concepção, ainda hoje difusamente adotada no Brasil, que acaba por relegar a norma constitucional, situada no vértice do sistema, a elemento de integração subsidiário, aplicável apenas na ausência de norma ordinária específica e após terem sido frustradas as tentativas, pelo intérprete, de fazer uso da analogia e de regra consuetudinária. Trata-se, em uma palavra, de verdadeira subversão hermenêutica. O entendimento mostra-se, no entanto, bastante coerente com a lógica do individualismo oitocentista, sendo indiscutível o papel predominante que o Código Civil desempenhava com referência normativa exclusiva no âmbito das relações de direito privado" (TEPEDINO, Gustavo. Normas constitucionais..., *Temas de direito...*, 2005, t. II, p. 24).

Seguindo o mesmo raciocínio, Lucas Abreu Barroso, em artigo intitulado *Situação atual do art. 4.º da Lei de Introdução*, publicado na *Revista de Direito Constitucional* n. 5, defende a revogação desse comando legal, pois os princípios gerais de direito, na realidade pós-positivista, consubstanciam-se nos princípios constitucionais, que têm eficácia normativa. No mesmo sentido opina Marcos Jorge Catalan, em interessante artigo científico sobre tal questão (Do conflito existente..., p. 222-232, jan.-mar. 2006).

Em síntese, compreendo que aqueles que seguem a escola do *Direito Civil Constitucional*, procurando analisar o Direito Civil a partir dos parâmetros constitucionais, realidade atual do Direito Privado brasileiro, não podem ser favoráveis à aplicação da ordem constante do art. 4.º da Lei de Introdução de forma rígida e obrigatória.

Sem dúvidas que está plenamente justificada a mudança de perspectiva.

1.1.3.6 *As fontes não formais, indiretas ou mediatas: a doutrina, a jurisprudência e a equidade*

As fontes não formais, repise-se, são aquelas que não constam expressamente da Lei de Introdução, sendo constituídas pela doutrina, pela jurisprudência e pela equidade, em uma *visão clássica* do ordenamento jurídico. De toda sorte, especialmente quanto à jurisprudência, é forte a tendência em afirmar que se trata de uma fonte formal, especialmente pela força vinculativa das decisões superiores, adotada por vários dispositivos do Novo Código de Processo Civil.

A doutrina é a interpretação da lei feita pelos estudiosos da matéria, sendo constituída pelos pareceres de autores jurídicos, pelos ensinamentos dos professores e mestres, pelas opiniões dos tratadistas, pelas dissertações e teses acadêmicas, apresentadas nas faculdades de Direito. Por esses trabalhos ou obras são demonstrados os defeitos e inconvenientes da lei em vigor, sendo também apontado o melhor caminho para emendar esses problemas e corrigi-los.

A doutrina de renome pode ser caracterizada como parte dos costumes. Em havendo tal reconhecimento pela comunidade jurídica nacional, é denotada a presença de um *argumento de autoridade*, pela respeitabilidade do seu declarante. Sou adepto da utilização corriqueira desses argumentos, o que pode ser percebido pela leitura dos volumes desta coleção.

A segunda fonte informal, a jurisprudência, pode ser conceituada como a interpretação da lei elaborada pelos órgãos do Poder Judiciário. Sendo comum a aplicação da jurisprudência pela comunidade jurídica, deve ela ser considerada também parte dos costumes, caso das súmulas do Superior Tribunal de Justiça (STJ), do Supremo Tribunal Federal (STF) e do Tribunal Superior do Trabalho (TST). Lembre-se de que, após a Emenda Constitucional 45/2004, ganharam grande relevo a súmula vinculante e a súmula impeditiva de recursos.

Frise-se que para o direito baseado na *Common Law*, caso da Inglaterra, a jurisprudência é de suma importância, podendo ser considerada fonte formal primária para aquele âmbito jurídico. Em nosso sistema, ela não tinha toda essa relevância, constituindo fonte de direito porque muitas vezes criava soluções não encontradas na lei ou em outras fontes. Mas, com a reforma do Poder Judiciário, esse panorama mudou, diante do surgimento das súmulas referenciadas. Ademais, reafirme-se que o CPC/2015 valorizou de maneira considerável os precedentes judiciais, o que pode ser um passo adiante para o sistema costumeiro.

É importante deixar claro que no presente trabalho, no decorrer dos volumes desta coleção, será comum mencionar o teor dos enunciados aprovados nas *Jornadas de Direito Civil*, promovidas pelo Conselho da Justiça Federal e pelo Superior Tribunal de Justiça (CJF/STJ).

Essas *Jornadas* se tornaram o evento mais importante para o Direito Privado brasileiro, congregando várias gerações de juristas para a aprovação de enunciados com orientação doutrinária sobre o Código Civil de 2002. A *I Jornada de Direito Civil* ocorreu no ano de 2002; a *II Jornada* em 2003; a *III Jornada* em 2004; a *IV Jornada* em outubro de 2006; a *V Jornada*, em novembro de 2011; a *VI Jornada*, em março de 2013; a *VII Jornada*, em setembro de 2015; a *VIII Jornada* em abril de 2018; e a *IX Jornada* em maio de 2022. Na *II Jornada de Direito Civil*, não foram aprovados enunciados, mas apenas debatidos temas entre os juristas brasileiros e portugueses.

Merecem relevo, ainda, a *I Jornada de Direito Comercial*, realizada outubro de 2012, a *II Jornada de Direito Comercial*, de fevereiro de 2015, e a *III Jornada de Direito Comercial*, de junho de 2019. Em 2016 e 2021, o mesmo Conselho da Justiça Federal organizou a *I e a II Jornadas de Prevenção e Solução Extrajudicial dos Litígios*, também com propostas de conteúdo interessante para o Direito Privado. Em 2017, 2018 e 2023, foram realizadas as *I, II e III Jornadas de Direito Processual Civil*. Por fim, destaco a *I Jornada de Direito Notarial e Registral*, promovida em Recife em agosto de 2022.

Esclarecendo, os enunciados aprovados nas citadas *Jornadas* não têm força de súmulas, tratando-se de entendimentos doutrinários. Pode-se dizer que tais enunciados trazem conclusões coletivas a respeito do Código Civil em vigor e de outras leis, podendo ser encarados como uma *obra coletiva*, assinada pelos participantes das *Jornadas*.

O Conselho da Justiça Federal, sob a chancela do Superior Tribunal de Justiça e por iniciativa do saudoso Ministro Ruy Rosado de Aguiar, resolveu idealizar *jornadas* com o intuito de elaborar interpretações doutrinárias acerca da novel codificação material, que merecem atenção especial dos estudiosos e aplicadores do direito em geral. Tais enunciados são preciosos para as provas e para a prática civilística em geral justamente porque consubstanciam os principais pontos controvertidos relacionados com o atual Código Civil.

Tanto isso é verdade que se tornou comum verificar a presença de perguntas cujas respostas são dadas justamente pelos enunciados em provas e concursos de todo o País. Tive a honra de participar das *III, IV, V, VI, VII, VIII e IX Jornadas de Direito Civil*, e das *I, II e III Jornadas de Direito Comercial*. Também participei das *I e II Jornadas sobre Prevenção e Solução Extrajudicial dos Litígios*, e das *I, II e III Jornadas de Direito Processual Civil*. Por fim, na *II Jornada de Direito Notarial e Registral*, em agosto de 2022, participei da comissão relativa ao Poder Judiciário e à atividade notarial e registral.

Como último tema, a equidade, no âmbito do Direito Privado, era tratada não como um meio de suprir a lacuna da lei, mas sim como uma forma de auxiliar nessa missão.

Todavia, a equidade também deve ser considerada fonte informal ou indireta do direito. Aliás, após a leitura do próximo capítulo desta obra, não restará qualquer dúvida de que a equidade pode ser considerada uma fonte do *Direito Civil Contemporâneo*, principalmente diante dos regramentos orientadores adotados pela codificação privada de 2002.

A equidade pode ser conceituada como o uso do bom senso, a justiça do caso particular, mediante a adaptação razoável da lei ao caso concreto. Na concepção aristotélica, é definida como a *justiça do caso concreto*, o julgamento com a convicção do que é justo.

Na doutrina contemporânea, ensinam Pablo Stolze Gagliano e Rodolfo Pamplona Filho que "o julgamento por equidade (e não com equidade) é tido, em casos excepcionais, como fonte do direito, quando a própria lei atribui ao juiz a possibilidade de julgar conforme os seus ditames" (*Novo curso...*, 2003, v. I, p. 25). Ora, como pelo Código Civil de 2002 é comum essa ingerência, não é possível declinar a condição da equidade como fonte jurídica, não formal, indireta e mediata.

A equidade, de acordo com a doutrina, pode ser visualizada da seguinte forma:

a) *Equidade legal* – aquela cuja aplicação está prevista no próprio texto legal. Exemplo pode ser retirado do art. 413 do CC/2002, que estabelece a redução equitativa da multa ou cláusula penal como um dever do magistrado ("A penalidade deve ser reduzida equitativamente pelo juiz se a obrigação principal tiver sido cumprida em parte, ou se o montante da penalidade for manifestamente excessivo, tendo-se em vista a natureza e a finalidade do negócio").

b) *Equidade judicial* – presente quando a lei determina que o magistrado deve decidir por equidade o caso concreto. Isso poderia ser notado pelo art. 127 do CPC/1973, pelo qual "o juiz só decidirá por equidade nos casos previstos em lei". Como visto, a norma foi repetida pelo art. 140, parágrafo único, do CPC/2015.

Os conceitos expostos são muito parecidos e até se confundem. Na verdade, no segundo caso há uma ordem ao juiz, de forma expressa, o que não ocorre dessa forma na equidade legal, mas apenas implicitamente. Até pela confusão conceitual, a classificação acima perde um pouco a relevância prática.

No que tange especificamente ao art. 127 do CPC/1973 e art. 140, parágrafo único, do CPC/2015, os dispositivos são criticáveis, uma vez que, nas suas literalidades, somente está autorizada a aplicação da equidade aos casos previstos em lei.

Na realidade, nos planos teóricos e práticos, é feita uma diferenciação entre os termos *julgar por equidade* e julgar *com equidade*. Julgar *por equidade* significaria desconsiderar as regras e normas jurídicas, decidindo-se com outras regras. A título de exemplo, o julgador decide com base em máximas econômicas, como a *teoria dos jogos*.

Por seu turno, julgar *com equidade* tem o sentido de decidir-se de acordo com a justiça do caso concreto. Como as expressões são muito próximas, sempre causaram confusão entre os aplicadores do Direito, o que muitas vezes afasta a aplicação da equidade como se espera. Lamente-se, assim, o fato de o CPC/2015 ter mantido a previsão anterior.

Ora, a justiça do caso concreto é a prioridade do Direito, não havendo necessidade de autorização expressa pela norma jurídica. Ademais, pode-se dizer que a equidade é implícita à própria lei, como representação do senso comum. O dispositivo processual anterior, aliás, era duramente criticado, entre tantos, por Miguel Reale, que o considerava como exageradamente rigoroso e causador de dúvidas e confusões (REALE, Miguel. *Lições...*, 1994. p. 295).

Por isso, penso que o seu sentido não deveria ter sido repetido pelo CPC/2015, tema que foi profundamente debatido na sua tramitação, vencida a tese de permanência da regra.

A encerrar a presente seção, interessa lembrar que, em outros ramos jurídicos, a equidade é considerada nominalmente como verdadeira fonte do Direito, como acontece no Direito do Trabalho, pela previsão do art. 8.º, *caput*, da CLT, nos seguintes termos: "as autoridades administrativas e a Justiça do Trabalho, na falta de disposições legais ou contratuais, decidirão, conforme o caso, pela jurisprudência, por analogia, *por equidade* e outros princípios e normas gerais de direito, principalmente do direito de trabalho, e, ainda, de acordo com os usos e costumes, o direito comparado, mas sempre de maneira que nenhum interesse de classe ou particular prevaleça sobre o interesse público".

Em sentido muito próximo, estatui o art. 7.º, *caput*, do Código de Defesa do Consumidor que "os direitos previstos neste código não excluem outros decorrentes de tratados ou convenções internacionais de que o Brasil seja signatário, da legislação interna ordinária, de regulamentos expedidos pelas autoridades administrativas competentes, bem como dos que derivem dos princípios gerais do direito, analogia, costumes e equidade".

Apesar da falta de um dispositivo expresso e geral na Lei de Introdução ou no Código Civil, entendo que a equidade deve sempre guiar o aplicador da norma privada como verdadeira fonte do Direito Civil, conclusão retirada da própria principiologia da atual codificação privada. A leitura do próximo capítulo desta obra guiará tal conclusão.

1.1.4 As antinomias ou lacunas de conflito

Com o surgimento de qualquer lei nova, ganha relevância o estudo das *antinomias*, também denominadas lacunas de conflito. Dessa forma, a *antinomia é a presença de duas normas conflitantes, válidas e emanadas de autoridade competente, sem que se possa dizer qual delas merecerá aplicação em determinado caso concreto.*

Em suma, o presente estudo não está relacionado com a revogação das normas jurídicas, mas com os eventuais conflitos que podem existir entre elas. Esse esclarecimento é básico e fundamental.

Nesta obra, utilizaremos as regras de teoria geral de direito muito bem expostas na obra *Conflito de normas*, da Professora Maria Helena Diniz (2003, p. 34-51), sendo certo que por diversas vezes, na presente coleção, esse trabalho será utilizado para a compreensão dos novos conceitos privados, que emergiram com a codificação material de 2002.

Assim, serão aqui estudados os conceitos básicos de solução desses conflitos, os metacritérios construídos por Norberto Bobbio, em sua *Teoria do ordenamento jurídico*, para a solução dos choques entre as normas jurídicas (BOBBIO, Norberto. *Teoria...*, 1996).

Vale dizer que já se propõe a substituição desses clássicos critérios por outros, como defendem os partidários da teoria do *diálogo das fontes*, de Erik Jayme e Claudia Lima Marques. Realmente, essa é a tendência pós-moderna ou contemporânea.

Porém, pela proposta da presente obra, como um *manual de Direito Civil*, tais critérios ainda merecem ser estudados, até porque constituem interessantes mecanismos de solução dos problemas práticos. Em suma, será seguido o caminho de compatibilização dos clássicos critérios com a *teoria do diálogo das fontes*.

Feito esse importante esclarecimento, na análise das antinomias, três critérios devem ser levados em conta para a solução dos conflitos:

a) *critério cronológico*: norma posterior prevalece sobre norma anterior;

b) *critério da especialidade*: norma especial prevalece sobre norma geral;

c) *critério hierárquico*: norma superior prevalece sobre norma inferior.

Dos três critérios anteriores, o cronológico, constante do art. 2.º da Lei de Introdução, é o mais fraco de todos, sucumbindo diante dos demais. O critério da especialidade é o intermediário e o da hierarquia o mais forte de todos, tendo em vista a importância do Texto Constitucional.

De qualquer modo, relembre-se que a especialidade também consta do Texto Maior, inserida que está na isonomia constitucional (art. 5.º, *caput*, da CF/1988), em sua segunda parte, eis que *a lei deve tratar de maneira desigual os desiguais*.

Superada essa análise, parte-se para a classificação das antinomias, quanto aos metacritérios envolvidos, conforme esquema a seguir:

– *Antinomia de 1.º grau*: conflito de normas que envolve apenas um dos critérios anteriormente expostos.

– *Antinomia de 2.º grau*: choque de normas válidas que envolve dois dos critérios analisados.

Havendo a possibilidade ou não de solução, de acordo com os metacritérios de solução de conflito, é pertinente a seguinte visualização:

– *Antinomia aparente*: situação que pode ser resolvida de acordo com os metacritérios antes expostos.

– *Antinomia real*: situação que *não* pode ser resolvida com os metacritérios antes expostos.

Segundo essas classificações, devem ser analisados os casos práticos em que estão presentes os conflitos:

- No caso de conflito entre norma posterior e norma anterior, valerá a primeira, pelo critério cronológico, caso de *antinomia de primeiro grau aparente*.
- Norma especial deverá prevalecer sobre norma geral, emergencial que é o critério da especialidade, outra situação de *antinomia de primeiro grau aparente*.
- Havendo conflito entre norma superior e norma inferior, prevalecerá a primeira, pelo critério hierárquico, também situação de *antinomia de primeiro grau aparente*.

Esses são os casos de *antinomia de primeiro grau*, todos de antinomia *aparente*, eis que presente a solução de acordo com os metacritérios antes analisados.

Passa-se então ao estudo das antinomias de segundo grau:

- Em um primeiro caso de antinomia de segundo grau aparente, quando se tem um conflito de uma norma especial anterior e outra geral posterior, prevalecerá o critério da especialidade, predominando a primeira norma.
- Havendo conflito entre norma superior anterior e outra inferior posterior, prevalece também a primeira (critério hierárquico), outro caso de antinomia de segundo grau aparente.
- Finalizando, quando se tem conflito entre uma norma geral superior e outra norma, especial e inferior, qual deve prevalecer?

Na última hipótese, como bem expõe Maria Helena Diniz, não há uma metarregra geral de solução do conflito, surgindo a denominada *antinomia real*. São suas palavras:

"No conflito entre o critério hierárquico e o de especialidade, havendo uma norma superior-geral e outra norma inferior especial, não será possível estabelecer uma metarregra geral, preferindo o critério hierárquico ao da especialidade ou vice-versa, sem contrariar a adaptabilidade do direito. Poder-se-á, então, preferir qualquer um dos critérios, não existindo, portanto, qualquer prevalência. Todavia, segundo Bobbio, dever-se-á optar, teoricamente, pelo hierárquico; uma lei constitucional geral deverá prevalecer sobre uma lei ordinária especial, pois se se admitisse o princípio de que uma lei ordinária especial pudesse derrogar normas constitucionais, os princípios fundamentais do ordenamento jurídico estariam destinados a esvaziar-se, rapidamente, de seu conteúdo. Mas, na prática, a exigência de se adotarem as normas gerais de uma Constituição a situações novas levaria, às vezes, à aplicação de uma lei especial, ainda que ordinária, sobre a Constituição. A supremacia do critério da especialidade só se justificaria, nessa hipótese, a partir do mais alto princípio da justiça: *suum cuique tribuere*, baseado na interpretação de que 'o que é igual deve ser tratado como igual e o que é diferente, de maneira diferente'. Esse princípio serviria numa certa medida para solucionar antinomia, tratando igualmente o que é igual e desigualmente o que é desigual, fazendo as diferenciações exigidas fática e valorativamente" (DINIZ, Maria Helena. *Conflito de normas...*, 2003, p. 50).

Na realidade, como já ficou claro, o critério da especialidade também é de suma importância, constando a sua previsão na Constituição Federal de 1988. Repita-se que o art. 5.º do Texto Maior consagra o princípio da isonomia ou igualdade *lato sensu*, pelo qual *a lei deve tratar de maneira igual os iguais, e de maneira desigual os desiguais*. Na parte destacada está o princípio da especialidade. E é por isso que ele até pode fazer frente ao critério hierárquico.

Desse modo, havendo choque entre os critérios hierárquico e da especialidade, dois caminhos de solução podem ser dados no caso de *antinomia real*, um pelo Poder Legislativo e outro pelo Poder Judiciário.

CAP. 1 · LEI DE INTRODUÇÃO | 33

Pelo Legislativo, cabe a edição de uma terceira norma, dizendo qual das duas normas em conflito deve ser aplicada. Mas, para o âmbito jurídico, o que mais interessa é a solução do Judiciário.

Assim, o caminho é a adoção do *princípio máximo de justiça*, podendo o magistrado, o juiz da causa, de acordo com a sua convicção e aplicando os arts. 4.º e 5.º da Lei de Introdução, adotar uma das duas normas, para solucionar o problema. Também pode ser utilizado o art. 8.º do CPC/2015, segundo o qual, "ao aplicar o ordenamento jurídico, o juiz atenderá aos fins sociais e às exigências do bem comum, resguardando e promovendo a dignidade da pessoa humana e observando a proporcionalidade, a razoabilidade, a legalidade, a publicidade e a eficiência".

Mais uma vez entram em cena esses importantes preceitos da Lei de Introdução. Pelo art. 4.º, pode o magistrado aplicar a analogia, os costumes e os princípios gerais do direito, sem que essa ordem seja obrigatoriamente respeitada. Seguindo o que preceitua o seu art. 5.º, deve o juiz buscar a função social da norma e as exigências do bem comum, ou seja, a pacificação social. Não se pode esquecer, igualmente, da aplicação imediata dos princípios fundamentais que protegem a pessoa humana e da regra constante do art. 8.º do CPC/2015, anteriormente transcrita.

Por derradeiro, é importante alertar que o estudo das antinomias jurídicas, após a entrada em vigor do Código Civil de 2002, tornou-se obrigatório para aqueles que desejam obter um bom desempenho em provas futuras, seja na graduação, na pós-graduação ou nos concursos públicos. Ademais, com o CPC/2015, outra norma emergente de grande relevo, a solução de casos concretos a partir desses clássicos critérios deve ser intensificada.

1.2 DA PROTEÇÃO DO ATO JURÍDICO PERFEITO, DA COISA JULGADA E DO DIREITO ADQUIRIDO (ARTS. 6.º DA LEI DE INTRODUÇÃO E 5.º, XXXVI, DA CF/1988). RELATIVIZAÇÃO DA PROTEÇÃO

A norma jurídica é criada para valer ao futuro, não para o passado. Entretanto, eventualmente, pode uma determinada norma atingir também os fatos pretéritos, desde que sejam respeitados os parâmetros que constam da Lei de Introdução e da Constituição Federal. Em síntese, ordinariamente, a *irretroatividade é a regra e a retroatividade, a exceção*.

Valendo para o futuro ou para o passado, tendo em vista a certeza e a segurança jurídica, prescreve o art. 5.º, inc. XXXVI, da CF que: "a lei não prejudicará o direito adquirido, o ato jurídico perfeito e a coisa julgada". Vai mais longe o art. 6.º da Lei de Introdução; além de trazer regra semelhante pela qual "a lei nova terá efeito imediato e geral respeitados o ato jurídico perfeito, o direito adquirido e a coisa julgada", procura conceituar as expressões acima, da seguinte forma:

a) *Direito adquirido:* é o direito material ou imaterial já incorporado ao patrimônio de uma pessoa natural, jurídica ou ente despersonalizado (conceito clássico de Gabba). Nessa linha, pela previsão do § 2.º do art. 6.º da Lei de Introdução, "consideram-se adquiridos assim os direitos que o seu titular, ou alguém por ele, possa exercer, como aqueles cujo começo do exercício tenha tempo prefixo, ou condição preestabelecida inalterável, a arbítrio de outrem". Cite-se, a título de exemplo, um benefício previdenciário já usufruído por alguém.

b) *Ato jurídico perfeito*: é a manifestação de vontade lícita, já emanada por quem esteja em livre disposição e aperfeiçoada. De acordo com o que consta do texto legal (art. 6.º, § 1.º, Lei de Introdução), o ato jurídico perfeito é aquele já consumado conforme lei vigente ao tempo em que se efetuou. Diante do Código Civil de 2002, um contrato e um casamento celebrado antes da sua entrada em vigor devem ser vistos como atos jurídicos perfeitos.

c) *Coisa julgada:* é a decisão judicial já prolatada, da qual não cabe mais recurso (art. 6.º, § 3.º, Lei de Introdução).

A partir desses conceitos, é comum afirmar que o direito adquirido é o mais amplo de todos, englobando os demais, eis que tanto no ato jurídico perfeito quanto na coisa julgada existiriam direitos dessa natureza, já consolidados. Em complemento, a coisa julgada deve ser considerada um ato jurídico perfeito, sendo o conceito mais restrito. Tal convicção pode ser concebida pelo desenho a seguir:

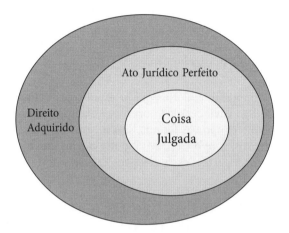

Fica uma dúvida pertinente: seria essa proteção mencionada no art. 5.º, inc. XXXVI, da CF/1988 e também no art. 6.º da Lei de Introdução absoluta? A resposta é negativa, diante da forte tendência de relativizar princípios e regras em sede de Direito. Em reforço, vivificamos a *era da ponderação dos princípios e de valores*, sobretudo os de índole constitucional, tema muito bem desenvolvido por Robert Alexy em sua obra *Teoria dos direitos fundamentais* (São Paulo: Malheiros, 2008).

Tanto isso é verdade que o Código de Processo Civil em vigor adotou expressamente a ponderação no seu art. 489, § 2.º, *in verbis*: "no caso de colisão entre normas, o juiz deve justificar o objeto e os critérios gerais da ponderação efetuada, enunciando as razões que autorizam a interferência na norma afastada e as premissas fáticas que fundamentam a conclusão". Esclareça-se, de imediato, que Alexy defende a ponderação apenas de direitos fundamentais. A ponderação adotada pelo CPC de 2015 é mais ampla, abrangendo normas e regras, conduzindo à existência de uma *ponderação à brasileira*.

Partindo para as cabíveis concretizações, inicialmente, há uma forte tendência material e processual em apontar a *relativização da coisa julgada*, particularmente nos casos envolvendo ações de investigação de paternidade julgadas improcedentes por ausência de provas em momento em que não existia o exame de DNA.

Nesse sentido, prevê o Enunciado n. 109 do CJF/STJ, da *I Jornada de Direito Civil*, que "a restrição da coisa julgada oriunda de demandas reputadas improcedentes por insuficiência de prova não deve prevalecer para inibir a busca da identidade genética pelo investigando".

Sobre o tema, recomenda-se a leitura de artigos de Humberto Theodoro Júnior e José Augusto Delgado constantes em obra coletiva a respeito do assunto (NASCIMENTO, Carlos Valder do (coord.). *Coisa julgada...*, 2003), bem como do livro de Belmiro Pedro Welter (*Coisa julgada...*, 2002). Todos esses trabalhos doutrinários admitem as ideias da relativização da coisa julgada.

Alguns processualistas, entretanto, criticam essa tendência de mitigação. Nelson Nery Jr., em suas brilhantes exposições, aponta que algo próximo da relativização da coisa julgada era utilizado na Alemanha nacional-socialista, para que Adolf Hitler impusesse o seu poder. Em outras palavras, para o renomado jurista, a referida relativização traria um precedente perigosíssimo, que poderia até ser utilizado por pessoas com pretensões totalitárias. Na verdade, a ideia não é bem aceita entre os processualistas, justamente porque não há nada mais intocável para o processo civil do que a coisa julgada e a certeza das decisões judiciais.

Porém, pela relativização, em casos excepcionais várias são as manifestações favoráveis entre os civilistas. Maria Helena Diniz sustenta que "sem embargo, diante da quase certeza do DNA, dever-se-ia, ainda, admitir a revisão da coisa julgada para fins de investigação de paternidade, em casos de provas insuficientes, produzidas na ocasião da prolação da sentença, para garantir o direito à identidade genética e à filiação, sanando qualquer injustiça que tenha ocorrido em razão de insuficiência probatória" (DINIZ, Maria Helena. *Curso de direito civil...*, 2002, v. 5, p. 408).

Sobre o assunto, entendeu o Superior Tribunal de Justiça para a possibilidade de relativização da coisa julgada material em situações tais. Nesse sentido, cumpre transcrever o mais famoso dos precedentes judiciais:

"Processo civil. Investigação de paternidade. Repetição de ação anteriormente ajuizada, que teve seu pedido julgado improcedente por falta de provas. Coisa julgada. Mitigação. Doutrina. Precedentes. Direito de família. Evolução. Recurso acolhido – I – Não excluída expressamente a paternidade do investigado na primitiva ação de investigação de paternidade, diante da precariedade da prova e da ausência de indícios suficientes a caracterizar tanto a paternidade como a sua negativa, e considerando que, quando do ajuizamento da primeira ação, o exame pelo DNA ainda não era disponível e nem havia notoriedade a seu respeito, admite-se o ajuizamento de ação investigatória, ainda que tenha sido aforada uma anterior com sentença julgando improcedente o pedido. II – Nos termos da orientação da Turma, 'sempre recomendável a realização de perícia para investigação genética (HLA e DNA), porque permite ao julgador um juízo de fortíssima probabilidade, senão de certeza' na composição do conflito. Ademais, o progresso da ciência jurídica, em matéria de prova, está na substituição da verdade ficta pela verdade real. III – A coisa julgada, em se tratando de ações de estado, como no caso de investigação de paternidade, deve ser interpretada *modus in rebus*. Nas palavras de respeitável e avançada doutrina, quando estudiosos hoje se aprofundam no reestudo do instituto, na busca, sobretudo, da realização do processo justo, 'a coisa julgada existe como criação necessária à segurança prática das relações jurídicas e as dificuldades que se opõem à sua ruptura se explicam pela mesmíssima razão. Não se pode olvidar, todavia, que numa sociedade de homens livres, a Justiça tem de estar acima da segurança, porque sem Justiça não há liberdade'. IV – Este Tribunal tem buscado, em sua jurisprudência, firmar posições que atendam aos fins sociais do processo e às exigências do bem comum" (STJ, REsp 226436/PR (199900714989), 414113, Recurso Especial, 4.ª Turma, Rel. Min. Sálvio de Figueiredo Teixeira, data da decisão: 28.06.2001, *DJ* 04.02.2002, p. 370, *RBDF* 11/73, *RDR* 23/354, *RSTJ* 154/403).

Pelo que consta da ementa do julgado, é possível uma nova ação para a prova da paternidade, se a ação anterior foi julgada improcedente em momento em que não existia

36 | DIREITO CIVIL • VOL. 1 – *Flávio Tartuce*

o exame de DNA. Reafirme-se que o que se percebe, na realidade, é uma solução do caso concreto a partir da utilização da *técnica de ponderação*, desenvolvida, entre outros, por Robert Alexy, como antes se expôs.

Na hipótese em questão, estão em conflito a proteção da coisa julgada (art. 5.º, inc. XXXVI, da CF/1988) e a dignidade do suposto filho de saber quem é o seu pai (art. 1.º, inc. III, da CF/1988). Nessa colisão entre direitos fundamentais, o Superior Tribunal de Justiça posicionou-se favoravelmente ao segundo. Aliás, deixe-se consignado que entende da mesma forma o STJ, pela possibilidade de repetição da ação anterior, conforme decisão publicada no seu *Informativo* n. *354*, de abril de 2008:

> "Paternidade. DNA. Nova ação. A paternidade do investigado não foi expressamente afastada na primeva ação de investigação julgada improcedente por insuficiência de provas, anotado que a análise do DNA àquele tempo não se fazia disponível ou sequer havia notoriedade a seu respeito. Assim, nesse contexto, é plenamente admissível novo ajuizamento da ação investigatória. Precedentes citados: REsp 226.436-PR, *DJ* 04.02.2002; REsp 427.117-MS, *DJ* 16.02.2004, e REsp 330.172-RJ, *DJ* 22.04.2002" (REsp 826.698/MS, Rel. Min. Nancy Andrighi, j. 06.05.2008).

Na mesma linha, em 2011, decidiu o Supremo Tribunal Federal de maneira similar, conforme julgado publicado no seu *Informativo* n. *622*. Merece destaque o seguinte trecho do voto do Ministro Dias Toffoli:

> "Reconheceu-se a repercussão geral da questão discutida, haja vista o conflito entre o princípio da segurança jurídica, consubstanciado na coisa julgada (CF, art. 5.º, XXXVI), de um lado; e a dignidade humana, concretizada no direito à assistência jurídica gratuita (CF, art. 5.º, LXXIV) e no dever de paternidade responsável (CF, art. 226, § 7.º), de outro. (...). A seguir, destacou a paternidade responsável como elemento a pautar a tomada de decisões em matérias envolvendo relações familiares. Nesse sentido, salientou o caráter personalíssimo, indisponível e imprescritível do reconhecimento do estado de filiação, considerada a preeminência do direito geral da personalidade. Aduziu existir um paralelo entre esse direito e o direito fundamental à informação genética, garantido por meio do exame de DNA. No ponto, asseverou haver precedentes da Corte no sentido de caber ao Estado providenciar aos necessitados acesso a esse meio de prova, em ações de investigação de paternidade. Reputou necessária a superação da coisa julgada em casos tais, cuja decisão terminativa se dera por insuficiência de provas (...). Afirmou que o princípio da segurança jurídica não seria, portanto, absoluto, e que não poderia prevalecer em detrimento da dignidade da pessoa humana, sob o prisma do acesso à informação genética e da personalidade do indivíduo. Assinalou não se poder mais tolerar a prevalência, em relações de vínculo paterno-filial, do fictício critério da verdade legal, calcado em presunção absoluta, tampouco a negativa de respostas acerca da origem biológica do ser humano, uma vez constatada a evolução nos meios de prova voltados para esse fim" (STF, RE 363.889/DF, Rel. Min. Dias Toffoli, 07.04.2011).

Por outro lado, no tocante à relativização de proteção do direito adquirido e do ato jurídico perfeito, o Código Civil em vigor, contrariando a regra de proteção apontada, traz, nas suas disposições finais transitórias, dispositivo polêmico, pelo qual os preceitos relacionados com a função social dos contratos e da propriedade podem ser aplicados às convenções e negócios celebrados na vigência do Código Civil anterior, mas cujos efeitos têm incidência na vigência da nova codificação privada.

Nos termos do parágrafo único do art. 2.035 do Código em vigor, norma de direito intertemporal, "nenhuma convenção prevalecerá se contrariar os preceitos de ordem pública, tais como os estabelecidos por este Código para assegurar a função social da propriedade e dos contratos". O dispositivo traz o que denominamos *princípio da retroatividade motivada ou justificada*, pelo qual as normas de ordem pública relativas à função social da propriedade e dos contratos podem retroagir.

Trata-se de uma regra indeclinável em um primeiro plano, por ser comando expresso de direito intertemporal, manifestação inequívoca do legislador, que pretendeu privilegiar os preceitos de ordem pública relacionados com a proteção da propriedade e dos contratos. No volume específico que trata do Direito Contratual, está demonstrado que, sem dúvida, esse comando legal é o que mantém maior relação com o princípio da função social dos contratos, não sendo caso de qualquer inconstitucionalidade. Isso porque o dispositivo está amparado na função social da propriedade, prevista no art. 5.º, incs. XXII e XXIII, da Constituição Federal (TARTUCE, Flávio. *Direito civil...*, v. 3, 2025).

Quando se lê no dispositivo civil transcrito a expressão "convenção", pode-se ali enquadrar qualquer ato jurídico celebrado, inclusive os negócios jurídicos celebrados antes da entrada em vigor da nova lei geral privada e cujos efeitos ainda estão sendo sentidos atualmente, na vigência da atual codificação material.

Em realidade, a princípio, não há como aplicar o preceito a contratos já celebrados, aperfeiçoados, satisfeitos e extintos, por uma questão natural de lógica e pelo que consta do art. 2.035, *caput*, da legislação privada emergente. Enuncia esse diploma legal que "a validade dos negócios e demais atos jurídicos, constituídos antes da entrada em vigor deste Código, obedece a dispositivos nas leis anteriores referidas no art. 2.045, mas os seus efeitos, produzidos após a vigência deste Código, aos preceitos dele se subordinam, salvo se houver sido prevista pelas partes determinada forma de execução".

O último comando adotou a teoria de Pontes de Miranda quanto aos planos de existência, validade e eficácia do negócio jurídico (*Escada Ponteana*), e que merecerá aprofundamento no presente volume da coleção (Capítulo 6).

Isso porque, quanto aos elementos relacionados com a existência e validade do negócio, devem ser aplicadas as normas do momento da sua celebração. No que concerne aos elementos que estão no plano da eficácia, devem ser aplicadas as normas do momento dos efeitos, caso do Código Civil de 2002.

Visando demonstrar que o que está sendo defendido não constitui qualquer absurdo ou sofisma, Miguel Maria de Serpa Lopes já defendia tese similar em 1959, exemplificando especificamente com um caso envolvendo o contrato e a lesão usurária:

> "O exemplo pode ser extraído do campo contratual, isto é, daquelas situações particularmente protegidas pelo princípio da não retroatividade, por decorrerem da vontade das partes contratantes. Se, em vista de uma mudança das condições econômicas, uma cláusula, então justa, passar, por efeito de lei nova, a ser reputada altamente danosa à sociedade, é lícito que os tribunais continuem, à luz dessa nova legislação, a aplicar a antiga, quando isto já passou a ser considerado um delito? Está, nesse caso, dentre outras, uma lei que reprime a usura, considerando-a um crime. Quanto à lei favorável, a crítica de Roubier procede. Embora a lei nova haja deixado de contemplar como nulidade determinada situação que importava em nulidade absoluta na lei anterior, não pode esta redimir um vício pretérito, pela razão altamente persuasiva de que, de outro modo, importaria em premiar a infração da lei. Do que vem de ser exposto, não significa uma adesão em bruto ao critério da retroatividade, pura e simplesmente extraído do objeto da lei ou da sua natureza, mas uma dedução quando o objeto ou à natureza da lei se unem circunstâncias indicativas da vontade do legislador em conferir à norma um efeito retroativo. Após refletirmos novamente sobre o problema, consoante a ordem jurídico-constitucional presente,

não temos dúvida que, observadas certas restrições, o princípio que acima manifestamos pode e deve ser mantido. O exemplo que deduzimos foi precisamente o caso em que um contrato de execução continuada contenha uma prestação posteriormente proibida por lei, que passou a considerá-lo mesmo como caracterizadora de um delito. É claro que os efeitos pretéritos subsistem, mas a partir da nova lei, ele não pode mais ser exigido sob a cobertura da proteção da irretroatividade da lei e de se tratar de um direito adquirido" (SERPA LOPES, Miguel Maria de. *Lei de introdução...*, 1959, v. I, p. 276).

Pela citação transcrita, nota-se que o clássico doutrinador admitia, há mais de meio século, que a retroatividade poderia ser deferida em casos envolvendo normas de ordem pública, quebrando com a proteção absoluta do direito adquirido e do ato jurídico perfeito.

A tese da possibilidade de retroatividade é defendida por Gustavo Tepedino em editorial da *Revista Trimestral de Direito Civil* (n. 18, 2004), em comentários à decisão do STF sobre a Emenda Constitucional 41/2003, que estabeleceu o desconto de contribuição social sobre os proventos dos servidores inativos. Lembra o doutrinador fluminense que "construiu-se ao longo das últimas décadas, pensamento que sacraliza a noção de direito adquirido, considerando-o, ele próprio, cláusula pétrea superior axiologicamente a todas as outras e, como tal, insuscetível de alcance por emenda constitucional. O equívoco deste entendimento acaba por impedir as reformas sociais, antepondo-se uma barreira refratária ao legislador e a todas as novas aspirações alvitradas pela sociedade, mesmo se projetadas pelo constituinte derivado. A discussão que por longo período parecia adormecida em face da cristalização da tese majoritária, foi reaberta, de maneira corajosa e culta, pelo Ministro Joaquim Barbosa, no STF".

Citando doutrina de escol, conclui Tepedino que a tutela do direito adquirido deve ser analisada à luz do princípio da proporcionalidade, não havendo uma proteção absoluta, principalmente se o direito adquirido for confrontado com outros princípios constitucionais, caso da solidariedade social e da igualdade substancial.

Entre os constitucionalistas, Daniel Sarmento é favorável à relativização da proteção do direito adquirido perante outros valores constitucionais. As palavras do doutrinador merecem destaque:

> "A segurança jurídica – ideia que nutre, informa e justifica a proteção constitucional do direito adquirido – é, como já se destacou, um valor de grande relevância no Estado Democrático do Direito. Mas não é o único valor, e talvez não seja nem mesmo o mais importante dentre aqueles em que se esteia a ordem constitucional brasileira. Justiça e igualdade material, só para ficar com dois exemplos, são valores também caríssimos à nossa Constituição, e que, não raro, conflitam com a proteção da segurança jurídica. Se a segurança jurídica for protegida ao máximo, provavelmente o preço que se terá de pagar será um comprometimento na tutela da justiça e da igualdade substancial, e vice-versa. O correto equacionamento da questão hermenêutica ora enfrentada não pode, na nossa opinião, desprezar esta dimensão do problema, refugiando-se na assepsia de uma interpretação jurídica fechada para o universo dos valores. Ademais, no Estado Democrático de Direito, o próprio valor da segurança jurídica ganha um novo colorido, aproximando-se da ideia de Justiça. Ele passa a incorporar uma dimensão social importantíssima. A segurança jurídica, mais identificada no Estado Liberal com a proteção da propriedade e dos direitos patrimoniais em face do arbítrio estatal, caminha para a segurança contra os infortúnios e incertezas da vida; para a segurança como garantia de direitos sociais básicos para os excluídos; e até para a segurança em face das novas tecnologias e riscos ecológicos na chamada 'sociedade de riscos'" (SARMENTO, Daniel. Direito adquirido..., *Livres e iguais...*, 2006, p. 18).

Filia-se integralmente ao jurista, que demonstra novos e belos rumos para o constitucionalismo nacional, mais preocupado com as questões de relevância social.

CAP. 1 · LEI DE INTRODUÇÃO | 39

Como se pode notar, concluindo, a tendência doutrinária e jurisprudencial é justamente relativizar a proteção do direito adquirido, o que torna o sistema jurídico de maior mobilidade, de melhor possibilidade de adaptação às mudanças sociais.

1.3 AS NORMAS ESPECÍFICAS DE DIREITO INTERNACIONAL PÚBLICO E PRIVADO CONSTANTES NA LEI DE INTRODUÇÃO. BREVES COMENTÁRIOS

Conforme foi mencionado, a Lei de Introdução traz também regras de Direito Internacional Público e Privado (arts. 7.º a 19), o que faz com que, várias vezes, questões dessa natureza sejam abordadas dentro da disciplina Direito Civil. De qualquer maneira, não entendo ser esse o melhor caminho a ser tomado pelo examinador de uma prova de graduação ou de um concurso público, diante da autonomia do Direito Internacional.

Pela grande importância que exerce sobre esse ramo jurídico, a Lei de Introdução é até denominada como *Estatuto do Direito Internacional*, tanto público como privado. Ademais, ainda por tal relevância que assume para o Direito Internacional, pode-se reforçar a tese de que a Lei de Introdução não foi revogada ou atingida pela codificação privada, apesar da crítica que se faz a alguns de seus dispositivos.

Para facilitar o estudo de tais regras, serão tecidos breves comentários, lembrando, metodologicamente, que é mais comum constarem perguntas sobre os assuntos nas provas específicas dessas matérias (Direito Internacional Público e Direito Internacional Privado).

O art. 7.º da Lei de Introdução consagra a regra *lex domicilii*, pela qual devem ser aplicadas, no que concerne ao começo e fim da personalidade, as normas do país em que for domiciliada a pessoa, inclusive quanto ao nome, à capacidade e aos direitos de família. Em complemento, consigne-se que o CPC/2015 traz regras importantes a respeito dos limites da jurisdição nacional e da cooperação internacional.

Como decorrência natural da *lex domicilii*, enuncia o Estatuto Processual emergente que compete à autoridade judiciária brasileira processar e julgar as ações em que o réu, qualquer que seja a sua nacionalidade, estiver domiciliado no Brasil (art. 21, inciso I, do CPC/2015).

Com relação ao casamento, a mesma Lei de Introdução traz regras específicas que devem ser estudadas à parte, a saber:

a) Celebrado o casamento no Brasil, devem ser aplicadas as regras quanto aos impedimentos matrimoniais que constam do art. 1.521 do CC (art. 7.º, § 1.º, da Lei de Introdução). O comando legal em questão consagra o princípio da *lex loci celebrationis*.

b) O casamento entre estrangeiros poderá ser celebrado no Brasil, perante autoridades diplomáticas ou consulares do país de ambos os nubentes (art. 7.º, § 2.º, da Lei de Introdução).

c) Caso os nubentes tenham domicílios diversos, deverão ser aplicadas as regras, quanto à invalidade do casamento (inexistência, nulidade ou anulabilidade), do primeiro domicílio conjugal, mais uma vez consagrando-se a regra da *lex domicilii* (art. 7.º, § 3.º, da Lei de Introdução).

d) Quanto às regras patrimoniais, ao regime de bens, seja ele de origem legal ou convencional, deverá ser aplicada a lei do local em que os cônjuges tenham domicílio. Havendo divergência quanto aos domicílios, prevalecerá o primeiro domicílio conjugal (art. 7.º, § 4.º, da Lei de Introdução).

e) Para o estrangeiro casado que se naturalizar como brasileiro é deferido, no momento da sua naturalização e mediante autorização expressa do cônjuge, que requeira ao Poder Judiciário a adoção do regime da comunhão parcial de bens, *regime legal ou supletório* em nosso sistema legal, desde que respeitados os direitos de terceiros anteriores à alteração, e mediante registro no cartório das pessoas naturais (art. 7.º, § 5.º, da Lei de Introdução). Esse dispositivo legal possibilita a mudança de regime de bens, estando em sintonia com a mutabilidade justificada do regime do casamento, que agora consta do Código Civil (art. 1.639, § 2.º).

f) Quanto ao divórcio realizado no estrangeiro em que um ou ambos os cônjuges forem brasileiros, haverá reconhecimento no Brasil depois de um ano da data da sentença, salvo se houver sido antecedida de separação judicial por igual prazo, caso em que a homologação produzirá efeito imediato, obedecidas as condições estabelecidas para a eficácia das sentenças estrangeiras no país. O Superior Tribunal de Justiça, na forma de seu regimento interno, poderá reexaminar, a requerimento do interessado, decisões já proferidas em pedidos de homologação de sentenças estrangeiras de divórcio de brasileiros, a fim de que passem a produzir todos os efeitos legais (art. 7.º, § 6.º, da Lei de Introdução). O dispositivo foi alterado pela Lei 12.036/2009, fazendo menção ao STJ e não mais ao STF. Anote-se que, na posição doutrinária que sigo, a separação judicial foi banida do sistema jurídico nacional desde a entrada em vigor da Emenda do Divórcio, em julho de 2010 (EC 66/2010), devendo o dispositivo ser lido com ressalvas. Isso mesmo tendo o CPC/2015 reafirmado a separação judicial. Tal premissa foi parcialmente reconhecida pelo Superior Tribunal de Justiça, em ementa que dispensa os prazos citados pelo comando em apreço: "Homologação de sentença estrangeira. Dissolução de casamento. EC 66, de 2010. Disposições acerca da guarda, visitação e alimentos devidos aos filhos. Partilha de bens. Imóvel situado no Brasil. Decisão prolatada por autoridade judiciária brasileira. Ofensa à soberania nacional. 1. A sentença estrangeira encontra-se apta à homologação, quando atendidos os requisitos dos arts. 5.º e 6.º da Resolução STJ n.º 9/2005: (i) a sua prolação por autoridade competente; (ii) a devida ciência do réu nos autos da decisão homologanda; (iii) o seu trânsito em julgado; (iv) a chancela consular brasileira acompanhada de tradução por tradutor oficial ou juramentado; (v) a ausência de ofensa à soberania ou à ordem pública. 2. A nova redação dada pela EC 66, de 2010, ao § 6.º do art. 226 da CF/88 tornou prescindível a comprovação do preenchimento do requisito temporal outrora previsto para fins de obtenção do divórcio. 3. Afronta a homologabilidade da sentença estrangeira de dissolução de casamento a ofensa à soberania nacional, nos termos do art. 6.º da Resolução n.º 9, de 2005, ante a existência de decisão prolatada por autoridade judiciária brasileira a respeito das mesmas questões tratadas na sentença homologanda. 4. A exclusividade de jurisdição relativamente a imóveis situados no Brasil, prevista no art. 89, I, do CPC, afasta a homologação de sentença estrangeira na parte em que incluiu bem dessa natureza como ativo conjugal sujeito à partilha. 5. Pedido de homologação de sentença estrangeira parcialmente deferido, tão somente para os efeitos de dissolução do casamento e da partilha de bens do casal, com exclusão do imóvel situado no Brasil" (STJ, SEC 5.302/EX, Corte Especial, Rel. Min. Nancy Andrighi, j. 12.05.2011, *DJe* 07.06.2011). Por fim, cumpre também destacar que o art. 961, § 5.º, do CPC/2015 passou a prever que a sentença estrangeira de divórcio consensual produz efeitos no Brasil, independentemente de homologação pelo Superior Tribunal de Justiça. Diante dessa última dispensa, o Provimento do CNJ n. 53, de 16 de maio de 2016, tratou da averbação direta, por Oficial de Registro Civil das Pessoas Naturais, da sentença estrangeira de divórcio consensual simples ou puro, no assento de casamento, independentemente de homologação judicial. Em 2023, o Conselho Nacional de Justiça incorporou os seus provimentos ao Código Nacional de Normas (CNN), e essa matéria está tratada entre os seus arts. 463 e 467.

CAP. 1 · LEI DE INTRODUÇÃO | 41

g) Prevê o § 7.º do mesmo dispositivo legal que "salvo o caso de abandono, o domicílio do chefe da família estende-se ao outro cônjuge e aos filhos não emancipados, e o do tutor ou curador aos incapazes sob sua guarda". Diante da nova visualização da família, à luz da Constituição Federal e do Código Civil de 2002, deve-se entender que esse parágrafo merece nova leitura, eis que pelo art. 1.567 da codificação novel a direção da sociedade conjugal será exercida, em colaboração, pelo marido e pela mulher. Não há, assim, *um chefe de família*, mas *dois*. Substituiu-se uma hierarquia pela diarquia, dentro da ideia de *família democrática*.

h) Finalizando, compatibilizando-se com o art. 73 do CC/2002, dispõe o § 8.º do art. 7.º da Lei de Introdução que o domicílio da pessoa que não tiver residência fixa será o local em que a mesma for encontrada. Para Maria Helena Diniz, o dispositivo legal trata do *adômide*, aquele que não tem domicílio, lembrando que "a residência é um 'quid facti', simples elemento de domicílio voluntário, a que se há de recorrer quando a pessoa não tiver domicílio. Constitui simples estada ou morada ocasional ou acidental, estabelecida transitória ou provisoriamente, sem intuito de permanência e, na falta dessa última, poderá a pessoa ser demandada e encontrada" (*Lei de introdução...*, 2001, p. 242).

No que se refere aos bens, prescreve a Lei de Introdução que deve ser aplicada a norma do local em que esses se situam (*lex rei sitiae* – art. 8.º). Tratando-se de bens móveis transportados, aplica-se a norma do domicílio do seu proprietário (§ 1.º). Quanto ao penhor, direito real de garantia que recai sobre bens móveis, por regra, deve ser aplicada a norma do domicílio que tiver a pessoa em cuja posse se encontre a coisa empenhada, outra aplicação do princípio *lex domicilii* (§ 2.º).

Ao tratar das obrigações, na Lei de Introdução há consagração da regra *locus regit actum*, aplicando-se as leis do local em que foram constituídas. Dessa forma, exemplificando, para aplicar a lei brasileira a um determinado negócio obrigacional, basta a sua celebração no território nacional. Ensina Maria Helena Diniz que "a *locus regit actum* é uma norma de direito internacional privado, aceita pelos juristas, para indicar a lei aplicável à forma extrínseca do ato. O ato, seja ele testamento, procuração, contrato etc., revestido de forma externa prevista pela lei do lugar e do tempo *(tempus regit actum)* onde foi celebrado será válido e poderá servir de prova em qualquer outro local em que tiver de produzir efeitos, sendo que os modos de prova serão determinados pela 'lex fori'" (DINIZ, Maria Helena. *Lei de introdução...*, 2001, p. 258).

Apesar de a regra estar consubstanciada no *caput* do artigo, os seus parágrafos trazem duas exceções. Inicialmente, tendo sido o contrato celebrado no exterior e destinando-se a produzir efeitos em nosso país, dependente de forma essencial prevista em lei nacional, deverá esta ser observada, admitidas as peculiaridades da lei estrangeira quanto aos fatores externos, requisitos extrínsecos, do ato (§ 1.º).

Ilustrando, tendo sido pactuada no exterior a compra e venda de um imóvel que se encontra no Brasil, e sendo casado o vendedor pelo regime da comunhão universal de bens, é necessária a outorga conjugal (uxória), sob pena da anulabilidade do negócio, nos termos dos arts. 1.647 e 1.649 da atual codificação privada. Como outro exemplo, sendo o imóvel de valor superior a trinta salários mínimos, será necessária a elaboração de escritura pública em Tabelionato de Notas, aplicação do art. 108 do CC.

De acordo com o art. 9.º, § 2.º, da Lei de Introdução, "a obrigação resultante do contrato reputa-se constituída no lugar em que residir o proponente". O dispositivo está em conflito parcial com o art. 435 do CC/2002, pelo qual se reputa celebrado o contrato no lugar em que foi proposto. Ora, o local da proposta não necessariamente é o da residência daquele

42 | DIREITO CIVIL • VOL. 1 – *Flávio Tartuce*

que a formulou. Para resolver a suposta antinomia, aplicando-se a *especialidade*, deve-se entender que a regra do art. 435 do CC/2002 serve para os contratos nacionais; enquanto o dispositivo da Lei de Introdução é aplicado aos contratos internacionais.

O art. 10 da Lei de Introdução estabelece que a sucessão por morte ou por ausência obedece a norma do país do último domicílio do *de cujus* (*lex domicilii*), conforme já faz a codificação no seu art. 1.785 ("A sucessão abre-se no lugar do último domicílio do falecido").

As regras de vocação hereditária para suceder bens de estrangeiro situados no nosso país serão as nacionais, desde que não sejam mais favoráveis ao cônjuge e aos filhos do casal as normas do último domicílio (art. 10, § 1.º, da Lei de Introdução). Consoante o § 2.º desse comando legal, *a lex domicilii* do herdeiro ou legatário regulamentará a capacidade para suceder.

Em julgado publicado no seu *Informativo* n. *563*, o Superior Tribunal de Justiça mitigou o conteúdo do art. 10 da LINDB. Vejamos parte da publicação:

> "Ainda que o domicílio do autor da herança seja o Brasil, aplica-se a lei estrangeira da situação da coisa – e não a lei brasileira – na sucessão de bem imóvel situado no exterior. A LINDB, inegavelmente, elegeu o domicílio como relevante regra de conexão para solver conflitos decorrentes de situações jurídicas relacionadas a mais de um sistema legal (conflitos de leis interespaciais), porquanto consistente na própria sede jurídica do indivíduo. Assim, a lei do país em que for domiciliada a pessoa determina as regras sobre o começo e o fim da personalidade, o direito ao nome, a capacidade jurídica e dos direitos de família (art. 7.º). Por sua vez, a lei do domicílio do autor da herança regulará a correlata sucessão, nos termos do art. 10 da lei sob comento. Em que pese a prevalência da lei do domicílio do indivíduo para regular as suas relações jurídicas pessoais, conforme preceitua a LINDB, esta regra de conexão não é absoluta. Como bem pondera a doutrina, outros elementos de conectividade podem, a depender da situação sob análise, revelar-se preponderantes e, por conseguinte, excepcionar a aludida regra, tais como a situação da coisa, a faculdade concedida à vontade individual na escolha da lei aplicável, quando isto for possível, ou por imposições de ordem pública" (STJ, REsp 1.362.400/SP, Rel. Min. Marco Aurélio Bellizze, j. 28.04.2015, *DJe* 05.06.2015).

Em suma, o entendimento constante do aresto, que afasta o caráter absoluto do preceito, deve ser considerado como majoritário na atualidade, para os devidos fins práticos.

Relativamente às sociedades e fundações deve ser aplicada a norma do local de sua constituição (art. 11 da Lei de Introdução). Os três parágrafos desse artigo trazem regras específicas que devem ser atentadas quanto à pessoa jurídica, pela ordem:

a) Para atuarem no Brasil, as sociedades e fundações necessitam de autorização pelo governo federal, ficando sujeitas às leis brasileiras (arts. 11, § 1.º, da Lei de Introdução e 1.134 do CC).

b) Os governos estrangeiros e entidades constituídas para atenderem aos anseios de Estados estrangeiros não poderão adquirir no Brasil bens imóveis ou suscetíveis de desapropriação (art. 11, § 2.º, da Lei de Introdução).

c) Eventualmente, os governos estrangeiros e afins podem adquirir a propriedade de prédios necessários à sede dos representantes diplomáticos e agentes consulares, única autorização específica que deve ser respeitada (art. 11, § 3.º, da Lei de Introdução).

Com relação à competência da autoridade judiciária brasileira, estabelece art. 12 da Lei de Introdução que há necessidade de atuação quando o réu for domiciliado em nosso país ou aqui tiver que ser cumprida a obrigação, como no caso de um contrato. Quanto aos imóveis situados no País, haverá competência exclusiva da autoridade nacional (art. 12, § 1.º), bem quanto ao *exequatur*, o "cumpra-se" relacionado com uma sentença estrangeira homologada perante o Superior Tribunal de Justiça, conforme redação dada ao art. 105 da CF/1988, pela Reforma do Judiciário (EC 45/2004).

De acordo com o art. 13 da Lei de Introdução, quanto aos fatos ocorridos no exterior e ao ônus probatório devem ser aplicadas as normas do direito alienígena relacionadas com as ocorrências, não sendo admitidas no Brasil provas que a lei nacional não conheça. Assim sendo, pelo que consta do Código Civil, são admitidas as provas elencadas no seu art. 212, quais sejam, confissões, documentos, testemunhas, presunções e perícias, bem como outras provas possíveis e lícitas, uma vez que esse rol é exemplificativo (*numerus apertus*).

Em complemento, de acordo com o art. 14 da Lei de Introdução, não conhecendo o juiz nacional a lei estrangeira, poderá exigir de quem a invoca a prova do texto e da sua vigência.

Com grande aplicação prática em relação ao Direito Privado, enuncia o art. 17 da Lei de Introdução que "As leis, atos e sentenças de outro país, bem como quaisquer declarações de vontade, não terão eficácia no Brasil, quando ofenderem a soberania nacional, a ordem pública e os bons costumes".

Exemplificando a aplicação desse comando anteriormente, é de se apontar questão envolvendo as Convenções de Varsóvia e de Montreal, tratados internacionais dos quais nosso país é signatário e que consagram limitações de indenização em casos de atraso de voo, perda de voo e extravio de bagagem, no caso de viagens internacionais. Tais tratados, que continuamente são utilizados pelas companhias aéreas para a redução de indenização também em viagens nacionais, entram em claro conflito com o que consta do Código de Defesa do Consumidor.

Como é notório, o art. 6.º, incs. VI e VIII, da Lei 8.078/1990 consagra o *princípio da reparação integral de danos*, pelo qual tem direito o consumidor ao ressarcimento integral pelos prejuízos materiais e morais causados pelo fornecimento de produtos, prestação de serviços ou má informação a eles relacionados, devendo ser facilitada a tutela dos seus direitos. Essa também a lógica dos arts. 14, 18, 19 e 20 do CDC, que trazem a previsão das perdas e danos, nos casos de mau fornecimento de produtos ou má prestação de serviços. Não há dúvidas de que no caso de viagem aérea, seja nacional ou internacional, há uma relação jurídica de consumo, nos termos dos arts. 2.º e 3.º do CDC.

Em um primeiro momento, existindo danos materiais no caso concreto, nas modalidades de danos emergentes – aqueles já suportados pelo prejudicado –, ou lucros cessantes – a remuneração futura perdida –, danos morais ou outras modalidades de prejuízos, terá o consumidor direito à reparação, sendo vedado qualquer tipo de tarifação prevista, seja pelo entendimento jurisprudencial, seja por convenção internacional. As três ementas colacionadas a seguir, do Supremo Tribunal Federal e Superior Tribunal de Justiça, confirmavam a tese aqui exposta:

> "Recurso extraordinário. Danos morais decorrentes de atraso ocorrido em voo internacional. Aplicação do Código de Defesa do Consumidor. Matéria infraconstitucional. Não conhecimento. 1. O princípio da defesa do consumidor se aplica a todo o capítulo constitucional da atividade econômica. 2. Afastam-se as normas especiais do Código Brasileiro da Aeronáutica e da Convenção de Varsóvia quando implicarem retrocesso social ou vilipêndio aos direitos assegurados pelo Código de Defesa do Consumidor. 3. Não cabe discutir, na instância extraordinária, sobre a correta aplicação do Código de Defesa do

Consumidor ou sobre a incidência, no caso concreto, de específicas normas de consumo veiculadas em legislação especial sobre o transporte aéreo internacional. Ofensa indireta à Constituição da República. 4. Recurso não conhecido" (STF, RE 351.750-3/RJ, 1.ª Turma, Rel. Min. Carlos Britto, j. 17.03.2009, *DJE* 25.09.2009, p. 69).

"Agravo regimental no agravo de instrumento. Transporte aéreo internacional. Atraso de voo. Código de Defesa do Consumidor. Convenções internacionais. Responsabilidade objetiva. Riscos inerentes à atividade. Fundamento inatacado. Súmula n. 283 do STF. *Quantum* indenizatório. Redução. Impossibilidade. Dissídio não configurado. 1. A jurisprudência dominante desta Corte Superior se orienta no sentido de prevalência das normas do CDC, em detrimento das Convenções Internacionais, como a Convenção de Montreal, precedida pela Convenção de Varsóvia, aos casos de atraso de voo, em transporte aéreo internacional. 2. O Tribunal de origem fundamentou sua decisão na responsabilidade objetiva da empresa aérea, tendo em vista que os riscos são inerentes à própria atividade desenvolvida, não podendo ser reconhecido o caso fortuito como causa excludente da responsabilização. Tais argumentos, porém, não foram atacados pela agravante, o que atrai, por analogia, a incidência da Súmula n. 283 do STF. 3. No que concerne à caracterização do dissenso pretoriano para redução do *quantum* indenizatório, impende ressaltar que as circunstâncias que levam o Tribunal de origem a fixar o valor da indenização por danos morais são de caráter personalíssimo e levam em conta questões subjetivas, o que dificulta ou mesmo impossibilita a comparação, de forma objetiva, para efeito de configuração da divergência, com outras decisões assemelhadas. 4. Agravo regimental a que se nega provimento" (STJ, AgRg no Ag 1.343.941/RJ, 3.ª Turma, Rel. Des. Conv. Vasco Della Giustina, j. 18.11.2010, *DJe* 25.11.2010).

"Civil e processual. Ação de indenização. Transporte aéreo. Extravio de mercadoria. Cobertura securitária. Reembolso. Tarifação afastada. Incidência das normas do CDC. I – Pertinente a aplicação das normas do Código de Defesa do Consumidor para afastar a antiga tarifação na indenização por perda de mercadoria em transporte aéreo, prevista na Convenção de Varsóvia e no Código Brasileiro de Aeronáutica. II – Precedentes do STJ. III – 'A pretensão de simples reexame de prova não enseja recurso especial' – Súmula n. 7/STJ. IV – A ausência de prequestionamento torna o recurso especial carecedor do requisito da admissibilidade. V – Agravo improvido" (STJ, AgRg 252.632/SP, 4.ª Turma, Rel. Min. Aldir Passarinho Junior, j. 07.08.2001, *DJ* 04.02.2002, p. 373). Ver também: STJ, REsp 209.527/RJ (*JBCC* 189/200); REsp 257.699/SP; e REsp 257.298/SP.

Ora, pelo que consta no art. 1.º da própria Lei 8.078/1990, o Código de Defesa do Consumidor é norma de ordem pública e interesse social, devendo prevalecer sobre os tratados internacionais e demais fontes do Direito Internacional Público, pela regra constante do art. 17 da Lei de Introdução. Dessa forma, a autonomia privada manifestada em um tratado internacional encontra limitações nas normas nacionais de ordem pública, caso da Lei Consumerista. Também inspira essa conclusão a ideia de soberania nacional.

De toda sorte, cabe ressaltar que a questão a respeito das Convenções de Varsóvia e de Montreal alterou-se no âmbito da jurisprudência superior nacional, uma vez que, em maio de 2017, o Pleno do Supremo Tribunal Federal acabou por concluir pelas suas prevalências sobre o CDC (Recurso Extraordinário 636.331 e Recurso Extraordinário no Agravo 766.618). Conforme publicação constante do *Informativo* n. 866 da Corte, referente a tal mudança de posição:

"Nos termos do art. 178 da Constituição da República, as normas e os tratados internacionais limitadores da responsabilidade das transportadoras aéreas de passageiros, especialmente as Convenções de Varsóvia e Montreal, têm prevalência em relação ao Código de Defesa do Consumidor. (...). No RE 636.331/RJ, o Colegiado assentou a prevalência da Convenção de Varsóvia e dos demais acordos internacionais subscritos pelo Brasil em detrimento do CDC, não apenas na hipótese de extravio de bagagem. Em consequência, deu provimento ao recurso extraordinário para limitar o valor da condenação por danos materiais ao patamar estabelecido na Convenção de Varsóvia, com as modificações efetuadas pelos acordos internacionais posteriores. Afirmou que a antinomia ocorre, a princípio, entre o art. 14 do CDC, que impõe ao fornecedor do serviço o dever de reparar os danos causados, e o art. 22 da Convenção de Varsóvia, que fixa limite máximo para o valor devido pelo transportador, a título de reparação. Afastou, de início, a alegação de que o princípio constitucional que impõe a defesa do consumidor [Constituição Federal (CF), arts. 5.º, XXXII, e 170, V] impediria a derrogação do CDC por norma mais restritiva, ainda que por lei especial. Salientou que a proteção ao consumidor não é a única diretriz a orientar a ordem econômica. Consignou que o próprio texto constitucional determina, no art. 178, a observância dos acordos internacionais, quanto à ordenação do transporte aéreo internacional. Realçou que, no tocante à aparente antinomia entre o disposto no CDC e na Convenção de Varsóvia – e demais normas internacionais sobre transporte aéreo –, não há diferença de hierarquia entre os diplomas normativos. Todos têm estatura de lei ordinária e, por isso, a solução do conflito envolve a análise dos critérios cronológico e da especialidade" (STF, Recurso Extraordinário 636.331 e Recurso Extraordinário no Agravo 766.618, julgados em maio de 2017).

A solução pelos critérios da especialidade e cronológico é que conduziu à prevalência das duas Convenções sobre o CDC, infelizmente. Foram vencidos apenas os Ministros Marco Aurélio e Celso de Mello, que entenderam de forma contrária, pois a Lei 8.078/1990 teria posição hierárquica superior. Assim, todos os demais julgadores votaram seguindo os Relatores das duas ações, Ministros Gilmar Mendes e Roberto Barroso.

Sucessivamente, surgiu decisão do Superior Tribunal de Justiça aplicando essa solução da Corte Constitucional brasileira, com destaque para o seguinte trecho de sua ementa: "no julgamento do RE n. 636.331/RJ, o Supremo Tribunal Federal, reconhecendo a repercussão geral da matéria (Tema 210/STF), firmou a tese de que, 'nos termos do art. 178 da Constituição da República, as normas e os tratados internacionais limitadores da responsabilidade das transportadoras aéreas de passageiros, especialmente as Convenções de Varsóvia e Montreal, têm prevalência em relação ao Código de Defesa do Consumidor'" (STJ, REsp 673.048/RS, 3.ª Turma, Rel. Min. Marco Aurélio Bellizze, j. 08.05.2018, *DJe* 18.05.2018).

Com o devido respeito, trata-se de um enorme retrocesso quanto à tutela dos consumidores, pelos argumentos outrora expostos. Em complemento, como desenvolvemos no Capítulo 1 do nosso *Manual de direito do consumidor*, escrito em coautoria com Daniel Amorim Assumpção Neves, o CDC é *norma principiológica*, tendo posição hierárquica superior diante das demais leis ordinárias, caso das duas Convenções Internacionais citadas. Porém, infelizmente, tal entendimento, muito comum entre os consumeristas, não foi adotado pela maioria dos julgadores do STF.

Esclareça-se, por oportuno, que o *decisum* do Supremo Tribunal Federal apenas disse respeito à limitação tabelada de danos materiais, não atingindo danos morais e outros danos extrapatrimoniais. Em decisão monocrática prolatada em abril de 2018, no âmbito do Recurso Extraordinário 351.750, o Ministro Roberto Barroso determinou que um processo que envolvia pedido de indenização por danos morais em razão de atraso em voo internacional fosse novamente apreciado pela instância de origem, levando-se em consideração a citada decisão do Tribunal Pleno.

Se esta última posição prevalecesse, mais uma vez com o devido respeito, o retrocesso seria ainda maior, pois as Cortes Superiores brasileiras não admitem o tabelamento do dano moral, por entenderem que isso contraria o princípio da isonomia constitucional (art. 5.º, *caput*, da CF/1998), especialmente no sentido *de tratar de maneira desigual os desiguais.*

Felizmente, de forma correta, em 2020, surgiu aresto no âmbito do Superior Tribunal de Justiça limitando a conclusão a respeito da tarifação apenas aos danos materiais, não incidindo para os danos morais:

> "O STF, no julgamento do RE n.º 636.331/RJ, com repercussão geral reconhecida, fixou a seguinte tese jurídica: 'Nos termos do artigo 178 da Constituição da República, as normas e os tratados internacionais limitadores da responsabilidade das transportadoras aéreas de passageiros, especialmente as Convenções de Varsóvia e Montreal, têm prevalência em relação ao Código de Defesa do Consumidor'. Referido entendimento tem aplicação apenas aos pedidos de reparação por danos materiais. As indenizações por danos morais decorrentes de extravio de bagagem e de atraso de voo não estão submetidas à tarifação prevista na Convenção de Montreal, devendo-se observar, nesses casos, a efetiva reparação do consumidor preceituada pelo CDC" (STJ, REsp 1.842.066/RS, 3.ª Turma, Rel. Min. Moura Ribeiro, j. 09.06.2020, *DJe* 15.06.2020).

Por fim, encerrando definitivamente esse debate, em 2023, o Tribunal Pleno do STF, novamente em repercussão geral, concluiu que o seu entendimento anterior não se aplicaria aos danos morais, o que inclui o prazo de prescrição, devendo incidir os cinco anos previstos no art. 27 do CDC em situações tais. Foi assim reformulada a tese do seu Tema 210 de repercussão geral, passando a ter a seguinte afirmação: "nos termos do art. 178 da Constituição Federal, as normas e os tratados internacionais limitadores da responsabilidade das transportadoras aéreas de passageiros, especialmente as Convenções de Varsóvia e Montreal, têm prevalência em relação ao Código de Defesa do Consumidor, o presente entendimento não se aplica aos danos extrapatrimoniais" (STF, ARE 766.618, Tribunal Pleno, Rel. Min. Roberto Barroso, j. 30.11.2023, com unanimidade). Esse é o entendimento a ser considerado para os devidos fins práticos, encerrando a polêmica a respeito dos danos morais.

Feitas tais considerações de crítica da jurisprudência superior, cite-se, ainda quanto aos tratados, que a Emenda Constitucional 45/2004 alterou substancialmente o tratamento dado a assuntos relacionados com o Direito Internacional Público.

Inicialmente, foi introduzido um § 3.º ao art. 5.º da CF/1988, pelo qual "os tratados e convenções internacionais sobre direitos humanos que forem aprovados, em cada Casa do Congresso Nacional, em dois turnos, por três quintos dos votos dos respectivos membros, serão equivalentes às emendas constitucionais".

Também foi introduzido um § 4.º nesse mesmo art. 5.º, pelo qual nosso país se submete à jurisdição do Tribunal Penal Internacional a cuja criação tenha manifestado adesão. Esclareça-se que essas duas normas dizem respeito apenas a tratados de direitos humanos, não alcançando convenções de outra natureza, como aquelas que tratam do transporte aéreo internacional.

Anote-se que a primeira norma trouxe mudanças importantes em nosso País, como o reconhecimento da impossibilidade de prisão civil no depósito, seja de qualquer natureza. Isso porque o Pacto de São José da Costa Rica, tratado internacional de direitos humanos do qual o Brasil é signatário e que proíbe essa prisão, passou a ter força constitucional ou supralegal. O tema está aprofundado no Capítulo 9 do Volume 4 desta coleção. Além disso, neste livro será comentada a força de emenda à Constituição da Convenção de Nova York, que fundamenta o Estatuto da Pessoa com Deficiência.

Por fim, o art. 18 da Lei de Introdução estabelece que, tratando-se de brasileiros, são competentes as autoridades consulares brasileiras para lhes celebrar o casamento e os demais atos de Registro Civil e de tabelionato, inclusive os registros de nascimento e de óbito dos filhos de brasileiro ou brasileira nascidos no país da sede do Consulado. O dispositivo recebeu dois novos parágrafos por força da Lei 12.874, de outubro de 2013.

O primeiro parágrafo preceitua que as autoridades consulares brasileiras também poderão celebrar a separação consensual e o divórcio consensual de brasileiros, não havendo filhos menores ou incapazes do casal e observados os requisitos legais quanto aos prazos, devendo constar da respectiva escritura pública as disposições relativas à descrição e à partilha dos bens comuns e à pensão alimentícia e, ainda, ao acordo quanto à retomada pelo cônjuge de seu nome de solteiro ou à manutenção do nome adotado quando se deu o casamento. Como se nota, passa a existir a possibilidade da separação e do divórcio extrajudiciais, efetivados pelas autoridades consulares.

A norma nasce desatualizada, na minha opinião doutrinária. De início porque, segundo parte considerável da doutrina, não há que falar mais em separação extrajudicial consensual, tema aprofundado no Volume 5 desta coleção. Ademais, diante da Emenda Constitucional 66/2010 não existem mais prazos mínimos para o divórcio.

Em complemento, o § 2.º do art. 18 expressa que "é indispensável a assistência de advogado, devidamente constituído, que se dará mediante a subscrição de petição, juntamente com ambas as partes, ou com apenas uma delas, caso a outra constitua advogado próprio, não se fazendo necessário que a assinatura do advogado conste da escritura pública".

Este último comando segue a linha do que constava do art. 1.124-A do CPC/1973 e está no art. 733 do CPC/2015 quanto à exigência da presença de advogados nas escrituras de separação e divórcio lavradas perante os Tabelionatos de Notas.

1.4 BREVE ANÁLISE DAS INCLUSÕES FEITAS NA LEI DE INTRODUÇÃO PELA LEI 13.655/2018. REPERCUSSÕES PARA O DIREITO PÚBLICO

Para encerrar o presente capítulo, interessante tecer alguns comentários sobre as modificações introduzidas na Lei de Introdução pela antes mencionada Lei 13.655, de 25 de abril de 2018, com a inclusão dos seus arts. 20 a 30. Os preceitos vigem no nosso sistema jurídico desde a sua publicação, com exceção do novo art. 29 da LINDB, que entrou em vigor cento e oitenta dias após a publicação oficial do diploma emergente. Anote-se que o então proposto art. 25 foi vetado pela Presidência da República.

Na verdade, as novas previsões não dizem respeito diretamente ao Direito Privado, mas ao Direito Público, fugindo ao objeto principal da presente obra. A Lei de Introdução às Normas do Direito Brasileiro, assim, *distancia-se* mais ainda do Direito Civil, o que agora justifica plenamente a sua mudança de nome, como antes aqui foi destacado. Quanto às provas, desde a graduação até os concursos públicos, acredito que esse conteúdo deva ser cobrado na disciplina de Direito Administrativo, e não no âmbito do Direito Civil.

Como bem pondera Carlos Eduardo Elias de Oliveira, professor de Direito Civil e assessor jurídico do Senado Federal, que tem participado ativamente da elaboração de várias normas recentes, o diploma que surge poderia ser batizado de *Lei da Segurança Hermenêutica na Administração Pública*, "pois o seu objetivo foi, em síntese, implantar um ambiente de menor instabilidade interpretativa para os agentes públicos e para os atos administrativos, os quais sambam nas asas vacilantes das surpresas provocadas pela superveniência de interpretações jurídicas advindas especialmente de órgãos de controle" (OLIVEIRA, Carlos Eduardo Elias de. A segurança hermenêutica... Disponível em: <www.flaviotartuce.adv.br>).

O autor divide a norma em três grupos temáticos, o que serve muito bem para resumir o seu conteúdo. O primeiro diz respeito à clareza normativa (arts. 29 e 30). O segundo à responsabilização do agente por infração hermenêutica (arts. 22 e 28). O terceiro grupo está relacionado à invalidade de ato administrativo, o que ele fraciona em quatro subgrupos: *a)* princípio da motivação concreta (arts. 20 e 21, *caput*); *b)* regime de transição (art. 23), princípio da menor onerosidade da regularização (art. 21, parágrafo único) e irregularidade sem pronúncia de nulidade (art. 21, parágrafo único, e art. 22, *caput* e § 1.º); *c)* convalidação por compromisso com ou sem compensações (arts. 26 e 27); e *d)* invalidade referencial (art. 24 da LINDB).

Quanto à busca da *segurança hermenêutica*, isso já fica claro pelo teor do novo art. 20 da Lei de Introdução, que consagra o *dever de motivação concreta* e a *responsabilidade decisória* dos gestores dos interesses públicos ao julgarem sobre questões que lhes são levadas à análise. Conforme o preceito, nas esferas administrativa, controladora e judicial não se decidirá com base em valores jurídicos abstratos sem que sejam consideradas as consequências práticas da decisão.

Sendo assim, havendo decisão administrativa baseada em conceitos legais indeterminados ou cláusulas gerais – construções que ainda serão abordadas nesta obra –, é necessária a verificação das suas consequências não só para o caso concreto, como também para a sociedade.

O mesmo art. 20 da Lei de Introdução estabelece, em seu parágrafo único, que a motivação demonstrará a necessidade e a adequação da medida imposta ou da invalidação de ato, contrato, ajuste, processo ou norma administrativa, inclusive em face das possíveis alternativas. Vale lembrar que o *dever de motivação das decisões* também consta do art. 93, inc. IX, da Constituição Federal de 1988 e do Código de Processo Civil de 2015, sobretudo no seu art. 489, sendo clara a influência do Estatuto Processual emergente para o diploma em estudo.

Além da motivação, ampara-se a necessidade de análise do *consequencialismo da decisão administrativa*, o que foi influenciado por juristas que atuaram na elaboração da lei, especialmente da Faculdade de Direito da USP e da Escola de Direito da Fundação Getulio Vargas (FGV).

No mesmo sentido de valorizar o *consequencialismo*, o art. 21 da LINDB estabelece que a decisão que, nas esferas administrativa, controladora ou judicial, decretar a invalidação de ato, contrato, ajuste, processo ou norma administrativa deverá indicar de modo expresso suas consequências jurídicas e administrativas. Também está previsto no preceito que essa decisão deverá, quando for o caso, indicar as condições para que a regularização ocorra de modo proporcional e equânime e sem prejuízo aos interesses gerais. A decisão também não poderá impor aos sujeitos atingidos ônus ou perdas que, em função das peculiaridades do caso, sejam anormais ou excessivos (*princípio da menor onerosidade da regularização*).

A afirmação do *consequencialismo,* como não poderia ser diferente, é passível de críticas, uma vez que se confirma a premissa segundo a qual os *fins justificam os meios* e o *utilitarismo decisório*. Levadas às últimas consequências, tais afirmações podem representar o sacrifício de direitos fundamentais e de personalidade, bem como da tutela da pessoa humana.

O art. 22 da LINDB traz regra de hermenêutica ou interpretação relativa às normas sobre gestão pública, devendo ser considerados os obstáculos e as dificuldades reais do gestor e as exigências das políticas públicas a seu cargo, sem prejuízo dos direitos dos administrados. Valoriza-se a *primazia da realidade*, em especial as dificuldades que podem ser enfrentadas pelos agentes públicos em suas decisões interpretativas.

Nos termos do seu § 1.º, em decisão sobre regularidade de conduta ou validade de ato, contrato, ajuste, processo ou norma administrativa, serão consideradas as circunstâncias práticas que houverem imposto, limitado ou condicionado a ação do agente. Há, assim, a possibilidade de reconhecimento da irregularidade do ato público sem a decretação de nulidade, o que também é retirado do parágrafo único do novo art. 21 da LINDB, como bem explica Carlos Eduardo Elias de Oliveira, com interessante exemplo para ilustrar:

> "Ainda à luz desse princípio, será permitido até mesmo que o ato irregular seja preservado, diante da elevada gravidade concreta das consequências práticas da sua invalidação. Isso está implícito no parágrafo único do art. 21 da LINDB, que proíbe que a regularização decorrente da invalidação de um ato cause ônus ou perdas anormais ou excessivas aos sujeitos atingidos (tanto a Administração Pública quanto os particulares envolvidos). Se a invalidade de um ato irregular gerar prejuízos excessivos, o ato irregular deverá ser preservado. Nesse caso, será admitido o que batizamos de declaração de irregularidade sem pronúncia de invalidade.
>
> Em verdade, 'nada há de novo debaixo do sol'. Essa situação de conservação de atos irregulares já é conhecida, por exemplo, no Direito Constitucional, no seio do qual é admitida a declaração de inconstitucionalidade de uma lei sem pronúncia de nulidade, e no Direito Civil, em que o princípio da conservação do negócio jurídico e outros conceitos – como o de propriedade aparente e o de usucapião – preservam as situações fático-jurídicas criadas por atos jurídicos irregulares.
>
> A título ilustrativo, se um contrato administrativo destinado à construção de um prédio de seis andares vem a ser considerado irregular pelo Tribunal de Contas em razão da falta de licitação prévia, é dever da Corte de Contas avaliar as consequências concretas de eventual pronúncia de invalidade do ato e caminhar para adotar a solução menos onerosa para a Administração Pública e também para a empresa contratada, que, no exemplo – suponha-se –, está de boa-fé. O órgão de controle poderá, por exemplo, deixar de pronunciar a nulidade se constatar que os prejuízos financeiros serão demasiadamente elevados e que as obras já estão perto de findar-se (declaração de irregularidade sem pronúncia de nulidade). Poderá também pronunciar a invalidade, mas estabelecendo um 'regime de transição' em razão do qual uma nova empresa, escolhida após uma licitação, assumiria a continuidade das obras. Nesse caso, a empresa originariamente contratada continuaria com a construção até ser substituída pela nova empresa, pois isso evitaria desperdício de materiais de construção já comprados, deterioração do esqueleto da construção por conta do abandono da obra e gastos com multas em razão do rompimento de contratos (regime de transição). Seja como for, o Tribunal de Contas deverá, nesse caso, buscar a solução menos onerosa (princípio da menor onerosidade da regularização)" (OLIVEIRA, Carlos Eduardo Elias de. A segurança hermenêutica..., Disponível em: <www.flaviotartuce.adv.br>. Acesso em: 30 ago. 2018).

Além disso, na aplicação de sanções, serão considerados a natureza e a gravidade da infração cometida, os danos que dela provierem para a administração pública, as circunstâncias agravantes ou atenuantes e os antecedentes do agente (§ 2.º do art. 22 da LINDB). Por fim, a norma determina que as sanções aplicadas ao agente público serão levadas em conta na dosimetria das demais sanções de mesma natureza e relativas ao mesmo fato (§ 3.º).

Sobre o *regime de transição*, o art. 23 da Lei de Introdução dispõe que a decisão administrativa, controladora ou judicial que estabelecer interpretação ou orientação nova sobre norma de conteúdo indeterminado, impondo novo dever ou novo condicionamento de direito, deverá prever regime de transição quando indispensável para que o novo dever

50 | DIREITO CIVIL • VOL. 1 – *Flávio Tartuce*

ou condicionamento de direito seja cumprido de modo proporcional, equânime e eficiente e sem prejuízo aos interesses gerais.

O objetivo é de não surpreender o agente público, o que representa aplicação da boa-fé objetiva no plano dos atos administrativos. Há aqui outra influência do CPC/2015, em especial do seu art. 927, § 3.º, *in verbis*: "na hipótese de alteração de jurisprudência dominante do Supremo Tribunal Federal e dos tribunais superiores ou daquela oriunda de julgamento de casos repetitivos, pode haver modulação dos efeitos da alteração no interesse social e no da segurança jurídica".

A *invalidade referencial* está prevista no art. 24 da LINDB, uma vez que a revisão, nas esferas administrativa, controladora ou judicial, quanto à validade de ato, contrato, ajuste, processo ou norma administrativa cuja produção já se houver completado, levará em conta as orientações gerais da época, sendo vedado que, com base em mudança posterior de orientação geral, se declarem inválidas situações plenamente constituídas.

A expressão *referencial*, portanto, é utilizada pela necessidade de se verificarem as normas vigentes à época do reconhecimento da invalidade, na contramão do que está previsto no art. 2.035, *caput*, do Código Civil de 2002: "a validade dos negócios e demais atos jurídicos, constituídos antes da entrada em vigor deste Código, obedece ao disposto nas leis anteriores, referidas no art. 2.045, mas os seus efeitos, produzidos após a vigência deste Código, aos preceitos dele se subordinam, salvo se houver sido prevista pelas partes determinada forma de execução".

Como se pode notar, o diploma civil transcrito consagra a observação, quanto à validade dos atos e negócios jurídicos, das normas do momento da celebração do ato, e não do momento da decisão. No tocante às orientações gerais da época que devem ser consideradas, o parágrafo único do mesmo art. 24 da Lei de Introdução enuncia que essas são as interpretações e especificações contidas em atos públicos de caráter geral ou em jurisprudência judicial ou administrativa majoritária, e ainda as adotadas por prática administrativa reiterada e de amplo conhecimento público.

O art. 26 da LINDB institui a *convalidação do ato administrativo por compromisso sem compensações*. Conforme a sua dicção, "para eliminar irregularidade, incerteza jurídica ou situação contenciosa na aplicação do direito público, inclusive no caso de expedição de licença, a autoridade administrativa poderá, após oitiva do órgão jurídico e, quando for o caso, após realização de consulta pública, e presentes razões de relevante interesse geral, celebrar compromisso com os interessados, observada a legislação aplicável, o qual só produzirá efeitos a partir de sua publicação oficial". A menção à consulta pública é louvável dentro do regime democrático, com a participação de especialistas escolhidos entre os membros da sociedade brasileira.

Como *compromisso* entenda-se um acordo em que as partes assumem deveres perante o Poder Público e que devem ser cumpridos posteriormente. Não há, assim, um contrato de compromisso, que conduz à arbitragem, como consta dos arts. 851 a 853 do Código Civil e da Lei 9.307/1996. A norma emergente também estabelece que esse compromisso: *a)* buscará solução jurídica proporcional, equânime, eficiente e compatível com os interesses gerais; *b)* não poderá conferir desoneração permanente de dever ou condicionamento de direito reconhecidos por orientação geral; e *c)* deverá prever com clareza as obrigações das partes, o prazo para seu cumprimento e as sanções aplicáveis em caso de descumprimento.

Na sequência, consagra-se a *convalidação do ato administrativo por compromisso e com compensações*, eis que "a decisão do processo, nas esferas administrativa, controladora ou judicial, poderá impor compensação por benefícios indevidos ou prejuízos anormais ou injustos resultantes do processo ou da conduta dos envolvidos" (art. 27 da LINDB). Aqui, tem-se, sim, o instituto privado previsto entre os arts. 368 e 380 do Código Civil, ou seja, a compensação, forma de extinção das obrigações que gera a extinção de dívidas mútuas ou recíprocas até o ponto que se encontrarem.

Sem prejuízo da observância dos rígidos requisitos da compensação legal, estudados no volume 2 desta coleção, a LINDB passou a estabelecer que decisão sobre a compensação será motivada, ouvidas previamente as partes sobre seu cabimento, sua forma e, se for o caso, seu valor (art. 27, § 1.º).

Além disso, para prevenir ou regular a compensação, poderá ser celebrado compromisso processual entre os envolvidos (art. 27, § 2.º). Esse compromisso processual parece ter a natureza de um negócio jurídico processual (arts. 190 e 191 do CPC/2015), o que até pode incluir a arbitragem, nos termos das alterações da Lei 9.307/1996 engendradas pela Lei 13.129/2015.

Quanto à efetividade dessa convalidação com compensações, tem razão Carlos Eduardo Elias de Oliveira quando afirma o seguinte:

> "A compensação é instituto fadado ao ostracismo, pois a falta de parâmetros detalhados de como as negociações podem ser implementadas causará receio fundado nos agentes públicos de futuramente serem responsabilizados por mal-entendidos com órgãos de controle. Dificilmente algum advogado público dará parecer favorável a qualquer espécie de acordo, pois, como o regime atual acaba deixando a certeza hermenêutica nas mãos futuras dos órgãos de controle externo – que ainda prosseguem a responsabilizar advogados públicos –, o receio de futura divergência de entendimento inibirá os advogados públicos. O TCU, por exemplo, já responsabilizou advogado público por ter dado parecer favorável a acordo extrajudicial que foi tido como desvantajoso para a União, conforme este julgado, resumido no seguinte enunciado: 'Advogado público é responsabilizado quando emite parecer favorável à homologação judicial em acordo extrajudicial, em condições excessivamente onerosas à União e em detrimento de sentença mais vantajosa aos cofres públicos'" (OLIVEIRA, Carlos Eduardo Elias de. A segurança hermenêutica..., Disponível em: <www.flaviotartuce.adv.br>. Acesso em: 30 ago. 2018).

A propósito da responsabilização do agente público por infração às normas de interpretação (*infração hermenêutica),* inclusive quanto ao seu eventual dever de indenizar, o art. 28 da LINDB traz um regime excessivamente protetivo, ao preceituar que esse responderá pessoalmente por suas decisões ou opiniões técnicas em caso de dolo ou *erro grosseiro.* O último conceito deve ser entendido como *culpa grave,* havendo na norma a confirmação da antiga máxima segundo a qual essa se equipara ao dolo (*culpa lata dolus aequiparatur*).

O novo dispositivo também parece trazer a regra a ser aplicada para a responsabilidade regressiva do agente público, caso acionado pelo Estado, que responde objetivamente ou sem culpa perante o particular, nos termos do art. 37, § 6.º, da Constituição Federal de 1988. Nota-se mais uma vez um claro objetivo de dar segurança à atuação dos agentes públicos, em detrimento dos interesses das vítimas e dos prejudicados pelos seus atos. A norma merece maiores reflexões, que serão expostas nas edições sucessivas deste livro.

Como penúltimo comando a ser comentado, o art. 29 da LINDB prevê que, em qualquer órgão ou poder, a edição de atos normativos por autoridade administrativa, salvo os de mera organização interna, poderá ser precedida de consulta pública para manifestação de interessados, preferencialmente por meio eletrônico, a qual será considerada na decisão. Louvam-se novamente a possibilidade de consulta pública e a valorização da transparência e da *clareza normativa.*

O mesmo se diga quanto ao último preceito da LINDB, ao estabelecer que as autoridades públicas devem atuar para aumentar a segurança jurídica na aplicação das normas, inclusive por meio de regulamentos, súmulas administrativas e respostas a consultas (art. 30). Esses instrumentos terão caráter vinculante em relação ao órgão ou entidade a que se destinam, até ulterior revisão, sendo perceptível novamente a influência do Novo CPC, agora quanto ao caráter vinculativo das decisões.

Pode-se perceber, de fato, que as novas regras têm como escopo o Direito Público e a atuação de seus agentes. No futuro, contudo, sem prejuízo do que consta do Código de Processo Civil de 2015 – que consagra muitas dessas ideias –, tais preceitos podem eventualmente influenciar as tomadas de decisões no âmbito do Direito Privado.

Em seu texto aqui tão citado, Carlos Eduardo Elias de Oliveira segue essa linha e aponta algumas possibilidades de a norma emergente influenciar as decisões dos notários e registradores, e a sua eventual responsabilização civil, como no caso da cobrança de emolumentos. Fica a sugestão de leitura do artigo citado, disponível no meu endereço eletrônico, para as devidas reflexões.

1.5   RESUMO ESQUEMÁTICO

Lei de Introdução – Instituída pelo Decreto-lei 4.657/1942, constitui uma norma sobre normas ou norma de sobredireito, eis que visa regular outras leis. A Lei de Introdução não faz parte do Código Civil e por ele não sofreu qualquer alteração. Uma das suas principais importâncias refere-se à determinação de quais são as fontes do direito. Recentemente, entrou em vigor no Brasil a Lei 13.655/2018, que representa um *distanciamento* ainda maior da Lei de Introdução em face do Direito Privado.

Fontes do Direito – Referem-se ao ponto de partida ou origem do Direito e da ciência jurídica. Em uma visão civilista clássica, tendo como parâmetro o texto da Lei de Introdução, as fontes jurídicas podem ser assim classificadas:

Fontes Formais, Diretas ou Imediatas	– Fonte Primária: Lei. Seria também a Súmula Vinculante, diante da EC 45/2004? – Fontes Secundárias (art. 4.º, LINDB): 　a) Analogia; 　b) Costumes; 　c) Princípios gerais do direito.
Fontes não Formais, Indiretas ou Mediatas	a) Doutrina; b) Jurisprudência; c) Equidade – diante do sistema de cláusulas gerais do Código Civil de 2002.

A Lei ou norma jurídica – Constitui nossa fonte primária, podendo ser denominada como um *imperativo autorizante* (Goffredo Telles Jr.). A lei entra em vigor após a sua elaboração, promulgação e publicação, expirado o prazo de *vacatio legis* que, em regra, é de 45 dias após a sua publicação.

A lei perde vigência mediante a revogação, pelo surgimento de outra lei, que pode ser assim classificada:

a)   *Revogação Total ou Ab-Rogação.*
b)   *Revogação Parcial ou Derrogação.*

CAP. 1 · LEI DE INTRODUÇÃO | 53

As duas formas de revogação podem ser ainda de forma *expressa* ou *tácita*.

Quanto à vigência das leis no tempo, a lei vale para o futuro, sendo a retroatividade exceção, não se podendo esquecer da proteção do direito adquirido, do ato jurídico perfeito e da coisa julgada. Essa proteção, contudo, está sendo relativizada.

No que se refere à vigência das leis no espaço, nosso ordenamento jurídico adota o *princípio da territorialidade temperada ou moderada*. Por regra, aplica-se a lei brasileira, podendo ser adotadas, eventualmente, as normas e sentenças de outros países, desde que respeitados os parâmetros que constam na própria Lei de Introdução. Aliás, essa lei traz regras específicas de direito internacional público e privado.

Analogia – Constitui fonte do direito e ferramenta para correção do sistema, nos casos de lacuna da lei. A analogia pode ser conceituada como a aplicação de uma lei próxima (*analogia legis*) ou de um conjunto de normas próximas (*analogia iuris*), não havendo norma específica para um determinado caso concreto.

Costumes – Também fontes do direito, constituem as práticas e usos reiterados, com conteúdo lícito e reconhecimento pela lei. Os costumes podem ser *secundum legem* (segundo a lei), *praeter legem* (na falta da lei) e *contra legem* (contra a lei). Somente a segunda forma seria de aplicação da integração.

Princípios gerais do direito – São regramentos básicos aplicáveis a um determinado instituto jurídico. Os princípios são abstraídos das normas, dos costumes, da doutrina, da jurisprudência e de aspectos políticos, econômicos e sociais. A própria Lei de Introdução traz em seu art. 5.º o princípio da socialidade, pelo qual, na aplicação da norma, o juiz deve procurar o seu fim social e o bem comum. Os princípios assumem papel relevante com a promulgação do Código Civil de 2002, devendo ser reconhecida a aplicação imediata dos princípios constitucionais que protegem a pessoa. A afirmação também vale para o Novo Código de Processo Civil.

Equidade – Mesmo não sendo prevista no art. 4.º da Lei de Introdução, constitui também fonte não formal do direito. Isso diante da posição assumida pelo Código Civil de 2002, de determinação da atuação concreta do magistrado diante da lei. Como é notório, o Código Civil em vigor adota um sistema de cláusulas gerais, que são janelas abertas deixadas pelo legislador para preenchimento pelo aplicador do direito. A equidade pode ser conceituada como a *justiça do caso concreto*.

Antinomias ou lacunas de conflito – São definidas como o choque de duas normas válidas, emanadas de autoridade competente. Em casos tais, três critérios entram em cena:

a) *critério cronológico*: norma posterior prevalece sobre norma anterior;

b) *critério da especialidade*: norma especial prevalece sobre norma geral;

c) *critério hierárquico*: norma superior prevalece sobre norma inferior.

Dos três critérios acima, o cronológico é o mais fraco de todos, sucumbindo perante os demais. O critério da especialidade é o intermediário e o da hierarquia, o mais forte de todos, tendo em vista a importância do Texto Constitucional. As antinomias podem ser assim classificadas:

– *Antinomia de 1.º grau*: conflito de normas que envolvem apenas um dos critérios acima expostos.

– *Antinomia de 2.º grau:* choque de normas válidas que envolvem dois dos critérios analisados.

54 | DIREITO CIVIL • VOL. 1 – *Flávio Tartuce*

Ademais, havendo a possibilidade ou não de solução, conforme os metacritérios de solução de conflito, é pertinente a seguinte visualização:

- *Antinomia aparente*: situação que pode ser resolvida de acordo com os metacritérios antes expostos.
- *Antinomia real*: situação que *não* pode ser resolvida com os metacritérios antes expostos.

Conforme essas classificações, devem ser analisados os casos práticos em que estão presentes os conflitos:

- No caso de conflito entre norma posterior e norma anterior, valerá a primeira, pelo critério cronológico, caso de antinomia de primeiro grau aparente.
- Norma especial deverá prevalecer sobre norma geral, emergencial que é o critério da especialidade, outra situação de antinomia de primeiro grau aparente.
- Havendo conflito entre norma superior e norma inferior, prevalecerá a primeira, pelo critério hierárquico, situação de antinomia de primeiro grau aparente.

Esses são os casos de antinomia de primeiro grau, todos de antinomia aparente, eis que presente solução em todos esses. Passamos então ao estudo das antinomias de segundo grau:

- Em um primeiro caso de antinomia de segundo grau aparente, quando se tem um conflito de uma norma especial anterior e outra geral posterior, prevalecerá o critério da especialidade, valendo a primeira norma.
- Havendo conflito entre norma superior anterior e outra inferior posterior, prevalece também a primeira (critério hierárquico), outro caso de antinomia de segundo grau aparente.
- Finalizando, quando se tem conflito entre uma norma geral superior e outra norma, especial e inferior, não há metacritério aparente para solucionar o problema. Nesses casos, haverá uma antinomia real de segundo grau. Em situações tais, duas soluções são possíveis:

  a) Solução legislativa – ocorre com a edição de uma terceira norma, apontando qual das duas em conflito deve ser aplicada.

  b) Solução do Judiciário – ocorre quando o magistrado escolhe uma das duas normas, aplicando os arts. 4.º e 5.º da Lei de Introdução e buscando o preceito máximo de justiça. Também pode ser utilizado o art. 8.º do Novo CPC para tal solução.

1.6 QUESTÕES CORRELATAS

01. (TRT-23.ª Região/MT – FCC – Juiz do Trabalho Substituto – 2015) Quando o novo Código de Processo Civil entrar em vigor:

(A) serão atingidos todos os processos e atos processuais em curso, tendo em vista o efeito imediato da lei nova, salvo quanto aos atos que constituírem direito adquirido, ato jurídico perfeito e coisa julgada.

(B) serão atingidos todos os processos, incluindo os que possuam decisão transitada em julgado, tendo em vista o efeito retroativo da lei processual.

(C) serão atingidos todos os processos em curso, sem exceção de qualquer ato, tendo em vista o efeito retroativo da lei processual.

CAP. 1 · LEI DE INTRODUÇÃO | 55

(D) todos os processos em curso, assim como os atos processuais posteriores ao início da vigência da nova lei, continuarão regidos pelo Código de Processo Civil atual.

(E) serão atingidos todos e quaisquer processos e atos processuais, tendo em vista o efeito imediato da lei processual, com exceção apenas das decisões transitadas em julgado.

02. **(TJAL – FCC – Juiz Substituto – 2015)** *"Os termos que obtiveram na linguagem jurídica um significado específico, como, por exemplo, contrato, crédito, impugnabilidade, nulidade de um negócio jurídico, herança, legado, são usados nas leis, na maioria das vezes, com este significado especial. Deste modo, eliminam-se inúmeras variantes de significado do uso linguístico geral e o círculo dos possíveis significados, adentro do qual se há-se proceder à seleção com base noutros critérios, estreita-se em grande medida. Com o esclarecimento do uso linguístico jurídico preciso, a interpretação pode, em certas ocasiões, chegar ao seu termo, a saber, quando nada indicie no sentido de que a lei se desviou, precisamente nesta passagem, daquele uso."* (LARENZ, Karl. *Metodologia da Ciência do Direito*. Tradução de José Lamego. Fundação Calouste Gulbenkian 2. ed. Lisboa, 1989. p. 386.)

Esse texto corresponde:

(A) à interpretação lógica da lei.

(B) aos usos e costumes como fonte interpretativa do direito.

(C) à interpretação literal da lei.

(D) à analogia.

(E) à interpretação sistemática da lei.

03. **(TJPB – Cespe – Juiz Substituto – 2015) Acerca da eficácia da lei no tempo e no espaço, assinale a opção correta.**

(A) O direito brasileiro veda o denominado efeito repristinatório das normas, mesmo que previsto expressamente, de modo que uma lei nova não pode prever a recuperação da vigência de lei já revogada.

(B) Caso uma lei cujo prazo de vigência não se tenha iniciado seja novamente publicada para correção de erro material constante da publicação anterior, o prazo da *vacatio legis* será contado a partir da primeira publicação, salvo se outra data nela vier expressa.

(C) A contagem do prazo para a entrada em vigor das leis que estabeleçam período de vacância deve ser feita nos termos da regra geral do direito civil, de modo a se excluir a data da publicação da lei e se incluir o último dia do prazo.

(D) No que se refere à eficácia espacial da lei, o ordenamento pátrio adotou o sistema da territorialidade moderada, de forma a permitir a aplicação de lei brasileira dentro do território nacional e, excepcionalmente, fora, sem, contudo, admitir a aplicação de lei estrangeira nos limites do Brasil.

(E) Em razão da denominada ultratividade da norma, mesmo revogado, o Código Civil de 1916 tem aplicação às sucessões abertas durante a sua vigência, ainda que o inventário tenha sido proposto após o advento do Código Civil de 2002.

04. **(TRF-5.ª Região – Cespe – Juiz Federal Substituto – 2015) Se, ao interpretar a lei, o magistrado concluir que a impenhorabilidade do bem de família deve resguardar o sentido amplo da entidade familiar, abrangendo, além dos imóveis do casal, também os imóveis pertencentes a pessoas solteiras, separadas e viúvas, ainda que estas não estejam citadas expressamente no texto legal, essa interpretação, no que se refere aos meios de interpretação, será classificada como**

(A) sistemática.

(B) histórica.

(C) jurisprudencial.

(D) teleológica.

(E) lógica.

56 | DIREITO CIVIL • VOL. 1 – *Flávio Tartuce*

05. **(PGE-MT – FCC – Procurador do Estado – 2016) De acordo com a Lei de Introdução às Normas do Direito Brasileiro, a lei nova possui efeito**

(A) imediato, por isto atingindo os fatos pendentes, mas devendo respeitar a coisa julgada, o ato jurídico perfeito e o direito adquirido, incluindo o negócio jurídico sujeito a termo ou sob condição suspensiva.

(B) retroativo, por isto atingindo os fatos pendentes, mas devendo respeitar a coisa julgada, o ato jurídico perfeito e o direito adquirido, ao qual não se equiparam, para fins de direito intertemporal, o negócio jurídico sujeito a termo ou sob condição suspensiva.

(C) retroativo, por isto atingindo os fatos pendentes, mas devendo respeitar a coisa julgada, o ato jurídico perfeito e o direito adquirido, ao qual se equipara, para fins de direito intertemporal, o negócio jurídico sujeito a termo, porém não o negócio jurídico sob condição suspensiva.

(D) imediato, por isto atingindo os fatos pendentes, ainda que se caracterizem como coisa julgada, ato jurídico perfeito ou direito adquirido.

(E) imediato, por isto atingindo os fatos pendentes, mas devendo respeitar a coisa julgada, o ato jurídico perfeito e o direito adquirido, ao qual se equiparam as faculdades jurídicas e as expectativas de direito.

06. **(TJDFT – Cespe – Juiz de Direito Substituto – 2016) A respeito da hermenêutica e da aplicação do direito, assinale a opção correta.**

(A) Diante da existência de antinomia entre dois dispositivos de uma mesma lei, à solução do conflito é essencial a diferenciação entre antinomia real e antinomia aparente, porque reclamam do intérprete solução distinta.

(B) Os tradicionais critérios hierárquico, cronológico e da especialização são adequados à solução de confronto caracterizado como antinomia real, ainda que ocorra entre princípios jurídicos.

(C) A técnica da subsunção é suficiente e adequada à hipótese que envolve a denominada eficácia horizontal de direitos fundamentais nas relações privadas.

(D) Diante da existência de antinomia entre dois dispositivos de uma mesma lei, o conflito deve ser resolvido pelos critérios da hierarquia e(ou) da sucessividade no tempo.

(E) A aplicação do princípio da especialidade, em conflito aparente de normas, afeta a validade ou a vigência da lei geral.

07. **(TJPI – FCC – Juiz Substituto – 2015) Lei nova que estabelecer disposição geral a par de lei já existente,**

(A) apenas modifica a lei anterior.

(B) não revoga, nem modifica a lei anterior.

(C) derroga a lei anterior.

(D) ab-roga a lei anterior.

(E) revoga tacitamente a lei anterior.

08. **(Câmara de Sumaré – Vunesp – Procurador Jurídico – 2017) Determinado projeto de lei ordinária, após regular processo legislativo, foi enviado ao Presidente da República para sanção. O Presidente, no entanto, permaneceu inerte, deixando de sancioná-lo ou vetá-lo, total ou parcialmente. O projeto de lei nada dispunha sobre a *vacatio legis*, e seu texto foi oficialmente publicado 25 (vinte e cinco) dias após o recebimento do projeto de lei pelo Presidente. No entanto, 3 (três) dias após a publicação original, o texto foi novamente publicado para corrigir erros da publicação anterior. Nesse cenário, é correto afirmar que:**

(A) a *vacatio legis* terá o prazo especial de 90 (noventa) dias, em razão da inércia do Presidente da República, a contar da segunda publicação oficial.

(B) a *vacatio legis* será de 60 (sessenta) dias, a contar do prazo final para que o Presidente da República sancionasse ou vetasse a lei.

(C) a *vacatio legis* será de 45 (quarenta e cinco) dias, a contar da segunda publicação oficial.

(D) a *vacatio legis* será de 60 (sessenta) dias, a contar da segunda publicação oficial.

(E) a *vacatio legis* será de 45 (quarenta e cinco) dias, a contar da primeira publicação oficial.

CAP. 1 · LEI DE INTRODUÇÃO | 57

09. **(TJRO – Ieses – Titular de Serviços de Notas e de Registros-Provimento – 2017) A Lei de Introdução regula as questões relativas à aplicabilidade de normas relativas às questões familiares e sucessórias de estrangeiros no Brasil. Com base nisso, responda as questões:**

I. O regime de bens, legal ou convencional, obedece às regras do país em que tiverem os nubentes domicílio, e, se este for diverso, o do primeiro domicílio conjugal.

II. A sucessão de bens de estrangeiros, situados no país, obedecerá à lei do país em que era domiciliado, independentemente da existência ou não de filhos ou cônjuge brasileiro.

III. Caso o casamento seja realizado no Brasil, as regras de impedimentos e formalidades da celebração serão as da lei brasileira.

Assinale a correta:

(A) Todas as assertivas são verdadeiras.

(B) Todas as assertivas são falsas.

(C) Apenas a assertiva III é verdadeira

(D) Apenas as assertivas I e III são verdadeiras.

10. **(Delegado de Polícia Civil – PC-AC/IBADE – 2017) Segundo a Lei de Introdução às Normas do Direito Brasileiro, assinale a afirmativa correta.**

(A) A revogação de lei anterior por lei posterior só ocorre nos casos em que expressamente declarada.

(B) A lei revogada é automaticamente restaurada se a lei revogadora tiver perdido a vigência.

(C) O casamento de estrangeiros poderá celebrar-se perante autoridades diplomáticas ou consulares do país de apenas um dos nubentes.

(D) Salvo disposição em contrário, uma lei começa a vigorar no Brasil sessenta dias depois de oficialmente publicada.

(E) As regras sobre os direitos de família são determinadas pela lei do país em que a pessoa for domiciliada.

11. **(Prefeitura de Fortaleza/CE – Cespe – Procurador do Município/CE – 2017) A respeito da Lei de Introdução às Normas do Direito Brasileiro, das pessoas naturais e jurídicas e dos bens, julgue o item a seguir.**

Utiliza a analogia o juiz que estende a companheiro(a) a legitimidade para ser curador conferida a cônjuge da pessoa ausente.

( ) Certo   ( ) Errado

12. **(DPE/PR – FCC – Defensor Público – 2017) Com base no Decreto-Lei 4.657/1942 – Lei de Introdução às Normas do Direito Brasileiro – LINDB, é correto afirmar:**

(A) As correções de texto, de qualquer natureza, ocorridas após a publicação da lei, não interferem no termo a quo de sua vigência, na medida em que não se consideram lei nova por não alterar seu conteúdo.

(B) A despeito de ser executada no Brasil, a lei brasileira não será aplicada quando a obrigação for constituída fora do país, pois, para qualificar e reger as obrigações, aplicar-se-á a lei do país em que se constituírem.

(C) Os direitos de família são determinados pela lei do país em que domiciliada a pessoa. No caso de nubentes com domicílio diverso, a lei do primeiro domicílio conjugal regerá tanto os casos de invalidade do matrimônio quanto o regime de bens.

(D) Quando a lei estrangeira for aplicada a demanda judicial no Brasil, ter-se-á em vista somente os dispositivos invocados pelas partes, inclusive eventuais remissões a outras leis.

(E) Compete exclusivamente à autoridade judiciária estrangeira processar e julgar as ações cujo réu possua domicílio no exterior ou cuja obrigação lá tenha de ser cumprida, ainda que versadas sobre bens imóveis situados no Brasil.

58 | DIREITO CIVIL • VOL. 1 – *Flávio Tartuce*

13. **(Uece/Funece – Advogado – 2017)** Atente ao seguinte dispositivo legal: "A lei posterior revoga a anterior quando expressamente o declare, quando seja com ela incompatível ou quando regule inteiramente a matéria de que tratava a lei anterior" (§ 1.º do art. 2.º da Lei de Introdução às Normas do Direito Brasileiro).

O dispositivo em destaque remete ao critério de solução de antinomias jurídicas denominado:

(A) critério cronológico.

(B) critério da especialidade.

(C) critério ontológico.

(D) critério hierárquico.

14. **(Câmara de Sumaré – Vunesp – Procurador Jurídico – 2017)** De acordo com a Lei de Introdução às Normas do Direito Brasileiro (Decreto-Lei 4.657/1942), será executada no Brasil a sentença proferida no estrangeiro, que reúna os seguintes requisitos:

(A) haver sido proferida por juiz competente; terem sido as partes citadas ou haver-se legalmente verificado a revelia; ter passado em julgado e estar revestida das formalidades necessárias para a execução no lugar em que foi proferida; estar traduzida por intérprete autorizado, e, por fim, ter sido homologada pelo Superior Tribunal de Justiça.

(B) haver sido proferida por juiz competente; terem sido as partes citadas pessoalmente; ter passado em julgado e estar revestida das formalidades necessárias para a execução no lugar em que foi proferida; estar traduzida por intérprete autorizado, e, por fim, ter sido homologada pelo Supremo Tribunal Federal.

(C) existência de tratado internacional com o país no qual foi proferida a sentença; não ter corrido o processo à revelia; ter passado em julgado e estar revestida das formalidades necessárias para a execução no lugar em que foi proferida; estar traduzida por intérprete autorizado, e, por fim, ter sido homologada pelo Supremo Tribunal Federal.

(D) haver sido proferida por juiz competente, em país que adota o sistema romano-germânico (*civil law*); terem sido as partes citadas ou haver-se legalmente verificado a revelia; ter passado em julgado ou pender julgamento de recurso não dotado de efeito suspensivo; estar traduzida por intérprete autorizado, e, por fim, ter sido homologada pelo Superior Tribunal de Justiça.

(E) existência de tratado internacional com o país no qual foi proferida a sentença; haver sido proferida por juiz competente; terem sido as partes citadas pessoalmente; estar revestida das formalidades necessárias para a execução no lugar em que foi proferida; estar traduzida por intérprete autorizado, e, por fim, ter sido homologada pelo Superior Tribunal de Justiça ou pelo Supremo Tribunal Federal, a depender da matéria.

15. **(Prefeitura de Sorocaba – Procurador do Município – Vunesp – 2018)** Assinale a alternativa correta, conforme disposições da Lei de Introdução às normas do Direito Brasileiro (Decreto-Lei 4.657/1942) e legislação relacionada.

(A) Em regra, a lei revogada se restaura por ter a lei revogadora perdido a vigência.

(B) As súmulas administrativas e respostas a consultas têm caráter vinculante em relação ao órgão ou à entidade a que se destinam.

(C) A sentença proferida em outro país deverá ser homologada perante o Supremo Tribunal Federal para ser executada no Brasil.

(D) O agente público responderá pessoalmente por suas opiniões técnicas, salvo no caso de erro, ainda que considerado grosseiro.

(E) A lei não pode estabelecer período de vacância (*vacatio legis*) apenas para determinados artigos que a compõem.

16. **(Prefeitura de Niterói/RJ – Auditor Municipal de Controle Interno – FGV – 2018)** Peter, cidadão alemão casado com Maria, cidadã brasileira, veio a falecer deixando diversos bens no território brasileiro. Tão logo ocorreu o óbito, Maria, cônjuge sobrevivente, procurou um advogado e solicitou informações a respeito da lei que regularia a sucessão, se seria a brasileira ou a alemã. À luz da sistemática constitucional, o advogado deve responder que a sucessão será regulada

(A) pela lei brasileira em benefício de Maria, salvo se a lei pessoal do *de cujus* lhe for mais favorável.

(B) necessariamente pela lei brasileira.

(C) pela lei brasileira em benefício de Maria, desde que da união tenha resultado filho brasileiro.

(D) necessariamente pela lei alemã.

(E) pela lei alemã em benefício de Maria, desde que da união tenha resultado filho alemão.

17. **(Procurador da República – PGR – 2017) Dentre os enunciados abaixo, somente estão corretos:**

I – De acordo com a Lei de Introdução às normas do Direito Brasileiro, a lei do domicílio do herdeiro ou legatário regula a capacidade para suceder e também a ordem de vocação hereditária.

II – A Convenção Interamericana sobre Personalidade e Capacidade das Pessoas Jurídicas no Direito Internacional Privado dispõe que a lei do lugar de constituição rege a existência da pessoa jurídica.

III – O princípio da proximidade é modalidade de método conflitual pelo qual o fato transnacional é regido pelo direito do Estado com o qual mantenha os vínculos mais estreitos.

IV – Os bens móveis são sempre regidos pela lei do domicílio do proprietário, de acordo com a Lei de Introdução às Normas do Direito Brasileiro.

(A) I, III e IV.

(B) II e III.

(C) todos estão corretos.

(D) I e IV.

18. **(PC-PI – Delegado de Polícia Civil – Nucepe – 2018) Com base na Lei de Introdução às normas do Direito Brasileiro, marque a alternativa CORRETA.**

(A) O período de *vacatio legis* de uma lei de direito material é diferente quando se trata de norma de direito processual.

(B) As organizações destinadas a fins de interesse coletivo, como as sociedades e as fundações, obedecem à lei do Estado em que se constituírem.

(C) Dependendo da importância da lei, o legislador deve estabelecer um período de *vacatio legis* mais extenso, de 1 (um) ano para os Códigos e Leis Complementares.

(D) Uma lei nova não modifica a anterior se for com ela incompatível ou tratar sobre a mesma matéria.

(E) A equidade é sempre uma forma de integração quando houver omissão da lei.

19. **(Procurador do Ministério Público de Contas – TCE-RO – Cespe) Acerca da vigência das leis e da *vacatio legis*, assinale a opção correta.**

(A) *Vacatio legis* consiste no intervalo de tempo existente entre o momento da aprovação de lei pelo poder legislativo e o início de sua vigência.

(B) O legislador poderá determinar prazo específico de *vacatio legis*.

(C) O legislador poderá determinar a vigência imediata de norma jurídica a partir de sua aprovação pelo congresso nacional.

(D) Na ausência de manifestação do legislador, o prazo de *vacatio legis* será de 90 dias no território nacional.

(E) O prazo de *vacatio legis* da lei brasileira, quando esta for admitida, será de 30 dias nos estados estrangeiros.

20. **(Titular de Serviços de Notas e de Registros – Provimento – TJ-MG – Consulplan – 2019) Considerando a disciplina saída da Lei de Introdução às Normas do Direito Brasileiro, assinale a alternativa correta.**

(A) A lei do último domicílio do falecido regula a capacidade para suceder.

(B) A sucessão de bens de estrangeiros, situados no país, será regulada pela lei brasileira em benefício do cônjuge ou dos filhos brasileiros, mesmo nas hipóteses em que a lei pessoal do falecido lhes seja mais favorável.

60 | DIREITO CIVIL • VOL. 1 – *Flávio Tartuce*

(C) As organizações destinadas a fins de interesse coletivo, como as sociedades e as fundações, obedecem à lei do estado em que se constituírem, mas só poderão ter filiais no brasil depois que os seus atos constitutivos forem aprovados pelo governo brasileiro, ficando sujeitas à lei brasileira.

(D) Os governos estrangeiros, bem como as organizações de qualquer natureza, que eles tenham constituído, dirijam ou hajam investido de funções públicas, poderão adquirir no brasil bens imóveis além daqueles destinados à sede de sua representação, desde que essa aquisição seja precedida de autorização do senado federal.

21. **(Procurador de Contas – MPC-PA – Cespe – 2019) De acordo com a Lei de Introdução às Normas do Direito Brasileiro, na interpretação de normas sobre gestão pública, devem ser considerados os**

(A) interesses da coletividade, podendo a decisão ser tomada com base em interpretação adotada em face das possíveis alternativas interpretativas ou em valores jurídicos abstratos.

(B) aspectos jurídicos que levem à decretação da invalidação de ato, sem se considerar as consequências jurídicas e administrativas da interpretação adotada.

(C) regimes de transição para que o novo dever seja cumprido de modo proporcional, equânime e eficiente, ainda que em prejuízo dos interesses gerais e coletivos.

(D) danos que delas provierem para a administração pública e as circunstâncias agravantes ou atenuantes, sendo os antecedentes do agente irrelevantes na aplicação de sanções.

(E) obstáculos, as dificuldades reais do gestor e as exigências das políticas públicas a seu cargo, sem prejuízo dos direitos dos administrados.

22. **(Delegado de Polícia – PC-ES – Instituto Acesso – 2019) A atual Lei de Introdução às Normas do Direito Brasileiro (Decreto-lei 4.657, de 4 de setembro de 1942 e suas alterações), antiga "Lei de Introdução ao Código Civil, é composta de regras que incidem no campo da atuação dos agentes públicos, bem como estabelece regras gerais de interpretação. Tendo em vista as disposições deste Diploma Legal, assinale a seguir a alternativa correta:**

(A) Nas decisões emanadas das esferas administrativas, judicial e controladora, valores abstratos podem ser utilizados desde que, em tais decisões, sejam consideradas as consequências práticas de sua utilização no caso concreto.

(B) Uma lei federal revogada por outra lei federal posterior tem sua vigência restaurada caso a lei revogadora posterior perca sua vigência, como também tem sua eficácia jurídica restabelecida para casos concretos para os quais era aplicada.

(C) A lei do país em que a pessoa natural é domiciliada, seja ela brasileira nata ou naturalizada após processo regular com decisão transitada em julgado, determina as regras especificas sobre responsabilidade civil a serem aplicadas num caso concreto.

(D) Na hipótese de lacuna legal, que consiste em não haver uma hipótese normativa especifica e expressa a ser aplicada para um determinado caso concreto, o Juiz decidirá utilizando a ponderação, a analogia, os costumes e os princípios gerais do direito.

(E) O agente público, em nível Federal, Estadual ou Municipal, no uso de suas atribuições estabelecidas em regime jurídico próprio, responderá pessoalmente por suas decisões ou opiniões técnicas em caso de Imprudência, negligência, imperícia ou erro grosseiro.

23. **(Advogado – CREA-GO – Quadrix – 2019) A respeito da eficácia da lei no tempo e do conflito de normas, julgue o item.**

Uma lei ordinária incompatível com a ordem constitucional superveniente é considerada como não recepcionada, não havendo que se falar em inconstitucionalidade superveniente.

( ) Certo   ( ) Errado

24. **(Advogado – CREA-GO – Quadrix – 2019) A respeito da eficácia da lei no tempo e do conflito de normas, julgue o item.**

No direito brasileiro, a repristinação não é automática, devendo constar expressamente da lei revogadora a restauração da vigência da lei revogada.

( ) Certo   ( ) Errado

CAP. 1 · LEI DE INTRODUÇÃO | 61

25. **(Analista de Projetos Organizacionais – Jurídica – Ieses – 2017). As fontes do direito podem ser classificadas através das leis, dos costumes, da jurisprudência, da equidade e da
doutrina. Dessa forma, entende-se:**

(A) Jurisprudência é o conjunto de decisões sobre interpretações de leis, feita pelos tribunais de
determinada jurisdição, já os costumes são as regras sociais derivadas de práticas reiteradas,
generalizadas e prolongadas, o que resulta numa convicção de obrigatoriedade, de acordo com a
sociedade e cultura em particular.

(B) A Doutrina é a produção realizada por pensadores, juristas e filósofos do direito, concentrados
nos mais diversos temas relacionados às ciências humanas e as leis são normas ou conjunto de
normas jurídicas criadas por juristas autônomos.

(C) Costumes são as adaptações das regras existentes sobre situações concretas que priorizam critérios
de justiça e igualdade, já a equidade determina a relação da norma com as práticas existentes
priorizando a justiça social.

(D) Doutrina, jurisprudência, costumes, leis e equidade são fontes das ciências humanas.

26. **(Analista Legislativo – Prefeitura de Morro Agudo – SP – Vunesp – 2020) Suponha que a
lei "x" estava em pleno vigor, mas foi revogada pela lei "y". todavia, esta, depois de algum
tempo, veio a perder a sua vigência. segundo o disposto no Decreto-lei 4.657/1942, nessa
hipótese, é correto afirmar que a lei "x"**

(A) será, automaticamente, restaurada, salvo disposição expressa em contrário da lei "y".

(B) não poderá ser restaurada, nem mesmo por disposição expressa em contrário, sendo necessária
a edição de uma nova lei tratando da mesma matéria.

(C) somente será restaurada, automaticamente, se a lei "y" tiver sido editada para vigorar temporariamente.

(D) somente será restaurada se nenhuma outra lei for editada para tratar da mesma matéria, para não
haver lacuna jurídica.

(E) não será restaurada, automaticamente, salvo disposição em contrário.

27. **(Analista Legislativo – Prefeitura de Morro Agudo – SP – Vunesp – 2020) Determinada lei
passou pelo seu regular processo legislativo, vindo a ser sancionada e publicada, mas em
seu texto não constou a data em que ela entraria em vigor. Nessa situação hipotética, a
Lei de Introdução às Normas do Direito Brasileiro (Decreto-lei 4.657/1942) estabelece que a
referida lei começa a vigorar, respectivamente, em todo o país e nos estados estrangeiros,
quando admitida**

(A) na data de sua publicação e quarenta e cinco dias depois de oficialmente publicada.

(B) trinta dias depois de oficialmente publicada e três meses depois de oficialmente publicada.

(C) quarenta e cinco dias depois de oficialmente publicada e três meses depois de oficialmente publicada.

(D) sessenta dias depois de oficialmente publicada e um mês depois de oficialmente publicada.

(E) sessenta dias depois de oficialmente publicada e noventa dias depois de oficialmente publicada.

28. **(Procurador Jurídico – Câmara de Curitiba – PR – UFPR – 2020) Levando em consideração
as normas contidas no novo texto da Lei de Introdução às Normas do Direito brasileiro,
assinale a alternativa correta.**

(A) Na interpretação de normas sobre gestão pública, serão considerados os obstáculos e as dificuldades reais do gestor e as exigências das políticas públicas a seu cargo, sem prejuízo dos direitos
dos administrados.

(B) Na aplicação de sanções, em casos de ato de improbidade administrativa, serão desconsideradas a
natureza e a gravidade da infração cometida, bem como tidas como inaplicáveis as circunstâncias
agravantes ou atenuantes e os antecedentes do agente.

(C) A revisão, nas esferas administrativa, controladora ou judicial, quanto à validade de ato cuja produção já se houver completado, poderá ser realizada de acordo com as novas orientações gerais
do momento da revisão, inclusive para a declaração de invalidade de situações constituídas anteriormente de forma irregular.

62 | DIREITO CIVIL • VOL. 1 – *Flávio Tartuce*

(D) Para a eliminação de irregularidade, poderá ser firmado compromisso com os interessados, sendo possível como resultado do acordo a desoneração permanente de dever, desde que reconhecido por orientação geral, bem como realizada previamente audiência pública como condição de validade do ajuste.

(E) É vedada à autoridade administrativa ou controladora não judicial a imposição de compensação por benefícios indevidos ou prejuízos injustos oriundos do processo, ainda que isso possa ser feito por compromisso processual entre as partes.

29. **(Procurador Municipal – Prefeitura de Areal – RJ – Gualimp – 2020) A Lei de Introdução às normas do Direito Brasileiro define que nos estados, estrangeiros, a obrigatoriedade da lei brasileira, quando admitida, se inicia:**

(A) Depois de 01 (um) mês de oficialmente publicada.

(B) Depois de 06 (seis) meses de oficialmente publicada.

(C) Depois de 03 (três) meses de oficialmente publicada.

(D) Depois de 09 (nove) meses de oficialmente publicada.

30. **(Advogado – Prefeitura de Coremas – PB – Advise – 2021) Sobre a Lei de Introdução às Normas do Direito Brasileiro, analise as assertivas abaixo:**

I – A lei revogada por outra que com ela se tornou incompatível deverá ser restaurada, caso a lei revogadora perca vigência.

II – A analogia e a interpretação extensiva são institutos jurídicos idênticos.

III – A derrogação torna sem efeito uma parte de determinada norma, não perdendo esta sua vigência.

IV – A lei do país em que nasce a pessoa determina as regras sobre o começo e o fim da personalidade, o nome, a capacidade e os direitos de família.

Dos itens acima:

(A) Apenas a assertiva I está correta;

(B) Apenas a assertiva II está correta;

(C) Apenas a assertiva III está correta;

(D) Apenas a assertiva IV está correta;

(E) Todas as assertivas estão corretas.

31. **(Promotor de Justiça Substituto – MPE-SC – Cespe/Cebraspe – 2021) A respeito de fundamentos e noções gerais de direito, julgue o item a seguir.**

Com o seu avanço, a doutrina jurídica tornou-se fonte material de direito no caso de falta da lei e passou a ser assim prevista na Lei de Introdução às Normas do Direito Brasileiro.

( ) Certo   ( ) Errado

32. **(Procurador do Trabalho – MPT – 2022) Acerca da Lei de Introdução às Normas do Direito Brasileiro, analise as seguintes assertivas:**

I – Para qualificar e reger as obrigações, aplicar-se-á a lei do país em que serão executadas (*locus regit actum*).

II – Na esfera judicial não se decidirá com base em valores jurídicos abstratos sem que sejam consideradas as consequências práticas da decisão.

III – Somente a autoridade judiciária brasileira pode conhecer das ações relativas a imóveis situados no Brasil, com exceção daqueles necessários à sede dos representantes diplomáticos ou dos agentes consulares.

IV – A prova dos fatos ocorridos em país estrangeiro rege-se pela lei que nele vigorar, quanto ao ônus e aos meios de produzir-se, podendo os tribunais brasileiros admitir provas não conhecidas pela lei brasileira.

CAP. 1 · LEI DE INTRODUÇÃO | 63

Assinale a alternativa CORRETA:

(A) Apenas as assertivas I e II estão incorretas.

(B) Apenas as assertivas I, III e IV estão incorretas.

(C) Apenas as assertivas III e IV estão incorretas.

(D) Todas as assertivas estão incorretas.

(E) Não respondida.

33. **(Procurador de Contas do Ministério Público – MPC-SC – Cespe/Cebraspe – 2022) Em relação à vigência e ao conflito das leis, julgue o item a seguir.**

O período de vacância de uma lei — vacatio legis — consiste no período compreendido entre a data de sua publicação e o início de sua vigência, e tem como finalidade dar amplo conhecimento da lei, para que todos assimilem seu conteúdo antes de sua entrada em vigor.

( ) Certo   ( ) Errado

34. **(Promotor de Justiça Substituto – MPE-SE – Cespe/Cebraspe – 2022) De acordo com a Lei de Introdução às Normas do Direito Brasileiro, no silêncio da lei, a regra é a**

(A) ultratividade.

(B) irretroatividade.

(C) aplicabilidade imediata.

(D) vigência imediata.

(E) eficácia imediata.

35. **(Analista Judiciário – TJDFT – FGV – 2022) A Lei de Introdução às Normas do Direito Brasileiro (LINDB), com as alterações introduzidas pela Lei 13.655/2018, trouxe o chamado consequencialismo, visando à maior previsibilidade, segurança jurídica e eficiência na criação e na aplicação do Direito Público.**

Nesse contexto, de acordo com a atual redação da LINDB:

(A) a interpretação de normas sobre gestão pública deve privilegiar a efetividade das políticas públicas e os direitos dos administrados, desconsiderando os obstáculos e as dificuldades reais do gestor;

(B) nas esferas administrativa e controladora, não se decidirá, em qualquer hipótese, com base em valores jurídicos abstratos, e a motivação demonstrará a necessidade e a adequação da medida imposta ou da invalidação de ato, contrato, ajuste, processo ou norma administrativa, sem mencionar possíveis alternativas que foram descartadas;

(C) a decisão que, nas esferas controladora ou judicial, decretar a invalidação de ato, contrato, ajuste, processo ou norma administrativa deverá indicar de modo expresso suas consequências jurídicas, sem referências às consequências administrativas, em razão do princípio da separação dos poderes;

(D) a revisão, nas esferas administrativa, controladora ou judicial, quanto à validade de ato, contrato, ajuste, processo ou norma administrativa cuja produção já se houver completado, levará em conta as orientações gerais vigentes no momento da decisão de revisão, de maneira que é permitido que, com base em mudança posterior de orientação geral, se declarem inválidas situações plenamente constituídas;

(E) a decisão administrativa, controladora ou judicial que estabelecer interpretação ou orientação nova sobre norma de conteúdo indeterminado, impondo novo dever ou novo condicionamento de direito, deverá prever regime de transição quando indispensável para que o novo dever ou condicionamento de direito seja cumprido de modo proporcional, equânime e eficiente e sem prejuízo aos interesses gerais.

36. **(Procurador do Estado – PGE-RO – Cespe/Cebraspe – 2022) Segundo a Lei de Introdução às Normas do Direito Brasileiro, a regra geral, quando aplicável, é que a lei brasileira, depois de oficialmente publicada, inicia sua vigência em**

(A) 45 dias em todo o país e em 3 meses nos Estados estrangeiros.

(B) 3 meses em todo o país e nos Estados estrangeiros.

(C) 30 dias em todo o país e em 45 dias nos Estados estrangeiros.

(D) 30 dias em todo o país e em 3 meses nos Estados estrangeiros.

(E) 30 dias em todo o país e nos Estados estrangeiros.

64 | DIREITO CIVIL • VOL. 1 – *Flávio Tartuce*

37. (Juiz de Direito Substituto – TJMG – FGV – 2022) A Lei de Introdução às Normas do Direito Brasileiro dispõe sobre o conflito de leis no tempo:

"Art. 2.º Não se destinando à vigência temporária, a lei terá vigor até que outra a modifique ou revogue.

§ 1.º A lei posterior revoga a anterior quando expressamente o declare, quando seja com ela incompatível ou quando regule inteiramente a matéria de que tratava a lei anterior.

§ 2.º A lei nova, que estabeleça disposições gerais ou especiais a par das já existentes, não revoga nem modifica a lei anterior.

§ 3.º Salvo disposição em contrário, a lei revogada não se restaura por ter a lei revogadora perdido a vigência".

Analise as afirmativas a seguir.

I. Como o Código Civil é a "Constituição do homem comum", emenda à Constituição Federal, editada posteriormente ao Código Civil de 2002, não revoga regras codificadas, quando conflitantes.

II. A criação dos chamados "microssistemas" não exclui a aplicação do Código Civil às relações jurídicas abrangidas pelos ditos "microssistemas".

III. O Código de Defesa do Consumidor se tornou incompatível com o Direito Empresarial, após a vigência do Código Civil de 2002.

IV. Tendo em vista a necessidade da criação dos chamados "microssistemas", desde o século XX passou a ser recomendado evitar a interpretação do Direito como unidade sistemática, a fim de se garantir a supremacia da Constituição Federal, a centralidade do Código Civil e a segurança jurídica.

Está correto o que se afirma em:

(A) I, II, III e IV.

(B) II e IV, somente.

(C) II, somente.

(D) IV, somente.

38. (TJAL – Vunesp – Titular de Serviços de Notas e de Registros – 2023) De acordo com a Lei de Introdução às Normas do Direito Brasileiro (LINDB), assinale a alternativa correta.

(A) A decisão que, nas esferas administrativa, controladora ou judicial, decretar a invalidação do contrato administrativo poderá valer-se de valores jurídicos abstratos.

(B) Na interpretação de normas sobre gestão pública, serão considerados os obstáculos e as dificuldades reais do gestor e as exigências das políticas públicas a seu cargo, sem prejuízo dos direitos dos administrados.

(C) A responsabilidade pessoal do agente público por suas decisões ou opiniões técnicas são de natureza objetiva.

(D) A edição de atos normativos por agente administrativo, inclusive os de mera organização interna, poderá ser precedida de consulta pública para manifestação de interessados.

39. (MPE-BA – Cespe/Cebraspe – Promotor de Justiça Substituto – 2023) De acordo com a Lei de Introdução às Normas do Direito Brasileiro, para as sucessões por morte, impõe-se a aplicação da lei do

(A) país onde se situam os bens.

(B) último domicílio do *de cujus*.

(C) país de domicílio do herdeiro.

(D) domicílio em que o de cujus realizou a aquisição do bem.

(E) país em que ocorreu o falecimento.

40. (PGM-RJ – Cespe/Cebraspe – Procurador Geral do Município de Natal – 2023) Diante da ausência de qualquer norma apta a reger determinada situação concreta, o intérprete deverá recorrer

I à analogia. II aos costumes. III aos fins sociais. IV aos princípios gerais do direito.

Estão certos apenas os itens

(A) I e II.
(B) I e III.
(C) III e IV.
(D) I, II e IV.
(E) II, III e IV.

41. (TST – FGV – Juiz do Trabalho Substituto – 2023) A Constituição da República de 1988 e a Lei de Introdução às Normas do Direito Brasileiro dispõem sobre as normas de vigência e eficácia das leis no tempo e o princípio da irretroatividade das leis.

Com relação a esse tema, de acordo com o disposto nas normas jurídicas brasileiras, é correto afirmar que:

(A) a lei revogada se restaura por ter a lei revogadora perdido a vigência;
(B) a lei posterior revoga a anterior somente quando expressamente o declare;
(C) o sistema normativo brasileiro admite expressamente a hipótese de perda de vigência da lei por descumprimento reiterado;
(D) mesmo depois de transitada em julgado a decisão de mérito, poderão ser deduzidas ou repelidas as alegações e as defesas que a parte poderia opor tanto ao acolhimento quanto à rejeição do pedido;
(E) consideram-se adquiridos assim os direitos que o seu titular, ou alguém por ele, possa exercer, como aqueles cujo começo do exercício tenha termo prefixo, ou condição preestabelecida inalterável, a arbítrio de outrem.

42. (Prefeitura de Balneário Camboriú-SC – Fepese – Procurador do Município – 2023) Assinale a alternativa correta com fundamento na Lei de Introdução às normas do Direito brasileiro.

(A) As correções a texto de lei em vigor não se consideram lei nova.
(B) Quando a lei for omissa, o juiz decidirá o caso de acordo com a analogia, a equidade, os costumes e os princípios gerais de direito.
(C) A lei nova, que estabeleça disposições gerais ou especiais a par das já existentes, não revoga nem modifica a lei anterior.
(D) É dever do magistrado conhecer a legislação estrangeira, sendo-lhe vedado exigir de quem a invoca prova do texto e da vigência.
(E) O direito brasileiro adota a repristinação como regra geral, preconizando que a lei revogada se restaura quando a lei revogadora tenha perdido a vigência.

43. (MPE-AM – Cespe/Cebraspe – Promotor de Justiça Substituto – 2023) A lei civil que criar novas regras sobre o direito das obrigações entrará em vigor

(A) necessariamente na data da sua publicação.
(B) após o período mínimo de *vacatio legis* de três meses.
(C) após a publicação de decreto presidencial que regule a matéria.
(D) imediatamente após a sanção presidencial.
(E) após o período de *vacatio legis* ou na data da sua publicação, conforme dispuser a lei que criou a matéria.

44. (Enam – Exame Nacional da Magistratura – FGV – 2024) Uma associação privada ajuizou ação civil pública que questionava o patrocínio dado à Procissão do Fogaréu pelo Estado Alfa, alegando que o uso dos recursos públicos para o evento não atendia ao interesse público. O Estado defendeu o patrocínio, por meio de sua Procuradoria, argumentando que a Procissão do Fogaréu é patrimônio imaterial da comunidade e promove um importante evento em seu calendário cultural, atraindo milhares de turistas. Comprovou tais argumentos pela juntada de diversos documentos relativos à ocupação da rede hoteleira e à arrecadação tributária. Encerrada a fase instrutória, os autos eletrônicos foram remetidos à conclusão para sentença.

Considerando o disposto na Lei de Introdução às Normas do Direito Brasileiro (LINDB), assinale a afirmativa incorreta.

66 | DIREITO CIVIL • VOL. 1 – *Flávio Tartuce*

(A) De acordo com a LINDB, se o controle judicial de atos do Poder Público se fundamentar em valores jurídicos abstratos, impõe-se ao Poder Judiciário considerar as consequências práticas da decisão.

(B) A LINDB introduz um dever de justificação qualificada sobre a proporcionalidade do controle judicial da validade de ato, contrato, ajuste, processo ou norma administrativa, sendo necessário demonstrar a adequação e necessidade da medida, inclusive em face das possíveis alternativas.

(C) A noção de interesse público é vaga, indeterminada, não possuindo, por si só, densidade suficiente para embasar, de maneira consistente, eventual decisão favorável à associação privada.

(D) O controle judicial do contrato de patrocínio deve se ater exclusivamente aos seus aspectos formais, sendo vedado ao Poder Judiciário considerar as possíveis consequências práticas de suas decisões.

(E) Na indicação das consequências práticas da decisão, o Poder Judiciário apresentará apenas aquelas consequências práticas que, no exercício diligente de sua atuação, consiga vislumbrar diante dos fatos e fundamentos de mérito e jurídicos.

45. **(TJGO – Analista Judiciário – Oficial de Justiça – IV-UFG – 2024) Analise o caso a seguir.**

O Congresso Nacional editou Lei Ordinária X, consignando, em seu texto, que a norma passará a viger na data de sua publicação, o que ocorreu em 1.º de março de 2024. A Lei de Introdução às Normas do Direito Brasileiro, por sua vez, dispõe, logo em seu artigo 1.º, acerca da aplicação da lei no tempo, a qual também deve ser levada em conta para se definir o termo inicial da vigência de qualquer diploma normativo.

Nesse caso, como será a produção dos efeitos dessa Lei Ordinária X?

(A) A Lei X terá sua vigência ocorrendo imediatamente desde o dia 01.03.2024.

(B) A Lei X começará a produzir seus efeitos 45 dias após a data consignada no seu texto.

(C) Correções de texto pelo Legislativo na Lei X não modificarão o termo inicial de vigência.

(D) Eventuais alterações de redação da Lei X não influenciarão na data de sua vigência.

46. **(TJSP – Juiz Substituto – Vunesp – 2024) Em relação à eficácia da lei no tempo, é correto afirmar:**

(A) o legislador veda o efeito repristinatório, exceção feita à previsão expressa de nova lei.

(B) a ultratividade não é permitida.

(C) o costume *contra legem* constitui forma de revogação da lei.

(D) a revogação pode se dar por nulidade ou inconstitucionalidade.

47. **(TCE-AC – Analista Ministerial – Cespe/Cebraspe – 2024) Julgue o item a seguir, em relação à Lei de Introdução às Normas do Direito Brasileiro (LINDB) bem como ao tratamento dado pelo Código Civil aos contratos, à prescrição e à decadência.**

A LINDB admite o chamado estatuto pessoal como vínculo para se aplicar a lei estrangeira.

( ) Certo   ( ) Errado

48. **(TCE-AC – Auditor de Controle Externo – Cespe/Cebraspe – 2024) Julgue o item a seguir, de acordo com a Lei de Introdução às Normas do Direito Brasileiro e com as regras de vigência, aplicação, obrigatoriedade, interpretação e integração das leis.**

No que se refere à eficácia das leis no espaço, o ordenamento jurídico brasileiro adota o princípio da territorialidade moderada, em razão de admitir, a um só tempo, as regras da territorialidade e da extraterritorialidade.

( ) Certo   ( ) Errado

49. **(Câmara de Piracicaba-SP – Procurador Legislativo – Fundatec – 2024) À luz das disposições da Lei de Introdução às Normas do Direito Brasileiro, DL 4.657/1942, analise as assertivas a seguir e assinale a alternativa correta.**

I. Na esfera controladora, a revisão quanto à validade de contrato cuja produção já se houver completado levará em conta as orientações gerais da época, sendo permitido que, com base em mudança posterior de orientação geral, se declare inválida situação tida por desconforme, a despeito de plenamente constituída.

CAP. 1 • LEI DE INTRODUÇÃO | **67**

II. Após decisão administrativa estabelecendo orientação que determinou a imposição de novo condicionamento a exercício de direito, em qualquer hipótese, exige-se a previsão de regime de transição.

III. A decisão de processo, na esfera judicial, poderá impor compensação por benefícios indevidos ou prejuízos anormais ou injustos resultantes do processo ou da conduta dos envolvidos.

(A) Todas as assertivas estão corretas.

(B) Todas as assertivas estão incorretas.

(C) Apenas a assertiva III está correta.

(D) Apenas as assertivas I e II estão corretas.

(E) Apenas as assertivas II e III estão corretas.

50. (TJSP – Titular de Serviços de Notas e de Registros – Vunesp – 2024) Sobre o tema "interpretação e tomada de decisão", considerando as disposições da Lei de Introdução às Normas do Direito Brasileiro, é correto afirmar:

(A) os regulamentos, as súmulas administrativas e as respostas a consultas são instrumentos dos quais podem as autoridades se valer para aumentar a segurança jurídica na aplicação das normas, mas eles não terão caráter vinculante em relação ao órgão ou à entidade a que se destinam.

(B) nas esferas administrativa, controladora e judicial, é facultado decidir-se com base em valores abstratos independentemente da consideração das consequências práticas da decisão.

(C) na aplicação da lei, o juiz atenderá aos fins sociais a que ela se dirige, mas não às exigências do bem comum.

(D) a decisão administrativa, controladora ou judicial que estabelecer interpretação ou orientação nova sobre norma de conteúdo indeterminado, impondo novo dever ou novo condicionamento de direito, deverá prever regime de transição quando indispensável para que o novo dever ou condicionamento de direito seja cumprido de modo proporcional, equânime e eficiente e sem prejuízo dos interesses gerais.

51. (CNJ – Analista Judiciário – Cespe/Cebraspe – 2024) Julgue o item a seguir, referentes a disposições da Lei de Introdução às Normas do Direito Brasileiro (LINDB), aos direitos da personalidade e aos fatos, atos e negócios jurídicos no direito civil.

Suponha que um magistrado, ao examinar determinado processo judicial, tenha-se deparado com alegação de conflito entre norma de caráter especial e anterior e norma de caráter geral e posterior. Nessa hipótese, ocorre antinomia de segundo grau que envolve os critérios temporal e de especialidade.

( ) Certo ( ) Errado

52. (MPT – Procurador do Trabalho – MPT – 2024) Com base nas disposições da Lei de Introdução às Normas do Direito Brasileiro, assinale a alternativa CORRETA:

(A) A decisão judicial que decretar a invalidação de um contrato não é obrigada a indicar expressamente as suas consequências jurídicas, ressalvada a situação em que um dos contratantes seja a Administração Pública.

(B) A lei posterior revoga a anterior unicamente nas hipóteses em que de maneira expressa o declare, quando regule inteiramente a matéria da lei anterior ou seja com ela incompatível.

(C) O juiz, em caso de omissão da lei, decidirá de acordo com os princípios gerais de direito, a analogia, os costumes e o direito comparado.

(D) Para que ocorra a repristinação, não é preciso que haja previsão normativa expressa.

(E) Não respondida.

53. (TJAP – Analista Judiciário – FGV – 2024) A Lei 13.655/2018 promoveu relevantes alterações no Decreto-Lei 4.657/1942 no tocante às normas de interpretação e aplicação do direito público, notadamente no âmbito da atividade de controle da Administração, dentre as quais está a previsão acerca da necessidade de que as decisões de invalidação indiquem de modo expresso suas consequências jurídicas e administrativas.

Nesse contexto, à luz do diploma legal em comento, é correto afirmar, com relação à mencionada previsão específica, que:

DIREITO CIVIL • VOL. 1 – *Flávio Tartuce*

(A) a sua aplicação se restringe à invalidação dos atos administrativos, não podendo abarcar os contratos administrativos, que se submetem à legislação específica;

(B) as esferas administrativa e controladora devem considerá-la, mas o controle jurisdicional possui contornos próprios que o excepcionam de tal previsão específica;

(C) ela não é imperativa caso caracterizado vício insanável, pois, nesse caso, a motivação, mediante a demonstração da necessidade e adequação do reconhecimento da nulidade, passa a ser prescindível;

(D) a sua observância é imposta para as esferas administrativa, controladora e judicial, com relação aos vícios insanáveis verificados em ato, contrato, ajuste, processo ou norma administrativa;

(E) é necessário respeitá-la nas decisões de invalidação nas esferas administrativa, controladora e judicial, que não poderão, contudo, indicar as condições para que a respectiva regularização ocorra de modo proporcional e equânime e sem prejuízo aos interesses gerais, submetidas à discricionariedade da Administração.

54. **(Delegado de Polícia Federal – Cespe – 2018) Diante da existência de normas gerais sobre determinado assunto, publicou-se oficialmente nova lei que estabelece disposições especiais acerca desse assunto. Nada ficou estabelecido acerca da data em que essa nova lei entraria em vigor nem do prazo de sua vigência. Seis meses depois da publicação oficial da nova lei, um juiz recebeu um processo em que as partes discutiam um contrato firmado anos antes. A partir dessa situação hipotética, julgue o item a seguir, considerando o disposto na Lei de Introdução às normas do Direito Brasileiro.**

Resposta: O caso hipotético configura repristinação, devendo o julgador, por isso, diante de eventual conflito de normas, aplicar a lei mais nova e específica.

GABARITO

01 – A	02 – C	03 – E
04 – D	05 – A	06 – A
07 – B	08 – C	09 – D
10 – E	11 – ERRADO	12 – C
13 – A	14 – A	15 – B
16 – A	17 – B	18 – B
19 – B	20 – C	21 – E
22 – A	23 – CERTO	24 – CERTO
25 – A	26 – E	27 – C
28 – A	29 – C	30 – C
31 – CERTO	32 – B	33 – CERTO
34 – B	35 – E	36 – A
37 – C	38 – B	39 – B
40 – D	41 – E	42 – C
43 – E	44 – D	45 – A
46 – A	47 – CERTO	48 – CERTO
49 – C	50 – D	51 – CERTO
52 – B	53 – D	

2

ENTENDENDO O CÓDIGO CIVIL DE 2002

Sumário: 2.1 Introdução – 2.2 Codificar é preciso? O *Big Bang* legislativo e o sistema solar – 2.3 Visão geral do Código Civil de 2002. Diretrizes básicas da sua elaboração – 2.4 Os princípios do Código Civil de 2002 segundo Miguel Reale: 2.4.1 O princípio da eticidade; 2.4.2 O princípio da socialidade; 2.4.3 O princípio da operabilidade – 2.5 Fundamentos teóricos e filosóficos da atual codificação privada. O Direito Civil Contemporâneo ou novo Direito Civil. Influências da *ontognoseologia jurídica* de Miguel Reale no Código Civil de 2002 – 2.6 Direito Civil e Constituição. Amplitude da expressão Direito Civil Constitucional. A eficácia horizontal dos direitos fundamentais – 2.7 O diálogo das fontes – 2.8 A Reforma do Código Civil de 2002. A Comissão de Juristas nomeada no âmbito do Senado Federal, em 2023 – 2.9 Resumo esquemático – 2.10 Questões correlatas – Gabarito.

2.1 INTRODUÇÃO

O presente capítulo pretende demonstrar a estrutura da nova codificação privada, se ainda puder ser considerada como "nova", bem como qual a lógica do Código Civil de 2002. Isso diante de inúmeras dúvidas e dificuldades encontradas na compreensão e aplicação das normas constantes na atual lei privada. Tornou-se basilar a percepção da linha filosófica seguida pelo Código Civil de 2002, bem como dos caminhos hermenêuticos que guiam o Direito Civil Contemporâneo Brasileiro.

Recentemente, a análise dessa estrutura tornou-se ainda mais necessária com o surgimento de leis que se distanciam dos seus regramentos estruturais, caso da *Lei da Liberdade Econômica* (Lei 13.874/2019). Passou a ser fundamental conhecer e compreender os princípios do Código Civil de 2002, bem como quais são as diretrizes básicas da sua elaboração.

Como é notório, a nossa codificação material está repleta de cláusulas gerais e de princípios importantes, que trazem uma nova forma de encarar o Direito Privado como um todo. O Código de Processo Civil de 2015 segue essa tendência, especialmente nos seus artigos inaugurais, valorizando um sistema aberto, baseado igualmente em princípios.

Também é necessária uma constante interação entre o Direito Civil e o Texto Maior, surgindo daí um novo caminho metodológico denominado *Direito Civil Constitucional*, do qual sou adepto.

70 | DIREITO CIVIL • VOL. 1 – *Flávio Tartuce*

Os princípios constitucionais da dignidade da pessoa humana, da solidariedade social e da igualdade em sentido amplo ou isonomia servirão sempre de socorro ao civilista na análise de questões polêmicas e de casos concretos que surgem na prática, de difícil solução – *hard cases*, na feliz expressão de Dworkin (DWORKIN, Ronald. *Uma questão...*, 2005).

Mais uma vez vale lembrar que o Código de Processo Civil de 2015 também valorizou essa interação com a Constituição Federal, sendo pertinente transcrever o seu art. 1.º: "O processo civil será ordenado, disciplinado e interpretado conforme os valores e as normas fundamentais estabelecidos na Constituição da República Federativa do Brasil, observando-se as disposições deste Código".

Na verdade, percebe-se que a prática civilística em muito mudou. O clássico exemplo de Tício, Caio e Mévio foi substituído por outros envolvendo a adequação de gênero do transexual, a união homoafetiva, o aborto do anencefálico, a adoção homoafetiva, a negativa de transfusão sanguínea por convicções religiosas, a negativa à realização do exame de DNA, a parentalidade socioafetiva (geradora dos *filhos de criação*), o direito ao sigilo e à imagem em conflito com o direito à informação e à liberdade de imprensa, os danos coletivos e sociais, os contratos eletrônicos ou digitais, o direito de propriedade nas favelas, os direitos da personalidade do morto, o uso de células-tronco embrionárias para fins terapêuticos, as técnicas de reprodução assistida, a herança digital, a utilização de novas tecnologias e as questões contratuais e dominiais que delas podem surgir, o chamado *testamento biológico*, entre outros.

A compreensão da estrutura do atual Código Civil serve para orientar na possível conclusão acerca desses casos de difícil solução.

2.2 CODIFICAR É PRECISO? O *BIG BANG* LEGISLATIVO E O SISTEMA SOLAR

Dúvida que sempre existiu nos sistemas jurídicos modernos é aquela relacionada com a necessidade ou não de se codificar, principalmente, o Direito Privado. Tal discussão remonta aos embates entre Savigny e Thibaut, saindo vencedor o último e tendo o Direito Alemão feito a opção pela codificação, o que culminou com a promulgação do BGB Alemão, código que inspirou muitos outros que surgiram, caso do Código Civil Brasileiro de 2002.

Sem dúvidas que a codificação material traz inúmeras vantagens, como a de favorecer a visualização dos institutos jurídicos, a facilitação metodológica e uma suposta autossuficiência legislativa. Contudo, também há desvantagens, já que, muitas vezes, estático que é, não consegue o Código Civil acompanhar as alterações pelas quais passa a sociedade. Foi assim com o Código Civil de 1916, lamentavelmente.

Isso faz com que, ao lado da codificação privada, apareça um *Big Bang Legislativo*, conforme denomina Ricardo Lorenzetti, em feliz simbologia, com o objetivo de suprir eventuais deficiências que emergem com o surgimento da codificação. O Direito Privado deixa de ser baseado em apenas uma lei codificada, mas engloba muitas outras leis específicas com aplicação a diversos setores da ordem privada. Como afirma o citado jurista argentino, "os códigos perderam a sua centralidade, porquanto esta se desloca progressivamente. O Código é substituído pela constitucionalização do Direito Civil, e o ordenamento codificado pelo sistema de normas fundamentais" (*Fundamentos...*, 1998, p. 45).

A realidade pós-moderna ou contemporânea, portanto, é a de uma *explosão legislativa*. A partir dos ensinamentos do autor argentino, pode-se comparar o Direito Privado a um *sistema solar*, em que o Sol é a Constituição Federal. O planeta principal é a codificação material privada; no nosso caso, o primeiro planeta é o Código Civil de 2002.

Os outros planetas são os outros códigos, que exercem papel central nos diversos ramos jurídicos: o Código de Processo Civil, o Código Tributário Nacional, o Código Penal, a Consolidação das Leis do Trabalho (que apesar de não ser um Código na melhor acepção do termo, acaba cumprindo essa função) e assim sucessivamente.

Ao lado desses planetas estão em órbita satélites ou luas, os *microssistemas jurídicos ou estatutos*, igualmente vitais para o ordenamento, como é o caso do Código de Defesa do Consumidor (Lei 8.078/1990), da Lei de Locação (Lei 8.245/1991), da Lei do Bem de Família (Lei 8.009/1990), do Estatuto da Criança e do Adolescente (Lei 8.069/1990), entre outros, que giram em torno do *planeta Código Civil*.

Apesar da utilização da expressão *microssistema*, é fundamental apontar que essas leis especiais não são fechadas, estando em interação com as demais normas jurídicas, dentro de uma ideia unitária de sistema. De imediato, justifica-se a teoria do *diálogo das fontes*, que ainda será analisada em momento oportuno. Aliás, esse *sistema planetário* demonstra muito bem o sentido da expressão *Direito Civil Constitucional*, conforme tópico que também será desenvolvido. O desenho a seguir demonstra essa realidade do Direito Privado Contemporâneo:

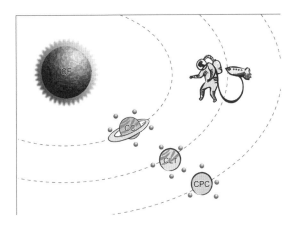

Em outras palavras, essa ilustração deve estar na mente do *civilista do novo século*, a partir de uma compreensão de um sistema unitário, sendo comuns os diálogos interdisciplinares dentro do próprio Direito (*diálogo das fontes*). O aplicador do Direito é o astronauta, que deve encontrar as soluções jurídicas dentro da imensidão do *sistema solar*. Essa visão do ordenamento jurídico substitui a superada imagem da *pirâmide de normas*, atribuída a Hans Kelsen (*Teoria pura*..., 1984). O Direito evoluiu de *uma pirâmide* para *o espaço*.

Voltando à questão da codificação, essa tendência de codificar encontra fundamentos no Direito Romano, sobretudo no *Corpus Iuris Civile*, ponto inicial para todas as ordenações ibéricas. Houve, na realidade, um ressurgimento dessa tendência de codificação, a partir do período napoleônico, o que foi seguido por vários países da Europa, adeptos do sistema da *Civil Law*.

Nosso País trilhou esse mesmo caminho, com a promulgação do primeiro Código Civil, no ano de 1916, tendo como principal idealizador Clóvis Beviláqua. Não se pode negar que o Código anterior constitui uma grande obra técnica, tendo como conteúdo um texto extraordinário, de primeira qualidade. Todavia, esse Código há muito tempo se encontrava desatualizado, eis que inspirado na visão burguesa e individualista do Código Civil Francês de 1804.

Nosso Código Civil anterior era, assim, uma lei individualista, patrimonialista e egoísta, não preocupada com os valores sociais e com os interesses da coletividade. Eis a principal crítica que se pode fazer à codificação material anterior. De todo modo, em certa medida, as orientações individualistas que permeavam o Código Civil de 1916 voltaram a ter uma valorização neste início de século XXI, o que pode ser percebido, no Brasil, pela recente Lei 13.874/2019, que institui a "Declaração de Direitos de Liberdade Econômica".

Muitas vezes, percebe-se na doutrina uma crítica em relação às codificações em geral, tidas como insuficientes e inapropriadas para acompanhar as mudanças pelas quais passa a sociedade. O próprio Ricardo Lorenzetti leciona que "a noção de cidadão, de origem francesa, surge para suprimir desigualdades provenientes da distinção entre a realeza e as classes inferiores. Esta noção abstrata serviu para regular as relações privadas com igualdade. O Código já não cumpre essa função. O cidadão, quando compra, é regido pelas leis de consumo, que diferem do Código. Se trabalha, pelas leis trabalhistas; se comercializa, pelas leis comerciais. Ao vincular-se ao Estado, pelo Direito Administrativo" (LORENZETTI, Ricardo Luís. *Fundamentos...*, 1998, p. 53).

Afastando esse tom crítico, Renan Lotufo ensina que Natalino Irti escreveu, no ano de 1975, obra em que "sustentava que se encerrara a época da Codificação, pois o Direito Civil tinha deixado de ter como centro o Código para ter como centro a Constituição. Era exatamente o princípio daquilo que chamamos e ensinamos como Direito Civil Constitucional". Mais à frente, rebatendo tal posicionamento, conclui o professor paulista:

> "Não há como negar a importância do Código na vida do cidadão comum, pois só ele, na condição de lei ordinária, será capaz de dar efetividade às regras consubstanciadas na Constituição Democrática. Isso faz com que as conclusões de Natalino Irti percam o objeto, o que não é novidade, pois desenvolvidas em época e circunstâncias legislativas totalmente diversas das de hoje, o que talvez não tenha sido relativizado por seus leitores, hoje críticos do Projeto de Código" (LOTUFO, Renan. Da oportunidade..., *Revista dos Advogados da Associação dos Advogados de São Paulo*, ano XXII, n. 68, p. 21, dez. 2002).

Declinando qualquer discussão acadêmico-filosófica em relação à matéria, deve-se entender que o atual Código Civil de 2002 representa uma realidade, derrotando-se qualquer tom pessimista em relação à sua visualização. *Realidade a ser encarada pelos aplicadores e estudiosos do Direito Privado*: assim deve ser visto o nosso Código Civil de 2002.

Ademais, deve-se perceber que, com a visão unitária do sistema, em constante diálogo, é possível aplicar, ao mesmo tempo, as leis especiais, as normas codificadas e os preceitos constitucionais. Por essa visão, a crítica às codificações também perde a razão de ser. A complementaridade entre as leis pode suprir as suas eventuais deficiências e insuficiências. E tal via de interpretação cabe à doutrina e à jurisprudência, em árdua e basilar tarefa.

Em reforço, a codificação, estruturada em uma Parte Geral e uma Parte Especial, tem um papel didático e metodológico fundamental, pois na primeira parte do Código Civil podem ser encontrados os conceitos basilares, a orientar a parte especial. Como exemplo, podem ser citados os conceitos de prescrição e decadência.

Por isso, fica em debate a proposta de elaboração de um *Estatuto das Famílias* e até de um *Código de Direito Sucessório*, conforme sustentado por parte dos juristas que compõem o Instituto Brasileiro de Direito de Família (IBDFAM).

Cumpre esclarecer que o *Estatuto das Famílias* foi inicialmente apresentado à Câmara dos Deputados como projeto de lei, em 25 de outubro de 2007, pelo Deputado Sérgio Barradas

Carneiro (PL 2.285/2007). Em 2013, o citado projeto foi reapresentado no Senado Federal (PLS 470/2013). Participaram da elaboração do projeto estudiosos de todo o País, como foi o meu caso. A Comissão de Sistematização foi composta pelos juristas Giselda Hironaka (SP), Luiz Edson Fachin (PR), Maria Berenice Dias (RS), Paulo Lôbo (AL), Rodrigo da Cunha Pereira (MG), Rolf Madaleno (RS) e Rosana Fachin (PR). A comunidade jurídica discute, no momento, a viabilidade teórica e prática dessa ideia de *descodificação*.

A finalizar a presente seção, não se pode esquecer de uma análise crítica da atual codificação privada, consoante as palavras de Gustavo Tepedino, em comentários ao Código Civil de 2002, que abaixo transcrevo:

> "Esta louvável mudança de perspectiva que se alastra no espírito dos civilistas, não há de ser confundida, contudo, com uma postura passiva servil à nova ordem codificada. Ao revés, parece indispensável manter-se um comportamento atento e permanentemente crítico em face do Código Civil para que, procurando lhe conferir a máxima eficácia social, não se percam de vista os valores consagrados no ordenamento civil-constitucional" (Crise..., *A parte geral do novo Código Civil...*, 2003, p. XV).

A visão crítica é comum na obra de Tepedino e também do Ministro Luiz Edson Fachin (*Teoria crítica...*, 2003). Ambos os doutrinadores, muitas vezes, nos servirão de inspiração para os caminhos seguidos por esta coleção de Direito Civil.

2.3 VISÃO GERAL DO CÓDIGO CIVIL DE 2002. DIRETRIZES BÁSICAS DA SUA ELABORAÇÃO

O atual Código Civil foi instituído pela Lei 10.406, de 10 de janeiro de 2002, entrando em vigor após um ano de *vacatio legis*, para a maioria da doutrina, em 11 de janeiro de 2003. A novel codificação civil teve uma longa tramitação no Congresso Nacional, com seu embrião no ano de 1975, ocasião em que o então Presidente da República, Ernesto Geisel, submeteu à apreciação da Câmara dos Deputados o Projeto de Lei 634-D, com base em trabalho elaborado por uma Comissão de sete membros, coordenada por Miguel Reale. Como se nota, portanto, o projeto legislativo surgiu no "ápice" da ditadura militar que imperava no Brasil.

Assim, foi concebida a estrutura básica do projeto que gerou a nova codificação, com uma Parte Geral e cinco livros na Parte Especial, tendo sido convidado para cada uma delas um jurista de renome e notório saber, todos com as mesmas ideias gerais sobre as diretrizes a serem seguidas. Convocados foram para a empreitada:

- José Carlos Moreira Alves (SP) – relator da Parte Geral;
- Agostinho Alvim (SP) – relator do livro que trata do Direito das Obrigações;
- Silvio Marcondes (SP) – relator do livro de Direito de Empresa;
- Erbert Chamoun (RJ) – responsável pelo Direito das Coisas;
- Clóvis do Couto e Silva (RS) – responsável pelo livro de Direito de Família;
- Torquato Castro (PE) – relator do livro do Direito das Sucessões.

Conforme lembra Gerson Luiz Carlos Branco, a escolha foi abrangente, pois "foram contemplados juristas do Sul, do Nordeste, do centro do País, do Rio de Janeiro e São Paulo, congregando professores, advogados e juízes. A comissão escolhida teve um perfil adequado às considerações políticas em relação à postura dos membros da comissão. Além disso, se-

74 | DIREITO CIVIL • VOL. 1 – Flávio Tartuce

gundo o próprio Miguel Reale, havia uma afinidade de ideias e de pensamento entre todos os juristas que integravam a comissão" (O culturalismo..., *Diretrizes teóricas...*, 2002, p. 43). Em suma, os trabalhos foram guiados pela mesma linha de pensamento.

Inúmeros foram os debates realizados e a troca de conhecimento em relação às matérias constantes da codificação, eis que os autores apresentavam grande saber e experiência, o que justifica as quatro redações iniciais que teve o projeto de Código Civil, todas publicadas no *Diário Oficial da União*, em 1972, 1973, 1974 e, por fim, em 1975, com a redação final.

De acordo com o próprio Miguel Reale, comentando a estrutura da atual codificação material, "não estamos perante uma obra redigida por um legislador solitário, por um Sólon ou Licurgo, como se deu para Atenas e Esparta, mas sim perante uma 'obra transpessoal', submetida que foi a sucessivas revisões" (Visão geral..., *Jus Navigandi...*, Disponível em: <http://www1.jus.com.br/doutrina/texto.asp?id=2718>. Acesso em: 30 dez. 2003).

A roupagem de um texto coletivo pode ser sentida pelas inúmeras emendas que foram feitas ao projeto inicial: mais de mil na Câmara dos Deputados, e mais de quatrocentas no Senado Federal, com novo retorno à Câmara dos Deputados, para novos estudos e discussões.

Partindo de outra premissa, Miguel Reale, no último texto citado e também na exposição de motivos da atual codificação material, aponta quais foram as diretrizes básicas seguidas pela comissão revisora do Código Civil de 2002, a saber:

a) Preservação do Código Civil anterior sempre que fosse possível, pela excelência técnica do seu texto e diante da existência de um posicionamento doutrinário e jurisprudencial já consubstanciado sobre os temas nele constantes.

b) Alteração principiológica do Direito Privado, em relação aos ditames básicos que constavam na codificação anterior, buscando a nova codificação valorizar a *eticidade*, a *socialidade* e a *operabilidade*, que serão abordadas oportunamente.

c) Aproveitamento dos estudos anteriores em que houve tentativas de reforma da lei civil, trabalhos esses que foram elaborados primeiro por Hahneman Guimarães, Orozimbo Nonato e Philadelpho de Azevedo, com o anteprojeto do Código das Obrigações; e, depois, por Orlando Gomes e Caio Mário da Silva Pereira, com a proposta de elaboração separada de um Código Civil e de um Código das Obrigações, contando com a colaboração, neste caso, de Silvio Marcondes, Theóphilo de Azevedo Santos e Nehemias Gueiros.

d) Firmar a orientação de somente inserir no Código Civil matéria já consolidada ou com relevante grau de experiência crítica, transferindo-se para a legislação especial questões ainda em processo de estudo, ou que, por sua natureza complexa, envolvem problemas e soluções que extrapolam a codificação privada, caso da bioética, do biodireito e do direito eletrônico ou digital. Aliás, quanto à bioética e ao biodireito, estatui o Enunciado n. 2 do Conselho da Justiça Federal, aprovado na *I Jornada de Direito Civil*, que "sem prejuízo dos direitos da personalidade nele assegurados, o art. 2.º do Código Civil não é sede adequada para questões emergentes da reprogenética humana, que deve ser objeto de um estatuto próprio". Nesse sentido, entrou em vigor em nosso país, em março de 2005, a Lei de Biossegurança (Lei 11.105/2005), um dos *satélites* na órbita do *planeta Código Civil*. O STF discutiu a constitucionalidade do seu art. 5.º, que consagra a possibilidade de utilização de células embrionárias para fins terapêuticos (ADIn 3.510/DF, julgado em maio de 20008, julgamento publicado no *Informativo* n. 508 do STF). Acabou concluindo por sua constitucionalidade, felizmente.

e) Dar nova estrutura ao Código Civil, mantendo-se a Parte Geral – conquista preciosa do direito brasileiro, desde Teixeira de Freitas –, mas com nova organização da matéria, a exemplo das recentes codificações.

CAP. 2 · ENTENDENDO O CÓDIGO CIVIL DE 2002 | 75

f) Não realizar, propriamente, a unificação do Direito Privado, mas sim do Direito das Obrigações – de resto já uma realidade em nosso país – em virtude do obsoletismo do Código Comercial de 1850 – com a consequente inclusão de mais um livro na Parte Especial, que se denominou *Direito de Empresa*. Nesse ponto, o Código Civil Brasileiro de 2002 seguiu o modelo do Código Italiano de 1942.

g) Valorizar um sistema baseado em cláusulas gerais, que dão certa margem de interpretação ao julgador. Essa pode ser tida como a principal diferença de filosofia entre o Código Civil de 2002 e seu antecessor.

Segundo Judith Martins-Costa, percebe-se na atual codificação material um sistema aberto ou de *janelas abertas*, em virtude da linguagem que emprega, permitindo a constante incorporação e solução de novos problemas, seja pela jurisprudência, seja por uma atividade de complementação legislativa. São suas as brilhantes palavras, que explicam muito bem a intenção do legislador:

> "Estas janelas, bem denominadas por Irti de 'concetti di collegamento', com a realidade social são constituídas pelas cláusulas gerais, técnica legislativa que conforma o meio hábil para permitir o ingresso, no ordenamento jurídico codificado, de princípios valorativos ainda não expressos legislativamente, de 'standards', arquétipos exemplares de comportamento, de deveres de conduta não previstos legislativamente (e, por vezes, nos casos concretos, também não advindos da autonomia privada), de direitos e deveres configurados segundo os usos do tráfego jurídico, de diretivas econômicas, sociais e políticas, de normas, enfim, constantes de universos metajurídicos, viabilizando a sua sistematização e permanente ressistematização no ordenamento positivo. Nas cláusulas gerais a formulação da hipótese legal é procedida mediante o emprego de conceitos cujos termos têm significado intencionalmente vago e aberto, os chamados 'conceitos jurídicos indeterminados'. Por vezes – e aí encontraremos as cláusulas gerais propriamente ditas –, o seu enunciado, ao invés de traçar punctualmente a hipótese e as consequências, é desenhado como uma vaga moldura, permitindo, pela vagueza semântica que caracteriza os seus termos, a incorporação de princípios e máximas de conduta originalmente estrangeiros ao *corpus* codificado, do que resulta, mediante a atividade de concreção destes princípios, diretrizes e máximas de conduta, a constante formulação de novas normas" (MARTINS-COSTA, Judith. O novo Código..., *Diretrizes teóricas...*, 2002, p. 118).

A partir dos ensinamentos da professora gaúcha, as cláusulas gerais podem ser conceituadas como *janelas abertas deixadas pelo legislador para preenchimento pelo aplicador do Direito, caso a caso.*

Gustavo Tepedino chegou a criticar esse sistema de cláusulas gerais, apontando que ele não deu certo entre nós em outras oportunidades. Salientava o autor que a cláusula de boa-fé objetiva constava do Código Comercial de 1850 e sequer foi utilizada e que "não foi muito diversa a experiência italiana, onde as cláusulas gerais que, no Código Civil de 1942, eram inspiradas em clara ideologia produtivista e autárquica assumira um significado inteiramente diverso por obra doutrinária, sobretudo depois do advento da Constituição de 1948" (Crise..., *A parte geral do novo Código Civil...*, 2003, p. XIX).

Tepedino continuava a sua crítica, apontando que o sistema de cláusulas gerais geraria desconfiança, insegurança e incerteza, tornando árduo o trabalho da jurisprudência. Lecionava que em codificações anteriores, tendo em vista o alto grau de discricionariedade atribuído ao aplicador da norma, muitas vezes, as cláusulas gerais tornaram-se letra morta ou dependiam de uma construção doutrinária capaz de lhe atribuir um conteúdo mais objetivo.

De qualquer modo, o que se percebe é que, com tempo, o Professor Gustavo Tepedino acabou se tornando um entusiasta do sistema de cláusulas gerais, até porque esse sistema aberto serve como *porta de entrada* para os valores constitucionais nas relações particulares, regidas pela autonomia privada. Em outro artigo, aduz o Professor Titular da Universidade Estadual do Rio de Janeiro que, "diante da multiplicação de situações trazidas pelas novas tecnologias, muda-se radicalmente a técnica legislativa, valendo-se o legislador de inúmeras cláusulas gerais – as quais permitem ao intérprete amoldar as previsões normativas às peculiaridades do caso concreto –, e os princípios, dotados de força normativa, tornam-se fundamentais para determinação dos ordenamentos aplicáveis aos casos concretos, cada vez mais inusitados" (TEPEDINO, Gustavo. Normas constitucionais..., 2007, p. 319).

A crítica anteriormente formulada até procedia, em particular diante de uma série de indagações que poderiam ser formuladas: será que o sistema de cláusulas gerais é interessante para a nossa realidade política, social e jurídica? Será que este sistema irá, efetivamente, funcionar no campo prático?

Na verdade, o tempo e a prática estão demonstrando que esse sistema de cláusulas gerais está contribuindo para a construção de um *novo Direito Civil*, mais concreto e eficaz, como era pregado pelo próprio Miguel Reale. Tanto isso é verdade que o legislador do CPC/2015 acabou por adotar a mesma metodologia, estando o Estatuto Processual emergente recheado de conceitos abertos.

Repise-se, com o fito de ilustrar, a dicção do seu art. 8.º, segundo o qual, "ao aplicar o ordenamento jurídico, o juiz atenderá aos fins sociais e às exigências do bem comum, resguardando e promovendo a dignidade da pessoa humana e observando a proporcionalidade, a razoabilidade, a legalidade, a publicidade e a eficiência".

Logo, não é de se concordar com o entendimento que vê nas cláusulas gerais uma *ameaça* à segurança jurídica. Na realidade, a segurança jurídica meramente formal perde espaço para a busca de um direito mais humano e mais concreto, centrado na proteção da pessoa e em valores existenciais ou pessoais. O século atual é o século da tutela dos direitos. Os mais de 20 anos iniciais do atual Código Civil demonstraram que o sistema de cláusulas gerais está dando certo no Brasil. Penso que o mesmo está ocorrendo com o CPC de 2015, como será desenvolvido mais à frente.

Entre os autores estrangeiros, particularmente aqueles que tratam da teoria geral do direito, Karl Engisch entendeu muito bem o conceito de *cláusula geral* (*Introdução ao pensamento...*, 1964). Para ele, a cláusula geral não se confunde com a ideia de conceito legal indeterminado, eis que a primeira "contrapõe a uma elaboração 'casuística' das hipóteses legais. 'Casuística' é aquela configuração da hipótese legal (enquanto somatório dos pressupostos que condicionam a estatuição) que circunscreve particulares grupos de casos na sua especificidade própria" (*Introdução ao pensamento...*, 1964, p. 188). Após demonstrar alguns exemplos, Engisch conceitua a cláusula geral como "uma formulação da hipótese legal que, em termos de grande generalidade, abrange e submete a tratamento jurídico todo um domínio de casos".

Em suma, pode-se dizer que "o verdadeiro significado das cláusulas gerais reside no domínio da técnica legislativa", conforme aduz o próprio Engisch (*Introdução ao pensamento...*, 1964, p. 193), sendo certo que é feita a escolha pela utilização de expressões vagas, relacionadas a padrões gerais de conduta da coletividade, a exemplo de *boa-fé* (arts. 113, 187 e 422 do CC) e *bons costumes* (arts. 13 e 187 do CC, sem prejuízo de outros dispositivos). Cabe ao aplicador, diante do sistema de cláusulas gerais, completar o trabalho do legislador, criando o direito caso a caso *(concretude)*. A responsabilidade do civilista é grande, mas deve-se acreditar que esse sistema de cláusulas gerais possibilita o crescimento e o avanço da nossa ciência.

Superada essa questão, passa-se ao estudo dos princípios do Código Civil de 2002.

2.4 OS PRINCÍPIOS DO CÓDIGO CIVIL DE 2002 SEGUNDO MIGUEL REALE

O próprio Miguel Reale não se cansava em apontar os princípios ou regramentos básicos que sustentam a atual codificação privada: *eticidade, socialidade* e *operabilidade*. O estudo de tais princípios é fundamental para que se possam entender os novos institutos que surgiram com a nossa nova lei privada. Passo então a apreciá-los.

2.4.1 O princípio da eticidade

O Código Civil de 2002 distancia-se do tecnicismo institucional advindo da experiência do Direito Romano, procurando, em vez de valorizar formalidades, reconhecer a participação dos valores éticos em todo o Direito Privado. Por isso muitas vezes se percebe a previsão de preceitos genéricos e cláusulas gerais, sem a preocupação do encaixe perfeito entre normas e fatos.

No que concerne ao princípio da eticidade, adotado pela codificação emergente, cumpre transcrever as palavras do Ministro José Delgado, do Superior Tribunal de Justiça, no sentido de que "o tipo de Ética buscado pelo novo Código Civil é o defendido pela corrente kantiana: é o comportamento que confia no homem como um ser composto por valores que o elevam ao patamar de respeito pelo semelhante e de reflexo de um estado de confiança nas relações desenvolvidas, quer negociais, quer não negociais. É, na expressão kantiana, a certeza do dever cumprido, a tranquilidade da boa consciência" (A ética..., *Questões controvertidas...*, 2003, p. 177).

As palavras transcritas explicam mais uma vez por que a equidade deve ser entendida como fonte do Direito Civil e por que já estava superado o art. 127 do CPC/1973, que ordenava ao juiz aplicar a equidade somente nos casos expressamente previstos em lei. A afirmação igualmente vale para o infeliz art. 140, parágrafo único, do CPC/2015, que praticamente repetiu a regra anterior.

Em reforço, o atual Código Civil abandonou excessivo rigor conceitual, possibilitando a criação de novos modelos jurídicos, a partir da interpretação da norma diante de fatos e valores – melhor concepção da *teoria tridimensional do direito*, concebida por Miguel Reale, introduzida na codificação material em vários pontos.

Os juízes passam a ter, assim, uma amplitude maior de interpretação. Muitas vezes, será o aplicador da norma chamado para preencher as lacunas fáticas e as margens de interpretação deixadas pelas cláusulas gerais, sempre lembrando da proteção da boa-fé, da tutela da confiança, da moral, da ética e dos bons costumes.

O princípio da eticidade pode ser percebido pela leitura de vários dispositivos da atual codificação privada. Inicialmente, nota-se a valorização de condutas éticas, de boa-fé objetiva – aquela relacionada com a conduta de lealdade das partes negociais –, pelo conteúdo da norma do art. 113 do CC/2002, *caput,* segundo o qual, "os negócios jurídicos devem ser interpretados conforme a boa-fé e os usos do lugar de sua celebração".

Pontue-se que a norma recebeu dois novos parágrafos pela *Lei da Liberdade Econômica* (Lei 13.874/2019), o que está analisado no Capítulo 6 deste livro e também no Volume 3 desta coleção. Esse dispositivo repercute profundamente nos contratos, mantendo relação direta com o princípio da função social dos contratos e reconhecendo a *função interpretativa da boa-fé objetiva.*

Os dois princípios, da função social dos contratos e da boa-fé objetiva, nesse dispositivo, estão em *relação de simbiose*. Por isso Miguel Reale chegou a afirmar que o art. 113 do

Código Civil seria um *artigo-chave do Código Civil*. Para ele, "desdobrando-se essa norma em seus elementos constitutivos, verifica-se que ela consagra a eleição específica dos negócios jurídicos como disciplina preferida para regulação genérica dos fatos jurídicos, sendo fixadas, desde logo, a eticidade de sua hermenêutica, em função da boa-fé, bem como a sua socialidade, ao se fazer alusão aos 'usos do lugar de sua celebração'" (Um artigo-chave..., 2005, v. 1, p. 240). Por certo, os negócios jurídicos devem ser interpretados conforme as condutas dos envolvidos e as diversidades regionais do nosso imenso Brasil.

Também na Parte Geral do Código Civil, no tocante à simulação, prevê o art. 167, § 2.º, que estarão protegidos os direitos de terceiros de boa-fé em face dos contratantes do negócio jurídico simulado. O dispositivo consagra a *inoponibilidade do ato simulado diante de terceiros de boa-fé*, reconhecendo de forma indireta que a boa-fé objetiva é preceito de ordem pública, eis que consegue vencer a nulidade absoluta decorrente da simulação.

O Enunciado n. 363 do CJF/STJ, aprovado na *IV Jornada de Direito Civil*, reconhece, expressamente, que os princípios da probidade e da confiança, anexos à boa-fé objetiva, são preceitos de ordem pública. Na verdade, como se verá nesta obra, não é somente o ato simulado que deve se *curvar à boa-fé*, mas também outros negócios jurídicos considerados nulos.

O art. 187 do CC/2002 disciplina qual a sanção para a pessoa que contraria a boa-fé, o fim social ou econômico de um instituto ou os bons costumes: cometerá abuso de direito, assemelhado a ilícito. De acordo com o citado dispositivo, "também comete ato ilícito o titular de um direito que, ao exercê-lo, excede manifestamente os limites impostos pelo seu fim econômico ou social, pela boa-fé ou pelos bons costumes". Esse comando legal consagra a *função de controle da boa-fé objetiva*.

Ato contínuo de estudo, o art. 422 do Código Privado valoriza a eticidade, prevendo que a boa-fé deve integrar a conclusão e a execução do contrato. O art. 422 do CC traz, portanto, *a função de integração da boa-fé objetiva*, reconhecida aqui como um princípio e sendo aplicada a todas as fases contratuais: fase *pré-contratual, fase contratual* e *fase pós-contratual*, conforme os Enunciados n. 25 e 170, aprovados nas *Jornadas de Direito Civil* do Conselho da Justiça Federal e do Superior Tribunal de Justiça.

Como bem enfoca Miguel Reale "frequente é no Projeto a referência à probidade e a boa-fé, assim como à correção ('corretezza') ao contrário do que ocorre no Código vigente, demasiado parcimonioso nessa matéria, como se tudo pudesse ser regido por determinações de caráter estritamente jurídico" (Visão geral..., *Jus Navigandi*..., Disponível em: <http://www1.jus.com.br/doutrina/texto.asp?id=2718>. Acesso em: 30 dez. 2003).

Sem prejuízo de outros dispositivos na codificação vigente, que fazem menção à boa-fé e à eticidade, não há dúvidas de que se trata de um princípio importantíssimo, que será por vezes invocado na presente coleção, inclusive no tocante ao Direito de Família (Volume 5).

Aqui cabe fazer mais uma nota sobre o Código de Processo de 2015, que procurou valorizar a boa-fé, especialmente a de natureza objetiva, em vários de seus comandos. De início, o art. 5.º do Estatuto Processual emergente prescreve que aquele que de qualquer forma participa do processo deve comportar-se de acordo com a boa-fé. Em complemento, há a previsão expressa a respeito do *dever de cooperação processual*, corolário da boa-fé objetiva, enunciando o art. 6.º do CPC/2015 que "todos os sujeitos do processo devem cooperar entre si para que se obtenha, em tempo razoável, decisão de mérito justa e efetiva".

Essa colaboração também é imposta aos julgadores, vedando-se as *decisões-surpresa*, uma vez que "o juiz não pode decidir, em grau algum de jurisdição, com base em fundamento a respeito do qual não se tenha dado às partes oportunidade de se manifestar, ainda que se trate de matéria sobre a qual deva decidir de ofício" (art. 10 do CPC/2015).

Em complemento, sem prejuízo de outros dispositivos instrumentais, o art. 489, § 3.º, do CPC/2015 prescreve que a decisão judicial deve ser interpretada a partir da conjugação de todos os seus elementos e em conformidade com o princípio da boa-fé. Como se nota, a boa-fé objetiva passa a ser elemento de interpretação das decisões como um todo, o que deve gerar um grande impacto na prática cível nos próximos anos.

Como palavras finais sobre o tema, não deixando dúvidas de que se trata de uma boa-fé que existe no plano da conduta, e não no plano intencional, na *I Jornada de Direito Processual Civil*, promovida pelo Conselho da Justiça Federal em agosto de 2017, aprovou-se enunciado doutrinário estabelecendo que "a verificação da violação da boa-fé objetiva dispensa a comprovação do *animus* do sujeito processual" (Enunciado n. 1). Como percebi nesse evento, e também da *II Jornada de Direito Processual Civil* em 2018, a tendência é que a boa-fé objetiva processual tenha uma aplicação crescente nos próximos anos, com múltiplas possibilidades.

2.4.2 O princípio da socialidade

Por esse princípio, o Código Civil de 2002 procura superar o caráter individualista e egoísta que imperava na codificação anterior, valorizando a palavra *nós* em detrimento da palavra *eu*. Os grandes ícones do Direito Privado recebem uma denotação social: a família, o contrato, a propriedade, a posse, a responsabilidade civil, a empresa, o testamento.

Isso diante das inúmeras modificações pelas quais passou a sociedade. Houve o incremento dos meios de comunicação, a valorização da dignidade humana e da igualdade entre as pessoas, a supremacia do afeto na família, a *estandardização* ou padronização dos negócios e o surgimento da sociedade de consumo em massa, trazendo uma nova realidade que atingiu os alicerces de praticamente todos os institutos privados. Desse modo, deverá prevalecer o social sobre o individual, o coletivo sobre o particular.

Nessa nova realidade, "dúvidas não há de que o Direito Civil em nossos dias é também marcado pela socialidade, pela situação de suas regras no plano da vida comunitária. A relação entre a dimensão individual e a comunitária do ser humano constitui tema de debate que tem atravessado os séculos, desde, pelo menos, Aristóteles, constituindo, mais propriamente, um problema de filosofia política, por isso devendo ser apanhado pelo Direito posto conforme os valores da nossa – atual – experiência jurídica" (MARTINS-COSTA, Judith. O novo Código..., *Diretrizes teóricas...*, 2002, p. 144).

A função social da propriedade, nunca se pode esquecer, já estava prevista na Constituição Federal de 1988, em seu art. 5.º, incs. XXII e XXIII, e no seu art. 170, inc. III. Entendo, em reforço, que o *embrião* da socialidade está no outrora citado art. 5.º da Lei de Introdução, pelo qual o juiz, ao aplicar a norma, deve ser guiado pelo seu fim social e pelo bem comum (*pacificação social*).

A função social dos contratos, que merece um aprofundado estudo no Volume 3 da coleção, está tipificada em lei, prevendo o art. 421, *caput*, do Código Civil, em sua redação atual, modificada pela Lei 13.874/2019, que "a liberdade contratual será exercida nos limites da função social do contrato". Trata-se de um princípio contratual de ordem pública, pelo qual o contrato deve ser, necessariamente, visualizado e interpretado de acordo com o contexto da sociedade (TARTUCE, Flávio. *Função social...*, 2007, p. 415). A menção como regramento de ordem pública consta do art. 2.035, parágrafo único, do Código Civil de 2002.

A função social dos contratos tem *eficácia interna*, entre as partes contratantes; e *eficácia externa*, para além das partes contratantes. Esse princípio, sem dúvidas, também tem fundamento constitucional, particularmente na citada função social da propriedade, o que está aprofundado no Volume 3 desta coleção. Anote-se que o Código Civil Brasileiro é o único no mundo a relacionar a autonomia privada à função social do contrato, residindo no preenchimento do conceito o maior desafio do contratualista brasileiro do século XXI.

De todo modo, não se pode negar que a Lei 13.874/2019, de setembro de 2019, ao instituir diretivas para a chamada *Liberdade Econômica*, traz princípios e valores que colidem com a função social do contrato, em certa medida voltando ao individualismo do início do século XX. Um dos grandes desafios do Direito Privado contemporâneo será encontrar um ponto de equilíbrio entre a proteção do mercado e a socialidade contratual.

Mesmo a posse recebe uma função social, uma vez que o atual Código Civil estabelece a diminuição dos prazos de usucapião quando estiver configurada a *posse-trabalho*, situação fática em que o possuidor despendeu tempo e labor na ocupação de um determinado imóvel. A nova codificação valoriza aquele que *planta e colhe*, o trabalho da pessoa natural, do cidadão comum. Tais regras podem ser captadas pela leitura dos arts. 1.238, parágrafo único, e 1.242, parágrafo único, do CC/2002, que reduzem os prazos da usucapião extraordinária e ordinária, para dez e cinco anos, respectivamente.

Ainda prestigiando a posse produtiva e a função social que a posse exerce, os §§ 4.º e 5.º do art. 1.228 trazem a *desapropriação judicial privada por posse-trabalho*, conceito totalmente inédito, criação brasileira, da mente genial de Miguel Reale. Por esses comandos legais, o proprietário do imóvel pode ser privado do seu domínio, se o imóvel reivindicado consistir em uma extensa área, ocupada por um considerável número de pessoas, com posse ininterrupta e de boa-fé por mais de cinco anos, e essas pessoas tiverem realizado no imóvel obras consideradas pelo juiz como de relevante interesse social e econômico. Em casos tais há o pagamento de uma justa indenização a favor do proprietário.

A propriedade também recebe a previsão legal de proteção da sua função social, pelo que consta no art. 1.228, § 1.º, do CC. Mais do que a função social, o dispositivo prevê a *função socioambiental* do domínio, não podendo o exercício do direito de propriedade gerar danos ao ambiente natural, cultural ou artístico.

Além do contrato, da posse e da propriedade, percebe-se que a empresa e a família, cernes da vida em comunidade, como não poderia deixar de ser, também têm função social, uma finalidade coletiva, instrumentos principais que são para a vida fraterna do ser humano (*direitos de terceira geração ou dimensão*). O direito sucessório também tem reconhecida a sua função social, pelo que consta, por exemplo, no seu art. 1.848, pelo qual, no testamento, somente será possível a instituição de cláusula de inalienabilidade, incomunicabilidade ou impenhorabilidade, havendo *justa causa* para tanto.

A partir da ideia de função social, aponte-se o tom crítico de Gustavo Tepedino que, em comentários ao princípio da socialidade, lembra que "há que se ler atentamente o Código Civil de 2002 na perspectiva civil-constitucional, para se atribuir não só às cláusulas gerais, aqui realçadas por sua extraordinária importância no sistema, mas a todo o corpo codificado, um significado coerente com as tábuas de valores do ordenamento, que pretende transformar efetivamente a realidade a partir das relações jurídicas privadas, segundo os ditames da solidariedade e da justiça social" (Crise..., *A parte geral do novo Código Civil...*, 2003, p. XXXIII). Em outras palavras, as cláusulas gerais relativas à socialidade, particularmente a função social do contrato (art. 421) e da propriedade (art. 1.228, § 1.º), devem ser preenchidas com valores constitucionais.

CAP. 2 · ENTENDENDO O CÓDIGO CIVIL DE 2002 | **81**

Em resumo, aduz-se ao princípio da socialidade um sentido amplo, atingindo praticamente todos os ramos do Direito Civil Contemporâneo. Nesse sentido, no Volume 2 da presente coleção, é apontada a tendência de se reconhecer que mesmo a responsabilidade civil tem a sua função social, o que amplia ainda mais a aplicação do preceito social (TARTUCE, Flávio. *Direito civil...*, 2025, v. 2).

2.4.3 O princípio da operabilidade

O Código Civil de 2002 segue tendência de facilitar a interpretação e a aplicação dos institutos nele previstos. Procurou-se assim eliminar as dúvidas que imperavam na codificação anterior, fundada em exagerado tecnicismo jurídico. Nesse ponto, visando à facilitação, a operabilidade é denotada com o intuito de *simplicidade*.

Como exemplo, pode ser citada a distinção que agora consta em relação aos institutos da prescrição e da decadência, matéria que antes trazia grandes dúvidas pela lei anterior, que era demasiadamente confusa. Facilitadas as previsões legais desses institutos pelo Código Civil de 2002, poderá o estudioso do direito entender muito bem as distinções existentes e identificar com facilidade se determinado prazo é de prescrição ou de decadência (arts. 189 a 211 do CC/2002). Vejamos o que lembra Miguel Reale, no artigo aqui citado:

> "Pôs-se termo a sinonímias que possam dar lugar a dúvidas, fazendo-se, por exemplo, distinção entre associação e sociedade, destinando-se aquela para indicar as entidades de fins não econômicos, e esta para designar as de objetivos econômicos. Não menos relevante é a resolução de lançar mão, sempre que necessário, de cláusulas gerais, como acontece nos casos em que se exige probidade, boa-fé ou correção ('correttezza') por parte do titular do direito, ou quando é impossível determinar com precisão o alcance da regra jurídica. É o que se dá, por exemplo, na hipótese de fixação de aluguel manifestamente excessivo, arbitrado pelo locador e a ser pago pelo locatário que, findo o prazo de locação, deixar de restituir a coisa, podendo o juiz, a seu critério, reduzi-lo (art. 575)" (Visão geral..., *Jus Navigandi...*, Disponível em: <http://www1.jus.com.br/doutrina/texto.asp?id=2718>. Acesso em: 30 dez. 2003).

Assim, além do sentido de *simplicidade*, a operabilidade tem o sentido de *efetividade* do Direito Civil, da construção de um *Direito Civil Concreto* do ponto de vista prático (*concretude*, conforme Miguel Reale).

Neste ponto, mantendo relação com a operabilidade, encontra-se uma das maiores críticas ao Código, aduzindo alguns doutrinadores que a nova codificação cria *juízes ditadores*, eis que dá enorme margem de interpretação para que o magistrado *crie o direito*. Vale deixar claro que, na minha opinião doutrinária, as críticas são infundadas. Muito ao contrário, o regime de cláusulas gerais é participativo, democrático, de colaboração entre todos os componentes da comunidade jurídica.

Essa a outra face do princípio da operabilidade, a busca de um Direito Civil concreto, efetivo, baseado no sistema de cláusulas gerais e em conceitos legais indeterminados – a operabilidade vista pelo prisma da efetividade, da *concretude* ou *concretitude* (REALE, Miguel. *Teoria...*, 2003).

Na verdade, os vinte anos iniciais do Código Civil revelaram não se tratar de um *Código dos Juízes*, mas de um *Código de toda a comunidade jurídica*. Isso porque a tarefa de preenchimento das cláusulas gerais está sendo desempenhada não só pelos magistrados, mas também por advogados, procuradores, promotores de justiça, professores, doutrinadores, escritores, entre outros, em um regime democrático, de efetiva cooperação.

O mesmo deve ser dito em relação ao Código de Processo Civil de 2015, que traz as cláusulas gerais em vários de seus comandos. A vigente legislação processual ainda reconhece expressamente a plena possibilidade de julgamento com base nas cláusulas gerais e conceitos legais indeterminados, exigindo a devida fundamentação pelo julgador em casos tais. Nesse contexto, o art. 11 do CPC/2015 preconiza que todos os julgamentos dos órgãos do Poder Judiciário serão públicos e fundamentadas todas as decisões, sob pena de nulidade.

Mais à frente, reafirme-se, ao tratar dos elementos essenciais da sentença, o § 1.º do art. 489 do CPC/2015 estabelece que não se considera fundamentada qualquer decisão judicial, seja ela interlocutória, sentença ou acórdão, que: *a)* se limitar à indicação, à reprodução ou à paráfrase de ato normativo, sem explicar sua relação com a causa ou a questão decidida; *b)* empregar conceitos jurídicos indeterminados, sem explicar o motivo concreto de sua incidência no caso; *c)* invocar motivos que se prestariam a justificar qualquer outra decisão; *d)* não enfrentar todos os argumentos deduzidos no processo capazes de, em tese, infirmar a conclusão adotada pelo julgador; *e)* se limitar a invocar precedente ou enunciado de súmula, sem identificar seus fundamentos determinantes nem demonstrar que o caso sob julgamento se ajusta àqueles fundamentos; *f)* deixar de seguir enunciado de súmula, jurisprudência ou precedente invocado pela parte, sem demonstrar a existência de distinção no caso em julgamento ou a superação do entendimento. Nota-se que a norma menciona os conceitos legais indeterminados, mas é certo que muitos deles são também cláusulas gerais.

O último dispositivo visa afastar o *livre convencimento do juiz*, sem o devido fundamento. Acredito que esse comando poderá revolucionar as decisões judiciais no País, trazendo-lhes balizas mais certas e seguras, inclusive motivadas na doutrina. No entanto, o preceito também poderá ser totalmente desprezado pelos julgadores, inclusive pela ausência de sanção imediata. Somente o tempo e a prática demonstrarão qual a amplitude social da norma emergente.

Já foi dito que o atual Código Civil deve ser tratado como uma realidade. Uma realidade inspirada na melhor teoria do seu principal idealizador. Em vários preceitos da codificação material percebe-se transbordando a visão tridimensional do direito, conforme o tópico que será a seguir estudado.

Afastando tais críticas, rebate o filósofo Reale que "somente assim se realiza o direito em sua concretude, sendo oportuno lembrar que a teoria do direito concreto, e não puramente abstrato, encontra apoio de jurisconsultos do porte de Engisch, Betti, Larenz, Esser e muitos outros, implicando maior participação decisória conferida aos magistrados. Como se vê, o que se objetiva alcançar é o Direito em sua concreção, ou seja, em razão dos elementos de fato e de valor que devem ser sempre levados em conta na enunciação e na aplicação da norma" (Visão geral..., *Jus Navigandi*..., Disponível em: <http://www1.jus.com.br/doutrina/texto.asp?id=2718>. Acesso em: 30 dez. 2003).

Porém, se assim é por regra, por outro lado não se pode esquivar das críticas contundentes realizadas por corrente respeitável da doutrina, destacando-se Gustavo Tepedino e Luiz Edson Fachin. Este último, por exemplo, justifica a sua crítica ao Direito Civil nos seguintes termos:

> "A crítica ao Direito Civil, sob essa visão, deve ser a introdução diferenciada a estatutos fundamentais, na explicitação de limites e possibilidades que emergem da indisfarçável crise do Direito Privado. É uma busca de respostas que sai do conforto da armadura jurídica, atravessa o jardim das coisas e dos objetos e alcança a praça que revela dramas e interrogações na cronologia ideológica dos sistemas, uma teoria crítica construindo um

CAP. 2 · ENTENDENDO O CÓDIGO CIVIL DE 2002 | 83

mundo diverso de ver. E aí, sem deixar de ser o que é, se reconhece o 'outro' Direito Civil. E, se essa, proposta escala montanhas epistemológicas, voa em rotas mal percorridas e mergulha em águas turbulentas, não despreza as planícies, os caminhos bem torneados, muito menos o 'flúmen' tranquilo da cognição adquirida. Crítica e ruptura não abjuram, 'tout court', o legado, e nele reconhecem raízes indispensáveis que cooperam para explicar o presente e que, na quebra, abrem portas para o futuro" (FACHIN, Luiz Edson. *Teoria crítica...*, 2003, p. 6).

De qualquer forma, como se verá, é possível e até recomendável compatibilizar a teoria de Miguel Reale com a tendência de constitucionalização do Direito Civil, pelo preenchimento das cláusulas gerais com valores e princípios constitucionais.

Partindo para a prática, ilustrando, em matéria de Direito Contratual, o princípio da operabilidade, no sentido de simplicidade, pode ser percebido pela previsão taxativa e conceitual dos contratos em espécie, cujas previsões constam agora. O atual Código Civil conceitua a compra e venda, a locação, a empreitada, a prestação de serviços, o transporte, o seguro, e assim sucessivamente.

Todavia, acaba não conceituando o próprio instituto *contrato*, ao contrário do Código Civil Italiano, que o faz no seu art. 1.321. De acordo com essa norma, "il contratto è l'accordo di due o più parti per costituire, regolare o estinguere tra loro un rapporto giuridico patrimoniale". Em tradução livre, pela norma italiana, o contrato é o acordo de duas ou mais partes para constituir, regular ou extinguir entre elas uma relação jurídica patrimonial.

Interessante frisar, outrossim, que a intenção de manter um Código Civil dividido em uma Parte Geral e uma Parte Especial mantém relação com a operabilidade, no sentido de simplicidade, uma vez que tal organização facilita e muito o estudo dos institutos jurídicos, do ponto de vista metodológico.

Finalizando, deve ficar claro que a operabilidade pode ser concebida por dois prismas, o relacionado com a *simplicidade* e o concebido dentro da *efetividade/concretude*.

Superado esse ponto, serão tecidos alguns comentários sobre os fundamentos teóricos do Código Civil de 2002, para uma melhor compreensão dos princípios vistos até aqui.

2.5 FUNDAMENTOS TEÓRICOS E FILOSÓFICOS DA ATUAL CODIFICAÇÃO PRIVADA. O DIREITO CIVIL CONTEMPORÂNEO OU NOVO DIREITO CIVIL. INFLUÊNCIAS DA *ONTOGNOSEOLOGIA JURÍDICA* DE MIGUEL REALE NO CÓDIGO CIVIL DE 2002

Tenho defendido, desde os meus primeiros escritos, que não se pode mais conceber um direito privado estagnado, individualista e, nesse sentido, conservador. Em certa oportunidade, escrevi que o desafio do civilista do novo século será a busca de um ponto de equilíbrio entre os conceitos novos e emergentes e o mínimo de segurança que se espera do ordenamento jurídico (TARTUCE, Flávio. A revisão do contrato..., *Questões controvertidas...*, 2003). Essa oração tem sido constatada pela prática do Direito Privado Contemporâneo.

Na realidade pós-moderna, acreditamos que a concretização de um *Direito Civil Contemporâneo* ou de um *Novo Direito Civil* deve ser enfocada à luz da teoria elaborada pelo principal idealizador do atual Código Civil, o professor e filósofo Miguel Reale.

Sem dúvida que os ensinamentos de Reale servem muito para a compreensão dos institutos privados emergentes com a Codificação de 2002, devendo o aplicador da norma estar atento para as suas lições. Ora, é praticamente impossível, sobretudo para o julgador, a aplicação correta desses institutos caso a sua formação seja essencialmente normativista e positivista, sobretudo *kelseniana*, eis que a concepção da teoria que estrutura o atual Código Civil é totalmente diferente.

Para elucidar essa realidade de interpretação, serão utilizados, aqui, alguns trabalhos do Professor Miguel Reale, demonstrando o enquadramento correto dos conceitos que serão estudados, bem como a grandeza da contribuição que foi dada por esse saudoso filósofo, que entrou para a história mundial.

Miguel Reale, como se sabe, na vastidão da sua obra, criou a sua própria teoria do conhecimento e da essência jurídica, a *ontognoseologia jurídica*, em que se busca o papel do direito nos enfoques subjetivo e objetivo, baseando-se em duas subteorias ou subciências: o *culturalismo jurídico* e a *teoria tridimensional do direito* (REALE, Miguel. *Teoria...*, 2003).

O *culturalismo* de Reale, inspirado no trabalho de Carlos Cossio, busca o enfoque jurídico, no aspecto subjetivo, do aplicador do direito. Nesse sentido, não há como esquecer que três palavras orientarão a aplicação e as decisões a serem tomadas: *cultura, experiência* e *história*, que devem ser entendidas tanto do ponto de vista do julgador como no da sociedade, ou seja, do meio em que a decisão será prolatada.

Não restam dúvidas de que o julgador leva para o caso prático a sua história de vida, a sua cultura – formadora do seu caráter – e, principalmente, as suas experiências pessoais, nas atribuições de magistrado ou fora delas. Os acontecimentos que repercutiram na sociedade também irão influir nos futuros posicionamentos jurisprudenciais, havendo nesse ponto uma valoração ideológica.

No plano objetivo, do direito em si, a *ontognoseologia jurídica* é baseada na *teoria tridimensional*, pela qual, para Miguel Reale, *direito é fato, valor e norma*. Ensina o Mestre Reale que a sua *teoria tridimensional do direito* e do Estado vem sendo concebida desde 1940, distinguindo-se das demais teorias por ser "concreta e dinâmica", eis que "fato, valor e norma estão sempre presentes e correlacionados em qualquer expressão da vida jurídica, seja ela estudada pelo filósofo ou o sociólogo do direito, ou pelo jurista como tal, ao passo que, na tridimensionalidade genérica ou abstrata, caberia ao filósofo apenas o estudo do valor, ao sociólogo de fato e ao jurista a norma (tridimensionalidade como requisito essencial do direito)" (*Teoria tridimensional...*, 2003, p. 57).

Vai além o seu parecer, demonstrando o doutrinador que a relação entre os três elementos da sua teoria é de "natureza funcional e dialética, dada a 'implicação-polaridade' existente entre fato e valor, de cuja tensão resulta o momento normativo, como solução superadora e integrante nos limites circunstanciais de lugar e de tempo (concreção histórica do processo jurídico, numa dialética de complementaridade)" (REALE, Miguel. *Teoria tridimensional...*, 2003, p. 57).

Na análise dos institutos jurídicos presentes no Código Civil de 2002, muitos deles abertos, genéricos e indeterminados, parece-nos que o jurista e o magistrado deverão fazer um mergulho profundo nos fatos que margeiam a situação, para então, segundo os seus valores – construídos após anos de educação e de experiências –, aplicar a norma de acordo com os seus limites, procurando sempre interpretar sistematicamente a legislação privada.

Mais uma vez, *fato, valor e norma* serão imprescindíveis a apontar o caminho seguido para a aplicação do Direito. Dessa forma, dar-se-á o preenchimento das cláusulas gerais, das *janelas abertas.* Por esse processo os conceitos legais indeterminados ganham determinação jurídica, diante da atuação do magistrado, sempre guiado pela equidade. Ora, se o juiz pode criar o direito, logicamente, a equidade deve ser encarada como fonte jurídica e não como mero meio auxiliar do magistrado, como fazem crer os criticáveis arts. 127 do CPC/1973 e 140, parágrafo único, do CPC/2015.

Primeiro, o magistrado julgará de acordo com a sua *cultura*, bem como do meio social. Isso porque os elementos culturais e valorativos do magistrado serão imprescindíveis para o preenchimento da discricionariedade deixada pela norma privada. Ganha destaque o *valor* como elemento formador do direito.

Segundo, tudo dependerá da *história* do processo e dos institutos jurídicos a ele relacionados, das partes que integram a lide e também a história do próprio aplicador. Aqui, ganha relevo o *fato*, outro elemento do direito, de acordo com a construção de Reale.

Por fim, a *experiência* do aplicador do direito, que reúne *fato* e *valor* simbioticamente, visando à aplicação da *norma*. Esta, sim, elemento central daquilo que se denomina *ontognoseologia*, a teoria do conhecimento, da essência jurídica, criada por Miguel Reale. Encaixa-se perfeitamente a proposta de Reale, para que sejamos *juristas* – no ponto de vista das normas –, *sociólogos* – diante da análise dos fatos – e *filósofos* – pelo prisma dos valores. Assim, é fundamental a *formação interdisciplinar* do aplicador do Direito.

Diante dessa constatação, o célebre doutrinador explica com clareza e coragem por que o jurista *kelseniano* encontra dificuldades ao visualizar o direito de acordo com uma concepção *tridimensional*: "a Ciência do Direito é uma ciência normativa, mas a norma deixa de ser simples juízo lógico, à maneira de Kelsen, para ter um conteúdo fático-valorativo, tal como foi por mim bem explicitado no estudo intitulado 'La crisis del normativismo jurídico y la exigencia de una normatividad concreta'" (REALE, Miguel. *Teoria tridimensional...*, 2003, p. 151).

Por esse mesmo motivo, deve-se entender que o magistrado com formação estribada na concepção de um direito essencialmente normativo terá sérias dificuldades em aplicar o atual Código Civil, eis que este traz em seu bojo uma enorme carga valorativa e fática. Essa forma de compreensão aplica-se de modo primário ao princípio da função social dos contratos e também a conceitos correlatos, caso do princípio da boa-fé objetiva, do princípio da função social da propriedade, da lesão e do abuso de direito, entre outros.

Entra em cena, nesse *Direito Civil Contemporâneo*, a valorização do *nós*, do coletivo, em detrimento do *eu*, do individual. Encontramo-nos *na terceira fase do direito moderno*, conforme ensina Miguel Reale, em que se faz presente a influência do mundo digital, da informática, da computação, da cibernética. As relações ganharam mais um espaço, além do físico: o espaço virtual, imaterial e incorpóreo.

Nessa realidade, tudo se transformou em *modelo*, sendo *estandardizado*. No mundo negocial, vivemos em um momento denominado *império dos contratos-modelo*, pela prevalência dos contratos de adesão. Necessária nessa situação, ainda muito distante daquela sob a qual foi concebido o Código Civil de 1916, uma interpretação sociológica do direito, a partir também das experiências pelas quais já passaram as pessoas, os governantes, os juristas.

Nunca é demais frisar que as cláusulas gerais que constam da codificação material, a serem delineadas pela jurisprudência e pela comunidade jurídica, devem ser baseadas nas experiências pessoais dos aplicadores e dos julgadores, que também devem estar atualizados de acordo com os aspectos temporais, locais e subjetivos que envolvem a questão jurídica que lhes é levada para apreciação. Ilustrando, o aplicador do direito deve estar atento à evo-

86 | DIREITO CIVIL • VOL. 1 – *Flávio Tartuce*

lução tecnológica, para não tomar decisões totalmente descabidas, como a de determinar o bloqueio de todos à Internet, visando proteger a imagem individual de determinada pessoa.

A experiência do julgador entra em cena para a aplicação da equidade e das regras de razão. Seguindo essa linha, da experiência jurisprudencial paulista, tem-se aplicado a *teoria tridimensional realeana* para determinar que o Estado forneça gratuitamente medicamentos para pacientes sob risco de morte. Entre os vários julgados, dois merecem destaque:

"Mandado de segurança. Impetrante portador de diabetes mellitus. Tipo 2. Fornecimento gratuito de medicamentos e insumos. Liminar deferida. Ordem concedida. Apelo do Estado. Ilegitimidade passiva afastada. Solidariedade entre os entes da federação. Argumentos inconvincentes. Prescrição médica atestando a necessidade do uso dos medicamentos. Ponderação de valores e princípios constitucionais. Prevalência do dever estatal de atendimento à saúde. Aplicação do direito pela lógica do razoável, tendo por substratos a teoria tridimensional e o conceito de situação jurídica subjetiva. Reexame necessário desacolhido e apelo desprovido" (TJSP, Apelação com revisão 733.801.5/4, Acórdão 3377066, 9.ª Câmara de Direito Público, Lins, Rel. Des. João Carlos Garcia, j. 26.11.2008, *DJESP* 26.01.2009).

"Mandado de segurança. Impetrante portador de 'mieloma múltiplo'. Fornecimento gratuito de medicamento. Liminar deferida para fornecimento do remédio pleiteado. Ordem concedida. Apelo do Estado. Argumentos inconvincentes. Ponderação de valores e princípios constitucionais. Prevalência do dever estatal de atendimento à saúde. Aplicação do direito pela lógica do razoável, tendo por substratos a teoria tridimensional e o conceito de situação jurídica subjetiva. Prescrição médica atestando a necessidade do uso do medicamento. Reexame desacolhido e apelo desprovido" (TJSP, Apelação com revisão 719.416.5/4, Acórdão 3376758, 9.ª Câmara de Direito Público, Campinas, Rel. Des. João Carlos Garcia, j. 26.11.2008, *DJESP* 26.01.2009).

Relativamente às categorias jurídicas, as cláusulas gerais diferenciam-se dos conceitos legais indeterminados e dos princípios pela sua função integradora. Por meio desse mecanismo é que o juiz acaba criando o direito, dando concretude ou operabilidade às normas jurídicas.

Essa é a tendência do Direito atual, sendo dela decorrente a tão conhecida emergência dos direitos difusos e coletivos, bem como a crescente ingerência que a esfera pública passou a exercer sobre a esfera privada.

Assim deverá entender o julgador quando, por exemplo, deparar-se com contratos que tragam onerosidade excessiva ou desproporções negociais. Aquela velha interpretação pela qual o que foi pactuado deve ser rigorosamente cumprido não merece mais espaço em um *Direito Civil Contemporâneo*, concebido à luz da *ontognoseologia jurídica* de Miguel Reale. Cresce a liberdade do juiz para afastar o que foi pactuado entre os negociantes, mitigando a empoeirada regra da força obrigatória das convenções (*pacta sunt servanda*).

Uma coisa é certa: essa teoria foi inserida no Código Civil, principalmente no capítulo que trata do Direito das Obrigações. Desse modo, deve-se encarar essa nova visualização como realidade, sabendo-se com ela trabalhar, buscando sempre o *preceito máximo de Justiça*, o *dar a cada um o que é seu* ou *suum cuique tribuere*, consagrado pelo Direito Romano.

Encerrando, os desenhos a seguir demonstram muito bem a confrontação entre o Código Civil de 1916, concebido à luz da teoria positivista, que teve como um dos seus principais expoentes Hans Kelsen, e o Código Civil de 2002, sob a teoria tridimensional de Miguel Reale:

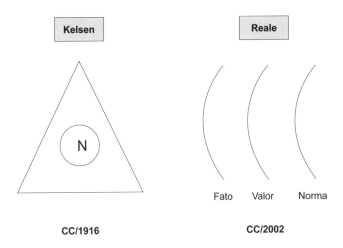

Como se nota, a visão *kelseniana* é de uma pirâmide de normas, um sistema fechado e estático. Assim era o civilista da geração anterior, moderno. Privilegiava-se o apego à literalidade fechada da norma jurídica, prevalecendo a ideia de que a norma seria suficiente.

A visão realeana é de três subsistemas: dos fatos, dos valores e das normas. O sistema é aberto e dinâmico, em constantes diálogos. Assim é o civilista da atual geração, pós-moderno. Prioriza-se a ideia de interação, de visão unitária do sistema, prevalecendo a constatação de que, muitas vezes, a norma não é suficiente. As cláusulas gerais são abertas e devem ser analisadas caso a caso.

Repise-se que, além do Código Civil de 2002, acreditamos que o capítulo inaugural do Código de Processo Civil de 2015, recheado de cláusulas gerais e conceitos legais indeterminados, possibilite a mesma comparação, em que o Código de Processo Civil de 1973 está para o Código Civil de 1916, assim como o Código de Processo Civil de 2015 está para o Código Civil de 2002, guardadas as devidas proporções.

Visualizada a lógica do *Novo Direito Civil*, passa-se ao estudo de uma nova disciplina ou novo caminho metodológico, denominado *Direito Civil Constitucional*.

2.6 DIREITO CIVIL E CONSTITUIÇÃO. AMPLITUDE DA EXPRESSÃO DIREITO CIVIL CONSTITUCIONAL. A EFICÁCIA HORIZONTAL DOS DIREITOS FUNDAMENTAIS

A existência das grandes dicotomias em direito sempre permitiu que houvesse uma sistematização do ponto de vista da análise do próprio âmbito jurídico, concebido, de forma analítica, como um conjunto de normas. Contudo, diante da superabundância dessas normas, uma organização teórica do direito que assegure uma definição genérica e lógica dos assuntos jurídicos fica bastante prejudicada, para não dizer inviabilizada. O *Big Bang Legislativo*, conforme simbologia criada por Ricardo Lorenzetti, dificultou o trabalho do aplicador do direito na busca de uma sistematização.

A distinção entre Direito Público e Direito Privado não é apenas um método de classificação, de ordenação dos critérios de distinção dos tipos normativos, mas sim um poderoso instrumento de sistematização. Tal distinção remonta ao *Digesto, 1.1.1.2*, no *Corpus Juris Civilis* de Ulpiano, que dividiu o direito em *jus publicum* e *jus privatum*. Os critérios utilizados para que fosse feita essa distinção se baseavam na *utilidade* da lei: se fosse de utilidade pública, tratar-se-ia de uma lei de Direito Público; se fosse de utilidade particular, seria uma lei de Direito Privado.

Esse critério de *utilidade estrita* desde logo foi contestado e chegou-se à conclusão de que, em verdade, o critério para classificação da lei era baseado na *utilidade preponderante da lei*, uma vez que as *utilidades* de uma norma não ficam circunscritas a um único interesse, do Estado ou do particular, mas acabam se entrelaçando, de modo que a norma de uma natureza exerce influência em outra de natureza diversa.

Em princípio, o Direito Público tem como finalidade a ordem e a segurança geral, ao passo que o Direito Privado reger-se-ia pela liberdade e pela igualdade. Enquanto no Direito Público somente seria válido aquilo que está autorizado pela norma, no Direito Privado tudo aquilo que não está proibido pela norma seria válido. Mas essa dicotomia não é um obstáculo intransponível e a divisão não é absoluta, como quase nada é absoluto nos nossos dias atuais.

Nesse sentido, é interessante tecer alguns comentários sob a relação entre o Direito Civil e o Direito Constitucional, o que faz com que surja, para muitos, uma nova disciplina ou caminho metodológico, denominado *Direito Civil Constitucional*, da qual sou adepto e entusiasta. Sucessivamente, nossas reflexões sobre o Direito Civil Constitucional foram ampliadas e aprofundadas, em artigo escrito em coautoria com Giselda Maria Fernandes Novaes Hironaka e José Fernando Simão, ambos professores da Universidade de São Paulo (HIRONAKA, Giselda Maria Fernandes Novaes; TARTUCE, Flávio; SIMÃO, José Fernando. O Código Civil de 2002..., *Os 20 anos...*, 2009, p. 463-519).

A utilização da expressão *Direito Civil Constitucional* encontra raízes na doutrina italiana de Pietro Perlingieri (*Perfis do direito civil...*, 2002). No início de sua obra, Perlingieri aponta que a Constituição funda o ordenamento jurídico, pois "O conjunto de valores, de bens, de interesses que o ordenamento jurídico considera e privilegia, e mesmo a sua hierarquia traduzem o tipo de ordenamento com o qual se opera. Não existe, em abstrato, o ordenamento jurídico, mas existem ordenamentos jurídicos, cada um dos quais caracterizado por uma filosofia de vida, isto é, por valores e por princípios fundamentais que constituem a sua estrutura qualificadora" (*Perfis do direito civil...*, 2002, p. 5).

No Brasil, essa visão unificada do sistema ganhou força na escola carioca, capitaneada pelos professores da Universidade do Estado do Rio de Janeiro Gustavo Tepedino, Maria Celina Bodin de Moraes e Heloísa Helena Barboza. No Paraná, Luiz Edson Fachin também faz escola com o ensino do Direito Civil Constitucional, na Universidade Federal do Paraná. No Nordeste, é de se mencionar o trabalho de Paulo Luiz Netto Lôbo, adepto dessa visão de sistema. Em São Paulo, destacam-se as escolas de Renan Lotufo, construída na PUCSP, e da professora Giselda Maria Fernandes Novaes Hironaka, Titular da Faculdade de Direito da USP. Em Brasília, na UnB, o Professor Frederico Viegas de Lima igualmente se dedica aos estudos das interações entre o Direito Civil e a Constituição Federal de 1988.

A palavra *constituição* – em si – significa um conjunto de elementos essenciais de alguma coisa, o seu modo de ser, de se organizar, enfim, de existir. A *Constituição* de um Estado, por sua vez, também tem esse sentido de estruturação. No pensamento de José Afonso da Silva, a expressão Constituição do Estado "consiste num sistema de normas jurídicas, escritas ou costumeiras, que regulam a forma do Estado, a forma de seu governo, o modo de aquisição e exercício do poder, o estabelecimento de seus órgãos e os limites de sua ação" (*Manual da Constituição de 1988...*, 2002, p. 13).

Por outro lado, em uma visão clássica, o Código Civil – como pedra fundamental do Direito Privado – disciplina não o Estado, mas sim os particulares, de forma concreta, não abstrata e genérica. Contudo, as distâncias entre os dois diplomas – e entre os próprios direitos público e privado – foram sendo encurtadas, em razão, mormente, do fenômeno da busca do *Estado Social*.

Nada obstante, o momento histórico em que se circunscreve cada um desses diplomas legais possui particularidades que não podem ser deixadas de lado pelo intérprete. O Código Civil de 1916, por exemplo, foi fruto do Código Napoleônico e das codificações do século XIX. Nesse momento histórico, a relação entre indivíduo e propriedade era o centro do universo do direito privado.

Além disso, cumpria um papel de estatuto único e monopolizador das relações privadas, não sofrendo ingerência do Poder Público e a ele contrapondo-se, aspirando uma completude que, em verdade, era impossível. Essa relevância preponderante do individualismo fez com que fosse dado extremo valor à garantia do livre desenvolvimento da atividade econômica privada e também ao conceito de propriedade. Em certo sentido, por tudo isso, pode-se dizer que o Direito Civil Brasileiro ficou *impopular*, pois distante do cidadão comum.

Por sua vez, a Constituição brasileira de outubro de 1988 foi influenciada decisivamente pela busca da democracia, pela *constitucionalização* de temas que, a rigor, não seriam por assim dizer constitucionais, mas que tal tratamento tiveram em razão dos ares de liberdade que sopravam na sociedade brasileira recém-saída de um regime autoritário que perdurou pouco menos de 20 anos.

A Constituição de um Estado e o seu Código Civil, partindo das premissas acima expostas, têm distinções do ponto de vista da sua gênese. A primeira é resultado de um ato de desvinculação com o passado, ou seja, uma ruptura com a ordem anterior e um novo ponto de partida. Já o Código Civil não tem esse caráter de desvinculação, tendo até certa dose de conservadorismo, uma vez que a norma civil se desenvolve pouco a pouco, sendo resultado de um amadurecimento social e econômico segundo exigências que surgiram das experiências da coletividade, do meio social.

E mesmo dentro da sistemática normativa essa distinção é clara, uma vez que a principal diferença entre Constituição e a codificação privada está justamente na estruturação do direito positivo. Dentro dessa lógica, Gustavo Tepedino critica a codificação emergente, com certa razão, no sentido de que se perdeu uma grande oportunidade de ela descrever e explicar os princípios constitucionais, "de modo a dar maior densidade e concreção normativa", trabalho que agora caberá ao intérprete, e não mais ao legislador e que justifica muito bem a terminologia *direito civil constitucional* (Crise..., 2003, p. XXI). Todavia, apesar da crítica, esse trabalho de dar sentido ao texto constitucional vem sendo bem desempenhado pela doutrina, mormente aquela filiada à tendência de *constitucionalização do Direito Civil*.

O próprio conceito de *Direito Civil Constitucional*, à primeira vista, poderia parecer um paradoxo. Mas não é. O direito é um sistema lógico de normas, valores e princípios que regem a vida social, que interagem entre si de tal sorte que propicie segurança – em sentido *lato* – para os homens e mulheres que compõem uma sociedade. O Direito Civil Constitucional, portanto, está baseado em uma *visão unitária do ordenamento jurídico* (TEPEDINO, Gustavo. *Normas constitucionais*..., 2007). Ao tratar dos direitos fundamentais, José Joaquim Gomes Canotilho também fala em unidade da ordem jurídica, havendo uma interação entre o Direito privado e a Constituição, mesmo que em tom cético (*Estudos sobre direitos*..., 2004, p. 95).

Para Gustavo Tepedino, um dos principais idealizadores desse novo caminho metodológico, é "imprescindível e urgente uma releitura do Código Civil e das leis especiais à luz da Constituição" (Premissas metodológicas..., *Temas*..., 2004, p. 1). Assim, "reconhecendo

90 | DIREITO CIVIL • VOL. 1 – *Flávio Tartuce*

a existência dos mencionados universos legislativos setoriais, é de se buscar a unidade do sistema, deslocando para a tábua axiológica da Constituição da República o ponto de referência antes localizado no Código Civil" (TEPEDINO, Gustavo. *Temas...*, p. 13).

Outro grande defensor do *Direito Civil Constitucional* é Paulo Luiz Netto Lôbo, um dos maiores civilistas brasileiros da atualidade. Ao comentar a *constitucionalização do Direito Privado*, explica esse autor o seguinte:

> "Na atualidade, não se cuida de buscar a demarcação dos espaços distintos e até contrapostos. Antes havia uma disjunção: hoje, a unidade hermenêutica, tendo a Constituição como ápice conformador da elaboração e aplicação da legislação civil. A mudança de atitude é substancial: deve o jurista interpretar o Código Civil segundo a Constituição e não a Constituição segundo o Código, como ocorria com frequência (e ainda ocorre). A mudança de atitude também envolve certa dose de humildade epistemológica" (LÔBO, Paulo Luiz Netto. *Teoria geral...*, 2005, p. 2).

Em obra lançada no ano de 2014, o Ministro do STF Luiz Edson Fachin demonstra os grandes desafios do Direito Privado Contemporâneo Brasileiro, em constante interação com a Constituição Federal. Expõe que são tendências atuais do nosso Direito Civil:

> "A incidência franca da Constituição nos diversos âmbitos das relações entre particulares, mormente nos contratos, nas propriedades e nas famílias, à luz de comandos inafastáveis de proteção à pessoa; há, nada obstante, criativas tensões entre a aplicação de regras (e princípios) constitucionais e o ordenamento privado codificado; como há, sob o sistema constitucional, concepções filosóficas, o Estado liberal patrocinou o agasalho privilegiado da racionalidade codificadora das relações interprivadas; a ordem pública pode limitar a autonomia ou o autorregulamento dos interesses privados, sob a vigilância das garantias fundamentais; os Códigos Civis são reinterpretados pelas Constituições do Estado Social de Direito" (FACHIN, Luiz Edson. *Direito civil...*, 2014, p. 10-11).

Concorda-se integralmente com as palavras dos citados professores e juristas, que definem muito bem o que seria essa nova disciplina, bem como os desafios que ela gera.

Na realidade, não se trata, ainda, de um novo ramo do direito. Como afirma José Afonso da Silva, trata-se de uma variação hermenêutica, uma mudança de atitude no ato de interpretar a Lei Civil em confronto com a Lei Maior. De acordo com as palavras do professor da USP, "a Constituição há de ser considerada no seu aspecto normativo, não como norma pura, mas como norma na sua conexão com a realidade social, que lhe dá conteúdo fático e o sentido axiológico. Trata-se de um complexo, não de partes que se adicionam ou se somam, mas de elementos e membros que se enlaçam num todo unitário. O sentido jurídico de Constituição não se obterá se a considerarmos desgarrada da totalidade da vida individual, sem conexão com o conjunto da comunidade como interferência das condutas entre sujeitos e instituições sociais e políticas". E completa dizendo que "certos modos de agir em sociedade transformam-se em condutas humanas valoradas historicamente e constituem-se em fundamento do existir da comunidade, formando os elementos constitucionais do grupo social que o constituinte intui e revela como preceitos normativos fundamentais" (SILVA, José Afonso da. *Aplicabilidade...*, 1998, p. 32-37).

Em suma, o Direito Civil Constitucional, como uma mudança de postura, representa *uma atitude bem pensada*, que tem contribuído para o crescimento do pensamento privado, para a evolução dos civilistas contemporâneos e para um sadio diálogo entre os juristas das mais diversas áreas.

Essa inovação reside no fato de que há uma inversão da forma de interação dos dois ramos do direito – o público e o privado –, interpretando o Código Civil segundo a Constituição Federal em substituição do que se costumava fazer, isto é, exatamente o inverso.

Nos dizeres de Judith Martins-Costa, vivemos o "modelo da comunicação e da complementaridade" em detrimento do antigo "modelo da incomunicabilidade" entre direito civil e direito constitucional (*Direito civil e Constituição...*, *Série Cadernos do CEJ*, v. 20, Conselho da Justiça Federal). E, desse modo, Direito Constitucional e Direito Civil são interpretados dentro de um todo, e não isoladamente. Há, assim, não uma invasão do Direito Constitucional sobre o Civil, mas sim uma interação simbiótica entre eles, funcionando ambos para melhor servir o todo *Estado + Sociedade*, dando as garantias para o desenvolvimento social, econômico e político, mas respeitadas determinadas premissas que nos identificam como seres coletivos.

Vislumbra-se o *Direito Civil Constitucional* como uma harmonização entre os pontos de intersecção do Direito Público e o Direito Privado, mediante a adequação de institutos que são, em sua essência, elementos de direito privado, mas que estão na Constituição, sobretudo em razão das mudanças sociais do último século e das transformações das sociedades ocidentais.

Os próprios constitucionalistas reconhecem o fenômeno de interação entre o Direito Civil e o Direito Constitucional como realidade do que se convém denominar *neoconstitucionalismo*, ou *invasão da Constituição*. E, por certo, o movimento brasileiro é único, é autêntico. Ressalta Eduardo Ribeiro Moreira que "as outras inovações do direito civil-constitucional têm de ser esse ponto de encontro, os direitos fundamentais nas relações entre particulares, interação vital com a transposição e redução entre o espaço privado e o espaço público, garantizador. Dois pontos basilares do direito civil-constitucional que funcionam em prol da dignidade humana. Outro ponto a ser destacado é que, apesar de partir do direito civil italiano, o direito civil-constitucional brasileiro é uma expansão e produção autêntica" (*Neoconstitucionalismo...*, 2008, p. 114).

Na mesma linha, o constitucionalista e Ministro do Supremo Tribunal Federal Luís Roberto Barroso demonstra todo o seu entusiasmo em relação à visão civil-constitucional, tecendo comentários contundentes e elogiosos (BARROSO, Luís Roberto. *Curso...*, 2009, p. 366-372).

Deve ser feita a ressalva de que, por tal interação, o Direito Civil não deixará de ser Direito Civil; e o Direito Constitucional não deixará de ser Direito Constitucional. O Direito Civil Constitucional nada mais é do que um novo caminho metodológico, que procura analisar os institutos privados a partir da Constituição, e, eventualmente, os mecanismos constitucionais a partir do Código Civil e da legislação infraconstitucional, em *uma análise em mão dupla*, como quer Paulo Luiz Netto Lôbo.

Fazendo mais uma anotação diante da emergência do Código de Processo Civil de 2015, este Estatuto Processual parece inaugurar na lei instrumental o mesmo caminho, concebendo o *Direito Processual Civil Constitucional*. Como é notório, o seu art. 1.º expressa que "o processo civil será ordenado, disciplinado e interpretado conforme os valores e as normas fundamentais estabelecidos na Constituição da República Federativa do Brasil, observando-se as disposições deste Código".

Em complemento, cite-se, mais uma vez, o impactante art. 8.º do CPC/2015 que ordena ao julgador ser guiado pelo princípio da dignidade da pessoa humana, ao aplicar o ordenamento jurídico. Como instrumento do direito material, acreditamos que muitas premissas do Direito Civil Constitucional servem perfeitamente a essa nova visão do processo.

Como será exposto, o Direito Público mantém uma relação direta com todo o Direito Civil. Por diversas vezes, farei aqui um trabalho de interpretação civil-constitucional dos institutos privados, demonstrando, entre outras coisas, que os princípios que constam no Código Civil de 2002 têm fundamento constitucional. Sem dúvida que tal estudo e abordagem constituem um aspecto relevante dessa nova disciplina que surge. Todos os volumes da presente coleção estão amparados nos três princípios básicos do *Direito Civil Constitucional*, conforme as lições de Gustavo Tepedino (Premissas metodológicas..., *Temas...*, 2004, p. 1-22).

O primeiro deles, aquele que pretende a proteção da dignidade da pessoa humana, está estampado no art. 1.º, inc. III, do Texto Maior, sendo a valorização da pessoa um dos objetivos da República Federativa do Brasil.

Trata-se do *superprincípio* ou *princípio dos princípios* como se afirma em sentido geral. A proteção da dignidade humana, a partir do modelo de Kant, constitui o principal fundamento da *personalização do Direito Civil*, da valorização da pessoa humana em detrimento do patrimônio. Como bem afirma Rosa Maria de Andrade Nery, "o princípio da dignidade humana é o princípio fundamental do direito. É o primeiro. O mais importante. Como não poderia deixar de ser, é o princípio mais importante do direito privado e é o que rege todos os outros princípios" (NERY, Rosa Maria de Andrade. *Introdução...*, 2008, p. 235).

A tutela da dignidade humana representa a proteção da liberdade e dos direitos subjetivos na ordem privada. Como explica o jurista alemão Stephan Kirste, "ter liberdade jurídica significa, como ainda mostraremos em seguida, possuir direitos subjetivos. A capacidade de liberdade é, assim, a capacidade de ser portador de direitos subjetivos. Portador desses direitos é, então, o sujeito do Direito ou a pessoa de Direito. A proteção da dignidade humana significa, portanto, o direito ao reconhecimento como pessoa do Direito" (KIRSTE, Stephan. *Introdução...*, 2013, p. 159).

O segundo princípio visa à solidariedade social, outro objetivo fundamental da República, de acordo com o art. 3.º, inc. I, da CF/1988. Outros preceitos da própria Constituição trazem esse alcance, como no caso do seu art. 170, pelo qual: "a ordem econômica, fundada na valorização do trabalho humano e na livre iniciativa, tem por fim assegurar a todos existência digna, conforme os ditames da *justiça social*". Aqui também reside o objetivo social de erradicação da pobreza, também previsto na Constituição Federal de 1988.

Por fim, o princípio da isonomia ou igualdade *lato sensu*, traduzido no art. 5.º, *caput*, da Lei Maior, eis que "todos são iguais perante a lei, sem distinção de qualquer natureza, garantindo-se aos brasileiros e aos estrangeiros residentes no País a inviolabilidade do direito à vida, à liberdade, à igualdade, à segurança e à propriedade". Quanto a essa igualdade, princípio maior, pode ser ela concebida pela seguinte expressão, atribuída a Ruy Barbosa:

"*A lei deve tratar de maneira igual os iguais, e de maneira desigual os desiguais.*"

Do texto anterior nota-se na sua primeira parte a consolidação do princípio da igualdade *stricto sensu* (*a lei deve tratar de maneira igual os iguais*), enquanto a segunda traz o princípio da especialidade (*... e de maneira desigual os desiguais*).

Essa concepção do princípio da isonomia é retirada da célebre *Oração aos Moços* de Ruy Barbosa, sendo interessante transcrever o seguinte trecho:

"A regra da igualdade não consiste senão em quinhoar desigualmente aos desiguais, na medida em que se desigualam. Nesta desigualdade social, proporcionada à desigualdade natural, é que se acha a verdadeira lei da igualdade. O mais são desvarios da inveja, do orgulho, ou da loucura. Tratar com desigualdade a iguais, ou a desiguais com igualdade, seria desigualdade flagrante, e não igualdade real. Os apetites humanos conceberam inverter a norma universal da criação, pretendendo, não dar a cada um, na razão do que vale, mas atribuir o mesmo a todos, como se todos se equivalessem" (BARBOSA, Rui. *Oração aos moços*. Disponível em: <http://www.culturabrasil.org/aosmocos.htm>. Acesso em: 17 dez. 2006).

Como se verá, por diversas vezes, no presente trabalho, serão buscados esses princípios emergentes para solucionar polêmicas advindas da nova codificação, demonstrando uma dimensão do Direito Privado rompida com visão anterior, aliada a uma tendência de *personalização do direito privado*, de valorização da pessoa e da sua dignidade. Encerrando a presente seção, não poderia deixar de comentar sobre a *eficácia horizontal dos direitos fundamentais*, mecanismo já referenciado, que torna possível o *Direito Civil Constitucional*.

Essa *horizontalização dos direitos fundamentais* nada mais é do que o reconhecimento da existência e aplicação dos direitos que protegem a pessoa nas relações entre particulares.

Nesse sentido, pode-se dizer que as normas constitucionais que protegem tais direitos têm aplicação imediata (*eficácia horizontal imediata*). Essa aplicação imediata está justificada, conforme nos ensina Ingo Wolfgang Sarlet, pelo teor do art. 5.º, § 1.º, da Constituição Federal de 1988, pelo qual "as normas definidoras dos direitos e garantias fundamentais têm aplicação imediata". Sobre o tema, para os devidos aprofundamentos, sugere-se a leitura da obra de referência do jurista citado (*A eficácia...*, 2005).

Para Daniel Sarmento, outro entusiasta da *eficácia horizontal* dos direitos fundamentais, a referida aplicação "é indispensável no contexto de uma sociedade desigual, na qual a opressão pode provir não apenas do Estado, mas de uma multiplicidade de atores privados, presentes em esferas como o mercado, a família, a sociedade civil e a empresa" (*Direitos fundamentais...*, 2004, p. 223).

Por certo é que essa *eficácia horizontal* traz uma visualização diversificada da matéria, eis que as normas de proteção da pessoa previstas na Constituição Federal sempre foram tidas como dirigidas ao legislador e ao Estado (normas programáticas). Essa concepção anterior não mais prevalece, o que faz com que a eficácia horizontal seja interessante à prática, a tornar mais evidente e concreta a proteção da dignidade da pessoa humana e de outros valores constitucionais.

Do ponto de vista da terminologia, não se justifica mais denominar a Constituição Federal de 1988 como uma *Carta Política*, fazendo crer que ela é mais dirigida ao legislador, tendo uma *eficácia vertical*. Melhor denominá-la, portanto, como uma *Carta Fundamental*, pela prevalência de sua *horizontalidade*, ou seja, pela sua subsunção direta às relações interprivadas.

Ilustre-se que a dignidade humana é conceito que pode ser aplicado diretamente em uma relação entre empregador e empregado, entre cônjuges, entre companheiros, entre pais e filhos, entre contratantes e assim sucessivamente. Isso sem a necessidade de qualquer *ponte infraconstitucional*. A mesma afirmação cabe para as ações judiciais com tais conteúdos, especialmente pelo que consta do sempre mencionado art. 1.º do Novo Código de Processo Civil.

Como exemplo de aplicação da tese, pode ser citado julgado do Supremo Tribunal Federal em que foi adotada, no sentido de assegurar direito à ampla defesa a associado que fora excluído do quadro de uma pessoa jurídica:

"A Turma, concluindo julgamento, negou provimento a recurso extraordinário interposto contra acórdão do Tribunal de Justiça do Estado do Rio de Janeiro que mantivera decisão que reintegrara associado excluído do quadro da sociedade civil União Brasileira de Compositores – UBC, sob o entendimento de que fora violado o seu direito de defesa, em virtude de o mesmo não ter tido a oportunidade de refutar o ato que resultara na sua punição – v. *Informativos* n. *351, 370* e *385*. Entendeu-se ser, na espécie, hipótese de aplicação direta dos direitos fundamentais às relações privadas. Ressaltou-se que, em razão de a UBC integrar a estrutura do ECAD – Escritório Central de Arrecadação e Distribuição, entidade de relevante papel no âmbito do sistema brasileiro de proteção aos direitos autorais, seria incontroverso que, no caso, ao restringir as possibilidades de defesa do recorrido, a recorrente assumira posição privilegiada para determinar, preponderantemente, a extensão do gozo e da fruição dos direitos autorais de seu associado. Concluiu-se que as penalidades impostas pela recorrente ao recorrido extrapolaram a liberdade do direito de associação e, em especial, o de defesa, sendo imperiosa a observância, em face das peculiaridades do caso, das garantias constitucionais do devido processo legal, do contraditório e da ampla defesa. Vencidos a Min. Ellen Gracie, relatora, e o Min. Carlos Velloso, que davam provimento ao recurso, por entender que a retirada de um sócio de entidade privada é solucionada a partir das regras do estatuto social e da legislação civil em vigor, sendo incabível a invocação do princípio constitucional da ampla defesa" (STF, RE 201.819/RJ, Rel. Min. Ellen Gracie, Rel. p/ o acórdão Min. Gilmar Mendes, j. 11.10.2005).

É interessante verificar que do julgado acima, relatado pelo Ministro Gilmar Mendes, retiramos outra grande lição, a de que "Um meio de irradiação dos direitos fundamentais para as relações privadas seriam as cláusulas gerais (*Generalklausel*) que serviriam de 'porta de entrada' (*Einbruchstelle*) dos direitos fundamentais no âmbito do Direito Privado". Trata-se daquilo que se denomina *eficácia horizontal mediata*, pois há uma ponte infraconstitucional para as normas constitucionais: as cláusulas gerais.

No aspecto processual, vale lembrar que a Emenda Constitucional 45 introduziu, entre os direitos fundamentais, a razoável duração do processo (art. 5.º, inciso LXXVIII). Fez o mesmo o Código de Processo Civil de 2015, por força do seu art. 4.º, que tem a seguinte redação: "as partes têm direito de obter em prazo razoável a solução integral do mérito, incluída a atividade satisfativa". Muitas ementas do Superior Tribunal de Justiça debatem esse importante direito processual, especialmente os seus limites, o que deve ser aprofundado com a emergência do Código de Processo Civil de 2015.

Assim, por exemplo, reconheceu o Tribunal da Cidadania que "a Constituição Federal assegura, em seu art. 5.º, inciso LXXVIII, como direito fundamental, a razoável duração do processo. Contudo, a alegação de excesso de prazo não pode basear-se em simples critério aritmético, devendo a demora ser analisada em cotejo com as particularidades e complexidades de cada caso concreto, pautando-se sempre pelo critério da razoabilidade" (STJ, HC 263.148/SP, 5.ª Turma, Rel. Min. Marilza Maynard [desembargadora convocada do TJSE], j. 04.06.2013, *DJe* 07.06.2013). Ou ainda:

"A duração razoável dos processos foi erigida como cláusula pétrea e direito fundamental pela Emenda Constitucional 45, de 2004, que acresceu ao art. 5.º, o inciso LXXVIII, *in verbis:* 'a todos, no âmbito judicial e administrativo, são assegurados a razoável duração do processo e os meios que garantam a celeridade de sua tramitação'. A conclusão de processo administrativo em prazo razoável é corolário dos princípios da eficiência, da moralidade e da razoabilidade (Precedentes: MS 13.584/DF, Rel. Min. Jorge Mussi, Terceira Seção, j. 13.05.2009, *DJe* 26.06.2009; REsp 1091042/SC, Rel. Min. Eliana Calmon, Segunda Turma, j. 06.08.2009, *DJe* 21.08.2009; MS 13.545/DF, Rel. Min. Maria Thereza de Assis Moura,

Terceira Seção, j. 29.10.2008, *DJe* 07.11.2008; REsp 690.819/RS, Rel. Min. José Delgado, Primeira Turma, j. 22.02.2005, *DJ* 19.12.2005)" (STJ, EDcl no AgRg no REsp 1.090.242/ SC, 1.ª Turma, Rel. Min. Luiz Fux, j. 28.09.2010, *DJe* 08.10.2010).

No plano das Cortes Estaduais também podem ser encontradas várias decisões que aplicam a eficácia horizontal dos direitos fundamentais às relações privadas. Do Tribunal Paulista destaque-se julgado com o seguinte trecho:

> "Uma vez reconhecida, pela própria seguradora, a incapacidade do devedor, em razão de um câncer, e efetuado o pagamento integral da dívida financiada pela seguradora, não resta motivo plausível para que o Banco credor negue o levantamento da garantia e conceda a documentação necessária para a transferência da propriedade do bem, providência que, aliás, é um DIREITO do apelante. Se o débito já se encontrava integralmente quitado, o simples fato de haver uma ação revisional em andamento não poderia impedir o levantamento da hipoteca. A postura do Banco se afasta da boa-fé objetiva, descumpre a eficácia horizontal dos direitos fundamentais e afronta o princípio do solidarismo constitucional. Autor que se encontra acometido de doença maligna que possui tratamento reconhecidamente penoso para o paciente e custoso para sua família. Nada mais natural que possa, nesse momento de aflição e angústia, movimentar seu patrimônio da forma que bem entenda, seja para custear o tratamento, seja para dar melhor condição ao adoentado, pouco importa. Caberia aos apelantes receber a documentação necessária para a transmissão da propriedade do imóvel, uma vez que este já havia sido quitado pela seguradora. Evidente a ofensa moral causada, que comporta reparação. Considerando que o contrato de financiamento se encontra quitado DESDE 3 de maio de 2004, reconhecendo o próprio Banco que o sinistro é datado de 1.º de abril de 2003, permanecendo os apelantes até os dias atuais com a hipoteca pendendo sobre seu bem imóvel, deve ser fixada indenização por danos morais, em favor dos recorrentes, em quantia equivalente a R$ 16.000,00 (dezesseis mil reais), suficiente para reparar os danos causados e impingir ao Banco o dever de aprimorar a prestação de seus serviços" (TJSP, Apelação 9127680-34.2008.8.26.0000, Acórdão 6755404, 20.ª Câmara de Direito Privado, Santos, Rel. Des. Maria Lúcia Pizzotti, j. 20.05.2013, *DJESP* 12.06.2013).

Em conclusão, existe uma relação inafastável entre essa eficácia das normas que protegem a pessoa nas relações entre particulares e o sistema de cláusulas gerais adotado pela codificação material de 2002 e pela codificação processual de 2015. Em sintonia, com tudo o que foi aqui exposto, é preciso estudar a festejada tese do *diálogo das fontes*.

2.7 O DIÁLOGO DAS FONTES

Tive condições de demonstrar, em outras oportunidades e escritos, todo o entusiasmo com relação à tese do *diálogo das fontes*, do jurista alemão Erik Jayme, trazida ao Brasil por Claudia Lima Marques e com grande aplicação ao Direito Privado.

A primeira justificativa que pode surgir para a sua aplicação refere-se à sua funcionalidade. É cediço que vivemos um momento de explosão de leis, um *Big Bang Legislativo*, como simbolizou Ricardo Lorenzetti. O mundo pós-moderno e globalizado, complexo e abundante por natureza, convive com uma quantidade enorme de normas jurídicas, a deixar o aplicador do Direito até desnorteado. O *diálogo das fontes* serve como leme nessa tempestade de complexidade.

Relativamente às razões filosóficas e sociais da aplicação da tese, Claudia Lima Marques ensina que:

DIREITO CIVIL • VOL. 1 – *Flávio Tartuce*

"Segundo Erik Jayme, as características da cultura pós-moderna no direito seriam o pluralismo, a comunicação, a narração, o que Jayme denomina de 'le retour des sentiments', sendo o Leitmotiv da pós-modernidade a valorização dos direitos humanos. Para Jayme, o direito como parte da cultura dos povos muda com a crise da pós-modernidade. O pluralismo manifesta-se na multiplicidade de fontes legislativas a regular o mesmo fato, com a descodificação ou a implosão dos sistemas genéricos normativos ('Zersplieterung'), manifesta-se no pluralismo de sujeitos a proteger, por vezes difusos, como o grupo de consumidores ou os que se beneficiam da proteção do meio ambiente, na pluralidade de agentes ativos de uma mesma relação, como os fornecedores que se organizam em cadeia e em relações extremamente despersonalizadas. Pluralismo também na filosofia aceita atualmente, onde o diálogo é que legitima o consenso, onde os valores e princípios têm sempre uma dupla função, o 'double coding', e onde os valores são muitas vezes antinômicos. Pluralismo nos direitos assegurados, nos direitos à diferença e ao tratamento diferenciado aos privilégios dos 'espaços de excelência' (JAYME, Erik. Identité culturelle et intégration: le droit international privé postmoderne. *Recueil des Cours de l'Académie de Droit International de la Haye*, 1995, II, Kluwer, Haia, p. 36 e ss.)" (MARQUES, Claudia Lima. *Comentários ao Código...*, 2004, p. 24. Trata-se de introdução da obra coletiva escrita em coautoria com Ministro Antonio Herman de V. e Benjamin e Bruno Miragem).

A primeira tentativa de aplicação da tese do *diálogo das fontes* se dá com a possibilidade de subsunção concomitante tanto do Código de Defesa do Consumidor quanto do Código Civil a determinadas relações obrigacionais, sobretudo aos contratos. Isso diante da conhecida aproximação principiológica entre os dois sistemas, consolidada pelos princípios sociais contratuais, sobretudo pela boa-fé objetiva e pela função social dos contratos.

Com relação a essa aproximação, foi aprovado o Enunciado n. 167 na *III Jornada de Direito Civil*, promovida pelo Conselho da Justiça Federal e pelo Superior Tribunal de Justiça em dezembro de 2004, com a seguinte redação: "com o advento do Código Civil de 2002, houve forte aproximação principiológica entre esse Código e o Código de Defesa do Consumidor no que respeita à regulação contratual, uma vez que ambos são incorporadores de uma nova teoria geral dos contratos".

O autor do enunciado é o jovem magistrado e civilista Wladimir Alcebíades Marinho Falcão, professor da Universidade Federal da Paraíba. Não só fui favorável ao referido enunciado quando participei da *III Jornada de Direito Civil*, como sou totalmente defensor do seu conteúdo.

Como minhas conclusões sobre a aplicação dessa complementaridade dos dois sistemas específicos, pode-se dizer que a *primeira premissa* que deve ser utilizada é a de que o diálogo das fontes nunca poderá trazer ao consumidor uma situação de desvantagem em relação à situação em que a Lei 8.078/1990 poderia trazer caso fosse aplicada de forma isolada.

A *segunda premissa* é a de que não se pode esquecer que o Código de Defesa do Consumidor é norma de ordem pública e interesse social (art. 1.º da Lei 8.078/1990), além de ser norma principiológica, diante da proteção dos consumidores constante da Constituição Federal de 1988 (arts. 5.º, inc. XXXII, e 170, inc. V). Entretanto, lembre-se de que o Código Civil do mesmo modo traz normas de ordem pública, principalmente aquelas que mantêm relação com o princípio da função social.

A *terceira premissa* é a de que não podem ser esquecidos os metacritérios comuns para as situações de antinomias ou de conflitos de normas, quais sejam: o critério hierárquico, o critério da especialidade e o critério cronológico. Isso porque é comum a presença dessas lacunas de colisão quando se busca a aplicação concomitante de normas jurídicas.

CAP. 2 · ENTENDENDO O CÓDIGO CIVIL DE 2002 | **97**

Tais clássicos critérios, muito bem construídos por Norberto Bobbio, ainda têm aplicação. No entanto, a tendência, olhando o Direito no futuro, é que sejam substituídos pelo *diálogo das fontes.*

A *quarta e última premissa* das conclusões sobre a referida interação é a de que não se pode esquecer a aplicação dos princípios constitucionais, particularmente aqueles que visam à proteção da dignidade humana e à solidariedade social. Em poucas palavras, é preciso também dialogar com a Constituição Federal, consolidando o *Direito Civil Constitucional.*

Analisadas essas premissas, podemos trazer aqui alguns exemplos de aplicação da tese do diálogo das fontes (CDC *versus* CC). Deve ser mencionado que a obra coletiva de Claudia Lima Marques, Antonio Herman V. e Benjamin e Bruno Miragem objetiva de maneira constante essa interação de complementaridade, esse diálogo inafastável. Esse livro coletivo foi o que nos inspirou a refletir de forma intensa sobre o tema e a buscar novos horizontes para o Direito Privado brasileiro.

Como primeiro exemplo de aplicação desse *diálogo*, pode ser mencionada a possibilidade de se aplicar tanto o Código Civil quanto o Código de Defesa do Consumidor na formação de um negócio jurídico patrimonial, em um *diálogo de complementaridade*. Imagine-se a hipótese de uma compra de bem de consumo realizada pela Internet. Ora, para esse caso, serão aplicadas tanto as regras previstas para a formação do contrato constantes do Código Civil (arts. 427 a 435) quanto as previstas para a oferta do CDC (arts. 30 a 38).

Com relação à revisão judicial dos contratos por fatos supervenientes, sabe-se que o Código Civil consagra a *revisão contratual diante de uma imprevisibilidade somada a uma onerosidade excessiva*, nos seus arts. 317 e 478. No entanto, o CDC consagra a *revisão contratual por simples onerosidade excessiva* (art. 6.º, inc. V). No último caso, a Lei Consumerista dispensa a prova de eventos imprevisíveis para motivar a revisão contratual.

Pois bem, quando se fala em revisão judicial dos contratos civis, alguns doutrinadores demonstram a preocupação em analisar o fato imprevisto, tendo como parâmetro não o mercado, mas sim as consequências para a parte contratante.

Esse entendimento consta dos Enunciados n. 17 e 175 do Conselho da Justiça Federal, aprovados na *I* e *III Jornada de Direito Civil*, respectivamente, visando tornar mais funcional a revisão do contrato civil. Com isso, procura-se aproximar a revisão contratual prevista no Código Civil da revisão contratual consolidada pelo Código de Defesa do Consumidor, em um *diálogo de conexão*.

No que concerne aos contratos de adesão, aqueles em que o conteúdo é predeterminado por uma das partes da avença, o Código Civil de 2002 traz normas de proteção do aderente que encontram correspondência no Código de Defesa do Consumidor.

O art. 423 do Código Civil estatui que os contratos de adesão, na dúvida, devem ser interpretados da maneira mais favorável ao aderente, assim como o art. 47 do CDC prevê que os contratos de consumo devem ser interpretados da maneira mais favorável ao consumidor.

O art. 424 do Código Civil enuncia que nos contratos de adesão serão nulas as cláusulas que implicam renúncia prévia pelo aderente a direito resultante da natureza do negócio. Equivale parcialmente este último dispositivo ao art. 51 do CDC, comando legal que traz um rol exemplificativo (*numerus apertus*) de cláusulas abusivas aos contratos de consumo. Sendo o contrato, ao mesmo tempo, de consumo e de adesão, todas as normas podem ser aplicadas, em outro *diálogo de complementaridade*.

Outro exemplo que pode ser citado refere-se ao contrato de transporte de passageiros. Como é notório, trata-se de um contrato de consumo na grande maioria das vezes, eis que a pessoa transportada é destinatária final de um serviço oferecido por uma empresa. Aplica--se, portanto, o Código de Defesa do Consumidor, o que não obsta a incidência das regras especiais previstas para esse contrato típico no Código Civil (arts. 730 a 742).

Nesse sentido, na *IV Jornada de Direito Civil*, realizada em outubro de 2006, foi aprovado o Enunciado n. 369 com o seguinte teor: "diante do preceito constante do art. 732 do Código Civil, teleologicamente e em uma visão constitucional de unidade do sistema, quando o contrato de transporte constituir uma relação de consumo, aplicam-se as normas do Código de Defesa do Consumidor que forem mais benéficas a este". Uma das grandes defensoras do citado enunciado doutrinário foi justamente a professora Claudia Lima Marques.

A mesma tese vale para o contrato de seguro. O contrato em questão é tratado de maneira detalhada pelo Código Civil (arts. 757 a 802). Porém, o art. 3.º da Lei 8.078/1990 prevê que serviço securitário pode ser enquadrado como serviço de consumo. A título de exemplo, cite-se a situação em que alguém celebra um contrato de seguro-saúde com uma empresa que presta esse tipo serviço. O contrato será regido pelo Código Civil, pelo Código de Defesa do Consumidor e pela Lei 9.656/1998, lei específica que regulamenta essa figura contratual.

Superadas essas exemplificações de diálogos entre o Direito Civil e o Direito do Consumidor, é imperioso dizer que também são possíveis os *diálogos* entre o Direito Civil e o Direito do Trabalho, particularmente entre o Código Civil e a legislação trabalhista, o que é totalmente viável e, mais do que isso, plenamente recomendável.

Para esse diálogo, de início, é importante apontar que o Direito do Trabalho é ramo do Direito Privado, assim como o é o Direito Civil. Quanto ao contrato de trabalho, a sua própria concepção é feita com vistas à proteção do vulnerável dessa relação privada, o empregado ou trabalhador. Há tempos que o Direito do Trabalho lida com a diferença existente no contrato em questão visando tutelar camadas da população desprotegidas e desamparadas. Talvez a legislação trabalhista seja o primeiro exemplo de *dirigismo contratual*, de intervenção do Estado e da lei nos contratos.

Conforme art. 8.º da CLT, o direito comum e, logicamente, o Direito Civil são fontes subsidiárias do Direito do Trabalho. Na verdade, pela aplicação da tese do *diálogo das fontes*, o que se propõe é uma nova leitura desse comando legal. Não se deve mais considerar o Direito Civil como simples fonte subsidiária, mas, em alguns casos, como fonte direta do Direito do Trabalho.

Isso porque, em muitas situações atualmente comuns à prática trabalhista, não há normas de Direito do Trabalho regulamentando a matéria. Nessas circunstâncias é que as normas do Código Civil terão aplicação. Outro argumento interessante é que, quando a CLT entrou em vigor, não vivíamos esse momento de complexidade legislativa atual.

Trazendo clarividência a essa complexidade, anote-se que a Emenda Constitucional 45/2004 ampliou enormemente a competência da Justiça do Trabalho para tratar de casos que antes eram da competência da Justiça Comum, como a responsabilidade civil por acidente de trabalho ou em decorrência do contrato de trabalho. Como não há legislação trabalhista a tratar do tema, o aplicador do Direito deve procurar socorro nas normas do Código Civil que tratam da responsabilidade civil. A doutrina civilista preencherá as estantes do intérprete que atua na área trabalhista, para motivar o seu convencimento e os seus argumentos.

Pode-se dizer que o tema da responsabilidade civil é muito complexo, sendo alterado pelas mudanças na sociedade. O papel da doutrina e da jurisprudência é, portanto, relevante para a construção da matéria. Hoje, inclusive, têm-se buscado novos horizontes para a responsabilidade civil, o que pode ser percebido pelo conceito de *responsabilidade pressuposta* (HIRONAKA, Giselda Maria Fernandes Novaes. *Responsabilidade...*, 2005).

CAP. 2 · ENTENDENDO O CÓDIGO CIVIL DE 2002 | 99

Como outro exemplo de interação necessária, parece-me que o CPC/2015 intensificou a possibilidade de *diálogos* com a legislação material, em especial por ter adotado um sistema aberto e constitucionalizado. Ademais, a valorização da boa-fé objetiva processual possibilita a aplicação concomitante do CPC/2015 e do CC/2002, com o intuito de valorizar a conduta de lealdade das partes. Sendo assim, acredita-se que muitos julgados surgirão, nos próximos anos, fazendo incidir *a teoria do diálogo das fontes* nessa seara.

Encerrando o capítulo, pode-se demonstrar uma relação direta entre o *diálogo das fontes*, a *constitucionalização do Direito Civil* (com o surgimento do *Direito Civil Constitucional*), a eficácia *horizontal dos direitos fundamentais*, a *personalização do Direito Civil* e o sistema de cláusulas gerais construído pela *ontognoseologia realeana*.

Ora, a constitucionalização do Direito Civil nada mais é do que um diálogo entre o Código Civil e a Constituição (Direito Civil Constitucional). Com isso, vai-se até a Constituição, onde repousa a proteção da pessoa como máxime do nosso ordenamento jurídico (personalização).

Para que essa proteção seja possível, deve-se reconhecer a *eficácia horizontal dos direitos fundamentais*, ou seja, que as normas que protegem a pessoa, previstas no Texto Maior, têm aplicação imediata nas relações entre particulares. A *porta de entrada* dessas normas protetivas, nas relações privadas, pode se dar por meio das cláusulas gerais (*eficácia horizontal mediata*), ou mesmo de forma direta (*eficácia horizontal imediata*).

Em síntese, percebe-se que todas essas teorias possibilitam a visão de um sistema unitário, em que há mútuos diálogos e o reconhecimento da interdisciplinaridade. *Assim está sendo construído o Direito Civil Contemporâneo.*

2.8 A REFORMA DO CÓDIGO CIVIL DE 2002. A COMISSÃO DE JURISTAS NOMEADA NO ÂMBITO DO SENADO FEDERAL, EM 2023

Em 24 de agosto de 2023, o Presidente do Senado Federal, Rodrigo Pacheco, nomeou e formou uma Comissão de Juristas para empreender os trabalhos de reforma e de atualização do Código Civil de 2002. Como antes se expôs, o projeto que gerou a atual codificação privada é da década de 1970, estando desatualizada em vários aspectos, sobretudo em questões relativas ao Direito de Empresa, ao Direito de Família, ao Direito das Sucessões e diante das novas tecnologias. Voltou-se a afirmar, com muita força, que o atual Código Civil "já nasceu velho". Trata-se de um texto com mais de cinquenta anos de elaboração e que, por óbvio, se encontra muito desatualizado, como se pode perceber da leitura desta coleção.

A comissão teve a Presidência do Ministro Luis Felipe Salomão e a Vice-Presidência do Ministro Marco Aurélio Bellizze, ambos do Superior Tribunal de Justiça. Tive a honra de atuar como relator da comissão, ao lado da Professora Rosa Maria de Andrade Nery. O prazo para o desenvolvimento dos trabalhos foi de cento e oitenta dias, com a possibilidade de eventual prorrogação. De todo modo, os trabalhos da comissão foram entregues no prazo, cumprindo-se a sua missão institucional, e com a entrega formal ao Congresso Nacional em 17 de abril de 2024.

Foram formados nove grupos de trabalho, de acordo com os livros respectivos do Código Civil e também com a necessidade de inclusão de um capítulo específico sobre o Direito Civil Digital, o que nos foi pedido no âmbito do Congresso Nacional. As composições das Subcomissões, com os respectivos sub-relatores, foram as seguintes.

Na Parte Geral, Professor Rodrigo Mudrovitsch (relator), Ministro João Otávio de Noronha, Professora Estela Aranha e Juiz Rogério Marrone Castro Sampaio.

Em Direito das Obrigações, Professor José Fernando Simão (relator) e Professor Edvaldo Brito.

Em Responsabilidade Civil, Professor Nelson Rosenvald (relator), Ministra Maria Isabel Gallotti e Juíza Patrícia Carrijo.

Quanto ao Direito dos Contratos, Professor Carlos Eduardo Elias de Oliveira (relator), Professora Angelica Carlini, Professora Claudia Lima Marques e Professor Carlos Eduardo Pianovski.

Em Direito das Coisas, Desembargador Marco Aurélio Bezerra de Melo (relator), Professor Carlos Vieira Fernandes, Professora Maria Cristina Santiago e Desembargador Marcelo Milagres.

Em Direito de Família, Juiz Pablo Stolze Gagliano (relator), Ministro Marco Buzzi, Desembargadora Maria Berenice Dias e Professor Rolf Madaleno.

No Direito das Sucessões, Professor Mario Luiz Delgado (relator), Ministro Cesar Asfor Rocha, Professora Giselda Maria Fernandes Novaes Hironaka e Professor Gustavo Tepedino.

Para o livro especial do Direito Digital, Professora Laura Porto (relatora), Professor Dierle Nunes e Professor Ricardo Campos.

Por fim, para o Direito de Empresa, Professora Paula Andrea Forgioni (relatora), Professor Marcus Vinicius Furtado Coêlho, Professor Flavio Galdino, Desembargador Moacyr Lobato e Juiz Daniel Carnio.

Também foram nomeados como membros consultores da Comissão de Juristas os Professores de Direito Ana Cláudia Scalquette, Layla Abdo Ribeiro de Andrada e Maurício Bunazar, a Defensora Pública Fernanda Fernandes da Silva Rodrigues, o Professor de Língua Portuguesa Jorge Miguel e o Juiz Federal e também Professor Vicente de Paula Ataíde Jr., especialista na *causa animal*.

No ano de 2023, foram realizadas três audiências públicas, em São Paulo (OABSP, em 23 de outubro), Porto Alegre (Tribunal de Justiça do Rio Grande do Sul, em 20 de novembro) e Salvador (Tribunal de Justiça da Bahia, em 7 de dezembro). Além da exposição de especialistas e debates ocorridos nesses eventos, muitos outros seminários jurídicos foram realizados em reuniões de cada Subcomissão.

Foram também abertos canais para envio de sugestões pelo Senado Federal e oficiados mais de quatrocentos institutos e instituições jurídicas. Mais de duzentos deles mandaram propostas para a Comissão de Juristas, em um sistema democrático de participação não visto em processos anteriores, de elaboração e alteração da Lei Geral Privada Brasileira. Após um intenso trabalho no âmbito de cada grupo temático, em dezembro de 2023 foram consolidados os textos dos dispositivos sugeridos, enviados para revisão dos relatores-gerais.

Em 2024, foi realizada mais uma audiência pública, em Brasília, com a presença do Ministro da Suprema Corte Argentina Ricardo Lorenzetti e da Professora Aída Kemelmajer. Na oportunidade, os juristas argentinos compartilharam conosco um pouco da sua experiência com a elaboração do Novo Código Civil daquele País, de 2014.

Também ocorreram, sucessivamente, os debates entre todos os membros da comissão, a elaboração de "emendas de consenso", a votação dos textos, em abril de 2024, e a sua elaboração final, com a posterior entrega ao Presidente do Senado.

Sendo assim, a partir da edição de 2025 desta coleção de Direito Civil, trago para estudo as normas projetadas, com comentários pontuais e exposição dos debates que travamos, sendo imperiosa, sem dúvida, uma reforma e uma atualização do Código Civil de 2002 diante dos novos desafios contemporâneos e por tudo o que está exposto neste livro.

CAP. 2 · ENTENDENDO O CÓDIGO CIVIL DE 2002 | **101**

Como último esclarecimento inicial a respeito do projeto, cabe deixar evidente a afirmação de não se tratar de uma projeção de um "Novo Código Civil", mas apenas de uma ampla reforma, com atualizações fundamentais e necessárias, para que o Direito Civil Brasileiro esteja pronto para enfrentar os desafios do século XXI.

Foram mantidos a organização, a estrutura e os princípios da atual Lei Geral Privada, assim como dispositivos fundamentais, caso dos seus arts. 113 e 187, que não sofreram qualquer alteração. Em muitos deles, houve apenas a correção do texto – como naqueles relativos do Direito de Família, em que se incluiu o convivente ao lado do cônjuge –, e a atualização diante de leis recentes, de decisões dos Tribunais Superiores e dos enunciados aprovados nas *Jornadas de Direito Civil*, além da retomada do Código Civil como protagonista em matéria do Direito Privado, o que foi esvaziado, nos últimos anos.

Partimos, então, ao estudo do Código Civil de 2002, com as proposições de sua mais do que necessária reforma nos próximos capítulos.

2.9 RESUMO ESQUEMÁTICO

O Código Civil de 2002 – O atual Código Civil traz uma nova sistemática para o Direito Privado, rompida com a codificação anterior. Desse modo, é fundamental compreender as diretrizes de sua elaboração, bem como os seus três princípios básicos. Importante sempre conceber o direito privado como um sistema planetário, em que o Sol é a Constituição Federal de 1988, o planeta Terra o Código Civil e os satélites os *microssistemas jurídicos ou estatutos*, como é o caso do Código de Defesa do Consumidor.

Diretrizes básicas de elaboração do Código Civil de 2002 – Segundo Miguel Reale, principal idealizador da codificação de 2002 (tanto que o novo Código Civil pode ser denominado *Código Reale*), foram suas diretrizes básicas:

a) Preservação do Código Civil anterior sempre que fosse possível, pela excelência do seu texto e diante da existência de um posicionamento doutrinário e jurisprudencial já consubstanciado sobre os temas nele constantes.

b) Alteração principiológica do Direito Privado, em relação aos ditames básicos que constavam na codificação anterior, buscando a nova codificação valorizar a *eticidade*, a *socialidade* e a *operabilidade*.

c) Aproveitamento dos estudos anteriores em que houve tentativas de reforma da lei civil.

d) Firmar a orientação de somente inserir no Código Civil matéria já consolidada ou com relevante grau de experiência crítica, transferindo-se para a legislação especial questões ainda em processo de estudo, ou que, por sua natureza complexa, envolvem problemas e soluções que extrapolam a codificação privada, caso da bioética, do biodireito e do direito digital.

e) Dar nova estrutura ao Código Civil, mantendo-se a Parte Geral – conquista preciosa do Direito brasileiro, desde Teixeira de Freitas –, mas com nova organização da matéria, a exemplo das recentes codificações.

f) Não realizar, propriamente, a unificação do Direito Privado, mas sim do direito das obrigações – de resto já uma realidade em nosso país –, em virtude do obsoletismo do Código Comercial de 1850 – com a consequente inclusão de mais um livro na parte especial, que se denominou *Direito de Empresa*.

g) Valorização de um sistema baseado em cláusulas gerais, que dão certa margem de interpretação ao julgador. Essa pode ser tida como a principal diferença de filosofia entre o Código Civil de 2002 e seu antecessor.

102 | DIREITO CIVIL • VOL. 1 – *Flávio Tartuce*

As cláusulas gerais – Podem ser conceituadas como *janelas abertas, que devem ser preenchidas pelo aplicador do direito, caso a caso*. Diferem-se em relação aos conceitos indeterminados e aos princípios pela função. A boa-fé, por exemplo, é um conceito legal indeterminado. Constitui uma cláusula geral, pois o magistrado deve preenchê-lo, situação por situação. Na ótica contratual, a boa-fé objetiva é ainda um princípio, regramento básico aplicado a todos os negócios patrimoniais.

Os princípios do Código Civil para Miguel Reale:

a) *Princípio da eticidade* – significa a valorização da ética, da boa-fé objetiva, dos bons costumes. Qualquer conduta que viole essa eticidade constitui abuso de direito, nos termos do art. 187 do CC.

b) *Princípio da socialidade* – significa o rompimento com o individualismo anterior. Pelo atual Código Civil, *tudo tem função social*, característica de todos os institutos privados.

c) *Princípio da operabilidade* – visualizado no aspecto da facilitação do Direito Civil, também denominado princípio da simplicidade, bem como da efetividade ou concretude do Direito Privado, mediante a existência de um sistema de cláusulas gerais. Esse sistema de conceitos abertos, que devem ser preenchidos pelo juiz, é criticado por alguns autores. Assim, há a operabilidade/simplicidade e a operabilidade/efetividade, respectivamente.

Ontognoseologia Jurídica de Miguel Reale – O Código Civil Brasileiro de 2002 foi concebido à luz da teoria do conhecimento jurídico do Professor Miguel Reale. Entram em cena o *culturalismo jurídico* e a *teoria tridimensional do direito*. Pelo *culturalismo*, a cultura, a experiência e a história, tanto do juiz quanto do meio social, irão orientar as decisões futuras. Pelo *tridimensionalismo*, o direito deve ser concebido à luz de normas, fatos e valores. Assim, o aplicador do direito deve ser jurista, sociólogo e filósofo na árdua tarefa de preencher as cláusulas gerais.

Direito Civil Constitucional – Significa uma variação hermenêutica, em que se busca interpretar o Direito Privado, à luz do Código Civil e, sobretudo, da Constituição Federal e dos princípios constitucionais. Essa disciplina, da qual somos adeptos e entusiastas, está estribada em três princípios básicos, conforme Gustavo Tepedino:

a) Valorização da dignidade da pessoa humana – art. 1.º, III, da CF/1988.

b) Solidariedade social – art. 3.º, I, da CF/1988.

c) Igualdade em sentido amplo, ou isonomia – art. 5.º, *caput*, da CF/1988.

Por diversas vezes serão utilizados tais princípios para solucionar questões práticas envolvendo o Código Civil de 2002 (tríade *dignidade-solidariedade-igualdade*).

Diálogo das fontes – Diante da explosão de leis que temos na atualidade, deve-se buscar, sempre que possível, uma interação entre as normas jurídicas, um *diálogo de complementaridade*. A tese foi trazida ao Brasil por Claudia Lima Marques, a partir dos ensinamentos de Erik Jayme. A primeira tentativa de diálogo ocorre com relação ao Código Civil de 2002 e ao Código de Defesa do Consumidor (Enunciado n. 167 do CJF/STJ). Também são possíveis diálogos entre o Código Civil e a Consolidação das Leis do Trabalho (Direito Civil x Direito do Trabalho).

Interações entre a constitucionalização do Direito Civil, a eficácia horizontal dos direitos fundamentais, a personalização do Direito Civil e o sistema de cláusulas gerais construído pela ontognoseologia realeana – A constitucionalização do Direito Civil nada mais é do que um diálogo entre o Código Civil e a Constituição (Direito Civil Constitucional). Com isso, vai-se até a Constituição, onde repousa a proteção da pessoa como máxime do nosso ordenamento jurídico (personalização). Para que essa proteção seja possível, deve-se reconhecer a *eficácia horizontal dos direitos fundamentais*, ou seja, que as normas que protegem a pessoa, previstas no Texto Maior, têm aplicação nas relações entre particulares. A porta de entrada dessas normas protetivas nas relações privadas pode se dar por meio das cláusulas gerais ou mesmo de forma direta (eficácia horizontal mediata).

Em síntese, percebe-se que todas essas teorias possibilitam a visão de um sistema unitário, em que há mútuos diálogos e o reconhecimento da interdisciplinaridade. Assim está sendo construído o Direito Civil Contemporâneo.

A Reforma do Código Civil de 2002 – Em 24 de agosto de 2023, o Presidente do Senado Federal Rodrigo Pacheco nomeou e formou uma Comissão de Juristas para empreender os trabalhos de reforma e de atualização do Código Civil de 2002. Como antes se expôs, o projeto que gerou a atual codificação privada é da década de 1970, estando desatualizada em vários aspectos, sobretudo em questões relativas ao Direito de Empresa, ao Direito de Família, ao Direito das Sucessões e diante das novas tecnologias. Voltou-se a afirmar, com muita força, que o atual Código Civil "já nasceu velho".

A Comissão teve a Presidência do Ministro Luis Felipe Salomão e a Vice-Presidência do Ministro Marco Aurélio Bellizze, ambos do Superior Tribunal de Justiça. Atuei como relator da comissão, ao lado da Professora Rosa Maria de Andrade Nery. Foram formados oito grupos de trabalho, de acordo com os livros respectivos do Código Civil e também com a necessidade de inclusão de um capítulo específico sobre o Direito Civil Digital. O Anteprojeto de Reforma do Código Civil foi entregue ao Congresso Nacional em abril de 2024, estando em tramitação naquela casa legislativa.

2.10 QUESTÕES CORRELATAS

01. (TRT-16.ª Região/MA – TRT 16R – Juiz do Trabalho Substituto – 2015) Acerca do Direito Civil brasileiro, assinale a opção CORRETA:

(A) O Direito Civil volta-se à solução de problemas abstratamente previstos, independentemente de sua expressão concreta e simplificada.

(B) Diante da ausência de legislação, o aplicador do Direito valer-se-á de outras fontes, tais como analogias, costumes e princípios gerais de direito. Para tanto, recorrerá à doutrina e à jurisprudência, sendo-lhe vedado, no entanto, o recurso à equidade.

(C) O princípio da eticidade, utilizando-se de critérios éticos, tem como base o valor da pessoa humana como fonte de todos os demais valores, o que possibilita a relativização do princípio do *pacta sunt servanda*, quando o contrato estabelecer vantagens exageradas para um contratante em detrimento do outro.

(D) A obrigatoriedade da lei surge a partir da sua publicação oficial, o que implica, salvo disposição em contrário, na sua vigência e vigor imediatos, tanto no âmbito nacional quanto no âmbito internacional.

(E) O princípio da socialidade reflete a prevalência dos valores coletivos sobre os individuais, razão pela qual o direito de propriedade individual, de matriz liberal, deve ceder lugar ao direito de propriedade coletiva, tal como preconizado no socialismo real.

02. (TJM-SP – Vunesp – Juiz de Direito Substituto – 2016) Buscando estabelecer a adequação e a aplicação do direito tal como previsto ao caso concreto, às circunstâncias do negócio jurídico no plano econômico e no plano de um determinado grupo social atingido pelo negócio jurídico concreto, o Código Civil privilegiou, com mais ênfase, o princípio norteador da

(A) sociabilidade.

(B) operabilidade.

104 | DIREITO CIVIL • VOL. 1 – *Flávio Tartuce*

(C) autonomia privada.

(D) eticidade.

(E) boa-fé objetiva.

03. (DPE-BA – FCC – Defensor Público – 2016) No âmbito da Teoria dos Direitos Fundamentais,

(A) em que pese a doutrina reconhecer a eficácia dos direitos fundamentais nas relações entre particulares (eficácia horizontal), a tese em questão nunca foi apreciada ou acolhida pelo Supremo Tribunal Federal.

(B) a cláusula de abertura material do catálogo de direitos fundamentais expressa no § 2.º do art. 5.º da Constituição Federal não autoriza que direitos consagrados fora do Título II do texto constitucional sejam incorporados ao referido rol.

(C) o princípio da proibição de retrocesso social foi consagrado expressamente no texto da Constituição Federal.

(D) os direitos fundamentais de primeira dimensão ou geração possuem função normativa de natureza apenas defensiva ou negativa.

(E) a dimensão subjetiva dos direitos fundamentais está atrelada, na sua origem, à função clássica de tais direitos, assegurando ao seu titular o direito de resistir à intervenção estatal em sua esfera de liberdade individual.

04. (Prev. São José – PR – Advogado – Fauel – 2017) Sobre a constitucionalização do Direito Civil, assinale a alternativa INCORRETA.

(A) Interpreta-se o Código Civil a partir da Constituição e não o contrário.

(B) O Direito Civil Constitucional está baseado em uma visão fragmentária do ordenamento jurídico.

(C) A dignidade da pessoa humana, como vetor axiológico fundamental da Constituição Federal, orienta não só o Estado, mas também os particulares, nas suas relações privadas.

(D) O princípio da isonomia, em seu aspecto unicamente formal, não se mostra suficiente, sendo imprescindível a busca pela igualdade material ou substancial.

(E) A constitucionalização do Direito Civil relaciona-se diretamente com a consagração da ideia da força normativa das normas constitucionais, não mais perdurando a concepção da Carta Constitucional como mera declaração política.

05. (Procurador Municipal – Prefeitura de Dourados-MS – IBFC – 2022) De acordo com o idealizador do Código Civil de 2002, Miguel Reale, a atual codificação civilista está baseada em três princípios fundamentais. Nesse sentido, assinale a alternativa em que se faz presente um princípio que não integra o rol de princípios fundamentais que orientam o diploma civil de 2002.

(A) Princípio da operabilidade: esse princípio tem dois sentidos. Primeiro, o de simplicidade dos institutos jurídicos, como ocorreu com a prescrição e decadência. Segundo o de efetividade, por meio do sistema de cláusulas gerais e conceitos indeterminados adotado pela atual codificação.

(B) Princípio da inerência do risco: toda atividade humana possui inerente o risco. Mesmo a pessoa agindo licitamente, em conformidade com lei e suas obrigações, e não tomando nenhuma decisão incorreta e irregular, poderá advir uma situação que enseje a responsabilização civil.

(C) Princípio da eticidade: a codificação atual preocupou-se precipuamente com a ética e a boa-fé, sobretudo com a boa-fé objetiva, aquela que existe no plano da conduta de lealdade dos participantes negociais.

(D) Princípio da socialidade: o Novo Código Civil distancia-se do caráter individualista da codificação anterior. O "nós" prevalece sobre o "eu". Todos os institutos civis têm função social, caso do contrato e da propriedade.

06. (Prefeitura de Belo Horizonte-MG – RBO – Auditor Fiscal de Tributos Municipais – 2022) Houve no legislador um forte impulso pela consolidação de valores como a socialidade e eticidade a partir da vigência do Código Civil de 2002, alicerces de base principiológica que

CAP. 2 · ENTENDENDO O CÓDIGO CIVIL DE 2002 | 105

já se apresentavam em disposições do Código de Defesa do Consumidor. Considerando esta afirmação, assinale a alternativa correta.

(A) O conceito de eticidade está presente nos deveres gerais de boa-fé, também reconhecida por boa--fé objetiva, contudo, não existem disposições expressas quanto a tal princípio no Código Civil de 2002.

(B) A função social dos contratos, modelo da socialidade, foi totalmente revogada após o advento da Lei da Liberdade Econômica que alterou alguns dispositivos do Código Civil em 2019.

(C) A boa-fé objetiva aplica-se apenas para os contratos de consumo, não encontrando previsão expressa no Código Civil.

(D) A socialidade e a eticidade aparecem de forma clara nos princípios da função social dos contratos e da boa-fé objetiva, cuja previsão expressa pode ser encontrada em dispositivos do Código Civil.

(E) A função social dos contratos consiste em cláusula geral sem aplicação prática nas relações civis--empresariais, mas apenas nas relações de consumo.

07. **(TJGO – CS-UFG – Residência Jurídica – 2023) Leia o texto a seguir.**

O contrato não pode ser mais visto como uma bolha, que isola as partes do meio social. Simbolicamente, funciona como uma agulha que fura a bolha, trazendo uma interpretação social dos pactos. Não se deve mais interpretar os contratos somente de acordo com aquilo que foi assinado pelas partes, mas sim levando-se em conta a realidade social que os circunda. Na realidade, à luz da personalização e constitucionalização do Direito Civil, pode-se afirmar que a real função do contrato não somente é a segurança jurídica, mas sim atender aos interesses da pessoa humana.

O texto tem correlação com o seguinte princípio:

(A) autonomia privada.

(B) força obrigatória do contrato.

(C) função social do contrato.

(D) relatividade dos efeitos contratuais.

(E) *venire contra factum proprium.*

GABARITO

01 – C	02 – B	03 – E
04 – B	05 – B	06 – D
07 – C		

3

ANÁLISE DO CÓDIGO CIVIL DE 2002. PARTE GERAL. DA PESSOA NATURAL

Sumário: 3.1 Da pessoa natural, humana ou física. Conceitos iniciais. Personalidade e capacidade. A situação jurídica do nascituro: 3.1.1 Os absolutamente incapazes; 3.1.2 Os relativamente incapazes; 3.1.3 Teoria geral da representação; 3.1.4 Da emancipação – 3.2 Os direitos da personalidade na concepção civil-constitucional: 3.2.1 Introdução. Conceito de direitos da personalidade. Análise da técnica da ponderação e do seu tratamento no CPC; 3.2.2 Classificação e características dos direitos da personalidade; 3.2.3 Os direitos da personalidade e as grandes gerações ou dimensões de direitos; 3.2.4 Previsões legais de proteção aos direitos da personalidade no Código Civil de 2002 – 3.3 Domicílio da pessoa natural – 3.4 Morte da pessoa natural: 3.4.1 Morte real; 3.4.2 Morte presumida sem declaração de ausência. A *justificação*; 3.4.3 Morte presumida com declaração de ausência; 3.4.4 Da comoriência – 3.5 O estado civil da pessoa natural. Visão crítica – 3.6 Resumo esquemático – 3.7 Questões correlatas – Gabarito.

3.1 DA PESSOA NATURAL, HUMANA OU FÍSICA. CONCEITOS INICIAIS. PERSONALIDADE E CAPACIDADE. A SITUAÇÃO JURÍDICA DO NASCITURO

Como se sabe, a todo direito deve corresponder um sujeito, uma pessoa, que detém a sua titularidade. Por isso, prescreve o art. 1.º do Código Civil em vigor que "toda pessoa é capaz de direitos e deveres na ordem civil".

Ao contrário do Código Civil anterior, o atual prefere utilizar a expressão *pessoa* em vez de *homem*, constante do art. 2.º do Código de 1916, e tida como discriminatória, inclusive pelo texto da Constituição de 1988, que comparou homens e mulheres (art. 5.º, inc. I). Esse mesmo dispositivo da atual codificação traz a ideia de pessoa inserida no meio social, com a sua dignidade valorizada, à luz do que consta no Texto Maior, particularmente no seu art. 1.º, inc. III, um dos ditames do *Direito Civil Constitucional*.

Por outra via, pelo que prescreve o aludido comando legal, não se pode mais afirmar que a pessoa é sujeito de direitos e obrigações, mas de direitos e *deveres*. A expressão destacada é melhor tecnicamente, pois existem deveres que não são obrigacionais, no sentido patrimonial, caso dos deveres do casamento (art. 1.566 do CC). No volume específico que trata do Direito das Obrigações, é comentado esse tratamento legal, particularmente quando do estudo dos conceitos de obrigação, de dever, de responsabilidade, de ônus e de estado de sujeição (TARTUCE, Flávio. *Direito civil...*, 2025, v. 2).

O Código Civil de 2002, também ao contrário da codificação substantiva anterior, não traz mais uma disposição preliminar, cujo conteúdo era o principal objetivo da Lei Geral Civil, com a seguinte redação: "este Código regula os direitos e obrigações de ordem privada concernentes às pessoas, aos bens e às suas relações" (art. 1.º do CC/1916). Tal previsão está implícita no atual art. 1.º da atual norma geral privada, bem como nos princípios do atual Código Civil, analisados no capítulo anterior deste livro.

Observe-se que o conceito de pessoa natural exclui os animais, os seres inanimados e as entidades místicas e metafísicas, todos tidos, eventualmente, como objetos do direito. Todavia, como se verá no Capítulo 5 deste livro, há uma tendência em enquadrar os animais não mais como coisas ou bens, mas como *seres sencientes*, o que consta do Anteprojeto de Reforma do Código Civil.

Anote-se que esse mesmo Projeto de Reforma do Código Civil pretende incluir no seu art. 1.º um parágrafo único, tratando da *personalidade internacional*, conceito importante para resolver vários dilemas da atualidade, sobretudo para a proteção de direitos da personalidade e fundamentais de estrangeiros no território nacional, também no âmbito das relações privadas. Assim, consoante a regra projetada, "nos termos dos tratados internacionais dos quais o País é signatário, reconhece-se personalidade internacional a todas as pessoas naturais em território nacional, garantindo-lhes direitos, deveres e liberdades fundamentais".

Como corretamente justificaram os juristas que fizeram parte da Subcomissão de Parte Geral – Professores Rodrigo Mudrovitsch e Estela Aranha, Ministro João Otávio de Noronha e Juiz Rogério Marrone de Castro Sampaio –, "o Código Civil, como código 'dos iguais', preserva sua aplicação geral e subsidiária, frente a leis e microssistemas especiais. Destas leis especiais, *ratione personae* ou *ratione materiae*, há várias que também preservam esta ideia de abrir seus sistemas para direitos e princípios protetivos presentes em outras leis especiais e gerais". Citaram eles na sequência, a título de exemplos, o art. 7.º da Lei 8.078/1990, bem como o art. 64 da LGPD. E arrematam: "destaque-se também a importância simbólica e orientadora de futuras interpretações teleológicas de incluir no Código Civil atualizado a menção aos Tratados Internacionais de Direitos Humanos, em especial no combate ao racismo, à discriminação, dentre outras violações dos direitos humanos que podem estar nos contratos, nas relações de família e sucessão e para atender esse objetivo, a norma menciona o bloco de constitucionalidade". Portanto, é louvável a proposta, que deve ser aprovada pelo Congresso Nacional.

Quanto à personalidade, esta pode ser conceituada como a soma de caracteres corpóreos e incorpóreos da pessoa natural ou jurídica, ou seja, a soma de aptidões da pessoa. Assim, a personalidade pode ser entendida como aquilo que a pessoa é, tanto no plano corpóreo quanto no social. No Brasil, a *personalidade jurídica plena* inicia-se com o nascimento com vida, ainda que por poucos instantes; segundo os adeptos da teoria natalista. Não se exige, como em outras legislações, que o recém-nascido seja apto para a vida, como determina o Código Civil Francês.

Pelo que consta no art. 2.º do CC/2002, "a personalidade civil da pessoa natural começa com o nascimento com vida; mas a lei põe a salvo, desde a concepção, os direitos do nascituro". Em complemento, prevalece o entendimento pelo qual o nascimento com vida,

CAP. 3 · ANÁLISE DO CÓDIGO CIVIL DE 2002. PARTE GERAL. DA PESSOA NATURAL | **109**

para fins legais, independe do corte do cordão umbilical, conforme dispõe a Lei de Registros Públicos (art. 53, § 2.º, da Lei 6.015/1973).

Ao prever o tratamento do nascituro, conceituado como *aquele que foi concebido, mas ainda não nasceu*, o artigo do Código Civil em questão traz uma dúvida: seria o nascituro uma pessoa, teria ele personalidade? Vejamos o que afirma César Fiúza:

> "O legislador parece um tanto quanto pleonástico (...). Perdeu o legislador a oportunidade histórica de pôr fim à controvérsia entre natalistas e concepcionistas. Os natalistas entendem que a personalidade tem início com o nascimento com vida. Os concepcionistas defendem a tese de que a personalidade começa a partir da concepção. Qual seria a posição do Código Civil? Os natalistas propugnam por sua tese; afinal, esta seria a intenção literal do legislador, ao afirmar que a personalidade civil começa do nascimento com vida. Ocorre que, logo a seguir, o mesmo legislador dispõe que os direitos do nascituro serão postos a salvo. Direitos só detêm as pessoas, sendo assim, por interpretação lógica, o texto legal estaria adotando a tese concepcionista. O Código de 1916 já era dúbio. Faltou coragem ao legislador de 2002" (*Código Civil anotado...*, 2004, p. 24).

Concorda-se plenamente com as palavras do jurista mineiro, sendo certo que alguns doutrinadores sustentam que a teoria natalista ainda continua sendo a regra de nosso ordenamento jurídico (por todos: SCHREIBER, Anderson. *Código Civil...*, 2019, p. 5-6). A questão não é pacífica e seria solucionada se o legislador tivesse adotado expressamente uma das duas teorias.

Visando esclarecer o assunto, este autor escreveu artigo científico, intitulado *A situação jurídica do nascituro: uma página a ser virada no Direito Brasileiro* (TARTUCE, Flávio. *Questões controvertidas...*, 2007). Nesse trabalho de pesquisa, em que constam todas as referências bibliográficas, foram encontradas três correntes que procuraram justificar a situação do nascituro, que passam a ser expostas de forma pontual, com a citação também de outros autores, pesquisados após a sua elaboração.

a) *Teoria natalista*

A *teoria natalista* prevalecia entre os autores modernos ou clássicos do Direito Civil Brasileiro, para quem o nascituro não poderia ser considerado pessoa, pois o Código Civil exigia e exige, para a personalidade civil, o nascimento com vida. Assim sendo, o nascituro não teria direitos, mas mera expectativa de direitos.

Como adeptos dessa corrente, da doutrina tradicional, podem ser citados Sílvio Rodrigues, Caio Mário da Silva Pereira e San Tiago Dantas. Na doutrina contemporânea, filiam-se a essa corrente Sílvio de Salvo Venosa e Anderson Schreiber. Partem esses autores de uma interpretação literal e simplificada da lei, que dispõe que a personalidade jurídica começa com o nascimento com vida, o que traz a conclusão de que o nascituro não é pessoa, e ponto final.

O grande problema da *teoria natalista* é que ela não consegue responder à seguinte constatação e pergunta: se o nascituro não tem personalidade, não é pessoa; desse modo, o nascituro seria uma coisa? A resposta acaba sendo positiva a partir da primeira constatação de que haveria apenas expectativa de direitos.

Além disso, a *teoria natalista* está totalmente distante do surgimento das novas técnicas de reprodução assistida e da proteção dos direitos do embrião. Também está distante de uma proteção ampla de direitos da personalidade e da dignidade humana, tendência do Direito Civil pós-moderno.

Do ponto de vista prático, a *teoria natalista* nega ao nascituro mesmo os seus direitos fundamentais, relacionados com a sua personalidade, caso do direito à vida, à investigação de paternidade, aos alimentos, ao nome e até à imagem. Com essa negativa, a *teoria natalista* esbarra em dispositivos do Código Civil que consagram direitos àquele que foi concebido e não nasceu. Essa negativa de direitos é mais um argumento forte para sustentar a total superação dessa corrente doutrinária.

b) *Teoria da personalidade condicional*

A *teoria da personalidade condicional* é aquela pela qual a personalidade civil começa com o nascimento com vida, mas os direitos do nascituro estão sujeitos a uma condição suspensiva, ou seja, são direitos eventuais. Como se sabe, a condição suspensiva é o elemento acidental do negócio ou ato jurídico que subordina a sua eficácia a evento futuro e incerto. No caso, a condição é justamente o nascimento daquele que foi concebido. Como fundamento da tese e da existência de direitos sob condição suspensiva, pode ser citado o art. 130 do atual Código Civil.

Como entusiastas desse posicionamento, citem-se Washington de Barros Monteiro, Miguel Maria de Serpa Lopes e Clóvis Beviláqua, supostamente. Diz-se *supostamente* quanto ao último jurista, pois, apesar de ter inserido tal teoria no Código Civil de 1916, afirmava que "parece mais lógico afirmar francamente, a personalidade do nascituro" (BEVILÁQUA, Clóvis. *Código...*, v. I, 1940, p. 178). Na doutrina atual, Arnaldo Rizzardo segue o entendimento da teoria da personalidade condicional.

O grande problema dessa corrente doutrinária é que ela é apegada a questões patrimoniais, não respondendo ao apelo de direitos pessoais ou da personalidade a favor do nascituro. Ressalte-se, por oportuno, que os direitos da personalidade não podem estar sujeitos a condição, termo ou encargo, como propugna a corrente. Além disso, essa linha de entendimento acaba reconhecendo que o nascituro não tem direitos efetivos, mas apenas direitos eventuais sob condição suspensiva, ou seja, também mera expectativa de direitos.

Na verdade, com todo o respeito ao posicionamento em contrário, consideramos que a *teoria da personalidade condicional* é essencialmente *natalista*, pois parte igualmente da premissa de que a personalidade tem início com o nascimento com vida. Por isso, em uma realidade que prega a personalização do Direito Civil, uma tese essencialmente patrimonialista não pode prevalecer.

c) *Teoria concepcionista*

A *teoria concepcionista* é aquela que sustenta que o nascituro é pessoa humana, tendo direitos resguardados pela lei. Esse é o entendimento defendido por Silmara Juny Chinellato, Pontes de Miranda, Rubens Limongi França, Giselda Maria Fernandes Novaes Hironaka, Pablo Stolze Gagliano e Rodolfo Pamplona Filho, Roberto Senise Lisboa, Cristiano Chaves de Farias e Nelson Rosenvald, Francisco Amaral, Guilherme Calmon Nogueira da Gama, Antonio Junqueira de Azevedo, Gustavo Rene Nicolau, Renan Lotufo e Maria Helena Diniz. Em sua obra sobre a Parte Geral do Código Civil de 2002, lançada no ano de 2012, o Mestre Álvaro Villaça Azevedo também expõe que o correto é sustentar que a personalidade é adquirida desde a concepção (*Teoria...*, 2012, p. 10).

A maioria dos autores citados aponta que a origem da teoria está no *Esboço de Código Civil* elaborado por Teixeira de Freitas, pela previsão constante do art. 1.º da sua Consolidação das Leis Civis, segundo a qual "as pessoas consideram-se como nascidas apenas formadas no ventre materno; a Lei lhes conserva seus direitos de sucessão ao tempo de nascimento".

CAP. 3 · ANÁLISE DO CÓDIGO CIVIL DE 2002. PARTE GERAL. DA PESSOA NATURAL | 111

Ao considerar como nascidas as pessoas concebidas, o *Esboço de Teixeira de Freitas* atribui direitos ao nascituro. Para todos esses autores, o nascituro tem direitos reconhecidos desde a concepção.

Quanto à Professora Maria Helena Diniz, há que se fazer um aparte, pois alguns doutrinadores a colocam como seguidora da *tese natalista*, o que não é verdade. A renomada doutrinadora, em construção interessante, classifica a personalidade jurídica em formal e material. A *personalidade jurídica formal* é aquela relacionada com os direitos da personalidade, o que o nascituro já tem desde a concepção, enquanto a *personalidade jurídica material* mantém relação com os direitos patrimoniais, e o nascituro só a adquire com o nascimento com vida. Mais à frente, a jurista diz que a razão está com a *teoria concepcionista*, filiando-se a essa corrente (*Código Civil...*, 2005, p. 10).

Em complemento, cite-se outro trecho da obra da renomada jurista em que se confirma a tese nos seguintes termos:

> "O embrião ou o nascituro têm resguardados, normativamente, desde a concepção, os seus direitos, porque a partir dela passa a ter existência e vida orgânica e biológica própria, independente da de sua mãe. Se as normas o protegem é porque tem personalidade jurídica. Na vida intrauterina, ou mesmo *in vitro*, tem personalidade jurídica formal, relativamente aos direitos da personalidade jurídica material apenas se nascer com vida, ocasião em que será titular dos direitos patrimoniais, que se encontravam em estado potencial, e do direito às indenizações por dano moral e patrimonial por ele sofrido" (DINIZ, Maria Helena, *O estado atual...*, 2002, p. 113).

Em reforço, com a entrada em vigor da Lei de Biossegurança (Lei 11.105/2005) ganha força a *teoria concepcionista*, na visão do presente autor, diante da proibição da engenharia genética em embrião humano. Isso é apontado, mais uma vez, pela própria Maria Helena Diniz, "uma vez que o Código Civil resguarda desde a concepção os direitos do nascituro, e, além disso, no art. 1.597, IV, presume concebido na constância do casamento o filho havido, a qualquer tempo, quando se tratar de embrião excedente, decorrente de concepção artificial homóloga. Com isso, protegidos estão os direitos da personalidade do embrião, fertilizado *in vitro*, e do nascituro" (*Código Civil anotado...*, p. 10).

O art. 5.º da referida lei específica autoriza a utilização de células-tronco embrionárias para fins científicos e terapêuticos, desde que os embriões sejam considerados como inviáveis. Além dessa situação, é possível a utilização das células embrionárias nos casos de embriões congelados há três anos ou mais, na data da publicação da lei, ou já congelados na data da publicação da norma, depois de completarem três anos, contados a partir da data do congelamento. A lei exige autorização dos *genitores* do embrião, para que sejam utilizados para tais fins. Nota-se que ao embrião são reconhecidos *pais*, e não *proprietários* ou *donos*.

O que se nota, pelos múltiplos requisitos, é que essa utilização não traduz regra, mas exceção. Em suma, reconhece-se a integridade física do embrião, como direito da personalidade. Em maio de 2008, o Supremo Tribunal Federal discutiu a constitucionalidade do dispositivo, em ação declaratória de inconstitucionalidade proposta pela Procuradoria-Geral da República (ADIn 3.510). Seguindo a relatoria do Ministro Carlos Ayres Britto, por maioria de votos, prevaleceu o entendimento de sua constitucionalidade, autorizando a pesquisa com células-tronco em nosso país.

Pois bem, voltando às lições de Maria Helena Diniz, a jurista diferencia o nascituro (com vida *intra uterina*) do embrião (com vida *ultra uterina*), constando proposta de incluir o embrião no art. 2.º do CC/2002 pelos antigos PLs 6.960/2002 e 699/2011, de autoria do Deputado Ricardo Fiuza. A proposta de alteração seguia parecer da doutrinadora. De qualquer modo, há quem iguale as duas figuras jurídicas, não concordando com essa distinção (Giselda Maria Fernandes Novaes Hironaka e Silmara Juny Chinellato). A questão é realmente polêmica.

De início, no que tange aos direitos da personalidade, fico com as duas professoras da USP por último citadas, afirmando que juridicamente não há distinção entre o nascituro e o embrião, estando o último também protegido pelo art. 2.º do CC/2002. Mas, do ponto de vista dos direitos patrimoniais, como no que concerne ao Direito das Sucessões, o tratamento pode ser diferenciado, pois nascituro e embrião não estão na mesma situação fática. A questão está aprofundada no Volume 6 da presente coleção.

No que concerne novamente ao art. 5.º da Lei de Biossegurança, apesar da nossa filiação à tese concepcionista, somos favoráveis à sua constitucionalidade. Primeiro, porque a lei acaba trazendo uma presunção de morte dos embriões, autorizando a utilização de suas células--tronco se eles forem inviáveis à reprodução. Segundo, porque a partir de uma ponderação de valores constitucionais, os interesses da coletividade quanto à utilização de células-tronco devem prevalecer sobre os interesses individuais relativos ao embrião. Ressalte-se que a utilização de células-tronco para fins de terapia representa uma *chama de esperança* para inúmeras pessoas que enfrentam doenças e problemas físicos. Em reforço, os critérios para a utilização das referidas células são rígidos, devendo ser respeitados, constituindo exceção.

Na verdade, parece mesmo inconcebível negar direitos da personalidade ao nascituro. Ciente disso, o Superior Tribunal de Justiça entendeu que o nascituro tem direito à indenização por danos morais pela morte de seu pai ocorrida antes do seu nascimento:

> "Direito civil. Danos morais. Morte. Atropelamento. Composição férrea. Ação ajuizada 23 anos após o evento. Prescrição inexistente. Influência na quantificação do *quantum*. Precedentes da Turma. Nascituro. Direito aos danos morais. Doutrina. Atenuação. Fixação nesta instância. Possibilidade. Recurso parcialmente provido. I – Nos termos da orientação da Turma, o direito à indenização por dano moral não desaparece com o decurso de tempo (desde que não transcorrido o lapso prescricional), mas é fato a ser considerado na fixação do *quantum*. II – O nascituro também tem direito aos danos morais pela morte do pai, mas a circunstância de não tê-lo conhecido em vida tem influência na fixação do *quantum*. III – Recomenda-se que o valor do dano moral seja fixado desde logo, inclusive nesta instância, buscando dar solução definitiva ao caso e evitando inconvenientes e retardamento da solução jurisdicional" (STJ, REsp 399.028/SP, 4.ª Turma, Rel. Min. Sálvio de Figueiredo Teixeira, j. 26.02.2002, *DJ* 15.04.2002, p. 232).

Anote-se que tal entendimento é confirmado por outros arestos da mesma Corte Superior, que corroboram a teoria concepcionista (por todos: STJ, AgRg no AgRg no AREsp 150.297/DF, 3.ª Turma, Rel. Min. Sidnei Beneti, j. 19.02.2013, *DJe* 07.05.2013). Na mesma esteira, *decisum* do Tribunal de Justiça do Distrito Federal, que afirma, categoricamente, que o CC/2002 adotou a teoria concepcionista (TJDF, Recurso 2005.01.1.106085-3, Acórdão 431.797, 2.ª Turma Cível, Rel. Des. J. J. Costa Carvalho, *DJDFTE* 13.07.2010, p. 143).

Como outra ilustração, em 2015, reconheceu-se a presença de danos morais ao nascituro pela infeliz afirmação feita pelo humorista Rafinha Bastos no programa CQC, em relação à cantora Wanessa Camargo, então grávida, e seu filho (STJ, REsp 1.487.089/SP, 4.ª Turma, Rel. Min. Marcos Buzzi, j. 23.06.2015). Apesar de certa divergência no julgamento sobre a personalidade do nascituro, este autor acredita tratar-se de clara incidência da teoria concepcionista.

CAP. 3 · ANÁLISE DO CÓDIGO CIVIL DE 2002. PARTE GERAL. DA PESSOA NATURAL | 113

Igualmente adotando a teoria concepcionista – apesar de confusões no corpo do julgado –, a Terceira Turma do Superior Tribunal de Justiça reconheceu, em 2010, que cabe pagamento de indenização do seguro obrigatório por acidente de trânsito (DPVAT) pela morte do nascituro. Como se percebe, o feto foi tratado pelo acórdão como pessoa humana, o que é merecedor de elogios:

> "Recurso especial. Direito securitário. Seguro DPVAT. Atropelamento de mulher grávida. Morte do feto. Direito à indenização. Interpretação da Lei 6194/74. 1 – Atropelamento de mulher grávida, quando trafegava de bicicleta por via pública, acarretando a morte do feto quatro dias depois com trinta e cinco semanas de gestação. 2 – Reconhecimento do direito dos pais de receberem a indenização por danos pessoais, prevista na legislação regulamentadora do seguro DPVAT, em face da morte do feto. 3 – Proteção conferida pelo sistema jurídico à vida intrauterina, desde a concepção, com fundamento no princípio da dignidade da pessoa humana. 4 – Interpretação sistemático-teleológica do conceito de danos pessoais previsto na Lei 6.194/74 (arts. 3.º e 4.º). 5 – Recurso especial provido, vencido o relator, julgando-se procedente o pedido" (STJ, REsp 1.120.676/SC, 3.ª Turma, Rel. Min. Massami Uyeda, Rel. p/ Acórdão Min. Paulo de Tarso Sanseverino, j. 07.12.2010, *DJe* 04.02.2011).

A premissa foi confirmada em julgamento de 2014, da sua Quarta Turma, publicado no *Informativo* n. *547* da Corte Superior. Consta expressamente da sua publicação o seguinte, sendo recomendável a sua leitura integral:

> "O ordenamento jurídico como um todo (e não apenas o CC) alinhou-se mais à teoria concepcionista – para a qual a personalidade jurídica se inicia com a concepção, muito embora alguns direitos só possam ser plenamente exercitáveis com o nascimento, haja vista que o nascituro é pessoa e, portanto, sujeito de direitos – para a construção da situação jurídica do nascituro, conclusão enfaticamente sufragada pela majoritária doutrina contemporânea. Além disso, apesar de existir concepção mais restritiva sobre os direitos do nascituro, amparada pelas teorias natalista e da personalidade condicional, atualmente há de se reconhecer a titularidade de direitos da personalidade ao nascituro, dos quais o direito à vida é o mais importante, uma vez que, garantir ao nascituro expectativas de direitos, ou mesmo direitos condicionados ao nascimento, só faz sentido se lhe for garantido também o direito de nascer, o direito à vida, que é direito pressuposto a todos os demais. Portanto, o aborto causado pelo acidente de trânsito subsume-se ao comando normativo do art. 3.º da Lei 6.194/1974, haja vista que outra coisa não ocorreu, senão a morte do nascituro, ou o perecimento de uma vida intrauterina" (STJ, REsp 1.415.727/SC, Rel. Min. Luis Felipe Salomão, j. 04.09.2014).

Esse último aresto adota expressamente a teoria concepcionista, citando todos os doutrinadores que são filiados a essa corrente. Pode-se afirmar, na verdade, que o Superior Tribunal de Justiça, em sua atual composição, segue o caminho de tutelar o nascituro como pessoa humana, especialmente no âmbito das relações privadas e dos direitos da personalidade.

Seguindo no estudo a respeito do nascituro, cabe ainda debater se ele tem também os direitos patrimoniais. Nas edições anteriores desta obra, estava filiado ao entendimento ainda majoritário, no sentido de lhe faltar a personalidade jurídica material, o que pode ser observado pelo que consta do art. 542 do CC/2002, pelo qual é possível a doação a nascituro.

Percorrendo tal caminho, trata-se de uma doação condicional, que depende de um evento futuro e incerto, qual seja, o nascimento com vida da prole. Porém, mudei minha opinião doutrinária, a fim de afirmar que o nascituro também tem direitos patrimoniais desde a concepção, assunto que está aprofundado no Volume 6 desta coleção.

114 | DIREITO CIVIL • VOL. 1 – *Flávio Tartuce*

Por tudo o que foi aqui exposto e consta naquele artigo científico, não há dúvidas em afirmar que, na doutrina civilista atual brasileira e também no âmbito da jurisprudência do STJ, prevalece o entendimento de que o nascituro é pessoa humana, ou seja, que ele tem direitos reconhecidos em lei, principalmente os direitos existenciais de personalidade. Em suma, prevalece, pelos inúmeros autores contemporâneos citados, a *teoria concepcionista*. As páginas que devem ser viradas são justamente aquelas que defendem as outras teses.

A teoria concepcionista ganhou reforço com a entrada em vigor no Brasil da Lei 11.804, de 5 de novembro de 2008, conhecida como *Lei dos Alimentos Gravídicos*, disciplinando o direito de alimentos da mulher gestante (art. 1.º). Os citados *alimentos gravídicos*, nos termos da lei, devem compreender os valores suficientes para cobrir as despesas adicionais do período de gravidez e que sejam dela decorrentes, da concepção ao parto, inclusive as referentes à alimentação especial, assistência médica e psicológica, exames complementares, internações, parto, medicamentos e demais prescrições preventivas e terapêuticas indispensáveis, a juízo do médico, além de outras que o juiz considere como pertinentes (art. 2.º).

Em verdade, a norma em questão em nada inova, diante dos vários julgados que deferiam alimentos durante a gravidez ao nascituro. Entre as várias ementas, pode ser transcrita a seguinte, do Tribunal Mineiro:

> "Direito civil. Alimentos. Provisórios. Redução. Inconveniência. Profissional liberal. Dificuldade na produção de prova robusta. Credora que aguarda nascimento do filho do devedor. Necessidade de assegurar conforto à mãe e ao nascituro. Tratando-se de profissional liberal, não se há exigir a produção de prova robusta a alicerçar a fixação dos alimentos sob pena de se inviabilizar o seu recebimento por aquele que deles necessita, isentando o devedor da obrigação que o ordenamento jurídico lhe impõe. A credora dos alimentos, que aguarda o nascimento de uma criança, filha do devedor, precisa de um mínimo de conforto material para que sua saúde e a do nascituro não sejam comprometidas. Logo, reduzir a verba alimentar que, em princípio, não se apresenta elevada, é colocar em risco a vida de duas pessoas. Nega-se provimento ao recurso" (TJMG, Agravo 1.0000.00.207040-7/000, 4.ª Câmara Cível, Araxá, Rel. Des. Almeida Melo, j. 1.º.03.2001, *DJMG* 05.04.2001).

Destacam-se, igualmente, as manifestações doutrinárias de tutela dos direitos do nascituro, como é o caso da pioneira Silmara Juny Chinellato (CHINELLATO, Silmara J. *A tutela...*, 2001). Em obra mais atual, a Professora Titular da Universidade de São Paulo, uma das maiores especialistas no assunto em língua portuguesa, critica a criação do neologismo *alimentos gravídicos*, merecendo destaque as suas palavras para as devidas reflexões:

> "A recente Lei n. 11.804, de 5 de novembro de 2008, que trata dos impropriamente denominados 'alimentos gravídicos' – desnecessário e inaceitável neologismo, pois alimentos são fixados para uma pessoa e não para um estado biológico da mulher – desconhece que o titular do direito a alimentos é o nascituro, e não a mãe, partindo de premissa errada, o que repercute no teor da lei" (CHINELLATO, Silmara Juny (Coord.). *Código Civil...*, 2009, p. 29).

Tem razão a jurista, uma vez que a norma despreza toda a evolução científica e doutrinária no sentido de reconhecer os direitos do nascituro, principalmente aqueles de natureza existencial, fundados na sua personalidade. Desse modo, seria melhor que a lei fosse denominada *lei dos alimentos do nascituro*, ou algo próximo.

Acrescente-se que o Superior Tribunal de Justiça já concluiu que a lei visa à proteção do nascituro. Nos termos de ementa de julho de 2017, entendeu a sua Terceira Turma que "os alimentos gravídicos, previstos na Lei n. 11.804/2008, visam a auxiliar a mulher gestante

CAP. 3 · ANÁLISE DO CÓDIGO CIVIL DE 2002. PARTE GERAL. DA PESSOA NATURAL | **115**

nas despesas decorrentes da gravidez, da concepção ao parto, sendo, pois, a gestante a beneficiária direta dos alimentos gravídicos, ficando, por via de consequência, resguardados os direitos do próprio nascituro" (STJ, REsp 1.629.423/SP, 3.ª Turma, Rel. Min. Marco Aurélio Bellizze, j. 06.06.2017, *DJe* 22.06.2017).

Por tudo o que foi exposto a respeito do nascituro, eventuais questões de provas ou de concursos públicos que não tragam esse reconhecimento estão na contramão da evolução da doutrina brasileira. A crítica já é preliminar: cabe anulação dessas eventuais questões que adotam aquelas teorias, ora superadas.

Consigne-se que a conclusão pela corrente concepcionista consta do Enunciado n. 1, do Conselho da Justiça Federal (CJF) e do Superior Tribunal de Justiça (STJ), aprovado na *I Jornada de Direito Civil*, e que também consagra direitos ao natimorto, cujo teor segue: "Art. 2.º a proteção que o Código defere ao nascituro alcança também o natimorto no que concerne aos direitos da personalidade, tais como nome, imagem e sepultura".

Sobre essa tutela específica do natimorto, a propósito, quando da *II Jornada de Prevenção e Solução Extrajudicial dos Litígios*, promovida pelo mesmo Conselho da Justiça Federal em 2021, aprovou-se o Enunciado n. 124, segundo o qual "é direito dos genitores o registro do natimorto com inclusão de nome e demais elementos de registro, independentemente de ordem judicial, sempre que optarem por seu sepultamento, nas hipóteses em que tal providência não for obrigatória". No mesmo sentido, o Enunciado n. 2 da *I Jornada de Direito Notarial e Registral*, de 2022: "não obstante a ausência de previsão legal, é facultado aos pais a atribuição de nome ao natimorto, a ser incluído em registro que deverá ser realizado no Livro C-Auxiliar".

Seguindo tais recomendações doutrinárias, em 2023, o Conselho Nacional de Justiça regulamentou esse registro, por força do seu Provimento 151, depois incorporado ao seu Código Nacional de Normas (CNN). Consoante o seu art. 479-A, é direito dos pais atribuir, se quiserem, nome ao natimorto, devendo o registro ser realizado no Livro C-Auxiliar, no Cartório de Registro Civil das Pessoas Naturais, com índice elaborado a partir dos nomes dos pais.

Também está previsto na norma que não será gerado Cadastro de Pessoa Física (CPF) ao natimorto, sendo assegurado aos pais o direito à averbação do nome no caso de registro de natimorto anteriormente lavrado, sem essa informação. Para a composição do nome do natimorto, devem ser observadas as mesmas regras do registro de nascimento.

Também há regra no sentido de que, se a criança, embora tenha nascido viva, morrer por ocasião do parto, serão feitos, necessariamente na mesma serventia do Cartório de Registro Civil das Pessoas Naturais, dois assentos, o de nascimento e o de óbito, com os elementos cabíveis e remissões recíprocas (art. 479-B do CNN).

No Projeto de Reforma do Código Civil, após intensos debates, não se chegou a um consenso para a alteração do art. 2.º do Código Civil, que foi mantido em sua integralidade, sem qualquer mudança.

De todo modo, a teoria concepcionista está reforçada em vários dos preceitos sugeridos, destacando-se, de início, a proposição que reconhece direitos da personalidade ao nascituro, na linha do Enunciado n. 1 *da I Jornada de Direito Civil*. Consoante o projetado § 4.º do art. 11 da codificação privada, "a tutela dos direitos de personalidade alcança, no que couber e nos limites de sua aplicabilidade, os nascituros, os natimortos e as pessoas falecidas".

Ademais, no novo art. 1.511-A ora proposto protege-se o nascituro no âmbito da família, estabelecendo-se, em seu *caput*, que "o planejamento familiar é de livre decisão do casal, competindo ao Estado propiciar recursos educacionais e financeiros para o exercício

116 | DIREITO CIVIL • VOL. 1 – *Flávio Tartuce*

deste direito, vedada qualquer forma de coerção, por parte de instituições privadas ou públicas". Em complemento, o seu § 1.º enunciará que a potencialidade da vida humana pré--uterina e a vida humana pré-uterina e uterina – no caso, o nascituro – são expressões da dignidade humana e de paternidade e maternidade responsáveis. Como última sugestão para o comando, o § 2.º preceituará que "o cuidado físico e psíquico que se deva dar a gestante ou a quem pretende engravidar é tema concernente à intimidade da vida familiar com o suporte de assistência médica que o Estado deve prestar à família".

Além de tudo isso, a Comissão de Juristas propõe a revogação da Lei dos Alimentos Gravídicos, na linha das críticas doutrinárias e ressalvas jurisprudenciais antes expostas, para que a codificação privada passe a tratar, em seus arts. 1.701-A a 1.701-C sobre "os alimentos devidos ao nascituro e à gestante". Espera-se que o Congresso Nacional aprove tais proposições.

No que diz respeito ao embrião, já ficou evidente que o Projeto de Reforma do Código Civil pretende protegê-lo igualmente como vida humana e expressão da dignidade da pessoa, pela projeção do novo art. 1.511-A, § 2.º, do Código Civil. Nos termos exatos da proposta, "a potencialidade da vida humana pré-uterina e a vida humana pré-uterina e uterina são expressões da dignidade humana e de paternidade e maternidade responsáveis".

Por óbvio que a "potencialidade da vida humana pré-uterina" refere-se apenas aos gametas, aos óvulos e aos espermatozoides. Como vida humana pré-uterina tem-se o embrião, e como vida humana uterina, o nascituro, tudo em confirmação da teoria concepcionista, que acabou prevalecendo na Comissão de Juristas, apesar de não se chegar a um consenso para a alteração do art. 2.º da codificação privada.

Além de tudo isso, o projeto de atualização pretende incluir na Lei Geral Privada um tratamento sobre a reprodução assistida, com menções à proteção do embrião, nos novos arts. 1.629-A a 1629-U, assunto tratado no Volume 5 desta coleção.

Quanto ao fim da personalidade, sabe-se que este ocorre com a morte, que será estudada oportunamente, com a devida ressalva quanto aos direitos da personalidade do morto, tema que ainda será analisado neste livro.

Superada a análise da situação jurídica do nascituro, é interessante lembrar que, quando se estuda a pessoa natural, um dos preceitos básicos mais importantes é o relacionado com a sua *capacidade*, conceituada em sentido amplo, como a aptidão da pessoa para exercer direitos e assumir deveres na órbita civil (art. 1.º do CC).

A capacidade, que é elemento da personalidade, é a "medida jurídica da personalidade" (DINIZ, Maria Helena. *Curso...*, 2002, v. I, p. 135). Ou ainda, como bem afirma Silmara Chinellato, "a personalidade é um *quid* (substância, essência) e a capacidade um *quantum*" (CHINELLATO, Silmara Juny (coord.). *Código Civil...*, 3. ed., 2010. p. 27).

A capacidade civil, em sentido genérico, pode ser assim classificada:

- *Capacidade de direito* ou *de gozo* – é aquela comum a toda pessoa humana, inerente à personalidade, e que só se perde com a morte prevista no texto legal, no sentido de que toda pessoa é capaz de direitos e deveres na ordem civil (art. 1.º do CC).

- *Capacidade de fato* ou *de exercício* – é aquela relacionada com o *exercí*cio próprio dos atos da vida civil.

Toda pessoa tem capacidade de direito, mas não necessariamente a capacidade de fato, pois pode lhe faltar a consciência sã para o exercício dos atos de natureza privada. Desse modo, a capacidade de direito não pode, de maneira alguma, ser negada a qualquer pessoa,

CAP. 3 · ANÁLISE DO CÓDIGO CIVIL DE 2002. PARTE GERAL. DA PESSOA NATURAL | **117**

podendo somente sofrer restrições quanto ao seu exercício. Assim sendo, "A incapacidade consiste na restrição legal ao exercício dos atos da vida civil, devendo ser sempre encarada estritamente, considerando-se o princípio de que 'a capacidade é a regra e a incapacidade a exceção'" (DINIZ, Maria Helena. *Código Civil...*, p. 12).

Quem tem as duas espécies de capacidade tem a *capacidade civil plena*. Quem só tem a capacidade de direito tem capacidade limitada, devendo ser visualizada a fórmula abaixo:

> Capacidade de Direito + Capacidade de Fato = Capacidade Civil Plena

Com grande interesse teórico e prático para o Direito Privado, é importante deixar claro que não se pode confundir capacidade com *legitimação* e *legitimidade*.

A *legitimação* é uma condição especial para celebrar um determinado ato ou negócio jurídico. A título de exemplo, determina o art. 1.647 da atual codificação material que, para determinados atos (vender imóvel, fazer doação, prestar fiança e aval), se casado for o celebrante, é necessária a autorização do cônjuge, a outorga conjugal (*uxória* – da mulher; ou *marital* – do marido).

Não havendo respeito a essa legitimação, o negócio é anulável, desde que proposta ação pelo cônjuge, no prazo decadencial de 2 (dois) anos, contados do fim da sociedade conjugal (art. 1.649 do CC).

Outro exemplo de legitimação que pode ser citado consta do art. 496 do CC/2002, que consagra a anulabilidade da venda de ascendente a descendente, se não houver autorização dos demais descendentes e do cônjuge do alienante. Ilustrando, ainda, podem ser citados os impedimentos matrimoniais, previstos no art. 1.521 do CC, que envolvem a *legitimação para o casamento*.

No que tange à *legitimidade*, esta interessa ao Direito Processual Civil, sendo uma das condições da ação. Não havendo legitimidade para ser autor ou réu de uma demanda – legitimidade ativa e passiva, respectivamente –, deverá a ação ser julgada extinta sem a resolução do mérito, nos termos do art. 485, inc. VI, do CPC/2015, correspondente ao art. 267, inc. VI, do CPC/1973. A mesma lei processual aponta que para propor ou contestar ação é preciso ter interesse e legitimidade (art. 17 do CPC/2015, correspondente ao art. 3.º do CPC/1973).

Muitas vezes, contudo, as palavras *legitimidade e legitimação* são utilizadas como sinônimas, o que não acarreta maiores prejuízos. A título de exemplo, percebe-se que o art. 12, parágrafo único, do CC/2002 utiliza a expressão *legitimação*, quando o certo seria falar em *legitimidade*, pois as medidas ali mencionadas são essencialmente processuais.

Superada essa análise inicial, passa-se então a estudar o rol dos incapazes, aqueles que não possuem a *capacidade de fato*, previsto nos arts. 3.º e 4.º do Código Civil em vigor. Tais dispositivos foram profundamente alterados pela Lei 13.146, de julho de 2015, que instituiu o Estatuto da Pessoa com Deficiência, criando uma nova *teoria das incapacidades* dentro do Direito Civil Brasileiro. A norma foi publicada no dia 7 de julho, e entrou em vigor 180 dias após sua publicação, em janeiro de 2016.

Na verdade, o sistema de incapacidade anterior não protegia a pessoa em si, mas os negócios e atos praticados, em uma visão excessivamente patrimonialista, que sempre mereceu críticas. Conforme as palavras anteriores de Cristiano Chaves de Farias e Nelson Rosenvald, "detecta-se uma disparidade injustificável, verdadeiro despautério jurídico. Afastar um sujeito da titularidade de seus direitos, obstando-lhe a prática de quaisquer atos da vida civil, concedendo-lhe tutela tão somente aos interesses patrimoniais, a ser efetivada por intermédio de terceiros (o representante legal), relegando a segundo plano os seus interesses existenciais. Daí a necessidade premente de dedicar-se a proteção jurídica à pessoa humana sob a perspectiva do que ela é, e não pela ótica do que ela tem" (*Direito civil. Teoria geral...*, p. 198).

Essa crítica procedia, adaptada que está, à concepção civil-constitucional do Direito Privado e à constante *personalização do Direito Civil*, escola a que também se filiam os professores citados.

Em verdade, o Estatuto da Pessoa com Deficiência acabou por consolidar ideias constantes na Convenção de Nova York, tratado internacional de direitos humanos do qual o País é signatário e que entrou no sistema jurídico com efeitos de Emenda à Constituição por força do art. 5.º, § 3.º, da CF/1988 e do Decreto 6.949/2009. O art. 3.º do Tratado consagra como princípios a igualdade plena das pessoas com deficiência e a sua inclusão com autonomia, recomendando o dispositivo seguinte a revogação de todos os diplomas legais que tratam as pessoas com deficiência de forma discriminatória.

Esse novo tratamento legislativo, como se verá, é impactante. Entretanto, como afirmou a professora e magistrada uruguaia Mara del Carmen Díaz Sierra, quando do Congresso Euro-americano de Direito de Família, realizado em São Paulo em agosto de 2017, *não é a pessoa com deficiência quem deve se adaptar à sociedade, mas vice-versa.*

Como palavras de arremate para este tópico, o Estatuto da Pessoa com Deficiência gerou muitas polêmicas desde a sua entrada em vigor, especialmente diante de conflitos com o Código de Processo Civil de 2015.

Para tentar resolvê-los, está em trâmite no Congresso Nacional o Projeto de Lei 757/2015, originário do Senado, que contou com o meu parecer e apoio parcial. Na Câmara dos Deputados, o número dessa projeção é 11.091/2018, novamente com a minha atuação, com sugestões feitas ao saudoso Deputado Luiz Flávio Gomes no ano de 2019.

O Projeto de Reforma do Código Civil, também em tramitação, igualmente pretende alterar o sistema modificado pelo EPD, como se verá a seguir, com o estudo pontual do rol dos incapazes.

3.1.1 Os absolutamente incapazes

O rol taxativo dos absolutamente incapazes, constante no art. 3.º do CC/2002, sempre envolveu situações em que há proibição total para o exercício de direitos por parte da pessoa natural, o que pode acarretar, ocorrendo violação à regra, a nulidade absoluta do negócio jurídico eventualmente celebrado, conforme o art. 166, inc. I, do mesmo diploma.

Os absolutamente incapazes possuem direitos, porém não podem exercê-los pessoalmente, devendo ser representados. Em outras palavras, têm capacidade de direito, mas não capacidade de fato ou de exercício.

O Código Civil de 2002 previa expressamente, como absolutamente incapazes, *três personagens jurídicos* no seu art. 3.º.

O inciso I mencionava os menores de dezesseis anos, tidos como *menores impúberes*. O inciso II do art. 3.º expressava os que, por enfermidade ou deficiência mental, não tivessem o necessário discernimento para a prática desses atos. Por fim, no inciso III havia a previsão dos que, mesmo por causa transitória, não pudessem exprimir sua vontade.

Como visto, a norma foi substancialmente alterada pela Lei 13.146/2015 (Estatuto da Pessoa com Deficiência), que revogou os três incisos do art. 3.º do Código Civil. Também foi alterado o *caput* do comando, passando a estabelecer que "são absolutamente incapazes de exercer pessoalmente os atos da vida civil os menores de 16 anos". Pode-se dizer, já de imediato, que houve uma verdadeira *revolução* na *teoria das incapacidades*, praticada pelo citado Estatuto.

Em suma, não existe mais no sistema privado brasileiro pessoa absolutamente incapaz que seja maior de idade, afirmação esta que tem sido seguida por vários julgados prolatados sob a vigência do EPD. Por todos os julgados estaduais do Tribunal Paulista:

> "Reforma legislativa, decorrente da Lei n.º 13.146/15 (EPD), que restringe a incapacidade absoluta aos menores impúberes. Reconhecimento de que o interdito é relativamente incapaz, abrangendo a curatela os atos relacionados aos direitos de natureza patrimonial e negocial. Artigo 4.º, inciso III, do Código Civil, e artigo 85 do Estatuto da Pessoa com Deficiência. Sentença reformada em parte. Apelo parcialmente provido" (TJSP, Apelação Cível com Voto 36.737, 3.ª Câmara de Direito Privado, Rel. Des. Donegá Morandini, j. 16.12.2016).

Nessa linha, citando a minha posição doutrinária no sentido de não haver mais no sistema jurídico maiores de idade que sejam absolutamente incapazes, importante precedente do STJ, com o seguinte trecho de ementa: "a Lei n. 13.146/2015, que instituiu o Estatuto da Pessoa com Deficiência, tem por objetivo assegurar e promover a inclusão social das pessoas com deficiência física ou psíquica e garantir o exercício de sua capacidade em igualdade de condições com as demais pessoas. A partir da entrada em vigor da referida lei, a incapacidade absoluta para exercer pessoalmente os atos da vida civil se restringe aos menores de 16 (dezesseis) anos, ou seja, o critério passou a ser apenas etário, tendo sido eliminadas as hipóteses de deficiência mental ou intelectual anteriormente previstas no Código Civil" (STJ, REsp 1.927.423/SP, 3.ª Turma, Rel. Min. Marco Aurélio Bellizze, j. 27.04.2021, *DJe* 04.05.2021).

Ademais, como consequência, não há que falar mais em ação de interdição absoluta no nosso sistema civil. Todas as pessoas com deficiência que eram tratadas no comando anterior passam a ser, em regra, plenamente capazes para o Direito Civil, o que visa a sua total inclusão social, em prol de sua dignidade. Valorizando-se a *dignidade-liberdade*, deixa-se de lado a *dignidade-vulnerabilidade*.

Eventualmente, as pessoas com deficiência podem ser tidas como relativamente incapazes, em algum enquadramento do art. 4.º do Código Civil, também ora alterado. E mesmo em casos tais, não haveria propriamente uma ação de interdição, mas uma ação de instituição de curatela ou de nomeação de um curador, diante da redação dada ao art. 1.768 do Código Civil pelo mesmo Estatuto.

Todavia, cabe frisar que o Código de Processo Civil de 2015 revogou expressamente esse artigo do CC/2002 e trata do processo de interdição (art. 747), havendo a necessidade de edição de uma norma para deixar clara tal questão. Em outras palavras, será necessária uma nova lei para definir se ainda é cabível a ação de interdição ou se somente será possível uma ação com nomeação de curador.

Frise-se novamente que está em trâmite no Congresso Nacional o Projeto originário do Senado 757/2015 – na Câmara, PL 11.091/2018 –, com o objetivo de esclarecer essa questão. Conforme parecer dado por mim, seria melhor que fossem retiradas todas as menções à "ação de interdição" constantes do CPC ora em vigor, passando este a expressar apenas a *ação de pedido de curatela*. A expressão a ser usada deve ser definida quando do trâmite da proposição legislativa, agora na Câmara Federal.

Em complemento, merece destaque o art. 6.º da Lei 13.146/2015, segundo o qual a deficiência não afeta a plena capacidade civil da pessoa, inclusive para: *a)* casar-se e constituir união estável; *b)* exercer direitos sexuais e reprodutivos; *c)* exercer o direito de decidir sobre o número de filhos e de ter acesso a informações adequadas sobre reprodução e planejamento familiar; *d)* conservar sua fertilidade, sendo vedada a esterilização compulsória; *e)* exercer o direito à família e à convivência familiar e comunitária; e *f)* exercer o direito à guarda, à tutela, à curatela e à adoção, como adotante ou adotando, em igualdade de oportunidades com as demais pessoas. Em suma, no plano familiar e existencial há uma inclusão plena das pessoas com deficiência.

O art. 84 do Estatuto da Pessoa com Deficiência, também em prol da inclusão com a *dignidade-liberdade*, estabelece que a pessoa com deficiência tem assegurado o direito ao exercício de sua capacidade legal em igualdade de condições com as demais pessoas. Eventualmente, quando necessário, a pessoa com deficiência será submetida à curatela, conforme a lei. Ademais, é facultada à pessoa com deficiência a adoção de processo de *tomada de decisão apoiada*.

Essa *tomada de decisão apoiada* passou a constar também do emergente art. 1.783-A da codificação material. O instituto visa ao auxílio da pessoa com deficiência para a celebração de atos mais complexos, caso dos contratos. Nos termos da norma, essa tomada de decisão apoiada é o processo judicial pelo qual a pessoa com deficiência elege pelo menos duas pessoas idôneas, com as quais mantenha vínculos e que gozem de sua confiança, para prestar-lhe apoio na tomada de decisão sobre atos da vida civil, fornecendo-lhes os elementos e informações necessários para que possa exercer sua capacidade.

A categoria é próxima da *administração de sustento* do Direito Italiano (*amministrazione di sostegno*), introduzida naquele sistema por força da Lei 6, de 9 de janeiro de 2004. Nos termos do seu art. 1.º, a finalidade da norma é a de tutelar, com a menor limitação possível da capacidade de agir, a pessoa privada no todo ou em parte da autonomia na realização das funções da vida cotidiana, mediante intervenções de sustento temporário ou permanente.

Foram incluídas, nesse contexto, modificações no *Codice* Italiano, passando a prever o seu art. 404 que a pessoa que, por efeito de uma enfermidade ou de um prejuízo físico ou psíquico, encontrar-se na impossibilidade, mesmo parcial ou temporária, de prover os próprios interesses pode ser assistida por um administrador de sustento, nomeado pelo juiz do lugar de sua residência ou domicílio. Como exemplifica a doutrina italiana, citando julgados daquele país, a categoria pode ser utilizada em benefício do doente terminal, do cego e da pessoa com o mal de Alzheimer (CHINÈ, Giuseppe; FRATINI, Marco; ZOPPINI, Andrea. *Manuale...*, 2013, p. 132-133).

Parece-me que a tomada de decisão apoiada tem a função de trazer acréscimos ao antigo regime de incapacidade dos maiores, sustentado pela representação, pela assistência e pela curatela. Todavia, a sua eficiência prática fica em dúvida, pois a pessoa com deficiência pode fazer uso de uma simples procuração para atribuição de poderes, já que é totalmente capaz no atual sistema. O tema está aprofundado no Volume 5 desta coleção de Direito Civil, sendo certo que o Projeto de Reforma do Código Civil pretende *desjudicializar* o instituto, retirando entraves burocráticos hoje existentes.

Ainda nos termos do art. 84 da Lei 13.146/2015, a definição de curatela de pessoa com deficiência constitui medida protetiva extraordinária, proporcional às necessidades e às circunstâncias de cada caso, e durará o menor tempo possível. Por fim, o mesmo preceito enuncia que os curadores são obrigados a prestar, anualmente, contas de sua administração ao juiz, apresentando o balanço do respectivo ano.

A curatela afetará tão somente os atos relacionados aos direitos de natureza patrimonial e negocial, conforme o art. 85 do Estatuto. A definição da curatela não alcança o direito ao

CAP. 3 · ANÁLISE DO CÓDIGO CIVIL DE 2002. PARTE GERAL. DA PESSOA NATURAL | 121

próprio corpo, à sexualidade, ao matrimônio, à privacidade, à educação, à saúde, ao trabalho e ao voto, o que também é retirado do art. 6.º da mesma norma, ora citado. Em outras palavras, podem existir limitações para os atos patrimoniais e não para os existenciais, que visam à promoção da pessoa humana.

Além disso, está previsto no diploma citado que a curatela constitui medida extraordinária, devendo constar da sentença as razões e motivações de sua definição, preservados os interesses do curatelado. Assim, constata-se que, para que a curatela esteja presente, há necessidade de sua instituição por processo judicial, com enquadramento em uma das hipóteses do novo art. 4.º do CC/2002. No caso de pessoa em situação de institucionalização, ao nomear curador, o juiz deve dar preferência a pessoa que tenha vínculo de natureza familiar, afetiva ou comunitária com o curatelado.

Feitas tais considerações gerais a respeito da nova lei, quanto aos menores de 16 anos, é levado em conta o critério etário, devendo esses menores ser representados por seus pais ou, na falta deles, por tutores nomeados. Aqui não houve qualquer inovação com a codificação material emergente em 2002, frente ao CC/1916, entendendo o legislador que, devido a essa idade, a pessoa ainda não atingiu o discernimento para distinguir o que pode ou não pode fazer na ordem privada. Também não houve modificação material com a emergência do Estatuto da Pessoa com Deficiência, havendo apenas uma alteração de previsão legislativa, do inciso I, ora revogado, para o *caput* do art. 3.º.

Eventualmente, o ato praticado pelo menor absolutamente incapaz pode gerar efeitos. Esse é o teor do Enunciado n. 138 do CJF/STJ, aprovado na *III Jornada de Direito Civil*: "a vontade dos absolutamente incapazes, na hipótese do inc. I do art. 3.º, é juridicamente relevante na concretização de situações existenciais a eles concernentes, desde que demonstrem discernimento suficiente para tanto". Pelo enunciado doutrinário, um contrato celebrado por menor impúbere, de compra de um determinado bem de consumo, pode ser reputado válido, principalmente se houver boa-fé dos envolvidos.

Além disso, a vontade dos menores nessas condições é relevante para os casos envolvendo a adoção e a guarda de filhos, devendo eles opinar. Especificamente no tocante à adoção da pessoa com idade superior a doze anos, esta deverá manifestar sua concordância, conforme o art. 45, § 2.º, do Estatuto da Criança e do Adolescente (Lei 8.069/1990).

Destaco que no Projeto de Reforma do Código Civil almeja-se retirar a expressão "menor" da codificação privada, para que a menor deixe de ser uma condição jurídica, até porque teve uma utilização nefasta no passado. Assim, a norma apenas expressará a pessoa com menos de dezoito anos, como um fator meramente objetivo, o que se propõe para a nova redação do art. 3.º, inc. I ("são absolutamente incapazes de exercer pessoalmente os atos da vida civil: I – os que tenham menos de 16 (dezesseis) anos". Essa modificação atinge todas as menções constantes da Norma Geral Privada, como se verá.

Lembro que houve tentativas na Comissão de Juristas em se admitir que as pessoas com menos de dezesseis anos praticassem atos de menor complexidade, e tivessem sua autonomia admitida, como está no Enunciado n. 138 da *III Jornada de Direito Civil*. Todavia, as proposições foram mal compreendidas, no sentido de gerar uma imposição das vontades dos filhos diante dos seus pais e, por isso, retiradas do Anteprojeto.

A respeito do antigo inciso II do art. 3.º do Código Civil, o comando tratava das pessoas que tivessem doença ou deficiência mental, congênita ou adquirida em vida de caráter duradouro e permanente, e que não estivessem em condições de administrar seus bens ou praticar atos jurídicos de qualquer espécie. A norma expressava "pessoas que, por enfermidade ou deficiência mental, não tiverem o necessário discernimento para a prática desses

122 | DIREITO CIVIL • VOL. 1 – *Flávio Tartuce*

atos". Por oportuno, nosso ordenamento nunca admitiu os chamados *intervalos lúcidos*, pelo fato de a incapacidade mental estar revestida desse caráter permanente.

Para que fosse declarada a incapacidade absoluta, nesse contexto, seria necessário um processo próprio de interdição – de natureza declaratória e cuja sentença deveria ser registrada no Registro Civil da Comarca em que residisse o interdito –, previsto entre os arts. 747 a 758 do CPC/2015; correspondentes aos arts. 1.177 e 1.186 do CPC/1973.

Reafirme-se que, pelo Estatuto, não há mais a possibilidade dessa interdição absoluta, mas apenas da instituição de uma curatela em caso da incapacidade relativa, surgindo ainda no sistema a figura da *tomada de decisão apoiada,* que deve ser a regra.

Todavia, repise-se que o CPC de 2015 continua tratando do processo de interdição, havendo a necessidade de uma nova norma para apontar qual das duas regras prevalecerá, se a do Estatuto da Pessoa com Deficiência ou do CPC/2015. A questão tende a ser resolvida pelo citado Projeto de Lei 757/2015, atual PL 11.091/2018.

Anote-se, a propósito, que a velhice ou senilidade, por si só, nunca foi tida como causa de restrição da capacidade de fato, podendo ocorrer interdição anterior em hipótese na qual a senectude se originasse de um estado patológico (a esse respeito, da jurisprudência anterior: TJMG, Acórdão 1.0701.00.006030-4/001, 2.ª Câmara Cível, Uberaba, Rel. Des. Francisco de Assis Figueiredo, j. 1.º.06.2004, *DJMG* 25.06.2004).

Por isso, sempre foi correto afirmar que a incapacidade por deficiência mental não se presumiria. A situação da pessoa com idade avançada continua a ser, em regra, de capacidade. Todavia, como se verá, tais pessoas podem ser tidas como relativamente incapazes, enquadradas no novo art. 4.º, inc. III, do Código Civil, também alterado pelo Estatuto da Pessoa com Deficiência (Lei 13.146/2015).

O legislador da atual codificação material, em sua redação original, entendeu que a expressão *loucos de todos os gêneros,* contida no Código de 1916, era discriminatória e violadora da dignidade humana, razão dessa alteração anterior constante no art. 3.º, inc. II, do CC. Entretanto, compreendia-se que as duas expressões exprimiam basicamente a mesma situação. Com as alterações recentes do Código Civil, essa afirmação não se sustenta mais.

Seguindo no estudo do tema, o art. 3.º, inc. III, do Código Civil de 2002, em sua previsão anterior, trazia uma expressão ampla, que aumentava as hipóteses de incapacidade absoluta (pessoas que, mesmo por causa transitória, não pudessem exprimir vontade).

Sempre entendi que tal previsão incluiria também o surdo-mudo que não pudesse manifestar sua vontade, que constava na codificação anterior, de 1916. Todavia, se o surdo-mudo pudesse exprimir sua vontade, seria considerado relativamente incapaz ou até plenamente capaz, dependendo do grau de possibilidade de sua expressão.

Acrescente-se que com a Lei 10.436/2002 passou-se a utilizar o termo "pessoa surda", que é o mais correto para explicar essa hipótese. Porém, a expressão "surdo-mudo" ainda é aqui utilizada, por razões didáticas, pois é comum vê-la em provas de Direito Civil, diante do que constava da codificação de 1916.

Essa afirmação sobre a pessoa surda pode ser mantida em parte com as mudanças de 2015, até porque essa antiga previsão do Código Civil de 2002 passou a compor o art. 4.º, inc. III, da norma material. Todavia, o surdo, pessoa com deficiência, deve ser tido, em regra, como capaz. Eventualmente, caso não possa exprimir sua vontade, será relativamente incapaz. Não caberá mais o seu enquadramento como absolutamente incapaz, em hipótese alguma, sendo essa a principal alteração engendrada pelo Estatuto da Pessoa com Deficiência a respeito do surdo.

Acredito que a hipótese que constava do art. 3.º, inc. III, incluiria ainda pessoas que perderam a memória, bem como aqueles que estivessem em coma, sujeitos que passam a ser relativamente incapazes, caso seja o seu reconhecimento (novo art. 4.º, inc. III, estudado a seguir).

Apesar dessa afirmação, fica mais uma vez a dúvida se não seria interessante retomar alguma previsão a respeito de maiores absolutamente incapazes, especialmente para as pessoas que não têm qualquer condição de exprimir vontade e que não são necessariamente pessoas com deficiência.

Entendo que sim, havendo proposição nesse sentido no citado Projeto de Lei 757/2015, em sua redação originária e contando com o meu apoio e parecer. Cite-se, a esse propósito, justamente a pessoa que se encontra em coma profundo, sem qualquer condição de exprimir o que pensa. No atual sistema, será enquadrada como relativamente incapaz, o que parece não ter sentido técnico-jurídico.

Porém, é interessante destacar que no parecer final originário do Senado Federal a proposta de retorno de regra a respeito de maiores absolutamente incapazes acabou por não prosperar, infelizmente. Conforme constou do relatório da então Senadora Lídice da Mata, "as tentativas presentes no PLS 757 de se retomar o critério da 'ausência ou insuficiência de discernimento' (previsto na redação original do Código Civil), em detrimento do critério da 'impossibilidade de manifestação de vontade' (eleito pelo EPD), representam um grave retrocesso no tocante ao direito de fazer as próprias escolhas. Sim, é possível que o discernimento de certas pessoas com deficiência seja bem diferente ou até questionável diante de padrões comuns, mas isto não significa que o discernimento não exista e que a vontade manifestada possa ser ignorada".

Na tramitação deste projeto na Câmara dos Deputados – sob o número 11.091/2018 –, fiz sugestão ao saudoso Deputado Professor Luiz Flávio Gomes, no ano de 2019, para o retorno de regras relativas aos maiores de idade absolutamente incapazes no art. 3.º do Código Civil, que passaria a ter a seguinte redação: "São absolutamente incapazes de exercer os atos da vida civil: I – os menores de dezesseis anos; II – os que não tenham qualquer discernimento para a prática desses atos, conforme decisão judicial que leve em conta a avaliação biopsicossocial; III – os que, mesmo por causa de transitória, não puderem exprimir sua vontade". Também foi proposta a supressão do atual art. 4.º, inc. III, do Código Civil, que passaria a compor a última norma.

Continuo acompanhando o trâmite dessa projeção na Câmara dos Deputados, sendo fundamental e necessário o retorno de alguma regra a respeito da incapacidade absoluta das pessoas sem qualquer discernimento para exprimir vontade, repise-se.

Pontuo que no Projeto de Reforma do Código Civil há proposição semelhante, para que o art. 3.º do Código Civil, no seu inciso II, passe a tratar, como absolutamente incapazes, "aqueles que por nenhum meio possam expressar sua vontade, em caráter temporário ou permanente". Com isso, altera-se em boa hora também o art. 4.º, inc. III, da codificação privada, com a menção, como relativamente incapazes, daqueles "cuja autonomia estiver prejudicada por redução de discernimento, que não constitua deficiência, enquanto perdurar esse estado". Por tudo o que foi exposto neste tópico, espero que o Congresso Nacional aprove essas importantes e necessárias modificações da Lei Geral Privada.

Quanto aos ébrios habituais e os viciados em tóxicos, será visto que são considerados relativamente incapazes. Dependendo da sua situação, afirmava, nas edições anteriores deste livro, que poderiam ser tidos como absolutamente incapazes. Agora, após a Lei 13.146/2015, serão somente relativamente incapazes se houver alguma restrição, pois não existem mais no sistema pessoas maiores que sejam absolutamente incapazes.

124 | DIREITO CIVIL • VOL. 1 – *Flávio Tartuce*

Atualizada a obra, interessante, outrossim, verificar que não deve mais ser considerado incapaz, desde a emergência do Código Civil de 2002, o *ausente*, como fazia a codificação anterior. Não há incapacidade por ausência, mas sim verdadeira inexistência da pessoa natural, por morte presumida.

Conforme lembram Pablo Stolze Gagliano e Rodolfo Pamplona Filho havia um grande equívoco na codificação anterior, eis que não existia incapacidade por ausência, mas sim uma premência em proteger os interesses do ausente, devido à sua impossibilidade material de cuidar de seus bens e interesses e à incompatibilidade jurídica de conciliar o abandono do domicílio com a conservação de direitos (*Novo...*, 2003, v. I, p. 135).

Superada a análise das hipóteses de incapacidade absoluta, devidamente atualizadas, parte-se ao estudo da incapacidade relativa.

3.1.2 Os relativamente incapazes

Confrontada com a incapacidade absoluta, a incapacidade relativa diz respeito àqueles que podem praticar os atos da vida civil, desde que haja assistência. O efeito da violação desta norma é gerar a anulabilidade ou nulidade relativa do negócio jurídico celebrado, isso dependente de eventual iniciativa do lesado (art. 171, inc. I, do CC). Havendo incapacidade relativa, o negócio somente será anulado se proposta ação pelo interessado no prazo de 4 (quatro) anos, contados de quando cessar a incapacidade (art. 178 do CC).

O art. 4.º do Código Civil, assim como o seu preceito antecessor, também foi alterado pela Lei 13.146/2015. Ainda existe a previsão de *quatro personagens jurídicos* como relativamente incapazes. Todavia, o dispositivo foi modificado, conforme a tabela comparativa a seguir.

Art. 4.º do CC. Redação original	Art. 4.º do CC. Redação após a Lei 13.146/2015
"Art. 4.º São incapazes, relativamente a certos atos, ou à maneira de os exercer: I – os maiores de dezesseis e menores de dezoito anos; II – os ébrios habituais, os viciados em tóxicos, e os que, por deficiência mental, tenham o discernimento reduzido; III – os excepcionais, sem desenvolvimento mental completo; IV – os pródigos".	"Art. 4.º São incapazes, relativamente a certos atos, ou à maneira de os exercer: I – os maiores de dezesseis e menores de dezoito anos; II – os ébrios habituais e os viciados em tóxico; III – aqueles que, por causa transitória ou permanente, não puderem exprimir sua vontade; IV – os pródigos".

Como se pode perceber, não houve alteração no inciso I (menores entre 16 e 18 anos) e no inciso IV (pródigos). Todavia, no inciso II foi retirada a menção aos que *por deficiência mental tivessem o discernimento reduzido*. No inciso III, não se usa o termo *excepcionais sem desenvolvimento completo*, substituído pela antiga previsão do art. 3.º, inc. III, da codificação privada (pessoas que por causa transitória ou definitiva não puderem exprimir vontade).

O objetivo, mais uma vez, foi a plena inclusão das pessoas com deficiência, tidas como capazes no sistema e eventualmente sujeitas à tomada de decisão apoiada. Vejamos o estudo pontual dos incisos, devidamente atualizados.

Sobre o inciso I, que menciona os menores, percebeu-se que a alteração substancial trazida pela codificação de 2002 foi a de reduzir a idade para se atingir a maioridade civil, de 21 para 18 anos. Levando-se em conta a idade etária, esses menores são denominados *menores púberes* e somente poderão praticar certos atos se assistidos.

No entanto, há atos que os menores relativamente incapazes podem praticar, mesmo sem a assistência, como se casar, necessitando apenas de autorização dos pais ou representantes; elaborar testamento; servir como testemunha de atos e negócios jurídicos; requerer registro de seu nascimento; ser empresário, com autorização; ser eleitor; ser mandatário *ad negotia* (mandato extrajudicial).

Mais à frente serão estudados os casos de emancipação, situações em que a capacidade é antecipada. Em complemento, quanto aos menores púberes, vale citar dois dispositivos do Código Civil de grande importância. O primeiro é o art. 180, pelo qual "o menor, entre dezesseis e dezoito anos, não pode, para eximir-se de uma obrigação, invocar a sua idade se dolosamente a ocultou quando inquirido pela outra parte, ou se, no ato de obrigar-se, declarou-se maior". O outro é o art. 181 do CC/2002, *in verbis*: "ninguém pode reclamar o que, por uma obrigação anulada, pagou a um incapaz, se não provar que reverteu em proveito dele a importância paga".

O inciso II do art. 4.º do CC/2002 previa três hipóteses, tendo sido retirada a última delas pela Lei 13.146/2015, relativa às pessoas com deficiência mental, conforme ora comentado. Permaneceram as menções aos ébrios habituais (entendidos como alcoólatras) e aos viciados em tóxicos (toxicômanos) como relativamente incapazes.

De toda sorte, essa previsão constituiu novidade importante diante da sua antecessora, no Código Civil de 1916, pela qual se ampliaram os casos de incapacidade relativa decorrente de causa permanente ou transitória. Aqui também deverá haver um processo próprio para a instituição da curatela (pelo Estatuto da Pessoa com Deficiência) ou de interdição relativa (pelo CPC/2015), nessas hipóteses restantes (ébrios habituais e viciados em tóxicos), cabendo análise caso a caso da situação de incapacidade, se presente ou não. Mais uma vez, reafirme-se que o originário Projeto de Lei 757, em curso no Congresso Nacional, pretende esclarecer qual ação judicial é cabível.

A respeito da situação do ébrio habitual, ilustre-se com decisão anterior do Tribunal de Minas Gerais, ainda mencionando o processo de interdição:

"Incapacidade relativa. Necessidade de comprovação da embriaguez habitual do vendedor. Desnecessidade de registro da promessa de compra e venda. Testemunhas não presentes quando da assinatura do contrato. Irrelevância. Acusações levianas. Dano moral configurado. A amizade da testemunha com a parte somente a torna suspeita para depor se se tratar de amizade íntima, entendida como aquela muito próxima, com laços de afinidade profundos. O vício de consumo de álcool implica incapacidade relativa da pessoa se a transforma em ébrio habitual, aquele que, pelo uso constante da bebida, tem seu discernimento permanentemente afetado pela embriaguez. Incomprovada a embriaguez habitual da pessoa e inexistindo interdição judicial, não se configura incapacidade. (...). Agravo retido e apelação não providos" (TJMG, Apelação Cível 0540383-93.2008.8.13.0470, 10.ª Câmara Cível, Paracatu, Rel. Des. Mota e Silva, j. 26.10.2010, *DJEMG* 17.11.2010).

A propósito, enunciava o art. 1.772 do CC/2002 que, pronunciada a interdição das pessoas descritas no art. 4.º, incs. II e III, o juiz assinaria, segundo o estado ou o desenvolvimento mental do interdito, os limites da curatela do maior incapaz. Todavia, ressalte-se que tal dispositivo foi revogado expressamente pelo art. 1.072, inciso II, do CPC; com o objetivo de concentrar o tema no diploma instrumental. Assim, em sentido próximo, o art. 753, § 2.º, do CPC/2015 passou a expressar que "o laudo pericial indicará especificadamente, se for o caso, os atos para os quais haverá necessidade de curatela".

126 | DIREITO CIVIL • VOL. 1 – *Flávio Tartuce*

Curiosamente, a Lei 13.146/2015 também alterou o art. 1.772 do Código Civil, passando a estabelecer o seguinte: "O juiz determinará, segundo as potencialidades da pessoa, os limites da curatela, circunscritos às restrições constantes do art. 1.782, e indicará curador. Parágrafo único. Para a escolha do curador, o juiz levará em conta a vontade e as preferências do interditando, a ausência de conflito de interesses e de influência indevida, a proporcionalidade e a adequação às circunstâncias da pessoa". A principal novidade diz respeito à inclusão do parágrafo único, que vinha em boa hora, dando preferência à vontade da pessoa com deficiência.

Todavia, como o art. 1.772 do CC/2002, mesmo com a modificação, foi revogado pelo CPC/2015, esta última norma teve vigência apenas no período compreendido entre a sua entrada em vigor (início de janeiro de 2016) e a entrada em vigor do CPC em vigor (18 de março de 2016). Na minha opinião doutrinária, parece ter havido mais um *cochilo do legislador*, que acabou por *atropelar uma lei por outra*, sem as devidas ressalvas. Mais uma vez, espero que essas imprecisões sejam corrigidas no futuro, com a edição de uma nova norma processual para resolver esse conflito.

O art. 4.º, inc. III, do CC/2002, ao mencionar anteriormente os excepcionais, sem desenvolvimento completo, abrangia as pessoas com *síndrome de Down*, e outras com anomalias psíquicas que apresentassem sinais de desenvolvimento mental incompleto. Sempre compreendi que não havia a necessidade dessa previsão, eis que o inciso anterior já tratava das pessoas com deficiência mental. A qualificação que constava nesse dispositivo dependia de regular processo de interdição anterior, podendo o excepcional ser também enquadrado como absolutamente incapaz (TJSP, Apelação com Revisão 577.725.4/7, Acórdão 3310051, 2.ª Câmara de Direito Privado, Limeira, Rel. Des. Morato de Andrade, j. 21.10.2008, *DJESP* 10.12.2008).

Destaque-se que a pessoa com *síndrome de Down* poderia ser ainda plenamente capaz, o que dependeria da sua situação. Com as mudanças promovidas pelo Estatuto da Pessoa com Deficiência, será plenamente capaz, em regra. Eventualmente, para os atos patrimoniais, poderá ser necessária uma tomada de decisão apoiada, por sua iniciativa.

Somente em casos excepcionais poderá ser considerado como relativamente incapaz, enquadrado como pessoa que, por causa transitória ou definitiva, não pode exprimir vontade (novo art. 4.º, inc. III, do CC/2002). Os dois últimos caminhos não prejudicam a sua plena capacidade para os atos existenciais familiares, retirada do art. 6.º do Estatuto da Pessoa com Deficiência.

No que diz respeito aos surdos-mudos ou pessoas surdas que não receberam educação adequada para a comunicação, e que consequentemente não podem exprimir sua vontade com exatidão, poderiam ser tidos também como relativamente incapazes (art. 4.º, inc. III, do CC/2002, na dicção anterior), tese anteriormente defendida por Carlos Roberto Gonçalves (*Direito civil brasileiro...*, 2003, v. I, p. 93).

Dependendo do caso concreto, haveria também como enquadrá-los como pessoas com discernimento mental reduzido, sendo esta, para o presente autor, a melhor opção de enquadramento anterior (art. 4.º, inc. II, do CC; na redação original).

No atual sistema, repise-se que o art. 4.º, III, do Código Civil passou a tratar da antiga hipótese que estava no art. 3.º, inc. III, da própria codificação, mencionando aqueles que, por causa transitória ou permanente, não possam exprimir sua vontade. Valem os comentários que fiz anteriormente sobre esse novo enquadramento, especialmente quanto à pessoa surda que não possa se expressar e à pessoa em coma, que agora passam a ser relativamente incapazes dentro do sistema.

CAP. 3 · ANÁLISE DO CÓDIGO CIVIL DE 2002. PARTE GERAL. DA PESSOA NATURAL | 127

Nessa previsão também pode ser enquadrada a pessoa com idade avançada que não possa exprimir o que pensa, como aquela com mal de *Alzheimer*. Reafirmo as críticas, no sentido de ser necessário voltar a uma previsão sobre maiores absolutamente incapazes que não têm condição alguma de exprimir vontade, como almejava o Projeto de Lei 757/2015, em trâmite no Congresso Nacional. A solução para tal dilema, no nosso entender, está no plano legislativo. O Projeto de Reforma do Código Civil também almeja essas modificações, não só com propostas para o seu art. 3.º, como também para o dispositivo em estudo, conforme se verá a seguir.

Sem qualquer modificação, o inciso IV do art. 4.º do Código Civil continua a tratar dos pródigos, que são aquelas pessoas que dissipam de forma desordenada e desregrada os seus bens ou seu patrimônio, realizando gastos desnecessários e excessivos, sendo seu exemplo típico a pessoa viciada em jogatinas.

Os pródigos deveriam ser interditados, com a nomeação de um curador, ficando privados dos atos que possam comprometer o seu patrimônio, tais como emprestar dinheiro, transigir, dar quitação, alienar bens, hipotecar ou agir em juízo (art. 1.782 do CC).

Com a mudança do art. 1.768 do Código Civil, repise-se que não se pode mais falar em interdição, mas em um processo que institui a curatela. Todavia, mais uma vez, o CPC/2015 revoga esse artigo do Código Civil, tratando do processo de interdição. Reafirma-se que haverá necessidade da edição de uma nova norma, para apontar se a interdição relativa é ainda possível ou não no sistema. Repito que o PL 757/2015, agora em trâmite na Câmara dos Deputados sob o número 11.091/2018, pretende resolver tal problema.

Contudo, continua vigente a afirmação de que poderá o pródigo exercer atos que não envolvam a administração direta de seus bens, como se casar ou exercer profissão. Ao contrário do que se possa pensar, não é imposto ao pródigo que se casa o regime da separação total de bens de origem legal ou obrigatória, pois ele não consta no art. 1.641 do CC, que traz rol taxativo ou *numerus clausus* de hipóteses que restringem a liberdade da pessoa.

Também sobre o pródigo, é necessário citar importante julgado do Tribunal de Justiça de São Paulo, prolatado pela sua 2.ª Câmara de Direito Privado em 11 de dezembro de 2018, tendo sido relatora a Desembargadora Rosangela Telles. O acórdão já leva em conta o Estatuto da Pessoa com Deficiência, constando de sua ementa o seguinte:

> "Incapacidade parcial demonstrada. O laudo pericial confirmou que a interditanda sofre de transtorno delirante persistente, transtorno mental caracterizado pelo desenvolvimento de um delírio isolado ou de um conjunto de delírios relacionados entre si que são usualmente persistentes e muitas vezes duram toda a vida. Excetuando-se as ações e atitudes diretamente relacionadas ao delírio, o afeto e o comportamento são normais. Comprovação de que a interditanda é incapaz de administrar suas finanças, sendo caso de interdição parcial, segundo a Lei 13.146/15 (Estatuto do Deficiente). Tratamento compulsório. Incapacidade estritamente administrativa. Trata-se de pessoa pródiga e a limitação das suas finanças é suficiente à proteção da interditanda. Submetê-la a tratamento compulsório seria medida desarrazoada, neste momento, elevando sobremaneira as consequências psicológicas com o resultado desta demanda". (Processo 0021174-74.2001.8.26.0602).

O *decisum* demonstra que houve uma aproximação do EPD em relação ao que já ocorria juridicamente com o pródigo, demandando uma análise casuística da situação da pessoa com deficiência para a instituição da curatela parcial.

Seguindo no estudo da teoria das incapacidades, sobre os índios ou *silvícolas*, o Código Civil de 2002 não os considera mais como incapazes, devendo a questão ser regida por lei

128 | DIREITO CIVIL • VOL. 1 – *Flávio Tartuce*

especial (art. 4.º, parágrafo único, do CC atual). A Lei 6.001/1973 (Estatuto do Índio) coloca o silvícola e sua comunidade, enquanto não integrados à comunhão nacional, sob o regime tutelar, devendo a assistência ser exercida pela FUNAI (Fundação Nacional do Índio).

De acordo com os ensinamentos de Pablo Stolze Gagliano e Rodolfo Pamplona Filho, "a constante inserção social do índio na sociedade brasileira, com a consequente absorção de valores e hábitos (nem sempre sadios) da civilização ocidental, justifica a sua exclusão, no novo Código Civil, do rol de agentes relativamente incapazes" (*Novo...*, 2003, v. I, p. 105). Aqui não houve qualquer alteração recente, em especial pelo Estatuto da Pessoa com Deficiência.

Como última observação para encerrar o tópico, o Projeto de Reforma do Código Civil também pretende alterar o art. 4.º da codificação privada. Assim, com a volta da antiga previsão a respeito das pessoas que não possam expressar a sua vontade no art. 3.º, o inc. II do dispositivo em estudo passará a prever, como relativamente incapazes, "aqueles cuja autonomia estiver prejudicada por redução de discernimento, que não constitua deficiência, enquanto perdurar esse estado". Além dessa previsão, revoga-se o inciso III da norma, com o objetivo de se manter a pessoa com deficiência, em regra, como plenamente capaz.

Ademais, o dispositivo recebe um parágrafo único, prevendo, na linha do consagrado pelo Estatuto da Pessoa com Deficiência que "as pessoas com deficiência mental ou intelectual, maiores de 18 (dezoito) anos, têm assegurado o direito ao exercício de sua capacidade civil em igualdade de condições com as demais pessoas, observando-se, quanto aos apoios e às salvaguardas de que eventualmente necessitarem para o pleno exercício dessa capacidade, o disposto nos arts. 1.767 a 1.783 deste Código". Também é incluído um novo art. 4.º-A, assegurando que "a deficiência física ou psíquica da pessoa, por si só, não afeta sua capacidade civil".

Observo que, com a mudança do parágrafo único do art. 4.º do CC, a situação dos indígenas passará a ser remetida totalmente à legislação especial, sem qualquer regra a seu respeito na Norma Geral Privada, visão que acabou por prevalecer na Comissão de Juristas.

3.1.3 Teoria geral da representação

O Código Civil de 2002, ao contrário da codificação anterior, traz um capítulo específico a tratar da representação, concebendo uma teoria geral quanto à matéria. Esse tópico está inserido no tratamento do negócio jurídico (arts. 115 a 120), mas, para fins didáticos, ele será estudado na presente seção.

Esses arts. 115 a 120 do CC disciplinam, na realidade, o poder de representação, que pode ser conceituado como o poder de agir em nome de outrem. Esse atributo só existe quando o ordenamento jurídico expressamente o assegura, razão pela qual é oportuno e conveniente o estabelecimento de regras gerais sobre a matéria.

Como todas as regras que integram a Parte Geral da codificação material, esses dispositivos terão aplicação em todos os livros da Parte Especial, sempre que casuisticamente estivermos tratando de representação, em qualquer uma das suas formas.

Apesar dessa conclusão, esclarece Gustavo Tepedino que "a existência de um capítulo dedicado à representação permite concluir que a representação voluntária e o mandato constituem-se em institutos completamente distintos. De mais a mais, 'o que se remete para a Parte Especial não é o instituto da representação voluntária como um todo ou mesmo a sua forma, mas tão somente os seus requisitos e os seus efeitos, de tal modo que nada no sistema do novo Código Civil impede que o intérprete extraia a essência da representação

CAP. 3 • ANÁLISE DO CÓDIGO CIVIL DE 2002. PARTE GERAL. DA PESSOA NATURAL | **129**

voluntária de dentro da disciplina do mandato e a utilize em outras espécies contratuais, previstas ou não pelo legislador de 2002'" (TEPEDINO, Gustavo. *A técnica de representação*..., 2006, p. 79).

Iniciando-se o estudo da *teoria geral da representação*, pelo art. 115 do CC/2002, os poderes de representação conferem-se por lei ou pelo interessado. No primeiro caso haverá a denominada *representação legal*, no segundo, a *convencional* ou *voluntária*. Essas expressões também são utilizadas para a classificação do mandato. Eventualmente, se a nomeação se der em ação judicial, por determinação do juiz, tem-se a *representação judicial*, que pode assumir tanto uma quanto outra forma.

De acordo com o art. 116 do CC, a manifestação de vontade pelo representante, nos limites de seus poderes, produz efeitos em relação ao representado. Regra semelhante existe para o mandato, bem como para outros contratos em que age em nome de outrem, sendo certo que o instrumento negocial delimita essa atuação nas hipóteses de representação voluntária. Essa atuação do representante acaba por vincular, em regra, o representado, em nome de quem se atua.

Em boa hora, o Projeto de Reforma e Atualização do Código Civil pretende incluir no seu parágrafo único uma ressalva a respeito do *representante aparente*, aplicação da *teoria da aparência*, e com vistas à proteção dos terceiros de boa-fé. Nos termos da proposição, "a manifestação de vontade proveniente de representante aparente pode ser considerada eficaz com relação a terceiros de boa-fé, desde que existam elementos razoáveis para se concluir pela legitimidade do signatário, agindo em nome de outrem". A proposta é louvável, prestigiando o tráfego dos negócios e a segurança jurídica.

Enuncia o interessante art. 117 do CC que "salvo se o permitir a lei ou o representado, é anulável o negócio jurídico que o representante, no seu interesse ou por conta de outrem, celebrar consigo mesmo", o denominado *autocontrato*. Para tais efeitos, tem-se como celebrado pelo representante o negócio realizado por aquele em quem os poderes houverem sido substabelecidos, de acordo com o parágrafo único do dispositivo.

O dispositivo legal em questão, novidade da atual codificação, acaba por permitir o mandato em causa própria (mandato *in rem propriam* ou *in rem suam*). Nesse contexto, o mandante outorga poderes para o mandatário, constando a autorização para que o último realize o negócio consigo mesmo. Ilustrando, alguém outorga poderes para que um mandatário venda um imóvel, constando autorização para que o próprio mandatário seja o comprador.

Comentando o dispositivo, elucida Gustavo Tepedino que "o art. 117 do Código Civil de 2002, em seu *caput*, prevê o autocontrato com *causa objetiva de anulabilidade* do negócio, estabelecendo uma presunção de conflito de interesses. O dispositivo ressalva somente duas hipóteses em que será válido o negócio jurídico celebrado pelo representante consigo mesmo, a saber, a permissão da lei ou aquiescência específica do representado. Nada disto, porém, exclui a possibilidade de demonstração concreta de um conflito de interesses na celebração do autocontrato, sobretudo naquelas hipóteses em que a relação entre as partes não é paritária" (A técnica de representação..., 2006, p. 77).

Conforme está no volume específico dos contratos (Volume 3), entendo que não há no mandato em causa própria uma *autocontratação perfeita*, pois a alteridade está presente na outorga de poderes. Para esse volume remete-se aquele que queira se aprofundar quanto ao tema (TARTUCE, Flávio. *Direito civil*..., 2025, v. 3).

Como não há prazo fixado em lei para o ingresso da ação anulatória, não havendo a referida autorização, deve ser aplicado o art. 179 do CC, ou seja, a ação correspondente deve ser proposta no prazo decadencial de dois anos, contados da celebração ou conclusão do negócio.

DIREITO CIVIL • VOL. 1 – Flávio Tartuce

Para trazer clareza e necessária segurança a respeito do tema, anoto que o Projeto de Reforma do Código Civil pretende incluir expressamente no seu art. 117 um novo parágrafo, prevendo o prazo decadencial de um ano "a contar da conclusão do negócio ou da cessação da incapacidade, o prazo de decadência para pleitear-se a anulação prevista neste artigo". Ademais, almeja-se incluir no *caput* a locução final "com empresa na qual figure como sócio administrador", para ampliar a invalidade em outra hipótese em que a vontade estará comprometida juridicamente.

Consoante o art. 118 da codificação privada, o representante é obrigado a provar às pessoas com quem tratar em nome do representado a sua qualidade e a extensão de seus poderes, sob pena de, não o fazendo, responder pelos atos que a estes excederem. Esse dispositivo consagra a responsabilidade do representante em relação a terceiros e equivale parcialmente ao art. 1.305 do CC/1916, que previa regra semelhante para o mandato ("O mandatário é obrigado a apresentar o instrumento do mandato às pessoas, com que tratar em nome do mandante, sob pena de responder a elas por qualquer ato, que lhe exceda os poderes"). O atual comando legal traz, ainda, como conteúdo, a boa-fé objetiva e a valorização da eticidade, presentes na conduta exigida em relação ao representante.

O art. 119 do CC/2002 regula mais um caso de anulabilidade, do negócio concluído pelo representante em conflito de interesses com o representado, se tal fato era ou devia ser do conhecimento de quem com aquele tratou. O parágrafo único da norma consagra prazo decadencial específico para o ingresso da ação anulatória, de cento e oitenta dias, a contar da conclusão do negócio ou da cessação da incapacidade. O Projeto de Reforma do Código Civil, para manter coerência com a proposta anterior, pretende aumentar esse prazo decadencial para um ano.

Na linha do que lecionam Jones Alves Figueirêdo e Mário Luiz Delgado, opinamos que o conflito de interesses entre representante e representado pode decorrer da falta ou do abuso no poder na representação (*Código Civil anotado...*, 2005, p. 87). Para Gustavo Tepedino, trata-se de *causa subjetiva de anulabilidade*, conjugando-se a existência do conflito de interesses com o fato de o terceiro ter ou não dever ter conhecimento de tal conflito (*A técnica de representação...*, 2006, p. 77).

Encerrando essa *teoria geral da representação*, enuncia o art. 120 do Código de 2002 que os requisitos e os efeitos da representação legal são os estabelecidos nas normas anteriores, enquanto os da representação voluntária ou convencional são os da parte especial.

3.1.4 Da emancipação

A emancipação pode ser conceituada, no atual sistema jurídico, como o ato jurídico que antecipa os efeitos da aquisição da maioridade, e da consequente capacidade civil plena, para data anterior àquela em que o menor atinge a idade de 18 anos, para *fins civis*. Com a emancipação, o menor deixa de ser incapaz e passa a ser capaz para os limites do Direito Privado. Deve ser esclarecido, contudo, que ele não deixa de ser menor.

Tanto isso é verdade que, segundo o Enunciado n. 530, aprovado na *VI Jornada de Direito Civil*, evento realizado em 2013, "a emancipação, por si só, não elide a incidência do Estatuto da Criança e do Adolescente". Sendo assim, a título de exemplo, um menor emancipado não pode tirar carteira de motorista, entrar em locais proibidos para crianças e adolescentes ou ingerir bebidas alcoólicas. Tais restrições existem diante de consequências que surgem no campo penal, e a emancipação somente envolve fins civis ou privados.

A emancipação, regra geral, é definitiva, irretratável e irrevogável. De toda sorte, conforme se depreende de enunciado aprovado na *V Jornada de Direito Civil*, de novembro de 2011, a emancipação por concessão dos pais ou por sentença do juiz está sujeita a des-

CAP. 3 • ANÁLISE DO CÓDIGO CIVIL DE 2002. PARTE GERAL. DA PESSOA NATURAL | 131

constituição por vício de vontade (Enunciado n. 397). Desse modo, é possível a sua anulação por erro ou dolo, por exemplo.

Trata-se, geralmente, de ato formal e solene, eis que o Código Civil de 2002 passou a exigir instrumento público, como regra, sendo certo que a codificação anterior possibilitava a emancipação por instrumento particular.

De acordo com o Código Civil, a emancipação poderá ocorrer nas seguintes situações (art. 5.º, parágrafo único), rol esse que é taxativo (*numerus clausus*):

a) *Emancipação voluntária parental* – por concessão de ambos os pais ou de um deles na falta do outro. Nessas circunstâncias, não é necessária a homologação perante o juiz, eis que é concedida por instrumento público e registrada no Cartório de Registro Civil das Pessoas Naturais. Para que ocorra a emancipação parental, o menor deve ter, no mínimo, 16 anos completos.

b) *Emancipação judicial* – por sentença do juiz, em casos, por exemplo, em que um dos pais não concordar com a emancipação, contrariando um a vontade do outro. A decisão judicial, por razões óbvias, afasta a necessidade de escritura pública. Tanto a emancipação voluntária quanto a judicial devem ser registradas no Registro Civil das pessoas naturais, sob pena de não produzirem efeitos (art. 107, § 1.º, da Lei 6.015/1973 – LRP). A emancipação legal, por outro lado, produz efeitos independentemente desse registro, conforme aponta a doutrina (DINIZ, Maria Helena. *Curso...*, 2007, p. 194; GONÇALVES, Carlos Roberto. *Direito civil...*, 2007, p. 110).

c) *Emancipação legal matrimonial* – pelo casamento do menor. Consigne-se que a idade núbil tanto do homem quanto da mulher é de 16 anos (art. 1.517 do CC), sendo possível o casamento do menor se houver autorização dos pais ou dos seus representantes. O divórcio, a viuvez e a anulação do casamento não implicam no retorno à incapacidade. No entanto, entende parte da doutrina que o casamento nulo faz com que se retorne à situação de incapaz, sendo revogável em casos tais a emancipação, o mesmo sendo dito quanto à inexistência do casamento. Para outra corrente, como no exemplo de Pablo Stolze e Rodolfo Pamplona, tratando-se de nulidade e de anulabilidade do casamento, a emancipação persiste apenas se o matrimônio for contraído de boa-fé (hipótese de casamento putativo). Em situação contrária, retorna-se à incapacidade (*Novo...*, 2003, v. I, p. 113). As duas correntes estão muito bem fundamentadas. A última delas segue o entendimento de que o ato anulável também tem efeitos retroativos (*ex tunc*), conforme será abordado mais adiante e com o qual se concorda.

d) *Emancipação legal, por exercício de emprego público efetivo* – segundo a doutrina, a regra deve ser interpretada a incluir todos os casos envolvendo cargos ou empregos públicos, desde que haja nomeação de forma definitiva (DINIZ, Maria Helena. *Código Civil anotado...*, 2005, p. 21). Estão afastadas, assim, as hipóteses de serviços temporários ou de cargos comissionados.

e) *Emancipação legal, por colação de grau em curso de ensino superior reconhecido* – para tanto, deve ser o curso superior reconhecido, não sendo aplicável à regra para o curso de magistério, antigo curso *normal*. Ressalve-se, porém, que a presente situação torna-se cada vez mais difícil de ocorrer na prática.

f) *Emancipação legal, por estabelecimento civil ou comercial ou pela existência de relação de emprego, obtendo o menor as suas economias próprias, visando a sua subsistência* – necessário que o menor tenha ao menos 16 anos, revelando amadurecimento e experiência desenvolvida. No entanto, na prática, há dificuldade para se provar tal *economia própria*.

Com relação a essa última hipótese (art. 5.º, parágrafo único, V) e que constitui novidade, é preciso aprofundar, por importante *diálogo* que surge com o Direito do Trabalho.

132 | DIREITO CIVIL • VOL. 1 – *Flávio Tartuce*

Para definir o que seja *economia própria*, José Affonso Dallegrave Neto aponta que "há que se apoiar em critério jurídico objetivo, qual seja o art. 7.º, IV, da CF, que estabelece o salário mínimo como sendo capaz de atender à subsistência do trabalhador e de sua família" (Nulidade..., *O impacto...*, 2003, p. 111). O critério legal pode até parecer fantasioso, mas é o único existente, devendo ser seguido.

Mais especificamente, ensinam Pablo Stolze Gagliano e Rodolfo Pamplona Filho que parece "razoável afirmar que as normas da Consolidação das Leis do Trabalho e leis extravagantes anteriores à edição do CC/2002, que limitam a manifestação de vontade do menor entre dezesseis e dezoito anos, estejam tacitamente revogadas, uma vez que seria um contrassenso imaginar que tal trabalhador teria alcançado a maioridade civil – que lhe autoriza praticar todos os atos jurídicos no meio social – mas não possa firmar, por exemplo, um Termo de Rescisão de Contrato de Trabalho" (*Novo...*, 2003, v. I, p. 117).

Os doutrinadores referem-se, inicialmente, ao art. 439 da CLT segundo o qual "é lícito ao menor firmar recibo pelo pagamento de salário. Tratando-se, porém, de rescisão do contrato de trabalho, é vedado ao menor de 18 (dezoito) anos dar, sem assistência dos seus responsáveis legais, a quitação ao empregador pelo recebimento da indenização que lhe for devida". Ainda podem ser mencionados o art. 408 da CLT, que permite a rescisão do contrato de trabalho pelo responsável do menor em caso de prejuízos morais ou físicos ao mesmo; e o art. 424 da CLT, que determina o afastamento do menor quando houver redução do seu tempo de repouso ou de estudos, decisão esta que cabe aos seus responsáveis.

Entretanto, outra corrente entende de forma diferente. José Affonso Dallegrave Neto, por exemplo, opina que os referidos artigos da CLT não foram revogados ou atingidos pelo Código Civil de 2002. Primeiro, porque o Direito Civil somente deve ser considerado fonte subsidiária do Direito do Trabalho (art. 8.º da CLT). Segundo, porque os dispositivos da CLT visam à tutela do empregado menor, conforme ordena a Constituição em seu art. 227. Terceiro, porque o art. 5.º, parágrafo único, V, do CC "contempla uma situação jurídica trabalhista que irradia efeitos apenas para os atos civis" (Nulidade..., *O impacto...*, 2003, p. 112).

Pois bem, utilizando-se a tese do *diálogo das fontes*, é possível conciliar as duas leis (CC e CLT) na questão que envolve o menor empregado. Em suma, é possível um *diálogo de complementaridade* entre as duas normas. Por regra, continua sendo exigida a atuação do representante para firmar recibo pelo menor, aplicando-se também os arts. 408 e 424 da CLT. Essa necessidade de atuação é descartada somente nos casos em que o menor for emancipado, diante do fato de obter economias próprias para a sua subsistência decorrentes do seu trabalho. Quanto aos dois dispositivos citados que visam proteger o menor empregado, continuam em vigor diante da tutela do vulnerável que consta do Texto Maior (critério hierárquico).

Seguindo em parte essa tentativa de diálogo, mencione-se o teor da Portaria MTE/SRT 1, de 25 de maio de 2006, da Secretaria de Relações do Trabalho, no sentido de que "não é necessária a assistência por responsável legal, na homologação da rescisão contratual, ao empregado adolescente que comprove ter sido emancipado". Como se pode perceber, a portaria refere-se ao art. 439 da CLT, aqui transcrito.

Superado esse ponto controvertido, no que concerne à influência da redução da maioridade civil em relação ao Direito Previdenciário, deve ser acatado o teor do Enunciado n. 3 do CJF/STJ, aprovado na *I Jornada de Direito Civil*, pelo qual "a redução do limite etário para a definição da capacidade civil aos 18 anos não altera o disposto no art. 16, I, da Lei 8.213/1991, que regula específica situação de dependência econômica

CAP. 3 · ANÁLISE DO CÓDIGO CIVIL DE 2002. PARTE GERAL. DA PESSOA NATURAL | 133

para fins previdenciários e outras situações similares de proteção, previstas em legislação especial".

O dispositivo legal referenciado pelo enunciado doutrinário tem a seguinte redação: "Art. 16. São beneficiários do Regime Geral de Previdência Social, na condição de dependentes do segurado: I – o cônjuge, a companheira, o companheiro e o filho não emancipado, de qualquer condição, menor de 21 (vinte e um) anos ou inválido ou que tenha deficiência intelectual ou mental ou deficiência grave" (alterado pela Lei 13.146/2015).

Como a referida lei é norma especial anterior, acaba prevalecendo sobre o Código Civil, que é norma geral posterior (*antinomia de segundo grau aparente*, envolvendo os critérios cronológico e da especialidade, prevalecendo o último). Consigne-se que o entendimento de prevalência da norma previdenciária sobre a civil é amplamente aplicado pela jurisprudência nacional (por todos: TJMG, Apelação Cível 9549455-28.2008.8.13.0024, 8.ª Câmara Cível, Belo Horizonte, Rel. Des. Fernando Botelho, j. 24.06.2010, *DJEMG* 23.09.2010; e TJSP, Apelação 994.08.205612-4, Acórdão 4468873, 7.ª Câmara de Direito Público C, Campinas, Rel. Des. Aléssio Martins Gonçalves, j. 30.04.2010, *DJESP* 31.05.2010).

Como outro ponto de relevo, concorda-se totalmente com a Professora Maria Helena Diniz, quando aponta ainda estar vigente a emancipação legal do menor militar, que possua 17 anos e que esteja prestando tal serviço, nos termos do art. 73 da Lei 4.375/1964, reproduzido pelo art. 239 do Decreto 57.654/1966 (*Curso...*, 2002, v. 1, p. 179).

Para findar o estudo da emancipação, a Comissão de Juristas nomeada no âmbito do Congresso Nacional para a Reforma do Código Civil propõe alterações relevantes a respeito do instituto da emancipação, confirmando-se muitos dos meus comentários doutrinários.

Como é proposto que a menoridade deixe de ser uma condição jurídica, o *caput* do art. 5.º do Código Civil passará a prever que "a incapacidade em razão da idade cessa aos dezoito anos completos, quando a pessoa fica habilitada à prática pessoal de todos os atos da vida civil". E mais, nos termos do seu parágrafo único, com destaque para a limitação da sua incidência para as pessoas com idade entre 16 e 18 anos e a inclusão da união estável, "também cessará a incapacidade, para as pessoas entre 16 (dezesseis) e 18 (dezoito) anos completos: I – pela concessão de emancipação pelos que tenham a autoridade parental, por instrumento público, independentemente de homologação judicial; II – por sentença do juiz, ouvido o tutor ou guardião, se o adolescente tiver 16 (dezesseis) anos completos; III – pelo casamento ou constituição de união estável registrada na forma do inciso III do art. 9º deste Código, desde que com a autorização dos representantes; IV – pelo exercício de emprego público efetivo; V – pela colação de grau em curso de ensino superior; VI – pelo estabelecimento civil ou empresarial, ou pela existência de relação de emprego, desde que, em função deles, o adolescente tenha economia própria".

Por fim, na linha parcial do Enunciado n. 397, aprovado na *V Jornada de Direito Civil*, inclui-se na norma civil, confirmando-se a posição hoje majoritária, um novo art. 5.º-A, estabelecendo que "a emancipação por concessão dos pais ou por sentença do juiz está sujeita à desconstituição pelas mesmas causas que invalidam os negócios jurídicos em geral". Porém, observo que a proposição, de modo mais técnico, vai além das situações de vícios de vontade, englobando todas as situações de nulidade absoluta ou relativa dos atos e negócios jurídicos em geral, previstas nos arts. 166 e 171 do Código Civil.

134 | DIREITO CIVIL • VOL. 1 – Flávio Tartuce

3.2 OS DIREITOS DA PERSONALIDADE NA CONCEPÇÃO CIVIL-CONSTITUCIONAL

3.2.1 Introdução. Conceito de direitos da personalidade.[1] Análise da técnica da ponderação e do seu tratamento no CPC de 2015

Conforme destacado por Pietro Perlingieri, o estudo do direito não pode deixar de lado a análise da sociedade na sua historicidade local e universal. Isso porque somente com tal análise se poderá individualizar o papel e o significado da juridicidade na unidade e na complexidade do fenômeno social (PERLINGIERI, Pietro. *Perfis do Direito Civil...*, 2002, p. 1). A ordem jurídica é um todo harmônico e os grandes princípios e garantias ditados pela Constituição Federal devem ter os contornos e características que a lei ordinária lhes der, sem infringi-los ou restringi-los.

Como é notório afirmar, os direitos fundamentais são diretrizes gerais, garantias de todo o povo – como sociedade – em se ver livre do poder excessivo do Estado, enquanto os direitos da personalidade são fruto da captação desses valores fundamentais regulados no interior da disciplina civilística. Como bem ensina Claus-Wilhelm Canaris, "os direitos fundamentais vigoram imediatamente em face das normas do direito privado. Esta é hoje a opinião claramente dominante. Aqui, os direitos fundamentais desempenham as funções 'normais', como proibições de intervenção e imperativos de tutela" (*Direitos...*, 2003, p. 36). O que é referenciado pelo doutrinador citado é justamente a possibilidade de aplicação imediata dos direitos que protegem a pessoa às relações privadas (*eficácia horizontal*).

Orlando Gomes, citando Karl Larenz, lembra que em face do menosprezo e do desapreço à dignidade humana por parte do Estado, somados à multiplicação dos atentados perpetrados contra a personalidade por particulares em razão dos progressos técnicos da era moderna, foram incentivados os tribunais da Alemanha pós-guerra a agir em proteção da pessoa humana utilizando-se de artigos da Constituição, em uma forma de "direito geral de personalidade" (Direitos da personalidade..., *Novos temas...*, 1983, p. 251-252).

Nessa seara, Rubens Limongi França nos ensina que por muito tempo os sistemas jurídicos somente cuidaram dos direitos da personalidade do ponto de vista do Direito Público, servindo "para mostrar a importância desses direitos, pois muitos deles integram as Declarações de Direitos que servem como garantia dos cidadãos contra as arbitrariedades do Estado" (*Instituições...*, 1999, p. 936).

Mas tais direitos são de tal forma importantes não só para os indivíduos, como também para o Estado Democrático de Direito, que devem ser tutelados tanto pelo Direito Público quanto pelo Direito Privado, em complementação, em constante diálogo dentro da ideia de visão unitária do sistema jurídico.

A esse propósito, aponte-se que alguns direitos da personalidade, quando analisados sob o aspecto do relacionamento com o Estado e constantes no ordenamento positivo, recebem o nome de *liberdades públicas*, sendo, contudo, os mesmos direitos do ponto de vista de sua tipificação, mas examinados em planos distintos. Os primeiros estão no relacionamento de uma pessoa diante de outra, isto é, nas relações privadas (direitos da personalidade); e os

---

[1] Parte dos entendimentos desta seção consta de artigo que foi escrito em coautoria com Márcio Araújo Opromolla, intitulado *Direito civil e Constituição (Constituição Federal: 15 anos.* Coord. André Ramos Tavares, Olavo A. V. Alves Ferreira e Pedro Lenza. São Paulo: Método, 2003). Agradeço e deixo créditos ao coautor, cuja contribuição para o assunto foi fundamental para minha formação sobre o tema.

últimos perante o Estado (liberdades públicas), acrescidos de outros direitos econômicos, sociais e políticos (BITTAR, Carlos Alberto. *Direito Civil...*, 1991, p. 3).

O Título II da Constituição de 1988, sob a denominação "Dos Direitos e Garantias Fundamentais", traça as prerrogativas para garantir uma convivência digna, com liberdade e com igualdade para todas as pessoas, sem distinção de raça, credo ou origem.

Tais garantias são genéricas, mas são também fundamentais ao ser humano e sem elas a pessoa humana não pode atingir sua plenitude e, por vezes, sequer pode sobreviver. Nunca se pode esquecer a vital importância do art. 5.º da CF/1988 para o nosso ordenamento jurídico, ao consagrar as *cláusulas pétreas*, que são direitos fundamentais deferidos à pessoa.

Esses preceitos garantem, ainda, que os direitos ali elencados não só estão formalmente reconhecidos, mas também serão concreta e materialmente efetivados. Essa efetivação, no caso do indivíduo sujeito de direitos com relação a determinados bens, é feita pelo reconhecimento da existência dos direitos da personalidade.

Para tal efetivação, numa concepção civil-constitucional, Gustavo Tepedino, com base em Pietro Perlingieri, defende a existência de uma *cláusula geral de tutela e promoção da pessoa humana*. São suas palavras:

> "Com efeito, a escolha da dignidade da pessoa humana como fundamento da República, associada ao objetivo fundamental de erradicação da pobreza e da marginalização, e de redução das desigualdades sociais, juntamente com a previsão do § 2.º do art. 5.º, no sentido de não exclusão de quaisquer direitos e garantias, mesmo que não expressos, desde que decorrentes dos princípios adotados pelo texto maior, configuram uma verdadeira cláusula geral de tutela e promoção da pessoa humana, tomada como valor máximo pelo ordenamento" (TEPEDINO, Gustavo. A tutela..., *Temas de direito civil...*, 2004, tomo I, p. 50).

Adotando a tese de Pietro Perlingieri e de Gustavo Tepedino, na *IV Jornada de Direito Civil*, evento de 2006, foi aprovado o Enunciado n. 274 do CJF/STJ, um dos mais importantes enunciados aprovados nas *Jornadas de Direito Civil*. A primeira parte da ementa prevê que "os direitos da personalidade, regulados de maneira não exaustiva pelo Código Civil, são expressões da cláusula geral de tutela da pessoa humana, contida no art. 1.º, III, da Constituição Federal (princípio da dignidade da pessoa humana)". O enunciado também traz como conteúdo o belo trabalho de Maria Celina Bodin de Moraes sobre o tema (O princípio da dignidade..., 2006). Entre os contemporâneos, também são entusiastas dessa *cláusula geral de proteção da personalidade* Cristiano Chaves de Farias e Nelson Rosenvald, apontando o direito à vida digna como pressuposto dos direitos da personalidade (*Direito civil. Teoria geral...*, 2006, p. 109).

Depois de muitos debates na Comissão de Juristas incumbida pelo Senado Federal para a reforma do Código Civil, acabou prevalecendo a ideia de se incluir no Código Civil a referida *cláusula geral de tutela e promoção da pessoa humana*. Assim, o *caput* do art. 11 preceituará que "os direitos da personalidade se prestam à tutela da dignidade humana, protegendo a personalidade individual de forma ampla, em todas as suas dimensões". E mais, confirmando-se essa *cláusula geral*, o § 1.º do comando enunciará que os direitos e princípios expressos na codificação material "não excluem outros previstos no ordenamento jurídico pátrio e nos tratados internacionais dos quais o País é signatário, para a proteção de direitos nas relações privadas, e dos direitos de personalidade, inclusive em seus aspectos decorrentes do desenvolvimento tecnológico".

136 DIREITO CIVIL • VOL. 1 – *Flávio Tartuce*

A última menção dialoga perfeitamente com o novo livro de Direito Civil Digital, que se propõe incluir na Lei Geral Privada, sendo certo que se projeta outro comando nesse livro, com a seguinte previsão e mais uma vez tendo como conteúdo a citada cláusula geral: "a tutela dos direitos de personalidade, como salvaguarda da dignidade humana, alcança outros direitos e deveres que surjam do progresso tecnológico, impondo aos intérpretes dos fatos que ocorram no ambiente digital atenção constante para as novas dimensões jurídicas deste avanço".

Mas, afinal, o que seriam então os *direitos da personalidade*? Segundo Rubens Limongi França, trata-se de "faculdades jurídicas cujo objeto são os diversos aspectos da própria pessoa do sujeito, bem assim as suas emanações e prolongamentos" (*Instituições...*, 1996, p. 1.033). Para Maria Helena Diniz, os direitos da personalidade "são direitos subjetivos da pessoa de defender o que lhe é próprio, ou seja, a sua integridade física (vida, alimentos, próprio corpo vivo ou morto, corpo alheio, vivo ou morto, partes separadas do corpo vivo ou morto); a sua integridade intelectual (liberdade de pensamento, autoria científica, artística e literária) e sua integridade moral (honra, recato, segredo pessoal, profissional e doméstico, imagem, identidade pessoal, familiar e social)" (*Curso de direito civil...*, 2002, v. 1, p. 135). Pablo Stolze Gagliano e Rodolfo Pamplona Filho, com a didática que lhes é peculiar, conceituam os direitos da personalidade como "aqueles que têm por objeto os atributos físicos, psíquicos e morais da pessoa em si e em suas projeções sociais" (*Novo...*, 2003, v. I, p. 144).

Pelos conceitos transcritos, observa-se que os direitos da personalidade têm por objeto os modos de ser, físicos ou morais do indivíduo e o que se busca proteger com eles são, exatamente, os atributos específicos da personalidade, sendo *personalidade* a qualidade do ente considerado *pessoa*. Na sua especificação, a proteção envolve os aspectos psíquicos do indivíduo, além de sua integridade física, moral e intelectual, desde a sua concepção até sua morte. Esse, na minha opinião doutrinária, é o seu melhor conceito.

Em síntese, pode-se afirmar que *os direitos da personalidade são aqueles inerentes à pessoa e à sua dignidade* (art. 1.º, inc. III, da CF/1988). Ademais, é interessante associar os direitos da personalidade com *cinco grandes ícones*, colocados em prol da pessoa no atual Código Civil e visualizados a seguir:

a) Vida e integridade físico-psíquica, estando o segundo conceito inserido no primeiro, por uma questão lógica.

b) Nome da pessoa natural ou jurídica, com proteção específica constante entre os arts. 16 a 19 do CC, bem como na Lei de Registros Públicos (Lei 6.015/1973).

c) Imagem, classificada em *imagem-retrato* – reprodução corpórea da imagem, representada pela fisionomia de alguém; e *imagem-atributo* – soma de qualificações de alguém ou *repercussão social da imagem* (DINIZ, Maria Helena. *Código Civil...*, 2005, p. 43).

d) Honra, com repercussões físico-psíquicas, subclassificada em *honra subjetiva* (autoestima) e *honra objetiva* (repercussão social da honra).

e) Intimidade, sendo certo que a vida privada da pessoa natural é inviolável, conforme previsão expressa do art. 5.º, X, da CF/1988: "são invioláveis a intimidade, a vida privada, a honra e a imagem das pessoas, assegurado o direito à indenização pelo dano material ou moral decorrente de sua violação".

Não se olvide que a exposição acima foi inspirada na doutrina de Rubens Limongi França, que divide os direitos da personalidade em *três grandes grupos*. O primeiro deles está relacionado ao *direito à integridade física,* englobando o direito à vida e ao corpo, vivo ou

CAP. 3 • ANÁLISE DO CÓDIGO CIVIL DE 2002. PARTE GERAL. DA PESSOA NATURAL | 137

morto. O segundo grupo é afeito ao *direito à integridade intelectual*, abrangendo a liberdade de pensamento e os direitos do autor.

Por fim, há o direito à *integridade moral*, relativo às liberdades política e civil, à honra, ao recato, ao segredo, à imagem e à identidade pessoal, familiar e social (LIMONGI FRANÇA, Rubens. *Instituições...*, 1996, p. 939-940). Essa divisão influenciou muitos estudiosos do Direito Privado brasileiro, caso de Maria Helena Diniz, Giselda Hironaka, Álvaro Villaça Azevedo, Silmara Chinellato, Francisco Amaral e Nestor Duarte, além deste autor.

Pois bem, na concepção *civil-constitucional*, conforme os ensinamentos de Gustavo Tepedino (A tutela..., *Temas de direito civil...*, 2004, t. I), esses ícones devem ser relacionados com três princípios básicos constitucionais, a saber:

–   Princípio de proteção da *dignidade* da pessoa humana, fundamento do Estado Democrático de Direito da República Federativa do Brasil (art. 1.º, inc. III, da CF/1988).

–   Princípio da *solidariedade* social, outro dos objetivos da República Federativa do Brasil (construção de uma "sociedade livre, justa e solidária" – art. 3.º, inc. I, da CF/1988), visando também à erradicação da pobreza (art. 3.º, III, da CF/1988).

–   Princípio da *igualdade lato sensu ou isonomia*, eis *que* "todos são iguais perante a lei, sem distinção de qualquer natureza" (art. 5.º, *caput*, da CF/1988).

Didaticamente, pode-se aqui trazer uma *regra de três*, afirmando que, *na visão civil-constitucional, assim como os direitos da personalidade estão para o Código Civil, os direitos fundamentais estão para a Constituição Federal*. Justamente por isso é que o Enunciado n. 274 da *IV Jornada de Direito Civil* prevê que o rol dos direitos da personalidade previsto entre os arts. 11 a 21 do CC é meramente exemplificativo (*numerus apertus*). Aliás, mesmo o rol constante da Constituição não é taxativo, pois não exclui outros direitos colocados a favor da pessoa humana.

A título de exemplo de direito da personalidade que não consta de qualquer norma jurídica, cite-se o *direito ao esquecimento*, tão debatido na atualidade por doutrina e jurisprudência nos últimos anos. No campo doutrinário, tal direito foi reconhecido pelo Enunciado n. 531, aprovado na *VI Jornada de Direito Civil*, realizada em 2013, com o seguinte teor: "a tutela da dignidade da pessoa humana na sociedade da informação inclui o direito ao esquecimento". De acordo com as justificativas da proposta, "os danos provocados pelas novas tecnologias de informação vêm-se acumulando nos dias atuais. O direito ao esquecimento tem sua origem histórica no campo das condenações criminais. Surge como parcela importante do direito do ex-detento à ressocialização. Não atribui a ninguém o direito de apagar fatos ou reescrever a própria história, mas apenas assegura a possibilidade de discutir o uso que é dado aos fatos pretéritos, mais especificamente o modo e a finalidade com que são lembrados".

Ainda em sede doutrinária, e em complemento, vale dizer que, na *VII Jornada de Direito Civil*, realizada pelo Conselho da Justiça Federal em setembro de 2015, foi aprovado o Enunciado n. 576, estabelecendo que o direito ao esquecimento pode ser assegurado por tutela judicial inibitória. Assim, nos termos do art. 12 do Código Civil, caberiam medidas de tutela específica para evitar a lesão a esse direito, sem prejuízo da reparação dos danos suportados pela vítima.

Na jurisprudência do Superior Tribunal de Justiça, destaque-se decisão prolatada pela sua Quarta Turma, no Recurso Especial 1.334.097/RJ, julgado em junho de 2013. O acórdão reconheceu o *direito ao esquecimento* de homem inocentado da acusação de envolvimento na chacina da Candelária e que foi retratado pelo extinto programa "Linha Direta", da TV Globo, mesmo após a absolvição criminal. A emissora foi condenada a indenizar o autor da demanda, por danos morais, em R$ 50.000,00 (cinquenta mil reais).

De acordo com o relator do *decisum*, Ministro Luis Felipe Salomão, "muito embora tenham as instâncias ordinárias reconhecido que a reportagem mostrou-se fidedigna com a realidade, a receptividade do homem médio brasileiro a noticiários desse jaez é apta a reacender a desconfiança geral acerca da índole do autor, que, certamente, não teve reforçada sua imagem de inocentado, mas sim a de indiciado". Nesse contexto, aduz o julgador que "se os condenados que já cumpriram a pena têm direito ao sigilo de folha de antecedentes, assim também à exclusão dos registros da condenação no instituto de identificação, por maiores e melhores razões, aqueles que foram absolvidos não podem permanecer com esse estigma, conferindo-lhes a lei o mesmo direito de serem esquecidos (REsp 1.334.097/RJ)".

De data mais próxima, cite-se interessante aresto do Tribunal de Justiça de São Paulo, que reconheceu o direito ao esquecimento em favor de ex-participante do *Big Brother Brasil*, da TV Globo, que teve um dos maiores índices de rejeição do programa. O acórdão foi assim ementado:

> "Dano moral – Direito à intimidade – Vida privada que deve ser resguardada – Participante do programa 'Big Brother Brasil – BBB', edição do ano de 2005, que em 2016 teria recusado o convite da Rede Globo, por meio de seu Departamento de Comunicação, para voltar a participar do Programa em sua versão atual e não autorizou qualquer divulgação de sua vida privada – Matéria divulgada relacionada à sua participação no Programa televisivo e sua atual vida pessoal e profissional – Autora que abdicou da vida pública, trabalha atualmente como carteira e se opôs a divulgação de fatos da vida privada, teve fotografias atuais reproduzidas sem autorização, extraídas de seu Facebook, sofrendo ofensa a sua autoestima, uma vez que a matéria não tinha interesse jornalístico atual, e não poderia ser divulgada sem autorização, caracterizando violação ao art. 5.º, incisos V e X, da Constituição Federal e arts. 186, 187 e 927 do Código Civil, uma vez que lhe desagrada a repercussão negativa de sua atuação no *Reality Show*, resultante da frustrada estratégia que engendrou, buscando alcançar a cobiçada premiação – Livre acesso às páginas do Facebook que não autoriza a livre reprodução de fotografias, por resguardo tanto do direito de imagem quanto do direito autoral – Obrigação de retirar as matérias de seus respectivos *sites*, mediante o fornecimento pela autora das URLs – O compartilhamento de matérias e fotografias nada mais é do que uma forma de 'publicação', qualificando-se apenas pelo fato de que seu conteúdo, no todo ou em parte, é extraído de outra publicação já existente – Quem compartilha também contribui para a disseminação de conteúdos pela rede social, devendo, portanto, responder pelos danos causados – Dano moral caracterizado – Responsabilidade solidária de quem publicou e compartilhou a matéria, com exclusão da provedora de hospedagem, que responde apenas pela obrigação de fazer – Recurso provido em relação à Empresa Baiana de Jornalismo, RBS – Zero Hora e Globo Comunicações e Participações e provido em parte no tocante à Universo On-line" (TJSP, Apelação 1024293-40.2016.8.26.0007, 2.ª Câmara de Direito Privado, São Paulo, Rel. Des. Alcides Leopoldo e Silva Júnior, j. 11.01.2018).

Como outro julgado importante sobre o assunto, voltando-se ao Superior Tribunal de Justiça, entendeu-se pelo *direito à desindexação no âmbito da internet,* com a retirada de conteúdos ofensivos relativos a dados do passado da pessoa. Como consta do acórdão, que teve profundo debate no âmbito da Terceira Turma do Tribunal:

> "Circunstâncias excepcionalíssimas em que é necessária a intervenção pontual do Poder Judiciário para fazer cessar o vínculo criado, nos bancos de dados dos provedores

de busca, entre dados pessoais e resultados da busca, que não guardam relevância para interesse público à informação, seja pelo conteúdo eminentemente privado, seja pelo decurso do tempo. Nessas situações excepcionais, o direito à intimidade e ao esquecimento, bem como a proteção aos dados pessoais deverá preponderar, a fim de permitir que as pessoas envolvidas sigam suas vidas com razoável anonimato, não sendo o fato desabonador corriqueiramente rememorado e perenizado por sistemas automatizados de busca. O rompimento do referido vínculo sem a exclusão da notícia compatibiliza também os interesses individual do titular dos dados pessoais e coletivo de acesso à informação, na medida em que viabiliza a localização das notícias àqueles que direcionem sua pesquisa fornecendo argumentos de pesquisa relacionados ao fato noticiado, mas não àqueles que buscam exclusivamente pelos dados pessoais do indivíduo protegido" (STJ, REsp 1.660.168/RJ, 3.ª Turma, Rel. Min. Nancy Andrighi, Rel. p/ Acórdão Min. Marco Aurélio Bellizze, j. 08.05.2018, *DJe* 05.06.2018).

O caso analisado envolvia a situação de promotora de justiça cujas notícias relacionavam-na com possível fraude em concursos públicos no passado, o que não restou comprovado, decidindo a Corte pela necessidade de retirada dessas informações.

Em 2019, a importância dada ao direito ao esquecimento passou a compor a Edição n. 137 da ferramenta *Jurisprudência em Teses*, do STJ, dedicada aos direitos da personalidade. Conforme a Tese n. 10, que cita o Enunciado n. 531 das *Jornadas de Direito Civil*, "a tutela da dignidade da pessoa humana na sociedade da informação inclui o direito ao esquecimento, ou seja, o direito de não ser lembrado contra sua vontade, especificamente no tocante a fatos desabonadores à honra".

Como outra ilustração, merece ser mencionado acórdão superior de 2020, segundo o qual, "existindo evidente interesse social no cultivo à memória histórica e coletiva de delito notório, incabível o acolhimento da tese do direito ao esquecimento para proibir qualquer veiculação futura de matérias jornalísticas relacionadas ao fato criminoso cuja pena já se encontra cumprida" (STJ, REsp 1.736.803/RJ, 3.ª Turma, Rel. Min. Ricardo Villas Bôas Cueva, j. 28.04.2020, *DJe* 04.05.2020). Como se pode notar, o citado direito não prevaleceu nessa última hipótese fática, diante da predominância de outros direitos e interesses.

De fato, sempre entendi que o chamado *direito ao esquecimento* deveria ser reconhecido como um verdadeiro direito da personalidade, mas não com o uso dessa expressão. Todavia, tal conclusão não afastava a necessidade de sua ponderação, como outros direitos da personalidade e com valores fundamentais. O grande desafio relativo ao chamado *direito ao esquecimento* sempre disse respeito à amplitude de sua incidência, com o fim de não afastar o direito à informação e à liberdade de imprensa. Tanto isso é verdade que foi levantada a repercussão geral sobre o tema perante o Supremo Tribunal Federal (Agravo no Recurso Extraordinário 833.248).

Na audiência pública a respeito desse julgamento, o Professor Anderson Schreiber sustentou que o que se denomina como *direito ao esquecimento* seria, na verdade, um direito de vedar a utilização incorreta de dados pessoais, tese que é defendida em artigo publicado na obra *Direito Civil. Diálogos entre a doutrina e a jurisprudência*, coordenada por este autor e pelo Ministro Luis Felipe Salomão e lançada em 2018. Apesar de saber que o uso da expressão destacada foi amplamente difundido na teoria e na prática, sempre entendi ter total razão o jurista fluminense.

Apesar de todos esses debates doutrinários e jurisprudenciais, o Supremo Tribunal Federal, em fevereiro de 2021, ao julgar o caso Aida Curi, concluiu que o chamado *direito ao esquecimento* seria incompatível com a Constituição Federal de 1988 (Recurso Extraordinário 1.010.606/RJ). A tese fixada, para fins de repercussão geral, foi a seguinte (Tema n. 786):

"É incompatível com a Constituição a ideia de um direito ao esquecimento, assim entendido como o poder de obstar, em razão da passagem do tempo, a divulgação de fatos ou dados verídicos e licitamente obtidos e publicados em meios de comunicação social analógicos ou digitais.

Eventuais excessos ou abusos no exercício da liberdade de expressão e de informação devem ser analisados caso a caso, a partir dos parâmetros constitucionais, especialmente os relativos à proteção da honra, da imagem, da privacidade e da personalidade em geral e as expressas e específicas previsões legais nos âmbitos penal e cível".

Segundo o Ministro Dias Toffoli, portanto, a previsão ou a aplicação de um direito ao esquecimento afrontaria a liberdade de expressão, não cabendo ao Poder Judiciário criar esse suposto direito. Oito Ministros seguiram o Relator, sendo vencidos apenas os Ministros Luiz Edson Fachin e Marco Aurélio.

Com o devido respeito, vejo certa contradição entre as duas partes da tese final, uma vez que os eventuais excessos e abusos cometidos serão resolvidos a partir da técnica de ponderação, com a possibilidade de imposição de sanções, inclusive com a correspondente responsabilidade civil. Não se pode utilizar o termo "direito ao esquecimento", o que não afasta eventual controle sobre a liberdade de expressão, mais uma vez reafirmada pelo Supremo Tribunal Federal como uma espécie de *superdireito*, como antes afirmei.

Justamente para demonstrar que o debate a respeito do tema continua vivo na nossa realidade jurídica, em fevereiro 2022, o Superior Tribunal de Justiça aplicou a tese do STF entendendo que o citado direito ao esquecimento não justifica a exclusão de uma matéria jornalística. Vejamos trecho de sua ementa:

"Em algumas oportunidades, a Quarta e a Sexta Turmas desta Corte Superior se pronunciaram favoravelmente acerca da existência do direito ao esquecimento. Considerando os efeitos jurídicos da passagem do tempo, ponderou-se que o Direito estabiliza o passado e confere previsibilidade ao futuro por meio de diversos institutos (prescrição, decadência, perdão, anistia, irretroatividade da lei, respeito ao direito adquirido, ato jurídico perfeito e coisa julgada). Ocorre que, em fevereiro deste ano, o Supremo Tribunal Federal definiu que o direito ao esquecimento é incompatível com a Constituição Federal (Tema 786). Assim, o direito ao esquecimento, porque incompatível com o ordenamento jurídico brasileiro, não é capaz de justificar a atribuição da obrigação de excluir a publicação relativa a fatos verídicos" (STJ, REsp 1.961.581/MS, 3.ª Turma, Rel. Min. Nancy Andrighi, j. 07.12.2021, *DJe* 13.12.2021).

Como última observação a respeito do assunto, pontuo que o Projeto de Reforma do Código Civil não pretende tratar, no livro específico do Direito Civil Digital, do chamado *direito ao esquecimento,* mas, sim, da possibilidade de retirada de conteúdo ofensivo, notadamente se houver abuso de direito em sua utilização. Nos termos de proposta ainda sem numeração, "a pessoa pode requerer a exclusão permanente de dados ou de informações a ela referentes, que representem lesão aos seus direitos de personalidade, diretamente no *site* de origem em que foi publicado". A proposta considera como requisitos para a concessão desse pedido judicial: *a)* a demonstração de transcurso de lapso temporal razoável da publicação da informação verídica; *b)* a ausência de interesse público ou histórico relativo à pessoa ou aos fatos correlatos; *c)* a demonstração de que a manutenção da informação em sua fonte poderá gerar significativo potencial de dano à pessoa ou aos seus representantes; *d)* a demonstração de que a manutenção da informação em sua fonte poderá gerar significativo potencial de dano à pessoa ou aos seus representantes legítimos e nenhum benefício para

CAP. 3 · ANÁLISE DO CÓDIGO CIVIL DE 2002. PARTE GERAL. DA PESSOA NATURAL | 141

quem quer que seja; *e)* a presença de abuso de direito no exercício da liberdade de expressão e de informação; e *f)* a concessão de autorização judicial. Segue-se, portanto, a tese fixada pelo Supremo Tribunal Federal em sede de repercussão geral (Tema n. 786).

Essa mesma proposta traz um § 1.º, segundo o qual, se provado pela pessoa interessada que a informação veio ao conhecimento de quem levou seu conteúdo a público, por erro, dolo, coação, fraude ou por outra maneira ilícita, o juiz deverá imediatamente ordenar a sua exclusão, invertendo-se o ônus da prova para que o *site* onde a informação se encontra indexada demonstre razão para sua manutenção. Além disso, são considerados como obtidos ilicitamente, entre outros, os dados e as informações que tiverem sido extraídos de processos judiciais que correm em segredo de justiça, os obtidos por meio de *hackeamento* ilícito, os que tenham sido fornecidos por comunicação pessoal, ou a respeito dos quais o divulgador tinha dever legal de mantê-los em sigilo (§ 2.º).

Também há proposição de se incluir no livro de *Direito Civil Digital* o chamado *direito à desindexação*. Pelo comando sugerido, a qualquer pessoa é possível requerer a aplicação desse direito, "que consiste na remoção do *link* que direciona a busca para informações inadequadas, não mais relevantes, abusivas ou excessivamente prejudiciais ao requerente e que não possuem utilidade ou finalidade para a exposição, de mecanismos de busca, *websites* ou plataformas digitais, permanecendo o conteúdo no *site* de origem". Serão tidas como hipóteses de remoção de conteúdo, entre outras, as que envolvem a exposição de: a) imagens pessoais explícitas ou íntimas; *b)* a pornografia falsa involuntária envolvendo o usuário; *c)* informações de identificação pessoal dos resultados da pesquisa; e *d)* conteúdo que envolva imagens de crianças e de adolescentes.

Ainda se almeja um comando prevendo que os mecanismos de busca pela *internet*, caso do *Google*, deverão estabelecer procedimentos claros e acessíveis para que os usuários possam solicitar a exclusão de seus dados pessoais ou daqueles que estão sob sua autoridade parental, tutela ou curatela.

Entendo que a aprovação dessas propostas é urgente e necessária, a fim de regular comportamentos e atos praticados no meio digital, muitas vezes nocivos, trazendo segurança jurídica e estabilidade para essa importante temática.

Superada essas intrincadas questões, com conteúdo prático fundamental para a compreensão da tendência da constitucionalização do Direito Civil, o mesmo Enunciado n. 274 da *IV Jornada* dispõe na sua segunda parte que em caso de colisão entre os direitos da personalidade deve-se adotar a *técnica de ponderação*. O desenvolvimento dessa técnica, no Direito Comparado, é atribuído a Robert Alexy, jurista alemão (*Teoria...*, 2008).

Pela *técnica de ponderação*, nas hipóteses de difícil solução (*hard cases*) os princípios e direitos fundamentais devem ser sopesados no caso concreto pelo aplicador do Direito, para se buscar a melhor solução.

A técnica exige dos aplicadores uma ampla formação, inclusive interdisciplinar, para que não conduza a situações absurdas. O presente autor é grande entusiasta da utilização dessa técnica, como também são os doutrinadores que seguem a linha do Direito Civil Constitucional; além de parcela considerável dos constitucionalistas.

Atualizando a obra, é importante esclarecer que a técnica da ponderação foi incluída expressamente no Código de Processo Civil de 2015. Ao tratar dos elementos da sentença, estabelece o § 2.º do art. 489 do Estatuto Processual emergente: "no caso de colisão entre normas, o juiz deve justificar o objeto e os critérios gerais da ponderação efetuada, enunciando as razões que autorizam a interferência na norma afastada e as premissas fáticas que fundamentam a conclusão".

Na minha opinião doutrinária, e respeitando a posição em contrário, a ponderação é um mecanismo argumentativo de grande relevo para a solução das problemáticas atuais mais complexas. Não restam dúvidas de que esse relevante artifício de lógica jurídica é associado à visão civil-constitucional do sistema, pois é a partir da Constituição Federal que são resolvidos problemas essencialmente privados.

A sistematização da ideia de pesagem remonta ao estudo de Robert Alexy, professor da Universidade de Kiel, Alemanha, traduzido no Brasil por Virgílio Afonso da Silva, professor titular da Faculdade de Direito da Universidade de São Paulo (ALEXY, Robert. *Teoria...*, 2008). Para o presente autor, parece que foram as lições do jurista tedesco que influenciaram a elaboração do dispositivo inserido no Código de Processo Civil de 2015. Alexy trata, em sua obra, da ponderação de direitos fundamentais. Contudo, aquela constante do Novo CPC é mais ampla, tratando de normas. Essa é a diferença essencial entre as duas, a conduzir à existência de uma *ponderação à brasileira*.

Tratando da inserção da regra no Novo Código de Processo Civil, demonstram Fredie Didier Jr., Rafael Alexandria de Oliveira e Paula Sarno Barbosa a insuficiência de a ponderação ser utilizada apenas para resolver conflitos de direitos fundamentais. Segundo os autores, citando a posição de Humberto Ávila:

> "A ponderação não é exclusividade dos princípios: as regras também podem conviver abstratamente, mas colidir concretamente; as regras podem ter seu conteúdo preliminar no sentido superado por razões contrárias; as regras podem conter hipóteses normativas semanticamente abertas (conceitos legais indeterminados); as regras admitem formas argumentativas como a analogia. Em todas essas hipóteses, entende Ávila, é necessário lançar mão da ponderação. (...). Por outro lado, Ávila entende que nem mesmo o sopesamento é exclusivo dos princípios; as regras também possuem uma dimensão de peso. Prova disso seriam os métodos de aplicação que relacionam, ampliam ou restringem o seu sentido em função dos valores e fins a que elas visavam resguardar. A dimensão de peso não é algo inato à norma, mas uma qualidade das razões e dos fins a que ela se refere e que é atribuída a partir de um juízo valorativo do aplicador" (DIDIER JR., Fredie; OLIVEIRA, Rafael Alexandria de; BRAGA, Paula Sarno. *Curso...*, v. 2, 2015, p. 325).

Vale lembrar que Fredie Didier Jr. teve atuação destacada na elaboração do então projeto de Novo CPC, quando da sua tramitação na Câmara dos Deputados, sendo ele um dos entusiastas e incentivadores da introdução dessa regra no Estatuto Processual emergente.

Ao demonstrar a importância da construção da ponderação, o Ministro do STF Luís Roberto Barroso compara a *subsunção* – incidência direta da norma – a um quadro geométrico com três cores distintas e bem nítidas. A *ponderação*, nessa mesma simbologia, será uma pintura moderna, "com inúmeras cores sobrepostas, algumas se destacando mais do que as outras, mas formando uma unidade estética". Entretanto, o jurista faz um alerta: "Ah, sim: a ponderação malfeita pode ser tão ruim quanto algumas peças de arte moderna" (BARROSO, Luís Roberto. *Curso...*, 2009. p. 334).

Em sua obra, visando à ponderação, Alexy parte de algumas premissas tidas como básicas para que a pesagem ou o sopesamento entre os princípios seja possível, e que, repise-se, parecem ter sido adotadas pela Nova Norma Instrumental Brasileira.

Como *primeira premissa*, o doutrinador alemão traz o entendimento de que os direitos fundamentais têm, na maioria das vezes, a estrutura de princípios, sendo *mandamentos de otimização* "caracterizados por poderem ser satisfeitos em graus variados e pelo fato de

CAP. 3 · ANÁLISE DO CÓDIGO CIVIL DE 2002. PARTE GERAL. DA PESSOA NATURAL | **143**

que a medida devida de sua satisfação não depende somente das possibilidades fáticas, mas também das possibilidades jurídicas" (ALEXY, Robert. *Teoria...*, 2008. p. 91).

Em seguida, como *segunda premissa*, é reconhecido que, em um sistema em que há o comprometimento com valores constitucionais, pode ser frequente a ocorrência de colisões entre os princípios, o que, invariavelmente, acarretará restrições recíprocas entre os valores tutelados. Consigne-se que, de acordo com o jurista germânico, a colisão entre regras e princípios é distinta, uma vez que, no primeiro caso, uma das regras deve ser retirada obrigatoriamente do sistema, o que não ocorre no segundo. Por isso, nas últimas hipóteses pode-se falar em relativização de princípios ou mesmo em direitos fundamentais, uma vez que princípios com peso maior devem prevalecer sobre princípios com peso menor.

Presente o conflito entre princípios, sem que qualquer um deles seja retirado do sistema, como *terceira premissa*, o aplicador do Direito deve fazer uso da *técnica de ponderação*. Em tal sopesamento, na presença da lei de colisão, os princípios são numerados por $P1$ e $P2$; C são as condições de procedência de um princípio sobre o outro, enquanto $T1$, $T2$ e $T3$ são os fatores fáticos que influenciam a colisão e a conclusão (ALEXY, Robert. *Teoria...*, 2008. p. 94-99). A aplicação da ponderação nada mais é do que a solução do caso concreto de acordo com a *máxima da proporcionalidade*.

Encerrando, a *quarta e última premissa* é a de que a pesagem deve ser fundamentada, calcada em uma argumentação jurídica com solidez e objetividade, para não ser arbitrária e irracional. Para tanto, deve ser bem clara e definida a fundamentação de *enunciados de preferências* em relação a determinado valor constitucional.

Para explicar a ponderação, Alexy relata o *caso Lebach*. A emissora alemã ZDF tinha a intenção de exibir documentário intitulado *O assassinato de soldados em Lebach*, que contava a história do assassinato de quatro soldados alemães que faziam sentinela em um depósito, o que culminou com o roubo de munição do exército alemão, incidente ocorrido em 1969. Um dos condenados pelo crime estava prestes a ser solto às vésperas da veiculação do programa televisivo, no qual era citado nominalmente. Então, ele ingressou com medida cautelar para que o programa não fosse exibido, pois haveria uma clara afronta ao seu direito fundamental à imagem. O Tribunal Estadual na Alemanha rejeitou o pedido do autor da demanda para a não exibição do documentário, o que foi confirmado pelo Tribunal Superior Estadual, diante da liberdade de informar e do interesse coletivo quanto ao conteúdo do documentário (ALEXY, Robert. *Teoria...*, 2008. p. 100).

A questão chegou até a Suprema Corte alemã, que a resolveu a partir da ponderação de princípios constitucionais. A argumentação do julgamento foi dividida em três etapas, as quais são dispostas a seguir.

Na primeira delas, foi demonstrada a colisão entre o direito à imagem ou à personalidade ($P1$) e a liberdade de informar ($P2$), dois valores constitucionais tutelados e de mesmo nível. A prevalência de $P1$ levaria à proibição do programa, enquanto a prevalência de $P2$, à sua exibição. Na segunda etapa, o julgamento conclui inicialmente pela prevalência de $P2$ sobre $P1$, em uma relação de procedência, diante dos interesses coletivos à solução de crimes. Contudo, na terceira etapa, há a conclusão pela prevalência de $P1$, no sentido de que o documentário não deveria ser exibido. Dois fatores fáticos substanciais acabaram por influenciar o sopesamento: *a)* não haveria mais um interesse atual pela notícia do crime; *b)* haveria um risco para a ressocialização do autor da demanda.

No Brasil, ponderação similar como a descrita no *caso Lebach* foi realizada pelo Tribunal de Justiça de São Paulo, em caso que envolvia a apresentadora de televisão Daniella Cicarelli, que foi flagrada em relações íntimas com o namorado em uma praia da Espanha,

144 | DIREITO CIVIL • VOL. 1 – *Flávio Tartuce*

tendo as imagens reproduzidas no YouTube, *site* especializado em vídeos mantido pela Google. O Tribunal, em demanda inibitória de tutela da personalidade proposta por ambos, acabou concluindo pela não exibição das imagens, de forma definitiva. Vejamos a ementa desse paradigmático julgamento:

> "Ação inibitória fundada em violação do direito à imagem, privacidade e intimidade de pessoas fotografadas e filmadas em posições amorosas em areia e mar espanhóis – Esfera íntima que goza de proteção absoluta, ainda que um dos personagens tenha alguma notoriedade, por não se tolerar invasão de intimidades [cenas de sexo] de artista ou apresentadora de TV – Inexistência de interesse público para se manter a ofensa aos direitos individuais fundamentais (arts. 1.º, III, e 5.º, V e X, da CF) – Manutenção da tutela antecipada expedida no Agravo de Instrumento 472.738-4 e confirmada no julgamento do Agravo de Instrumento 488.184-4/3 – Provimento para fazer cessar a divulgação dos filmes e fotografias em *websites*, por não ter ocorrido consentimento para a publicação – Interpretação dos arts. 461 do CPC e 12 e 21 do CC, preservada a multa diária de R$ 250.000,00, para inibir transgressão ao comando de abstenção" (TJSP, Apelação Cível 556.090.4/4-00/SP, 4.ª Câmara de Direito Privado, Rel. Enio Zuliani, j. 12.06.2008, Data de Registro: 17.07.2008).

Alerte-se, contudo, que a técnica da ponderação é criticada por alguns juristas, caso de Lenio Luiz Streck, conforme suas colunas publicadas no informativo *Consultor Jurídico*. Em um de seus mais destacados textos, argumenta o respeitado jurista:

> "Surpreende, p3ortanto, que o novo CPC incorpore algo que não deu certo. Pior: não satisfeito em falar da ponderação, foi mais longe na tropelia epistêmica: fala em colisão entre normas (seria um abalroamento hermenêutico?) o que vai trazer maiores problemas ainda, pela simples razão de que, na linguagem jurídica, regras e princípios são... normas. E são. Já ninguém duvida disso. Logo, o que vai haver de 'ponderação de regras' não tem limite. Ou seja, sem exageros, penso que o legislador cometeu um equívoco. Ou as tais 'normas-que-entram-em-colisão' seriam os tais 'postulados', 'metanormas' pelas quais se faz qualquer coisa com o direito? Isso tem nome: risco de estado de natureza hermenêutico, eis o espectro que ronda, no mau sentido, o direito brasileiro".

E arremata, propondo o veto ao comando pela Presidente da República, o que não ocorreu:

> "Quem disse que a ponderação (seja lá o que o legislador quis dizer com essa expressão) é necessária? Por exemplo, é possível demonstrar que essa história de colisão não passa de um álibi retórico para exercer a escolha arbitrária. Posso demonstrar que onde se diz existir uma 'tal' colisão, na verdade o que existe é apenas um artifício para exercitar uma 'livre escolha'. Jusfilósofos como Juan Garcia Amado ironizam essa 'manobra pseudoargumentativa' que é lançar mão da ponderação. O caso Elwanger é um bom exemplo, em que nada havia a 'ponderar' (o melhor texto sobre isso é de Marcelo Cattoni): bastava aplicar a lei que dizia que racismo é crime hediondo. Na verdade, posso demonstrar que o argumento da 'colisão' sempre chega atrasado. Sempre" (STRECK, Lenio Luiz. *Ponderação de Normas...* Disponível em: <http://www.conjur.com.br/2015-jan-08/senso-incomum-ponderacao--normas-cpc-caos-dilma-favor-veta>. Acesso em: 24 de janeiro de 2015).

Na opinião do presente autor, a crítica não se sustenta. Começando pelo final do texto de Lenio Streck, a ponderação é sim necessária para resolver os casos de difícil solução, especialmente aqueles em que a lei é insuficiente ou ausente.

CAP. 3 · ANÁLISE DO CÓDIGO CIVIL DE 2002. PARTE GERAL. DA PESSOA NATURAL | 145

Como solucionar o dilema entre a liberdade de imprensa e a imagem, conforme ainda será exposto? Aplicando pura e simplesmente o art. 20 do Código Civil? Ora, isso conduziria à censura, a uma solução inconstitucional, como bem entendeu o Supremo Tribunal Federal no julgado sobre biografias não autorizadas, em junho de 2015.

Em reforço, não acredito que a ponderação é um ato de *livre escolha*. Essa é a *má ponderação*, como o alerta do Ministro Luís Roberto Barroso, aqui antes exposto. Nos termos do que consta do CPC/2015, seguindo as lições de Alexy, a *boa ponderação* sempre deve ser fundamentada e utilizada em situações excepcionais, quando a lei não traz a correta solução.

Por fim, o aumento do poder atribuído ao julgador nos parece saudável. Isso tem sido incrementado pelas legislações contemporâneas não só no Brasil, como na Europa, baseado em conceitos abertos, conceitos legais indeterminados e cláusulas gerais. O próprio Código de Processo Civil de 2015 confirma essa tendência, pela adoção de um modelo aberto. O legislador reconhece que não pode prever tudo, resolver tudo, e atribui um pouco de *seu poder* ao julgador. Qual sistema jurídico seria melhor do que esse? Aquele pautado na estrita legalidade? Ora, o *legalismo* não vingou, está superado. É o momento abrir os sistemas jurídicos. Por que não confiar nos julgadores, deixando a fé somente no legislador?

Nesse contexto de afirmação, por diversas vezes essa técnica será na presente obra utilizada para a solução de casos práticos de conteúdo bem interessante. Como outra ilustração imediata da incidência da ponderação, vejamos julgado do Superior Tribunal de Justiça, que trata de caso concreto bem peculiar (*Informativo* n. *467* do STJ):

> "Indenização. Danos materiais e morais. Exame involuntário. Trata-se, na origem, de ação de reparação por danos materiais e compensação por danos morais contra hospital no qual o autor, recorrente, alegou que preposto do recorrido, de forma negligente, realizou exame não solicitado, qual seja, anti-HIV, com resultado positivo, o que causou enorme dano, tanto material quanto moral, com manifesta violação da sua intimidade. A Turma, ao prosseguir o julgamento, por maioria, entendeu que, sob o prisma individual, o direito de o indivíduo não saber que é portador de HIV (caso se entenda que este seja um direito seu, decorrente da sua intimidade) sucumbe, é suplantado por um direito maior, qual seja, o direito à vida longeva e saudável. Esse direito somente se revelou possível ao autor da ação com a informação, involuntária é verdade, sobre o seu real estado de saúde. Logo, mesmo que o indivíduo não queira ter conhecimento da enfermidade que o acomete, a informação correta e sigilosa sobre o seu estado de saúde dada pelo hospital ou laboratório, ainda que de forma involuntária, tal como no caso, não tem o condão de afrontar sua intimidade, na medida em que lhe proporciona a proteção de um direito maior. Assim, a Turma, por maioria, negou provimento ao recurso" (REsp 1.195.995/SP, Rel. originária Min. Nancy Andrighi, Rel. para acórdão Min. Massami Uyeda, j. 22.03.2011).

Como se nota, o acórdão coloca em pauta o que já vem sendo chamado de *o direito de não saber*. Conforme leciona Lucas Miotto Lopes, "O direito de não saber é um direito distinto do direito à privacidade e só tem efeitos caso haja a manifestação expressa de preferência. Tem limites na probabilidade da violação de direitos de outras pessoas" (LOPES, Lucas Miotto. *EU não quero saber!...*, 2014, p. 82-97). Esse limite foi aplicado ao caso exposto, pois o fato de o demandante não saber ser pessoa com vírus HIV poderia trazer prejuízos a terceiros. Por isso, o seu pedido reparatório em face do laboratório que fez o exame de sangue de maneira equivocada foi corretamente rejeitado.

Em julgado do ano de 2019, igualmente digno de comentário, o Superior Tribunal de Justiça reconheceu a eficiência da técnica da ponderação para resolver conflitos entre princípios e normas. Trata-se do caso do "passinho do romano", em que a Sociedade Beneficente

146 | DIREITO CIVIL • VOL. 1 – *Flávio Tartuce*

Muçulmana ingressou com ação indenizatória em face de Google Brasil Internet, mantenedora do *site* YouTube, alegando a existência de diversos vídeos do *funk* com esse nome, em que haveria suposto desrespeito à religião por utilizar trechos do Alcorão.

Abordou-se, portanto, a colisão entre a liberdade de expressão e a inviolabilidade de crença religiosa. Como primeiro trecho importante, consta da ementa do aresto que "o § 2.º do art. 489 do CPC/2015 estabelece balizas para a aplicação da técnica da ponderação visando a assegurar a racionalidade e a controlabilidade da decisão judicial, sem implicar a revogação de outros critérios de resolução de antinomias, tais como os expostos na Lei de Introdução às Normas do Direito Brasileiro, que permanecem aplicáveis" (STJ, REsp 1.765.579/SP, 3.ª Turma, Rel. Min. Ricardo Villas Bôas Cueva, j. 05.02.2019, *DJe* 12.02.2019). Conclui-se, assim, que a ponderação deve conviver com os clássicos critérios de solução das antinomias, estudados no Capítulo 1 deste livro.

Sobre os critérios que devem ser utilizados pelos julgadores para uma *boa ponderação*, extrai-se do acórdão o seguinte:

> "Sob essa perspectiva, pode-se entender o § 2.º do art. 489 do CPC/2015 como uma diretriz que exige do juiz que justifique a técnica utilizada para superar o conflito normativo, não o dispensando do dever de fundamentação, mas, antes, reforçando as demais disposições correlatas do Novo Código, tais como as dos arts. 10, 11, 489, § 1.º, e 927. Sempre caberá às instâncias recursais competentes aferirem, em cada caso, se a técnica da ponderação foi bem aplicada e, consequentemente, se a decisão judicial possui fundamentação válida". Ao final manteve-se a decisão de prevalência da liberdade de expressão, rejeitando-se o pedido reparatório, com o entendimento de que a ponderação foi bem efetivada pela inferior instância: "no que compete a este órgão julgador, porém, não se vislumbra nulidade do acórdão recorrido por violação da legislação processual vigente, haja vista o Tribunal de origem ter (i) enfrentado todas as questões relevantes necessárias à solução da controvérsia e capazes de infirmar sua conclusão e (ii) apresentado de forma clara o objeto e os critérios gerais da ponderação de princípios efetuada, mediante a exposição das razões fáticas e jurídicas que fundamentaram a formação do seu convencimento pela prevalência da liberdade de expressão" (STJ, REsp 1.765.579/SP, 3.ª Turma, Rel. Min. Ricardo Villas Bôas Cueva, j. 05.02.2019, *DJe* 12.02.2019).

Como última nota a respeito do assunto, destaco que no Anteprojeto de Reforma do Código Civil pretende-se incluir expressamente no art. 11 do Código Civil a menção expressa à técnica de ponderação, local mais correto para o seu tratamento. Assim, o comando enunciará em seu § 3.º que "a aplicação dos direitos da personalidade deve ser feita à luz das circunstâncias e exigências do caso concreto, aplicando-se a técnica da ponderação de interesses, nos termos exigidos pelo art. 489, § 2º, da Lei nº 13.105, de 16 de março de 2015 (Código de Processo Civil)". Em matéria de ambiente digital, a ideia que o projeto traz é que os conflitos entre direitos existentes nesse âmbito igualmente sejam resolvidos a partir da técnica de ponderação.

Analisadas tais construções introdutórias e exemplos, passa-se à classificação e principais características dos direitos da personalidade consagradas pelo Código Civil de 2002. Esclareça-se, de antemão, que a codificação privada tratou especificamente dos direitos da personalidade entre os seus arts. 11 e 21.

Conforme se extrai da obra de Anderson Schreiber, alguns dos novos comandos apresentam problemas técnicos, pois houve um tratamento excessivamente rígido da matéria (*Direitos...*, 2011, p. 12). Como aponta o jurista, "muitos dos dispositivos dedicados ao tema trazem soluções absolutas, definitivas, fechadas, que, como se verá adiante, não se

CAP. 3 · ANÁLISE DO CÓDIGO CIVIL DE 2002. PARTE GERAL. DA PESSOA NATURAL | 147

ajustam bem à realidade contemporânea e à própria natureza dos direitos da personalidade" (SCHREIBER, Anderson. *Direitos...*, 2011, p. 12). Por isso é imperiosa a reforma do Código Civil, para que esses equívocos sejam sanados, havendo propostas para praticamente todos os dispositivos sobre o tema, com exceção do art. 21 do CC/2002. Vejamos a análise de tais regramentos, no desenvolvimento do tópico a seguir.

3.2.2 Classificação e características dos direitos da personalidade

A classificação dos direitos da personalidade não tem na doutrina uma conceituação global, divergindo os autores sobre o tema. Contudo, em contrapartida, não há como negar que os direitos da personalidade são aqueles que invariavelmente estão ligados à pessoa humana, ainda que com suas emanações e prolongamentos, pois representam os direitos mais íntimos e fundamentais do ser humano.

O Código Civil de 2002 também relaciona os direitos da personalidade às pessoas jurídicas, pela redação do seu art. 52, dispositivo que vem despertando grandes discussões, justamente porque os direitos da personalidade, para parcela considerável dos estudiosos, seriam apenas inerentes à pessoa humana.

Os direitos da personalidade são, em suma, aquelas qualidades que se agregam ao homem, sendo intransmissíveis, irrenunciáveis, extrapatrimoniais e vitalícios, comuns da própria existência da pessoa e cuja norma jurídica permite sua defesa contra qualquer ameaça. O direito objetivo autoriza a defesa dos direitos da personalidade, que, por sua vez, são direitos subjetivos da pessoa de usar e dispor daquilo que lhe é próprio, ou seja, um poder da vontade do sujeito somado ao dever jurídico de respeitar aquele poder por parte de outrem.

Tratando-se assim de direitos subjetivos, inerentes à pessoa (inatos), os direitos da personalidade são permissões jurídicas dadas pela norma que, no caso, é o Código Civil. Porém, se analisarmos concretamente o Código de 2002, percebe-se que muitos dos *bens* da personalidade, dentro das características expostas, deixaram de ser abordados pelo legislador, como aqueles relacionados com a bioética e o biodireito.

Sobre tais temas, repise-se, prevê o Enunciado n. 2 do CJF/STJ que, "sem prejuízo dos direitos da personalidade nele assegurados, o art. 2.º do Código Civil não é sede adequada para questões emergentes da reprogenética humana, que deve ser objeto de um estatuto próprio", o que confirma as palavras do próprio Miguel Reale de que não caberia à codificação privada tratar desses assuntos, típicos da legislação especial. Esse estatuto próprio, pelo menos parcialmente, é a Lei 11.105/2005 (Lei de Biossegurança). De todo modo, para que o Código Civil volte a ter um protagonismo perdido para o Direito Privado, almeja-se que temas relativos às novas tecnologias sejam nele inseridos, caso da reprodução assistida, conforme está no Projeto de Reforma, elaborado pela Comissão de Juristas e em trâmite no Congresso Nacional.

Da análise do texto legal nota-se que a vida, o nome, a integridade físico-psíquica, a honra, a imagem, a produção intelectual e a intimidade foram cobertos pelo manto da codificação privada em vigor, enquanto outros deixaram de ser devidamente abordados, caso da orientação sexual da pessoa humana. De qualquer modo, conforme já afirmado, não se pode dizer que os direitos da personalidade tratados pelo Código Civil são os únicos admitidos (Enunciado n. 274 do CJF/STJ). Há, como antes pontuado, uma *cláusula geral de tutela humana*, prevista na CF/1988 (art. 1.º, III), que admite outros direitos da pessoa, havendo proposta de sua inclusão expressa na codificação privada, por meio do Projeto de sua Reforma, em trâmite no Congresso Nacional.

148 | DIREITO CIVIL • VOL. 1 – *Flávio Tartuce*

Relativamente ao tema, Gustavo Tepedino demonstra a existência de duas grandes correntes que procuram justificar a existência dogmática de tal proteção, nos seguintes termos:

"O debate que se propõe mostra-se, pois, de grande atualidade, em razão de o Código Civil de 2002 ter dedicado um capítulo específico ao tema, que deve ser interpretado à luz do art. 1.º, inc. III, da Constituição Federal. Tem-se como induvidoso que as previsões constitucionais e legislativas, dispersas e casuísticas, não lograram êxito em tutelar de forma exaustiva todas as manifestações da personalidade. Diante disso, tornam-se superadas tanto as teorias pluralistas, segundo as quais os chamados direitos de personalidade se encontram tipificados nos textos legislativos, quanto as teorias monistas, que sustentam a existência de um único direito de personalidade, originário e geral, capaz de conter todas as multifacetadas situações existenciais" (texto de apoio para o Curso à Distância em *Direito Civil Constitucional*, oferecido pela PUCMG, out. 2004. Enviado por mensagem eletrônica).

Seguindo as palavras de Tepedino, será demonstrada uma forte tendência de *despatrimonialização e personalização do Direito Privado* (alguns preferem utilizar a expressão *repersonalização*, caso de Luiz Edson Fachin), o que repercute na análise de vários institutos de Direito Civil, com relevante função prática. Por certo é que, pelo prisma constitucional, os direitos da personalidade não podem estar enquadrados em um rol taxativo de situações.

Aliás, mesmo o rol de direitos constante da Constituição não é taxativo, pois não exclui outros direitos colocados a favor da pessoa humana. Como outro exemplo, cite-se o direito à orientação sexual, que não consta expressamente da Constituição Federal. Concretizando tal direito, o Superior Tribunal de Justiça entendeu pela possibilidade de reparação imaterial em decorrência da utilização de apelido em notícia de jornal, com o uso do termo "bicha". Vejamos a ementa da decisão, que resolve a questão pelo abuso de direito, instituto que ainda será estudado.

"Direito civil. Indenização por danos morais. Publicação em jornal. Reprodução de cognome relatado em boletim de ocorrências. Liberdade de imprensa. Violação do direito ao segredo da vida privada. Abuso de direito. A simples reprodução, por empresa jornalística, de informações constantes na denúncia feita pelo Ministério Público ou no boletim policial de ocorrência consiste em exercício do direito de informar. Na espécie, contudo, a empresa jornalística, ao reproduzir na manchete do jornal o cognome – 'apelido' – do autor, com manifesto proveito econômico, feriu o direito dele ao segredo da vida privada, e atuou com abuso de direito, motivo pelo qual deve reparar os consequentes danos morais. Recurso especial provido" (STJ, REsp 613.374/MG, 3.ª Turma, Rel. Min. Nancy Andrighi, j. 17.05.2005, *DJ* 12.09.2005, p. 321).

Retornando ao atual Código Civil, este traz características dos direitos inerentes a pessoas de forma tímida, prevendo o seu atual art. 11 que "com exceção dos casos previstos em lei, os direitos da personalidade são intransmissíveis e irrenunciáveis, não podendo o seu exercício sofrer limitação voluntária".

O antigo Projeto 6.960/2002, de autoria do Deputado Ricardo Fiuza, depois Projeto 699/2011, pretendia alterar tal dispositivo, passando o art. 11 do CC a ter a seguinte redação:

"Art. 11. O direito à vida, à integridade físico-psíquica, à identidade, à honra, à imagem, à liberdade, à privacidade, à opção sexual e outros reconhecidos à pessoa são natos, absolutos, intransmissíveis, indisponíveis, irrenunciáveis, ilimitados, imprescritíveis, impenhoráveis e inexpropriáveis".

CAP. 3 · ANÁLISE DO CÓDIGO CIVIL DE 2002. PARTE GERAL. DA PESSOA NATURAL | **149**

Inicialmente, conforme reconhecia o próprio Deputado Fiuza, consta no texto acima um erro de digitação. Onde se lê a expressão *natos* deverá constar *inatos*, que significa *inerentes à pessoa, ínsitos à sua qualidade, originários do sujeito*. Muitos doutrinadores associam a expressão à concepção ou ao nascimento da pessoa. Todavia, a melhor compreensão de *inato* retira tal requisito, pois existem direitos da personalidade que não surgem em tais momentos, caso dos direitos de autor (por todos, ver: CHINELLATO, Silmara Juny. *Direito...*, 2008, p. 222-223).

Observa-se que o antigo Projeto Fiuza pretendia ampliar o texto atual, trazendo tentativa de conceituar tais direitos, bem como as suas principais características. Em obra em que comentou as principais inovações do Código Civil de 2002, o Deputado Ricardo Fiuza expunha algumas críticas em relação a tal mudança. A mais contundente foi formulada pelo saudoso Miguel Reale, para quem "conceber o direito da personalidade como direito inato nos reconduz ao mais superado dos jusnaturalismos. Não tem cabimento declarar que os direitos da personalidade não podem ser expropriados" (FIUZA, Ricardo. *O novo Código Civil...*, 2003, p. 36).

Por tal crítica, já ficava em dúvida a proposta de mudança. Primeiro porque não ficava claro se a alteração esgota as características de tais direitos, o que não parece ser a intenção. Se assim fosse, não seria bem-vinda a proposta diante do que ensina a maior parte da doutrina, e pelo teor do Enunciado n. 274 da *IV Jornada de Direito Civil*. Segundo, pelas palavras do próprio Miguel Reale, que aqui foram transcritas. Terceiro, porque alguns dos conceitos que nela constam estão superados, caso da "opção sexual".

Por tudo isso, o Projeto de Reforma do Código Civil, elaborado pela Comissão de Juristas nomeada no âmbito do Senado Federal, não traz proposição para que o art. 11 do CC/2002 seja alterado nessa linha de enumerar alguns dos direitos da personalidade, mas para a consagração da antes aludida *cláusula geral de tutela da pessoa humana:* "os direitos da personalidade se prestam à tutela da dignidade humana, protegendo a personalidade individual de forma ampla, em todas as suas dimensões".

A propósito, a mais recente Reforma Trabalhista (Lei 13.467/2017) acabou por seguir o mesmo caminho da proposta anterior, de tentar elencar os direitos da personalidade, no tratamento do que denominou como dano extrapatrimonial. Conforme o novo art. 223-C da CLT, a honra, a imagem, a intimidade, a liberdade de ação, a autoestima, a sexualidade, a saúde, o lazer e a integridade física são os bens juridicamente tutelados inerentes à pessoa física. Por outra via, são reconhecidos como direitos da personalidade da pessoa jurídica a imagem, a marca, o nome, o segredo empresarial e o sigilo da correspondência (art. 223-D da CLT). Se o objetivo foi de esgotar a relação dos direitos da personalidade, acredito até na inconstitucionalidade das normas, diante do tratamento exemplificativo dos direitos fundamentais, retirado do art. 5.º do Texto Maior.

Voltando-se ao Código Civil, mesmo sendo inicialmente contrários à mudança no ponto de vista científico, para fins didáticos, cabe apontar e discutir as características dos direitos da personalidade, pelo texto do antigo Projeto Ricardo Fiuza (PL 6.960/2002). É o que será feito a partir de então.

3.2.2.1 *Direitos inatos, ilimitados e absolutos*

Para afastar qualquer dúvida quanto ao sentido da expressão *inato*, é interessante expor o que consta no moderno *Dicionário Houaiss da língua portuguesa:* "inato. 1 que pertence ao ser desde o seu nascimento; inerente, natural, congênito talento i.".

Dessa forma, por ser o direito da personalidade decorrente da natureza da pessoa, é indeclinável o seu caráter ilimitado, "ante a impossibilidade de se imaginar um número fechado de direitos da personalidade" (DINIZ, Maria Helena. *Curso...*, 2002, v. 1, p. 121). Além disso, os direitos da personalidade têm também caráter absoluto, com eficácia *erga omnes* (contra todos), principalmente se confrontados com os direitos pessoais puros, caso dos direitos obrigacionais e contratuais.

Entretanto, por uma questão lógica, tal regra pode comportar exceções, havendo, eventualmente, relativização desse caráter ilimitado e absoluto. Prevê o Enunciado n. 4 do CJF/STJ, aprovado na *I Jornada de Direito Civil*, que "o exercício dos direitos da personalidade pode sofrer limitação voluntária, desde que não seja permanente nem geral".

Adotando os exatos termos do enunciado doutrinário, concluiu o STJ, em aresto publicado no seu *Informativo* n. *606*, que "o exercício dos direitos da personalidade pode ser objeto de disposição voluntária, desde que não permanente nem geral, estando condicionado à prévia autorização do titular e devendo sua utilização estar de acordo com o contrato estabelecido entre as partes" (REsp 1.630.851/SP, Rel. Min. Paulo de Tarso Sanseverino, 3.ª Turma, por unanimidade, julgado em 27.04.2017, *DJe* 22.06.2017).

O acórdão diz respeito à indenização pelo uso de mensagem de voz em gravação de saudação telefônica, trazendo a correta conclusão segundo a qual a voz encontra proteção nos direitos da personalidade, garantidos pela Constituição Federal e protegidos pelo Código Civil de 2002. No mesmo sentido, trazendo a afirmação do enunciado doutrinário, a premissa n. 1 publicada na Edição n. 137 da ferramenta *Jurisprudência em Teses* do STJ, de novembro de 2019 e dedicada aos direitos da personalidade. E, sobre o *direito à voz*, é a afirmação n. 3 constante da Edição n. 138 da mesma *ferramenta*, também dedicada ao tema e de 2019: "a voz humana encontra proteção nos direitos da personalidade, seja como direito autônomo ou como parte integrante do direito à imagem ou do direito à identidade pessoal".

Em complemento, foi aprovado outro enunciado doutrinário, de número 139, na *III Jornada de Direito Civil*, segundo o qual "os direitos da personalidade podem sofrer limitações, ainda que não especificamente previstas em lei, não podendo ser exercidos com abuso de direito de seu titular, contrariando a boa-fé objetiva e os bons costumes". O seu conteúdo também é muito importante.

Em boa hora, há proposta de inclusão desses enunciados doutrinários no texto do art. 11 do Código Civil, pelo Projeto de Reforma do Código Civil aqui tão citado, passando o seu novo § 2.º a expressar, na linha do entendimento que hoje é majoritário, que "os direitos da personalidade são intransmissíveis, irrenunciáveis e a limitação voluntária de seu exercício, somente será admitida, quando não permanente e específica, respeitando à boa-fé objetiva e não baseada em abuso de direito de seu titular".

Pelo teor desses enunciados da doutrina civil, e também da proposta de modificação do Código Civil ora em tramitação, a *limitação voluntária* constante do art. 11 do Código Civil seria somente aquela não permanente e que não constituísse abuso de direito, nos termos da redação do art. 187 da mesma codificação, que utiliza as expressões *boa-fé* e *bons costumes*. Essa possibilidade de limitação, que será ainda estudada, já representa exceção à suposta natureza absoluta de tais direitos.

Em reforço, o art. 15 do CC/2002 parece ser expresso em trazer limitações aos direitos da personalidade. De acordo com tal dispositivo, ninguém pode ser constrangido, sob risco de vida, a tratamento médico ou intervenção cirúrgica, consagrando o Código Civil os direitos do paciente. Alguns exemplos práticos podem ser analisados à luz desse último comando legal.

CAP. 3 · ANÁLISE DO CÓDIGO CIVIL DE 2002. PARTE GERAL. DA PESSOA NATURAL | **151**

No primeiro, um determinado paciente está à beira da morte, necessitando de uma cirurgia. Mas essa intervenção lhe trará também alto risco, ficando a dúvida se o médico deve ou não intervir. Pelo que consta do vigente Código de Ética Médica (art. 41), e em decorrência da responsabilidade civil dos profissionais liberais da área da saúde (art. 951 do CC), não há dúvidas de que a intervenção deve ocorrer, sob pena de responsabilização do médico, nas esferas civil, penal e administrativa. O que se nota, nesse contexto, é que o art. 15 do Código não pode permitir uma conclusão que sacrifique a vida, valor fundamental inerente à pessoa humana.

Quanto a essa situação, aliás, foi muito debatida e criticada a Resolução 1.805 do Conselho Federal de Medicina, de 9 de novembro de 2006, que possibilita aos profissionais da área de saúde que deixem de empregar técnicas médicas em casos de pacientes terminais, o que se denomina *ortotanásia*. Era a íntegra da referida resolução:

"Art. 1.º É permitido ao médico limitar ou suspender procedimentos e tratamentos que prolonguem a vida do doente em fase terminal, de enfermidade grave e incurável, respeitada a vontade da pessoa ou de seu representante legal.

§ 1.º O médico tem a obrigação de esclarecer ao doente ou a seu representante legal as modalidades terapêuticas adequadas para cada situação.

§ 2.º A decisão referida no *caput* deve ser fundamentada e registrada no prontuário.

§ 3.º É assegurado ao doente ou a seu representante legal o direito de solicitar uma segunda opinião médica.

Art. 2.º O doente continuará a receber todos os cuidados necessários para aliviar os sintomas que levam ao sofrimento, assegurada a assistência integral, o conforto físico, psíquico, social e espiritual, inclusive assegurando-lhe o direito da alta hospitalar".

Destaque-se que o ato de vontade do paciente de não querer se submeter a determinado tratamento é denominado *testamento vital* ou *biológico*. Isso, apesar de não ser propriamente um *testamento*, pois a disposição é feita para gerar efeitos antes da morte.

Sem qualquer hipocrisia, a resolução só acaba regulamentando situações que já ocorriam na prática médica. De qualquer forma, fica em dúvida se ela extrapola os limites da autonomia privada do indivíduo, da sua liberdade como valor constitucional, diante da mitigação da proteção da vida.

A questão é tão intrincada que, em outubro de 2007, a 14.ª Vara Federal do Distrito Federal afastou os efeitos da referida resolução, por meio de antecipação de tutela. Em seus argumentos, aduziu o magistrado Roberto Luis Luchi Demo:

"Pois bem. A lide cinge-se à legitimidade da Resolução CFM n.º 1.805/2006, que regu-lamenta a possibilidade de o médico limitar ou suspender procedimentos e tratamentos que prolonguem a vida do doente na fase terminal de enfermidades graves e incuráveis. Impende salientar, inicialmente, que a questão é complexa e polêmica, como se infere da petição inicial desta ação civil pública, que tem nada menos que 129 folhas, vindo ins-truída com os documentos de fls. 133-296, bem assim das informações preliminares do Réu, que têm 19 folhas e são instruídas com os documentos encartados em dois volumes de autos, totalizando mais de 400 folhas. Na verdade, trata-se de questão imensamente debatida no mundo inteiro. Lembre-se, por exemplo, da repercussão do filme espanhol 'Mar Adentro' e do filme americano 'Menina de Ouro'. E o debate não vem de hoje, nem se limita a alguns campos do conhecimento humano, como o Direito ou a Medicina, pois sobre tal questão há inclusive manifestação da Igreja, conforme a 'Declaração sobre a Eutanásia' da Sagrada Congregação para a Doutrina da Fé, aprovada em 05 de maio de 1980, no sentido de que 'na iminência de uma morte inevitável, apesar dos meios usados, é lícito em consciência tomar a decisão de renunciar a tratamentos que dariam somente um prolongamento precário e penoso da vida, sem, contudo, interromper os cuidados normais devidos ao doente em casos semelhantes. Por isso, o médico não tem motivos para se angustiar, como se não tivesse prestado assistência a uma pessoa em perigo'. Entretanto, analisada a questão superficialmente, como convém em sede de tutela de urgência, e sob a perspectiva do Direito, tenho para mim que a tese trazida pelo Conselho Federal de Farmácia nas suas informações preliminares, no sentido de que a ortotanásia não antecipa o momento da morte, mas permite tão somente a morte em seu tempo natural e sem utilização de recursos extraordinários postos à disposição pelo atual estado da tecnologia, os quais apenas adiam a morte com sofrimento e angústia para o doente e sua família, não elide a circunstância segundo a qual tal conduta parece caracterizar crime de homicídio no Brasil, nos termos do art. 121 do Código Penal. E parece caracterizar crime porque o tipo penal previsto no sobredito art. 121, sempre abrangeu e parece abranger ainda tanto a eutanásia como a ortotanásia, a despeito da opinião de alguns juristas consagrados em sentido contrário. Tanto assim que, como bem asseverou o representante do Ministério Público Federal, em sua bem-elaborada petição inicial, tramita no Congresso Nacional o 'anteprojeto de reforma da parte especial do Código Penal, colocando a eutanásia como privilégio ao homicídio e descriminando a ortotanásia' (fl. 29).

Desse modo, a glosa da ortotanásia do mencionado tipo penal não pode ser feita mediante resolução aprovada pelo Conselho Federal de Medicina, ainda que essa resolução venha de encontro aos anseios de parcela significativa da classe médica e até mesmo de outros setores da sociedade. Essa glosa há de ser feita, como foi feita em outros países, mediante lei aprovada pelo Parlamento, havendo inclusive projeto de lei nesse sentido tramitando no Congresso Nacional.

Em última análise, para suprir a ausência de lei específica, a glosa pode ser 'judicializada' mediante provocação ao Supremo Tribunal Federal, como ocorreu, por exemplo, na Arguição de Descumprimento de Preceito Fundamental n.º 54, ajuizada em 17 de junho de 2004 pela Confederação Nacional dos Trabalhadores na Saúde e na qual se discute se ocorre crime de aborto no caso de anencéfalo.

Registro, para efeito de documentação, a ementa do acórdão proferido em questão de ordem na referida ação constitucional, *litteris*: (...). À luz dessas considerações, o aparente conflito entre a resolução questionada e o Código Penal é bastante para reconhecer a relevância do argumento do Ministério Público Federal. Dizer se existe ou não conflito entre a resolução e o Código Penal é questão a ser enfrentada na sentença. Mas a mera aparência desse conflito já é bastante para impor a suspensão da Resolução CFM n.º 1.805/2006, mormente quando se considera que sua vigência, iniciada com a publicação no *DOU* do dia 28 de novembro de 2006, traduz o *placet* do Conselho Federal de Medicina com a prática da ortotanásia, ou seja, traduz o *placet* do Conselho Federal de Medicina com a morte ou o fim da vida de pessoas doentes, fim da vida essa que é irreversível e não pode destarte aguardar a solução final do processo para ser tutelada judicialmente. Do exposto, *defiro a antecipação de tutela* para suspender os efeitos da Resolução CFM n.º 1.805/2006".

A problemática é muito polêmica, merecendo reflexões profundas. Atente-se ao fato de que existem projetos de lei para regulamentar a prática do chamado *testamento vital*.

Indiretamente, pode-se dizer que o art. 41, parágrafo único, do anterior Código de Ética Médica acabava por permitir a prática ao enunciar que, "nos casos de doença incurável e terminal, deve o médico oferecer todos os cuidados paliativos disponíveis sem empreender ações diagnósticas ou terapêuticas inúteis ou obstinadas, levando sempre em consideração a vontade expressa do paciente ou, na sua impossibilidade, a de seu representante legal". A norma foi repetida pelo Novo Código de Ética Médica – Resolução 2.217/2018 –, que entrou em vigor em maio de 2019.

A Resolução 1.995/2012, do Conselho Federal de Medicina, que trata de Diretivas Antecipadas de Vontade, passou a estabelecer que a vontade do paciente é soberana para que não se submeta a tratamento degradante e inútil (ortotanásia), prevalecendo em relação à manifestação do representante legal. Anote-se, por oportuno, que na *V Jornada de Direito Civil* (2011) foi aprovado enunciado doutrinário possibilitando juridicamente o chamado *testamento vital ou biológico* (Enunciado n. 528). Em suma, constata-se a sua ampla admissão entre os juristas.

No Projeto de Reforma do Código Civil almeja-se incluir na norma civil tratamento seguro relativo a essas diretivas antecipadas de vontade, seguindo sugestões da Relatora-Geral, Professora Rosa Maria de Andrade Nery, o que é fundamental para que existam normas claras e objetivas a respeito dessa intrincada situação. De início, é proposta uma melhora na redação do seu art. 15, passando a enunciar, em seu *caput*, que "ninguém pode ser constrangido a submeter-se a tratamento médico ou a intervenção cirúrgica". Como se pode notar, retira-se a menção ao "risco de vida", que gera muitas dúvidas na prática. Ademais, consoante o seu novo § 1.º, "é assegurada à pessoa natural a elaboração de diretivas antecipadas de vontade, indicando o tratamento que deseje ou não realizar, em momento futuro de incapacidade". Também é assegurada, pela proposição, "a indicação de representante para a tomada de decisões a respeito de sua saúde, desde que formalizada em prontuário médico, instrumento público ou particular, datados e assinados, com eficácia de cinco anos" (§ 2.º). Além disso, passará o comando a expressar, sobre a continuidade dos cuidados paliativos, que a recusa válida a tratamento específico não exime o profissional de saúde da responsabilidade de continuar a prestar a melhor assistência possível ao paciente, nas condições em que ele se encontre ao exercer o direito de recusa (§ 3.º do art. 15 do CC).

Ainda sobre as diretrizes antecipadas de vontade e a ortotanásia, o Código Civil receberá um novo art. 15-A, enunciando que "plenamente informadas por médicos sobre os riscos atuais de morte e de agravamento de seu estado de saúde, as pessoas capazes para o exercício de atos existenciais da vida civil podem manifestar recusa terapêutica para não serem constrangidas a se submeter à internação hospitalar, a exame, a tratamento médico, ou à intervenção cirúrgica". Também será permitido, consoante o parágrafo único da projeção, que "toda pessoa tem o direito de fazer constar do assento de seu nascimento a averbação das declarações mencionadas neste artigo", o que visa a dar publicidade a terceiros dessa manifestação de vontade.

Superado esse ponto, surge então outro *hard case*, um caso de difícil solução, tipicamente brasileiro. No mesmo exemplo antes exposto, se o paciente sob risco de morte, por convicções religiosas, negar-se à intervenção cirúrgica, mesmo assim deve o médico efetuar a operação? Tal questão foi enfrentada por Pablo Stolze Gagliano e Rodolfo Pamplona Filho, apontando tais autores que "nenhum posicionamento que se adotar agradará a todos, mas parece-nos que, em tais casos, a cautela recomenda que as entidades hospitalares, por intermédio de seus representantes legais, obtenham o suprimento da autorização judicial pela via judicial, cabendo ao magistrado analisar, no caso concreto, qual o valor jurídico a preservar" (*Novo...*, 2003, v. I, p. 163).

154 | DIREITO CIVIL • VOL. 1 – *Flávio Tartuce*

Com todo o respeito em relação a posicionamento em contrário, concluo que, em casos de emergência e de real risco de morte, deverá ocorrer a intervenção cirúrgica, eis que o direito à vida merece maior proteção do que o direito à liberdade, particularmente quanto àquele relacionado com a opção religiosa. Em síntese, fazendo uma ponderação entre direitos fundamentais – *direito à vida x direito à liberdade ou opção religiosa* –, o primeiro deverá prevalecer. Eis outra hipótese fática de que a melhor solução parece ser por meio da técnica da ponderação, expressamente consagrada pelo Código de Processo Civil de 2015 (art. 489, § 2.º). Deve ficar claro que esse exemplo não visa captar opiniões sobre o tema *religião*, mas somente demonstrar que um direito da personalidade pode ser relativizado se entrar em conflito com outro direito de igual conteúdo.

O Tribunal de Justiça de São Paulo vinha seguindo o posicionamento que aqui foi defendido em alguns casos, afastando eventual direito à indenização do paciente que, mesmo contra a sua vontade, recebeu a transfusão de sangue:

> "Indenizatória – Reparação de danos – Testemunha de Jeová – Recebimento de transfusão de sangue quando de sua internação – Convicções religiosas que não podem prevalecer perante o bem maior tutelado pela Constituição Federal que é a vida – Conduta dos médicos, por outro lado, que pautou-se dentro da lei e ética profissional, posto que somente efetuaram as transfusões sanguíneas após esgotados todos os tratamentos alternativos – Inexistência, ademais, de recusa expressa a receber transfusão de sangue quando da internação da autora – Ressarcimento, por outro lado, de despesas efetuadas com exames médicos, entre outras, que não merece ser acolhido, posto não terem sido os valores despendidos pela apelante – Recurso não provido" (TJSP, Apelação Cível 123.430-4, Sorocaba, 3.ª Câmara de Direito Privado, Rel. Flávio Pinheiro, j. 07.05.2002, v.u.).

Do Tribunal de Justiça do Rio Grande do Sul pode ser extraída decisão no mesmo sentido, dispensando até a necessidade de autorização judicial para a cirurgia, em situações de risco à vida do paciente. Na verdade, o julgado reconheceu que sequer há interesse de agir do hospital em casos tais:

> "Apelação cível. Transfusão de sangue. Testemunha de Jeová. Recusa de tratamento. Interesse em agir. Carece de interesse processual o hospital ao ajuizar demanda no intuito de obter provimento jurisdicional que determine à paciente que se submeta à transfusão de sangue. Não há necessidade de intervenção judicial, pois o profissional de saúde tem o dever de, havendo iminente perigo de vida, empreender todas as diligências necessárias ao tratamento da paciente, independentemente do consentimento dela ou de seus familiares. Recurso desprovido" (TJRS, Apelação Cível 70020868162, 5.ª Câmara Cível, Rel. Umberto Guaspari Sudbrack, j. 22.08.2007).

Em 2017, o mesmo Tribunal Gaúcho afastou o dever de indenizar do médico em relação ao paciente, pelo fato de ter negado prestar os seus serviços sem a realização de necessária transfusão de sangue. *In casu*, a prova construída no feito demonstrou a existência de grandes riscos do procedimento cirúrgico, a ser realizado pelo SUS. Consta da ementa o seguinte trecho:

> "Conforme o art. 5.º, inciso VI, da CF, o aspecto individual da liberdade religiosa, um direito fundamental, assegura àquele que professa a sua fé escolhas e medidas que guardem e respeitem sua crença, inclusive com relação a atos ligados ao seu bem-estar e até mesmo à sua condição de saúde, circunstâncias estas que agasalham a decisão de recusa

CAP. 3 · ANÁLISE DO CÓDIGO CIVIL DE 2002. PARTE GERAL. DA PESSOA NATURAL | 155

no tratamento por hemotransfusão. Ao médico, assegura-se o direito/dever de exercer a profissão com autonomia, não sendo obrigado a prestar serviços que contrariem os ditames de sua consciência ou a quem não deseje, excetuadas as situações de ausência de outro médico, em caso de urgência ou emergência, ou quando sua recusa possa trazer danos à saúde do paciente, bem como, ocorrendo fatos que, a seu critério, prejudiquem o bom relacionamento com o paciente ou o pleno desempenho profissional" (TJRS, Apelação Cível 0409666-91.2016.8.21.7000).

Sendo assim, concluiu-se que o médico tem o direito de renunciar ao atendimento do paciente, "desde que o comunique previamente ou a seu representante legal, assegurando-se da continuidade dos cuidados e fornecendo todas as informações necessárias ao profissional que lhe suceder". Diante do conflito entre as liberdades de consciência dos envolvidos, médico e paciente, julgou-se que a recusa do médico ao procedimento não evidenciaria ato ilícito a gerar reparação imaterial (TJRS, Apelação Cível 0409666-91.2016.8.21.7000, Porto Alegre, 10.ª Câmara Cível, Rel. Juiz Túlio de Oliveira Martins, j. 27.04.2017, *DJERS* 10.05.2017).

Não há como discordar das decisões transcritas, que parecem traduzir o anterior entendimento majoritário da jurisprudência e do senso comum. De todo modo, sempre houve uma corrente de respeito que entende pela prevalência da vontade do paciente em qualquer hipótese.

Nessa linha, entende Anderson Schreiber que "intolerável, portanto, que uma Testemunha de Jeová seja compelida, contra a sua livre manifestação de vontade, a receber transfusão de sangue, com base na pretensa superioridade do direito à vida sobre a liberdade de crença. Note-se que a priorização da vida representa, ela própria, uma 'crença', apenas que da parte do médico, guiado, em sua conduta, por um entendimento que não deriva das normas jurídicas, mas das suas próprias convicções científicas e filosóficas. (...). A vontade do paciente deve ser respeitada, porque assim determina a tutela da dignidade humana, valor fundamental do ordenamento jurídico brasileiro" (SCHREIBER, Anderson. *Direitos...*, 2011, p. 52).

Igualmente adotando o entendimento pela prevalência da vontade do paciente por convicções religiosas, na *V Jornada de Direito Civil* foi aprovado o seguinte enunciado doutrinário: "O direito à inviolabilidade de consciência e de crença, previsto no art. 5.º, VI da Constituição Federal, aplica-se também à pessoa que se nega a tratamento médico, inclusive transfusão de sangue, com ou sem risco de morte, em razão do tratamento ou da falta dele, desde que observados os seguintes critérios: a) capacidade civil plena, excluído o suprimento pelo representante ou assistente; b) manifestação de vontade livre, consciente e informada; e c) oposição que diga respeito exclusivamente à própria pessoa do declarante" (Enunciado n. 403). Essa também é a opinião, por exemplo, de Álvaro Villaça Azevedo e Nelson Nery Jr., conforme pareceres dados sobre o caso, cujos conteúdos chegaram ao meu conhecimento.

Com o devido respeito, repise-se, não se filia à conclusão adotada pelo enunciado doutrinário e pelos juristas citados, pois as convicções religiosas manifestadas pela autonomia privada não podem prevalecer sobre a vida e a integridade física, especialmente em casos de emergência médica.

Em 2019, o Conselho Federal de Medicina editou a Resolução 2.232, que trata de normas éticas para a recusa terapêutica por pacientes e objeção de consciência na relação médico-paciente. Conforme os seus dispositivos iniciais, a recusa terapêutica é, nos termos da legislação vigente e na forma da própria norma administrativa, um direito do paciente a ser respeitado pelo médico, desde que esse o informe dos riscos e das consequências previsíveis de sua decisão.

Sendo assim, está assegurado ao paciente maior de idade, capaz, lúcido, orientado e consciente, no momento da decisão, o direito de recusa à terapêutica proposta em tratamento eletivo, de acordo com a legislação vigente. O médico, diante da recusa terapêutica do paciente, pode propor outro tratamento quando disponível.

Contudo, o art. 3.º da Resolução 2.232/2019 faz a ressalva a respeito das situações de emergência, como também se defendeu. Conforme o seu teor, "em situações de risco relevante à saúde, o médico não deve aceitar a recusa terapêutica de paciente menor de idade ou de adulto que não esteja no pleno uso de suas faculdades mentais, independentemente de estarem representados ou assistidos por terceiros".

De fato, sempre defendi que essas hipóteses emergenciais merecem uma análise diferente em relação aos tratamentos eletivos, sendo possível, nos últimos, o uso de tratamentos alternativos, inclusive por convicções pessoais ou religiosas.

O tema chegou ao Supremo Tribunal Federal, mediante provocação do Ministério Público Federal, e a Corte Máxima acabou se pronunciando sobre o assunto. O julgamento se deu em setembro de 2024, nos autos dos Recursos Extraordinários 1.212.272/AL e 979.742/AM, em sede de repercussão geral, como reconhecido em 2019 (Temas n. 1.069 e 952). As teses fixadas nos dois julgados agora servem para orientar os casos práticos relativos ao tema, com força vinculativa e em prol da segurança jurídica, para se manter a jurisprudência brasileira estável, íntegra e coerente, nos termos do art. 926 do CPC/2015.

Nos autos do Recurso Extraordinário 979.742/AM, as teses fixadas foram as seguintes, na linha do enunciado doutrinário antes destacado: "1. Testemunhas de Jeová, quando maiores e capazes, têm o direito de recusar procedimento médico que envolva transfusão de sangue, com base na autonomia individual e na liberdade religiosa. 2. Como consequência, em respeito ao direito à vida e à saúde, fazem *jus* aos procedimentos alternativos disponíveis no SUS podendo, se necessário, recorrer a tratamento fora de seu domicílio" (Tema n. 952 de repercussão geral do STF).

No Recurso Extraordinário 1.212.272/AL, por sua vez, fixou-se o seguinte: "1. É permitido ao paciente, no gozo pleno de sua capacidade civil, recursar-se a se submeter a tratamento de saúde por motivos religiosos. A recusa a tratamento de saúde por motivos religiosos é condicionada à decisão inequívoca, livre, informada e esclarecida do paciente, inclusive quando veiculada por meio de diretiva antecipada de vontade. 2. É possível a realização de procedimento médico disponibilizado a todos pelo Sistema Único de Saúde, com a interdição da realização de transfusão sanguínea ou outra medida excepcional, caso haja viabilidade técnico-científica de sucesso, anuência da equipe médica com a sua realização e decisão inequívoca, livre, informada e esclarecida do paciente" (Tema n. 1.069).

Apesar das ressalvas, não foi feita nas teses qualquer afirmação a respeito das situações de emergência que, conforme entendo, ainda ficam em aberto, para solução pontual. De todo modo, reitere-se que as teses postas devem ser seguidas pelos aplicadores do Direito, para os devidos fins práticos.

3.2.2.2 Direitos intransmissíveis e indisponíveis

Conforme consta no próprio art. 11 do CC/2002, os direitos da personalidade são intransmissíveis, não cabendo, por regra, cessão de tais direitos, seja de forma gratuita ou onerosa. Daí por que não podem ser objeto de alienação (direitos inalienáveis), de cessão de crédito ou débito (direitos incessíveis), de transação (intransacionáveis) ou de compromisso de arbitragem. No último caso, consta previsão expressa no art. 852 do Código Civil em vigor, que veda o compromisso para solução de questões que não tenham caráter estritamente patrimonial.

Porém, tanto doutrina quanto jurisprudência, pelo teor do que consta do Enunciado n. 4 do CJF/STJ, da *I Jornada de Direito Civil*, aqui transcrito, reconhecem a disponibilidade relativa dos direitos da personalidade. A título de exemplo, podem ser citados os casos que envolvem a cessão onerosa dos direitos patrimoniais decorrentes da imagem, que não pode ser permanente. Ilustrando, cite-se a cessão patrimonial dos direitos do autor, segundo o art. 28 da Lei 9.610/1998, pelo qual "cabe ao autor o direito exclusivo de utilizar, fruir e dispor da obra literária, artística ou científica". A cessão gratuita também é possível, como no caso de cessão de partes do corpo, desde que para fins científicos ou altruísticos (art. 14 do CC).

Vale o esclarecimento de Roxana Cardoso Brasileiro Borges, no sentido de que o direito da personalidade não é disponível no sentido estrito, sendo transmissíveis apenas as expressões do uso do direito da personalidade (*Disponibilidade...*, 2005, p. 11). Em outras palavras, existem aspectos patrimoniais dos direitos da personalidade que podem ser *destacados* ou transmitidos, desde que de forma limitada.

Também ilustrando, pode-se dizer que um atleta profissional tem a liberdade de celebrar um contrato com uma empresa de material esportivo, para a exploração patrimonial de sua imagem, como é comum.

Entretanto, esse contrato não pode ser vitalício, como ocorre algumas vezes na prática, principalmente em casos de contratos celebrados entre jogadores de futebol brasileiros e empresas multinacionais. Esses contratos, geralmente, são celebrados no estrangeiro, mas se fossem constituídos no Brasil seriam nulos, por ilicitude de seu objeto, pois a cessão de uso dos direitos da personalidade é permanente (art. 166, inc. II, do CC e Enunciado n. 4 do CJF/STJ).

Todas essas hipóteses constituem exceções à regra da intransmissibilidade e indisponibilidade, que confirmam a tendência de relativização de princípios, direitos e deveres, realidade atual da órbita constitucional e privada. Concluindo sobre o tema, o desenho a seguir demonstra que existe uma *parcela* dos direitos da personalidade que é disponível (*disponibilidade relativa*), aquela relacionada com direitos subjetivos patrimoniais.

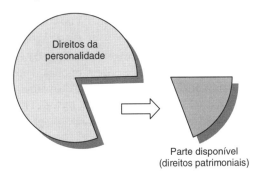

Na verdade, o desenho serve para explicar não só a presente característica dos direitos da personalidade, mas outras que seguirão neste capítulo da obra.

3.2.2.3 Direitos irrenunciáveis

Pelo que consta no sempre citado art. 11 do Código Civil Brasileiro de 2002, os direitos da personalidade não podem ser objeto de renúncia por seu titular (direitos irrenunciáveis).

158 DIREITO CIVIL • VOL. 1 – *Flávio Tartuce*

Esse caráter realça a natureza cogente, ou de ordem pública, das normas relacionadas com tal proteção, particularmente as que constam desse capítulo específico da codificação.

Como aplicação prática desse dispositivo, entende-se que não terá validade, sendo nulo (nulidade absoluta), o chamado *contrato de namoro*. Por esse contrato, pessoas que mantém união estável entre si renunciam aos efeitos patrimoniais e pessoais dela decorrentes. Sobre o tema em questão, indaga e conclui Pablo Stolze Gagliano:

"Nesse contexto o 'contrato de namoro' poderia ser considerado como uma alternativa para aqueles casais que pretendessem manter a sua relação fora do âmbito da incidência das regras da união estável? Poderiam, pois, por meio de um documento, tornar firme o reconhecimento de que aquela união é apenas um namoro, sem compromisso de constituição de família? Em nosso pensamento, temos a convicção de que tal contrato é completamente desprovido de validade jurídica. A união estável é um fato da vida, uma situação fática reconhecida pelo Direito de Família que se constitui durante todo o tempo em que as partes se portam como se casados fossem, e com indícios de definitividade" (*Contrato de namoro...*, Disponível em: <www.flaviotartuce.adv.br>, Seção *artigos de convidados*. Acesso em: 2 de março de 2005).

A jurisprudência já afastou os efeitos do chamado contrato de namoro, em decisão da 7.ª Câmara do Tribunal de Justiça do Rio Grande do Sul, em que foi relator o Des. Luiz Felipe Brasil Santos (Proc. 70006235287, data de julgamento: 16.06.2004). Segundo o magistrado, "Esses abortos jurídicos que andam surgindo por aí, que são nada mais que o receio de que um namoro espontâneo, simples e singelo, resultante de um afeto puro, acaba se transformando em uma união com todos os efeitos patrimoniais indesejados ao início".

Estou filiado aos magistrados citados, por três razões básicas. *Primeiro*, porque a união estável envolve direitos existenciais de personalidade, que não podem ser renunciados. Em reforço, lembre-se de que o próprio Código Civil consagra a irrenunciabilidade dos alimentos, conforme previsão do seu art. 1.707, revelando o contrato de namoro um afastamento natural dessa última regra.

A *segunda razão* está relacionada com o fato de que são normas de ordem pública que irão apontar, dependendo de análise pelo aplicador, a configuração ou não da entidade familiar, que constitui um fato jurídico e social. Assim, há no contrato de namoro uma fraude à lei imperativa, causa de nulidade absoluta, conforme o art. 166, VI, do CC.

Terceiro, porque a autonomia privada (antiga autonomia da vontade) manifestada em um contrato encontra limitações nas normas de ordem pública e nos preceitos relacionados com a dignidade da pessoa humana, melhor expressão do princípio da função social do contrato, um dos baluartes da atual codificação privada (art. 421).

Essa conclusão pode ser percebida pelo teor do Enunciado n. 23 do CJF/STJ, da *I Jornada de Direito Civil*, pelo qual, "a função social do contrato, prevista no art. 421 do novo Código Civil, não elimina o princípio da autonomia contratual, mas atenua ou reduz o alcance desse princípio quando presentes interesses metaindividuais ou interesse individual relativo à dignidade da pessoa humana". A proteção dos direitos da personalidade em sede contratual constitui um dos aspectos da eficácia interna da função social dos contratos, entre as partes contratantes. Outro enunciado, de número 360, aprovado na *IV Jornada de Direito Civil*, reconhece a eficácia interna do novo princípio contratual.

A mesma tese vale para os contratos assinados pelos participantes de *reality shows*, caso do programa *Big Brother Brasil*, veiculado pela TV Globo. Em programas dessa natureza, é comum a celebração de um contrato em que o participante renuncia ao direito a qualquer

CAP. 3 · ANÁLISE DO CÓDIGO CIVIL DE 2002. PARTE GERAL. DA PESSOA NATURAL | **159**

indenização a título de dano moral, em decorrência da edição de imagens. O contrato de renúncia é nulo, sem dúvida, aplicação direta dos arts. 11 e 166, inc. VI, do CC.

Por outro lado, concorda-se com Jones Figueirêdo Alves e Mário Luiz Delgado quando afirmam que o programa, em si, não traz qualquer lesão a direitos da personalidade (*Código Civil...*, 2005, p. 23). No entanto, saliente-se que pode o participante ter a sua honra maculada pelo programa televisivo, dependendo da forma como as imagens são expostas, cabendo medidas judiciais de proteção em casos tais (art. 12 do CC).

Também não exclui o direito à indenização o contrato assinado por atleta profissional com o clube ou outra entidade, em que assume todos os riscos da atividade por ele desempenhada, eximindo o último. Logicamente, se as regras do esporte e os limites do bom senso não são respeitados, haverá dever de indenizar – desde que presentes os elementos da responsabilidade civil –, como no caso do clube de futebol que tem conhecimento, por meio de sua diretoria e prepostos, de estado de saúde crítico que acomete um jogador de futebol. Ainda ilustrando, pode responder um promotor de lutas pela conduta desmedida de um lutador profissional, fora das regras do jogo.

Superada a presente discussão, passa-se ao estudo da imprescritibilidade dos direitos da personalidade.

3.2.2.4 Direitos imprescritíveis

Não restam dúvidas de que os direitos da personalidade, por envolverem a aclamada ordem pública, são imprescritíveis, segundo aponta com maestria parcela respeitável da doutrina. Leciona Francisco Amaral que os direitos da personalidade são "imprescritíveis no sentido de que não há prazo para o seu exercício. Não se extinguem pelo seu não uso, assim como sua aquisição não resulta do curso do tempo" (*Direito civil – introdução...*, 2003, p. 252). No mesmo sentido, esse também é o entendimento de Maria Helena Diniz (*Curso de direito civil...*, 2002, v. 1, p. 120), Pablo Stolze Gagliano e Rodolfo Pamplona (*Novo...*, 2003, v. I, p. 156).

No sentido técnico, contudo, diante da adoção da teoria de Agnelo Amorim Filho pelo vigente Código Civil, melhor seria considerar que tais direitos não estão sujeitos à prescrição do que usar a expressão *direitos imprescritíveis*. Isso porque, conforme será visto, não é o direito que prescreve, mas a pretensão (art. 189 do CC). De qualquer forma, continuarei a utilizar essa expressão, corriqueira que é na doutrina e na jurisprudência. Em suma, a utilização atende a fins didáticos, de facilitação.

Por essa característica, fica a dúvida: a ação ou pretensão para reparar danos decorrentes de lesão a direito da personalidade, em casos de flagrante lesão à dignidade humana, é imprescritível, ou prescreve em três anos, pelo que consta no art. 206, § 3.º, inc. V, do CC? Duas correntes doutrinárias surgem da indagação.

Para a primeira, já demonstrada e com a qual se concorda, não há qualquer prazo prescricional, por envolver a matéria ordem pública. Esse posicionamento, mais condizente com a valorização da dignidade da pessoa humana constante no texto constitucional (art. 1.º, inc. III, da CF/1988) e com o previsto no art. 5.º, incs. V e X, da mesma Lei Maior, cresce na jurisprudência.

Nesse sentido, cite-se precedente do Superior Tribunal de Justiça que entendeu ser imprescritível a ação indenizatória fundada em tortura cometida por policial: "O dano noticiado, caso seja provado, atinge o mais consagrado direito da cidadania: o de respeito pelo Estado à vida e de respeito à dignidade humana. O delito de tortura é hediondo.

160 | DIREITO CIVIL • VOL. 1 – *Flávio Tartuce*

A imprescritibilidade deve ser a regra quando se busca indenização por danos morais consequentes da sua prática" (STJ, REsp 379.414/PR, Rel. Min. José Delgado, *DJ* 17.02.2003).

Na verdade, a afirmação da imprescritibilidade da pretensão em caso de tortura consolidou-se de tal forma que passou a formar premissa publicada na Edição n. 61 da ferramenta *Jurisprudência em Teses* do STJ, de 2016, que trata da responsabilidade civil do Estado. Nos termos da Tese n. 3, "as ações indenizatórias decorrentes de violação a direitos fundamentais ocorridas durante o regime militar são imprescritíveis, não se aplicando o prazo quinquenal previsto no art. 1.º do Decreto n. 20.910/1932". São citados como precedentes, sem prejuízo do aresto por último transcrito: AgRg no REsp 1.479.984/RS, 1.ª Turma, Rel. Min. Regina Helena Costa, j. 26.04.2016, *DJe* 11.05.2016; REsp 1.485.260/PR, 1.ª Turma, Rel. Min. Sérgio Kukina, j. 05.04.2016, *DJe* 19.04.2016; AgRg no AREsp 243.683/PR, 1.ª Turma, Rel. Min. Napoleão Nunes Maia Filho, j. 03.03.2016, *DJe* 14.03.2016; AgRg no AREsp 816.972/SP, 2.ª Turma, Rel. Min. Assusete Magalhães, j. 10.03.2016, *DJe* 17.03.2016; AgRg no REsp 1.480.428/RS, 2.ª Turma, Rel. Min. Humberto Martins, j. 1.º.09.2015, *DJe* 15.09.2015 e AgRg no REsp 1.424.534/SP, 2.ª Turma, Rel. Min. Og Fernandes, j. 26.05.2015, *DJe* 12.06.2015).

Reforçando esse entendimento, colaciona-se outro julgado, do mesmo Egrégio STJ, que trata de lesão à integridade física:

> "Conforme restou concluído por esta Turma, por maioria, no julgamento do Recurso Especial 602.237/PB, de minha relatoria, em se tratando de lesão à integridade física, que é um direito fundamental, ou se deve entender que esse direito é imprescritível, pois não há confundi-lo com seus efeitos patrimoniais reflexos e dependentes, ou a prescrição deve ser a mais ampla possível, que, na ocasião, nos termos do artigo 177 do Código Civil então vigente, era de vinte anos. Recurso especial provido, para afastar a ocorrência da prescrição quinquenal do direito aos danos morais e determinar o retorno dos autos à Corte de origem para que sejam analisadas as demais questões de mérito" (STJ, REsp 462.840/PR, Recurso Especial 2002/0107836-5, 2.ª Turma, Rel. Min. Franciulli Netto, j. 02.09.2004, *DJ* 13.12.2004, p. 283).

Essa tendência foi reconhecida pelo mesmo saudoso Ministro Franciulli Netto, em outra decisão, nos seguintes termos:

> "No que toca aos danos patrimoniais, os efeitos meramente patrimoniais do direito devem sempre observar o lustro prescricional do Decreto n. 20.910/32, pois não faz sentido que o erário público fique sempre com a espada de Dâmocles sobre a cabeça e sujeito a indenizações ou pagamentos de qualquer outra espécie por prazo demasiadamente longo. Daí por que, quando se reconhece direito deste jaez, ressalva-se que quaisquer parcelas condenatórias referentes aos danos patrimoniais só deverão correr nos cinco anos anteriores ao ajuizamento da ação. Mas, para aforar esta, em se tratando de direitos fundamentais, das duas uma, ou deve a ação ser tida como imprescritível ou, quando menos, ser observado o prazo comum prescricional do direito civil, a menos que se queira fazer tábula rasa do novo Estado de Direito inaugurado, notadamente, a partir da atual Constituição Federal" (STJ, REsp 602.237/PB, Recurso Especial 2003/0191209-6, 2.ª Turma, Rel. Min. Franciulli Netto, j. 05.08.2004, *DJ* 28.03.2005, p. 245).

Sobre a pretensão de reconhecimento da lesão ao direito da personalidade, a imprescritibilidade consta da afirmação n. 2, publicada na Edição n. 137 da ferramenta *Jurisprudência em Teses* do STJ, de 2019 e dedicada aos direitos da personalidade.

CAP. 3 • ANÁLISE DO CÓDIGO CIVIL DE 2002. PARTE GERAL. DA PESSOA NATURAL | **161**

Em julgado de 2022, em que se debatia a aplicação de prazo decadencial ou prescricional para pretensões deduzidas em juízo que dizem respeito "ao direito de reivindicar a autoria de obra musical e às pretensões indenizatórias e compensatórias decorrentes da relação contratual entabulada pelas partes", julgou a Terceira Turma do Tribunal da Cidadania que "o direito da personalidade é inato, absoluto, imprescritível, está amparado na Declaração Universal dos Diretos Humanos, na Constituição pátria e na Lei nº 9.610/98 (art. 27). Por serem os direitos morais do autor inerentes aos direitos da personalidade, não se exaurem pelo não uso ou pelo decurso do tempo, sendo autorizado ao autor, a qualquer tempo, pretender a execução específica das obrigações de fazer ou não fazer decorrentes dos direitos elencados no art. 24, da Lei nº 9.610/98. A legislação especial que rege a matéria, portanto, afasta o decurso do prazo decadencial quanto a pretensão de reivindicar a autoria da obra musical, razão por que não incidem as regras gerais do Código Civil na hipótese em exame (art. 178, II, do CC/2002)" (STJ, REsp 1.947.652/GO, 3.ª Turma, Rel. Min. Moura Ribeiro, j. 15.03.2022, *DJe* 28.03.2022).

Há, contudo, um segundo posicionamento, pelo qual o direito é imprescritível, mas a pretensão ou ação respectiva prescreve, no prazo assinalado pela lei. Entre aqueles que defendem essa teoria está Carlos Roberto Gonçalves, para quem a pretensão à reparação ao dano moral decorrente de lesão a direito da personalidade "está sujeita aos prazos prescricionais estabelecidos em lei, por ter caráter patrimonial" (*Direito civil...*, 2003, v. I, p. 158).

Lembra o doutrinador que esse é o posicionamento que tem prevalecido na jurisprudência, inclusive do Superior Tribunal de Justiça, o que realmente é um fato. Nesse sentido, a propósito e por todos: "segundo o entendimento do STJ, prescreve em três anos a pretensão de reparação de danos, nos termos do artigo 206, § 3.º, do Código Civil, prazo que se estende, inclusive, aos danos extrapatrimoniais. Precedentes" (STJ, Ag. Int. no AREsp 1.380.002/MS, 4.ª Turma, Rel. Min. Raul Araújo, j. 02.04.2019, *DJe* 15.04.2019).

Entretanto, parece-me que há uma tendência de se seguir o caminho da imprescritibilidade em casos tais, mesmo no Superior Tribunal de Justiça.

3.2.2.5   *Direitos impenhoráveis e inexpropriáveis*

A encerrar a análise das principais características dos direitos da personalidade, não se pode afastar a impenhorabilidade desses direitos.

Desse modo, tais direitos não podem sofrer constrição judicial, visando à satisfação de uma dívida, seja ela de qualquer natureza. Assevera o Ministro Luiz Edson Fachin que "jurisprudência e legislação vão, progressivamente, reconhecendo que a base dos valores nucleares do sistema jurídico suscita soluções diferenciadas no tratamento do acervo patrimonial. A noção de impenhorabilidade é um desses traços contemporâneos. Sem invalidar o legítimo interesse dos credores, a impenhorabilidade desloca do campo dos bens a tutela jurídica, direcionando-a para a pessoa do devedor, preenchidas as condições prévias necessárias" (*Estatuto jurídico...*, 2001, p. 220).

Nesse brilhante trabalho, sobre o *patrimônio mínimo*, que será objeto de tratamento no capítulo de estudo dos bens (Capítulo 5), Fachin fornece ao estudioso do direito uma nova dimensão do conceito de patrimônio, seguindo tendência de valorização da pessoa, de *personalização do direito privado*, diante da *despatrimonialização do direito civil*.

Desse modo, a impenhorabilidade sempre esteve associada aos direitos da personalidade, sendo afastada qualquer situação que coloque em risco a proteção da pessoa. É imperioso lembrar, nesse sentido, que os alimentos e os instrumentos de trabalho são considerados impenhoráveis, sem prejuízo do rol que consta do Código de Processo Civil.

162 | DIREITO CIVIL • VOL. 1 – *Flávio Tartuce*

Também a impenhorabilidade do bem de família, prevista nos arts. 1.711 a 1.722 do CC/2002 e na Lei 8.009/1990, representa a *transposição* do direito pessoal e fundamental à moradia – reconhecido no art. 6.º da CF/1988 – para o campo patrimonial.

De acordo com o magistério de Maria Helena Diniz, os direitos da personalidade são "necessários e inexpropriáveis pois, por serem inatos, adquiridos no instante da concepção, não podem ser retirados da pessoa enquanto ela viver por dizerem respeito à qualidade humana. Daí serem vitalícios; terminam, em regra, com o óbito do seu titular, por serem indispensáveis enquanto viver, mas tal aniquilamento não é completo, uma vez que certos direitos sobrevivem" (DINIZ, Maria Helena. *Curso de direito civil...*, 2002, v. 1, p. 120). Sendo inexpropriáveis, não podem ser objeto de arrematação, adjudicação pelo credor ou desapropriação pelo Estado.

Nesse sentido, cite-se mais uma vez o Código de Processo Civil de 2015 que, em seu art. 832, preleciona: "Não estão sujeitos à execução os bens que a lei considera impenhoráveis ou inalienáveis", caso dos direitos aqui estudados. Pontue-se que a última norma é reprodução literal do art. 648 do CPC/1973, seu correspondente.

3.2.3   Os direitos da personalidade e as grandes gerações ou dimensões de direitos

Adquirindo a personalidade – que consiste no conjunto de caracteres próprios da pessoa, sendo a aptidão para deter direitos e assumir deveres –, a pessoa humana ganha a possibilidade de defender o que lhe é próprio, como sua vida, sua integridade físico-psíquica, seu próprio corpo, sua carga intelectual, sua moral, sua honra subjetiva ou objetiva, sua imagem, sua intimidade.

Assim, não se pode esquecer que os direitos da personalidade são os relacionados com a dignidade da pessoa humana e com as *três grandes gerações* ou *dimensões* de direitos decorrentes da Revolução Francesa, a seguir expostas:

*   *Direitos de primeira geração ou dimensão: princípio da liberdade.*
*   *Direitos de segunda geração ou dimensão: princípio da igualdade em sentido amplo* (lato sensu*) ou da isonomia.*

Nunca é demais repetir que dentro desse princípio maior, da isonomia, está inserido o princípio da especialidade. O princípio da isonomia ou igualdade *lato sensu*, é consubstanciado na seguinte oração, atribuída a Ruy Barbosa: *a lei deve tratar de maneira igual os iguais (princípio da igualdade* stricto sensu*), e de maneira desigual os desiguais (princípio da especialidade).*

*   *Direitos de terceira geração ou dimensão: princípio da fraternidade.* Surgem os direitos relacionados com a pacificação social, os direitos do consumidor, o direito ambiental e os direitos do trabalhador.

Pontue-se que a referida divisão das gerações de direitos foi idealizada pelo jurista tcheco Karel Vasak, em 1979, em exposição feita em aula inaugural no Instituto Internacional dos Direitos Humanos, em Estrasburgo, França.

Pelo que foi demonstrado, percebe-se o porquê de se afirmar que *os direitos da personalidade são a herança da Grande Revolução* (Revolução Francesa). À medida que o ser humano evolui, vão se desdobrando as gerações de direitos. Muitos doutrinadores, por

CAP. 3 · ANÁLISE DO CÓDIGO CIVIL DE 2002. PARTE GERAL. DA PESSOA NATURAL | 163

outro lado, preferem utilizar a expressão *dimensão* em vez de *geração*, eis que esta última expressão dá a ideia de que tais direitos surgiram de forma sucessiva, o que não é verdade.

Hoje até se concebem os *direitos de quarta geração ou quarta dimensão*, relacionados com o patrimônio genético do indivíduo, os números de identificação do DNA da pessoa natural. Dessa forma, a pessoa tem o direito de não revelar tais números, em caso de eventual investigação de paternidade, não cabendo condução coercitiva para tal fim. Trata-se do direito fundamental à intimidade genética.

Justamente com base nesses *direitos de quarta geração, dimensão ou era* é que a Professora Silmara Juny Chinellato, da Universidade de São Paulo, propõe a possibilidade de o nascituro ser adotado, o que constava nos antigos Projetos 6.960/2002 e PL 699/2011 (Adoção de nascituro..., *Questões controvertidas...*, 2003, p. 355-372).

Também já afirma a doutrina existirem os *direitos de quinta geração ou quinta dimensão*, relacionados com a proteção do ambiente ou intimidade virtual, existente no âmbito da Internet e do mundo cibernético. A emergência e a importância dada a esses direitos nos últimos anos motivaram a necessidade de se incluir na codificação privada um novo livro sobre o *Direito Civil Digital*, como foi proposto pela Comissão de Juristas nomeada no âmbito do Congresso Nacional para a elaboração de um anteprojeto de sua reforma e atualização, ora em tramitação.

Cite-se, a esse respeito, o debate quanto ao chamado "direito ao esquecimento" como verdadeiro direito da personalidade, tema antes abordado no presente capítulo, ao lado do "direito à desindexação".

Mencione-se, também, a tutela da privacidade no âmbito dos ambientes virtuais. No presente volume da coleção, há breve análise, ainda, dos bens digitais, da inteligência artificial como ente despersonalizado e de alguns aspectos da Lei Geral de Proteção de Dados.

A merecer especial destaque, no Projeto de Reforma do Código Civil, com vistas à proteção da privacidade, almeja-se a inclusão de um tratamento legal dos chamados *neurodireitos*, aqueles vinculados à atividade cerebral, à cognição e à consciência, e que muitas vezes sofrem influências indevidas pelo uso das novas tecnologias. Pela projeção de norma no novo livro de *Direito Civil Digital*, ainda sem numeração, "os neurodireitos são parte indissociável da personalidade e recebem a mesma proteção desta, não podendo ser transmitidos, renunciados ou limitados". São considerados neurodireitos pela proposta as proteções que visam a preservar a privacidade mental, a identidade pessoal, o livre-arbítrio, o acesso justo à ampliação ou melhoria cerebral, a integridade mental e a proteção contra vieses, das pessoas naturais, a partir da utilização de neurotecnologias (§ 1.º).

São ainda garantidos a toda pessoa natural os seguintes neurodireitos, de acordo com a mesma proposição: *a)* o direito à liberdade cognitiva, vedado o uso de neurotecnologias de forma coercitiva ou sem consentimento; *b)* o direito à privacidade mental, concebido como direito de proteção contra o acesso não autorizado ou não desejado a dados cerebrais, vedada a venda ou transferência comercial; *c)* o direito à integridade mental, entendido como o direito à não manipulação da atividade mental por neurotecnologias, vedada a alteração ou eliminação do controle sobre o próprio comportamento sem consentimento; *d)* o direito de continuidade da identidade pessoal e da vida mental, com a proteção contra alterações na identidade pessoal ou coerência de comportamento, vedadas alterações não autorizadas no cérebro ou nas atividades cerebrais; *e)* o direito ao acesso equitativo a tecnologias de aprimoramento ou extensão das capacidades cognitivas, segundo os princípios da justiça e da equidade; e *f)* o direito à proteção contra práticas discriminatórias, enviesadas a partir de dados cerebrais (§ 2.º).

164 | DIREITO CIVIL • VOL. 1 – Flávio Tartuce

Há ainda uma sugestão de § 3.º para esse comando, prevendo que os neurodireitos e o uso ou acesso a dados cerebrais poderão ser regulados por normas específicas, desde que preservadas as proteções e as garantias conferidas aos direitos de personalidade. O tema é de grande relevância, devendo ser debatido não só pela comunidade jurídica como também pelo Congresso Nacional, com vistas à sua inclusão na legislação.

Seguindo com as ilustrações, no volume que trata da Responsabilidade Civil (Volume 2), estão comentados conceitos relacionados com o direito eletrônico ou digital e a proteção de direitos da personalidade, mais especificamente o enquadramento do SPAM, envio de *e-mail* indesejado, como abuso de direito (art. 187 do CC). Em continuidade, no volume de Direito de Família (Volume 5), discorro sobre a *infidelidade virtual*, sem que sequer haja contato sexual. No Volume 6, veremos questões relativas à herança digital, tema que também está tratado no Projeto de Reforma do Código Civil.

No volume dos Contratos (Volume 3), estudaremos a formação do contrato pela via eletrônica, pela internet (contratos eletrônicos ou digitais) e o transporte por aplicativos, duas temáticas que também se almeja incluir com a reforma da codificação privada. E no Volume 4 é abordado o impacto dos novos aplicativos para as restrições existentes no âmbito condominial, outro assunto que igualmente urge ser regulado na Norma Civil Privada.

Esses temas são essencialmente de Direito Privado e, portanto, devem ser estudados pela civilística nacional. Representam assuntos contemporâneos, da pós-modernidade, inimagináveis juridicamente até pouco tempo atrás. Como já ficou claro, a Reforma do Código Civil, ora em tramitação, pretende tratar sobre eles.

3.2.4 Previsões legais de proteção aos direitos da personalidade no Código Civil de 2002

Os direitos da personalidade estão previstos no Capítulo II do Título I do Código Civil de 2002, nos arts. 11 a 21, que traçam as diretrizes básicas para a aplicação da defesa da personalidade.

Não obstante o Código Privado ter feito referência a apenas três características desses direitos, a doutrina entende que a melhor interpretação é a de que foram abarcadas todas as características inerentes aos direitos da personalidade outrora analisadas, ou seja, são direitos absolutos, intransmissíveis, indisponíveis, irrenunciáveis, imprescritíveis, impenhoráveis, inexpropriáveis e ilimitados.

Mesmo assim, esse rol não é taxativo, diante da *cláusula geral de tutela e promoção da pessoa humana*, concebida por Pietro Perlingieri, Gustavo Tepedino e Maria Celina Bodin de Moraes, entre outros.

Não são somente as *pessoas naturais* – expressão mais adequada do que *pessoas físicas* – possuem direitos da personalidade. A pessoa jurídica possui bens patrimoniais corpóreos e incorpóreos, além de bens extrapatrimoniais. E são justamente esses bens extrapatrimoniais os direitos da personalidade da pessoa jurídica. Essa visão baseia-se no fato de que, para a ciência do direito, a noção de pessoa é, sobretudo, uma noção jurídica e não filosófica ou biológica.

Ademais, o art. 52 do CC/2002 dispõe que "aplica-se às pessoas jurídicas, no que couber, a proteção dos direitos da personalidade", confirmando o entendimento consubstanciado anteriormente na Súmula 227 do Superior Tribunal de Justiça pelo qual a pessoa jurídica pode sofrer dano moral.

CAP. 3 · ANÁLISE DO CÓDIGO CIVIL DE 2002. PARTE GERAL. DA PESSOA NATURAL | 165

Por razões óbvias, esse dano moral somente pode atingir a honra objetiva da pessoa jurídica, a sua reputação. Não há que se falar em lesão à honra subjetiva, pois a pessoa jurídica não tem sentimentos. Conforme se extrai do intelecto de Adriano De Cupis, "a tutela da honra também existe para as pessoas jurídicas. Embora não possam ter o 'sentimento' da própria dignidade, esta pode sempre refletir-se na consideração dos outros. O bem da honra configura-se, portanto, também relativamente a elas" (DE CUPIS, Adriano. *Os direitos da personalidade...*, 1961, p. 111).

Apesar do entendimento sumulado de que a pessoa jurídica pode sofrer dano moral, Gustavo Tepedino, Heloísa Helena Barboza e Maria Celina Bodin de Moraes entendem ser melhor utilizar a expressão *danos institucionais*, "conceituados como aqueles que, diferentemente dos danos patrimoniais ou morais, atingem a pessoa jurídica em sua credibilidade ou reputação" (*Código Civil interpretado...*, 2004, v. I, p. 135). Por isso é que na *IV Jornada de Direito Civil* foi aprovado o Enunciado n. 268 quanto ao art. 52 do CC, estabelecendo que "os direitos da personalidade são direitos inerentes e essenciais à pessoa humana, decorrentes de sua dignidade, não sendo as pessoas jurídicas titulares de tais direitos".

O enunciado doutrinário aprovado acaba contrariando o entendimento sumulado do Superior Tribunal de Justiça, pelo qual, expressamente, a pessoa jurídica pode sofrer dano moral. O teor da súmula, e não do enunciado do Conselho da Justiça Federal, é que deve ser considerado como majoritário pela comunidade jurídica nacional.

Pois bem, a proteção dos direitos da personalidade pode se dar tanto pelo âmbito civil quanto pelo âmbito penal, dependendo de como é atacado o bem jurídico da personalidade. No que interessa ao presente estudo, a proteção civil dos direitos da personalidade se verifica pela indenizabilidade material e moral, pelo dano causado (*tutela indenizatória*); ou, sendo possível, por medidas preventivas visando evitar o dano (*tutela inibitória*).

Nos casos de reparação, o dano será material quando houver uma perda ou prejuízo decorrente de uma lesão a um bem patrimonial, isto é, houver a possibilidade de verificar economicamente o dano sofrido. Os danos materiais podem ser classificados em *danos emergentes* – o que a pessoa efetivamente perdeu –, e *lucros cessantes* – o que a pessoa razoavelmente deixou de lucrar.

Por outra via, o dano será moral quando a agressão ocorrer a um direito da personalidade e não houver a possibilidade de verificação do conteúdo econômico dessa lesão. Nossa atual jurisprudência vem apontando outras modalidades de danos, caso do dano estético.

O Superior Tribunal de Justiça acabou consolidando a possibilidade de cumulação de danos materiais, morais e estéticos, conforme a sua Súmula 387, de setembro de 2009 ("é lícita a cumulação das indenizações de dano estético e dano moral"). Tal tendência é justamente o reconhecimento de novos danos, como está aprofundado no Volume 2 da presente coleção, onde estão tratados os danos moral coletivo, social ou difuso e o por perda de uma chance.

Nesse contexto, a lesão de um bem que integra os direitos da personalidade, como a honra, a intimidade, a dignidade, a imagem, o bom nome, entre outros, e que acarrete ao lesado dor, sofrimento, tristeza, vexame e humilhação, é reparável mediante a indenização por um dano moral que é, nos dizeres de Rubens Limongi França, "aquele que, direta ou indiretamente, a pessoa, física ou jurídica, bem assim a coletividade, sofre no aspecto não econômico dos seus bens jurídicos" (*RT* 631/31).

O art. 12, *caput*, do CC consagra a *tutela geral da personalidade*, trazendo os *princípios da prevenção* e da *reparação integral de danos*, que podem ser exercidos por meios judiciais e extrajudiciais. É a redação do dispositivo: "Pode-se exigir que cesse a ameaça, ou a lesão, a direito da personalidade, e reclamar perdas e danos, sem prejuízo de outras sanções previstas em lei".

166 | DIREITO CIVIL • VOL. 1 – *Flávio Tartuce*

No que concerne à *prevenção*, prevê o Enunciado n. 140 do CJF, aprovado na *III Jornada de Direito Civil* (dez. 2004), que "a primeira parte do art. 12 do Código Civil refere-se a técnicas de tutela específica, aplicáveis de ofício, enunciadas no art. 461 do Código de Processo Civil, devendo ser interpretada como resultado extensivo".

Desse modo, cabe multa diária, ou *astreintes*, em ação cujo objeto é uma obrigação de fazer ou não fazer, em prol dos direitos da personalidade. Essa medida será concedida de ofício pelo juiz (*ex officio*), justamente porque a proteção da pessoa envolve ordem pública.

Duas notas devem ser feitas em relação a esse último enunciado doutrinário com a emergência do Código de Processo Civil de 2015.

A primeira delas é que o art. 461 do CPC/1973 equivale ao art. 497 do CPC/2015, tendo o último preceito a seguinte redação:

> "Art. 497. Na ação que tenha por objeto a prestação de fazer ou de não fazer, o juiz, se procedente o pedido, concederá a tutela específica ou determinará providências que assegurem a obtenção de tutela pelo resultado prático equivalente.
>
> Parágrafo único. Para a concessão da tutela específica destinada a inibir a prática, a reiteração ou a continuação de um ilícito, ou a sua remoção, é irrelevante a demonstração da ocorrência de dano ou da existência de culpa ou dolo".

A dispensa da presença do dano e da culpa *lato sensu* nos parece salutar, *objetivando* a proteção dos direitos da personalidade quanto às medidas preventivas de tutela.

A segunda nota é que o conhecimento de ofício dessa proteção representa clara aplicação do *Direito Processual Civil Constitucional,* retirado dos arts. 1.º e 8.º do CPC/2015. Eis um dos seus principais exemplos, com fundamento agora em dispositivos expressos da norma instrumental.

A título de exemplo, se uma empresa lança um álbum de figurinhas de um jogador de futebol, sem a devida autorização, caberá uma ação específica tanto para vedar novas veiculações quanto para retirar o material de circulação (obrigação de fazer e de não fazer). Nessa ação caberá a fixação de uma multa diária, ou de uma multa única, bem como a busca e apreensão dos álbuns.

Tudo isso, repita-se, de ofício pelo juiz, sem a necessidade de pedido da parte e da presença de culpa, dolo e dano, nos termos do que consta do CPC/2015. No caso de lesão a tais direitos, continua merecendo aplicação a Súmula 37 do STJ, do ano de 1992, com a cumulação de pedido de reparação por danos materiais e morais. Em outras palavras, aquela Corte Superior admite, há muito tempo, a *cumulação dupla* de danos reparáveis.

Entretanto, como foi dito, essa súmula merece uma nova leitura, eis que também são cumuláveis os danos estéticos (*cumulação tripla*), destacados pela atual jurisprudência do Superior Tribunal de Justiça como uma nova modalidade de prejuízo (Súmula 387). Entre os precedentes mais antigos que geraram a súmula, destaque-se:

> "Dano moral e estético. Cumulação. 1. Conforme a jurisprudência da Corte, é possível cumular as parcelas relativas a danos morais e estéticos decorrentes do mesmo fato. 2. Agravo desprovido" (STJ, REsp 473.848/RS, Rel. Min. Carlos Alberto Menezes Direito, j. 15.05.2003, *DJ* 23.06.2003).

O parágrafo único do mesmo art. 12 do CC/2002 acaba por reconhecer direitos da personalidade ao morto, cabendo legitimidade para ingressar com a ação correspondente aos

CAP. 3 · ANÁLISE DO CÓDIGO CIVIL DE 2002. PARTE GERAL. DA PESSOA NATURAL | **167**

lesados indiretos: cônjuge, ascendentes, descendentes e colaterais até quarto grau. Conforme enunciado aprovado na *V Jornada de Direito Civil*, de autoria do Professor Gustavo Tepedino, tais legitimados agem por direito próprio em casos tais (Enunciado n. 400).

Na minha opinião doutrinária, é correta a conclusão segundo a qual a personalidade termina com a morte, o que é retirado do art. 6.º do Código Civil. Todavia, após a morte da pessoa restam *resquícios de sua personalidade*, que podem ser protegidos pelos citados *lesados indiretos*. Em verdade, nos casos de lesão aos direitos da personalidade do morto, estão presentes *danos diretos* – aos familiares –, e também *danos indiretos ou em ricochete* – que atingem o morto e repercutem naqueles que a lei considera como legitimados.

Essa posição seguida pode ser tida como a majoritária no Brasil. Nesse sentido, cite-se o artigo científico desenvolvido por Ney Rodrigo Lima Ribeiro, citado quando do julgamento do Recurso Especial 1.209.474/SP pela Terceira Turma do STJ, acórdão que teve como relator o Ministro Paulo de Tarso Sanseverino (10 de setembro de 2013).

Como aponta o autor, existem três correntes de análise do tema dos direitos da personalidade do morto: "a) sustentam que a personalidade cessa com a morte (art. 6.º do CC), ou seja, que é uma regra absoluta e, por conseguinte, a morte tudo resolve (*mors omnia solvit*), bem como não há extensão dos direitos de personalidade, os seguintes doutrinadores: Sílvio de Salvo Venosa; Cristiano Chaves; Pontes de Miranda e Silvio Romero Beltrão; b) defendem que a personalidade cessa com a morte (art. 6.º do CC), entretanto, é uma regra relativa e, por decorrência, o brocardo jurídico *mors omnia solvit* não é absoluto, há extensão dos direitos de personalidade após a morte e também é cabível a indenização diante de lesão à pessoa falecida, os seguintes autores: Álvaro Villaça, Silmara J. Chinellato; Rubens Limongi França; Ingo Wolfgang Sarlet; Gustavo Tepedino; Maria Helena Diniz; Flávio Tartuce; Paulo Lôbo; Francisco Amaral e José Rogério Cruz e Tucci; c) a doutrina brasileira é quase uníssona em afirmar que o princípio da dignidade da pessoa humana (art. 1.º, III, da CF/88) é o sustentáculo de proteção das pessoas falecidas" (RIBEIRO, Ney Rodrigo Lima. *Direitos...*, 2012).

Injustificadamente, o art. 12, parágrafo único, do CC não faz referência ao companheiro ou convivente, que ali também deve ser incluído por aplicação analógica do art. 226, § 3.º, da CF/1988. Justamente por isso, o Enunciado n. 275 do CJF/STJ, da *IV Jornada de Direito Civil*, prevê que "O rol dos legitimados de que tratam os arts. 12, parágrafo único, e 20, parágrafo único, do Código Civil, também compreende o companheiro".

Segundo o próprio enunciado, frise-se que, no caso específico de lesão à imagem do morto, o art. 20, parágrafo único, do CC também atribui legitimidade aos *lesados indiretos*, mas apenas faz menção ao cônjuge, aos ascendentes e aos descendentes, também devendo ser incluído o companheiro pelas razões antes demonstradas.

De fato, pelo que consta expressamente da lei, os colaterais até quarto grau não teriam legitimação para a defesa de tais direitos, conclusão a que chegou o Enunciado n. 5 do CJF/STJ, aprovado na *I Jornada de Direito Civil*, cujo teor segue, de forma destacada:

> "Arts. 12 e 20: 1) as disposições do art. 12 têm caráter geral e aplicam-se inclusive às situações previstas no art. 20, excepcionados os casos expressos de legitimidade para requerer as medidas nele estabelecidas; 2) as disposições do art. 20 do novo Código Civil têm a finalidade específica de regrar a projeção dos bens personalíssimos nas situações nele enumeradas. Com exceção dos casos expressos de legitimação que se conformem com a tipificação preconizada nessa norma, a ela podem ser aplicadas subsidiariamente as regras instituídas no art. 12".

168 | DIREITO CIVIL • VOL. 1 – *Flávio Tartuce*

Pelo teor do último enunciado transcrito, que consubstancia o entendimento majoritário da doutrina, pode ser concebido o seguinte quadro comparativo:

Lesão à personalidade do morto (art. 12, parágrafo único, do CC)	Lesão à imagem do morto (art. 20, parágrafo único, do CC)
São legitimados, pela atual redação do Código Civil, os ascendentes, descendentes, o cônjuge e **os colaterais até quarto grau (irmãos, tios, sobrinhos e primos)**. Não há menção ao companheiro, injustificadamente.	São legitimados, pela atual redação do Código Civil, os ascendentes, os descendentes e o cônjuge. Injustificadamente, não há menção ao companheiro e aos colaterais.

A questão é controvertida, pois, afinal de contas, o conceito de imagem (incluindo a imagem-retrato e a imagem-atributo) encontra-se muito ampliado. Nesse contexto, haverá enormes dificuldades em enquadrar a situação concreta no art. 12 ou no art. 20 do Código Civil. Não obstante, pode-se até entender que os dispositivos trazem apenas relações exemplificativas dos legitimados extraordinariamente para os casos de lesão à personalidade do morto.

Assim, é forçoso concluir que os arts. 12, parágrafo único, e 20, parágrafo único, comunicam-se entre si. Comentando o último comando, leciona Silmara Chinellato, a quem se filia, que "anoto que a legitimação aqui é menos extensa do que naquele parágrafo, já que omite os colaterais. É sustentável admitir a legitimação também a eles, bem como aos companheiros, uma vez que o art. 12 se refere genericamente à tutela dos direitos da personalidade, entre os quais se incluem os previstos pelo art. 20" (CHINELLATO, Silmara Juny (coord.). *Código Civil...*, 3. ed., 2010, p. 46-47).

Esse último entendimento afasta a rigidez do quadro exposto. Adotando essa ideia de flexibilização, independentemente da ordem de vocação hereditária, transcreve-se julgado do Tribunal Mineiro, que analisou lesão à personalidade do morto pela violação de sepultura:

"Direito administrativo. Apelações. Violação de sepultura em cemitério municipal. Violação de urna funerária. Responsabilidade objetiva do Estado. Situação causadora de dano moral. Irmão do morto. Legitimidade. Dano moral de natureza gravíssima. Majoração da indenização. Possibilidade. Multa diária. Previsão legal. Juros. Percentual. Honorários advocatícios. Redução. Possibilidade. Recursos parcialmente providos. O artigo 12, parágrafo único, do Código Civil, autoriza qualquer parente em linha reta, ou colateral até o quarto grau, a pleitear indenização por danos morais, quando se tratar de reflexos de direitos da personalidade do morto, sendo que o dispositivo não condiciona o ajuizamento da ação à observância da ordem de vocação hereditária a violação de sepultura e de urna funerária configura dano moral de natureza grave, de forma que, se as violações ocorreram por ordem de servidor público municipal, nas dependências de cemitério público municipal, é certo que o município responde objetivamente pelos danos morais causados ao irmão do morto" (TJMG, Apelação Cível 1.0699.07.071912-4/0021, Ubá, 4.ª Câmara Cível, Rel. Des. Moreira Diniz, j. 05.02.2009, *DJEMG* 27.02.2009).

Ato contínuo de estudo, por bem, adotando a flexibilidade da ordem prevista nos comandos, na *V Jornada de Direito Civil* (novembro de 2011), aprovou-se o enunciado proposto pelo Professor André Borges de Carvalho Barros, com o seguinte teor: "as medidas previstas no artigo 12, parágrafo único, do Código Civil, podem ser invocadas por qualquer uma das pessoas ali mencionadas de forma concorrente e autônoma" (Enunciado n. 398).

CAP. 3 · ANÁLISE DO CÓDIGO CIVIL DE 2002. PARTE GERAL. DA PESSOA NATURAL | 169

Partindo para a prática, um dos julgados mais conhecidos a respeito da tutela da personalidade do morto é o relativo ao livro *Estrela solitária – um brasileiro chamado Garrincha*, em que se tutelaram os direitos das filhas do jogador, reparando-as por danos morais sofridos em decorrência de afirmações feitas na publicação. Vejamos a ementa:

"Civil. Danos morais e materiais. Direito à imagem e à honra de pai falecido. Os direitos da personalidade, de que o direito à imagem é um deles, guardam como principal característica a sua intransmissibilidade. Nem por isso, contudo, deixa de merecer proteção a imagem e a honra de quem falece, como se fossem coisas de ninguém, porque elas permanecem perenemente lembradas nas memórias, como bens imortais que se prolongam para muito além da vida, estando até acima desta, como sentenciou Ariosto. Daí porque não se pode subtrair dos filhos o direito de defender a imagem e a honra de seu falecido pai, pois eles, em linha de normalidade, são os que mais se desvanecem com a exaltação feita à sua memória, como são os que mais se abatem e se deprimem por qualquer agressão que lhe possa trazer mácula. Ademais, a imagem de pessoa famosa projeta efeitos econômicos para além de sua morte, pelo que os seus sucessores passam a ter, por direito próprio, legitimidade para postularem indenização em juízo, seja por dano moral, seja por dano material. Primeiro recurso especial das autoras parcialmente conhecido e, nessa parte, parcialmente provido. Segundo recurso especial das autoras não conhecido. Recurso da ré conhecido pelo dissídio, mas improvido" (STJ, REsp 521.697/RJ, 4.ª Turma, Rel. Min. Cesar Asfor Rocha, j. 16.02.2006, *DJ* 20.03.2006, p. 276).

Em 10 de abril de 2012, sentença de primeira instância da 7.ª Vara Cível de Aracaju, Sergipe, proibiu a veiculação do livro *Lampião – o mata sete*, estudo histórico realizado pelo advogado Pedro de Moraes que afirma que Lampião era homossexual e constantemente traído por sua mulher, Maria Bonita. A ação foi proposta pela única filha do casal, Expedida Ferreira Nunes, concluindo o magistrado Aldo Albuquerque de Melo que, "conjugando o art. 5.º, X, da Constituição Federal com o art. 20, parágrafo único do Código Civil, verifica-se facilmente a ilicitude da conduta do requerido em pretender divulgar e publicar uma biografia de Lampião, sem autorização dos titulares do direito de imagem, no caso, a requerente" (Processo 201110701579). Como as figuras relatadas no livro são históricas, ficava em xeque a ponderação realizada pelo julgador, uma vez que há um interesse coletivo no estudo realizado pelo advogado e escritor.

Com correção, a decisão foi reformada pelo Tribunal de Justiça de Sergipe, conforme acórdão da sua 2.ª Câmara Cível, prolatada em 30 de setembro de 2014. Segundo o relator Des. Siqueira Neto, a liberdade de expressão é valor fundamental na ordem democrática nacional. Sendo assim, não é papel do Poder Judiciário estabelecer padrões de conduta que impliquem restrição à divulgação das informações: "cabe, sim, impor indenizações compatíveis com ofensa decorrente de uma divulgação ofensiva". E arrematou, citando a doutrina de Marcelo Novelino: "as pessoas públicas, por se submeterem voluntariamente à exposição pública, abrem mão de uma parcela de sua privacidade, sendo menor a intensidade de proteção".

Adotando essa mesma linha, mais à frente será exposto o julgamento do Supremo Tribunal Federal sobre as biografias não autorizadas, que afastou a possibilidade de censura prévia em situações tais, citando inclusive o caso em análise.

Como último exemplo a ser citado sobre a amplitude do art. 12, parágrafo único, do Código Civil, o Superior Tribunal de Justiça entendeu que deveria ser respeitada a manifestação feita pela pessoa em vida, aos seus familiares e sem qualquer outra formalização, para que o seu corpo fosse congelado nos Estados Unidos da América (*criogenia*), visando a uma eventual ressuscitação no futuro, diante da evolução da medicina e de outras ciências. Diante da ausência de previsão legal sobre o tema, o Ministro Relator fundamentou a pretensão do disponente no *direito ao corpo morto*, retirado do preceito em estudo. Vejamos trecho desse instigante *decisum*:

> "A criogenia ou criopreservação é a técnica de congelamento do corpo humano morto, em baixíssima temperatura, com o intuito de reanimação futura da pessoa, caso sobrevenha alguma importante descoberta médica ou científica capaz de ressuscitar o indivíduo. O procedimento da criogenia em seres humanos não possui previsão legal em nosso ordenamento jurídico. Nesses casos, para preencher a lacuna normativa sobre a matéria, o art. 4.º da Lei de Introdução às Normas do Direito Brasileiro – LINDB enumera as técnicas de integração da norma jurídica, estabelecendo que: 'Quando a lei for omissa, o juiz decidirá o caso de acordo com a analogia, os costumes e os princípios gerais de direito'. Na hipótese, deve-se aplicar a analogia jurídica (*iuris*), pois o nosso ordenamento jurídico, além de proteger as disposições de última vontade do indivíduo, como decorrência do direito ao cadáver, contempla diversas normas legais que tratam de formas distintas de destinação do corpo humano após a morte em relação à tradicional regra do sepultamento, dentre as quais podemos citar o art. 77, § 2.º, da Lei de Registros Públicos, que disciplina a possibilidade de cremação do cadáver; a Lei n. 9.434/1997, que dispõe sobre a remoção de órgãos, tecidos e partes do corpo humano para fins de transplante e tratamento; o art. 14 do Código Civil, que possibilita a destinação do corpo, após a morte, para fins científicos ou altruísticos, dentre outras. Da análise das regras correlatas dispostas no ordenamento jurídico, considerando a necessidade de extração da norma jurídica a ser aplicada ao caso concreto, verifica-se que não há exigência de formalidade específica para a manifestação de última vontade do indivíduo, sendo perfeitamente possível, portanto, aferir essa vontade, após o seu falecimento, por outros meios de prova legalmente admitidos, observando-se sempre as peculiaridades fáticas de cada caso. Ademais, o ordenamento jurídico brasileiro, em casos envolvendo a tutela de direitos da personalidade do indivíduo *post mortem*, legitima os familiares mais próximos a atuarem em favor dos interesses deixados pelo *de cujus*. São exemplos dessa legitimação as normas insertas nos arts. 12, parágrafo único, e 20, parágrafo único, do Código Civil, que tratam especificamente sobre direitos da personalidade, bem como no art. 4.º da Lei n. 9.434/1997, que diz respeito à legitimidade dos familiares em relação à autorização para a remoção de órgãos, tecidos e outras partes do corpo humano para fins de transplante, dentre outras. Nessa linha de entendimento, extraindo-se os elementos necessários à integração da lacuna normativa pela analogia, é de se concluir que, na falta de manifestação expressa deixada pelo indivíduo em vida no sentido de ser submetido à criogenia após a morte, presume-se que sua vontade seja aquela manifestada por seus familiares mais próximos" (STJ, REsp 1.693.718/RJ, 3.ª Turma, Rel. Min. Marco Aurélio Bellizze, j. 26.03.2019, *DJe* 04.04.2019).

Para encerrar o estudo do art. 12, o Projeto de Reforma e Atualização do Código Civil pretende afastar vários dos debates aqui expostos, resolvendo alguns dos problemas práticos dele decorrentes. Assim, o seu *caput*, de forma mais técnica e objetiva, passará a expressar que "pode-se exigir que cessem a ameaça ou a lesão a direito de personalidade, e pleitear-se a reparação de danos, sem prejuízo de outras sanções previstas em lei". Nos termos do seu novo § 1.º, que supre as discussões ora expostas, "terão legitimidade para requerer a medida prevista neste artigo o cônjuge ou convivente sobreviventes ou parente do falecido em linha reta; na falta de qualquer um deles, passam a ser legitimados os colaterais de quarto grau". Além disso, consoante o novo § 2.º do art. 12, "na hipótese de falta de acordo entre herdeiros, cônjuge ou convivente do falecido, quanto à pertinência da pretensão indenizatória os legitimados podem assumir, na ação ou no procedimento em trâmite, a posição de parte que melhor lhes convier". Com as projeções, a temática dos direitos da personalidade do morto não será mais tratada no art. 20, encerrando-se o problema do conflito entre as duas normas, e concentrando-a no art. 12.

O art. 13 do CC/2002 e seu parágrafo único preveem o direito de disposição de partes separadas do próprio corpo em vida para fins de transplante, ao prescrever que, "salvo por exigência médica, é defeso o ato de disposição do próprio corpo, quando importar diminuição permanente da integridade física, ou contrariar os bons costumes. Parágrafo único. O ato previsto neste artigo será admitido para fins de transplante, na forma estabelecida em lei especial".

O dispositivo em questão servia *como uma luva* para os casos de correção ou adequação de sexo do transexual. Como se sabe, o *transexualismo* era antes reconhecido por entidades médicas como uma patologia ou doença, pois a pessoa teria um "desvio psicológico permanente de identidade sexual, com rejeição do fenótipo e tendência à automutilação e/ou autoextermínio" (Resolução 1.955/2010 do Conselho Federal de Medicina, ora revogada).

Na linha dessa resolução do Conselho Federal de Medicina, o transexual seria uma forma de *wanna be*, pois a pessoa *quer ser* do outro sexo, havendo choques psíquicos graves atormentando-a. A Resolução do CFM anterior não considerava ilícita a realização de cirurgias que visam à adequação do sexo, geralmente do masculino para o feminino, autorizando a sua realização em nosso País.

Todavia, nos últimos anos, a tendência de *despatologização* da situação da *pessoa trans* acabou por se consolidar na jurisprudência superior brasileira, não se podendo utilizar mais a expressão *transexualismo*, que indica justamente a existência de uma patologia, mas *transexualidade*. Na seara médica, a Resolução 1.955/2010 do CFM foi revogada pela Resolução CFM 2.265/2019, publicada em janeiro de 2020, que não reconhece mais a hipótese como de patologia. Conforme o seu art. 1.º, "compreende-se por transgênero ou incongruência de gênero a não paridade entre a identidade de gênero e o sexo ao nascimento, incluindo-se neste grupo transexuais, travestis e outras expressões identitárias relacionadas à diversidade de gênero".

Como primeiro marco jurisprudencial importante sobre o tema, em 2017, o Superior Tribunal de Justiça admitiu a alteração do sexo no registro civil, sem a necessidade de realização de prévia cirurgia, conforme decisão prolatada pela Quarta Turma, no Recurso Especial 1.626.739/RS, no mês de maio daquele ano. O relator, Ministro Luis Felipe Salomão, argumentou pela existência de um *direito ao gênero*, com base no sexo psicológico da pessoa humana. Sustentou, ainda, que o direito à felicidade deve conduzir a uma mudança de paradigma na Corte, uma vez que, "se a mudança do prenome configura alteração de gênero (masculino para feminino ou vice-versa), a manutenção do sexo constante do registro civil preservará a incongruência entre os dados assentados e a identidade de gênero da pessoa, a qual continuará suscetível a toda sorte de constrangimentos na vida civil, configurando-se, a meu juízo, flagrante atentado a direito existencial inerente à personalidade".

E concluiu o seu julgamento com as seguintes palavras: "em atenção à cláusula geral de dignidade da pessoa humana, penso que a jurisprudência desta Corte deve avançar para autorizar a retificação do sexo do indivíduo transexual no registro civil, independentemente da realização da cirurgia de adequação sexual, desde que dos autos se extraia a comprovação da alteração no mundo fenomênico (como é o caso presente, atestado por laudo incontroverso), cuja averbação, nos termos do § 6.º do artigo 109 da Lei de Registros Públicos, deve ser efetuada no assentamento de nascimento original, vedada a inclusão, ainda que sigilosa, da expressão transexual ou do sexo biológico".

Pontue-se que, naquela ocasião, foi aplicado o teor do Enunciado doutrinário número 42, aprovado na *I Jornada de Direito da Saúde*, promovida pelo Conselho Nacional de Justiça

172 | DIREITO CIVIL • VOL. 1 – *Flávio Tartuce*

(CNJ) em 2014, com os seguintes dizeres: "quando comprovado o desejo de viver e ser aceito enquanto pessoa do sexo oposto, resultando numa incongruência entre a identidade determinada pela anatomia de nascimento e a identidade sentida, a cirurgia de transgenitalização é dispensável para a retificação de nome no registro civil".

Em 2018, surgiram duas decisões do Supremo Tribunal Federal sobre o tema confirmando essa *despatologização da transexualidade*, uma delas em repercussão geral, e que era mencionada nas edições anteriores deste livro (RE 670.422). No primeiro *decisum*, prolatado em março de 2018, analisou-se a possibilidade de alteração do nome civil da pessoa *trans* ou *transgênero* – expressões consideradas adequadas para tais hipóteses pelo próprio STF –, podendo tal alteração ser efetivada no Cartório de Registro Civil das Pessoas Naturais (RCPN), sem a necessidade de autorização judicial, realização de laudo médico demonstrando a patologia ou cirurgia prévia. Vejamos a publicação do acórdão, constante do *Informativo* n. *892* da Corte:

"Direito civil – Pessoas naturais. Transgêneros e direito a alteração no registro civil. O direito à igualdade sem discriminações abrange a identidade ou a expressão de gênero. A identidade de gênero é manifestação da própria personalidade da pessoa humana e, como tal, cabe ao Estado apenas o papel de reconhecê-la, nunca de constituí-la. A pessoa não deve provar o que é, e o Estado não deve condicionar a expressão da identidade a qualquer tipo de modelo, ainda que meramente procedimental. Com base nessas assertivas, o Plenário, por maioria, julgou procedente pedido formulado em ação direta de inconstitucionalidade para dar interpretação conforme a Constituição e o Pacto de São José da Costa Rica ao art. 58 da Lei 6.015/1973. Reconheceu aos transgêneros, independentemente da cirurgia de transgenitalização, ou da realização de tratamentos hormonais ou patologizantes, o direito à alteração de prenome e gênero diretamente no registro civil. O Colegiado assentou seu entendimento nos princípios da dignidade da pessoa humana, da inviolabilidade da intimidade, da vida privada, da honra e da imagem, bem como no Pacto de São José da Costa Rica. Considerou desnecessário qualquer requisito atinente à maioridade, ou outros que limitem a adequada e integral proteção da identidade de gênero autopercebida. Além disso, independentemente da natureza dos procedimentos para a mudança de nome, asseverou que a exigência da via jurisdicional constitui limitante incompatível com essa proteção. Ressaltou que os pedidos podem estar baseados unicamente no consentimento livre e informado pelo solicitante, sem a obrigatoriedade de comprovar requisitos, tais como certificações médicas ou psicológicas, ou outros que possam resultar irrazoáveis ou patologizantes. Pontuou que os pedidos devem ser confidenciais, e os documentos não podem fazer remissão a eventuais alterações. Os procedimentos devem ser céleres e, na medida do possível, gratuitos. Por fim, concluiu pela inexigibilidade da realização de qualquer tipo de operação ou intervenção cirúrgica ou hormonal. Vencidos, em parte os Ministros Marco Aurélio (relator), Alexandre de Moraes, Ricardo Lewandowski e Gilmar Mendes. O relator assentou a possibilidade de mudança de prenome e gênero no registro civil, mediante averbação no registro original, condicionando-se a modificação, no caso de cidadão não submetido à cirurgia de transgenitalização, aos seguintes requisitos: a) idade mínima de 21 anos; e b) diagnóstico médico de transexualismo, presentes os critérios do art. 3.º da Resolução 1.955/2010, do Conselho Federal de Medicina, por equipe multidisciplinar constituída por médico psiquiatra, cirurgião, endocrinologista, psicólogo e assistente social, após, no mínimo, dois anos de acompanhamento conjunto. Considerou inconstitucional interpretação que encerre a necessidade de cirurgia para ter-se a alteração do registro quer em relação ao nome, quer no tocante ao sexo. Os Ministros Alexandre de Moraes, Ricardo Lewandowski e Gilmar Mendes condicionaram a alteração no registro civil a ordem judicial e a averbação no registro civil de nascimento, resguardado sigilo no tocante à modificação" (STF, ADI 4275/DF, Rel. orig. Min. Marco Aurélio, Red. p/ o acórdão Min. Edson Fachin, j. 28.02 e 1.º.03.2018).

CAP. 3 · ANÁLISE DO CÓDIGO CIVIL DE 2002. PARTE GERAL. DA PESSOA NATURAL | **173**

Como se pode perceber, o julgamento não foi unânime, pois alguns Ministros pretendiam apontar alguns critérios que deveriam ser observados para a alteração do nome, especialmente a presença do diagnóstico de *transexualismo*.

Sucessivamente, em agosto de 2018, julgou-se o Recurso Extraordinário 670.422, de relatoria do Ministro Dias Toffoli, em que foram fixadas as seguintes teses a respeito da situação da *pessoa trans*, novamente sem unanimidade:

"1. O transgênero tem direito fundamental subjetivo à alteração de seu prenome e de sua classificação de gênero no registro civil. Não se exige, para tanto, nada além da manifestação de vontade do indivíduo, o qual poderá exercer tal faculdade tanto pela via judicial quanto pela via administrativa. 2. Essa alteração deve ser averbada à margem do assento de nascimento, vedada a inclusão do termo 'transgênero'. 3. Nas certidões do registro não constará nenhuma observação sobre a origem do ato, vedada a expedição de certidão de inteiro teor, salvo a requerimento do próprio interessado ou por determinação judicial. 4. Efetuando-se o procedimento pela via judicial, caberá ao magistrado determinar, de ofício, ou a requerimento do interessado, a expedição de mandados específicos para a alteração dos demais registros dos órgãos públicos ou privados, os quais deverão preservar o sigilo sobre a origem dos atos" (STF, RE 670422/RS, Rel. Min. Dias Toffoli, j. 15.08.2018, publicado no seu *Informativo* n. *911*).

Além dessas decisões do STF e do STJ, dois outros *marcos* do ano de 2018 devem ser mencionados. O primeiro deles é o novo relatório da Organização Mundial da Saúde (OMS) relativo à classificação internacional de doenças (CID 11), que não era atualizado desde o ano de 1990, emitido em junho de 2018. Na nova lista, a transexualidade deixou de ser uma doença mental e passou a ser uma incongruência de gênero. Em outras palavras, deixou de ser um problema psíquico e passou a ser tratado como um problema sexual. Como se pode perceber, a OMS não fez uma *despatologização absoluta* da transexualidade, o que pode gerar críticas à decisão do STF, ao dispensar o laudo médico prévio para a alteração do nome no registro civil.

De todo modo, no Brasil, na linha das decisões jurisprudenciais superiores, o Conselho Federal de Medicina revogou a Resolução 1.955/2010 e editou a Resolução 2.265/2019, adotando o caminho da *despatologização*, como antes pontuado. Como tenho seguido as decisões científicas da classe médica, esse também passa a ser o meu entendimento doutrinário.

O outro marco a ser destacado, agora na realidade nacional, é o Provimento 73 do Conselho Nacional de Justiça (CNJ), também de junho de 2018, visando orientar os cartórios de registro civil para a alteração do nome da *pessoa trans*. Em 2023, as previsões constantes desse provimento foram incorporadas ao Código Nacional de Normas do CNJ, com alguns aperfeiçoamentos (arts. 516 a 523).

Em termos gerais, a norma administrativa apresenta os requisitos formais para que ocorra tal alteração. Suas regras serão analisadas mais à frente, quando da abordagem do nome.

Na verdade, quanto à cirurgia de adequação de sexo do indivíduo, à luz do art. 13 do Código Civil transcrito, sempre foram feitas duas interpretações. A primeira, mais liberal, permitiria a mudança ou adequação do sexo masculino para o feminino, eis que muitas vezes a pessoa mantém os referidos choques psicológicos graves, havendo a necessidade de alteração, até para evitar que ela se suicide (ALVES, Jones Figueirêdo; DELGADO, Mário Luiz. *Código Civil anotado...*, 2005, p. 27).

Entretanto, a segunda parte do dispositivo vedaria a disposição do próprio corpo se tal fato contrariar os *bons costumes*, conceito legal indeterminado. De acordo com uma visão

174 DIREITO CIVIL • VOL. 1 – *Flávio Tartuce*

mais conservadora, a mudança de sexo estaria proibida. Assim entende, por exemplo, Inácio de Carvalho Neto (*Curso de direito civil...*, v. I, p. 134).

Relativamente a tal discussão, sempre fui adepto da primeira corrente, inclusive pelo reconhecimento, de acordo com o Enunciado n. 6 do CJF/STJ também da *I Jornada*, que o bem-estar mencionado no dispositivo pode ser físico ou psicológico do disponente. Mais especificamente, na *IV Jornada de Direito Civil*, foi aprovado o Enunciado n. 276, prevendo que:

> "O art. 13 do Código Civil, ao permitir a disposição do próprio corpo por exigência médica, autoriza as cirurgias de transgenitalização, em conformidade com os procedimentos estabelecidos pelo Conselho Federal de Medicina, e a consequente alteração do prenome e do sexo no Registro Civil".

Essa alteração do prenome e do registro civil é reconhecida há tempos pela jurisprudência estadual de forma ampla, em prol da proteção da dignidade humana. Por todos esses julgados, podem ser transcritos os seguintes, do Tribunal de Justiça de São Paulo:

> "Retificação de registro civil (assento de nascimento) – Transexualismo (ou disforia de gênero) – Sentença que autorizou a modificação do prenome masculino para feminino – Controvérsia adstrita à alteração do sexo jurídico no assento de nascimento – Admissibilidade – Cirurgia autorizada diante da necessidade de adequação do sexo morfológico e psicológico – Concordância do Estado com a cirurgia que não se compatibiliza com a negativa de alteração do sexo originalmente inscrito na certidão – Evidente, ainda, o constrangimento daquele que possui o prenome 'VANESSA', mas que consta no mesmo registro como sendo do sexo masculino – Ausência de prejuízos a terceiros – Sentença que determinou averbar nota a respeito do registro anterior – Decisão mantida – Recurso improvido" (TJSP, Ap. Cív. com Revisão 439.257-4/3-00, Rel. Salles Rossi, data do registro: 10.05.2007).

> "Registro civil. Retificação. Assento de nascimento. Transexual. Alteração na indicação do sexo. Deferimento. Necessidade da cirurgia para a mudança de sexo reconhecida por acompanhamento médico multidisciplinar. Concordância do Estado com a cirurgia que não se compatibiliza com a manutenção do estado sexual originalmente inserto na certidão de nascimento. Negativa ao portador de disforia do gênero do direito à adequação do sexo morfológico e psicológico e a consequente redesignação do estado sexual e do prenome no assento de nascimento que acaba por afrontar a lei fundamental. Inexistência de interesse genérico de uma sociedade democrática em impedir a integração do transexual. Alteração que busca obter efetividade aos comandos previstos nos arts. 1.º, III, e 3.º, IV, da CF. Recurso do Ministério Público negado, provido o do autor para o fim de acolher integralmente o pedido inicial, determinando a retificação de seu assento de nascimento não só no que diz respeito ao nome, mas também no que concerne ao sexo" (TJSP, Ap. Cív. 209.101-4, Espírito Santo do Pinhal, 1.ª Câmara de Direito Privado, Rel. Elliot Akel, j. 09.04.2002, v.u.).

A questão consolidou-se de tal forma até chegar ao Superior Tribunal de Justiça, que em 2009 passou a entender na mesma linha. Assim, do *Informativo n. 415* daquele Tribunal, colaciona-se, mencionando precedente anterior, publicado no seu *Informativo n. 411*:

> "Registro civil. Retificação. Mudança. Sexo. A questão posta no REsp cinge-se à discussão sobre a possibilidade de retificar registro civil no que concerne a prenome e a sexo, tendo em vista a realização de cirurgia de transgenitalização. A Turma entendeu que, no caso, o transexual operado, conforme laudo médico anexado aos autos, convicto de pertencer ao

CAP. 3 • ANÁLISE DO CÓDIGO CIVIL DE 2002. PARTE GERAL. DA PESSOA NATURAL | **175**

sexo feminino, portando-se e vestindo-se como tal, fica exposto a situações vexatórias ao ser chamado em público pelo nome masculino, visto que a intervenção cirúrgica, por si só, não é capaz de evitar constrangimentos. Assim, acentuou que a interpretação conjugada dos arts. 55 e 58 da Lei de Registros Públicos confere amparo legal para que o recorrente obtenha autorização judicial a fim de alterar seu prenome, substituindo-o pelo apelido público e notório pelo qual é conhecido no meio em que vive, ou seja, o pretendido nome feminino. Ressaltou-se que não entender juridicamente possível o pedido formulado na exordial, como fez o Tribunal *a quo*, significa postergar o exercício do direito à identidade pessoal e subtrair do indivíduo a prerrogativa de adequar o registro do sexo à sua nova condição física, impedindo, assim, a sua integração na sociedade. Afirmou-se que se deter o julgador a uma codificação generalista, padronizada, implica retirar-lhe a possibilidade de dirimir a controvérsia de forma satisfatória e justa, condicionando-a a uma atuação judicante que não se apresenta como correta para promover a solução do caso concreto, quando indubitável que, mesmo inexistente um expresso preceito legal sobre ele, há que suprir as lacunas por meio dos processos de integração normativa, pois, atuando o juiz *supplendi causa*, deve adotar a decisão que melhor se coadune com valores maiores do ordenamento jurídico, tais como a dignidade das pessoas. Nesse contexto, tendo em vista os direitos e garantias fundamentais expressos da Constituição de 1988, especialmente os princípios da personalidade e da dignidade da pessoa humana, e levando-se em consideração o disposto nos arts. 4.º e 5.º da Lei de Introdução, decidiu-se autorizar a mudança de sexo de masculino para feminino, que consta do registro de nascimento, adequando-se documentos, logo facilitando a inserção social e profissional. Destacou-se que os documentos públicos devem ser fiéis aos fatos da vida, além do que deve haver segurança nos registros públicos. Dessa forma, no livro cartorário, à margem do registro das retificações de prenome e de sexo do requerente, deve ficar averbado que as modificações feitas decorreram de sentença judicial em ação de retificação de registro civil. Todavia, tal averbação deve constar apenas do livro de registros, não devendo constar, nas certidões do registro público competente, nenhuma referência de que a aludida alteração é oriunda de decisão judicial, tampouco de que ocorreu por motivo de cirurgia de mudança de sexo, evitando, assim, a exposição do recorrente a situações constrangedoras e discriminatórias" (STJ, REsp 737.993/MG, Rel. Min. João Otávio de Noronha, j. 10.11.2009. Ver *Informativo* n. *411*).

Na verdade, seguindo essa visão anterior, a adequação de sexo para o transexual seria uma verdadeira *necessidade*, não um mero capricho ou anseio pessoal. A cirurgia era vista como a *cura para uma doença*, para uma patologia, visando a uma adequação social. Por isso, na visão civil-constitucional, alguns doutrinadores sustentavam a preservação da dignidade humana, não podendo ser afastada essa adequação (BORGES, Roxana Cardoso Brasileiro. *Disponibilidade...*, 2005, p. 190-192).

De toda sorte, pontue-se que esse entendimento anterior parece estar totalmente superado no próprio STJ, pois a Corte passou a considerar que a pessoa transexual não pode ser tratada como um doente, cabendo a alteração do nome e do sexo no registro civil independentemente da realização de cirurgia prévia. Na mesma linha, as decisões do Supremo Tribunal Federal aqui antes explanadas e analisadas, que até dispensam a ação judicial para tanto.

Exposta essa controvérsia, ainda sobre o art. 13 do CC/2002, na *V Jornada de Direito Civil*, de 2011, foi aprovado enunciado doutrinário com teor bem interessante, dispondo que não contraria os bons costumes a cessão gratuita de direitos de uso de material biológico para fins de pesquisa científica. Isso, desde que a manifestação de vontade tenha sido livre e esclarecida e puder ser revogada a qualquer tempo, conforme as normas éticas que regem a pesquisa científica e o respeito aos direitos fundamentais (Enunciado n. 401).

Na *VI Jornada de Direito Civil*, evento promovido em 2013, o comando voltou a ser debatido, aprovando-se o Enunciado n. 532, *in verbis*: "é permitida a disposição gratuita do próprio corpo com objetivos exclusivamente científicos, nos termos dos arts. 11 e 13 do Código Civil". O enunciado doutrinário visa possibilitar pesquisas com seres humanos, sendo as suas justificativas:

> "Pesquisas com seres humanos vivos são realizadas todos os dias, sem as quais não seria possível o desenvolvimento da medicina e de áreas afins. A Resolução CNS n. 196/1996, em harmonia com o Código de Nuremberg e com a Declaração de Helsinque, dispõe que pesquisas envolvendo seres humanos no Brasil somente podem ser realizadas mediante aprovação prévia de um Comitê de Ética em Pesquisa – CEP, de composição multiprofissional, e com a assinatura do Termo de Consentimento Livre e Esclarecido – TCLE pelo participante da pesquisa, no qual devem constar informações claras e relevantes acerca do objeto da pesquisa, seus benefícios e riscos, a gratuidade pela participação, a garantia de reparação dos danos causados na sua execução e a faculdade de retirada imotivada do consentimento a qualquer tempo sem prejuízo para sua pessoa" (justificativas do Enunciado n. 532 da *VI Jornada de Direito Civil*).

Em suma, a viabilidade do reconhecimento legal e jurídico de tais pesquisas com seres humanos estaria fundada nos arts. 11 e 13 do Código Civil de 2002, sempre de forma gratuita.

Como outra observação a respeito do art. 13 do Código Civil, na *IX Jornada de Direito Civil*, em 2022, foi aprovado o Enunciado n. 646, prevendo que "a exigência de autorização de cônjuges ou companheiros, para utilização de métodos contraceptivos invasivos, viola o direito à disposição do próprio corpo".

No mesmo ano de 2022, a Lei 9.263/1996 – que trata do planejamento familiar e da esterilização voluntária, por meio da laqueadura e da vasectomia – foi alterada pela Lei 14.443, tendo sido revogado o § 5.º do art. 10 da primeira norma, que trazia tal exigência. Assim, a questão parece ter sido totalmente resolvida, no âmbito jurídico.

Como última nota a respeito do art. 13, mais uma vez, o Anteprojeto de Reforma e Atualização do Código Civil pretende melhorar a sua redação, resolvendo alguns dos problemas ora expostos. Assim, o seu *caput* passará a mencionar apenas a pessoa capaz, retirando-se as menções à exigência médica e aos bons costumes, e expressando o bem--estar físico e psíquico, conforme o Enunciado n. 6 da *I Jornada de Direito Civil*: "salvo para resguardar o bem-estar físico e psíquico de pessoa maior e capaz, é defeso o ato de disposição do próprio corpo, quando gerar diminuição permanente da integridade física ou limitação que, mesmo provisória, importe violação da dignidade humana". Em complemento de forma mais técnica, o seu parágrafo único preverá que "o ato previsto neste artigo será admitido, também, para fins de procedimento médico de transplante de órgãos, na forma estabelecida em lei especial".

De acordo com o art. 14 da atual codificação material, é possível, com objetivo científico ou altruístico (doação de órgãos), a disposição gratuita do próprio corpo, no todo ou em parte, para depois da morte, podendo essa disposição ser revogada a qualquer momento.

A retirada *post mortem* dos órgãos deverá ser precedida de diagnóstico de morte encefálica e depende de autorização de parente maior, da linha reta ou colateral até o 2.º grau, ou do cônjuge sobrevivente, mediante documento escrito perante duas testemunhas (art. 4.º da Lei 9.434/1997 e Lei 10.211/2001). A primeira norma, em sintonia com o que consta do art. 13, parágrafo único, do atual Código Civil, regulamenta questões relacionadas com os transplantes de órgãos.

CAP. 3 · ANÁLISE DO CÓDIGO CIVIL DE 2002. PARTE GERAL. DA PESSOA NATURAL | 177

Quanto a essa retirada, interessante ainda dizer que a nossa legislação adota o *princípio do consenso afirmativo*, no sentido de que é necessária a autorização dos familiares do disponente. A Lei 10.211/2001 veio justamente a afastar a presunção que existia de que todas as pessoas eram doadores potenciais, o que era duramente criticado pela comunidade médica e jurídica.

Contudo, para deixar claro que a decisão de disposição é um ato personalíssimo do disponente, na *IV Jornada de Direito Civil* foi aprovado o Enunciado n. 277 do CJF/STJ, prevendo que "o art. 14 do Código Civil, ao afirmar a validade da disposição gratuita do próprio corpo, com objetivo científico ou altruístico, para depois da morte, determinou que a manifestação expressa do doador de órgãos em vida prevalece sobre a vontade dos familiares, portanto, a aplicação do art. 4.º da Lei 9.434/1997 ficou restrita à hipótese de silêncio do potencial doador".

Realmente, o enunciado doutrinário é perfeito. O ato é pessoal do doador, mantendo relação com a liberdade, com a sua autonomia privada. Caso se entendesse o contrário, toda a legislação quanto ao tema seria inconstitucional, por lesão à liberdade individual, uma das especializações da dignidade humana (art. 1.º, inc. III, da CF/1988).

Diante disso, não estou filiado à solução que parece ter sido dada pelo Decreto 9.175, de outubro de 2017, norma que regulamenta a Lei de Transplantes e que supostamente atribui a decisão de disposição de partes do corpo aos herdeiros do falecido. Conforme o seu art. 20, a retirada de órgãos, tecidos, células e partes do corpo humano, após a morte, somente poderá ser realizada com o consentimento livre e esclarecido da família do falecido, consignado de forma expressa em termo específico de autorização.

Pela mesma norma, essa autorização caberá ao cônjuge, ao companheiro ou ao parente consanguíneo, de maior idade e juridicamente capaz, na linha reta ou colateral, até o segundo grau, devendo ser firmada em documento subscrito por duas testemunhas presentes à verificação da morte. Caso seja utilizada autorização de parente de segundo grau, deverão estar circunstanciadas, no termo de autorização, as razões de impedimento dos familiares de primeiro grau.

Também está expresso que a retirada de órgãos, tecidos, células e partes do corpo humano de falecidos incapazes, nos termos da lei civil, dependerá de autorização expressa de ambos os pais, se vivos, ou de quem lhes detinha, ao tempo da morte, o poder familiar exclusivo, a tutela ou a curatela. Por fim, estatui-se que os casos que não se enquadrem nessas dependerão de prévia autorização judicial. Com o devido respeito, por ferir a autonomia do próprio disponente, é possível suscitar a inconstitucionalidade dessa regulamentação, o que depende de eventual análise pelo Supremo Tribunal Federal.

Destaco que o Projeto de Reforma do Código Civil pretende resolver esse dilema, incluindo um § 1.º no art. 14, que, em boa hora, preverá que, "havendo, por escrito, disposição do próprio titular, não há necessidade de autorização familiar e, em não havendo, esta será dada conforme a ordem de sucessão legítima". Espero, assim, que a proposição seja aprovada pelo Parlamento Brasileiro.

No que diz respeito à revogação dessa autorização, na *V Jornada de Direito Civil* aprovou-se enunciado elucidativo a respeito dos incapazes, a saber: "o art. 14, parágrafo único, do Código Civil, fundado no consentimento informado, não dispensa o consentimento dos adolescentes para a doação de medula óssea prevista no art. 9.º, § 6.º, da Lei nº 9.434/1997 por aplicação analógica dos arts. 28, § 2.º (alterado pela Lei 12.010/2009), e 45, § 2.º, do ECA" (Enunciado n. 402). Para os fins de esclarecimento, dispõe o art. 9.º, § 6.º, da Lei 9.434/1997 que "o indivíduo juridicamente incapaz, com compatibilidade imunológica comprovada, poderá fazer doação nos casos de transplante de medula óssea, desde que haja consentimento de ambos os pais ou seus responsáveis legais e autorização judicial e o ato não oferecer risco para a sua saúde".

Superadas essas questões, como foi exposto, o art. 15 do atual Código Civil consagra os direitos do paciente, valorizando o *princípio da beneficência e da não maleficência*, pelo qual se deve buscar sempre o melhor para aquele que está sob cuidados médicos ou de outros profissionais de saúde.

Assinale-se que os profissionais da área de saúde assumem, em regra, uma obrigação de meio, o que justifica a sua responsabilização mediante culpa (*responsabilidade subjetiva*), conforme o art. 951 do CC e o art. 14, § 4.º, do CDC. Entretanto, alguns profissionais dessa área, caso do médico cirurgião plástico estético, assumem obrigação de resultado, sendo a sua responsabilidade independente de culpa (*responsabilidade objetiva*), conforme o entendimento constante em alguns julgados (STJ, REsp 81.101/PR, 3.ª Turma, Rel. Min. Waldemar Zveiter, j. 13.04.1999, *DJ* 31.05.1999, p. 140). Todavia, esclareça-se, há quem entenda que, em casos tais, a obrigação de resultado gera culpa presumida, tema que está aprofundado no Volume 2 da presente coleção.

Ainda sobre o art. 15 da atual codificação material, na *VI Jornada de Direito Civil* (2013), foi aprovado o Enunciado n. 533, segundo o qual "o paciente plenamente capaz poderá deliberar sobre todos os aspectos concernentes a tratamento médico que possa lhe causar risco de vida, seja imediato ou mediato, salvo as situações de emergência ou no curso de procedimentos médicos cirúrgicos que não possam ser interrompidos". Vejamos, em destaque, as justificativas do enunciado doutrinário:

> "O crescente reconhecimento da autonomia da vontade e da autodeterminação dos pacientes nos processos de tomada de decisão sobre questões envolvidas em seus tratamentos de saúde é uma das marcas do final do século XX. Essas mudanças vêm-se consolidando até os dias de hoje. Inúmeras manifestações nesse sentido podem ser identificadas, por exemplo, a modificação do Código de Ética Médica e a aprovação da resolução do Conselho Federal de Medicina sobre diretivas antecipadas de vontade. O reconhecimento da autonomia do paciente repercute social e juridicamente nas relações entre médico e paciente, médico e família do paciente e médico e equipe assistencial. O art. 15 deve ser interpretado na perspectiva do exercício pleno dos direitos da personalidade, especificamente no exercício da autonomia da vontade. O 'risco de vida' será inerente a qualquer tratamento médico, em maior ou menor grau de frequência. Por essa razão, não deve ser o elemento complementar do suporte fático para a interpretação do referido artigo. Outro ponto relativo indiretamente à interpretação do art. 15 é a verificação de como o processo de consentimento informado deve ser promovido para adequada informação do paciente. O processo de consentimento pressupõe o compartilhamento efetivo de informações e a corresponsabilidade na tomada de decisão" (justificativas do Enunciado n. 533 da *VI Jornada de Direito Civil*).

O enunciado doutrinário acaba por propiciar, por exemplo, a elaboração do testamento vital ou biológico, conforme antes exposto. Sendo assim, em regra, filia-se ao teor da ementa doutrinária transcrita, com a ressalva de que a autonomia privada do paciente deve ser ponderada com outros direitos e valores. Isso deve ocorrer, por exemplo, nos casos de não submissão do paciente a tratamento médico por razões religiosas, tema aqui também outrora analisado.

Como visto, há propostas de melhora na redação do art. 15 do CC pelo Projeto de Reforma do Código Civil, para que passe a tratar das diretrizes antecipadas de vontade, com a inclusão, ainda, de um art. 15-A na codificação privada.

CAP. 3 · ANÁLISE DO CÓDIGO CIVIL DE 2002. PARTE GERAL. DA PESSOA NATURAL | 179

Os arts. 16 a 19 do CC/2002 tutelam hoje o direito ao nome, sinal ou pseudônimo que representa uma pessoa natural perante a sociedade, contra atentado de terceiros, principalmente aqueles que expõem o sujeito ao desprezo público, ao ridículo, acarretando dano moral ou patrimonial. Sendo o nome reconhecido como um direito da personalidade, as normas que o protegem também são de ordem pública.

Pelo art. 16 da Lei Geral Privada, todos os elementos que fazem parte do nome estão protegidos:

- o prenome, nome próprio da pessoa *(v.g. Flávio, Pietro, Enzo, Laís)*;
- o sobrenome, nome, apelido ou patronímico, nome de família *(v.g. Monteiro, Tartuce, Silva)*;
- a partícula *(da, dos, de)*;
- o agnome, que visa perpetuar um nome anterior já existente *(Júnior, Filho, Neto, Sobrinho)*.

A proteção de todos esses elementos consta expressamente no art. 17, pelo qual, "o nome da pessoa não pode ser empregado por outrem em publicações ou representações que a exponham ao desprezo público, ainda que não haja intenção difamatória". Deve ficar claro, como bem pondera Silmara Chinellato, que a tutela do nome cabe mesmo sendo este utilizado indevidamente, sem que exponha a pessoa ao desprezo público. Por isso, a jurista considera a dicção do preceito um retrocesso, o que é seguido por este autor (CHINELLATO, Silmara Juny. *Código Civil...*, 3. ed., 2010, p. 44).

O nome também não pode ser utilizado, sem autorização, para fins de publicidade ou propaganda comercial (art. 18 do CC). Nos dois casos, tratados pelos arts. 17 e 18 do CC, havendo lesão, caberá reparação civil, fundamentada nos arts. 186 e 927 da codificação privada. Eventualmente, em caso de uso indevido do nome da pessoa com intuito comercial, o dano moral é presumido ou *in re ipsa*, na linha do que consta da Súmula 403 do STJ (afirmação n. 10, publicada na Edição n. 138 da ferramenta *Jurisprudência em Teses* da própria Corte, dedicada aos Direitos da Personalidade II, de novembro de 2019).

Ademais, não se exige a prova inequívoca da má-fé da publicação *(actual malice)*, para ensejar a indenização pela ofensa ao nome ou à imagem de alguém (Tese n. 11, constante da mesma publicação). Sendo possível, cabem ainda medidas de prevenção do prejuízo.

Nesse sentido, dispõe o Enunciado n. 278, também da *IV Jornada de Direito Civil*, evento de 2006, que "a publicidade que venha a divulgar, sem autorização, qualidades inerentes a determinada pessoa, ainda que sem mencionar seu nome, mas sendo capaz de identificá--la, constitui violação a direito da personalidade". Para ilustrar, aplicando expressamente o enunciado doutrinário, destaque-se julgado do Tribunal Paulista, que condenou curso de línguas a indenizar o apresentador de televisão Cazé Peçanha no montante de R$ 20.000,00 (vinte mil reais), pela utilização de sua imagem por meio de sósia: "Utilização simulada de imagem do autor em publicidade. Dano moral configurado. Adequação do valor dos danos morais" (TJSP, Apelação 994.03.015985-0, Acórdão 4402991, 9.ª Câmara de Direito Privado, São Paulo, Rel. Des. Antonio Vilenilson, j. 02.02.2010, *DJESP* 22.04.2010).

Em 2019, o enunciado doutrinário ganhou especial destaque no âmbito do STJ, passando a compor a Edição n. 137 da ferramenta *Jurisprudência em Teses* dedicada aos direitos da personalidade (Tese n. 7). Consta como seu precedente:

> "Ação de indenização por danos morais movida por conhecido piloto automobilístico em face da veiculação de publicidade utilizando o apelido do autor, amplamente conhecido

pelo público em geral, em um contexto que claramente o identificava (criança, em um carro de brinquedo, com um macacão na mesma cor que o piloto demandante usava em sua equipe de Fórmula 1). Jurisprudência firme desta Corte no sentido de que os danos extrapatrimoniais por violação ao direito de imagem decorrem diretamente do seu próprio uso indevido, sendo prescindível a comprovação da existência de outros prejuízos por se tratar de modalidade de dano *in re ipsa*. Aplicável ao caso o Enunciado n. 278 da *IV Jornada de Direito Civil*, que, analisando o disposto no art. 18 do Código Civil, concluiu: 'A publicidade que divulgar, sem autorização, qualidades inerentes a determinada pessoa, ainda que sem mencionar seu nome, mas sendo capaz de identificá-la, constitui violação a direito da personalidade'" (STJ, REsp 1.432.324/SP, 3.ª Turma, Rel. Min. Paulo de Tarso Sanseverino, j. 18.12.2014, *DJe* 04.02.2015).

O art. 19 do CC/2002 trata da proteção do pseudônimo, nome atrás do qual se esconde um autor de obra artística, literária ou científica. Essa proteção não constitui novidade, pois já constava no art. 24, inc. II, da Lei 9.610/1998, que elenca os direitos morais do autor. Aliás, prevê o art. 27 dessa lei específica que os "direitos morais do autor são inalienáveis e irrenunciáveis". Apesar da falta de previsão, deve-se concluir que a proteção constante no art. 19 do Código Civil atinge também o cognome ou alcunha, nome artístico utilizado por alguém, mesmo não constando esse no registro da pessoa. Aplicando tal premissa para uma dupla sertaneja, do Tribunal de São Paulo:

> "Medida cautelar. Cautelar inominada. Utilização de nome artístico do autor em nova dupla sertaneja. Impedimento. Requisitos legais. Presença. Pseudônimo adotado para atividades lícitas que goza da mesma proteção dada ao nome. Artigo 19, do Código Civil. Recurso improvido" (TJSP, Agravo de Instrumento 4.021.314/3-00, 9.ª Câmara de Direito Privado, São Paulo, Rel. Des. Osni de Souza, j. 13.12.2005).

A Lei de Registros Públicos (Lei 6.015/1973) traz tratamento específico quanto ao nome, tendo sido alterada pela Lei 14.382/2022, que trata do Sistema Eletrônico dos Registros Públicos (SERP). Estabelece o art. 58 dessa lei especial que "o prenome será definitivo, admitindo-se, todavia, a sua substituição por apelidos públicos e notórios".

A experiência anterior demonstrava, na verdade, que seria mais fácil a alteração do prenome do que do sobrenome, sendo certo que o nome, com todos os seus elementos, envolve tanto preceitos de ordem pública como de ordem privada. Sobre essa possibilidade de alteração, prevê a assertiva n. 5, publicada na Edição n. 138 da ferramenta *Jurisprudência em Teses* do STJ, dedicada aos Direitos da Personalidade e de novembro de ano de 2019, que "a regra no ordenamento jurídico é a imutabilidade do prenome, um direito da personalidade que designa o indivíduo e o identifica perante a sociedade, cuja modificação revela-se possível, no entanto, nas hipóteses previstas em lei, bem como em determinados casos admitidos pela jurisprudência".

No sistema anterior à Lei do SERP, a alteração do nome, mediante ação judicial específica, cuja sentença deve ser registrada no cartório de registro das pessoas naturais, poderia ocorrer nos seguintes casos, alguns deles mantidos no atual sistema:

a) Substituição do nome que expõe a pessoa ao ridículo ou a embaraços, inclusive em casos de homonímias (nomes iguais). Exemplos: Jacinto Aquino Rego, Sum Tim Am, João Um Dois Três de Oliveira Quatro, Francisco de Assis Pereira (nome do *Maníaco do Parque*). Sobre essa possibilidade, destaque-se o seguinte aresto: "a simples pretensão de homenagear um ascendente não constitui fundamento bastante

CAP. 3 · ANÁLISE DO CÓDIGO CIVIL DE 2002. PARTE GERAL. DA PESSOA NATURAL | **181**

para configurar a excepcionalidade que propicia a modificação do registro. Contudo, uma das reais funções do patronímico é diminuir a possibilidade de homônimos e evitar prejuízos à identificação do sujeito a ponto de lhe causar algum constrangimento, sendo imprescindível a demonstração de que o fato impõe ao sujeito situações vexatórias, humilhantes e constrangedoras, que possam atingir diretamente a sua personalidade e sua dignidade, o que foi devidamente comprovado no caso dos autos" (STJ, REsp 1.962.674/MG, 3.ª Turma, Rel. Min. Marco Aurélio Bellizze, j. 24.05.2022, *DJe* 31.05.2022).

b) Alteração no caso de erro de grafia crasso, perceptível de imediato. Exemplos: Frávio, Orvardo, Cráudio.

c) Adequação de sexo ou de gênero, conforme entendimento jurisprudencial superior antes mencionado, do STF e STJ, podendo ocorrer no âmbito extrajudicial, perante o Cartório de Registro civil, e sem a necessidade de cirurgia prévia ou laudo médico. Sobre o tema, merece também destaque a afirmação n. 6 constante da Edição n. 138 da ferramenta *Jurisprudência em Teses* do STJ, de 2019: "o transgênero tem direito fundamental subjetivo à alteração de seu prenome e de sua classificação de gênero no registro civil, exigindo-se, para tanto, nada além da manifestação de vontade do indivíduo, em respeito aos princípios da identidade e da dignidade da pessoa humana, inerentes à personalidade".

d) Introdução de alcunhas, apelidos sociais ou cognomes. Exemplos: Lula, Xuxa, Tiririca. Acrescente-se que a jurisprudência superior também vinha admitindo alteração do prenome em hipótese fática de posse e uso contínuo de apelido social. Conforme trecho de interessante ementa, "caso concreto no qual se identifica justo motivo no pleito da recorrente de alteração do prenome, pois é conhecida no meio social em que vive, desde criança, por nome diverso daquele constante do registro de nascimento, circunstância que tem lhe causado constrangimentos" (STJ, REsp 1.217.166/ MA, 4.ª Turma, Rel. Min. Marco Buzzi, j. 14.02.2017, *DJe* 24.03.2017). Na situação descrita, a autora alterou seu prenome de Raimunda para Danielle. Essa forma de julgar tem meu total apoio doutrinário.

e) Introdução do nome do cônjuge ou convivente e sua retirada em havendo divórcio ou dissolução da união estável. Sobre essas hipóteses, o Provimento n. 82 do Conselho Nacional de Justiça, de 3 de julho de 2019, facilitava a alteração do nome dos genitores no registro de nascimento de seus filhos, pela via extrajudicial, sem a necessidade de se buscar socorro ao Poder Judiciário, o que é louvável. Conforme o seu art. 1.º, "poderá ser requerida, perante o Oficial de Registro Civil competente, a averbação no registro de nascimento e no de casamento das alterações de patronímico dos genitores em decorrência de casamento, separação e divórcio, mediante a apresentação da certidão respectiva". A possibilidade de inclusão do nome do cônjuge está prevista no art. 1.565, § 1.º, do Código Civil, norma que também se aplica ao companheiro. Essa liberdade abrange a viabilidade de inclusão de um segundo nome do outro cônjuge, como decidiu o STJ no ano de 2019. Nos termos do acórdão, "o art. 1.565, § 1.º, do Código Civil de 2002 não impõe limitação temporal para a retificação do registro civil e o acréscimo de patronímico do outro cônjuge por retratar manifesto direito de personalidade. A inclusão do sobrenome do outro cônjuge pode decorrer da dinâmica familiar e do vínculo conjugal construído posteriormente à fase de habilitação dos nubentes. Incumbe ao Poder Judiciário apreciar, no caso concreto, a conveniência da alteração do patronímico à luz do princípio da segurança jurídica" (STJ, REsp 1.648.858/SP, 3.ª Turma, Rel. Min. Ricardo Villas Bôas Cueva, j. 20.08.2019, *DJe* 28.08.2019, publicado no seu *Informativo* n. 655). Como se verá, o tema foi alterado pela Lei do SERP.

f) Introdução do nome do pai ou da mãe, havendo reconhecimento posterior de filho ou adoção. Sobre o reconhecimento de filho ou de filiação, a alteração do nome também pode atingir parentes do reconhecido, inclusive na via extrajudicial. Exatamente nessa linha prevê o Enunciado n. 122, aprovado na *II Jornada de Prevenção e Solução Extrajudicial de Litígios*, promovida pelo Conselho da Justiça Federal em agosto de 2021: "o direito à inclusão de sobrenome em virtude do reconhecimento de filiação se estende aos descendentes e cônjuge da pessoa reconhecida, faculdade a ser exercida por mero requerimento perante o Oficial de Registro Civil das Pessoas Naturais, independentemente de decisão judicial".

g) Para tradução de nomes estrangeiros como John (João) e Bill (Guilherme).

h) Havendo coação ou ameaça decorrente da colaboração com apuração de crime (proteção de testemunhas), nos termos da Lei 9.807/1999.

i) Para inclusão do sobrenome de um familiar remoto, conforme o entendimento jurisprudencial anterior (TJMG, Acórdão 1.0024.06.056834-2/001, 1.ª Câmara Cível, Belo Horizonte, Rel. Des. Armando Freire, j. 04.09.2007, *DJMG* 19.09.2007). Anote-se, contudo, que a questão não era pacífica na jurisprudência nacional estadual. Muitas vezes, essa introdução de sobrenome familiar remoto visa à obtenção de outra cidadania. Entendo que não deve haver óbice para tal intuito, valorizando-se o nome de família como direito da personalidade indeclinável. Ademais, nas hipóteses de obtenção posterior de dupla cidadania posterior, o STJ entende pela possibilidade de inclusão de nome estrangeiro de familiar remoto, para se evitar constrangimentos na identificação da pessoa (decisão da sua 3.ª Turma, por maioria e em maio de 2016, no julgamento do Recurso Especial 1.310.088). No mesmo sentido, a afirmação n. 7 publicada na Edição n. 138 da ferramenta *Jurisprudência em Teses* desse Tribunal Superior, *in verbis*: "é possível a modificação do nome civil em decorrência do direito à dupla cidadania, de forma a unificar os registros à luz dos princípios da verdade real e da simetria". A situação foi tratada pela Lei do SERP, conforme ainda será aqui estudado.

j) Para inclusão do nome de família do padrasto ou madrasta por enteado ou enteada (art. 57, § 8.º, da Lei 6.015/1973, incluído pela Lei 11.924/2009, de autoria do falecido Deputado Clodovil Hernandes). Cumpre destacar a existência de decisões judiciais aplicando a louvável inovação (por todos: TJRS, Agravo de Instrumento 70058578360, 8.ª Câmara Cível, Rel. Des. Rui Portanova, j. 10.04.2014; TJSP, Apelação Cível 0206401-04.2009.8.26.0006, 3.ª Câmara de Direito Privado, Rel. Des. João Pazine Neto, j. 27.08.2013; e TJSC, Acórdão 2010.020381-0, 2.ª Câmara de Direito Civil, Videira, Rel. Des. Nelson Schaefer Martins, j. 14.07.2011, *DJSC* 03.08.2011, p. 139). Como se verá a seguir, esse comando foi alterado pela Lei do SERP, possibilitando-se a alteração extrajudicial do nome nesse caso, diretamente no Cartório de Registro Civil.

k) Nos casos de abandono afetivo do genitor, excluindo-se o sobrenome paterno em casos tais. Como se retira de ementa recente do Superior Tribunal de Justiça, publicada no seu *Informativo* n. 555, "o direito da pessoa de portar um nome que não lhe remeta às angústias decorrentes do abandono paterno e, especialmente, corresponda à sua realidade familiar, sobrepõe-se ao interesse público de imutabilidade do nome, já excepcionado pela própria Lei de Registros Públicos. Sendo assim, nos moldes preconizados pelo STJ, considerando que o nome é elemento da personalidade, identificador e individualizador da pessoa na sociedade e no âmbito familiar, conclui-se que o abandono pelo genitor caracteriza o justo motivo de o interessado requerer a alteração de seu nome civil, com a respectiva exclusão completa dos sobrenomes paternos. Precedentes citados: REsp 66.643-SP, Quarta Turma, *DJ* 21.10.1997; e REsp 401.138-MG, Terceira Turma, *DJ* 26.06.2003" (STJ, REsp 1.304.718/SP, Rel. Min. Paulo de Tarso Sanseverino, j. 18.12.2014, *DJe* 05.02.2015).

l) Nas hipóteses fáticas em que o pai descumpre o compromisso firmado com a mãe de dar um determinando nome à criança. Consoante aresto do Superior Tribunal de Justiça do ano de 2021, "nomear o filho é típico ato de exercício do poder familiar, que pressupõe bilateralidade, salvo na falta ou impedimento de um dos pais, e consensualidade, ressalvada a possibilidade de o juiz solucionar eventual desacordo entre eles, inadmitindo-se, na hipótese, a autotutela. O ato do pai que, conscientemente, desrespeita o consenso prévio entre os genitores sobre o nome a ser de dado ao filho, acrescendo prenome de forma unilateral por ocasião do registro civil, além de violar os deveres de lealdade e de boa-fé, configura ato ilícito e exercício abusivo do poder familiar, sendo motivação bastante para autorizar a exclusão do prenome indevidamente atribuído à criança que completará 4 anos em 26.05.2021 e que é fruto de um namoro que se rompeu logo após o seu nascimento. É irrelevante apurar se o acréscimo unilateralmente promovido pelo genitor por ocasião do registro civil da criança ocorreu por má-fé, com intuito de vingança ou com o propósito de, pela prole, atingir à genitora, circunstâncias que, se porventura verificadas, apenas servirão para qualificar negativamente a referida conduta" (STJ, REsp 1.905.614/SP, 3.ª Turma, Rel. Min. Nancy Andrighi, j. 04.05.2021, *DJe* 06.05.2021).

Frise-se que o rol das hipóteses sempre foi considerado como meramente ilustrativo, pois inúmeras situações poderiam, e ainda podem, surgir, visando à proteção da identidade da pessoa.

A título de outro exemplo complementar, cite-se o comum entendimento do Superior Tribunal de Justiça em admitir a alteração do registro de nascimento, para nele constar o nome de solteira da genitora, adotado após o divórcio. Conforme a ementa de um dos arestos, que merece destaque:

"A dificuldade de identificação em virtude de a genitora haver optado pelo nome de solteira após a separação judicial enseja a concessão de tutela judicial a fim de que o novo patronímico materno seja averbado no assento de nascimento, quando existente justo motivo e ausentes prejuízos a terceiros, ofensa à ordem pública e aos bons costumes. É inerente à dignidade da pessoa humana a necessidade de que os documentos oficiais de identificação reflitam a veracidade dos fatos da vida, de modo que, havendo lei que autoriza a averbação, no assento de nascimento do filho, do novo patronímico materno em virtude de casamento, não é razoável admitir-se óbice, consubstanciado na falta de autorização legal, para viabilizar providência idêntica, mas em situação oposta e correlata (separação e divórcio)" (STJ, REsp 1.041.751/DF, 3.ª Turma, Rel. Min. Sidnei Beneti, j. 20.08.2009, *DJe* 03.09.2009. No mesmo sentido: REsp 1.072.402/MG, 4.ª Turma, Rel. Min. Luis Felipe Salomão, j. 04.12.2012, *DJe* 1.º.02.2013).

Mais recentemente, admitiu-se a alteração do nome com a viuvez, para a retomada do sobrenome de solteiro, pois solução em contrário "implicaria em grave violação aos direitos da personalidade e à dignidade da pessoa humana após a viuvez, especialmente no momento em que a substituição do patronímico é cada vez menos relevante no âmbito social, quando a questão está, cada dia mais, no âmbito da autonomia da vontade e da liberdade e, ainda, quando a manutenção do nome pode, em tese, acarretar ao cônjuge sobrevivente abalo de natureza emocional, psicológica ou profissional, em descompasso, inclusive, com o que preveem as mais contemporâneas legislações civis. Na hipótese, a justificativa apresentada pela parte – reparação de uma dívida moral com o genitor, que foi contrário à assunção do patronímico do cônjuge, e com isso atingir a sua paz interior – é mais do que suficiente para autorizar a retomada do nome de solteiro pelo cônjuge sobrevivente" (STJ, REsp 1.724.718/MG, 3.ª Turma, Rel. Min. Nancy Andrighi, j. 22.05.2018, *DJe* 29.05.2018).

De todo modo, advirta-se que a jurisprudência superior vinha entendendo que mesmo a mudança do prenome seria cabível somente se houver motivo bastante para tanto, não podendo estar fundada em mero capricho do autor da ação. Conforme se retira de aresto superior:

> "Nos termos do que proclama o art. 58 da Lei de Registros Públicos, a regra no ordenamento jurídico é a imutabilidade do prenome. Todavia, sendo o nome civil um direito da personalidade, por se tratar de elemento que designa o indivíduo e o identifica perante a sociedade, revela-se possível, nas hipóteses previstas em lei, bem como em determinados casos admitidos pela jurisprudência, a modificação do prenome" (STJ, REsp 1.728.039/SC, 3.ª Turma, Rel. Min. Marco Aurélio Bellizze, j. 12.06.2018, *DJe* 19.06.2018).

Na hipótese fática analisada, a demandante pretendia alterar o seu prenome de Tatiane para Tatiana, pois assim era conhecida socialmente, o que foi afastado, uma vez que sua argumentação foi considerada insuficiente para afastar a premissa da imutabilidade do nome, sob pena de a exceção se transformar em regra.

Sobre a alteração do nome da *pessoa trans* diretamente no Cartório de Registro Civil, como antes mencionado e na linha das decisões prolatadas pelos STF no ano de 2018, houve regulamentação pelo Conselho Nacional de Justiça (CNJ), por meio do seu Provimento 73, de junho de 2018. Em 2023, essas regras foram incorporadas ao Código Nacional de Normas pelo CNJ e sofreram aperfeiçoamentos por força do Provimento 152. Vejamos as suas principais regras.

Conforme o art. 516 do CNN, toda pessoa maior de 18 anos completos habilitada à prática de todos os atos da vida civil poderá requerer ao ofício do registro civil das pessoas naturais a alteração e a averbação do prenome e do gênero, a fim de adequá-los à identidade autopercebida. Essa alteração poderá abranger a inclusão ou a exclusão de agnomes de gênero ou de descendência. Porém, ela não compreende a modificação dos nomes de família e não pode ensejar a identidade de prenome com outro membro da família. A norma também prevê que essa modificação poderá ser desconstituída na via administrativa, mediante autorização do juiz corregedor permanente ou na via judicial.

Ademais, na dicção do art. 517 do CNN, a averbação do prenome, do gênero ou de ambos poderá ser realizada diretamente no ofício de registro civil onde o assento foi lavrado. O pedido poderá também ser formulado em ofício de cartório diverso do que lavrou o assento. Nesse caso, deverá o registrador encaminhar o procedimento ao oficial competente, às expensas da pessoa requerente, para a averbação pela central de informações do registro civil.

O procedimento será realizado com base na autonomia da pessoa requerente, que deverá declarar, perante o registrador civil, a vontade de proceder à adequação da identidade mediante a averbação do prenome, do gênero ou de ambos (art. 518 do CNN). Na linha das decisões do STF, a mesma norma estabelece que o atendimento do pedido apresentado ao registrador independe de prévia autorização judicial ou da comprovação de realização de cirurgia de redesignação sexual ou de tratamento hormonal ou patologizante, assim como de apresentação de laudo médico ou psicológico.

Ainda nos termos dos parágrafos desse complexo art. 518, o registrador deverá identificar a pessoa requerente mediante coleta, em termo próprio, conforme modelo constante do anexo deste provimento, de sua qualificação e assinatura, além de conferir os documentos pessoais originais. O requerimento será assinado pela pessoa requerente na presença do registrador civil, indicando a alteração pretendida. A pessoa requerente deverá declarar a inexistência de processo judicial que tenha por objeto a alteração pretendida.

Foi incluído um § 4.º-A a esse art. 518 do CNN por meio do Provimento 152/2023 do CNJ, prevendo que, "para efeito deste artigo, equipara-se a atos presenciais os realizados eletronicamente perante o RCPN na forma do § 8.º do art. 67 da Lei n. 6.015, de 31 de dezembro de 1973". Os atos eletrônicos, como se sabe, foram admitidos pela Lei do SERP (Lei 14.382/2023), norma amplamente estudada neste livro, sendo necessária essa atualização.

Ademais, está previsto na norma em estudo que a opção pela via administrativa na hipótese de tramitação anterior de processo judicial cujo objeto tenha sido a alteração pretendida será condicionada à comprovação de arquivamento do feito judicial.

A pessoa requerente deverá apresentar ao ofício do registro civil, no ato do requerimento, os seguintes documentos: *a)* certidão de nascimento atualizada; *b)* certidão de casamento atualizada, se for o caso; *c)* cópia do registro geral de identidade (RG); *d)* cópia da identificação civil nacional, se for o caso; *e)* cópia do passaporte brasileiro, se for o caso; *f)* cópia do cadastro de pessoa física (CPF) no Ministério da Fazenda; *g)* cópia do título de eleitor; *h)* cópia de carteira de identidade social, se for o caso; *i)* comprovante de endereço; *j)* certidão do distribuidor cível do local de residência dos últimos cinco anos, estadual e federal); *k)* certidão do distribuidor criminal do local de residência dos últimos cinco anos, estadual e federal; *l)* certidão de execução criminal do local de residência dos últimos cinco anos, estadual e federal); *m)* certidão dos tabelionatos de protestos do local de residência dos últimos cinco anos; *n)* certidão da justiça eleitoral do local de residência dos últimos cinco anos; *o)* certidão da justiça do trabalho do local de residência dos últimos cinco anos; e *p)* certidão da justiça militar, se for o caso. A exigência de toda essa documentação é objeto de críticas, por supostamente dificultar o procedimento extrajudicial de alteração do nome da pessoa trans. Todavia, está fundamentada na tentativa de evitar fraudes com a mudança do nome, o que é uma justa causa.

Essa alteração do nome tem natureza sigilosa, razão pela qual a informação a seu respeito não pode constar das certidões dos assentos, salvo por solicitação da pessoa requerente ou por determinação judicial, hipóteses em que a certidão deverá dispor sobre todo o conteúdo registral (art. 519 do CNN). Como última norma a ser comentada a respeito do tema, suspeitando-se de fraude, falsidade, má-fé, vício de vontade ou simulação quanto ao desejo real da pessoa requerente, o registrador civil fundamentará a recusa e encaminhará o pedido ao juiz corregedor permanente (art. 520 do CNN).

Pois bem, originária da Medida Provisória 1.085, de dezembro de 2021, surgiu a Lei 14.382/2022, promulgada em 28 de junho deste mesmo ano, tratando principalmente do Sistema Eletrônico dos Registros Públicos (SERP). Além disso, a norma emergente altera e traz acréscimos a várias leis importantes do País, como a Lei 4.591/1964 – no tocante à incorporação imobiliária –, a Lei 6.015/1973 (Lei de Registros Públicos) e o Código Civil de 2002.

A respeito da mudança do nome, muitas foram as alterações trazidas pela nova norma que não modificou os dispositivos do Código Civil a respeito da matéria, mas apenas da Lei de Registros Públicos. Começo essa análise pela redação dada ao art. 55 da Lei 6.015/1973, que trata da formação do nome da pessoa no registro de nascimento. O seu *caput* passou a seguir a regra do art. 16 do Código Civil, consagrando o nome como direito da personalidade e prevendo que "toda pessoa tem direito ao nome, nele compreendidos o prenome e o sobrenome".

Ademais, seguindo o que era concretizado pelo costume registral, o mesmo art. 55, *caput*, da Lei de Registros Públicos, na sua segunda parte, passou a enunciar a necessidade de se observar que "ao prenome serão acrescidos os sobrenomes dos genitores ou de seus ascendentes, em qualquer ordem e, na hipótese de acréscimo de sobrenome de ascendente que não conste das certidões apresentadas, deverão ser apresentadas as certidões necessárias para comprovar a linha ascendente". A título de exemplo, geralmente se incluem os sobrenomes do pai e da mãe, não importando a ordem de sua inserção. Apesar de ser comum a inclusão primeiro do nome materno e depois do paterno, não há qualquer imposição nesse sentido.

Os §§ 1.º e 2.º do novo art. 55 repetem em parte a antiga redação do parágrafo único e do *caput* do próprio comando, preceituando que o oficial de registro civil não registrará prenomes suscetíveis de expor ao ridículo os seus portadores ou titulares, observado que, quando os genitores não se conformarem com a recusa do oficial, este submeterá por escrito o caso à decisão do juiz competente, independentemente da cobrança de quaisquer emolumentos. Quando o declarante não indicar o nome completo, o oficial de registro civil lançará adiante do prenome escolhido ao menos um sobrenome de cada um dos genitores, na ordem que julgar mais conveniente para evitar homonímias, ou seja, nomes iguais que possam trazer prejuízos ao titular.

Em continuidade, o oficial de registro civil orientará os pais acerca da conveniência de acrescer sobrenomes, a fim de se evitarem prejuízos à pessoa em razão dessas homonímias (art. 55, § 3.º, da Lei de Registros Públicos, incluído pela Lei 14.382/2022). Também é novidade o procedimento de oposição ao registro, prevendo o § 4.º da mesma norma que, em até quinze dias após o registro, qualquer dos genitores poderá apresentar, perante o registro civil no qual foi lavrado o assento de nascimento, oposição fundamentada ao prenome e sobrenomes indicados pelo declarante. Se houver manifestação consensual dos genitores, será realizado o procedimento de retificação administrativa do registro. Porém, se não houver consenso, a oposição será encaminhada ao juiz competente para que profira decisão.

Esse procedimento visa evitar que o conflito seja levado ao Poder Judiciário de imediato, sendo a extrajudicialização uma das marcas da norma emergente. A propósito de ilustrar uma situação de conflito, cite-se novamente o caso aqui antes exposto, em que houve uma autorização judicial de mudança de prenome registrado pelo pai da criança, que não respeitou acordo prévio com a mãe (STJ, REsp 1.905.614/SP, 3.ª Turma, Rel. Min. Nancy Andrighi, j. 04.05.2021, *DJe* 06.05.2021).

O art. 56 da Lei 6.015/1973, também alterado pela Lei 14.382/2022, trata da alteração extrajudicial do nome por vontade imotivada da pessoa após a sua maioridade. Além de modificações no *caput*, o comando recebeu novos parágrafos. De início, está previsto que a pessoa registrada poderá, após ter atingido a maioridade civil, requerer pessoalmente e imotivadamente a alteração de seu prenome, independentemente de decisão judicial, sendo a alteração averbada e publicada em meio eletrônico.

Como esperado, não há mais menção ao prazo decadencial de um ano, a contar da maioridade. Isso porque o prazo vinha sendo afastado em hipóteses concretas da presença de justificativas para a alteração posterior, sendo certo que era aplicado apenas para a alteração diretamente no Cartório de Registro Civil. Nesse sentido, ementa doutrinária aprovada na *II Jornada de Prevenção e Solução Extrajudicial de Litígios*, promovida pelo Conselho da Justiça Federal em agosto de 2021. Consoante o Enunciado n. 130, "é admissível o requerimento pelo(a) interessado(a) de alteração de seu nome, no primeiro ano após ter atingido a maioridade civil, diretamente perante o Registro Civil de Pessoas Naturais, independentemente de decisão judicial, na forma do art. 56 da Lei n. 6.015/1973".

A jurisprudência superior vinha entendendo do mesmo modo, a afastar o prazo decadencial de um ano para as ações judiciais motivadas, propostas após esse prazo de um ano. Como um primeiro aresto, destaco: "admite-se a alteração do nome civil após o decurso do prazo de um ano, contado da maioridade civil, somente por exceção e motivadamente, nos termos do art. 57, *caput*, da Lei 6.015/73" (STJ, REsp 538.187/RJ, 3.ª Turma, Rel. Min. Nancy Andrighi, j. 02.12.2004, *DJ* 21.02.2005, p. 170).

Ou, mais recentemente, em hipótese fática envolvendo a modificação do nome de pessoa trans: "o nome de uma pessoa faz parte da construção de sua própria identidade. Além de denotar um interesse privado, de autorreconhecimento, visto que o nome é um direito de personalidade (art. 16 do Código Civil de 2002), também compreende um interesse público, pois é o modo pelo qual se dá a identificação do indivíduo perante a sociedade. (...). A Lei de Registros Públicos (Lei n.º 6.015/1973) consagra, como regra, a imutabilidade do prenome, mas permite a sua alteração pelo próprio interessado, desde que solicitada no período de 1 (um) ano após atingir a maioridade, ou mesmo depois desse período, se houver outros motivos para a mudança" (REsp 1.860.649/SP, 3.ª Turma, Rel. Min. Ricardo Villas Bôas Cueva, j. 12.05.2020, *DJe* 18.05.2020).

De todo modo, a grande novidade da norma passa a ser a *extrajudicialização da alteração do nome*, perante o Cartório de Registro Civil, o que vem em boa hora e sem a necessidade de motivação. A título de exemplo, a pessoa pode pedir a alteração para um prenome pelo qual é conhecida no meio social, uma vez que sempre rejeitou o seu nome registral, escolhido pelos pais, o que é até comum na prática. Há, contudo, uma limitação, pois a alteração imotivada de prenome poderá ser feita na via extrajudicial apenas uma vez, e a sua desconstituição dependerá de sentença judicial (art. 56, § 1.º, da Lei 6.015/1973, incluído pela Lei 14.382/2022).

Ainda sobre a alteração extrajudicial imotivada, a averbação de alteração de prenome conterá, obrigatoriamente, o prenome anterior, os números de documento de identidade, de inscrição no Cadastro de Pessoas Físicas, de passaporte e de título de eleitor do registrado; dados esses que deverão constar expressamente de todas as certidões solicitadas (art. 56, § 2.º, da Lei 6.015/1973, incluído pela Lei 14.382/2022).

Finalizado o procedimento extrajudicial de alteração no assento, o ofício de registro civil de pessoas naturais no qual se processou a alteração, a expensas do requerente, comunicará o ato oficialmente aos órgãos expedidores do documento de identidade, do CPF e do passaporte, bem como ao Tribunal Superior Eleitoral, preferencialmente por meio eletrônico (art. 56, § 3.º, da Lei 6.015/1973, incluído pela Lei 14.382/2022).

Entretanto, se suspeitar de fraude, falsidade, má-fé, vício de vontade – como erro, dolo ou coação – ou simulação quanto à real intenção da pessoa requerente, o oficial de registro civil, de forma fundamentada, recusará a retificação do nome (art. 56, § 4.º, da Lei 6.015/1973, incluído pela Lei 14.382/2022).

A norma emergente igualmente alterou o art. 57 da Lei de Registros Públicos no tocante à alteração extrajudicial do nome por justo motivo, elencando hipóteses – consolidadas pela doutrina e pela jurisprudência superior – em que essa é viável juridicamente. Mais uma vez, nota-se a concretização do caminho da extrajudicialização.

Nesse contexto, a alteração posterior de sobrenomes poderá ser requerida pessoalmente perante o oficial de registro civil, com a apresentação de certidões e de documentos necessários, e será averbada nos assentos de nascimento e casamento, independentemente de autorização judicial.

As situações previstas nos incisos do *caput* do art. 57 da Lei de Registros Públicos são as seguintes, na linha da lista que há pouco colacionei: *a)* inclusão de sobrenomes familiares, como nomes remotos que não constam do registro; *b)* inclusão ou exclusão de sobrenome do cônjuge, na constância do casamento; *c)* exclusão de sobrenome do ex-cônjuge, após a dissolução da sociedade conjugal, por qualquer de suas causas, seja consensual ou litigiosa, o que confirma tratar-se de um direito da personalidade do cônjuge que o incorporou; e *d)* inclusão e exclusão de sobrenomes em razão de alteração das relações de filiação, inclusive para os descendentes, cônjuge ou companheiro da pessoa que teve seu estado alterado.

Manteve-se a permissão de averbação no registro do nome abreviado da pessoa, usado como firma comercial registrada ou em qualquer atividade profissional (art. 57, § 1.º, da Lei 6.015/1973, renumerado pela Lei 14.382/2022). Essa hipótese constava do antigo parágrafo único do art. 57 da Lei de Registros Públicos, o qual foi renumerado para § 1.º pela Lei 14.382/2022. Exemplificando, poderia eu averbar a abreviação FT de "Flávio Tartuce", pois a utilizo na minha atuação profissional.

Igualmente a merecer elogios, passou a ser possível a inclusão extrajudicial de sobrenomes em virtude da união estável. Nos termos do novo § 2.º do art. 57 da Lei de Registros Públicos, "os conviventes em união estável devidamente registrada no registro civil de pessoas naturais poderão requerer a inclusão de sobrenome de seu companheiro, a qualquer tempo, bem como alterar seus sobrenomes nas mesmas hipóteses previstas para as pessoas casadas". Como se pode perceber, a inclusão do sobrenome diz respeito às uniões estáveis registradas e não se aplica às meras uniões de fato.

Foi totalmente revogada a regulamentação do tema que existia anteriormente, e que não vinha sendo aplicada na prática. O antigo § 2.º do art. 57 da Lei de Registros Públicos previa que "a mulher solteira, desquitada ou viúva, que viva com homem solteiro, desquitado ou viúvo, excepcionalmente e havendo motivo ponderável, poderá requerer ao juiz competente que, no registro de nascimento, seja averbado o patronímico de seu companheiro, sem prejuízo dos apelidos próprios, de família, desde que haja impedimento legal para o casamento, decorrente do estado civil de qualquer das partes ou de ambas". Esse preceito era duramente criticado, por somente tratar da possibilidade de a companheira incluir o sobrenome do companheiro, e não o oposto, violando a isonomia constitucional, prevista no art. 5.º, § 1.º, do Texto Maior. Também havia problema na exigência de um motivo ponderável, pois a união estável é entidade familiar protegida pelo art. 226 da Constituição Federal de 1988, já havendo nesse tratamento uma motivação.

Além disso, o § 3.º do mesmo preceito enunciava que "o juiz competente somente processará o pedido, se tiver expressa concordância do companheiro, e se da vida em comum houverem decorrido, no mínimo, 5 (cinco) anos ou existirem filhos da união". Houve revogação expressa dessa norma pela Lei 14.382/2022, uma vez que o dispositivo exigia requisitos hoje tidos como superados para a caracterização da união estável, não constantes do art. 1.723 do Código Civil.

Nesse contexto, a jurisprudência do Superior Tribunal de Justiça vinha entendendo que, diante da não incidência dos últimos dois preceitos, seria aplicada por analogia a mesma regra de uso de nome prevista para os cônjuges, nos termos do art. 1.565, § 1.º, do Código Civil: "qualquer dos nubentes, querendo, poderá acrescer ao seu o sobrenome do outro". Vejamos trecho da ementa do precedente superior que parece ter inspirado a alteração da lei:

> "A redação do art. 57, § 2.º, da Lei 6.015/73 outorgava, nas situações de concubinato, tão somente à mulher, a possibilidade de averbação do patronímico do companheiro, sem prejuízo dos apelidos próprios, desde que houvesse impedimento legal para o casamento, situação explicada pela indissolubilidade do casamento, então vigente. A imprestabilidade desse dispositivo legal para balizar os pedidos de adoção de sobrenome dentro de uma união estável, situação completamente distinta daquela para qual foi destinada a referida norma, reclama a aplicação analógica das disposições específicas do Código Civil relativas à adoção

CAP. 3 · ANÁLISE DO CÓDIGO CIVIL DE 2002. PARTE GERAL. DA PESSOA NATURAL | **189**

de sobrenome dentro do casamento, porquanto se mostra claro o elemento de identidade entre os institutos e a parelha ratio legis relativa à união estável, com aquela que orientou o legislador na fixação, dentro do casamento, da possibilidade de acréscimo do sobrenome de um dos cônjuges, pelo outro. Assim, possível o pleito de adoção do sobrenome dentro de uma união estável, em aplicação analógica do art. 1.565, § 1.º, do CC-02, devendo-se, contudo, em atenção às peculiaridades dessa relação familiar, ser feita sua prova documental, por instrumento público, com anuência do companheiro cujo nome será adotado" (STJ, REsp 1.206.656/GO, 3.ª Turma, Rel. Min. Nancy Andrighi, j. 16.10.2012, *DJe* 11.12.2012).

Foram revogados, diante desse novo tratamento inserido no art. 57 da Lei de Registros Públicos, os antigos § 4.º ("o pedido de averbação só terá curso, quando desquitado o companheiro, se a ex-esposa houver sido condenada ou tiver renunciado ao uso dos apelidos do marido, ainda que dele receba pensão alimentícia"), § 5.º ("o aditamento regulado nesta Lei será cancelado a requerimento de uma das partes, ouvida a outra") e § 6.º ("tanto o aditamento quanto o cancelamento da averbação previstos neste artigo serão processados em segredo de justiça").

Por outro lado, inseriu-se um novo § 3.º-A no comando, que segue a linha de ser o nome adotado pelo companheiro um direito da personalidade daquele que o incorporou, podendo ser mantido ou renunciado, assim como se tem reconhecido nos casos de casamento: "o retorno ao nome de solteiro ou de solteira do companheiro ou da companheira será realizado por meio da averbação da extinção de união estável em seu registro".

Foi mantida a possibilidade de alteração do nome em virtude de fundada coação ou ameaça decorrente de colaboração com a apuração de crime (art. 57, § 7.º, da Lei de Registros Públicos, incluído pela Lei 9.807/1999).

A última alteração quanto à norma pela Lei 14.382/2022 diz respeito à inclusão do sobrenome, por enteado ou enteada, de padrasto ou madrasta, o que havia sido incluído pela Lei Clodovil (Lei 11.924/2009). No texto atual, não há mais menção aos parágrafos anteriores, possibilitando-se também a averbação na certidão de casamento e que a alteração seja feita pela via extrajudicial, perante o oficial de registro civil, na linha de todo o tratamento consagrado pela norma emergente. Nos termos atuais do § 8.º do art. 57 da Lei 6.015/1973: "o enteado ou a enteada, se houver motivo justificável, poderá requerer ao oficial de registro civil que, nos registros de nascimento e de casamento, seja averbado o nome de família de seu padrasto ou de sua madrasta, desde que haja expressa concordância destes, sem prejuízo de seus sobrenomes de família".

Como se percebe, o rol previsto em lei diz respeito à alteração do sobrenome pela via extrajudicial, sendo meramente exemplificativo ou *numerus apertus*, na minha opinião. Não afasta, portanto, a possibilidade de alteração pela via judicial em outras situações, como no caso, por exemplo, do abandono afetivo, admitido pela jurisprudência.

Nesse sentido, sem prejuízo do outro julgado antes exposto, vejamos acórdão que admitiu a modificação do prenome em virtude do abandono afetivo:

> "No caso dos autos, há justificado motivo para alteração do prenome, seja pelo fato de a recorrente ser conhecida em seu meio social e profissional por nome diverso do constante no registro de nascimento, seja em razão da escolha do prenome pelo genitor remetê-la a história de abandono paternal, causa de grande sofrimento" (STJ, REsp 1.514.382/DF, 4.ª Turma, Rel. Min. Antonio Carlos Ferreira, j. 1.º.09.2020, *DJe* 27.10.2020).

Penso que a fundamentação para outras situações de alteração do nome pela via judicial terá esteio, principalmente, na existência de um direito da personalidade, como antes se expôs, na linha do que têm reconhecido a doutrina e a própria jurisprudência aqui colacionada.

Atualizando a obra e ainda sobre as alterações inseridas pela Lei do SERP, em 2023, o Conselho Nacional de Justiça editou o Provimento 153, que depois foi incorporado ao seu Código Nacional de Normas (CNN), nos seus arts. 515-A a 515-V, regulamentando administrativamente a alteração extrajudicial do nome, perante o Cartório de Registro Civil das Pessoas Naturais.

Essas previsões normativas complementam o tratamento legal da Lei do SERP, sendo importante trazer para análise as suas principais regras. De início, está previsto, na linha da legislação antes estudada, que toda pessoa tem direito ao nome, nele compreendidos o prenome, de livre escolha dos pais, e o sobrenome, que indicará a ascendência do registrado (art. 515-B do CNN).

Nos termos dos parágrafos desse preceito, a pedido do declarante, no momento da lavratura do registro de nascimento, serão acrescidos, ao prenome escolhido, os sobrenomes dos pais ou de seus ascendentes, em qualquer ordem, sendo obrigatório que o nome contenha o sobrenome de ao menos um ascendente de qualquer grau, de qualquer uma das linhas de ascendência. Na ocasião, devem ser apresentadas certidões que comprovem a linha ascendente sempre que o sobrenome escolhido não constar no nome dos pais.

O oficial de registro civil não registrará nascimento que contenha prenome suscetível de expor ao ridículo o seu portador, observado que, quando o declarante não se conformar com a recusa do oficial, este submeterá por escrito o caso à decisão do juiz competente nos termos da legislação local, independentemente da cobrança de quaisquer emolumentos.

Em havendo essa recusa, o oficial deve informar ao juiz competente as justificativas do declarante para a escolha do prenome, se houver. Havendo escolha de nome comum, o oficial do Registro Civil das Pessoas Naturais orientará o declarante acerca da conveniência de acrescer prenomes ou sobrenomes a fim de evitar prejuízos ao registrado em razão de homonímia. Caso o declarante indique apenas o prenome do registrado, o oficial completará o nome, incluindo ao menos um sobrenome de cada um dos pais, se houver, em qualquer ordem, sempre tendo em vista o afastamento de homonímia.

Por fim, está previsto nesse complexo e extenso art. 515-B que, para a composição do nome, é permitido o acréscimo ou supressão de partícula entre os elementos do nome, a critério do declarante, com "de", "da", "dos", "das". Se o nome escolhido for idêntico ao de outra pessoa da família, é obrigatório o acréscimo de *agnome* ao final do nome a fim de distingui-los, caso de "Júnior", "Filho", "Neto".

No que diz respeito à antes aventada possibilidade de retificação posterior e extrajudicial do nome, está expresso no art. 515-C do Código Nacional de Normas que, em até quinze dias após o registro de nascimento, qualquer dos pais poderá apresentar, perante o registro civil em que foi lavrado o assento de nascimento, oposição fundamentada ao prenome ou sobrenomes indicados pelo declarante. Deverá, assim, o contestante indicar o nome substituto e os motivos dessa opção, hipótese em que se observará a necessidade ou não de submissão do procedimento de retificação ao juiz. Por não se tratar de erro imputável ao oficial, em qualquer hipótese, serão devidos emolumentos pela retificação realizada.

Sobre o procedimento de *alteração extrajudicial do pronome*, toda pessoa maior de dezoito anos completos poderá, pessoalmente e de forma imotivada, requerer diretamente ao oficial de registro civil das pessoas naturais a alteração de seu prenome, independentemente de decisão judicial (art. 515-D). Essa alteração compreende a substituição total ou parcial do prenome, permitido o acréscimo, a supressão ou a inversão de nomes. A norma administrativa também esclarece, nos termos da lei, ser vedada nova alteração extrajudicial do prenome mesmo na hipótese de a anterior alteração ter ocorrido nas hipóteses de pessoas transgênero.

CAP. 3 · ANÁLISE DO CÓDIGO CIVIL DE 2002. PARTE GERAL. DA PESSOA NATURAL | 191

Além disso, consoante o art. 515-E do Código Nacional de Normas, o requerimento de alteração de prenome será assinado pelo requerente na presença do oficial de registro civil das pessoas naturais, indicando-se a modificação que por ele é pretendida. O registrador deverá identificar o requerente mediante coleta, em termo próprio e conforme modelo que consta da norma, de sua qualificação e assinatura, além de conferir os documentos pessoais originais apresentados. O requerente deverá declarar a inexistência de processo judicial em andamento que tenha por objeto a alteração do prenome então pretendida, sendo que, em caso de existência, deverá comprovar o arquivamento do feito judicial como condição para o prosseguimento do pedido administrativo, perante o Cartório de Registro das Pessoas Naturais.

A alteração extrajudicial de prenome não tem natureza sigilosa, razão pela qual a averbação respectiva deve trazer, obrigatória e expressamente, o prenome anterior e o atual, o nome completo que passou a adotar, além dos números de documento de identidade, de inscrição no Cadastro de Pessoas Físicas (CPF) da Secretaria Especial da Receita Federal do Brasil, de título de eleitor do registrado e de passaporte, dados esses que deverão constar expressamente de todas as certidões solicitadas, inclusive as de breve relato (art. 515-F do CNN).

No que concerne à *alteração extrajudicial do sobrenome*, está expresso no art. 515-I do Código Nacional de Normas que ela, em momento posterior ao registro de nascimento, poderá ser requerida diretamente perante o oficial de registro civil das pessoas naturais.

Para tanto, deve a parte interessada apresentar certidões atualizadas do registro civil e documentos pessoais, sendo averbada no assento de nascimento e de casamento, se for o caso, independentemente de autorização judicial, a fim de que, nos termos da Lei do SERP, tenha os seguintes objetivos: *a)* inclusão de sobrenomes familiares; *b)* inclusão ou exclusão de sobrenome do cônjuge, na constância do casamento; *c)* exclusão de sobrenome do ex-cônjuge, após a dissolução da sociedade conjugal, por qualquer de suas causas; e *d)* inclusão e exclusão de sobrenomes em razão de alteração das relações de filiação, inclusive para os descendentes, cônjuge ou companheiro da pessoa que teve seu estado alterado.

Como antes defendi, prevê o § 1.º desse art. 515-I do CNN que "a alteração de sobrenome fora das hipóteses acima descritas poderá ser requerida diretamente perante o oficial de registro civil das pessoas naturais, mas dependerá de decisão do juiz corregedor competente, que avaliará a existência de justa causa". As outras hipóteses, portanto, exigem ação judicial. Além disso, o § 2.º do comando estabelece que a alteração de sobrenome permite a supressão ou acréscimo de partícula, como "de", "da", "do", "das", "dos", a critério da pessoa requerente.

O art. 515-J do Código Nacional de Normas traz importante e necessária normatização a respeito da pessoa incapaz, prevendo que a alteração extrajudicial do seu sobrenome dependerá: *a)* no caso de incapacidade por menoridade, da pessoa menor de dezoito anos, de requerimento escrito formalizado por ambos os pais, admitida a representação de qualquer deles e mediante procuração por escritura pública ou instrumento particular com firma reconhecida, cumulativamente com o consentimento da pessoa se esta for maior de dezesseis anos; e *b)* nos demais casos, de interdição ou curatela de pessoa maior de idade, decisão do juiz corregedor competente.

Sobre a inclusão do sobrenome do outro cônjuge, destaque-se o art. 515-L do CNN, ao prever, de forma salutar, que ela independe da anuência deste. Ademais, a inclusão de sobrenome do outro cônjuge autoriza a supressão de sobrenomes originários, desde que remanesça, ao menos, um nome, vinculando a pessoa a uma das suas linhas de ascendência. A regra visa preservar a identidade familiar do cônjuge. Além disso, está expresso que a exclusão do sobrenome do cônjuge autoriza o retorno ao nome de solteiro pela pessoa requerente, com resgate de sobrenomes originários eventualmente suprimidos.

Também se previu, no § 3.º desse art. 515-L, tendo em vista uma necessária equiparação das entidades familiares – tendência cada vez mais consolidada no Direito Civil Brasileiro, sobretudo pela Lei do SERP –, que "aplicam-se aos conviventes em união estável, devidamente registrada em ofício de RCPN, todas as regras de inclusão e exclusão de sobrenome previstas para as pessoas casadas (art. 57, § 2.º, da Lei n. 6.015, de 31 de dezembro de 1973)".

O art. 515-M do Código Nacional de Normas trata, igualmente de modo necessário, da inclusão do sobrenome do padrasto ou da madrasta por enteado ou enteada. Essa inclusão depende de: *a)* motivo justificável, o qual será presumido com a declaração de relação de afetividade decorrente do padrastio ou madrastio, o que, entretanto, não importa em reconhecimento de filiação socioafetiva, embora possa servir de prova desta; *b)* consentimento, por escrito, de ambos os pais registrais e do padrasto ou madrasta; e *c)* comprovação da relação de padrastio ou madrastio mediante apresentação de certidão de casamento ou sentença judicial, escritura pública ou termo declaratório que comprove relação de união estável entre um dos pais registrais e o padrasto ou a madrasta. Todos os requisitos, inclusive as afirmações sobre a parentalidade socioafetiva, têm o meu total apoio.

Para encerrar o estudo das principais regras administrativas do CNJ sobre a alteração extrajudicial do nome, cumpre tratar de importante dispositivo comum ao procedimento de alteração de prenome e de sobrenome. Trata-se do art. 515-O do Código Nacional de Normas, ao prever que o requerente da alteração do prenome e sobrenome deverá se apresentar pessoalmente perante o oficial de registro civil das pessoas naturais, como regra geral. Admite-se, porém, sua representação no caso de alteração exclusiva de sobrenome, mediante mandatário constituído por escritura pública lavrada há menos de noventa dias e especificando a alteração a ser realizada, assim como o nome completo a ser adotado. Sana-se, portanto, uma séria dúvida que surgia quanto ao tema.

Acredito que essas normas do CNJ devem revolucionar o tema da alteração do nome, desjudicializando e facilitando o procedimento, trazendo certeza e segurança jurídica para tais atos, que devem ficar totalmente desvinculados do Poder Judiciário.

Feitas essas importantes atualizações do livro, merece destaque acórdão do Superior Tribunal de Justiça, prolatado no ano de 2019, com a seguinte conclusão: "conquanto o nome civil consista em direito de personalidade – absoluto, obrigatório, indisponível, exclusivo, imprescritível, inalienável, incessível, inexpropriável, irrenunciável e intransmissível –, a legislação nacional admite o destaque de parcela desse direito para fins de transação e disposição, tal qual se dá na sua registrabilidade enquanto marca, desde que autorizada de forma expressa e delimitada. A autorização de uso de nome civil ou assinatura mantém latente, na esfera jurídica do titular do direito de personalidade, o direito de defesa contra utilização que desborde dos limites da autorização ou ofenda a imagem ou a honra do indivíduo representado".

O caso dizia respeito à utilização do nome "Einstein" por nova unidade do hospital, além da autorização original. Julgou-se, ao final, que, "no caso concreto, ainda que tenha havido o consentimento expresso para utilização do nome civil para a fundação da entidade recorrente, não há sequer a alegação de autorização de utilização do nome do cientista para a nova marca, objeto da anulação impugnada na presente demanda" (STJ, REsp 1.715.806/RJ, 3.ª Turma, Rel. Min. Marco Aurélio Bellizze, j. 20.08.2019, *DJe* 28.08.2019). Em resumo, concluiu-se, de forma correta, que a autorização para uso do nome de pessoa natural merece interpretação restritiva, e não extensiva, como deve ocorrer com todos os direitos da personalidade.

Para encerrar de forma definitiva o estudo do nome, destaque-se que o Projeto de Reforma do Código Civil, elaborado pela Comissão de Juristas nomeada no âmbito do Senado

CAP. 3 · ANÁLISE DO CÓDIGO CIVIL DE 2002. PARTE GERAL. DA PESSOA NATURAL | 193

Federal, pretende alterar substancialmente as redações dos arts. 16 a 19, concentrando-se o tratamento do instituto apenas no primeiro dispositivo. Além disso, muitos dos problemas aqui expostos são resolvidos e afastados, na linha da doutrina e da jurisprudência consolidadas.

Em termos gerais a respeito da identidade da pessoa natural, o *caput* do art. 16 preverá que ela "se revela por seu estado individual, familiar e político, não se admitindo que seja vítima de qualquer discriminação, quanto a gênero, a orientação sexual ou a características sexuais". Consoante o seu § 1.º, o nome é expressão de individualidade e externa a maneira peculiar de alguém estar em sociedade. Sem autorização do seu titular, o nome da pessoa não pode ser empregado por outrem em publicações ou representações que a exponham ao desprezo público, ou que tenham fins econômicos ou comerciais (§ 2.º). A última proposta traz a retirada da menção à intenção difamatória do atual art. 17, hoje superada, e adota a ideia constante do teor da Súmula 403 do STJ, no sentido de que o uso indevido do nome para fins econômicos ou comerciais afasta a necessidade de prova do prejuízo.

No que diz respeito à atual redação do art. 19, o novo § 3.º do art. 16 trará proteção mais ampla, prevendo que "o pseudônimo, o heterônimo, o nome artístico, as personas, os avatares digitais e outras técnicas de anonimização adotados para atividades lícitas gozam da mesma proteção que se dá ao nome". Como se pode perceber, é incluída na norma de tutela de direitos da personalidade também a proteção dos sinais representativos da pessoa no meio digital, o que hoje se tornou mais do que uma necessidade.

Para os fins desta última proteção, passará a ser considerada como vedada a adoção de técnicas ou estratégias de qualquer natureza que conduzam ao anonimato, que levem à impossibilidade de identificar agentes e lhes imputar responsabilidade (proposta de art. 16, § 4.º, do CC).

Melhorando e ampliando a atual redação do art. 18 do Código Civil, o § 5.º do art. 16 preceituará que, "sem autorização, não se pode usar o nome alheio em publicidade, em marca, logotipo ou em qualquer forma de identificação de produto, mercadoria ou de atividade de prestação de serviços, tampouco em manifestações de caráter religioso ou associativo".

Remetendo-se o tratamento dessa importante temática à Lei do SERP e à Lei de Registros Públicos, como já é hoje, o § 6.º do art. 16 preverá que a mudança e a alteração do nome obedecerão à disciplina da legislação especial, sem que isso importe, por si só, alteração de estado civil.

Ademais, com o objetivo de evitar abusos e excessos hoje verificados na prática na inclusão de sobrenomes por padrastos e madrastas, a Comissão de Juristas, após disputada votação e a prevalência da posição da maioria, aprovou regra prevendo que "a modificação do sobrenome de criança ou de adolescente por força de novo casamento ou união estável de seus ascendentes só poderá ocorrer a partir dos 18 (dezoito) anos" (art. 16, § 7.º, do CC/2002). Aprovada a mudança, as alterações legislativas inauguradas pela Lei Clodovil, e hoje previstas no art. 57, § 8.º, da Lei de Registros Públicos, não serão mais aplicadas às crianças e aos adolescentes com menos de dezoito anos.

Como outra proposição relevante, o novo art. 16-A da codificação privada pretende tratar da proteção do nome e de outros sinais atribuídos à pessoa jurídica, o que já prevalece na prática, prevendo que "a pessoa jurídica tem direito à igual proteção jurídica de seu nome e marca, bem como de toda forma de identificação de sua atividade, serviços e produtos".

O art. 17 do CC tratará da identidade pessoal como direito da personalidade, enunciando que toda pessoa tem direito ao reconhecimento e à preservação de sua identidade pessoal, composta do conjunto de atributos, características, comportamentos e escolhas que a distingam das demais. Além do nome, da imagem, da voz, da integridade psicofísica, compõem também a identidade pessoal os aspectos que envolvam orientação ou expressão de gênero, sexual, religiosa, cultural e outros aspectos que lhe sejam inerentes (§ 1.º). Passará a ser considerado como ilícito, de forma expressa e objetiva, o uso, a apropriação ou a divulgação não autorizada dos elementos de identidade da pessoa, bem como das peculiaridades capazes de identificá-la, ainda que sem se referir a seu nome, imagem ou voz (§ 2.º). Em complemento, e em boa hora, a Norma Geral Privada preverá que o cerceamento abusivo da liberdade pessoal de ambulação, de expressão e de informação tem repercussão civil e enseja o exercício de pretensões de reparação por perdas e danos (art. 17-A).

Em proposta que surgiu na audiência pública realizada em Porto Alegre, na Universidade Federal do Rio Grande do Sul, propõe-se também a inclusão sobre o *direito à ancestralidade*. Nesse contexto, em nova redação, o art. 18 enunciará que "a pessoa tem direito de conhecer as suas origens ancestrais, biológicas, étnicas, culturais e sociais por meio de dados e informações disponíveis em arquivos públicos ou em arquivos de interesse público, físicos ou virtuais". Ademais, competirá à autoridade pública que tenha o dever legal de fiscalização, guarda e preservação de acervos físicos ou virtuais estabelecer o modo como tal acesso será viabilizado e facilitado ao público (parágrafo único).

Como última proposição a ser mencionada no presente momento, o art. 19 do CC passará a tratar da afetividade humana com os animais domésticos como direito da personalidade, tema que analisarei quando do estudo da situação jurídica dos animais, no Capítulo 5 desta obra. Seguindo nos estudos da codificação privada em seu texto atual, o art. 20, *caput*, do CC tutela o direito à imagem e os direitos a ele conexos, confirmando a previsão anterior do art. 5.º, incs. V e X, da CF, que assegura o direito à reparação moral no caso de lesão à imagem.

Destaque-se mais uma vez, a respeito dos danos morais, que o Superior Tribunal de Justiça editou, em novembro de 2009, a Súmula 403, prevendo que "independe de prova do prejuízo a indenização pela publicação não autorizada de imagem de pessoa com fins econômicos ou comerciais". Assim, tem prevalecido a tese de que em casos tais, de uso indevido de imagem com fins econômicos, os danos morais são presumidos ou *in re ipsa*.

Tem-se entendido, a propósito e como decorrência da sumular, que "o uso e a divulgação, por sociedade empresária, de imagem de pessoa física fotografada isoladamente em local público, em meio a cenário destacado, sem nenhuma conotação ofensiva ou vexaminosa, configura dano moral decorrente de violação do direito à imagem por ausência de autorização do titular" (Tese n. 8 da Edição n. 137 da ferramenta *Jurisprudência em Teses*, do STJ, de 2019). Ou, ainda, que "o uso não autorizado da imagem de menores de idade gera dano moral *in re ipsa*" (Tese n. 9, constante da mesma publicação).

Pois bem, é a redação do dispositivo da codificação civil: "Salvo se autorizadas, ou se necessárias à administração da justiça ou à manutenção da ordem pública, a divulgação de escritos, a transmissão da palavra, ou a publicação, a exposição ou a utilização da imagem de uma pessoa poderão ser proibidas, a seu requerimento e sem prejuízo da indenização que couber, se lhe atingirem a honra, a boa fama ou a respeitabilidade, ou se se destinarem a fins comerciais" (art. 20, *caput*, do CC/2002).

Esclarecendo essa confusa redação, para a utilização da imagem de outrem é necessária autorização, sob pena de aplicação dos princípios da prevenção e da reparação integral dos danos. Mas essa autorização é dispensável se a pessoa interessar à ordem pública ou à administração da justiça, pelos exatos termos da lei.

Logicamente, o enquadramento da pessoa nessas categorias depende de apreciação pelo magistrado, caso a caso. Nota-se, no art. 20 do CC/2002, a presença de cláusulas gerais

CAP. 3 · ANÁLISE DO CÓDIGO CIVIL DE 2002. PARTE GERAL. DA PESSOA NATURAL | 195

em relação aos conceitos de *necessárias à administração da justiça* e *manutenção da ordem pública*, dentro da ideia da *ontognoseologia jurídica* de Miguel Reale. Nesse sentido, deverá o magistrado aplicar a norma, tendo com base fatos (repercussões sociais da pessoa) e valores (da sociedade e próprios).

A título de exemplo dessa análise, o Superior Tribunal de Justiça concluiu, em 2020, que "o uso da imagem de torcedor inserido no contexto de uma torcida não induz a reparação por danos morais quando não configurada a projeção, a identificação e a individualização da pessoa nela representada". Como consta da publicação do acórdão, que merece destaque:

> "Em regra, a autorização para uso da imagem deve ser expressa; no entanto, a depender das circunstâncias, especialmente quando se trata de imagem de multidão, de pessoa famosa ou ocupante de cargo público, há julgados do STJ em que se admite o consentimento presumível, o qual deve ser analisado com extrema cautela e interpretado de forma restrita e excepcional. De um lado, o uso da imagem da torcida – em que aparecem vários dos seus integrantes – associada à partida de futebol, é ato plenamente esperado pelos torcedores, porque costumeiro nesse tipo de evento; de outro lado, quem comparece a um jogo esportivo não tem a expectativa de que sua imagem seja explorada comercialmente, associada à propaganda de um produto ou serviço, porque, nesse caso, o uso não decorre diretamente da existência do espetáculo. (...). Hipótese em que, embora não seja possível presumir que o recorrente, enquanto torcedor presente no estádio para assistir à partida de futebol, tenha, tacitamente, autorizado a recorrida a usar sua imagem em campanha publicitária de automóvel, não há falar em dano moral porque o cenário delineado nos autos revela que as filmagens não destacam a sua imagem, senão inserida no contexto de uma torcida, juntamente com vários outros torcedores" (STJ, REsp 1.772.593/RS, 3.ª Turma, Rel. Min. Nancy Andrighi, j. 16.06.2020, *DJe* 19.06.2020).

Lembre-se, mais uma vez, de que a imagem da pessoa pode ser classificada em *imagem-retrato* – a fisionomia de alguém, o que é refletido no espelho – e *imagem-atributo* – a soma de qualificações do ser humano, o que ele representa para a sociedade. Ambas as formas de imagem parecem estar protegidas no *criticável* art. 20 do CC.

Criticável, pois deve ficar claro que esse artigo não exclui o direito à informação e à liberdade da expressão, protegidos no art. 5.º, incs. IV, IX e XIV, da CF/1988. Nesse sentido, comentam Gustavo Tepedino, Heloísa Helena Barboza e Maria Celina Bodin de Moraes que "o dispositivo há de ser interpretado sistematicamente, admitindo-se a divulgação de outro direito fundamental, especialmente o direito à informação – compreendido a liberdade de expressão e o direito a ser informado. Isto porque tal direito fundamental é também tutelado constitucionalmente, sendo essencial ao pluralismo democrático. Daqui decorre uma presunção de interesse público nas informações veiculadas pela imprensa, justificando, em princípio, a utilização da imagem alheia, mesmo na presença de finalidade comercial, que acompanha os meios de comunicação no regime capitalista" (*Código Civil interpretado...*, 2004, v. I, p. 53). Além disso, como relata Anderson Schreiber, há no art. 20 do Código Civil uma restrição muito rígida, com privilégio excessivo à vontade do retratado (*Direitos...*, 2011, p. 103). Partilhando dessas ideias, na *IV Jornada de Direito Civil*, foi aprovado o Enunciado n. 279 do CJF/STJ, no seguinte sentido:

> "A proteção à imagem deve ser ponderada com outros interesses constitucionalmente tutelados, especialmente em face do direito de amplo acesso à informação e da liberdade de imprensa. Em caso de colisão, levar-se-á em conta a notoriedade do retratado e dos fatos abordados, bem como a veracidade destes e, ainda, as características de sua utiliza-

ção (comercial, informativa, biográfica), privilegiando-se medidas que não restrinjam a divulgação de informações".

De acordo com o enunciado doutrinário, recomenda-se prudência na análise das questões envolvendo a divulgação de notícias sobre determinadas pessoas, sendo interessante ponderar os direitos protegidos no caso concreto (*técnica de ponderação*, adotada expressamente pelo CPC/2015). De qualquer forma, deve-se dar certa prevalência à divulgação de imagens que sejam verdadeiras, desde que elas interessem à coletividade. Pode-se falar, assim, em *função social da imagem*. Não se pode admitir, contudo, que em todos os casos, e de forma absoluta, a liberdade de expressão e de imprensa prevaleçam sobre a tutela da imagem e da intimidade.

Nessa linha, merece destaque o Enunciado n. 613, aprovado na *VIII Jornada de Direito Civil*, no ano de 2018: "a liberdade de expressão não goza de posição preferencial em relação aos direitos da personalidade no ordenamento jurídico brasileiro". Na mesma linha, a afirmação n. 3, constante da Edição n. 137 da ferramenta *Jurisprudência em Teses*, do STJ de 2019: "a ampla liberdade de informação, opinião e crítica jornalística reconhecida constitucionalmente à imprensa não é um direito absoluto, encontrando limitações, tais como a preservação dos direitos da personalidade".

Partindo para a prática da ponderação relativa ao dilema (*direito à imagem x direito à informação*), concluiu da seguinte forma o Superior Tribunal de Justiça, em decisão publicada no seu *Informativo* n. 396:

> "Há, na questão, um conflito de direitos constitucionalmente assegurados. A Constituição Federal assegura a todos a liberdade de pensamento (art. 5.º, IV), bem como a livre manifestação desse pensamento (art. 5.º, IX) e o acesso à informação (art. 5.º, XIV). Esses direitos salvaguardam a atividade da recorrente. No entanto, são invocados pelo recorrido os direitos à reputação, à honra e à imagem, assim como o direito à indenização pelos danos morais e materiais que lhe sejam causados (art. 5.º, X). Para a solução do conflito, cabe ao legislador e ao aplicador da lei buscar o ponto de equilíbrio no qual os dois princípios mencionados possam conviver, exercendo verdadeira função harmonizadora. (...) Na hipótese, constata-se que a reportagem da recorrente, para sustentar essa sua afirmação, trouxe ao ar elementos importantes, como o depoimento de fontes fidedignas, a saber: a prova testemunhal de quem foi à autoridade policial formalizar notícia-crime e a opinião de um procurador da República. Ademais, os autos revelam que o próprio repórter fez-se passar por agente interessado nos benefícios da atividade ilícita, obtendo gravações que efetivamente demonstravam a existência de engenho fraudatório. Não se tratava, portanto, de um mexerico, fofoca ou boato que, negligentemente, divulgava-se em cadeia nacional. Acresça-se a isso que o próprio recorrido revela que uma de suas empresas foi objeto de busca e apreensão. Ao público, foram dadas as duas versões do fato: a do acusador e a do suspeito. Os elementos que cercaram a reportagem também mostravam que havia fatos a serem investigados. O processo de divulgação de informações satisfaz o verdadeiro interesse público, devendo ser célere e eficaz, razão pela qual não se coaduna com rigorismos próprios de um procedimento judicial. Desse modo, vê-se claramente que a recorrente atuou com a diligência devida, não extrapolando os limites impostos à liberdade de informação. A suspeita que recaía sobre o recorrido, por mais dolorosa que lhe seja, de fato, existia e era, à época, fidedigna. Se hoje já não pesam sobre o recorrido essas suspeitas, isso não faz com que o passado altere-se. Pensar de modo contrário seria impor indenização a todo veículo de imprensa que divulgue investigação ou ação penal que, ao final, mostre-se improcedente. Por esses motivos, deve-se concluir que a conduta da recorrente foi lícita, havendo violação dos arts. 186 e 927 do CC/2002. (...)" (STJ, REsp 984.803/ES, Rel. Min. Nancy Andrighi, j. 26.05.2009).

CAP. 3 · ANÁLISE DO CÓDIGO CIVIL DE 2002. PARTE GERAL. DA PESSOA NATURAL | **197**

De forma sucessiva, com base na doutrina de Anderson Schreiber, o mesmo STJ aduziu os critérios que devem ser levados em conta para a correta ponderação nos casos envolvendo a imprensa e a divulgação de informações:

> "O Min. Relator, com base na doutrina, consignou que, para verificação da gravidade do dano sofrido pela pessoa cuja imagem é utilizada sem autorização prévia, devem ser analisados: (i) o grau de consciência do retratado em relação à possibilidade de captação da sua imagem no contexto da imagem do qual foi extraída; (ii) o grau de identificação do retratado na imagem veiculada; (iii) a amplitude da exposição do retratado; e (iv) a natureza e o grau de repercussão do meio pelo qual se dá a divulgação. De outra parte, o direito de informar deve ser garantido, observando os seguintes parâmetros: (i) o grau de utilidade para o público do fato informado por meio da imagem; (ii) o grau de atualidade da imagem; (iii) o grau de necessidade da veiculação da imagem para informar o fato; e (iv) o grau de preservação do contexto originário do qual a imagem foi colhida" (REsp 794.586/RJ, Rel. Min. Raul Araújo, j. 15.03.2012. Publicação no *Informativo* n. *493* do STJ).

Os pontos destacados pelo *decisum* servem como complemento ao mencionado Enunciado n. 279 da *IV Jornada de Direito Civil*, antes destacado. Sobre as pessoas públicas, aliás, tem-se entendido que a ponderação a respeito da utilização da sua imagem deve ser vista de forma diferente.

Nesse sentido, a afirmação n. 4 publicada na Edição n. 137 da ferramenta *Jurisprudência em Teses* do STJ, de novembro de 2019: "no tocante às pessoas públicas, apesar de o grau de resguardo e de tutela da imagem não ter a mesma extensão daquela conferida aos particulares, já que comprometidos com a publicidade, restará configurado o abuso do direito de uso da imagem quando se constatar a vulneração da intimidade ou da vida privada".

Na verdade, com a declaração de inconstitucionalidade por não recepção da Lei de Imprensa pelo Supremo Tribunal Federal (*Informativo* n. *544* do STF), as questões civis relativas à vinculação de notícias e de informações devem ser resolvidas pelo caminho da técnica de ponderação, o que traz grandes desafios para os aplicadores do Direito em geral.

Reafirme-se que a ponderação parece ser a melhor técnica para resolver os conflitos entre o direito à imagem e à intimidade *versus* o direito à liberdade de imprensa e à informação. Aliás, os julgados que resolvem esses dilemas parecem ser os principais exemplos de incidência dessa técnica na jurisprudência superior, o que afasta a visão dos mais céticos. Em complemento, acredito que, com a emergência do CPC/2015, surgirão ainda mais casos solucionados a partir da técnica argumentativa no futuro, devendo a sua aplicação ser incrementada no Brasil, concretizando-se ainda mais a *ponderação à brasileira*.

Partindo para outra concreção relativa à matéria, no que concerne à pessoa notória, um artista famoso, por exemplo, a notícia pode até ser vinculada, desde que isso não gere uma devassa ou arruíne a sua vida. Presente prejuízo à dignidade humana, serão aplicados os princípios da prevenção e da reparação integral, também constantes no art. 20 do CC/2002.

Em sentido complementar, tem-se entendido que o teor da Súmula 403 do STJ, que trata dos danos morais presumidos diante do uso indevido de imagem com fins econômicos, não se aplica nas hipóteses que envolvam fatos históricos de interesse social. No âmbito da própria jurisprudência superior, essa foi a conclusão do Tribunal da Cidadania em caso envolvendo ação judicial proposta por Glória Perez contra a Rede Record, pelo fato de a emissora ter veiculado um documentário a respeito do assassinato de sua filha. Como consta da ementa do *decisum*, julgada por maioria e com profundo debate sobre o assunto:

198 | DIREITO CIVIL • VOL. 1 – *Flávio Tartuce*

"É inexigível a autorização prévia para divulgação de imagem vinculada a fato histórico de repercussão social. Nessa hipótese, não se aplica a Súmula 403/STJ. Ao resgatar da memória coletiva um fato histórico de repercussão social, a atividade jornalística reforça a promessa em sociedade de que é necessário superar, em todos os tempos, a injustiça e a intolerância, contra os riscos do esquecimento dos valores fundamentais da coletividade. Eventual abuso na transmissão do fato, cometido, entre outras formas, por meio de um desvirtuado destaque da intimidade da vítima ou do agressor, deve ser objeto de controle sancionador. A razão jurídica que atribui ao portador da informação uma sanção, entretanto, está vinculada ao abuso do direito, e não à reinstituição do fato histórico. Na espécie, a Rádio e Televisão Record veiculou reportagem acerca de trágico assassinato de uma atriz, ocorrido em 1992, com divulgação de sua imagem, sem prévia autorização. De acordo com a conjuntura fática cristalizada pelas instâncias ordinárias, há relevância nacional na reportagem veiculada pela emissora, sem qualquer abuso na divulgação da imagem da vítima. Não há se falar, portanto, em ato ilícito passível de indenização" (STJ, REsp 1.631.329/RJ, 3.ª Turma, Rel. Min. Ricardo Villas Bôas Cueva, Rel. p/ Acórdão Min. Nancy Andrighi, j. 24.10.2017, *DJe* 31.10.2017).

Pelos mesmos argumentos e com o mesmo debate, a mesma Terceira Turma do STJ entendeu que "a simples representação da imagem de pessoa em obra biográfica audiovisual que tem por objeto a história profissional de terceiro não atrai a aplicação da Súmula n.º 403/STJ, máxime quando realizada sem nenhum propósito econômico ou comercial" (STJ, REsp 1.454.016/SP, 3.ª Turma, Rel. Min. Nancy Andrighi, Rel. p/ Acórdão Min. Ricardo Villas Bôas Cueva, j. 12.12.2017, *DJe* 12.03.2018). No caso, julgou-se ação de reparação de danos proposta por ex-goleiro do Santos Futebol Clube em virtude da veiculação indireta de sua imagem, reproduzida por um ator profissional contratado e sem prévia autorização, em cenas do documentário biográfico "Pelé Eterno". A afirmação passou a compor a Edição n. 137 da ferramenta *Jurisprudência em Teses* do STJ, de novembro de 2019 (Tese n. 6).

Ainda sobre esse tema, e na linha desses recentes julgados, nos últimos anos de vigência da lei geral privada, tem-se colocado em xeque a incidência do seu art. 20, pois o conteúdo da norma tem implicado verdadeira censura, notadamente de obras biográficas de figuras históricas e que despertam o interesse coletivo.

Nessa realidade, aprofunde-se que foi proposta uma Ação Direta de Inconstitucionalidade perante o Supremo Tribunal Federal contra o referido dispositivo, pela Associação Nacional dos Editores de Livros (ADIn 4.815, intentada em julho de 2012). O pedido da ação era no sentido de ser reconhecida a inconstitucionalidade parcial dos arts. 20 e 21 do CC/2002, sem redução de texto, "para que, mediante interpretação conforme a Constituição, seja afastada do ordenamento jurídico brasileiro a necessidade do consentimento da pessoa biografada e, *a fortiori*, das pessoas retratadas como coadjuvantes (ou de seus familiares, em caso de pessoas falecidas) para a publicação ou veiculação de obras biográficas, literárias ou audiovisuais, elaboradas a respeito de pessoas públicas ou envolvidas em acontecimentos de interesse coletivo". A petição inicial foi acompanhada de parecer muito bem construído pelo Professor Gustavo Tepedino, contando com meu apoio.

Corretamente, no início de junho de 2015, o Supremo Tribunal Federal, com unanimidade, julgou procedente a referida ação, prestigiando a liberdade de expressão e afastando a censura prévia das biografias não autorizadas no Brasil. Conforme a decisão final da Relatora, Ministra Cármen Lúcia:

"Pelo exposto, julgo procedente a presente ação direta de inconstitucionalidade para dar interpretação conforme à Constituição aos arts. 20 e 21 do Código Civil, sem redução de texto, para, a) em consonância com os direitos fundamentais à liberdade de pensamento e de sua expressão, de criação artística, produção científica, declarar inexigível o consentimento de pessoa biografada relativamente a obras biográficas literárias ou audiovisuais, sendo por igual desnecessária autorização de pessoas retratadas como coadjuvantes (ou de seus familiares, em caso de pessoas falecidas); b) reafirmar o direito à inviolabilidade da intimidade, da privacidade, da honra e da imagem da pessoa, nos termos do inc. X do art. 5.º da Constituição da República, cuja transgressão haverá de se reparar mediante indenização".

Em suma, julgou-se pela impossibilidade da censura prévia das obras, devendo os abusos e excessos ser resolvidos a partir do abuso de direito e da correspondente responsabilização civil do agente causador do dano. Uma frase dita pela Ministra Relatora quando do julgamento, muito comum nos meios populares, resumiu sua posição: "o cala-boca já morreu".

Além da precisa relatoria, merecem destaque as anotações do Ministro Luís Roberto Barroso, amparando suas conclusões na técnica de ponderação. Conforme suas lições, "a ponderação é uma forma de estruturar o raciocínio jurídico. Há diferentes modos de trabalhar com ela. Do modo como eu opero a ponderação, ela se desenvolve em três etapas: a) na primeira, verificam-se as normas que postulam incidência ao caso; b) na segunda, selecionam-se os fatos relevantes; c) e, por fim, testam-se as soluções possíveis para verificar, em concreto, qual delas melhor realiza a vontade constitucional. Idealmente, a ponderação deve procurar fazer concessões recíprocas, preservando o máximo possível dos direitos em disputa".

Ao tratar dos arts. 20 e 21 do Código Civil, leciona o Ministro Barroso que afirmar a liberdade da expressão como preponderante em relação à intimidade decorre de três razões. A primeira razão é que "o passado condena. A história da liberdade de expressão no Brasil é uma história acidentada. A censura vem de longe: ao divulgar a Carta de Pero Vaz de Caminha, certidão de nascimento do país, o Padre Manuel Aires do Casal cortou vários trechos que considerou 'indecorosos'".

Como segunda razão, destaca o jurista que "a liberdade de expressão é pressuposto para o exercício dos outros direitos fundamentais. Os direitos políticos, a possibilidade de participar no debate público, reunir-se, associar-se e o próprio desenvolvimento da personalidade humana dependem da livre circulação de fatos, informações e opiniões. Sem liberdade de expressão e de informação não há cidadania plena, não há autonomia privada nem autonomia pública".

Por fim, a terceira razão está relacionada ao fato de ser a liberdade de expressão "indispensável para o conhecimento da história, para o progresso social e para o aprendizado das novas gerações". Com isso, felizmente, as biografias não autorizadas passam a ser possíveis no Brasil, não se admitindo mais a censura prévia.

Como demonstrou o Ministro Barroso, citando exemplos concretos, dois deles aqui já mencionados: "eu aqui lembro que esses dispositivos do Código Civil que aqui deveremos fulminar não é apenas inconstitucional em tese. Ele tem causado danos reais à cultura nacional e aos legítimos interesses de autores e editores de livros. Os exemplos de interferência judicial na divulgação de biografias são inúmeros: (i) Ruy Castro, 'Estrela Solitária: um brasileiro chamado Garrincha'; (ii) Paulo César Araújo, 'Roberto Carlos em Detalhes'; (iii) Alaor Barbosa dos Santos, 'Sinfonia de Minas Gerais – a vida e a literatura de João Guimarães Rosa'; (iv) Toninho Vaz, 'O Bandido que Sabia Latim'; (v) Eduardo Ohata, 'Anderson Spider Silva – o relato de um campeão nos ringues da vida'; (vi) Pedro de Morais, 'Lampião – O Mata Sete'".

Como não poderia ser diferente, pretende-se alterar a redação do art. 20 no Anteprojeto de Reforma do Código Civil, para sanar e resolver alguns dos problemas antes expostos e incluir menções ao ambiente digital ou virtual.

Nesse contexto, o seu *caput* passará a prever que, "salvo se autorizadas ou se necessárias à administração da justiça ou à manutenção da ordem pública, a divulgação de escritos, a transmissão da palavra ou a publicação, a exposição ou a utilização da imagem de alguém, em ambiente físico ou virtual, poderão ser proibidas, a seu requerimento e sem prejuízo da indenização que couber". Porém, quando houver ameaça ou lesão ao nome, à imagem e à privacidade de pessoa que exerça função pública, a aferição da potencialidade ofensiva da ameaça ou da lesão será definida, proporcionalmente, à autoridade que exerce, resguardado o direito de informação e de crítica (§ 1.º).

Consoante se pode observar, a norma tratará critérios para a necessária ponderação do julgador em casos de conflitos entre a liberdade de expressão e a tutela da imagem. Além disso, enunciará o comando, em seu § 2.º e com outros critérios para a ponderação, que as medidas de prevenção e de reparação de danos das pessoas que, voluntariamente, expuserem a sua imagem ou privacidade em público, inclusive em ambiente virtual, com relação a danos ou possíveis danos causados por outrem, deverão ser sopesadas levando-se em conta os limites e a amplitude da publicação, os direitos à informação e os de crítica. Por fim, também se inclui no comando regra segundo a qual, independentemente da fama, relevância política ou social da atividade desempenhada pela pessoa, lhe é reservado o direito de preservar a sua intimidade contra interferências externas (proposta de art. 20, § 3.º, do CC).

Seguindo na análise dos seus preceitos, o Código Civil tutela, em seu art. 21, o direito à intimidade prescrevendo que a vida privada da pessoa natural é inviolável (art. 5.º, inc. X, da CF/1988). Esse é o único comando que não se almeja alterar pelo Projeto de Reforma do Código Civil, até porque ele reproduz literalmente o Texto Constitucional. De qualquer forma, esse direito não é absoluto, devendo ser ponderado com outros direitos, sobretudo constitucionais.

Conforme leciona Anderson Schreiber, "a norma diz pouco para o seu tempo. Como já se enfatizou em relação aos direitos da personalidade em geral, o desafio atual da privacidade não está na sua afirmação, mas na sua efetividade. A mera observação da vida cotidiana revela que, ao contrário da assertiva retumbante do art. 21, a vida privada da pessoa humana é violada sistematicamente. E, às vezes, com razão" (*Direitos...*, 2011, p. 136-137). Logo a seguir, o jurista cita o exemplo da necessidade de se passar a bagagem de mão no raio X dos aeroportos, por razão de segurança.

Sobre o tema da tutela da intimidade e suas mitigações, pode ser mencionada, ainda, a realidade das *cidades supervigiadas*, como acontece na Europa, em Veneza e Bruxelas, sob o argumento da efetividade no combate à crescente criminalidade e aos riscos de ataques terroristas. O tema foi objeto de exposição do Professor Marcos Catalan, no encontro da *Confraria dos Civilistas Contemporâneos*, em abril de 2016, na cidade de São Paulo. Foram objetivos de sua análise: "(a) a transformação das cidades, (b) a incorporação de novas tecnologias ao dia a dia dos cidadãos, (c) a atualidade das teorias acerca da proteção dos direitos de personalidade, (d) a dimensão contemporânea do direito à liberdade, igualdade e (ou) privacidade e, (e) a existência de leis na Bélgica, no Brasil e na Itália, que versem, de forma pontual (ou não) acerca do tema recortado para fins de investigação". Eis um assunto de grande interesse contemporâneo, e que pode ser debatido em todos os níveis do ensino jurídico.

Em havendo lesão ou excesso, caberá medida judicial, devendo o Poder Judiciário adotar as medidas visando impedir ou cessar a lesão à intimidade. Eventualmente caberá reparação civil integral, conforme o art. 12 do diploma civil e a Súmula 37 do STJ, anteriormente analisados. Em suma, o dispositivo também consagra a prevenção e a reparação integral.

CAP. 3 · ANÁLISE DO CÓDIGO CIVIL DE 2002. PARTE GERAL. DA PESSOA NATURAL | **201**

O conceito de intimidade não se confunde com o de vida privada, sendo o segundo um conceito maior e gênero, como demonstra Silmara Juny Chinellato. Assim sendo, de acordo com as lições da Professora Titular da USP, as categorias podem ser expostas por círculos concêntricos, havendo ainda um círculo menor constituído pelo *direito ao segredo* (CHINELLATO, Silmara Juny (Coord.). *Código Civil...*, 2010, p. 47).

Em relação ao direito ao segredo, conforme pontua Adriano De Cupis, "o direito ao segredo constitui um aspecto particular do direito ao resguardo. Certas manifestações da pessoa destinam-se a conservar-se completamente inacessíveis ao conhecimento de outros, quer dizer, secretas; não é apenas ilícito o divulgar tais manifestações, mas também o tomar delas conhecimento, e o revelá-las, não importa a quantas pessoas" (DE CUPIS, Adriano. *Os direitos da personalidade...*, 1961, p. 147).

Nas páginas seguintes, a clássica obra italiana analisa a questão do segredo na *correspondência epistolar* – por carta –, sob três perspectivas: *a)* o direito de propriedade material sobre a carta a favor de seu destinatário; *b)* o eventual direito de autor do remetente; *c)* o direito ao segredo epistolar, relativo tanto ao remetente quanto ao destinatário (DE CUPIS, Adriano. *Os direitos da personalidade...*, 1961, p. 147-157). Atualizando tal estudo, tais conclusões servem para as mensagens eletrônicas enviadas pela internet.

Como não poderia ser diferente, a intimidade envolve questões polêmicas, principalmente no que concerne à dificuldade em saber até que ponto vai a privacidade da pessoa e quais seriam as suas limitações.

Exemplificando, cite-se o acórdão do TST, do ano de 2005, que legitimou o empregador a fiscalizar o e-mail corporativo, aquele colocado à disposição do empregado no ambiente de trabalho:

"Prova ilícita. *E-mail* corporativo. Justa causa. Divulgação de material pornográfico. Os sacrossantos direitos do cidadão à privacidade e ao sigilo de correspondência, constitucionalmente assegurados, concernem à comunicação estritamente pessoal, ainda que virtual (*e-mail* particular). Assim, apenas o *e-mail* pessoal ou particular do empregado, socorrendo-se de provedor próprio, desfruta da proteção constitucional e legal de inviolabilidade. 2. Solução diversa impõe-se em se tratando do chamado *e-mail* corporativo, instrumento de comunicação virtual mediante o qual o empregado louva-se de terminal de computador e de provedor da empresa, bem assim do próprio endereço eletrônico que lhe é disponibilizado igualmente pela empresa. Destina-se este a que nele trafeguem mensagens de cunho estritamente profissional. Em princípio, é de uso corporativo, salvo consentimento do empregador. Ostenta, pois, natureza jurídica equivalente à de uma ferramenta de trabalho proporcionada pelo empregador ao empregado para a consecução do serviço. 3. A estreita e cada vez mais intensa vinculação que passou a existir, de uns tempos a esta parte, entre Internet e/ou correspondência eletrônica e justa causa e/ou crime exige muita parcimônia dos órgãos jurisdicionais na qualificação da ilicitude da prova referente ao desvio de finalidade na utilização dessa tecnologia, somando-se em conta, inclusive, o princípio da proporcionalidade e, pois, os diversos valores jurídicos tutelados pela lei e pela Constituição Federal. A experiência subministrada ao magistrado pela observação do que ordinariamente acontece revela que, notadamente o *e-mail* corporativo, não raro sofre acentuado desvio de finalidade, mediante a utilização abusiva ou ilegal, de que é exemplo envio de fotos pornográficas. Constitui, assim, em última análise, expediente pelo qual o empregado pode provocar expressivo prejuízo ao empregador. 4. Se se cuida de *e-mail* corporativo, declaradamente destinado somente para assuntos e matérias afetas ao serviço, o que está em jogo, antes de tudo, é o exercício do direito de propriedade do empregador sobre o computador capaz de acessar à Internet e sobre o próprio provedor.

202 | DIREITO CIVIL • VOL. 1 – *Flávio Tartuce*

Insta estar presente também a responsabilidade do empregador, perante terceiros, pelos atos de seus empregados em serviço (Código Civil, art. 932, III), bem como que está em xeque o direito à imagem do empregador, igualmente merecedor de tutela constitucional. Sobretudo, imperativo considerar que o empregado, ao receber uma caixa de *e-mail* de seu empregador para uso corporativo, mediante ciência prévia de que nele somente podem transitar mensagens profissionais, não tem razoável expectativa de privacidade quanto a esta, como se vem entendendo no Direito Comparado (EUA e Reino Unido). 5. Pode o empregador monitorar e rastrear a atividade do empregado no ambiente de trabalho, em *e-mail* corporativo, isto é, checar suas mensagens, tanto do ponto de vista formal quanto sob o ângulo material ou de conteúdo. Não é ilícita a prova assim obtida, visando a demonstrar justa causa para a despedida decorrente do envio de material pornográfico a colega de trabalho. Inexistência de afronta ao art. 5.º, incisos X, XII e LVI, da Constituição Federal. 6. Agravo de Instrumento do Reclamante a que se nega provimento" (TST, RR 613/2000-013-10-00, 1.ª Turma, Rel. João Oreste Dalazen, *DJ* 10.06.2005).

O julgado transcrito, na verdade, divide a comunidade jurídica. Fica clara a aplicação da técnica de ponderação. Alguns entendem que deve prevalecer o direito à intimidade do empregado, outros que prevalece o direito de propriedade do empregador. Ressalte-se que tanto a privacidade quanto a propriedade são protegidas pela Constituição Federal. A questão é delicada justamente por envolver a ponderação entre direitos fundamentais. Alterando-se os fatores fáticos, obviamente a ponderação deve ser feita de forma distinta, na esteira das lições de Robert Alexy a respeito do tema.

Demonstrando como a questão é realmente controversa e como os fatores fáticos podem alterar a ponderação, em 2012, o mesmo Tribunal Superior do Trabalho confirmou a premissa da possibilidade de fiscalização. Todavia, asseverou o acórdão:

"A fiscalização sob equipamentos de computador, de propriedade do empregador, incluído o correio eletrônico da empresa, podem ser fiscalizados, desde que haja proibição expressa de utilização para uso pessoal do equipamento, nos regulamentos da empresa. Nesta hipótese, temos a previsão do poder diretivo, com base no bom senso e nos estritos termos do contrato de trabalho, com respeito à figura do empregado como pessoa digna e merecedora de ter seus direitos personalíssimos irrenunciáveis e inalienáveis, integralmente resguardados pelo Estado Democrático de Direito. Ainda a título de ilustração, registramos que a doutrina tem entendido que o poder diretivo do empregador decorre do direito de propriedade (art. 5.º, XXII, da CF). Este poder, no entanto, não é absoluto, encontra limitações no direito à intimidade do empregado (art. 5.º, X, da CF), bem como na inviolabilidade do sigilo de correspondência, comunicações telegráficas, de dados e telefonemas (art. 5.º, XII, da CF), igualmente garantias constitucionais, das quais decorre o direito de resistência a verificação de sua troca de dados e navegação eletrônica" (TST, RR 183240-61.2003.5.05.0021, 2.ª Turma, Rel. Min. Renato de Lacerda Paiva, j. 05.09.2012).

Como no caso analisado a reclamada apropriou-se de computador de sua propriedade – que se encontrava mediante comodato, sob a guarda e responsabilidade de empregado seu, que exercia poderes especiais em nome do empregador –, julgou-se que houve excesso por parte do empregador, que "agiu com abuso de direito, não respeitando o bem jurídico 'trabalho', a função social da propriedade, a função social do contrato do trabalho, dentre outros valores contemplados pela Constituição Federal de 1988". *In casu*, o empregado foi indenizado em R$ 60.000,00 pelos prejuízos imateriais sofridos em decorrência do ato do empregador.

Seguindo no estudo do tema, anote-se que na *V Jornada de Direito Civil* foram aprovados dois enunciados bem interessantes a respeito da proteção da intimidade e de *dados sensíveis*.

O primeiro tem o seguinte conteúdo: "A tutela da privacidade da pessoa humana compreende os controles espacial, contextual e temporal dos próprios dados, sendo necessário seu expresso consentimento para tratamento de informações que versem especialmente o estado de saúde, a condição sexual, a origem racial ou étnica, as convicções religiosas, filosóficas e políticas" (Enunciado n. 404). O segundo foi assim elaborado: "As informações genéticas são parte da vida privada e não podem ser utilizadas para fins diversos daqueles que motivaram seu armazenamento, registro ou uso, salvo com autorização do titular" (Enunciado n. 405).

A proteção dos dados pessoais acabou por ser regulamentada pela Lei 13.709, de 14 de agosto de 2018 (*Lei Geral de Proteção de Dados – LGPD*), norma que trata do tema em sessenta e cinco artigos e entrou em vigor no País em setembro de 2020; com exceção dos seus arts. 52 a 54, que tratam de sanções administrativas e que entram em vigor em 1.º de agosto de 2021, por força do art. 20 da Lei 14.010/2020. A nova lei sofreu claras influências do Regulamento Geral de Proteção de Dados Europeu, de maio de 2018, amparando sobremaneira a intimidade e a vida privada, que estão sob constante ataque, notadamente nas redes sociais. Anoto que o Projeto de Reforma do Código Civil traz propostas de regras no novo livro de *Direito Civil Digital* que dialogam perfeitamente com essa importante lei específica.

Em termos gerais, existe uma ampla preocupação com os dados e informações comercializáveis das pessoas naturais, inclusive nos meios digitais, e objetiva-se proteger os direitos fundamentais de liberdade e de privacidade, bem como o livre desenvolvimento da personalidade (art. 1.º). Consoante o Enunciado n. 677, aprovado na *IX Jornada de Direito Civil* (2022), a identidade pessoal também encontra proteção no ambiente digital. Além disso, aprovou-se no evento ementa doutrinária segundo a qual a proteção da LGPD restringe-se às pessoas naturais, não se aplicando às pessoas jurídicas (Enunciado n. 693).

Nos termos do preceito seguinte da norma específica, a disciplina da proteção de dados pessoais tem como fundamentos: *a)* o respeito à privacidade; *b)* a autodeterminação informativa, com amparo na autonomia privada; *c)* a liberdade de expressão, de informação, de comunicação e de opinião; *d)* a inviolabilidade da intimidade, da honra e da imagem; *e)* o desenvolvimento econômico e tecnológico e a inovação; *f)* a livre-iniciativa, a livre concorrência e a defesa do consumidor; e *g)* os direitos humanos, o livre desenvolvimento da personalidade, a dignidade e o exercício da cidadania pelas pessoas naturais (art. 2.º).

O diploma tem incidência em qualquer operação de tratamento realizada por pessoa natural ou por pessoa jurídica de Direito Público ou Privado, independentemente do meio, do país de sua sede ou do país onde estejam localizados os dados (art. 3.º da Lei 13.709/2018). Isso desde que a operação de tratamento seja realizada no território nacional, a sua atividade tenha por objetivo a oferta ou o fornecimento de bens ou serviços ou os dados pessoais objeto do tratamento tenham sido coletados no território nacional. Estão excluídos do âmbito da norma os tratamentos de dados feitos para fins acadêmicos, jornalísticos, artísticos ou relacionados a investigação de ilícitos em geral, entre outros (art. 4.º da Lei 13.709/2018).

Como tem sido comum na legislação mais recente, o seu art. 5.º traz conceitos fundamentais para fins de subsunção da norma, a saber:

- Dado pessoal: informação relacionada a pessoa natural identificada ou identificável.
- Dado pessoal sensível: dado pessoal sobre origem racial ou étnica, convicção religiosa, opinião política, filiação a sindicato ou a organização de caráter religioso, filosófico ou político, dado referente à saúde ou à vida sexual, dado genético ou biométrico, quando vinculado a uma pessoa natural.

- Dado anonimizado: relativo a titular que não possa ser identificado, considerando a utilização de meios técnicos razoáveis e disponíveis na ocasião de seu tratamento.

- Banco de dados: conjunto estruturado de dados pessoais, estabelecido em um ou em vários locais, em suporte eletrônico ou físico.

- Titular do dado: pessoa natural a quem se referem os dados pessoais que são objeto de tratamento.

- Controlador: pessoa natural ou jurídica, de Direito Público ou Privado, a quem competem as decisões referentes ao tratamento de dados pessoais. Prevê o Enunciado n. 680 da *IX Jornada de Direito Civil*, de 2022, que a LGPD não exclui a possibilidade de nomeação pelo controlador de pessoa jurídica, ente despersonalizado ou de mais de uma pessoa natural para o exercício da função de encarregado pelo tratamento de dados pessoais. Vale lembrar que, nos termos do art. 41 dessa lei, o controlador deverá indicar encarregado pelo tratamento de dados pessoais.

- Operador: pessoa natural ou jurídica, de Direito Público ou Privado, que realiza o tratamento de dados pessoais em nome do controlador.

- Encarregado: pessoa indicada pelo controlador e operador para atuar como canal de comunicação entre o controlador, os titulares dos dados e a Autoridade Nacional de Proteção de Dados (ANPD).

- Agentes de tratamento: o controlador e o operador.

- Tratamento: toda operação realizada com dados pessoais, como as que se referem a coleta, produção, recepção, classificação, utilização, acesso, reprodução, transmissão, distribuição, processamento, arquivamento, armazenamento, eliminação, avaliação ou controle da informação, modificação, comunicação, transferência, difusão ou extração.

- Anonimização: utilização de meios técnicos razoáveis e disponíveis no momento do tratamento, por meio dos quais um dado perde a possibilidade de associação, direta ou indireta, a um indivíduo.

- Consentimento: manifestação livre, informada e inequívoca pela qual o titular concorda com o tratamento de seus dados pessoais para uma finalidade determinada.

- Bloqueio: suspensão temporária de qualquer operação de tratamento, mediante guarda do dado pessoal ou do banco de dados.

- Eliminação: exclusão de dado ou de conjunto de dados armazenados em banco de dados, independentemente do procedimento empregado.

- Transferência internacional de dados: transferência de dados pessoais para país estrangeiro ou organismo internacional do qual o país seja membro.

- Uso compartilhado de dados: comunicação, difusão, transferência internacional, interconexão de dados pessoais ou tratamento compartilhado de bancos de dados pessoais por órgãos e entidades públicos no cumprimento de suas competências legais, ou entre esses e entes privados, reciprocamente, com autorização específica, para uma ou mais modalidades de tratamento permitidas por esses entes públicos, ou entre entes privados.

- Relatório de impacto à proteção de dados pessoais: documentação do controlador que contém a descrição dos processos de tratamento de dados pessoais que podem gerar riscos às liberdades civis e aos direitos fundamentais, bem como medidas, salvaguardas e mecanismos de mitigação de risco. Como está previsto no Enunciado n. 679, aprovado na *IX Jornada de Direito Civil*, esse Relatório de impacto à proteção de dados pessoais (RIPD) deve ser entendido como medida de prevenção e de *accountability* (responsabilização) para qualquer operação de tratamento de dados considerada de alto risco, tendo sempre como parâmetro o risco aos direitos dos titulares.

- Órgão de pesquisa: órgão ou entidade da administração pública direta ou indireta ou pessoa jurídica de direito privado sem fins lucrativos legalmente constituída sob as leis brasileiras, com sede e foro no País, que inclua em sua missão institucional ou em seu objetivo social ou estatutário a pesquisa básica ou aplicada de caráter histórico, científico, tecnológico ou estatístico.

- Autoridade nacional: órgão da administração pública indireta responsável por zelar, implementar e fiscalizar o cumprimento da Lei em todo o território nacional.

Em suma, as categorias definidas pelo comando devem ser assim entendidas para a compreensão de sua incidência. Como outra regra importante, o art. 6.º da Lei 13.709/2018 consagra os princípios que devem guiar o tratamento dos dados pessoais. O primeiro deles é o *princípio da boa-fé*, seja ela subjetiva – a que existe no plano intencional –, ou objetiva – concretizada no plano da conduta. O segundo princípio é o da *finalidade*, com a realização do tratamento para propósitos legítimos, específicos, explícitos e informados ao titular, sem possibilidade de tratamento posterior de forma incompatível com essas finalidades.

O terceiro regramento é o da *adequação*, compatibilizando-se o tratamento dos dados com as finalidades informadas ao titular, de acordo com o contexto do seu uso. Há ainda previsão quanto à *necessidade*, considerada como a limitação do tratamento ao mínimo necessário para a realização de suas finalidades, com abrangência dos dados pertinentes, proporcionais e não excessivos em relação aos objetivos do tratamento de dados.

O quinto princípio é o do *livre acesso*, visando garantir aos titulares a consulta facilitada e gratuita sobre a forma e a duração do tratamento, bem como sobre a integralidade de seus dados pessoais. A *qualidade dos dados* é entendida como a garantia, aos titulares, de exatidão, clareza, relevância e atualização dos dados, de acordo com a necessidade e para o cumprimento da finalidade de seu tratamento. Como desdobramento da boa-fé, assegura- -se a *transparência*, com o amparo aos titulares de informações claras, precisas e facilmente acessíveis sobre a realização do tratamento e os respectivos agentes, observados os segredos comercial e industrial. O sétimo princípio é o da *segurança*, com o uso de medidas técnicas e administrativas aptas a proteger os dados pessoais de acessos não autorizados e de situações acidentais ou ilícitas de destruição, perda, alteração, comunicação ou difusão.

Consagra-se também a *prevenção*, com a adoção de medidas para evitar a ocorrência de danos em virtude do tratamento de dados pessoais. O décimo princípio amparado pela lei é o da *não discriminação*, diante da impossibilidade de realização do tratamento para fins discriminatórios ilícitos ou abusivos, nos termos da isonomia consagrada pelo art. 5.º, *caput*, do Texto Maior. Por fim, como décimo primeiro princípio, existe previsão a respeito da *responsabilização e prestação de contas*, com a demonstração, pelo agente, da adoção de medidas eficazes e capazes de comprovar a observância e o cumprimento das normas de proteção de dados pessoais e, inclusive, da eficácia dessas medidas.

O art. 7.º da LGPD prevê que o tratamento de dados pessoais somente poderá ser realizado nas seguintes hipóteses: *a)* mediante o fornecimento de consentimento pelo titular; *b)* para o cumprimento de obrigação legal ou regulatória pelo controlador; *c)* pela administração pública, para o tratamento e uso compartilhado de dados necessários à execução de políticas públicas previstas em leis e regulamentos ou respaldadas em contratos, convênios ou instrumentos congêneres; *d)* para a realização de estudos por órgão de pesquisa, garantida, sempre que possível, a anonimização dos dados pessoais; *e)* quando necessário para a execução de contrato ou de procedimentos preliminares relacionados a contrato do qual seja parte o titular, a pedido do titular dos dados; *f)* para o exercício regular de direitos em processo judicial, administrativo ou arbitral; *g)* para a proteção da vida ou da incolumidade física do titular ou de terceiro; *h)* para a tutela da saúde, em procedimento realizado por profissionais da área da saúde ou por entidades sanitárias; *i)* quando necessário para atender aos interesses legítimos do controlador ou de terceiro, exceto no caso de prevalecerem direitos e liberdades fundamentais do titular que exijam a proteção dos dados pessoais, regra que se aplica não só quanto às pessoas naturais ou jurídicas, mas também em relação a grupos ou à coletividade, "para atividades de tratamento que sejam de seu interesse" (Enunciado n. 685 da *IX Jornada de Direito Civil*); ou *j)* para a proteção do crédito, inclusive quanto ao disposto na legislação pertinente, notadamente pelo que consta do art. 43 do CDC.

Entendo que essa previsão quanto à utilização dos dados pessoais não afasta a possibilidade de aplicação da técnica da ponderação em casos de conflitos entre direitos da personalidade ou fundamentais, de acordo com as circunstâncias do caso concreto, na linha do que foi aqui defendido.

Exatamente nesse sentido, merecem destaque dois outros enunciados aprovados na *IX Jornada de Direito Civil*, em 2022. O primeiro deles, de número 688, prevê que "a Lei de Acesso à Informação (LAI) e a Lei Geral de Proteção de Dados Pessoais (LGPD) estabelecem sistemas compatíveis de gestão e proteção de dados. A LGPD não afasta a publicidade e o acesso à informação nos termos da LAI, amparando-se nas bases legais do art. 7.º, II ou III, e art. 11, II, *a* ou *b*, da Lei Geral de Proteção de Dados". O segundo enunciado estabelece que "não há hierarquia entre as bases legais estabelecidas nos arts. 7.º e 11 da Lei Geral de Proteção de Dados (Lei n. 13.709/2018)" (Enunciado n. 689).

Outro dispositivo que merece ser comentado diz respeito à utilização dos *dados sensíveis*, entendidos como aqueles sobre origem racial ou étnica, convicção religiosa, opinião política, filiação a sindicato ou a organização de caráter religioso, filosófico ou político; dados referentes à saúde ou à vida sexual, dados genéticos ou biométricos, quando vinculados a uma pessoa natural.

O seu uso, conforme o art. 11 da nova norma e em regra, somente é possível quando o titular ou seu responsável legal consentir, de forma específica e destacada. Nos termos do mesmo preceito, a utilização de dados sensíveis sem o fornecimento de consentimento do titular somente é cabível nas hipóteses em que for indispensável para: *a)* cumprimento de obrigação legal ou regulatória pelo controlador; *b)* tratamento compartilhado de dados necessários à execução, pela administração pública, de políticas públicas previstas em leis ou regulamentos; *c)* realização de estudos por órgão de pesquisa, garantida, sempre que possível, a anonimização dos dados pessoais sensíveis; *d)* exercício regular de direitos, inclusive em contrato e em processo judicial, administrativo e arbitral; *e)* proteção da vida ou da incolumidade física do titular ou de terceiro; *f)* tutela da saúde, em procedimento realizado por profissionais da área da saúde ou por entidades sanitárias; ou *g)* garantia da prevenção à fraude e à segurança do titular, nos processos de identificação e autenticação de cadastro em sistemas eletrônicos.

De todo modo, o correto Enunciado n. 681, aprovado na *IX Jornada de Direito Civil*, preceitua que "a existência de documentos em que há dados pessoais sensíveis não obriga à decretação do sigilo processual dos autos. Cabe ao juiz, se entender cabível e a depender dos dados e do meio como produzido o documento, decretar o sigilo restrito ao documento específico". Assim, outros valores e direitos não só podem como devem ser levados em consideração pelo julgador, que poderá fazer uso da antes estudada técnica da ponderação. Essas são as regras principais da LGPD, sem prejuízos de muitas outras, que aqui não serão comentadas por fugirem do objetivo principal desta obra. A propósito, os aspectos principais relativos à responsabilização civil que decorre da Lei 13.709/2018 estão tratados no meu

CAP. 3 · ANÁLISE DO CÓDIGO CIVIL DE 2002. PARTE GERAL. DA PESSOA NATURAL | **207**

livro específico sobre a *Responsabilidade Civil*, para aqueles que eventualmente pretendam aprofundar o tema.

Encerrando a presente seção, é preciso deixar novamente consignado que a proteção aos direitos da personalidade está intimamente ligada à honra da pessoa humana, que também tem classificação interessante no âmbito jurídico:

a) *honra subjetiva:* a autoestima, o que o sujeito pensa de si;
b) *honra objetiva:* a repercussão social, o que os outros pensam de alguém. Conceito similar à imagem-atributo.

A divisão segue a ideia concebida por Adriano De Cupis, para quem "a honra significa tanto o valor moral íntimo do homem, como a estima dos outros, ou a consideração social, o bom nome ou a boa fama, como, enfim, o sentimento, ou consciência, da própria dignidade pessoal" (DE CUPIS, Adriano. *Os direitos da personalidade...*, 1961, p. 111).

Repise-se mais uma vez que os arts. 11 a 21 do CC/2002 são normas de ordem pública e interesse social. As matérias ali deduzidas não poderão ser afastadas por força de contrato ou outro negócio jurídico. Dessa forma, poderá o juiz, de ofício, declarar tal proteção em eventual ação que tem como objeto direito inerente à dignidade da pessoa humana.

3.3 DOMICÍLIO DA PESSOA NATURAL

As regras quanto ao domicílio da pessoa natural constam entre os arts. 70 a 78 do CC. O tema traz algumas confusões, sendo necessários esclarecimentos conceituais.

Inicialmente, o domicílio pode ser definido como o local em que a pessoa pode ser sujeito de direitos e deveres na ordem privada, definindo Maria Helena Diniz como "a sede jurídica da pessoa, onde ela se presume presente para efeitos de direito e onde exerce ou pratica, habitualmente, seus atos e negócios jurídicos" (*Código Civil anotado...*, 2005, p. 106).

A concepção do domicílio, dessa forma, relaciona-se com outros conceitos, como o de residência e de moradia (este último também conceituado como habitação). O domicílio, em regra, é o local em que a pessoa se situa, permanecendo a maior parte do tempo com ânimo definitivo. Por regra, pelo que consta do art. 70 do CC/2002, o domicílio da pessoa natural é o local de sua residência. No domicílio há dois elementos: um *subjetivo*, formado pelo ânimo de permanência; e outro *objetivo*, constituído pelo estabelecimento da pessoa.

Por outra via, a habitação ou moradia é o local em que a pessoa é eventualmente encontrada, não correspondendo sempre à sua residência ou domicílio. A título de exemplo, um turista a passeio no Brasil não tem aqui o seu domicílio ou residência, mas apenas uma moradia provisória, tendo em vista a sua breve partida. Não há o elemento subjetivo, o que afasta a caracterização como residência. Aliás, o domicílio de uma pessoa que não tenha residência física (um circense, um cigano, um peregrino, um nômade) é o local em que ela for encontrada, ou seja, o local de sua habitação ou moradia (art. 73 do CC).

Eventualmente, de acordo com o art. 71 do Código Civil em vigor, a pessoa pode possuir dois ou mais locais de residência, onde alternadamente viva, considerando-se seu domicílio qualquer um desses locais. O Código de Processo Civil tem regra que mantém estreita ligação com tal preceito. De início, previa o CPC/1973, no seu art. 94, § 1.º, que, "tendo mais de um domicílio, o réu será demandado no foro de qualquer deles". A regra foi repetida pelo art. 46, § 1.º, do CPC/2015, sem qualquer alteração.

208 | DIREITO CIVIL • VOL. 1 – *Flávio Tartuce*

Conforme será visto, o elemento residência é primordial para a caracterização do bem de família legal, previsto pela Lei 8.009/1990, sendo certo que é impenhorável o único imóvel, urbano ou rural, utilizado como residência da entidade familiar (art. 1.º da referida lei). Como exceção, havendo dois imóveis utilizados para residência, à luz do que consta no art. 71 da codificação material, estará protegido o de menor valor (art. 5.º, parágrafo único, da Lei 8.009/1990).

Para Cristiano Chaves de Farias e Nelson Rosenvald, não se pode desassociar o domicílio da questão da dignidade da pessoa humana, eis que "na visão civil-constitucional, reforça-se a grande importância do domicílio em face da grande ameaça da vida 'tornar-se pública', passando a casa a representar o 'refúgio dos refúgios', acobertada pela inarredável característica da inviolabilidade, tornando-se uma 'fortaleza da *privacy*', verdadeiro templo das coisas íntimas" (*Direito civil. Teoria geral...*, 2006, p. 213). Concorda-se com suas palavras, sendo pertinente lembrar a proteção da intimidade, que consta do art. 21 do CC. Por certo que o domicílio inclui também o endereço eletrônico, o *e-mail*, que, do mesmo modo, merece ampla proteção, inclusive como um direito de personalidade.

A pluralidade domiciliar também está reconhecida pelo que consta no art. 72 do CC, pois o local em que a pessoa exerce a sua profissão também deve ser tido como seu domicílio (*domicílio profissional*). Se a pessoa exercitar a sua profissão em vários locais, todos também serão tidos como domicílios, o que amplia mais ainda as possibilidades antes vistas.

De acordo com essa inovação, e porque a grande maioria das pessoas tem uma residência e outro local onde exerce sua profissão ou trabalha, em regra, a pessoa tem dois domicílios e não somente um como outrora, interpretação essa que era retirada do que constava no Código Civil de 1916.

Segundo o art. 74, *caput*, do atual Código Civil, cessando os elementos objetivo e subjetivo do domicílio, ocorre a sua mudança, desde que haja *animus* por parte da pessoa. Enuncia esse dispositivo que "muda-se o domicílio, transferindo a residência, com a intenção manifesta de o mudar". A prova dessa intenção será feita pelas declarações da pessoa às municipalidades dos lugares que deixa ou para onde vai, ou, se tais declarações não fizer, da própria mudança, com as circunstâncias que a acompanharem (art. 74, parágrafo único, do CC). Exemplificando, a alteração de domicílio eleitoral, como regra, vale como prova. Acredita-se que o parágrafo único do art. 74 traz uma presunção legal *iuris tantum*, aquela que eventualmente admite prova em contrário por outros meios.

Finalizando o presente tópico como último tema, quanto à origem, é interessante vislumbrar a seguinte classificação do domicílio da pessoa natural:

a) *Domicílio voluntário*: é aquele fixado pela vontade da pessoa, como exercício da autonomia privada, tendo em vista as regras anteriormente estudadas.

b) *Domicílio necessário ou legal*: é o imposto pela lei, a partir de regras específicas que constam no art. 76 do Código Civil. Deve ficar claro que o domicílio necessário não exclui o voluntário, sendo as suas hipóteses de imposição normativa:

– o domicílio dos absolutamente e relativamente incapazes (arts. 3.º e 4.º do CC) é o mesmo dos seus representantes;

– o domicílio do servidor público ou funcionário público é o local em que exercer, com caráter permanente, as suas funções;

– o domicílio do militar é o do quartel onde servir ou do comando a que se encontrar subordinado (sendo da Marinha ou da Aeronáutica);

– o domicílio do marítimo ou marinheiro é o do local em que o navio estiver matriculado;

CAP. 3 · ANÁLISE DO CÓDIGO CIVIL DE 2002. PARTE GERAL. DA PESSOA NATURAL | 209

– o domicílio do preso é o local em que cumpre a sua pena.

c) *Domicílio contratual ou convencional:* é aquele previsto no art. 78 do CC, pelo qual, "nos contratos escritos, poderão os contratantes especificar o domicílio onde se exercitem e cumpram os direitos e obrigações deles resultantes". A fixação desse domicílio para um negócio jurídico acaba repercutindo para a questão do foro competente para apreciar eventual discussão do contrato, razão pela qual se denomina tal previsão como *cláusula de eleição de foro.*

Relativamente à *cláusula de eleição de foro*, muito comum nos contratos bancários e de natureza financeira, algumas palavras devem ser ditas. No caso de contratos de consumo, sendo reconhecido o direito de os consumidores proporem ações de responsabilidade civil ou de outra natureza em seu domicílio, nos termos do art. 101, inc. I, da Lei 8.078/1990, não vale previsão em contrário inserida na dita cláusula, que deve ser tida como cláusula abusiva, nos termos do art. 51, incs. IV e XV, do mesmo CDC.

Ao lado dessa previsão, há muito tempo se discutia na jurisprudência a validade da cláusula de eleição de foro quando se tratasse de um contrato de adesão que não assumia a forma de contrato de consumo. Anote-se que o contrato de adesão é aquele que tem o conteúdo imposto unilateralmente por uma das partes, conceito que não se confunde necessariamente com o contrato de consumo, cuja construção é retirada dos arts. 2.º e 3.º da Lei 8.078/1990.

Com todo o respeito que merecia eventual posicionamento ao contrário, sempre entendi que a cláusula de eleição de foro não teria aplicação quando o contrato assumisse esta natureza, renunciando eventual aderente e devedor ao direito de demandar ou ser demandado no seu domicílio.

Primeiro, porque é direito reconhecido ao devedor a possibilidade de ser demandado no foro do seu domicílio, segundo o antigo art. 94 do CPC/1973, repetido pelo art. 46 do CPC/2015. Segundo, porque a obrigação, regra geral, deve ser cumprida no domicílio do devedor, tendo natureza quesível ou *quérable*, conforme o art. 327 do CC/2002, salvo previsão em contrário em contrato paritário. Haveria, portanto, renúncia a direito inerente ao negócio em casos tais, o que levaria à nulidade de tais cláusulas, inseridas nos contratos de adesão, nos termos do art. 424 do CC ("Nos contratos de adesão, são nulas as cláusulas que estipulem a renúncia antecipada do aderente a direito resultante da natureza do negócio").

Ora, é direito inerente à condição de devedor a possibilidade de o aderente responder, quando assumir esta posição obrigacional, no foro do seu domicílio. Desse modo, sempre sustentei que não poderia prevalecer a cláusula pactuada com esse sentido em contratos de adesão. Da antiga jurisprudência estadual, concluindo da mesma forma, transcreve-se:

"Foro de eleição. Demanda objetivando a revisão de contrato bancário proposta no Juízo do principal estabelecimento do banco réu, em São Paulo, Capital. Relação de consumo caracterizada. Aplicação, no caso, do princípio da facilitação do consumidor. Desconsideração da cláusula de eleição de foro estabelecido em contrato de adesão, padrão, impresso. Exceção de incompetência rejeitada. Recurso provido" (1.º TACSP, AI 1.160.771-5/SP, Rel. Juiz Oséias Viana, j. 26.02.2003, *Boletim AASP* n. 2.365, 3 a 9 de maio de 2004, p. 861).

Esse raciocínio foi, em parte, confirmado pela Lei 11.208/2006, que introduziu o art. 112, parágrafo único, no CPC/1973, pelo qual a nulidade da cláusula de eleição de foro em contrato de adesão poderia ser conhecida de ofício pelo juiz, que declinaria de competência para o domicílio do réu.

O dispositivo trazia como conteúdo a *eficácia interna da função social dos contratos*, entre as partes contratantes (art. 421 do CC e Enunciado n. 360 da *IV Jornada de Direito Civil*), em prol da parte vulnerável da relação contratual, ou seja, do aderente. Por essa proteção, dando efetividade ao princípio em questão, a alteração legislativa era louvável.

O CPC/2015 repetiu a regra, mas com algumas alterações substanciais, em claro retrocesso, na minha opinião doutrinária. Conforme o seu art. 63, *caput*, as partes podem modificar a competência em razão do valor e do território, elegendo foro onde será proposta ação oriunda de direitos e obrigações. Esse preceito equivale, em parte, ao art. 111, *caput*, do CPC/1973.

Ademais, conforme o § 1.º do art. 63 do CPC/2015, em sua redação anterior, a eleição de foro só produziria efeitos quando constasse de instrumento escrito e aludisse expressamente a determinado negócio jurídico. Corresponde a regra ao antigo art. 111, § 1.º, do CPC revogado.

O dispositivo foi recentemente alterado pela Lei 14.879/2024, passando a prever que a eleição de foro somente produzirá efeito quando constar de instrumento escrito, aludir expressamente a determinado negócio jurídico e guardar pertinência com o domicílio ou a residência de uma das partes ou com o local da obrigação, ressalvada a pactuação consumerista, quando favorável ao consumidor. Essa norma foi alterada por conta de demanda surgida no Tribunal de Justiça do Distrito Federal, diante da concentração de ações na Corte, por razões diferentes, para não admitir a *cláusula de eleição de foro ou de juízo aleatório*, que não tenha relação ou pertinência com os domicílios das partes, o que vem em boa hora, no meu entender.

A mesma norma emergente incluiu também um novo § 5.º no art. 63 do Estatuto Processual, enunciando que o ajuizamento de ação em juízo aleatório, entendido como aquele sem vinculação com o domicílio ou a residência das partes ou com o negócio jurídico discutido na demanda, constitui prática abusiva que justifica a declinação de competência de ofício. Como não poderia ser diferente, diante de notórios abusos e excessos cometidos, sobretudo em contratos de adesão e de consumo, as modificações têm o meu total apoio doutrinário.

O foro contratual obriga os herdeiros e sucessores das partes (art. 63, § 2.º, do CPC/2015, repetição do art. 111, § 2.º, do CPC/1973). Além disso, antes da citação, a cláusula de eleição de foro, se abusiva, pode ser reputada ineficaz de ofício pelo juiz, que determinará a remessa dos autos ao juízo do foro de domicílio do réu (art. 63, § 3.º, do CPC/2015). A abusividade, nesse caso, não fica restrita apenas aos contratos de adesão, mas a qualquer negócio jurídico contratual.

Entendo que a última solução apresentada pelo Estatuto Processual emergente, quando confrontada com o antigo art. 112, parágrafo único, do CPC/1973, em sua literalidade, não é das melhores, estando aqui o citado *retrocesso*. Isso porque a abusividade da cláusula de eleição de foro, por envolver ordem pública – especialmente a tutela do aderente ou do consumidor como vulnerável contratual –, não deveria gerar a mera ineficácia do ato, mas a sua nulidade absoluta. De toda sorte, cabe ao legislador fazer tal opção, devendo a norma ser respeitada, pelo menos em regra.

Porém, afastando de forma correta e em parte o conteúdo da norma instrumental em vigor, acórdão de 2023 do Superior Tribunal de Justiça entendeu que, "em contratos decorrentes de relação de consumo firmados fora do território nacional, a justiça brasileira pode declarar nulo o foro de eleição diante do prejuízo e da dificuldade de o consumidor acionar a autoridade judiciária estrangeira para fazer valer o seu direito". E mais, "a justiça brasileira é competente para apreciar demandas nas quais o réu, qualquer que seja a sua nacionalidade, estiver domiciliado no Brasil"; conforme o art. 22, inc. II, do próprio

CAP. 3 • ANÁLISE DO CÓDIGO CIVIL DE 2002. PARTE GERAL. DA PESSOA NATURAL | **211**

CPC/2015. A conclusão, portanto, foi pela nulidade da cláusula, e não pela mera ineficácia. O caso dizia respeito a um contrato de prestação de serviços hoteleiros com sociedade empresária sediada em território estrangeiro, para utilização de clube sediado em Cancun, no México; algo bem conhecido por alguns brasileiros, sobretudo pelas notórias abusividades contratuais em virtude de negócios jurídicos estabelecidos naquele país (STJ, REsp 1.797.109/SP, 3.ª Turma, Rel. Min. Ricardo Villas Bôas Cueva, j. 21.03.2023, *DJe* 24.03.2023). Como se percebe, portanto, a própria Corte Superior tem aplicado a sanção da nulidade absoluta, pela prevalência do CDC, sobretudo pelo seu art. 51.

Por fim, como regra decorrente da última alteração, o CPC/2015 passou a dispor que, citado o réu, incumbe a ele alegar a abusividade da cláusula de eleição de foro na contestação, sob pena de preclusão (art. 63, § 4.º). Mais uma vez, sendo o caso de nulidade, como no sistema anterior, não seria viável a preclusão. Porém, como o legislador fez a *infeliz opção* pela ineficácia da cláusula, a preclusão deve ser aceita e considerada, para os devidos fins práticos.

Encerrada essa pertinente análise, bem como o estudo do domicílio da pessoa natural, passa-se ao último tópico do capítulo, analisando as regras atinentes à cessação da personalidade, a morte da pessoa natural.

3.4 MORTE DA PESSOA NATURAL

A morte põe fim, regra geral, à personalidade. De qualquer forma, como antes exposto, alguns direitos do morto permanecem, diante da possibilidade de os lesados indiretos pleitearem indenização por lesão à honra ou imagem do *de cujus* (art. 12, parágrafo único; art. 20, parágrafo único, ambos do CC). Em resumo, pode-se afirmar que o morto tem *resquícios de personalidade civil*, não se aplicando o art. 6.º da codificação material aos direitos da personalidade.

Nesse sentido, passa-se a tratar dos casos de morte civil previstos no ordenamento jurídico brasileiro, a saber:

a) morte real;
b) morte presumida *sem* declaração de ausência (justificação); e
c) morte presumida *com declaraç*ão de ausência.

Vejamos tais categorias e as regras específicas correspondentes.

3.4.1 Morte real

O fim da personalidade da pessoa natural, como se sabe, dá-se pela morte, conforme a regra do art. 6.º do CC, pelo qual "a existência da pessoa natural termina com a morte". A lei exige, dessa forma, a morte cerebral (morte real), ou seja, que o cérebro da pessoa pare de funcionar. Isso consta, inclusive, do art. 3.º da Lei 9.434/1997, que trata da morte para fins de remoção de órgãos para transplante. Para tanto, é necessário um laudo médico, visando à elaboração do atestado de óbito, a ser registrado no Cartório de Registro Civil das Pessoas Naturais, nos termos do art. 9.º, inc. I, da codificação privada.

A Lei de Registros Públicos (Lei 6.015/1973) fixa os parâmetros para a elaboração de tal documento. A sua exigência está contida no art. 77 da referida norma, recentemente alterado pela Lei 13.484/2017, segundo o qual nenhum sepultamento será feito sem certidão do oficial de registro do lugar do falecimento ou do lugar de residência do *de cujus*. Nos termos da

212 | DIREITO CIVIL • VOL. 1 – *Flávio Tartuce*

sua nova redação, essa certidão será extraída após a lavratura do assento de óbito, em vista do atestado de um médico, se houver no lugar. Não havendo médico no local, são viáveis as declarações de duas pessoas qualificadas que tiverem presenciado ou verificado a morte.

O art. 79 da LRP traz as pessoas obrigadas a fazer a declaração de óbito, a saber:

- Os chefes familiares (pai e mãe), em relação aos seus filhos, hóspedes, agregados ou empregados.
- Um cônjuge em relação ao outro.
- O filho a respeito dos pais.
- O irmão a respeito dos irmãos.
- O administrador, diretor ou gerente de pessoa jurídica de direito público ou privado, a respeito das pessoas que falecerem em sua sede, salvo se estiver presente no momento algum dos parentes antes indicados.
- Na falta de pessoa competente, as pessoas que tiverem assistido aos últimos momentos do falecido.
- O médico, o sacerdote ou o vizinho que tiver tido notícia do falecimento.
- A autoridade policial, a respeito das pessoas encontradas mortas.

O atestado de óbito deverá conter (art. 80 da Lei de Registros Públicos):

a) dia, mês, ano e hora (se for possível) do falecimento;
b) lugar do falecimento, com indicação precisa;
c) o nome completo, sexo, idade, cor, estado civil, profissão, naturalidade, domicílio e residência do morto;
d) sendo o *de cujus* casado, o nome do cônjuge sobrevivente, mesmo estando os mesmos separados judicialmente; se era viúvo o falecido, o nome do cônjuge premorto, devendo constar a referência quanto ao cartório do casamento nos dois casos;
e) os nomes completos, prenomes, profissão, naturalidade e residência dos pais;
f) se faleceu com testamento conhecido;
g) se deixou filhos, nome e idade de cada um;
h) se a morte foi natural ou violenta e a causa conhecida, como o nome dos atestantes;
i) o lugar do sepultamento;
j) se deixou bens e herdeiros menores ou interditados;
k) se era eleitor;
l) pelo menos uma informação quanto a documentos identificadores.

A prática tem demonstrado que alguns dos dados acima são dispensáveis, como aqueles relacionados com a qualificação das partes. De qualquer forma, tais elementos são fundamentais, eis que a morte real gera efeitos importantes para a órbita civil, como aqueles elencados por Maria Helena Diniz, a saber: "1) dissolução da sociedade conjugal (Lei 6.515/1977 e CC, art. 1.571, I) e do regime matrimonial; 2) extinção do poder familiar (CC, art. 1.635, I); dos contratos personalíssimos, como locação de serviços (CC, art. 607), e mandato (CC, art. 682, II; STF, Súmula n. 25); 3) cessação da obrigação de alimentos, com o falecimento do credor, pois, com o devedor, seus herdeiros assumirão os ônus até as forças da herança (Lei 6.515/1977, art. 23; CC, art. 1.700; *RJTJSP* 82:38; *RT* 574:68); da obrigação de fazer, quando convencionado o cumprimento pessoal (CC, arts. 247 e 248), do pacto de

CAP. 3 · ANÁLISE DO CÓDIGO CIVIL DE 2002. PARTE GERAL. DA PESSOA NATURAL | **213**

preempção (CC, art. 560); 4) extinção do usufruto (CC, art. 1.410, I; CPC, art. 1.112, VI); da doação em forma de subvenção periódica (CC, art. 545); do encargo da testamentaria (CC, art. 1.985); do benefício da justiça gratuita" (*Curso...*, 2002, v. I, p. 198).

O próprio art. 6.º do CC/2002, segunda parte, disciplina que o ausente deve ser tratado como se morto fosse, havendo declaração de morte presumida, nos termos dos arts. 22 a 39 da codificação privada. O ausente, assim, não pode ser tratado como absolutamente incapaz, conforme fazia a codificação anterior.

Como última observação sobre o comando, o Projeto de Reforma do Código Civil pretende alterá-lo, para que pare de mencionar o fim da existência da pessoa natural, trocando-a para *personalidade*, o que é melhor tecnicamente. Assim, passará a enunciar que "a personalidade da pessoa natural termina com a morte; presume-se esta, quanto aos ausentes, nos casos em que a lei autoriza a abertura de sucessão definitiva" (art. 6.º).

3.4.2 Morte presumida sem declaração de ausência. A *justificação*

O art. 7.º do CC/2002 prevê dois casos de morte presumida, sem declaração de ausência, a saber:

- Desaparecimento do corpo da pessoa, sendo extremamente provável a morte de quem estava em perigo de vida;
- Desaparecimento de pessoa envolvida em campanha militar ou feito prisioneiro, não sendo encontrado até dois anos após o término da guerra.

O art. 7.º, inc. I, do CC tem aplicação perfeita nos casos envolvendo desastres, acidentes, catástrofes naturais, sendo certo que o parágrafo único desse dispositivo preconiza que a declaração de morte somente será possível depois de esgotados todos os meios de buscas e averiguações do corpo da pessoa, devendo constar da sentença a data provável da morte da pessoa natural.

Nesse sentido, é de se seguir o posicionamento de Nelson Nery Jr. e Rosa Maria de Andrade Nery, para quem esse dispositivo (art. 7.º do CC) equivale ao art. 88 da Lei de Registros Públicos (Lei 6.015/1973), que já tratava da morte por *justificação* (*Código Civil comentado...*, 2005, p. 166). Para fins didáticos, é interessante transcrever o teor da regra específica da LRP, que foi encampada pela codificação de 2002: "Poderão os juízes togados admitir justificação para o assento de óbito de pessoas desaparecidas em naufrágio, inundação, incêndio, terremoto ou qualquer outra catástrofe, quando estiver provada a sua presença no local do desastre e não for possível encontrar-se o cadáver para exame. Parágrafo único. Será também admitida a justificação no caso de desaparecimento em campanha, provados a impossibilidade de ter sido feito o registro nos termos do art. 85 e os fatos que convençam a ocorrência do óbito".

Como há certa discrepância entre o art. 7.º do CC/2002 e o art. 88 da LRP, entendo que não houve revogação, nos termos da segunda parte do art. 2.043 do CC. Os dois dispositivos continuam em vigor, tratando da morte por *justificação, em diálogo de complementaridade (diálogo das fontes)*. A presunção contida em tais dispositivos é legal e relativa, *iuris tantum*, admitindo prova em contrário, pelo próprio retorno da pessoa viva.

Nos casos de justificação, há uma presunção quanto à própria existência da morte, não sendo necessário o aguardo do longo prazo previsto para a ausência. Assim, expede-se imediatamente a certidão de óbito, preenchidos os seus requisitos. Como consta do parágrafo

214 | DIREITO CIVIL • VOL. 1 – *Flávio Tartuce*

único do art. 7.º do Código Civil, "a declaração da morte presumida, nesses casos, somente poderá ser requerida depois de esgotadas as buscas e averiguações, devendo a sentença fixar a data provável do falecimento". Há, assim, um processo judicial em que se fixa o momento da morte provável.

Trata-se de um procedimento bem mais simples do que a ausência, que ainda será aqui estudada. Em prol da simplicidade, o presente autor não concorda com o teor do Enunciado n. 614, aprovado na *VIII Jornada de Direito Civil* (2018), segundo o qual "os efeitos patrimoniais da presunção de morte posterior à declaração da ausência são aplicáveis aos casos do art. 7.º, de modo que, se o presumivelmente morto reaparecer nos dez anos seguintes à abertura da sucessão, receberá igualmente os bens existentes no estado em que se acharem". A proposta doutrinária complica o que é simplificado pela lei, trazendo incerteza e instabilidade quanto ao instituto da justificação. Por isso, votei de forma contrária ao seu teor quando daquele evento, em sua plenária final.

Por fim, ressalta-se que a Lei 9.140/1995 presume a morte de "pessoas que tenham participado, ou tenham sido acusadas de participação, em atividades políticas, no período de 2 de setembro de 1961 a 5 de outubro de 1988, e que, por este motivo, tenham sido detidas por agentes públicos, achando-se, deste então, desaparecidas, sem que delas haja notícias" (redação dada pela Lei 10.536/2002). O caso também é de morte presumida sem declaração de ausência, tratada pela legislação especial.

3.4.3 Morte presumida com declaração de ausência

A ausência pode ser considerada como hipótese de morte presumida, decorrente do desaparecimento da pessoa natural, sem deixar corpo presente (morte real). A ausência, anteriormente, era tratada como causa de incapacidade absoluta da pessoa, agora é hipótese de inexistência por morte. Em outras palavras, ocorre nos casos em que a pessoa está em *local incerto e não sabido (LINS)*, não havendo indícios das razões do seu desaparecimento.

O Código Civil simplificou as regras quanto à ausência, caso em que há uma presunção legal relativa (*iuris tantum*), quanto à existência da morte da pessoa natural, nos casos em que a pessoa está em local incerto e não sabido, não havendo indícios das razões do seu desaparecimento. É primaz, para um trabalho de facilitação didática, estudar as três fases relacionadas com tal presunção, conforme os tópicos a seguir.

3.4.3.1 *Da curadoria dos bens do ausente (arts. 22 a 25 do CC)*

Nessa primeira fase, desaparecendo a pessoa sem notícias e não deixando qualquer representante, é nomeado um curador para guardar seus bens, em ação específica proposta pelo Ministério Público ou por qualquer interessado, caso dos seus sucessores (arts. 22 do CC/2002, 744 do CPC/2015 e 1.160 do CPC/1973).

Eventualmente, deixando o ausente um representante que não quer aceitar o encargo de administrar seus bens, também será possível a nomeação do curador. Quanto à atuação desse último, cabe ao juiz fixar os seus poderes e obrigações, devendo ser aplicadas as regras previstas para a tutela e para a curatela.

Determina o art. 25 da codificação civil que cabe ao cônjuge do ausente a condição de curador legítimo, sempre que não esteja separado judicialmente ou de fato há mais de dois anos. Como este autor segue a corrente que afirma que a separação judicial foi banida do sistema pela Emenda Constitucional 66/2010, o comando deve ser lido com reservas na sua

CAP. 3 · ANÁLISE DO CÓDIGO CIVIL DE 2002. PARTE GERAL. DA PESSOA NATURAL | 215

menção, somente se aplicando às pessoas que já estavam separadas quando da entrada em vigor da Emenda do Divórcio. A premissa continua valendo, mesmo tendo sido a separação judicial *ressuscitada* juridicamente pelo CPC/2015. O tema está aprofundado no Volume 5 da presente coleção, sendo certo que o próprio STF concluiu do mesmo modo, quando do julgamento do seu Tema n. 1.053 de repercussão geral, em 2023.

Anote-se que, na mesma linha, o Projeto de Reforma do Código Civil pretende alterar o dispositivo, para que fique mais claro e efetivo, deixando de mencionar a separação judicial, mas apenas a separação de fato, pois, pelas propostas de alteração da Lei Geral Privada, ela passará a colocar fim à sociedade conjugal. Além disso, pretende-se incluir no dispositivo o convivente que viva em união estável com o ausente, preceituando o seu *caput* que "o cônjuge ou convivente do ausente que não esteja separado antes da declaração da ausência, será, preferentemente, o seu legítimo curador".

Ausente o cônjuge, o próprio dispositivo em questão estabelece a ordem de preferência para nomeação do curador, a saber:

1.º) serão chamados os pais do ausente;

2.º) na falta de pais, serão chamados os descendentes, não havendo impedimento, sendo certo que o grau mais próximo exclui o mais remoto;

3.º) na falta de cônjuge, pais e descendentes, deverá o juiz nomear um curador dativo ou *ad hoc,* entre pessoas idôneas de sua confiança.

Apesar da ausência de previsão quanto ao convivente ou companheiro, ele hoje já merece o mesmo tratamento do cônjuge, pelo teor do Enunciado n. 97 do CJF/STJ, aprovado na *I Jornada de Direito Civil*, cuja redação é pertinente e com o qual se concorda, pelo que consta no art. 226, § 3.º, da CF/1988: "no que tange à tutela especial da família, as regras do Código Civil que se referem apenas ao cônjuge devem ser estendidas à situação jurídica que envolve o companheirismo, como por exemplo na hipótese de nomeação de curador dos bens do ausente (art. 25 do CC)".

Ainda no que diz respeito aos procedimentos desta primeira fase, o CPC/2015 traz aperfeiçoamentos a seu respeito. Assim, o art. 745 do CPC/2015 estabelece em seu *caput* que, feita a arrecadação, o juiz mandará publicar editais na rede mundial de computadores, no sítio do Tribunal a que estiver vinculado e na plataforma de editais do Conselho Nacional de Justiça, onde permanecerão por um ano. Pelo mesmo diploma, não havendo sítio, no órgão oficial e na imprensa da Comarca, o prazo de permanência é de um ano, com reproduções de dois em dois meses, anunciando-se a arrecadação e chamando-se o ausente a entrar na posse de seus bens.

Não havia menção a essas publicações eletrônicas no art. 1.161 do CPC/1973, correspondente ao preceito, sendo a norma atual mais efetiva do ponto de vista social.

3.4.3.2   *Da sucessão provisória (arts. 26 a 36 do CC)*

Nos termos da lei civil, um ano após a arrecadação de bens do ausente e da correspondente nomeação de um curador, poderá ser aberta a sucessão provisória, mediante pedido formulado pelos interessados. Deixando o ausente um representante, o prazo é excepcionado, aumentado para três anos, conforme o mesmo art. 26 do CC. O Ministério Público somente pode requerer a abertura da sucessão provisória findo o prazo aqui mencionado, não havendo interessados em relação à herança.

O dispositivo material deve ser confrontado com o tratamento dado pelo Código de Processo Civil emergente. Isso porque, como visto, preconiza o *caput* do seu art. 745 que, "feita a arrecadação, o juiz mandará publicar editais na rede mundial de computadores, no sítio do tribunal a que estiver vinculado e na plataforma de editais do Conselho Nacional de Justiça, onde permanecerá por 1 (um) ano, ou, não havendo sítio, no órgão oficial e na imprensa da comarca, durante 1 (um) ano, reproduzida de 2 (dois) em 2 (dois) meses, anunciando a arrecadação e chamando o ausente a entrar na posse de seus bens".

Ademais, prevê o § 1.º do art. 745 do CPC/2015 que, findo o prazo previsto no edital, poderão os interessados requerer a abertura da sucessão provisória, observando-se o disposto em lei material. Não há mais menção ao prazo de um ano "da publicação do primeiro edital, sem que se se saiba do ausente e não tendo comparecido seu procurador ou representante" (art. 1.163 do CPC/1973).

Como o CPC/2015 é norma posterior e trata inteiramente da matéria, ao presente autor parece que houve revogação tácita do art. 26 do CC/2002 no que diz respeito ao prazo para a abertura da sucessão provisória. Assim, deve-se considerar o lapso temporal fixado no próprio edital e não mais um ano da arrecadação dos bens do ausente, ou, se ele deixou representante ou procurador, passando-se três anos.

Diante dessa revogação tácita, o Projeto de Reforma do Código Civil pretende trazer para a Norma Geral Privada a regra hoje vigente no CPC/2015, passando o seu art. 26 a expressar o que já está previsto no art. 745 do Estatuto Processual.

São considerados interessados para requerer a dita sucessão provisória, nos termos do art. 27 do CC:

a)   o cônjuge não separado judicialmente, o que mais uma vez deve ser lido com ressalvas, diante da Emenda do Divórcio;

b)   os herdeiros, sejam eles legítimos ou testamentários, situação em que se enquadra a companheira, pelo que consta do art. 1.844 do CC;

c)   os que tiverem direitos relacionados com os bens ausentes, particularmente para após a sua morte, caso dos legatários;

d)   os credores de obrigações vencidas e não pagas pelo desaparecido.

O Projeto de Reforma do Código Civil pretende fazer expressamente a inclusão do convivente no art. 27, além de retirar a menção à separação judicial e incluir apenas a separação de fato, nos termos do que decidiu o STF no julgamento do seu Tema n. 1.053 de repercussão geral.

A propósito, cabe pontuar que o CPC de 2015 não reproduziu a regra do art. 1.163, § 1.º, do CPC/1973, que atribuía a condição de interessados ao cônjuge não separado judicialmente; aos herdeiros presumidos legítimos e os testamentários; aos que tivessem sobre os bens do ausente direito subordinado à condição de morte e aos credores de obrigações vencidas e não pagas. Assim, o tema foi concentrado no Código Civil, abrindo-se a possibilidade plena de reconhecimento de legitimidade ao companheiro, na minha opinião doutrinária.

Ainda no que diz respeito ao Estatuto Processual emergente, estabelece o seu art. 745, § 2.º, que o interessado, ao requerer a abertura da sucessão provisória, pedirá a citação pessoal dos herdeiros presentes e do curador e, por editais, a dos ausentes para requererem habilitação. Aqui não houve alteração relevante perante o art. 1.164 do CPC/1973.

A sentença de sucessão provisória somente produz efeitos após cento e oitenta dias de publicada na imprensa, não transitando em julgado no prazo geral. O art. 28 do CC prevê, contudo, que logo após o trânsito em julgado é possível a abertura de eventual testamento

CAP. 3 · ANÁLISE DO CÓDIGO CIVIL DE 2002. PARTE GERAL. DA PESSOA NATURAL | 217

deixado pelo desaparecido, bem como do inventário para a partilha dos bens deixados. Aqui não houve qualquer alteração engendrada pelo CPC de 2015; o que também vale para os dispositivos materiais a seguir, que dizem respeito à sucessão provisória.

Se for o caso, antes mesmo da partilha, poderá o magistrado determinar que os bens móveis sujeitos a deterioração ou a extravio sejam convertidos em bens imóveis ou em títulos garantidos pela União (art. 29). Em boa hora, o Projeto de Reforma do Código Civil pretende incluir na norma um parágrafo único, para que essa solução não seja aplicada se o bem a ser arrecadado tiver algum valor afetivo: "se o bem móvel ostentar, comprovadamente, valor afetivo, não será aplicável a solução prevista no *caput*, cabendo ao juiz designar depositário para sua guarda e conservação".

Lembram Nelson Nery Jr. e Rosa Maria de Andrade Nery que tal conversão deve ser "procedida nos moldes do CPC 1.113 a 1.119. Além disso, o curador pode se valer de outra medida judicial que se fizer necessária para a preservação dos bens que compõem a massa arrecadada" (*Novo Código Civil...*, 2003, p. 185). De realce que esse capítulo do Código de Processo Civil de 1973 referenciado tratava justamente das alienações judiciais. No CPC de 2015, há apenas um dispositivo, o art. 730, que manda aplicar as regras relativas à alienação, previstas entre os seus arts. 879 a 903.

De acordo com o art. 31 do CC, quanto aos bens imóveis do ausente, estes são por regra inalienáveis, até a correspondente divisão e partilha. Eventualmente, para afastar a ruína, poderá o magistrado determinar a sua alienação, também nos termos daquele capítulo específico da lei processual.

Mais uma vez observo que o Projeto de Reforma do Código Civil pretende incluir norma de exceção a essa regra, para quando o bem do ausente estiver em condomínio. Assim, o parágrafo único do art. 31 passará a prever, em prol da proteção do condômino, que pode ser cônjuge ou convivente do ausente, que, "quando o bem imóvel não for propriedade exclusiva do ausente e, desde que se deposite eventual quota parte em juízo, não será aplicável o previsto no *caput*".

O Código Civil atual continua exigindo que os herdeiros deem garantias para serem imitidos na posse dos bens do ausente, mediante penhores ou hipotecas, equivalentes aos quinhões respectivos (art. 30, *caput*, do CC).

Aquele que tiver direito à posse provisória, mas não puder prestar a garantia exigida no dispositivo, será excluído, mantendo-se os bens que lhe deviam caber sob a administração do curador, ou de outro herdeiro designado pelo juiz, e que preste essa garantia (art. 30, § 1.º, do CC).

Estão dispensados de prestar tais garantias, contudo, os ascendentes, os descendentes e o cônjuge que provarem a sua qualidade de herdeiros (art. 30, § 2.º, do CC). Aplicando esta última regra, do Tribunal Paulista:

> "Ausência. Sucessão provisória. Imissão na posse dos bens do ausente. Cônjuge. Os ascendentes, os descendentes e o cônjuge, uma vez provada a sua qualidade de herdeiros, poderão, independentemente de garantia, entrar na posse dos bens do ausente (art. 30, § 2.º, do CC). Recurso provido para dispensar a exigência de garantia ao cônjuge para imissão na posse dos bens do ausente" (TJSP, Agravo de Instrumento 0043212-23.2013.8.26.0000, 10.ª Câmara de Direito Privado, Rel. Carlos Alberto Garbi, j. 30.04.2013).

Na linha de outras proposições, e como não poderia ser diferente, o Projeto de Reforma do Código Civil pretende incluir na última norma o convivente que viva em união estável com o ausente.

Empossados os herdeiros quanto aos bens do ausente, passam a responder por eventuais dívidas do desaparecido, até os limites da herança, nos moldes do art. 1.792 do CC. É o que enuncia o art. 32 do CC. Ocorrendo a sucessão provisória, poderão os herdeiros também representar ativamente aquele que desapareceu, no caso de ser este credor em relação a terceiro.

Sendo o herdeiro descendente, ascendente ou cônjuge do ausente terá direito a todos os frutos (naturais, industriais e civis ou rendimentos), colhidos durante o momento de exercício da posse. Demais sucessores terão direito somente em relação à metade desses frutos, devendo prestar contas ao juiz competente (art. 33, *caput*, do CC). Retornando o ausente e provada a sua ausência voluntária, perderá totalmente o direito quanto aos frutos para o sucessor correspondente (art. 33, parágrafo único, do CC). Assim como em propostas aqui antes citadas, o Projeto de Reforma do Código Civil pretende incluir na norma o convivente que viva em união estável.

Segundo o art. 34 do CC, aquele que foi excluído da posse dos bens do ausente, por não ter bens suficientes para oferecer em garantia (art. 30, § 1.º), poderá, justificada a falta de bens para tal caução, exigir que lhe seja entregue a metade dos rendimentos (frutos civis) que teria direito estando na posse dos bens do desaparecido.

Também aqui há proposta de aprimoramento do texto, pelo Projeto de Reforma, ora em tramitação no Congresso Nacional, passando o art. 34 do Código Civil a expressar que o excluído da posse provisória poderá, justificando a falta de meios suficientes, requerer ao juízo da sucessão que aquele a quem couber a posse do quinhão que lhe tocaria entregue--lhe a metade dos rendimentos por ele gerados.

Aparecendo o ausente no momento de exercício da posse provisória, perderão os herdeiros os direitos quanto aos bens, exceção feita quanto aos frutos, conforme as regras antes comentadas. Mas, até a entrega de tais bens, responderão os herdeiros, cessando a posse justa quanto aos bens que lhe foram entregues conforme as regras materiais que constam da codificação.

Por fim, determina o art. 35 do CC que, se durante a posse provisória se provar a época exata do falecimento do ausente, considerar-se-á, nessa data, aberta a sucessão em favor dos herdeiros, que o eram àquele tempo. Já o art. 36 do Código dispõe que, se o ausente aparecer, ou se lhe provar a existência, depois de estabelecida a posse provisória, cessarão para logo as vantagens dos sucessores nela imitidos, ficando, todavia, obrigados a tomar as medidas assecuratórias precisas, até a entrega dos bens a seu dono, caso de eventuais ações possessórias em face de terceiros esbulhadores.

3.4.3.3 Da sucessão definitiva (arts. 37 a 39 do CC)

O Código Civil de 2002 reduziu pela metade o prazo para conversão da sucessão provisória em definitiva, que antes era de 20 (vinte) anos, para 10 (dez) anos, conforme consta do seu art. 37. Tal prazo conta-se do trânsito em julgado da sentença da ação de sucessão provisória. Não houve qualquer impacto do Novo CPC quanto a esses prazos, expressando a lei processual emergente apenas que, presentes os requisitos legais, poderá ser requerida a conversão da sucessão provisória em definitiva (art. 745, § 3.º).

Conforme prescreve o art. 38 do CC, cabe requerimento de sucessão definitiva da pessoa de mais de oitenta anos desaparecida há pelo menos cinco anos. Na minha opinião doutrinária, em casos tais, não há necessidade de observar as fases anteriores, ingressando--se nessa terceira fase, de forma direta.

CAP. 3 · ANÁLISE DO CÓDIGO CIVIL DE 2002. PARTE GERAL. DA PESSOA NATURAL | **219**

Entretanto, tal dispositivo, cuja redação é "pode-se requerer a sucessão definitiva, também, provando-se que o ausente conta oitenta anos de idade, e que de cinco datam as últimas notícias dele", traz enunciado confuso conforme observam Nelson Nery e Rosa Maria de Andrade Nery (*Código Civil comentado...*, 2005, p. 186). Isso porque, segundo os juristas, "dependendo da situação este artigo permite encurtamento do prazo de dez anos ou não. Ex.: a) quando desapareceu o ausente já contava 80 anos: aguarda-se cinco anos para a sua sucessão – nessa hipótese há um encurtamento de prazo; b) quando desapareceu, o ausente contava com 75 anos. A partir dos oitenta serão contados cinco: não há alteração do prazo, posto que no total será mister aguardar dez anos".

O Projeto de Reforma do Código Civil pretende suprir essa falta de técnica e de clareza, na linha das anotações dos juristas, passando o art. 38 a prever, em boa hora, que "pode-se requerer a sucessão definitiva, também, provando-se que o ausente conta oitenta anos de idade, e que de cinco anos datam as últimas notícias dele. Parágrafo único. Nesta hipótese, após arrecadados os bens, passar-se-á à sucessão definitiva".

Seja como for, adotando a minha posição doutrinária, julgou o Superior Tribunal de Justiça que "a possibilidade de abertura da sucessão definitiva se presentes os requisitos do art. 38 do CC/2002 decorre do fato de ser absolutamente presumível a morte do autor da herança diante da presença, cumulativa, das circunstâncias legalmente instituídas – que teria o autor da herança 80 anos ao tempo do requerimento e que tenha ele desaparecido há pelo menos 05 anos". No caso concreto, "o autor da herança possuiria, hoje, 81 anos de idade e está desaparecido há 21 anos, razão pela qual não há óbice à abertura da sucessão definitiva, nos moldes previstos no art. 38 do CC/2002" (STJ, REsp 1.924.451/SP, 3.ª Turma, Rel. Min. Nancy Andrighi, j. 19.10.2021).

Nos termos do art. 39, *caput*, do Código Civil, regressando o ausente nos dez anos seguintes à abertura da sucessão definitiva, ou algum de seus descendentes ou ascendentes, aquele ou estes haverão só os bens existentes no estado em que se acharem, os sub-rogados em seu lugar, ou o preço que os herdeiros e demais interessados houverem recebido pelos bens alienados depois daquele tempo. Esse dispositivo era reprodução do art. 1.168 do CPC/1973.

Neste ponto há um impacto relevante do CPC/2015. Isso porque o seu art. 745, § 4.º, passou a prever que, regressando o ausente ou algum de seus descendentes ou ascendentes para requerer ao juiz a entrega de bens, serão citados para contestar o pedido os sucessores provisórios ou definitivos, o Ministério Público e o representante da Fazenda Pública, seguindo-se o procedimento comum.

Como se nota, não há mais menção ao prazo de dez anos para regresso do ausente, restando dúvidas se ele ainda terá aplicação ou não. Acredito que, atualmente, a resposta é positiva, pelo fato de não ter sido o art. 39, *caput*, do Código Civil revogado expressa ou mesmo tacitamente, pois o CPC não tratou inteiramente da matéria. O mesmo deve ser dito quanto ao direito sobre os bens mencionados na lei material.

Também parece restar incólume o parágrafo único do art. 39 da codificação material. Desse modo, após esse prazo de dez anos, se não regressar o ausente, os bens arrecadados serão definitivamente dos herdeiros, não tendo o desaparecido qualquer direito. Também não retornando o ausente e não tendo ele herdeiros, os bens serão tidos como vagos (*bens ereptícios*), passando ao domínio do Estado, nos moldes do art. 1.844 do CC. O domínio passa a ser, portanto, do Município ou do Distrito Federal, se localizados nas respectivas circunscrições, incorporando-se ao domínio da União, quando situados em território federal.

De todo modo, o Projeto de Reforma do Código Civil pretende suprir o conflito hoje aparente com o CPC, adotando o texto do último, e passando a Norma Civil a prever, em seu art. 39, que "o ausente que regressa ou o herdeiro ausente por ocasião da abertura da sucessão definitiva terão direito somente sobre os bens existentes no estado em que se acharem ou sobre os bens sub-rogados em seu lugar ou ao preço que os herdeiros e demais interessados houverem recebido pelos bens alienados depois daquele tempo".

Finalizando esta seção, é interessante tecer alguns comentários quanto ao retorno do ausente que era casado.

Isso porque o art. 1.571, § 1.º, do CC prevê que o casamento do ausente se desfaz por morte, estando o seu ex-cônjuge livre para se casar com terceiro. Como fica a situação desse seu ex-consorte quando o desaparecido reaparece após todo esse prazo mencionado na codificação de 2002? Dois posicionamentos podem ser tidos em relação à matéria:

1.º) Considerar válido o segundo casamento e dissolvido o primeiro, ressaltando a boa-fé dos nubentes, e desvalorizando a conduta, muitas vezes de abandono, do ausente.

2.º) Declarar nulo o segundo casamento, eis que não podem casar as pessoas casadas, nos termos do art. 1.521, inc. VI, do CC. Com o reaparecimento, não se aplicaria, portanto, a regra do art. 1.571 da codificação material.

Tendo em vista a valorização da boa-fé e da eticidade, um dos baluartes da atual codificação privada, sigo o primeiro posicionamento, por influência da doutrina de Zeno Veloso (*Novo casamento...*, Disponível em: <www.flaviotartuce.adv.br> – Artigos de Convidados. Acesso em: 5 de fevereiro de 2006). Nesse parecer do jurista paraense, é interessante observar a sua proposta legislativa, muito pertinente para o caso em questão:

"Começando a terminar, e sintetizando: vimos que o novo Código Civil brasileiro, art. 1.571, § 1.º, *in fine*, considera dissolvido o casamento do ausente cuja morte presumida é declarada (ver, também, os arts. 6.º, segunda parte, e 37). Está habilitado, portanto, o cônjuge presente a contrair novas núpcias, a celebrar outro casamento, reconstruir, enfim, a sua vida afetiva, buscar o seu direito (natural, constitucional) de ser feliz.

Mas, tudo é possível, mesmo o que consideramos impossível, e o ausente pode reaparecer, como alguém que ressurge das sombras, como um ser que ressuscita. *Quid juris?* O novo Código Civil não resolve o problema, e precisa fazê-lo, como muitas legislações estrangeiras, até em nome da segurança jurídica.

Assim, encerrando essas digressões, e não me limitando à crítica, venho sugerir que seja introduzido no Código Civil o art. 1.571-A, com a redação seguinte:

'Art. 1.571-A. Se o cônjuge do ausente contrair novo casamento, e o que se presumia morto retornar ou confirmar-se que estava vivo quando celebradas as novas núpcias, o casamento precedente permanece dissolvido'" (VELOSO, Zeno. *Novo casamento...*, 2006).

Concordando com suas palavras e proposta, encerra-se a presente seção.

3.4.4 Da comoriência

Além dos casos de presunção quanto à própria existência da morte (justificação e ausência), o Código Civil traz outro caso de presunção legal e relativa, agora quanto ao momento da morte, ou seja, a comoriência, conforme o seu art. 8.º, *in verbis*:

"Art. 8.º Se dois ou mais indivíduos falecerem na mesma ocasião, não se podendo averiguar se algum dos comorientes precedeu aos outros, presumir-se-ão simultaneamente mortos".

O artigo em questão não exige que a morte tenha ocorrido no mesmo local, mas ao mesmo tempo, sendo pertinente tal regra quando os falecidos forem pessoas da mesma família, e com direitos sucessórios entre si.

Exemplificamos com o caso a seguir:

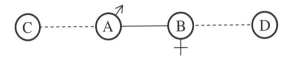

Suponha-se o caso de mortes simultâneas de dois cônjuges (*A* e *B*), que não tenham descendentes ou sem ascendentes, mas que possuam dois irmãos *C* e *D* (colaterais de segundo grau). Pelo instituto da comoriência, a herança de ambos é dividida à razão de 50% para os herdeiros de cada cônjuge, não sendo pertinente, aqui, observar qual era o regime de bens entre eles.

Na hipótese de um acidente automobilístico, se um policial presenciar que *A* morreu segundos após *B*, não deve ser considerada a opinião deste que presenciou a morte para fins sucessórios, não havendo laudo médico que ateste tal fato. Caso contrário, a herança de *B* iria para *A* e, automaticamente, tendo em vista a morte deste último, para *C*, que sequer é de sua família consanguínea (cunhados são parentes afins).

Consigne-se, nesse sentido, a ordem de sucessão legítima, sem maiores aprofundamentos quanto à concorrência do cônjuge, que consta do art. 1.829 do CC em sua correta interpretação: 1.º) descendentes, 2.º) ascendentes, 3.º) cônjuge ou convivente, 4.º) colaterais até 4.º grau.

Dessa forma, não havendo laudo médico, deve-se considerar que os dois cônjuges morreram ao mesmo tempo. Conclusão: a herança de *A* irá para seu colateral *C* e a herança de *B* irá para seu colateral *D*. Faz-se justiça, as heranças ficam mantidas nas famílias consanguíneas correspondentes.

Repita-se que essa presunção é relativa (*iuris tantum*), podendo ser afastada por laudo médico ou outra prova efetiva e precisa do momento da morte real, conclusão reiteradamente seguida pela jurisprudência (por todos: TJSP, Apelação 9179145-82.2008.8.26.0000, 25.ª Câmara de Direito Privado, Comarca de São Paulo, Rel. Des. Hugo Crepaldi, j. 20.06.2012).

Ressalte-se, em reforço, que muitas vezes a jurisprudência não tem afastado tal presunção, especialmente se houver dificuldade de prova. Para ilustrar, transcrevem-se as seguintes ementas, dos Tribunais de São Paulo e Minas Gerais:

"Comoriência. Acidente de carro. Vítima arremessada a 25 metros de distância do local, encontrada morta pelos peritos 45 minutos depois, enquanto o marido foi conduzido ainda com vida ao hospital falecendo em seguida. Presunção legal não afastada. Sentença de improcedência reformada. Recurso provido" (TJSP, Apelação com Revisão 566.202.4/5, Acórdão 2652772, 8.ª Câmara de Direito Privado, São João da Boa Vista, Rel. Des. Caetano Lagrasta, j. 11.06.2008, *DJESP* 27.06.2008).

"Comoriência. Presunção legal. Elisão. Prova. Não se podendo afirmar com absoluta certeza, em face da prova dos autos, a premoriência de uma das vítimas de acidente em que veículo é abalroado e vem a explodir quase em seguida, deve ser mantida a presunção legal de comoriência. Apelo improvido" (TJMG, Acórdão 1.0137.06.900006-5/001, 5.ª Câmara Cível, Carlos Chagas, Rel. Des. Cláudio Renato dos Santos Costa, j. 09.11.2006, *DJMG* 1.º.12.2006).

Os julgados trazem a correta conclusão, segundo a qual, em casos de dúvidas, não se deve reconhecer a premoriência – que uma pessoa faleceu primeiro –, mas a comoriência.

Precisa ementa doutrinária aprovada na *IX Jornada de Direito Civil*, em 2022, prevê que ela pode ocorrer em quaisquer das espécies de morte previstas no Direito Civil Brasileiro, aqui antes estudadas (Enunciado n. 645). Consoante as suas justificativas, "a comoriência não é nova espécie de morte. Trata-se de uma circunstância de impossibilidade de se conhecer qual morte precedeu a outra. Ela terá relevância apenas se as pessoas sucederem entre si. Essa circunstância pode ocorrer na morte real, na morte presumida sem a necessidade de ausência e na morte presumida com procedimento de ausência". Como não poderia ser diferente, votei favorável à ementa doutrinária quando da plenária daquele evento.

Para encerrar o tema, o Projeto de Reforma do Código Civil pretende alterar o art. 8.º do Código Civil para expressar que a aplicação da comoriência está restrita às hipóteses relacionadas à sucessão, o que trará uma maior segurança jurídica para a temática: "se dois ou mais indivíduos, com vocação hereditária recíproca, falecerem na mesma ocasião, não se podendo averiguar se algum dos comorientes precedeu aos outros, presumir-se-ão simultaneamente mortos". Anote-se que essa já é a conclusão da maioria da doutrina contemporânea.

3.5 O ESTADO CIVIL DA PESSOA NATURAL. VISÃO CRÍTICA

Tema clássico de Direito Privado é o relativo ao estado civil da pessoa natural, categoria que merece uma visão crítica, pela insuficiência que a matéria alcança na realidade contemporânea.

Para iniciar o estudo do instituto, em sentido amplo, surge a ideia de *estado da pessoa*, o que remonta ao Direito Romano. Como bem leciona Rubens Limongi França, "O estado é um dos atributos da personalidade. Desses atributos é o de conceituação mais vaga, pois, segundo os autores, consiste no *modo particular de existir das pessoas*. Sua noção, porém, torna-se mais precisa se lembrarmos que no direito moderno corresponde à noção de *status* do Direito Romano" (*Instituições...*, 1996, p. 51). O jurista demonstra que, para o Direito moderno, quatro são as modalidades básicas de estado, com variações com relevância prática para o Direito Privado:

a) Estado político – leva-se em conta se o sujeito é nacional (brasileiro nato ou naturalizado) ou estrangeiro. A matéria está tratada em vários dispositivos da Constituição Federal de 1988, como no seu art. 12, que elenca o rol dos indivíduos considerados como brasileiros.

b) Estado profissional – vislumbra-se a atuação econômica da pessoa natural. Na visão clássica, a partir das lições de Limongi França, estão incluídos os funcionários públicos, os empregadores, os empregados, os sacerdotes, os trabalhadores autônomos, os militares, entre outros (*Instituições...*, 1996, p. 52). Podem ser mencionados ainda os empresários, cujas atividades estão descritas no art. 966, *caput*, do Código Civil ("Considera-se empresário quem exerce profissionalmente atividade econômica organizada para a produção ou a circulação de bens ou de serviços").

c) Estado individual – são abrangidas algumas peculiaridades do indivíduo, tais como sua idade (inclusive se a pessoa é maior ou menor), seu estado psíquico, sua saúde, sua imagem, entre outros.

d) Estado familiar – visualiza-se a situação da pessoa no âmbito de constituição de uma família, tratada pelo art. 226, *caput*, da CF/1988 como a base da sociedade.

CAP. 3 · ANÁLISE DO CÓDIGO CIVIL DE 2002. PARTE GERAL. DA PESSOA NATURAL | 223

No âmbito do *estado civil familiar* é que cabem considerações pontuais, especialmente tendo em vista a realidade jurídica nacional contemporânea. Em uma visão tradicional e clássica, são situações existenciais tidas como modalidades desse estado civil:

- Solteiro – pessoa que não está ligada com outra pelo vínculo do casamento, ou que teve o seu casamento reconhecido como nulo ou anulável, nos termos do art. 1.571 do Código Civil.

- Casado – aquele que se encontra ligado pelo vínculo do casamento, conforme o art. 1.511 do Código Civil e o art. 226, § 1.º, da Constituição Federal de 1988.

- Viúvo – indivíduo que se desligou do vínculo do casamento na hipótese de falecimento do outro cônjuge.

- Divorciado – pessoa que rompeu o vínculo do casamento que tinha com outrem por meio do divórcio.

- Separado juridicamente (judicialmente ou extrajudicialmente) – aquele que rompeu a sociedade conjugal por meio de uma ação judicial ou escritura pública lavrada em Tabelionato de Notas (a última, nos termos da anterior Lei 11.441/2007 e do art. 733 do CPC/2015). Oportuno pontuar que o separado juridicamente ainda mantém o vínculo matrimonial com o outro cônjuge, presente apenas a extinção da sociedade conjugal. Deve ficar claro que entendo pelo fim das duas modalidades de separação, desde a Emenda do Divórcio (EC 66/2010), que deu nova redação ao art. 226, § 6.º, da CF/1988. A premissa é mantida, repise-se, mesmo com a emergência do CPC/2015, com menções à separação judicial e à extrajudicial, tendo o STF julgado em 2023 pelo fim dos institutos, em seu Tema n. 1.053 de repercussão geral. Todavia, pessoas que estavam em tal situação antes da entrada em vigor da Emenda, em julho de 2010, mantêm esse estado, em prol da tutela do direito adquirido. O tema está aprofundado no Volume 5 da presente coleção.

A principal crítica que se pode fazer às modalidades destacadas refere-se ao fato de não haver, supostamente, um tratamento específico a respeito do estado civil familiar de companheiro ou convivente. Como é notório, a união estável foi alçada ao *status* familiar pela Constituição Federal de 1988 (art. 226, § 3.º), sendo comum a sua constituição na contemporaneidade por opção das partes. Seus requisitos são descritos pelo art. 1.723 do Código Civil, quais sejam, a convivência pública, contínua e duradoura entre duas pessoas, com o objetivo de constituição de família.

A falta ou ausência de um estado civil próprio para o convivente, ainda defendida por muitos juristas e doutrinadores, representa uma verdadeira aberração jurídica, o que faz com que a união estável seja tratada como uma *família de segunda classe* no meio social. Cite-se que alguns juristas do mesmo modo sustentam que a situação de companheiro deve ser reconhecida como verdadeiro estado civil, caso de Álvaro Villaça Azevedo (AZEVEDO, Álvaro Villaça. *Teoria...*, 2012, p. 13).

No Estado de São Paulo, pontue-se a feliz tentativa de se criar um estado civil decorrente da união estável por força de alterações realizadas no Provimento n. 14 da Corregedoria--Geral do Tribunal de Justiça de São Paulo, em dezembro de 2012. Com as modificações, passaram a ser registradas no Cartório de Registro das Pessoas Naturais as escrituras públicas e as sentenças de reconhecimento de união estável. Em complemento, o item 113 do Provimento estabeleceu o seguinte:

"Os registros das sentenças declaratórias de reconhecimento, dissolução e extinção, bem como das escrituras públicas de contrato e distrato envolvendo união estável, serão feitos no Livro 'E', pelo Oficial do Registro Civil das Pessoas Naturais da Sede, ou onde houver, no 1.º Subdistrito da Comarca em que os companheiros têm ou tiveram seu último domicílio, devendo constar: *a)* a data do registro; *b)* o prenome e o sobrenome, datas de nascimento, profissão, indicação da numeração das Cédulas de Identidade, domicílio e residência dos companheiros; *c)* prenomes e sobrenomes dos pais; *d)* data e Registro Civil das Pessoas Naturais em que foram registrados os nascimentos das partes, seus casamentos e, ou, uniões estáveis anteriores, assim como os óbitos de seus outros cônjuges ou companheiros, quando houver; *e)* data da sentença, Vara e nome do Juiz que a proferiu, quando o caso; *f)* data da escritura pública, mencionando-se no último caso, o livro, a página e o Tabelionato onde foi lavrado o ato; *g)* regime de bens dos companheiros".

Fez o mesmo o Conselho Nacional de Justiça (CNJ), em âmbito nacional, por meio do seu anterior Provimento 37, que também possibilitou o registro das escrituras públicas de união estável, heteroafetiva ou homoafetiva, no Livro "E" dos Cartórios de Registros das Pessoas Naturais. Na *II Jornada de Prevenção e Solução Extrajudicial dos Litígios*, promovida pelo Conselho da Justiça Federal em 2021, aprovou-se ementa doutrinária no sentido de se admitir o registro de instrumento particular, o que veio em boa hora, em prol da desjudicialização. Conforme o Enunciado n. 128, "é admissível a formalização de união estável por meio do registro, no livro E do Registro Civil de Pessoas Naturais, de instrumento particular que preencha os requisitos do art. 1.723 do CC/2002".

Quanto ao estado civil de companheiro, estabelecia o antigo art. 4.º do Provimento 37 do CNJ que, "quando o estado civil dos companheiros não constar da escritura pública, deverão ser exigidas e arquivadas as respectivas certidões de nascimento, ou de casamento com averbação do divórcio ou da separação judicial ou extrajudicial, ou de óbito do cônjuge se o companheiro for viúvo, exceto se mantidos esses assentos no Registro Civil das Pessoas Naturais em que registrada a união estável, hipótese em que bastará sua consulta direta pelo Oficial de Registro".

Seguindo essas normas, a Lei do Sistema Eletrônico de Registros Públicos (SERP, Lei 14.382/2022) passou a admitir o registro da união estável no Livro E, do Cartório de Registro das Pessoas Naturais. Conforme o novo art. 94-A da Lei de Registros Públicos (Lei 6.015/1973), "os registros das sentenças declaratórias de reconhecimento e dissolução, bem como dos termos declaratórios formalizados perante o oficial de registro civil e das escrituras públicas declaratórias e dos distratos que envolvam união estável, serão feitos no Livro E do registro civil de pessoas naturais em que os companheiros têm ou tiveram sua última residência". Desse mesmo registro, deverão constar: *a)* a data do registro; *b)* o nome, o estado civil, a data de nascimento, a profissão, o CPF e a residência dos companheiros; *c)* o nome dos pais dos companheiros; *d)* a data e o cartório em que foram registrados os nascimentos das partes, seus casamentos e uniões estáveis anteriores, bem como os óbitos de seus outros cônjuges ou companheiros, quando houver; *e)* a data da sentença, trânsito em julgado da sentença e vara e nome do juiz que a proferiu, quando for o caso; *f)* a data da escritura pública, mencionados o livro, a página e o tabelionato onde foi lavrado o ato; *g)* o regime de bens dos companheiros; e *h)* o nome que os companheiros passam a ter em virtude da união estável.

O § 1.º desse mesmo novo art. 94-A da Lei de Registros Públicos estabelece que "não poderá ser promovido o registro, no Livro E, de união estável de pessoas casadas, ainda que separadas de fato, exceto se separadas judicialmente ou extrajudicialmente, ou se a declaração da união estável decorrer de sentença judicial transitada em julgado". Há, assim, uma exceção ao reconhecimento da união estável da pessoa separada, que consta do § 1.º do art. 1.723 do Código Civil, por questão de segurança jurídica.

CAP. 3 · ANÁLISE DO CÓDIGO CIVIL DE 2002. PARTE GERAL. DA PESSOA NATURAL | 225

Ademais, "as sentenças estrangeiras de reconhecimento de união estável, os termos extrajudiciais, os instrumentos particulares ou escrituras públicas declaratórias de união estável, bem como os respectivos distratos, lavrados no exterior, nos quais ao menos um dos companheiros seja brasileiro, poderão ser levados a registro no Livro E do registro civil de pessoas naturais em que qualquer dos companheiros tem ou tenha tido sua última residência no território nacional" (art. 94-A, § 2.º, da Lei 6.015/1973, incluído pela Lei do SERP).

Por fim, está previsto na lei que, "para fins de registro", essas "sentenças estrangeiras de reconhecimento de união estável, os termos extrajudiciais, os instrumentos particulares ou escrituras públicas declaratórias de união estável, bem como os respectivos distratos, lavrados no exterior, deverão ser devidamente legalizados ou apostilados e acompanhados de tradução juramentada" (art. 94-A, § 3.º, da Lei 6.015/1973, incluído pela Lei do SERP).

Em 2023, o tema foi tratado pelo Provimento 141 do Conselho Nacional de Justiça, que regulamentou a Lei do SERP a respeito dessa temática e trouxe alterações importantes no antigo Provimento 37. Tive a honra de compor o grupo de trabalho nomeado para a elaboração dessa norma no CNJ, pelo Corregedor-Geral de Justiça Ministro Luis Felipe Salomão. Nesse mesmo ano, essas regras administrativas foram incorporadas ao Código Nacional de Normas (CNN), entre os seus arts. 537 a 553.

Sem prejuízo de todas essas normas, sobretudo a última lei e sua regulamentação, como reforço para a premissa que aqui se defende, cabe relembrar que o Código de Processo Civil de 2015 teve a feliz opção de equalizar expressamente a união estável ao casamento em vários de seus preceitos, o que trará consequências para o modo como a comparação dessas entidades familiares é feita no âmbito do direito material, especialmente pelo fato de o Código Civil Brasileiro ter tratamento distinto entre o casamento e a união estável.

Em 2017, surgiu um emblemático precedente sobre o tema no Superior Tribunal de Justiça, que, apesar de não reconhecer diretamente o estado civil de companheiro, o fez indiretamente. Trata-se de decisão que determinou a averbação, na certidão de óbito da falecida, da existência de união estável em vida. Vejamos trecho da ementa do acórdão:

"Se na esfera administrativa o Poder Judiciário impõe aos serviços notariais e de registro a observância ao Provimento n.º 37 da Corregedoria Nacional de Justiça, não pode esse mesmo Poder Judiciário, no exercício da atividade jurisdicional, negar-lhe a validade, considerando juridicamente impossível o pedido daquele que pretende o registro, averbação ou anotação da união estável. A união estável, assim como o casamento, produz efeitos jurídicos típicos de uma entidade familiar: efeitos pessoais entre os companheiros, dentre os quais se inclui o estabelecimento de vínculo de parentesco por afinidade, e efeitos patrimoniais que interessam não só aos conviventes, mas aos seus herdeiros e a terceiros com os quais mantenham relação jurídica. A pretensão deduzida na ação de retificação de registro mostra-se necessária, porque a ausência de expresso amparo na lei representa um entrave à satisfação voluntária da obrigação de fazer. Igualmente, o provimento jurisdicional revela-se útil, porque apto a propiciar o resultado favorável pretendido, qual seja, adequar o documento (certidão de óbito) à situação de fato reconhecida judicialmente (união estável), a fim de que surta os efeitos pessoais e patrimoniais dela decorrentes. Afora o debate sobre a caracterização de um novo estado civil pela união estável, a interpretação das normas que tratam da questão aqui debatida – em especial a Lei de Registros Públicos – deve caminhar para o incentivo à formalidade, pois o ideal é que à verdade dos fatos corresponda, sempre, a informação dos documentos, especialmente no que tange ao estado da pessoa natural. Sob esse aspecto, uma vez declarada a união estável, por meio de sentença judicial transitada em julgado, como na hipótese, há de ser acolhida a pretensão de inscrição deste fato jurídico no Registro Civil de Pessoas Naturais, com as devidas remissões recíprocas aos atos notariais anteriores relacionados aos companheiros" (STJ, REsp 1.516.599/PR, 3.ª Turma, Rel. Min. Nancy Andrighi, j. 21.09.2017, *DJe* 02.10.2017).

Expostos todos esses marcos importantes, penso que, a partir da Lei do SERP e com a sua regulamentação pelo Conselho Nacional de Justiça em 2023, passou a haver um estado civil de companheiro ou convivente, com o registro da união estável no Livro E, perante o Cartório de Registro Civil das Pessoas Naturais (RCPN).

Com isso, cria-se uma *união estável superqualificada*, uma *super convivência*, equiparada ao casamento pelo aspecto formal e quanto aos direitos. Observe-se que, como sempre sustentei, as alterações da Lei do SERP foram feitas na Lei de Registros Públicos (Lei 6.015/1973), norma em que há o tratamento do estado civil familiar.

Assim, como tenho sustentado, parece não haver mais qualquer dúvida legal quanto ao reconhecimento de um estado civil de companheiro em havendo esse registro. Nos casos de união estável não formalizada dessa maneira, não haverá a criação de um estado civil de companheiro ou convivente para as partes que compõem a união livre e informal.

Como antes pontuava, na prática, nota-se que há um estado civil próprio para o divorciado, que não tem mais um vínculo familiar; ao contrário do que antes ocorria com a união estável, em que a família está presente. E isso era um total contrassenso, que agora deve ser revisto.

Deve ficar claro que o novo estado civil de convivente deve ainda abranger as pessoas que vivem em *união estável homoafetiva*, reconhecida como entidade familiar pelo Supremo Tribunal Federal, em histórica decisão de maio de 2011 (ver publicação no *Informativo* n. *625* desse Tribunal).

Nota-se que a realidade atual mostra como podem ser insuficientes os modelos de *status* familiar. Por certo – e aqui reside outro ponto de crítica –, o estado civil não pode ser utilizado com o intuito de preconceito ou de tratamento degradante da pessoa, como ocorreu com a *mulher desquitada* no passado. Em todos os casos em que a discriminação estiver presente – nos termos da vedação constante do art. 5.º, *caput*, da CF/1988 –, urge a necessidade de reforma legislativa.

Visando a resolver esses dilemas, tratar do estado civil no Código Civil, como deve ser e sobretudo na busca da volta do protagonismo da codificação privada em muitos temas, o Projeto de Reforma do Código Civil pretende alterar os seus arts. 9.º e 10. As propostas de modificação tiveram a atuação efetiva da Relatora-Geral nomeada na Comissão de Juristas, a Professora Rosa Maria de Andrade Nery, uma das maiores civilistas brasileiras.

Assim, nos termos do projetado art. 9.º, serão registrados ou averbados no Cartório de Registro Civil das Pessoas Naturais: *a)* os documentos comprobatórios de nascimento, casamento e óbito; *b)* a sentença ou o ato judicial proferido conforme o disposto no art. 503 e parágrafos do CPC que reconhecerem união estável; *c)* a escritura pública de reconhecimento e de dissolução, o termo declaratório formalizado perante o oficial de registro civil, o distrato e a certificação eletrônica de união estável, firmada por maiores de dezoito anos ou por emancipados; *d)* a sentença ou a escritura pública de emancipação firmada pelos titulares da autoridade parental; *e)* a sentença declaratória de ausência e a de morte presumida; *f)* a sentença ou o ato judicial proferido conforme o disposto no art. 503 e parágrafos do CPC que declararem a filiação; *g)* a sentença, o testamento, o instrumento público ou a declaração prestada diretamente no Cartório de Registro Civil das Pessoas Naturais que reconhecer a filiação natural ou civil; *h)* a sentença que reconhecer a filiação socioafetiva ou a adoção de crianças e de adolescentes e a escritura pública ou a declaração direta em

CAP. 3 · ANÁLISE DO CÓDIGO CIVIL DE 2002. PARTE GERAL. DA PESSOA NATURAL | 227

cartório que reconhecer a filiação socioafetiva ou a adoção; *i)* a sentença de perda da nacionalidade brasileira, o ato de naturalização ou de opção de nacionalidade; e *j)* a escritura pública e o termo declaratório públicos de declaração de família parental, nos termos do § 2.º do art. 1.511-B e nos limites do § 1.º do art. 10 do próprio Código.

Os temas das propostas estão tratados ao longo desta coleção, sendo *família parental* aquela composta por pelo menos um ascendente e seu descendente, qualquer que seja a natureza da filiação, bem como a que resulta do convívio entre parentes colaterais que vivam sob o mesmo teto com compartilhamento de responsabilidades familiares pessoais e patrimoniais. A título de exemplo dos últimos, podem ser citados os irmãos ou primos que vivem em um mesmo núcleo familiar, o que poderá gerar estado civil familiar entre eles, desde que haja registro no Cartório de Registro Civil das Pessoas Naturais.

Em continuidade de exposição, a proposição de um § 1.º desse art. 9.º estabelece, em prol da segurança jurídica dos atos e negócios jurídicos em geral, que os efeitos patrimoniais da união estável não registrada no Livro E do Registro Civil das Pessoas Naturais não podem ser opostos a terceiros, a não ser que estes tenham conhecimento formal do fato, por declaração expressa de ambos os conviventes ou daquele com quem contratarem.

Além disso, quanto à filiação socioafetiva, o seu reconhecimento quanto a pessoa com menos de dezoito anos de idade será necessariamente feito por sentença judicial e levado a registro (art. 9.º, § 2.º, do CC). O tema foi profundamente debatido na Comissão de Juristas, prevalecendo, na votação entre os seus membros, a proposta de se vedar o reconhecimento extrajudicial da parentalidade socioafetiva das pessoas menores de dezesseis anos, novamente em prol da segurança jurídica.

Em continuidade de tratamento do estado civil na codificação privada, consoante o art. 10 do Anteprojeto, far-se-á também a averbação ou o registro no Cartório de Registro Civil das Pessoas Naturais: *a)* das sentenças que reconhecerem a nulidade ou anularem o casamento; *b)* das sentenças ou da escritura pública de divórcio ou de dissolução da união estável; *c)* da escritura pública pela qual os cônjuges ou conviventes estabelecerem livremente sua separação consensual, ou o restabelecimento da sociedade conjugal; *d)* da sentença de separação de corpos em que ficar reconhecida a separação de fato do casal; *e)* da sentença ou da escritura pública que constituir representantes para o incapaz; *f)* da sentença ou do ato judicial que excluírem a filiação, natural ou civil; *g)* da sentença que determina a perda ou a suspensão da autoridade parental; *h)* da escritura pública de adoção e dos atos judiciais que a dissolverem; e *i)* da certidão de óbito dos cônjuges ou conviventes que viverem em união estável registrada.

Ademais, como está no § 1.º desse novo art. 10 do Código Civil, no assento de nascimento da pessoa natural, nos termos da Lei de Registros Públicos (Lei 6.015/1973), será reservado espaço para averbações decorrentes de vontade expressa pelo interessado que permitam a identificação de fato peculiar de sua vida civil, sem que isso lhe altere o estado pessoal, familiar ou político. E, mais uma vez em prol da segurança jurídica, insere-se regra no sentido de que a alteração judicial ou extrajudicial do nome civil da pessoa natural não induz, por si só, vínculo demonstrativo de conjugalidade, convivência, parentesco ou socioafetividade (proposta de 2.º do art. 10 do CC/2002).

Além de todas essas regras, há proposta de inclusão de uma norma específica no título da Parte Geral relativo à prova dos atos e negócios jurídicos, prevendo o projetado art. 212-A da Norma Geral Privada que "o estado da pessoa somente se prova, nos termos dos arts. 9º e 10 deste Código".

Como afirmado, esses temas estão tratados ao longo desta coleção de Direito Civil, sendo importante repetir que as propostas, em boa hora, além de concentrarem o tema do estado civil na codificação privada, e suprirem alguns problemas hoje existentes e aqui expostos, trazem segurança jurídica para os atos e negócios jurídicos em geral, sobretudo tendo em vista o seu registro civil. Espera-se, portanto, a sua aprovação pelo Congresso Nacional Brasileiro.

Superada a crítica e essa revisão conceitual e legislativa, no que concerne às características do estado civil, Maria Helena Diniz aponta a existência de normas de ordem pública, "que não podem ser modificadas pela vontade das partes, daí a sua indivisibilidade, indisponibilidade e imprescritibilidade. O estado civil é uno e indivisível, pois ninguém pode ser simultaneamente casado e solteiro, maior e menor, brasileiro e estrangeiro, salvo nos casos de dupla nacionalidade" (*Curso...*, 2007, p. 213).

Nesse contexto, *surgem as ações de estado* – aquelas relativas à essência da pessoa natural –, tidas como imprescritíveis, ou seja, não sujeitas à prescrição e à decadência. Entre tais demandas, podem ser citadas a ação de divórcio, a ação de nulidade do casamento, a ação de investigação de paternidade, a ação negatória de paternidade e a ação de alimentos. Sobre a filiação, relativa ao vínculo parental, a Tese n. 4 publicada na Edição n. 138 da ferramenta *Jurisprudência em Teses* do STJ, dedicada aos Direito das Personalidade, estabelece que "o reconhecimento do estado de filiação é direito personalíssimo, indisponível e imprescritível, assentado no princípio da dignidade da pessoa humana".

Como reforço, valem os argumentos relativos à imprescritibilidade dos direitos da personalidade, já expostos no presente capítulo. A ilustrar, colaciona-se julgado do Superior Tribunal de Justiça que estabelece tal relação:

"Civil. Negatória de paternidade. Ação de Estado. Imprescritibilidade. ECA, art. 27. Aplicação. I. Firmou-se no Superior Tribunal de Justiça o entendimento de que, por se cuidar de ação de estado, é imprescritível a demanda negatória de paternidade, consoante a extensão, por simetria, do princípio contido no art. 27 da Lei n. 8.069/1990, não mais prevalecendo o lapso previsto no art. 178, parágrafo 2.º, do antigo Código Civil, também agora superado pelo art. 1.061 na novel lei substantiva civil. II. Recurso especial não conhecido" (STJ, REsp 576.185/SP, 4.ª Turma, Rel. Min. Aldir Passarinho Junior, j. 07.05.2009, *DJe* 08.06.2009).

Além disso, as ações de estado envolvem questões que não podem ser objeto de transação ou acordo entre as partes, por trazerem na essência os direitos da personalidade. Nessa linha, merece destaque outro acórdão do mesmo Tribunal Superior, segundo o qual "o formalismo ínsito às questões e ações de estado não é um fim em si mesmo, mas, ao revés, justifica-se pela fragilidade e relevância dos direitos da personalidade e da dignidade da pessoa humana, que devem ser integralmente tutelados pelo Estado". Sendo assim, considerou-se como inadmissível a homologação de acordo extrajudicial de retificação de registro civil em juízo, "ainda que fundada no princípio da instrumentalidade das formas, devendo ser respeitados os requisitos e o procedimento legalmente instituídos para essa finalidade, que compreendem, dentre outros, a investigação acerca de erro ou falsidade do registro anterior, a concreta participação do Ministério Público, a realização de prova pericial consistente em exame de DNA em juízo e sob o crivo do mais amplo contraditório e a realização de estudos psicossociais que efetivamente apurem a existência de vínculos socioafetivos com o pai registral e com a sua família extensa" (STJ, REsp 1.698.717/MS, 3.ª Turma, Rel. Min. Nancy Andrighi, j. 05.06.2018, *DJe* 07.06.2018).

Por fim, cumpre anotar que dois dispositivos da Parte Geral do Código Civil tratam de questões registrais pertinentes ao estado civil. De início, o art. 9.º preconiza que serão registrados em registro público: I – os nascimentos, casamentos e óbitos; II – a emancipação por outorga dos pais ou por sentença do juiz; III – a interdição por incapacidade absoluta ou relativa (o que deve ser adaptado à nova teoria das incapacidades, alterada pela Lei 13.146/2015); IV – a sentença declaratória de ausência e de morte presumida.

Ato contínuo de estudo, far-se-á averbação em registro público: I – das sentenças que decretarem a nulidade ou anulação do casamento, o divórcio, a separação judicial e o restabelecimento da sociedade conjugal; II – dos atos judiciais ou extrajudiciais que declararem ou reconhecerem a filiação (art. 10 do CC). Anote-se que havia uma previsão no último comando, relativo à averbação de atos extrajudiciais de adoção (inc. III). Diante do claro equívoco, este preceito foi por bem revogado pela Lei 12.010/2009, pois a adoção necessita de processo judicial.

Sobre o inciso II do art. 10 do CC, anote-se que o Superior Tribunal de Justiça decidiu no ano de 2020 o seguinte:

> "A averbação de sentença proferida em ação negatória de filiação não consubstancia, em si, um direito subjetivo autônomo das partes litigantes, tampouco se confunde com o direito personalíssimo ali discutido". Mais exatamente, como se retira da ementa do aresto, com repercussões para os prazos, "não existe nenhuma faculdade conferida às partes envolvidas a respeito de proceder ou não à referida averbação, como se tal providência constituísse, em si, um direito personalíssimo destas. Não há, pois, como confundir o exercício do direito subjetivo de ação de caráter personalíssimo, como o é a pretensão de desconstituir estado de filiação, cuja prerrogativa é exclusiva das pessoas insertas nesse vínculo jurídico (pai/mãe e filho), com o ato acessório da averbação da sentença de procedência transitada em julgado, que se afigura como mera consequência legal obrigatória. Na eventualidade de tal proceder não ser observado – o que, na hipótese dos autos, deu-se em virtude de declarada falha do serviço judiciário (houve expedição, mas não houve o encaminhamento do mandado de averbação ao Ofício do Registro Civil das Pessoas Naturais) –, não se impõe à parte interessada o manejo de específica ação para esse propósito. A providência de averbação da sentença, por essa razão, não se submete a qualquer prazo, seja ele decadencial ou prescricional" (STJ, RMS 56.941/DF, 3.ª Turma, Rel. Min. Marco Aurélio Bellizze, j. 19.05.2020, *DJe* 27.05.2020).

Na verdade, como está claro, os dois comandos do Código Civil ora expostos são hoje insuficientes e até desnecessários, pois a matéria já estava regulamentada pela Lei de Registros Públicos (Lei 6.015/1973), respectivamente pelos seus arts. 12 e 29. Justifica-se, portanto, a sua revisão e atualização, com a volta do protagonismo da codificação privada, como almeja o Projeto de Reforma do Código Civil, nas propostas aqui antes expostas e analisadas.

Por fim, no que concerne à separação judicial, repise-se que estou filiado há tempos ao entendimento de seu desaparecimento, desde julho de 2010, com a entrada em vigor da Emenda do Divórcio, conforme desenvolvimento que consta do Volume 5 da presente coleção e julgado pelo STF em seu Tema n. 1.053 de repercussão geral, no ano de 2023, encerrando-se definitivamente o debate que ainda persistia sobre a temática.

3.6   RESUMO ESQUEMÁTICO

Capacidade – quanto à *pessoa natural ou pessoa humana*, surgem alguns conceitos básicos importantes:

a)   Capacidade de direito – é a capacidade para ser sujeito de direito e deveres na ordem civil (art. 1.º).

b) Capacidade de fato – é a capacidade para exercer direitos. Aqueles que não detêm a capacidade de fato são denominados incapazes.

> Capacidade de Direito + Capacidade de Fato = Capacidade Civil Plena

Personalidade – é a soma de aptidões ou caracteres da pessoa natural.

Legitimação – capacidade especial para celebrar determinado ato ou negócio jurídico. Ex.: o art. 1.647 do CC exige, para determinados atos e negócios, a outorga conjugal, sob pena de anulabilidade do ato praticado (art. 1.649).

Legitimidade – capacidade processual. Por vezes é utilizada como expressão sinônima de legitimação.

Incapazes – estão elencados nos arts. 3.º e 4.º do CC, devendo ser representados e assistidos, respectivamente. O quadro a seguir demonstra as alterações engendradas pela Lei 13.146/2015, que instituiu o Estatuto da Pessoa com Deficiência:

Código Civil. Redação originária.	Código Civil. Redação atual, após a Lei 13.146/2015.
"Art. 3.º São absolutamente incapazes de exercer pessoalmente os atos da vida civil: I – os menores de dezesseis anos; II – os que, por enfermidade ou deficiência mental, não tiverem o necessário discernimento para a prática desses atos; III – os que, mesmo por causa transitória, não puderem exprimir sua vontade". "Art. 4.º São incapazes, relativamente a certos atos, ou à maneira de os exercer: I – os maiores de dezesseis e menores de dezoito anos; II – os ébrios habituais, os viciados em tóxicos, e os que, por deficiência mental, tenham o discernimento reduzido; III – os excepcionais, sem desenvolvimento mental completo; IV – os pródigos".	"Art. 3.º São absolutamente incapazes de exercer pessoalmente os atos da vida civil os menores de 16 (dezesseis) anos". "Art. 4.º São incapazes, relativamente a certos atos ou à maneira de os exercer: I – os maiores de dezesseis e menores de dezoito anos; II – os ébrios habituais e os viciados em tóxico; III – aqueles que, por causa transitória ou permanente, não puderem exprimir sua vontade; IV – os pródigos".

– Quanto aos indígenas (índios), a sua situação não é mais tratada pela codificação material, mas pelo Estatuto do Índio. Além disso, os ausentes não são mais absolutamente incapazes, como eram no Código Civil de 1916. Ausência significa, na verdade, morte presumida, inexistência da pessoa (arts. 22 a 39 do CC).

– Os atos e negócios praticados pelos absolutamente incapazes sem representação são nulos (nulidade absoluta). Os celebrados pelos relativamente incapazes sem assistência são anuláveis (nulidade relativa).

Emancipação – ato jurídico pelo qual se antecipa os efeitos da maioridade e a correspondente capacidade para momento anterior àquele em que a pessoa atinge a idade de 18 anos. A emancipação pode assumir as seguintes formas:

a) *Emancipação voluntária parental* – por concessão dos pais ou de um deles na falta do outro. Para que ocorra a emancipação parental, o menor deve ter, no mínimo, 16 anos completos.

CAP. 3 · ANÁLISE DO CÓDIGO CIVIL DE 2002. PARTE GERAL. DA PESSOA NATURAL | 231

b) *Emancipação judicial* – por sentença do juiz, em casos, por exemplo, em que um dos pais não concordar com a emancipação, contrariando um a vontade do outro.

c) *Emancipação legal matrimonial* – pelo casamento do menor. Interessante lembrar que a idade núbil tanto do homem quanto da mulher é de 16 anos (art. 1.517 do CC), sendo possível o casamento do menor se houver autorização dos pais ou dos seus representantes.

d) *Emancipação legal* – por exercício de emprego público efetivo.

e) *Emancipação legal* – por colação de grau em curso de ensino superior reconhecido.

f) *Emancipação legal* – por estabelecimento civil ou comercial ou pela existência de relação de emprego, obtendo o menor as suas economias próprias, visando a sua subsistência. Necessário que o menor tenha ao menos 16 anos.

Direitos da Personalidade – são os direitos inerentes à pessoa e à sua dignidade. Mantêm relação direta com os princípios do *Direito Civil Constitucional*: dignidade da pessoa humana, solidariedade social e isonomia ou igualdade em sentido amplo. Os direitos da personalidade estão relacionados com cinco ícones principais, apesar de ser esse rol meramente exemplificativo (*numerus apertus*):

a) vida e integridade físico-psíquica – teoricamente o bem supremo da pessoa humana;

b) honra-subjetiva (autoestima) ou objetiva (repercussão social da honra);

c) nome – sinal que representa a pessoa no meio social, com todos os seus elementos;

d) imagem-retrato (fisionomia) ou atributo (soma de qualificações);

e) intimidade – a vida privada é inviolável.

Os direitos da personalidade não podem ser concebidos conforme um rol taxativo, muito menos quanto às suas características principais. Para fins didáticos, contudo, pode-se afirmar que tais direitos são: inatos, absolutos, intransmissíveis, indisponíveis, irrenunciáveis, ilimitados, imprescritíveis, impenhoráveis e inexpropriáveis.

Diante disso, é de se entender pela existência de uma *cláusula geral de tutela da personalidade*, pela qual deve haver tanto a prevenção quanto a reparação de qualquer lesão à pessoa e à sua dignidade. Tanto o nascituro quanto o morto possuem tais direitos.

Domicílio da Pessoa Natural – em sentido amplo, o domicílio engloba os seguintes conceitos:

a) *Residência* – é o local em que a pessoa se estabelece (elemento objetivo) com o intuito de permanência (elemento subjetivo).

b) *Domicílio* – significa qualquer local em que a pessoa pode ser sujeito de direitos e deveres na ordem civil. Por regra é o local de residência da pessoa. Eventualmente pode ser também o seu local de trabalho. Desse modo, o Código Civil consolida dois domicílios para a pessoa natural: a residência e o local do trabalho. Quanto à origem, o domicílio pode ser assim classificado:

   – *Domicílio voluntário*: aquele fixado pela vontade da pessoa, como exercício da autonomia privada.

   – *Domicílio necessário ou legal*: é aquele imposto pela lei, tendo em vista regras específicas que constam no Código Civil (art. 76), a saber: o domicílio dos absolutamente e relativamente incapazes (arts. 3.º e 4.º do CC) é o mesmo dos seus representantes; o domicílio do servidor público do servidor ou funcionário

público é o local em que exercer, com caráter permanente, as suas funções; o domicílio do militar é o do quartel onde servir ou do comando a que se encontrar subordinado; o domicílio do marítimo ou marinheiro é o do local em que o navio estiver matriculado; o domicílio do preso é o local em que o mesmo cumpre a sua pena.
- *Domicílio contratual ou convencional*: é aquele previsto no art. 78 do CC, pelo qual "nos contratos escritos, poderão os contratantes especificar o domicílio onde se exercitem e cumpram os direitos e obrigações deles resultantes".

c) *Habitação ou Moradia* – é o local em que a pessoa eventualmente é encontrada.

Morte – põe fim à personalidade, pode ser classificada da seguinte forma:

a) *Morte real* – ocorre quando a pessoa tem morte encefálica. Provada por um laudo médico e pelo atestado de óbito.
b) *Morte presumida* – ocorre quando não há corpo presente, ou seja, não há como se provar a morte real. Ocorre nas seguintes hipóteses:
   - *Morte presumida sem declaração de ausência* – O art. 7.º do CC prevê dois casos, a saber:
   I) Desaparecimento do corpo da pessoa, sendo extremamente provável a morte de quem estava em perigo de vida – hipótese semelhante à justificação (art. 88 da Lei de Registros Públicos).
   II) Desaparecimento de pessoa envolvida em campanha militar ou feito prisioneiro, não sendo encontrado até dois anos após o término da guerra.
   - *Morte presumida com declaração de ausência* – ocorre nos casos em que a pessoa está em local incerto e não sabido (LINS) não havendo indícios das razões do seu desaparecimento. Envolve três fases específicas, com tratamento entre os arts. 22 a 39 do CC: *a*) curadoria dos bens do ausente; *b*) sucessão provisória; e *c*) sucessão definitiva.

A morte presumida pode ser assim esquematizada, em gráfico que demonstra a sua evolução no tempo.

Morte presumida COM declaração de ausência
É aplicada quando a pessoa desaparece sem deixar notícias

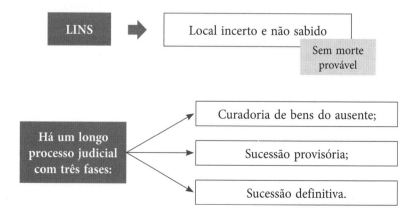

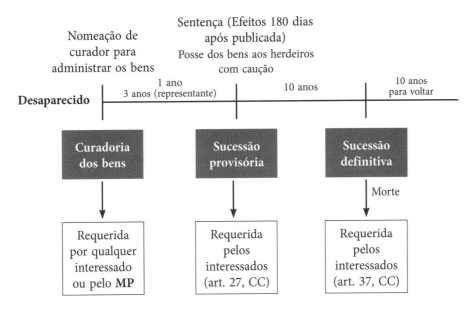

Há ainda a *comoriência*, que não constitui uma presunção quanto à existência da morte, mas quanto ao seu momento. Se duas ou mais pessoas, parentes, ou não, falecerem em uma mesma ocasião, não havendo prova efetiva de quem faleceu primeiro, haverá presunção relativa de que o falecimento ocorreu ao mesmo tempo. Em casos de dúvidas, a jurisprudência tem entendido pela sua existência, e não pela premoriência, ou seja, que uma pessoa faleceu primeiro.

3.7 QUESTÕES CORRELATAS

01. (DPE – MA – FCC – Defensor Público – 2015) Em relação à personalidade e à capacidade da pessoa natural, analise as assertivas abaixo.

I. Uma pessoa com dezesseis anos pode ser interditada.

II. Os atos jurídicos praticados por absolutamente incapaz são anuláveis.

III. A emancipação acarreta a antecipação da maioridade.

IV. Pela teoria concepcionista, o nascituro já tem personalidade jurídica antes do nascimento com vida.

V. Os pródigos são relativamente incapazes, de modo que podem praticar, validamente e sem assistência, atos que não envolvam a administração direta de seus bens.

Está correto o que se afirma APENAS em

(A) I, III e V.
(B) I, III, IV e V.
(C) I, IV e V.
(D) II, IV e V
(E) I, II e III.

02. (MPE-BA – MPE-BA – Promotor de Justiça Substituto – 2015) Assinale a alternativa CORRETA acerca dos direitos da personalidade:

(A) Os direitos da personalidade são sempre intransmissíveis e irrenunciáveis, não podendo seu exercício sofrer limitação voluntária, sem exceções.

(B) O cônjuge sobrevivente ou qualquer parente do morto, em linha reta, ou colateral até o quarto grau, pode exigir que cesse a ameaça, ou a lesão, a direito da personalidade, e reclamar perdas e danos, sem prejuízo de outras sanções previstas em lei.

234 | DIREITO CIVIL • VOL. 1 – *Flávio Tartuce*

(C) É inválida, com objetivo científico, ou altruístico, a disposição gratuita do próprio corpo, no todo ou em parte, para depois da morte.

(D) A pessoa humana pode ser constrangida a submeter-se, com risco de vida, a tratamento médico ou intervenção cirúrgica.

(E) Todas as assertivas estão incorretas.

03. **(TCM-GO – FCC – Procurador do Ministério Público de Contas – 2015) Quanto aos direitos da personalidade,**

(A) sua indisponibilidade é absoluta, por não serem passíveis de transmissão a nenhum título.

(B) seu exercício, como regra, pode sofrer limitação voluntária, por ser personalíssimo.

(C) são eles objeto de rol taxativo, limitando-se aos que foram expressamente mencionados e disciplinados constitucionalmente e no atual Código Civil.

(D) embora sejam eles, em regra, personalíssimos, e portanto intransmissíveis, tem-se que a pretensão ou direito de exigir a sua reparação pecuniária, em caso de ofensa, quando já ajuizada ação, transmite-se aos sucessores do ofendido.

(E) não são passíveis de penhora, seja quanto aos direitos em si, seja quanto a seus reflexos de ordem patrimonial, por não serem passíveis de cessão.

04. **(Segep-MA – FCC – Procurador de Estado 2.ª Classe – 2016) Antes da vigência da Lei 13.146/2005, eram considerados absolutamente incapazes aqueles que não podiam exprimir a vontade, ainda que por causa transitória. Com a vigência da Lei 13.146/2005, passaram a ser considerados absolutamente incapazes apenas os menores de dezesseis anos. Esta mesma lei tratou como relativamente incapazes aqueles que, por causa transitória ou permanente, não puderem exprimir sua vontade. A Lei 13.146/2005 tem aplicação**

(A) ultrativa, atingindo apenas as pessoas que passaram a não poder exprimir a vontade, por causa transitória ou permanente, depois do início da vigência da referida norma.

(B) imediata, atingindo todas as pessoas que, no início da vigência da referida norma, não podiam exprimir a vontade, por causa transitória ou permanente, as quais passaram a ser consideradas relativamente incapazes.

(C) imediata, porém não atingindo as pessoas que já não podiam exprimir a vontade, por causa transitória ou permanente, quando do início da vigência da referida norma, as quais continuam a ser consideradas absolutamente incapazes, em razão da vedação ao efeito retroativo.

(D) imediata quanto às pessoas que, no início da vigência da referida norma, não podiam exprimir a vontade em razão de causa transitória, e ultrativa em relação às pessoas que não o podiam fazer por causa permanente, em razão da proteção ao ato jurídico perfeito.

(E) imediata, porém não atingindo as pessoas que já não podiam exprimir a vontade quando do início da vigência da referida norma, as quais continuam a ser consideradas absolutamente incapazes, em razão da proteção ao direito adquirido.

05. **(MPE-GO – Promotor de Justiça substituto – 2016) Sobre as incapacidades no Direito Civil Brasileiro, podemos afirmar:**

(A) são absolutamente incapazes os menores de dezesseis anos e aqueles que, por enfermidade física perene e deficiência mental, não possam expressar livre e conscientemente a sua vontade;

(B) a senilidade, por si só, é motivo de incapacidade, independentemente da idade do agente que pratica o ato da vida civil;

(C) a pessoa com deficiência não terá sua plena capacidade civil afetada, podendo, inclusive, exercer o direito à família, o direito de decidir o número de filhos e o direito à guarda, à tutela, à curatela e à adoção, como adotante ou adotando;

(D) a incapacidade, relativamente a certos atos ou à maneira de os exercer, decorre da deficiência mental, da ebriedade, da surdo-mudez e da prodigalidade, pois são causas que tornam reduzido o discernimento do agente, sendo irrelevante a possibilidade de manifestação da vontade.

06. **(TRF-4.ª Região – Juiz Federal Substituto – 2016) Assinale a alternativa correta. A respeito da capacidade civil, levando em conta a Lei 13.146/2015:**

(A) O direito ao recebimento de atendimento prioritário da pessoa com deficiência não abrange a tramitação processual e os procedimentos judiciais em que for parte ou interessada.

CAP. 3 · ANÁLISE DO CÓDIGO CIVIL DE 2002. PARTE GERAL. DA PESSOA NATURAL | 235

(B) A pessoa com deficiência – assim entendida aquela que tem impedimento de longo prazo de natureza física, mental, intelectual ou sensorial, o qual, em interação com uma ou mais barreiras, pode obstruir sua participação plena e efetiva na sociedade em igualdade de condições com as demais pessoas – é considerada capaz para casar-se e constituir união estável, exercer direitos sexuais e reprodutivos e conservar sua fertilidade, mas não para exercer o direito à guarda, à tutela, à curatela e à adoção.

(C) A menoridade cessa aos dezoito anos completos, quando a pessoa fica habilitada à prática de todos os atos da vida civil. Contudo, a incapacidade cessará, para os menores, dentre outras hipóteses legalmente elencadas, pelo desempenho de funções inerentes a cargo público comissionado ou de provimento efetivo.

(D) Qualquer pessoa com mais de dezesseis anos pode casar, independentemente de autorização de seus pais e representantes legais.

(E) A curatela de pessoas com deficiência afetará tão somente os atos relacionados aos direitos de natureza patrimonial e negocial, isto é, sua definição não alcança o direito ao próprio corpo, à sexualidade, ao matrimônio, à privacidade, à educação, à saúde, ao trabalho e ao voto.

07. (TJAM – Cespe – Juiz Substituto – 2016) Assinale a opção correta a respeito da pessoa natural e da pessoa jurídica.

(A) Será tido como inexistente o ato praticado por pessoa absolutamente incapaz sem a devida representação legal.

(B) Pelo critério da idade, crianças são consideradas absolutamente incapazes e adolescentes, relativamente incapazes.

(C) As fundações são entidades de direito privado e se caracterizam pela união de pessoas com o escopo de alcançarem fins não econômicos.

(D) Para se adquirir a capacidade civil plena, é necessário alcançar a maioridade civil, mas é possível que, ainda que maior de dezoito anos, a pessoa natural seja incapaz de exercer pessoalmente os atos da vida civil.

(E) O reconhecimento da morte presumida, quando for extremamente provável a morte de quem estava com a vida sob risco, independe da declaração da ausência.

08. (TJRO – Ieses – Titular de Serviços de Notas e de Registros-Provimento – 2017) Sobre as pessoas naturais, responda de acordo com o Código Civil:

I. Há comoriência quando dois ou mais indivíduos falecerem na mesma ocasião, não se podendo averiguar quem faleceu primeiro, presumindo simultaneamente mortos.

II. Os ébrios habituais e os viciados em tóxico são incapazes relativamente a certos atos, ou a maneira de os exercer.

III. A personalidade inicia no nascimento com vida, sendo resguardados os direitos do nascituro desde a concepção, e termina com a morte.

Assinale a alternativa correta:

(A) Apenas a assertiva II é verdadeira.

(B) Todas as assertivas são verdadeiras.

(C) Apenas as assertivas I e III são verdadeiras.

(D) Apenas a assertiva I é verdadeira.

09. (TJSC – FCC – Juiz Substituto – 2017) De nossa parte, lembramos ainda a já afirmada função identificadora do pseudônimo, relativamente à esfera de ação em que é usado, o que, sem dúvida, é um traço distintivo do falso nome, que, evidentemente, embora, em certas circunstâncias, possa vir também a exercer papel semelhante, não é usado com essa finalidade, senão com a de frustrar qualquer possibilidade de identificação. (R. Limongi França. *Do Nome Civil das Pessoas Naturais*. p. 542. 3. ed. São Paulo. Revista dos Tribunais, 1975).

Essa afirmação é:

(A) compatível com o direito brasileiro, em virtude de omissão da lei a respeito da proteção de pseudônimo, apenas aplicando-se analogicamente a regra pertinente aos apelidos públicos notórios.

236 | DIREITO CIVIL • VOL. 1 – *Flávio Tartuce*

(B) parcialmente compatível com o direito brasileiro, que confere proteção ao pseudônimo, em qualquer atividade.

(C) incompatível com o direito brasileiro, que só confere proteção ao pseudônimo em atividades artísticas ou intelectuais.

(D) compatível com o direito brasileiro, porque o pseudônimo adotado para atividades lícitas goza da proteção que se dá ao nome.

(E) parcialmente compatível com o direito brasileiro, que não distingue a proteção do nome da proteção do pseudônimo.

10. (DPE/PR – FCC – Defensor Público – 2017) A respeito dos direitos fundamentais e dos direitos da personalidade, considere:

I. A vida privada da pessoa natural é inviolável. Logo, a exposição da vida do homem público, ainda que se trate de notícia verdadeira e útil vinculada a seu papel social, representa violação do direito à privacidade, na medida em que os direitos da personalidade são irrenunciáveis.

II. A imutabilidade do nome é princípio de ordem pública que visa garantir segurança nas relações jurídicas nas esferas pública e privada. Por esta razão, o STJ possui jurisprudência dominante no sentido de que não é possível o cônjuge acrescer o nome de família do outro após a celebração do matrimônio.

III. Desde que gratuita e realizada por pessoa capaz, é lícita a doação de tecidos, de órgãos e de partes do corpo vivo para transplante em qualquer pessoa, desde que mediante autorização judicial, ressalvado se o beneficiário for cônjuge ou qualquer parente consanguíneo até o quarto grau, quando, então, basta autorização, preferencialmente por escrito e diante de testemunhas, indicando especificamente o objeto de retirada, prescindindo de intervenção judicial.

IV. O Código Civil dispõe que ninguém poderá ser constrangido a submeter-se, com risco de vida, a tratamento médico ou a intervenção cirúrgica. Logo, é juridicamente inválido o termo de consentimento informado, subscrito por paciente plenamente capaz, quando o procedimento médico tiver risco de gerar seu óbito, ainda que tenha havido efetivo compartilhamento de informações e a corresponsabilidade na tomada de decisão.

Está correto o que se afirma apenas em:

(A) II e IV.

(B) III.

(C) IV.

(D) I e IV.

(E) I, II e III.

11. (MPE/MG – Fundep (Gestão de Concursos) – Promotor de Justiça Substituto – 2017) Assinale a alternativa INCORRETA:

(A) A lei civil admite a pluralidade de domicílio voluntário da pessoa jurídica que tiver estabelecimentos diversos em lugares diferentes.

(B) A comoriência encerra presunção relativa de falecimento ao mesmo tempo, não havendo necessidade de que seja do mesmo modo.

(C) Os direitos inatos da personalidade dependem da manifestação de vontade para a titularidade.

(D) São imprescritíveis e transmissíveis as ações de reparação por danos morais, ajuizadas em decorrência de perseguição, tortura e prisão, praticados por motivos políticos.

12. (Iprev/IBEG – Procurador Previdenciário – 2017) Sobre a capacidade civil, analise as assertivas e indique a opção correta.

I – São absolutamente incapazes de exercer pessoalmente os atos da vida civil os menores de 16 (dezesseis) anos;

II – São incapazes, relativamente a certos atos ou à maneira de exercê-los os maiores de dezesseis e menores de dezoito anos;

III – São incapazes, relativamente a certos atos ou à maneira de exercê-los os ébrios habituais, os viciados em tóxicos, e os que, por deficiência mental, tenham o discernimento reduzido;

CAP. 3 · ANÁLISE DO CÓDIGO CIVIL DE 2002. PARTE GERAL. DA PESSOA NATURAL | 237

IV – São incapazes, relativamente a certos atos ou à maneira de os exercer aqueles que, por causa transitória ou permanente, não puderem exprimir sua vontade.

(A) apenas as alternativas I e II são verdadeiras.

(B) apenas as alternativas I e III são verdadeiras.

(C) apenas as alternativas II e III são verdadeiras.

(D) apenas as alternativas I, II e IV são verdadeiras.

(E) apenas as alternativas I, III e IV são verdadeiras.

13. (MPE/PR – Promotor Substituto – 2017) Assinale a alternativa incorreta:

(A) O domicílio da pessoa natural, quanto às relações concernentes à profissão, é o lugar onde esta é exercida.

(B) Considera-se domicílio da pessoa natural que não tenha residência habitual o último lugar onde morou.

(C) Se a pessoa natural tiver diversas residências, onde alternadamente viva, seu domicílio será qualquer delas.

(D) O domicílio das pessoas jurídicas de direito privado é o lugar onde funcionarem as respectivas diretorias e administrações, ou onde elegerem domicílio especial no seu estatuto ou atos constitutivos.

(E) O domicílio do preso é o lugar onde ele cumpre a sentença.

14. (HUGG/Unirio – EBSERH/IBFC – Advogado – 2017) Assinale a alternativa correta sobre a ausência após analisar os itens a seguir e considerar as normas da Lei Federal 10.406, de 10/01/2002 (Código Civil).

(A) Desaparecendo uma pessoa do seu domicílio sem dela haver notícia, ainda que tenha deixado representante ou procurador a quem caiba administrar-lhe os bens, o Ministério Público, a requerimento de qualquer interessado, declarará a ausência, e nomear-lhe-á curador.

(B) O cônjuge do ausente, estando ou não separado judicialmente, ou de fato por mais de dois anos antes da declaração da ausência, será o seu legítimo curador.

(C) O cônjuge do ausente, ainda que separado de fato por qualquer tempo antes da declaração da ausência, será o seu legítimo curador.

(D) Para ser curador, entre os descendentes, o mais remoto precede o mais próximo.

(E) Em falta do cônjuge, a curadoria dos bens do ausente incumbe aos pais ou aos descendentes, nesta ordem, não havendo impedimento que os iniba de exercer o cargo.

15. (TJRO – Ieses – Titular de Serviços de Notas e de Registros – Remoção – 2017) Conforme preconiza o Código Civil Brasileiro, no que se refere à curadoria dos bens do ausente é correto afirmar:

I. O juiz, que nomear o curador, fixar-lhe-á os poderes e obrigações, conforme as circunstâncias, observando, no que for aplicável, o disposto a respeito dos tutores e curadores.

II. O cônjuge do ausente, sempre que não esteja separado judicialmente, ou de fato por mais de três anos antes da declaração da ausência, será o seu legítimo curador.

III. Também se declarará à ausência, e se nomeará curador, quando o ausente deixar mandatário que não queira ou não possa exercer ou continuar o mandato, ou se os seus poderes forem insuficientes.

IV. Desaparecendo uma pessoa do seu domicílio sem dela haver notícia, se não houver deixado representante ou procurador a quem caiba administrar-lhe os bens, o juiz, a requerimento de qualquer interessado ou do Ministério Público, declarará a ausência, e nomear-lhe-á curador.

A sequência correta é:

(A) Apenas a assertiva III está correta.

(B) Apenas as assertivas I e IV estão corretas.

(C) As assertivas I, II, III e IV estão corretas.

(D) A assertiva II está incorreta.

238 | DIREITO CIVIL • VOL. 1 – *Flávio Tartuce*

16. **(MPE-PI – Analista Ministerial – Cespe – 2018). Julgue o item a seguir acerca de direitos da personalidade, de registros públicos, de obrigações e de bens.**

De acordo com o Supremo Tribunal Federal (STF), a alteração do prenome e do gênero (sexo) no registro civil de pessoas transgênero somente poderá ser realizada se houver autorização judicial e comprovação da realização de cirurgia de transgenitalização pelo(a) interessado(a).

( ) Certo   ( ) Errado

17. **(Câmara Legislativa do Distrito Federal – Consultor Legislativo – Direitos Humanos, Minorias, Cidadania e Sociedade – FCC – 2018). Os direitos de personalidade são passíveis de**

(A) desapropriação.

(B) transmissão.

(C) cessão.

(D) renúncia.

(E) prescrição.

18. **(Câmara de Itaquaquecetuba – SP – Procurador Jurídico – Vunesp – 2018) Toda pessoa é capaz de direitos e deveres na ordem civil. Assim dispõe o art. 1.º do Código Civil em relação à personalidade e à capacidade das pessoas naturais. Os atos de registro civil têm por função específica provar a situação jurídica do registrado e torná-la conhecida de terceiros. Diante dessa finalidade, far-se-á a averbação em registro público:**

(A) dos atos judiciais ou extrajudiciais que declararem ou reconhecerem a filiação.

(B) a emancipação por outorga dos pais ou por sentença do juiz.

(C) a emancipação decorrente do casamento ou da colação de grau em curso de ensino superior.

(D) a interdição por incapacidade absoluta ou relativa.

(E) a sentença declaratória de ausência e de morte presumida.

19. **(Unicamp – Procurador de Universidade Assistente – Vunesp – 2018) Um escritor pretende publicar uma biografia não autorizada de um ex-jogador de futebol. Este, sabendo da intenção do escritor, notifica-o extrajudicialmente, ordenando que o livro não seja publicado. É possível afirmar corretamente:**

(A) somente com prévia autorização do ex-jogador será possível a publicação, tendo em vista a proteção à imagem, um dos direitos da personalidade, disciplinada no Código Civil.

(B) o livro pode ser publicado sem prévia autorização do ex-jogador e não pode ser recolhido por decisão judicial, podendo o ex-jogador requerer reparação civil ou direito de resposta, nos termos da lei.

(C) mesmo sem autorização do ex-jogador seria possível a publicação, desde que mediante prévia autorização judicial, que somente poderia ser dada se os fatos narrados na biografia fossem comprovadamente verídicos.

(D) em tese, seria possível ao escritor publicar sem a autorização do ex-jogador, mas este poderia requerer em juízo o recolhimento e a retirada de circulação da publicação.

(E) poderia o livro ser escrito, mas o conteúdo deveria ser previamente enviado ao ex-jogador, para que esse pudesse se opor a algum conteúdo, antes da circulação da obra, sob pena de recolhimento da obra por decisão judicial.

20. **(Analista Judiciário – TRT-15.ª Região – FCC – 2018) Em relação à capacidade, considerando o que dispõe o Código Civil,**

(A) por disposição expressa, a personalidade civil da pessoa começa com sua concepção.

(B) são absolutamente incapazes aqueles que, por causa transitória ou permanente, como o estado de coma, não puderem exprimir sua vontade.

(C) entre outras hipóteses, cessará, para os menores, a incapacidade, pela concessão dos pais, ou de um deles na falta do outro, mediante instrumento público, independentemente de homologação judicial, ou por sentença do juiz, ouvido o tutor, se o menor tiver dezesseis anos completos.

CAP. 3 · ANÁLISE DO CÓDIGO CIVIL DE 2002. PARTE GERAL. DA PESSOA NATURAL | 239

(D) a comoriência, isto é, a morte de duas ou mais pessoas na mesma ocasião, resolve-se na presunção de que a mais velha morreu primeiro, se não for possível provar quem faleceu em primeiro lugar.

(E) a morte presumida exige sempre a decretação da ausência, que se dá quando a lei autoriza a abertura de sucessão definitiva.

21. (Procurador da República – PGR – 2017) Relativamente ao chamado direito ao esquecimento, é correto afirmar que:

(A) Os tribunais superiores nunca trataram da matéria, pois se trata de tema recente na doutrina do direito.

(B) Quando alguém se insere em um fato de interesse coletivo, mitiga-se a proteção à intimidade e privacidade em benefício do interesse público.

(C) A tese ganhou força com a aprovação do Enunciado 531 na VI Jornada de Direito Civil, promovida pelo CJF/STJ.

(D) Afronta o direito à memória de toda a sociedade, uma vez que implica a perda de sua própria história.

22. (Analista Judiciário – TRT-6.ª Região – FCC – 2018) No tocante à personalidade e à capacidade, conforme previsão do Código Civil, é correto afirmar:

(A) A existência da pessoa natural termina com a morte; presume-se esta, de maneira absoluta, quanto aos ausentes, nos casos em que a lei autoriza a abertura da sucessão provisória.

(B) A personalidade civil da pessoa começa com o registro de seu nascimento no Cartório competente.

(C) São absolutamente incapazes de exercer pessoalmente os atos da vida civil os ébrios habituais e os viciados em tóxicos.

(D) Entre outros, são incapazes, relativamente a certos atos ou à maneira de os exercer, aqueles que, por causa transitória ou permanente, não puderem exprimir sua vontade.

(E) Pode ser declarada a morte presumida, sem decretação de ausência, exclusivamente na hipótese da extrema possibilidade de morte de quem se encontrava em perigo de vida.

23. (Titular de Serviços de Notas e de Registros – Remoção – TJ-MG – Consulplan – 2019) Em relação aos direitos da personalidade tutelados pelo Código Civil, é correto afirmar que:

(A) O ato de disposição altruísta do próprio corpo para depois da morte, no todo ou em parte é válido, mas o ato jurídico que a consagrou é irrevogável.

(B) O pseudônimo adotado para atividades lícitas, desde que averbado à margem do nome no cartório do registro civil, goza da mesma proteção que se concede ao nome.

(C) O nome da pessoa não pode ser empregado por outrem em publicações ou representações que a exponham ao desprezo público, salvo nas hipóteses de interesse científico ou literário e sem que haja intenção difamatória.

(D) A divulgação de escritos, a exposição ou a utilização da imagem de uma pessoa poderão ser proibidas, a seu requerimento, salvo se autorizadas, ou necessárias à administração da justiça ou à manutenção da ordem pública.

24. (Agente de Fiscalização Tributária – Prefeitura de São José – SC – Ieses – 2019) De acordo com o Código Civil Brasileiro, assinale a assertiva correta:

I. São incapazes, relativamente a certos atos ou à maneira de os exercer os maiores de dezesseis e menores de dezoito anos, os ébrios habituais e os viciados em tóxico, aqueles que, por causa transitória ou permanente, não puderem exprimir sua vontade e os pródigos.

II. Far-se-á averbação em registro público das sentenças que decretarem a nulidade do casamento, o divórcio, a separação judicial e o restabelecimento da sociedade conjugal e dos atos judiciais ou extrajudiciais de filiação.

III. São pessoas jurídicas de direito privado, as associações, as sociedades, as fundações, as organizações religiosas, os partidos políticos e as empresas individuais de responsabilidade limitada.

IV. A prescrição pode ser alegada em qualquer grau de jurisdição, pela parte a quem aproveita.

240 | DIREITO CIVIL • VOL. 1 – *Flávio Tartuce*

A sequência correta é:

(A) Apenas as assertivas I e IV estão corretas.
(B) Apenas as assertivas I, III e IV estão corretas.
(C) Apenas a assertiva III está correta.
(D) Apenas as assertivas II e III estão corretas.

25. **(Procurador – Prefeitura de Francisco Morato – SP – Vunesp – 2019) Pode-se corretamente afirmar que o menor de 17 anos de idade divorciado é:**

(A) capaz.
(B) incapaz.
(C) relativamente incapaz.
(D) capaz, se foi expressamente requerida no divórcio a não revogação da emancipação.
(E) capaz, desde que emancipado pelos pais, por meio de escritura pública.

26. **(Procurador Jurídico – Ipremm-SP – Vunesp – 2019) José, de 55 anos, e Maria, de 35 anos, casados, estavam numa viagem de helicóptero. Em razão de uma pane mecânica, houve a queda do helicóptero em que estavam. Após várias buscas realizadas pelas autoridades competentes, os corpos não foram encontrados. Os filhos de José e Maria desejam iniciar o processo de inventário de seus bens. Acerca do caso hipotético, assinale a alternativa correta.**

(A) Somente após a prévia declaração de ausência será possível a obtenção da declaração de morte presumida.
(B) Somente após dois anos do acidente pode ser obtida a declaração de morte presumida.
(C) Presume-se que José e Maria morreram simultaneamente.
(D) Em razão da idade dos desaparecidos, presume-se que José faleceu antes de Maria.
(E) Em razão do sexo, presume-se que Maria faleceu antes de José.

27. **(Procurador Jurídico – Ipremm-SP – Vunesp – 2019) Cessará, para os menores, a incapacidade**

(A) pela concessão dos pais, ou de um deles na falta do outro, mediante instrumento público ou particular com firma reconhecida, independentemente de homologação judicial, se o menor tiver dezesseis anos completos.
(B) pelo casamento ou pela união estável, voltando o menor para a condição de incapaz no caso de separação judicial, divórcio ou dissolução da união estável, salvo se da relação resultou filhos.
(C) pelo exercício de emprego público efetivo, cargo comissionado ou função de confiança na Administração Pública, direta, indireta ou fundacional, bem como nas entidades do terceiro setor.
(D) pela colação de grau em curso de ensino superior, ensino técnico de nível médio ou qualquer outra formação que assegure ao menor condições de empregabilidade.
(E) pelo estabelecimento civil ou comercial, ou pela existência de relação de emprego, desde que, em função deles, o menor com dezesseis anos completos tenha economia própria.

28. **(Defensor Público – DPE-DF – Cespe – 2019) Tendo como referência as disposições do Código Civil a respeito de sucessão provisória, perdas e danos e venda com reserva de domínio, julgue o item subsecutivo.**

Na sucessão provisória, o ascendente, mesmo depois de provada a sua qualidade de herdeiro, deverá dar garantia mediante penhor ou hipoteca para imitir-se na posse do bem do ausente.

( ) Certo ( ) Errado

29. **(Procurador – Prefeitura de Conceição de Macabu – RJ – Gualimp – 2020) O Código Civil brasileiro estabelece que toda pessoa é capaz de direitos e deveres na ordem civil. Nesse sentido, é incorreto dizer que são incapazes, relativamente a certos atos ou à maneira de os exercer.**

(A) Os pródigos.
(B) Os maiores de quatorze anos e menores de dezoito anos.
(C) Os ébrios habituais e os viciados em tóxico
(D) Aqueles que, por causa transitória ou permanente, não puderem exprimir sua vontade.

CAP. 3 · ANÁLISE DO CÓDIGO CIVIL DE 2002. PARTE GERAL. DA PESSOA NATURAL | **241**

30. **(Advogado – Idurb – Quadrix – 2020) Acerca dos direitos de personalidade, julgue o item. Em razão da teoria do direito ao esquecimento, antecedentes criminais muito antigos podem ser afastados como subsídio a uma análise desfavorável de caráter do indivíduo.**

    ( ) Certo ( ) Errado

31. **(Advogado – Idurb – Quadrix – 2020) Acerca dos direitos de personalidade, julgue o item. A pretensão de reconhecimento de ofensa a direito de personalidade é imprescritível.**

    ( ) Certo ( ) Errado

32. **(Juiz Substituto – TJ-MS – FCC – 2020) Luiz Antônio, sentindo-se perto da morte, por meio de testamento, dispõe gratuitamente do próprio corpo em prol da Universidade Federal de Mato Grosso do Sul, para estudos em curso médico. Excepciona porém o coração, em relação ao qual pleiteia seja enterrado no túmulo de sua família. Esse ato**

    (A) não é válido, porque a disposição do próprio corpo após a morte não se encontra na discricionariedade do indivíduo, tratando-se de direito indisponível.

    (B) não é válido, porque a disposição gratuita do próprio corpo só pode ter objetivo altruístico e não científico.

    (C) não é válido, pois a disposição gratuita do próprio corpo, embora seja possível para fins científicos, não pode ocorrer de forma parcial, mas apenas no todo.

    (D) é válido porque a disposição do próprio corpo após a morte é ato discricionário do indivíduo, para qualquer finalidade ou objetivo, gratuitamente ou não.

    (E) é válido, por ter objetivo científico, ser gratuito e por não ser defesa a disposição parcial do corpo após a morte.

33. **(Delegado de Polícia – PC-PR – NC-UFPR – 2021) D.M., menor com dezesseis anos de idade, ficou órfã perdendo seu pai e sua mãe por conta da pandemia do novo coronavírus. Agora, após ser recentemente aprovada no vestibular de medicina, ela precisa manter-se economicamente sozinha, tendo apenas um tio como tutor, que administra os bens e negócios deixados pelos seus pais, os quais empregam uma grande quantidade de trabalhadores.**

    Considerando as informações apresentadas, assinale a alternativa correta.

    (A) A morte dos pais de D.M. é suficiente para lhe garantir plena capacidade para os atos da vida civil, ante a situação excepcional de crise sanitária mundial, dispensando a oitiva de seu tutor.

    (B) Uma das formas de D.M. adquirir a emancipação, tendo em vista possuir apenas dezesseis anos completos, se deu com a sua aprovação para curso superior.

    (C) D.M. poderá ser emancipada somente por decisão judicial, após ouvido seu tutor, tendo em vista o falecimento de ambos os seus genitores.

    (D) D.M. só poderá exercer os atos da vida civil após dezoito anos completos, nos termos da lei civil, quando adquirirá sua maioridade e consequente capacidade de direito.

    (E) D.M. ficou imediatamente responsável pelos negócios de seus pais, o que acarretou sua emancipação automática por conta da presunção de economia própria, ainda que existente o tutor.

34. **(Advogado – Prefeitura de Petrolina-PE – AEVSF/Facape – 2021) No que tange aos direitos da personalidade, assinale a alternativa CORRETA:**

    (A) É garantia legal a irrestrita liberdade de disposição do próprio corpo.

    (B) A proteção dos direitos da personalidade aplica-se igualmente às pessoas jurídicas.

    (C) A transmissão da palavra de determinada pessoa poderá, em qualquer situação, ser proibida a ser requerimento e sem prejuízo da indenização que couber, se lhe atingir a honra ou se destinada a fins comerciais.

    (D) O pseudônimo licitamente utilizado goza da proteção que se dá ao nome.

    (E) O pseudônimo não goza da proteção que se dá ao nome.

242 | DIREITO CIVIL • VOL. 1 – *Flávio Tartuce*

35. **(Promotor de Justiça adjunto – MPDFT – MPDFT – 2021) Segundo a teoria da personalidade adotada pelo Código Civil:**

I. Personalidade e capacidade jurídica estabelecem entre si uma relação de conteúdo e continente, pois a capacidade jurídica é a extensão da personalidade.

II. A capacidade de fato é um elemento central e constitutivo do conceito de personalidade.

III. A capacidade de fato não diz respeito a estrutura da personalidade, apenas regula a forma do cometimento das manifestações de vontade negociais e não negociais.

IV. O patrimônio compõe a própria pessoa, de modo que a responsabilidade civil, embora recaia sobre o patrimônio, é pessoal, ou seja, o devedor inadimplente responde com sua própria pessoa.

(A) Estão corretas I, II e III.

(B) Estão corretas II, III e IV.

(C) Estão corretas I, II e IV.

(D) Estão corretas I, III e IV.

(E) Todas estão corretas.

36. **(Defensor Público – DPE-RJ – FGV – 2021) A respeito dos direitos da personalidade, é correto afirmar que:**

(A) o exercício dos direitos da personalidade pode sofrer limitação voluntária, ainda que permanente e geral;

(B) as partes destacadas e recuperáveis do corpo humano – como fio de cabelo, saliva, sêmen – merecem a mesma proteção recebida pelas partes não recuperáveis do corpo;

(C) a disposição do próprio corpo, ainda que gratuita, com objetivos exclusivamente científicos, é autorizada;

(D) a substituição de um dos patronímicos por ocasião do matrimônio não poderá ser revertida ainda na constância do matrimônio, sob alegação de que o sobrenome adotado assumiu posição de protagonismo em detrimento do sobrenome familiar;

(E) o uso não autorizado da imagem de torcedor inserido no contexto de uma torcida pode induzir a reparação de danos morais, ainda que não configurada a projeção e a individualização da pessoa nela representada.

37. **(Promotor de Justiça substituto – MPE-SE – Cespe/Cebraspe – 2022) De acordo com o entendimento do Supremo Tribunal Federal, a publicação de obra biográfica sem prévia autorização do biografado fere:**

I – a honra da pessoa biografada.

II – o direito de privacidade da pessoa biografada.

III – o direito à inviolabilidade da intimidade da pessoa biografada.

IV – o direito de preservação da imagem da pessoa biografada.

Assinale a opção correta.

(A) Nenhum item está certo.

(B) Apenas o item I está certo.

(C) Apenas o item II está certo.

(D) Apenas o item III está certo.

(E) Apenas o item IV está certo.

38. **(Promotor de Justiça e Promotor de Justiça substituto – MPE-PE – FCC – 2022) São efeitos da morte da pessoa natural:**

(A) a emancipação tácita dos herdeiros e sucessores menores.

(B) extinção do poder familiar e a dissolução da sociedade conjugal.

(C) extinção da associação a que pertencia a pessoa falecida e abertura de sucessão provisória.

(D) dissolução da associação a que pertencia a pessoa falecida e a extinção do poder familiar.

(E) abertura de sucessão provisória e a extinção da sociedade conjugal.

CAP. 3 · ANÁLISE DO CÓDIGO CIVIL DE 2002. PARTE GERAL. DA PESSOA NATURAL | 243

39. **(Defensor Público – DPE-PB – FCC – 2022) Luiza, maior e capaz, é travesti e gostaria de alterar seu nome e sexo no registro civil de nascimento. De acordo com a decisão do Supremo Tribunal Federal na ADI 4275, a alteração é possível sem a necessidade de cirurgia de transgenitalização**

(A) judicialmente, apenas, mediante a realização de perícia psicossocial.

(B) extrajudicialmente, mediante a realização de terapia hormonal.

(C) extrajudicialmente, independentemente de tratamento hormonal ou perícia psicossocial.

(D) judicialmente, apenas, independentemente de tratamento hormonal ou perícia psicossocial.

(E) extrajudicialmente, mediante a realização de perícia psicossocial.

40. **(Promotor de Justiça substituto – MPE-SP – MPE-SP – 2022) Em decorrência dos direitos da personalidade, alguns sustentam haver possibilidade de se obstar, em razão da passagem do tempo, a divulgação de fatos ou dados verídicos e licitamente obtidos e publicados. Em relação a tal situação, o STF firmou o entendimento de que:**

(A) referido direito, por envolver a proteção da vida, da honra, da imagem, da privacidade e da personalidade em geral, é soberano em relação a outras garantias fundamentais.

(B) referido direito pode ser reconhecido de modo genérico e abstrato e não exige ponderação entre diversos princípios constitucionais.

(C) referido direito não se sobrepõe ao regular exercício da liberdade de expressão e de informação.

(D) mesmo não havendo excessos no exercício da liberdade de expressão e de informação, referida prerrogativa é assegurada enquanto direito fundamental e constitucionalmente assegurado.

(E) referido direito pode ser exigido após passados dez anos da divulgação dos fatos ou dos dados, posto ser este o maior prazo prescricional previsto em nossa legislação.

41. **(Procurador do Estado – PGE-RO – Cespe/Cebraspe – 2022) O atributo da pessoal natural, conferido pela legislação civil, que a qualifica a firmar negócios de grandes riscos, sem auxílio ou intervenção de outra pessoa, e, consequentemente, a assumir eventuais perdas refere-se à:**

(A) aptidão.

(B) titularidade.

(C) capacidade.

(D) vontade.

(E) maioridade.

42. **(Delegado de Polícia – PC-BA – IBFC – 2022) No que se refere às disposições do Código Civil sobre personalidade e capacidade, assinale a alternativa que aborde corretamente a definição de comoriência.**

(A) Ocorre naqueles que, por causa transitória ou permanente, não puderem exprimir sua vontade.

(B) Ocorre se for extremamente provável a morte de quem estava em perigo de vida.

(C) Ocorre se alguém, desaparecido em campanha ou feito prisioneiro, não for encontrado até dois anos após o término da guerra.

(D) Ocorre, quanto aos ausentes, nos casos em que a lei autoriza a abertura de sucessão provisória.

(E) Ocorre se dois ou mais indivíduos falecerem na mesma ocasião, não se podendo averiguar se algum dos comorientes precedeu aos outros, presumindo-se simultaneamente mortos.

43. **(Procurador do Trabalho – MPT – MPT – 2022) Sobre capacidade civil e direitos da personalidade, analise as assertivas:**

I – A incapacidade para os atos da vida civil cessará para o menor de dezesseis anos completos pelo exercício de emprego público efetivo ou pela existência de relação de emprego, sendo necessário apenas o registro e a anotação na carteira de trabalho.

II – É possível a declaração da morte presumida, sem decretação de ausência, se for extremamente provável a morte de quem estava em perigo de vida.

244 | DIREITO CIVIL • VOL. 1 – *Flávio Tartuce*

III – São absolutamente incapazes as pessoas que, por enfermidade ou deficiência mental, não tiverem o necessário discernimento para a prática dos atos da vida civil.

IV – O cônjuge sobrevivente, ou qualquer parente em linha reta, ou colateral até o terceiro grau, possui legitimação para requerer que cesse a ameaça, ou a lesão, a direito da personalidade de pessoa falecida, bem como a reclamar perdas e danos.

Assinale a alternativa CORRETA:

(A) Apenas as assertivas I e II estão corretas.

(B) Apenas a assertiva II está correta.

(C) Apenas as assertivas I, III e IV estão corretas.

(D) Todas as assertivas estão corretas.

(E) Não respondida.

44. **(Delegado de Polícia – PC-RJ – Cespe/Cebraspe – 2022) Acerca dos direitos fundamentais, à luz do direito civilista, assinale a opção correta.**

(A) De acordo com Código Civil Brasileiro, seja qual for a circunstância, cada pessoa tem a liberdade para dispor do próprio corpo do modo que bem desejar, tanto por meio de mutilações quanto por qualquer forma de diminuição permanente da integridade física.

(B) Com exceção dos casos previstos em lei, os direitos da personalidade são irrenunciáveis e poderão ser transmitidos, caso o seu exercício sofra limitação voluntária.

(C) Os direitos da personalidade são direitos essenciais à dignidade e integridade e dependem da capacidade civil da pessoa, podendo ser citados os direitos a vida, liberdade, privacidade e intimidade.

(D) Abstratamente, os direitos fundamentais, entre os quais o direito da personalidade, sempre terão grau de importância entre si, independentemente da análise do caso em concreto.

(E) Ao tratar da proteção à integridade física e do direito ao próprio corpo, o Código Civil Brasileiro traz a possibilidade de recusa em submeter-se a tratamento ou intervenção médica em situações em que o procedimento demonstre risco à vida da pessoa.

45. **(AL-MG – Fumarc – Procurador – 2023) O Código Civil de 2002 reconhece os direitos da personalidade. Com relação a isso, é CORRETO afirmar:**

(A) A personalidade civil da pessoa começa na concepção.

(B) Com exceção dos casos previstos em lei, os direitos da personalidade são transmissíveis, mas irrenunciáveis, não podendo o seu exercício sofrer limitação voluntária.

(C) É válida, com objetivo científico, ou altruístico, a disposição gratuita do próprio corpo, no todo ou em parte, para depois da morte.

(D) O pseudônimo adotado para atividades lícitas não goza da proteção que se dá ao nome.

46. **(PGE-RR – Cespe/Cebraspe – Procurador do Estado substituto – 2023) Com base na jurisprudência majoritária e atual do Superior Tribunal de Justiça (STJ), julgue o próximo item.**

A indenização pela publicação não autorizada de imagem de pessoa natural, feita com fins econômicos ou comerciais, depende de prova do prejuízo.

( ) Certo   ( ) Errado

47. **(TJES – Ibade – Juiz leigo – 2023) De acordo com o atual Código Civil, a respeito das pessoas naturais, é correto afirmar que:**

(A) são absolutamente incapazes de exercer pessoalmente os atos da vida civil os loucos de todo o gênero.

(B) são absolutamente incapazes de exercer pessoalmente os atos da vida civil os ébrios habituais e os viciados em tóxico.

(C) são absolutamente incapazes de exercer pessoalmente os atos da vida civil aqueles que, por causa transitória ou permanente, não puderem exprimir sua vontade.

(D) são absolutamente incapazes de exercer pessoalmente os atos da vida civil os surdos-mudos, que não puderem exprimir a sua vontade.

(E) a personalidade civil da pessoa começa do nascimento com vida; mas a lei põe a salvo, desde a concepção, os direitos do nascituro.

CAP. 3 · ANÁLISE DO CÓDIGO CIVIL DE 2002. PARTE GERAL. DA PESSOA NATURAL | 245

48. **(PGE-ES – Cespe/Cebraspe – Procurador do Estado – 2023) Acerca do entendimento do STJ relativo aos direitos da personalidade, assinale a opção correta.**

(A) A personalidade jurídica surge com o nascimento com vida, a partir de quando podem ser protegidos os direitos da pessoa.

(B) A personalidade jurídica surge com o nascimento com vida, mas considera o nascituro sujeito de direitos, estando os direitos condicionados ao evento futuro, que é vir a nascer com vida.

(C) A personalidade jurídica surge com o nascimento com vida, mas considera o nascituro sujeito de direitos, estando seus eventuais direitos sob condição resolutiva.

(D) A personalidade jurídica surge ainda na fase embrionária, sendo o embrião considerado pessoa, tendo seus direitos patrimoniais e os bens imateriais protegidos por lei.

(E) A titularidade de direitos da personalidade ao nascituro é reconhecida desde a sua concepção.

49. **(MPE-RR – Instituto AOCP – Promotor de Justiça substituto – 2023) A existência da pessoa natural termina com sua morte, real ou presumida, com a consequente extinção de sua personalidade civil, e abertura de sua sucessão hereditária. Por conseguinte, é correto afirmar que**

(A) a morte encefálica da pessoa natural, cumpridos os pressupostos médico-legais para a sua constatação, tipifica a sua morte presumida.

(B) a declaração judicial de ausência, com a abertura da sucessão definitiva, tipifica a morte real da pessoa natural.

(C) a justificação judicial em caso de morte em catástrofe é necessária para a lavratura do respectivo assento de óbito, provadas a sua presença no local e a não localização do cadáver para exame.

(D) a declaração de morte presumida de pessoa natural desaparecida em naufrágio necessita de justificação judicial, independente do encontro do cadáver, provada a sua presença no local.

50. **(TST – FGV – Juiz do Trabalho substituto – 2023) Por meio de manifestação de vontade expressa, Maria declara que será doado imóvel de sua propriedade a João "quando ele manifestar seu interesse".**

Sobre a cláusula aposta à manifestação de vontade, é correto afirmar que é condição:

(A) puramente potestativa, vedada pelos Arts. 115 e 122 do Código Civil;

(B) simplesmente potestativa, portanto válida, pois estipulada em benefício do credor;

(C) puramente potestativa, pois confere ao devedor a prerrogativa de impedir a eficácia do negócio jurídico;

(D) defesa, pois priva de todo efeito o ato jurídico pretendido;

(E) ilícita, pois subordina a eficácia do negócio jurídico à vontade exclusiva de uma das partes.

51. **(MPE-PE – Residente Jurídico – Igeduc – 2024) Durante uma investigação promovida pelo Ministério Público, surgiu a necessidade de se verificar a capacidade civil de um indivíduo para celebrar um contrato. O indivíduo em questão é menor de 18 anos, mas possui 16 anos completos e é casado. Considerando o disposto no Código Civil, qual é a situação da capacidade civil desse indivíduo?**

(A) É absolutamente incapaz, pois não atingiu a maioridade civil.

(B) É absolutamente incapaz, a menos que tenha obtido emancipação judicial.

(C) É absolutamente capaz, pois o casamento emancipa o menor.

(D) É relativamente incapaz, pois o casamento não afeta a capacidade civil.

(E) É relativamente capaz, mas precisa de autorização dos pais para atos civis.

52. **(TRF-2.ª Região – Analista Judiciário – Instituto AOCP – 2024) De acordo com o Código Civil e o entendimento dos Tribunais Superiores, assinale a alternativa correta.**

(A) Far-se-á averbação em registro público da sentença declaratória de ausência e de morte presumida.

246 DIREITO CIVIL • VOL. 1 – *Flávio Tartuce*

(B) Depende de prova do prejuízo a indenização pela publicação não autorizada de imagem de pessoa com fins econômicos ou comerciais.

(C) A pretensão de reconhecimento de ofensa a direito da personalidade é imprescritível.

(D) No âmbito do abuso da personalidade jurídica, entende-se por desvio de finalidade a ausência de separação de fato entre os patrimônios da sociedade e do sócio/administrador.

(E) A prescrição pode ser interrompida por qualquer interessado, sendo que a interrupção produzida contra o principal devedor não prejudica o fiador.

53. **(TJSP – Titular de Serviços de Notas e de Registros – Vunesp – 2024) Quanto à morte presumida, é correto afirmar:**

(A) produz os mesmos efeitos da morte real.

(B) só pode ser declarada se houver prévia decretação de ausência.

(C) só pode ser declarada se houver prévia decretação de ausência e abertura da sucessão definitiva.

(D) se inexistir prévia decretação de ausência, só pode ser declarada se comprovada a presença do presumidamente morto em catástrofe, não sendo possível localizar o cadáver.

54. **(Câmara de Venâncio Aires-RS – Procurador – Fundatec – 2024) José, que tem síndrome de Down e 21 anos, concluiu curso superior e obteve um emprego em uma empresa sediada no Município de Venâncio Aires. Posteriormente, José precisou solicitar uma certidão junto ao protocolo da prefeitura do município. O servidor responsável pelo setor exigiu que José se fizesse acompanhar de seus pais para que pudesse protocolar o referido pedido administrativo. Nesse caso, a conduta do servidor está:**

(A) Correta, pois José é absolutamente incapaz e deve ser assistido por seus pais.

(B) Correta, pois José é relativamente incapaz e deve ser representado por seus pais.

(C) Correta, pois José é relativamente incapaz e deve ser assistido por seus pais.

(D) Incorreta, pois José é relativamente incapaz, mas precisa estar acompanhado por seu apoiador para a prática do ato.

(E) Incorreta, pois José é capaz para a prática do ato.

55. **(TCE-GO – Analista de Controle Externo – FGV – 2024) Ricardo Santos, 35 anos, autônomo, após experimentar uma série de adversidades e traumas em sua vida pessoal, desenvolveu um quadro clínico de insegurança e ansiedade, de sorte que não mais se sente plenamente confiante para a realização dos atos da vida civil. Assim, moveu ação judicial específica, requerendo a nomeação de dois apoiadores de sua confiança para a prática dos atos da vida civil.**

Com a homologação judicial nos exatos termos do pedido

(A) Ricardo Santos é declarado relativamente incapaz.

(B) Os apoiadores indicados, uma vez assumido compromisso específico, tornam-se curadores de Ricardo Santos.

(C) Os atos praticados por Ricardo Santos sem a participação dos apoiadores serão nulos.

(D) Institui-se a curatela conjunta e restrita aos atos de natureza patrimonial.

(E) A capacidade civil de Ricardo Santos não é alterada.

56. **(1.º Exame Nacional da Magistratura – Enam – FGV – 2024) Rebeca, grafiteira amadora de 17 anos, costuma mostrar seus trabalhos em rede social. O Restaurante D Ltda. solicitou orçamento, por meio da sua plataforma, para que Rebeca realizasse seu trabalho em uma parede do estabelecimento. Antes de apresentar uma proposta, Rebeca se dirigiu ao Restaurante D Ltda. para conhecer o espaço. Ali, encontrou o administrador da sociedade, que, surpreso com a aparência jovem da artista, perguntou sua idade. Rebeca informou que tinha 19 anos e estimou seu serviço no valor de R$ 40.000,00 (quarenta mil reais). Mesmo tendo recebido metade do valor contratado de forma antecipada, Rebeca não retornou ao estabelecimento na data ajustada. Ao entrar em contato por meio da rede social, o Restaurante D Ltda. foi informado, por Laura, que se identificou como mãe da artista, que**

CAP. 3 · ANÁLISE DO CÓDIGO CIVIL DE 2002. PARTE GERAL. DA PESSOA NATURAL | 247

Rebeca era menor de idade e, por isso, não podia ser contratada para o serviço. Sobre o valor antecipado, Laura disse que desconhecia tal montante.

Diante do cenário descrito, assinale a afirmativa correta.

(A) A ausência de assistência é motivo de nulidade da avença, e o restaurante deve cobrar de Laura a devolução dos valores em razão de enriquecimento sem causa.

(B) O negócio é válido e o restaurante pode exigir a obrigação assumida por Laura, sob pena de restituição do valor e das perdas e dos danos, caso haja prova.

(C) O negócio é inválido, mas a conduta é socialmente relevante e, ao produzir efeitos jurídicos, oferece ao restaurante a opção de responsabilizar Laura pelo inadimplemento.

(D) A ausência de assistência torna anulável o contrato, e cabe ao restaurante cobrar de Rebeca a devolução dos valores em razão de enriquecimento sem causa.

(E) A nulidade absoluta do negócio é motivo para o restaurante exigir o valor de Laura, devido à sua responsabilidade pelos atos praticados por Rebeca.

57. (TJAC – Analista Judiciário – IV-UFG – 2024) O nome, nele compreendidos o prenome e o sobrenome, é um direito da personalidade, assim compreendido nos moldes do Código Civil, com lastro na Constituição Federal. Considerando o teor do Código Civil e da Lei de Registros Públicos, bem como o entendimento consolidado na jurisprudência do Supremo Tribunal Federal e nos provimentos do Conselho Nacional de Justiça, é indevida a alteração do nome para

(A) adequar à identidade de gênero do requerente, independentemente de cirurgia de transgenitalização ou de laudos médicos específicos.

(B) incluir sobrenome de companheiro, se ausente o registro da união estável no respectivo registro civil de pessoas naturais.

(C) modificar prenome de forma imotivada, uma única vez, pela via extrajudicial após os dezoito anos.

(D) incluir sobrenome familiar paterno, após o reconhecimento de paternidade socioafetiva pela via judicial ou extrajudicial.

58. (DPE-AC – Defensor Público – Cespe/Cebraspe –2024) De acordo com a legislação vigente e o entendimento do Superior Tribunal de Justiça (STJ), a alteração do prenome de pessoa que atingiu a maioridade civil

(A) pode ser requerida, a qualquer tempo, após a maioridade civil, desde que mediante o ajuizamento de ação na qual deve ser apresentado justo motivo para a alteração.

(B) exige do interessado o ajuizamento de ação no primeiro ano após ter atingido a maioridade civil, na qual deve ser apresentado justo motivo para a alteração.

(C) independe de decisão judicial, devendo o interessado, após atingir a maioridade civil, requerer, pessoalmente, mediante apresentação de justo motivo, a alteração diretamente no ofício de registro civil de pessoas naturais.

(D) demanda o ajuizamento de ação pelo interessado no primeiro ano após o atingimento da maioridade civil, com manifestação de sua vontade, sendo desnecessário apresentar justo motivo para a alteração.

(E) independe de decisão judicial, podendo o interessado, após atingir a maioridade civil, requerer pessoalmente a alteração junto ao ofício de registro civil de pessoas naturais, sendo desnecessária a apresentação de justo motivo para a mudança.

59. (TJAP – Analista Judiciário – FGV – 2024) Bruce (85 anos) viajava de avião com sua esposa Marta (50 anos) e seu filho Olívio (17 anos) quando pane elétrica causou a queda da aeronave com a morte de todos os passageiros. Deixaram outra filha comum, Olívia, e dois netos, filhos de Olívio.

Nesse caso, à luz das normas do Código Civil, é correto afirmar que se presume:

(A) Bruce ter morrido antes, por ser mais velho;

(B) Bruce e Marta terem morrido antes, para que a herança passasse a Olívio e, depois, aos netos;

248 DIREITO CIVIL • VOL. 1 – *Flávio Tartuce*

(C) Olívio ter falecido antes, para que não haja direito sucessório entre os envolvidos;

(D) todos terem falecido ao mesmo tempo, sem direitos sucessórios entre eles;

(E) todos terem falecido ao mesmo tempo, sendo os direitos sucessórios entre eles regulados nos termos do art. 1.829 do Código Civil.

60. (PGE-RN – Procurador – Cespe/Cebraspe – 2024) À luz do disposto no Código Civil, assinale a opção correta acerca da capacidade civil.

(A) A legislação civil permite ao menor de idade emancipar-se caso ele ingresse em curso de ensino superior.

(B) São absolutamente incapazes os viciados em tóxicos.

(C) Os pais podem, voluntariamente, emancipar filho(a) que tenha 16 anos de idade incompletos.

(D) Os pródigos são considerados relativamente incapazes.

(E) Aquele que, por causa permanente, não consegue exprimir sua vontade é considerado absolutamente incapaz.

61. (Câmara de Itapissuma-PE – Procurador – IDHTEC – 2024) O nome está incluído entre os direitos da personalidade. Sobre ele, é incorreto afirmar:

(A) O pseudônimo adotado para atividades lícitas goza da proteção que se dá ao nome.

(B) O direito ao nome cessa após a morte de seu titular.

(C) Não é permitido usar, sem autorização, o nome alheio em propaganda comercial.

(D) Toda pessoa tem direito ao nome, nele compreendidos o prenome e o sobrenome.

(E) O nome da pessoa não pode ser empregado por outrem em publicações ou representações que a exponham ao desprezo público, ainda quando não haja intenção difamatória.

GABARITO

01 – C	02 – B	03 – D
04 – B	05 – C	06 – E
07 – E	08 – B	09 – D
10 – B	11 – C	12 – D
13 – B	14 – E	15 – D
16 – ERRADO	17 – C	18 – A
19 – B	20 – C	21 – C
22 – D	23 – D	24 – B
25 – A	26 – C	27 – E
28 – ERRADO	29 – B	30 – CERTO
31 – CERTO	32 – E	33 – C
34 – D	35 – D	36 – B
37 – A	38 – B	39 – C
40 – C	41 – C	42 – E
43 – B	44 – E	45 – C

46 – ERRADO	47 – E	48 – E
49 – C	50 – B	51 – C
52 – C	53 – A	54 – E
55 – E	56 – B	57 – B
58 – E	59 – D	60 – D
61 – B		

4

DA PESSOA JURÍDICA

Sumário: 4.1 Introdução. Conceito de pessoa jurídica. Regras gerais – 4.2 Principais classificações gerais da pessoa jurídica: 4.2.1 Quanto à nacionalidade; 4.2.2 Quanto à estrutura interna; 4.2.3 Quanto às funções e à capacidade – 4.3 Da pessoa jurídica de Direito Privado. Figuras previstas no art. 44 do CC: 4.3.1 Das fundações particulares; 4.3.2 Das associações; 4.3.3 Das sociedades; 4.3.4 Das organizações religiosas e dos partidos políticos. Corporações *sui generis*; 4.3.5 Das Empresas Individuais de Responsabilidade Limitada (EIRELI) e sua extinção pela Lei 14.382/2022 (Lei do SERP); 4.3.6 Dos empreendimentos de economia solidária – 4.4 Regras de direito intertemporal quanto às pessoas jurídicas – 4.5 Domicílio das pessoas jurídicas – 4.6 Extinção da pessoa jurídica e destinação dos bens – 4.7 Da desconsideração da personalidade jurídica – 4.8 Entes ou grupos despersonalizados – 4.9 Resumo esquemático – 4.10 Questões correlatas – Gabarito.

4.1 INTRODUÇÃO. CONCEITO DE PESSOA JURÍDICA. REGRAS GERAIS

As pessoas jurídicas, também denominadas *pessoas coletivas, morais, fictícias* ou *abstratas*, podem ser conceituadas, em regra, como conjuntos de pessoas ou de bens arrecadados, que adquirem personalidade jurídica própria por uma ficção legal. Apesar de o Código Civil de 2002 não ter repetido, originalmente, o teor do art. 20 do CC/1916, a pessoa jurídica não se confunde com seus membros, sendo essa regra inerente à própria concepção da pessoa jurídica. Todavia, como se verá a seguir, a *Lei da Liberdade Econômica* (Lei 13.874/2019), acabou por inserir, na vigente codificação, norma nesse sentido.

Interessante citar, a esse respeito, o conceito de pessoa jurídica apontado por Pablo Stolze Gagliano e Rodolfo Pamplona Filho, como "o grupo humano, criado na forma da lei, e dotado de personalidade jurídica própria, para a realização de fins comuns" (*Novo...*, 2003, v. I, p. 191). Os doutrinadores, da geração contemporânea de civilistas, buscam a teoria que procura justificar a existência das pessoas jurídicas, lecionando que tanto a codificação anterior quanto a atual adotaram a *teoria da realidade técnica.*

Essa teoria constitui, na minha visão, um somatório entre as outras duas teorias justificatórias da existência da pessoa jurídica: a *teoria da ficção* – de Savigny – e a *teoria da realidade orgânica ou objetiva* – de Gierke e Zitelman.

Para a primeira teoria, as pessoas jurídicas são criadas por uma ficção legal, o que realmente procede. Entretanto, mesmo diante dessa criação legal, não se pode esquecer que a pessoa jurídica tem identidade organizacional própria, identidade essa que deve ser preservada (*teoria da realidade orgânica*). Assim sendo, cabe o esquema a seguir:

Teoria da Realidade Técnica (Código Civil de 2002) = Teoria da Ficção + Teoria da Realidade Orgânica

Quanto à *teoria da realidade técnica*, Maria Helena Diniz prefere denominá-la como a *teoria da realidade das instituições jurídicas* (de Hauriou), opinando que "a personalidade jurídica é um atributo que a ordem jurídica estatal outorga a entes que o merecerem. Logo, essa teoria é a que melhor atende à essência da pessoa jurídica, por estabelecer, com propriedade, que a pessoa jurídica é uma realidade jurídica" (*Curso de direito civil...*, 2007, v. 1, p. 230). Aponta a professora da PUCSP que esse também é o entendimento de Sílvio Rodrigues, Washington de Barros Monteiro, Serpa Lopes e Caio Mário da Silva Pereira, ou seja, dos autores clássicos ou *modernos* do Direito Civil Brasileiro.

Não se pode negar que a pessoa jurídica possui vários direitos, tais como alguns relacionados com a personalidade (art. 52 do CC/2002), com o Direito das Coisas (a pessoa jurídica pode ser proprietária ou possuidora), direitos obrigacionais gerais (tendo a liberdade plena de contratar como regra geral), direitos industriais quanto às marcas e aos nomes (art. 5.º, inc. XXIX, da CF/1988), e mesmo direitos sucessórios (a pessoa jurídica pode adquirir bens *mortis causa*, por sucessão testamentária). Não se pode afastar, nesse contexto, o fato de a pessoa jurídica ser sujeito de direitos e deveres na ordem civil, em conformidade com o que estatui o art. 1.º do CC/2002.

Repise-se que, mesmo não havendo, originalmente, previsão no Código Civil de 2002, permanecia a regra que constava no art. 20 da codificação material anterior, segundo a qual, "a pessoa jurídica tem existência distinta dos seus membros". Tal concepção é inerente à própria identidade da pessoa jurídica. Mas essa regra pode ser afastada, nos casos de desvio de finalidade ou abuso da personalidade jurídica, situações em que merece aplicação o art. 50 do CC/2002, que trata da *desconsideração da personalidade jurídica*. De imediato, pode-se afirmar que a desconsideração da personalidade jurídica nada mais é do que a desconsideração daquela antiga regra pela qual a pessoa jurídica não se confunde com os seus membros.

De todo modo, atualizando a obra, observe-se a inclusão do art. 49-A no Código Civil pela Lei 13.874/2019 (*Lei da Liberdade Econômica*), que não constava originalmente na Medida Provisória 881/2019, que a fundamentou, e com a seguinte redação:

"Art. 49-A. A pessoa jurídica não se confunde com os seus sócios, associados, instituidores ou administradores.

Parágrafo único. A autonomia patrimonial das pessoas jurídicas é um instrumento lícito de alocação e segregação de riscos, estabelecido pela lei com a finalidade de estimular empreendimentos, para a geração de empregos, tributo, renda e inovação em benefício de todos."

Como se pode perceber, o *caput* do novo preceito é reprodução quase exata, mas com a mesma ideia no seu conteúdo, do art. 20, *caput*, do Código Civil de 1916, aqui antes destacado. Reitere-se mais uma vez que o Código Civil de 2002 não reproduziu a norma com idêntico sentido, o que gerou debates nos anos iniciais da codificação a respeito da persistência ou não da ideia no ordenamento jurídico brasileiro. Ao final acabou por prevalecer o entendimento de que o conteúdo do antigo art. 20 da revogada codificação ainda prevalece entre nós, pela própria concepção da pessoa jurídica como realidade técnica e orgânica. Por isso, o impacto prático dessa primeira previsão é também quase inexistente. Diz-se "quase", pois a afirmação tem razão didática e metodológica tão somente.

O mesmo se pode afirmar quanto ao parágrafo único do novo comando do art. 49-A do Código Civil, ao prever que a autonomia da pessoa jurídica representa um mecanismo para a alocação de riscos, com o fim de estimular a economia e o desenvolvimento do País, pelo incremento de várias atividades. Afirmou-se novamente o óbvio, quanto às sociedades, em texto que é mais "ideológico" do que efetivo ou com concreta relevância prática. O que agora está previsto na lei até pode trazer a falsa sensação de que a autonomia da pessoa jurídica frente aos seus membros não representava o que nele consta atualmente a respeito das sociedades. Sempre foi – desde que se afirmou a pessoa jurídica como uma ficção legal dotada de realidade própria –, e sempre será assim. Em suma, a utilidade de todo o novo comando fica em dúvida.

Além disso, há um equívoco na norma, uma vez que algumas pessoas jurídicas, caso das fundações e associações, como se verá, não têm fins lucrativos, distanciando-se das finalidades previstas no comando legal, que parece estar restrito às sociedades, especialmente às empresas, e não às associações e fundações, que não têm finalidade de lucro, não trazendo a ideia de alocação ou segregação de riscos em seus conteúdos.

Feitas essas notas de atualização, enuncia o art. 45 do CC/2002 que a existência da pessoa jurídica de Direito Privado começa a partir da inscrição do seu ato constitutivo no respectivo registro, sendo eventualmente necessária a sua aprovação pelo Poder Executivo, como ocorre com as sociedades seguradoras. Ademais, é preciso sempre constar todas as alterações pelas quais passar esse ato constitutivo.

O parágrafo único do dispositivo traz inovação, em relação ao Código Civil de 1916, prevendo prazo decadencial de três anos para a anulação dessa constituição, contado o prazo da inscrição do registro. Esse artigo, na verdade, ressalta a tese de que o Código Civil adota a *teoria da realidade técnica*, uma vez que a pessoa jurídica, para existir, depende do ato de constituição dos seus membros, o que representa um exercício da autonomia privada.

Diante dessa identidade própria, o registro deve contar com os requisitos constantes do art. 46 do CC, sob pena de não valer a constituição (plano da validade), a saber:

a) A denominação da pessoa jurídica, identificação de sua sede, tempo de duração e o fundo social, quando houver.

b) O nome e individualização dos fundadores e instituidores, bem como dos seus diretores.

c) O modo de administração e representação ativa e passiva da pessoa jurídica.

d) A previsão quanto à possibilidade ou não de reforma do ato constitutivo, particularmente quanto à administração da pessoa jurídica.

e) A previsão se há ou não responsabilidade subsidiária dos membros da pessoa jurídica.

f) As condições de extinção da pessoa jurídica e o destino de seu patrimônio em casos tais.

A pessoa jurídica deve ser representada por uma pessoa natural de forma ativa ou passiva, manifestando a sua vontade, nos atos judiciais ou extrajudiciais. Em regra, essa pessoa natural que representa a pessoa jurídica é indicada nos seus próprios estatutos. Na sua omissão, a pessoa jurídica será representada por seus diretores. Os atos praticados por tais pessoas vinculam a pessoa jurídica, pelo que consta do art. 47 do Código Civil. Mas, conforme o Enunciado n. 145 aprovado na *III Jornada de Direito Civil* do Conselho da Justiça Federal, esse art. 47 não afasta a aplicação da teoria da aparência, nos casos de responsabilização do sócio por atos praticados em nome da pessoa jurídica, caso da incidência da desconsideração da personalidade jurídica.

Eventualmente, havendo administração coletiva, as decisões quanto à administração devem ser tomadas por maioria de votos, salvo se houver outra previsão no ato constitutivo da pessoa jurídica, situação em que deve ser preservada a autonomia privada antes manifestada (art. 48, *caput*, do CC). Decai em três anos o direito de se anular qualquer decisão da coletividade, particularmente nos casos de violação da lei, do estatuto, ou havendo atos praticados em erro, dolo, simulação e fraude (art. 48, parágrafo único, do CC).

Consigne-se que o comando legal dispõe de prazo decadencial para o ato simulado. Ora, como o ato simulado é nulo, o certo seria a lei não mencionar prazo, pois a ação correspondente é imprescritível (ou melhor, não sujeita à prescrição ou à decadência). Prescreve o art. 169 do CC/2002 que a nulidade não convalesce pelo decurso do tempo. De qualquer modo, como a norma é especial, apesar da falta de técnica, para esses casos, em tese, deve prevalecer.

De todo modo, julgado do Superior Tribunal de Justiça, do ano de 2021, traz a conclusão de não aplicação desse prazo decadencial de três anos, em havendo nulidade absoluta em qualquer decisão da coletividade, na linha do que argumentei: "com a entrada em vigor do CC/02, decai em três anos o prazo para anular decisão assemblear de pessoa jurídica com administração coletiva. Observância do disposto no art. 48, parágrafo único do CC/02. Contudo, a impossibilidade jurídica do objeto da deliberação assemblear acarreta a sua nulidade e não anulabilidade. O ato nulo não se submete a prazos prescricionais ou decadenciais" (STJ, REsp 1.776.467/PR, 3.ª Turma, Rel. Min. Moura Ribeiro, j. 25.11.2021, *DJe* 10.12.2021). Por esse caminho, o prazo de três anos somente tem aplicação aos casos de nulidade relativa do ato, o que me parece correto tecnicamente.

Diante desse debate, o Projeto de Reforma do Código Civil, ora em tramitação no Congresso Nacional, pretende alterar o seu art. 48, suprimindo lacunas e falhas hoje existentes, o que vem em boa hora. Com a proposta, a norma receberá um novo parágrafo, prevendo o primeiro deles, ora alterado, sem mais mencionar a simulação e a violação do estatuto, que "decai em três anos o direito de anular as decisões a que se refere este artigo, havendo incapacidade relativa ou forem eivadas de erro, dolo, coação, estado de perigo, lesão ou fraude contra credores".

Como se nota, de forma mais técnica, haverá menção apenas aos vícios da vontade que geram a nulidade relativa, relacionada a prazo decadencial de três anos. Além disso, consoante o novo § 2.º, que supre ausência de norma a respeito do início do prazo e traz segurança jurídica para a hipótese: "o prazo previsto no parágrafo antecedente terá início, o que ocorrer primeiro, da publicação do ato de administração coletiva ou da sua ciência".

Faltando a administração, consta da codificação emergente uma novidade, a atuação de um administrador provisório, a ser nomeado pelo juiz (administrador *ad hoc*), a pedido de qualquer interessado, como no caso dos credores de uma empresa, por exemplo (art. 49 do CC). Aplicando esse dispositivo, destaque-se, da jurisprudência do Tribunal de Justiça de São Paulo:

> "Pessoa jurídica. Pedido de nomeação de administrador provisório para associação profissional. Extinção do processo sem resolução do mérito por falta de interesse processual. Não ocorrência. Extinção afastada. Autor não associado e terceiro interessado

na continuidade das atividades associativas suspensas desde 1963. Inteligência do art. 49 do Código Civil de 2002. Deferida a antecipação dos efeitos da tutela jurisdicional. Necessidade de convocação de assembleia, na forma do estatuto social, para constituição de nova diretoria e conselhos, bem como regularização da entidade nos órgãos competentes. Imprescindível a citação de todos os interessados e dos últimos diretores e conselheiros da entidade. Retorno dos autos ao juízo de origem. Recurso provido" (TJSP, Apelação com Revisão 616.347.4/4, Acórdão 3461905, 2.ª Câmara de Direito Privado, Jaú, Rel. Des. Ariovaldo Santini Teodoro, j. 03.02.2009, *DJESP* 26.02.2009).

Também quanto ao art. 49 do Código Civil e a nomeação do administrador provisório, o Enunciado n. 39, aprovado na *I Jornada de Direito Notarial e Registral*, em 2022, preceitua, de forma correta, que essa regra poderá ser excepcionada, "quando a solicitação de reativação das atividades da pessoa jurídica for feita ao Oficial de Registro Civil das Pessoas Jurídicas competente por pelo menos 1/5 (um quinto) das pessoas que a integravam ao tempo de sua paralisação".

Como último comando geral a respeito das pessoas jurídicas, deve ser estudado o art. 4.º da Lei 14.010/2020, que criou um Regime Jurídico Emergencial e Transitório (RJET) das relações jurídicas de Direito Privado no período da pandemia do coronavírus (Covid-19). Nos termos de sua redação, "as pessoas jurídicas de direito privado referidas nos incisos I a III do art. 44 do Código Civil deverão observar as restrições à realização de reuniões e assembleias presenciais até 30 de outubro de 2020, durante a vigência desta Lei, observadas as determinações sanitárias das autoridades locais". A norma tem razão de ser, tendo em vista a efetivação de medidas de distanciamento social como forma de prevenir a contaminação e tutelar a saúde e a vida em tempos pandêmicos.

Apesar de não ter encontrado qualquer resistência no Congresso Nacional em sua tramitação, a norma foi vetada pelo Sr. Presidente da República. Conforme as razões de veto, "a propositura legislativa contraria o interesse público ao gerar insegurança jurídica, uma vez que a matéria encontra-se em desacordo com a recente edição da Medida Provisória 931 de 2020, o que viola o art. 11, da Lei Complementar n.º 95, de 1998. Ademais, o veto não pode abranger apenas parte do dispositivo, no caso a exclusão da menção às sociedades".

Pois bem, a Medida Provisória 931 acabou sendo convertida na Lei 14.030/2020, tratando das assembleias e as reuniões de sociedades anônimas, de sociedades limitadas, de sociedades cooperativas e de entidades de representação do cooperativismo durante o exercício de 2020, prevendo que tais pessoas jurídicas podem fazer suas assembleias no prazo de sete meses, contado do término do seu exercício social, tendo em vista os momentos pandêmicos.

Quanto às associações e fundações, o art. 7.º estatui que deverão observar as restrições à realização de reuniões e de assembleias presenciais até 31 de dezembro de 2020, obedecidas as determinações sanitárias das autoridades locais. Também está estabelecido no último preceito que se aplicam a essas pessoas jurídicas de direito privado: *a)* a extensão, em até sete meses, dos prazos para realização de assembleia geral e de duração do mandato de dirigentes, no que couber; *b)* o disposto no art. 5.º da Lei 14.010/2020, que ainda será aqui estudado.

Como não há qualquer contradição entre os comandos, que podem conviver perfeitamente e se complementam, o veto caiu no âmbito do Congresso Nacional e o art. 4.º da Lei 14.010/2002, felizmente, e de forma correta, entrou em vigor.

Superada essa visão das regras gerais, vejamos as principais classificações da pessoa jurídica.

256 | DIREITO CIVIL • VOL. 1 – *Flávio Tartuce*

4.2 PRINCIPAIS CLASSIFICAÇÕES GERAIS DA PESSOA JURÍDICA

As pessoas jurídicas podem ser classificadas:

4.2.1 Quanto à nacionalidade

a) *Pessoa jurídica nacional* – é a organizada conforme a lei brasileira e que tem no Brasil a sua sede principal e os seus órgãos de administração.

b) *Pessoa jurídica estrangeira* – é aquela formada em outro país, e que não poderá funcionar no Brasil sem autorização do Poder Executivo, interessando também ao Direito Internacional Privado.

4.2.2 Quanto à estrutura interna

a) *Corporação* – é o conjunto de pessoas que atua com fins e objetivos próprios. São corporações as sociedades, as associações, os partidos políticos, as entidades religiosas e os empreendimentos de economia solidária.

b) *Fundação* – é o conjunto de bens arrecadados com finalidade e interesse social.

4.2.3 Quanto às funções e à capacidade

a) *Pessoa jurídica de Direito Público* – é o conjunto de pessoas ou bens que visa atender a interesses públicos, sejam internos ou externos. De acordo com o art. 41 do CC/2002 são pessoas jurídicas de direito público interno a União, os Estados, o Distrito Federal, os Territórios, os Municípios, as autarquias e as demais entidades de caráter público criadas pela lei. Seu estudo é objetivo mais do Direito Administrativo do que do Direito Civil.

Entretanto, de acordo com o parágrafo único do art. 41 do CC, as pessoas jurídicas de direito público e que tenham estrutura de Direito Privado, caso das empresas públicas e das sociedades de economia mista, são regulamentadas pelo Código Civil. Quanto à matéria, foi aprovado o Enunciado n. 141 do CJF/STJ na *III Jornada de Direito Civil* com o seguinte teor: "a remissão do art. 41, parágrafo único, do CC, às 'pessoas jurídicas de direito público, a que se tenha dado estrutura de direito privado', diz respeito às fundações públicas e aos entes de fiscalização do exercício profissional". Destaque-se que o Projeto de Reforma do Código Civil, adotando o teor desse enunciado doutrinário, pretende incluir uma nova previsão no seu art. 41, para que um novo inciso IV-A passe a mencionar "as fundações públicas, quando assim definidas por lei".

Também é importante dizer que entrou em vigor em nosso país a Lei 11.107/2005, que alterou a redação do inc. IV do art. 41 do atual Código Civil. Determina o art. 16 dessa lei:

"Art. 16. O inciso IV do art. 41 da Lei 10.406, de 10 de janeiro de 2002 – Código Civil, passa a vigorar com a seguinte redação:

'Art. 41. (...)

IV – as autarquias, inclusive as associações públicas'".

Maria Helena Diniz ensina que essas associações públicas são "consórcios públicos com personalidade jurídica de direito público, por conjugarem esforços de entidades públicas, que firmam acordos para a execução de um objetivo de finalidade pública (p. ex., o consórcio COPATI, formado por municípios cortados pelo rio Tibagi, no Estado do Paraná, com o escopo de preservar esse rio), celebrados com a ratificação, mediante lei, do protocolo de intenções (Lei 11.107/2005, arts. 4.º, § 5.º, 5.º e 6.º, I)" (*Código...*, 2005, p. 67). Apesar do tratamento no Código Civil, tais associações interessam mais ao Direito Administrativo.

No que concerne às pessoas jurídicas de Direito Público, podem ser de direito público externo ou interno. Enuncia o art. 42 do Código Civil atual, sem correspondente na codificação anterior, que "são pessoas jurídicas de direito público externo os Estados estrangeiros e todas as pessoas jurídicas que forem regidas pelo direito internacional público".

b) *Pessoa jurídica de Direito Privado* – é a pessoa jurídica instituída pela vontade de particulares, visando a atender os seus interesses. Pelo que consta do art. 44 do CC/2002, inclusive pelas redações dadas pela Lei 10.825/2003, pela Lei 12.441/2011 e pela sucessiva revogação efetivada pela Lei 14.382/2022 e pela Lei 15.068/2024, dividem-se em: fundações, associações, sociedades (simples ou empresárias), partidos políticos, entidades religiosas e empreendimentos de economia solidária. As empresas individuais de responsabilidade limitada, como se sabe, foram retiradas expressamente do dispositivo pela última norma. O estudo da pessoa jurídica de Direito Privado merecerá aprofundamento no presente capítulo, a partir deste momento.

4.3 DA PESSOA JURÍDICA DE DIREITO PRIVADO. FIGURAS PREVISTAS NO ART. 44 DO CC

4.3.1 Das fundações particulares

Lembra Maria Helena Diniz que o termo *fundação* é originário do latim *fundatio*, ação ou efeito de fundar, de criar, de fazer surgir. As fundações, assim, são bens arrecadados e personificados, em atenção a um determinado fim, que por uma ficção legal lhe dá unidade parcial (*Curso...*, 2003, v. I, p. 211).

Na vigência do Código Civil de 1916, Rubens Limongi França explicava muito bem as diferenciações da categoria em relação às demais pessoas de Direito Privado. Vejamos suas palavras, com citação a dispositivos da codificação anterior, todos eles com correspondentes na atual Lei Geral Privada:

"As principais características das fundações parecem ser quatro e se relacionam: *a)* com a finalidade; *b)* com a origem; *c)* com a estrutura; e *d)* com o modo de administrar. Essas características ganham relevo se as pomos em confronto com a outra espécie de pessoa jurídica de direito privado, a saber, as sociedades ou associações.

Com relação à finalidade, a fundação difere da sociedade em virtude da circunstância de que, enquanto nesta os fins podem ser alterados pelos sócios, naquela, uma vez instituída, esses fins são permanentes, não podendo ser modificados pelos administradores (CC, art. 28, II).

Quanto à origem, ao passo que a sociedade é constituída pelos próprios sócios, que a administram e levam a bom termo, a fundação é criada por um instituidor, cuja pessoa não se confunde com a dos administradores da entidade (art. 24).

No que concerne à estrutura, é de se ressaltar, na fundação, o papel primacial do patrimônio. É sobre este que o instituidor, ao separar uma porção de seus bens, determinando-lhe finalidade específica, erige todo o arcabouço da fundação, diferentemente do que se passa na sociedade, onde a união moral das pessoas constitui o alicerce fundamental.

Finalmente, com referência ao modo de administrar, cumpre advertir que nas fundações, a despeito do caráter privado, desempenha papel ativo e importantíssimo a constante intervenção do Ministério Público" (LIMONGI FRANÇA, Rubens. *Instituições...* 1999, p. 73).

258 | DIREITO CIVIL • VOL. 1 – *Flávio Tartuce*

Na mesma linha, entre os contemporâneos, para Pablo Stolze Gagliano e Rodolfo Pamplona Filho, "diferentemente das associações e das sociedades, as fundações resultam não da união de indivíduos, mas da afetação de um patrimônio, por testamento ou escritura pública, que faz o seu instituidor, especificando o fim para o qual se destina" (*Novo...*, 2003, v. I, p. 224). Inovação importante é a que consta do art. 64 do Código Civil em vigor, frente ao seu antecessor, pelo qual "constituída a fundação por negócio jurídico entre vivos, o instituidor é obrigado a transferir-lhe a propriedade, ou outro direito real, sobre os bens dotados, e, se não o fizer, serão registrados, em nome dela, por mandado judicial". Esse mandado judicial deve ser postulado pelo Ministério Público, a quem incumbe zelar pelas fundações.

Nos termos do art. 62 do CC/2002, as fundações são criadas a partir de escritura pública ou testamento. Para a sua criação, pressupõem-se a existência dos seguintes elementos:

a) afetação de bens livres;

b) especificação dos fins;

c) previsão do modo de administrá-las;

d) elaboração de estatutos com base em seus objetivos e submetidos à apreciação do Minist5ério Público que os fiscalizará; único dos requisitos que não é obrigatório, mas facultativo, no ato de instituição.

Sendo insuficientes os bens para a constituição de uma fundação, serão esses incorporados por outra fundação, que desempenha atividade semelhante, salvo previsão em contrário pelo seu instituidor (art. 63 do CC).

As fundações surgem com o registro de seus estatutos no Registro Civil de Pessoas Jurídicas. Pelo que constava do art. 62, parágrafo único, do CC/2002, em sua redação original, a fundação somente poderia constituir-se para "fins religiosos, morais, culturais ou de assistência", não podendo nunca ter finalidade econômica, sequer indireta.

Tal inovação, diante da codificação anterior, foi fundamental, eis que muitas vezes as fundações foram utilizadas com fins ilícitos, ou com intuito de enriquecimento sem causa. Sobre o tema, comentam Pablo Stolze Gagliano e Rodolfo Pamplona Filho que "escapa, pois, do permissivo legal, a entidade supostamente fundacional que empreenda atividade econômica com escopo lucrativo" (*Novo...*, 2003, v. I, p. 224).

Reforçando, conforme ensina Maria Helena Diniz, "a fundação deve almejar a consecução de fins nobres, para proporcionar adaptação à vida social, a obtenção da cultura, do desenvolvimento intelectual e o respeito de valores espirituais, artísticos, materiais ou científicos. Não pode haver abuso, desvirtuando-se os fins fundacionais para atender a interesses particulares do instituidor, por exemplo" (*Curso...*, 2003, v. I, p. 211).

Esses entendimentos doutrinários foram confirmados na I *Jornada de Direito Civil*, com a aprovação do Enunciado n. 9, prevendo que "o art. 62, parágrafo único, deve ser interpretado de modo a excluir apenas as fundações de fins lucrativos". Denotando esses *fins nobres* da fundação, o Enunciado n. 8, também da I *Jornada*, tem a seguinte redação: "a constituição de fundação para fins científicos, educacionais ou de promoção do meio ambiente está compreendida no CC, art. 62, parágrafo único".

Em 2015, o parágrafo único do art. 62 do CC/2002 foi alterado pela Lei 13.151, do mês de julho, ampliando os *fins nobres* das fundações, na linha do que constava do último enunciado doutrinário. Assim, o comando passou a prever que "a fundação somente poderá constituir-se para fins de: I – assistência social; II – cultura, defesa e conservação do patrimônio histórico e artístico; III – educação; IV – saúde; V – segurança alimentar e nutricional; VI – defesa, preservação e conservação do meio ambiente e promoção do desenvolvimento sustentável; VII – pesquisa científica, desenvolvimento de tecnologias alternativas, modernização de sistemas de gestão, produção e divulgação de informações e conhecimentos técnicos e científicos; VIII – promoção da ética, da cidadania, da democracia e dos direitos humanos; IX – atividades religiosas".

O rol é meramente exemplificativo ou *numerus apertus*, e o teor dos dois últimos enunciados doutrinários citados coloca em dúvida a necessidade dessa alteração legislativa.

Pelo seu interesse social, há necessidade de os administradores prestarem contas ao Ministério Público, sendo certo que nas fundações não existem sócios propriamente ditos. Como se pode notar, as fundações são sempre supervisionadas pelo Ministério Público, que atua como fiscal da lei por intermédio da *curadoria das fundações* ou *velamento*; devendo esse órgão zelar pela sua constituição e pelo seu funcionamento (art. 66 do CC/2002). Por regra que consta nesse dispositivo, a atuação cabe ao Ministério Público estadual, exceção feita em dois casos, previstos nos parágrafos do último dispositivo, a saber:

a) Para as fundações que funcionarem no Distrito Federal ou em Território, caberia a atuação do Ministério Público Federal (art. 66, § 1.º, do CC, na redação original). Sobre essa atuação, não se poderia afastar a aplicação das regras específicas previstas para as atividades do Ministério Público Federal, o que foi reconhecido pelo Enunciado n. 10 aprovado na *I Jornada de Direito Civil* do Conselho da Justiça Federal: "em face do princípio da especialidade, o art. 66, § 1.º, deve ser interpretado em sintonia com os arts. 70 e 178 da LC 75/1993". De qualquer modo, é interessante apontar que o Supremo Tribunal Federal, em dezembro de 2006, entendeu pela inconstitucionalidade desse dispositivo, em Ação Direta de Inconstitucionalidade proposta pela Associação dos Membros do Ministério Público (CONAMP) – ADIn 2.794. A retirada de eficácia da norma se deu diante da prevalência da autonomia do Ministério Público do Distrito Federal, que deve zelar pelas fundações situadas naquela localidade (STF, ADin 2.794/DF, Rel. Min. Sepúlveda Pertence, Tribunal Pleno, j. 14.12.2007, *DJ* 30.03.2007, p. 68). Em suma, a norma já não tinha mais aplicação na realidade jurídica brasileira. Assim, corretamente, a Lei 13.151/2015 alterou esse art. 66, § 1.º, da codificação material, passando o diploma a preceituar que se as fundações "funcionarem no Distrito Federal ou em Território, caberá o encargo ao Ministério Público do Distrito Federal e Territórios".

b) Para as fundações que funcionarem em várias unidades da Federação ao mesmo tempo, ou que estenderem sua atividade por mais de um Estado ou Território, cabe a intervenção conjunta do MP de todos os estados envolvidos (art. 66, § 2.º, do CC). No tocante a esse dispositivo, não há que se falar em qualquer inconstitucionalidade, não havendo qualquer alteração legal mais recente.

Pois bem, na *III Jornada de Direito Civil*, foi aprovado outro enunciado doutrinário, de número 147, em relação ao art. 66 do Código, cujo teor segue: "a expressão 'por mais de um Estado', contida no § 2.º do art. 66, não exclui o Distrito Federal e os Territórios. A atribuição de velar pelas fundações, prevista no art. 66 e seus parágrafos, ao MP local – isto é, dos Estados, DF e Territórios onde situadas – não exclui a necessidade de fiscalização de tais pessoas jurídicas pelo MPF, quando se tratar de fundações instituídas ou mantidas pela União, autarquia ou empresa pública federal, ou que destas recebam verbas, nos termos da Constituição, da LC n. 75/93 e da Lei de Improbidade". Como se pode notar, a atuação do Ministério Público Federal, pelo menos indiretamente, não é totalmente excluída.

O tema da *curadoria* ou do *velamento* das fundações representa hoje um dos maiores desafios a respeito do funcionamento prático dessa importante pessoa jurídica. Em 2024, o Conselho Superior do Ministério Público aprovou necessária norma administrativa para tratar do assunto, em todo o território nacional e de forma uniforme, em prol da segurança jurídica. O amplo e detalhado texto foi elaborado por grupo de trabalho formado por especialistas, liderado pelo então Conselheiro e Professor Otavio Luiz Rodrigues Jr., e que contou com a minha participação.

Em termos gerais, a normatização em cinquenta artigos traz disposições iniciais, previsões sobre os atos de velamento, a instituição das fundações, o estatuto fundacional e suas alterações, a emissão de atestado de funcionamento das fundações, as filiais da entidade fundacional, a alienação e a oneração de bens por essa pessoa jurídica, a análise das suas atas, a prestação de contas anual, a extinção das fundações, os recursos cabíveis, o Sistema Nacional Fundacional, as boas práticas de velamento fundacional e disposições finais. Recomenda-se a sua atenta leitura e estudo para aqueles que pretendem aprofundar o assunto, o que foge do escopo desta obra.

Quanto ao Projeto de Reforma do Código Civil, prevaleceu na Comissão de Juristas proposição para limitar a atuação do Ministério Público a algumas situações específicas. Assim, nos termos do projetado art. 66, *caput*, "o velamento do Ministério Público destina-se a garantir o cumprimento da finalidade e das demais regras de natureza procedimental do estatuto da fundação". Consoante o projetado § 1.º, o velamento não alcança o mérito das decisões de natureza operacional, fruto de juízos de conveniência e oportunidade, como: *a)* a definição, a escolha de instalação, de sede ou filiais; *b)* as opções de alocação de recursos nas estratégias para cumprimento das finalidades institucionais; *c)* sobre atos jurídicos destinados ao cumprimento e relacionados à execução das previsões anteriores, como contratos com prestadores de serviço, locação de imóveis, alienação de bens móveis ou imóveis e outros no mesmo sentido; *d)* relativo as questões relativas à judicialização de questões, como a propositura de ações, a realização de acordos em juízo, os temas que se encontrem em análise pelo judiciário, entre outros similares; *e)* outras questões referentes à gestão fundacional.

Em prol da autonomia privada também se insere um § 2.º no art. 66 do CC/2002, preceituando que o instituidor da fundação pode dispensar o velamento do Ministério Público, mediante previsão expressa no ato de instituição. De todo modo, todas essas regras propostas, sobretudo a última, não afastam a aplicação das leis especiais que respaldem a fiscalização, pelo Ministério Público ou por outro órgão competente, quanto ao cumprimento de deveres legais ou negociais de fundação em relação a contratos firmados com o Poder Público (proposição de um § 3.º do art. 66 da Lei Geral Privada).

Voltando-se ao texto legal em vigor, a alteração das normas estatutárias da fundação somente é possível mediante a deliberação de dois terços das pessoas responsáveis pela sua gerência, desde que tal alteração não contrarie ou desvirtue a sua finalidade e que seja aprovada pelo Ministério Público (art. 67 do CC). Consigne-se que a Lei 13.151/2015 introduziu no último inciso do preceito um prazo decadencial de 45 dias para a aprovação do MP. Findo esse prazo ou no caso de o Ministério Público a denegar, poderá o juiz supri-la, a requerimento do interessado, de acordo com as circunstâncias do caso concreto, sempre se levando em conta os *fins nobres* que devem estar presentes na atuação das fundações.

Eventualmente, não havendo aprovação unânime, os vencedores quanto à alteração deverão requerer ao Ministério Público que dê ciência à minoria, visando impugnações, que devem ser apresentadas no prazo de 10 dias, sob pena de decadência (art. 68 do CC). É forçoso observar que não cabe qualquer decisão ao Ministério Público, devendo as nulidades ser apreciadas pelo Poder Judiciário, dependendo do caso concreto.

CAP. 4 · DA PESSOA JURÍDICA | 261

A encerrar o estudo das fundações, tornando-se ilícita, impossível, imoral a finalidade de uma fundação; se a mesma não atender às finalidades sociais a que se destina; for impossível a sua manutenção ou vencer o prazo de sua existência poderá ocorrer a sua dissolução, efetivada pelo Ministério Público ou por qualquer interessado (art. 765 do CPC/2015). Em casos tais, os bens devem ser destinados pelo juiz para outra fundação que desempenhe atividade semelhante, salvo previsão de regra em contrário quanto ao destino dos bens no seu estatuto social (art. 69 do CC/2002).

Aplicando esta última norma, aresto do Tribunal de Justiça do Rio de Janeiro concluiu pela necessidade de extinção da fundação, "diante de falta de legalidade, configurada ante a não prestação de contas, ausência de auditoria externa e registro, além de não se submeter à obrigatória fiscalização anual pela promotoria de fundações de que trata o Código Civil" (TJRJ, Apelação 0006206-71.2013.8.19.0001, 19.ª Câmara Cível, Rel. Des. Eduardo de Azevedo Paiva, j. 22.07.2014, *DORJ* 25.07.2014).

4.3.2 Das associações

Conforme disciplina o art. 53 do CC/2002, inovação diante do CC/1916 e em total sintonia com o princípio da simplicidade: "constituem-se as associações pela união de pessoas que se organizem para fins não econômicos". As associações, pela previsão legal, são conjuntos de pessoas, com fins determinados, que não sejam lucrativos. Assim deve ser entendida a expressão "fins não econômicos".

Nessa trilha, o Enunciado n. 534 da *VI Jornada de Direito Civil* (2013) estabelece que "as associações podem desenvolver atividade econômica, desde que não haja finalidade lucrativa". Vejamos as justificativas do enunciado doutrinário, que merecem destaque:

> "Andou mal o legislador ao redigir o *caput* do art. 53 do Código Civil por ter utilizado o termo genérico 'econômicos' em lugar do específico 'lucrativos'. A dificuldade está em que o adjetivo 'econômico' é palavra polissêmica, ou seja, possuidora de vários significados (econômico pode ser tanto atividade produtiva quanto lucrativa). Dessa forma, as pessoas que entendem ser a atividade econômica sinônimo de atividade produtiva defendem ser descabida a redação do *caput* do art. 53 do Código Civil por ser pacífico o fato de as associações poderem exercer atividade produtiva. Entende-se também que o legislador não acertou ao mencionar o termo genérico 'fins não econômicos' para expressar sua espécie 'fins não lucrativos'".

Anoto que o Projeto de Reforma do Código Civil pretende corrigir esse equívoco do art. 53, para que o seu *caput* passe a mencionar que "constituem-se as associações pela união de pessoas que se organizem para fins não lucrativos". A aprovação da proposta é necessária, sobretudo para encerrar qualquer debate a respeito do tema, não tendo sido a opção original do legislador a melhor, do ponto de vista técnico-jurídico.

Como exemplos de associações, podem ser citados os clubes esportivos recreativos, típicos das cidades do interior do Brasil, e algumas entidades de classe. No âmbito jurídico, entre as últimas, podem ser mencionados, como ilustração, o Instituto Brasileiro de Direito de Família (IBDFAM), a Associação dos Advogados de São Paulo (AASP), o Instituto Brasileiro de Direito Civil (IBDCivil) e o Instituto Brasileiro de Direito Contratual (IBDCont). As associações têm grande importância na interação e no desenvolvimento social dos seus componentes, como acontece na Alemanha, com a *Verein*.

Pelo fato de serem constituídas por pessoas, assim como são as sociedades, as associações são uma espécie de corporação. Não há, entre associados, direitos e obrigações recíprocos,

262 | DIREITO CIVIL • VOL. 1 – *Flávio Tartuce*

uma vez que não há intuito de lucro (art. 53, parágrafo único, do CC). Por outro lado, podem existir direitos e deveres entre associados e associação, como o dever do associado de pagar a contribuição mensal.

A associação deve sempre ser registrada, passando com o registro a ter aptidões para ser sujeito de direitos e deveres na ordem civil. Como ocorre com todas as pessoas jurídicas, a associação também tem identidade distinta dos seus membros (*teoria da realidade orgânica*, nos termos do art. 20 do CC/1916 e do novo art. 49-A, *caput*, do CC/2002).

Não se podem confundir as associações com as sociedades. Quando não há fim lucrativo no conjunto de pessoas constituído, tem-se a associação. Ao contrário, as sociedades visam sempre a um fim econômico ou lucrativo, que deve ser repartido entre os sócios. Ademais, não se podem confundir as associações com as fundações. Enquanto as primeiras são formadas por um conjunto de pessoas (corporações), as fundações são conjuntos de bens.

Concernentes às associações, várias foram as modificações introduzidas pelo Código Civil, que devem ser abordadas. Vale lembrar, nesse sentido, que a Lei 11.127, de 28 de junho de 2005, alterou os arts. 54, 57, 59 e 60 do Código Civil de 2002, com o intuito de *desburocratizar* o instituto diante de inúmeras críticas que eram formuladas à então nova codificação privada.

O art. 54 do CC/2002 elenca uma série de requisitos para elaboração dos estatutos da associação, cujo desrespeito poderá acarretar a sua nulidade. Assim, deverá constar do estatuto:

a) A denominação da associação, os seus fins e o local da sua sede.

b) Os requisitos para a admissão, demissão e exclusão dos associados.

c) Os direitos e deveres dos associados.

d) As fontes de recursos para manter a associação.

e) O modo de constituição e funcionamento dos órgãos deliberativos. Não há mais previsão quanto aos órgãos administrativos, o que foi alterado pela Lei 11.127/2005. Anote-se ainda que a Reforma do Código Civil pretende incluir menção aos termos inicial e final dos mandatos de seus dirigentes, o que visa a trazer maior clareza aos estatutos.

f) As condições para alterar as disposições estatutárias e as condições para dissolução da associação.

g) A forma de gestão administrativa e de aprovação das respectivas contas (introduzido pela Lei 11.127/2005).

Determina o art. 55 do CC/2002 que, regra geral, deverão ter os associados iguais direitos, podendo o estatuto criar, eventualmente, categorias especiais. A título de exemplo, imagine-se um clube esportivo e de recreação. Esse clube, ilustrando, pode criar a categoria de *associado contribuinte* (que não tem poder de decisão ou direito de voto) e *associado proprietário* (que tem poder diretivo e direito ao voto). Não há que se falar em qualquer inconstitucionalidade do dispositivo, pois se trata de aplicação da especialidade, segunda parte da isonomia.

Nesse sentido, nos termos de enunciado aprovado na *VII Jornada de Direito Civil*, em 2015, a possibilidade de instituição de categorias de associados com vantagens especiais admite a atribuição de pesos diferenciados ao direito de voto, desde que isso não acarrete a supressão em relação a matérias previstas no art. 59 do Código Civil, que trata das competências da assembleia geral (Enunciado n. 577). A ementa doutrinária aprovada é precisa e correta, contando com o meu apoio quando da plenária do evento organizado pelo Conselho da Justiça Federal.

CAP. 4 · DA PESSOA JURÍDICA | 263

Demonstrando a sua importância para a prática das associações, a Comissão de Juristas nomeada no âmbito do Congresso Nacional para a Reforma do Código Civil resolveu incluir parte do texto do enunciado doutrinário no art. 55, que passará a prever, com melhora do texto, que "aos associados de uma mesma categoria deverão ser assegurados pelo estatuto direitos iguais, sendo vedada a atribuição de vantagens especiais a um associado individualmente". E, nos termos da projeção de seu parágrafo único, "admite-se a atribuição de pesos diferentes para a valoração de voto de associados de categorias distintas, ressalvado o disposto no § 1º do art. 59 deste Código".

De acordo com o art. 56, *caput*, do CC, a qualidade de associado é intransmissível, havendo um ato personalíssimo na admissão (veja sobre o tema: STJ, AgRg-Ag 1.272.080/RJ, 3.ª Turma, Rel. Min. Massami Uyeda, j. 27.04.2010, *DJE* 20.05.2010). Porém, poderá haver disposição em sentido contrário no estatuto, sendo tal norma dispositiva ou de ordem privada. Se o associado for titular de quota ou fração ideal do patrimônio da associação, a transferência daquela não importará, de per si, na atribuição da qualidade de associado ao adquirente ou ao herdeiro, salvo disposição diversa no estatuto (art. 56, parágrafo único, do CC). Esse último comando legal confirma a tese de que a admissão na associação é ato personalíssimo.

A exclusão do associado somente será admissível havendo *justa causa* para tanto (cláusula geral), "assim reconhecida em procedimento que assegure direito de defesa e de recurso, nos termos do previsto no estatuto" (art. 57, *caput*, do CC atual). A redação destacada foi introduzida pela Lei 11.127/2005, substituindo o texto anterior que previa: "a exclusão do associado só é admissível havendo justa causa, obedecido o disposto no estatuto; sendo este omisso, poderá também ocorrer se for reconhecida a existência de motivos graves, em deliberação fundamentada, pela maioria absoluta dos presentes à assembleia geral especialmente convocada para esse fim".

Fica claro que a mudança introduzida no Código Civil tende à diminuição da burocracia, permitindo que o estatuto regulamente a exclusão do associado, inclusive a defesa deste. Nesse sentido, foi revogado o parágrafo único do art. 57 do Código Civil, que previa o cabimento de recurso à assembleia geral contra a decisão do órgão que decidisse pela exclusão do associado. Esse recurso também não é mais regulamentado pela lei, o que deve ser feito pelo próprio estatuto. Eventualmente, cabe discutir, no âmbito judicial, a exclusão do associado, conforme já reconheceu o STF, aplicando a *eficácia horizontal dos direitos fundamentais* (STF, RE 201.819/RJ, Rel. Min. Ellen Gracie, Rel. p/ o acórdão Min. Gilmar Mendes, j. 11.10.2005).

Outros julgados têm debatido os limites de previsões dos estatutos das associações frente às normas constitucionais, dentro do sadio diálogo que propõe a escola do Direito Civil Constitucional. Em regra, o estatuto da associação vale como um negócio jurídico coletivo, que vincula os associados, regido pela força obrigatória (*pacta sunt servanda*). Porém, não poderá contrariar preceitos de ordem pública, normas cogentes e direitos fundamentais assegurados na Constituição Federal.

De início, cumpre destacar outro acórdão anterior do Supremo Tribunal Federal, concluindo que não se pode impor compulsoriamente mensalidades em casos de associação de moradores de condomínios fechados de casas:

> "Associação de moradores. Mensalidade. Ausência de adesão. Por não se confundir a associação de moradores com o condomínio disciplinado pela Lei n. 4.591/1964, descabe, a pretexto de evitar vantagem sem causa, impor mensalidade a morador ou a proprietário de imóvel que a ela não tenha aderido. Considerações sobre o princípio da legalidade e da autonomia da manifestação de vontade – art. 5.º, incisos II e XX, da Constituição Federal" (STF, RE 432.106, 1.ª Turma, Rel. Min. Marco Aurélio, j. 20.09.2011).

A dedução, portanto, foi no sentido de que a adesão forçada contraria o livre direito de associação, constante do último dispositivo superior citado.

Cabe consignar que essa posição foi confirmada pelo Superior Tribunal de Justiça, em incidente de recursos repetitivos. Conforme publicação constante do *Informativo* n. 562 daquela Corte:

> "As taxas de manutenção criadas por associações de moradores não obrigam os não associados ou os que a elas não anuíram. As obrigações de ordem civil, sejam de natureza real sejam de natureza contratual, pressupõem, como fato gerador ou pressuposto, a existência de uma lei que as exija ou de um acordo firmado com a manifestação expressa de vontade das partes pactuantes, pois, em nosso ordenamento jurídico positivado, há somente duas fontes de obrigações: a lei ou o contrato. Nesse contexto, não há espaço para entender que o morador, ao gozar dos serviços organizados em condomínio de fato por associação de moradores, aceitou tacitamente participar de sua estrutura orgânica. (...) De fato, a jurisprudência não pode esvaziar o comando normativo de um preceito fundamental e constitucional em detrimento de um corolário de ordem hierárquica inferior, pois, ainda que se aceite a ideia de colisão ou choque de princípios – liberdade associativa (art. 5.º, XX, da CF) versus vedação ao enriquecimento sem causa (art. 884 do CC) –, o relacionamento vertical entre as normas – normas constitucionais e normas infraconstitucionais, por exemplo – deve ser apresentado, conforme a doutrina, de tal forma que o conteúdo de sentido da norma inferior deve ser aquele que mais intensamente corresponder ao conteúdo de sentido da norma superior. Ademais, cabe ressaltar que a associação de moradores é mera associação civil e, consequentemente, deve respeitar os direitos e garantias individuais, aplicando-se, na espécie, a teoria da eficácia horizontal dos direitos fundamentais" (STJ, REsp 1.280.871/SP e REsp 1.439.163/SP, 2.ª Seção, Rel. Min. Ricardo Villas Bôas Cueva, Rel. para acórdão Min. Marco Buzzi, j. 11.03.2015, *DJe* 22.05.2015).

Porém, como antes apontado nesta obra, em suas edições anteriores, com a emergência da Lei 13.465/2017, tal panorama tenderia a mudar. Isso, diante do fato de que a nova lei, entre outras previsões, alterou o Código Civil, introduzindo o seu art. 1.358-A e estabelecendo, no seu § 2.º, a aplicação das mesmas regras do condomínio edilício para o condomínio de lotes. Com a incidência das mesmas normas sobre o condomínio edilício, passaria a ser obrigatório o pagamento dos valores relativos às contribuições havendo condomínio de lotes, por força do art. 1.336 da mesma codificação. Como pondera Marco Aurélio Bezerra de Melo, que tem o meu apoio:

> "O fato é que o condomínio de lotes, em nada se diferencia das formas de estabelecimento de fracionamento da propriedade imóvel em que se possibilita, para o bom cumprimento da função social da propriedade, a convivência entre a propriedade condominial, perpétua e indivisível e as unidades autônomas que não terão por objeto mediato, obviamente, apartamentos, salas, casas, mas simplesmente o lote (art. 1.331, §§ 1.º e 2.º, CC). Enfim, ao incorporador competirá obrigações de infraestrutura do estabelecimento do condomínio como obrigação básica para disponibilizar os lotes de terreno à venda. Aos condôminos caberá, como lembra Chalhub, arcar com as despesas com limpeza, segurança, manutenção, vigilância e demais serviços no condomínio. Será a convenção como ato-regra que constitui o condomínio edilício o documento que ao lado da legislação definirá os direitos e deveres dos condôminos como sói acontece em qualquer condomínio edilício. O condomínio de lotes, em suma, é um condomínio edilício sem edificação" (MELO, Marco Aurélio Bezerra de. *Questões...*, 2018).

Como antes pontuava, as afirmações valeriam para os loteamentos fechados que fizerem a opção de conversão para o regime de condomínio de lotes; ou para os novos condomínios que surgirem com a adoção desse caminho de instituição. Para os loteamentos fechados anteriores em que não houver mudança a respeito de sua situação jurídica, seriam aplicados e, *a priori*, os precedentes da jurisprudência superior ora citados.

Pois bem, essa nossa posição doutrinária – minha e do Des. Marco Aurélio Bezerra de Melo – acabou por ser adotada, pelo menos parcialmente, pelo Supremo Tribunal Federal em novo julgamento sobre o tema.

Em dezembro de 2020, a Corte reafirmou que, em regra, as associações de moradores de loteamentos urbanos não podem cobrar taxa de manutenção e conservação de proprietários não associados antes da Lei 13.465/2017 ou de anterior lei local que discipline a questão. A decisão, por maioria de votos, foi proferida no julgamento do Recurso Extraordinário 695.911, com repercussão geral (Tema 492). Todavia, foram incluídas ressalvas na linha do que sustentávamos, sendo a tese de repercussão geral fixada nos seguintes termos: "é inconstitucional a cobrança por parte de associação de taxa de manutenção e conservação de loteamento imobiliário urbano de proprietário não associado até o advento da Lei 13.465/2017, ou de anterior lei municipal que discipline a questão, a partir da qual se torna possível a cotização dos titulares de direitos sobre lotes em loteamentos de acesso controlado, que: (i) já possuindo lote, adiram ao ato constitutivo das entidades equiparadas a administradoras de imóveis, ou (ii) sendo novos adquirentes de lotes, o ato constitutivo da obrigação esteja registrado no competente Registro de Imóveis".

A nova tese também traz como aplicação o novo art. 36-A da Lei 6.766/1979, incluído pela Lei 13.465/2017, nos seguintes termos:

> "Art. 36-A. As atividades desenvolvidas pelas associações de proprietários de imóveis, titulares de direitos ou moradores em loteamentos ou empreendimentos assemelhados, desde que não tenham fins lucrativos, bem como pelas entidades civis organizadas em função da solidariedade de interesses coletivos desse público com o objetivo de administração, conservação, manutenção, disciplina de utilização e convivência, visando à valorização dos imóveis que compõem o empreendimento, tendo em vista a sua natureza jurídica, vinculam-se, por critérios de afinidade, similitude e conexão, à atividade de administração de imóveis.
>
> Parágrafo único. A administração de imóveis na forma do *caput* deste artigo sujeita seus titulares à normatização e à disciplina constantes de seus atos constitutivos, cotizando-se na forma desses atos para suportar a consecução dos seus objetivos".

Esse deve ser o novo entendimento a ser adotado, para os devidos fins práticos.

Releve-se, no mesmo contexto de interpretação de acordo associativo com a CF/1988, sentença proferida pelo Juiz de Direito Mitrios Zarvos Varellis, da 11.ª Vara Cível do Foro Central da Comarca de São Paulo, determinando a inclusão de companheiro homoafetivo e de sua filha como dependentes de associado do secular Club Athletico Paulistano (decisão de 15 de fevereiro de 2012, Processo: 583.00.2011.132644-6). A sentença segue a linha adotada pelo STF, em maio de 2011, ao concluir pela aplicação analógica de todas as regras da união estável para a união homoafetiva (ver seu *Informativo* n. 625). Afastou-se decisão administrativa do clube, baseada em interpretação literal de seu estatuto, que mencionava apenas a união estável entre pessoas de sexos distintos como fundamento para a inclusão de dependentes.

Cumpre destacar que o jurista Euclides de Oliveira já havia dado parecer jurídico pela inclusão, prescrevendo que: "os pontos distintivos das uniões de cunho afetivo-familiar, em especial a união estável, conquanto não haja previsão legal específica ou estatutária de determinada instituição particular, abona a tutela jurídica ao ente familiar no seu mais alargado conceito, de modo a atender com efetividade aos anseios de garantia do bem-estar da comunidade social que se instale a partir do relacionamento humano". A decisão de primeiro grau foi confirmada pelo Tribunal de Justiça de São Paulo, em dezembro de 2012.

Como última decisão a ser comentada a respeito da interpretação civil constitucional do conteúdo das disposições associativas, em aresto de 2019, o Superior Tribunal de Justiça aplicou a equiparação da união estável ao casamento ao determinar que um companheiro continuasse a utilizar as dependências de um clube recreativo, interpretando-se extensivamente o previsto no estatuto, para os fins de inclusão da união estável, na mesma linha do acórdão anterior. Conforme o seu teor, "o espaço de autonomia privada garantido pela Constituição às associações não está imune à incidência dos princípios constitucionais que asseguram o respeito aos direitos fundamentais de seus associados e de terceiros (RE n.º 201.819-8). A recusa de associação, no caso um clube esportivo, baseada exclusivamente em cláusula protetiva apenas a ex-cônjuge de sócio proprietário de título, excluindo o benefício a ex--companheiro, viola a isonomia e a proteção constitucional de todas as entidades familiares, tais como o casamento, a união estável e as famílias monoparentais" (STJ, REsp 1.713.426/PR, 3.ª Turma, Rel. Min. Ricardo Villas Bôas Cueva, j. 04.06.2019, *DJe* 07.06.2019).

Seguindo na análise dos dispositivos legais da codificação, o art. 58 do CC/2002, em sintonia com o princípio da eticidade e a correspondente valorização da boa-fé, preconiza que nenhum associado poderá ser impedido de exercer direito ou função que lhe tenha sido legitimamente conferido, a não ser nos casos e formas previstos na lei ou no estatuto. Percebe-se a intenção do legislador em valorizar os direitos inerentes à dignidade da pessoa humana, sendo o comando visualizado como uma manifestação do princípio constitucional pelo qual ninguém pode ser compelido a agir senão em virtude de lei (*princípio da legalidade*, art. 5.º, II, da CF/1988).

De acordo com a novidade do art. 59 do CC/2002, diante da codificação anterior, compete privativamente à assembleia geral:

a)   destituir os administradores; e
b)   alterar os estatutos.

Para a prática desses atos, exige-se deliberação da assembleia especialmente convocada para este fim, cujo *quorum* será estabelecido no estatuto, bem como os critérios para eleição dos administradores. Esse comando legal, inclusive o seu parágrafo único, foi alterado pela Lei 11.127/2005.

Primeiro porque o art. 59, *caput*, do CC, em sua redação original, previa como competências da assembleia geral: *a)* eleger administradores; *b)* destituir administradores; *c)* aprovar as contas; e *d)* alterar o estatuto. Agora, pela atual redação comando, competem--lhe apenas a destituição dos administradores e a alteração dos estatutos. Quanto às demais competências, caberá ao próprio estatuto prevê-las.

Segundo porque não há mais referência, no parágrafo único, ao *quorum* de 2/3 dos presentes à assembleia convocada para tais finalidades, muito menos a necessidade da presença de maioria absoluta dos associados na primeira convocação, ou de ao menos 1/3 nas convocações seguintes. Em sua previsão atual, "para as deliberações a que se referem os incisos I e II deste artigo é exigido deliberação da assembléia especialmente convocada para esse fim, cujo *quorum* será o estabelecido no estatuto, bem como os critérios de eleição dos administradores" (art. 59, parágrafo único, do CC). A nova redação tende, mais uma vez, a desburocratizar as questões relativas às associações, cabendo a sua regulamentação ao que constar no estatuto.

O Projeto de Reforma do Código Civil pretende deixar a norma ainda mais clara, sobretudo quanto ao peso das votações. Nesse contexto, propõe-se que o seu § 1.º enuncie que, "para as deliberações a que se referem os incisos I e II deste artigo, os votos de todos os associados terão o mesmo peso". Em complemento, o novo § 2.º do art. 59 repetirá o atual parágrafo único do dispositivo.

Ainda sobre o dispositivo, tendo em vista a pandemia da Covid-19, a Lei 14.010/2020 (RJET) trouxe a possibilidade de a assembleia geral ser efetivada por meios eletrônicos, por meio de plataformas digitais. Conforme o art. 5.º da norma emergente, "a assembleia geral, inclusive para os fins do art. 59 do Código Civil, até 30 de outubro de 2020, poderá ser realizada por meios eletrônicos, independentemente de previsão nos atos constitutivos da pessoa jurídica". E mais, conforme o seu parágrafo único, o que visa dar funcionalidade à sua realização à distância, "a manifestação dos participantes poderá ocorrer por qualquer meio eletrônico indicado pelo administrador, que assegure a identificação do participante e a segurança do voto, e produzirá todos os efeitos legais de uma assinatura presencial".

Os dispositivos são louváveis, com o objetivo de concretizar as normas de distanciamento, tendo aplicação temporária, até a data citada no seu *caput*. Como pontuava na Edição de 2021 desta obra, era imperioso e urgente o surgimento de uma nova lei, trazendo a possibilidade de a citada assembleia ser realizada por meios virtuais de forma definitiva, com vistas à redução de burocracias para tais fins. A Lei 14.030/2020 trouxe regra nesse sentido para as sociedades limitadas, estabelecendo o novo art. 1.080-A do Código Civil que "o sócio poderá participar e votar a distância em reunião ou em assembleia, nos termos do regulamento do órgão competente do Poder Executivo federal". Em complemento, nos termos do seu parágrafo único, "a reunião ou a assembleia poderá ser realizada de forma digital, respeitados os direitos legalmente previstos de participação e de manifestação dos sócios e os demais requisitos regulamentares".

Esperava-se, portanto, que o mesmo ocorresse com as associações e com as eventuais reuniões relativas às fundações. Em 2021, a esperada previsão foi incluída no Código Civil pela Lei 14.195, que introduziu, em boa hora, o seu novo art. 48-A, com a seguinte dicção: "as pessoas jurídicas de direito privado, sem prejuízo do previsto em legislação especial e em seus atos constitutivos, poderão realizar suas assembleias gerais por meios eletrônicos, inclusive para os fins do art. 59 deste Código, respeitados os direitos previstos de participação e de manifestação".

Diante de uma confusão gerada pelo veto presencial ao art. 43 dessa norma anterior, a Lei do Sistema Eletrônico dos Registros Públicos (SERP – Lei 14.382/2022) reeditou o seu conteúdo, não havendo mais qualquer dúvida a respeito de sua vigência, apesar do meu entendimento de que já estava em vigor desde 2021.

Feita essa importante atualização do livro, e continuando nos estudos, foi alterado pela Lei 11.127/2005 o art. 60 do CC/2002, cuja redação era a seguinte: "a convocação da *assembleia geral* far-se-á na forma do estatuto, garantido a um quinto dos associados o direito de promovê--la" (destacamos). Pela redação em vigor: "a convocação dos *órgãos deliberativos* far-se-á na forma do estatuto, garantido a um quinto dos associados o direito de promovê-la" (destacamos). Justifica-se a nova redação pelo fato de que as questões mais importantes a respeito das associações passaram a ser da competência dos órgãos deliberativos (*v.g.*, conselho de administração, conselho fiscal, conselho deliberativo ou outros criados pelo estatuto geral). Com isso, não há mais a exigência de convocação da assembleia geral para discutir questões atinentes à pessoa jurídica que não constam do art. 59 do CC, o que também diminui a burocracia.

O Projeto de Reforma do Código Civil pretende melhorar a redação do art. 60, incluindo dois novos parágrafos tratando da convocação de nova assembleia para nomear eventual administrador provisório, assunto que hoje não está previsto na lei, havendo lacuna normativa a respeito dessa importante temática. Nesse contexto, conforme o proposto § 1.º, "reunidos com poderes para votar, um quinto dos associados que participaram da última assembleia, documentada em ata registrada, poderão convocar nova assembleia para nomear administrador provisório para as providências do § 2º deste artigo". Em complemento, "o administrador provisório atuará pelo prazo máximo de noventa dias, para reativar as atividades da associação e submeter à assembleia reunida nos termos do § 1º, os atos de gestão realizados no período de vacância da administração" (§ 2.º). Espera-se a aprovação dessas mudanças pelo Congresso Nacional, para melhorar a prática relativa às associações.

Na hipótese de a associação ser dissolvida, o remanescente do seu patrimônio líquido, depois de deduzidas, se for o caso, as quotas ou frações ideais transferidas a terceiros, será destinado à entidade de fins não econômicos designada no estatuto. Sendo omisso o estatuto, por deliberação dos associados, o remanescente poderá ser destinado à instituição municipal, estadual ou federal, de fins idênticos ou semelhantes (art. 61 do CC).

Anote-se que o Tribunal Gaúcho entendeu que a norma é de ordem pública, sendo nula a previsão estatuto que determina que, em casos de dissolução, os bens serão partilhados entre os próprios associados; entendimento ao qual se filia.

> "Dissolução e liquidação de sociedades. Dissolução de associação civil. Grêmio esportivo Força e Luz. Rateio entre os associados do patrimônio da entidade. Ausência de interesse processual. Inocorrência. Julgamento do feito na forma do § 3.º do art. 515 do CPC. Possibilidade. Requisitos preenchidos. (...) É nula, ante a flagrante violação à norma cogente contida no *caput* do art. 61 do Código Civil, a disposição do estatuto da entidade apelada que dispõe que o patrimônio remanescente da associação será rateado entre os associados, impondo-se que, em observância à Lei, sejam restituídas as quotas dos sócios efetivamente patrimoniais, destinando-se o patrimônio remanescente a instituição municipal, estadual ou federal, de fins idênticos ou semelhantes ao da entidade dissolvenda. 3. Provimento do apelo" (TJRS, Apelação Cível 70024200750, 5.ª Câmara Cível, Porto Alegre, Rel. Des. Paulo Sergio Scarparo, j. 18.06.2008, *DOERS* 30.06.2008, p. 38).

Como outro ponto interessante sobre o tema, na *V Jornada de Direito Civil* aprovou-se enunciado estabelecendo o sentido subsidiário do art. 61 do Código Civil, prevendo que "a obrigatoriedade na destinação do patrimônio líquido remanescente da associação à instituição municipal, estadual ou federal, de fins idênticos ou semelhantes, em face da omissão do estatuto, possui caráter subsidiário, devendo prevalecer a vontade dos associados, desde que seja contemplada entidade que persiga fins não econômicos" (Enunciado n. 407).

Por derradeiro, a respeito do tema, merece destaque o Enunciado n. 615 da *VIII Jornada de Direito Civil*, de 2018, segundo o qual as associações civis podem sofrer transformação, fusão, incorporação ou cisão. A título de exemplo, é perfeitamente possível transformar uma associação em sociedade com fim lucrativo, se essa passar a ser a sua finalidade.

4.3.3 Das sociedades

Como foi antes exposto, a finalidade lucrativa é o que distingue uma associação de uma sociedade, ambas constituindo espécies de corporação (conjunto de pessoas). Nesse sentido, as sociedades se dividem em:

a) *Sociedades empresárias* – são as que visam a uma finalidade lucrativa, mediante exercício de atividade empresária. Esse conceito está adaptado ao que consta no art. 982 do CC/2002, sendo certo que não se pode mais utilizar a expressão *atividade mercantil*, superada pela evolução da matéria. Como exemplo pode ser citada qualquer sociedade que tem objetivo comercial ou, ainda, que traz como conteúdo o próprio conceito de empresário (art. 966 do CC: "Considera-se empresário quem exerce profissionalmente atividade econômica organizada para a produção ou a circulação de bens ou de serviços"). O Código Civil anterior denominava tais sociedades como *sociedades comerciais* ou *mercantis*.

b) *Sociedades simples* – são as que visam, também, a um fim econômico (lucro), mediante exercício de atividade não empresária. São as antigas *sociedades civis*. Como exemplos, podem ser citados os escritórios de advocacia, os escritórios de contabilidade, as sociedades entre médicos e outros profissionais da saúde, as sociedades imobiliárias e as cooperativas. Quanto às cooperativas, prevê o Enunciado n. 69 do CJF/STJ, aprovado na *I Jornada de Direito Civil*, que "As sociedades cooperativas são sociedades simples sujeitas a inscrição nas juntas comerciais". Percebe-se que muitos profissionais liberais, no Brasil, fizeram a opção de suas constituições societárias por essa modalidade, havendo a sua consolidação na prática do Direito Privado Brasileiro, por várias razões, inclusive tributárias.

As sociedades, sejam elas simples ou empresárias, de acordo com o Código Civil de 2002, podem assumir a forma de sociedade em nome coletivo, sociedade em comandita simples, sociedade em conta de participação ou sociedade por quotas de responsabilidade limitada; a última inclusive na modalidade *unipessoal*, conforme o novo art. 1.052, § 1.º, introduzido pela Lei 13.874/2019. As sociedades anônimas, por outro lado, somente podem se enquadrar como sociedades empresárias.

Pois bem, houve uma infeliz tentativa de extinção das sociedades simples, tendo sido incluída previsão nesse sentido no projeto de conversão da MP 1.040, que originou a Lei 14.195/2021, que, curiosamente, trata da facilitação da abertura de empresas no Brasil, almejando a redução de burocracias.

Todavia, após a atuação de civilistas e do Instituto Brasileiro de Direito Contratual (IBDCont) – esse último, em ofício enviado ao Senador Irajá Silvestre, relator da projeção no Senado Federal –, a sociedade simples foi mantida no Código Civil nessa fase da tramitação legislativa. O relatório do Senador destaca artigo de autoria do Professor Mário Luiz Delgado, publicado na coluna *Migalhas Contratuais,* do IBDCont, com argumentos relevantes para a sua permanência no sistema jurídico brasileiro (DELGADO, Mário Luiz. A sociedade simples..., 2021).

De todo modo, com a volta do projeto de lei de conversão à Câmara dos Deputados, houve a violação de um acordo de líderes das duas casas legislativas, voltando-se ao texto a extinção das sociedades simples. Isso motivou o Sr. Presidente do Senado, Rodrigo Pacheco, a enviar ofício ao Sr. Presidente da República, para que as alterações legislativas que visavam ao fim dessa modalidade de sociedade fossem vetadas, por problemas de tramitação legislativa, notadamente por ofensa à separação dos Poderes.

Isso acabou ocorrendo, tendo sido mantidos os arts. 981, 983, 986, 996, 997, inc. IV, 1.007, 1.053, 1.096, 1.150 e 1.155 do Código Civil. De acordo com as razões do veto, "em que pese a boa intenção do legislador, a proposição legislativa é contrária ao interesse público, pois promoveria mudanças profundas no regime societário e uma parcela significativa da população economicamente ativa seria exposta a indesejados reflexos tributários nas diversas legislações municipais e a custos de adaptação, sobretudo em momento de retomada das atividades após o recrudescimento da pandemia da Covid-19. A imposição de obrigações fiscais acessórias representaria grandeza relevante na qualidade do ambiente de negócios. A imposição dessas obrigações às sociedades atualmente em funcionamento seria prejudicial ao ambiente de negócios". Assim, a manutenção dessas pessoas jurídicas, consolidadas na prática do Direito Privado Brasileiro, veio em boa hora.

Feita essa importante observação, acrescente-se que a empresa pública e a sociedade de economia mista, apesar de terem capital público, são dotadas de personalidade jurídica de Direito Privado. São regidas pelas normas empresariais e trabalhistas (art. 173, § 1.º, da CF/1988), mas com as cautelas do direito público, como, por exemplo, no que toca à sujeição ao regime das licitações.

Esses tópicos devem ser estudados especificamente em obras que tratam do Direito de Empresa. Como se sabe, o Código Civil revolucionou a matéria, trazendo um capítulo específico sobre o tema e revogando a primeira parte do Código Comercial. Como bem observa o Deputado Ricardo Fiuza, "pela primeira vez numa codificação civil brasileira, passa-se a disciplinar as regras básicas da atividade negocial, do conceito de empresário ao de sociedade" (Relatório Final do Código Civil, apresentado à Câmara dos Deputados – Parte Especial, Livro II, Direito de Empresa, citado por Pablo Stolze Gagliano e Rodolfo Pamplona, *Novo...*, 2003, p. 218). Seguiu-se, assim, o exemplo do Código Civil Italiano de 1942, de unificação parcial do Direito das Obrigações.

Encerrando o tópico, é importante dizer que, na *IV Jornada de Direito Civil*, foi aprovado o Enunciado n. 280 do CJF/STJ, prevendo a aplicação às sociedades das regras básicas constitutivas previstas para as associações. É a redação do enunciado: "Por força do art. 44, § 2.º, consideram-se aplicáveis às sociedades reguladas pelo Livro II da Parte Especial, exceto às limitadas, os arts. 57 e 60, nos seguintes termos: *a*) Havendo previsão contratual, é possível aos sócios deliberar a exclusão de sócio por justa causa, pela via extrajudicial, cabendo ao contrato disciplinar o procedimento de exclusão, assegurado o direito de defesa, por aplicação analógica do art. 1.085; *b*) As deliberações sociais poderão ser convocadas pela iniciativa de sócios que representem 1/5 (um quinto) do capital social, na omissão do contrato. A mesma regra aplica-se na hipótese de criação, pelo contrato, de outros órgãos de deliberação colegiada".

Em realidade, o teor do enunciado doutrinário também interessa mais ao Direito Empresarial do que ao Direito Civil propriamente dito. Em outras palavras, o seu teor deve ser solicitado mais nas provas de Direito Comercial, se ainda for utilizada essa denominação pelo examinador ou pelo professor da disciplina.

4.3.4 Das organizações religiosas e dos partidos políticos. Corporações *sui generis*

Conforme foi comentado, a Lei 10.825, de 22 de dezembro de 2003, alterou a redação do art. 44 do CC, que passou a tratar, nos seus incisos IV e V, das organizações religiosas e dos partidos políticos.

Além disso, foi instituído um § 1.º no comando estabelecendo que "são livres a criação, a organização, a estruturação interna e o funcionamento das organizações religiosas, sendo vedado ao poder público negar-lhes reconhecimento ou registro dos atos constitutivos e necessários ao seu funcionamento". Passou-se também a estabelecer que "as disposições concernentes às associações aplicam-se subsidiariamente às sociedades que são objeto do Livro II da Parte Especial deste Código" (§ 2.º). Como se verá a seguir, ao final de 2024, essa norma também foi alterada, pela Lei 15.068, para mencionar também os novos

CAP. 4 • DA PESSOA JURÍDICA | 271

empreendimentos de economia solidária ("as disposições concernentes às associações aplicam-se subsidiariamente aos empreendimentos de economia solidária e às sociedades que são objeto do Livro II da Parte Especial deste Código"). Por fim, o § 3.º da norma preconiza que "os partidos políticos serão organizados e funcionarão conforme o disposto em lei específica".

Inicialmente, observa-se que o dispositivo legal em questão dá tratamento diferenciado aos partidos políticos e às entidades religiosas, não sendo previstos como espécies de associação como dantes. Essa alteração, a nosso ver, tem conotação política, para afastar que tais entidades tenham que se adaptar às regras previstas no Código Civil de 2002 quanto às associações, tidas por muitos como complexas e burocráticas.

Na doutrina, contudo, alguns autores ainda perfilham tais entidades como espécies de associações, como faz Maria Helena Diniz (*Código...*, 2005, p. 76). Essa é mesma a conclusão dos juristas que participaram da *III Jornada de Direito Civil*, com a aprovação dos seguintes enunciados:

> "Os partidos políticos, sindicatos e associações religiosas possuem natureza associativa, aplicando-se-lhes o Código Civil" (Enunciado n. 142).

> "A liberdade de funcionamento das organizações religiosas não afasta o controle de legalidade e legitimidade constitucional de seu registro, nem a possibilidade de reexame, pelo Judiciário, da compatibilidade de seus atos com a lei e com seus estatutos" (Enunciado n. 143).

Em complemento, há ainda outro enunciado doutrinário, pelo qual "a relação das pessoas jurídicas de direito privado, estabelecida no art. 44, incisos I a V, do Código Civil, não é exaustiva" (Enunciado n. 144 do CJF/STJ). E não poderia ser diferente, pois o Código Civil de 2002 adota um sistema aberto, baseado em cláusulas gerais e conceitos legais indeterminados. Por isso, as relações previstas em lei, pelo menos a princípio, devem ser consideradas abertas, com rol exemplificativo (*numerus apertus*), e não com rol taxativo (*numerus clausus*).

De volta às entidades religiosas e partidos políticos, analisando friamente o intuito do legislador, repise-se que há, na modificação do dispositivo, razões políticas, não podendo tais entidades ser tratadas mais como associações, motivo pelo qual opto pela expressão *corporações "sui generis"* ou *especiais*. Desse modo, não estariam mais sujeitas aos requisitos constantes dos arts. 53 a 61 do CC/2002, muito menos ao que prevê o seu art. 2.031, norma de direito intertemporal que fixa prazo para as associações se adaptarem à atual codificação privada. Anote-se que o art. 2.031, parágrafo único, do CC, também introduzido pela Lei 10.825/2003, dispensa expressamente que tais entidades façam a referida adaptação.

A alteração promovida pela Lei 10.825/2003 traz outras regras, prescrevendo que o Poder Público não pode impedir o funcionamento das entidades religiosas, bem como o seu registro, diante da liberdade de associação religiosa constante da Constituição Federal (art. 5.º, XVII: "é plena a liberdade de associação para fins lícitos, vedada a de caráter paramilitar"). Quanto aos partidos políticos, serão eles regidos por lei específica, que no caso é a Lei 9.096/1995, norma regulamentadora dos arts. 14, § 3.º, inc. V, e 17 da CF/1988.

De qualquer forma, a matéria é *ainda* controvertida e depende de análise do caso concreto, para se chegar a uma ou outra conclusão. Esclareça-se que há julgado no Tribunal Gaúcho concluindo que o Poder Judiciário deve, sim, fiscalizar as entidades religiosas, não tendo a norma do art. 44, § 1.º, do CC, um sentido absoluto. A ementa merece transcrição:

> "Apelação cível. Registro das pessoas jurídicas e de títulos e documentos. Autonomia. Requisito indispensável à constituição da pessoa jurídica. Mantida a sentença de parcial

procedência. 1. Devem-se sopesar as garantias constitucionais de liberdade de culto religioso, estatuídas nos arts. 5.º, inciso VII e 19, inciso I, ambos da Magna Carta, vedando as pessoas jurídicas de direito público a intervenção nas associações religiosas. 2. O legislador constitucional pretendeu dar garantia à liberdade de culto religioso, vedando toda e qualquer discriminação ou proibição ao exercício de qualquer fé ou religião. 3. Foi com esse espírito, de proteção às entidades religiosas, que a Lei Federal 10.825 de 2003 alterou o art. 44 do Código Civil, a fim de incluir as organizações religiosas e os partidos políticos como pessoas jurídicas de direito privado e, ao mesmo tempo, acrescentar o parágrafo primeiro, o qual veda ao poder público a negativa do reconhecimento, ou registro dos atos constitutivos e necessários ao seu funcionamento. 4. A vedação presente em tal artigo não pode ser considerada como absoluta, cabendo ao Judiciário tutelar interesses a fim de certificar-se, precipuamente, do cumprimento da legislação pátria, vale dizer, há que se averiguar se a organização religiosa atende os requisitos necessários ao registro do ato constitutivo. 5. Deve haver respeito ao *nomen juris* de cada entidade e, sendo a Associação Espírita Cristo e Caridade uma organização religiosa, não pode ostentar em seu nome a menção 'sociedade', nomenclatura que se destina a outras entidades que comunguem de interesses de finalidade diversa da suscitada. Negado provimento ao apelo" (TJRS, Acórdão 70027034164, 5.ª Câmara Cível, Canoas, Rel. Des. Jorge Luiz Lopes do Canto, j. 21.01.2009, *DOERS* 29.01.2009, p. 24).

De data mais recente, de 2019, seguindo a mesma linha de intervenção ou interferência, colaciona-se aresto do Tribunal Paulista que afastou o registro de entidade religiosa, para que fosse adotado outro nome, pois o pretendido poderia gerar confusões no meio social, especialmente entre os fiéis. Vejamos o que constou do acórdão, que merece destaque:

> "A denominação da pessoa jurídica cujo registro é pretendido é 'Igreja Evangélica Pentecostal Jesus é Esperança Ministério em Bragança Paulista SP' (a fls. 35), a denominação da pessoa jurídica anteriormente registrada é 'Associação Igreja Pentecostal *Jesus é a Esperança*' (a fls. 55). Apesar das denominações não serem absolutamente coincidentes, os núcleos daquelas são, ou seja: '(...) Igreja (...) Pentecostal Jesus é Esperança (...)'. Além disso, ambas têm finalidades religiosas solidárias. Essa proximidade permite confusão entre as pessoas jurídicas, sendo certo que os elementos diversos das denominações não possibilitam a diferenciação por envolverem objeto social religioso e mesma localidade. O fato da estrutura jurídica da recorrente ser organização religiosa e da empresa registrada ser associação, na forma do artigo 44 do Código Civil, são insuficientes para rejeitar a qualificação registral negativa" (TJSP, Apelação Cível 1008510-86.2017.8.26.0099, Conselho Superior da Magistratura de São Paulo, Bragança Paulista, Rel. Des. Pinheiro Franco, j. 07.02.2019).

Como último exemplo jurisprudencial, de 2024, colaciona-se importante acórdão do Superior Tribunal de Justiça, que firmou a tese segundo a qual "o reconhecimento de obrigação de natureza contratual de pagar verba de natureza alimentar a ministro de confissão religiosa inativo não caracteriza interferência indevida do poder público na organização e funcionamento das organizações religiosas". Nos seus termos, que explicam as especificidades do caso concreto, "a côngrua (católica) ou prebenda (evangélica) é uma verba de caráter alimentar que uma organização religiosa (cristã) paga a seus ministros de confissão religiosa (padre ou pastor) com finalidade de prover seu sustento. A obrigatoriedade do pagamento da côngrua que justifica o controle judicial pode ser compreendida pela evolução histórica de seu caráter tributário/fiscal para moral/natural e, em determinadas situações, contratual/civil. O caráter contratual da côngrua passa a existir quando a entidade prevê seu pagamento (i) de forma obrigatória, (ii) fundamentado em regulamento interno e (iii) registrado em ato formal. A regra do art. 44, § 2º, do CC confere às organizações religiosas liberdade de funcionamento, que não é absoluta, pois está sujeita a reexame pelo judiciário da compatibilidade de seus atos com seus regulamentos internos e com a lei" (ST, REsp 2.129.680/RJ, 3.ª Turma, Rel. Min. Nancy Andrighi, por unanimidade, j. 02.04.2024, *DJe* 10.04.2024).

No âmbito da doutrina, sobre a eventual necessidade de intervenção nas organizações religiosas, na *III Jornada de Direito Civil*, foi aprovado o Enunciado doutrinário n. 143, prevendo que "a liberdade de funcionamento das organizações religiosas não afasta o controle de legalidade e legitimidade constitucional de seu registro, nem a possibilidade de reexame pelo Judiciário da compatibilidade de seus atos com a lei e com seus estatutos".

Ademais, na *I Jornada de Direito Notarial e Registral*, promovida pelo Conselho da Justiça Federal e pelo Superior Tribunal de Justiça em maio de 2022, aprovou-se o Enunciado n. 37, prevendo que "os atos constitutivos de organizações religiosas, e suas alterações, observarão o disposto nos arts. 44 e 46 do CC/2002, sendo tais organizações livres quanto à regência de cultos e atos confessionais".

Em suma, nota-se que a questão da autonomia de tais pessoas jurídicas não é absoluta, estando ainda em debate no Direito Civil Brasileiro eventuais possibilidades de intervenção, na linha dos últimos julgados e dos enunciados doutrinários destacados.

4.3.5 Das Empresas Individuais de Responsabilidade Limitada (EIRELI) e sua extinção pela Lei 14.382/2022 (Lei do SERP)

A Lei 12.441, de 11 de julho de 2011, instituiu no rol das pessoas jurídicas de Direito Privado uma nova categoria: a empresa individual de responsabilidade limitada, conhecida pela sigla EIRELI (art. 44, inc. VI). A lei teve *vacatio legis* de 180 dias, entrando em vigor no dia 8 de janeiro de 2012. No que concerne à estrutura e função da modalidade, preconizava o art. 980-A do Código Civil, alterado pela *Lei da Liberdade Econômica*, com a inclusão do último parágrafo:

"Art. 980-A. A empresa individual de responsabilidade limitada será constituída por uma única pessoa titular da totalidade do capital social, devidamente integralizado, que não será inferior a 100 (cem) vezes o maior salário mínimo vigente no País.

§ 1.º O nome empresarial deverá ser formado pela inclusão da expressão 'EIRELI' após a firma ou a denominação social da empresa individual de responsabilidade limitada.

§ 2.º A pessoa natural que constituir empresa individual de responsabilidade limitada somente poderá figurar em uma única empresa dessa modalidade.

§ 3.º A empresa individual de responsabilidade limitada também poderá resultar da concentração das quotas de outra modalidade societária num único sócio, independentemente das razões que motivaram tal concentração.

§ 4.º (*Vetado*.)

§ 5.º Poderá ser atribuída à empresa individual de responsabilidade limitada constituída para a prestação de serviços de qualquer natureza a remuneração decorrente da cessão de direitos patrimoniais de autor ou de imagem, nome, marca ou voz de que seja detentor o titular da pessoa jurídica, vinculados à atividade profissional.

§ 6.º Aplicam-se à empresa individual de responsabilidade limitada, no que couber, as regras previstas para as sociedades limitadas.

§ 7.º Somente o patrimônio social da empresa responderá pelas dívidas da empresa individual de responsabilidade limitada, hipótese em que não se confundirá, em qualquer situação, com o patrimônio do titular que a constitui, ressalvados os casos de fraude" (Incluído pela Lei n. 13.874/2019).

274 | DIREITO CIVIL • VOL. 1 – *Flávio Tartuce*

Não me parece que tenha ocorrido a extinção total e definitiva das EIRELIs por força da Lei 14.195/2021, originária da Medida Provisória 1.040 e que trata, entre outros temas, de forma confusa e sem qualquer correlação, da facilitação para abertura de empresas no Brasil. De toda sorte, a Medida Provisória 1.085, de 27 de dezembro de 2021, que instituiu o Sistema Eletrônico dos Registros Públicos (SERP), entre assuntos diversos, trouxe a revogação dos artigos que tratavam do instituto, incluindo o último dispositivo, o que foi confirmado pela Lei 14.382/2022.

Pois bem, conforme conclusão dos juristas que participaram da *V Jornada de Direito Civil*, a EIRELI não seria uma sociedade, mas novo ente jurídico personificado (Enunciado n. 468). No mesmo sentido o Enunciado n. 3 da *I Jornada de Direito Comercial*, realizada em 2012. A natureza especial do instituto estava presente no fato de ser a pessoa jurídica constituída por apenas uma pessoa, o que quebrava com a noção de alteridade, tão comum ao conceito de pessoa coletiva exposto ao início deste capítulo. Por isso, afirmei no início do capítulo que *em regra* a pessoa jurídica é um conjunto de pessoas ou de bens.

A categoria foi instituída, naquele momento, visando à diminuição de burocracia para a constituição de empresas em nosso País. O tema, mais uma vez, interessava mais ao Direito Empresarial do que ao Direito Civil, sendo objeto da primeira matéria ou disciplina. De qualquer maneira, sempre trouxe breves anotações na presente obra, diante de sua relevância metodológica ao estudo da Parte Geral do Código Civil.

Parecia-me que tais entidades não constituíam sociedades na sua formação, pelo fato de serem constituídas apenas por uma pessoa. Também vinha-se entendendo, e após muito debate, que essa pessoa que constituía a EIRELI poderia ser uma pessoa natural ou jurídica. Nesse sentido, o Enunciado n. 92, aprovado na *III Jornada de Direito Comercial*, realizada pelo Conselho da Justiça Federal em 2019: "a Empresa Individual de Responsabilidade Limitada (EIRELI) poderá ser constituída por pessoa natural ou por pessoa jurídica, nacional ou estrangeira, sendo a limitação para figurar em uma única EIRELI apenas para pessoa natural". O tratamento como sociedade limitada referia-se apenas aos seus efeitos e não quanto à estrutura. Em suma, parecia existir um caráter totalmente especial na categoria introduzida no Código Civil de 2002, que não se enquadrava nos institutos antes previstos.

Deve ficar claro que essa natureza diferenciada não vedava a subsunção de regras fundamentais previstas para as pessoas jurídicas, caso da desconsideração da personalidade jurídica, que ainda será estudada. Anote-se que a possibilidade de desconsideração da personalidade jurídica da EIRELI foi reconhecida por enunciado aprovado da *V Jornada de Direito Civil* em 2011 (Enunciado n. 470).

A *Lei da Liberdade Econômica* – Lei 13.874/2019 –, ao incluir o § 7.º no art. 980-A do Código Civil trouxe a tentativa de limitar a desconsideração da personalidade jurídica da EIRELI aos casos de fraude. Nos termos da norma – que *ressuscitava* o § 4.º do comando, e que havia sido vetado –, "somente o patrimônio social da empresa responderá pelas dívidas da empresa individual de responsabilidade limitada, hipótese em que não se confundirá, em qualquer situação, com o patrimônio do titular que a constitui, ressalvados os casos de fraude". De todo modo, a minha opinião doutrinária era no sentido de que o novo diploma não teria o condão de afastar a desconsideração da personalidade jurídica nas hipóteses do art. 50 da codificação privada, ou seja, em havendo desvio de finalidade ou confusão patrimonial.

Cumpre ainda destacar que a lei de 2019 ainda incluiu no sistema jurídico brasileiro a figura da *sociedade limitada unipessoal*, essa sim uma sociedade constituída por apenas uma pessoa, sem qualquer limite para a sua instituição ou a necessidade de integralização de capital mínimo. Conforme o art. 1.052, *caput*, do Código Civil, que não foi alterado até

CAP. 4 • DA PESSOA JURÍDICA | **275**

este momento, na sociedade limitada, a responsabilidade de cada sócio é restrita ao valor de suas quotas, mas todos respondem solidariamente pela integralização do capital social.

Nos termos do seu § 1.º, a grande novidade no sistema, "a sociedade limitada pode ser constituída por 1 (uma) ou mais pessoas". Por fim, está previsto no § 2.º que, se a sociedade for unipessoal, aplicar-se-ão ao documento de constituição do sócio único, no que couber, as disposições sobre o contrato social. Deve ficar claro que, obviamente, não há qualquer óbice para a incidência da desconsideração da personalidade jurídica para essas novas entidades.

Não se pode negar que a possibilidade de constituição da *sociedade limitada unipessoal* – que tem o meu total apoio, em prol da redução de burocracia e da valorização da autonomia privada –, em certa medida *esvaziou* a EIRELI, pois essa última traz a necessidade de integralização de um patrimônio mínimo de 100 salários mínimos. Entretanto, não se justificaria a extinção imediata da última figura, como se chegou a cogitar na tramitação da conversão da MP 881 em lei, com a sugestão de que todas as EIRELIs fossem convertidas automaticamente em sociedades unipessoais, o que geraria grande confusão na prática e ofenderia a própria liberdade econômica que se visou proteger com a Lei 13.874/2019.

Na verdade, sempre entendi que ambas as figuras deveriam conviver no meio social por alguns anos, havendo uma tendência de que a sociedade limitada unipessoal substituísse, paulatinamente, a EIRELI. A extinção da EIRELI sempre me pareceu ter mais razão ideológica do que técnica, já que ela surgiu em governos anteriores ao que efetivou essas mudanças legislativas, com outra matriz ideológica. Sendo assim, não me convencia a argumentação de que a Lei 14.195/2021, aqui antes citada, tenha extinguido totalmente a EIRELI. Apesar de ter havido tentativas nesse sentido, não foram alterados ou revogados os arts. 44 e 980-A do Código Civil, tendo o Sr. Presidente da República vetado as propostas nesse sentido.

A nova lei, na verdade, traz a seguinte previsão no seu art. 41: "as empresas individuais de responsabilidade limitada existentes na data da entrada em vigor desta Lei serão transformadas em sociedades limitadas unipessoais independentemente de qualquer alteração em seu ato constitutivo. Parágrafo único. Ato do Drei disciplinará a transformação referida neste artigo". Não havia qualquer vedação quanto à impossibilidade de constituição de novas EIRELIs, no meu entender, apesar de se reconhecer que a opção por essa pessoa jurídica será rara.

Sobre o último dispositivo, o DREI (Departamento de Registro Empresarial e Integração) editou o Ofício Circular SEI 3510/2021, destacando a revogação tácita dos últimos dispositivos da codificação privada, apesar de o dispositivo da Lei 14.195/2021 que trazia as revogações expressas ter sido vetado pelo Sr. Presidente da República. As orientações publicadas foram as seguintes:

> "a) Incluir na ficha cadastral da empresa individual de responsabilidade limitada já constituída a informação de que foi 'transformada automaticamente para sociedade limitada, nos termos do art. 41 da Lei 14.195, de 26 de agosto de 2021'. b) Dar ampla publicidade sobre a extinção da Eireli e acerca da possibilidade de constituição da sociedade limitada por apenas uma pessoa, bem como realizar medidas necessárias à comunicação dos usuários acerca da conversão automática das Eireli em sociedades limitadas. c) Abster-se de arquivar a constituição de novas empresas individuais de responsabilidade limitada, devendo o usuário ser informado acerca da extinção dessa espécie de pessoa jurídica no ordenamento jurídico brasileiro e sobre a possibilidade de constituição de sociedade limitada por apenas uma pessoa. d) Até o recebimento do ofício mencionado no parágrafo 12, realizar normalmente o arquivamento de alterações e extinções de empresas individuais de responsabilidade limitada, até que ocorra a efetiva alteração do código e descrição da natureza jurídica nos sistemas da Redesim".

276 | DIREITO CIVIL • VOL. 1 – *Flávio Tartuce*

Com o devido respeito, o item *c* da norma editada era totalmente ilegal, pois, repise-se, não houve revogação expressa e inquestionável dos comandos do Código Civil que tratavam dessa modalidade de pessoa jurídica pela norma de 2021. A tese da revogação tácita por essa norma estava distante, ainda, do que se debateu no processo legislativo e da própria intenção do legislador; não sendo possível juridicamente utilizar como argumento o art. 2.º da LINDB, uma vez que a Lei 14.195/2021 não tratava de novas EIRELIs, mas apenas das anteriores.

Por fim, em 27 de dezembro de 2021, foi editada a Medida Provisória 1.085, com o intuito de revogar expressamente os dispositivos que tratavam da EIRELI, quais sejam: o inciso VI do art. 44 do Código Civil, e o Título I-A do Livro II da Parte Especial da codificação, incluindo o art. 980-A.

Essa MP foi convertida na Lei do Sistema Eletrônico dos Registros Públicos (Lei 14.382/2022 – SERP), confirmando-se a revogação e a retirada dessa modalidade de pessoa jurídica do sistema jurídico brasileiro. Assim, não é mais possível a constituição de novas EIRELIs, mantendo-se a regra de conversão das existentes em sociedades limitadas unipessoais, nos termos do que já estava no art. 41 da Lei 14.195/2021.

4.3.6 Dos empreendimentos de economia solidária

A Lei 15.068, de 23 de dezembro de 2024, incluiu no art. 44 do Código Civil uma nova pessoa jurídica, o *empreendimento de economia solidária*, tratando também da Política Nacional de Economia Solidária e criando o Sistema Nacional de Economia Solidária (SINAES), com vistas a fomentar a economia solidária e o trabalho associado e cooperativado.

Consoante o seu art. 2.º, a economia solidária compreende as atividades de organização da produção e da comercialização de bens e de serviços, da distribuição, do consumo e do crédito, observados os princípios da autogestão, do comércio justo e solidário, da cooperação e da solidariedade, a gestão democrática e participativa, a distribuição equitativa das riquezas produzidas coletivamente, o desenvolvimento local, regional e territorial integrado e sustentável, o respeito aos ecossistemas, a preservação do meio ambiente e a valorização do ser humano, do trabalho e da cultura.

Além da inclusão de um novo inciso VI no art. 44 do Código Civil, o seu emergente § 2.º passou a prever que "as disposições concernentes às associações aplicam-se subsidiariamente aos empreendimentos de economia solidária e às sociedades que são objeto do Livro II da Parte Especial deste Código". Nota-se, portanto, que esses empreendimentos são conjunto de pessoas e, portanto, corporações.

Ademais, conforme o art. 4.º da Lei 15.068/2024, são empreendimentos de economia solidária e beneficiários da Política Nacional de Economia Solidária os que apresentem as seguintes características: *a)* sejam organizações autogestionárias e cujos membros exerçam coletivamente a gestão das atividades econômicas e a decisão sobre a partilha dos seus resultados, por meio da administração transparente e democrática, da soberania assemblear e da singularidade de voto dos associados; *b)* tenham seus membros diretamente envolvidos na consecução de seu objetivo social; *c)* pratiquem o comércio de bens ou prestação de serviços de forma justa e solidária; *d)* distribuam os resultados financeiros da atividade econômica de acordo com a deliberação de seus membros, considerada a proporcionalidade das operações e atividades econômicas realizadas individual e coletivamente; e *e)* destinem o resultado operacional líquido, quando houver, à consecução de suas finalidades, bem como ao auxílio a outros empreendimentos equivalentes que estejam em situação precária de constituição ou consolidação, e ao desenvolvimento comunitário ou à qualificação profissional e social de seus integrantes.

Como se pode perceber, portanto, tais entidades têm uma função social indeclinável, procurando o Estado incentivar a sua constituição e funcionamento. A título de exemplo, pode-se imaginar uma organização não governamental (ONG) formada por pessoas com interesses comuns, que desenvolvem atividades agrárias, vendem o produto de sua produção e distribuem entre eles os resultados financeiros, reempregando-os para novas atividades.

Ainda nos termos desse art. 4.º da nova norma, o enquadramento dos empreendimentos como beneficiário da Política Nacional de Economia Solidária independe de sua forma societária, sendo certo que, quando formalizados juridicamente, serão classificados como pessoas jurídicas de fins econômicos sem finalidade lucrativa, ou seja, como associações (§§ 1.º e 2.º). Não serão beneficiários da Política Nacional de Economia Solidária os empreendimentos que tenham como atividade econômica a intermediação de mão de obra subordinada (§ 3.º). Além disso, os empreendimentos econômicos solidários que adotarem o tipo societário de cooperativa serão constituídos e terão seu funcionamento disciplinado na forma da legislação específica, sobretudo pela Lei 5.764/1971 (§ 4.º).

O art. 5.º da Lei 15.068/2024 define quais são as diretrizes orientadoras dos empreendimentos beneficiários da Política Nacional de Economia Solidária, a saber: *a)* administração democrática; *b)* garantia da adesão livre e voluntária; *c)* trabalho decente; *d)* sustentabilidade ambiental; *e)* cooperação entre empreendimentos e redes; *f)* inserção comunitária, com a adoção de práticas democráticas e de cidadania; *g)* prática de preços justos, de acordo com os princípios do comércio justo e solidário; *h)* respeito às diferenças e à dignidade da pessoa humana e promoção da equidade e dos direitos e garantias fundamentais; *i)* transparência e publicidade na gestão dos recursos e na justa distribuição dos resultados; *j)* estímulo à participação efetiva dos membros no fortalecimento de seus empreendimentos; *k)* envolvimento dos membros na consecução do objetivo social do empreendimento; e *l)* distribuição dos resultados financeiros da atividade econômica de acordo com a deliberação de seus membros, considerada a proporcionalidade das operações e atividades econômicas realizadas individual e coletivamente. Mais uma vez, o seu caráter social fica patente, sobretudo com a divisão dos resultados financeiros entre os envolvidos, sem que haja intuito lucrativo.

Nesse mesmo sentido, o parágrafo único desse art. 5.º, segundo o qual entende-se por comércio justo e solidário a prática comercial diferenciada pautada nos valores de justiça social e solidariedade realizada pelos empreendimentos de economia solidária, e por preço justo a definição de valor do produto ou serviço construída a partir do diálogo, da transparência e da efetiva participação de todos os agentes envolvidos em sua composição, que resulte em distribuição equânime do ganho na cadeia produtiva.

Sobre o Cadastro Nacional de Empreendimentos Econômicos Solidários, caberá a identificação dos empreendimentos econômicos solidários para o acesso às políticas públicas, nos termos do regulamento (art. 9.º da Lei 15.068/2024). Na dicção do seu § 1.º, "é assegurado a todos os integrantes do Sinaes enumerados no art. 13 desta Lei o acesso a informações do cadastro referido no *caput* deste artigo". Ainda consoante a mesma norma, em seu § 2.º, os grupos informais de economia solidária registrados nesse cadastro são incentivados a buscar sua regularização jurídica para se inserirem plenamente no regime legal associativo.

Quanto ao Sistema Nacional de Economia Solidária (SINAES), tem ele a finalidade de promover a consecução da Política Nacional de Economia Solidária, sendo os seus objetivos: *a)* implementar a Política Nacional de Economia Solidária; *b)* integrar esforços entre os entes

278 DIREITO CIVIL • VOL. 1 – *Flávio Tartuce*

federativos e com a sociedade civil; e *c)* promover o acompanhamento, o monitoramento e a avaliação da Política Nacional de Economia Solidária (arts. 10 e 11).

O SINAES tem como base as seguintes diretrizes, conforme o dispositivo seguinte da nova lei (art. 12): *a)* promoção da intersetorialidade das políticas, dos programas e das ações governamentais e não governamentais; *b)* descentralização das ações e articulação, em regime de colaboração, entre as esferas de governo; *c)* articulação entre os diversos sistemas de informação existentes no âmbito federal, incluído o Sistema de Informações em Economia Solidária, a fim de subsidiar o ciclo de gestão das políticas direcionadas à economia solidária nas diferentes esferas de governo; *d)* articulação entre orçamento e gestão; e *e)* cooperação entre o setor público e as organizações da sociedade civil no desenvolvimento de atividades comuns de promoção da economia solidária.

No art. 13 da Lei 15.068/2024, há previsão dos entes que integram o SINAES, a saber: *a)* a Conferência Nacional de Economia Solidária; *b)* o Conselho Nacional de Economia Solidária (CNES); *c)* os órgãos da administração pública federal, estadual, distrital e municipal de economia solidária; *d)* as organizações da sociedade civil e os empreendimentos econômicos solidários; *e)* os conselhos estaduais, municipais e distrital de economia solidária; e *f)* as Organização das Cooperativas Brasileiras (OCB) e a União Nacional das Organizações Cooperativistas Solidárias (UNICOPAS).

Todo esse sistema ainda deverá ser constituído, sendo certo que, conforme o seu § 1.º, caberá à Conferência Nacional de Economia Solidária, a ser realizada com periodicidade não superior a quatro anos, a avaliação da Política Nacional de Economia Solidária. Essa Conferência Nacional de Economia Solidária será precedida por conferências estaduais, distrital, municipais ou territoriais, nos termos do art. 14 da Lei 15.068/2024.

Caberá ao CNES, órgão de articulação e controle social da Política Nacional de Economia Solidária, elaborar e propor ao Poder Executivo federal, considerando as deliberações da Conferência Nacional de Economia Solidária, o Plano Nacional de Economia Solidária, incluindo-se requisitos orçamentários para sua consecução (§ 2.º do art. 13). O serviço dos conselheiros, efetivos e suplentes no CNES é considerado de natureza relevante e não será remunerado (§ 3.º do art. 13). Os critérios e os procedimentos para adesão ao SINAES serão estabelecidos em regulamento (§ 4.º do art. 13).

Como se pode notar, cria-se um sistema complexo de proteção, que ainda será implantado, com muitos desafios, sendo certo que também é preciso aguardar as constituições e o funcionamento dessa nova modalidade de pessoa jurídica de Direito Privado, bem como o seu impacto para a prática.

4.4 REGRAS DE DIREITO INTERTEMPORAL QUANTO ÀS PESSOAS JURÍDICAS

O Código Civil de 2002 traz algumas regras de direito intertemporal relativas à pessoa jurídica, que merecem atenção e comentários. As regras de direito intertemporal são aquelas que têm o escopo de sanar eventuais conflitos surgidos pela edição de uma lei nova, como é o caso da atual codificação privativa. No Código Civil de 2002 estão previstas entre os seus arts. 2.028 a 2.046.

Inicialmente, dispunha o art. 2.031 do CC que as associações, sociedades e fundações, constituídas na forma das leis anteriores, teriam o prazo de dois anos para se adaptarem às disposições do Código Civil de 2002, a partir de sua vigência. Igual prazo seria conferido aos empresários. O prazo venceria, pela redação original desse comando legal, em 11 de janeiro de 2004, que mencionava o prazo de um ano. No entanto, esse lapso foi alterado pela primeira vez pela Lei 10.825/2003.

Outra alteração promovida por essa lei foi a introdução de um parágrafo único ao aludido dispositivo prevendo que o prazo não deve ser aplicado às organizações religiosas nem aos partidos políticos.

Em janeiro de 2005, o prazo para adaptação à nova codificação foi novamente renovado, pelo teor da Medida Provisória 234, cujo teor segue na íntegra:

"Art. 1.º O *caput* do art. 2.031 da Lei 10.406, de 10 de janeiro de 2002, passa a vigorar com a seguinte redação:

'Art. 2.031. As associações, sociedades e fundações, constituídas na forma das leis anteriores, bem assim os empresários, deverão se adaptar às disposições deste Código até 11 de janeiro de 2006'.

Art. 2.º Esta Medida Provisória entra em vigor na data de sua publicação.

Art. 3.º Fica revogada a Lei 10.838, de 30 de janeiro de 2004".

Em 28 de junho de 2005, entrou em vigor a Lei 11.127/2005, que alterou mais uma vez o art. 2.031 do Código Civil em vigor para prever que "As associações, sociedades e fundações, constituídas na forma das leis anteriores, bem como os empresários deverão se adaptar às disposições desse Código até *11 de janeiro de 2007*" (destacamos). Observa-se que não há mais referência à data de 11.01.2006.

Dessa forma, a aplicação do Código Civil às entidades constituídas antes da atual legislação ficou postergada. Acredito, mais uma vez, que razões políticas motivaram tal tendência. Felizmente, a última prorrogação se deu até o dia 11 de janeiro de 2007.

Em complemento, prevê o art. 2.032 do CC/2002 que "as fundações, instituídas segundo a legislação anterior, inclusive as de fins diversos dos previstos no parágrafo único do art. 62, subordinam-se, quanto ao seu funcionamento, ao disposto neste Código". Como já exposto, o parágrafo único do art. 62 estabelece que a fundação somente poderá constituir-se *para fins nobres*, que não sejam lucrativos. Entendeu o legislador que tais fundações anteriores, se existirem, não serão atingidas pela aparente restrição do parágrafo único do art. 62, devendo, apenas, subordinar o seu funcionamento ao disposto na nova lei.

Ato contínuo, o art. 2.033 do CC/2002 enuncia que "salvo o disposto em lei especial, as modificações dos atos constitutivos das pessoas jurídicas referidas no art. 44, bem como a sua transformação, incorporação, cisão ou fusão, regem-se desde logo por este Código". Tal dispositivo, previsto para o caso de associações, impõe a alteração do estatuto conforme o art. 59 da codificação privada de 2002.

Por fim, determina o art. 2.034 do CC que a dissolução e a liquidação das pessoas jurídicas referidas anteriormente, quando iniciadas antes da vigência deste Código, obedecerão ao disposto nas leis anteriores. Exemplificando, para as dissoluções parciais de sociedade, continuam merecendo aplicação, eventualmente, as regras do Decreto 3.708/1919 (Sociedades por quotas de responsabilidade limitada), da Lei 6.404/1976 (Lei das S.A.) e do Código Comercial de 1850.

4.5 DOMICÍLIO DAS PESSOAS JURÍDICAS

A pessoa jurídica, como se dá como a pessoa natural, também tem domicílio, que é a sua sede jurídica, local em que responderá pelos direitos e deveres assumidos. Essa é a regra que pode ser retirada do art. 75 do Código Civil.

280 | DIREITO CIVIL • VOL. 1 – *Flávio Tartuce*

Pela regra legal, a União deverá promover as ações na capital do Estado ou Território em que tiver domicílio a outra parte e será demandada, à escolha do autor, no Distrito Federal, na capital do Estado em que ocorreu o ato que deu origem à demanda, ou em que se situe o bem envolvido com a lide.

Os domicílios dos Estados e Territórios são as respectivas capitais. Os Municípios têm domicílio no lugar onde funciona a sua administração. Já a pessoa jurídica de Direito Privado tem domicílio no lugar onde funcionam as respectivas diretorias e administrações, ou onde elegerem domicílio especial nos seus estatutos.

Admite-se a pluralidade de domicílios dessas pessoas jurídicas, assim como ocorre com a pessoa natural, conforme o capítulo anteriormente estudado. Isso será possível desde que a pessoa jurídica de direito privado, como no caso de uma empresa, tenha diversos estabelecimentos, como as agências ou escritórios de representação ou administração (art. 75, § 1.º, do CC).

Finalmente, se a administração, ou diretoria, tiver a sede no estrangeiro, haver-se-á por domicílio da pessoa jurídica, no tocante às obrigações contraídas por cada uma das suas agências, o lugar do estabelecimento, sito no Brasil, a que ela corresponder (art. 75, § 2.º, do CC).

4.6 EXTINÇÃO DA PESSOA JURÍDICA E DESTINAÇÃO DOS BENS

No que concerne ao término da existência da pessoa jurídica, interessante dividir o estudo quanto às corporações e fundações.

Inicialmente, a existência das corporações (sociedades e associações) termina:

a) Pela dissolução deliberada de seus membros, por unanimidade e mediante distrato, ressalvados os direitos de terceiros e da minoria.

b) Quando for determinado por lei.

c) Em decorrência de ato governamental.

d) No caso de termo extintivo ou decurso de prazo.

e) Por dissolução parcial, havendo falta de pluralidade de sócios. Pontue-se que o CPC/2015 passou a tratar da ação de dissolução parcial de sociedades entre os seus arts. 599 a 609, comandos que não tem correspondentes no CPC/1973.

f) Por dissolução judicial.

Como bem ensina Maria Helena Diniz, é primaz notar que a extinção da pessoa jurídica não se opera de modo instantâneo. Qualquer que seja o fator extintivo, tem-se o fim da entidade; porém, se houver bens de seu patrimônio e dívidas a resgatar, ela continuará em fase de liquidação, durante a qual subsiste para a realização do ativo e pagamento de débitos. Encerrada a liquidação, promover-se-á o cancelamento da inscrição da pessoa jurídica (*Curso...*, 2003, p. 249). Regras nesse sentido constam do art. 51 do CC/2002.

Seguindo nessa ideia, demonstra Sílvio de Salvo Venosa que, "ao contrário do que ocorre com a pessoa natural, o desaparecimento da pessoa jurídica não pode, por necessidade material, dar-se instantaneamente, qualquer que seja sua forma de extinção. Havendo patrimônio e débitos, a pessoa jurídica entrará em fase de liquidação, subsistindo tão só para a realização do ativo e para o pagamento de débitos, vindo a terminar completamente quando o patrimônio atingir seu destino" (*Direito civil...*, 2003, p. 299). Desse modo, ocorrendo a sua dissolução, cada sócio terá direito ao seu quinhão. O remanescente do patrimônio social será partilhado entre os sócios ou seus herdeiros.

No caso de dissolução de uma associação, seus bens arrecadados serão destinados para entidades também de fins não lucrativos, conforme previsto nos estatutos (art. 61 do CC/2002). Se não estiver prevista nos estatutos a destinação, os bens irão para estabelecimento municipal, estadual ou federal de fins semelhantes aos seus.

Por cláusula do estatuto ou, no seu silêncio, por deliberação dos associados, podem estes, antes da destinação do remanescente, receber em restituição, atualizado o respectivo valor, as contribuições que tiverem prestado ao patrimônio da associação (art. 61, § 1.º, do CC). A norma está amparada na vedação do enriquecimento sem causa, o que se dá por tentativa de volta ao estado anterior, com a devolução ao associado dos investimentos feitos na pessoa jurídica (*contribuição social*).

Não existindo no Município, Estado, Distrito Federal ou Território em que a associação dissolvida tiver sede outra entidade com fins não econômicos, os bens remanescentes deverão ser devolvidos à Fazenda do Estado, do Distrito Federal ou da União (art. 61, § 2.º, do CC).

Em relação à dissolução das fundações, além dos casos vistos anteriormente, há norma específica, constante do art. 69 do CC/2002, já estudada.

4.7 DA DESCONSIDERAÇÃO DA PERSONALIDADE JURÍDICA

Como visto, pelo seu conceito, a pessoa jurídica é capaz de direitos e deveres a ordem civil, independentemente dos membros que a compõem, com os quais não tem vínculo, ou seja, sem qualquer ligação com a vontade individual das pessoas naturais que a compõem.

Em outras palavras, há uma autonomia da pessoa jurídica em relação aos seus sócios e administradores, como agora está previsto no art. 49-A do Código Civil, incluído pela Lei 13.874/2019. Em regra, os seus componentes somente responderão por débitos dentro dos limites do capital social, ficando a salvo o patrimônio individual dependendo do tipo societário adotado.

Como é notório, a regra é de que a responsabilidade dos sócios em relação às dívidas sociais seja sempre subsidiária, ou seja, primeiro exaure-se o patrimônio da pessoa jurídica para depois, e desde que o tipo societário adotado permita, os bens particulares dos sócios serem executados. Somente na hipótese de abuso da personalidade jurídica é que os sócios poderão ser responsabilizados diretamente.

Devido a essa possibilidade de exclusão da responsabilidade dos sócios, a pessoa jurídica, por vezes, desviou-se de seus princípios e fins, cometendo fraudes e lesando à sociedade ou a terceiros, provocando reações na doutrina e na jurisprudência. Visando a coibir tais abusos, surgiu a figura da *teoria da desconsideração da personalidade jurídica, teoria do levantamento do véu* ou *teoria da penetração na pessoa física* (*disregard of the legal entity*). Com isso, alcançam-se pessoas e bens que se escondem dentro de uma pessoa jurídica para fins ilícitos ou abusivos. Aqui, é interessante transcrever os ensinamentos de Sílvio de Salvo Venosa sobre o tema:

> "Assim, quando a pessoa jurídica, ou melhor, a personalidade jurídica for utilizada para fugir de suas finalidades, para lesar terceiros, deve ser desconsiderada, isto é, não deve ser levada em conta a personalidade técnica, não deve ser tomada em consideração sua existência, decidindo o julgador como se o ato ou negócio houvesse sido praticado pela pessoa natural (ou outra pessoa jurídica). Na realidade, nessas hipóteses, a pessoa natural procura um escudo de legitimidade na realidade técnica da pessoa jurídica, mas o ato é fraudulento e ilegítimo. Imputa-se responsabilidade aos sócios e membros integrantes da

pessoa jurídica que procuram burlar a lei ou lesar terceiros. Não se trata de considerar sistematicamente nula a pessoa jurídica, mas, em caso específico e determinado, não a levar em consideração. Tal não implica, como regra geral, negar validade à existência da pessoa jurídica" (VENOSA, Sílvio de Salvo. *Direito civil...*, 2003, p. 300).

Quanto à origem da teoria, aponta-se o seu surgimento na Inglaterra, no caso de litígio entre os irmãos *Salomon*, em 1897 (REQUIÃO, Rubens. *Curso...*, 1998, v. 1, p. 350). Aprofundando a análise histórica, Fábio Ulhoa Coelho demonstra marcos teóricos fundamentais sobre o instituto:

"A teoria é uma elaboração doutrinária recente. Pode-se considerar Rolf Serick o seu principal sistematizador, na tese de doutorado defendida perante a Universidade de Tübigen, em 1953. É certo que, antes dele, alguns autores já haviam dedicado ao tema, como por exemplo, Maurice Wormser, nos anos 1910 e 1920. Mas não se encontra claramente nos estudos precursores a motivação central de Serick de buscar definir, em especial a partir da jurisprudência norte-americana, os critérios gerais que autorizam o afastamento da autonomia das pessoas jurídicas (1950)" (COELHO, Fábio Ulhoa. *Curso...*, 2008, v. 2, p. 37).

Como se extrai de obra do último jurista, são apontados alguns julgamentos históricos como precursores da tese: como o outrora mencionado caso *Salomon vs. Salomon & Co.*, julgado na Inglaterra em 1897, e o caso *State vs. Standard Oil Co.*, julgado pela Corte Suprema do Estado de Ohio, Estados Unidos, em 1892 (COELHO, Fábio Ulhoa. *Curso...*, 2008, v. 2, p. 41).

A verdade é que, a partir das teses e dos julgamentos, as premissas de penetração na pessoa jurídica, ou de *levantamento do seu véu*, passaram a influenciar a elaboração de normas jurídicas visando a sua regulamentação. Trata-se de mais uma festejada incidência da teoria da aparência e da vedação do abuso de direito, em sede do Direito de Empresa, ramo do Direito Privado.

Tal instituto permite ao juiz não mais considerar os efeitos da personificação da sociedade para atingir e vincular responsabilidades dos sócios, com intuito de impedir a consumação de fraudes e abusos cometidos pelos mesmos, desde que causem prejuízos e danos a terceiros, principalmente a credores da empresa. Dessa forma, os bens particulares dos sócios podem responder pelos danos causados a terceiros. Em suma, o *véu* ou *escudo*, no caso da pessoa jurídica, é retirado para atingir quem está atrás dele, o sócio ou administrador. Bens da empresa também poderão responder por dívidas dos sócios, por meio do que se denomina como *desconsideração inversa* ou *invertida*.

Nosso atual Código Civil acolheu tal possibilidade, em seu art. 50. Vejamos a sua redação atual, com as alterações que foram feitas pela *Lei da Liberdade Econômica* (Lei 13.874/2019), com a inclusão de um texto final no *caput* e de cinco novos parágrafos:

"Art. 50. Em caso de abuso da personalidade jurídica, caracterizado pelo desvio de finalidade ou pela confusão patrimonial, pode o juiz, a requerimento da parte, ou do Ministério Público quando lhe couber intervir no processo, desconsiderá-la para que os efeitos de certas e determinadas relações de obrigações sejam estendidos aos bens particulares de administradores ou de sócios da pessoa jurídica beneficiados direta ou indiretamente pelo abuso.

§ 1.º Para os fins do disposto neste artigo, desvio de finalidade é a utilização da pessoa jurídica com o propósito de lesar credores e para a prática de atos ilícitos de qualquer natureza.

§ 2.º Entende-se por confusão patrimonial a ausência de separação de fato entre os patrimônios, caracterizada por:

I – cumprimento repetitivo pela sociedade de obrigações do sócio ou do administrador ou vice-versa;

II – transferência de ativos ou de passivos sem efetivas contraprestações, exceto os de valor proporcionalmente insignificante; e

III – outros atos de descumprimento da autonomia patrimonial.

§ 3.º O disposto no *caput* e nos §§ 1.º e 2.º deste artigo também se aplica à extensão das obrigações de sócios ou de administradores à pessoa jurídica.

§ 4.º A mera existência de grupo econômico sem a presença dos requisitos de que trata o *caput* deste artigo não autoriza a desconsideração da personalidade da pessoa jurídica.

§ 5.º Não constitui desvio de finalidade a mera expansão ou a alteração da finalidade original da atividade econômica específica da pessoa jurídica".

Como a desconsideração da personalidade jurídica foi adotada pelo legislador da codificação material de 2002, desde então não é recomendável mais utilizar a expressão *teoria*, que constitui trabalho doutrinário, amparado pela jurisprudência.

Sobre as recentes mudanças do texto do Código Civil pela Lei 13.874/2019, a norma passou a viabilizar a desconsideração da personalidade jurídica – com a ampliação de responsabilidades – tão somente quanto ao sócio ou administrador que, direta ou indiretamente, for beneficiado pelo abuso.

Há tempos defendo tal interpretação da norma, assim como outros juristas como Mário Luiz Delgado e na linha do que consta do Enunciado n. 7 da *I Jornada de Direito Civil*, para que o instituto da desconsideração não seja utilizado de forma desproporcional, abusiva e desmedida, atingindo pessoa natural que não tenha praticado o ato tido como abusivo ou ilícito. A título de exemplo, um sócio que não tenha obtido qualquer benefício com a fraude praticada por outros membros da pessoa jurídica, seja de forma imediata ou mediata, não poderá ser responsabilizado por dívidas da empresa. Desse modo, neste primeiro aspecto, o texto emergente avança, e muito.

Anote-se, já citando a inovação e também texto de minha autoria, julgado do Superior Tribunal de Justiça de novembro de 2019 conclui que "a desconsideração da personalidade jurídica está subordinada a efetiva demonstração do abuso da personalidade jurídica, caracterizado pelo desvio de finalidade ou pela confusão patrimonial, e o benefício direto ou indireto obtido pelo sócio, circunstâncias que não se verificam no presente caso. Precedente" (STJ, REsp 1.838.009/RJ, 3.ª Turma, Rel. Min. Paulo Dias Moura Ribeiro, j. 19.11.2019). Como se retira do acórdão, o teor do novo preceito já era adotado em precedentes da Corte Superior.

Os novos parágrafos que foram incluídos, desde o texto da Medida Provisória 881, trazem critérios objetivos para a incidência da desconsideração nas relações entre civis, em prol de uma suposta certeza e segurança jurídica. Advirta-se que essa norma não se aplica à desconsideração da personalidade jurídica prevista em outros sistemas, como no Código de Defesa do Consumidor, na legislação ambiental (Lei 9.605/1998), na Lei Anticorrupção (Lei 12.846/2013) e na nova Lei de Licitações (Lei 14.133/2021), que ainda serão aqui estudados. Os dois critérios alternativos previstos no *caput* do art. 50 do CC/2002 – precursores da chamada teoria maior da desconsideração – são o desvio de finalidade e a confusão patrimonial.

A respeito do desvio de finalidade, a norma passaria a estabelecer como requisito fundamental o elemento doloso ou intencional na prática da lesão ao direito de outrem ou de atos ilícitos, para que o instituto fosse aplicado. Como adverti em textos que escrevi assim que a MP 881 foi editada, essa inovação representaria um grande retrocesso, travando a incidência da categoria, substancialmente por distanciar-se da teoria objetiva do abuso de direito, tratado pelo art. 187 do Código Civil, sem qualquer menção ao elemento subjetivo do dolo ou da culpa, e que fundamenta o instituto da desconsideração da personalidade jurídica.

Como antes foi sustentado, a Medida Provisória 881 adotava um *modelo subjetivo* e *agravado*, pois somente o dolo e não a simples culpa geraria a configuração desse primeiro elemento da desconsideração. Argumentava-se, entre os defensores da norma, que o elemento doloso para a aplicação da desconsideração estava consolidado no âmbito da jurisprudência do Superior Tribunal de Justiça, o que não é verdade. Porém, como se verá, a Corte tem exigido o dolo apenas para os casos de encerramento irregular das atividades, quando a empresa as encerra sem honrar as suas obrigações e altera formalmente as informações perante os órgãos competentes (STJ, EREsp 1.306.553/SC, 2.ª Seção, Rel. Min. Maria Isabel Gallotti, j. 10.12.2014, *DJe* 12.12.2014).

Também como defendi em textos anteriores, a melhor redação do comando ficaria com a seguinte dicção: "Para fins do disposto neste artigo, desvio de finalidade é a utilização da pessoa jurídica com o propósito de lesar credores e para a prática de atos ilícitos de qualquer natureza". Isso acabou sendo sugerido por alguns parlamentares, caso do Deputado André Figueiredo, por meio da Emenda 90: "suprima-se a expressão 'dolosa' do § 1.º do art. 50 da Lei n. 10.406, de 10 de janeiro de 2002 – Código Civil, alterado pelo art. 7.º da MPV n. 881, de 2019".

Grandes e até insuperáveis seriam os entraves para a incidência da desconsideração da personalidade jurídica – sobretudo na sua modalidade inversa – no âmbito do Direito de Família e das Sucessões, para os quais tem aplicação o art. 50 do Código Civil. Importante sempre lembrar que o elemento subjetivo, notadamente a culpa, foi afastado em demandas relativas a esses ramos jurídicos nos últimos anos, e a Medida Provisória 881 trazia a volta de sua análise para a desconsideração, especialmente do dolo. Assim, pelo atual texto, basta a conduta culposa, ou mesmo antifuncional – o que tem como parâmetro o art. 187 do CC –, para que o desvio de finalidade esteja caracterizado.

Sobre a confusão patrimonial, foram mantidos os parâmetros objetivos que estavam previstos na Medida Provisória 881, sem qualquer modificação, a saber: *a)* o cumprimento repetitivo pela sociedade de obrigações do sócio ou do administrador ou vice-versa; *b)* a transferência de ativos ou de passivos sem efetivas contraprestações, exceto os de valor proporcionalmente insignificante; e *c)* outros atos de descumprimento da autonomia patrimonial. A última previsão revela que a relação não é taxativa (*numerus clausus*), mas exemplificativa (*numerus apertus*).

Somente a primeira previsão tinha a minha ressalva, e sugeri que fosse retirada a palavra "repetitivo", pois a confusão patrimonial poderia estar configurada por um único cumprimento obrigacional da pessoa jurídica em relação aos seus membros; por um ato isolado, é possível realizar um total esvaziamento patrimonial com o intuito de prejudicar credores. De todo modo, tal entendimento não foi adotado, e caberá à jurisprudência fazer a mitigação do texto legal, se for o caso, nessas situações, até porque a relação prevista em lei não é fechada, como antes pontuado.

Sobre o § 3.º do atual art. 50, continuo a entender que seria mais interessante adaptá-lo ao art. 133, § 2.º, do Código de Processo Civil de 2015, que, ao tratar do incidente de desconsideração da personalidade jurídica, estabelece que "aplica-se o disposto neste Capítulo à hipótese de desconsideração inversa da personalidade jurídica". A redação que consta da nova lei, confirmando a Medida Provisória anterior, ao prever que "o disposto no *caput* e nos §§ 1.º e 2.º deste artigo também se aplica à extensão das obrigações de sócios ou de administradores à pessoa jurídica", pode até trazer a falsa impressão de que não se trata da desconsideração inversa. De todo modo, como foi essa a opção do legislador, é preciso sempre afirmar que se trata dos mesmos institutos.

Quanto ao § 4.º do art. 50, reitero o meu apoio ao texto legislativo, ao preceituar que "a mera existência de grupo econômico sem a presença dos requisitos de que trata o *caput* não autoriza a desconsideração da personalidade da pessoa jurídica". Foi positivada, portanto, a viabilidade jurídica do uso da desconsideração da personalidade jurídica para atingir outra pessoa jurídica, o que ainda será aqui analisado.

Como última mudança do art. 50 do Código Civil, o seu § 5.º confirma o texto da MP, no sentido de que não constitui desvio de finalidade a mera expansão ou a alteração da finalidade original da atividade econômica específica da pessoa jurídica. Lamenta-se a manutenção a respeito da alteração da finalidade original, que deveria ter sido retirada do texto de conversão, o que foi proposto pelo Senador Pacheco, por meio da Emenda 173.

Cite-se o exemplo de uma fundação, que pode ter a sua autonomia desconsiderada, com o fim de responsabilização dos seus administradores, caso altere a sua finalidade inicial com o objetivo de se desviar de seus *fins nobres*, constantes do art. 62, parágrafo único, do Código Civil. Nessa hipótese, entendo já haver motivo para aplicar o instituto do art. 50 do Código Civil, o que novamente deve ser considerado pela jurisprudência, abrindo-se uma exceção ao texto legal.

Ademais, se a expansão da atividade de uma pessoa jurídica for utilizada para prejudicar credores, há que se desconsiderar a personalidade jurídica, como no caso de um atacadista que passa a desempenhar atividades também do varejo, usando isso para fins de confusão patrimonial e para lesar os sujeitos ativos de suas dívidas.

Como palavras finais sobre as mudanças trazidas pela *Lei da Liberdade Econômica*, que ainda serão aqui retomadas, entre erros e acertos, penso que o texto da lei a respeito da desconsideração da personalidade jurídica é bem melhor do que o original e também do que constava da Medida Provisória 881, em especial pela retirada do dolo, tendo o Parlamento Brasileiro cumprido o seu papel e a sua função nos debates que permearam a conversão da MP e no aperfeiçoamento do texto.

Superada essa atualização da obra, sabe-se que o Código de Defesa do Consumidor igualmente trata de tal instituto no seu art. 28, ao prever que "o Juiz poderá desconsiderar a personalidade jurídica da sociedade quando, em detrimento do consumidor, houver abuso de direito, excesso de poder, infração da lei, fato ou ato ilícito ou violação dos estatutos ou contrato social. A desconsideração também será efetivada quando houver falência, estado de insolvência, encerramento ou inatividade da pessoa jurídica causada por má administração; (...) § 5.º: Também poderá ser desconsiderada a pessoa jurídica sempre que sua personalidade for, de alguma forma, obstáculo ao ressarcimento de prejuízos causados aos consumidores".

Faz o mesmo o art. 4.º da Lei de Crimes Ambientais (Lei 9.605/1998), ao dispor que "poderá ser desconsiderada a pessoa jurídica sempre que sua personalidade for obstáculo ao ressarcimento de prejuízos causados à qualidade do meio ambiente". De qualquer forma, no tocante ao Código de Defesa do Consumidor e à Lei Ambiental há uma diferença de tratamento, conforme será demonstrado a seguir.

Aliás, tanto em relação à adoção da teoria, quanto à manutenção das leis especiais anteriores, estatui o Enunciado n. 51 do Conselho da Justiça Federal, aprovado na *I Jornada de*

286 | DIREITO CIVIL • VOL. 1 – *Flávio Tartuce*

Direito Civil, que "a teoria da desconsideração da personalidade jurídica – *disregard doctrine* – fica positivada no novo Código Civil, mantidos os parâmetros existentes nos microssistemas legais e na construção jurídica sobre o tema". Eis aqui o argumento pelo qual não se pode mais utilizar a expressão *teoria*, uma vez que a desconsideração foi abraçada pela codificação privada.

Aprofundando, em relação à desconsideração da personalidade jurídica, a doutrina aponta a existência de duas grandes teorias, como já se adiantou pela análise das atualizações feitas pela *Lei da Liberdade Econômica*: *a teoria maior* e *a teoria menor*. Ensina Fábio Ulhoa Coelho que "há duas formulações para a teoria da desconsideração: a maior, pela qual o juiz é autorizado a ignorar a autonomia patrimonial das pessoas jurídicas, como forma de coibir fraudes e abusos praticados através dela, e a menor, em que o simples prejuízo do credor já possibilita afastar a autonomia processual" (*Curso...*, 2005, v. 2, p. 35). Por óbvio que o Código Civil de 2002 adotou a *teoria maior*. De qualquer modo, entendo que o abuso da personalidade jurídica deve ser encarado como uma forma de abuso de direito, tendo como parâmetro o art. 187 do CC/2002.

Relativamente ao Código de Defesa do Consumidor, pelo que consta do § 5.º do art. 28, foi supostamente adotada a *teoria menor*, bastando o mero prejuízo à parte, para que a desconsideração seja deferida (GARCIA, Leonardo de Medeiros. *Direito do consumidor...*, 2007, p. 114). Aliás, esse entendimento por vezes é adotado pela jurisprudência. Nesse sentido, transcreve-se ementa explicativa do Superior Tribunal de Justiça, em notório julgado, um dos mais conhecidos precedentes a respeito do tema:

> "Responsabilidade civil e Direito do consumidor. Recurso especial. *Shopping Center* de Osasco-SP. Explosão. Consumidores. Danos materiais e morais. Ministério Público. Legitimidade ativa. Pessoa jurídica. Desconsideração. Teoria maior e teoria menor. Limite de responsabilização dos sócios. Código de Defesa do Consumidor. Requisitos. Obstáculo ao ressarcimento de prejuízos causados aos consumidores. Art. 28, § 5.º – Considerada a proteção do consumidor um dos pilares da ordem econômica, e incumbindo ao Ministério Público a defesa da ordem jurídica, do regime democrático e dos interesses sociais e individuais indisponíveis, possui o Órgão Ministerial legitimidade para atuar em defesa de interesses individuais homogêneos de consumidores, decorrentes de origem comum. A teoria maior da desconsideração, regra geral no sistema jurídico brasileiro, não pode ser aplicada com a mera demonstração de estar a pessoa jurídica insolvente para o cumprimento de suas obrigações. Exige-se, aqui, para além da prova de insolvência, ou a demonstração de desvio de finalidade (teoria subjetiva da desconsideração), ou a demonstração de confusão patrimonial (teoria objetiva da desconsideração). A teoria menor da desconsideração, acolhida em nosso ordenamento jurídico excepcionalmente no Direito do Consumidor e no Direito Ambiental, incide com a mera prova de insolvência da pessoa jurídica para o pagamento de suas obrigações, independentemente da existência de desvio de finalidade ou de confusão patrimonial. – Para a teoria menor, o risco empresarial normal às atividades econômicas não pode ser suportado pelo terceiro que contratou com a pessoa jurídica, mas pelos sócios e/ou administradores desta, ainda que estes demonstrem conduta administrativa proba, isto é, mesmo que não exista qualquer prova capaz de identificar conduta culposa ou dolosa por parte dos sócios e/ou administradores da pessoa jurídica. – A aplicação da teoria menor da desconsideração às relações de consumo está calcada na exegese autônoma do § 5.º do art. 28 do CDC, porquanto a incidência desse dispositivo não se subordina à demonstração dos requisitos previstos no *caput* do artigo indicado, mas apenas à prova de causar, a mera existência da pessoa jurídica, obstáculo ao ressarcimento de prejuízos causados aos consumidores. Recursos especiais não conhecidos" (STJ, REsp 279.273/SP, 3.ª Turma, Rel. Min. Ari Pargendler, Rel. p/ Acórdão Ministra Nancy Andrighi, j. 04.12.2003, *DJ* 29.03.2004, p. 230).

CAP. 4 • DA PESSOA JURÍDICA | 287

Como resta claro da ementa, a teoria menor também foi adotada pela legislação ambiental, por força do art. 4.º da Lei 9.605/1998, antes transcrito.

Todavia, no que tange ao Direito do Consumidor, como é notório, o art. 28, § 1.º, do CDC foi vetado, quando, na verdade, o veto deveria ter atingido o § 5.º. Assim, fica em dúvida a verdadeira adoção dessa teoria, apesar da previsão legal. Nesse sentido, comentando tal engano, anota Gustavo Rene Nicolau que "com este equívoco manteve-se em vigor o terrível § 5.º. Entendo que não se pode considerar eficaz o referido parágrafo, prestigiando um engano em detrimento de toda uma construção doutrinária absolutamente solidificada e que visa – em última análise – proteger a coletividade" (Desconsideração..., *Arte jurídica...*, 2006, v. III, p. 236).

Importante dizer que, apesar dos protestos do civilista e de outros autores, o art. 28, § 5.º, do CDC vem sendo aplicado amplamente pela jurisprudência, como precursor da *teoria menor* (cite-se: TJSP, Agravo de instrumento 0098243-28.2013.8.26.0000, Acórdão 6833849, 19.ª Câmara de Direito Privado, Santos, Rel. Des. Mário de Oliveira, j. 24.06.2013, *DJESP* 11.07.2013; TJRS, Apelação Cível 71244-28.2013.8.21.7000, 10.ª Câmara Cível, Erechim, Rel. Des. Túlio de Oliveira Martins, j. 27.06.2013, *DJERS* 26.07.2013; TJDF, Recurso 2013.00.2.006456-3, Acórdão 684.610, 3.ª Turma Cível, Rel. Des. Getúlio de Moraes Oliveira, *DJDFTE* 20.06.2013, p. 66; e TJPR, AI 404789-0, Ac. 7890, 15.ª Câmara Cível, Curitiba, Rel. Juiz Conv. Fabio Kaick Dalla Vecchia, j. 02.05.2007, *DJPR* 18.05.2007).

Do Superior Tribunal de Justiça, sem prejuízo do acórdão antes transcrito, deduziu-se que "é possível, em linha de princípio, em se tratando de vínculo de índole consumerista, a utilização da chamada Teoria Menor da desconsideração da personalidade jurídica, a qual se contenta com o estado de insolvência do fornecedor, somado à má administração da empresa, ou, ainda, com o fato de a personalidade jurídica representar um 'obstáculo ao ressarcimento de prejuízos causados aos consumidores' (art. 28 e seu § 5.º, do Código de Defesa do Consumidor)" (STJ, REsp 1.111.153/RJ, 4.ª Turma, Rel. Min. Luis Felipe Salomão, j. 06.12.2012, *DJE* 04.02.2013).

Em suma, constata-se que a divisão entre a teoria maior e a menor consolidou-se na civilística nacional, mesmo com críticas formuladas pelo próprio Fábio Ulhoa Coelho, um dos seus principais precursores. Conforme se retira de obra mais atual do jurista, "em 1999, quando era significativa a quantidade de decisões judiciais desvirtuando a teoria da desconsideração, cheguei a chamar sua aplicação incorreta de 'teoria menor', reservando à correta a expressão 'teoria maior'. Mas a evolução do tema na jurisprudência brasileira não permite mais falar-se em duas teorias distintas, razão pela qual esses conceitos de 'maior' e 'menor' mostram-se, agora, felizmente, ultrapassados" (COELHO, Fábio Ulhoa. *Curso de direito comercial...*, 2011, v. 2, p. 66-67).

Com o devido respeito, penso que a aclamada divisão deve ser mantida na teoria e na prática do Direito Civil, especialmente pelo seu claro intuito didático e metodológico, com enorme relevância prática. Em suplemento, a aplicação da teoria menor é mais eficiente para a defesa dos interesses dos consumidores.

De volta ao Código Civil, subsiste, ainda, o princípio da autonomia subjetiva da pessoa jurídica, distinta da pessoa de seus sócios, mas tal distinção é afastada nas hipóteses previstas na lei. Não se retirou a personalidade jurídica, mas apenas a desconsidera em determinadas situações, penetrando-se no patrimônio do sócio ou do administrador.

Na verdade, não se pode confundir a desconsideração com a *despersonificação ou despersonalização* da empresa. No primeiro instituto, apenas desconsidera-se a regra pela qual a pessoa jurídica tem existência distinta de seus membros (art. 50 do CC). Na despersonificação, a pessoa jurídica é dissolvida, nos termos do art. 51 do Código Civil. A tabela a seguir diferencia as categorias:

Desconsideração da personalidade jurídica	Despersonificação da pessoa jurídica
Art. 50 do CC.	Art. 51 do CC.
A pessoa jurídica não é extinta, havendo apenas uma ampliação de responsabilidades, com a desconsideração da regra segundo a qual a pessoa jurídica não se confunde com os seus membros.	A pessoa jurídica é extinta (dissolvida), com a apuração do ativo e do passivo. Conforme a lei, nos casos de dissolução da pessoa jurídica ou cassada a autorização para seu funcionamento, ela subsistirá para os fins de liquidação, até que esta se conclua.

Processualmente, na desconsideração, é comum manter a empresa no polo passivo da demanda, incluindo também os sócios. Na despersonificação isso não ocorre, uma vez que sai a empresa, entram os sócios. É discutível a possibilidade de deferimento da desconsideração no processo de execução, eis que o contraditório ainda não está instituído de forma plena, o que somente ocorrerá no caso de oposição de embargos do devedor. Entretanto, na prática, sempre foi usual o seu deferimento no processo executivo (TJSP, AI 7228878-7, Ac. 2574118, 17.ª Câmara de Direito Privado, Limeira, Rel. Des. Jacob Valente, j. 02.04.2008, *DJESP* 07.05.2008).

Na verdade, a jurisprudência vinha entendendo que a alegação da desconsideração cabe em qualquer fase do processo, independentemente da propositura de uma ação específica (ver julgado publicado no *Informativo* n. *468* do STJ: REsp 1.180.191/RJ, Rel. Min. Luis Felipe Salomão, j. 05.04.2011. Precedentes citados: REsp 881.330-SP, *DJe* 10.11.2008; REsp 418.385/SP, *DJ* 03.09.2007; e REsp 1.036.398/RS, *DJe* 03.02.2009). O CPC/2015 confirmou essa premissa, ao tratar do incidente de desconsideração, estabelecendo o seu art. 134 que "o incidente de desconsideração é cabível em todas as fases do processo de conhecimento, no cumprimento de sentença e na execução fundada em título executivo extrajudicial".

Também é possível, no caso de confusão patrimonial, responsabilizar a empresa por dívidas dos sócios, por meio da *desconsideração inversa* ou *invertida*. O exemplo típico é a situação em que o sócio, tendo conhecimento de eventual separação ou divórcio, compra bens com capital próprio em nome da empresa (confusão patrimonial). Por essa forma de desconsideração, tais bens poderão ser alcançados pela separação ou divórcio, fazendo que o instituto seja aplicado no Direito de Família.

Sobre o tema, mencione-se o belo e pioneiro trabalho de Rolf Madaleno que trata da teoria da *disregard no Direito de Família*. Citando farta jurisprudência do TJRS, o doutrinador utiliza um exemplo muito próximo do que aqui foi apontado: "Quando o marido transfere para sua empresa o rol mais significativo dos bens matrimoniais, sentença final de cunho declaratório haverá de desconsiderar este negócio específico, flagrada a fraude ou o abuso, havendo, em consequência, como matrimoniais esses bens, para ordenar sua partilha no ventre da separação judicial, na fase destinada a sua divisão, já considerados comuns e comunicáveis" (*Direito de família...*, 1999, p. 31).

Admitindo essa possibilidade, na *IV Jornada de Direito Civil*, em 2006, foi aprovado o Enunciado n. 283 do CJF/STJ, prevendo que "é cabível a desconsideração da personalidade jurídica denominada 'inversa' para alcançar bens de sócio que se valeu da pessoa jurídica para ocultar ou desviar bens pessoais, com prejuízo a terceiros". Do Tribunal de Justiça de São Paulo pode ser transcrita a seguinte ementa anterior, que postergava a aplicação da teoria para a fase de cumprimento da sentença:

"Separação judicial. Pretensão à comunicação de bens havidos na constância do casamento e à desconsideração inversa da personalidade jurídica de empresas representadas pelo agravado. Matéria que deve ser relegada para fase posterior à sentença. Agravo parcialmente provido, para anular a parte da decisão que antecipou pronunciamento a respeito da incomunicabilidade dos aquestos" (TJSP, AI 319.880-4/0, 3.ª Câmara de Direito Privado, São Paulo, Rel. Des. Carlos Roberto Gonçalves, j. 02.12.2003).

Do mesmo modo ilustrando, a *desconsideração inversa* foi corretamente aplicada por notório julgado do STJ, assim publicado no seu *Informativo* n. *440*:

> "Desconsideração da Personalidade Jurídica Inversa. Discute-se, no REsp, se a regra contida no art. 50 do CC/2002 autoriza a chamada desconsideração da personalidade jurídica inversa. Destacou a Min. Relatora, em princípio, que, a par de divergências doutrinárias, este Superior Tribunal sedimentou o entendimento de ser possível a desconstituição da personalidade jurídica dentro do processo de execução ou falimentar, independentemente de ação própria. (...) Também explica que a interpretação literal do referido artigo, de que esse preceito de lei somente serviria para atingir bens dos sócios em razão de dívidas da sociedade e não o inverso, não deve prevalecer. Anota, após essas considerações, que a desconsideração inversa da personalidade jurídica caracteriza-se pelo afastamento da autonomia patrimonial da sociedade, para, contrariamente do que ocorre na desconsideração da personalidade propriamente dita, atingir, então, o ente coletivo e seu patrimônio social, de modo a responsabilizar a pessoa jurídica por obrigações de seus sócios ou administradores. Assim, observa que o citado dispositivo, sob a ótica de uma interpretação teleológica, legitima a inferência de ser possível a teoria da desconsideração da personalidade jurídica em sua modalidade inversa, que encontra justificativa nos princípios éticos e jurídicos intrínsecos à própria *disregard doctrine*, que vedam o abuso de direito e a fraude contra credores. Dessa forma, a finalidade maior da *disregard doctrine* contida no preceito legal em comento é combater a utilização indevida do ente societário por seus sócios. Ressalta que, diante da desconsideração da personalidade jurídica inversa, com os efeitos sobre o patrimônio do ente societário, os sócios ou administradores possuem legitimidade para defesa de seus direitos mediante a interposição dos recursos tidos por cabíveis, sem ofensa ao contraditório, à ampla defesa e ao devido processo legal. No entanto, a Min. Relatora assinala que o juiz só poderá decidir por essa medida excepcional quando forem atendidos todos os pressupostos relacionados à fraude ou abuso de direito estabelecidos no art. 50 do CC/2002. No caso dos autos, tanto o juiz como o tribunal *a quo* entenderam haver confusão patrimonial e abuso de direito por parte do recorrente. Nesse contexto, a Turma negou provimento ao recurso. Precedentes citados: REsp 279.273-SP, *DJ* 29.03.2004; REsp 970.635-SP, *DJe* 1.º.12.2009, e REsp 693.235-MT, *DJe* 30.11.2009" (STJ, REsp 948.117/MS, Rel. Min. Nancy Andrighi, j. 22.06.2010).

Após a consolidação nos âmbitos doutrinário e jurisprudencial, a desconsideração inversa ou invertida acabou por ser incluída na lei, no Código de Processo Civil de 2015. Conforme o seu art. 133, § 2.º, primeiro comando a tratar do novo incidente de desconsideração, "aplica-se o disposto neste Capítulo à hipótese de desconsideração inversa da personalidade jurídica". Reitere-se que fez o mesmo a *Lei da Liberdade Econômica* (Lei 13.874/2019), ao incluir o § 3.º no art. 50 do Código Civil, preceituando que "o disposto no *caput* e nos §§ 1.º e 2.º deste artigo também se aplica à extensão das obrigações de sócios ou de administradores à pessoa jurídica". Esse incidente processual ainda será abordado no presente tópico.

A propósito, aplicando a desconsideração inversa já sob a vigência do Estatuto Processual emergente e em hipótese bem peculiar, concluiu o Tribunal da Cidadania que cabe a incidência do instituto em face de sócia da empresa que foi beneficiada por suposta transferência fraudulenta de cotas sociais por um dos cônjuges. *In casu*, reconheceu-se a sua legitimidade passiva para integrar a ação de divórcio cumulada com partilha de bens, no bojo da qual se requereu a declaração de ineficácia do negócio jurídico que teve por propósito transferir a participação do sócio e ex-marido à sócia remanescente (STJ, REsp 1.522.142/PR, 3.ª Turma por unanimidade, Rel. Min. Marco Aurélio Bellizze, j. 13.06.2017, *DJe* 22.06.2017).

De qualquer forma, como consta de numerosos julgados e se retira da correta conclusão doutrinária, a desconsideração não pode ser utilizada sem limites, como infelizmente ocorre na prática, principalmente em ações trabalhistas. Nesse sentido, já preceituava o Enunciado n. 7 do CJF/STJ, aprovado na *I Jornada de Direito Civil* que "só se aplica a desconsideração da personalidade jurídica quando houver a prática de ato irregular, e limitadamente, aos administradores ou sócios, que nela hajam ocorrido". O teor desse enunciado, como se verificou, foi adotado no novo trecho final do art. 50, *caput,* do Código Civil, incluído pela Lei 13.874/2019, contando com o meu apoio doutrinário.

Em complemento, foi aprovado outro Enunciado na *III Jornada*, pelo qual "nas relações civis, interpretam-se restritivamente os parâmetros de desconsideração da personalidade jurídica previstos no art. 50 (desvio de finalidade social ou confusão patrimonial). Observação da comissão: esse enunciado não prejudica o Enunciado n. 7, da *I Jornada de Direito Civil* da CEJ/CJF" (Enunciado n. 146). A nova *Lei da Liberdade Econômica* também procurou seguir essa linha, ao trazer parâmetros mais objetivos para a configuração do desvio de finalidade e da confusão patrimonial.

Em resumo, não se pode esquecer que, para a aplicação da desconsideração da personalidade jurídica, especialmente pela teoria maior, devem ser utilizados os parâmetros constantes do art. 187 do CC/2002, que conceitua o abuso de direito como ato ilícito. Esses parâmetros são o fim social ou econômico da empresa, a boa-fé objetiva e os bons costumes, que constituem cláusulas gerais que devem ser preenchidas pelo aplicador caso a caso.

Desse modo, a utilização da desconsideração não pode ocorrer de forma excessiva, como é comum em decisões da Justiça do Trabalho, em que muitas vezes um sócio que nunca administrou uma empresa é responsabilizado por dívidas trabalhistas.

Seguindo no estudo do instituto, é interessante pontuar que, com a desconsideração, a responsabilização do sócio ou administrador é integral, além das suas quotas sociais, mormente nas hipóteses em que está presente o abuso de direito. A propósito dessa conclusão, julgou o Superior Tribunal de Justiça, em acórdão publicado no seu *Informativo n. 463*, que:

> "No REsp, discute-se a possibilidade de, em razão da desconsideração da personalidade jurídica da sociedade empresária e, em ato contínuo, com a autorização da execução dos bens dos sócios, a responsabilidade dos sócios ficar limitada ao valor de suas respectivas quotas sociais. Segundo o Min. Relator, essa possibilidade não poderia prosperar, pois admitir que a execução esteja limitada às quotas sociais seria temerário, indevido e resultaria na desestabilização do instituto da desconsideração da personalidade jurídica. Explica que este hoje já se encontra positivado em nosso ordenamento jurídico no art. 50 do CC/2002 e, nesse dispositivo, não há qualquer restrição acerca de a execução contra os sócios ser limitada às suas respectivas quotas sociais. Ademais, a desconsideração da personalidade jurídica já havia sido regulamentada no âmbito das relações de consumo no art. 28, § 5.º, do CDC e há muito é reconhecida pela jurisprudência e pela doutrina por influência da teoria do *disregard of legal entity*, oriunda do direito norte-americano. Ressalta, ainda, que a desconsideração não importa dissolução da pessoa jurídica, constitui apenas um ato de efeito provisório decretado para determinado caso concreto e objetivo, dispondo, ainda, os sócios incluídos no polo passivo da demanda de meios processuais para impugná-la. Por fim, observa que o art. 591 do CPC estabelece que os devedores respondem com todos os bens presentes e futuros no cumprimento de suas obrigações. Com esse entendimento, a Turma conheceu em parte do recurso e, nessa parte, negou-lhe provimento.

CAP. 4 · DA PESSOA JURÍDICA | 291

Precedentes citados: REsp 140.564-SP, *DJ* 17.12.2004; REsp 401.081-TO, *DJ* 15.05.2006, e EDcl no REsp 750.335-PR, *DJ* 10.04.2006" (STJ, REsp 1.169.175/DF, Rel. Min. Massami Uyeda, j. 17.02.2011).

Superado esse ponto, como evolução da desconsideração da personalidade jurídica tem-se adotado a *teoria da sucessão de empresas*, também denominada *desconsideração econômica* ou indireta, pela qual, nos casos de abuso da personalidade jurídica em que for patente a ocorrência de fraude, poderá o magistrado estender as responsabilidades de uma empresa para outra – denominadas *empresa sucedida* e *sucessora*, respectivamente.

Frise-se que a *Lei da Liberdade Econômica* positivou a sua possibilidade, pelo menos indiretamente, pelo teor do novo § 4.º do art. 50 do CC, *in verbis*: "a mera existência de grupo econômico sem a presença dos requisitos de que trata o *caput* deste artigo não autoriza a desconsideração da personalidade da pessoa jurídica". A título de exemplo, aplicando a ideia de sucessão de empresas, é interessante transcrever julgado do extinto Primeiro Tribunal de Alçada Civil de São Paulo:

"Execução por título extrajudicial. Indeferimento do pedido de reconhecimento de sucessão de empresas. Desconsideração da personalidade jurídica. Admissibilidade ante a existência de prova inequívoca. Caracterização de conluio entre as empresas para prejudicar credores. Fraude evidenciada. Recurso provido para este fim" (Primeiro Tribunal de Alçada Civil de São Paulo, Processo: 1256457-3, Agravo de Instrumento, Origem: Sorocaba, 3.ª Câmara, j. 04.05.2004, Rel. Térsio Negrato, Decisão: Deram provimento, v.u.).

Da mesma Corte Paulista, cite-se acórdão em que se aplicou a teoria da sucessão de empresas para compensação de créditos e débitos envolvendo o falido Banco Santos e o conhecido *Bank of Europe*, utilizado para perpetuar transações e fraudes pelo primeiro. O julgado – que teve a minha atuação como parecerista –, foi assim publicado, com a adoção da tese exposta na opinião doutrinária:

"Falência. Ação Monitória. Embargos. Procedência parcial em primeiro grau. Compensação de crédito do devedor do falido perante banco do mesmo grupo econômico deste. Possibilidade, no caso Procedência integral da ação. Não havendo dúvidas nos autos de que o Bank of Europe pertence ao mesmo grupo econômico do falido, e de que, naquele, um dos apelantes tem crédito líquido, certo e exigível, possível a compensação desse crédito com o débito dos apelantes para com a Massa Falida. Apelação provida" (TJSP, Apelação com Revisão 9134530-70.2009.8.26.0000, Câmara Reservada à Falência e Recuperação do Tribunal de Justiça de São Paulo, Comarca: São Paulo – 2.ª Vara de Falências e Recuperações Judiciais de São Paulo, Rel. Des. Lino Machado, j. 27.11.2012).

Sobre tal hipótese de desconsideração, cumpre acrescentar que, na *I Jornada de Direito Processual Civil*, promovida pelo Conselho da Justiça Federal em agosto de 2017, aprovou-se enunciado doutrinário estabelecendo a necessidade de aplicação do incidente previsto entre os arts. 133 e 137 do CPC de 2015 em casos tais. A ementa doutrinária utiliza os termos *desconsideração indireta e expansiva* (Enunciado n. 11).

Como se retira da doutrina de Cristiano Chaves de Farias e Nelson Rosenvald, a *desconsideração expansiva* representa "a possibilidade de desconsiderar uma pessoa jurídica para atingir a personalidade do sócio eventualmente oculto, que, não raro, está escondido na empresa controladora" (FARIAS, Cristiano Chaves; ROSENVALD, Nelson. *Curso...* 2015, p. 405). Por seu turno, de acordo com a mesma doutrina, na *desconsideração indireta* "é permitido o levantamento episódico do véu protetivo da empresa controlada para responsabilizar a empresa-controladora (ou coligada) por atos praticados com aquela de modo abusivo ou fraudulento. Observa-se que a hipótese vem se tornando muito comum, em especial envolvendo grandes complexos empresariais que adquirem, sucessivamente, diversas empresas que terminam atuando de modo a criar um ambiente mais seguro para a sua controladora, em detrimento de terceiros que contratam com uma empresa mais fraca (controlada por outra mais forte)" (FARIAS, Cristiano Chaves; ROSENVALD, Nelson. *Curso...*, 2015, p. 405).

Nesse último caso de responsabilização de uma pessoa jurídica por dívidas da outra, prefiro utilizar o termo *sucessão de empresas*, sendo possível também estender a responsabilização para a empresa controlada, por dívidas de sua controladora, ou vice-versa.

Utilizando também essa expressão, destaco aresto do STJ, de 2022, que traz como conteúdo o correto preenchimento dos requisitos para incidir a ampliação de responsabilidades:

> "A caracterização da sucessão empresarial não exige a comprovação formal da transferência de bens, direitos e obrigações à nova sociedade, admitindo-se sua presunção quando os elementos indiquem que houve o prosseguimento na exploração da mesma atividade econômica, no mesmo endereço e com o mesmo objeto social. Precedentes. Na instância primeira, foi asseverada a ocorrência da sucessão empresarial 'de fato' sem interrupção, ante a comprovação da continuidade, pela adquirente, da mesma atividade empresarial exercida pela sociedade alienante, no mesmo endereço e utilizando-se da mesma mão de obra e de todas as máquinas e equipamentos a esta pertencentes, em decorrência de um nada crível instrumento particular de comodato, registrando, ainda, o encerramento das atividades da sucedida e a incorporação de sua clientela pela sucessora" (STJ, Ag. Int. no REsp 1.837.435/SP, 4.ª Turma, Rel. Min. Luis Felipe Salomão, j. 10.05.2022, *DJe* 07.06.2022).

Acrescente-se que, em 2023, a Corte passou a admitir também a chamada *desconsideração positiva da personalidade jurídica*, seguindo a expressão criada por Fabio Ricardo Brasilino, que foi meu orientando de doutorado na FADISP. Segundo o autor, a expressão justifica proteção conferida pela Lei 8.009/1990 a imóvel pertencente à pessoa jurídica, no qual residam os sócios, na linha de outros arestos aqui antes transcritos: "a teoria da desconsideração da personalidade sempre foi utilizada sob o aspecto negativo (punitivo/repressivo) (...)", e "sob o ponto de vista positivo, ou seja, para resguardo da dignidade da pessoa e outros valores constitucionais" (BRASILINO, Fabio Ricardo. A desconsideração... 2014, p. 91-105). A seguir destaco um dos julgados atuais que utilizam o termo, que passa a ser considerado, para os devidos fins práticos:

> "Agravo interno no agravo em recurso especial. Civil. Execução de título executivo extrajudicial. Penhora de imóvel utilizado para integralizar o capital social de sociedade limitada. Alegação de residência por um dos sócios, sendo sócia majoritária empresa *holding* com sede nas Ilhas Virgens Britânicas. Princípios da autonomia patrimonial e da integridade do capital social. Art. 789 do CPC. Arts. 49-A, 1.024, 1055 e 1059 do Código Civil. Confusão patrimonial. Desconsideração positiva da personalidade jurídica para proteção de bem de família. Lei n. 8.009/90. Inaplicabilidade no caso dos autos. 1. A autonomia patrimonial da sociedade, princípio basilar do direito societário, configura via de mão dupla, de modo a proteger, nos termos da legislação de regência, o patrimônio dos sócios e da própria pessoa jurídica (e seus eventuais credores). 2. 'A impenhorabilidade da Lei n.º 8.009/90, ainda que tenha como destinatários as pessoas físicas, merece ser aplicada a certas pessoas jurídicas, às firmas individuais, às pequenas empresas com conotação familiar, por exemplo, por haver identidade de patrimônios.' (FACHIN, Luiz Edson. 'Estatuto Jurídico do Patrimônio Mínimo', Rio de Janeiro, Renovar, 2001, p. 154). 3. A desconsideração parcial da personalidade da

empresa proprietária para a subtração do imóvel de moradia do sócio do patrimônio social apto a responder pelas obrigações sociais apenas deve ocorrer em situações particulares, quando evidenciada confusão entre o patrimônio da empresa familiar e o patrimônio pessoal dos sócios. 4. Impõe-se também a demonstração da boa-fé do sócio morador, que se infere de circunstâncias a serem aferidas caso a caso, como ser o imóvel de residência habitual da família, desde antes do vencimento da dívida. 5. Hipótese em que inaplicável a proteção da Lei 8.009/90 ao imóvel registrado em nome de pessoa jurídica, cujo capital social ultrapassa os três milhões de reais e pertence 99% a empresa constituída nas Ilhas Virgens, sendo a sócia moradora titular de apenas uma quota social. 6. Agravo interno a que se nega provimento" (STJ, Ag. Int. no AREsp 1.868.007/SP, 4.ª Turma, Rel. Min. Raul Araújo, Rel. p/ acórdão Min. Maria Isabel Gallotti, j. 14.03.2023, *DJe* 30.03.2023).

Feitas essas notas sobre as modalidades de desconsideração, pontue-se, ainda, que a desconsideração da personalidade jurídica sempre foi viável como medida a ser deferida pelo magistrado, dentro de um processo judicial. Todavia, a *Lei Anticorrupção* (Lei 12.846/2013) criou uma nova modalidade, de *desconsideração administrativa*. Conforme o seu art. 14, "a personalidade jurídica poderá ser desconsiderada sempre que utilizada com abuso do direito para facilitar, encobrir ou dissimular a prática dos atos ilícitos previstos nesta Lei ou para provocar confusão patrimonial, sendo estendidos todos os efeitos das sanções aplicadas à pessoa jurídica aos seus administradores e sócios com poderes de administração, observados o contraditório e a ampla defesa".

Como o dispositivo está inserido no capítulo relativo ao processo administrativo de responsabilização, forçoso concluir que se trata de medida que independe de decisão judicial. Julgado publicado no *Informativo* n. *732* do Supremo Tribunal Federal reconhece a importância desse novo mecanismo de defesa dos interesses público e coletivo.

Como outra lei recente que trata do instituto, destaque-se a nova Lei de Licitações (Lei 14.133/2021). Consoante o art. 160 do novel diploma, "a personalidade jurídica poderá ser desconsiderada sempre que utilizada com abuso do direito para facilitar, encobrir ou dissimular a prática dos atos ilícitos previstos nesta Lei ou para provocar confusão patrimonial, e, nesse caso, todos os efeitos das sanções aplicadas à pessoa jurídica serão estendidos aos seus administradores e sócios com poderes de administração, a pessoa jurídica sucessora ou a empresa do mesmo ramo com relação de coligação ou controle, de fato ou de direito, com o sancionado, observados, em todos os casos, o contraditório, a ampla defesa e a obrigatoriedade de análise jurídica prévia". Como se pode notar, essa legislação emergente adota a teoria maior, na linha do que está no art. 50 do Código Civil.

Seguindo no estudo de questões materiais relativas à desconsideração, é interessante comentar sobre outros enunciados doutrinários aprovados na *IV Jornada de Direito Civil*, além dos primeiros antes citados.

Primeiramente, prevê o Enunciado n. 281 do CJF/STJ que a aplicação da desconsideração, descrita no art. 50 do CC prescinde da demonstração de insolvência da pessoa jurídica. Em tom prático, não há necessidade de provar que a empresa está falida para que a desconsideração seja deferida. O enunciado doutrinário está perfeitamente correto, pois os parâmetros previstos no art. 50 do CC/2002 são a confusão patrimonial e o desvio de finalidade. Todavia, a insolvência ou a falência podem servir de parâmetros de reforço para a desconsideração.

Já nos termos do Enunciado n. 282 do CJF/STJ, o encerramento irregular das atividades da pessoa jurídica, por si só, não basta para caracterizar abuso de personalidade jurídica. Não há como concordar com tal conclusão, pois o encerramento irregular é exemplo típico de abuso da personalidade jurídica, particularmente de desvio de finalidade da empresa, conforme balizado entendimento jurisprudencial anterior:

294 DIREITO CIVIL • VOL. 1 – Flávio Tartuce

"Processual civil e civil. Recurso especial. Ação de execução de título executivo judicial. Desconsideração da personalidade jurídica. Viabilidade. Art. 50 do CC/2002. 1. A desconsideração da personalidade jurídica é admitida em situações excepcionais, devendo as instâncias ordinárias, fundamentadamente, concluir pela ocorrência do desvio de sua finalidade ou confusão patrimonial desta com a de seus sócios, requisitos objetivos sem os quais a medida torna-se incabível. 2. Do encerramento irregular da empresa presume-se o abuso da personalidade jurídica, seja pelo desvio de finalidade, seja pela confusão patrimonial, apto a embasar o deferimento da desconsideração da personalidade jurídica da empresa, para se buscar o patrimônio individual de seu sócio. 3. Recurso especial não provido" (STJ, REsp 1.259.066/SP, 3.ª Turma, Rel. Min. Nancy Andrighi, j. 19.06.2012, *DJe* 28.06.2012).

"Acidente de veículo. Reparação de danos. Execução. Pessoa jurídica. Desconsideração da entidade legal. Presunção do encerramento irregular da atividade ou inatividade da pessoa jurídica. Obstáculo ao ressarcimento de prejuízos. Reconhecimento. Desconsidera-se a personalidade jurídica da sociedade civil, quando presumível o encerramento irregular da atividade ou inatividade da pessoa jurídica que constitui obstáculo ao ressarcimento de prejuízos causados ao credor. Recurso provido" (TJSP, Agravo de Instrumento 886833-0/0, 31.ª Câmara de Direito Privado, Sumaré, Rel. Willian Campos, j. 17.05.2005, v.u.).

Em complemento, anote-se que, no âmbito da execução fiscal, o STJ entende que se presume dissolvida irregularmente a empresa que deixar de funcionar no seu domicílio fiscal, sem comunicação aos órgãos competentes, legitimando o redirecionamento da execução fiscal para o sócio-gerente (Súmula 435). Como se nota, o teor da súmula está na contramão do entendimento que consta do criticado Enunciado n. 282 CJF/STJ.

Todavia, o tema nunca foi pacífico no Tribunal da Cidadania. A par dessa realidade, em dezembro de 2014, a Segunda Seção do Superior Tribunal de Justiça acabou por analisar a matéria em sede de incidente de recursos repetitivos, concluindo, na mesma linha do enunciado doutrinário comentado, que o mero encerramento irregular das atividades da empresa não tem o condão de, por si só, só gerar a incidência da desconsideração, especialmente aquela tratada pelo Código Civil. Conforme a relatoria da Ministra Maria Isabel Gallotti, que merece destaque:

"A criação teórica da pessoa jurídica foi avanço que permitiu o desenvolvimento da atividade econômica, ensejando a limitação dos riscos do empreendedor ao patrimônio destacado para tal fim. Abusos no uso da personalidade jurídica justificaram, em lenta evolução jurisprudencial, posteriormente incorporada ao direito positivo brasileiro, a tipificação de hipóteses em que se autoriza o levantamento do véu da personalidade jurídica para atingir o patrimônio de sócios que dela dolosamente se prevaleceram para lesar credores. Tratando-se de regra de exceção, de restrição a princípio da autonomia patrimonial da pessoa jurídica, interpretação que melhor se coaduna com o art. 50 do Código Civil é a que rege sua aplicação a casos extremos, em que a pessoa jurídica tenha sido mero instrumento para fins fraudulentos por aqueles que a idealizaram, valendo-se dela para encobrir os ilícitos que propugnam seus sócios ou administradores. Entendimento diverso conduziria, no limite, em termos práticos, ao fim da autonomia patrimonial da pessoa jurídica, ou seja, regresso histórico incompatível com a segurança jurídica e com o vigor da atividade econômica. Com esses fundamentos, não estando consignado no acórdão estadual que a dissolução da sociedade tinha por fim fraudar credores ou ludibriar terceiros, não se configurando, portanto, desvio da finalidade social ou confusão patrimonial entre sociedade, sócios ou administradores, acolho os embargos de divergência para que prevaleça tese adotada pelo acórdão paradigma e, por conseguinte, restabelecer o acórdão especialmente recorrido" (STJ, Embargos de Divergência no Agravo Regimental no Recurso Especial 1.306.553/SC, 2.ª Seção, j. 10.12.2014, *DJe* 12.12.2014).

Em suma, passou-se a entender, naquela Corte Superior e de forma consolidada, que a desconsideração da personalidade jurídica, pela teoria maior, exige dolo do sócio ou administrador, nas hipóteses de encerramento irregular das atividades, e somente nesses casos. Essa posição, com o devido respeito, não conta com o meu apoio doutrinário, pois sou filiado à incidência do art. 187 do Código Civil em casos tais, e da correspondente responsabilidade objetiva que decorre deste dispositivo.

Também da *IV Jornada de Direito Civil*, dispõe o Enunciado n. 284 do CJF/STJ que "as pessoas jurídicas de direito privado sem fins lucrativos ou de fins não econômicos estão abrangidas no conceito de abuso da personalidade jurídica". Ao contrário do anterior, esse enunciado está de acordo com o entendimento jurisprudencial que, por exemplo, admite a desconsideração da personalidade jurídica em face de uma associação (TJSP, Agravo de Instrumento 0041716-56.2013.8.26.0000, Acórdão 6878403, 6.ª Câmara de Direito Privado, Itanhaém, Rel. Des. Eduardo Sá Pinto Sandeville, j. 25.07.2013, *DJESP* 06.08.2013; TJMG, Agravo de Instrumento 1.0024.09.667780-2/001, Rel. Des. Duarte de Paula, j. 04.07.2013, *DJEMG* 10.07.2013; e Tribunal de Alçada do Paraná, Agravo de Instrumento 0285267-3, Ac. 238202, 15.ª Câmara Cível, Curitiba, Des. Anny Mary Kuss, j. 19.04.2005, public. 06.05.2005).

Recente julgamento do Superior Tribunal de Justiça reconheceu as dificuldades dessa desconsideração de pessoa jurídica sem fins lucrativos, uma vez que, "ao se desconsiderar a personalidade jurídica de uma associação, pouco restará para atingir, pois os associados não mantêm qualquer vínculo jurídico entre si, por força do art. 53 do CC/2002" (STJ, REsp 1.398.438/SC, 3.ª Turma, Rel. Min. Nancy Andrighi, j. 04.04.2017, *DJe* 11.04.2017).

Também ali se reconheceu que "a possibilidade de desconsideração da personalidade jurídica de associação civil é ainda muito pouco assentada na doutrina e na jurisprudência, principalmente em razão de suas características muito peculiares se comparadas com as sociedades empresárias". Porém, não se *fecharam as portas* para tal possibilidade, sendo plenamente viável juridicamente, na minha visão doutrinária.

Voltando à *IV Jornada de Direito Civil*, foi aprovado o Enunciado n. 285 do CJF/STJ, prescrevendo que a desconsideração, prevista no art. 50 do Código Civil, pode ser invocada pela pessoa jurídica em seu favor. Como não poderia ser diferente, pode uma empresa credora também fazer uso do instituto contra uma empresa devedora, presentes os requisitos do art. 50 da codificação privada. Pelo mesmo enunciado doutrinário, pode a própria pessoa jurídica pleitear a sua desconsideração (*autodesconsideração*).

Na esteira da última conclusão, e como consequência natural dessa ementa doutrinária, acórdão do Superior Tribunal de Justiça deduziu o seguinte:

> "A pessoa jurídica tem legitimidade para impugnar decisão interlocutória que desconsidera sua personalidade para alcançar o patrimônio de seus sócios ou administradores, desde que o faça com o intuito de defender a sua regular administração e autonomia – isto é, a proteção da sua personalidade –, sem se imiscuir indevidamente na esfera de direitos dos sócios ou administradores incluídos no polo passivo por força da desconsideração. (...). Por isso, inclusive, segundo o Enunciado n. 285 da *IV Jornada de Direito Civil*, 'a teoria da desconsideração, prevista no art. 50 do Código Civil, pode ser invocada pela pessoa jurídica em seu favor'. Nesse compasso, tanto o interesse na desconsideração ou na manutenção do véu protetor, podem partir da própria pessoa jurídica, desde que, à luz dos requisitos autorizadores da medida excepcional, esta seja capaz de demonstrar a pertinência de seu intuito, o qual deve sempre estar relacionado à afirmação de sua autonomia, vale dizer, à proteção de sua personalidade" (STJ, REsp 1.421.464/SP, Rel. Min. Nancy Andrighi, j. 24.04.2014, publicado no seu *Informativo* n. 544).

Anoto que no Projeto de Reforma do Código Civil almeja-se incluir no seu art. 50 alguns desses entendimentos doutrinários e jurisprudenciais, passando a norma a ter oito parágrafos. Como está na Exposição de Motivos apresentada pela Comissão de Juristas, "foi incluída previsão, no art. 50, da possibilidade de desconsideração da personalidade jurídica das associações, a qual será limitada aos associados com poder de direção ou capazes de influenciar na tomada da decisão. Também foi previsto o cabimento da desconsideração da personalidade jurídica inversa e esclarecido que os bens a serem eventualmente constritos são 'de propriedade' do atingido pela desconsideração, harmonizando o texto atual com o Código de Processo Civil". Nesse contexto de melhora técnica da norma, o seu *caput* passará a prever que, "em caso de abuso da personalidade jurídica, caracterizado pelo desvio de finalidade ou pela confusão patrimonial, pode o juiz, a requerimento da parte ou do Ministério Público quando lhe couber intervir no processo, desconsiderá-la para que os efeitos de certas e determinadas relações de obrigações sejam estendidos aos bens de propriedade de administradores, sócios ou associados da pessoa jurídica beneficiados direta ou indiretamente pelo abuso".

Seguindo na análise do projeto, o seu § 1.º passará a prever, de forma mais ampla, que "o disposto neste artigo se aplica a todas as pessoas jurídicas de direito privado, nacionais ou estrangeiras, com atividade civil ou empresária, mesmo que prestadoras de serviço público". E, "na hipótese de desconsideração da personalidade jurídica de associações, a responsabilidade patrimonial será limitada aos associados com poder de direção ou com poder capaz de influenciar a tomada da decisão que configurou o abuso da personalidade jurídica" (proposta de § 2.º do art. 50 do CC/2002).

Para que não pairem dúvidas no sentido de se tratar da desconsideração inversa, o seu § 3.º enunciará que "é cabível a desconsideração da personalidade jurídica inversa, para alcançar bens de sócio, administrador ou associado que se valeram da pessoa jurídica para ocultar ou desviar bens pessoais, com prejuízo a terceiros". Como antes pontuado, essa já é a conclusão majoritária da doutrina a respeito do comando, atualmente.

Sobre o desvio da finalidade, ele é mais bem definido no novo § 4.º do art. 50, incluindo-se expressamente o abuso de direito: "para os fins do disposto neste artigo, desvio de finalidade é a utilização da pessoa jurídica com o propósito de lesar credores ou para a prática de atos ilícitos de qualquer natureza, inclusive a de abuso de direito". E, sobre a confusão patrimonial, no § 5.º, inclui-se nova previsão no primeiro inciso, eis que "entende-se por confusão patrimonial a ausência de separação dos patrimônios, caracterizada: I – pela prática pelos sócios ou administradores de atos reservados à sociedade, ou pela prática de atos reservados aos sócios ou administradores pela sociedade; II – pelo cumprimento repetitivo pela pessoa jurídica de obrigações do sócio, associados ou administradores, ou vice-versa; III – pela transferência de ativos ou de passivos sem efetivas contraprestações, exceto os de valor proporcionalmente insignificante; e IV – por outros atos de descumprimento da autonomia patrimonial".

No mais, apenas com pequenas alterações de redação nos textos, os novos §§ 6.º, 7.º e 8.º do art. 50 do CC/2002 repetem os atuais §§ 3.º, 4.º e 5.º.

A encerrar a abordagem da desconsideração da personalidade jurídica, deve ser comentado o incidente de desconsideração da personalidade jurídica, corretamente incluído no Código de Processo Civil de 2015, entre os seus arts. 133 a 137.

Como é notório, o incidente recebeu um título próprio no Capítulo IV do Título III, que trata da intervenção de terceiros no processo, sem prejuízo de outros dispositivos, que aqui serão abordados. Restam dúvidas se realmente o incidente em estudo representa uma forma de intervenção de terceiros na demanda. Entendo que a resposta é negativa.

De início, estabelece o art. 133, *caput*, do Código de Processo Civil de 2015 que o incidente de desconsideração da personalidade jurídica será instaurado a pedido da parte ou do Ministério Público, quando lhe couber intervir no processo. Assim, fica afastada, pelo menos *a priori*, a possibilidade de conhecimento de ofício, pelo juiz, da desconsideração da personalidade jurídica. Lembre-se de que a menção ao pedido pela parte ou pelo Ministério Público consta do art. 50 do Código Civil.

Apesar disso, entendo que, em alguns casos, de ordem pública, a desconsideração da personalidade jurídica *ex officio* até é possível. Cite-se, de início, as hipóteses envolvendo os consumidores, eis que, nos termos do art. 1.º da Lei 8.078/1990, o Código de Defesa do Consumidor é norma de ordem pública e interesse social, envolvendo direitos fundamentais protegidos pelo art. 5.º da Constituição Federal de 1988.

A esse propósito, por todos os doutrinadores consumeristas, como pondera Cláudia Lima Marques, "no Brasil, pois, a proteção do consumidor é um valor constitucionalmente fundamental (*Wertsystem*) e é um direito subjetivo fundamental (art. 5.º, XXXII), guiando – e impondo – a aplicação *ex officio* da norma protetiva dos consumidores, a qual realize o direito humano (efeito útil e *pro homine* do *status* constitucional); esteja esta norma no CDC ou em fonte outra (art. 7.º do CDC)" (MARQUES, Claudia Lima. *Comentários*..., 2010, p. 70).

Existem arestos estaduais que adotam tal ideia, caso do Tribunal de Justiça do Distrito Federal. A título de exemplo de vários julgados que assim concluem, com mesma relatoria e no âmbito do Juizado Especial Cível:

> "Agravo de instrumento. Juizados Especiais Cíveis. Direito do consumidor. Desconsideração da personalidade jurídica. Incidência da *teoria menor*, que possibilita a decretação, de ofício, apenas em razão da insolvência. Artigo 28, § 5.º, do CDC. Agravo conhecido e provido. 1. Trata-se de relação de consumo, visto que o agravante é o consumidor, e o recorrido fornecedor de serviços, conforme previsto nos artigos 2.º e 3.º da Lei 8.079, de 11 de setembro de 1990, Código de Defesa do Consumidor. 2. Tratando-se de vínculo proveniente de relação de consumo, aplica-se a teoria menor da desconsideração da personalidade (§ 5.º do art. 28 do CDC), para qual é suficiente a prova de insolvência da pessoa jurídica, sem necessidade da demonstração do desvio de finalidade ou da confusão patrimonial. 3. Verificada a índole consumerista da relação e o esgotamento, sem sucesso, das diligências cabíveis e razoáveis à busca de bens suficientes para satisfação do crédito do consumidor, é cabível a desconsideração da personalidade jurídica do agravado. 4. Agravo de instrumento conhecido e provido. 5. Sem custas e sem honorários, ante a ausência de recorrente vencido" (TJDF, Processo 0700.64.9.252017-8079000, Acórdão 104.6000, 2.ª Turma Recursal dos Juizados Especiais Cíveis e Criminais, Rel. Juiz Arnaldo Corrêa Silva, j. 13.09.2017, *DJDFTE* 20.09.2017).

Penso que também é viável atualmente a desconsideração da personalidade jurídica de ofício pelo juiz nos casos de danos ambientais, diante da proteção constitucional do Bem Ambiental, como bem difuso, retirada do art. 225 do Texto Maior. A conclusão deve ser a mesma nas hipóteses envolvendo corrupção, por força da Lei 12.846/2013, de interesse coletivo inquestionável. Em suma, a decretação *ex officio* é viável nos casos de incidência da *teoria menor*.

De toda sorte, nos termos do que consta do próprio CPC/2015, especialmente do seu art. 10, que trata da vedação das *decisões-surpresa*, antes do conhecimento de ofício da desconsideração da personalidade jurídica, o juiz deve ouvir as partes da demanda. Conforme essa norma, "o juiz não pode decidir, em grau algum de jurisdição, com base em fundamento a respeito do qual não se tenha dado às partes oportunidade de se manifestar, ainda que se trate de matéria sobre a qual deva decidir de ofício".

Em complemento, o § 1.º do art. 133 do CPC em vigor estabelece que o pedido de desconsideração da personalidade jurídica observará os pressupostos previstos em lei. Desse modo, devem ser respeitadas pelas partes e pelos julgadores as regras materiais antes comentadas, bem como as interpretações doutrinárias e jurisprudenciais outrora deduzidas, especialmente quanto às teorias maior e menor.

Igualmente, conforme exposto, com clara origem na evolução doutrinária e jurisprudencial a respeito do tema, enuncia § 2.º do art. 133 do CPC/2015 que o incidente de desconsideração é aplicável às hipóteses de *desconsideração inversa* da personalidade jurídica. Curiosamente, o fundamento legal para a desconsideração invertida passou a ser a norma da lei processual, e não a codificação material.

Nos termos da *cabeça* do art. 134 da Norma Processual Civil emergente, o incidente de desconsideração é cabível em todas as fases do processo de conhecimento, no cumprimento de sentença e na execução fundada em título executivo extrajudicial. Conforme o Enunciado n. 111, aprovado na *II Jornada de Direito Processual Civil*, promovida pelo Conselho da Justiça Federal em setembro de 2018, o incidente de desconsideração da personalidade jurídica pode ser aplicado também ao processo falimentar.

A instauração do incidente será imediatamente comunicada ao distribuidor para as anotações devidas (§ 1.º do art. 134). Dispensa-se a instauração do incidente se a desconsideração da personalidade jurídica for requerida na petição inicial, situação em que será citado o sócio ou a pessoa jurídica (§ 2.º). A instauração do incidente suspenderá o processo, salvo na hipótese de pedido na exordial, com citação do sócio (§ 3.º). Apesar da clareza da última norma, na citada *II Jornada de Direito Processual Civil* aprovou-se o Enunciado n. 110, segundo o qual "a instauração do incidente de desconsideração da personalidade jurídica não suspenderá a tramitação do processo de execução e do cumprimento de sentença em face dos executados originários". A ementa doutrinária, com o devido respeito, parece-nos ser *contra legem*, razão pela qual votei contra o seu teor na plenária do evento.

Além disso, parece ter pecado o CPC/2015 por mencionar apenas os sócios no último comando e não os administradores da empresa, sendo viável fazer uma interpretação extensiva para também os incluir. Ademais, o requerimento deve demonstrar o preenchimento dos pressupostos legais específicos para desconsideração da personalidade jurídica, o que deve se dar de forma devidamente fundamentada (§ 4.º do art. 134 do CPC/2015).

A menção a qualquer fase do processo é louvável, afastando o debate anterior de desconsideração em processo executivo, mormente por um suposto atentado ao contraditório e à ampla defesa. Com a instauração do incidente, essa discussão fica afastada.

Também afasta inquietações anteriores a expressão de que os sócios – e administradores – passam a compor o polo passivo da demanda. Dessa forma, devem ser tratados como *partes* e não como terceiros, nos casos de desconsideração da personalidade jurídica. Tanto isso é verdade que o novo art. 790, inciso VII, do Código de Processo Civil passou a enunciar que, nas situações de desconsideração da personalidade jurídica, ficam sujeitos à execução os bens do responsável.

Suplementarmente, o art. 674 do Código de Processo Civil vigente define como legitimado para opor embargos de terceiros aquele que, não sendo parte no processo, sofrer constrição ou ameaça de constrição sobre bens que possua ou sobre os quais tenha direito incompatível com o ato constritivo. Ademais, conforme o § 2.º, inciso III, do mesmo artigo, considera-se *terceiro*, para ajuizamento dos embargos de terceiro, quem sofrer constrição judicial de seus bens por força de desconsideração da personalidade jurídica, de cujo incidente não fez parte. Somente nessas hipóteses fáticas os embargos de terceiro são cabíveis.

Seguindo, o § 4.º do art. 134 do CPC/2015 preconiza que o requerimento de desconsideração da personalidade deve demonstrar o preenchimento dos pressupostos legais específicos para a sua incidência. Em suma, o pedido deve ser bem fundamentado, com a exposição da incidência das teorias maior ou menor, na linha de todas as lições que no presente capítulo foram expostas.

Instaurado o incidente, o sócio (ou a pessoa jurídica) será citado para manifestar-se e requerer as provas cabíveis no prazo de 15 dias (art. 135 do Código de Processo Civil), o que evidencia a instauração de um louvável contraditório, sempre defendido pela doutrina. Nos termos do novo art. 136 do CPC/2015, concluída a instrução, se necessária, o incidente será resolvido por decisão interlocutória, e não por sentença. Se a decisão for proferida pelo relator, caberá agravo interno, com tratamento específico no próprio Estatuto Processual emergente.

Como última regra geral a respeito do incidente de desconsideração, nos termos do art. 137 do CPC/2015, acolhido o pedido de desconsideração, a alienação ou a oneração de bens, havida em fraude de execução, será ineficaz em relação ao requerente. Em suma, a opção legislativa é resolver a questão no plano da eficácia, e não da validade, como constava da parte final do art. 50 do Código Civil e do art. 28, *caput*, do Código de Defesa do Consumidor.

Outro dispositivo que merece ser citado e anotado é o art. 795 do CPC em vigor, segundo o qual os bens particulares dos sócios não respondem pelas dívidas da sociedade, senão nos casos previstos em lei. Nos termos do seu § 1.º, o sócio-réu, quando responsável pelo pagamento da dívida da sociedade, tem o direito de exigir que primeiro sejam excutidos os bens da sociedade, o que confirma a sua responsabilidade subsidiária e não solidária, presente o benefício de ordem ou de excussão.

Ao sócio que alegar esse benefício, cabe a nomeação de bens da sociedade, situados na mesma comarca, livres e desembargados, que bastem para pagar o débito (art. 795, § 2.º). O sócio que pagar a dívida poderá executar a sociedade nos autos do mesmo processo (art. 795, § 3.º, do CPC/2015).

Por fim, para a desconsideração da personalidade jurídica, é obrigatória a observância do incidente previsto no próprio CPC, de 2015, o que indica que a responsabilidade do sócio ou administrador passa a ser integral e solidária (art. 795, § 4.º), na linha do que vinha entendendo a melhor jurisprudência nacional.

Também em boa hora o novo art. 1.062 do CPC/2015 passa a prever que o incidente de desconsideração da personalidade jurídica aplica-se ao processo de competência dos juizados especiais. Como o incidente não traz grandes complexidades, não haveria qualquer óbice para a sua incidência nesses processos, constituindo-se em um importante mecanismo que afasta a má-fé e pune os maus sócios e administradores das pessoas jurídicas.

Na jurisprudência nacional já podem ser encontrados numerosos arestos aplicando o novel incidente e com debates interessantes. A título de ilustração, vejamos alguns deles.

De início, merece destaque julgado paulista que considerou ser o incidente de desconsideração da personalidade jurídica uma espécie de intervenção de terceiros que recebeu disciplina processual expressa, com o fito de harmonizar a desconsideração da personalidade jurídica com o princípio do contraditório, nos termos do art. 5.º, inc. LV, da CF/1988 e dos arts. 7.º, 9.º e 10 do CPC/2015. Por isso, nos termos da ementa, seria "imprescindível a instauração do incidente de desconsideração da personalidade jurídica, quando não requerida na petição inicial, com a consequente citação do sócio ou da pessoa jurídica para manifestação e requerimento das provas cabíveis no prazo de 15 dias (art. 135, CPC), assegurando àquele contra qual foi deduzido o pedido, sua defesa e ampla produção de provas

300 | DIREITO CIVIL • VOL. 1 – *Flávio Tartuce*

para proteção de seu patrimônio" (TJSP, Agravo de Instrumento 2044457-93.2017.8.26.0000, Acórdão 10510779, 35.ª Câmara de Direito Privado, São Paulo, Rel. Des. Gilberto Leme, j. 12.06.2017, *DJESP* 22.06.2017, p. 2.275).

Em outro julgamento da mesma Corte, entendeu-se pela viabilidade da desconsideração inversa da personalidade jurídica, instaurando-se o incidente para tal fim. Reformou-se decisão de primeiro grau, para manter o deferimento de tutela de urgência, que autorizava arresto de bens. O acórdão reconhece, ainda, que, sem prejuízo dos atos constritivos de bens realizados, são preservados os direitos das pessoas naturais e jurídicas que integram o incidente de desconsideração da personalidade jurídica, para o exercício do direito de defesa e efetivo conhecimento do processo de origem, em observância aos princípios da ampla defesa e do contraditório (TJSP, Agravo de Instrumento 2153635-11.2016.8.26.0000, Acórdão 10484765, 22.ª Câmara de Direito Privado, Santo André, Rel. Des. Roberto Mac Cracken, j. 25.05.2017, *DJESP* 07.06.2017, p. 1.765).

A propósito, reconhecendo a possibilidade de aplicação do incidente em desconsideração inversa, concluiu o Tribunal do Distrito Federal que, "para o processamento do incidente de desconsideração da personalidade jurídica, o requerente deve demonstrar o preenchimento dos pressupostos legais específicos, tal qual dispõe o § 4.º do artigo 134 do NCPC. O requerimento de instauração deve indicar os fatos e o fundamento legal, com a indicação precisa dos requisitos da teoria a ser adotada, além dos documentos necessários à identificação da pessoa jurídica e à comprovação dos fatos narrados, tudo a fim de possibilitar o exercício do contraditório e da ampla defesa" (TJDF, Agravo Interno 2016.00.2.039371-5, Acórdão 999.200, 3.ª Turma Cível, Rel. Des. Flavio Renato Jaquet Rostirola, j. 22.02.2017, *DJDFTE* 09.03.2017).

Releve-se, ainda, ementa do Tribunal Gaúcho, segundo o qual a desconsideração inversa da personalidade jurídica, pelo menos em regra, deve ser procedida mediante instauração de incidente, afastando-se o pedido de desconsideração em ação de prestação de contas. O *decisum* considerou, também, que não há que se falar em decisão *extra petita* em razão de o julgador ter determinado o bloqueio de ativos financeiros da pessoa jurídica, diante dos fortes indícios de que o réu – ex-marido – estava transferindo bens para ela a fim de frustrar a partilha de bens em relação à ex-mulher. Foram então mantidas as penhoras determinadas pelo juízo, "pois, na medida em que observam a ordem de preferência prevista no art. 835 do NCPC, mormente considerando que a autora vem tentando receber a sua meação há anos, sem sucesso, diante das manobras engendradas pelo réu" (TJRS, Agravo de Instrumento 0249353-59.2016.8.21.7000, 7.ª Câmara Cível, Pelotas, Rel. Des. Sérgio Fernando de Vasconcellos Chaves, j. 26.10.2016, *DJERS* 1.º.11.2016).

Merece ser destacado acórdão do Superior Tribunal de Justiça, que determinou a instauração do incidente de desconsideração da personalidade jurídica em hipótese fática na qual um escritório de advocacia cobra honorários do ex-jogador de futebol Marcelinho Carioca. Alegou o escritório que o requerido seria sócio oculto de empresa e que teria transferido todo o seu patrimônio para a pessoa jurídica, impedindo a satisfação obrigacional.

A Corte determinou ao juiz de primeira instância que instaurasse o procedimento previsto no CPC/2015, com a desconsideração inversa da personalidade jurídica. Como consta de trecho da ementa do julgado:

> "A personalidade jurídica e a separação patrimonial dela decorrente são véus que devem proteger o patrimônio dos sócios ou da sociedade, reciprocamente, na justa medida da finalidade para a qual a sociedade se propõe a existir. (...). No atual CPC, o exame do juiz

a respeito da presença dos pressupostos que autorizariam a medida de desconsideração, demonstrados no requerimento inicial, permite a instauração de incidente e a suspensão do processo em que formulado, devendo a decisão de desconsideração ser precedida do efetivo contraditório. Na hipótese em exame, a recorrente conseguiu demonstrar indícios de que o recorrido seria sócio e de que teria transferido seu patrimônio para a sociedade de modo a ocultar seus bens do alcance de seus credores, o que possibilita o recebimento do incidente de desconsideração inversa da personalidade jurídica, que, pelo princípio do *tempus regit actum,* deve seguir o rito estabelecido no CPC/15" (STJ, REsp 1.647.362/SP, 3.ª Turma, Rel. Min. Nancy Andrighi, j. 03.08.2017, *DJe* 10.08.2017).

Como última ilustração, em julgado do ano de 2018, a Quarta Turma do Superior Tribunal de Justiça considerou que o tratamento relativo ao incidente de desconsideração da personalidade jurídica não afasta os requisitos tradicionais de direito material para a aplicação do instituto, notadamente aqueles previstos no art. 50 do Código Civil. Citando a minha posição doutrinária e o Enunciado n. 281 do Conselho da Justiça Federal, entendeu-se que:

"A inexistência ou não localização de bens da pessoa jurídica não é condição para a instauração do procedimento que objetiva a desconsideração, por não ser sequer requisito para aquela declaração, já que imprescindível a demonstração específica da prática objetiva de desvio de finalidade ou de confusão patrimonial". E mais, como consta da ementa do acórdão: "o CPC/2015 inovou no assunto prevendo e regulamentando procedimento próprio para a operacionalização do instituto de inquestionável relevância social e instrumental, que colabora com a recuperação de crédito, combate à fraude, fortalecendo a segurança do mercado, em razão do acréscimo de garantias aos credores, apresentando como modalidade de intervenção de terceiros (arts. 133 a 137). Nos termos do novo regramento, o pedido de desconsideração não inaugura ação autônoma, mas se instaura incidentalmente, podendo ter início nas fases de conhecimento, cumprimento de sentença e executiva, opção, inclusive, há muito admitida pela jurisprudência, tendo a normatização empreendida pelo novo diploma o mérito de revestir de segurança jurídica a questão". Entretanto, "os pressupostos da desconsideração da personalidade jurídica continuam a ser estabelecidos por normas de direito material, cuidando o diploma processual tão somente da disciplina do procedimento. Assim, os requisitos da desconsideração variarão de acordo com a natureza da causa, seguindo-se, entretanto, em todos os casos, o rito procedimental proposto pelo diploma processual" (STJ, REsp 1.729.554/SP, 4.ª Turma, Rel. Min. Luis Felipe Salomão, j. 08.05.2018, *DJe* 06.06.2018).

Como se pode perceber, várias lições aqui desenvolvidas foram seguidas pelo *decisum.*

Expostos tais exemplos concretos, a encerrar o presente tópico, cumpre destacar que, no âmbito trabalhista, a Instrução Normativa 39 do TST, de março de 2016, estabelece em seu art. 6.º que se aplica ao processo do trabalho o incidente de desconsideração da personalidade jurídica regulado no Código de Processo Civil (arts. 133 a 137). Assegura-se a iniciativa de sua instauração também ao juiz do trabalho, na fase de execução.

Ali igualmente está previsto que da decisão interlocutória que acolher ou rejeitar o incidente na fase de cognição não cabe recurso de imediato, na forma do art. 893, § 1.º, da CLT. Nos termos do último preceito, os incidentes do processo são resolvidos pelo próprio juízo ou tribunal, admitindo-se a apreciação do merecimento das decisões interlocutórias somente em recursos da decisão definitiva.

A norma trabalhista também enuncia que, se houver decisão de acolhimento ou rejeição do incidente na fase de execução, cabe agravo de petição, independentemente de garantia do

302 | DIREITO CIVIL • VOL. 1 – *Flávio Tartuce*

juízo. Ademais, caberá cabe agravo interno se a decisão foi proferida por relator de processo em grau superior, em incidente instaurado originariamente no tribunal.

Enuncia-se, por fim, que a instauração do incidente suspenderá o processo, sem prejuízo de concessão da tutela de urgência de natureza cautelar de que trata o art. 301 do CPC/2015. Como se pode notar, existem peculiaridades que devem ser observadas nos processos trabalhistas para o citado incidente de desconsideração da personalidade jurídica.

4.8 ENTES OU GRUPOS DESPERSONALIZADOS

A par do estudo da pessoa jurídica, analisado nos tópicos anteriores, interessante perceber o conceito de entes ou *grupos despersonalizados* (também denominados *grupos despersonificados*), que são meros conjuntos de pessoas e de bens que não possuem personalidade própria ou distinta, não constituindo pessoas jurídicas, a saber:

a) *Família* – pode ter origem no casamento, união estável, entidade monoparental, nos termos do art. 226 da CF/1988; ou mesmo outra origem, já que o rol previsto na Constituição é exemplificativo (*numerus apertus*). A família, base da sociedade, é mero conjunto de pessoas não possuindo sequer legitimidade ativa ou passiva, no campo processual.

b) *Espólio* – é o conjunto de bens formado com a morte de alguém, em decorrência da aplicação do princípio *saisine* (art. 1.784 do CC/2002). Possui legitimidade, devendo ser representado pelo inventariante. Entretanto, não deve ser considerado pessoa jurídica.

c) *Herança jacente e vacante* – nos termos dos arts. 1.819 a 1.823, não deixando a pessoa sucessores, os seus bens devem ser destinados ao Poder Público, sendo certo que a massa formada pela morte do *de cujus* em casos tais também não pode ser tida como pessoa jurídica.

d) *Massa falida* – é o conjunto de bens formado com a decretação de falência de uma pessoa jurídica. Não constitui pessoa jurídica, mas mera arrecadação de coisas e direitos.

e) *Sociedade de fato* – são os grupos despersonalizados presentes nos casos envolvendo empresas que não possuem sequer constituição (estatuto ou contrato social), bem como a união de pessoas impedidas de casar, nos casos de concubinato, nos termos do art. 1.727 do CC/2002.

f) *Sociedade irregular* – é o ente despersonalizado constituído por empresas que possuem estatuto ou contrato social que não foi registrado, caso por exemplo de uma sociedade anônima não registrada na Junta Comercial estadual. É denominada pelo Código Civil "sociedade em comum". Prevê o art. 986 do CC que "Enquanto não inscritos os atos constitutivos, reger-se-á a sociedade, exceto por ações em organização, pelo disposto neste Capítulo, observadas, subsidiariamente e no que com ele forem compatíveis, as normas da sociedade simples".

g) *Condomínio* – é o conjunto de bens em copropriedade, com tratamento específico no livro que trata do Direito das Coisas. Para muitos doutrinadores, constitui uma pessoa jurídica o condomínio edilício, o que justifica a sua inscrição no CNPJ (Cadastro Nacional das Pessoas Jurídicas). Essa a conclusão a que chegaram os juristas participantes da *I e III Jornadas de Direito Civil*, promovidas pelo CJF e pelo STJ (Enunciados 90 e 246). Entretanto, a questão não é pacífica, tendo prevalecido nos Tribunais a tese de que não se trata de pessoa jurídica, como se deu no julgado recente do STJ que afastou danos morais pleiteados por condomínio edilício (REsp 1.736.593/SP, 3.ª Turma, Rel. Min. Nancy Andrighi, j. 11.02.2020, *DJe* 13.02.2020). Na primeira edição deste trabalho também apontamos que o condomínio edilício não seria pessoa jurídica. Isso porque não se enquadraria como corporação, não havendo união de pessoas; muito menos como fundação, já que não há uma das finalidades previstas no art. 62, parágrafo único, do CC/2002. Entretanto, mudamos de entendimento, pois o rol do art. 44 do CC, que elenca as pessoas jurídicas de Direito Privado, é exemplificativo (*numerus apertus*), e não taxativo (*numerus clausus*). Na verdade, como o atual Código Civil adota um sistema aberto, baseado em cláusulas gerais e inspirado na teoria de Miguel Reale, não há como defender que essa relação é fechada. De qualquer modo, a questão é controvertida, implicando, por exemplo, a possibilidade de o condomínio edilício adjudicar unidades nos casos de não pagamento das cotas devidas. Para a adjudicação, deve-se reconhecer a sua personalidade jurídica, o que passou a ser expressamente admitido pela Lei 13.777/2018 quanto às unidades que estão em multipropriedade, em havendo débitos condominiais, nos termos do que consta do novo art. 1.358-S do Código Civil, o que reforça a tese por mim seguida. A questão está aprofundada no Volume 4 da presente coleção, que é o melhor momento, do ponto de vista metodológico, para a análise dessa intrincada questão. A propósito do reconhecimento da personalidade jurídica do condomínio edilício, recomenda-se ainda a leitura da tese de pós-doutorado defendida por Frederico Viegas de Lima na Suíça, recentemente publicada (LIMA, Frederico Henrique Viegas de. *Condomínio...*, 2010). Por fim, anote-se que alguns juristas preferem definir o condomínio edilício como uma *quase pessoa jurídica*, uma *quase fundação* ou uma *pessoa jurídica especial*.

Para encerrar este tópico e o capítulo, interessante pontuar que há intenso debate sobre a personalidade jurídica da inteligência artificial. Caso não ocorra esse enquadramento, a inteligência artificial acaba por ser tida como um ente despersonalizado. Como pontuam Gustavo Tepedino e Milena Donato Oliva:

> "Tem-se aludido à 'personalidade eletrônica' como possível caminho para auxiliar na solução de tormentosos problemas de responsabilidade civil. A atribuição de personalidade à IA, elevando-se à categoria de sujeito de direito, a tornaria centro autônomo de imputação subjetiva e responsável pelos atos que praticar. O tema é controvertido, ressaltando-se que, embora a atribuição de personalidade jurídica possa eventualmente facilitar reparação das vítimas, esse expediente não pode, por si só, exonerar a responsabilidade de quem coloca a IA em circulação ou dela se beneficia em alguma medida" (TEPEDINO, Gustavo; DONATO OLIVA, Milena. *Fundamentos...*, 2022, p. 145-147).

Têm razão os juristas, sendo certo que o tema ainda pende de regulamentação em nosso País, tendo sido nomeado um grupo de trabalho pelo Senado Federal para a criação de uma lei sobre o tema. Também se almeja tratar do assunto, com regras básicas, no novo livro de *Direito Civil Digital*, no Projeto de Reforma do Código Civil Brasileiro, ora em tramitação no Congresso Nacional.

Como primeira e principal regra a respeito do tema na última projeção, o Código Civil receberia um dispositivo prevendo que "o desenvolvimento de sistemas de inteligência artificial deve respeitar os direitos de personalidade previstos neste Código, garantindo a implementação de sistemas seguros e confiáveis, em benefício da pessoa natural ou jurídica e do desenvolvimento científico e tecnológico, devendo ser garantidos: I – a não discriminação em relação às decisões, ao uso de dados e aos processos baseados em inteligência artificial; II – condições de transparência, auditabilidade, explicabilidade, rastreabilidade, supervisão humana e governança; III – a acessibilidade, a usabilidade e a confiabilidade; IV – a atribuição de responsabilidade civil, pelo princípio da reparação integral dos danos, a uma pessoa natural ou jurídica em ambiente digital". Ademais, pelo parágrafo único dessa proposta, o desenvolvimento e o uso da inteligência artificial e da robótica em áreas relevantes para os direitos de personalidade devem ser monitorados pela sociedade e regulamentados por legislação específica.

Como última nota sobre o assunto, na *IX Jornada de Direito Civil*, foi aprovado enunciado doutrinário sobre a temática. Nos termos da ementa doutrinária, independentemente do grau de autonomia de um sistema de inteligência artificial, a condição de autor a respeito das obras eventualmente produzidas pelo sistema, nos termos da Lei 9.610/1998, é restrita aos seres humanos (Enunciado n. 670). Assim, a autoria deve ser atribuída às pessoas humanas que o desenvolveram.

4.9   RESUMO ESQUEMÁTICO

Conceito de pessoa jurídica – Em regra, com exceção da sociedade limitada unipessoal, trata-se do conjunto de pessoas ou de bens arrecadados, com existência distinta dos membros que o compõem. O atual Código Civil adota a *teoria da realidade técnica* que seria constituir uma conjunção da teoria da ficção e da teoria da realidade orgânica. Nesse sentido, o art. 49-A, *caput*, do Código Civil de 2002, incluído pela *Lei da Liberdade Econômica* (Lei 13.874/2019), estabelece que a pessoa jurídica não se confunde com os seus sócios, associados, instituidores ou administradores. O texto é repetição do antigo art. 20, *caput*, do Código Civil de 1916 e o seu conteúdo já era afirmado pela doutrina e pela jurisprudência nacionais.

Classificação da pessoa jurídica de direito privado – Apesar de o rol do art. 44 do CC não ser taxativo, a pessoa jurídica pode ser assim classificada quanto à sua organização interna:

a)   *Corporações* – conjunto de pessoas, subclassificadas da seguinte forma:

–   *Associações* – conjunto de pessoas sem que haja finalidade lucrativa instituída pelos seus membros.

–   *Sociedades* – conjunto de pessoas em que há fim lucrativo determinado. Podem ser *sociedades simples* (sem fins empresariais) ou *sociedades empresárias*.

–   *Corporações sui generis* – são as organizações religiosas e partidos políticos. Há entendimento pelo qual continuam sendo associações. Sobre os empreendimentos de economia solidária, instituídos pela Lei 15.068/2024, quando formalmente constituídos, aplicam-se as regras das associações. De todo modo, também podem assumir a forma de cooperativas ou de outro tipo societário, nos termos da nova lei. Assim, a *priori*, penso não se tratar de corporações *sui generis*, como são as organizações e os partidos políticos, diante do possível enquadramento nos institutos antes listados.

b)   *Fundações* – conjunto de bens arrecadados que devem ter finalidades morais, culturais, religiosas ou de assistência. Sua formação, atuação e extinção devem ser fiscalizadas pelo Ministério Público, por meio da *curadoria das fundações* (art. 66 do CC).

Domicílio da pessoa jurídica – As regras estão previstas no art. 75 do CC/2002, a saber:

a)   A União deverá promover as ações na capital do Estado ou Território em que tiver domicílio a outra parte, e será demandada, à escolha do autor, no Distrito Federal, na capital do Estado em que se deu o ato que deu origem à demanda, ou em que se situe o bem envolvido com a lide.

CAP. 4 · DA PESSOA JURÍDICA | 305

b) Os domicílios dos Estados e Territórios são as respectivas capitais.

c) Os Municípios têm domicílio no lugar onde funciona a sua administração.

d) As pessoas jurídicas de direito privado têm domicílio no lugar onde funcionam as respectivas diretorias e administrações, ou onde elegerem domicílio especial nos seus estatutos.

Desconsideração da personalidade jurídica – Prevista no art. 50 do CC (*disregard of the legal entity*), quebra com a regra tradicional pela qual a pessoa jurídica não se confunde com os seus membros. Assim, nos casos de desvio de finalidade ou de confusão patrimonial, o sócio ou administrador que agir em abuso de direito pode ser responsabilizado. O CPC/2015 trata de um incidente próprio para a desconsideração da personalidade jurídica, entre os seus arts. 133 e 137.

A desconsideração deve ser utilizada com o devido cuidado técnico, pois a quebra da autonomia da pessoa jurídica frente aos seus membros é exceção. A jurisprudência, muitas vezes, vinha estendendo a responsabilidade de uma empresa para outra, também em casos de abuso, teoria que é conhecida como *sucessão de empresas, que acabou por ser positivada em lei, como se verá*. Vale lembrar que a *Lei da Liberdade Econômica* trouxe alterações no art. 50 do Código Civil, resumidas da seguinte forma:

– O *caput* da norma passou a estabelecer que a desconsideração somente atinge os sócios ou administradores beneficiados direta ou indiretamente pelo abuso.

– O § 1.º traz parâmetros para o desvio de finalidade, prevendo ser a utilização da pessoa jurídica com o propósito de lesar credores e para a prática de atos ilícitos de qualquer natureza. Ao final, não se inclui o dolo como requisito da desconsideração, como constava da MP 881.

– Sobre a confusão patrimonial, o § 2.º do novo artigo art. 50 estabelece que são parâmetros para a sua configuração: *a)* o cumprimento repetitivo pela sociedade de obrigações do sócio ou do administrador ou vice-versa; *b)* a transferência de ativos ou de passivos sem efetivas contraprestações, exceto os de valor proporcionalmente insignificante; e *c)* outros atos de descumprimento da autonomia patrimonial.

– O novo § 3.º do dispositivo, assim como já estabelecia o CPC/2015, passou a prever a desconsideração inversa ou invertida, ao enunciar que "o disposto no *caput* e nos §§ 1.º e 2.º deste artigo também se aplica à extensão das obrigações de sócios ou de administradores à pessoa jurídica".

– Conforme o § 4.º do art. 50, a mera existência de grupo econômico sem a presença dos requisitos para a desconsideração não autoriza a aplicação da categoria. Essa é a norma que acabou por positivar a sucessão de empresas.

– Por fim, o novo diploma passou a preceituar que não constitui desvio de finalidade a mera expansão ou a alteração da finalidade original da atividade econômica específica da pessoa jurídica.

Entes ou grupos despersonalizados – Não constituem pessoas jurídicas:

a) *Família* – seja decorrente de casamento, união estável ou entidade monoparental.

b) *Espólio* – conjunto de bens formado com a morte de alguém, em decorrência da aplicação do princípio *saisine*.

c) *Herança jacente e vacante* – nos termos dos arts. 1.819 a 1.823, não deixando a pessoa sucessores, os seus bens devem ser destinados ao Poder Público.

d) *Massa falida* – conjunto de bens formado com a quebra ou decretação de falência de uma pessoa jurídica.

306 | DIREITO CIVIL • VOL. 1 – *Flávio Tartuce*

e) *Sociedade de fato* – grupos despersonalizados presentes nos casos envolvendo empresas que não possuem sequer constituição (estatuto), bem como a união de pessoas impedidas de casar, casos de concubinato.

f) *Sociedade irregular* – ente despersonalizado constituído por empresas que possuem estatuto que não foi registrado, caso, por exemplo, de uma sociedade anônima não registrada na Junta Comercial estadual.

g) *Condomínio* – conjunto de bens em copropriedade, com tratamento específico no livro que trata do direito das coisas. Apesar do entendimento considerado como majoritário, mudamos o nosso entendimento quanto ao condomínio edilício, que constitui pessoa jurídica. Isso porque o rol do art. 44 do CC, que trata da pessoa jurídica de direito privado, não é taxativo (*numerus clausus*), mas exemplificativo (*numerus apertus*). Os Enunciados 90 e 246 do CJF/STJ, aprovados nas *Jornadas de Direito Civil*, reconhecem personalidade jurídica ao condomínio edilício, sendo esta a minha opinião doutrinária.

4.10 QUESTÕES CORRELATAS

01. **(MPE-SP – MPE-SP – Promotor de Justiça – 2015) Considere o seguinte enunciado: as associações e as fundações apresentam traços que as aproximam, mas não se confundem, por terem natureza jurídica diversa. Diante disso, aponte a alternativa que demonstra a verdadeira distinção existente entre elas:**

(A) As associações têm finalidade lucrativa e as fundações não possuem objetivo de lucro.

(B) As associações são pessoas jurídicas de direito privado e as fundações são pessoas jurídicas de direito público.

(C) As associações não podem exercer atividade econômica e as fundações podem ter atividade rentável.

(D) As associações, pelo objetivo social, integram o chamado Terceiro Setor e as fundações, ausente tal propósito, não desenvolvem ações de interesse social.

(E) As associações têm seu elemento principal nas pessoas e as fundações têm seu elemento essencial no patrimônio.

02. **(MPE-BA – MPE-BA – Promotor de Justiça Substituto – 2015) Assinale a alternativa INCORRETA sobre as disposições gerais acerca das pessoas jurídicas, constante do Código Civil Brasileiro:**

(A) A desconsideração da personalidade jurídica poderá ser decretada em duas hipóteses: abuso da personalidade jurídica, caracterizada pelo desvio de finalidade, ou confusão patrimonial.

(B) O Ministério Público, quando lhe couber intervir no processo, poderá requerer a desconsideração da personalidade jurídica.

(C) A desconsideração da personalidade jurídica pode acarretar que os efeitos de certas e determinadas relações de obrigações sejam estendidos aos bens particulares dos administradores ou sócios da pessoa jurídica.

(D) Começa a existência legal das pessoas jurídicas de direito privado com a inscrição do ato constitutivo no respectivo registro, precedida, quando necessário, de autorização ou aprovação do Poder Executivo, averbando-se no registro todas as alterações por que passar o ato constitutivo.

(E) A proteção dos direitos da personalidade não se aplica às pessoas jurídicas.

03. **(TJAL – FCC – Juiz Substituto – 2015) São pessoas jurídicas de direito público externo:**

(A) a União e os Estados federados, quando celebram contratos internacionais.

(B) somente os organismos internacionais, como a Organização das Nações Unidas.

(C) apenas os Estados estrangeiros.

(D) os Estados estrangeiros e a União.

(E) os Estados estrangeiros e aquelas regidas pelo direito internacional público.

CAP. 4 · DA PESSOA JURÍDICA | 307

04. **(TJDFT – Cespe – Titular de Serviços de Notas e de Registros – 2014) Acerca da desconsideração da personalidade jurídica, assinale a opção correta**

(A) Configurado o ilícito praticado por sociedade em detrimento do consumidor, as sociedades consorciadas e as coligadas respondem solidária e objetivamente pelo evento danoso.

(B) No Código Civil brasileiro, é prevista a desconsideração da personalidade jurídica em caso de abuso caracterizado pelo desvio de finalidade ou confusão patrimonial, de modo a assegurar ao credor acesso aos bens particulares dos administradores e sócios da empresa para a satisfação de seu crédito.

(C) Por ausência de previsão legal, a atividade que favorece o enriquecimento dos sócios em prejuízo econômico da sociedade não enseja a desconsideração da personalidade jurídica se a obrigação creditícia não decorrer de relação de consumo.

(D) No Código de Defesa do Consumidor, é prevista a desconsideração da autonomia da pessoa jurídica nos casos de práticas abusivas, infração da lei, fato ou ato ilícito, desde que se configure fraude ou abuso de direito.

(E) Não incide a hipótese de desconsideração da personalidade jurídica nos casos de encerramento ou inatividade da empresa jurídica por má administração do fornecedor, em prejuízo do consumidor.

05. **(Segep-MA – FCC – Procurador de Estado 2.ª Classe – 2016) No cumprimento de sentença condenatória transitada em julgado, de natureza não fiscal nem ligada às relações de consumo, a Procuradoria do Estado do Maranhão constatou que a empresa X Ltda. não possuía bens suficientes ao pagamento do débito. Pretendendo a desconsideração da personalidade jurídica da empresa X, a Procuradoria do Estado do Maranhão deverá, de acordo com o Código Civil, comprovar**

(A) que o inadimplemento se deu por ato do cotista majoritário.

(B) a mera insolvência.

(C) má gestão, ainda que o administrador não tenha dado causa a confusão patrimonial ou a desvio de finalidade.

(D) que a existência da pessoa jurídica dificulta o ressarcimento do erário, apenas.

(E) abuso da personalidade jurídica.

06. **(TRT-2.ª Região – Juiz do Trabalho Substituto – 2016) Segundo o regramento do Código Civil, é INCORRETO afirmar que:**

(A) Quanto às pessoas jurídicas, o domicílio da União é o Distrito Federal, dos Estados e Territórios, as respectivas capitais, do Município, o lugar onde funcione a administração municipal, das demais pessoas jurídicas, o lugar onde funcionarem as respectivas diretorias e administrações, ou onde elegerem domicílio especial no seu estatuto ou atos constitutivos.

(B) Tendo a pessoa jurídica diversos estabelecimentos em lugares diferentes, cada um deles será considerado domicílio para os atos nele praticados.

(C) Se a administração, ou diretoria, tiver a sede no estrangeiro, haver-se-á por domicílio da pessoa jurídica, no tocante às obrigações contraídas por cada uma das suas agências, o lugar do estabelecimento, sito no Brasil, a que ela corresponder.

(D) O domicílio do incapaz é o do seu representante ou assistente; o do servidor público, o lugar em que exercer permanentemente suas funções; o do militar, onde servir, e, sendo da Marinha ou da Aeronáutica, a sede do comando a que se encontrar imediatamente subordinado; o do marítimo, o porto onde o navio estiver atracado; e o do preso, o lugar em que cumprir a sentença.

(E) Nos contratos escritos, poderão os contratantes especificar domicílio onde se exercitem e cumpram os direitos e obrigações deles resultantes.

07. **(TRF-3.ª Região – Juiz Federal Substituto – 2016) Relativamente às pessoas jurídicas, marque a alternativa correta:**

(A) Se a pessoa jurídica tiver administração coletiva, as decisões se tomarão, em qualquer caso, pela maioria de votos dos presentes.

(B) Compete privativamente às assembleias gerais das associações a destituição e a eleição dos administradores, bem como a alteração dos estatutos.

308 | DIREITO CIVIL • VOL. 1 – *Flávio Tartuce*

(C) Quando insuficientes para constituir a fundação, os bens a ela destinados serão incorporados em outra fundação que se proponha a fim igual ou semelhante, independentemente do que dispuser o instituidor.

(D) É obrigatória a inclusão de norma estatutária nas associações que preveja o direito de recorrer dos associados na hipótese de sua exclusão.

08. (MPE/RR – Cespe – Promotor de Justiça Substituto – 2017) Para a instituição de uma fundação, que é um tipo de pessoa jurídica, é necessário que o instituidor, por meio de escritura pública ou por testamento, faça a dotação especial de bens livres bem como especifique o fim a que a fundação se destina. Nesse sentido, de acordo com as delimitações insertas no Código Civil, uma fundação poderá constituir-se para:

I – fins de assistência social, para a promoção de cultura, para a defesa e a conservação do patrimônio histórico e artístico, bem como para a realização de atividades religiosas.

II – a promoção de educação, de saúde, de segurança alimentar e nutricional, para a realização de pesquisa científica, para o desenvolvimento de tecnologias alternativas, para a modernização de sistemas de gestão, para a produção e a divulgação de informações e para o desenvolvimento de conhecimentos técnicos e científicos.

III – fins de defesa, de preservação e de conservação do meio ambiente, para a promoção do desenvolvimento sustentável bem como para a promoção da ética, da cidadania, da democracia e dos direitos humanos.

Assinale a opção correta.

(A) Apenas os itens I e II estão certos.

(B) Apenas os itens I e III estão certos.

(C) Apenas os itens II e III estão certos.

(D) Todos os itens estão certos.

09. (CFO/DF – Quadrix – Procurador Jurídico – 2017) Julgue o item subsecutivo com base em conhecimentos relativos ao direito civil.

O desvio de finalidade e a confusão patrimonial caracterizam abuso da personalidade jurídica e podem ensejar que os efeitos de certas e determinadas relações de obrigação sejam estendidos aos bens particulares dos administradores ou sócios da pessoa jurídica.

( ) Certo   ( ) Errado

10. (TJMG – Consulplan – Titular de Serviços de Notas e de Registros – Remoção – 2017) Em relação às Fundações, é correto afirmar:

(A) Para criar uma fundação, o seu instituidor fará, por escritura pública ou testamento, dotação especial de bens livres, especificando o fim a que se destina, e declarando, necessariamente, a maneira de administrá-la.

(B) Constituída a fundação por negócio jurídico entre vivos, o instituidor é obrigado a transferir-lhe a propriedade, ou outro direito real, sobre os bens dotados, salvo se vier a revogar a escritura pública que a instituíra.

(C) Para que se possa alterar o estatuto da fundação é mister que a reforma: seja deliberada por dois terços dos competentes para gerir e representar a fundação; não contrarie ou desvirtue o fim desta; seja aprovada pelo órgão do Ministério Público no prazo máximo de 45 (quarenta e cinco) dias, findo o qual ou no caso de o Ministério Público a denegar, poderá o juiz supri-la, a requerimento do interessado.

(D) Quando insuficientes para constituir a fundação, os bens a ela destinados serão, se de outro modo não dispuser o instituidor, incorporados a pessoa jurídica sem fins lucrativos que se proponha a fim igual ou semelhante.

11. (TJMG – Consulplan – Titular de Serviços de Notas e de Registros – Provimento – 2017) Em relação às Associações, assinale a alternativa correta:

(A) Com o registro do estatuto social no Registro Civil das Pessoas Jurídicas criam-se direitos e obrigações recíprocas entre os associados.

CAP. 4 · DA PESSOA JURÍDICA | 309

(B) Se o associado for titular de quota ou fração ideal do patrimônio da associação, a transferência daquela não importará, de per si, na atribuição da qualidade de associado ao adquirente ou ao herdeiro, salvo disposição diversa do estatuto.

(C) O estatuto social deverá prever que os associados têm direitos iguais, não se admitindo a instituição de categorias com vantagens especiais.

(D) A destituição dos administradores de associação depende decisão tomada em assembleia geral, especialmente convocada para esse fim, cujo quórum será de três quartos dos associados.

12. **(HUJB – UFCG – EBSERH/Instituto AOCP – Advogado – 2017) Com base no Código Civil, para a desconsideração da personalidade jurídica, é preciso:**

(A) abuso da pessoa jurídica, caracterizado pela má-fé ou pela confusão patrimonial, e o juiz decidirá de ofício independente de requerimento das partes.

(B) abuso da personalidade jurídica, caracterizado pela má administração dos sócios da empresa.

(C) abuso da personalidade jurídica, caracterizado pelo desvio de finalidade e pela confusão patrimonial e o juiz decidirá de ofício.

(D) desvio de finalidade caracterizado pela má-fé dos administradores.

(E) abuso da personalidade jurídica, caracterizado pelo desvio de finalidade ou pela confusão patrimonial e o juiz decidirá a pedido da parte ou do Ministério Público quando lhe couber intervir no processo.

13. **(Promotor de Justiça Substituto – MPE-PB – FCC – 2018) O Ministério Público do Estado**

(A) onde abrir-se a sucessão do instituidor velará pelas fundações criadas por testamento.

(B) onde sediadas velará pelas fundações, porém compete somente ao órgão regulador e fiscalizador das entidades fechadas de previdência complementar zelar por suas fundações.

(C) onde forem instituídas as fundações, por elas velará, ainda que estendam suas atividades por mais de um Estado.

(D) não tem atribuição de velar por fundações cujas atividades se estendam por mais de um Estado, ficando essa atribuição ao Ministério Público Federal.

(E) só poderá promover a extinção de fundação cuja finalidade se tornar ilícita.

14. **(Procurador do Estado – PGE-AP – FCC – 2018) São pessoas jurídicas de direito privado**

(A) o condomínio edilício e as fundações.

(B) o empresário individual e as sociedades.

(C) as empresas individuais de responsabilidade limitada e as associações.

(D) as organizações religiosas e a massa falida.

(E) os partidos políticos e os espólios.

15. **(Prefeitura de São Luís – MA – Auditor Fiscal de Tributos I – FCC – 2018) Em relação às pessoas jurídicas, é certo que**

(A) começa a existência legal das pessoas jurídicas de direito privado com o início efetivo de suas atividades, mesmo que ainda não inscrito seu ato constitutivo no respectivo registro.

(B) obrigam a pessoa jurídica os atos dos seus administradores, exercidos ou não nos limites de seus poderes definidos no ato constitutivo.

(C) se a administração da pessoa jurídica vier a faltar, o juiz, de ofício, nomear-lhe-á outro administrador.

(D) nos casos de dissolução da pessoa jurídica ou cassada a autorização para seu funcionamento, ela subsistirá para os fins de liquidação, até que esta se conclua; encerrada a liquidação, promover-se-á o cancelamento da inscrição da pessoa jurídica.

(E) a proteção dos direitos da personalidade é exclusiva às pessoas físicas, com exceção somente da proteção à marca empresarial.

16. **(ARTESP – Especialista em Regulação de Transporte – FCC – 2017) Conforme esclarece Maria Helena Diniz, "a pessoa jurídica é uma realidade autônoma, capaz de direitos e obrigações, independentemente dos membros que a compõem, com os quais não tem nenhum vínculo, agindo, por si só, comprando, vendendo, alugando etc., sem qualquer ligação com**

310 | DIREITO CIVIL • VOL. 1 – *Flávio Tartuce*

a vontade individual das pessoas físicas que dela fazem parte. Realmente, seus componentes somente responderão por seus débitos dentro dos limites do capital social, ficando a salvo o patrimônio individual" (*Curso de Direito Civil Brasileiro* – v. 1, São Paulo: Saraiva, 21. ed., p. 272). Essa circunstância pode, contudo, gerar abusos e prejuízos aos credores e, para coibi-los, desenvolveu-se a teoria da desconsideração da pessoa jurídica, a *disregard doctrine* do direito norte-americano. No ordenamento jurídico brasileiro, tal doutrina

(A) não se aplica, salvo para obrigações tributárias em caso de decretação de falência.

(B) aplica-se, exclusivamente, para preservação de direitos decorrentes de relações trabalhistas ou outras onde se evidencie a hipossuficiência da parte lesada.

(C) foi introduzida a partir do Código de Defesa do Consumidor (Lei no 8.078/1990), aplicando-se apenas às relações de consumo e de prestação de serviços públicos.

(D) importa a dissolução da pessoa jurídica, sendo aplicada apenas em situações estabelecidas em lei e quando haja fraude comprovada.

(E) não retira a personalidade jurídica, mas apenas a desconsidera em determinadas situações, envolvendo atos fraudulentos ou abusivos, mediante decisão judicial que permite alcançar patrimônio pessoal dos sócios.

17. **(Procurador – Fapesp – Vunesp – 2018) Para criar uma Fundação, o seu instituidor fará, por escritura pública ou testamento, dotação especial de bens livres, especificando o fim a que se destina, e declarando, se quiser, a maneira de administrá-la.**

Quanto às Fundações, é correto afirmar que

(A) podem ser fiscalizadas pela Defensoria Pública.

(B) podem constituir-se para fins de segurança alimentar e nutricional.

(C) não admitem a alteração do estatuto quando criadas por testamento.

(D) devem ser instituídas com prazo de existência.

(E) admitem o recebimento de lucro, que se converterá em bônus entre seus administradores.

18. **(Analista Judiciário – TJ-MS – PUCPR – 2017) Avalie as assertivas relacionadas às Pessoas Jurídicas de acordo com o Código Civil Brasileiro e, depois, assinale a alternativa CORRETA.**

I. É vedada a instituição de Fundação por meio de testamento.

II. Nas Associações, os associados devem ter iguais direitos, mas o estatuto poderá instituir categorias com vantagens especiais.

III. Não há, entre os associados, direitos e obrigações recíprocos.

IV. Se a pessoa jurídica tiver administração coletiva, as decisões se tomarão pela maioria de votos dos presentes, salvo se o ato constitutivo dispuser de modo diverso.

V. O direito de anular a constituição das pessoas jurídicas de direito privado, por defeito do ato respectivo, não está sujeito à decadência.

(A) Apenas as assertivas I, II e III estão corretas.

(B) Apenas as assertivas II, III e V estão corretas.

(C) Apenas as assertivas II, III e IV estão corretas.

(D) Apenas as assertivas III, IV e V estão corretas.

(E) Apenas as assertivas I, III e V estão corretas.

19. **(Procurador do Ministério Público de Contas – TCE-RO – Cespe – 2019) Acerca da desconsideração da personalidade jurídica, julgue os itens seguintes.**

I – A constatação da insolvência e a inexistência de bens do devedor são suficientes para a desconsideração da personalidade jurídica.

II – O abuso da personalidade jurídica, caracterizado pelo desvio de finalidade ou pela confusão patrimonial, enseja a desconsideração da personalidade jurídica.

III – Na teoria da desconsideração inversa da personalidade jurídica, pessoa jurídica pode responder por obrigação de sócio que lhe tenha transferido seu patrimônio com o intuito de fraudar credores.

Assinale a opção correta.

(A) Apenas o item I está certo.

(B) Apenas o item II está certo.

(C) Apenas os itens I e III estão certos.

(D) Apenas os itens II e III estão certos.

(E) Todos os itens estão certos.

20. **(Titular de Serviços de Notas e de Registros – Remoção – TJ-MG – CONSULPLAN – 2019) À vista das disposições do Código Civil que regulamentam as fundações, assinale a alternativa correta.**

(A) Os associados devem ter direitos iguais, mas o estatuto pode estabelecer categorias com vantagens especiais.

(B) No silêncio do estatuto a esse respeito, a qualidade de associado é transmissível ao talante dos interessados no câmbio.

(C) As associações constituem-se pela união de pessoas que se organizam para fins econômicos, forjando entre os associados direitos e obrigações recíprocos.

(D) É da competência privativa da assembleia geral a destituição dos administradores da associação. Em caso de negativa da diretoria em convocar a assembleia geral para debater e deliberar sobre a matéria, é garantido a 1/6 dos associados o direito de promovê-la.

21. **(Advogado – CREA-GO – Quadrix – 2019) Com relação ao direito civil, julgue o item.**

Considere-se que o devedor integre determinado grupo econômico. Nesse caso, a personalidade jurídica do devedor pode ser desconsiderada para atingir o patrimônio do grupo, mesmo que não haja abuso da personalidade jurídica, com desvio de finalidade ou confusão patrimonial.

( ) Certo   ( ) Errado

22. **(Promotor de Justiça Substituto – MPE-MT – FCC – 2019) Em relação às fundações, é correto afirmar:**

(A) Somente poderão constituir-se para fins religiosos, morais, culturais ou de assistência.

(B) Quando insuficientes para constituir a fundação, os bens a ela destinados voltarão necessariamente ao patrimônio do instituidor ou de seus herdeiros.

(C) Para que se possa alterar o estatuto da fundação é mister que a mudança não contrarie ou desvirtue sua finalidade, além de ser aprovada pelo Ministério Público no prazo máximo de 45 dias e que seja deliberada pela unanimidade de seus gestores e representantes.

(D) Tornando-se ilícita, impossível ou inútil a finalidade a que visa a fundação, será ela extinta pelo Ministério Público, incorporando-se seu patrimônio ao Estado membro, com vinculação da destinação àquela a que objetivava a fundação extinta.

(E) Constituída a fundação por negócio jurídico entre vivos, o instituidor é obrigado a transferir-lhe a propriedade, ou outro direito real, sobre os bens dotados, e, se não o fizer, serão registrados, em nome dela, por mandado judicial.

23. **(Procurador – GUALIMP – Prefeitura de Conceição de Macabu – RJ – 2020) João Victor discutiu com seu colega Ricardo sobre o domicílio das pessoas jurídicas. Segundo João Victor, de acordo com o Código Civil, tendo a pessoa jurídica diversos estabelecimentos em lugares diferentes, cada um deles será considerado domicílio para os atos nele praticados. Por outro lado, de acordo com Ricardo, tendo a pessoa jurídica diversos estabelecimentos em lugares diferentes, apenas o principal deles será considerado domicílio para os atos nele praticados. De acordo com o referido diploma legal, assinale a alternativa correta:**

(A) Ricardo tem razão.

(B) Ambos têm razão.

(C) Ambos estão equivocados.

(D) João Victor tem razão.

24. **(Fiscal de Tributos – Prefeitura de Morro Agudo-SP – Vunesp – 2020) A respeito das pessoas jurídicas no Direito Civil, é correto afirmar que:**

(A) é inaplicável às pessoas jurídicas a proteção dos direitos da personalidade.

312 | DIREITO CIVIL • VOL. 1 – *Flávio Tartuce*

(B) o Código Civil não contém previsão acerca da desconsideração inversa da personalidade jurídica.

(C) a cassação da autorização para funcionamento da pessoa jurídica implica a sua extinção imediata.

(D) constitui desvio de finalidade, para efeito de desconsideração da personalidade jurídica, a expansão ou a alteração da finalidade original da atividade econômica específica da pessoa jurídica.

(E) se a administração da pessoa jurídica vier a faltar, o juiz, a requerimento de qualquer interessado, nomear-lhe-á administrador provisório.

25. (Procurador – Prefeitura de São João da Boa Vista-SP – Ipefae – 2020) Sobre as pessoas jurídicas de direito privado, assinale a alternativa correta.

I – São exemplos as organizações religiosas e os partidos políticos.

II – Começa a existência legal das pessoas jurídicas de direito privado com a inscrição do ato constitutivo no respectivo registro, precedida, quando necessário, de autorização ou aprovação do Poder Executivo, averbando-se no registro todas as alterações por que passar o ato constitutivo.

III – São livres a criação, a organização, a estruturação interna e o funcionamento das organizações religiosas, sendo vedado ao poder público negar-lhes reconhecimento ou registro dos atos constitutivos e necessários ao seu funcionamento.

IV – Decai em três anos o direito de anular a constituição das pessoas jurídicas de direito privado, por defeito do ato respectivo, contado o prazo da publicação de sua inscrição no registro.

(A) I, II e III estão incorretas.

(B) Apenas II e IV estão corretas.

(C) I, II, III e IV estão corretas.

(D) I e IV estão incorretas.

26. (Auditor Fiscal Municipal – Prefeitura de Itajaí – SC – Fepese – 2020) De acordo com o Código Civil, a pessoa jurídica, sob a forma de fundação:

1. é formada pela união de pessoas que se organizem para fins não econômicos. 2. poderá ser instituída por meio de testamento, onde o instituidor fará dotação especial de bens livres, especificando o fim a que se destina, e declarando, se quiser, a maneira de administrá-la. 3. somente poderá ser constituída para fins religiosos, morais, culturais ou de assistência. 4. poderá ter o seu patrimônio incorporado em outra fundação, que se proponha a fim igual ou semelhante, quando vencido o prazo de sua existência.

Assinale a alternativa que indica todas as afirmativas corretas.

(A) São corretas apenas as afirmativas 1 e 2.

(B) São corretas apenas as afirmativas 2 e 3.

(C) São corretas apenas as afirmativas 2 e 4.

(D) São corretas apenas as afirmativas 1, 2 e 3.

(E) São corretas apenas as afirmativas 2, 3 e 4.

27. (Promotor de Justiça – MPM – MPM – 2021) Acerca das pessoas jurídicas e os bens, assinale a alternativa correta:

(A) O ato constitutivo de que trata o Código Civil para a criação de uma pessoa jurídica de direito privado deve declarar obrigatoriamente, além de outros dados, o destino de seu patrimônio na hipótese de sua dissolução, desfazimento ou extinção.

(B) A desconsideração da personalidade jurídica, quando requerida pelo Ministério Público nas hipóteses em que lhe cabe intervir na lide, pode alcançar os bens de qualquer dos sócios de uma empresa, desde que seu nome integre formalmente os quadros societários ao tempo do ato ilícito.

(C) O Código Civil impede que pessoas jurídicas dissolvidas subsistam, especialmente para fins de liquidação, de modo a proteger a adequada distinção entre os bens dos sócios e o patrimônio da liquidanda.

(D) É vedado ao instituidor de uma fundação dar destinação diversa aos bens que, embora destinados à sua constituição, tenham sido insuficientes para o início de suas atividades, tendo o legislador optado acertadamente por incorporá-los a outra fundação com finalidade congênere.

CAP. 4 · DA PESSOA JURÍDICA | 313

28. **(Juiz Substituto – TJGO – FCC – 2021) O juiz poderá desconsiderar a personalidade de pessoa jurídica de fins econômicos, a requerimento da parte ou do Ministério Público,**

   (A) somente quando se verificar a utilização da pessoa jurídica com o propósito de lesar credores ou para a prática de atos ilícitos.

   (B) se, cobrada judicialmente, os bens da pessoa jurídica não forem suficientes para o pagamento do credor.

   (C) se ocorrer a transferência, entre os sócios e a sociedade, de ativos ou de passivos, sem efetivas contraprestações, salvo se de valor proporcionalmente insignificante.

   (D) se houver grupo econômico e uma das sociedades que o integra deixar de cumprir obrigação pecuniária.

   (E) quando houver expansão ou alteração da finalidade original da atividade específica da pessoa jurídica.

29. **(Promotor de Justiça Substituto – MPE-MG – Fundep – 2022) Considerando a regulamentação das pessoas jurídicas na Parte Geral do Código Civil de 2002, assinale a alternativa CORRETA:**

   (A) São pessoas jurídicas de direito privado: as associações, as sociedades, as fundações, as organizações religiosas, os partidos políticos e as empresas individuais de responsabilidade limitada.

   (B) Em caso de abuso da personalidade jurídica, caracterizado pelo desvio de finalidade ou pela confusão patrimonial, pode o juiz, de ofício, a requerimento da parte ou do Ministério Público, quando lhe couber intervir no processo, desconsiderá-la para que os efeitos de determinadas obrigações sejam estendidos aos bens particulares daqueles administradores ou sócios da pessoa jurídica que se beneficiaram diretamente pelo abuso.

   (C) A fundação somente poderá constituir-se para fins de assistência social; cultura, defesa e conservação do patrimônio histórico e artístico; educação; saúde; segurança alimentar e nutricional; defesa, preservação e conservação do meio ambiente e promoção do desenvolvimento sustentável; habitação de interesse social e promoção da ética, da cidadania, da democracia e dos direitos humanos.

   (D) A autonomia patrimonial das pessoas jurídicas é um instrumento lícito de alocação e segregação de riscos, estabelecido pela lei com a finalidade de estimular empreendimentos, para a geração de empregos, tributo, renda e inovação em benefício de todos.

30. **(Promotor de Justiça Substituto – MPE-SE – Cespe/Cebraspe – 2022) De acordo com o Superior Tribunal de Justiça, a desconsideração da personalidade jurídica, no âmbito do Código Civil, exige a**

   (A) violação dos estatutos ou contrato social.

   (B) existência de desvio de finalidade.

   (C) comprovação de abuso.

   (D) presença de confusão patrimonial.

   (E) prática de ato ilícito.

31. **(Promotor de Justiça e Promotor de Justiça Substituto – MPE-PE – FCC – 2022) Considere as assertivas abaixo com relação às fundações, formas de sua constituição, extinção e as atribuições conferidas ao Ministério Público:**

   I – A fundação adquire personalidade jurídica com o registro de seu estatuto.

   II – Nas situações estabelecidas em lei para criação de uma fundação, há previsão legal de que o Ministério Público poderá redigir o estatuto, em certos casos.

   III – O Ministério Público, nas hipóteses especificadas em lei, detém atribuição exclusiva para requerer a extinção de fundação.

   Está correto o que se afirma APENAS em:

   (A) II.

   (B) I e II.

   (C) I e III.

   (D) II e III.

   (E) III.

314 | DIREITO CIVIL • VOL. 1 – *Flávio Tartuce*

32. **(Procurador Jurídico – Prefeitura de Flores da Cunha-RS – Fundatec – 2022) Em relação à teoria da desconsideração da personalidade jurídica, considerando o disposto no Código Civil, é correto afirmar que:**

(A) Somente pode ser aplicada às sociedades empresárias.

(B) Não pode ser postulada pelo Ministério Público, mas pode ser aplicada de ofício pelo julgador.

(C) Não é admitida na forma inversa.

(D) Implica a extinção da pessoa jurídica.

(E) A mera expansão ou alteração da finalidade original da atividade econômica específica da pessoa jurídica não autoriza a sua aplicação.

33. **(Auditor Federal de Controle Externo – TCU – FGV – 2022) Adauto instituiu por testamento fundação com fins de promoção de educação de jovens carentes de São Paulo e, para tal, realizou a dotação de bens livres com a parte disponível de sua herança. Quando ele faleceu, o estatuto foi elaborado, aprovado pelo Ministério Público e inscrito no órgão competente. A fundação começou a funcionar, mas agora, depois de um ano de funcionamento, precisará realizar alterações no seu estatuto.**

A reforma, além de deliberada por dois terços dos competentes para gerir e representar a fundação e não contrariar ou desvirtuar o fim da fundação, deve ser:

(A) aprovada expressamente pelo órgão do Ministério Público dentro do prazo legal, descabido o suprimento judicial em caso de denegação ou ausência de manifestação;

(B) aprovada pelo órgão do Ministério Público, expressa ou tacitamente (pelo decurso dentro do prazo legal sem manifestação), descabido o suprimento judicial;

(C) aprovada pelo órgão do Ministério Público e, se ele denegar ou não se manifestar no prazo legal, poderá o juiz supri-la a requerimento do interessado;

(D) aprovada expressamente pelo órgão do Ministério Público, sendo cabível suprimento judicial somente no caso de ele não se manifestar no prazo legal;

(E) aprovada pelo órgão do Ministério Público, expressa ou tacitamente (pelo decurso dentro do prazo legal sem manifestação), sendo cabível suprimento judicial somente no caso de denegação.

34. **(TJAM – TJAM – Titular de Serviços de Notas e de Registros – 2023) Em conformidade com o art. 62 do Código Civil, a fundação somente poderá constituir-se para fins de, EXCETO:**

(A) Educação.

(B) Morais.

(C) Pesquisa científica, desenvolvimento de tecnologias alternativas, modernização de sistemas de gestão, produção e divulgação de informações e conhecimentos técnicos e científicos.

(D) Atividades religiosas.

35. **(TJRJ – Vunesp – Juiz Substituto – 2023) O Código Civil adotou, no que se refere à desconsideração da personalidade jurídica, a teoria**

(A) maior.

(B) ampliativa.

(C) menor.

(D) disjuntiva.

(E) mista.

36. **(MPE-MG – Fundeb – Promotor de Justiça Substituto – 2023) As pessoas jurídicas de direito privado estão dispostas no Código Civil e são assim denominadas, pois suas relações e interesses são particulares, não tendo o Estado interesse direto na sua relação político--econômica. Com base nessa premissa, são pessoas jurídicas de direito privado, EXCETO:**

(A) As fundações.

(B) As sociedades.

(C) As organizações religiosas.

(D) As associações, inclusive as públicas.

CAP. 4 · DA PESSOA JURÍDICA | 315

37. **(TJAP – TJAP – Residência jurídica – 2023) Em relação à desconsideração da personalidade jurídica disciplinada no Código Civil brasileiro, assinale a alternativa correta:**
   - (A) Confusão patrimonial é a utilização da pessoa jurídica com o propósito de lesar credores e para a prática de atos ilícitos de qualquer natureza.
   - (B) A desconsideração inversa da personalidade jurídica não encontra previsão no ordenamento jurídico brasileiro, sendo uma construção doutrinária e jurisprudencial.
   - (C) Para que ocorra a desconsideração da personalidade jurídica é necessário o abuso de personalidade, caracterizado pelo desvio de finalidade ou confusão patrimonial.
   - (D) A mera expansão ou alteração da finalidade original da atividade econômica específica da pessoa jurídica configura o denominado desvio de finalidade.
   - (E) É suficiente a existência de grupo econômico para a que ocorra a desconsideração da personalidade jurídica.

38. **(MPE-SP – Vunesp – Promotor de Justiça Substituto – 2023) Sobre fundações, de acordo com o Código Civil, é correto afirmar:**
   - (A) Poderá ser constituída para fins de habitação de interesse social.
   - (B) Constituída a fundação por negócio jurídico entre vivos, é facultado ao instituidor a transferência da propriedade, ou outro direito real, sobre os bens dotados.
   - (C) Se o estatuto da fundação não for elaborado no prazo assinado pelo instituidor, ou, não havendo prazo, em cento e oitenta dias, a incumbência caberá ao Ministério Público.
   - (D) É possível sua criação por instituidor que fará, por escritura pública, documento privado ou testamento, dotação especial de bens livres, especificando o fim a que se destina, e declarando, se quiser, a maneira de administrá-la.
   - (E) A alteração estatutária pode ser deliberada pela maioria simples daqueles competentes para gerir e representar a fundação.

39. **(TST – FGV – Juiz do Trabalho Substituto – 2023) A teoria menor da desconsideração da personalidade jurídica é aplicada quando:**
   - (A) for exigida do credor a prova de fraude ou de abuso do direito imputados ao sócio administrador da sociedade, conforme previsto no Art. 50 do Código Civil;
   - (B) o credor comprova a existência de confusão patrimonial, desde que esta seja reconhecida por meio da obtenção ilícita de valores no patrimônio do administrador sócio da sociedade;
   - (C) com base no Art. 50 do Código Civil, o administrador que não integra o quadro societário da empresa for pessoalmente responsabilizado pelos danos sofridos pelos credores da pessoa jurídica;
   - (D) reconhecida a responsabilização dos sócios da pessoa jurídica, ainda que não haja insolvência da pessoa jurídica nem fraude comprovada, o patrimônio dos sócios for suficiente para pagar as dívidas dos credores daquela;
   - (E) o consumidor demonstra o estado de insolvência do fornecedor ou a sua personalidade jurídica representa obstáculo ao ressarcimento dos seus danos, conforme o Art. 28, parágrafo 5.º, do Código de Defesa do Consumidor.

40. **(MPE-MG – Promotor de Justiça Substituto – IBGP – 2024) Assinale a alternativa INCORRETA, nos termos da legislação vigente:**
   - (A) O Ministério Público poderá promover a liquidação judicial da sociedade cuja autorização para funcionar houver se extinguido.
   - (B) Tornando-se inútil a finalidade a que visa a fundação, o Ministério Público lhe promoverá a extinção.
   - (C) O Ministério Público pode, em qualquer demanda, requerer a desconsideração da personalidade jurídica, em caso de abuso da personalidade jurídica, caracterizado pelo desvio de finalidade ou pela confusão patrimonial, para que os efeitos de certas e determinadas relações de obrigações sejam estendidos aos bens particulares de administradores ou de sócios da pessoa jurídica beneficiados direta ou indiretamente pelo abuso.
   - (D) O Ministério Público intervirá nos processos sobre insolvência transnacional.
   - (E) Estão sujeitos à recuperação judicial todos os créditos existentes na data do pedido, ainda que não vencidos.

316 | DIREITO CIVIL • VOL. 1 – *Flávio Tartuce*

41. **(PGE-GO – Procurador de Estado Substituto – FCC – 2024) A desconsideração inversa da personalidade jurídica da pessoa jurídica significa a extensão**
    - (A) recíproca das obrigações da sociedade e de seus sócios.
    - (B) das obrigações de seus sócios ou administradores à pessoa jurídica.
    - (C) das obrigações da pessoa jurídica a seus sócios ou administradores, quando fiadores ou avalistas dos débitos.
    - (D) das obrigações da pessoa jurídica a seus sócios ou administradores, quando estes se comprometerem solidariamente pelos débitos daquela.
    - (E) aos bens dos sócios ou administradores de pessoa jurídica, quando estes se beneficiarem diretamente pelo abuso de personalidade jurídica da sociedade.

42. **(TCE-PA – Auditor de Controle Externo – FGV – 2024) A sociedade empresária "Conhecendo o Brasil", especializada em turismo doméstico, regularmente constituída e com sede em Bonito (PA), conforme seu ato constitutivo, resolveu expandir os negócios e, para tal, constituiu três filiais. Assim, a diretoria permaneceu situada em Bonito (PA) e foram criadas filiais em Salvador (BA), Guarapari (ES) e Florianópolis (SC). Todas as unidades estão em funcionamento e são geridas como unidades de negócios.**

    Recentemente, o gerente da filial de Guarapari foi questionado por um dos parceiros comerciais locais acerca da indicação do domicílio da "Conhecendo Brasil" no contrato com ele firmado. Segundo o parceiro comercial, a indicação de Bonito como domicílio está errada, pois o contrato foi celebrado em Guarapari.

    Sobre a situação narrada e em conformidade com a legislação vigente, é correto afirmar que
    - (A) não assiste razão ao parceiro comercial da filial de Guarapari, pois, de fato, o domicílio da "Conhecendo o Brasil" é, exclusivamente, Bonito (PA).
    - (B) não assiste razão ao parceiro comercial da filial de Guarapari, pois a sede e as filiais da "Conhecendo o Brasil" são consideradas como domicílio da pessoa jurídica para os atos nele praticados.
    - (C) assiste razão ao parceiro comercial da filial de Guarapari, pois o domicílio para o exercício dos direitos e obrigações da "Conhecendo o Brasil" deverá ser o local onde os contratos foram firmados, não sendo possível especificar domicílio diverso nos contratos escritos.
    - (D) não assiste razão ao parceiro comercial da filial de Guarapari, pois o domicílio da "Conhecendo o Brasil" é o local em que a sociedade empresária ficar sediada em ânimo definitivo.
    - (E) assiste razão ao parceiro comercial da filial de Guarapari, pois à pessoa jurídica que possui filiais, aplica-se o princípio da pluralidade domiciliar e, conjuntamente, a regra do domicílio necessário que será aquele onde os atos tiverem sido praticados.

43. **(TRF-3.ª Região – Analista Judiciário – FCC – 2024) Um banco concedeu empréstimos de mais de R$ 200 milhões à sociedade ABC Indústria Ltda. para financiar a ampliação das suas instalações. Dois terços das quotas dessa sociedade pertenciam às sociedades DEF Indústria Ltda. e GHI Indústria Ltda., ao passo que o terço restante pertencia a João da Silva, que, por sua vez, era titular de todas as quotas dessas outras duas sociedades. Como a mutuária não honrou o empréstimo, o banco ajuizou contra ela uma execução. Posteriormente, o banco requereu a desconsideração da personalidade jurídica de ABC Indústria Ltda., para que os bens dos seus sócios (ou seja, DEF Indústria Ltda, GHI Indústria Ltda. e João da Silva) pudessem ser alcançados pela execução, sob o fundamento exclusivo de todos eles integrarem um mesmo grupo econômico. Nesse caso, de acordo com o Código Civil, a mera existência de grupo econômico:**
    - (A) autoriza a desconsideração da personalidade jurídica, para que sejam alcançados os bens das sociedades DEF Indústria Ltda. e GHI Indústria Ltda., mas não de João da Silva.
    - (B) não autoriza a desconsideração da personalidade jurídica da sociedade ABC Indústria Ltda. em relação a nenhum dos seus sócios.
    - (C) autoriza a desconsideração da personalidade jurídica, para que sejam alcançados 05 bens das sociedades DEF Indústria Lida. e GHI Indústria Ltda., bem como de João da Silva, desde que ele também seja administrador de qualquer uma das sociedades.

CAP. 4 · DA PESSOA JURÍDICA | 317

(D) autoriza a desconsideração da personalidade jurídica, para que sejam alcançados os bens das sociedades DEF Indústria Ltda. e GHI Indústria Ltda., bem como de João da Silva, desde que ele também seja administrador de todas as sociedades.

(E) autoriza a desconsideração da personalidade jurídica, para que sejam alcançados os bens das sociedades DEF Indústria Ltda. e GHI Indústria Ltda., bem como de João da Silva, independentemente de ele ser ou não administrador de quaisquer das sociedades.

44. **(MPE-SC – Promotor de Justiça Substituto – Instituto Consulplan – 2024) Uma Fundação privada, instituída em 1972, tem por objeto a prestação de serviços de saúde e é a mantenedora de um hospital em um determinado município de Santa Catarina. Exercendo a função de "zelar" pelas fundações privadas, o Promotor de Justiça local, analisando as contas e balanços patrimoniais da fundação dos últimos anos, percebeu que a situação financeira está precária, com clara deterioração do patrimônio de instituição. Concluindo em sua análise que o problema do desequilíbrio financeiro está atrelado à má gestão, com pagamentos excessivos a diretores e conselheiros e gestão temerária do hospital, o Promotor promoveu Ação Civil Pública, com pedido liminar de afastamento dos diretores e conselheiros e nomeação de interventor, para buscar o reequilíbrio financeiro da Fundação e propiciar a manutenção do funcionamento do hospital da mantenedora. A atitude do Promotor está juridicamente correta.**

( ) Certo   ( ) Errado

45. **(TRT-11.ª Região – Analista Judiciário – FCC – 2024) Segundo o disposto no Código Civil, as organizações religiosas têm natureza jurídica de**

(A) pessoa jurídica de direito privado.

(B) pessoa jurídica de direito público externo.

(C) pessoa jurídica de direito público interno.

(D) associação pública.

(E) autarquia.

46. **(TRF-5.ª Região – Residência Judicial – IBFC – 2024) A respeito do que dispõe o Código Civil de 2002 acerca das pessoas jurídicas, assinale a alternativa incorreta.**

(A) Salvo disposição em contrário, as pessoas jurídicas de direito público, a que se tenha dado estrutura de direito privado, regem-se, no que couber, quanto ao seu funcionamento, pelas normas do Código Civil de 2002.

(B) São livres a criação, a organização, a estruturação interna e o funcionamento das organizações religiosas, sendo facultado ao poder público negar-lhes reconhecimento ou registro dos atos constitutivos e necessários ao seu funcionamento.

(C) As pessoas jurídicas de direito público interno são civilmente responsáveis por atos dos seus agentes que nessa qualidade causem danos a terceiros, ressalvado direito regressivo contra os causadores do dano, se houver, por parte destes, culpa ou dolo.

(D) Aplica-se às pessoas jurídicas, no que couber, a proteção dos direitos da personalidade.

GABARITO

01 – E	02 – E	03 – E
04 – B	05 – E	06 – D
07 – D	08 – D	09 – CERTO
10 – C	11 – B	12 – E
13 – B	14 – C	15 – D

16 – E	17 – B	18 – C
19 – D	20 – A	21 – ERRADO
22 – E	23 – D	24 – E
25 – C	26 – C	27 – A
28 – C	29 – D	30 – C
31 – B	32 – E	33 – C
34 – B	35 – A	36 – D
37 – C	38 – C	39 – E
40 – C	41 – B	42 – B
43 – B	44 – CERTO	45 – A
46 – B		

DO OBJETO DO DIREITO. OS BENS

Sumário: 5.1 Conceito de bens – 5.2 Principais classificações dos bens: 5.2.1 Classificação quanto à tangibilidade; 5.2.2 Classificação dos bens quanto à mobilidade; 5.2.3 Classificação quanto à fungibilidade; 5.2.4 Classificação quanto à consuntibilidade; 5.2.5 Classificação quanto à divisibilidade; 5.2.6 Classificação quanto à individualidade; 5.2.7 Classificação quanto à dependência em relação a outro bem (bens reciprocamente considerados); 5.2.8 Classificação em relação ao titular do domínio – 5.3 Do bem de família: 5.3.1 Introdução. Concepção civil-constitucional do bem de família. A nova dimensão da ideia de patrimônio; 5.3.2 O bem de família convencional ou voluntário; 5.3.3 O bem de família legal – 5.4 Resumo esquemático – 5.5 Questões correlatas – Gabarito.

5.1 CONCEITO DE BENS

Os conceitos de *bens* e *coisas*, como objeto do direito, sempre dividiram a doutrina moderna brasileira.

Caio Mário da Silva Pereira, por exemplo, dizia que: "bem é tudo que nos agrada", e diferenciava: "os bens, especificamente considerados, distinguem-se das coisas, em razão da materialidade destas: as coisas são materiais e concretas, enquanto que se reserva para designar imateriais ou abstratos o nome bens, em sentido estrito" (*Instituições...*, 2004, v. I, p. 403).

Por outra via, para Silvio Rodrigues *coisa* seria gênero, e *bem* seria espécie. Dizia o professor paulista: "coisa é tudo que existe objetivamente, com exclusão do homem". Já "bens são coisas que, por serem úteis e raras, são suscetíveis de apropriação e contêm valor econômico" (*Direito civil...*, 2003, v. I, p. 116).

Parece-me que o conceito de Sílvio Rodrigues é simples e perfeito, servindo *como uma luva* pelo que consta do atual Código Civil Brasileiro, na sua Parte Geral.

Dessa forma, *coisa* constitui gênero e *bem* a espécie – coisa que proporciona ao homem uma utilidade sendo suscetível de apropriação. Todos os *bens* são *coisas*; porém nem todas as *coisas* são *bens*. As diferenças podem ser visualizadas no esquema a seguir:

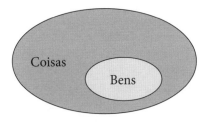

Coisas = Tudo que não é humano.
Bens = Coisas com interesse econômico e/ou jurídico.

Repise-se que este, parece-me, foi o critério adotado pelo Código Civil em vigor, na sua Parte Geral. Na Parte Especial, notadamente diante da utilização do termo *Direito das Coisas*, o sentido adotado pela legislação é diferente, o que está analisado no Volume 4 da presente coleção.

Certo é que o Código Civil anterior, no tratamento do objeto do direito da sua Parte Geral, não fazia a distinção entre *bem* e *coisa*, usando ora um, ora outro termo, como sinônimos. O Código Privado atual utiliza apenas a expressão *bens*, que podem ser classificados nas formas listadas no próximo tópico do capítulo.

Quanto aos animais, são enquadrados atualmente como coisas dentro do Direito Privado Brasileiro. Todavia, há uma tendência em se sustentar que seriam sujeitos de direito, tratados não como coisas, mas até como um *terceiro gênero*. Vale lembrar que o tratamento como terceiro gênero consta do BGB Alemão, estabelecendo o seu art. 90-A que os animais não são coisas ("Tiere sind keine Sachen"). O mesmo comando estabelece, em continuidade, que os animais são protegidos por estatutos especiais. Todavia, na falta dessas normas, são regulados pelas regras aplicáveis às coisas, com as necessárias modificações.

No Brasil, o Projeto de Lei 351/2015, originário do Senado Federal, pretende seguir o mesmo caminho, introduzindo regra no art. 82 do Código Civil e estabelecendo, na mesma linha do Código Civil Alemão, que os animais não são coisas, remetendo o seu tratamento para a legislação específica.

Com trâmite mais avançado, o Projeto de Lei da Câmara 27/2018 almeja incluir um dispositivo na Lei 9.605/1998, que trata dos crimes ambientais, estabelecendo que "Os animais não humanos possuem natureza jurídica *sui generis* e são sujeitos com direitos despersonificados, dos quais devem gozar e, em caso de violação, obter tutela jurisdicional, vedado o seu tratamento como coisa. Parágrafo único. A tutela jurisdicional referida no *caput* não se aplica ao uso e à disposição dos animais empregados na produção agropecuária e na pesquisa científica nem aos animais que participam de manifestações culturais registradas como bem de natureza imaterial integrante do patrimônio cultural brasileiro, resguardada a sua dignidade". Diante das modificações no texto original, a projeção voltou para debate na Câmara dos Deputados.

No plano da jurisprudência, são encontradas decisões que aplicam, nas ações de divórcio, as mesmas regras previstas para a guarda de filhos, por analogia, para os animais de estimação. Nessa linha, cite-se o julgamento da Quarta Turma do Superior Tribunal de Justiça no Recurso Especial 1.713.167/SP, em 2018. Vejamos o que se retira da relatoria do Ministro Luis Felipe Salomão:

"Decerto, porém, que coube ao Código Civil o desenho da natureza jurídica dos animais, tendo o referido diploma os tipificado como coisas – não lhes atribuiu a qualidade de pessoas, não sendo dotados de personalidade jurídica, não podendo ser tidos como sujeitos de direitos – e, por conseguinte, objeto de propriedade. De fato, os animais, via de regra, se enquadram na categoria de bens semoventes, isto é, 'móveis os bens suscetíveis de movimento próprio, ou de remoção por força alheia, sem alteração da substância ou da destinação econômico-social' (art. 82). Não há dúvidas de que o Código Civil tipificou-os na categoria das coisas e, como tal, são objetos de relações jurídicas, como se depreende da dicção dos arts. 82, 445, § 2.º, 936, 1.444, 1.445 e 1.446. Nessa perspectiva, resta saber se tais animais de companhia, nos dias atuais, em razão de sua categorização, devem ser tidos como simples coisas (inanimadas) ou se, ao revés, merecem tratamento peculiar diante da atual conjuctura do conceito de família e sua função social".

O julgado também expõe a existência de três correntes sobre o tema, na doutrina e jurisprudência brasileiras. A primeira pretende elevar os animais ao *status* de pessoa, "haja vista que, biologicamente, o ser humano é animal, ser vivo com capacidade de locomoção e de resposta a estímulos, inclusive em relação aos grandes símios que, com base no DNA, seriam parentes muito próximos dos humanos. Em razão disso, ao animal deveriam ser atribuídos direitos da personalidade, o próprio titular do direito vindicado, sob pena de a diferença de tratamento caracterizar odiosa discriminação".

Já a segunda corrente sustenta que "o melhor seria separar o conceito de pessoa e o de sujeito de direito, possibilitando a proteção dos animais na qualidade de sujeito de direito sem personalidade, dando-se proteção em razão do próprio animal, e não apenas como objeto (na qualidade de patrimônio do seu proprietário) ou de direito difuso como forma de proteção ao meio ambiente sustentável" (STJ, Recurso Especial 1.713.167/SP). Por fim, para a terceira corrente, a mais tradicional e à qual me filio no presente momento, os animais, mesmo os de companhia ou de estimação, devem permanecer dentro da categoria das coisas e bens.

O acórdão demonstra que "o só fato de o animal ser tido como de estimação, recebendo o afeto da entidade familiar, não pode vir a alterar sua substância, a ponto de converter a natureza jurídica". Porém, apesar dessa afirmação, concluiu-se que "não se mostra suficiente o regramento jurídico dos bens para resolver, satisfatoriamente, tal disputa familiar nos tempos atuais, como se se tratasse de simples discussão atinente à posse e propriedade. A despeito de animais, possuem valor subjetivo único e peculiar, aflorando sentimentos bastante íntimos em seus donos, totalmente diversos de qualquer outro tipo de propriedade privada. O Judiciário necessita encontrar solução adequada para essa questão, ponderando os princípios em conflito, de modo a encontrar o resguardo aos direitos fundamentais e a uma vida digna". Em suma, apesar de o julgado declinar a tese da *plena humanização do animal*, foram aplicadas, por analogia e com base no art. 4.º da Lei de Introdução, as mesmas regras relativas quanto à guarda de filhos para um animal doméstico.

Em outra ilustração que merece as devidas reflexões, do ano de 2019, cite-se acórdão do mesmo Tribunal Superior, segundo o qual "viola a dimensão ecológica da dignidade humana a reintegração, ao seu *habitat* natural, de ave silvestre que já possui hábitos de animal de estimação e convivência habitual duradoura com seu dono". Falou-se, nesse *decisum*, além da dignidade humana do dono do papagaio, sobre a do próprio animal. Vejamos o que consta do trecho final de sua ementa:

> "No que atine ao mérito de fato, em relação à guarda do animal silvestre, em que pese a atuação do Ibama na adoção de providências tendentes a proteger a fauna brasileira, o princípio da razoabilidade deve estar sempre presente nas decisões judiciais, já que cada

caso examinado demanda uma solução própria. Nessas condições, a reintegração da ave ao seu *habitat* natural, conquanto possível, pode ocasionar-lhe mais prejuízos do que benefícios, tendo em vista que o papagaio em comento, que já possui hábitos de ave de estimação, convive há cerca de 23 anos com a autora. Ademais, a constante indefinição da destinação final do animal viola nitidamente a dignidade da pessoa humana da recorrente, pois, apesar de permitir um convívio provisório, impõe o fim do vínculo afetivo e a certeza de uma separação que não se sabe quando poderá ocorrer" (STJ, REsp 1.797.175/SP, 2.ª Turma, Rel. Min. Og Fernandes, j. 21.03.2019, *REPDJe* 13.05.2019, *DJe* 28.03.2019).

Apesar dos fundamentos dos julgados, as propostas legislativas anteriores e também as decisões relativas à guarda de animais merecem reflexões, especialmente pelo fato de ainda ser necessário tutelar os direitos das pessoas humanas, caso dos nascituros e embriões. Superada essa fase, na nossa realidade, penso que será possível estender alguns direitos aos animais, como fizeram os julgados citados e se almeja na Reforma do Código Civil.

Na realidade alemã, vale citar decisão comentada pela Professora Karina Fritz, em sua coluna do *Migalhas*, prolatada em 2019 pelo Tribunal de Stuttgart sobre a guarda compartilhada de um animal de estimação. O julgado afastou o regime de guarda compartilhada por entender que o animal estava registrado apenas no nome do marido (FRITZ, Karina. Tribunal de Stuttgart..., *Migalhas*..., disponível em: <https://www.migalhas.com.br/GermanReport/133,MI307594,31047-Tribunal+de+Stuttgart+nega+guarda+compartilhada+de+anima>. Acesso em: 4 ago. 2019).

Desse modo, na minha leitura, o animal foi tratado na decisão como coisa e sob o regime de propriedade, nos termos da segunda parte do art. 90-A do BGB (Código Civil Alemão). Esse é um dos problemas práticos do tratamento dos animais como terceiro gênero, como acontece na Alemanha. Como consta no *BGB Comentado*, coordenado por Otto Palandt, essa afirmação do dispositivo naquele País é considerada mais "uma declamação emocional sem conteúdo jurídico real" (PALANDT, Otto. *Bürgerliches Gesetzbuch*, 2017, p. 70).

Nesse contexto de grandes desafios a respeito da temática dos animais, o Projeto de Atualização e Reforma do Código Civil, elaborado por Comissão de Juristas nomeada no âmbito do Senado Federal, parece ter encontrado um interessante caminho, intermediário e equilibrado, para regular essa matéria, que desperta paixões e mobilizações da sociedade brasileira. Vale destacar que tivemos na citada comissão a atuação de um dos maiores especialistas do assunto no País, o Professor e Juiz Federal Vicente de Paula Ataide Jr.

Ao final, após intensos e profundos debates, propõe-se a inclusão de uma nova Seção VI no livro dos "Bens", com um novo art. 91-A. Conforme o *caput* desse comando, que não adota o caminho da personalização, "os animais são seres vivos sencientes e passíveis de proteção jurídica própria, em virtude da sua natureza especial". *Seres sencientes*, como se sabe, são os que sentem, têm sensações, são sensíveis.

De toda forma, consoante o § 1.º da proposição, essa proteção jurídica prevista no dispositivo será regulada posteriormente por lei especial, a qual disporá sobre o tratamento físico e ético adequado aos animais. Além disso, até que sobrevenha lei especial, são aplicáveis, subsidiariamente, aos animais as disposições relativas aos bens, desde que não sejam incompatíveis com a sua natureza, considerando a sua sensibilidade (art. 70-A, § 2.º, do CC/2002).

Nas afirmações do próprio Vicente de Paula Ataide Jr., o tratamento constante da proposição não foi *nem como pessoas, nem como coisas*, mas "o anteprojeto é um primeiro passo na escadaria que levará à atualização do Código Civil, tornando-o mais adequado para responder, eficazmente, às exigências de uma sociedade que já perpassa mais de duas décadas do novo século, com múltiplas alterações em seu tecido constitutivo" (ATAIDE JR.,

Vicente de Paula. Os animais..., *Migalhas...*, disponível em: <https://www.migalhas.com.br/coluna/reforma-do-codigo-civil/412220/os-animais-no-anteprojeto-de-reforma-do-codigo--civil>. Acesso em: 26 set. 2024).

Como palavras finais sobre o tema, restam outros grandes desafios para o futuro: se os animais um dia forem tratados como sujeitos de direitos, ou a eles equiparados, teriam também deveres? Os contratos de cessão onerosa de animais devem deixar de ser submetidos às regras da compra e venda? Será necessário diferenciar os animais que têm sensibilidade daqueles que não têm, no que diz respeito ao seu tratamento jurídico? Como se pode perceber, surgem perguntas de difícil resposta para o futuro, o que justifica um tratamento equilibrado, como o sugerido pela Comissão de Juristas encarregada da Reforma do Código Civil.

Em arremate final, a redação proposta pelo Projeto de Lei 27/2018 – ao afirmar que os animais não humanos possuem natureza jurídica *sui generis* e são sujeitos com direitos despersonificados –, é contraditória e sem sentido jurídico efetivo, tendendo a causar mais confusões do que soluções de tutela dos animais, na minha opinião doutrinária. Por isso, é melhor a solução proposta para a Reforma do Código Civil.

5.2 PRINCIPAIS CLASSIFICAÇÕES DOS BENS

5.2.1 Classificação quanto à tangibilidade

A classificação dos bens quanto à tangibilidade não consta no Código Civil de 2002, mas é importantíssima para se compreender a matéria:

a) *Bens corpóreos, materiais ou tangíveis* – são aqueles bens que possuem existência corpórea, podendo ser tocados. Exemplos: uma casa, um carro.

b) *Bens incorpóreos, imateriais ou intangíveis* – são aqueles com existência abstrata e que não podem ser tocados pela pessoa humana. A ilustrar, podem ser citados como bens incorpóreos os direitos de autor, a propriedade industrial, o fundo empresarial, os bens digitais, a hipoteca, o penhor, a anticrese, entre outros. Essa intangibilidade não pode ser confundida com a materialidade do título que serve de suporte para a demonstração desses direitos.

Sobre os bens digitais ou *digital assets*, sigo a definição de Felipe Taveira Jr., no sentido de que "se constituem em quaisquer arquivos digitalizados, ou melhor, dispostos em formato eletrônico", estando em listas meramente exemplificativas (TAVEIRA JR, Felipe. *Bens...*, 2018, p. 201). O jurista aponta como suas características a *digitalidade*, a *imaterialidade*, a *reprodutibilidade*, a *conectividade*, o *uso inclusivo*, a *relatividade valorativa* e a *não taxatividade*. Para aprofundamentos, recomenda-se a leitura dessa obra específica, fruto de dissertação de mestrado defendida na Universidade de São Paulo, que associa os bens digitais à proteção pelos direitos da personalidade.

Destaco que no Projeto de Reforma do Código Civil há propostas de inclusão de seu tratamento na transmissão sucessória dos bens digitais, sobretudo no novo art. 1.791-A da codificação privada. Consoante o *caput* da norma projetada, "os bens digitais do falecido, de valor economicamente apreciável, integram a sua herança". Em complemento, nos termos do seu § 1.º, compreende-se como bens digitais, o patrimônio intangível do falecido, abrangendo, entre outros, senhas, dados financeiros, perfis de redes sociais, contas, arquivos de conversas, vídeos e fotos, arquivos de outra natureza, pontuação em programas de recompensa ou incentivo e qualquer conteúdo de natureza econômica, armazenado ou acumulado em ambiente virtual, de titularidade do autor da herança. A regulamentação do assunto é imperiosa e urgente, no meu entender e de muitos civilistas.

Voltando-se ao tema central deste tópico, no que toca a essa classificação, diferenças importantes são demonstradas por Pablo Stolze Gagliano e Rodolfo Pamplona Filho no sentido de que, "embora as relações jurídicas possam ter como objeto tanto bens corpóreos quanto incorpóreos, há algumas diferenças na sua disciplina jurídica, como, *v.g.*, o fato de que somente os primeiros podem ser objeto de contrato de compra e venda, enquanto os bens imateriais somente se transferem por contrato de cessão, bem como não podem, em teoria tradicional, ser adquiridos por usucapião, nem ser objeto de tradição (uma vez que esta implica a entrega da coisa)" (*Novo...*, 2003, v. I, p. 265). Essas questões práticas já justificam a diferenciação. De qualquer forma, além delas, o conceito de bens incorpóreos é fundamental para se compreender o sentido amplo dos objetos do Direito, eis que os direitos em geral também são bens.

Nesse contexto, por derradeiro, vale expor a diferenciação realizada no Direito Alemão, por Karl Larenz, que divide os objetos em duas ordens. Os *objetos de primeira ordem* são os bens materiais e imateriais relativos às invenções. Os *objetos de segunda ordem* são os direitos e as relações jurídicas a eles atinentes (LARENZ, Karl. *Derecho Civil...*, 1978, p. 369-370).

5.2.2 Classificação quanto à mobilidade

Levando-se em conta a mobilidade dos bens, há a seguinte classificação:

a) *Bens imóveis* (arts. 79 a 81 do CC) – São aqueles que não podem ser removidos ou transportados sem a sua deterioração ou destruição. Os bens imóveis recebem subclassificação importante para o estudioso do direito, a saber:

- *Bens imóveis por natureza ou por essência*: são aqueles formados pelo solo e tudo quanto se lhe incorporar de forma natural (art. 79 do CC). Os bens imóveis por natureza abrangem o solo com sua superfície, o subsolo e o espaço aéreo. Tudo o que for incorporado será classificado como imóvel por acessão. A título de exemplo pode ser citada uma árvore que nasce naturalmente.

- *Bens imóveis por acessão física industrial ou artificial*: são aqueles bens formados por tudo o que o homem incorporar permanentemente ao solo, não podendo removê-lo sem a sua destruição ou deterioração. Tais bens imóveis têm origem em construções e plantações, situações em que ocorre a intervenção humana. Prevê o Código Civil que não perdem o caráter de imóveis (art. 81):

  – As edificações que, separadas do solo, mas conservando a sua unidade, forem removidas para outro local.

  – Os materiais provisoriamente separados de um prédio, para nele se reempregarem.

- *Bens imóveis por acessão física intelectual*: conceito relacionado com tudo o que foi empregado intencionalmente para a exploração industrial, aformoseamento e comodidade (DINIZ, Maria Helena. *Curso...*, 2002, v. 1, p. 284). São os bens móveis que foram imobilizados pelo proprietário, constituindo uma ficção jurídica, sendo tratados, em regra, como *pertenças*.

Existe uma grande discussão doutrinária se essa modalidade de bens imóveis foi ou não banida pelo Código Civil de 2002, inclusive pelo teor do Enunciado n. 11 do Conselho da Justiça Federal, segundo o qual: "não persiste no novo sistema legislativo a categoria dos bens imóveis por acessão intelectual, não obstante a expressão 'tudo quanto se lhe incorporar natural ou artificialmente', constante da parte final do art. 79 do CC". O assunto será tratado quando da análise dos bens acessórios.

Desde já, esclareço que estou filiado ao posicionamento de Maria Helena Diniz e de outros doutrinadores, para quem, por interpretação sistemática dos arts. 79, 80 e 93 do Código, tal modalidade de bens persiste. Isso porque os bens imóveis por acessão física intelectual são pertenças, geralmente bens móveis incorporados a imóveis (DINIZ, Maria Helena. *Código Civil...*, 2008, p. 84). Na mesma linha, opina Álvaro Villaça Azevedo, para quem "é o que se entende por pertença, pela qual o bem móvel passa a compor o imóvel, para realizar suas finalidades" (AZEVEDO, Álvaro Villaça. *Teoria...*, 2012, p. 137). Anote-se, em complemento, que há julgados que admitem tal categoria jurídica (TJSC, Apelação Cível 2007.050102-2, 1.ª Câmara de Direito Comercial, Pomerode, Rel. Des. Ricardo Orofino da Luz Fontes, *DJSC* 04.04.2008, p. 117).

Destaque-se que a proposta do Projeto de Reforma do Código Civil é que se adote uma solução intermediária entre as duas correntes, na minha visão, passando o seu art. 79 a prever que "são bens imóveis o solo e tudo quanto se lhe incorporar naturalmente ou artificialmente, excetuadas as pertenças". Com isso, encerra-se o debate doutrinário hoje existente quanto à temática.

- *Bens imóveis por disposição legal*: tais bens são considerados como imóveis, para que possam receber melhor proteção jurídica. São bens imóveis por determinação legal (art. 80 do CC):
    - O direito à sucessão aberta.
    - Os direitos reais sobre os imóveis, caso da hipoteca, como regra geral, e do penhor agrícola, excepcionalmente.

b) *Bens móveis* (arts. 82 a 84 do CC) – Os bens móveis são aqueles que podem ser transportados, por força própria ou de terceiro, sem a deterioração, destruição e alteração da substância ou da destinação econômico-social. Os bens móveis podem ser assim subclassificados:

- *Bens móveis por natureza ou essência*: são os bens que podem ser transportados sem qualquer dano, por força própria ou alheia. Quando o bem móvel puder ser movido de um local para outro, por força própria, será denominado bem móvel *semovente*, como é o caso dos animais. Conforme o art. 84 do CC/2002, os materiais destinados a uma construção, enquanto não empregados, conservam a sua mobilidade sendo, por isso, denominados *bens móveis propriamente ditos.*

- *Bens móveis por antecipação*: são os bens que eram imóveis, mas que foram mobilizados por uma atividade humana. Exemplo típico é a árvore cortada, que se transforma em lenha, para alguma finalidade. Sobre essa hipótese, pronunciou-se o Superior Tribunal de Justiça no sentido de que é possível, por convenção das partes, enquadrar o bem como móvel por antecipação. Assim, "conforme consta dos artigos 79 e 92 do Código Civil, salvo expressa disposição em contrário, as árvores incorporadas ao solo mantêm a característica de bem imóvel, pois acessórios do principal, motivo pelo qual, em regra, a acessão ar- tificial recebe a mesma classificação/natureza jurídica do terreno sobre o qual é plantada. No entanto, essa classificação legal pode ser interpretada de acordo com a destinação econômica conferida ao bem, sendo viável transmudar a sua natureza jurídica para bem móvel por antecipação, cuja peculiaridade reside na vontade humana de mobilizar a coisa em função da finalidade econômica. Desta forma, em que pese seja viável conceber a natureza jurídica da cobertura vegetal lenhosa destinada ao corte, a depender da vontade das partes, como bem móvel por antecipação, no caso, consoante estabelecido no artigo 287 do Código Civil, essa classificação não salvaguarda a pretensão da autora, pois é inviável a esta Corte Superior, ante os óbices das Súmulas 5 e 7/STJ, promover o reenfrentamento do acervo fático-probatório dos autos com vistas a concluir de maneira diversa das instâncias ordinárias acerca dos sucessivos negócios jurídicos entabulados relativamente ao imóvel rural e as cláusulas e condições de referidos ajustes. Ademais, diante da presunção legal de que o acessório segue o principal e em virtude da ausência de anotação/observação quando da dação em pagamento acerca das árvores plantadas sobre o terreno, há que se concluir que essas foram transferidas juntamente com a terra nua" (STJ, REsp 1.567.479/PR, 4.ª Turma, Rel. Min. Marco Buzzi, j. 11.06.2019, *DJe* 18.06.2019). Também pode ser citada a colheita de uma plantação. O que se percebe é que há uma situação oposta à imobilização por acessão física industrial. A segunda parte do art. 84 do CC dispõe que, no caso de demolição, os bens imóveis podem ser mobilizados, ocorrendo a antecipação.

- *Bens móveis por determinação legal*: situações em que a lei determina que o bem é móvel, como a previsão que consta do art. 83 do CC, envolvendo:

  – Os direitos reais e as ações respectivas que recaiam sobre bens móveis, caso do penhor, em regra.

  – As energias com valor econômico, como é o caso da energia elétrica.

  – Os direitos pessoais de caráter patrimonial e respectivas ações, caso dos direitos autorais, nos termos do art. 3.º da Lei 9.610/1998.

  Em boa hora, diante da necessidade urgente de tratamento do tema, a Reforma do Código Civil pretende incluir no seu art. 83 um inciso IV, prevendo como bens móveis por determinação legal os conteúdos digitais dotados de valor econômico, tornados disponíveis, independentemente do seu suporte material.

Cabe esclarecer que os navios e aeronaves são bens móveis especiais ou *sui generis*. Apesar de serem móveis pela natureza ou essência, são tratados pela lei como imóveis, necessitando de registro especial e admitindo hipoteca. Justamente porque pode recair também sobre navios e aviões, pelo seu caráter acessório e pelo princípio de que o acessório deve seguir o principal, a hipoteca, direito real de garantia, pode ser bem móvel ou imóvel. A questão relativa à hipoteca desses bens está aprofundada no Volume 4 da presente coleção.

5.2.3 Classificação quanto à fungibilidade

Resulta essa classificação da individualização do bem, ou seja, de sua quantidade e da sua qualidade especificadora. Os bens, nessa categoria, podem ser classificados em infungíveis ou fungíveis.

a) *Bens infungíveis* – São aqueles que não podem ser substituídos por outros da mesma espécie, quantidade e qualidade. São igualmente denominados *bens personalizados ou individualizados*, sendo interessante lembrar que os bens imóveis são sempre infungíveis. Os veículos são bens infungíveis, característica que também pode estar relacionada com os bens móveis, eis que todos os automóveis são identificados pelo número do chassi. Além disso, justifica-se o fato de que os veículos são bens complexos, com características próprias, a fundar a sua infungibilidade, para fins contratuais, por exemplo. A título de outro exemplo, com intenso debate na realidade contemporânea, o aparelho celular, com todos os aplicativos e dados pessoais do seu proprietário, deve ser considerado como bem móvel infungível. Em reforço, assim como ocorre com o número de chassi dos veículos, cada celular tem um número de identificação específico, o IMEI (*International Mobile Equipment Identity*).

b) *Bens fungíveis* – Nos termos do art. 85 do CC/2002, fungíveis são os bens que podem ser substituídos por outros da mesma espécie, qualidade e quantidade. Todos os bens imóveis são personalizados, eis que possuem registro, daí serem infungíveis. Já os bens móveis são, na maior parte das vezes, bens fungíveis, mas podem também ser infungíveis, caso dos automóveis e de obras de arte em geral.

Tal diferenciação traz algumas consequências práticas que devem ser estudadas.

Inicialmente, em relação ao contrato de cessão gratuita de tais bens, o mútuo é o negócio que se refere ao empréstimo de coisas fungíveis (empréstimo de consumo). Por outro lado, o comodato é o contrato de empréstimo gratuito de coisas infungíveis (empréstimo de uso).

Conforme regra específica obrigacional, o credor de coisa infungível não pode ser obrigado a receber outra coisa, ainda que mais valiosa, segundo enuncia o art. 313 do Código Civil. Também relacionada com as obrigações, é pertinente lembrar que a compensação, forma de pagamento indireto, efetua-se entre dívidas líquidas, vencidas e de coisas fungíveis (art. 369 do CC). Os temas estão tratados no próximo volume desta coleção de Direito Civil.

5.2.4 Classificação quanto à consuntibilidade

Apesar de o Código Civil tratar, ao mesmo tempo, das classificações quanto à fungibilidade e à consuntibilidade, essas não se confundem, sendo certo que o último critério leva em conta dois parâmetros para a classificação (art. 86 do CC).

– Se o consumo do bem implica destruição imediata, *a consuntibilidade é física*, ou *de fato* ou, ainda, *fática*.

– Se o bem pode ser ou não objeto de consumo, ou seja, se pode ser alienado, *a consuntibilidade é jurídica* ou *de direito*.

O que se nota, portanto, é que o bem pode ser, ao mesmo tempo, consumível e inconsumível, uma vez que dois são os critérios para a classificação, totalmente distintos. Vejamos:

a) *Bens consumíveis* – São bens móveis, cujo uso importa na destruição imediata da própria coisa (*consuntibilidade física*), bem como aqueles destinados à alienação (*consuntibilidade jurídica*) – art. 86 do CC.

b) *Bens inconsumíveis* – São aqueles que proporcionam reiteradas utilizações, permitindo que se retire a sua utilidade, sem deterioração ou destruição imediata (*inconsuntibilidade física*), bem como aqueles que são inalienáveis (*inconsuntibilidade jurídica*). Como bem aponta Sílvio de Salvo Venosa, a inconsuntibilidade fática deve ser visualizada no sentido econômico e não no sentido vulgar, pois tudo o que existe em nosso planeta um dia desaparecerá com o consumo (*Direito civil...*, 2003, p. 328).

Como exemplo de um bem *consumível* sob o prisma fático ou físico e *inconsumível* do ponto de vista jurídico, pode ser citada uma garrafa de bebida famosa clausulada com a inalienabilidade por testamento (art. 1.848 do CC).

328 | DIREITO CIVIL • VOL. 1 – *Flávio Tartuce*

Por outra via, como exemplo de um bem *inconsumível* sob o critério físico ou fático e *consumível* do ponto de vista jurídico pode ser citado um automóvel. Aliás, em regra, os bens de consumo de valor têm essas características.

Repise-se que não se pode confundir a fungibilidade com a consuntibilidade física ou fática, apesar do tratamento conjunto na Parte Geral do Código Civil de 2002 ("Seção III – Dos Bens Fungíveis e Consumíveis"). Ilustrando, um bem pode ser consumível e ao mesmo tempo infungível, caso da última garrafa de uma bebida famosa. O bem também pode ser inconsumível e fungível, caso de uma ferramenta ou de um talher.

O Código de Defesa do Consumidor, no seu art. 26, traz classificação muito próxima da relacionada com a consuntibilidade física ou fática. Pela Lei 8.078/1990, os produtos ou bens podem ser classificados em duráveis e não duráveis. Os bens duráveis são aqueles que não desaparecem facilmente com o consumo, enquanto os não duráveis não têm permanência com o uso. Os prazos para reclamação de vícios decorrentes de tais produtos são de 90 e 30 dias, respectivamente, contados da tradição ou entrega efetiva da coisa (quando o vício for aparente) e do conhecimento do problema (quando o vício for oculto).

5.2.5 Classificação quanto à divisibilidade

No que diz respeito ao fracionamento ou divisão dos bens, há a seguinte classificação:

a) *Bens divisíveis* – São os que podem se partir em porções reais e distintas, formando cada qual um todo perfeito, conforme previa o art. 52 do CC/1916. O Código Civil de 2002, em seu art. 87, prevê que os bens divisíveis "são os que se podem fracionar sem alteração na sua substância, diminuição considerável de valor, ou prejuízo do uso a que se destinam". Como se percebe, o texto ora em vigor é mais bem escrito e mais didático, estando de acordo com o princípio da operabilidade. Exemplifica-se com sacas de cereais, que podem ser divididas sem qualquer destruição. Ademais, dispõe o art. 88 do CC que, a qualquer momento, os bens naturalmente divisíveis podem se tornar indivisíveis, por vontade das partes (autonomia privada) ou por imposição legal.

b) *Bens indivisíveis* – São os bens que não podem ser partilhados, pois deixariam de formar um todo perfeito, gerando a sua divisão uma desvalorização ou perda das qualidades essenciais do todo. A indivisibilidade pode decorrer da natureza do bem, de imposição legal ou da vontade do seu proprietário, como exemplos abaixo:

– *Indivisibilidade natural:* caso de uma casa térrea, bem imóvel, cuja divisão gera diminuição do seu valor. Outro exemplo clássico utilizado é o do relógio de pulso de valor considerável.

– *Indivisibilidade legal ou jurídica:* caso da herança, que é indivisível até a partilha, por força do princípio da *saisine*, nos termos do art. 1.784 do CC. Também podem ser citadas a hipoteca e as servidões, que são direitos indivisíveis, em regra. Quanto à hipoteca, a sua divisibilidade ou *fracionamento excepcional* está previsto no art. 1.488 do CC, para os casos de instituição de condomínio ou loteamento do bem principal. Trata-se de novidade instituída pelo Código de 2002 frente ao Código Civil de 1916, que está devidamente aprofundada no Volume 4 desta coleção.

– *Indivisibilidade convencional:* se dois proprietários de um boi convencionarem que o animal será utilizado para a reprodução, o que retira a possibilidade de sua divisão. Quanto ao condômino, vale citar a previsão do art. 1.320 do CC/2002:

> "A todo tempo será lícito ao condômino exigir a divisão da coisa comum, respondendo o quinhão de cada um pela sua parte nas despesas da divisão. § 1.º Podem os condôminos acordar que fique indivisa a coisa comum por prazo não maior de cinco anos, suscetível de prorrogação ulterior. § 2.º Não poderá exceder de cinco anos a indivisão estabelecida pelo doador ou pelo testador".

A classificação apontada, no que concerne à sua relevância jurídica, é fundamental para se compreender as diferenças entre as obrigações divisíveis e indivisíveis, estudadas no Volume 2 desta coleção.

5.2.6 Classificação quanto à individualidade

Em uma relação com si mesmos, ou quanto à individualidade, os bens são assim classificados:

a) *Bens singulares ou individuais* – São bens singulares aqueles que, embora reunidos, possam ser considerados *de per si*, independentemente dos demais (art. 89 do CC). Como bem apontam Pablo Stolze Gagliano e Rodolfo Pamplona Filho, os bens singulares "podem ser *simples*, quando as suas partes componentes encontram-se ligadas naturalmente (uma árvore, um cavalo), ou *compostos*, quando a coesão de seus componentes decorre do engenho humano (um avião, um relógio)" (*Novo...*, 2003, v. I, p. 274). Para a sua caracterização, portanto, deve-se levar em conta o bem em relação a si mesmo. Como exemplos, ilustrem-se ainda um livro, um boi e uma casa.

b) *Bens coletivos ou universais* – São os bens que se encontram agregados em um todo. Os bens coletivos são constituídos por várias coisas singulares, consideradas em conjunto e formando um todo individualizado. Os bens universais podem decorrer de uma união fática ou jurídica. Vejamos:

- *Universidade ou universalidade de fato* – é o conjunto de bens singulares, corpóreos e homogêneos, ligados entre si pela vontade humana e que tenham utilização unitária ou homogênea, sendo possível que tais bens sejam objeto de relações jurídicas próprias. Nesse sentido, prevê o art. 90 do CC que "constitui universalidade de fato a pluralidade de bens singulares que, pertinentes à mesma pessoa, tenham destinação unitária. Parágrafo único. Os bens que formam essa universalidade podem ser objeto de relações jurídicas próprias". Para exemplificar, basta lembrar algumas palavras utilizadas no gênero coletivo, a saber: alcateia (lobos), manada (elefantes), biblioteca (livros), pinacoteca (quadros), boiada (bois) e assim sucessivamente.

- *Universidade ou universalidade de direito* – é o conjunto de bens singulares, tangíveis ou não, a que uma ficção legal, com o intuito de produzir certos efeitos, dá unidade individualizada. Pelo teor do art. 91 do CC há um complexo de relações jurídicas de uma pessoa, dotadas de valor econômico. São exemplos o patrimônio, a herança de determinada pessoa, o espólio, a massa falida, entre outros conceitos estudados como entes despersonalizados no capítulo anterior.

Relativamente ao patrimônio, na versão clássica, Sílvio Rodrigues afirma que "o patrimônio de um indivíduo é representado pelo acervo de seus bens, conversíveis em dinheiro. Há, visceralmente ligada à noção de patrimônio, a ideia de valor econômico, suscetível de ser cambiado, de ser convertido em pecúnia. Nesse sentido, a opinião de Beviláqua, que define o patrimônio como 'o complexo das relações jurídicas de uma pessoa que tiveram valor econômico'" (*Direito civil...*, 1987, v. 1, p. 117). Do Direito Comparado, cabe colacionar a concepção de Larenz, para quem o patrimônio é uma soma ou um conjunto de direitos e relações jurídicas que diz respeito concretamente a uma pessoa determinada, a qual correspondem (LARENZ, Karl. *Derecho...*, 1978, p. 405).

Entre os civilistas brasileiros contemporâneos, Cristiano Chaves de Farias e Nelson Rosenvald conceituam o patrimônio como "o complexo de relações jurídicas apreciáveis economicamente (ativas e passivas) de uma determinada pessoa. Ou seja, é a totalidade dos bens dotados de economicidade pertencentes a um titular, sejam corpóreos (casa, automóvel etc.) ou incorpóreos (direitos autorais)" (*Direito civil...*, 2006, p. 312). Pelos três conceitos, o patrimônio é enquadrado como uma universalidade jurídica.

Apesar da semelhança entre os conceitos, percebe-se que a ideia de patrimônio vem recebendo um novo dimensionamento pela atual geração de civilistas, além de meros interesses econômicos. Isso porque se procura valorizar um mínimo patrimonial, para que a pessoa tenha direito a uma vida digna. Cite-se a célebre tese do *Estatuto Jurídico do Patrimônio Mínimo*, do Ministro do STF Luiz Edson Fachin. Essa tendência de *personalização do Direito Civil*, de valorização da pessoa humana, ao lado de uma *despatrimonialização*, será mais à frente comentada no presente capítulo.

Ainda quanto ao tema da universalidade dos bens, na *IV Jornada de Direito Civil*, em 2016, foi aprovado o Enunciado n. 288 do Conselho da Justiça Federal, prevendo que "a pertinência subjetiva não constitui requisito fundamental para a configuração das universalidades de fato e de direito". Em outras palavras, para a configuração da universalidade, não há necessidade de que o bem pertença à mesma pessoa.

Essa opinião, contudo, particularmente quanto à universidade de fato, não é seguida por autores como Maria Helena Diniz (*Curso...*, 2007, v. 1, p. 339), Gustavo Tepedino, Heloísa Helena Barboza e Maria Celina Bodin de Moraes (*Código Civil...*, 2004, v. I, p. 187). Parecem ter razão os doutrinadores, pois se o bem não pertencer à mesma pessoa não haverá o caráter homogêneo exigido para a universalidade fática, no atual texto da lei. Além disso, a *pertinência subjetiva* é mencionada expressamente como requisito da universalidade fática no *caput* do art. 90 do CC. Em suma, o enunciado parece ser *contra legem*, ou seja, contra a lei, no presente momento.

De todo modo, para encerrar o estudo da presente classificação, no Projeto de Reforma do Código Civil são feitas propostas pontuais de melhora dos textos, inclusive para resolver dilemas categóricos. De início, no art. 90, quando se trata da universalidade de fato, sugere-se que a norma mencione "titularizados pela mesma pessoa", e não "pertinentes", o que é mais correto tecnicamente.

Insere-se, ainda, um novo art. 90-A na codificação privada, para também possibilitar, no texto da lei, a universalidade de fato decorrente "da pluralidade de bens singulares que tenham destinação funcional unitária, ainda que titularizados por pessoas distintas". Adota-se, assim, o teor do Enunciado n. 288 da *IV Jornada de Direito Civil*, e encerra-se o debate doutrinário por último exposto.

Por fim, como última proposição, altera-se o art. 91 do CC/2002, para prever que "constitui universalidade de direito o complexo de relações jurídicas, dotadas de valor econômico, experimentadas por uma ou mais pessoas, conforme assim se tenha estabelecido". Assim como a proposta anterior, há, portanto, a inclusão de que a universalidade de direito também pode estar relacionada a mais de uma pessoa, valorizando-se o que elas estabeleceram, ou seja, a sua autonomia privada, na linha do antes citado Enunciado n. 288 da *IV Jornada de Direito Civil*.

5.2.7 Classificação quanto à dependência em relação a outro bem (bens reciprocamente considerados)

No que diz respeito à relação com outros bens, em dependência ou não, há a seguinte classificação, tratada pelo Código Civil:

a) *Bens principais (ou independentes)* – São os bens que existem de maneira autônoma e independente, de forma concreta ou abstrata, conforme o art. 92 do CC/2002. Exercem função ou finalidade não dependente de qualquer outro objeto.

b) *Bens acessórios (ou dependentes)* – São os bens cuja existência e finalidade dependem de outro bem, denominado bem principal.

> *Princípio geral do Direito Civil – o bem acessório segue o principal, salvo disposição especial em contrário (acessorium sequeatur principale) – princípio da gravitação jurídica.*

Tal regra estava prevista no art. 59 do CC/1916 e, apesar de não reproduzida literalmente no Código Civil de 2002, continua tendo aplicação direta, como princípio geral do Direito Civil brasileiro, retirado de forma presumida da análise de vários dispositivos da atual codificação. Com um desses comandos, pode ser citado o art. 92 do Código, que em sua parte final enuncia que o bem acessório é "aquele cuja existência supõe a do principal". De todo modo, para suprir essa lacuna, o Projeto de Reforma do Código Civil pretende incluir um parágrafo único no dispositivo, enunciando que, "salvo disposição em contrário, o bem acessório segue o principal".

Por essa razão, quem for o proprietário do bem principal será também do bem acessório; a natureza jurídica do acessório será a mesma do principal. Vale aqui lembrar a previsão do art. 233 do CC/2002, segundo o qual na obrigação de dar coisa certa, se incluem os acessórios da coisa, salvo previsão em contrário.

São bens acessórios, previstos no ordenamento jurídico brasileiro:

• *Frutos* – são bens acessórios que têm sua origem no bem principal, mantendo a integridade desse último, sem a diminuição da sua substância ou quantidade. Os frutos, quanto à origem, podem ser assim classificados:

- *Frutos naturais* – são aqueles decorrentes da essência da coisa principal, como as frutas produzidas por uma árvore.
- *Frutos industriais* – decorrem de uma atividade humana, caso de um material produzido por uma fábrica.
- *Frutos civis* – originados de uma relação jurídica ou econômica, de natureza privada, também denominados *rendimentos*. É o caso dos valores decorrentes do aluguel de um imóvel, de juros de capital, de dividendos de ações.

Além disso, quanto ao estado em que eventualmente se encontrarem, os frutos podem ser classificados da seguinte forma, o que remonta à doutrina de Clóvis Beviláqua:

- *Frutos pendentes* – são aqueles que estão ligados à coisa principal, e que não foram colhidos. Exemplo: maçãs que ainda estão presas à macieira.
- *Frutos percebidos* – são os já colhidos do principal e separados. Exemplo: maçãs que foram colhidas pelo produtor.

332 DIREITO CIVIL • VOL. 1 – Flávio Tartuce

- *Frutos estantes* – são aqueles frutos que foram colhidos e encontram-se armazenados. Exemplo: maçãs colhidas e colocadas em caixas em um armazém.

- *Frutos percipiendos* – são os frutos que deveriam ter sido colhidos, mas não foram. Exemplo: maçãs maduras que deveriam ter sido colhidas e que estão apodrecendo.

- *Frutos consumidos* – são os frutos que foram colhidos e não existem mais. São as maçãs que foram colhidas pelo produtor e já vendidas a terceiros.

• *Produtos* – são os bens acessórios que saem da coisa principal, diminuindo a sua quantidade e substância. Percebe-se que é discutível a condição de acessório dos produtos, eis que são retirados ou destacados da própria coisa principal. Como exemplo, pode ser citada a pepita de ouro retirada de uma mina. Cabe esclarecer que o sentido de produto aqui estudado, para o âmbito do Direito Civil, é bem diferente daquele tratado pelo Direito do Consumidor. Nos termos do art. 3.º, § 1.º, do Código de Defesa do Consumidor (Lei 8.078/1990), produto é qualquer bem colocado no mercado de consumo, seja ele móvel ou imóvel, material ou imaterial.

• *Pertenças* – são bens destinados a servir outro bem principal, por vontade ou trabalho intelectual do proprietário. A categoria não estava tratada pela codificação anterior e continua a gerar grandes debates entre os civilistas. Com efeito, prevê o art. 93 do CC/2002 inovação importante que "são pertenças os bens que, não constituindo partes integrantes, se destinam, de modo duradouro, ao uso, ao serviço ou ao aformoseamento de outro". Ensina Maria Helena Diniz que as *pertenças* "são bens acessórios destinados, de modo duradouro, a conservar ou facilitar o uso ou prestar serviço ou, ainda, a servir de adorno ao bem principal, sem ser parte integrante. Apesar de acessórios, conservam sua individualidade e autonomia, tendo apenas como principal uma subordinação econômico-jurídica, pois sem haver qualquer incorporação vinculam-se ao principal para que atinja suas finalidades. São pertenças todos os bens móveis que o proprietário, intencionalmente, empregar na exploração industrial de um imóvel, no seu aformoseamento ou na sua comodidade" (*Novo Código Civil...*, 2003, p. 103).

As pertenças podem ser classificadas em *essenciais* ou *não essenciais*, sendo interessante tecer algumas palavras sobre o tema. Estabelece o art. 94 do CC que "os negócios jurídicos que dizem respeito ao bem principal não abrangem as pertenças, salvo se o contrário resultar da lei, da manifestação de vontade, ou das circunstâncias do caso".

Opina-se no sentido de que se a pertença for essencial ao bem principal seguirá o último, não merecendo aplicação o que consta na primeira parte do art. 94 do CC, pois assim quis o proprietário da coisa principal. *A pertença essencial, quando móvel, constitui um bem imóvel por acessão intelectual*, como defende a Professora Maria Helena Diniz. Por isso, deve acompanhar a coisa principal, conclusão que decorre das circunstâncias do caso, do *princípio da gravitação jurídica*, conforme a parte final do art. 94 do CC.

Assim o é um piano no conservatório musical, aproveitando o exemplo da própria Maria Helena Diniz. Logicamente, quando a pessoa compra o conservatório, espera que o piano, pertença essencial, acompanhe o primeiro. Em casos tais, a pertença constitui um bem móvel incorporado a um imóvel, ou seja, um bem imóvel por acessão física intelectual.

O mesmo não se pode dizer de um piano que se encontra na casa de alguém, também pertença, mas não essencial, aí sim merecendo aplicação a primeira parte do art. 94 do CC/2002. Esse raciocínio desenvolvido demonstra que continua com força total a regra pela qual o acessório segue o principal (*princípio da gravitação jurídica*).

Anoto que no Projeto de Reforma do Código Civil pretende-se adotar essa divisão das pertenças, em essenciais e não essenciais, melhorando-se ainda o texto do art. 93, a saber:

"são pertenças as coisas que, não constituindo partes integrantes, essenciais ou não essenciais, destinam-se, de modo duradouro, ao uso, ao serviço ou ao embelezamento de outro".

Dessa forma, fica claro, mais uma vez, que não me filio na atualidade ao teor do Enunciado n. 11 do CJF/STJ, aprovado na *I Jornada de Direito Civil*, elaborado nos seguintes termos: "não persiste no novo sistema legislativo a categoria dos bens imóveis por acessão intelectual, não obstante a expressão 'tudo quanto se lhe incorporar natural ou artificialmente', constante da parte final do art. 79 do CC".

Compreendo que quando o art. 79 do CC utiliza a expressão *artificialmente* está incluindo a vontade humana, a acessão intelectual. Sem prejuízo dos posicionamentos de Maria Helena Diniz e Álvaro Villaça Azevedo, cumpre destacar que na mesma linha vêm se posicionando outros doutrinadores contemporâneos, para quem a categoria de pertenças engloba os bens imóveis por acessão (ver, por exemplo: VENOSA, Sílvio de Salvo. *Código...*, 2010, p. 91; GAGLIANO, Pablo Stolze; PAMPLONA FILHO, Rodolfo. *Novo...*, 2012, v. 1, p. 310; GONÇALVES, Carlos Roberto. *Direito...*, 2010, v. 1, p. 283).

Para motivar o debate, é interessante aqui apontar a crítica formulada por Inácio de Carvalho Neto em seu *Curso de Direito Civil*:

> "Pretende Flávio Tartuce distinguir pertenças essenciais de pertenças não essenciais. (...). Mas, *data venia*, não podemos partilhar dessa opinião. Em primeiro lugar porque não nos parece que subsista o antigo conceito de bens imóveis por acessão física intelectual, pelas razões que já expusemos. Ademais, o que o autor descreve como pertenças essenciais, se se pudesse aceitar como tais, já não seriam pertenças, mas integrantes do próprio bem principal. No exemplo do conservatório musical, bastaria ao adquirente do conservatório deixar expresso no contrato que o piano deve ser incluído na transação para excepcionar a regra do art. 94; a ausência de disposição contratual a respeito, contudo, não há que se falar em acessoriedade" (*Curso...*, 2006, v. I, p. 296-297).

Com todo o respeito, na verdade o jurista citado é quem parece confundir o conceito de pertenças com o de partes integrantes. Como afirma o próprio Inácio de Carvalho Neto, mais à frente, as partes integrantes formam com o principal um todo. Ora, não se pode dizer que o piano forma com o conservatório um todo, uma massa única, pois tem individualidade própria. O conceito de partes integrantes, aliás, será abordado a seguir.

A propósito, insta observar que a posição adotada por mim foi seguida quando do julgamento pelo STJ do primeiro caso relativo às pertenças. Conforme tese firmada em aresto publicado no *Informativo* n. *594* da Corte, havendo adaptação de veículo, feita posteriormente à celebração de alienação fiduciária em garantia do bem, com a introdução de aparelhos para direção por deficiente físico, o devedor fiduciante tem o direito a retirá-los, quando houver o descumprimento do pacto e a consequente busca e apreensão do principal (REsp 1.305.183/SP, 4.ª Turma, Rel. Min. Luis Felipe Salomão, j. 18.10.2016, *DJe* 21.11.2016).

Nos termos do voto do Ministro Marco Buzzi, citando o meu entendimento doutrinário e seguindo o Relator, "a partir de tais conceitos, diferenciados os bens classificados como 'acessórios' daqueles considerados 'pertenças', conclui-se que os aparelhos de adaptação veicular para deficientes físicos são pertenças, portanto devem seguir as regras esculpidas nos artigos 93 e 94 do Código Civil. Isso porque, os referidos aparelhos não dependem diretamente do principal (característica peculiar dos bens acessórios) e, por outro lado, são bens destinados a facilitar o uso da coisa principal, no caso, o veículo, sem que seja parte integrante deste, ensejando na classificação como 'pertenças'". Na sequência, o julgador cita o exemplo do toca-CDs-MP3-DVDs, desenvolvido a seguir.

Em 2018, surgiu outro caso julgado pelo Tribunal da Cidadania a respeito do conceito de pertenças, no âmbito da sua Terceira Turma, concluindo a Corte com correição o seguinte:

> "O equipamento de monitoramento acoplado ao caminhão consubstancia uma pertença, a qual atende, de modo duradouro, à finalidade econômico-social do referido veículo, destinando-se a promover a sua localização e, assim, reduzir os riscos de perecimento produzidos por eventuais furtos e roubos, a que, comumente, estão sujeitos os veículos utilizados para o transporte de mercadorias, caso dos autos. Trata-se, indiscutivelmente, de 'coisa ajudante' que atende ao uso do bem principal. Enquanto concebido como pertença, a destinação fática do equipamento de monitoramento em servir o caminhão não lhe suprime a individualidade e autonomia – o que permite, facilmente, a sua retirada –, tampouco exaure os direitos sobre ela incidentes, como o direito de propriedade, outros direitos reais ou o de posse" (STJ, REsp 1.667.227/RS, 3.ª Turma, Rel. Min. Marco Aurélio Bellizze, j. 26.06.2018, *DJe* 29.06.2018).

Citando o conceito de "coisa ajudante", desenvolvido na doutrina por Gustavo Haical, reconheceu-se no acórdão o direito do caminhoneiro, devedor em alienação fiduciária em garantia, a retirar os citados equipamentos, na mesma linha do julgado anterior: "o inadimplemento do contrato de empréstimo para aquisição de caminhão dado em garantia, a despeito de importar na consolidação da propriedade do mencionado veículo nas mãos do credor fiduciante, não conduz ao perdimento da pertença em favor deste. O equipamento de monitoramento, independentemente do destino do caminhão, permanece com a propriedade de seu titular" (REsp 1.667.227/RS).

A encerrar o estudo da categoria das pertenças, cumpre destacar que a pertença pode surgir por destinação da vontade do proprietário, o que é regra, ou de outra razão de ordem objetiva. Tal dedução consta do Enunciado n. 535, aprovado na *VI Jornada de Direito Civil, in verbis*: "para a existência da pertença, o art. 93 do Código Civil não exige elemento subjetivo como requisito para o ato de destinação". Conforme consta das suas justificativas:

> "Parte da doutrina pátria tem sustentado que, para a qualificação de determinada coisa como pertença, é necessária a existência de requisito subjetivo. O requisito subjetivo existiria assentado em ato de vontade do titular da coisa principal ao destinar determinada coisa para atender a finalidade econômico-social de outra. Esse ato, chamado de ato de afetação, é classificado ou como ato jurídico *stricto sensu*, segundo alguns, ou como negócio jurídico. Entretanto, não se pode pensar o instituto das pertenças com os olhos voltados ao instituto dos imóveis por destinação, na forma como foi regrado no inc. III do art. 43 do Código Civil ab-rogado, em que era exigido do proprietário de coisa móvel o elemento intencional para que fosse concretizado o referido suporte fático. O legislador pátrio não impôs, ao tratar da pertença nos arts. 93 e art. 94 do Código Civil, o elemento volitivo como requisito para configurar a destinação de certa coisa para atender a função econômico-social de coisa principal ou ser a destinação efetuada pelo proprietário. Pela concreção dos elementos do suporte fático do art. 93 do Código Civil, a relação de pertinência é tutelada de modo objetivo. Destarte, sendo irrelevante a vontade de quem pratica o ato da destinação, importando tão somente o fato de submeter determinada coisa, de modo duradouro, ao fim econômico-social de outra, a destinação tem de ser classificada como ato-fato jurídico. Bastará à realização dessa destinação ter o destinador o poder fático de dispor da coisa principal e da coisa a ser pertença. Não é preciso que seja dono da coisa principal ou da coisa a ser pertença, nem que as possua".

CAP. 5 · DO OBJETO DO DIREITO. OS BENS | 335

Apesar da louvável tentativa do enunciado, fica difícil imaginar um exemplo concreto pertinente em que a pertença surge por razão de ordem objetiva, sem que esteja presente a vontade do proprietário, seja direta ou indiretamente.

• *Partes integrantes* – De acordo com Maria Helena Diniz, as partes integrantes são os bens acessórios que estão unidos ao bem principal, formando com este último um todo independente. As partes integrantes são desprovidas de existência material própria, mesmo mantendo sua integridade (*Curso...*, p. 103), exemplificando a professora com a hipótese da lâmpada em relação ao lustre. Também pode ser citada a lente de uma câmera filmadora. Constata-se que a lâmpada e a lente não têm a mesma funcionalidade quando não estão ligadas ao principal. Como se vê, a parte integrante sempre deve ser analisada tendo outro bem como parâmetro. A diferença substancial em relação às pertenças é que as últimas têm certa individualidade.

• *Benfeitorias* – São os bens acessórios introduzidos em um bem móvel ou imóvel, visando a sua conservação ou melhora da sua utilidade. Conforme exposto, enquanto os frutos e produtos decorrem do bem principal, as benfeitorias são nele introduzidas. É interessante aqui relembrar a antiga classificação das benfeitorias, que remonta ao Direito Romano e que consta do art. 96 do CC/2002:

a) *Benfeitorias necessárias* – sendo essenciais ao bem principal, são as que têm por fim conservar ou evitar que o bem se deteriore. Exemplo: a reforma do telhado de uma casa.

b) *Benfeitorias úteis* – são as que aumentam ou facilitam o uso da coisa, tornando-a mais útil. Exemplo: instalação de uma grade na janela de uma casa.

c) *Benfeitorias voluptuárias* – são as de mero deleite, de mero luxo, que não facilitam a utilidade da coisa, mas apenas tornam mais agradável o uso da coisa. Exemplo: construção de uma piscina em uma casa.

A classificação das benfeitorias descrita pode variar de acordo com a destinação, a utilidade ou a localização do bem principal, principalmente se as primeiras forem relacionadas com bens imóveis. A título de exemplo, uma piscina na casa de alguém é, em regra, benfeitoria voluptuária. A piscina, na escola de natação, é benfeitoria necessária.

Essa classificação é importante para o estudo dos efeitos decorrentes da posse e merece um tratamento especial no volume de Direito das Coisas.

Por derradeiro, não se podem confundir as benfeitorias com as acessões, nos termos do art. 97 do CC, que são as incorporações introduzidas em outro bem, imóvel, pelo proprietário, possuidor e detentor.

Nesse sentido, pode-se afirmar que o que diferencia as benfeitorias das pertenças é que as primeiras são introduzidas por quem não é o proprietário, enquanto as últimas por aquele que tem o domínio. Tanto isso é verdade, a título de ilustração, que a Lei de Locação (Lei 8.245/1991) não trata das pertenças, apenas das benfeitorias quanto aos efeitos para o locatário (arts. 35 e 36). Exemplificando, para encerrar o tema, vejamos as hipóteses a seguir, apontadas pelo Ministro Marco Buzzi quando do julgamento do antes citado precedente sobre as pertenças no STJ (REsp 1.305.183/SP, 4.ª Turma, Rel. Min. Luis Felipe Salomão, j. 18.10.2016, *DJe* 21.11.2016).

Como fica um *toca-CDs-MP3-DVDs* em relação a um veículo? Como enquadrar o primeiro como bem acessório?

> *Situação 1*: Se o veículo já vem com o *toca-CDs-MP3-DVDs* de fábrica, como parte do painel, o último será parte integrante do veículo.
>
> *Situação 2*: Se o *toca-CDs-MP3-DVDs* foi instalado pelo proprietário, será pertença não essencial. Como é de costume, se alguém vende um veículo, o *toca-CDs-MP3-DVDs* não o acompanha.
>
> *Situação 3*: Se vigente um comodato e o comodatário instalar o *toca-CDs-MP3-DVDs*, este será benfeitoria voluptuária.

5.2.8 Classificação em relação ao titular do domínio

Como última divisão, levando-se em conta o titular do domínio ou o interesse, os bens podem ser particulares ou públicos, nos termos da classificação a seguir, que mais interessa ao Direito Administrativo do que ao Direito Civil:

a) *Bens particulares ou privados* – São os que pertencem às pessoas físicas ou jurídicas de Direito privado. Atendem exclusivamente aos interesses dos seus proprietários. Pablo Stolze e Rodolfo Pamplona procuram conceituar os bens privados por exclusão, como faz o art. 98 do CC/2002: "aqueles não pertencentes ao domínio público, mas sim à iniciativa privada, cuja disciplina interessa, em especial, ao Direito Civil" (*Novo...*, 2003, p. 281). Concordo com esse didático critério.

b) *Bens públicos ou do Estado* – São os que pertencem a uma entidade de direito público interno, como no caso da União, Estados, Distrito Federal, Municípios, entre outros (art. 98 do CC). Na *IV Jornada de Direito Civil*, concluiu-se que o rol constante do art. 98 do CC é meramente exemplificativo (*numerus apertus*) e não taxativo (*numerus clausus*). Nesse sentido, prevê o Enunciado n. 287 do CJF/STJ que "o critério da classificação de bens indicado no art. 98 do Código Civil não exaure a enumeração dos bens públicos, podendo ainda ser classificado como tal o bem pertencente à pessoa jurídica de direito privado que esteja afetado à prestação de serviços públicos".

De qualquer forma, nos termos do art. 99 do CC, os bens públicos podem ser assim classificados:

- *Bens de uso geral ou comum do povo* (art. 99, inc. I, do CC). São os bens destinados à utilização do público em geral, sem necessidade de permissão especial, caso das praças, jardins, ruas, estradas, mares, rios, praias, golfos, entre outros. Os bens de uso geral do povo não perdem a característica de uso comum se o Estado regulamentar sua utilização de maneira onerosa. O meio ambiente ou *Bem Ambiental* constitui espécie do gênero bem de uso geral do povo, mas com natureza difusa e não meramente pública, conforme será analisado a seguir.

- *Bens de uso especial* (art. 99, inc. II, do CC). São os edifícios e terrenos utilizados pelo próprio Estado para a execução de serviço público especial, havendo uma destinação especial, denominada *afetação*. São bens de uso especial os prédios e as repartições públicas.

- *Bens dominicais ou dominiais* (art. 99, inc. III, do CC). São os bens públicos que constituem o patrimônio disponível e alienável da pessoa jurídica de Direito Público, abrangendo tanto móveis quanto imóveis. São exemplos de bens dominicais os terrenos de marinha, as terras devolutas, as estradas de ferro, as ilhas formadas em rios navegáveis, os sítios arqueológicos, as jazidas de minerais com interesse público, o mar territorial, entre outros.

Pois bem, a maioria da doutrina administrativista aponta que as expressões *bens dominicais* e *bens dominiais* são sinônimas (Celso Antônio Bandeira de Mello e Hely Lopes

Meirelles). Mas autores como José Cretella Jr. e José dos Santos Carvalho Filho entendem que os conceitos são distintos, pois os bens dominiais são *gênero* (qualquer bem público), enquanto os bens dominicais são *espécie* (os enquadrados no art. 99, III, do CC). Os entendimentos constam da obra do último jurista (CARVALHO FILHO, José dos Santos. *Manual...*, 2007, p. 971).

Os bens públicos de uso geral do povo e os de uso especial são bens do domínio *público* do Estado. Os dominicais são do domínio *privado* do Estado. Os bens públicos dominicais podem, por determinação legal, ser convertidos em bens públicos de uso comum ou especial.

Desse modo, os bens públicos de uso comum do povo e de uso especial têm como característica a *inalienabilidade*, não havendo qualquer referência quanto aos dominicais no art. 100 do CC. O dispositivo seguinte prevê a possibilidade de alienação dos bens dominicais, desde que respeitados os parâmetros legais (art. 101 do CC). Quanto aos primeiros, lembre-se que a inalienabilidade não é absoluta, podendo perder essa característica pela *desafetação*. Leciona Renan Lotufo que a "desafetação é mudança de destinação do bem, visando incluir bens de uso comum do povo, ou bens de uso especial, na categoria de bens dominicais, para possibilitar a alienação, nos termos das regras do Direito Administrativo" (*Código Civil...*, 2003, v. I, p. 256).

Preceitua o art. 102 do Código de 2002 que os bens públicos, móveis ou imóveis, não estão sujeitos a usucapião, eis que há a imprescritibilidade das pretensões a eles referentes, confirmando determinação que já constava dos arts. 183, § 3.º, e 191, parágrafo único, da CF/1988, quanto aos bens imóveis. A expressão contida no dispositivo legal engloba tanto os bens de uso comum do povo como os de uso especial e dominicais.

Silvio Rodrigues entendia que as terras devolutas, por interpretação do art. 188, *caput*, da CF/1988, poderiam ser objeto de usucapião. Ensinava o saudoso Professor da USP que "parece-me que o legislador constituinte, distinguindo as terras públicas das devolutas, criou, como já disse, um novo gênero de bens públicos dominiais, o das terras devolutas, que seriam aquelas que constituem um acervo que o Estado detém como os particulares detêm o próprio patrimônio. Tal patrimônio escapa da regra do art. 100 do Código Civil, que declara inalienáveis os demais bens públicos classificados no dispositivo anterior, e está sujeito a usucapião" (*Direito civil. Parte geral...*, 2002, p. 148).

Entretanto, esse posicionamento é minoritário. De qualquer forma, como está exposto no volume da coleção que trata do Direito das Coisas, há uma tendência de pensamento a respeito da possibilidade de usucapião dos bens públicos, principalmente daqueles que não estejam atendendo à sua função social (TARTUCE, Flávio. *Direito civil...*, 2025, v. 4).

Pois bem, para muitos estudiosos do Direito, na classificação de bens, está superada a dicotomia *público e privado* apontada. Surge o conceito de *bem difuso*, sendo seu exemplo típico o meio ambiente, protegido pelo art. 225 da Constituição Federal e pela Lei 6.938/1981, visando à proteção da coletividade, de entes públicos e privados. O *Bem Ambiental* é, nessa visão englobadora, um bem difuso, material ou imaterial, cuja proteção visa assegurar a sadia qualidade de vida das presentes e futuras gerações (PIVA, Rui Carvalho. *Bem ambiental...*, 2001).

Essa é a melhor concepção *civil-constitucional* de meio ambiente, para a proteção das gerações atuais e vindouras, ou seja, amparando-se direitos *transgeracionais* ou *intergeracionais*. Em sentido próximo, aliás, enunciado doutrinário aprovado na *I Jornada de Direito Ambiental*, promovida pelo Conselho da Justiça Federal em novembro de 2024, que trata dos recursos hídricos. É a sua redação: "a água, como bem ambiental de uso comum do povo e essencial à sadia qualidade de vida considerada pela jurisprudência do Supremo Tribunal Federal um bem jurídico autônomo, tem sua gestão estabelecida pela Constituição Federal,

338 | DIREITO CIVIL • VOL. 1 – *Flávio Tartuce*

conforme indicado em seu art. 225, que deve ser necessariamente observado e aplicado regularmente por todos os órgãos investidos de poder e, particularmente, em face de crises hídricas no contexto das mudanças climáticas".

Essa ampla proteção justifica o *princípio do poluidor-pagador*, com a responsabilidade objetiva – independentemente de culpa –, e solidária de todos aqueles que causam danos ambientais, nos termos da Lei 6.938/1981. Em reforço, como consta de julgado publicado no *Informativo* n. *415* do STJ, de novembro de 2009, "o dano ambiental refere-se àquele que oferece grande risco a toda humanidade e à coletividade, que é a titular do bem ambiental que constitui direito difuso" (STJ, REsp 1.120.117/AC, 2.ª Turma, Rel. Min. Eliana Calmon, j. 10.11.2009, *DJe* 19.11.2009).

Por fim, há ainda o conceito de *res nullius* que são aqueles bens ou coisas que não têm dono. Por uma questão lógica, esses somente poderão ser bens móveis, pois os imóveis que não pertencem a qualquer pessoa são do Estado (terras devolutas).

5.3 DO BEM DE FAMÍLIA

5.3.1 Introdução. Concepção civil-constitucional do bem de família. A nova dimensão da ideia de patrimônio

O Código Civil de 2002 traz um capítulo específico a tratar dos direitos da personalidade, o que não constitui novidade no sistema jurídico nacional. Na verdade, o previsto entre os arts. 11 a 21 da atual codificação apenas reafirma a proteção da pessoa natural e dos direitos fundamentais consolidada na Constituição Federal, particularmente entre os seus arts. 1.º a 5.º, que consagram, respectivamente, os princípios da *dignidade* da pessoa humana, da *solidariedade* social e da *igualdade lato sensu*, também denominado princípio da isonomia ou igualdade substancial. Esses são, conforme ensina Gustavo Tepedino, os princípios do *Direito Civil Constitucional*, a *tríade fundamental* da tendência de constitucionalização e personalização do Direito Civil – *dignidade-solidariedade-igualdade* (TEPEDINO, Gustavo. Premissas metodológicas..., *Temas de direito civil*..., 2004).

Ressalte-se, mais uma vez, que esse caminho de interpretação constitucional foi confirmado pelo Código de Processo Civil de 2015 que, além de expressar a dignidade humana como norte de aplicação do ordenamento jurídico (art. 8.º), estabelece que "o processo civil será ordenado, disciplinado e interpretado conforme os valores e as normas fundamentais estabelecidos na Constituição da República Federativa do Brasil, observando-se as disposições deste Código" (art. 1.º do CPC/2015).

Atualmente, percebe-se que o rol dos direitos da personalidade ou direitos existenciais ganha outro cunho, recebendo a matéria um tratamento específico em dispositivos legais que regulamentam direitos eminentemente patrimoniais. Quanto a essa proteção, que coloca os direitos da personalidade e os direitos patrimoniais no mesmo plano, vale como consulta todo o trabalho doutrinário construído por Luiz Edson Fachin, Ministro do Supremo Tribunal Federal, na sua tão aclamada obra *Estatuto jurídico do patrimônio mínimo*, em que é apontada essa tendência de *repersonalização do Direito Civil* (Rio de Janeiro: Renovar, 2001). Sobre o tema, ensina o Ministro Fachin:

> "A 'repersonalização' do Direito Civil recolhe, com destaque, a partir do texto constitucional, o princípio da dignidade da pessoa humana. Para bem entender os limites propostos à execução à luz do princípio constitucional da dignidade da pessoa humana, têm sentido verificações preliminares. A dignidade da pessoa é princípio fundamental da

CAP. 5 · DO OBJETO DO DIREITO. OS BENS | **339**

República Federativa do Brasil. É o que chama de princípio estruturante, constitutivo e indicativo das ideias diretivas básicas de toda a ordem constitucional. Tal princípio ganha concretização por meio de outros princípios e regras constitucionais formando um sistema interno harmônico, e afasta, de pronto, a ideia de predomínio do individualismo atomista no Direito. Aplica-se como leme a todo o ordenamento jurídico nacional compondo-lhe o sentido e fulminando de inconstitucionalidade todo preceito que com ele conflitar. É de um princípio emancipatório que se trata" (*Estatuto jurídico...*, 2001, p. 190).

A proteção do *homestead*, do bem de família e de outros conceitos patrimoniais está apontada por Luiz Edson Fachin na obra transcrita, em que o doutrinador ensina que a impenhorabilidade do bem de família legal seria uma previsão do Código Civil, fora da codificação, um "oásis no meio do transcurso" (*Estatuto jurídico...*, 2001, p. 141-165). Na verdade, a Lei 8.009/1990 constitui um *satélite do sistema solar*, mas com todo ele deve ser analisado.

Aponte-se que a proteção do bem de família legal, constante na Lei 8.009/1990, nada mais é que a proteção do direito à moradia (art. 6.º da CF/1988) e da dignidade da pessoa humana, seguindo a tendência de valorização da pessoa, bem como a solidariedade estampada no art. 3.º, I, da CF/1988. Falar em dignidade humana nas relações privadas significa discutir o direito à moradia, ou, muito mais do que isso, o direito à casa própria.

Parece-me que o Superior Tribunal de Justiça tem adotado a tese do *patrimônio mínimo*, ao reconhecer que o imóvel em que reside pessoa solteira está protegido pela impenhorabilidade prevista na Lei 8.009/1990. Nesse sentido, cumpre transcrever o teor da seguinte ementa, uma das mais destacadas naquele Tribunal Superior:

"Processual. Execução. Impenhorabilidade. Imóvel. Residência. Devedor solteiro e solitário. Lei 8.009/1990. A interpretação teleológica do art. 1.º da Lei 8.009/1990 revela que a norma não se limita ao resguardo da família. Seu escopo definitivo é a proteção de um direito fundamental da pessoa humana: o direito à moradia. Se assim ocorre, não faz sentido proteger quem vive em grupo e abandonar o indivíduo que sofre o mais doloroso dos sentimentos: a solidão. É impenhorável, por efeito do preceito contido no art. 1.º da Lei 8.009/1990, o imóvel em que reside, sozinho, o devedor celibatário" (STJ, REsp 182.223/SP, Corte Especial, Rel. Min. Sálvio de Figueiredo Teixeira, j. 06.02.2002, *DJ* 07.04.2003, p. 209; *REVJUR* 306/83. Veja: STJ, REsp 276.004/SP (*RSTJ* 153/273, *JBCC* 191/215); REsp 57.606/MG (*RSTJ* 81/306); REsp 159.851/SP (*LEXJTACSP* 174/615); REsp 218.377/ES (*LEX-STJ* 136/111, *RDR* 18/355, *RSTJ* 143/385)).

Por certo que, pelo que consta no art. 226 da Constituição Federal, uma pessoa solteira não constitui uma família, nos exatos termos do sentido legal. Um homem solteiro, como se sabe, não constitui uma entidade familiar decorrente de casamento ou união estável.

Não há, ademais, uma entidade ou família monoparental, aquela formada por ascendentes e descendentes que dividem o mesmo teto, nos exatos termos da lei; ou parentes que mantêm relação entre si caracterizada pela afetividade, que a doutrina denomina *família anaparental* (DIAS, Maria Berenice. *Manual...*, 2005, p. 47). Estaria, então, o julgador alterando o conceito de *bem de família*? Parece-me que sim, estando ampliado o seu conceito para *bem de residência da pessoa natural*.

Pela ementa transcrita, deve-se compreender que o Superior Tribunal de Justiça tem entendimento atual pelo qual a impenhorabilidade do bem de família não visa proteger a família em si. O objetivo da proteção é a pessoa humana, a premente necessidade do direito à moradia. Nesse contexto, valoriza-se a dignidade da pessoa humana e a solidariedade social,

340 | DIREITO CIVIL • VOL. 1 – Flávio Tartuce

seguindo a aqui já citada tendência de *personalização do Direito Civil*. O entendimento consolidou-se de tal forma no Superior Tribunal de Justiça que no final de 2008 foi editada a Súmula 364, estabelecendo que a proteção da Lei 8.009/1990 atinge o imóvel onde reside a pessoa solteira, separada ou viúva.

A atual geração de civilistas tem manifestado a sua total concordância em relação a esse posicionamento do Superior Tribunal de Justiça. Para Pablo Stolze Gagliano e Rodolfo Pamplona Filho, "o conceito legal de entidade familiar não poderia ser tão duro, sob pena de se coroarem injustiças". Assim, seriam "inatacáveis as palavras do culto Min. Luiz Vicente Cernicchiaro: '... a Lei 8.009/1990 não está dirigida a um número de pessoas. Mas à pessoa. Solteira, casada, viúva, desquitada, divorciada, pouco importa. O sentido social da norma busca garantir um teto para cada pessoa. Só essa finalidade, *data venia*, põe sobre a mesa a exata extensão da lei. Caso contrário, sacrificar-se-á a interpretação teleológica para prevalecer a insuficiente interpretação literal'" (*Novo curso...*, 2003, v. I, p. 290-291). Em sentido muito próximo, comentam Cristiano Chaves de Farias e Nelson Rosenvald que "desnivelar a proteção da pessoa humana, sob o argumento de proteger a instituição familiar, é cometer gravíssima subversão hermenêutica, violando frontalmente o comando constitucional! A proteção ao núcleo familiar tem como ponto de partida e de chegada a tutela da própria pessoa humana, sendo descabida (e inconstitucional) toda e qualquer forma de violação da dignidade do homem, sob o pretexto de garantir a proteção da família" (*Direito Civil. Teoria Geral...*, 2006, p. 342).

De minha parte, estou filiado integralmente às palavras transcritas e à súmula citada, em prol da proteção da pessoa, tendência do *Direito Civil Contemporâneo* que emerge a partir da tendência de constitucionalização do Direito Privado. Como se vê, há uma nova dimensão dada à ideia de patrimônio, com vistas à proteção da pessoa, que está no centro do Direito Privado.

Ainda ilustrando a respeito da célebre tese, o patrimônio mínimo foi mencionado expressamente pelo Superior Tribunal de Justiça em julgado que reconheceu que a proteção da Lei 8.009/1990 pode ser estendida a imóveis de propriedade de pessoas jurídicas:

> "Processual civil. Embargos de terceiro. Execução fiscal movida em face de bem servil à residência da família. Pretensão da entidade familiar de exclusão do bem da execução fiscal. Possibilidade jurídica e legitimidade para o oferecimento de embargos de terceiro. É bem de família o imóvel pertencente à sociedade, dês que o único servil à residência da mesma. *Ratio essendi* da Lei 8.009/90. 1. A Lei deve ser aplicada tendo em vista os fins sociais a que ela se destina. Sob esse enfoque a impenhorabilidade do bem de família visa a preservar o devedor do constrangimento do despejo que o relegue ao desabrigo. 2. Empresas que revelam diminutos empreendimentos familiares, onde seus integrantes são os próprios partícipes da atividade negocial, mitigam o princípio *societas distat singulis*, peculiaridade a ser aferida *cum granu salis* pelas instâncias locais. 3. Aferida à saciedade que a família reside no imóvel sede de pequena empresa familiar, impõe-se exegese humanizada, à luz do fundamento da república voltado à proteção da dignidade da pessoa humana, por isso que, expropriar em execução por quantia certa esse imóvel, significa o mesmo que alienar bem de família, posto que, muitas vezes, *lex dixit minus quam voluit*. 4. *In casu*, a família foi residir no único imóvel pertencente à família e à empresa, a qual, aliás, com a mesma se confunde, quer pela sua estrutura quer pela conotação familiar que assumem determinadas pessoas jurídicas com patrimônio mínimo. 5. É assente em vertical sede doutrinária que 'A impenhorabilidade da Lei 8.009/90, ainda que tenha como destinatários as pessoas físicas, merece ser aplicada a certas pessoas jurídicas, às firmas individuais, às pequenas empresas com conotação familiar, por exemplo, por haver identi-

dade de patrimônios". (FACHIN, Luiz Edson. 'Estatuto Jurídico do Patrimônio Mínimo', Rio de Janeiro, Renovar, 2001, p. 154). 6. Em consequência '(...) Pequenos empreendimentos nitidamente familiares, onde os sócios são integrantes da família e, muitas vezes, o local de funcionamento confunde-se com a própria moradia, DEVEM BENEFICIAR-SE DA IMPENHORABILIDADE LEGAL.' [grifo nosso] 7. Aplicação principiológica do direito infraconstitucional à luz dos valores eleitos como superiores pela Constituição Federal que autoriza excluir da execução da sociedade bem a ela pertencente, mas que é servil à residência como único da família, sendo a empresa multifamiliar. 8. Nessas hipóteses, pela *causa petendi* eleita, os familiares são terceiros aptos a manusear os embargos de terceiro pelo título que pretendem desvincular, o bem da execução movida pela pessoa jurídica. 9. Recurso especial provido" (STJ, REsp 621.399/RS, 1.ª Turma, Rel. Min. Luiz Fux, j. 19.04.2005, *DJU* 20.02.2006, p. 207).

A propósito, em data mais recente, seguindo a mesma trilha fundada no patrimônio mínimo, o Tribunal da Cidadania concluiu que "a impenhorabilidade do bem de família no qual reside o sócio devedor não é afastada pelo fato de o imóvel pertencer à sociedade empresária" (STJ, EDcl no AREsp 511.486/SC, Rel. Min. Raul Araújo, j. 03.03.2016, *DJe* 10.03.2016, publicado no seu *Informativo* n. 579).

Desse modo, tradicionalmente, o bem de família pode ser conceituado como o imóvel utilizado como residência da entidade familiar, decorrente de casamento, união estável, entidade monoparental, ou entidade de outra origem. Duas são as formas de bem de família previstas no ordenamento jurídico brasileiro.

De início, podem os cônjuges ou entidade familiar – famílias decorrentes do casamento, uniões estáveis entre homem e mulher, famílias monoparentais ou outra origem –, mediante escritura pública ou testamento, destinar fração de seu patrimônio para instituir o *bem de família convencional* ou *voluntário*.

Além do bem de família convencional ou voluntário, a Lei 8.009/1990, baseada no trabalho acadêmico do Professor Álvaro Villaça Azevedo, dispõe sobre a impenhorabilidade do *bem de família legal*, que passou a ser o imóvel residencial (rural ou urbano) próprio do casal ou da entidade familiar, protegido pela impenhorabilidade, independentemente de inscrição no Registro de Imóveis. Originariamente, ensina o Professor do Largo de São Francisco que "Pode-se dizer, seguramente, que o bem de família nasceu com tratamento jurídico específico, na República do Texas, sendo certo que, no Direito Americano, desponta ele como uma pequena propriedade agrícola, residencial, da família, consagrada à proteção desta" (AZEVEDO, Álvaro Villaça. *Bem de família...*, 1974, p. 19). Trata-se da proteção do *homestead*, o que significa *local do lar*.

Portanto, as duas modalidades de bem de família coexistem no sistema jurídico brasileiro, como está publicado na Edição n. 200 da ferramenta *Jurisprudência em Teses*, do STJ: "os bens de família legal (Lei n. 8.009/1990) e voluntário/convencional (arts. 1.711 a 1.722 do Código Civil) coexistem de forma harmônica no ordenamento jurídico; o primeiro, tem como instituidor o próprio Estado e volta-se para o sujeito de direito (entidade familiar) com o propósito de resguardar-lhe a dignidade por meio da proteção do imóvel que lhe sirva de residência; já o segundo, decorre da vontade de seu instituidor (titular da propriedade) e objetiva a proteção do patrimônio eleito contra eventual execução forçada de dívidas do proprietário do bem" (Tese n. 1).

Como está na mesma publicação, a segunda modalidade dispensa qualquer ato formal ou de registro: "o bem de família legal dispensa a realização de ato jurídico para sua formalização, basta que o imóvel se destine à residência familiar; o voluntário, ao contrário,

342 | DIREITO CIVIL • VOL. 1 – *Flávio Tartuce*

condiciona a validade da escolha do imóvel à formalização por escritura pública ou por testamento" (Edição n. 200, Tese n. 2).

A partir dessa *visão dualista*, passa-se à análise dessas duas modalidades de bens protegidas pela lei privada.

5.3.2 O bem de família convencional ou voluntário

A matéria antes estava tratada na Parte Geral do Código Civil de 1916 (arts. 70 a 73), estando agora inserida no livro que trata de Direito de Família (arts. 1.711 a 1.722). Isso porque o instituto mantém relação direta com o direito familiar, sendo tendência a proteção dos direitos da personalidade, a partir de uma concepção social e axiológica. Por razões didáticas e metodológicas, está-se tratando da matéria no presente volume.

Diante de sua quase inexistente aplicação prática, a Comissão de Juristas instituída no Senado Federal, para a Reforma e Atualização do Código Civil, propõe a revogação expressa dos arts. 1.711 a 1.722 do Código Civil, que tratam do bem de família voluntário ou convencional. Como consequência, deve também ser revogado expressamente o seu tratamento na Lei de Registros Públicos (Lei 6.015/1973, art. 167, inc. II, item 85, e o seu Capítulo XI, com os arts. 260 a 265). Os motivos apontados pela Subcomissão de Direito de Família foram os seguintes: "a) pequena incidência prática (baixo uso) do instituto; b) existência da Lei n. 8.009/1990, que dispensa tratamento mais eficaz e automático ao bem de família; c) cuidar-se de instrumento jurídico muito complexo, acessível mormente por famílias abastadas". A proposição foi aceita com unanimidade pela Relatoria-Geral e por todos os membros da comissão, não tendo havido qualquer resistência em sentido contrário.

O *bem de família convencional ou voluntário* pode ser instituído pelos cônjuges, pela entidade familiar ou por terceiro, mediante escritura pública ou testamento, não podendo ultrapassar essa reserva um terço do patrimônio líquido das pessoas que fazem a instituição (art. 1.711 do CC). O limite estabelecido pela legislação visa proteger eventuais credores. Ainda pelo que consta da parte final desse dispositivo, o bem de família convencional não revogou o bem de família legal, coexistindo ambos em nosso ordenamento jurídico. No caso de instituição por terceiro, devem os cônjuges aceitar expressamente o benefício.

Deve-se ter em mente que as regras constantes do Código Civil não se aplicam, pelo menos a princípio, ao bem de família legal, tratado especificamente pela Lei 8.009/1990. Invocando o *diálogo das fontes*, o diálogo é de exclusão ou de coerência, ou seja, aplica-se uma lei ou outra.

Lembra Rodrigo da Cunha Pereira que "as entidades familiares constitucionalizadas não são *numerus clausus*. Portanto, devem ser consideradas também as entidades unipessoais" (*Código Civil anotado...*, 2004, p. 1.184). Isso justifica a possibilidade de instituição do bem de família voluntário por membros de outras manifestações familiares, caso da *família anaparental*, constituída por parentes que não são ascendentes e descendentes e até da *família homoafetiva*, entre pessoas do mesmo sexo.

Para que haja a proteção prevista em lei, é necessário que o bem seja imóvel residencial, rural ou urbano, incluindo a proteção a todos os bens acessórios que o compõem, caso inclusive das pertenças (art. 1.712 do CC). A proteção poderá ainda abranger valores mobiliários, cuja renda seja aplicada na conservação do imóvel e no sustento da família.

Constituindo novidade, pelo art. 1.713 do CC tais valores mobiliários não poderão exceder o valor do prédio instituído, diante da sua flagrante natureza acessória. Tais valores, ademais, devem ser individualizados no instrumento de instituição do bem de família convencional (art. 1.713, § 1.º, do CC). Se se tratar de títulos nominativos, a sua instituição como bem de família também deverá constar dos respectivos livros de registro (art. 1.713, § 2.º, do CC).

Eventualmente, o instituidor da proteção pode determinar que a administração desses valores seja confiada a uma instituição financeira, bem como disciplinar a forma de pagamento das rendas a todos os beneficiários (art. 1.713, § 3.º, do CC). Em casos tais, a responsabilidade dos administradores obedecerá às regras previstas para o contrato de depósito voluntário (arts. 627 a 646 do CC).

A instituição do bem de família convencional deve ser efetuada por escrito e registrada no Cartório de Registro de Imóveis do local em que ele está situado (art. 1.714 do CC). Em todos os casos, pela regra especial e expressa do art. 1.711 do CC, há necessidade de escritura pública ou testamento, não importando o valor do imóvel. Assim, não merecerá aplicação o art. 108 do CC/2002, que dispensa a elaboração de escritura pública nos negócios envolvendo imóveis com valor igual ou inferior a trinta salários mínimos.

Com a instituição do bem de família convencional ou voluntário, o prédio se torna inalienável e impenhorável, permanecendo isento de execuções por dívidas posteriores à instituição. Entretanto, tal proteção não prevalecerá nos casos de dívidas com as seguintes origens (art. 1.715 do CC).

a)   dívidas anteriores à sua constituição, de qualquer natureza;

b)   dívidas posteriores, relacionadas com tributos relativos ao prédio, caso do IPTU (obrigações *propter rem* ou ambulatórias);

c)   despesas de condomínio (outra típica obrigação *propter rem* ou *ambulatória),* mesmo posteriores à instituição.

Destaque-se que essas são as exceções relativas ao bem de família convencional, não se confundindo com aquelas previstas para o bem de família legal (art. 3.º da Lei 8.009/1990).

A propósito dessa distinção dos modelos de impenhorabilidade, merece destaque a publicação constante da Edição n. 200 da ferramenta *Jurisprudência em Teses* do STJ: "a impenhorabilidade conferida ao bem de família legal alcança todas as obrigações do devedor indistintamente, ainda que o imóvel tenha sido adquirido no curso de demanda executiva, diversamente, no bem de família convencional, a impenhorabilidade é relativa, visto que o imóvel apenas estará protegido da execução por dívidas subsequentes à sua constituição" (Tese n. 3).

O parágrafo único do art. 1.715 do CC está em sintonia com a proteção da pessoa, prevendo que, no caso de execução dessas dívidas, o saldo existente deva ser aplicado em outro prédio, como bem de família, ou em títulos da dívida pública, para sustento familiar, a não ser que motivos relevantes aconselhem outra solução, a critério do juiz.

A inalienabilidade, como regra geral, está prevista no art. 1.717 do CC, sendo somente possível a alienação do referido bem mediante consentimento dos interessados (membros da entidade familiar), e de seus representantes, ouvido o Ministério Público. Como fica claro pelo dispositivo, a possibilidade de alienação depende de autorização judicial, sendo relevantes os motivos para tanto.

Eventualmente, comprovada a impossibilidade de manutenção do bem de família convencional, poderá o juiz, a requerimento dos interessados, extingui-lo ou autorizar a sub-rogação real de bens que o constituem em outros, ouvido o instituidor e o Ministério Público. Trata-se de uma hipótese de dissolução judicial do bem protegido (art. 1.719 do

CC). De acordo com a jurisprudência, havendo sub-rogação, os efeitos são produzidos após o registro da substituição e não da instituição do bem anterior (TJMG, Apelação Cível 1.0024.07.775606-2/0011, 18.ª Câmara Cível, Belo Horizonte, Rel. Des. Guilherme Luciano Baeta Nunes, j. 19.08.2008, *DJEMG* 29.08.2008).

No que concerne à sua administração, salvo previsão em contrário, cabe a ambos os cônjuges, sendo possível a intervenção judicial, em caso de divergência (art. 1.720 do CC). Esse comando legal, que constitui novidade, está em total sintonia com a igualdade consagrada no art. 226 da CF/1988 e no art. 1.511 do CC. Traz também uma tendência de *judicialização dos conflitos conjugais*, pois o juiz irá decidir sobre a questão que interessa aos membros da entidade familiar. É importante a constatação de que essa tendência não é a atual, de *fuga do Judiciário*, o que pode ser captado, por exemplo, pela leitura do Código de Processo Civil de 2015, pela valorização da *desjudicialização* em vários de seus comandos).

Na hipótese de falecimento de ambos os cônjuges, a administração caberá ao filho mais velho, se ele for maior de idade. Caso contrário, a administração caberá a seu tutor (art. 1.720, parágrafo único, do CC).

A instituição dura até que ambos os cônjuges faleçam, sendo que, se restarem filhos menores de 18 anos, mesmo falecendo os pais, a instituição perdura até que todos os filhos atinjam a maioridade (art. 1.716 do CC). Mais uma vez se percebe a intenção do legislador de proteger a célula familiar. Todavia, a extinção do bem de família convencional não afasta a impenhorabilidade prevista na Lei 8.009/1990.

A dissolução da sociedade conjugal, seja por separação, divórcio, morte, inexistência, nulidade ou anulabilidade do casamento, não extingue o bem de família convencional. Dissolvida a sociedade conjugal por morte de um dos cônjuges, o sobrevivente poderá pedir a extinção da proteção, se for o único bem do casal (art. 1.721 do CC). Concorda-se com Rodrigo da Cunha Pereira quando lembra que tal dispositivo também se aplica, igualmente, aos conviventes de uma união estável, ou a outras entidades familiares (*Código Civil...*, 2004, p. 1.189). Porém, mais uma vez, a extinção do bem de família voluntário ou convencional não afasta a proteção da lei específica.

Por fim, determina o art. 1.722 do CC que se extingue o bem de família convencional com a morte de ambos os cônjuges e a maioridade dos filhos, desde que não sujeitos à curatela. Pela terceira vez elucidando, essa extinção não impede a aplicação da proteção constante da Lei 8.009/1990, sobre a qual se começa a tratar.

5.3.3 O bem de família legal

A Lei 8.009/1990 traça as regras específicas quanto à proteção do bem de família legal, prevendo o seu art. 1.º que "O imóvel residencial próprio do casal, ou da entidade familiar, é impenhorável e não responderá por qualquer tipo de dívida civil, comercial, fiscal, previdenciária ou de outra natureza, contraída pelos cônjuges ou pelos pais ou filhos que sejam seus proprietários e nele residam, salvo nas hipóteses previstas na lei". Trata-se de importante *norma de ordem pública* que protege tanto a família quanto a pessoa humana.

Isso justifica a Súmula 205 do STJ, pela qual a Lei 8.009/1990 tem eficácia retroativa, atingindo as penhoras constituídas antes da sua entrada em vigor. Trata-se do que denominamos *retroatividade motivada ou justificada*, em prol das normas de ordem pública.

Sendo norma de ordem pública no campo processual, a impenhorabilidade do bem de família legal pode ser conhecida de ofício de juiz (ver: STJ, AgRg no AREsp 140.598/SP, 4.ª Turma, Rel. Min. Luis Felipe Salomão, j. 24.06.2014, *DJe* 1.º.08.2014; TJDF, Recurso 2012.00.2.001863-

5, Acórdão 584.350, 3.ª Turma Cível, Rel. Des. Mario-Zam Belmiro, *DJDFTE* 11.05.2012, p. 157; TJRS, Agravo de Instrumento 185133-28.2011.8.21.7000, 1.ª Câmara Cível, Porto Alegre, Rel. Des. Carlos Roberto Lofego Canibal, j. 20.07.2011, *DJERS* 23.08.2011; TJMG, Apelação Cível 5393636-72.2008.8.13.0702, 6.ª Câmara Cível, Uberlândia, Rel. Des. Edivaldo George dos Santos, j. 09.11.2010, *DJEMG* 19.11.2010; TJSP, Apelação sem Revisão 772.559.5/4, Acórdão 3237978, 15.ª Câmara de Direito Público B, São Bernardo do Campo, Rel. Des. Paulo Roberto Fadigas Cesar, j. 15.08.2008, *DJESP* 1.º.10.2008; TJSP, Apelação 1104728-2, Acórdão 2723519, 15.ª Câmara de Direito Privado, Barretos, Rel. Des. Edgard Jorge Lauand, j. 08.07.2008, *DJESP* 06.08.2008; e TRT 9.ª R., Proc. 17606-2001-651-09-00-6, Ac. 34972-2007, Seção Especializada, Rel. Des. Marlene Teresinha Fuverki Suguimatsu, *DJPR* 27.11.2007).

De toda sorte, nos termos do vigente CPC, antes do conhecimento de ofício, o julgador deve ouvir as partes, instaurando o contraditório. Como é notório, o art. 10 do CPC/2015 veda as chamadas *decisões-surpresa*, em prol da boa-fé objetiva processual, estabelecendo que "o juiz não pode decidir, em grau algum de jurisdição, com base em fundamento a respeito do qual não se tenha dado às partes oportunidade de se manifestar, ainda que se trate de matéria sobre a qual deva decidir de ofício".

Ato contínuo de estudo, antes de arrematação do bem, a alegação de impenhorabilidade cabe por simples petição, não sendo o caso de preclusão processual (STJ, AgRg no REsp 292.907/RS, 3.ª Turma, Rel. Min. Humberto Gomes de Barros, j. 18.08.2005, *DJ* 12.09.2005, p. 314). Como se percebe, a jurisprudência nacional vem entendendo que o bem de família legal acaba por quebrar alguns paradigmas processuais, premissa que deve ser mantida com a emergência do CPC/2015, especialmente pela regra contida no seu art. 8.º, que determina ao julgador levar em conta a dignidade da pessoa humana ao aplicar o ordenamento jurídico. Ora, reafirme-se que uma das aplicações desse princípio constitucional nas relações privadas diz respeito à proteção do bem de família.

Em regra, a impenhorabilidade somente pode ser reconhecida se o imóvel for utilizado para residência ou moradia permanente da entidade familiar, não sendo admitida a tese do simples domicílio (art. 5.º, *caput*, da Lei 8.009/1990). O Superior Tribunal de Justiça, contudo, vem entendendo que, no caso de locação do bem, utilizada a renda do imóvel para a mantença da entidade familiar, a proteção permanece, conforme o teor da ementa a seguir transcrita:

> "Processual civil. Execução. Penhora de imóvel. Bem de família. Locação a terceiros. Renda que serve a aluguel de outro que serve de residência ao núcleo familiar. Constrição. Impossibilidade. Lei 8.009/1990, art. 1.º. Exegese. Súmula n. 7-STJ. I. A orientação predominante no STJ é no sentido de que a impenhorabilidade prevista na Lei 8.009/1990 se estende ao único imóvel do devedor, ainda que este se ache locado a terceiros, por gerar frutos que possibilitam à família constituir moradia em outro bem alugado. II. Caso, ademais, em que as demais considerações sobre a situação fática do imóvel encontram obstáculo ao seu reexame na Súmula n. 7 do STJ. III. Agravo improvido" (STJ, AGA 385.692/RS, 4.ª Turma, Rel. Min. Aldir Passarinho Junior, j. 09.04.2002, *DJ* 19.08.2002, p. 177. Veja: STJ – REsp 114.119/RS, 302.781/SP, 159.213/ES (*RDR* 15/385) e 183.042/AL).

Filia-se ao julgado transcrito, pois, na verdade, ele nada mais faz do que proteger a moradia de forma indireta, conforme ordena o art. 6.º da CF/1988. A situação pode ser denominada como do *bem de família indireto*. A questão consolidou-se de tal forma que, em 2012, foi editada a Súmula n. 486 do STJ, *in verbis*: "é impenhorável o único imóvel residencial do devedor que esteja locado a terceiros, desde que a renda obtida com a locação seja revertida para a subsistência ou a moradia da sua família".

346 | DIREITO CIVIL • VOL. 1 – *Flávio Tartuce*

Entende-se, ainda e naquela Corte Superior, que a premissa igualmente vale para o caso de único imóvel do devedor que esteja em usufruto, para destino de moradia de sua mãe, pessoa idosa (STJ, REsp 950.663/SC, 4.ª Turma, Rel. Min. Luis Felipe Salomão, j. 10.04.2012). No último *decisum*, além da proteção da moradia, julgou-se com base no sistema de tutela constante do Estatuto do Idoso.

Tal tendência de ampliação da tutela da moradia também pode ser retirada de outro aresto, publicado no *Informativo* n. *543* do STJ, ao deduzir que "constitui bem de família, insuscetível de penhora, o único imóvel residencial do devedor em que resida seu familiar, ainda que o proprietário nele não habite". Nos termos da publicação do *decisum*, que conta com o meu total apoio doutrinário, "deve ser dada a maior amplitude possível à proteção consignada na lei que dispõe sobre o bem de família (Lei 8.009/1990), que decorre do direito constitucional à moradia estabelecido no *caput* do art. 6.º da CF, para concluir que a ocupação do imóvel por qualquer integrante da entidade familiar não descaracteriza a natureza jurídica do bem de família" (STJ, EREsp 1.216.187/SC, Rel. Min. Arnaldo Esteves Lima, j. 14.05.2014). O julgado menciona, ainda, a proteção constitucional da família, encartada no art. 226, *caput,* do mesmo Texto Maior.

Na mesma esteira, igualmente dando uma interpretação extensiva à tutela da moradia, entende o Tribunal da Cidadania que "o fato do terreno encontrar-se desocupado ou não edificado são circunstâncias que sozinhas não obstam a qualificação do imóvel como bem de família, devendo ser perquirida, caso a caso, a finalidade a este atribuída" (Tese n. 10, publicada na Ferramenta *Jurisprudência em Teses*, Edição 44). Trata-se do que se pode denominar *bem de família vazio*.

A análise de um dos acórdãos que gerou a afirmação jurisprudencial resumida merece análise depurada. Nos termos do julgamento constante do Recurso Especial 825.660/SP, de relatoria do Ministro João Otávio de Noronha, julgado em 1.º de dezembro de 2009:

> "Ocorreram danos no imóvel causados pelo transbordamento das águas da rede de águas pluviais. A referida ação foi julgada procedente, e a Prefeitura Municipal de Osasco foi condenada: a) a providenciar o desvio da rede canalizada e a reparar o imóvel; b) a reembolsar despesas com correspondências e aluguéis; e c) a pagar danos morais. A impenhorabilidade do bem de família serve para assegurar a propriedade da residência da entidade familiar de modo a assegurar-lhe uma existência digna. Verifica-se, no caso, que os devedores tiveram que desocupar o imóvel em razão do dano causado por fato de terceiro que tornou-o inabitável. Ora, não se pode afastar a impenhorabilidade do imóvel em razão de os devedores nele não residirem por absoluta ausência de condições de moradia. A parte recorrida não teve opção. A desocupação do imóvel era medida que se impunha. Não pode agora os devedores sofrerem a perda de seu único imóvel residencial, quando já estão sendo privados de utilizá-lo em razão de fato de terceiro. Assim, incabível a penhorabilidade de imóvel, quando os devedores, por fato alheio a sua vontade, deixam de nele residir em razão da falta de serviço estatal" (REsp 825.660/SP).

De fato, não se pode impor a penhorabilidade em casos semelhantes ou próximos ao do julgamento, pois o fato de o imóvel encontrar-se vazio, desocupado, inabitado, não é imputável à conduta do devedor, mas a ato ou omissão da administração pública. Sendo assim, a impenhorabilidade é medida que se impõe, com vistas à proteção de um direito à moradia potencial, que se encontra dormente no momento da discussão da penhora, mas que pode voltar a ter incidência concreta a qualquer momento.

Como outra hipótese de interpretação extensiva da norma jurídica para a tutela da moradia, o Superior Tribunal de Justiça concluiu ser impenhorável o imóvel objeto de alienação fiduciária em garantia, em financiamento que ainda está sendo pago pelo devedor. Nos seus termos, que contam com o meu apoio, "a regra da impenhorabilidade do bem de família legal também abrange o imóvel em fase de aquisição, como aqueles decorrentes da celebração do compromisso de compra e venda ou do financiamento de imóvel para fins de moradia, sob pena de impedir que o devedor (executado) adquira o bem necessário à habitação da entidade familiar. Na hipótese, tratando-se de contrato de alienação fiduciária em garantia, no qual, havendo a quitação integral da dívida, o devedor fiduciante consolidará a propriedade para si, deve prevalecer a regra de impenhorabilidade" (STJ, REsp 1.677.079/SP, 3.ª Turma, Rel. Min. Ricardo Villas Bôas Cueva, j. 25.09.2018, *DJe* 1.º.10.2018).

Fala-se nesse contexto em um *bem de família considerado antecipadamente*, afirmação retirada de outro aresto da Corte, da sua Quarta Turma e do ano de 2022. Consoante o acórdão, publicado no Informativo n. 453 do STJ, "o terreno cuja unidade habitacional está em fase de construção, para fins de residência, está protegido pela impenhorabilidade por dívidas, por se considerar antecipadamente bem de família" (STJ, REsp 1.960.026/SP, 4.ª Turma, Rel. Min. Marco Buzzi, v.u., j. 11.10.2022). Nos termos do voto do Ministro Relator, "obra inacabada presume-se residência e será protegida, pois a interpretação finalística e valorativa da Lei n. 8.009/1990, considerando o contexto sociocultural e econômico do País, permite concluir que o imóvel adquirido para o escopo de moradia futura, ainda que não esteja a unidade habitacional pronta – por estar em etapa preliminar de obra, sem condições para qualquer cidadão nela residir –, fica excluído da constrição judicial, uma vez que a situação econômico-financeira vivenciada por boa parte da população brasileira evidencia que a etapa de construção imobiliária, muitas vezes, leva anos de árduo esforço e constante trabalho para a sua concretização, para fins residenciais próprios ou para obtenção de frutos civis voltados à subsistência e moradia em imóvel locado". Estou totalmente filiado às conclusões e à fundamentação do acórdão.

Seguindo no estudo do tema, com o devido respeito ao posicionamento em contrário, parece correta a conclusão que não estabelece, em regra, limite de valor para o bem de família. Entendo que tal conclusão deve ser mantida na vigência do Código de Processo Civil de 2015. Nessa linha de pensamento, colaciona-se acórdão do STJ, assim publicado no seu *Informativo n. 441*:

> "Penhora. Bem de família. Valor vultoso. Na espécie, o mérito da controvérsia é saber se o imóvel levado à constrição situado em bairro nobre de capital e com valor elevado pode ser considerado bem de família para efeito da proteção legal de impenhorabilidade, caso em que não há precedente específico sobre o tema no STJ. Ressalta o Min. Relator que, nos autos, é incontroverso o fato de o executado não dispor de outros bens capazes de garantir a execução e que a Lei n. 8.009/1990 não distingue entre imóvel valioso ou não, para efeito da proteção legal da moradia. Logo o fato de ser valioso o imóvel não retira sua condição de bem de família impenhorável. Com esse entendimento, a Turma conheceu em parte do recurso e lhe deu provimento para restabelecer a sentença. Precedentes citados do STF: RE 407.688-8/SP, *DJ* 06.10.2006; do STJ: REsp 1.024.394/RS, *DJe* 14.03.2008; REsp 831.811/SP, *DJe* 05.08.2008; AgRg no Ag 426.422/PR, *DJe* 12.11.2009; REsp 1.087.727/GO, *DJe* 16.11.2009; e REsp 1.114.719/SP, *DJe* 29.06.2009" (STJ, REsp 715.259/SP, Rel. Min. Luis Felipe Salomão, j. 05.08.2010).

De toda sorte, em setembro de 2016, o Ministro Luis Felipe Salomão levantou divergência sobre essa posição anterior da Corte, quando do julgamento do Recurso Especial 1.351.571/SP. Segundo o julgador, "o princípio da isonomia se vê afrontado por situação que privilegia determinado sujeito sem a correspondente razão que justifica esse privilégio. A questão

DIREITO CIVIL • VOL. 1 – *Flávio Tartuce*

exige muito mais que a simples interpretação literal da norma legal". E mais: "a proposta é de afastamento da absoluta impenhorabilidade, e da possibilidade de ser afastada diante do caso concreto e da ponderação dos direitos em jogo. Não a imposição de nova sistemática. Se o objetivo da lei é garantir a dignidade humana e direito à moradia, acaso deferida, os bens jurídicos manterão incólumes. Ela continua morando em local com dignidade, superior à média". Todavia, por maioria, o Tribunal da Cidadania acabou por confirmar a posição anterior, tendo votado pela manutenção da impenhorabilidade do bem de família de alto valor os Ministros Marco Buzzi, Maria Isabel Gallotti, Raúl Araújo e Antonio Carlos Ferreira.

A residência da entidade familiar pode ser comprovada pela juntada de comprovantes de pagamento de contas de água, luz, gás e telefone, sendo certo que outros meios probatórios podem conduzir o magistrado ao reconhecimento da penhorabilidade ou não (TJRS, AC 70006884670, 18.ª Câmara Cível, Torres, Rel. Des. Mario Rocha Lopes Filho, j. 11.12.2003).

No caso de a pessoa não ter imóvel próprio, a impenhorabilidade recai sobre os bens móveis quitados que guarneçam a residência e que sejam da propriedade do locatário (art. 1.º, parágrafo único, da Lei 8.009/1990).

Por outra via, os veículos de transporte, obras de arte e adornos suntuosos estão excluídos da impenhorabilidade (art. 2.º). Em complemento à previsão dos veículos de transporte, o STJ editou no ano de 2010 a Súmula 449, prevendo que "a vaga de garagem que possui matrícula própria no registro de imóveis não constitui bem de família para efeito de penhora". A súmula não conta com meu apoio doutrinário. Isso porque, pelo *princípio da gravitação jurídica*, a impenhorabilidade da vaga de garagem – de natureza acessória –, deve seguir a sorte do bem principal. Além disso, a sumular dá uma interpretação restritiva à proteção da moradia, na contramão de todos os arestos antes destacados, que seguem o caminho totalmente inverso.

Nos casos de imóvel locado, a impenhorabilidade atinge também os bens móveis do locatário, quitados, que guarneçam a sua residência (art. 2.º, parágrafo único, da lei específica). Leciona Theotonio Negrão que, de acordo com a Lei 8.009/1990, a jurisprudência tem considerado impenhoráveis, quando guarnecem a residência do devedor, os seguintes bens: aparelhos de som e de televisão; armários de cozinha; dormitório; estofados; fogão; *freezer* e geladeira; guarda-roupas; jogo de jantar; máquina de lavar louças e roupas; passadora e secadora de roupas; micro-ondas, microcomputador, teclado musical (*Código de Processo Civil...*, 39. ed., 2007, p. 1.310).

Por outro lado, são considerados penhoráveis: aparelho de ar-condicionado, telefone sem fio, filmadora, máquina fotográfica, aparelhos elétricos e eletrônicos sofisticados, bicicletas e piscina de fibra de vidro. Alguns desses bens são considerados bens suntuosos pela jurisprudência.

Os posicionamentos jurisprudenciais variam de Tribunal a Tribunal. De qualquer forma, as referências do saudoso processualista paulista servem como base segura, inclusive porque a sua obra é usualmente utilizada pelos magistrados.

Em complemento sobre o tema, o que se deve levar em conta, em todos os casos, é a manutenção de um padrão normal no nível de vida. Nesse sentido, cabe destacar a premissa 3, publicada na Edição 44 da ferramenta *Jurisprudência em Teses* do STJ: "a proteção contida na Lei n. 8.009/1990 alcança não apenas o imóvel da família, mas também os bens móveis indispensáveis à habitabilidade de uma residência e os usualmente mantidos em um lar comum".

Nos termos de um dos precedentes que gerou a tese, "o aparelho de televisão e outros utilitários da vida moderna atual, em regra, são impenhoráveis quando guarnecem a residência do devedor, exegese que se faz do art. 1.º, § 1.º, da Lei n. 8.009/90" (STJ, REsp 875.687/RS,

4.ª Turma, Rel. Min. Luis Felipe Salomão, j. 09.08.2011, *DJe* 22.08.2011). Ou ainda, também servindo como ilustração, tratando da possibilidade de penhora de bens que estão em duplicidade: "os bens que guarnecem a residência são impenhoráveis, a teor da disposição da Lei 8.009/90, excetuando-se aqueles encontrados em duplicidade, por não se tratarem de utensílios necessários à manutenção básica da unidade familiar" (STJ, AgRg no REsp 606.301/RJ, 4.ª Turma, Rel. Min. Raul Araújo, j. 27.08.2013, *DJe* 19.09.2013).

Pois bem, o art. 3.º da Lei 8.009/1990 prevê exceções à impenhorabilidade, a saber, de forma detalhada, atualizada e comentada:

a) O inciso I do preceito tratava dos créditos de trabalhadores da própria residência e das respectivas contribuições previdenciárias. Aqui, incluíam-se os empregados domésticos e empregados da construção civil, no caso de aumento da área construída do imóvel, desde que houvesse vínculo de emprego. Não havendo tal vínculo, o STJ já entendeu no passado que a exceção não se aplicaria: "Processual civil. Bem impenhorável. Artigo 3.º, inciso I, da Lei 8.009/90. Mão de obra empregada na construção de obra. Interpretação extensiva. Impossibilidade. A impenhorabilidade do bem de família, oponível na forma da lei à execução fiscal previdenciária, é consectário do direito social à moradia. Consignada a sua eminência constitucional, há de ser restrita a exegese da exceção legal. Consectariamente, não se confundem os serviçais da residência, com empregados eventuais que trabalham na construção ou reforma do imóvel, sem vínculo empregatício, como o exercido pelo diarista, pedreiro, eletricista, pintor, vale dizer, trabalhadores em geral. A exceção prevista no artigo 3.º, inciso I, da Lei 8.009, de 1990, deve ser interpretada restritivamente. Em consequência, na exceção legal da 'penhorabilidade' do bem de família não se incluem os débitos previdenciários que o proprietário do imóvel possa ter, estranhos às relações trabalhistas domésticas" (STJ, REsp 644.733/SC, 1.ª Turma, Rel. Min. Francisco Falcão, Rel. p/o Acórdão Min. Luiz Fux, j. 20.10.2005, *DJ* 28.11.2005, p. 197). Cabe destacar que esse dispositivo foi revogado expressamente pelo art. 46 da Lei Complementar 150/2015, que regulamentou os direitos trabalhistas dos trabalhadores domésticos. Entendo que a inovação veio em boa hora, pois a tutela da moradia deve, de fato, prevalecer sobre os créditos trabalhistas de qualquer natureza.

b) Pelo titular do crédito decorrente de financiamento destinado à construção ou aquisição do imóvel, no limite dos créditos e acréscimos decorrentes do contrato. A exceção se justificaria pelo fato de a dívida ter origem na própria existência da coisa. Para o Superior Tribunal de Justiça, com base nessa exceção, deve-se afastar a impenhorabilidade do bem de família em obrigação assumida para obras de condomínio. No caso concreto julgado, "hipótese em que a recorrida é titular de crédito vinculado a negócio jurídico que, embora não implique a transmissão da propriedade, está estritamente ligado à sua aquisição, na medida em que o aporte financeiro vertido à associação é indispensável à efetiva construção do imóvel de todos os associados com suas respectivas áreas comuns, aporte esse sem o qual os recorrentes sequer teriam a expectativa de concretizar a titularidade do bem de família, tendo em vista a falência da construtora originariamente contratada para aquela finalidade. Se todos os associados se obrigaram perante a associação a custear o término da construção do todo, isso é, das três torres que compõem o condomínio, não há como imputar os pagamentos realizados por cada um dos associados a uma determinada torre ou unidade. Assim como outros associados cumpriram a obrigação de contribuir para a construção da torre onde se localiza a unidade dos recorrentes, estão estes igualmente obrigados a contribuir para a construção das demais torres e devidas unidades, sendo inadmissível, à luz da boa-fé objetiva, que, a pretexto de proteger o bem de família dos recorrentes, se sacrifique outros possíveis bens de família de tantos outros associados" (STJ, REsp 1.658.601/SP, 3.ª Turma, Rel. Min. Nancy

Andrighi, j. 13.08.2019). Em outro entendimento que merece ser citado, a Quarta Turma do Superior Tribunal de Justiça concluiu, por outra via, que entre as exceções à impenhorabilidade do bem de família previstas nesse comando incluem-se as dívidas relativas à empreitada para construção parcial do imóvel. Como constou de sua ementa, com importante interpretação do comando, "para os efeitos estabelecidos no dispositivo legal (inciso II do art. 3.º da Lei n.º 8.009/90), o financiamento referido pelo legislador abarca operações de crédito destinadas à aquisição ou construção do imóvel residencial, podendo essas serem *stricto sensu* – decorrente de uma operação na qual a financiadora, mediante mútuo/empréstimo, fornece recursos para outra a fim de que essa possa executar benfeitorias ou aquisições específicas, segundo o previamente acordado – como aquelas em sentido amplo, nas quais se inclui o contrato de compra e venda em prestações, o consórcio ou a empreitada com pagamento parcelado durante ou após a entrega da obra, pois todas essas modalidades viabilizam a aquisição/construção do bem pelo tomador que não pode ou não deseja pagar o preço à vista" (STJ, REsp 1.221.372/RS, 4.ª Turma, Rel. Min. Marco Buzzi, j. 15.10.2019, *DJe* 21.10.2019). Julgado de 2022 confirmou a premissa, aplicado esta exceção para a empreitada global: "da exegese comando do art. 3.º, II, da Lei n.º 8.009/90, fica evidente que a finalidade da norma foi coibir que o devedor se escude na impenhorabilidade do bem de família para obstar a cobrança de dívida contraída para aquisição, construção ou reforma do próprio imóvel, ou seja, de débito derivado de negócio jurídico envolvendo o próprio bem. Portanto, a dívida relativa a contrato de empreitada global, porque viabiliza a construção do imóvel, está abrangida pela exceção prevista no art. 3.º, II, da Lei n.º 8.009/90" (STJ, REsp 1.976.743/SC, 3.ª Turma, Rel. Min. Nancy Andrighi, j. 08.03.2022, *DJe* 11.03.2022). Nota-se que o debate relativo ao antigo inc. I, aqui antes exposto e pelo menos em parte, recebeu um novo dimensionamento quanto à presente previsão, que me parece correto. Como última nota a respeito desse inciso, tem-se entendido que a exceção à impenhorabilidade do bem de família prevista para o crédito decorrente do financiamento destinado à construção ou à aquisição do imóvel estende-se ao imóvel adquirido com os recursos oriundos da venda daquele bem (STJ, REsp 1.935.842/PR, 3.ª Turma, Rel. Min. Nancy Andrighi, j. 22.06.2021, *DJe* 25.06.2021).

c) Pelo credor de pensão alimentícia, seja ela decorrente de alimentos convencionais, legais (de Direito de Família) ou indenizatórios (nos termos do art. 948, inc. II, do CC). A respeito dos alimentos indenizatórios como exceção à proteção do bem de família, do STJ, veja-se: AgRg-Ag 772.614/MS, 3.ª Turma, Rel. Min. Sidnei Beneti, j. 13.05.2008; *DJe* 06.06.2008; e REsp 1.186.228/RS, Rel. Min. Massami Uyeda, j. 04.09.2012, publicado no seu *Informativo* n. 503. Cumpre anotar, ainda, que o STJ não inclui entre tais débitos alimentares os honorários advocatícios, conforme se extrai de outro aresto, publicado no seu *Informativo* n. 469, de abril de 2011 (STJ, REsp 1.1826.108/MS, Rel. Min. Aldir Passarinho, j. 12.04.2011). Mais uma vez atualizando a obra, esse inciso foi alterado pela Lei 13.144, de 6 de julho de 2015, passando a mencionar a proteção dos direitos, sobre o bem de família, do seu coproprietário que, com o devedor, integre união estável ou conjugal, observadas as hipóteses em que ambos responderão pela dívida. Em suma, em casos tais as dívidas alimentares não têm o condão de quebrar a impenhorabilidade do bem de família. Fica em xeque a necessidade da nova lei, pois essa proteção da meação do cônjuge e do companheiro já era retirada das regras relativas ao regime de bens.

d) Para a cobrança de impostos, predial ou territorial, taxas e contribuições devidas em relação ao imóvel familiar. Aqui se enquadra, de início, o IPTU, desde que proveniente do próprio imóvel que se pretende penhorar (STJ, REsp 1.332.071/SP, 3.ª Turma, Rel. Min. Marco Aurélio Bellizze, j. 18.02.2020, *DJe* 20.02.2020). Quando há menção às contribuições relativas ao imóvel, segundo a remota jurisprudência,

CAP. 5 · DO OBJETO DO DIREITO. OS BENS | 351

superior estão incluídas as dívidas decorrentes do condomínio, eis que esse inciso trata das obrigações *propter rem* ou ambulatórias (*RSTJ* 107/309). Esse entendimento foi confirmado pelo Supremo Tribunal Federal, que considerou que o caso é de interpretação declarativa e não extensiva: "Bem de Família: Despesas Condominiais e Penhorabilidade. A Turma negou provimento a recurso extraordinário em que se sustentava ofensa aos artigos 5.º, XXVI, e 6.º, ambos da CF, sob a alegação de que a penhorabilidade do bem de família prevista no art. 3.º, IV, da Lei 8.009/1990 não compreenderia as despesas condominiais ('Art. 3.º: A impenhorabilidade é oponível em qualquer processo de execução civil, fiscal, previdenciária, trabalhista ou de outra natureza, salvo se movido:... IV – para cobrança de impostos, predial ou territorial, taxas e contribuições devidas em função do imóvel familiar'). Entendeu-se que, no caso, não haveria que se falar em impenhorabilidade do imóvel, uma vez que o pagamento de contribuição condominial (obrigação *propter rem*) é essencial à conservação da propriedade, isto é, à garantia da subsistência individual e familiar – dignidade da pessoa humana. Asseverou-se que a relação condominial tem natureza tipicamente de uma relação de comunhão de escopo, na qual os interesses dos contratantes são paralelos e existe identidade de objetivos, em contraposição à de intercâmbio, em que cada parte tem por fim seus próprios interesses, caracterizando-se pelo vínculo sinalagmático" (STF, RE 439.003/SP, Rel. Eros Grau, j. 06.02.2007, *Informativo* n. 455, 14 de fevereiro de 2007). Realmente, se o caso fosse de interpretação extensiva, a exceção não se aplicaria, pois não se pode sacrificar a moradia, valor constitucional com tal técnica de interpretação. Nessa trilha, entendeu o Superior Tribunal de Justiça que a exceção não se aplica no caso de dívidas de associações de moradores em condomínios fechados de casas, hipótese não abarcada na previsão em comento, não cabendo a ampliação do texto legal em casos tais (STJ, REsp 1.324.107/SP, Rel. Min. Nancy Andrighi, j. 13.11.2012, publicado no seu *Informativo* n. 510). Porém, ainda mais recentemente, entendeu-se na Corte que o bem de família dos condôminos deve responder por dívidas relativas à responsabilidade civil do condomínio, quando este último não tiver bens suficientes para a satisfação da obrigação. Nos termos do aresto, "as despesas condominiais, inclusive as decorrentes de decisões judiciais, são obrigações *propter rem* e, por isso, será responsável pelo seu pagamento, na proporção de sua fração ideal, aquele que detém a qualidade de proprietário da unidade imobiliária ou seja titular de um dos aspectos da propriedade (posse, gozo, fruição), desde que tenha estabelecido relação jurídica direta com o condomínio, ainda que a dívida seja anterior à aquisição do imóvel. Portanto, uma vez ajuizada a execução em face do condomínio, se inexistente patrimônio próprio para satisfação do crédito, podem os condôminos ser chamados a responder pela dívida, na proporção de sua fração ideal. O bem residencial da família é penhorável para atender às despesas comuns de condomínio, que gozam de prevalência sobre interesses individuais de um condômino, nos termos da ressalva inserta na Lei n. 8.009/1990 (art. 3.º, IV)" (STJ, REsp 1.473.484/RS, 4.ª Turma, Rel. Min. Luis Felipe Salomão, j. 21.06.2018, *DJe* 23.08.2018). Como última nota sobre esse inciso, merece ser destacado o entendimento da Corte no sentido de que a dívida de aluguel existente entre condôminos constitui obrigação *propter rem*, quebrando com a proteção relativa ao bem de família: "é dominante a jurisprudência no STJ que a natureza *propter rem* da obrigação afasta a impenhorabilidade do bem de família. Precedentes. Constituem determinantes da obrigação de natureza *propter rem*: a vinculação da obrigação com determinado direito real; situação jurídica do obrigado; e a tipicidade da conexão entre a obrigação e o direito real. A primazia da posse sobre a forma de exercício da copropriedade e a vedação do enriquecimento ilícito são dois fatores que geram dever e responsabilidade pelo uso exclusivo de coisa comum. Precedentes. A posse exclusiva (uso e fruição), por um dos coproprietários, é fonte de obrigação indenizatória aos demais coproprietários, porque fundada no direito real de propriedade.

A obrigação do coproprietário de indenizar os demais que não dispõe da posse, independe sua declaração de vontade, porque, decorre tão somente da cotitularidade da propriedade" (STJ, REsp 1.888.863/SP, 3.ª Turma, Rel. Min. Ricardo Villas Bôas Cueva, Rel. p/ Acórdão Min. Nancy Andrighi, j. 10.05.2022, *DJe* 20.05.2022).

e) Para a execução de hipoteca sobre o imóvel, oferecido como garantia real pelo casal ou pela entidade familiar. O STJ tem afastado a penhora do bem de família nos casos de hipoteca oferecida por membro da entidade familiar, visando garantir dívida de sua empresa individual e apenas no seu interesse: "Agravo regimental. Bem de família. Impenhorabilidade. Dívida contraída pela empresa familiar. A exceção do inciso V do art. 3.º da Lei 8.009/90 deve se restringir às hipóteses em que a hipoteca é instituída como garantia da própria dívida, constituindo-se os devedores em beneficiários diretos, situação diferente do caso sob apreço, no qual a dívida foi contraída pela empresa familiar, ente que não se confunde com a pessoa dos sócios. Agravo regimental improvido" (STJ, AgRg no Ag 597.243/GO, 4.ª Turma, Rel. Min. Fernando Gonçalves, j. 03.02.2005, *DJ* 07.03.2005, p. 265). A interpretação, assim, é que a exceção somente se aplica se a hipoteca for instituída no interesse de ambos os cônjuges ou de toda a entidade familiar. De todo modo, se a hipoteca for dada em garantia de dívida de pessoa jurídica da qual ambos os cônjuges são os únicos sócios, presume-se o interesse de ambos no gravame, aplicando-se a exceção. Em resumo, consolidou-se na Segunda Seção do Tribunal da Cidadania que: "a) o bem de família é impenhorável, quando for dado em garantia real de dívida por um dos sócios da pessoa jurídica devedora, cabendo ao credor o ônus da prova de que o proveito se reverteu à entidade familiar; e b) o bem de família é penhorável, quando os únicos sócios da empresa devedora são os titulares do imóvel hipotecado, sendo ônus dos proprietários a demonstração de que a família não se beneficiou dos valores auferidos" (STJ, EAREsp 848.498/PR, 2.ª Seção, Rel. Min. Luis Felipe Salomão, j. 25.04.2018, *DJe* 07.06.2018). Ainda a destacar, a Corte Superior, dando interpretação restritiva à exceção, conclui que a norma não alcança os casos em que a pequena propriedade rural é dada como garantia de dívida. Sustentou-se que tal propriedade encontra proteção contra a penhora no art. 5.º, inc. XXVI, da CF/1988, dispositivo que deve prevalecer na espécie, não sendo o caso de incidir a norma excepcional ora em estudo (STJ, REsp 1.115.265/RS, Rel. Min. Sidnei Beneti, j. 24.04.2012, *Informativo* n. 496). Para o mesmo STJ, a exceção aplica-se mesmo se a hipoteca não estiver registrada: "a ausência de registro da hipoteca em cartório de registro de imóveis não afasta a exceção à regra de impenhorabilidade prevista no art. 3.º, V, da Lei n. 8.009/1990, a qual autoriza a penhora de bem de família dado em garantia hipotecária na hipótese de dívida constituída em favor de entidade familiar". Isso porque, "se a ausência de registro da hipoteca não a torna inexistente, mas apenas válida *inter partes* como crédito pessoal, a ausência de registro da hipoteca não afasta a exceção à regra de impenhorabilidade prevista no art. 3.º, V, da Lei n. 8.009/1990" (STJ, REsp 1.455.554/RN, Rel. Min. João Otávio de Noronha, j. 14.06.2016, *DJe* 16.06.2016, publicado no seu *Informativo* n. 585). Como última hipótese a ser abordada, a hipoteca não se confunde com a caução dada no âmbito da locação imobiliária, especialmente a caução em dinheiro ou de bem imóvel, não se aplicando a presente exceção à penhorabilidade do bem de família em casos tais. Essa é posição consolidada no âmbito do Superior Tribunal de Justiça, podendo ser transcrito, por todos: "em se tratando de caução, em contratos de locação, não há que se falar na possibilidade de penhora do imóvel residencial familiar" (STJ, REsp 1.887.492/SP, 3.ª Turma, Rel. Min. Nancy Andrighi, j. 13.04.2021, *DJe* 15.04.2021).

f) No caso de o imóvel ter sido adquirido como produto de crime ou para a execução de sentença penal condenatória de ressarcimento, indenização (inclusive por ato ilícito ou abuso de direito) ou perdimento de bens. Consigne-se que, conforme

CAP. 5 · DO OBJETO DO DIREITO. OS BENS | **353**

algumas decisões do STJ, há necessidade de uma expressa e prévia sentença penal condenatória para que a indenização por ato ilícito quebre com a proteção do bem de família (por todas: STJ, REsp 1.823.159/SP, 3.ª Turma, Rel. Min. Nancy Andrighi, j. 13.10.2020, *DJe* 19.10.2020; e REsp 711.889/PR, Rel. Min. Luis Felipe Salomão, j. 22.06.2010, *Informativo* n. *440* do STJ). Todavia, em 2016 foi publicado *decisum* em sentido diverso quanto ao bem adquirido como produto de crime, deduzindo que "à incidência da norma inserta no inciso VI do art. 3.º da Lei n. 8.009/1990, isto é, da exceção à impenhorabilidade do bem de família em virtude de ter sido adquirido com o produto de crime, forçoso reconhecer a dispensa de condenação criminal transitada em julgado, porquanto inexiste determinação legal neste sentido. Afinal, caso fosse a intenção do legislador exigir sentença penal condenatória para a exceção prevista na primeira parte do inciso VI, teria assim feito expressamente, como o fez com a segunda parte do referido dispositivo. Logo, não havendo determinação expressa na lei no sentido de que a exceção (bem adquirido com produto de crime) exija a existência de sentença penal condenatória, temerário seria adotar outra interpretação, sob pena de malograr o propósito expressamente almejado pela norma, direcionado a não estimular a prática ou reiteração de ilícitos. Assim, o cometimento de crime e o fato de o imóvel ter sido adquirido com seus proveitos é suficiente para afastar a impenhorabilidade do bem de família" (STJ, REsp 1.091.236/RJ, Rel. Min. Marco Buzzi, j. 15.12.2015, *DJe* 1.º.02.2016). Como se pode perceber, há divergência na Corte Superior a respeito do tema, sendo preciso pacificar a questão. O meu entendimento está na linha da primeira conclusão, pela necessidade do trânsito em julgado da decisão condenatória para se aplicar a exceção à tutela do bem de família.

g) Por obrigação decorrente de fiança concedida em contrato de locação de imóvel urbano, exceção que foi introduzida pelo art. 82 da Lei 8.245/1991.

Em relação a essa última exceção (art. 3.º, inc. VII, da Lei 8.009/1990), sempre divergiram doutrina e jurisprudência no que tange à sua suposta inconstitucionalidade. Contudo, sempre prevaleceu no Superior Tribunal de Justiça, salvo alguns poucos julgados, o entendimento pela penhorabilidade, tese também acolhida em São Paulo pelo extinto Segundo Tribunal de Alçada Civil em sua maioria. Nesse sentido, vale transcrever:

"Locação. Fiança. Penhora. Bem de família. Sendo proposta a ação na vigência da Lei 8.245/1991, válida é a penhora que obedece seus termos, excluindo o fiador em contrato locatício da impenhorabilidade do bem de família. Recurso provido" (STJ, REsp 299663/ RJ, 5.ª Turma, Rel. Min. Felix Fischer, j. 15.03.2001, *DJ* 02.04.2001, p. 334).

"Execução. Penhora. Bem de família. Fiador. Inconstitucionalidade do art. 3.º, inciso VII, da Lei 8.009/1990. Não reconhecimento. Não é inconstitucional a exceção prevista no inciso VII do art. 3.º, da Lei 8.009/1990, que autorizou a penhora do bem de família para a satisfação de débitos decorrentes de fiança locatícia" (2.º TACSP, Ap. c/ Rev. 656.658-00/9, 1.ª Câm., Rel. Juiz Vanderci Álvares, j. 27.05.2003, Anotação no mesmo sentido: *JTA (LEX)* 149/297, AI 496.625-00/7, 3.ª Câm., Rel. Juiz João Saletti, j. 23.09.1997, Ap. c/ Rev. 535.398-00/1, 3.ª Câm., Rel. Juiz João Saletti, j. 09.02.1999, Ap. c/ Rev. 537.004-00/2, 4.ª Câm., Rel. Juiz Mariano Siqueira, j. 15.06.1999, Ap. c/ Rev. 583.955-00/9, 12.ª Câm., Rel. Juiz Arantes Theodoro, j. 29.06.2000, Ap. c/ Rev. 593.812-00/1, 10.ª Câm., Rel. Juiz Soares Levada, j. 07.02.2001, Ap. c/ Rev. 605.973-00/3, 8.ª Câm., Rel. Juiz Renzo Leonardi, j. 26.04.2001, Ap. c/ Rev. 621.136-00/1, 10.ª Câm., Rel. Juiz Irineu Pedrotti, j. 12.12.2001, Ap. c/ Rev. 621.566-00/7, 10.ª Câm., Rel. Juiz Soares Levada, j. 12.12.2001, AI 755.476-00/1, 6.ª Câm., Rel. Juiz Lino Machado, j. 16.10.2002, Ap. c/ Rev. 628.400-00/7, 3.ª Câm., Rel. Juiz Ferraz Felisardo, j. 26.11.2002, Ap. c/ Rev. 760.642-00/0, 9.ª Câm., Rel. Juiz Claret de

Almeida, j. 27.11.2002, AI 777.802-00/4, 3.ª Câm., Rel. Juiz Ribeiro Pinto, j. 11.02.2003, AI 780.849-00/0, 12.ª Câm., Rel. Juiz Arantes Theodoro, j. 27.02.2003).

Porém, parte da doutrina, principalmente formada por civilistas da nova geração, considera ser essa previsão inconstitucional, por violar a isonomia. Isso porque o devedor principal (locatário) não pode ter o seu bem de família penhorado, enquanto o fiador (em regra devedor subsidiário) pode suportar a constrição. Pablo Stolze Gagliano e Rodolfo Pamplona Filho assim concluem sustentando que: "À luz do Direito Civil Constitucional – pois não há outra forma de pensar modernamente o Direito Civil –, parece-nos forçoso concluir que este dispositivo de lei viola o princípio da isonomia insculpido no art. 5.º da CF, uma vez que trata de forma desigual locatário e fiador, embora as obrigações de ambos tenham a mesma causa jurídica: o contrato de locação" (*Novo...*, 2003, v. I, p. 289). No mesmo sentido, esse é o posicionamento de Cristiano Chaves de Farias e Nelson Rosenvald (*Direito civil. Teoria geral...*, 2006, p. 357). Filio-me a essa tese minoritária, que, infelizmente, não prevalece em nossos Tribunais.

Consigne-se, porém, que esse entendimento minoritário foi reconhecido pelo então Ministro Carlos Velloso, em decisão monocrática em 2006 pronunciada em sede de recurso extraordinário em curso perante o Supremo Tribunal Federal, nos seguintes termos:

"Em trabalho doutrinário que escrevi 'Dos Direitos Sociais na Constituição do Brasil', texto básico de palestra que proferi na Universidade de Carlos III, em Madri, Espanha, no Congresso Internacional de Direito do Trabalho, sob o patrocínio da Universidade Carlos III e da ANAMATRA, em 10.3.2003, registrei que o direito à moradia, estabelecido no art. 6.º, C.F., é um direito fundamental de 2.ª geração – direito social que veio a ser reconhecido pela EC 26, de 2000.

O bem de família – a moradia do homem e sua família – justifica a existência de sua impenhorabilidade: Lei 8.009/90, art. 1.º. Essa impenhorabilidade decorre de constituir a moradia um direito fundamental.

Posto isso, veja-se a contradição: a Lei 8.245, de 1991, excepcionando o bem de família do fiador, sujeitou o seu imóvel residencial, imóvel residencial próprio do casal, ou da entidade familiar, à penhora. Não há dúvida que ressalva trazida pela Lei 8.245, de 1991, inciso VII do art. 3.º, feriu de morte o princípio isonômico, tratando desigualmente situações iguais, esquecendo-se do velho brocardo latino: *ubi eadem ratio, ibi eadem legis dispositio*, ou em vernáculo: onde existe a mesma razão fundamental, prevalece a mesma regra de Direito. Isto quer dizer que, tendo em vista o princípio isonômico, o citado dispositivo do inciso VII do art. 3.º, acrescentado pela Lei 8.245/91, não foi recebido pela EC 26, de 2000" (STF, RE 352.940/SP, Rel. Min. Carlos Velloso, j. 25.04.2005).

Portanto, a tese defendida já na primeira edição deste Volume 1 ganhou força, tendo sido a questão amplamente discutida no meio jurídico nacional no ano de 2005. Cite-se que há julgado anterior do TJSP adotando parcialmente a tese, entendendo que o imóvel de residência do fiador, no caso de fiança prestada em locação não residencial, não pode ser penhorado (TJSP, Proc. 789.652.0/6, Rel. Des. Lino Machado, decisão de 2005).

Anote-se que o principal argumento para a inconstitucionalidade do dispositivo é a lesão à isonomia e à proporcionalidade. O fiador perde o bem de família e, em direito de regresso, não conseguirá penhorar o imóvel de residência do locatário, que é o devedor principal.

Entretanto, infelizmente, o plenário do Supremo Tribunal Federal julgou a questão no dia 8 de fevereiro de 2006. Por maioria de votos, o STF entendeu ser constitucional a

CAP. 5 · DO OBJETO DO DIREITO. OS BENS | 355

previsão do art. 3.º, inc. VII, da Lei 8.009/1990. Segundo o relator da decisão, Ministro Cezar Peluso, a lei do bem de família é clara ao prever a possibilidade de penhora do imóvel de residência de fiador de locação de imóvel urbano, sendo esta regra inafastável. Entendeu, ainda, que a pessoa tem plena liberdade de querer ou não assumir a condição de fiadora, devendo subsumir a norma infraconstitucional se assim o faz, não havendo qualquer lesão à isonomia constitucional.

Por fim, alegou que a norma protege o mercado imobiliário, devendo ainda ter aplicação, nos termos do art. 170 da CF/1988. Votaram com ele os Ministros Joaquim Barbosa, Gilmar Mendes, Ellen Gracie, Marco Aurélio, Sepúlveda Pertence e Nelson Jobim.

A votação não foi unânime, pois entenderam pela inconstitucionalidade os Ministros Eros Grau, Ayres Brito e Celso de Mello. Em seu voto, o Ministro Eros Grau ressaltou a grande preocupação dos civilistas em defender os preceitos constitucionais, apontando que a previsão do art. 3.º, VII, da Lei 8.009/1990 violaria a isonomia constitucional. Isso, repise-se, porque a fiança é um contrato acessório, que não pode trazer mais obrigações que o contrato principal.

Resumindo, o debate jurídico parecia ter sido encerrado com essa primeira decisão do STF, cuja ementa é a seguinte:

"Fiador. Locação. Ação de despejo. Sentença de procedência. Execução. Responsabilidade solidária pelos débitos do afiançado. Penhora de seu imóvel residencial. Bem de família. Admissibilidade. Inexistência de afronta ao direito de moradia, previsto no art. 6.º da CF. Constitucionalidade do art. 3.º, VII, da Lei 8.009/90, com a redação da Lei 8.245/91. Recurso extraordinário desprovido. Votos vencidos. A penhorabilidade do bem de família do fiador do contrato de locação, objeto do art. 3.º, VII, da Lei 8.009, de 23 de março de 1990, com a redação da Lei 8.245, de 15 de outubro de 1991, não ofende o art. 6.º da Constituição da República" (STF, RE 407.688/SP, Rel. Min. Cezar Peluso, j. 08.02.2006).

Ledo engano. Não entendia dessa forma, o que poderia ser percebido pela divergência gerada no próprio STF.

A chama da nossa esperança "pela mudança" permanecia viva, até porque existem proposições legislativas de revogação do VII do art. 3.º da Lei 8.009/1990, norma essa que é totalmente incompatível com a Constituição Federal. Ademais, não obstante a decisão do STF, alguns Tribunais Estaduais, caso do Tribunal de Justiça de Minas Gerais, vinham entendendo pela inconstitucionalidade da previsão, pela flagrante lesão à isonomia e à proteção da moradia:

"Agravo de instrumento. Embargos à execução julgados improcedentes. Apelação. Efeito suspensivo. Penhora. Imóvel do fiador. Bem de família. Direito à moradia. Violação aos princípios da dignidade humana e igualdade. Irrenunciabilidade. A partir da Emenda Constitucional 26/2000, a moradia foi elevada à condição de direito fundamental, razão pela qual a regra da impenhorabilidade do bem de família foi estendida ao imóvel do fiador, caso este seja destinado à sua moradia e à de sua família. No processo de execução, o princípio da dignidade humana deve ser considerado, razão pela qual o devedor, principalmente o subsidiário, não pode ser levado à condição de penúria e desabrigo para que o crédito seja satisfeito. Em respeito ao princípio da igualdade, deve ser assegurado tanto ao devedor fiador quanto ao devedor principal do contrato de locação o direito à impenhorabilidade do bem de família. Por tratar-se de norma de ordem pública, com *status* de direito social, a impenhorabilidade não poderá ser afastada por renúncia do devedor, em detrimento da família" (TJMG, Processo 1.0480.05.076516-7/002(1), Rel. D. Viçoso Rodrigues, Rel. p/o Acórdão: Fabio Maia Viani, j. 19.02.2008, publ. 13.03.2008).

É fundamental transcrever na íntegra os argumentos do Des. Elpídio Donizetti, terceiro juiz no julgamento citado:

"Por razões ético-sociais e até mesmo humanitárias, houve por bem o legislador brasileiro prever algumas hipóteses em que, embora disponíveis, certos bens pertencentes ao patrimônio do devedor não são passíveis de penhora.

Assim, a Lei 8.009/90, ao dispor sobre bem de família, vedou a penhora não apenas do imóvel residencial do casal ou da entidade familiar, mas também definiu como impenhoráveis os móveis que guarneçam a residência. Desse modo, desde que não constituam adornos suntuosos, são impenhoráveis os bens necessários à regular utilização da moradia.

Todavia, o mesmo diploma normativo, Lei 8.009/90, retira, no seu art. 3.º, a garantia de impenhorabilidade dos citados bens em algumas situações específicas. É o caso dos objetos que garantem obrigação decorrente de fiança prestada em contrato de locação, conforme inciso acrescentado ao art. 3.º pela Lei 8.245/91, senão vejamos: (...). Com base em tal dispositivo legal, o entendimento que tem prevalecido nos tribunais é de que, em se tratando de obrigação decorrente de fiança concedida em contrato de locação, deve-se afastar a impenhorabilidade dos bens de família prevista pelo art. 1.º da Lei 8.009/90.

Conforme decidiu recentemente o STF, no RE 407.688/SP, da relatoria do Ministro Cezar Peluso, o bem de família pertencente ao fiador em contrato de locação é passível de ser penhorado, ao fundamento de que não existe violação ao direito social à moradia, previsto no art. 6.º da CF, porquanto este não se confunde com o direito à propriedade imobiliária. Ademais, a possibilidade de penhora do bem de família do fiador estimula e facilita o acesso à habitação arrendada, porquanto afasta a necessidade de garantias mais onerosas. Conquanto o próprio STF tenha decidido, conforme já ressaltado, pela aplicação do art. 3.º, VII, da Lei 8.009/90, penso que a solução deva se dar em sentido oposto.

Em primeiro lugar, verifica-se que a Emenda Constitucional 26, de 14 de fevereiro de 2000, incluiu a moradia entre os direitos sociais previstos no art. 6.º da CF/88, o qual constitui norma de ordem pública. Ora, ao proceder de tal maneira, o constituinte nada mais fez do que reconhecer o óbvio: a moradia como direito fundamental da pessoa humana para uma vida digna em sociedade.

Com espeque na alteração realizada pela Emenda Constitucional 26 e no próprio escopo da Lei 8.009/90, resta claro que as exceções previstas no art. 3.º dessa lei não podem ser tidas como irrefutáveis, sob pena de dar cabo, em alguns casos, à função social que exerce o bem de família, o que não pode ser admitido. Na esteira de tal entendimento, já se pronunciou o STJ:

'Recurso especial. Processual civil e constitucional. Locação. Fiador. Bem de família. Impenhorabilidade. Art. 3.º, VII, da Lei 8.009/90. Não recepção. Com respaldo em recente julgado proferido pelo Pretório Excelso, é impenhorável bem de família pertencente a fiador em contrato de locação, porquanto o art. 3.º, VII, da Lei 8.009/90 não foi recepcionado pelo art. 6.º da Constituição Federal (redação dada pela Emenda Constitucional 26/2000). Recurso desprovido' (STJ, Quinta Turma, REsp 699.837/RS, Rel. Min. Felix Fischer, j. 02.08.2005).

Ademais, a prevalecer o entendimento segundo o qual o direito à moradia não se confunde com o direito à propriedade imobiliária, o que se verá é o insensato desalojamento de inúmeras famílias ao singelo argumento de que subsiste o direito à moradia arrendada, como se a ordem econômica excludente sob a qual vivemos não trouxesse agruras bastantes à classe média. Em outras palavras, com efeito, facilita-se a moradia do locatário e subtrai-se a do fiador.

Não se olvida que a penhorabilidade do bem de família do fiador, além de afrontar o direito à moradia, fere os princípios constitucionais da isonomia e da razoabilidade. Isso devido ao fato de que não há razão para estabelecer tratamento desigual entre o locatário

CAP. 5 • DO OBJETO DO DIREITO. OS BENS | 357

e o seu fiador, sobretudo porque a obrigação do fiador é acessória à do locatário, e, assim, não há justificativa para prever a impenhorabilidade do bem de família em relação a este e vedá-la em relação àquele.

Por derradeiro, insubsistente é o argumento de que a possibilidade de penhora do bem de família do fiador estimula e facilita o acesso à habitação arrendada. É que, diante de tal possibilidade, poucos se aventurarão a prestar fiança, o que dificultará sobremaneira o cumprimento de tal requisito por parte do locatário, que terá a penosa tarefa de conseguir um fiador.

Destarte, entende-se que a exceção à impenhorabilidade do bem de família prevista no art. 3.º, VII, da Lei 8.009/90 não deve ser aplicada ao caso sob julgamento".

As palavras transcritas entusiasmam os adeptos da teoria da inconstitucionalidade, pois assim deve ser visualizada a proteção da moradia que consta do art. 6.º da CF/1988. A chama da esperança por uma alteração no entendimento ficou ainda mais intensa. Cumpre destacar que, sucessivamente, foram encontradas decisões de outros Tribunais concluindo do mesmo modo, ou seja, pela inconstitucionalidade do art. 3.º, inc. VII, da Lei 8.009/1990.

Nessa linha, existiam acórdãos do Tribunal de Justiça do Mato Grosso do Sul (TJMS, Acórdão 2008.025448-7/0000-00, 5.ª Turma Cível, Campo Grande, Rel. Des. Vladimir Abreu da Silva, *DJEMS* 08.06.2009, p. 36), do Tribunal de Sergipe (TJSE, Agravo de Instrumento 2008.203.947, Acórdão 3245/2009, 1.ª Câmara Cível, Rel. Des. Cláudio Dinart Déda Chagas, *DJSE* 11.05.2009, p. 11), do Tribunal de Santa Catarina (TJSC, Embargos de Declaração 2006.027903-6, 2.ª Câmara de Direito Civil, Blumenau, Rel. Des. Salete Silva Sommariva, *DJSC* 19.03.2008, p. 139), do Tribunal do Paraná (TJPR, Agravo de Instrumento 352.151-1, Acórdão 4.269, 16.ª Câmara Cível, Curitiba, Rel. Des. Maria Mercis Gomes Aniceto, j. 16.11.2006, *DJPR* 1.º.12.2006) e do Tribunal do Rio Grande do Sul (TJRS, Apelação Cível 251772-57.2013.8.21.7000, 15.ª Câmara Cível, Porto Alegre, Rel. Des. Otávio Augusto de Freitas Barcellos, j. 11.09.2013, *DJERS* 18.09.2013).

Ao final de 2014, o Superior Tribunal de Justiça julgou a questão em sede de incidente de recursos repetitivos, diante dessa tendência dos Tribunais Estaduais em não seguir a decisão do STF. Conforme publicação constante do *Informativo* n. *552* daquela Corte:

"É legítima a penhora de apontado bem de família pertencente a fiador de contrato de locação, ante o que dispõe o art. 3.º, VII, da Lei 8.009/1990. A Lei 8.009/1990 institui a proteção legal do bem de família como instrumento de tutela do direito fundamental à moradia da entidade familiar e, portanto, indispensável à composição de um mínimo existencial para uma vida digna. Nos termos do art. 1.º da Lei 8.009/1990, o bem imóvel destinado à moradia da entidade familiar é impenhorável e não responderá pela dívida contraída pelos cônjuges, pais ou filhos que sejam seus proprietários e nele residam, salvo nas hipóteses previstas no art. 3.º da aludida norma. Nessa linha, o art. 3.º excetua, em seu inciso VII, a obrigação decorrente de fiança concedida em contrato de locação, isto é, autoriza a constrição de imóvel – considerado bem de família – de propriedade do fiador de contrato locatício. Convém ressaltar que o STF assentou a constitucionalidade do art. 3.º, VII, da Lei 8.009/1990 em face do art. 6.º da CF, que, a partir da edição da Emenda Constitucional 26/2000, incluiu o direito à moradia no rol dos direitos sociais (RE 407.688/ AC, Tribunal Pleno, *DJ* 06.10.2006 e RE 612.360/RG, Tribunal Pleno, *DJe* 03.09.2010)" (STJ, REsp 1.363.368/MS, Rel. Min. Luis Felipe Salomão, j. 12.11.2014).

Em outubro de 2015, também infelizmente, tal posição foi resumida na Súmula 549 da Corte, segundo a qual: "É válida a penhora de bem de família pertencente a fiador de contrato de locação".

Com a última sumular, a questão parecia ter sido resolvida mais uma vez, pois o CPC/2015 estabelece que as decisões ementadas do Superior Tribunal de Justiça vinculam os advogados (art. 332, inc. I) e os juízes de primeira e segunda instância (art. 489, § 1.º, inc. VI). Porém, nota-se a presença no nosso sistema de uma súmula que dá fundamento a um dispositivo totalmente ilógico e inconstitucional, criticado por toda a doutrina contemporânea, formada pela nova geração de civilistas.

A demonstrar toda a instabilidade jurisprudencial a respeito do tema, em 2018 surgiu nova decisão do Supremo Tribunal Federal concluindo pela inconstitucionalidade da previsão a respeito da penhora do bem de família do fiador, em caso de locação não residencial e retomando os argumentos do Ministro Carlos Velloso. A ementa é da Primeira Turma do Tribunal, tendo sido prolatada por maioria e assim publicada no *Informativo* n. 906 da Corte Suprema:

> "Impenhorabilidade do bem de família e contratos de locação comercial. Não é penhorável o bem de família do fiador, no caso de contratos de locação comercial. Com base neste entendimento, a Primeira Turma, por maioria e em conclusão de julgamento, deu provimento a recurso extraordinário em que se discutia a possibilidade de penhora de bem de família do fiador em contexto de locação comercial. Vencidos os Ministros Dias Toffoli (relator) e Roberto Barroso que negaram provimento ao recurso. Ressaltaram que o Supremo Tribunal Federal pacificou o entendimento sobre a constitucionalidade da penhora do bem de família do fiador por débitos decorrentes do contrato de locação. A lógica do precedente é válida também para os contratos de locação comercial, na medida em que – embora não envolva o direito à moradia dos locatários – compreende o seu direito à livre-iniciativa. A possibilidade de penhora do bem de família do fiador – que voluntariamente oferece seu patrimônio como garantia do débito – impulsiona o empreendedorismo, ao viabilizar a celebração de contratos de locação empresarial em termos mais favoráveis. Por outro lado, não há desproporcionalidade na exceção à impenhorabilidade do bem de família (Lei n.º 8009/1990, art. 3.º, VII). O dispositivo legal é razoável ao abrir a exceção à fiança prestada voluntariamente para viabilizar a livre-iniciativa" (STF, RE 605.709/SP, Rel. Min. Dias Toffoli, Red. p/ Ac. Min. Rosa Weber, j. 12.06.2018, *Informativo* n. 906 do STF).

Diante dessa decisão, e de outras, o Pleno do Supremo Tribunal Federal reconheceu a repercussão geral a respeito do assunto, em março de 2021. Isso se deu nos autos do Recurso Extraordinário 1.307.334 (Tema 1127). Em março de 2022, o STF julgou a questão, reafirmando sua posição anterior – em prol da livre-iniciativa e da proteção do mercado –, no sentido de ser constitucional essa previsão legal a respeito da penhora do bem de família do fiador.

Votaram nesse sentido os Ministros Roberto Barroso, Nunes Marques, Dias Toffoli, Gilmar Mendes, André Mendonça e Luiz Fux, seguindo-se ainda o argumento de que a Lei de Locação não faz distinção entre fiadores de locações residenciais e comerciais em relação à possibilidade da penhora do seu bem de família. Em sentido contrário, votaram os Ministros Edson Fachin, Ricardo Lewandowski, Rosa Weber e Cármen Lúcia, pois o direito constitucional à moradia deveria prevalecer sobre os princípios da livre-iniciativa e da autonomia contratual, que podem ser resguardados de outras formas. Ao final foi ementada a seguinte tese em repercussão geral, que deve ser adotada para os devidos fins práticos: "é constitucional a penhora de bem de família pertencente a fiador de contrato de locação, seja residencial, seja comercial".

Acrescente-se que, na sequência, o Superior Tribunal de Justiça cristalizou a mesma posição em julgamento de recursos repetitivos, ementando que a "tese definida no Tema 1127 foi a de que 'é constitucional a penhora de bem de família pertencente a fiador de

CAP. 5 • DO OBJETO DO DIREITO. OS BENS | **359**

contrato de locação, seja residencial, seja comercial'. Nessa perspectiva, a Segunda Seção do STJ, assim como o fez o STF, deve aprimorar os enunciados definidos no REsp Repetitivo 1.363.368/MS e na Súmula 549 para reconhecer a validade da penhora de bem de família pertencente a fiador de contrato de locação comercial. Isso porque a lei não distinguiu entre os contratos de locação para fins de afastamento do bem de família (art. 3.º, inciso VII, da Lei n. 8.009/1990)" (STJ, REsp 1.822.040/PR, 2.ª Seção, Rel. Min. Luis Felipe Salomão, por unanimidade, j. 08.06.2022 – Tema 1091).

De todo modo, por todo esse panorama de dúvidas e incertezas no âmbito da jurisprudência, continuo a entender que a melhor solução para a temática, de fato, é que a norma seja revogada, resolvendo-se definitivamente a questão e afastando-se a grande instabilidade que sempre existiu sobre o tema.

Superada a análise dessa instigante discussão, prevê o art. 4.º da Lei 8.009/1990 que "não se beneficiará do disposto nesta lei aquele que, sabendo-se insolvente, adquire de má-fé imóvel mais valioso para transferir a residência familiar, desfazendo-se ou não da moradia antiga". Em casos tais, poderá o juiz, na respectiva ação do credor, transferir a impenhorabilidade para a moradia familiar anterior, ou anular-lhe a venda, liberando a mais valiosa para execução ou concurso, conforme a hipótese (art. 4.º, § 1.º).

Já quando a residência familiar for imóvel rural, a impenhorabilidade restringir-se--á à sede de moradia, com os respectivos bens móveis e, nos casos do art. 5.º, inc. XXVI, da Constituição, à área limitada como pequena propriedade rural (§ 2.º do art. 4.º da Lei 8.009/1990). Nota-se que a norma visa punir aquele que age de má-fé, preservando a proteção da pequena propriedade rural.

Ainda no que interessa ao bem de família legal, se o casal ou entidade familiar for possuidor de vários imóveis, a impenhorabilidade recairá sobre o de menor valor (art. 5.º, parágrafo único, da Lei 8.009/1990), norma essa que protege o credor. Sobre essa regra, destaque-se a seguinte publicação na ferramenta *Jurisprudência em Teses* do STJ, que demonstra a posição majoritária da Corte:

> "As situações em que o devedor possua vários imóveis utilizados como residência, a impenhorabilidade poderá incidir sobre imóvel de maior valor caso tenha sido instituído, formalmente, como bem de família, no Registro de Imóveis (art. 1.711 do CC/2002) ou, na ausência de instituição voluntária, automaticamente, a impenhorabilidade recairá sobre o imóvel de menor valor (art. 5.º, parágrafo único, da Lei n. 8.009/1990)" (Edição n. 200, Tese n. 4).

Seguindo no estudo da matéria, vejamos a polêmica hipótese fática do *bem de família ofertado*. Melhor explicando, imagine-se o caso em que um devedor, executado, ainda sem advogado constituído ou que lhe oriente, ofereça o próprio bem de família, imóvel de sua residência, à penhora. Depois, devidamente orientado por seu procurador, o próprio devedor opõe embargos à penhora, alegando tratar-se de um imóvel impenhorável, por força da Lei 8.009/1990.

Surgem duas correntes bem definidas em relação ao tema. Para uma primeira corrente, os embargos opostos pelo devedor devem ser rejeitados de imediato.

O primeiro argumento que surge está relacionado com aquela antiga regra pela qual ninguém pode se beneficiar da própria torpeza, corolário da boa-fé subjetiva, aquela que existe no plano psicológico, intencional (*nemo auditur propriam turpitudinem allegans*). Como reforço para esse primeiro argumento, surge a tese pela qual se deve dar interpretação restritiva à Lei 8.009/1990.

360 DIREITO CIVIL • VOL. 1 – *Flávio Tartuce*

Entre os doutrinadores que propõem essa interpretação restritiva, pode ser citado Daniel Amorim Assumpção Neves. É até interessante a simbologia por ele utilizada:

> "Há aspecto ainda pior; penhorado o bem, abre-se discussão sobre sua impenhorabilidade em sede de embargos de execução ou mesmo 'exceção de pré-executividade', o que pode significar anos de debates para que no fim se determine que o credor deve voltar à 'estaca zero', já que aquele bem que garantia o juízo era impenhorável. A tristeza e melancolia com que o credor recebe tal informação de seu patrono só é comparável às perplexas faces dos torcedores derrotados em final de campeonato com gol impedido e de mão nos descontos" (ASSUMPÇÃO NEVES, Daniel Amorim. Impenhorabilidade..., disponível em: <http://www.flaviotartuce.adv.br/secoes/artigosf/Daniel_impenhorabil.doc>. Acesso em: 17 out. 2007).

O segundo argumento utilizado por aqueles que sustentam que os embargos do devedor devem ser rejeitados se houver o oferecimento do bem de família e posterior insurgência está fundado na alegação da vedação do comportamento contraditório (*venire contra factum proprium*), que também mantém relação com a boa-fé, mas aquela de natureza objetiva, que existe no plano da lealdade dos participantes da relação negocial. Esse entendimento chegou a ser adotado pelo Superior Tribunal de Justiça para que os embargos do devedor fossem repelidos: "Civil. Bem de família. Lei 8.009, de 1990. A impenhorabilidade resultante do art. 1.º da Lei 8.009, de 1990, pode ser objeto de renúncia válida em situações excepcionais; prevalência do princípio da boa-fé objetiva. Recurso especial não conhecido" (STJ, REsp 554.622/RS, 3.ª Turma, Rel. Min. Ari Pargendler, j. 17.11.2005, *DJ* 1.º.02.2006, p. 527).

Da ementa transcrita, aliás, decorre o terceiro argumento para se penhorar o *bem de família ofertado*, o de que a proteção constante da Lei 8.009/1990 é passível de renúncia, pois está na parte disponível dos direitos pessoais (STJ, REsp 249.009/SP, 3.ª Turma, Rel. Min. Antônio de Pádua Ribeiro, j. 16.08.2001, *DJ* 17.03.2003, p. 225). Em suma e em outras palavras, a renúncia à impenhorabilidade do bem de família, trata-se de um justo e legal exercício da autonomia privada, o que ocorre quando o devedor o oferece à excussão.

Apesar dos notáveis esforços para amparar esses três argumentos, não há como com eles concordar, em hipótese alguma. E a premissa basilar para a tese contrária é aquela pela qual o *bem de família legal* envolve um direito fundamental da pessoa humana: o direito à moradia.

Ora, muito se tem dito a respeito da dignidade humana como propulsora da tendência de constitucionalização do Direito Civil e da possibilidade de aplicação das normas constitucionais protetivas da pessoa nas relações privadas (*eficácia horizontal*). Em realidade, parece-nos que um dos modos de especializar essa máxima proteção se dá justamente pela proteção da moradia como ocorre nos casos envolvendo o *bem de família ofertado*. A amplitude de proteção, para esses casos, é justa, razoável e proporcional, *concretizando o Texto Constitucional* (SARLET, Ingo Wolfgang. *A Constituição...*, 2000).

Nos dizeres de Ingo Wolfgang Sarlet, a dignidade humana é "a qualidade intrínseca e distintiva reconhecida a cada ser humano que o faz merecedor do mesmo respeito e consideração por parte do Estado e da comunidade, implicando, nesse sentido, um complexo de direitos e deveres fundamentais que assegurem a pessoa tanto contra todo e qualquer ato de cunho degradante e desumano, como venham a lhe garantir as condições existenciais mínimas para uma vida saudável, além de propiciar e promover sua participação ativa e corresponsável nos destinos da própria existência e da vida em comunhão com os demais seres humanos" (SARLET, Ingo Wolfgang. *As dimensões...*, 2005, p. 37).

CAP. 5 · DO OBJETO DO DIREITO. OS BENS | 361

Do ponto de vista *constitucional*, esse feixe de *direitos mínimos* ou *mínimo existencial* mantém relação com o direito à moradia, previsto no art. 6.º da Constituição, um direito social e fundamental. Sob o prisma *civil*, esse feixe de direitos representa o direito à *propriedade mínima*: o direito ao imóvel próprio como um direito mínimo para o livre desenvolvimento da pessoa. Como se sabe, nos meios populares, o *sonho da casa própria* povoa a mente de milhões de brasileiros. É na casa própria que a pessoa humana se concretiza, se aperfeiçoa e se relaciona; é *nela* que exerce plenamente a sua dignidade.

A partir dessa ideia, que serve como *tronco fundamental*, decorrem os contra-argumentos ao que antes foi exposto, para gerar a conclusão de que os embargos à penhora devem ser acolhidos na hipótese do oferecimento do *bem de família*.

Primeiro, quanto à alegação de que ninguém pode se beneficiar da própria torpeza, não se pode atribuir má-fé presumida àquele que oferece o bem de família à penhora. O Direito, em certo sentido, acaba por ser uma *ciência endêmica*, que surge para solucionar conflitos humanos. Sendo assim, não se pode presumir que as mentes das pessoas também estão doentes. Ademais, o argumento de torpeza, baseado na boa-fé subjetiva e, por isso, essencialmente privado, não pode prevalecer sobre a proteção do *bem de família legal*, que envolve ordem pública (STJ, AgRg no REsp 813.546/DF, 1.ª Turma, Rel. Min. Francisco Falcão, Rel. p/ o Acórdão Min. Luiz Fux, j. 10.04.2007, *DJ* 04.06.2007, p. 314).

Segundo, a prevalência do direito à moradia sobre a boa-fé também serve para afastar o argumento de aplicação da vedação do comportamento contraditório (*venire contra factum proprium*). A partir da ideia de *ponderação* ou *pesagem*, deve-se entender que o primeiro direito tem prioridade e prevalência sobre a boa-fé objetiva.

Terceiro, não restam dúvidas de que a renúncia ao *bem de família legal* é inválida e ineficaz, pois constitui um exercício inadmissível da autonomia privada por parte do devedor. Eis aqui mais um exemplo possível de dirigismo negocial nas relações subjetivas. Desse modo, a suposta *renúncia* não afasta a possibilidade de ser arguir posteriormente a impenhorabilidade do imóvel de residência. Nesse sentido, vem entendendo, felizmente, o Superior Tribunal de Justiça:

> "Agravo regimental. Ausência de argumentos capazes de infirmar os fundamentos da decisão agravada. Execução. Bem de família. Indicação à penhora. Não merece provimento o recurso carente de argumentos capazes de desconstituir a decisão agravada. O fato de o executado oferecer à penhora o imóvel destinado à residência da família não o impede de arguir sua impenhorabilidade (Lei 8.009/90)" (STJ, AgRg no REsp 888.654/ES, 3.ª Turma, Rel. Min. Humberto Gomes de Barros, j. 03.04.2007, *DJ* 07.05.2007, p. 325).

> "Recurso especial. Embargos de terceiro. Desconstituição da penhora do imóvel no qual residem os embargantes. Legitimidade ativa *ad causam*. Membros integrantes da entidade familiar. Nomeação à penhora do bem de família. Inexistência de renúncia ao benefício previsto na Lei 8.009/90. Medida cautelar. Efeito suspensivo a recurso especial. Julgamento deste. Perda de objeto. Prejudicialidade. Extinção do processo sem exame do mérito. 1. Os filhos da executada e de seu cônjuge têm legitimidade para a apresentação de embargos de terceiro, a fim de desconstituir penhora incidente sobre o imóvel no qual residem, pertencente a seus genitores, porquanto integrantes da entidade familiar a que visa proteger a Lei 8.009/90, existindo interesse em assegurar a habitação da família diante da omissão dos titulares do bem de família. Precedentes (REsp 345.933/RJ e 151.238/SP). 2. Esta Corte de Uniformização já decidiu no sentido de que a indicação do bem de família à penhora não implica renúncia ao benefício garantido pela Lei 8.009/90. Precedentes (REsp 526.460/RS, 684.587/TO, 208.963/PR e 759.745/SP). 3. Recurso conhecido e provido

362 | DIREITO CIVIL • VOL. 1 – *Flávio Tartuce*

para julgar procedentes os embargos de terceiro, afastando a constrição incidente sobre o imóvel, invertendo-se o ônus da sucumbência, mantido o valor fixado na r. sentença. 4. Tendo sido julgado, nesta oportunidade, o presente recurso especial, a Medida Cautelar 2.739/PA perdeu o seu objeto, porquanto foi ajuizada, exclusivamente, para conferir-lhe efeito suspensivo. 5. Prejudicada a Medida Cautelar 2.739/PA, por perda de objeto, restando extinta, sem exame do mérito, nos termos do art. 808, III, c/c o art. 267, IV, ambos do CPC. Este acórdão deve ser trasladado àqueles autos" (STJ, REsp 511.023/PA, 4.ª Turma, Rel. Min. Jorge Scartezzini, j. 18.08.2005, *DJ* 12.09.2005, p. 333).

A impossibilidade de renúncia, destaque-se, consta da premissa 17 da Edição 44 da ferramenta *Jurisprudência em Teses* do STJ: "a impenhorabilidade do bem de família é questão de ordem pública, razão pela qual não admite renúncia pelo titular".

Servem como sustento para a afirmação as palavras de Jorge Miranda, para quem "a dignidade humana é da pessoa concreta, na sua vida real e quotidiana; não é de um ser ideal e abstracto. É o homem ou a mulher, tal como existe, que a ordem jurídica considera irredutível, insubsistente e irrepetível e cujos direitos fundamentais a Constituição enuncia e protege" (MIRANDA, Jorge; MEDEIROS, Rui. *Constituição...*, 2005, p. 53). Essa dignidade humana é que ampara a proteção da habitação como um direito fundamental e social no sistema português.

A conclusão deve ser a mesma no sistema brasileiro, pois interesses essenciais ao desenvolvimento social do nosso país devem prevalecer sobre interesses formais, antenados à rigidez do processo. O dogma da *justiça segura* cede espaço à *justiça justa*. Com essa ideia de justiça está se construindo o Direito Contemporâneo, sempre a partir de um diálogo interdisciplinar (HIRONAKA, Giselda Maria Fernandes Novaes. Sobre peixes e afeto..., *Família...*, 2006, p. 426).

A encerrar o estudo do instituto do bem de família, cumpre relevar que o Superior Tribunal de Justiça tem julgado que a boa-fé deve sim ser levada em conta na análise da tutela do bem de família, o que representa mitigação parcial da última conclusão exposta a respeito da penhora do *bem de família ofertado*.

Em julgado do ano de 2012, entendeu a Corte que a impenhorabilidade não prevalece nas hipóteses em que o devedor atua de má-fé, alienando todos os seus bens e fazendo restar apenas o imóvel de residência. Conforme voto da Ministra Nancy Andrighi:

> "Não há, em nosso sistema jurídico, norma que possa ser interpretada de modo apartado aos cânones da boa-fé. Todas as disposições jurídicas, notadamente as que confiram excepcionais proteções, como ocorre com a Lei 8.009/1990, só têm sentido se efetivamente protegerem as pessoas que se encontram na condição prevista pelo legislador. Permitir que uma clara fraude seja perpetrada sob a sombra de uma disposição legal protetiva implica, ao mesmo tempo, promover uma injustiça na situação concreta e enfraquecer, de maneira global, todo o sistema especial de proteção objetivado pelo legislador" (STJ, REsp 1.299.580/RJ, 3.ª Turma, Rel. Min. Nancy Andrighi, j. 20.03.2012).

A premissa tem sido confirmada em decisões posteriores, uma vez que "deve ser afastada a impenhorabilidade do único imóvel pertencente à família na hipótese em que os devedores, com o objetivo de proteger o seu patrimônio, doem em fraude à execução o bem a seu filho menor impúbere após serem intimados para o cumprimento espontâneo da sentença exequenda" (STJ, REsp 1.364.509/RS, Rel. Min. Nancy Andrighi, j. 10.06.2014, publicada no seu *Informativo* n. *545*).

Ainda mais recentemente: "a regra de impenhorabilidade do bem de família trazida pela Lei 8.009/90 deve ser examinada à luz do princípio da boa-fé objetiva, que, além de incidir em todas as relações jurídicas, constitui diretriz interpretativa para as normas do sistema jurídico pátrio. Nesse contexto, caracterizada fraude à execução na alienação do único imóvel dos executados, em evidente abuso de direito e má-fé, afasta-se a norma protetiva do bem de família, que não pode conviver, tolerar e premiar a atuação dos devedores em desconformidade com o cânone da boa-fé objetiva. Precedentes" (STJ, REsp 1.575.243/DF, 3.ª Turma, Rel. Min. Nancy Andrighi, j. 22.03.2018, *DJe* 02.04.2018).

Já no âmbito da Quarta Turma, destaque-se o julgado que admitiu que o bem de família seja objeto de alienação fiduciária em garantia, hipótese em que não se admite a alegação da impenhorabilidade, novamente com base no argumento da má-fé. Como consta dos seus termos:

> "A proteção legal conferida ao bem de família pela Lei n. 8.009/90 não pode ser afastada por renúncia do devedor ao privilégio, pois é princípio de ordem pública, prevalente sobre a vontade manifestada (AgRg nos EREsp 888.654/ES, Rel. Ministro João Otávio de Noronha, Segunda Seção, julgado em 14.03.2011, *DJe* 18.03.2011). Nada obstante, à luz da jurisprudência dominante das Turmas de Direito Privado: (a) a proteção conferida ao bem de família pela Lei n. 8.009/90 não importa em sua inalienabilidade, revelando-se possível a disposição do imóvel pelo proprietário, inclusive no âmbito de alienação fiduciária; e (b) a utilização abusiva de tal direito, com evidente violação do princípio da boa-fé objetiva, não deve ser tolerada, afastando-se o benefício conferido ao titular que exerce o direito em desconformidade com o ordenamento jurídico. No caso dos autos, não há como afastar a validade do acordo de vontades firmado entre as partes, inexistindo lastro para excluir os efeitos do pacta sunt servanda sobre o contrato acessório de alienação fiduciária em garantia, afigurando-se impositiva, portanto, a manutenção do acórdão recorrido no ponto, ainda que por fundamento diverso" (STJ, REsp 1.595.832/SC, 4.ª Turma, Rel. Min. Luis Felipe Salomão, j. 29.10.2019, *DJe* 04.02.2020).

Em 2023, a questão se pacificou na Segunda Seção da Corte, afirmando-se a tese segundo a qual "a oferta voluntária de seu único imóvel residencial em garantia a um contrato de mútuo, favorecedor de pessoa jurídica em alienação fiduciária, não conta com a proteção irrestrita do bem de família" (STJ, EREsp 1.559.348/DF, 2.ª Seção, Rel. Min. Moura Ribeiro, por maioria, j. 24.05.2023). Essa é, assim, a posição a ser considerada para os devidos fins práticos.

Ainda sobre o tema, em 2022, publicou-se a Edição n. 200 da ferramenta *Jurisprudência em Teses* do STJ, com a seguinte afirmação: "é válido acordo judicial homologado no qual devedor oferta bem de família como garantia de dívida, portanto a posterior alegação de impenhorabilidade do imóvel prevista na Lei n. 8.009/1990 contraria a boa-fé e a eticidade". Portanto, a Corte Superior, em suas duas Turmas de Direito Privado, tem entendido reiteradamente que a boa-fé objetiva deve ser levada em conta para a análise da impenhorabilidade ou não do bem de família legal.

Como se pode observar, os acórdãos abrem mais uma exceção, além do rol previsto no art. 3.º da Lei 8.009/1990, tratado como meramente exemplificativo. As decisões são *sociológicas*, apesar de encontrarem obstáculo da antiga máxima segundo a qual as normas de exceção não admitem interpretação extensiva.

Pelo contexto prático, portanto, penso haver certa instabilidade a respeito do tema na Corte, pois o próprio STJ tem entendido que o rol das exceções ao bem de família é taxativo e não exemplificativo, não se admitindo essa forma de interpretação (Tese n. 9, constante da Edição n. 200 da ferramenta *Jurisprudência em Teses*). O tema fica em aberto para as devidas reflexões.

364 | DIREITO CIVIL • VOL. 1 – *Flávio Tartuce*

5.4 RESUMO ESQUEMÁTICO

Dos bens – objeto do direito – Os bens podem ser conceituados como coisas que proporcionam ao homem alguma utilidade, sendo suscetível de apropriação.

Principais classificações dos bens – Os bens podem ser classificados de acordo com os seguintes critérios:

I) Classificação quanto à tangibilidade:

a) *Bens corpóreos, materiais ou tangíveis* – São aqueles bens que possuem existência corpórea, podendo ser tocados. Exemplos: uma casa, um veículo, um animal.

b) *Bens incorpóreos, imateriais ou intangíveis* – São aqueles com existência abstrata e que não podem ser tocados pela pessoa humana. Exemplos: hipoteca, penhor, direitos autorais.

II) Classificação dos bens quanto à mobilidade:

a) *Bens imóveis* (arts. 79 a 81 do CC) – São aqueles que não podem ser removidos ou transportados sem a sua deterioração ou destruição. Admitem a seguinte subclassificação:

- *Bens imóveis por natureza ou por essência* – são formados pelo solo e tudo quanto se lhe incorporar de forma natural (art. 79 do CC).

- *Bens imóveis por acessão física industrial ou artificial* – são formados por tudo o que o homem incorporar permanentemente ao solo, não podendo removê-lo sem destruição ou deterioração. Tais bens imóveis têm origem em construções e plantações, situações em que ocorre a intervenção humana.

- *Bens imóveis por acessão física intelectual* – conceito relacionado com tudo o que foi empregado intencionalmente para a exploração industrial, aformoseamento e comodidade. São os bens móveis que foram imobilizados pelo proprietário, constituindo uma ficção jurídica, surgindo o conceito de *pertenças*. Entendo que persiste essa categoria de bens em nosso ordenamento jurídico, apesar de a questão ser muito controvertida. Exemplo: um trator incorporado a uma fazenda, essencial para as atividades nela desenvolvidas.

- *Bens imóveis por disposição legal* – tais bens são considerados como imóveis, para que possam receber melhor proteção jurídica. Exemplo: direito à sucessão aberta.

b) *Bens móveis* (arts. 82 a 84 do CC) – Os bens móveis são aqueles que podem ser transportados, por força própria ou de terceiro, sem deterioração ou destruição. Os bens móveis podem ser assim subclassificados:

- *Bens móveis por natureza* – são bens que se podem transportar sem qualquer dano, por força própria ou alheia. Quando o bem móvel puder se mover de um local para outro, por força própria, será denominado bem móvel *semovente*, como é o caso dos animais.

- *Bens móveis por antecipação* – são os bens que eram imóveis, mas que foram mobilizados por uma atividade humana. Exemplo: árvore removida do solo, lenha cortada.

- *Bens móveis por determinação legal* – surgem nas situações em que a lei determina que o bem é móvel. Exemplos: direitos autorais e energias.

III) Classificação quanto à fungibilidade:

a) *Bens infungíveis* – São aqueles que não podem ser substituídos por outros da mesma espécie, quantidade e qualidade.

b) *Bens fungíveis* – Nos termos do art. 85 do CC, são os bens móveis que podem ser substituídos por outros da mesma espécie, qualidade e quantidade.

IV) Classificação quanto à consuntibilidade:

Dois parâmetros de classificação são utilizados pelo atual Código Civil:

–   se o consumo do bem implica em destruição – consuntibilidade física ou fática;
–   se o bem pode ser ou não objeto de consumo, ou seja, se pode ser alienado – consuntibilidade jurídica ou de direito.

Assim sendo, surge a seguinte classificação:

a) *Bens consumíveis* – São bens móveis, cujo uso importa na destruição imediata da própria coisa (*consuntibilidade física*), bem como aqueles destinados à alienação (*consuntibilidade jurídica*) – art. 86 do CC.

b) *Bens inconsumíveis* – São aqueles que proporcionam reiteradas utilizações, permitindo que se retire a sua utilidade, sem deterioração (*inconsuntibilidade física*), bem como aqueles que são inalienáveis (*inconsuntibilidade jurídica*).

O Código de Defesa do Consumidor, no seu art. 26, traz classificação muito próxima da relacionada com a consuntibilidade física. Pela Lei 8.078/1990, os produtos ou bens podem ser classificados em *duráveis e não duráveis*. Os *bens duráveis* não desaparecem facilmente com o consumo, ao contrário dos *bens não duráveis*. Esse o critério de consuntibilidade adotado pelo Código de Defesa do Consumidor.

V) Classificação quanto à divisibilidade:

a) *Bens divisíveis* – São os que se podem fracionar sem alteração em sua substância, diminuição considerável de valor ou prejuízo do uso a que se destinam (art. 87 do CC).

b) *Bens indivisíveis* – São os bens que não podem ser partilhados, pois deixariam de formar um todo perfeito, gerando desvalorização, na grande maioria das vezes. A indivisibilidade pode decorrer da natureza do bem, de imposição legal ou da vontade do seu proprietário.

VI) Classificação quanto à individualidade:

a) *Bens singulares ou individuais* – São bens singulares aqueles que, embora reunidos, possam ser considerados independentes em relação aos demais (art. 89 do CC).

b) *Bens coletivos ou universais* – São os bens que se encontram agregados em um todo. Os bens coletivos são constituídos por várias coisas singulares, consideradas em conjunto e formando um todo individualizado. Os bens universais podem decorrer de uma universalidade fática ou jurídica.

VII) Classificação quanto à dependência em relação a outro bem (bens reciprocamente considerados):

a) *Bens principais ou independentes* – São os bens que existem de maneira autônoma e independente, de forma concreta ou abstrata, conforme o art. 92 do CC.

b) *Bens acessórios ou dependentes* – São os bens cujas existência e finalidade pressupõem a outro bem, denominado bem principal. Por essa razão, quem for o proprietário do bem principal será também do bem acessório; a natureza jurídica do acessório será a mesma do principal. São bens acessórios, previstos no ordenamento jurídico brasileiro:

- *Frutos* – são bens acessórios que têm sua origem, que nascem do bem principal, mantendo a integridade desse último, sem diminuição da sua substância ou quantidade.

- *Produtos* – são os bens acessórios que saem da coisa principal, diminuindo a quantidade e substância dessa última.

- *Pertenças* – são bens móveis destinados a servir outro bem principal, por vontade ou trabalho intelectual do proprietário. A pertença pode ser essencial ou não. No primeiro caso, incorporado um bem móvel a imóvel, haverá um bem imóvel por acessão intelectual. Sendo a pertença não essencial, aplica-se o art. 94 do CC, não repercutindo um negócio jurídico que atinge o bem principal na pertença correspondente.

- *Partes integrantes* – são bens acessórios que estão unidos ao bem principal, formando com este último um todo independente (Maria Helena Diniz). Exemplo: a lâmpada em relação ao lustre.

- *Benfeitorias* – são bens acessórios introduzidos em um bem móvel ou imóvel, visando a sua conservação ou melhora da sua utilidade. Enquanto os frutos e produtos decorrem do bem principal, as benfeitorias são nele introduzidas. Classificação das benfeitorias:

  - *Benfeitorias necessárias* – sendo essenciais ao bem principal, são as que têm por fim conservar ou evitar que o bem se deteriore.

  - *Benfeitorias úteis* – são as que aumentam ou facilitam o uso da coisa, tornando-a mais útil.

  - *Benfeitorias voluptuárias* – são as de mero deleite, de mero luxo, que não facilitam a utilidade da coisa, mas apenas tornam mais agradável o uso da coisa.

VIII) Classificação em relação ao titular do domínio:

a) *Bens particulares ou privados* – São os que pertencem às pessoas físicas ou jurídicas de direito privado.

b) *Bens públicos ou do Estado* – São os que pertencem a uma entidade de direito público interno, como no caso da União, Estados, Distrito Federal, Municípios, entre outros (art. 98 do CC). Os bens públicos podem ser assim classificados:

- *Bens de uso geral ou comum do povo* (art. 99, I, do CC). São bens destinados à utilização do público em geral, sem necessidade de permissão especial, caso, por exemplo, das praças, jardins, ruas, estradas, mares, rios, praias, golfos, entre outros.

- *Bens de uso especial* (art. 99, II, do CC). São os edifícios e terrenos utilizados pelo próprio Estado para a execução de serviço público especial, havendo uma destinação especial, denominada *afetação*.

- *Bens dominicais ou dominiais* (art. 99, III, do CC). São os bens públicos que constituem o patrimônio disponível e alienável da pessoa jurídica de direito público, abrangendo tanto móveis quanto imóveis.

Bem de família – Não confundir o *bem de família convencional ou voluntário* (arts. 1.711 a 1.722 do CC) com o *bem de família legal* (Lei 8.009/1990). Como bem aponta o Professor Álvaro Villaça Azevedo, o segundo não revogou a existência do primeiro (*Bem de família...*, 2001). Para tanto, importante o quadro esquemático a seguir:

CAP. 5 · DO OBJETO DO DIREITO. OS BENS | 367

Bem de Família Voluntário ou Convencional	Bem de Família Legal
Previsto nos arts. 1.711 a 1.722 do CC.	Previsto na Lei 8.009/1990.
Instituído por ato voluntário de membros da entidade familiar.	Proteção automática.
Máximo: 1/3 do patrimônio.	Não há limites fixados em lei, por regra. Proteção do único imóvel em que reside a entidade familiar.
Exceções – casos de penhorabilidade, somente aplicáveis para esta modalidade: a) dívidas anteriores à instituição; b) dívidas de impostos prediais; c) dívidas de condomínio.	Exceções – casos de penhorabilidade listados no art. 3.º da norma específica, somente incidentes para esta categoria: a) pelo titular do crédito decorrente de financiamento destinado à construção ou aquisição do imóvel; b) pelo credor de pensão alimentícia, resguardados os direitos, sobre o bem, do seu coproprietário que, com o devedor, integre união estável ou conjugal, observadas as hipóteses em que ambos responderão pela dívida; c) para cobrança de impostos, predial ou territorial, taxas e contribuições devidas em relação ao imóvel familiar, inclusive despesas de condomínio; d) para a execução de hipoteca sobre o imóvel, oferecido como garantia real pelo casal ou pela entidade familiar; e) no caso de o imóvel ter sido adquirido como produto de crime ou para a execução de sentença penal condenatória; f) por obrigação decorrente de fiança concedida em contrato de locação urbana. Obs. Foi revogado o inciso I do art. 3.º da Lei 8.009/1990, que previa como exceção o crédito de trabalhadores da própria residência.

5.5   QUESTÕES CORRELATAS

01. (TJPB – Cespe – Juiz de Direito Substituto – 2015) Assinale a opção correta com relação a bens.

(A) O entendimento sumulado pelo STF é no sentido de que, em regra, o adquirente de imóvel responde pelas benfeitorias realizadas pelo locatário.

(B) A lei veda a instituição de bem de família por um dos cônjuges sem a outorga do outro.

(C) A proteção dos bens corpóreos e dos incorpóreos pode ser realizada por meio de tutela possessória.

(D) A infungibilidade de um bem pode decorrer da manifestação de vontade da parte.

(E) Os produtos são acessórios produzidos com periodicidade, e sua retirada não prejudica a substância da coisa principal.

02. (TJDFT – Cespe – Juiz de Direito Substituto – 2015) A respeito dos bens, assinale a opção correta à luz da jurisprudência pertinente.

(A) Os bens naturalmente divisíveis não se podem tornar indivisíveis.

(B) É possível a cobrança de retribuição pecuniária pelo uso comum dos bens públicos.

(C) Considera-se bem infungível a produção agrícola tanto de pessoa física quanto de pessoa jurídica.

(D) Com a abertura da sucessão, a herança incorpora-se ao patrimônio do herdeiro na qualidade de bem imóvel divisível.

(E) São considerados bens imóveis os direitos pessoais de caráter patrimonial e as respectivas ações.

368 | DIREITO CIVIL • VOL. 1 – *Flávio Tartuce*

03. (TRF-5.ª Região – Cespe – Juiz de Direito Substituto – 2015) No que se refere a bens, assinale a opção correta.

(A) Os bens dominicais, diferentemente dos demais bens públicos, se submetem primordialmente às regras do direito privado.

(B) Os bens incorpóreos não admitem usucapião, mas, como regra, admitem tutela possessória.

(C) A consuntibilidade que um bem gera é incompatível com a infungibilidade.

(D) A divisibilidade, ou não, de uma coisa, sob o aspecto jurídico, decorre de um critério utilitarista.

(E) Os bens acessórios são aqueles que, não sendo partes integrantes do bem principal, se destinam de modo duradouro ao uso de outro.

04. (TCE-PB – Cespe – Procurador – 2015) No que se refere às pessoas jurídicas e aos bens, assinale a opção correta.

(A) O uso comum dos bens públicos é sempre gratuito.

(B) A existência das pessoas jurídicas de direito privado tem início com a inscrição do ato constitutivo no respectivo registro, precedida, quando se fizer necessário, de autorização ou aprovação do Poder Executivo.

(C) Para criar uma fundação, o seu instituidor deve fazer, por escritura pública ou testamento, dotação especial de bens livres, sendo imprescindível que indique a finalidade a que se destina a fundação, pois, se insuficientes os referidos bens para constituí-la, estes serão obrigatoriamente incorporados em outra que se proponha ao mesmo fim.

(D) Em caso de abuso caracterizado pelo desvio de finalidade, a possibilidade de desconsideração da personalidade jurídica, para a extensão dos efeitos de certas e determinadas relações de obrigações ao patrimônio dos administradores da pessoa jurídica, decorre de construção jurisprudencial, não havendo previsão expressa nesse sentido no atual Código Civil.

(E) Consideram-se benfeitorias os melhoramentos ou acréscimos sobrevindos ao bem, ainda que não decorram da intervenção do proprietário, possuidor ou detentor.

05. (DPE-BA – FCC – Defensor Público – 2016) Segundo o Código Civil de 2002, os bens públicos são

I. inalienáveis, os dominicais.

II. alienáveis, desde que haja prévia justificativa e autorização do Poder Legislativo.

III. inalienáveis, os bens de uso comum, enquanto conservar a sua qualificação; e inalienáveis os bens dominicais, observadas as determinações legais.

IV. alienáveis, os bens dominicais, observadas as determinações legais.

V. inalienáveis, os bens públicos de uso comum do povo na forma que a lei determinar.

Está correto o que se afirma APENAS em

(A) I, II e III.

(B) I, III e IV.

(C) II e IV.

(D) IV e V.

(E) I, II e V.

06. (TRT-1.ª Região – FCC – Juiz do Trabalho Substituto – 2016) Sobre os bens reciprocamente considerados, e de acordo com o que estabelece o Código Civil, considere:

I. São pertenças os bens que, não constituindo partes integrantes, se destinam, de modo duradouro, ao uso, ao serviço ou ao aformoseamento de outro.

II. Os negócios jurídicos que dizem respeito ao bem principal abrangem as pertenças de acordo com as circunstâncias do caso.

III. As benfeitorias úteis são aquelas que não aumentam o uso habitual do bem, ainda que o tornem mais agradável ou sejam de elevado valor.

CAP. 5 · DO OBJETO DO DIREITO. OS BENS | 369

IV. Não se consideram benfeitorias os melhoramentos ou acréscimos sobrevindos ao bem sem a intervenção do proprietário, possuidor ou detentor.

Está correto o que se afirma APENAS em

(A) I e II.

(B) I e IV.

(C) I, II e III.

(D) I, II e IV.

(E) II, III e IV.

07. **(Outorga de Delegações de Notas e de Registro do Estado de São Paulo – Vunesp – 2016) A instituição do bem de família sobre um terço do patrimônio líquido, por ato de vontade, nos moldes do Código Civil,**

(A) deverá ser formalizada necessariamente por escritura pública, levada a registro no Registro de Imóveis.

(B) afasta as regras sobre a impenhorabilidade do imóvel residencial estabelecidas em lei especial.

(C) produz efeitos temporalmente ilimitados, salvo se novo título for levado ao Registro, modificando o conteúdo anterior.

(D) terá forma solene e dependerá do registro do título no Registro de Imóveis para sua constituição.

08. **(TJRO – Ieses – Titular de Serviços de Notas e de Registros – Provimento – 2017) Em relação aos bens, responda de acordo com o Código Civil:**

I. Os bens infungíveis são aqueles móveis ou imóveis que podem substituir-se por outros da mesma espécie, qualidade e quantidade.

II. Os bens naturalmente divisíveis não podem tornar-se indivisíveis por vontade das partes.

III. O direito à sucessão aberta é considerado bem imóvel para os efeitos legais.

Assinale a alternativa correta:

(A) Todas as assertivas são verdadeiras.

(B) Apenas as assertivas I e III são verdadeiras.

(C) Apenas a assertiva III é verdadeira.

(D) Apenas as assertivas I e II são verdadeiras.

09. **(TJRO – IESES – Titular de Serviços de Notas e de Registros – Remoção – 2017) Consideram--se bens imóveis para os efeitos legais:**

I. O direito à sucessão aberta.

II. Os direitos pessoais de caráter patrimonial e respectivas ações.

III. As energias que tenham valor econômico.

IV. Os direitos reais sobre imóveis e as ações que os asseguram.

A sequência correta é:

(A) Apenas a assertiva III está incorreta.

(B) As assertivas I, II, III e IV estão corretas.

(C) Apenas as assertivas I e IV estão corretas.

(D) Apenas a assertiva II está correta.

10. **(Uece/Funece – Advogado – 2017) Os bens pertencentes às pessoas jurídicas de direito público a que se tenha dado estrutura de direito privado são considerados bens:**

(A) de uso comum do povo.

(B) de uso especial.

(C) dominicais.

(D) de uso excepcional.

370 | DIREITO CIVIL • VOL. 1 – *Flávio Tartuce*

11. **(HUJB – UFCG – EBSERH/Instituto AOCP – Advogado – 2017) Com base no Código Civil, analise as assertivas e assinale a alternativa que aponta as corretas.**

I. O princípio da gravitação jurídica dispõe que, em não havendo previsão legal ou estabelecida em contrário entre as partes contratantes, a propriedade do bem acessória seguirá a do bem principal.

II. Um bem público construído pela Prefeitura em uma praça é um bem de uso comum do povo e dispensa permissão especial de uso, mas poderá ser oneroso se assim definido pela administração.

III. Em um negócio jurídico a nulidade ou anulabilidade da obrigação principal também afeta as obrigações acessórias, mas, do contrário, em sendo nulas ou anuláveis as obrigações acessórias, não necessariamente o será a principal.

IV. Em um negócio jurídico, subordinando-se a eficácia do negócio jurídico à condição suspensiva, enquanto ela não ocorrer não se adquire o direito a que ela visa. De outro modo, na condição resolutiva, enquanto ela não se realizar, vigorará o negócio jurídico, podendo exercer-se desde a conclusão deste o direito por ele estabelecido.

V. Haverá uma condição suspensiva determinando a cessação dos efeitos da compra e venda de um bem imóvel, cujo contrato trouxer cláusula que estabelece o pagamento integral do preço ao registro da baixa da hipoteca no cartório de registro de imóveis.

(A) Apenas I, II, III e IV.

(B) Apenas II e IV.

(C) Apenas I, III e V.

(D) Apenas II, III e V.

(E) Apenas I e IV.

12. **(Delegado de Polícia – PC-SP – Vunesp – 2018) Sobre as diferentes classes de bens, assinale a alternativa correta.**

(A) Constitui universalidade de direito a pluralidade de bens singulares que, pertinentes à mesma pessoa, tenham destinação unitária.

(B) Os bens naturalmente divisíveis só podem tornar-se indivisíveis por determinação legal.

(C) São bens imóveis o solo, o subsolo e o espaço aéreo e apenas o que se lhe incorporar artificialmente.

(D) Consideram-se bens móveis as energias que tenham valor econômico e o direito à sucessão aberta.

(E) Apesar de ainda não separados do bem principal, os frutos e produtos podem ser objeto de negócio jurídico.

13. **(Delegado de Polícia Substituto – PC-MG – Fumarc – 2018) De acordo com o disposto no Código Civil a respeito dos bens, é CORRETO afirmar:**

(A) A lei não pode determinar a indivisibilidade do bem, pois esta característica decorre da natureza da coisa ou da vontade das partes.

(B) A regra de que o acessório segue o principal tem inúmeros efeitos, entre eles, a presunção absoluta de que o proprietário da coisa principal também seja o dono do acessório.

(C) Para os efeitos legais, considera-se bem imóvel o direito à sucessão aberta.

(D) Pertenças são obras feitas na coisa ou despesas que se teve com ela, com o fim de conservá-la, melhorá-la ou embelezá-la.

14. **(Delegado de Polícia – PC-RS – Fundatec – 2018) Conforme disciplina normativa do Código Civil brasileiro, NÃO são bens públicos:**

(A) Os dominicais, ainda que alienáveis.

(B) Os de uso especial destinados a autarquias.

(C) Os terrenos destinados a serviços da administração territorial ou municipal.

(D) Os bens sujeitos a usucapião.

(E) Os dominicais, quando objeto de direito pessoal de entidades de direito público.

CAP. 5 • DO OBJETO DO DIREITO. OS BENS | 371

15. **(Titular de Serviços de Notas e de Registros – TJ-AM – Ieses – 2018) Em relação aos bens, responda as questões:**

I. São benfeitorias os melhoramentos ou acréscimos sobrevindos ao bem, com ou sem a intervenção do proprietário, possuidor ou detentor.

II. Somente após separados do bem principal, os frutos e produtos podem ser objeto de negócio jurídico.

III. Os negócios jurídicos que dizem respeito ao bem principal abrangem as pertenças, salvo se o contrário resultar da lei, da manifestação de vontade, ou das circunstâncias do caso.

Assinale a correta:

(A) Todas as assertivas são falsas.

(B) Apenas as assertivas I e III são verdadeiras.

(C) Apenas a assertiva I é verdadeira.

(D) Todas as assertivas são verdadeiras.

16. **(Delegado de Polícia Civil – PC-MA – Cespe – 2018) Determinado indivíduo tinha direito de usufruto de uma casa. Tal direito era transmissível a seus sucessores que com ele habitassem à época de sua morte. Além disso, ele era proprietário de um pequeno barco. Quando de seu falecimento, foi aberta a sucessão. De acordo com o Código Civil, os referidos bens – direito real de usufruto; direito real sobre o barco; direito à sucessão aberta – são classificados, respectivamente, como bens**

(A) imóvel, móvel e imóvel.

(B) móvel, imóvel e móvel.

(C) imóvel, imóvel e imóvel.

(D) móvel, móvel e móvel.

(E) imóvel, móvel e móvel.

17. **(Titular de Serviços de Notas e de Registros – Provimento – TJ-MG – Consulplan – 2019) Tendo em mira a classificação dos bens feita pelo Código Civil, assinale a alternativa correta.**

(A) Os direitos pessoais de caráter patrimonial e respectivas ações são considerados bens imóveis para os efeitos legais.

(B) Constitui universalidade de direito a pluralidade de bens singulares que, pertencentes à mesma pessoa, tenham destinação unitária.

(C) Os tijolos adquiridos para emprego futuro na construção de uma casa são considerados bens imóveis por acessão intelectual desde o momento da aquisição.

(D) As janelas retiradas de uma casa para a realização de obras de expansão, com a intenção de reposição em outro local do mesmo imóvel, não perdem a qualidade de bens imóveis.

18. **(Advogado – Prefeitura de Mauriti – CE – CEV-Urca – 2019) Ticiano, por meio de testamento, realiza dotação especial de bens livres para a finalidade de constituir uma fundação com o intuito de promover assistência a idosos na cidade de Mauriti. Todavia, os bens destinados foram insuficientes. Diante da situação, nada havia sido disposto por Ticiano. Assim, é CORRETO afirmar:**

(A) Os bens deverão ser incorporados ao patrimônio da União.

(B) Os bens serão arrecadados e passarão ao domínio do município de Mauriti, se localizados na respectiva circunscrição.

(C) O Ministério Público, responsável por velar pelas fundações, destinará os bens dotados para o fundo de assistência mantido pelo Estado para a defesa dos hipossuficientes.

(D) Os bens destinados à fundação serão, nesse caso, incorporados em outra fundação que se proponha a fim igual ou semelhante.

(E) Os bens dotados deverão ser convertidos em títulos da dívida pública até que, aumentados com os rendimentos, consigam perfazer a finalidade pretendida.

372 DIREITO CIVIL • VOL. 1 – *Flávio Tartuce*

19. **(Procurador Jurídico – Ipremm-SP – Vunesp – 2019) Conforme disciplina do Código Civil, os bens pertencentes às pessoas jurídicas de direito público a que se tenha dado estrutura de direito privado, salvo disposição legal em sentido contrário, são bens**

    (A) dominicais.

    (B) particulares.

    (C) de uso comum do povo.

    (D) de uso especial.

    (E) públicos de natureza privada.

20. **(Fiscal de Tributos – Prefeitura de Morro Agudo-SP – Vunesp – 2020) A respeito do regime jurídico dos bens no direito civil, é correto afirmar:**

    (A) o solo constitui bem imóvel, mas tudo aquilo que lhe for incorporado conserva o caráter de bem móvel.

    (B) não dispondo a lei em contrário, são considerados dominicais os bens pertencentes às pessoas jurídicas de direito público a que se tenha dado estrutura de direito privado.

    (C) consideram-se imóveis para os efeitos legais os direitos reais sobre quaisquer bens e as ações que os assegurem.

    (D) o uso comum dos bens públicos será sempre gratuito, não podendo ser instituída qualquer retribuição pelo uso.

    (E) são classificados como de uso especial os bens que constituem o patrimônio das pessoas jurídicas de direito público, como objeto de direito pessoal ou real.

21. **(Advogado – Prefeitura de Mostardas-RS – Legalle Concursos – 2020) Conforme o Código Civil, bens fungíveis são:**

    (A) Os que, embora reunidos, se consideram *de per si*, independentemente dos demais.

    (B) Os móveis que se podem fracionar sem alteração na sua substância, diminuição considerável de valor, ou prejuízo do uso a que se destinam.

    (C) Os móveis que podem substituir-se por outros da mesma espécie, qualidade e quantidade.

    (D) Os móveis cujo uso importa destruição imediata da própria substância, sendo também considerados tais os destinados à alienação.

22. **(Analista Jurídico – Prefeitura de Betim-MG – AOCP – 2020) Quanto à parte geral do Código Civil de 2002, assinale a alternativa correta.**

    (A) Decorrido um ano da arrecadação dos bens do ausente, ou, se ele deixou representante ou procurador, em se passando três anos, poderão os interessados requerer que se declare a ausência e se abra provisoriamente a sucessão.

    (B) Decai em 02 (dois) anos o direito de anular a constituição das pessoas jurídicas de direito privado, por defeito do ato respectivo, contado o prazo da publicação de sua inscrição no registro.

    (C) Constituem-se as associações pela união de pessoas que se organizem para fins econômicos ou não, sendo que os associados devem possuir iguais direitos, vedado ao estatuto instituir categorias com vantagens especiais.

    (D) Tornando-se ilícita, impossível ou inútil a finalidade a que visa a fundação, ou vencido o prazo de sua existência, o órgão do ministério público, ou qualquer interessado, lhe promoverá a extinção, incorporando-se o seu patrimônio, salvo disposição em contrário no ato constitutivo, ou no estatuto, à fazenda pública do estado, do distrito federal ou da união.

    (E) Perdem o caráter de imóveis as edificações que, separadas do solo, ainda que conservem a sua unidade, forem removidas para outro local.

23. **(Analista de Controle Interno – Prefeitura de Linhares-ES – Ibade – 2020) De acordo com o Código Civil, são bens públicos aqueles do domínio nacional pertencentes às:**

    (A) empresas públicas.

    (B) pessoas hipossuficientes.

    (C) sociedades de economia mista.

CAP. 5 · DO OBJETO DO DIREITO. OS BENS | 373

(D) pessoas jurídicas de direito público interno.

(E) organizações da sociedade civil de interesse público – OSCIP.

24. **(Procurador Jurídico – Prefeitura de Venâncio Aires-RS – Objetiva – 2021) De acordo com a Lei 10.406/2002 – Código Civil, considerando-se as definições dos bens, numerar a 2.ª coluna de acordo com a 1.ª e, após, assinalar a alternativa que apresenta a sequência CORRETA:**

(1) Singulares. (2) Consumíveis. (3) Pertenças. (4) Acessórios.

( ) Os bens móveis cujo uso importa destruição imediata da própria substância, sendo também considerados tais os destinados à alienação. ( ) Os bens cuja existência supõe a do principal. ( ) Os bens que, embora reunidos, consideram-se *de per si*, independentemente dos demais. ( ) Os bens que, não constituindo partes integrantes, se destinam, de modo duradouro, ao uso, ao serviço ou ao aformoseamento de outro.

(A) 1 – 3 – 4 – 2.

(B) 3 – 4 – 1 – 2.

(C) 2 – 3 – 1 – 4.

(D) 2 – 4 – 3 – 1.

(E) 2 – 4 – 1 – 3.

25. **(Procurador – TC-DF – Cespe/Cebraspe – 2021) A respeito de bens, de negócios jurídicos, de obrigações, e de contratos regulados no Código Civil, julgue o item subsequente.**

Apesar de se destinarem, de modo duradouro, ao uso de outro bem, as pertenças, em regra, não seguem a regra da gravitação jurídica.

( ) Certo   ( ) Errado

26. **(Juiz de Direito Substituto – TJPE – FGV – 2022) Lauro comprou um carro usado de seu vizinho para Marcos, seu filho que acabara de completar 18 anos. Ficou satisfeito com o modelo que escolheu, pois além de ser um carro versátil para um jovem, viu que possuía um rastreador, que pensou ser relevante para questões de segurança. Celebrado o negócio jurídico, Lauro ficou surpreso quando o carro foi entregue sem o rastreador e, ao questionar o vendedor, ele o informou que a aquisição desse item não foi convencionada.**

O vendedor não estava obrigado a entregar o rastreador, porque ele é considerado:

(A) bem imóvel por acessão intelectual;

(B) produto;

(C) benfeitoria;

(D) pertença;

(E) bem móvel para efeitos legais.

27. **(Juiz de Direito Substituto – TJSC – FGV 2022) Tício decidiu modernizar sua fazenda. Seus planos consistem em: instalar energia elétrica; empenhar um relógio de família para obter um empréstimo; demolir o antigo celeiro, não mais utilizado, e doar aos empregados os materiais resultantes da demolição, que não serão reutilizados; e contratar uma equipe especializada para retirar os vitrais da capela construída há dois meses para limpeza e, posteriormente, os recolocar. Para passar as informações à sua advogada para providenciar as contratações, quer determinar a natureza jurídica de tais bens. Assim, no que concerne aos bens considerados em si mesmos, com relação à classificação quanto à mobilidade, a energia elétrica, o penhor, os materiais resultantes da demolição do antigo celeiro e os vitrais da capela são, respectivamente:**

(A) bem móvel, bem imóvel, bem móvel e bem móvel;

(B) bem móvel, bem móvel, bem imóvel e bem móvel;

(C) bem imóvel, bem imóvel, bem móvel e bem móvel;

(D) bem imóvel, bem móvel, bem imóvel e bem imóvel;

(E) bem móvel, bem móvel, bem móvel e bem imóvel.

374 | DIREITO CIVIL • VOL. 1 – *Flávio Tartuce*

28. (Advogado – Prefeitura de Contagem-MG – IBFC – 2022) São pertenças os bens que:

(A) embora reunidos, se consideram *de per si*, independentemente dos demais.

(B) apresentando-se como naturalmente divisíveis, podem tornar-se indivisíveis por determinação da lei ou por vontade das partes.

(C) não constituindo partes integrantes, se destinam, de modo duradouro, ao uso, ao serviço ou ao aformoseamento de outro.

(D) dada a sua natureza, se podem fracionar sem alteração na sua substância, diminuição considerável de valor, ou prejuízo do uso a que se destinam.

29. (Defensor Público – DPE-SE – Cespe/Cebraspe – 2022) De acordo com a classificação dos bens móveis e imóveis disposta no Código Civil Brasileiro, assinale a opção correta.

(A) As edificações, quando separadas do solo e removidas para outro local, mesmo conservando a sua unidade, perdem o caráter de bem imóvel.

(B) Os materiais provisoriamente separados de um prédio, para serem nele reempregados, adquirem o caráter de bem móvel.

(C) Os materiais provenientes da demolição de algum prédio adquirem a condição de bens móveis.

(D) Direito à sucessão aberta é considerado bem móvel para os efeitos legais.

(E) Consideram-se bens imóveis as energias que tenham valor econômico.

30. (TJRJ – Vunesp – Juiz Substituto – 2023) As pertenças

(A) são bens acessórios que fazem parte integrante de outro bem principal e seguem a sorte deste.

(B) estão irremediavelmente ligadas ao bem, não sendo objeto de relações jurídicas próprias.

(C) confundem-se com o conceito de parte integrada, ou seja, são bens que perdem sua identidade porque irreversivelmente integrados em outro bem.

(D) podem ser destacadas do bem principal, podendo, portanto, figurarem como objeto de relações jurídicas próprias, sendo que, como regra, não seguem a sorte do bem principal.

(E) em regra, são abrangidas pelos negócios jurídicos que dizem respeito ao bem principal, salvo se o contrário resultar da lei, da manifestação de vontade, ou das circunstâncias do caso.

31. (MPE-SP – Vunesp – Promotor de Justiça Substituto – 2023) Em relação aos bens recipro-camente considerados, é INCORRETO afirmar:

(A) Os frutos e produtos podem ser objeto de negócio jurídico, apesar de ainda não separados do bem principal.

(B) Bem acessório é aquele cuja existência supõe a do principal.

(C) O tratamento das pertenças no Código Civil confirma a regra de que o acessório segue o principal.

(D) Parte integrante e acessório não são vocábulos sinônimos.

(E) São pertenças os bens que, não constituindo partes integrantes, se destinam, de modo duradouro, ao uso, ao serviço ou a aformoseamento de outro.

32. (AGU – Cespe/Cebraspe – Procurador Federal – 2023) Considerando as disposições do Código Civil e a Jurisprudência do STJ a respeito de bens, assinale a opção correta.

(A) Coisa sem dono (*res nullius*) é aquela que foi objeto de relação de direito, mas deixou de o ser porque seu dono jogou-a fora, com a intenção de a ela renunciar.

(B) Os materiais destinados a alguma construção, enquanto não forem empregados, não conservam sua qualidade de bens móveis.

(C) Os bens de sociedade de economia mista estão sujeitos à usucapião, inclusive quando afetados à prestação de serviço público.

(D) Os direitos autorais, a energia elétrica e os direitos de propriedade intelectual são considerados bens móveis.

(E) Os navios e aviões são sujeitos à hipoteca e, portanto, são considerados bens imóveis.

CAP. 5 · DO OBJETO DO DIREITO. OS BENS | 375

33. (MPE-AM – Cespe/Cebraspe – Promotor de Justiça Substituto – 2023) Conforme a juris-prudência atualmente dominante no Supremo Tribunal Federal (STF), a penhora de bem de família pertencente a fiador de contrato de locação

(A) é inconstitucional em qualquer hipótese.

(B) é inconstitucional, e eventual controvérsia jurídica sobre essa matéria deve ser resolvida pelo STJ.

(C) encontra amparo constitucional somente no caso de locação residencial.

(D) encontra amparo constitucional somente no caso de locação comercial.

(E) encontra amparo constitucional no caso de locação residencial ou comercial.

34. (DPE-RO – Cespe/Cebraspe – Defensor Público Substituto – 2023) Acerca dos bens imóveis e de suas classificações, assinale a opção correta.

(A) Direitos reais sobre imóveis e ações que os asseguram são considerados bens móveis por determinação legal.

(B) Os materiais provisoriamente separados de um prédio, para nele se reempregarem, adquirem o caráter de bens móveis.

(C) Direitos à sucessão aberta são considerados bens imóveis para efeitos legais.

(D) O solo é considerado bem imóvel por acessão natural.

(E) As edificações que, separadas do solo, mas conservando a sua unidade, forem removidas para outro local perdem o caráter de bens imóveis.

35. (Câmara de Viamão-RS – Procurador Legislativo – Fundatec – 2024) De acordo com o que estabelece o Código Civil quanto aos bens singulares e coletivos, analise as assertivas abaixo:

I. São singulares os bens que, embora reunidos, se consideram *de per si*, independentemente dos demais.

II. Constitui universalidade de direito a pluralidade de bens singulares que, pertinentes à mesma pessoa, tenham destinação unitária.

III. Constitui universalidade de fato o complexo de relações jurídicas, de uma pessoa, dotadas de valor econômico.

Quais estão corretas?

(A) Apenas I.

(B) Apenas II.

(C) Apenas I e II.

(D) Apenas I e III.

(E) I, II e III.

36. (Câmara de Olinda-PE – Analista Legislativo – Igeduc – 2024) De acordo com o Código Civil, os bens pertencentes a entidades de direito privado associadas ao Estado são todos considerados bens públicos, sujeitos ao mesmo regime jurídico dos bens de uso comum do povo e uso especial.

( ) Certo   ( ) Errado

37. (TRF-5.ª Região – Residência Judicial – IBFC – 2024) Considerando o que dispõe o Código Civil de 2002 acerca dos bens, analise as afirmativas abaixo.

I. O direito à sucessão aberta é considerado bem imóvel para os efeitos legais.

II. As energias que tenham valor econômico são consideradas bens móveis para os efeitos legais.

III. Os bens naturalmente divisíveis não podem tornar-se indivisíveis por vontade das partes.

Estão corretas as afirmativas:

(A) I e II apenas

(B) I e III apenas

(C) II e III apenas

(D) II apenas

376 │ DIREITO CIVIL • VOL. 1 – *Flávio Tartuce*

38. **(PGE-RN – Procurador – Cespe/Cebraspe – 2024)** Pedro comprou um carro usado de seu vizinho, com a intenção de presentear seu filho João, que completara a maioridade civil. Pedro ficou satisfeito com o veículo, inclusive porque verificou que a ele havia sido acoplado um rastreador móvel, o qual seria relevante, na opinião de Pedro, para a segurança de João. Foi celebrado o contrato de compra e venda do automóvel, contudo, ao receber o bem, Pedro verificou que o rastreador fora retirado do veículo. Ao questionar o vendedor sobre a retirada do equipamento, Pedro foi informado de que a aquisição do equipamento não havia sido convencionada.

Tendo como referência essa situação hipotética, assinale a opção correta com base no entendimento do STJ.

(A) O rastreador constitui parte integrante do veículo e deve acompanhá-lo na negociação da venda.

(B) Por ser o rastreador considerado um bem naturalmente divisível, não se presume a sua inclusão na negociação do veículo.

(C) O rastreador é um bem acessório e deve acompanhar o veículo, bem principal, independentemente de previsão contratual nesse sentido.

(D) O rastreador é considerado uma benfeitoria necessária e, por essa razão, presume-se a sua inclusão na negociação do veículo.

(E) Por ser o rastreador considerado pertença, não se presume a sua inclusão na negociação do veículo.

GABARITO

01 – D	02 – B	03 – D
04 – B	05 – D	06 – B
07 – D	08 – C	09 – C
10 – C	11 – A	12 – E
13 – C	14 – D	15 – A
16 – A	17 – D	18 – D
19 – A	20 – B	21 – C
22 – A	23 – D	24 – E
25 – CERTO	26 – D	27 – E
28 – C	29 – C	30 – D
31 – C	32 – D	33 – E
34 – C	35 – A	36 – ERRADO
37 – A	38 – E	

6

TEORIA GERAL
DO NEGÓCIO JURÍDICO

Sumário: 6.1 Fatos, atos e negócios jurídicos. Conceitos iniciais – 6.2 Do ato jurídico em sentido estrito ou ato jurídico *stricto sensu* – 6.3 Do negócio jurídico: 6.3.1 Principais classificações dos negócios jurídicos; 6.3.2 Os elementos constitutivos do negócio jurídico – 6.4 Estudo do negócio jurídico processual e o seu tratamento no CPC/2015 – 6.5. Resumo esquemático – 6.6 Questões correlatas – Gabarito.

6.1 FATOS, ATOS E NEGÓCIOS JURÍDICOS. CONCEITOS INICIAIS

Um dos pontos primordiais para entender as relações jurídicas é conhecer profundamente os conceitos basilares de Direito Privado, quais sejam as concepções de *fato, ato* e *negócio jurídico*. Esses conceitos, aliás, não interessam somente ao Direito Civil, mas também à Teoria Geral do Direito. Para a compreensão do âmbito jurídico, tais construções são ferramentas básicas que devem sempre ser usadas pelos estudiosos do Direito Privado.

Inicialmente, é interessante conhecer o conceito de *fato*, que significa qualquer ocorrência que interessa ou não ao direito, ao âmbito jurídico. Dentro desse mundo dos fatos, surgem os *fatos não jurídicos*, que não nos interessam como objeto de estudo, e os *fatos jurídicos*; qualquer ocorrência com repercussão para o direito, ou seja, *fatos com repercussões jurídicas*. Como bem elucida Francisco Cavalcanti Pontes de Miranda, o *mundo jurídico nada mais é do que o mundo dos fatos jurídicos*:

> "Tudo que aqui pudéssemos dizer não seria mais do que resumo do que se expôs na Introdução. O mundo jurídico confina com o mundo dos fatos (materiais, ou enérgicos, econômicos, políticos, de costumes, morais, artísticos, religiosos, científicos), donde as múltiplas interferências de um no outro. O mundo jurídico não é mais do que o mundo dos fatos jurídicos, isto é, daqueles suportes fácticos que logram entrar no mundo jurídico. A soma, tecido ou aglomerado de suportes fáticos que passaram à dimensão jurídica, ao *jurídico*, é

o mundo jurídico. Nem todos os fatos jurídicos são idênticos. Donde o problema inicial de os *distinguir* e de os *classificar.*

O fato jurídico provém do mundo fático, porém nem tudo que o compunha entra, sempre, no mundo jurídico. À entrada no mundo do direito, selecionam-se os fatos que entram. É o mesmo dizer-se que à soma dos elementos do que, no mundo fático, teríamos como fato, ou como complexo de fatos, nem sempre corresponde suporte fático de regra jurídica: no dizer o que é que cabe no suporte fático da regra jurídica, ou, melhor, no que recebe a sua impressão, a sua incidência, a regra jurídica *discrimina* o que há de entrar e, pois, por omissão, o que não pode entrar" (PONTES DE MIRANDA, Francisco Cavalcanti. *Tratado...*, 1974, t. II, p. 183).

Também amparando os conceitos na doutrina, consignem-se as palavras de Sílvio de Salvo Venosa, para quem "são fatos jurídicos todos os acontecimentos que, de forma direta ou indireta, ocasionam efeito jurídico. Nesse contexto, admitimos a existência de fatos jurídicos em geral, em sentido amplo, que compreendem tanto os fatos naturais, sem interferência do homem, como os fatos humanos, relacionados com a vontade humana" (*Direito civil. Parte geral...*, 2003, p. 365).

Assim, os fatos jurídicos podem ser subdivididos em *fatos naturais* e *humanos.* O Código Civil de 2002 dedica o Livro III da Parte Geral aos fatos jurídicos, tratando, a partir do art. 104, especificamente, do negócio jurídico. De qualquer forma, conforme será exposto, os negócios jurídicos são fatos jurídicos, o que acaba justificando esse tratamento. Vejamos tais conceitos no quadro a seguir:

FATOS JURÍDICOS	Fatos naturais	Ordinários	
		Extraordinários	
	Fatos humanos	Lícitos (ato jurídico *lato sensu*)	Ato jurídico *stricto sensu*; Negócio jurídico; Ato-fato jurídico.
		Ilícitos	

O *fato jurídico natural* é aquele que independe da atuação humana, podendo ser conceituado também como fato jurídico *stricto sensu.* Mesmo não havendo o elemento volitivo, o fato natural produz efeitos jurídicos com o objetivo de criação, alteração ou mesmo extinção de direitos e deveres (PONTES DE MIRANDA, Francisco Cavalcanti. *Tratado...*, 1974, tomo II, p. 187). O fato jurídico *stricto sensu* pode ser classificado da seguinte:

a) *Fato jurídico natural ordinário* – é o evento natural previsível e comum de ocorrer, como é o caso da morte, do nascimento, do decurso de prazo, da prescrição e da decadência. O que se percebe, portanto, é que o *fato jurídico natural ordinário* sofre forte influência do elemento *tempo.*

b) *Fato jurídico natural extraordinário* – é o evento decorrente da natureza, como o caso fortuito (evento totalmente imprevisível) ou a força maior (evento previsível, mas inevitável ou irresistível). Como exemplo de caso fortuito pode ser citada uma invasão de alienígenas na cidade de São Paulo. Concretizando a força maior, uma enchente acometendo uma cidade do interior de Minas Gerais, onde ela não é comum, pois nunca ocorreu.

Não existe unanimidade doutrinária ou jurisprudencial quanto à conceituação de caso fortuito e força maior, sendo certo que seguimos, nas diferenças apontadas, os ensinamentos

CAP. 6 · TEORIA GERAL DO NEGÓCIO JURÍDICO | 379

de Orlando Gomes (*Obrigações...*, 2003, p. 176) e de Sérgio Cavalieri Filho (*Programa...*, 2003, p. 84). Essa diferenciação pode ser retirada do art. 393, parágrafo único, do CC/2002, pelo qual: "o caso fortuito ou de força maior verifica-se no fato necessário, cujos efeitos não era possível evitar ou impedir". Como se constata, o dispositivo leva em conta a inevitabilidade e a irresistibilidade do evento, não considerando se ele decorre da natureza ou de fato humano.

Entretanto, alguns autores, como Arnoldo Wald, têm entendimento pelo qual tais conceitos seriam, pelo Direito Civil brasileiro, sinônimos (*Curso...*, 2000, p. 141). Entre os clássicos, Pontes de Miranda afirma, em vários trechos do Tomo 53 do seu *Tratado de direito privado*, que a melhor forma de encarar tais conceitos é vê-los globalmente, ou seja, como equivalentes (*Tratado de direito privado...*, 1974, t. LIII). Também no âmbito jurisprudencial, alguns julgados tratam o *caso fortuito* e a *força maior* como expressões sinônimas. A título de ilustração, vejamos dois julgados superiores, um atual e outro mais remoto:

> "Recurso especial. Compra e venda de imóvel. Atraso na entrega do imóvel. Caso fortuito ou força maior. Excesso de chuvas. Súmula n.º 7 do STJ. Inaplicabilidade da correção monetária com base no INCC após a entrega. Súmula n.º 83 do STJ. Comissão de corretagem. Pagamento pelo consumidor. Ausência do dever de informação. Recurso não provido. 1. No presente caso, concluir que o excesso de chuvas e a escassez de mão de obra configuram fatos extraordinários e imprevisíveis, traduzindo-se como hipótese de caso fortuito e força maior, demanda o reexame do conjunto fático-probatório dos autos. Incidência da Súmula n. 7/ STJ. (...)" (STJ, REsp 1.700.455/SP, 4.ª Turma, Rel. Min. Luis Felipe Salomão, *DJe* 1.º.12.2017).

> "Recurso especial. Administrativo. Responsabilidade civil do estado. Acidente em buraco (voçoroca) causado por erosão pluvial. Morte de menor. Indenização. Caso fortuito e força maior. Inexistência. Segundo o acórdão recorrido, a existência da voçoroca e sua potencialidade lesiva era de 'conhecimento comum', o que afasta a possibilidade de eximir-se o Município sob a alegativa de caso fortuito e força maior, já que essas excludentes do dever de indenizar pressupõem o elemento 'imprevisibilidade'. Nas situações em que o dano somente foi possível em decorrência da omissão do Poder Público (o serviço não funcionou, funcionou mal ou tardiamente), deve ser aplicada a teoria da responsabilidade subjetiva. Se o Estado não agiu, não pode ser ele o autor do dano. Se não foi o autor, cabe responsabilizá-lo apenas na hipótese de estar obrigado a impedir o evento lesivo, sob pena de convertê-lo em 'segurador universal'. Embora a municipalidade tenha adotado medida de sinalização da área afetada pela erosão pluvial, deixou de proceder ao seu completo isolamento, bem como de prover com urgência as obras necessárias à segurança do local, fato que caracteriza negligência, ensejadora da responsabilidade subjetiva" (STJ, REsp 135.542/MS, 2.ª Turma, Rel. Min. Castro Meira, j. 19.10.2004, *DJ* 29.08.2005 p. 233).

Ao lado do fato natural, ou fato jurídico *stricto sensu*, há o *fato jurídico humano*. Parte da doutrina denomina o fato humano como *fato jurígeno*, pela presença da vontade humana (elemento volitivo), incluindo os atos lícitos e os ilícitos (VENOSA, Sílvio de Salvo. *Direito civil...*, 2003, v. I, p. 366). O fato humano ou *jurígeno* pode ser assim classificado:

a) *Ato jurídico em sentido amplo* ou *ato jurídico lato sensu* – também denominado *ato voluntário* e que igualmente possui importante subclassificação, conforme será ainda analisado. Anoto que o Projeto de Reforma do Código Civil pretende nele inserir o tratamento relativo às atividades lícitas, em um novo art. 185-A: "a atividade decorrente de série de atos coordenados sob um fim comum será considerada lícita se lícitos forem os atos praticados e o fim visado". De fato, como bem ponderou a Relatora-Geral, Professora Rosa Nery, nos debates travados na Comissão de Juristas, o conceito de ato lícito hoje é insuficiente, devendo ser ampliado também para as atividades em geral, especialmente pela inclusão do novo livro de *Direito Civil Digital* na Norma Geral Privada.

b) *Ato ilícito* – é a conduta voluntária ou involuntária que está em desacordo com o ordenamento jurídico. O ilícito pode ser penal, administrativo ou civil, havendo independência entre essas três esferas, o que pode ser percebido pela leitura da primeira parte do art. 935 do CC/2002 ("a responsabilidade civil independe da criminal"). Essa independência, no entanto, não é absoluta, mas relativa, pois uma conduta pode influir nas três órbitas, como ocorre em um acidente de trânsito ou no dano ambiental. O conceito de ato ilícito civil, para os fins de responsabilidade civil, consta do art. 186 do atual Código, *in verbis*: "aquele que, por ação ou omissão voluntária, negligência ou imprudência, violar direito e causar dano a outrem, ainda que exclusivamente moral, comete ato ilícito". Esse dispositivo tem estudo aprofundado no próximo volume desta coleção, que trata da responsabilidade civil, o que parece ser o melhor caminho metodológico (TARTUCE, Flávio. *Direito civil...*, 2025, v. 2). De toda sorte, esclareça-se que essa é apenas uma modalidade de ilícito que, na clássica divisão de Pontes de Miranda, pode ser de três tipos. De início, há o *ilícito nulificante*, aquele que gera a nulidade do negócio jurídico, e que ainda será neste livro analisado (art. 166, inc. II, do CC). A segunda modalidade, ora exposta, é o *ilícito indenizante*, que gera a responsabilidade civil. Por fim, há o *ilícito caducificante*, que ocasiona a perda de direitos, como ocorre nos casos envolvendo a perda do poder familiar, abordada no Volume 5 desta coleção. Diante dessa conceituação limitada hoje prevista na Lei Civil, a Comissão de Juristas encarregada da sua Reforma e Atualização pretende ampliá-la, para que o art. 186 passe a mencionar, em seu *caput*, que "a ilicitude civil decorre de violação a direito". Em complemento, também em boa hora, o parágrafo único do preceito tratará do *ilícito indenizante*, relativo à responsabilidade civil e de forma mais técnica, a saber: "aquele que, por ação ou omissão voluntária, negligência, imprudência ou imperícia, violar direito e causar dano a outrem, responde civilmente".

Estou filiado ao entendimento pelo qual o ato ilícito não é ato jurídico, pois este deve ser necessariamente lícito. Seguindo essa corrente e citando doutrina para amparar seu entendimento (Orosimbo Nonato, Vicente Ráo, Pablo Stolze e Rodolfo Pamplona), ensina Zeno Veloso:

> "A nosso ver, embora gerando efeitos jurídicos, o ato ilícito não deve se chamado de ato jurídico, que, por definição, é lícito. Porém, pelos efeitos jurídicos que enseja, o ato ilícito, sem dúvida, é um fato jurídico (em sentido lato). O ato ilícito, ou contrário ao direito, é jurídico, à medida em que provoca um efeito jurídico, fazendo nascer uma responsabilidade civil, base de uma obrigação de ressarcir, de indenizar, a cargo do autor, e de um crédito atribuído à vítima, ao lesado, podendo também dele resultar outra espécie de responsabilidade, a criminal. Mas gera confusão chamar o ato ilícito 'ato jurídico', só por causa dos efeitos jurídicos que proporciona. Virtude e crime têm efeitos jurídicos e nem por isto recebem a mesma denominação. E, se nos permitem o exemplo, não se pode, só porque ambas têm asas, e voam, chamar pelo mesmo nome a borboleta e a andorinha" (VELOSO, Zeno. *Invalidade...*, 2005, p. 15).

Conclui-se, por tais palavras, que o ato ilícito é fato *jurígeno*, pela presença da vontade humana, mas *não constitui ato jurídico em sentido amplo*.

Entretanto, frise-se que alguns autores, caso de Sílvio Venosa, têm entendimento contrário (*Direito civil...*, 2003, v. I, p. 366), opinando que o ato ilícito também é ato jurídico. No mesmo sentido, José Carlos Moreira Alves, relator da Parte Geral do Projeto de Reforma do Código Civil (*A parte geral do Projeto de Código Civil...*, 2003) e Pontes de Miranda (*Tratado de direito privado...*, t. II, 1974, p. 447).

Como ficou claro, fico com o primeiro posicionamento, de que o ato ilícito não constitui ato jurídico, pois *o que é antijurídico não é jurídico*. Todavia, a questão é controvertida, como se pode depreender dos juristas citados.

O Código Civil de 2002 compara a verdadeiro ato ilícito a conduta da pessoa que excede um direito que possui, contrariando manifestamente o fim social ou econômico de um instituto, a boa-fé ou os bons costumes. Consagra, assim, o atual Código Civil a tese do *abuso de direito* como ato ilícito, conforme previsto no seu art. 187. O abuso de direito é também estudado no próximo volume desta coleção, por interessar diretamente à responsabilidade civil.

De toda sorte, esclareça-se que o abuso de direito, como ilícito que é, não diz respeito somente ao tema da responsabilidade civil. Nesse sentido, o Enunciado n. 539 da *VI Jornada de Direito Civil*, de 2013, que preceitua: "o abuso de direito é uma categoria jurídica autônoma em relação à responsabilidade civil. Por isso, o exercício abusivo de posições jurídicas desafia controle independentemente de dano".

Nos termos da justificativa da ementa da doutrina, "a indesejável vinculação do abuso de direito a responsabilidade civil, consequência de uma opção legislativa equívoca, que o define no capítulo relativo ao ato ilícito (art. 187) e o refere especificamente na obrigação de indenizar (art. 927 do CC), lamentavelmente tem subtraído bastante as potencialidades dessa categoria jurídica e comprometido a sua principal função (de controle), modificando-lhe indevidamente a estrutura". E mais, segundo as mesmas justificativas do enunciado, proposto pelo Professor Fábio Azevedo, do Rio de Janeiro:

> "Não resta dúvida sobre a possibilidade de a responsabilidade civil surgir por danos decorrentes do exercício abusivo de uma posição jurídica. Por outro lado, não é menos possível o exercício abusivo dispensar qualquer espécie de dano, embora, ainda assim, mereça ser duramente coibido com respostas jurisdicionais eficazes. Pode haver abuso sem dano e, portanto, sem responsabilidade civil. Será rara, inclusive, a aplicação do abuso como fundamento para o dever de indenizar, sendo mais útil admiti-lo como base para frear o exercício. E isso torna a aplicação da categoria bastante cerimoniosa pela jurisprudência, mesmo após uma década de vigência do Código. O abuso de direito também deve ser utilizado para o controle preventivo e repressivo. No primeiro caso, em demandas inibitórias, buscando a abstenção de condutas antes mesmo de elas ocorrerem irregularmente, não para reparar, mas para prevenir a ocorrência do dano. No segundo caso, para fazer cessar (exercício inadmissível) um ato ou para impor um agir (não exercício inadmissível). Pouco importa se haverá ou não cumulação com a pretensão de reparação civil".

De fato, pode existir abuso de direito sem dano, cabendo medidas inibitórias em casos tais. Também é possível que o abuso de direito gere a nulidade ou a ineficácia do ato ou negócio jurídico, conforme reconhece, quanto ao último efeito, o Enunciado n. 617 da *VIII Jornada de Direito Civil*, promovida pelo Conselho da Justiça Federal em abril de 2018: "o abuso do direito impede a produção de efeitos do ato abusivo de exercício, na extensão necessária a evitar sua manifesta contrariedade à boa-fé, aos bons costumes, à função econômica ou social do direito exercido".

Todavia, metodologicamente, fica mais viável e fácil o estudo da categoria do campo próprio da responsabilidade civil, exigindo-se o dano para o consequente dever de reparar. Tendo sido esta a opção do legislador, assim como é a minha.

382 | DIREITO CIVIL • VOL. 1 – *Flávio Tartuce*

Por fim, cabe ressaltar que o estudo de tão intrincada categoria no primeiro livro de uma coleção de Direito Civil pode confundir e até atormentar o iniciante no estudo do Direito Privado, razão pela qual ela está tratada no Volume 2 desta coleção.

Superados tais conceitos, parte-se, agora, à análise do ato jurídico *lato sensu*, que pode ser assim subclassificado:

–   *Ato jurídico em sentido estrito (ou ato jurídico stricto sensu)* – configura-se quando houver objetivo de mera realização da vontade do titular de um determinado direito, não havendo a criação de instituto jurídico próprio para regular direitos e deveres, muito menos composição de vontade entre as partes envolvidas. No ato jurídico *stricto sensu* os efeitos da manifestação de vontade estão predeterminados pela lei. Podem ser citados como exemplos de atos jurídicos *stricto sensu* a ocupação de um imóvel, o pagamento de uma obrigação e o reconhecimento de um filho.

–   *Negócio jurídico* – é o fato jurídico, com elemento volitivo qualificado, cujo conteúdo seja lícito, visando regular direitos e deveres específicos de acordo com os interesses das partes envolvidas. Diante de uma composição de vontade de partes, que dita a existência de efeitos, há a criação de um instituto jurídico próprio, visando regular direitos e deveres. A expressão tem origem na construção da negação do ócio ou do descanso (*neg + otium*), ou seja, na ideia de movimento. Como faz Antônio Junqueira de Azevedo, pode-se afirmar que o *negócio jurídico constitui o principal exercício da autonomia privada*, da liberdade negocial. Para o doutrinador, "*in concreto*, negócio jurídico é todo fato jurídico consistente em declaração de vontade, a que todo o ordenamento jurídico atribui os efeitos designados como queridos, respeitados os pressupostos de existência, validade e eficácia impostos pela norma jurídica que sobre ele incide" (*Negócio jurídico...*, 2002, p. 16). Ou ainda, como quer Álvaro Villaça Azevedo, no negócio jurídico "as partes interessadas, ao manifestarem sua vontade, vinculam-se, estabelecem, por si mesmas, normas regulamentadoras de seus próprios interesses" (AZEVEDO, Álvaro Villaça. *Teoria...*, 2012, p. 169). O negócio jurídico é o ponto central principal da Parte Geral do Código Civil, sendo o seu conceito vital para conhecer o contrato e o casamento, seus exemplos típicos. Como se verá a seguir, em tópico próprio, o Código de Processo Civil de 2015 passou a tratar do chamado negócio jurídico processual.

Além dos conceitos apontados, alguns doutrinadores defendem ainda a existência do denominado ato-fato jurídico, *um fato jurídico qualificado por uma atuação humana, por uma vontade não relevante juridicamente*. Sobre essa categoria, merecem destaque as palavras de Sílvio de Salvo Venosa:

> "Nesse caso, é irrelevante para o direito se a pessoa teve ou não a intenção de praticá--lo. O que se leva em conta é o efeito resultante do ato que pode ter repercussão jurídica, inclusive ocasionando prejuízos a terceiros. Como dissemos, toda a seara da teoria dos atos e negócios jurídicos é doutrinária, com muitas opiniões a respeito. Nesse sentido, costuma-se chamar à exemplificação os atos praticados por uma criança, na compra e venda de pequenos efeitos. Não se nega, porém, que há um sentido de negócio jurídico do infante que compra confeitos em um botequim. Ademais, em que pese à excelência dos doutrinadores que sufragam essa doutrina, 'em alguns momentos, torna-se bastante difícil diferenciar o ato-fato jurídico do ato jurídico em sentido estrito categoria abaixo analisada. Isso porque, nesta última a despeito de atuar a vontade humana, os efeitos produzidos pelo ato encontram-se previamente determinados pela lei, não havendo espaço para a autonomia da vontade' (Gagliano e Pamplona Filho, 2002:306)" (VENOSA, Sílvio de Salvo. *Direito civil. Parte geral...*, 2003, p. 367).

Ao tratar dos atos-fatos jurídicos, Pontes de Miranda desenvolve o conceito de *atos-reais*, nos seguintes termos:

> "Os *atos reais*, ditos, assim por serem mais dos fatos, das coisas, que dos homens – ou *atos naturais*, se separamos natureza e psique, ou atos *meramente externos*, se assim os distinguirmos, por abstraírem eles do que se passa no interior do agente – são os atos humanos a cujo suporte fático se dá entrada, como fato jurídico, no mundo jurídico, sem se atender, portanto, à vontade dos agentes: são atos-fatos jurídicos. Nem é preciso que haja querido a juridicização dêles, nem, *a fortiori*, a irradiação de efeitos. Nos atos reais, a vontade não é elemento do suporte fático (= o suporte fático seria suficiente, ainda sem ela). *Exemplos de atos reais.* São os principais *atos reais: a)* a *tomada de posse* ou aquisição da posse, *b)* a transmissão da posse pela *tradição; c)* o *abandono da posse; d)* o *descobrimento do tesouro; e)* a *especificação; f)* a *composição de obra científica, artística ou literária; g)* a *ocupação*" (PONTES DE MIRANDA, Francisco Cavalcante. *Tratado de direito privado...*, 1974, t. II, p. 373).

Relativamente a essa categoria jurídica, filia-se às palavras de Sílvio Venosa. Na verdade, o que se denomina *ato-fato jurídico* pode se enquadrar no conceito de fato jurídico, no de ato jurídico *stricto sensu*, ou mesmo no de negócio jurídico. Desse modo, cabe análise caso a caso pelo estudioso do direito. O conceito é *mutante, metamorfo*, ou *nômade*, podendo se enquadrar em outras categorias jurídicas.

Ilustrando, o exemplo da criança que compra um confeito em uma padaria seria de um negócio jurídico, até porque a boa-fé das partes deve ser preservada. O antes estudado Enunciado n. 138 do CJF/STJ, aprovado na *III Jornada de Direito Civil*, aponta que a vontade dos menores absolutamente incapazes pode ser juridicamente relevante se eles demonstrarem discernimento bastante para tanto.

Outro exemplo apontado como de *ato-fato jurídico* é o achado de um tesouro que não está sendo procurado, o que geraria uma *posse como ato-fato jurídico*. Nesse caso, há, na minha opinião doutrinária, um ato jurídico, pois decorre da vontade humana. Vale lembrar que o achado do tesouro continua tratado pelo Código Civil, entre os seus arts. 1.264 a 1.266. Pelo primeiro dispositivo, o tesouro é conceituado como "o depósito antigo de coisas preciosas, oculto, e de cujo dono não haja memória".

Superada essa análise conceitual inicial, passa-se, pela ordem, ao estudo específico do ato jurídico *stricto sensu* e do negócio jurídico.

6.2 DO ATO JURÍDICO EM SENTIDO ESTRITO OU ATO JURÍDICO *STRICTO SENSU*

Conforme foi analisado, no *ato jurídico em sentido estrito* há uma manifestação de vontade do agente, mas as suas consequências são as previstas em lei e não na vontade das partes, ausente qualquer composição volitiva entre os seus envolvidos. Ademais, não há criação de um instituto jurídico próprio, visando regulamentar interesse das partes.

Como bem ensina Marcos Bernardes de Mello, destacado intérprete da obra de Pontes de Miranda, o ato jurídico *stricto sensu* é um "fato jurídico que tem por elemento nuclear do suporte fático a manifestação ou declaração unilateral de vontade cujos efeitos jurídicos são prefixados pelas normas jurídicas e invariáveis, não cabendo às pessoas qualquer poder de escolha da categoria jurídica ou de estruturação do conteúdo das relações respectivas" (*Teoria do fato...*, 1995, p. 137).

Um bom exemplo de ato jurídico *stricto sensu*, visando diferenciá-lo do negócio jurídico, é o reconhecimento de um filho. Imagine-se que uma pessoa teve um filho fora do casamento e, como pai, queira reconhecê-lo. Com o reconhecimento, surgem efeitos legais, como o direito do filho de usar o nome do pai, o dever do último de prestar alimentos, direitos sucessórios, dever de apoio moral, entre outros. Sendo reconhecido um filho, os efeitos decorrentes do ato não dependem da vontade da pessoa que fez o reconhecimento, mas da lei, da norma jurídica. Como é notório, não pode o pai limitar esses direitos decorrentes de lei. Sendo assim, prevê o art. 1.613 do CC/2002 que o reconhecimento de filho não pode ter eficácia sujeita a condição ou a termo. A título de exemplo, não pode o suposto pai dizer que reconhecerá um filho *se* não tiver que pagar alimentos.

O pagamento direto de uma obrigação também constitui um típico *ato jurídico em sentido estrito*. A obrigação já existia anteriormente, cabendo ao devedor pagá-la a fim de eximir-se do vínculo dela decorrente e das consequências advindas do inadimplemento, como a responsabilidade patrimonial consagrada no art. 391 do CC. Com o pagamento, ausente qualquer composição de vontades, o devedor livra-se desse vínculo jurídico.

Por fim, a ocupação de um imóvel do mesmo modo é um ato jurídico *stricto sensu*. O imóvel já existe, havendo no ato de ocupação efeitos de origem puramente legal. Preenche-se um espaço vazio, simbologia que demonstra muito bem o ato jurídico em sentido estrito. Assim, entendo que, ao contrário do que aduz Pontes de Miranda, a ocupação, como tomada da posse, não constitui um ato-fato jurídico (ato real), mas um ato jurídico em sentido estrito.

O ato jurídico *stricto sensu* constitui um fato jurídico, bem como um fato jurígeno, pela presença do elemento volitivo. Constitui também um ato jurídico *lato sensu*. Pode-se afirmar que o ato jurídico *stricto sensu* está previsto no art. 185 do CC/2002, segundo o qual: "aos atos jurídicos lícitos, que não sejam negócios jurídicos, aplicam-se, no que couber, as disposições do Título anterior".

Desse modo, as regras que serão expostas quanto ao negócio jurídico, a partir de agora, devem ser aplicadas também aos atos jurídicos em questão. Ilustrando, pode-se sustentar a anulabilidade do pagamento direto pela presença de um vício do consentimento.

6.3   DO NEGÓCIO JURÍDICO

O negócio jurídico é uma espécie do gênero ato jurídico em sentido amplo (*lato sensu*), constituindo ainda um fato jurídico, particularmente um *fato jurígeno*, pela presença da vontade.

Esse instituto pode ser conceituado como toda a ação humana, de autonomia privada, com a qual os particulares regulam por si os próprios interesses, havendo uma composição de vontades, cujo conteúdo deve ser lícito. Constitui um ato destinado à produção de efeitos jurídicos desejados pelos envolvidos e tutelados pela norma jurídica.

Ainda no contexto de definição, cabe também expor a ideia de Larenz, construída a partir do Código Civil Alemão (BGB), precursor no seu tratamento (*Rechtsgeschäft*). Para o jurista, o negócio jurídico é um ato – ou uma pluralidade de atos entre si relacionados entre uma ou várias pessoas –, cujo fim é produzir um efeito jurídico no âmbito do Direito Privado, isto é, uma modificação nas relações jurídicas entre os particulares (LARENZ, Karl. *Derecho civil...*, 1978, p. 422).

O negócio jurídico típico por excelência é o contrato, concebido como um negócio jurídico bilateral ou plurilateral que visa à criação, à modificação ou à extinção de direitos e deveres, com conteúdo patrimonial – conceito clássico ou *moderno* retirado do art. 1.321 do Código Civil Italiano de 1942. É imperioso repetir que todo contrato constitui negócio jurídico, sem exceção; o que justifica a importância da teoria geral do negócio jurídico para a seara contratual.

Dessa forma, o negócio jurídico é o principal instrumento que as pessoas têm para realizar seus interesses, sendo relevante salientar a importância da Parte Geral do Código Civil para a própria concepção do contrato. Quando se verificam os elementos do negócio jurídico, igualmente se estudam os elementos do contrato. Os vícios do negócio jurídico também são vícios contratuais. Os casos de nulidade ou anulabilidade do negócio geram o contrato nulo e anulável, respectivamente.

Além do contrato, o casamento, do mesmo modo, constitui um negócio jurídico, especial ou *sui generis*, diga-se de passagem. Por isso, é costume afirmar que o negócio jurídico está no ponto central do *Direito Civil Contemporâneo*.

Na doutrina renovada, Pablo Stolze Gagliano e Rodolfo Pamplona Filho demonstram que a teoria geral do negócio jurídico está passando por profunda transformação, interrogando "como estudar a clássica teoria do negócio jurídico, desenvolvida brilhantemente pelos juristas do passado, sem a necessária advertência de que muitas dessas fontes doutrinárias emergiram em época de economia rudimentar e conservadora, em que as partes da avença eram consideradas absolutamente iguais, e a vontade manifestada era rigidamente mutável?" (*Novo...*, 2003, p. 315).

Ora, conforme é abordado nos demais volumes desta coleção, ocorreu uma verdadeira revolução no modo de se visualizar as obrigações, os contratos, o casamento e, sobretudo, os negócios jurídicos, uma vez que profundas foram as alterações sociais e econômicas pelas quais passou o mundo civilizado. Relativamente aos negócios patrimoniais, aquele *contrato estanque*, concebido à luz do *pacta sunt servanda*, da regra de que o mesmo *sempre* faz lei entre as partes, simplesmente não existe mais. Os *princípios sociais contratuais*, caso da função social e da boa-fé objetiva, trouxeram uma nova forma de visualização dos contratos.

O cerne principal do negócio, a manifestação da vontade, sofreu um verdadeiro impacto, apontando alguns autores que é praticamente impossível hoje a sua manifestação inequívoca e plena. Na prática, predominam os pactos de adesão, ocorrendo a denominada *estandardização contratual*. Porque hoje se tornaram raras as manifestações de vontade plenas e inequívocas nos contratos em geral, chegaram alguns autores a apontar a *morte* ou a *crise dos contratos*. Mas na verdade, o contrato não tende a desaparecer, estando em seu apogeu. Essa expressão *crise* não significa derrota, mas mudança de estrutura (TARTUCE, Flávio. *Função social...*, 2007).

É justamente isso que vem ocorrendo com os contratos e negócios jurídicos em geral. Pela mitigação da vontade, como elemento primaz e fundamental do contrato, é que a autonomia da vontade foi substituída pela autonomia privada. Para aprofundamentos, recomenda-se a leitura do Capítulo 2 do Volume 3 da presente coleção, que procura confrontar essa realidade com a recente *Lei da Liberdade Econômica*, a Lei 13.874/2019, que tenta voltar ao exagerado liberalismo do início do século XX (TARTUCE, Flávio. *Direito civil...*, 2023, v. 3).

Observe-se que o Código Civil de 2002, nesse ponto distante da simplicidade, não buscou conceituar tanto o ato jurídico *stricto sensu* quanto o negócio jurídico, demonstrando somente quais são os seus elementos estruturais (art. 104 do CC).

Assinala-se que o Código Civil de 1916 conceituava o ato jurídico em seu art. 81, da seguinte forma: "todo o ato lícito, que tenha por fim imediato adquirir, resguardar, transferir, modificar ou extinguir direitos, se denomina ato jurídico". Esse conceito, apesar de não mais constar da atual codificação material, ainda pode ser utilizado para fins categóricos, didáticos e metodológicos. No Código Civil vigente também não constam as principais classificações dos negócios jurídicos, matéria doutrinária que se passa a estudar, com base na melhor doutrina.

386 | DIREITO CIVIL • VOL. 1 – *Flávio Tartuce*

6.3.1 Principais classificações dos negócios jurídicos

A classificação do negócio jurídico tem como objetivo enquadrar um determinado instituto jurídico, bem como demonstrar a natureza jurídica do mesmo. Busca-se, assim, o que se denomina como *categorização jurídica*. Pelo que consta no art. 185 da atual codificação, as classificações a seguir servem tanto para os negócios quanto para os atos jurídicos *stricto sensu*.

Vejamos os principais enquadramentos de tais institutos:

I) *Quanto às manifestações de vontade dos envolvidos:*

- *Negócios jurídicos unilaterais* – são aqueles atos e negócios em que a declaração de vontade emana de apenas uma pessoa, com um único objetivo. São exemplos de negócios jurídicos unilaterais o testamento, a renúncia a um crédito e a promessa de recompensa.

  Os negócios unilaterais podem ainda ser classificados em *receptícios* – aqueles em que a declaração deve ser levada a conhecimento do seu destinatário para que possa produzir efeitos – e em *não receptícios* – em que o conhecimento pelo destinatário é irrelevante. A promessa de recompensa está dentro dos primeiros e o testamento, dos últimos.

- *Negócios jurídicos bilaterais* – são aqueles em que há duas manifestações de vontade coincidentes sobre o objeto ou bem jurídico tutelado. O negócio jurídico bilateral por excelência é o contrato. Repita-se, portanto, que os contratos são sempre negócios jurídicos, pelo menos bilaterais.

- *Negócios jurídicos plurilaterais* – são os negócios jurídicos que envolvem mais de duas partes, com interesses coincidentes no plano jurídico. Exemplos de negócio jurídico plurilateral são o contrato de consórcio e o contrato de sociedade entre várias pessoas.

II) *Quanto às vantagens patrimoniais para os envolvidos:*

- *Negócios jurídicos gratuitos* – são os atos de liberalidade, que outorgam vantagens sem impor ao beneficiado a obrigação de uma contraprestação. Não envolvem, portanto, sacrifício patrimonial de todas as partes, situações em que uma parte só tem vantagens, não assumindo deveres. Exemplo é o contrato de doação pura.

- *Negócios jurídicos onerosos* – são os atos que envolvem sacrifícios e vantagens patrimoniais para todas as partes no negócio, como é o caso dos contratos de locação e de compra e venda. No primeiro caso a remuneração é o aluguel, no segundo, o preço.

Aqui, a doutrina aponta mais duas outras modalidades de negócios (GAGLIANO, Pablo Stolze e PAMPLONA FILHO, Rodolfo. *Novo...*, 2003, p. 323), que devem ser consideradas:

- *Negócios jurídicos neutros* – são aqueles em que não há uma atribuição patrimonial determinada, não podendo ser enquadrados como gratuitos ou onerosos, caso da instituição de um bem de família voluntário ou convencional (arts. 1.711 a 1.722 do CC).

- *Negócios jurídicos bifrontes* – são aqueles que tanto podem ser gratuitos como onerosos, o que depende da autonomia privada, da intenção das partes. Podem ser citados os contratos de depósito e de mandato, que podem assumir as duas formas, pela presença ou não da remuneração.

CAP. 6 · TEORIA GERAL DO NEGÓCIO JURÍDICO | **387**

III) *Quanto aos efeitos, no aspecto temporal*:

* *Negócios jurídicos inter vivos* – são aqueles destinados a produzir efeitos desde logo, isto é, durante a vida dos negociantes ou interessados, como ocorre, por exemplo, nos contratos, caso da compra e venda; e no casamento.

* *Negócios jurídicos mortis causa* – aqueles cujos efeitos só ocorrem após a morte de determinada pessoa, como, para ilustrar, se dá no testamento e no legado.

A separação entre os negócios jurídicos *inter vivos* e *mortis causa* é clara no art. 426 do atual Código Civil, pelo qual não pode ser objeto de contrato a herança de pessoa viva. Trata-se da antiga vedação dos pactos sucessórios ou *pacta corvina*, que constava do Código Civil anterior (art. 1.089 do CC/1916) e que remonta ao Direito Romano.

De todo modo, não se olvide que o Projeto de Reforma do Código Civil, em trâmite no Parlamento Brasileiro, pretende inserir exceções no seu art. 426, para passar a admitir a renúncia prévia à herança por cônjuges e conviventes.

IV) *Quanto à necessidade ou não de solenidades e formalidades*:

* *Negócios jurídicos formais ou solenes* – são aqueles que obedecem a uma forma ou solenidade prevista em lei para a sua validade e aperfeiçoamento, caso do casamento e do testamento. Como se verá adiante, tecnicamente, há diferenças entre as categorias forma e solenidade.

* *Negócios jurídicos informais ou não solenes* – são aqueles que admitem forma livre, constituindo regra geral, pelo que prevê o art. 107 do CC/2002, em sintonia com o princípio da operabilidade, no sentido de simplicidade ou de facilitação do Direito Civil. São, por regra, negócios jurídicos informais a locação, a prestação de serviços e a compra e venda de bens móveis.

V) *Quanto à independência ou autonomia*:

* *Negócios jurídicos principais ou independentes* – são os negócios que têm vida própria e não dependem de qualquer outro negócio jurídico para terem existência e validade. Exemplo a ser citado é o contrato de locação.

* *Negócios jurídicos acessórios ou dependentes* – são aqueles cuja existência está subordinada a outro negócio jurídico, denominado principal. Exemplo típico de negócio acessório é o contrato de fiança, geralmente relacionado com um contrato de locação.

VI) *Quanto às condições pessoais especiais dos negociantes*:

* *Negócios jurídicos impessoais* – são aqueles que não dependem de qualquer condição especial dos envolvidos, podendo a prestação ser cumprida tanto pelo obrigado quanto por um terceiro. Exemplo é o contrato de compra e venda.

* *Negócios jurídicos personalíssimos ou* intuitu personae – são aqueles dependentes de uma condição especial de um dos negociantes, havendo uma obrigação infungível, como ocorre no contrato de fiança. Como outro exemplo cite-se a contratação de um pintor famoso, com talento único, para fazer o retrato de uma família.

VII) *Quanto à sua causa determinante*:

* *Negócios jurídicos causais ou materiais* – são aqueles em que o motivo consta expressamente do seu conteúdo como ocorre, por exemplo, em um termo de separação ou de divórcio. A maioria dos negócios jurídicos assume essa forma.

388 | DIREITO CIVIL • VOL. 1 – *Flávio Tartuce*

- *Negócios jurídicos abstratos ou formais* – são aqueles cuja razão não se encontra inserida no conteúdo, decorrendo dele *naturalmente*. Exemplos que podem ser citados são um termo de transmissão da propriedade e a simples emissão de um título de crédito.

VIII) *Quanto ao momento de aperfeiçoamento*:

- *Negócios jurídicos consensuais* – são aqueles que geram efeitos a partir do momento em que há o acordo de vontades entre as partes, como ocorre na compra e venda pura (art. 482 do CC/2002).
- *Negócios jurídicos reais* – são aqueles que geram efeitos a partir da entrega do objeto, do bem jurídico tutelado. Alguns contratos, como o comodato, o mútuo, o contrato estimatório e o depósito, assumem essa forma.

IX) *Quanto à extensão dos efeitos*:

- *Negócios jurídicos constitutivos* – são os negócios que geram efeitos *ex nunc*, a partir da sua conclusão, pois constituem positiva ou negativamente determinados direitos, como ocorre com a compra e venda.
- *Negócios jurídicos declarativos* – são os negócios que geram efeitos *ex tunc*, a partir do momento do fato que constitui o seu objeto, caso da partilha de bens no inventário.

6.3.2 Os elementos constitutivos do negócio jurídico

6.3.2.1 Introdução. Os três planos do negócio jurídico. A Escada Ponteana

O estudo dos elementos essenciais, naturais e acidentais do negócio jurídico é um dos pontos mais importantes e controvertidos da Parte Geral do Código Civil. Como demonstrado, esses também serão os elementos do contrato, trazendo o conteúdo de determinadas cláusulas contratuais.

É fundamental estudar a concepção desses elementos a partir da teoria criada pelo grande jurista Pontes de Miranda, que concebeu uma estrutura única para explicar tais elementos (PONTES DE MIRANDA, Francisco Cavalcanti. *Tratado...*, 1974, tomos 3, 4 e 5). Trata-se do que se denomina *Escada Ponteana ou* "Escada Pontiana". É importante ressaltar que os nossos estudos quanto ao tema surgiram a partir dos ensinamentos transmitidos pela Professora Giselda Maria Fernandes Novaes Hironaka, Titular da Faculdade de Direito da USP, por meio do seu grupo de pesquisas, expostos nesta obra desde a sua primeira edição, do ano de 2004.

A partir dessa genial construção, o negócio jurídico tem três planos, a seguir demonstrados:

- *plano da existência*;
- *plano da validade*;
- *plano da eficácia*.

No plano da existência estão os pressupostos para um negócio jurídico, ou seja, os seus *elementos mínimos*, enquadrados por alguns autores dentro dos *elementos essenciais* do negócio jurídico. Constituem, portanto, o *suporte fático do negócio jurídico (pressupostos de existência)*.

Nesse plano surgem apenas *substantivos*, sem qualquer qualificação, ou seja, *substantivos sem adjetivos*. Esses substantivos são: *partes (ou agentes), vontade, objeto* e *forma*. Não havendo algum desses elementos, o negócio jurídico é inexistente, defendem aqueles autores que seguem à risca a teoria de Pontes de Miranda.

No segundo plano, o da *validade*, as palavras acima indicadas ganham qualificações, ou seja, os substantivos recebem adjetivos, a saber: *partes ou agentes capazes*; *vontade livre, sem vícios*; *objeto lícito, possível, determinado ou determinável* e *forma prescrita e não defesa em lei*.

Esses elementos de validade constam expressamente do art. 104 do CC, cuja redação merece relevo: "A validade do negócio jurídico requer: I – agente capaz; II – objeto lícito, possível, determinado ou determinável; III – forma prescrita ou não defesa em lei". Na realidade, não consta do dispositivo menção expressa quanto à *vontade livre*, mas é certo que tal elemento está inserido seja dentro da capacidade do agente, seja na licitude do objeto do negócio.

Anoto que no Projeto de Reforma do Código Civil pretende-se incluir também no seu art. 104, em um novo inciso IV, em conformidade com normas de ordem pública, ideia que já é aplicada desde tempos remotos pelo Direito Civil. Ademais, como é notório, o art. 3.º, inc. VIII, da Lei da Liberdade Econômica (Lei 13.874/2019) já traz essa ideia para os negócios jurídicos paritários, pois entre os direitos de liberdade econômica está "a garantia de que os negócios jurídicos empresariais paritários serão objeto de livre estipulação das partes pactuantes, de forma a aplicar todas as regras de direito empresarial apenas de maneira subsidiária ao avençado, exceto normas de ordem pública".

Assim, pelo texto final da norma, mesmo com a ampliação da liberdade para esses negócios, não se pode contrariar norma cogente ou de ordem pública, previsão que deve ser transposta para o Código Civil, na necessária retomada de seu protagonismo, como norma central do Direito Privado.

O negócio jurídico que não se enquadra nesses elementos de validade é, por regra, nulo de pleno direito, ou seja, haverá nulidade absoluta ou nulidade. Eventualmente, o negócio pode ser também anulável (nulidade relativa ou anulabilidade), como no caso daquele celebrado por relativamente incapaz ou acometido por vício do consentimento. As hipóteses gerais de nulidade do negócio jurídico estão previstas nos arts. 166 e 167 do CC/2002. Os casos gerais de anulabilidade constam do art. 171 da atual codificação material.

Por fim, no plano da *eficácia* estão os elementos relacionados com a suspensão e resolução de direitos e deveres, caso da condição, do termo, do encargo ou modo, das regras de inadimplemento negocial (juros, multa e perdas e danos), do registro imobiliário, da rescisão contratual, do regime de bens do casamento, entre outros.

Nesse último plano, ou *último degrau da escada*, estão os efeitos gerados pelo negócio em relação às partes e em relação a terceiros, ou seja, as suas consequências jurídicas e práticas.

Sobre os três planos, ensina Pontes de Miranda que "existir, valer e ser eficaz são conceitos tão inconfundíveis que o fato jurídico pode ser, valer e não ser eficaz, ou ser, não valer e ser eficaz. As próprias normas jurídicas podem ser, valer e não ter eficácia (H. Kelsen, *Hauptprobleme*, 14). O que não se pode dar é valer e ser eficaz, ou valer, ou ser eficaz, *sem ser*; porque não há validade, ou eficácia do que não é" (*Tratado de direito privado...*, 1974, tomo 3, p. 15).

Dessa forma, a *Escada Ponteana* pode ser concebida conforme o gráfico a seguir:

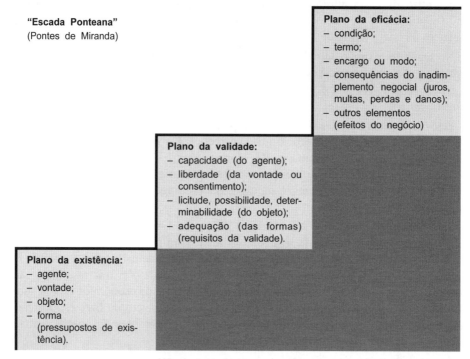

Pelo esquema gráfico, percebe-se que, em regra, para que se verifiquem os elementos da validade, é preciso que o negócio seja existente. Para que o negócio seja eficaz, deve ser existente e válido. Tal dedução lógica justifica a simbologia da *escada que sobe*.

Entretanto, nem sempre isso ocorre. Ora, é possível que o negócio seja existente, inválido e eficaz, caso de um negócio jurídico anulável que esteja gerando efeitos. Ilustrando, pode ser citado o casamento anulável celebrado de boa-fé.

Também é possível que o negócio seja existente, válido e ineficaz, como é o caso de um contrato celebrado sob condição suspensiva e que não esteja ainda gerando efeitos jurídicos e práticos.

Superados esses pontos, anote-se que, no entendimento por mim compartilhado, o atual Código Civil não concebeu de forma expressa e distinta o plano da existência. Como se pode perceber o art. 104 trata, diretamente, do plano da validade ("A *validade* do negócio jurídico requer: I – agente capaz; II – objeto lícito, possível, determinado e determinável; III – forma prescrita ou não defesa em lei") (destacamos). O que se pode afirmar é que *o plano da existência está embutido no plano da validade*.

Além disso, não há no atual Código um dispositivo que explique tão bem a *Escada Ponteana* quanto o art. 2.035, *caput*, norma de direito intertemporal, cujo teor segue:

"Art. 2.035. A validade dos negócios e demais atos jurídicos, constituídos antes da entrada em vigor deste Código, obedece ao disposto nas leis anteriores, referidas no art. 2.045, mas os seus efeitos, produzidos após a vigência deste Código, aos preceitos dele se subordinam, salvo se houver sido prevista pelas partes determinada forma de execução".

A redação desse último dispositivo traz duas constatações, que merecem ser aprofundadas.

CAP. 6 · TEORIA GERAL DO NEGÓCIO JURÍDICO | 391

A primeira é que o comando também não adota expressamente o plano da existência, eis que o artigo já começa tratando da *validade dos negócios e demais atos jurídicos*.

A segunda constatação, regra quanto à aplicação das normas no tempo, é de que, quanto à *validade* dos negócios jurídicos, deve ser aplicada a norma do *momento* da sua constituição ou celebração. Prevê o comando legal que se o negócio for celebrado na vigência do Código Civil de 1916, quanto à sua validade, devem ser aplicadas as regras que constavam na codificação anterior. Isso, esclareça-se, no que concerne à capacidade das partes, quanto à legitimação, relativamente à vontade livre, quanto à licitude do objeto, no tocante à forma prescrita em lei. Já quanto ao *plano da eficácia*, devem ser aplicadas as normas incidentes no *momento da produção de seus efeitos* ("mas os seus efeitos, produzidos após a vigência deste Código, aos preceitos dele se subordinam").

Assim, relativamente à condição, ao termo, ao encargo ou modo, aos juros, às multas (e outras penalidades), às perdas e danos, à rescisão contratual e ao regime de bens de casamento, deve ser aplicada a norma atual, no caso o Código Civil de 2002. No decorrer desta coleção surgirão vários exemplos de aplicação da *Escada Ponteana* e do art. 2.035 do CC/2002, sem que haja qualquer inconstitucionalidade, conforme será defendido.

Superada essa visão preliminar, parte-se ao estudo detalhado dos elementos estruturais do negócio jurídico.

6.3.2.2   *Elementos essenciais do negócio jurídico*

Esses elementos são aqueles que estão no plano da existência e da validade do negócio, trazendo a sua inobservância sérias consequências para o ato celebrado, aplicando-se a teoria das nulidades. São elementos essenciais: a *capacidade do agente*; o *objeto lícito, possível, determinado ou determinável*; a *vontade ou consentimento livre* e a *forma prescrita ou não defesa em lei*, institutos que serão abordados de forma pontual.

a) A capacidade do agente

Como todo negócio jurídico traz como conteúdo uma declaração de vontade (o elemento volitivo que caracteriza o *ato jurígeno*), a capacidade das partes é indispensável para a sua validade.

No que concerne à pessoa física ou natural, aqui figura a grande importância dos arts. 3.º e 4.º do CC/2002, que apresentam as relações das pessoas absoluta ou relativamente incapazes, respectivamente.

Enquanto os absolutamente incapazes devem ser representados por seus pais ou tutores; os relativamente incapazes devem ser assistidos pelas pessoas a quem a lei determinar. Todavia, pode o relativamente incapaz celebrar determinados atos e negócios, como fazer testamento, aceitar mandato *ad negotia* e ser testemunha.

O negócio praticado pelo absolutamente incapaz sem a devida representação é nulo, por regra (art. 166, inc. I, do CC). O realizado por relativamente incapaz sem a correspondente assistência é anulável (art. 171, inc. I, do CC).

No tocante à incapacidade relativa de uma parte, prevê o art. 105 do CC/2002 que esta não pode ser invocada pela outra em benefício próprio, também não aproveitando aos cointeressados capazes, salvo se, neste caso, foi indivisível o objeto do direito ou da obrigação comum a todos. Desse modo, não poderão os credores ou os devedores solidários ser privilegiados por suas alegações. Isso porque, como se sabe, a alegação de incapacidade constitui uma *exceção pessoal*, uma defesa que somente pode ser alegada por determinada pessoa.

Aplicando este último comando, aresto do Tribunal de Justiça do Paraná afastou a alegação de incapacidade em hipótese fática envolvendo contrato de prestação de serviços de instalação de fachada. No caso, o orçamento foi realizado pelo filho dos sócios da empresa, relativamente incapaz, que auxiliava na sua administração. Ao final, o serviço foi prestado pela autora e não foi impugnado pela ré, que pagou parte do preço. Conforme o aresto, com base no art. 105 do CC, a anulabilidade do negócio somente poderia ser arguida pelo próprio relativamente incapaz, o que gerou a conclusão de validade do ato "perante a empresa ré, que inclusive admitiu que o filho dos sócios auxilia na administração da empresa" (TJPR, Apelação Cível 1328355-5, 11.ª Câmara Cível, Apucarana, Rel. Juiz Conv. Gil Francisco de Paula Xavier F. Guerra, j. 16.12.2015, *DJPR* 27.01.2016, p. 255).

Quanto às pessoas jurídicas, estas devem ser representadas ativa e passivamente, na esfera judicial ou não, por seus órgãos, constituídos segundo as formalidades previstas em lei, já outrora estudadas.

Além dessa capacidade geral, aqui estudada, para determinados negócios, exige-se a capacidade especial para certos atos, denominada *legitimação*. Como exemplo, repise-se o caso de uma pessoa maior e casada que é plenamente capaz, podendo dispor sobre seus bens imóveis sem representação. Mas ela não poderá vender um imóvel sem a outorga de seu cônjuge ou o suprimento judicial deste, salvo se casado for sob o regime de separação absoluta de bens. Essa regra consta dos arts. 1.647 e 1.648 do CC/2002. A pena para o ato assim celebrado é a sua anulabilidade, nos termos do art. 1.649 da mesma norma codificada, desde que proposta ação pelo outro cônjuge ou pelo seu herdeiro no prazo decadencial de dois anos, contados da dissolução da sociedade conjugal.

b) Objeto lícito, possível, determinado ou determinável

Somente será considerado válido o negócio jurídico que tenha como conteúdo um objeto lícito, nos limites impostos pela lei, não sendo contrário aos bons costumes, à ordem pública, à boa-fé e à função social ou econômica de um instituto. Como se sabe, ilícito o objeto, nulo será o negócio jurídico (art. 166, inc. II, do CC). Eventualmente pode estar caracterizado no negócio jurídico o abuso de direito, justamente pelo desrespeito aos conceitos que constam do art. 187 da atual codificação material, o que, por si só, constitui justificativa para a declaração de nulidade, combinando-se os dois dispositivos legais transcritos.

Nessa linha de pensamento, Roberto Senise Lisboa entende que a noção de ilicitude do objeto compreende a moralidade do conteúdo do negócio jurídico. Defende que o negócio jurídico imoral não pode produzir efeitos, mas aponta a grande dificuldade em se reconhecer essa imoralidade, eis que a noção de imoral é variável. Assim, a questão da moralidade do negócio jurídico deve ser apreciada a partir do preenchimento dos conceitos legais indeterminados previstos no art. 187 do CC, "valendo-se o julgador das formas de integração das lacunas da lei para aplicar a justiça distributiva, atingindo, desse modo, os fins sociais para os quais a norma jurídica foi promulgada" (*Manual...*, 2004, v. I, p. 478).

Além disso, o objeto deve ser possível no plano fático. Se o negócio implicar prestações impossíveis, também deverá ser declarado nulo. Tal impossibilidade pode ser física ou jurídica. A impossibilidade física está presente quando o objeto não pode ser apropriado por alguém ou quando a prestação não puder ser cumprida por alguma razão. Por outra via, a impossibilidade jurídica está presente quando a lei vedar o seu conteúdo.

Segundo o art. 106 do Código Civil, a impossibilidade inicial do objeto não gera a nulidade do negócio se for relativa, ou se cessar antes de realizada a condição a que ele estiver subordinado. Em suma, somente a impossibilidade absoluta é que tem o condão de

CAP. 6 • TEORIA GERAL DO NEGÓCIO JURÍDICO | 393

nulificar o negócio. Se o negócio ainda puder ser cumprido ou executado, não há que se falar em invalidade.

Conforme a doutrina de Álvaro Villaça Azevedo, "se o objeto, no início negocial, é impossível, embora lícito, ele não pode ser prestado naquele momento; contudo, essa prestação pode tornar-se viável, de futuro, caso não seja absoluta essa impossibilidade, pois, nesse caso, jamais poderá o objeto ser prestado, pois não há a mais remota possibilidade de ele vir a existir" (*Código...*, 2003, v. II, p. 53).

A título de exemplo, cite-se a hipótese de um negócio envolvendo uma companhia que ainda será constituída por uma das partes envolvidas. Ou, ainda, como quer o próprio Villaça Azevedo, a ilustração da venda de um automóvel que não pode ser fabricado em um primeiro momento, diante de uma greve dos metalúrgicos; surgindo a possibilidade posterior do objeto negocial pela cessação do movimento de paralisação (AZEVEDO, Álvaro Villaça. *Teoria...*, 2012, p. 177).

O que se percebe é que esse último comando legal traz em seu conteúdo o *princípio da conservação negocial ou contratual*, segundo o qual se deve sempre buscar a manutenção da vontade dos envolvidos, a preservação da autonomia privada. A construção mantém relação direta com o princípio da função social do contrato, segundo o Enunciado n. 22 do CJF/STJ, aprovado na *I Jornada de Direito Civil*, cuja redação merece destaque: "a função social do contrato, prevista no art. 421 do novo Código Civil, constitui cláusula geral, que reforça o princípio de conservação do contrato, assegurando trocas úteis e justas".

O objeto do negócio deve ser determinado ou, pelo menos, determinável. O Código Civil de 2002 reconhece falha da codificação anterior, afastando o rigor da certeza quanto ao objeto. Pertinente apontar que, na obrigação de dar coisa incerta, o objeto é ainda pendente de determinação (arts. 243 e 244 do CC), que se dá pela escolha, também denominada *concentração*. Mesmo assim, não há que se falar em invalidade do negócio por indeterminação do objeto, sendo este um exemplo de incidência da regra constante do art. 106 do CC.

Nas típicas situações de negócios jurídicos de alienação de coisa, caso dos contratos de compra e venda e de doação, o objeto deve ser ainda consumível do ponto de vista jurídico (segunda parte do art. 86 do CC – *consuntibilidade jurídica*). Em outras palavras, o objeto deve ser alienável, ao passo que a venda ou a doação de bem inalienável é nula, por ilicitude do objeto ou fraude à lei (art. 166, incs. II e VI, do CC).

A encerrar o estudo desse elemento, saliente-se que é melhor utilizar a expressão *bem inalienável* do que a clássica *coisa fora do comércio*, de outrora – *res extra commercium* do Direito Romano. Como é notório, há tempos superou-se a *fase dos atos do comércio* do Direito Comercial. Muito ao contrário, vivemos a fase do Direito Empresarial.

c) Vontade ou consentimento livre

A manifestação de vontade exerce papel importante no negócio jurídico, sendo seu elemento basilar e orientador. Vale dizer que a vontade é que diferencia o negócio, enquadrado dentro dos fatos humanos, fatos jurígenos e atos jurídicos, dos fatos naturais ou *stricto sensu*.

O consentimento pode ser expresso – escrito ou verbal, de forma pública e explícita – ou tácito – quando resulta de um comportamento implícito do negociante, que importe em concordância ou anuência.

Nesse sentido, enuncia o art. 111 do CC/2002 que o silêncio importa anuência, quando as circunstâncias ou os usos o autorizarem, e não for necessária a declaração de vontade

394 | DIREITO CIVIL • VOL. 1 – *Flávio Tartuce*

expressa. Desse modo, por regra, *quem cala não consente*, eis que, para que seja válida a vontade tácita, devem estar preenchidos os requisitos apontados.

De toda sorte, conforme estudado nos outros volumes da coleção, há exceções a essa regra. Várias são as aplicações jurisprudenciais da premissa constante do art. 111 do Código Civil, merecendo destaque a seguinte:

> "Agravo de instrumento. Execução de sentença. Honorários advocatícios fixados em embargos à execução. Elaboração de acordo na execucional. Não abrangência dos termos e condições do pacto aos embargos, por constituírem estes últimos ação autônoma. Inexistência de previsão expressa no ajuste acerca da inclusão da verba honorária decorrente da sucumbência nos embargos do executado. Impossibilidade de presunção de que referida obrigação estaria açambarcada na transação. Inaplicabilidade do art. 111 do Código Civil. Causídico que assina o pacto na qualidade de patrono do acordante e não em nome próprio. Aquiescência do advogado acerca da pactuação envolvendo os honorários sucumbenciais referentes a outro processo inocorrente. Autonomia do estipêndio que torna legítima a pretensão do exequente. Inteligência dos arts. 23 e 24, § 4.º, ambos do estatuto da advocacia. Decisão guerreada mantida. Agravo desprovido" (TJSC, Agravo de Instrumento 2008.001031-1, 4.ª Câmara de Direito Comercial, Araranguá, Rel. Des. José Carlos Carstens Kohler, *DJSC* 1.º.08.2008, p. 193).

Também no que concerne à vontade, os arts. 112, 113 e 114 trazem três regras fundamentais quanto à interpretação dos contratos e negócios jurídicos em geral, que merecem ser comentadas.

Pelo primeiro comando legal – art. 112 do CC –, nas declarações de vontade se atenderá mais à intenção das partes do que ao sentido literal da linguagem. Assim, o aplicador do direito deve sempre buscar o que as partes queriam de fato, quando celebraram o negócio, até desprezando, em certos casos, o teor do instrumento negocial. Esse art. 112 do CC relativiza a força obrigatória das convenções, o *pacta sunt servanda*. Traz ainda, em seu conteúdo, a *teoria subjetiva de interpretação* dos contratos e negócios jurídicos, em que há a busca da real intenção das partes no negócio celebrado.

Como leciona Caio Mário da Silva Pereira sobre a norma, "aproximou-se do Código Civil Alemão, e propendeu para a busca da vontade, sem o fetichismo da expressão vocabular. Mas não quer, também, dizer que o intérprete desprezará a linguagem para cair à cata da vontade, nos meandros cerebrinos de sua elaboração. Cabe-lhe buscar a intenção dos contratantes percorrendo o caminho da linguagem em que vazaram a declaração, mas sem se prender demasiadamente a esta" (*Instituições...*, 2012, v. III, p. 44). Quando se menciona o sistema alemão, anote-se que o dispositivo brasileiro se aproxima do § 133 do BGB, segundo o qual, na interpretação de uma declaração de vontade, deve-se investigar a verdadeira vontade e não se ater ao sentido literal da expressão.

No que concerne à importância dessa valorização subjetiva, para ilustrar, é interessante transcrever a seguinte ementa do extinto Segundo Tribunal de Alçada Civil de São Paulo:

> "Locação. Espaço destinado à publicidade. Reparação de danos. Parede lateral de edifício. Publicidade pintada. Substituição por painel luminoso. Interpretação do contrato. Inadmissibilidade. Na hermenêutica tradicional existem dois tipos de interpretação dos contratos: a subjetiva e a objetiva. Por primeiro deve o intérprete procurar esclarecer a vontade real (subjetiva) dos contratantes, ou seja, a intenção comum das partes. Restando dúvidas, ou, para ajudar na investigação, deve-se proceder ao exame concomitante da vontade objetivada no conteúdo do vínculo contratual (objetiva). O importante na busca

da intenção comum das partes é o exame e valoração dos respectivos comportamentos durante a denominada fase de execução do contrato, período delimitado entre sua formação e extinção" (Segundo Tribunal de Alçada Civil de São Paulo, Ap. c/ Rev. 807.399-00/0, 11.ª Câm., Rel. Juiz Egidio Giacoia, j. 17.11.2003. Referências: GOMES, Orlando. *Contratos...*, 2002, p. 200-201 e 204; ROPPO, Enzo. *O contrato...*, 1988, p. 171).

Da jurisprudência superior pode ser citado acórdão que, aplicando o dispositivo, concluiu que a doação feita a um santo deve ser considerada como dirigida à Mitra Diocesana da Igreja Católica. Conforme se retira de ementa relatada pelo Ministro João Otávio de Noronha, no Recurso Especial 1.269.544/MG, julgado em maio de 2015: "A doação a santo presume-se feita à igreja uma vez que, nas declarações de vontade, atender-se-á mais à intenção nelas consubstanciada do que ao sentido literal da linguagem (inteligência do art. 112 do Código Civil de 2002). 'A Mitra Diocesana é, em face do Direito Canônico, a representante legal de todas as igrejas católicas da respectiva diocese' (STF, RE n. 21.802/ES), e o bispo diocesano, o representante da diocese para os negócios jurídicos em que se envolva (art. 393 do Código Canônico)".

Ainda no que toca ao art. 112 do CC/2002, interessante apresentar o exemplo construído por Karl Larenz, que demonstra muito bem as dificuldades em se buscar o sentido real do que foi pactuado. Expõe o jurista a situação de alguém que comunica a um hotel a necessidade de reserva de *dois quartos com três camas*. O objetivo do declarante é reservar um quarto com duas camas e outro quarto com uma cama tão somente. Porém, o atendente do hotel acaba por reservar dois quartos com três camas cada um. Como o hotel está lotado, ao chegar, o hóspede é cobrado da última forma (*Derecho Civil...*, 1978, p. 453). Quem deve ter razão? A situação pode ser perfeitamente aplicada aos estudantes do Direito, para que as mais diversas soluções sejam expostas. Fica, então, o caso em aberto, para as devidas aplicações pelos docentes nas salas de aula.

Vale dizer que passei por situação semelhante em meu cotidiano. Certo dia, em uma barraca de pastel da famosa feira livre da Vila Mariana, em São Paulo, fiz o seguinte pedido: "três queijos, para viagem". A atendente, inexperiente, entregou um pastel de três queijos, quando o certo seria vender três pastéis de queijo. A própria gerente da barraca corrigiu o equívoco, uma vez que o pedido de três pastéis de queijo é mais comum, inclusive pelas vendas habituais realizadas a mim até então.

Nesse contexto, o art. 113, *caput*, do CC/2002 determina que os negócios jurídicos, e logicamente os contratos, devem ser interpretados de acordo com a boa-fé objetiva e os usos do lugar de sua celebração. Consoante enunciado aprovado na *V Jornada de Direito Civil*, ao qual se filia, deve-se incluir no sentido da norma as práticas habitualmente adotadas entre as partes (Enunciado n. 409).

Diante do enunciado doutrinário, pode-se falar em *usos do tráfego*, que, segundo Larenz, constituem uma prática habitual nos negócios, um costume corriqueiro na constância das relações entre as partes (*Derecho Civil...*, 1978, p. 464). Nesse contexto, são fatos que devem ser considerados, segundo o jurista: *a)* os acordos preliminares; *b)* o caráter habitual das relações mantidas entre as partes; *c)* as manifestações anteriores do declarante e do destinatário; *d)* o lugar, o tempo e as circunstâncias anexas aos fatos (*Derecho Civil...*, 1978, p. 461).

Ainda quanto ao art. 113 do CC/2002, esse comando traz, ao mesmo tempo, os princípios da eticidade e da socialidade. O primeiro está no reconhecimento da interpretação mais favorável àquele que tenha uma conduta ética de colaboração e de lealdade (*boa-fé objetiva*, o *Treu und Glauben* dos alemães; ou a *correttezza* dos italianos). O segundo, pela interpretação do negócio de acordo com o meio social, dentro da ideia da *ontognoseologia jurídica* de Reale, reconhecendo a função social dos negócios e contratos. Valoriza-se, portanto, conforme a ementa transcrita, a *teoria objetiva da interpretação dos contratos e negócios jurídicos*.

Alguns autores, contudo, entendem que o dispositivo em comento traz a boa-fé subjetiva, aquela relacionada com a intenção das partes (NERY, Nelson; ANDRADE NERY, Rosa Maria de. *Código Civil...*, 2005, p. 231). Discorda-se desse posicionamento, com o devido respeito aos juristas, pois a boa-fé-intenção está inserida no comando legal antes comentado (art. 112 do CC). O art. 113 do CC traz, na verdade, a *função de interpretação da boa-fé objetiva*, como foi antes demonstrado.

Assinala-se que os negócios jurídicos em geral, principalmente os contratos, devem ser interpretados da maneira mais favorável àquele que esteja de boa-fé. Em alguns casos, a lei acaba presumindo de forma relativa essa boa-fé objetiva, guiando a interpretação do magistrado. Podem ser citados os casos de interpretação mais favorável ao aderente (art. 423 do CC) e ao consumidor (art. 47 do CDC).

Por tudo isso, percebe-se que tinha total razão o saudoso Miguel Reale quando afirmava que o art. 113 do CC seria um *artigo-chave* do Código de 2002 (*Um artigo-chave...*, 2006, p. 240). Em conclusão, o dispositivo traz a *função interpretativa* tanto da boa-fé objetiva quanto da função social. Na jurisprudência brasileira, numerosos são os julgados de aplicação da boa-fé objetiva e da função social em uma *relação de simbiose*, de ajuda mútua, para a mitigação da força obrigatória da convenção. Nesse sentido, duas ementas podem ser transcritas a exemplificar:

> "Apelação. Ação revisional de contrato. Relação de consumo. Inexistência. Revisão contratual. Possibilidade. Causa de pedir. Existência. Mesmo nas relações contratuais não amparadas pelo direito do consumidor, pode o judiciário rever as normas estabelecidas na avença, como forma de prestigiar a função social do contrato e a boa-fé objetiva em detrimento da autonomia da vontade. Da leitura da peça vestibular, extrai-se que o fato é a celebração do contrato de financiamento n. 885798.0 e o fundamento jurídico revela-se no direito à legalidade das cláusulas concernentes aos juros, de mora e remuneratórios, anatocismo e comissão de permanência" (TJMG, Apelação Cível 1.0024.08.255985-7/0011, 15.ª Câmara Cível, Belo Horizonte, Rel. Des. Tibúrcio Marques, j. 12.02.2009, *DJEMG* 18.03.2009).

> "Contrato de saúde. Paciente de 68 anos de idade, acometida de câncer. Indicação de temozolamina, um quimioterápico de via oral. Inadmissibilidade de se negar cobertura sob fundamento de ser tratamento domiciliar, por depor contra a função social do contrato e a boa-fé objetiva, por existir cobertura para câncer e quimioterapia. Tutela antecipada mantida. Não provimento" (TJSP, Agravo de Instrumento 605.520.4/9, Acórdão 3383957, 4.ª Câmara de Direito Privado, São Paulo, Rel. Des. Ênio Santarelli Zuliani, j. 13.11.2008, *DJESP* 23.01.2009).

Anote-se que podem ser encontrados milhares de julgados seguindo a linha apontada acima, o que demonstra que as cláusulas gerais da boa-fé objetiva e da função social têm recebido a efetiva aplicação prática nesses mais de 15 anos de vigência do Código Civil de 2002.

Atualizando a obra, em 2019, o art. 113 recebeu dois parágrafos por força da *Lei da Liberdade Econômica* (Lei 13.874/2019), trazendo outros critérios para a interpretação dos negócios jurídicos em geral. Essa norma tem origem na Medida Provisória 881 e, no processo de sua conversão em lei, a ideia era inserir novas regras somente para os negócios jurídicos empresariais. Porém, o relator do projeto de conversão, Deputado Jerônimo Goergen, ouviu a recomendação feita por alguns civilistas, caso de Maurício Bunazar, no sentido de que os novos critérios interpretativos seriam úteis para todo e qualquer negócio jurídico, não sendo interessante que o Código Civil criasse uma separação entre negócios empresariais e civis. Muitos desses critérios, aliás, já eram aplicados na prática do Direito Privado, em julgados e decisões arbitrais e retirados do art. 131 do Código Comercial, ora revogado.

Assim, conforme o novo § 1.º do art. 113 do Código Civil, a interpretação do negócio jurídico deve lhe atribuir o sentido que: *a)* for confirmado pelo comportamento das partes posterior à celebração do negócio, sendo vedado e não admitido o comportamento contraditório da parte (*venire contra factum proprium non potest*); *b)* corresponder aos usos, costumes e práticas do mercado relativas ao tipo de negócio, o que já está previsto no *caput* do comando, pela valorização das regras de tráfego; *c)* corresponder à boa-fé, o que igualmente já se retira da norma anterior; *d)* for mais benéfico à parte que não redigiu o dispositivo, se identificável; e *e)* corresponder a qual seria a razoável negociação das partes sobre a questão discutida, inferida das demais disposições do negócio e da racionalidade econômica das partes, consideradas as informações disponíveis no momento de sua celebração. Parece-me que as previsões relativas às letras *b* e *c* ficaram sem sentido, após a retirada da aplicação restrita aos negócios empresariais.

Sobre a penúltima previsão, há uma ampliação de tutela dos aderentes negociais e contratuais, aqueles para quem o conteúdo do negócio jurídico é imposto. Isso porque qualquer cláusula passa a ser interpretada contra aquele que redigiu o seu conteúdo, máxima há muito tempo reconhecida pelo Direito (*interpretatio contra proferentem* ou *contra estipulatorem*). Amplia-se, portanto, o sentido do art. 423 do Código Civil, segundo o qual "quando houver no contrato de adesão cláusulas ambíguas ou contraditórias, dever-se-á adotar a interpretação mais favorável ao aderente". Sem prejuízo disso, é possível aplicar essa interpretação a negócios paritários – em que o conteúdo é amplamente discutido pelas partes –, desde que seja possível identificar determinada cláusula ou cláusulas que foram impostas por uma das partes, tidas isoladamente como de *adesão,* hipótese em que serão interpretadas contra quem as redigiu. O tema está tratado de forma mais aprofundada no Volume 3 desta coleção.

A respeito do último inciso do novo § 1.º do art. 113 do Código Civil, valoriza-se a negociação prévia das partes, especialmente a troca de informações e de mensagens pré--negociais entre elas. Essas negociações devem ser confrontadas com as demais cláusulas do negócio pactuado, bem como com a *racionalidade econômica das partes.* A expressão destacada é mais uma cláusula geral, a ser preenchida pelo aplicador do Direito nos próximos anos, assim como ocorreu com a boa-fé objetiva e a função social do contrato desde que a codificação de 2002 entrou em vigor. Para tanto, a título de exemplo, devem ser considerados os comportamentos típicos das partes perante o mercado e em outras negociações similares, os riscos alocados nos negócios e as expectativas de retorno dos investimentos, entre outros, o que já é considerado em julgamentos de muitos painéis arbitrais.

Por fim, foi inserido um § 2.º no mesmo art. 113 do Código Civil, pela Lei 13.874/2019, prevendo que "as partes poderão livremente pactuar regras de interpretação, de preenchimento de lacunas e de integração dos negócios jurídicos diversas daquelas previstas em lei". Trata-se de confirmação parcial do Enunciado n. 23, aprovado na *I Jornada de Direito Comercial, in verbis:* "em contratos empresariais, é lícito às partes contratantes estabelecer parâmetros objetivos para a interpretação dos requisitos de revisão e/ou resolução do pacto contratual". De toda sorte, a possibilidade de convenção das partes vai além da revisão ou extinção do pacto, mas também diz respeito à sua interpretação e à correção de eventuais problemas que dele podem surgir.

Com o devido respeito, a norma é inócua em muitas situações, pois as partes de um negócio jurídico podem sim pactuar a respeito dessas questões, mas isso não afasta a eventual intervenção do Poder Judiciário em casos de abusos negociais ou havendo lesão a norma de ordem pública, como estabelece a própria *Lei da Liberdade Econômica* em seu art. 3.º, inc. VIII. Conforme esse comando, é direito da parte de um contrato "ter a garantia de que os negócios jurídicos empresariais paritários serão objeto de livre estipulação das partes pactuantes, de forma a aplicar todas as regras de direito empresarial apenas de maneira subsidiária ao avençado, exceto normas de ordem pública". Pode-se também sustentar que não haveria a necessidade de inclusão dessa previsão no texto legal, pois o seu conteúdo já vinha sendo admitido parcialmente pela doutrina brasileira.

De todo modo, em alguns casos, especialmente em negócios paritários, pode ser útil para a prática a inclusão de determinada regra de interpretação contratual que não contravenha disposição absoluta de lei (norma de ordem pública). A título de exemplo, imagine-se uma previsão que estabeleça que as cláusulas especiais devem prevalecer sobre as gerais na interpretação do conteúdo do contrato. Esse tema também está mais bem aprofundado no Volume 3 da presente coleção, que trata do Direito Contratual.

Seguindo nos estudos, prevê o art. 114 da atual codificação material que os negócios jurídicos benéficos se interpretam estritamente. Desse modo, em contratos gratuitos como são a doação e o comodato, à vontade das partes nunca pode se dar um efeito ampliativo, sempre restritivo. Especializando o seu teor, prevê o art. 819 do CC/2002 que a fiança não admite interpretação extensiva. Como é notório, a fiança é um típico contrato de garantia gratuita, em regra.

Superado o estudo dessas regras, sabe-se que sendo o consentimento inexistente, o negócio jurídico existirá apenas na aparência, mas não para o mundo jurídico, sendo passível de declaração de inexistência ou de nulidade absoluta. Entre os que entendem pela nulidade, estão aqueles não são adeptos da *teoria da inexistência do negócio jurídico*, pelo simples fato de o Código Civil somente tratar da nulidade absoluta e da relativa.

No próximo capítulo, a vontade, como elemento do negócio jurídico, voltará a ser estudada, pela abordagem dos vícios ou defeitos do negócio jurídico, que, por acometerem o consentimento, podem gerar sua anulabilidade. Tratarei também da simulação e, particularmente, da reserva mental (art. 110 do CC).

d) Forma prescrita ou não defesa em lei

Inicialmente, para fins didáticos, forçoso lembrar que a expressão *"não defesa"* significa *não proibida*. Muitas vezes, percebe-se certa dificuldade em sua compreensão e alcance.

Clóvis Beviláqua conceituava a forma como "o conjuncto de solemnidades, que se devem observar, para que a declaração da vontade tenha efficacia juridica. É o revestimento juridico, a exteriorizar a declaração de vontade. Esta é a substancia do acto, que a fórma revela" (*Código Civil...*, 1977, t. I, p. 386).

Como regra, a validade da declaração de vontade não depende de forma especial, senão quando a lei expressamente a exigir. Desse modo, os negócios jurídicos, em regra, são informais, como prevê o art. 107 do CC, que consagra o *princípio da liberdade das formas*.

Entretanto, em casos especiais, visando conferir maior certeza e segurança nas relações jurídicas, a lei disciplina a necessidade de formalidades, relacionadas com a manifestação da vontade. Nessas situações, o negócio não admitirá forma livre, sendo conceituado como *negócio formal.*

CAP. 6 · TEORIA GERAL DO NEGÓCIO JURÍDICO | **399**

Nesse contexto, é fundamental aqui diferenciar *formalidade* de *solenidade*, conforme faz uma parte da doutrina. *Solenidade* significa a necessidade de ato público (escritura pública), enquanto *formalidade* constitui qualquer exigência de qualquer forma apontada pela lei, como, por exemplo, a de forma escrita. Assim, pode-se dizer que a forma é gênero; a solenidade é espécie.

Concorda-se com essa diferenciação, que é importante quando se estuda, por exemplo, a classificação dos contratos. Com tom didático, vale aqui transcrever as palavras de Sílvio de Salvo Venosa: "O contrato solene entre nós é aquele que exige escritura pública. Outros contratos exigem forma escrita, o que os torna formais, mas não solenes. No contrato solene, a ausência de forma torna-o nulo. Nem sempre ocorrerá a nulidade, e a relação jurídica gerará efeitos entre as partes, quando se trata de preterição de formalidade, em contrato não solene" (*Direito civil...*, 2003, p. 415).

Em termos práticos, a diferenciação é pouco relevante. Isso porque, havendo desrespeito à forma ou sendo preterida alguma solenidade prevista para o negócio, esse será nulo de pleno direito, presente a nulidade absoluta, a mais grave das invalidades (art. 166, incs. IV e V, do CC).

Ressalte-se o que estatui o art. 109 do CC/2002, segundo o qual "no negócio jurídico celebrado com a cláusula de não valer sem instrumento público, este é da substância do ato". Portanto, podem as partes, por ato de vontade e visando à segurança, prever que o negócio deva atender a solenidades. A imposição do negócio solene pode ser, portanto, convencional entre as partes. A escritura pública é lavrada no Tabelionato de Notas de qualquer localidade do País, estando no plano da validade dos negócios jurídicos (segundo degrau da *Escada Ponteana*).

As formalidades ou solenidades previstas em lei ainda têm por finalidade garantir a autenticidade do negócio, para, eventualmente, facilitar sua prova, bem como garantir que a autonomia privada seja preservada objetivando sempre a certeza e a segurança jurídica.

Cumpre ainda comentar o importante art. 108 do Código Civil. Enuncia esse dispositivo que a escritura pública somente será exigida para negócios jurídicos que visam a constituição, transferência, modificação ou renúncia de direitos reais sobre imóveis, com valor superior a trinta vezes o maior salário mínimo vigente no País.

Em relação ao seu conteúdo, na *IV Jornada de Direito Civil*, foi aprovado o Enunciado n. 289 do CJF/STJ, prevendo que "o valor de 30 salários mínimos constante do art. 108 do Código Civil brasileiro, em referência à forma pública ou particular dos negócios jurídicos que envolvam bens imóveis, é o atribuído pelas partes contratantes e não qualquer outro valor arbitrado pela Administração Pública com finalidade tributária". Assim sendo, valoriza--se a autonomia privada, o que foi pactuado pelas partes. De qualquer forma, o enunciado pode abrir brecha para preços simulados, que não são reais. Havendo simulação, o negócio pode ser declarado nulo, nos termos do art. 167 do Código Civil.

Apesar do conteúdo do enunciado doutrinário, pontue-se que o Superior Tribunal de Justiça já entendeu que deve prevalecer o valor venal fixado pelo Fisco e não pelas partes. De acordo com o *decisum*:

> "A interpretação dada ao art. 108 do CC pelas instâncias ordinárias é mais consentânea com a finalidade da referida norma, que é justamente conferir maior segurança jurídica aos negócios que envolvem a transferência da titularidade de bens imóveis. O art. 108 do CC se refere ao valor do imóvel, e não ao preço do negócio. Assim, havendo disparidade entre ambos, é aquele que deve ser levado em conta para efeito de aplicação da ressalva

prevista na parte final desse dispositivo legal. A avaliação feita pela Fazenda Pública para atribuição do valor venal do imóvel é baseada em critérios objetivos previstos em lei, refletindo, de forma muito mais consentânea com a realidade do mercado imobiliário, o verdadeiro valor do imóvel objeto do negócio" (STJ, REsp 1.099.480/MG, 4.ª Turma, Rel. Min. Marco Buzzi, j. 02.12.2014, *DJe* 25.05.2015).

Feita tal observação, importante frisar que o art. 108 do CC/2002 tem relação direta com o princípio da função social dos contratos. Isso porque presumiu o legislador que uma pessoa que compra um imóvel com valor de até trinta salários mínimos não tem condições econômico-financeiras de pagar as despesas de escritura, estando dispensada de tal encargo. Não há função social maior do que esta, diante da proteção das classes desfavorecidas, aflorando o *Direito Civil dos Pobres*, conforme a notória construção de Antonio Menger (*El derecho...*, 1898).

Pela relação com a função social dos contratos, por envolver matéria de ordem pública (art. 2.035, parágrafo único, do CC), não há no dispositivo legal qualquer inconstitucionalidade, por suposta lesão ao art. 7.º, inc. IV, do Texto Maior ("Art. 7.º São direitos dos trabalhadores urbanos e rurais, além de outros que visem à melhoria de sua condição social: (...) IV – salário mínimo, fixado em lei, nacionalmente unificado, capaz de atender às suas necessidades vitais básicas e às de sua família com moradia, alimentação, educação, saúde, lazer, vestuário, higiene, transporte e previdência social, com reajustes periódicos que lhe preservem o poder aquisitivo, *sendo vedada sua vinculação para qualquer fim*") (grifo nosso).

Para rebater qualquer alegação de inconstitucionalidade, lembro que a função social dos contratos está amparada na cláusula pétrea da função social da propriedade, constante do art. 5.º, incs. XXII e XXIII, do Texto Maior (TARTUCE, Flávio. *Função social...*, 2007). A jurisprudência vem aplicando o teor do art. 108 do CC, merecendo destaque julgado do Tribunal Mineiro:

> "Inventário. Pedido de adjudicação de bem arrolado. Instrumento particular. Art. 108 CC. Valor inferior ao estipulado em lei. Recurso provido. O art. 108 do Código Civil ressalta que, não dispondo a Lei em contrário, a escritura pública é essencial à validade dos negócios jurídicos que transferem direitos reais sobre imóveis de valor superior a trinta vezes o maior salário mínimo vigente no País. Considerando-se que para os fins legais os direitos hereditários são bens imóveis, exige-se a escritura pública para a cessão destes direitos. Porém, tendo o bem que se pretende adjudicar valor que não alcança o montante equivalente a trinta salários mínimos, poderá esta ser realizada através de instrumento particular" (TJMG, Agravo de Instrumento 1.0035.07.101724-4/0011, 1.ª Câmara Cível, Araguari, Rel. Des. Geraldo Augusto de Almeida, j. 30.09.2008, *DJEMG* 03.11.2008).

Ou, mais recentemente, do Tribunal de Justiça de São Paulo, igualmente aplicando o art. 108 da codificação privada, sem qualquer ressalva e como vem ocorrendo em muitos outros acórdãos:

> "Hipótese em que foi lavrada escritura de confissão de dívida e dação em pagamento, por procurador nomeado pelo autor por instrumento particular. Ato que exige procuração pública. Inteligência dos arts. 108 e 657 do Código Civil" (TJSP, Apelação Cível 0000294-43.2019.8.26.0404, Acórdão 12776905, 2.ª Câmara de Direito Privado, Orlândia, Rel. Des. José Carlos Ferreira Alves, j. 15.08.2019, *DJESP* 21.08.2019, p. 2.027).

Do ponto de vista prático, por certo é que o art. 134, inc. II, do CC/1916, correspondente ao art. 108 da codificação material, há muito tempo não vinha sendo aplicado, pela previsão em cruzeiros, aplicável à época e que sofreu várias versões no tempo, diante das inúmeras trocas de moedas pelas quais passou o País desde 1916. Com isso, acabou-se impondo aos destituídos o dever de pagar as despesas de escritura pública, retirando da norma anterior o seu objetivo social.

Ainda a respeito do art. 108 do CC, não estão dispensadas as despesas de registro. O contrato deve também ser celebrado por escrito, mesmo em tais ocasiões, também para o registro competente.

Por cautela, nunca é demais lembrar que não se pode confundir a escritura pública com o registro. A primeira representa o próprio contrato de compra e venda, que pode ser celebrado em qualquer Tabelionato de Notas do País, não importando o local do imóvel. Por outra via, o registro gera a aquisição da propriedade imóvel, devendo ocorrer, necessariamente, no Cartório de Registro de Imóveis do local em que o bem estiver situado. Além disso, a escritura pública, sendo forma, está no plano da validade do negócio jurídico; o registro imobiliário está no plano de sua eficácia. Os degraus da *Escada Ponteana* são distintos, portanto.

Como outra nota relevante a respeito da forma e da solenidade, o Provimento 100, de 26 de maio de 2020, do Conselho Nacional de Justiça (CNJ) passou a admitir que a escritura pública seja feita pela via digital ou eletrônica. A norma administrativa surgiu em meio ao distanciamento social decorrente da pandemia de Covid-19, facilitando a realização desses atos formais e incrementando o sistema do *e-notariado*.

Em 2023, as suas previsões foram incorporadas ao Código Nacional de Normas (CNN), do CNJ, nos seus arts. 284 a 319. Conforme o primeiro comando citado, a normatização "estabelece normas gerais sobre a prática de atos notariais eletrônicos em todos os tabelionatos de notas do País".

Assim, passou a ser totalmente possível a realização de escrituras públicas de contratos como de compra e venda e doação, ou mesmo de testamentos por esse meio eletrônico, desde que observados alguns requisitos de validade. De acordo com o art. 286 do Código Nacional de Normas, são requisitos da prática do ato notarial eletrônico: *a)* a videoconferência notarial para captação do consentimento das partes sobre os termos do ato jurídico; *b)* a concordância expressada pelas partes com os termos do ato notarial eletrônico; *c)* a assinatura digital pelas partes, exclusivamente por meio do e-notariado; *d)* a assinatura do Tabelião de Notas com a utilização de certificado digital ICP-Brasil; e *e)* o uso de formatos de documentos de longa duração com assinatura digital.

Sobre a gravação da videoconferência notarial, nos termos do parágrafo único desse art. 286 do CNN, deverá conter ela, no mínimo: *a)* a identificação, a demonstração da capacidade e a livre manifestação das partes atestadas pelo tabelião de notas; *b)* o consentimento das partes e a concordância com a escritura pública; *c)* o objeto e o preço do negócio pactuado; *d)* a declaração da data e horário da prática do ato notarial; e *e)* a declaração acerca da indicação do livro, da página e do tabelionato onde será lavrado o ato notarial. O desrespeito a qualquer um desses requisitos de validade gera a nulidade absoluta do negócio jurídico, nos termos dos antes citados incs. IV e V do art. 166 do Código Civil.

Sem prejuízo de outras regras importantes, o art. 299 do Código Nacional de Normas enuncia que os atos notariais eletrônicos se reputam autênticos e detentores de fé pública, como regulado na legislação processual. Além disso, está previsto, como não poderia ser diferente, que os atos notariais celebrados por meio eletrônico produzirão os mesmos efeitos dispostos no ordenamento jurídico quando observarem os requisitos necessários para a sua validade, estabelecidos em lei e no próprio Provimento (art. 300 do CNN). Para aqueles que pretendem realizar atos e negócios pela via digital, necessária a leitura integral dos dispositivos do Código Nacional de Normas do CNJ, que têm origem no antigo Provimento 100, o que foge ao objeto desta obra.

Apesar de uma contundente crítica que pode surgir sobre a falta de competência do CNJ para tratar do assunto, que seria de exclusividade do Poder Legislativo, a verdade é que a redução de burocracias e a digitalização dos atos e negócios civis constituem caminhos sem volta, com argumentos jurídicos muito fortes em seu favor. Sendo assim, a realização de escrituras públicas eletrônicas deve ser incrementada nos próximos anos.

Não se pode, todavia, afastar argumento da inconstitucionalidade de o tema ser tratado por norma administrativa do Conselho Nacional da Justiça, pois cabe à União legislar sobre temas afeitos ao Direito Civil e às formalidades dos atos e negócios jurídicos, nos termos do art. 22, inc. I, da Constituição Federal. Por isso, o Projeto de Reforma do Código Civil pretende incluir no novo livro de *Direito Civil Digital* tratamento a respeito do tema, dotando-o de uma necessária legalidade, que hoje é fundamental.

Assim como o anterior Provimento 100 do CNJ e o que está no atual Código Nacional de Normas, a Lei 14.382/2022, originária da Medida Provisória 1.085/2021, instituiu o Sistema Eletrônico dos Registros Públicos (SERP), com a digitalização dos serviços de registros de imóveis. A nova norma modernizou e simplificou os procedimentos relativos aos registros públicos de atos e negócios jurídicos, previstos na Lei 6.015/1973 (Lei de Registros Públicos), e também tratou de outros temas, alterando dispositivos do Código Civil. Ao longo dessa coleção, e também desta obra, as principais alterações da Lei do SERP serão analisadas, sobretudo as que impactam o Direito Civil.

Sobre esse registro público eletrônico, é essencial pontuar que, nos termos do art. 3.º da nova lei, são objetivos do novo sistema viabilizar: *a)* o registro público eletrônico dos atos e negócios jurídicos; *b)* a interconexão das serventias dos registros públicos; *c)* a interoperabilidade das bases de dados entre as serventias dos registros públicos e entre as serventias dos registros públicos e o SERP; *d)* o atendimento remoto aos usuários de todas as serventias dos registros públicos, por meio da internet; *e)* a recepção e o envio de documentos e títulos, a expedição de certidões e a prestação de informações, em formato eletrônico, inclusive de forma centralizada, para distribuição posterior às serventias dos registros públicos competentes; *f)* a visualização eletrônica dos atos transcritos, registrados ou averbados nas serventias dos registros públicos; *g)* o intercâmbio de documentos eletrônicos e de informações entre as serventias dos registros públicos, os entes públicos e os usuários em geral, inclusive as instituições financeiras e as demais instituições autorizadas a funcionar pelo Banco Central do Brasil e os tabeliães; *h)* o armazenamento de documentos eletrônicos para dar suporte aos atos registrais; *i)* a divulgação de índices e de indicadores estatísticos apurados a partir de dados fornecidos pelos oficiais dos registros públicos, *j)* a consulta às indisponibilidades de bens decretadas pelo Poder Judiciário ou por entes públicos; às restrições e aos gravames de origem legal, convencional ou processual incidentes sobre bens móveis e imóveis registrados ou averbados nos registros públicos; e aos atos em que a pessoa pesquisada conste como devedora de título protestado e não pago; garantidora real; cedente convencional de crédito; ou titular de direito sobre bem objeto de constrição processual ou administrativa; e *k)* outros serviços, nos termos estabelecidos pela Corregedoria Nacional de Justiça do Conselho Nacional de Justiça.

O mesmo art. 3.º da Lei do SERP prevê no seu § 1.º que "os oficiais dos registros públicos de que trata a Lei n. 6.015/1973, integram o SERP". Além disso, está preceituado que a consulta a que se refere a norma será realizada com base em indicador pessoal ou, quando compreender bem especificamente identificável, mediante critérios relativos ao bem objeto de busca (art. 3.º, § 2.º, da Lei 14.382/2022). Nesse contexto, o SERP deverá observar os padrões e os requisitos de documentos, de conexão e de funcionamento estabelecidos pela Corregedoria Nacional de Justiça do Conselho Nacional de Justiça e garantir a segurança da informação e a continuidade da prestação do serviço dos registros públicos (art. 3.º, § 3.º, da Lei 14.382/2022). Está enunciado no mesmo diploma, por fim, que o SERP terá um operador nacional, sob a forma de pessoa jurídica de Direito Privado, seja associação ou fundação, na modalidade de entidade civil sem fins lucrativos, nos termos estabelecidos pela Corregedoria Nacional de Justiça do Conselho Nacional de Justiça (art. 3.º, § 4.º, da Lei 14.382/2022.

Como está em obra escrita em coautoria com Carlos Eduardo Elias de Oliveira, "o chamariz da Lei n. 14.382/2022 é a criação do Sistema Eletrônico de Registros Públicos (SERP), e, por isso, é conhecida como Lei do SERP, denominação que será utilizada neste livro. O SERP pode ser entendido como uma espécie de central eletrônica nacional de todos os serviços notariais e registrais, que permite a prestação remota dos serviços. Quis o legislador disponibilizar um espaço único – como um site –, ao qual o cidadão poderia acorrer para buscar qualquer serviço notarial e registral de qualquer serventia do País. Objetivou também conectar operacionalmente todas as serventias extrajudiciais brasileiras para a prestação dos serviços de modo concentrado" (TARTUCE, Flávio e OLIVEIRA, Carlos Eduardo Elias de. *Lei do Sistema...*, 2022, p. 3). O sistema ainda pende de implementação total e regulamentação pelo Conselho Nacional de Justiça, o que deve ocorrer nos próximos anos. Para outros aprofundamentos, sugere-se a leitura dessa nossa obra específica.

Como última nota sobre o tema da forma, destaco que o Projeto de Reforma do Código Civil pretende alterar os arts. 107, 108 e 109 do Código Civil. No primeiro dispositivo, a proposta é que a norma passe a expressar a "exteriorização da vontade", e não mais a "manifestação de vontade", o que é melhor do ponto de vista técnico: "a validade da exteriorização de vontade não dependerá de forma especial, senão quando a lei a exigir expressamente". De todo modo, como se percebe, mantém-se como regra o *princípio da liberdade das formas*.

Para o art. 108 do Código Civil, após intensos debates na Comissão de Juristas, são sugeridas proposições mais profundas e contundentes. Acabou por prevalecer a ideia de que a escritura pública deve ser a regra de validade para os atos e negócios jurídicos relativos a imóveis, sem qualquer exceção quanto aos seus valores e passando o seu *caput* a enunciar que, "não dispondo a lei em contrário, a escritura pública é essencial à validade dos negócios jurídicos que visem à constituição, transferência, modificação ou renúncia de direitos reais sobre imóveis".

A proposição adotada como premissa-geral visa a trazer maior segurança jurídica para esses atos e negócios relativos a imóveis, incluindo-se nova previsão a respeito da redução dos emolumentos notariais para os imóveis com valor inferior a trinta salários mínimos: "§ 1º Os emolumentos de escrituras públicas de negócios que tenham por objeto imóvel com valor venal inferior a trinta vezes o maior salário mínimo vigente no País, terão os seus custos reduzidos em cinquenta por cento".

Além disso, adotando-se a solução do Superior Tribunal de Justiça antes expostas (REsp 1.099.480/MG), o art. 108 do Código Civil receberá um § 2.º, enunciando que "em caso de dúvida e para as finalidades deste artigo, o valor do imóvel é aquele fixado pelo Poder Público, para os fins fiscais ou tributários". A proposição representa uma tentativa de afastar as comuns simulações de preço vistas nas vendas de imóveis pelo País.

Por fim, o art. 109 da Norma Geral Privada terá um texto mais claro, em prol da valorização da autonomia privada e da possibilidade de as partes convencionarem que a

404 | DIREITO CIVIL • VOL. 1 – *Flávio Tartuce*

forma ou solenidade seja essencial para a validade do ato ou negócio jurídico, desde que não contrarie normas cogentes ou de ordem pública: "se as partes acordarem forma específica de como deva ser celebrado negócio jurídico, para cujo ato a lei não prescreva ou proíba determinada forma, a escolhida será a da substância do ato".

Cabe agora ao Congresso Nacional analisar a viabilidade ou não de aprovação das propostas, que acabam por expressar a posição majoritária dos civilistas e julgadores que compuseram a Comissão de Juristas nomeada no âmbito do Senado Federal.

6.3.2.3 Elementos naturais ou identificadores do negócio jurídico

Os elementos naturais do negócio jurídico são aqueles que identificam determinado negócio jurídico celebrado. Têm a sua origem nos efeitos comuns do negócio, sem que exista a menção expressa da sua existência, nascendo como consequência comum da norma jurídica.

Para facilitar, exemplifica-se que um dos elementos identificadores da compra e venda é o preço, nome que é dado a essa espécie de remuneração. Na locação de imóveis, a remuneração recebe outro nome: aluguel, e assim sucessivamente.

Eventualmente, um elemento natural pode ser essencial, conforme os exemplos mencionados. Tanto o preço quanto o aluguel são elementos essenciais e naturais da compra e venda e da locação, respectivamente, estando inseridos no objeto negocial (plano da validade). Sendo o elemento natural também essencial, e havendo vício ou problema quanto a esse, poderá o negócio jurídico ser declarado nulo ou anulável.

O elemento natural também pode estar relacionado com a forma do negócio jurídico. Assim são os *proclamas do casamento*, os editais que são publicados com vistas à sua celebração, nos termos do art. 1.527 do CC.

6.3.2.4 Elementos acidentais do negócio jurídico

Os elementos acidentais do negócio jurídico são aqueles "que se lhe acrescentam com o objetivo de modificar uma ou algumas de suas consequências naturais" (DINIZ, Maria Helena. *Curso de direito civil brasileiro...*, p. 435).

Os elementos acidentais do negócio jurídico não estão no plano da sua existência ou validade, mas no plano de sua eficácia, sendo a sua presença até dispensável. Entretanto, em alguns casos, que serão estudados, sua presença pode gerar a nulidade do negócio, situando-se no plano da validade.

São elementos acidentais do negócio jurídico a *condição*, o *termo* e o *encargo ou modo*, tratados nominal e especificamente entre os arts. 121 a 137 do CC. Passa-se agora a estudá-los.

a) Condição

A condição é o elemento acidental do negócio jurídico, que, derivando exclusivamente da vontade das partes, faz o mesmo depender de um evento futuro e incerto (art. 121 do CC). Vicente Ráo conceitua a condição como "a modalidade voluntária dos atos jurídicos que lhes subordina o começo ou o fim dos respectivos efeitos à verificação, ou não verificação, de um evento futuro e incerto" (*Ato jurídico...*, 1994, p. 244). Para a devida diferenciação, na hipótese em que o efeito do negócio estiver subordinado a evento futuro e certo, o elemento será o termo e não a condição.

De acordo com a primeira parte do art. 122 do CC/2002 devem ser consideradas lícitas todas as condições não contrárias à lei, à ordem pública e aos bons costumes. Mais uma vez percebe-se no dispositivo conceitos legais indeterminados, que devem ser preenchidos pelo magistrado caso a caso, dentro do sistema de cláusulas gerais adotado pela atual codificação. As condições que contiverem esse conteúdo e que subordinam o negócio geram a sua nulidade (art. 123, inc. II, do CC).

A segunda parte desse mesmo dispositivo – art. 122 do CC – prevê que são proibidas todas as condições que privarem de todo o efeito o negócio jurídico ou que sujeitem o mesmo à vontade de somente uma das partes. As primeiras são denominadas *condições perplexas* pela doutrina, enquanto as últimas são as *condições puramente potestativas*. Nos dois casos, o negócio também pode ser tido como nulo.

Sobre as condições puramente potestativas, em interessante debate, a Terceira Turma do STJ analisou a validade de estipulação que conferia ao credor a possibilidade de exigir, "tão logo fosse de seu interesse", a transferência da propriedade de um imóvel. Como está no aresto, "o art. 122 do CC/02 (correspondente ao art. 115 do CC/16) proíbe as condições puramente potestativas, assim compreendidas como aquelas que sujeitam a eficácia do negócio jurídico ao puro arbítrio de uma das partes, comprometendo a seriedade do acordo e depondo contra a boa-fé objetiva". Consideram os julgadores que "a estipulação assinalada mais se assemelha a termo incerto ou indeterminado do que, propriamente, a condição potestativa. E mesmo admitindo tratar-se de condição, seria de rigor verificar quem ela beneficiava (credor e devedor), não havendo falar, por isso, em falta de seriedade na proposta ou risco à estabilidade das relações jurídicas. Ademais, foi estatuída em consideração a uma circunstância fática alheia à vontade das partes: o resultado de uma determinada ação judicial (usucapião), havendo, assim, interesse juridicamente relevante a justificar sua estipulação". Ao final, concluíram que "a condição não seria inútil ou inconveniente e, em consequência, pode ser considerada válida, até mesmo para efeito de impedir a fluência do prazo prescricional" (STJ, REsp 1.990.221/SC, 3.ª Turma, Rel. Min. Moura Ribeiro, j. 03.05.2022, *DJe* 13.05.2022). Sobre o termo incerto, ainda será analisado no presente capítulo.

Quanto aos seus efeitos, lembre-se de que as condições física e juridicamente impossíveis invalidam o negócio jurídico celebrado, quando tiverem efeitos suspensivos, sendo caso de nulidade absoluta (art. 123, inc. I, do CC). Ainda invalidam o negócio jurídico por nulidade as condições ilícitas ou de fazer coisa ilícita, bem como aquelas incompreensíveis e contraditórias (art. 123, incs. II e III, do CC).

Segundo o art. 124 da codificação material devem ser consideradas inexistentes (não escritas) as condições impossíveis, quando resolutivas, bem como as de não fazer coisa impossível. César Fiuza recomenda cautela na interpretação desse artigo, se confrontado com o seu correspondente no Código anterior (art. 116 do CC/1916). Vejamos o tratamento atual das condições impossíveis no quadro a seguir:

Condições física ou juridicamente impossíveis	
Quando resolutivas	São consideradas não escritas (inexistentes), mas o negócio continua válido.
Quando suspensivas	Invalidam tanto a condição como o negócio jurídico, caso de um contato, assim como as condições ilícitas, ou de fazer coisa ilícita, e as condições incompreensíveis ou contraditórias.

Ensina o jurista citado que o Código Civil anterior tratava as condições fisicamente impossíveis como não escritas, enquanto as condições juridicamente impossíveis resultavam na invalidade do ato. César Fiuza critica essa previsão anterior e exemplifica:

"Se um testamento exigisse como condição ficar um herdeiro uma hora embaixo d'água, sem respirar, estaríamos diante de condição fisicamente impossível e, portanto, não escrita, sendo válida a cláusula testamentária. Mas se a disposição testamentária impusesse como condição ter o herdeiro que assassinar alguém, estaríamos diante de condição ilícita, não sendo, pois, válida a cláusula. O herdeiro, neste caso, nada receberia. Ora, aquele que não praticasse ato naturalmente impossível, ou seja, aquele que nada demais fazia, a não ser seguir a própria natureza, herdaria normalmente, Não seria justo que aquele que, desobedecendo o comando testamentário, deixasse de cometer ato ilícito ou imoral, nada recebesse. Ademais, a se invalidar a cláusula testamentária, estar-se-ia referendando a vontade ilícita do testador" (FIUZA, César. *Código Civil anotado...*, 2004, p. 64).

Como se pode perceber, o doutrinador entende que a correta interpretação do art. 116 do Código Civil de 1916 já indicava que deveriam ser consideradas não escritas tanto as condições impossíveis quanto as ilícitas, tratamento este que é expresso na codificação atual.

Por fim, ensina César Fiuza que "é óbvio que a nulidade atinge apenas a cláusula que impõe a condição e não todo o negócio jurídico, a não ser que a invalidade da cláusula inviabilize o negócio como um todo" (*Código Civil anotado...*, 2004, p. 65). É de se concordar com esse entendimento, adaptado à conservação negocial e à função social dos contratos e pactos em geral.

Sem prejuízo de tudo o que foi visto até o presente momento, e em resumo, a condição admite diversas classificações, que se passa a visualizar.

I) *Classificação quanto à sua licitude*:

- *Condições lícitas* – são aquelas que estão de acordo com o ordenamento jurídico, nos termos do art. 122 do CC, por não contrariarem a lei, a ordem pública ou os bons costumes. Não geram qualquer consequência de invalidade do negócio jurídico. Exemplo: venda dependente de uma aprovação do comprador (venda a contento ou *ad gustum*).

- *Condições ilícitas* – são aquelas que contrariam a lei, a ordem pública ou os bons costumes; gerando a nulidade do negócio jurídico a ela relacionado. Exemplo: venda dependente de um crime a ser praticado pelo comprador.

II) *Quanto à possibilidade*:

- *Condições possíveis* – são aquelas que podem ser cumpridas, física e juridicamente, não influindo na validade do negócio. Exemplo: venda subordinada a uma viagem do comprador à Europa.

- *Condições impossíveis* – são aquelas que não podem ser cumpridas, por uma razão natural ou jurídica, influindo na validade do ato e gerando a sua nulidade absoluta, nos termos do que prevê a lei. Exemplo: venda subordinada a uma viagem do comprador ao planeta Marte.

III) *Quanto à origem da condição*:

- *Condições causais ou casuais* – são aquelas que têm origem em eventos naturais, em fatos jurídicos *stricto sensu*. Exemplo: alguém se compromete a vender um bem a outrem caso chova.

- *Condições potestativas* – são aquelas que dependem do elemento volitivo, da vontade humana, sendo pertinente a seguinte subclassificação:

CAP. 6 · TEORIA GERAL DO NEGÓCIO JURÍDICO | 407

- *Condições simplesmente ou meramente potestativas* – dependem das vontades intercaladas de duas pessoas, sendo totalmente lícitas. Exemplo: alguém institui uma liberalidade a favor de outrem, dependente de um desempenho artístico (*v.g.* cantar em um espetáculo).

- *Condições puramente potestativas* – dependem de uma vontade unilateral, sujeitando-se ao puro arbítrio de uma das partes (art. 122 do CC, parte final). São ilícitas, segundo esse mesmo dispositivo. Exemplo: *dou-lhe um veículo, se eu quiser.*

Maria Helena Diniz aponta ainda a *condição promíscua*, como aquela "que se caracteriza no momento inicial como potestativa, vindo a perder tal característica por fato superveniente, alheio à vontade do agente, que venha a dificultar sua realização. Por exemplo, 'dar-lhe-ei um carro se você, campeão de futebol, jogar no próximo torneio'. Essa condição potestativa passará a ser promíscua se o jogador vier a se machucar" (*Dicionário jurídico...,* 2005, tomo I, p. 902).

- *Condições mistas* – são aquelas que dependem, ao mesmo tempo, de um ato volitivo, somado a um evento natural. Exemplo: *dou-lhe um veículo se você cantar amanhã, desde que esteja chovendo durante o espetáculo.*

IV) *Quanto aos efeitos da condição*:

- *Condições suspensivas* – são aquelas que, enquanto não se verificarem, impedem que o negócio jurídico gere efeitos (art. 125 do CC). Exemplo ocorre na venda a contento, principalmente de vinhos, cujo aperfeiçoamento somente ocorre com a aprovação *ad gustum* do comprador. Enquanto essa aprovação não ocorre, a venda está suspensa.

Desse modo, enquanto não se verifica a condição, o negócio é ainda *pendente*. Ocorrendo a condição, tem-se o *implemento*. Se a condição não é realizada, há a *frustração* (DINIZ, Maria Helena. *Curso...,* 2002, v. 1, p. 439).

De acordo com o art. 126 do CC/2002, se alguém dispuser de alguma coisa sob condição suspensiva, e, pendente esta, fizer quanto àquelas novas disposições, estas últimas não terão valor, caso ocorra o implemento do evento futuro e incerto, sendo a condição incompatível com essas novas disposições. Tal regra impede que uma nova condição se sobreponha a uma anterior, caso sejam elas incompatíveis entre si.

De todo modo, a expressão "não terão valor" carece da melhor técnica, razão pela qual o Projeto de Reforma do Código Civil pretende retirá-la da norma, para que ela passe a mencionar a ineficácia. Nesse contexto, em boa hora, o art. 126 da codificação privada passará a expressar que, "se alguém dispuser de uma coisa sob condição suspensiva, e, pendente esta, fizer novas disposições quanto àquela, estas serão ineficazes, realizada a condição, se com ela forem incompatíveis". Espera-se, portanto, que essa alteração seja aprovada pelo Congresso Nacional.

Vale relembrar, como demonstrado, que as condições suspensivas física ou juridicamente impossíveis geram a nulidade absoluta do negócio jurídico (art. 123, inc. I, do CC).

- *Condições resolutivas* – são aquelas que, enquanto não se verificarem, não trazem qualquer consequência para o negócio jurídico, vigorando o mesmo, cabendo inclusive o exercício de direitos dele decorrentes (art. 127 do CC). Ilustrando, no campo dos

DIREITO CIVIL • VOL. 1 – *Flávio Tartuce*

Direitos Reais, quando o título de aquisição da propriedade estiver subordinado a uma condição resolutiva, estaremos diante de uma *propriedade resolúvel* (art. 1.359 do CC). Isso ocorre no pacto de retrovenda, na venda com reserva de domínio e na alienação fiduciária em garantia.

Por outro lado, sobrevindo a condição resolutiva, extingue-se, para todos os efeitos, os direitos que a ela se opõem, segundo art. 128 do atual Código Civil. Segundo o mesmo dispositivo, se a condição resolutiva for aposta em um negócio de execução periódica ou continuada, a sua realização não tem eficácia quanto aos atos já praticados, desde que compatíveis com a natureza da condição pendente, respeitada a boa-fé. Isso salvo previsão em contrário no instrumento negocial. A regra em análise é complicada e merece esclarecimentos, com a utilização de exemplo prático.

Imagine-se o exemplo de uma venda de vinhos, celebrada a contento ou *ad gustum*. A não aprovação, a negação do vinho representa uma condição resolutiva. Logicamente, se o comprador já adquiriu outras garrafas de vinho (negócio de execução periódica ou trato sucessivo), a não aprovação de uma última garrafa não irá influenciar nas vendas anteriores. Desse modo, não pode o comprador alegar que não irá pagar as outras bebidas, muito menos o jantar, o que inclusive denota a sua má-fé. Como se percebe, trata-se de mais uma regra que tende à preservação da autonomia privada, à conservação do negócio jurídico e do contrato, reconhecida a sua importante função social (Enunciado n. 22 do CJF/STJ, aprovado na *I Jornada de Direito Civil*).

A condição resolutiva pode ser *expressa* – se constar do instrumento do negócio – ou *tácita* – se decorrer de uma presunção ou mesmo da natureza do pacto celebrado. A condição presente na venda *ad gustum* de vinhos é, na maioria das vezes, tácita, uma vez que sequer é celebrado contrato escrito.

Ainda a respeito das duas formas de condição, suspensiva e resolutiva, merecem comentários dois dispositivos com aplicação comum, os arts. 129 e 130 do CC/2002.

Inicialmente, pelo art. 129, reputa-se verificada, quanto aos efeitos jurídicos, a condição cujo implemento for maliciosamente obstado pela parte a quem desfavorecer, considerando-se, ao contrário, não verificada a condição maliciosamente levada a efeito por aquele a quem aproveita o seu implemento. Esse dispositivo, a nosso ver, consagra a aplicação do princípio da boa-fé objetiva às condições em geral, tanto às suspensivas quanto às resolutivas.

Segundo o art. 130 do CC/2002, ao titular do direito eventual, nos casos de condição suspensiva ou resolutiva, é permitido praticar os atos destinados a conservá-lo. Mais uma vez, está consagrada a boa-fé objetiva, somada à teoria da aparência e à tão aclamada conservação contratual.

Por fim, cabe esclarecer que fica fácil a identificação da condição no negócio jurídico pelas conjunções utilizadas para caracterizá-la. Na maioria das vezes aparecem as condições *se* (*v.g.*, *dou-lhe um carro se você cantar no show amanhã*) e *enquanto* (*v.g.*, *dou-lhe uma renda enquanto você estudar*). A expressão *se* é utilizada para a *condição suspensiva*; a expressão *enquanto* para a *condição resolutiva*.

b) Termo

O termo é o elemento acidental do negócio jurídico que faz com que a eficácia desse negócio fique subordinada à ocorrência de evento futuro e certo. Melhor conceituando, o termo é "o evento futuro e certo cuja verificação se subordina o começo ou o fim dos efeitos dos atos jurídicos" (RÁO, Vicente. *Ato jurídico...*, 1994, p. 301).

Buscando uma primeira classificação, há o *termo inicial* (*dies a quo*), quando se tem o início dos efeitos negociais; e o *termo final* (*dies ad quem*), com eficácia resolutiva e que põe fim às consequências derivadas do negócio jurídico.

Muito comum o aplicador do direito confundir a expressão termo com a expressão prazo. O prazo é justamente o lapso temporal que se tem entre o termo inicial e o termo final. Cabe visualização das diferenças pelo esquema a seguir:

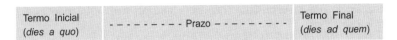

Pertinente comentar que, de acordo com o art. 131 do Código Civil em vigor, o termo inicial suspende o exercício, mas não a aquisição do direito, o que diferencia o instituto em relação à condição suspensiva. Desse modo, a pessoa já tem o direito, não podendo somente exercê-lo. Havendo direito adquirido, não se pode esquecer da proteção constante do art. 5.º, inc. XXXVI, da CF/1988 e do art. 6.º da Lei de Introdução. Vejamos o quadro a seguir:

Condição suspensiva	– suspende o exercício e a aquisição do direito; – subordina a eficácia do negócio a evento futuro e **incerto**.	Ambos permitem a prática de atos de conservação do direito.
Termo Inicial (ou suspensivo)	– suspende o exercício, **mas não** a aquisição do direito; – subordina a eficácia do negócio a evento futuro e **certo**.	

O art. 132 do Código Civil brasileiro traz as regras específicas a respeito da contagem dos prazos, aplicáveis tanto aos prazos materiais quanto aos processuais, a saber:

– Salvo disposição legal ou convencional em contrário, computam-se os prazos, excluído o dia do começo, e incluído o do vencimento.

– Se o dia do vencimento cair em feriado, considerar-se-á prorrogado o prazo até o seguinte dia útil.

– Meado considera-se, em qualquer mês, o seu décimo quinto dia.

– Os prazos de meses e anos expiram no dia de igual número do de início, ou no imediato, se faltar exata correspondência.

– Os prazos fixados por hora contar-se-ão de minuto a minuto.

Especificamente para os testamentos, presume-se o prazo em favor do herdeiro, e, nos contratos, em proveito do devedor, salvo, quanto a esse, se do teor do instrumento, ou das circunstâncias, resultar que se estabeleceu a benefício do credor, ou de ambos os contratantes. Essa é a regra constante do art. 133 do CC, que está relacionada com a interpretação dos negócios jurídicos, mais especificamente quanto à interpretação do prazo a favor de um ou de determinado negociante, no caso a favor do herdeiro e do devedor (em regra).

Os negócios jurídicos entre vivos, sem prazo, são exequíveis desde logo, salvo se a execução tiver de ser feita em lugar diverso ou depender de tempo (art. 134 do CC). De acordo com esse comando legal, o negócio é, por regra, instantâneo, somente assumindo a forma continuada se houver previsão no instrumento negocial ou em lei. Por outro lado, dependendo da natureza do negócio haverá obrigação não instantânea, inclusive se o ato tiver que ser cumprido em outra localidade.

Segundo o art. 135 do CC, ao termo inicial e final aplicam-se, no que couber, as disposições relativas à condição suspensiva e resolutiva, respectivamente. Desse modo, quanto às regras, o termo inicial é similar à condição suspensiva; o termo final à condição resolutiva.

No que concerne às suas origens, tanto o termo inicial quanto o final podem ser assim classificados:

- *Termo legal* – é o fixado pela norma jurídica. Exemplificando, o termo inicial para atuação de um inventariante (mandato judicial) ocorre quando esse assume compromisso.

- *Termo convencional* – é o fixado pelas partes, como o termo inicial e final de um contrato de locação.

O termo pode ser ainda *certo ou incerto* (ou *determinado e indeterminado*), conforme conceitos a seguir transcritos:

- *Termo certo ou determinado* – sabe-se que o evento ocorrerá e quando ocorrerá. Exemplo é o fim de um contrato de locação celebrado por tempo determinado.

- *Termo incerto e indeterminado* – sabe-se que o evento ocorrerá, mas não se sabe quando. Exemplo é a morte de uma determinada pessoa.

Por fim, fica fácil também a identificação do termo, pois é comum a utilização da expressão *quando* (*v.g., dou-lhe um carro quando seu pai falecer*).

c) Encargo ou modo

O encargo ou modo é o elemento acidental do negócio jurídico que traz um ônus relacionado com uma liberalidade. Geralmente, tem-se o encargo na doação, testamento ou legado. Para Vicente Ráo, "modo ou encargo é uma determinação que, imposta pelo autor do ato de liberalidade, a esta adere, restringindo-a" (*Ato jurídico...*, 1994, p. 361).

O negócio gratuito ou benévolo vem assim acompanhado de um ônus, um fardo, um encargo; havendo o caso típico de *presente de grego*. Exemplo que pode ser dado ocorre quando a pessoa doa um terreno a outrem para que o donatário construa em parte dele um asilo. O encargo é usualmente identificado pelas conjunções *para que* e *com o fim de.*

Quanto à doação modal ou com encargo, há regras específicas previstas na Parte Especial do Código Civil. A doação modal está tratada no art. 540 do CC, sendo certo que somente haverá liberalidade na parte que exceder o encargo imposto. Não sendo executado o encargo, caberá *revogação da doação*, forma de resilição unilateral que gera a extinção contratual (arts. 555 a 564). O tema é aprofundado no Volume 3 da presente coleção.

De acordo com o art. 136 do vigente Código Civil, o encargo não suspende a aquisição nem o exercício do direito, salvo quando expressamente imposto no negócio jurídico, pelo disponente, como condição suspensiva. Desse modo, no exemplo apontado, o donatário já recebe o terreno. Se não for feita a construção em prazo fixado pelo doador, caberá revogação do contrato.

Em regra, o encargo diferencia-se da condição suspensiva justamente porque não suspende a aquisição nem o exercício do direito, o que ocorre no negócio jurídico se a última estiver presente.

Seguindo no estudo do tema, preceitua o art. 137 do CC que deve ser considerado não escrito o encargo ilícito ou impossível, salvo se constituir o motivo determinante da liberalidade, caso em que se invalida o negócio jurídico. Trata-se de uma inovação, não havendo correspondente no Código Civil de 1916.

O comando em questão traz, em sua primeira parte, o princípio da conservação negocial ou contratual, relacionado com a função social dos contratos. Desse modo, despreza--se a ilicitude ou a impossibilidade parcial, aproveitando-se o resto do negócio. A segunda parte traz previsão pela qual o encargo passa para o plano da validade do negócio, caso seja fixado no instrumento como motivo determinante da liberalidade, gerando sua eventual nulidade absoluta.

Exemplificando, a doação de um prédio no centro da cidade de Passos, Minas Gerais, feita com o encargo de que ali se construa uma pista de pouso de OVNIs, deve ser considerada como pura e simples; enquanto a doação desse mesmo prédio com o encargo de que o donatário provoque a morte de algumas pessoas é nula.

6.4 ESTUDO DO NEGÓCIO JURÍDICO PROCESSUAL E O SEU TRATAMENTO NO CPC/2015

Novidade festejada por muitos, e criticada por outros, o Novo Código de Processo Civil passou a tratar do que se denomina negócio jurídico processual, tema abordado por Fredie Didier Jr., Antonio do Passo Cabral e Pedro Henrique Pedrosa Nogueira, com profundidade ímpar.

Sem dúvidas, cuida-se de projeção da teoria geral dos atos e negócios jurídicos, para o âmbito do processo civil brasileiro, presente, na expressão alemã, um contrato processual (*Prozessvertrage*). A propósito, o segundo doutrinador citado, em dissertação de mestrado defendida na UFBA, sob a orientação do primeiro, assim define a nova figura:

> "Negócio jurídico processual é o fato jurídico voluntário em cujo suporte fático, descrito em norma processual, esteja conferido ao respectivo sujeito o poder de escolher a categoria jurídica ou de estabelecer, dentro dos limites fixados no próprio ordenamento jurídico, certas situações jurídicas processuais. Estando ligado ao poder de autorregramento da vontade, o negócio jurídico processual esbarra em limitações preestabelecidas pelo ordenamento jurídico, como sucede em todo negócio jurídico" (NOGUEIRA, Pedro Henrique Pedrosa. Negócios Jurídicos... Disponível em: <https://repositorio.ufba.br/ri/bitstream/ri/10743/1/Pedro%20Henrique.pdf>. Acesso em: 22 jan. 2015).

Em complemento, como apontam Humberto Theodoro Júnior, Dierle Nunes, Alexandre Melo Franco Bahia e Flávio Quinaud Pedron, "diante de todo o cenário de grandes mudanças que o CPC pretende instituir, ao lado da ideia do gerenciamento processual (*case management*) pelo juiz, aparece para as partes uma modalidade de flexibilização do procedimento permitindo às mesmas escolher entre 'circuitos' processuais. (...). Aqui, na verdade, acompanha-se uma tendência teórica, que já se apresentava na cultura jurídica processual mundial a partir do final do século XX, começando na Inglaterra e nos Estados Unidos, para depois chegar à França e à Itália" (THEODORO JÚNIOR, Humberto; NUNES, Dierle; BAHIA, Alexandre Melo Franco; PEDRON, Flávio Quinaud. *Novo CPC...*, 2015. p. 226).

A presente obra procurará fazer um breve estudo da categoria, sendo certo que ela é essencialmente processual, não devendo ser solicitada nas disciplinas de Direito Civil ministradas em cursos de graduação. Fica assim o tema para estudo complementar dos civilistas e para abordagens mais avançadas em estudos pós-graduados.

412 | DIREITO CIVIL • VOL. 1 – *Flávio Tartuce*

Sobre o instituto, o art. 190 do CPC/2015 prevê que, versando o processo sobre direitos que admitam autocomposição, é lícito às partes plenamente capazes estipular mudanças no procedimento, com o fito de ajustá-lo às especificidades da causa. As partes ainda podem convencionar sobre os seus ônus, poderes, faculdades e deveres processuais, antes ou durante o processo. Ademais, conforme o parágrafo único do mesmo dispositivo, de ofício ou a requerimento, o juiz controlará a validade das convenções processuais celebradas entre as partes, recusando-lhes aplicação somente nos casos de nulidade absoluta ou de inserção abusiva em contrato de adesão ou em que alguma parte se encontre em manifesta situação de vulnerabilidade, caso de consumidores, presente uma presunção absoluta de vulnerabilidade, conforme o art. 4.º, inc. I, do CDC.

Na verdade, o negócio jurídico processual não é uma total novidade no sistema processual, pois já existiam negócios jurídicos processuais típicos, tratados anteriormente pela lei. A título de exemplo, podem ser citadas a convenção de arbitragem e a cláusula de eleição de foro. Em complemento, Fernando Gajardoni cita algumas outras ilustrações em que, para ele, seria possível a estipulação de negócios jurídicos processuais atípicos. Vejamos dez deles:

> "(i) Ampliação de prazos para resposta, recursos e manifestação em geral (Enunciado n. 19 do FPPC), (ii) redução de prazos para resposta, recurso e manifestações em geral (acautelando-se, apenas, para que a convenção não inviabilize o direito constitucional de defesa e, por conseguinte, seja considerada de objeto ilícito) (Enunciado 21 do FPPC); (iii) estabelecimento de uma fase extrajudicial, prévia ou concomitante à ação judicial, de tentativa de conciliação/medição; (iv) exclusão de atos processuais previstos abstratamente no procedimento aplicável ao caso (como a audiência de conciliação/mediação do art. 334 do CPC/2015); (v) inversão da ordem de produção de provas no processo; (vi) redistribuição das regras sobre ônus da prova, vista essa como regra de procedimento (se bem que, nesse caso, já há autorização legal expressa no art. 373, § 3.º, do CPC/2015, o que torna uma convenção típica sobre procedimento); (vii) estabelecimento de novas formas de intimação ou citação, como comunicação por *e-mail*, WhatsApp, telefone, citação por advogado etc.; (viii) estabelecimento de novas formas de colheita de prova (por telefone, *e-mail*, extrajudicialmente etc.); (ix) opção por memoriais escritos em vez de debate oral em audiências; (x) suspensão do processo para tentativa de acordo (se bem que, também neste caso, já há autorização legal expressa no artigo 313, II, CPC/2015, sendo, portanto, convenção típica sobre rito" (GAJARDONI, Fernando. *Teoria...*, 2015, p. 625).

Na prática, em interessante debate sobre o tema, o Superior Tribunal de Justiça julgou, ao final de 2019, que "a fixação de determinado valor a ser recebido mensalmente pelo herdeiro a título de adiantamento de herança não configura negócio jurídico processual atípico na forma do art. 190, *caput*, do CPC/2015". Vejamos o que consta de trecho de sua ementa:

> "(...). Admitir que o referido acordo, que sequer se pode conceituar como um negócio processual puro, pois o seu objeto é o próprio direito material que se discute e que se pretende obter na ação de inventário, impediria novo exame do valor a ser destinado ao herdeiro pelo Poder Judiciário, resultaria na conclusão de que o juiz teria se tornado igualmente sujeito do negócio avençado entre as partes e, como é cediço, o juiz nunca foi, não é e nem tampouco poderá ser sujeito de negócio jurídico material ou processual que lhe seja dado conhecer no exercício da judicatura, especialmente porque os negócios jurídicos processuais atípicos autorizados pelo novo CPC são apenas os bilaterais, isto é, àqueles celebrados entre os sujeitos processuais parciais. A interpretação acerca do objeto e da abrangência do negócio deve ser restritiva, de modo a não subtrair do Poder Judiciário o exame de questões relacionadas ao direito material ou processual que obviamente des-

CAP. 6 · TEORIA GERAL DO NEGÓCIO JURÍDICO | 413

bordem do objeto convencionado entre os litigantes, sob pena de ferir de morte o art. 5.º, XXXV, da Constituição Federal e do art. 3.º, *caput*, do novo CPC" (STJ, REsp 1.738.656/RJ, 3.ª Turma, Rel. Min. Nancy Andrighi, j. 03.12.2019, *DJe* 05.12.2019).

Como outra ilustração a ser citada, em 2024, a mesma Terceira Turma do STJ admitiu, como negócio jurídico processual, a possibilidade de se fixar a suspensão "da execução de título extrajudicial até cumprimento integral de transação – realizada antes da citação do executado e na qual as partes concordaram com o sobrestamento condicionado ao referido cumprimento – sem caracterizar perda superveniente do interesse de agir do exequente no prosseguimento da execução" (STJ, REsp 2.165.124/DF, 3.ª Turma, Rel. Min. Nancy Andrighi, j. 15.10.2024, *DJe* 17.10.2024).

A categoria do negócio jurídico processual também está tratada pelo art. 191 do CPC/2015, segundo o qual, de comum acordo, o juiz e as partes podem fixar calendário para a prática dos atos processuais, o que se denomina como *calendarização processual*. Esse calendário vincula as partes e o juiz, e os prazos nele previstos somente serão modificados em casos excepcionais, devidamente justificados (art. 191, § 1.º, do CPC/2015). Além disso, dispensa-se a intimação das partes para a prática de ato processual ou a realização de audiência cujas datas tiverem sido designadas no calendário (art. 191, § 2.º, do CPC/2015).

Entendo tratar-se de uma *miniarbitragem projetada* para uma demanda judicial. Somente a prática e o tempo poderão demonstrar a efetividade do negócio jurídico processual na prática cível nacional.

Sobre a categoria, é interessante aqui comentar alguns dos enunciados doutrinários aprovados pela Escola Nacional de Formação e Aperfeiçoamento de Magistrados (ENFAM) em jornada própria, nas *I e II Jornadas de Direito Processual Civil* promovidas pelo Conselho da Justiça Federal (JDPC), na *VIII Jornada de Direito Civil*, realizada pela mesma instituição, e no *Fórum Permanente dos Processualistas Cíveis* (FPPC), eventos que procuram elucidar questões teóricas e práticas surgidas com a nova codificação processual.

Começando pelos enunciados da ENFAM, aprovados em evento de 2015, do qual participaram apenas magistrados, prevê o verbete 36 que "a regra do art. 190 do CPC/2015 não autoriza às partes a celebração de negócios jurídicos processuais atípicos que afetem poderes e deveres do juiz, tais como os que: *a)* limitem seus poderes de instrução ou de sanção à litigância ímproba; *b)* subtraiam do Estado/juiz o controle da legitimidade das partes ou do ingresso de *amicus curiae*; *c)* introduzam novas hipóteses de recorribilidade, de rescisória ou de sustentação oral não previstas em lei; *d)* estipulem o julgamento do conflito com base em lei diversa da nacional vigente; e *e)* estabeleçam prioridade de julgamento não prevista em lei".

Também com intuito restritivo, diminuindo sobremaneira o poder das partes quanto aos negócios jurídicos processuais atípicos, estabelece o Enunciado n. 37 que "são nulas, por ilicitude do objeto, as convenções processuais que violem as garantias constitucionais do processo, tais como as que: *a)* autorizem o uso de prova ilícita; *b)* limitem a publicidade do processo para além das hipóteses expressamente previstas em lei; *c)* modifiquem o regime de competência absoluta; e *d)* dispensem o dever de motivação".

Ademais, não se pode admitir a validade de negócios jurídicos processuais que afastam garantias constitucionais relativas ao direito material, como o caso de um pacto que admita a renúncia a bem de família pelo locatário, o que tem sido percebido na prática de alguns contratos de locação de imóvel urbanos. Essa é uma ressalva que deve ser feita ao Enunciado n. 153 da *II Jornada de Direito Processual Civil*, do Conselho da Justiça Federal (2018), ao admitir que a penhorabilidade de bens seja objeto de negócio jurídico processual, desde que observados os parâmetros do art. 190 do CPC/2015.

Em complemento, com tom correto, prescreve o Enunciado n. 38 da ENFAM que "somente partes absolutamente capazes podem celebrar convenção pré-processual atípica (arts. 190 e 191 do CPC/2015)". Assim, devem ser observadas as regras previstas nos arts. 3.º e 4.º do Código Civil, devidamente alteradas pelo Estatuto da Pessoa com Deficiência.

Por fim, quanto à ENFAM, o seu Enunciado n. 41 preceitua que, "por compor a estrutura do julgamento, a ampliação do prazo de sustentação oral não pode ser objeto de negócio jurídico entre as partes". Como se verá a seguir, há uma ementa aprovada pelo Fórum Permanente dos Processualistas Civis que prevê justamente o contrário.

Partindo para este Fórum, de início, o Enunciado n. 135 estabelece que a indisponibilidade do direito material discutido no processo não impede, por si só, a celebração do negócio jurídico ora analisado. Para um civilista, fica difícil concordar com o seu teor, especialmente pela necessidade de tutela efetiva dos direitos indisponíveis.

Outros três Enunciados, de números 253, 255 e 256, preveem que os negócios jurídicos processuais podem ser celebrados por qualquer parte, inclusive pela Fazenda Pública e pelo Ministério Público, este quando for autor ou réu, seja a demanda individual ou coletiva. Na mesma linha, estabelece o Enunciado n. 17, aprovado na *I Jornada de Direito Processual Civil*, de agosto de 2017, que "a Fazenda Pública pode celebrar convenção processual, nos termos do art. 190 do CPC/2015". Mais uma vez, os seus teores ficam em xeque, diante da presença de interesses coletivos e sociais, indisponíveis por essência.

Cite-se, a título de exemplo, uma ação civil pública que envolva a tutela dos consumidores, em escala nacional. Sobre o Ministério Público, na *II Jornada de Direito Processual Civil* do Conselho da Justiça Federal, de setembro de 2018, aprovou-se o Enunciado n. 112, pelo qual a sua intervenção como fiscal da ordem jurídica não inviabiliza a celebração de negócios processuais.

Entretanto, outros enunciados aprovados no *Fórum Permanente dos Processualistas Cíveis* contam com o nosso total apoio. Cite-se, a propósito, o Enunciado n. 133, segundo o qual, "salvo nos casos expressamente previstos em lei, os negócios processuais do *caput* do art. 190 não dependem de homologação judicial". Em complemento, a mesma tese foi adotada pelo Enunciado n. 115 da *II Jornada de Direito Processual Civil* do Conselho da Justiça Federal: "o negócio jurídico processual somente se submeterá à homologação quando expressamente exigido em norma jurídica, admitindo-se, em todo caso, o controle de validade da convenção". Ora, se há uma ideia de desvinculação das partes à estrita previsão de procedimentos, não poderia ser diferente.

Todavia, há quem não concorde com os enunciados transcritos, caso de Daniel Amorim Assumpção Neves, com relação ao primeiro deles. Pontua o jurista: "acredito que o controle judicial seja indispensável em qualquer hipótese, de forma que a ausência de homologação pelo juiz impede que o acordo gere efeitos processuais. O processo, afinal, continua a não ser 'coisa das partes' em razão de sua indiscutível natureza pública. Acertado o Enunciado n. 260 do *Fórum Permanente de Processualistas Civis* (FPPC) ao apontar para a homologação judicial como condição de eficácia do negócio jurídico" (ASSUMPÇÃO NEVES, Daniel Amorim. *Novo Código...*, 2015, p. 169).

Em verdade, não concordo com o último enunciado, estando filiado ao primeiro. Ora, a exigência de homologação judicial afasta a utilidade prática dos negócios jurídicos processuais.

Também merece apoio o Enunciado n. 16 do *Fórum Permanente de Processualistas Civis* (FPPC), *in verbis*: "O controle dos requisitos objetivos e subjetivos de validade da convenção de procedimento deve ser conjugado com a regra segundo a qual não há invalidade do ato sem prejuízo". O prejuízo para as partes deve ser essencial para o reconhecimento de sua invalidade, o que está na linha do *princípio da conservação dos atos e negócios jurídicos*, tão prestigiado entre os civilistas, pela clara valorização da autonomia privada.

É igualmente perfeito o Enunciado n. 18 do *Fórum dos Processualistas*, pelo qual "há indício de vulnerabilidade quando a parte celebra acordo de procedimento sem assistência técnico-jurídica", o que tem claro objetivo de tutelar os mais fracos, especialmente os economicamente frágeis. O enunciado doutrinário guia a aplicação do parágrafo único do art. 190 do CPC/2015, ao estabelecer que, de ofício ou a requerimento, o juiz controlará a validade das convenções previstas neste artigo, recusando-lhes aplicação somente nos casos de nulidade ou de inserção abusiva em contrato de adesão ou em que alguma parte se encontre em manifesta situação de vulnerabilidade.

Da mesma forma, é correto o Enunciado n. 257 do *Fórum Permanente de Processualistas Civis*, segundo o qual o art. 190 autoriza que as partes tanto estipulem mudanças do procedimento quanto convencionem sobre os seus ônus, poderes, faculdades e deveres processuais. Tem também a nossa concordância o Enunciado n. 258, do mesmo evento, segundo o qual, as partes podem convencionar sobre seus ônus, poderes, faculdades e deveres processuais, ainda que essa convenção não importe ajustes às especificidades da causa. Os enunciados em questão estão dentro do exercício permitido da autonomia privada nos negócios jurídicos processuais.

Tem o nosso apoio, assim como os anteriores, o Enunciado n. 132, aprovado pelos processualistas, ao estabelecer que, além dos defeitos processuais, os vícios da vontade e os vícios sociais podem dar ensejo à invalidação dos negócios jurídicos atípicos dos arts. 190 e 191. Sendo assim, na linha do que foi antes demonstrado, têm aplicação para os negócios jurídicos processuais o erro, o dolo, a coação, o estado de perigo e a lesão, geradoras de sua anulabilidade ou nulidade relativa, pela presença de um vício do consentimento (art. 171 do CC/2002). Também incidem os vícios sociais da fraude contra credores – gerando também sua nulidade relativa (pelo mesmo art. 171 do CC/2002) –, e da simulação – ocasionando sua nulidade absoluta (art. 167).

Igualmente irretocável o Enunciado n. 6, do II *Fórum Permanente de Processualistas Civis* (FPPC), com a seguinte redação: "O negócio jurídico processual não pode afastar os deveres inerentes à boa-fé e à cooperação". Eis a tão aclamada aplicação do art. 113 do Código Civil para os negócios jurídicos processuais, tida a boa-fé objetiva como preceito de ordem pública, como se retira do Enunciado n. 363 da *IV Jornada de Direito Civil*.

O Enunciado n. 17, do mesmo evento, completa o seu sentido, ao determinar que isso não significa que as partes não possam prever deveres e sanções concernentes ao descumprimento da convenção por elas estabelecidas, o que também parece correto.

Feitas tais considerações, merecem destaque outros enunciados doutrinários que tentam, de maneira meramente ilustrativa, definir os limites do acordo processual celebrado entre as partes. Nos termos do Enunciado n. 19 do *Fórum Permanente dos Processualistas Civis*, passam a ser *admissíveis* os seguintes negócios processuais bilaterais, dentre outros: *a)* pacto de impenhorabilidade; *b)* acordo bilateral de ampliação de prazos das partes; *c)* acordo de rateio de despesas processuais; *d)* dispensa consensual de assistente técnico; *e)* acordo para retirar o efeito suspensivo da apelação; e *f)* acordo para não promover execução provisória.

Em complemento, são igualmente admissíveis os seguintes pactos, nos termos do Enunciado n. 21: *a)* acordo para realização de sustentação oral; *b)* acordo para ampliação do tempo de sustentação oral; *c)* convenção de julgamento antecipado do mérito convencional; *d)* convenção sobre prova; e *e)* acordo para redução de prazos processuais. Entendo que os conteúdos de todos os atos são hígidos e lícitos. Sobre o pacto de impenhorabilidade, ele também é admitido pelo Enunciado n. 152 da *II Jornada de Direito Processual Civil* do Conselho da Justiça Federal, que traz importante ressalva no seu final: "o pacto de impenhorabilidade (arts. 190, 200 e 833, I) produz efeitos entre as partes, não alcançando terceiros".

Seguindo nas concretizações, o Enunciado n. 20 do *Fórum de Processualistas* preceitua que não são admissíveis os negócios bilaterais para a modificação de competência absoluta ou para supressão da primeira instância, o que esbarra em regras de ordem pública e de índole constitucional. Essa também é a minha opinião, valendo a mesma premissa para o Enunciado n. 254, também seguida por mim: "é inválida a convenção para excluir a intervenção do Ministério Público como fiscal da ordem jurídica".

Acredito que gera grande debate o teor do Enunciado n. 115 do *Fórum Permanente de Processualistas Civis* (FPPC), com a seguinte dicção: "o negócio jurídico celebrado nos termos do art. 190 obriga herdeiros e sucessores". Para Daniel Amorim Assumpção Neves, "a conclusão de não se tratar de direito personalíssimo é correta porque envolve direitos disponíveis de natureza processual, vinculando aos sucessores processuais na hipótese de falecimento da parte" (ASSUMPÇÃO NEVES, Daniel Amorim. *Novo Código...*, 2015, p. 171).

Com o devido respeito, a previsão fica em xeque pela proximidade do negócio jurídico processual dos contratos, merecendo incidência o art. 426 do Código Civil, segundo o qual não pode ser objeto de contrato a herança de pessoa viva. Trata-se de transposição atual da antiga vedação romana dos pactos sucessórios (*pacta corvina*), a ocasionar a *nulidade absoluta virtual* do negócio, pois a lei proíbe a prática do ato sem cominar sanção (art. 166, inciso VII, segunda parte, do Código Civil).

No que diz respeito à *II Jornada de Direito Processual Civil*, realizada pelo Conselho da Justiça Federal em setembro de 2018, aprovou-se enunciado doutrinário admitindo negócio jurídico processual a respeito do ônus da prova, o que afasta a redistribuição por parte do juiz, com exceção dos casos de nulidade absoluta (Enunciado n. 128). Desse mesmo evento merece destaque o Enunciado n. 127, segundo o qual o juiz pode homologar parcialmente a delimitação consensual das questões de fato e de direito de uma ação judicial, após consulta às partes, na forma do que estabelece o art. 10 do próprio CPC/2015. No último caso, tem-se um *negócio jurídico processual plurilateral*, com a participação do julgador e das partes.

Em complemento, entre os dias 1.º e 3 de maio de 2015 ocorreu o *V Fórum Permanente dos Processualistas Civis*, realizado na cidade de Vitória, Espírito Santo. A exemplo dos anteriores, os enunciados aprovados trazem *diálogos* interessantes com o direito material, merecendo elogios e nossa aprovação.

Conforme o Enunciado n. 402, a eficácia dos negócios processuais para quem deles não fez parte depende de sua anuência, quando lhe puder causar prejuízo. Em suma, reconhece-se a eficácia *inter partes* do negócio jurídico processual, sendo necessária a anuência daquele que não figura como parte do ato e que pode sentir as suas consequências.

Ademais, nos termos do Enunciado n. 403, a validade do negócio jurídico processual requer agente capaz, objeto lícito, possível, determinado ou determinável e forma prescrita ou não defesa em lei. Em outras palavras, o art. 104 do Código Civil é plenamente aplicável ao negócio jurídico processual, conforme igualmente reconhecido pelo Enunciado n. 616 da *VIII Jornada de Direito Civil*, promovida pelo Conselho da Justiça Federal em 2018: "os requisitos de validade previstos no Código Civil são aplicáveis aos negócios jurídicos processuais, observadas as regras processuais pertinentes".

Aplicando esse último enunciado doutrinário e citando-o expressamente, julgou o Superior Tribunal de Justiça, no ano de 2022, que se não houver consenso entre as partes a respeito da escolha do perito, o profissional que foi indicado por uma das partes, mas rejeitado pela outra não pode realizar a produção da prova como perito do juízo. Nos termos do voto do Ministro Relator:

> "O CPC/2015 estabelece como regra a escolha do perito pelo juízo e, como alternativa, possibilita a nomeação do referido profissional pelas partes. Porém, na segunda hipótese, a concordância dos litigantes é elemento fundamental à validade (ou à existência) do negócio jurídico processual. (...). Dessa forma, diante da ausência de consenso entre as partes, é nula a decisão que acolheu a indicação do perito feita pelo autor, cabendo ao magistrado, na origem, nomear profissional devidamente inscrito em sistema mantido pelo tribunal ao qual está vinculado" (STJ, REsp 1.924.452/SP, 3.ª Turma, Rel. Min. Ricardo Villas Bôas Cueva, j. 04.10.2022, *DJe* 10.10.2022.)

O mesmo deve ser dito em relação ao art. 112 do Código Civil, uma vez que o Enunciado n. 404 estabelece que nos negócios processuais atender-se-á mais à intenção consubstanciada na manifestação de vontade do que ao sentido literal da linguagem. Como não poderia ser diferente, os negócios jurídicos processuais devem ser interpretados conforme a boa-fé e os usos do lugar de sua celebração, na linha do que está no art. 113 do Código Civil (Enunciado n. 405). Além disso, os negócios jurídicos processuais benéficos e a renúncia a direitos processuais interpretam-se estritamente, outra projeção civil, pela incidência do art. 114 do CC/2002 (Enunciado n. 406).

Como outra incidência da boa-fé objetiva para os negócios jurídicos processuais, preconiza o Enunciado n. 407 que as partes e o juiz são obrigados a guardar nas tratativas, na conclusão e na execução do negócio o princípio da boa-fé. Trata-se de clara incidência do art. 422 para os atos em estudo. Em complemento, assim como está no art. 423 do Código Civil para os contratos em geral, quando houver no contrato de adesão negócio jurídico processual com previsões ambíguas ou contraditórias, dever-se-á adotar a interpretação mais favorável ao aderente (Enunciado n. 408).

A convenção processual é autônoma em relação ao negócio em que estiver inserta, de tal sorte que a invalidade deste não implica necessariamente a invalidade da convenção processual, clara aplicação do princípio da conservação do negócio jurídico (Enunciado n. 409).

Releve-se o Enunciado n. 411 do *V Fórum Permanente dos Processualistas Civis*, pelo qual o negócio processual pode ser distratado. Trata-se de incidência do art. 472 do Código Civil, que admite o distrato nos contratos civis materiais, para os negócios processuais, o que é plenamente possível.

Do mesmo evento, o Enunciado n. 412 estabelece que "a aplicação de negócio processual em determinado processo judicial não impede, necessariamente, que da decisão do caso possa vir a ser formado precedente". Ou seja, é possível que um precedente judicial surja da autonomia privada processual.

Além disso, conforme o Enunciado n. 413, "o negócio jurídico processual pode ser celebrado no sistema dos juizados especiais, desde que observado o conjunto dos princípios que o orienta, ficando sujeito a controle judicial na forma do parágrafo único do art. 190 do CPC". No mesmo sentido, o Enunciado n. 16, aprovado na *I Jornada de*

Direito Processual Civil, em agosto de 2017. Estou filiado ao conteúdo dos dois enunciados doutrinários, desde que respeitada a condição especial de alguns sujeitos processuais, caso de consumidores, hipótese em que a previsão será nula, diante da sua presunção absoluta de vulnerabilidade.

Como outro aspecto importante, nos termos do que consta do Enunciado n. 414 do FPPC, "o disposto no § 1.º do artigo 191 refere-se ao juízo". A proposta visa vincular um novo magistrado que tenha assumido a causa, em hipótese em que um juiz anterior tenha firmado o negócio jurídico processual.

Seguindo na exposição e breve análise dos enunciados processuais, pontue-se que, em março de 2016, ocorreu em São Paulo o *VI Fórum dos Processualistas*, igualmente com a aprovação de enunciados sobre o tema. Consoante o Enunciado n. 491, é possível negócio jurídico processual que estipule mudanças no procedimento das intervenções de terceiros, observada a necessidade de anuência do terceiro quando lhe puder causar prejuízo. Não nos parece haver qualquer problema na ementa, uma vez que as questões que dizem respeito à intervenção de terceiros são puramente processuais.

O mesmo não se pode dizer quanto ao Enunciado n. 492 do FPPC, *in verbis*: "o pacto antenupcial e o contrato de convivência podem conter negócios processuais". Com o mesmo teor, a propósito, o Enunciado n. 18 da *I Jornada de Direito Processual Civil* (2017). Com o devido respeito, apesar de serem contratos, ambos os negócios civis trazem igualmente um conteúdo existencial relevante. Assim, neste momento nos opomos às ementas doutrinárias aprovadas.

Por outra via, parece irretocável, por resolver problema de direito intertemporal, o Enunciado n. 493 do *Fórum dos Processualistas*, pelo qual o negócio processual celebrado ao tempo do CPC/1973 é aplicável após o início da vigência do CPC/2015. Assim, por exemplo, caso celebrada uma cláusula de eleição de foro até 17 de março de 2016, não há qualquer óbice para a incidência das regras processuais previstas no Estatuto Processual emergente.

Nos termos do Enunciado n. 494 do FPPC, a admissibilidade de autocomposição não é requisito para o calendário processual. Em outras palavras, o controle previsto no art. 190 do CPC/2015 não se aplica ao seu dispositivo posterior, o que parece perfeito.

Igualmente a merecer destaque, expressa o Enunciado n. 495 do *Fórum* que o distrato do negócio processual homologado por exigência legal depende de homologação. Trata-se de mais uma aplicação do art. 472 do Código Civil, pelo qual o distrato faz-se pela mesma forma exigida pelo contrato.

Também deve ser anotado o Enunciado n. 114 da *II Jornada de Direito Processual Civil* do Conselho da Justiça Federal (2018), segundo o qual os entes despersonalizados – caso do espólio, da massa falida e do condomínio edilício, para aqueles que ainda assim entendem – podem celebrar negócios jurídicos processuais. O teor do enunciado coloca em debate dois aspectos. Do ponto de vista material, haveria um impedimento para os entes despersonalizados celebrarem contratos, pelo fato de não serem dotados de personalidade jurídica, o que alcançaria os negócios processuais. Todavia, sob o aspecto instrumental, têm eles legitimidade processual, conforme se retira do art. 75 do CPC/2015. A última norma acabou por prevalecer e a proposta convenceu os participantes daquele evento, o que foi o meu caso.

A encerrar o tema e o capítulo, destaco que a Lei 13.964, de 24 de dezembro de 2019 – conhecida como *Pacote de Lei Anticrime* –, passou a estabelecer que o acordo de colaboração premiada é negócio jurídico processual e meio de obtenção de prova, que pressupõe utilidade e interesse públicos (novo art. 3.º-A da Lei 12.850/2013). Sendo assim, esse acordo está submetido às regras do art. 104 do CC/2002 e dos arts. 190 e 191 do CPC/2015.

Sem prejuízo dessas regras gerais, a nova norma também incluiu na Lei 12.850/2013 os arts. 3.º-B e 3.º-C, elencando requisitos específicos para esse negócio jurídico processual, notadamente para a sua pactuação.

Assim, o recebimento da proposta para formalização de acordo de colaboração premiada demarca o início das negociações e constitui também marco de confidencialidade, configurando violação de sigilo e quebra da confiança e da boa-fé a divulgação de tais tratativas iniciais ou de documento que as formalize, até o levantamento de sigilo por decisão judicial (art. 3.º-B, *caput*). A menção à confiança e à boa-fé é louvável, uma vez que esses elementos podem ser colocados no plano da validade do negócio jurídico. A quebra desse sigilo, portanto, pode gerar a responsabilização civil do violador da norma.

Ademais, a proposta de acordo de colaboração premiada poderá ser sumariamente indeferida, com a devida justificativa, cientificando-se o interessado (art. 3.º-B, § 1.º, da Lei 12.850/2013, incluído pela Lei 13.964/2019). Caso não haja esse indeferimento sumário, as partes deverão firmar um *termo de confidencialidade*, para o prosseguimento das tratativas, o que vinculará os órgãos envolvidos na negociação e impedirá o indeferimento posterior sem justa causa; mais uma vez em valorização da boa-fé (art. 3.º-B, § 2.º, da Lei 12.850/2013, incluído pela Lei 13.964/2019).

O recebimento de proposta de colaboração para análise ou a celebração desse *termo de confidencialidade* não implica, por si só, suspensão da investigação, ressalvada a possibilidade de um acordo das partes em contrário quanto à propositura de medidas processuais penais cautelares e assecuratórias, bem como medidas processuais cíveis admitidas pela legislação processual civil em vigor (art. 3.º-B, § 3.º, da Lei 12.850/2013). O acordo de colaboração premiada poderá ser precedido de instrução, quando houver necessidade de identificação ou complementação de seu objeto, dos fatos narrados, sua definição jurídica, relevância, utilidade e interesse público (art. 3.º-B, § 4.º, da Lei 12.850/2013).

Os termos de recebimento de proposta de colaboração e de confidencialidade serão elaborados pelo celebrante e assinados por ele, pelo colaborador e pelo advogado ou defensor público com poderes específicos, vinculando as partes que a celebraram, em casos ais (art. 3.º-B, § 5.º, da Lei 12.850/2013). Porém, na hipótese de não ser celebrado o acordo por iniciativa do celebrante, esse não poderá se valer de nenhuma das informações ou provas apresentadas pelo outro colaborador, de boa-fé, para qualquer outra finalidade; outra norma louvável, de valorização da confiança depositada nas negociações prévias ao acordo (art. 3.º-B, § 6.º, da Lei 12.850/2013, incluído pela Lei 13.964/2019).

Consoante o art. 3.º-C da mesma Lei 12.850/2018, também acrescentado em 2019, a proposta de colaboração premiada deve estar instruída com procuração do interessado com poderes específicos para iniciar o procedimento de cooperação e suas tratativas, ou firmada pessoalmente pela parte que pretende a colaboração e seu advogado ou defensor público. O comando também prevê, em seu § 1.º, que nenhuma tratativa sobre colaboração premiada deve ser realizada sem a presença de advogado constituído ou defensor público, o que pode ensejar a nulidade do ato, por desrespeito à forma ou à solenidade (art. 166, incs. IV e V, do CC).

Em complemento, em caso de eventual conflito de interesses, ou de colaborador hipossuficiente, o celebrante deverá solicitar a presença de outro advogado ou a participação de defensor público (§ 2.º do art. 3.º-C da Lei 12.850/2013). No acordo de colaboração premiada, o colaborador deve narrar todos os fatos ilícitos para os quais concorreu e que

420 DIREITO CIVIL • VOL. 1 – Flávio Tartuce

tenham relação direta com os fatos investigados (§ 3.º). Por fim, a norma estabelece que incumbe à defesa instruir a proposta de colaboração e os anexos com os fatos adequadamente descritos, com todas as suas circunstâncias, indicando as provas e os elementos de corroboração (art. 3.º-C, § 4.º, da Lei 12.850/2013, incluído pela Lei 13.964/2019).

Como é notório, o acordo de colaboração premiada foi muito utilizado em nosso País nos últimos anos e esse tratamento legal expresso como negócio jurídico processual, sem dúvidas, traz mais certeza e segurança para as partes, razão pela qual deve ser incrementado no futuro.

6.5 RESUMO ESQUEMÁTICO

FATO (qualquer ocorrência)	FATO JURÍDICO *LATO SENSU*	FATO NATURAL (fato jurídico *stricto sensu*)	ORDINÁRIO (nascimento e morte)		
			EXTRAORDINÁRIO	CASO FORTUITO (evento totalmente imprevisível)	
				FORÇA MAIOR (evento previsível, mas inevitável)	
		FATO HUMANO (elemento volitivo) FATO JURÍGENO	LÍCITO – ATO JURÍDICO *LATO SENSU*	NEGÓCIO JURÍDICO composição de vontades (interesses) – Cria instituto próprio, novo	Ex.: Contrato e casamento
				ATO JURÍDICO *STRICTO SENSU* Efeitos legais – Não cria algo novo	Ex.: Pagamento, reconhecimento de filho
			ILÍCITO	Penal	
				Administrativo	
				Civil (art. 186, CC) = Abuso de direito (art. 187, CC)	
	FATO NÃO JURÍDICO				

Resumo com fórmulas:
Fato jurídico = fato + direito
Ato jurídico = fato jurídico + vontade + licitude
Negócio jurídico = ato jurídico + interesse das partes (criando-se algo novo)

Elementos do negócio jurídico

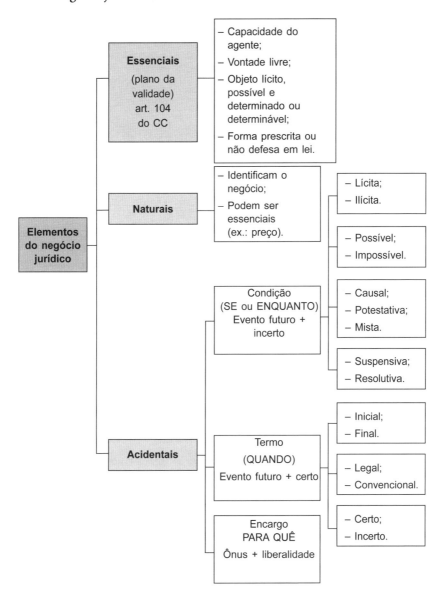

422 | DIREITO CIVIL • VOL. 1 – *Flávio Tartuce*

Elementos acidentais do negócio jurídico – quadro comparativo

Condição	Termo	Encargo ou Modo
Negócio dependente de evento futuro + incerto	Negócio dependente de evento futuro + certo	Liberalidade + Ônus
Identificado pelas conjunções "se" ou "enquanto"	Identificado pela conjunção "quando"	Identificado pelas conjunções "para que" e "com o fim de"
Suspende (condição suspensiva) ou resolve (condição resolutiva) os efeitos do negócio jurídico	Suspende (termo inicial) ou resolve (termo final) os efeitos do negócio jurídico	Não suspende nem resolve a eficácia do negócio. Não cumprido o encargo, cabe revogação da liberalidade

6.6 QUESTÕES CORRELATAS

01. (MPT – MPT – Procurador do Trabalho – 2015) Assinale a alternativa CORRETA consoante o Código Civil:

(A) A impossibilidade inicial do objeto invalida o negócio jurídico se for relativa, ou se cessar antes de realizada a condição a que ele estiver subordinado.

(B) São lícitas, em geral, todas as condições não contrárias à lei, à ordem pública ou aos bons costumes; entre as condições defesas se incluem as que privarem de todo efeito o negócio jurídico, ou o sujeitarem ao puro arbítrio de uma das partes.

(C) O encargo não suspende a aquisição nem o exercício do direito, ainda que expressamente imposto no negócio jurídico, pelo disponente, como condição suspensiva.

(D) Nos negócios jurídicos bilaterais, o silêncio intencional de uma das partes a respeito de fato ou qualidade que a outra parte haja ignorado, não constitui omissão dolosa, ainda que se prove que sem ela o negócio não se teria celebrado.

(E) Não respondida.

02. (TJPE – FCC – Juiz Substituto – 2015) O negócio jurídico celebrado durante a *vacatio* de uma lei que o irá proibir é

(A) anulável, porque assim se considera aquele em que se verifica a prática de fraude.

(B) nulo, por faltar licitude ao seu objeto.

(C) inexistente, porque assim se considera aquele que tiver por objetivo fraudar lei imperativa.

(D) válido, porque a lei ainda não está em vigor.

(E) ineficaz, porque a convenção dos particulares não pode derrogar a ordem pública.

03. (TJMG – Consulplan – Titular de Serviços de Notas e de Registro – 2015) De acordo com o Código Civil brasileiro, é correto afirmar:

(A) Têm-se por inexistentes as condições impossíveis, quando resolutivas, e as de não fazer coisa impossível.

(B) Se alguém dispuser de uma coisa sob condição suspensiva, e, pendente esta, fizer quanto àquela novas disposições, estas terão valor, realizada a condição, mesmo se com ela forem incompatíveis.

(C) Se for suspensiva a condição, vigorará o negócio jurídico, podendo exercer-se desde a conclusão deste o direito por ele estabelecido.

(D) Ao titular do direito eventual, nos casos de condição suspensiva, não é permitido praticar os atos mesmo que destinados a conservá-lo.

04. (MPE-BA – MPE-BA – Promotor de Justiça Substituto – 2015) Analise as assertivas abaixo e assinale a alternativa CORRETA sobre o fato e negócio jurídico, segundo o Código Civil Brasileiro:

I – A validade do negócio jurídico requer agente capaz, objeto lícito, possível e determinado ou determinável, além de forma prescrita ou não defesa em lei.

CAP. 6 · TEORIA GERAL DO NEGÓCIO JURÍDICO | **423**

II – No negócio jurídico celebrado com a cláusula de não valer sem instrumento público, este é da substância do ato.

III – É nulo o negócio jurídico quando celebrado por pessoa absolutamente incapaz.

IV – O negócio jurídico nulo é suscetível de confirmação, convalescendo pelo decurso do tempo, pelo princípio da conservação dos negócios jurídicos.

V – O estado de perigo consiste na situação em que alguém, por inexperiência, se obriga a prestação manifestamente desproporcional ao valor da prestação oposta.

Estão corretas as assertivas:

(A) I, II, III, IV e V.

(B) I, II, III e IV.

(C) I, II, III e V.

(D) I, III e V.

(E) I, II e III.

05. (PGE-RS – Fundatec – Procurador do Estado – 2015) Assinale a alternativa correta.

(A) O dano exclusivamente moral, provocado por omissão voluntária, não permite a caracterização de um ilícito civil.

(B) Aos atos jurídicos lícitos, que não sejam negócios jurídicos, aplicam-se as disposições pertinentes aos defeitos do negócio jurídico.

(C) Para a caracterização do ato ilícito por abuso de direito previsto no Código Civil é necessária a aferição de culpa do autor do fato.

(D) Só é considerado ilícito o ato que, exercido em excesso manifesto aos limites impostos pelos bons costumes, necessariamente causar dano a alguém.

(E) Constitui ilicitude civil a conduta de destruir coisa alheia para remover perigo iminente.

06. (Polícia Civil-PE – Cespe – Delegado de Polícia – 2016) A respeito dos elementos acidentais do negócio jurídico, assinale a opção correta.

(A) Situação hipotética: Maria celebrou contrato de doação de bem imóvel a João. Na negociação, ficou estipulado que a transferência do bem somente se aperfeiçoará quando da morte da doadora. Assertiva: Nessa situação, o evento morte funciona como condição.

(B) O encargo é elemento acidental característico dos negócios jurídicos que envolvam liberalidade. Em caso de inexecução do encargo pelo beneficiado, não há previsão de mecanismos de coerção direta ou indireta por parte do disponente.

(C) O termo não essencial é aquele que não admite o cumprimento do objeto do negócio jurídico após o seu vencimento.

(D) Denomina-se condição a cláusula acessória pela qual as partes subordinam a eficácia do negócio a acontecimento futuro e incerto.

(E) Em caso de nulidade do negócio jurídico, a condição voluntariamente declarada pelas partes não será alcançada, permanecendo válida.

07. (TJRO – Ieses – Titular de Serviços de Notas e de Registros – Provimento – 2017) É certo afirmar:

I. De regra a declaração da vontade depende de forma especial.

II. Unilaterais ou benéficos são os contratos em que apenas uma das partes se obriga em face da outra.

III. O Código Civil prevê que o mero silêncio da parte ao contratar sempre importará em consentimento.

IV. A validade do negócio jurídico requer agente capaz, objeto lícito, possível, determinado ou determinável e forma prescrita ou não defesa em lei.

Analisando as proposições, pode-se afirmar:

(A) Somente as proposições I e III estão corretas.

(B) Somente as proposições II e IV estão corretas.

(C) Somente as proposições I e II estão corretas.

(D) Somente as proposições III e IV estão corretas.

08. (PGE/AC – FMP Concursos – Procurador do Estado – 2017) Considere as seguintes afirmativas sobre o tema dos negócios jurídicos no âmbito do Código Civil.

I – A incapacidade relativa de uma das partes pode ser invocada pela outra em benefício próprio, aproveitando aos cointeressados capazes, exceto quando, neste caso, for indivisível o objeto do direito ou da obrigação comum.

II – Os negócios jurídicos benéficos e a renúncia interpretam-se estritamente.

III – São anuláveis os negócios jurídicos, quando as declarações de vontade emanarem de erro substancial que poderia ser percebido por pessoa de diligência normal, em face das circunstâncias do negócio.

IV – É nulo o negócio jurídico simulado, mas subsistirá o que se dissimulou, se válido for na substância e na forma.

Estão CORRETAS apenas as alternativas

(A) I e II.

(B) II e III.

(C) II e IV.

(D) I, III e IV.

(E) II, III e IV.

09. (CFO/DF – Quadrix – Procurador Jurídico – 2017) Julgue o item subsecutivo com base em conhecimentos relativos ao direito civil.

Com relação aos negócios jurídicos, sua validade requer agente capaz, objeto lícito, possível, determinado ou determinável e forma não defesa em lei. Assim, caso o negócio tenha sido celebrado com cláusula de não valer sem instrumento público, após o Código Civil de 2002, trata-se de cláusula sem eficácia jurídica.

( ) Certo   ( ) Errado

10. (PC/AC – Ibade – Delegado de Polícia Civil – 2017) Com relação ao negócio jurídico, é correto afirmar que:

(A) os negócios jurídicos benéficos a apenas uma das partes se interpretam de forma ampla.

(B) a validade da declaração de vontade dependerá sempre de forma especial.

(C) o sentido literal da linguagem prevalece sobre a intenção embutida na declaração de vontade.

(D) se a incapacidade do agente que o celebra for absoluta, o negócio jurídico é anulável.

(E) se realizado por agente relativamente incapaz, ensejará nulidade relativa.

11. (TJPR – Cespe – Juiz Substituto – 2017) Assinale a opção correta em relação às pessoas naturais e à teoria geral do negócio jurídico.

(A) É taxativa, ou seja, não conta com ressalva legal, a regra de que negócio jurídico existente, porém inválido, não gera efeitos, ainda que tenha sido celebrado de boa-fé pelos contratantes.

(B) São absolutamente incapazes de exercer pessoalmente os atos da vida civil os excepcionais sem desenvolvimento mental completo.

(C) A teoria da personalidade condicional define que haverá elemento acidental no negócio jurídico que subordine a validade dos direitos de nascituro a evento futuro e incerto.

(D) Em algumas situações, o ato-fato jurídico praticado pelo menor absolutamente incapaz produz efeitos.

12. (MPE-SP – Vunesp – Analista Jurídico do Ministério Público – 2018) É possível classificar o testamento público, o casamento e o mandato, respectivamente, como negócio jurídico:

(A) unilateral não receptício, solene e bifronte.

(B) unilateral receptício, bilateral e oneroso.

(C) bilateral, solene e oneroso.

(D) personalíssimo, informal, consensual.

(E) bilateral, solene e gratuito.

CAP. 6 · TEORIA GERAL DO NEGÓCIO JURÍDICO | **425**

13. **(Instituto Rio Branco Prova – Cespe – Diplomata – 2018) Com relação à classificação da Constituição, à competência dos entes federativos, ao ato jurídico e à personalidade jurídica, julgue o item que se segue.**

O ato jurídico em sentido estrito é ato voluntário que produz os efeitos já previamente estabelecidos pela norma jurídica, como, por exemplo, quando alguém transfere a residência com a intenção de se mudar, decorrendo da lei a consequente mudança do domicílio.

( ) Certo   ( ) Errado

14. **(TRT-15.ª Região – FCC – Analista Judiciário – 2018) De acordo com o Código Civil, os negócios jurídicos devem ser interpretados:**
(A) somente de acordo com a lei, defeso que os usos e princípios sejam utilizados para esse fim.
(B) conforme a boa-fé e os usos do lugar de sua celebração.
(C) de acordo com a moral e os bons costumes, além da lei, vedado que os usos sejam considerados, uma vez que nosso ordenamento jurídico não é consuetudinário.
(D) se benéficos ou se houver renúncia, ampliativamente, para tornar efetivo o benefício ao favorecido pela avença.
(E) sempre literalmente, para evitar obscuridades ou contradições.

15. **(TJ-CE – Cespe – Juiz Substituto – 2018) Elemento acidental do negócio jurídico, a condição possui, entre outras, as seguintes características:**
(A) impositividade e certeza.
(B) acessoriedade e voluntariedade.
(C) legalidade e futuridade.
(D) involuntariedade e incerteza.
(E) legalidade e brevidade.

16. **(Agente de Fiscalização Tributária – Prefeitura de São José-SC – Ieses – 2019) Assinale a assertiva INCORRETA, de acordo com o Título I (Do Negócio Jurídico), Capítulo II (Disposições Gerais), do Código Civil Brasileiro:**
(A) Não dispondo a lei em contrário, a escritura pública é essencial à validade dos negócios jurídicos que visem à constituição, transferência, modificação ou renúncia de direitos reais sobre imóveis de valor superior a trinta vezes o maior salário mínimo vigente no País.
(B) A incapacidade relativa de uma das partes não pode ser invocada pela outra em benefício próprio, nem aproveita aos cointeressados capazes, salvo se, neste caso, for indivisível o objeto do direito ou da obrigação comum.
(C) No negócio jurídico celebrado com a cláusula de não valer sem instrumento público, este é da substância do ato.
(D) O silêncio importa anuência, quando as circunstâncias ou os usos o autorizarem, e não for necessária a declaração de vontade tácita.

17. **(Advogado – Câmara de Caldazinha-GO – Itame – 2020) Sobre a interpretação dos negócios jurídicos segundo o Código Civil Brasileiro, podemos afirmar:**
(A) As partes deverão se limitar às regras de interpretação previstas em lei.
(B) As partes poderão livremente pactuar regras de interpretação, desde que em obediência àquelas previstas em lei.
(C) As partes poderão livremente pactuar regras de interpretação, de preenchimento de lacunas e de integração dos negócios jurídicos diversas daquelas previstas em lei.
(D) A interpretação somente poderá ser feita por terceiro eleito entre as partes, de forma imparcial.

18. **(Auditor Fiscal Municipal – Prefeitura de Itajaí-SC – Fepese – 2020) É correto afirmar de acordo com o Código Civil:**
(A) são lícitas as cláusulas suspensivas que sujeitarem ao puro arbítrio de uma das partes a realização do negócio jurídico.
(B) uma cláusula de condição deve derivar exclusivamente da vontade das partes e subordina o efeito do negócio jurídico a evento certo e futuro.

426 | DIREITO CIVIL • VOL. 1 – *Flávio Tartuce*

(C) enquanto não se verificar o implemento da condição resolutiva pactuada no negócio jurídico, não se terá adquirido o direito a que ele visa.

(D) no caso de condição suspensiva, é permitido ao titular de direito eventual praticar os atos destinados a conservá-los.

(E) o negócio subordinado a uma condição suspensiva opera a transferência do direito; contudo, impede a sua fruição.

19. (Auditor Fiscal Municipal – Prefeitura de Itajaí-SC – Fepese – 2020) De acordo com o Código Civil, é correto afirmar.

(A) Os negócios jurídicos benéficos e a renúncia interpretam-se estritamente.

(B) O silêncio da parte deve ser respeitado, não podendo ser considerado como anuência.

(C) Os usos e costumes não poderão ser utilizados como elemento de interpretação do negócio jurídico.

(D) As declarações de vontade não poderão estar dissociadas do sentido literal da linguagem.

(E) É expressamente vedado pactuar regras de interpretação e de integração dos negócios jurídicos diversas daquelas previstas em lei.

20. (Analista Ministerial – MPE-CE – Cespe – 2020) Quanto aos negócios jurídicos, julgue o item subsequente. Caso um negócio jurídico nulo contenha premissas que sustentem outro negócio, este poderá subsistir desde que seja verificado que o desejo inicial das partes ficará preservado.

( ) Certo   ( ) Errado

21. (Procurador Jurídico – Prefeitura de Venâncio Aires-RS – Objetiva – 2021) De acordo com GONÇALVES, em relação à classificação do negócio jurídico, analisar os itens abaixo:

I. Os negócios jurídicos bilaterais simples são aqueles em que há reciprocidade de direitos e obrigações, estando as partes em situação de igualdade. São os que outorgam ônus e vantagens recíprocos, como na compra e venda e na locação, *verbi gratia*.

II. Os negócios jurídicos bilaterais sinalagmáticos são aqueles em que somente uma das partes aufere vantagens, enquanto a outra arca com os ônus, como ocorre na doação e no comodato, por exemplo. Concedem, assim, vantagens a uma das partes e ônus à outra.

III. Os negócios jurídicos complexos são os que resultam da fusão de vários atos sem eficácia independente. Compõem-se de várias declarações de vontade, que se completam, emitidas pelo mesmo sujeito, ou diferentes sujeitos, para a obtenção dos efeitos pretendidos na sua unidade.

IV. São negócios jurídicos obrigacionais os que, por meio de manifestações de vontade, geram obrigações para uma ou para ambas as partes, possibilitando a uma delas exigir da outra o cumprimento de determinada prestação, como sucede nos contratos em geral.

Está(ão) CORRETO(S):

(A) Somente o item I.

(B) Somente os itens I e II.

(C) Somente os itens II e III.

(D) Somente os itens III e IV.

(E) Nenhum dos itens.

22. (Promotor de Justiça Substituto – MPE-AP – Cespe/Cebraspe – 2021) De acordo com o Código Civil, tem implicação na eficácia do negócio jurídico gratuito

(A) a ausência de vontade.

(B) o fato de o objeto ser determinável, mas não determinado.

(C) o fato de o agente ser menor de dezesseis anos de idade.

(D) a existência de simulação.

(E) a cláusula de condição.

CAP. 6 · TEORIA GERAL DO NEGÓCIO JURÍDICO | **427**

23. **(Procurador do Município – Prefeitura de Jundiaí-SP – Vunesp – 2021) Se, num negócio jurídico, for prevista uma condição potestativa que venha a perder esse caráter em razão de um acontecimento que venha a dificultar sua realização, terá surgido uma condição**

(A) perplexa.

(B) fisicamente impossível.

(C) promíscua.

(D) mista.

(E) casual.

24. **(Promotor de Justiça adjunto – MPDFT – MPDFT – 2021) Os atos jurídicos lícitos consistentes em manifestações de vontade negociais e não negociais:**

I. não são os únicos atos jurídicos de direito civil passíveis de serem cometidos por representação.

II. para serem válidos precisam ser cometidos sem vícios que afetem a liberdade ou a consciência da manifestação.

III. inválidos não irradiam direitos e deveres.

IV. não dispõem de ferramentas de controle do plano da eficácia.

V. não podem ser cometidos pessoalmente por hipossuficiente.

(A) Estão corretas I, III.

(B) Estão corretas II, IV e V.

(C) Estão corretas III e IV.

(D) Estão corretas I, II e V.

(E) Apenas uma está correta.

25. **(PGE-RR – Cespe/Cebraspe – Procurador do Estado Substituto – 2023) Julgue o item a seguir, com base no Código Civil.**

Na interpretação dos negócios jurídicos, as declarações de vontade devem ser interpretadas no sentido literal da linguagem, sem se perquirir a intenção nelas consubstanciada.

( ) Certo   ( ) Errado

26. **(AGU – Cespe/Cebraspe – Procurador da Fazenda Nacional – 2023) O negócio concluído pelo representante em conflito de interesses com o representado, quando o fato deveria ser conhecido por quem tratou com o representante, será**

(A) válido.

(B) nulo.

(C) inexistente.

(D) ineficaz.

(E) anulável.

27. **(TJES – Ibade – Juiz leigo – 2023) No que se refere ao negócio jurídico, é correto que afirmar que:**

(A) os negócios jurídicos benéficos e a renúncia interpretam-se estritamente.

(B) nas declarações de vontade se atenderá mais ao sentido literal da linguagem do que à intenção nelas consubstanciada.

(C) o silêncio importa anuência, quando as circunstâncias ou os usos o autorizarem, ainda que necessária a declaração de vontade expressa.

(D) as condições lícitas, ou de fazer coisa lícita, invalidam os negócios jurídicos que lhes são subordinados.

(E) a validade da declaração de vontade depende de forma especial.

28. **(MPE-RR – Instituto AOCP – Promotor de Justiça Substituto – 2023) A manifestação de vontade da pessoa natural é pressuposto para existência, validade e eficácia do negócio jurídico. Em assim sendo,**

(A) para a validade do negócio jurídico, o Código Civil de 2002 exige que a manifestação de vontade seja realizada por pessoa plenamente capaz.

428 | DIREITO CIVIL • VOL. 1 – *Flávio Tartuce*

(B) o silêncio será interpretado como manifestação de vontade quando a pessoa for plenamente capaz.

(C) para a validade do ato jurídico, o menor, a partir dos 16 anos de idade, deverá manifestar a sua vontade assistido por seu representante legal.

(D) a manifestação de vontade da pessoa há de ser interpretada com ênfase maior à intenção nela consubstanciada do que ao sentido literal da linguagem.

29. **(TRT-18.ª Região – FCC – Analista Judiciário – Oficial de Justiça Avaliador Federal – 2023) São considerados elementos acidentais do negócio jurídico:**

(A) o erro, o dolo e a coação.

(B) o encargo, a condição e o termo.

(C) o agente, o objeto e a forma.

(D) a nulidade absoluta e a nulidade relativa.

(E) a incapacidade do agente e a invalidade da forma.

30. **(Prefeitura de Balneário Camboriú-SC – Fepese – Procurador do Município – 2023) Analise as afirmativas abaixo a respeito dos negócios jurídicos e assinale a alternativa correta com base na legislação civil.**

1. Quando ambas as partes procederem com dolo, nenhuma poderá alegá-lo para anular o negócio, embora possam reclamar indenização.

2. A manifestação de vontade pelo representante, mesmo fora dos limites de seus poderes, produz efeitos em relação ao representado.

3. A interpretação do negócio jurídico deve lhe atribuir o sentido que for mais benéfico à parte que não redigiu o dispositivo, se identificável.

As condições incompreensíveis ou contraditórias invalidam os negócios jurídicos que lhes são subordinados.

Assinale a alternativa que indica todas as afirmativas corretas.

(A) São corretas apenas as afirmativas 1 e 4.

(B) São corretas apenas as afirmativas 2 e 3.

(C) São corretas apenas as afirmativas 3 e 4.

(D) São corretas apenas as afirmativas 1, 2 e 3.

(E) São corretas apenas as afirmativas 1, 3 e 4.

31. **(AL-MG – Fumarc – Procurador – 2023) Conforme o Código Civil de 2002, a interpretação do negócio jurídico deve lhe atribuir o sentido que:**

(A) corresponder a qual seria a razoável negociação das partes sobre a questão discutida, inferida das demais disposições do negócio e da racionalidade econômica das partes, consideradas as informações disponíveis apenas no momento posterior de sua celebração.

(B) corresponder somente à boa-fé subjetiva.

(C) for confirmado pelo comportamento das partes posterior à celebração do negócio, assim como corresponder aos usos, costumes e práticas do mercado relativas ao tipo de negócio.

(D) for mais benéfico à parte que redigiu o dispositivo, se identificável.

32. **(TRF-2.ª Região – Analista Judiciário – Instituto AOCP – 2024) Em relação ao disposto no Código Civil, informe se é verdadeiro (V) ou falso (F) o que se afirma a seguir e assinale a alternativa com a sequência correta.**

( ) Considera-se condição a cláusula que, derivando exclusivamente da vontade das partes, subordina o efeito do negócio jurídico a evento futuro e incerto.

( ) O encargo não suspende a aquisição nem o exercício do direito, salvo quando expressamente imposto no negócio jurídico, pelo disponente, como condição suspensiva.

( ) É anulável o negócio jurídico simulado, mas subsistirá o que se dissimulou, se válido for na substância e na forma.

( ) O estado de perigo resta configurado quando uma pessoa, sob premente necessidade, se obriga a prestação manifestamente desproporcional ao valor da prestação oposta.

(A) V – F – V – F.

(B) V – V – F – F.

(C) V – F – F – V.

(D) F – F – V – V.

(E) F – V – F – F.

33. **(TJSP – Titular de Serviços de Notas e de Registros – Vunesp – 2024) A conversão substancial do negócio jurídico**

(A) não implica alteração de tipo negocial, mas apenas a mudança da forma originariamente utilizada (p. ex., instrumento particular, em vez de escritura pública); o negócio continua o mesmo, mas a forma passa a ser outra, com requisitos menos severos.

(B) depende da apuração da vontade interna das partes, isto é, do que elas teriam querido ao celebrar o negócio jurídico nulo, sendo de extrema relevância, nessa investigação, o fato psicológico.

(C) é fenômeno de alteração da qualificação categorial do negócio: as partes realizam um negócio de tipo "X" e, como, dentro dessa categoria "X", esse negócio é nulo, anulável ou ineficaz, a lei ou o juiz determina a alteração da qualificação categorial, a fim de que esse negócio produza pelo menos alguns dos efeitos que as partes queriam.

(D) pode ser admitida ainda que o negócio jurídico substituto seja incompatível com o programa contratual anteriormente eleito pelas partes.

34. **(CNJ – Analista Judiciário – Cespe/Cebraspe – 2024) Julgue o item a seguir, referente a disposições da Lei de Introdução às Normas do Direito Brasileiro (LINDB), aos direitos da personalidade e aos fatos, atos e negócios jurídicos no direito civil.**

A imposição de negócio solene pode ser estabelecida por convenção das partes, às quais é facultado estipular a obrigatoriedade da utilização de escritura pública, mesmo quando a lei dispensa essa formalidade.

( ) Certo ( ) Errado

35. **(TJAC – Analista Judiciário – CS-UFG – 2024) Leia o texto a seguir.**

"A literatura especializada define negócio jurídico como toda declaração de vontade destinada à produção de efeitos jurídicos correspondentes ao intento prático do declarante se reconhecido e garantido pela lei." (GOMES, Orlando. Introdução ao direito civil, 11. ed. Rio de Janeiro: Forense, 1995, p. 269)

Será considerado nulo o negócio jurídico em razão de

(A) vício resultante de erro, dolo, coação, estado de perigo, lesão ou fraude contra credores.

(B) incapacidade absoluta ou relativa do agente.

(C) declaração, confissão, condição ou cláusula não verdadeira.

(D) solenidade preterida para a sua validade e que a lei considere ou não essencial.

36. **(Câmara de Olinda-PE – Analista Legislativo – Igeduc – 2024) Julgue o item que se segue.**

Fatos jurídicos, conforme a doutrina, incluem tanto eventos naturais quanto ações humanas que, ao se alinharem com as normas jurídicas, resultam na criação, modificação ou extinção de direitos e deveres, destacando a relevância da interação entre o fato concreto e sua projeção no ordenamento jurídico.

( ) Certo ( ) Errado

430 DIREITO CIVIL • VOL. 1 – *Flávio Tartuce*

37. **(PGE-SP – Procurador do Estado – Vunesp – 2024) A cláusula "se constituíres sociedade empresarial com João, dar-te-ei a quantia de R$ 1.000.000,00 (um milhão de reais)" pode ser classificada como uma condição**

(A) puramente potestativa.

(B) promíscua.

(C) mista.

(D) simplesmente potestativa.

(E) perplexa.

GABARITO

01 – B	02 – D	03 – A
04 – E	05 – B	06 – D
07 – B	08 – E	09 – ERRADO
10 – E	11 – D	12 – A
13 – CERTO	14 – B	15 – B
16 – D	17 – C	18 – D
19 – A	20 – CERTO	21 – D
22 – E	23 – C	24 – E
25 – ERRADO	26 – E	27 – A
28 – D	29 – B	30 – C
31 – C	32 – B	33 – C
34 – CERTO	35 – C	36 – CERTO
37 – C		

DEFEITOS OU VÍCIOS DO NEGÓCIO JURÍDICO E TEORIA DAS NULIDADES

Sumário: 7.1 Introdução. Classificação dos vícios do negócio jurídico – 7.2 Do erro e da ignorância – 7.3 Do dolo – 7.4 Da coação – 7.5 Do estado de perigo – 7.6 Da lesão – 7.7 Da fraude contra credores – 7.8 O novo tratamento da simulação – 7.9 Da invalidade do negócio jurídico. A teoria das nulidades do negócio jurídico: 7.9.1 Introdução; 7.9.2 Da inexistência do negócio jurídico; 7.9.3 Da nulidade absoluta; 7.9.4 Da nulidade relativa ou anulabilidade – 7.10 Resumo esquemático – 7.11 Questões correlatas – Gabarito.

7.1 INTRODUÇÃO. CLASSIFICAÇÃO DOS VÍCIOS DO NEGÓCIO JURÍDICO

Não há dúvidas de que é de vital importância o estudo dos defeitos do negócio jurídico, vícios que maculam o ato jurídico celebrado, atingindo a sua vontade ou gerando uma repercussão social, tornando o negócio passível de ação anulatória ou declaratória de nulidade pelo prejudicado ou interessado.

Dessa forma, a partir de agora tais conceitos serão abordados, importantes para a seara contratual, sendo pertinente apontar que são vícios da vontade ou do consentimento: o erro, o dolo, a coação, o estado de perigo e a lesão. Os dois últimos constituem novidades, eis que não estavam tratados pelo Código Civil de 1916. O problema acomete a vontade, repercutindo na validade do negócio celebrado (segundo degrau da *Escada Ponteana*).

Também serão analisados, no presente capítulo, a fraude contra credores e o enquadramento ou não da simulação como vício social. Tais institutos jurídicos são condenados pela repercussão social, atentatórios que são à boa-fé e à socialidade.

Nunca se podem confundir os vícios do negócio jurídico com os vícios redibitórios ou vícios do produto. Os primeiros atingem os negócios jurídicos em geral, mais especificamente a manifestação da vontade ou a órbita social, pelos motivos que serão estudados a partir de então. Os últimos atingem os contratos, particularmente o objeto de uma disposição patrimonial, presente um vício objetivo.

432 | DIREITO CIVIL • VOL. 1 – *Flávio Tartuce*

No caso de relação civil, aplicam-se os dispositivos previstos para os *vícios redibitórios* (arts. 441 a 446 do CC). Havendo relação de consumo, há tratamento específico quanto aos *vícios do produto* no Código do Consumidor (arts. 18 e 26 da Lei 8.078/1990). Ressalte-se que os vícios ou defeitos do negócio jurídico estão no seu plano da *validade*, enquanto os vícios redibitórios e os vícios do produto estão no plano da *eficácia* do contrato correspondente.

Mas os primeiros, os vícios do negócio jurídico, também são abordados pela teoria geral dos contratos, particularmente no tópico que trata da sua extinção. Isso porque, em casos tais, há a invalidade contratual, modalidade de extinção por fatos anteriores à celebração da avença. Superada essa importante diferenciação, parte-se para o seu estudo.

7.2 DO ERRO E DA IGNORÂNCIA

O erro é um engano fático, uma falsa noção, em relação a uma pessoa, ao objeto do negócio ou a um direito, que acomete a vontade de uma das partes que celebrou o negócio jurídico. De acordo com o art. 138 do CC/2002, os negócios jurídicos celebrados com erro são anuláveis, desde que o erro seja *substancial*, podendo ser percebido por pessoa de diligência normal, em face das circunstâncias em que o negócio foi celebrado. Em síntese, mesmo percebendo a pessoa que está agindo sob o vício do erro, do engano, a anulabilidade do negócio continua sendo perfeitamente possível.

Dessa forma, de acordo com esse mesmo art. 138 do CC, não mais interessa se o erro é escusável (justificável) ou não. Isso porque foi adotado pelo comando legal o princípio da confiança. Na sistemática do atual Código Civil, está valorizada a eticidade, motivo pelo qual, presente a falsa noção relevante, merecerá o negócio a anulabilidade.

A essa conclusão chegou o corpo de juristas que participou da *I Jornada de Direito Civil*, promovida pelo Conselho da Justiça Federal e pelo Superior Tribunal de Justiça, com a aprovação do Enunciado n. 12, cuja redação merece destaque: "na sistemática do art. 138, é irrelevante ser ou não escusável o erro, porque o dispositivo adota o princípio da confiança". Destaque-se que o enunciado foi aplicado expressamente por julgado anterior do Tribunal do Paraná (TJPR, Embargos de Declaração 0313845-0/01, 8.ª Câmara Cível, Cianorte, Rel. Juiz Conv. José Sebastião Fagundes Cunha, *DJPR* 02.10.2009, p. 316).

O enunciado doutrinário, pelo menos aparentemente, encerra a discussão anterior sobre a necessidade de o erro ser justificável. Sobre o tema, José Fernando Simão escreveu profundo artigo, concluindo que o erro não precisa ser escusável, bastando a *cognoscibilidade*, o conhecimento do vício por aquele a quem se fez a declaração (SIMÃO, José Fernando. *Requisitos do erro...*, 2007, p. 459). Isso aproxima o conceito de erro do de dolo.

Para amparar suas conclusões, o doutrinador cita os entendimentos de Sílvio de Salvo Venosa, Inacio de Carvalho Neto, Gustavo Tepedino, Maria Celina Bodin de Moraes e Heloísa Helena Barboza, contra a necessidade da escusabilidade do erro. Como não poderia ser diferente, é de se concordar integralmente com esses entendimentos, diante da notória valorização da boa-fé objetiva.

De qualquer forma, aquele mesmo jurista aponta que a questão está longe de ser pacífica. Assim, demonstra que doutrinadores como Maria Helena Diniz, Sílvio Rodrigues, J. M. Leoni Lopes de Oliveira, Carlos Roberto Gonçalves, Álvaro Villaça Azevedo e Francisco Amaral ainda concluem que, necessariamente para a anulação de um negócio jurídico, o erro deve ser escusável ou justificável (SIMÃO, José Fernando. *Requisitos do erro...*, 2007, p. 452-453).

Aliás, quando da tramitação do anteprojeto que gerou o atual Código Civil, a questão foi amplamente debatida por Moreira Alves e Clóvis do Couto e Silva.

Vejamos um exemplo para demonstrar como o erro não precisa ser mais escusável. Imagine-se que um jovem estudante recém-chegado do interior de Minas Gerais a São Paulo vá até o Viaduto do Chá, no centro da Capital. Lá, na ponta do viaduto, encontra um vendedor – na verdade, um ambulante que vende pilhas – com uma placa "Vende-se". O estudante mineiro então paga R$ 5.000,00 pensando que está comprando o viaduto, e a outra parte nada diz. No caso descrito, o erro é muito grosseiro, ou seja, não escusável, e, pela sistemática anterior, a venda não poderia ser anulada. Mas, pela atual visão sobre o instituto, caberá a anulação, mormente porque a outra parte, ciente do erro, permaneceu em silêncio, recebendo o dinheiro. Ora, se a lei protege quem cometeu um erro justificável, muito mais deve proteger o que cometeu o erro inescusável, diante da proteção do portador da boa-fé.

A propósito, no âmbito da recente jurisprudência superior, vale destacar acórdão que considera essencial a *escusabilidade,* mas a coloca ao lado da *cognoscibilidade,* para que o erro seja admitido. Conforme trecho do voto do Ministro Relator, "o erro, vício do negócio jurídico, é causa de anulabilidade da avença, requerendo, para sua configuração, o preenchimento de três requisitos, a saber: a) substancialidade ou essencialidade; b) cognoscibilidade para o destinatário da declaração; e c) escusabilidade para o emitente da declaração" (STJ, Ag. Int. no REsp 1.309.505/GO, 4.ª Turma, Rel. Min. Luis Felipe Salomão, j. 19.03.2019, *DJe* 26.03.2019). Advirta-se, contudo, que o julgado não enfrentou diretamente a questão, por conta da Súmula 7 da Corte, que veda a apreciação de matéria probatória de fato na superior instância.

Como última observação sobre a temática, anoto que o Projeto de Reforma do Código Civil pretende resolver esse dilema, inserindo no final do seu art. 138 essa ressalva, e passando a norma a expressar que "são anuláveis os negócios jurídicos, quando as exteriorizações de vontade emanarem de erro substancial que poderia ser percebido por pessoa de diligência normal, em face das circunstâncias do negócio, sendo irrelevante ser o erro escusável ou não". Espera-se, portanto, a aprovação do texto pelo Congresso Nacional.

O erro merece o mesmo tratamento legal da ignorância, que é um desconhecimento total quanto ao objeto do negócio. Os casos são tratados pela lei como sinônimos, equiparados. Em ambos, no erro e na ignorância, a pessoa engana-se sozinha, parcial ou totalmente, sendo anulável o negócio toda vez que o erro ou a ignorância for substancial ou essencial, nos termos do art. 139 do CC/2002, a saber:

a) Interessar à natureza do negócio (*error in negotia*), ao objeto principal da declaração (*error in corpore*), ou a alguma das qualidades a ele essenciais (*error in substantia*). Exemplo: comprar bijuteria pensando tratar-se de ouro (*comprar gato por lebre*). Como outra ilustração, cite-se julgado que envolveu hipótese em que alguém adquiriu um carro modelo intermediário pensando tratar-se de um modelo luxuoso (STJ, REsp 1.021.261/RS, Rel. Min. Nancy Andrighi, j. 20.04.2010, *Informativo* n. *431*).

b) Disser respeito à identidade ou à qualidade essencial da pessoa a quem se refira a declaração de vontade, desde que tenha influído nesta de modo relevante (*erro quanto à pessoa* ou *error in persona*). Exemplo: ignorar um vício comportamental de alguém e celebrar o casamento com essa pessoa. O art. 1.557 do CC/2002 traz as hipóteses que podem motivar a anulação do casamento por erro.

c) Constituir erro de direito e não implicar recusa à aplicação da lei, sendo o motivo único ou causa principal do negócio jurídico (*erro de direito ou error iuris*).

434 | DIREITO CIVIL • VOL. 1 – *Flávio Tartuce*

Da última previsão do dispositivo em questão surge questão relevante, comentada anteriormente, mas que merece ser tratada mais uma vez. Isso porque o Código Civil de 2002 reconhece a possibilidade de o *erro de direito* anular um determinado negócio, desde que preenchidos os requisitos apontados. Mas, como demonstrado, a alegação de erro de direito estaria vedada pelo que consta no art. 3.º da Lei de Introdução que traz o *princípio da obrigatoriedade*, pelo qual ninguém pode deixar de cumprir a lei alegando não a conhecer. Haveria, portanto, um suposto conflito de normas, antinomia ou lacuna de conflito.

Deverá prevalecer a norma do Código Civil para os casos envolvendo o ato jurídico com finalidade específica. Isso porque o art. 139, inc. III, do CC é norma especial prevista para os negócios jurídicos. Por outro lado, o art. 3.º da Lei de Introdução às Normas do Direito Brasileiro é norma geral, aplicável para todos os institutos. Pelo critério da especialidade, deve ser aplicada a regra constante da norma codificada material.

A título de exemplo, imagine-se o caso de um locatário de imóvel comercial que celebra novo contrato de locação, mais oneroso, pois pensa que perdeu o prazo para a ação renovatória. Sendo leigo no assunto, o locatário assim o faz para proteger o seu ponto empresarial. Pois bem, cabe a alegação de erro de direito essencial ou substancial, a motivar a anulação desse novo contrato.

Sabe-se que o *erro acidental* diz respeito aos elementos secundários e não essenciais ao negócio jurídico. O erro acidental não gera a anulabilidade do negócio, não atingindo o plano de sua validade. Ao contrário do erro essencial, no erro acidental o contrato é celebrado mesmo sendo conhecido pelos contratantes.

O erro acidental está previsto no art. 142 do Código Civil, eis que nos casos de erro quanto ao objeto (*error in corpore*) e de erro quanto à pessoa (*error in persona*), não se anulará o negócio jurídico quando for possível a identificação dessa coisa ou pessoa posteriormente. Trazendo interessante aplicação do comando, colaciona-se, do Tribunal Paulista:

> "Seguro de Vida em Grupo. Ação de Indenização. Sentença reconhecendo a prescrição com relação a dois dos autores e a improcedência da ação com relação a uma terceira autora. Apelo. Beneficiários. Prova de que quem contratou o seguro foi a esposa e mãe deles, que utilizou o CPF do seu falecido pai. Figuração do nome daquele como segurado, por equívoco do banco estipulante, quando da migração de uma apólice para outra. Equívoco que não vicia o negócio (artigo 142 do CC/2002). Apelo improvido, alterando-se o fundamento da extinção com relação a dois dos autores" (TJSP, Apelação 990.09.296108-0, Acórdão 4444793, 36.ª Câmara de Direito Privado, Tanabi, Rel. Des. Dyrceu Cintra, j. 22.04.2010, *DJESP* 25.05.2010).

O motivo de um negócio jurídico pode ser conceituado como a razão pessoal da sua celebração, estando no seu *plano subjetivo*. Ensina Zeno Veloso, citando Clóvis Bevilágua, que "os motivos do ato são do domínio da psicologia e da moral. O direito não os investiga, nem lhes sofre influência; exceto quando fazem parte integrante do ato, quer apareçam como razão dele, quer como condição de que ele dependa" (*Invalidade do negócio jurídico...*, 2005, p. 76). O motivo, portanto, diferencia-se da causa do negócio, que está no plano objetivo.

A título de concreção, quando se analisa um contrato de compra e venda, a *causa* é a transmissão da propriedade. Os motivos podem ser os mais variados, de ordem pessoal das partes: o preço está bom, o imóvel é bem localizado, o comprador quer comprá-lo para presentear alguém etc.

Assim sendo, o falso motivo, por regra, não pode gerar a anulabilidade do negócio, a não ser que seja expresso como razão determinante do negócio, regra essa que consta do

CAP. 7 · DEFEITOS OU VÍCIOS DO NEGÓCIO JURÍDICO E TEORIA DAS NULIDADES | 435

art. 140 do CC/2002. Esse dispositivo trata do *erro quanto ao fim colimado*, que não anula o negócio.

Ilustra-se com o caso da pessoa que compra um veículo para presentear uma filha. Na véspera da data festiva, descobre o pai que o aniversário é do seu filho. Tal motivo, em regra, não pode gerar a anulabilidade do contrato de compra e venda desse veículo. O objetivo da compra era presentear um dos filhos, não importando àquele que vendeu o bem qual deles seria presenteado. Trazendo outro exemplo instigante, cabe transcrever a seguinte ementa do Tribunal de Justiça de São Paulo:

> "Compra e venda de fundo de comércio. Pretensão do comprador à anulação do negócio sob o argumento de que o faturamento da empresa não corresponderia ao que lhe fora informado. Motivo não previsto como razão determinante do contrato. Descabimento da anulação. Art. 140 do CC/2002. Inexistência de prova da alegada disparidade entre o faturamento real e o informado. Improcedência da demanda que se impõe. Art. 333, 1, do CPC. Recurso não provido" (TJSP, Apelação 534.380.4/7, Acórdão 4085194, 9.ª Câmara de Direito Privado, Jundiaí, Rel. Des. João Carlos Garcia, j. 15.09.2009, *DJESP* 16.10.2009).

De acordo com o art. 141 do CC/2002, a transmissão errônea da vontade por meios interpostos é anulável nos mesmos casos em que o é a declaração direta. Conforme ensinam Jones Figueirêdo Alves e Mário Luiz Delgado, "o novo Código deu redação mais precisa ao dispositivo, deixando expresso que a transmissão errônea da vontade por meios interpostos é causa de anulabilidade e não de nulidade como aparentemente posto pelo Código anterior. Entre os meios interpostos de transmissão da vontade inserem-se todos os meios de comunicação, escrita e audiovisual, sobretudo a internet. O dispositivo aplica-se, portanto, aos chamados 'contratos eletrônicos'" (*Código Civil anotado...*, 2005, p. 95). Filio-me integralmente aos juristas, lembrando a grande importância dos contratos eletrônicos ou digitais, que se enquadram atualmente como contratos atípicos, aqueles sem previsão legal, nos moldes do art. 425 do CC.

Seja como for, a Comissão de Juristas encarregada da Reforma do Código Civil pelo Senado Federal sugere a inclusão dos meios virtuais no seu art. 141, para que não pairem dúvidas quanto a essas afirmações. Assim, o dispositivo passará a prever que "a transmissão errônea da vontade por meios interpostos, físicos ou virtuais, é anulável nos mesmos casos em que o é a declaração direta". Trata-se de proposição que dialoga perfeitamente com o novo livro de *Direito Civil Digital*, esperando-se a sua aprovação pelo Parlamento Brasileiro.

O art. 143 do CC trata de uma hipótese de *erro material retificável*, sendo certo que o *erro de cálculo* não anula o negócio, mas apenas autoriza a possibilidade de retificação da declaração de vontade, hipótese de convalidação prévia. Cabe apenas a correção do cálculo mal elaborado, o que está de acordo com o princípio da conservação dos negócios jurídicos. Cite-se, para elucidar, o já tão mencionado Enunciado n. 22 do CJF/STJ, que demonstra a relação direta entre o princípio da função social do contrato e a conservação do negócio jurídico: "A função social do contrato, prevista no art. 421 do Código Civil, constitui cláusula geral, que reforça o princípio de conservação do contrato, assegurando trocas úteis e justas".

Prevê o art. 144 da atual norma codificada que o erro não prejudica a validade do negócio jurídico quando a pessoa, a quem a manifestação de vontade se dirige, oferecer-se para executá-la na conformidade da vontade real do manifestante. Trata-se de mais uma inovação do atual Código Civil.

Nesse último dispositivo, em sintonia com a valorização da eticidade e da operabilidade, no sentido de efetividade, procurou a lei preservar a manifestação de vontade, constante do

436 | DIREITO CIVIL • VOL. 1 – *Flávio Tartuce*

negócio jurídico (mais uma vez, princípio da conservação contratual), desde que respeitada a intenção real dos negociantes. Maria Helena Diniz traz exemplo interessante nos seguintes termos: "se A pensar que comprou o lote n. 4 na quadra X, quando, na verdade, adquiriu o lote n. 4 na quadra Y, ter-se-á erro substancial que não invalidará o ato negocial se o vendedor vier a entregar-lhe o lote n. 4 da quadra X, visto que não houve qualquer prejuízo a A, diante da execução do negócio de conformidade com a sua vontade real" (*Novo...*, 2002, p. 145).

Cabe ainda comentar o conceito de *erro obstativo*. Ensina Carlos Roberto Gonçalves o "erro obstativo ou impróprio é o de relevância exacerbada, que apresenta uma profunda divergência entre as partes, impedindo que o negócio venha a se formar. É, portanto, o que obsta a sua formação e, destarte, inviabiliza a sua existência" (*Direito...*, 2003, v. I, p. 365).

O referido doutrinador informa que, em alguns ordenamentos jurídicos, como, por exemplo, o alemão, o erro obstativo (também conhecido por *erro obstáculo* ou, ainda, *erro impróprio*) é tão grave, que o negócio jurídico é considerado inexistente. Pelo fato de esse erro não ter recebido tratamento específico pelo Código de 2002, a sua incidência sobre o negócio jurídico produzirá somente a sua anulabilidade, caso o negócio acabe sendo celebrado (art. 171, inc. II, do CC), pensamento que igualmente é seguido por Álvaro Villaça Azevedo (AZEVEDO, Álvaro Villaça. *Teoria...*, 2012, p. 364). Todavia, é difícil imaginar tal hipótese, uma vez que pelo erro obstativo o negócio não chega a ser constituído.

Do ponto de vista prático, esclareça-se que o prazo para anular o negócio jurídico eivado de erro é decadencial de quatro anos, contados da celebração do negócio jurídico (art. 178, inc. II, do CC).

Por fim, vale deixar claro que o erro não se confunde com o vício redibitório. No primeiro caso, o problema atinge a vontade, já que a pessoa se engana sozinha. No segundo, atinge o objeto do contrato, sendo certo que a pessoa toma conhecimento do problema depois da celebração do contrato. No primeiro caso – de erro –, haverá extinção do contrato por motivo anterior à celebração (anulabilidade) – plano da validade. No segundo – de vício redibitório –, a extinção é por motivo posterior à celebração, eventualmente (resolução) – plano da eficácia. Para aprofundamentos, consulte-se a obra específica de José Fernando Simão sobre o tema (*Vícios do produto...*, 2003), bem como o Volume 3 da presente coleção (TARTUCE, Flávio. *Direito civil...*, 2025, v. 3).

7.3 DO DOLO

O dolo pode ser conceituado como o artifício ardiloso empregado para enganar alguém, com intuito de benefício próprio. *O dolo é a arma do estelionatário*, como diziam os antigos civilistas. De acordo com o art. 145 do CC, o negócio praticado com dolo é anulável, no caso de ser o mesmo a sua causa. Esse dolo, causa do negócio jurídico, é conceituado como dolo essencial, substancial ou principal (*dolus causam*).

No *dolo essencial*, uma das partes do negócio utiliza artifícios maliciosos, para levar a outra a praticar um ato que não praticaria normalmente, visando obter vantagem, geralmente com vistas ao enriquecimento sem causa.

De fato, não se pode confundir o *dolo-vício* do negócio jurídico com o *dolo da responsabilidade civil*. As diferenças constam no quadro a seguir:

Dolo – Responsabilidade Civil	Dolo – Vício do Negócio
Não está relacionado com um negócio jurídico, não gerando qualquer anulabilidade. Se eventualmente atingir um negócio, gera somente o dever de pagar perdas e danos, devendo ser tratado como dolo acidental (art. 146 do CC).	Está relacionado com um negócio jurídico, sendo a única causa da sua celebração (dolo essencial). Sendo o dolo essencial ao ato, causará a sua anulabilidade, nos termos do art. 171, inc. II, do CC, desde que proposta ação no prazo de 4 anos da celebração do negócio, pelo interessado (art. 178, inc. II, do CC).

Conforme consta da comparação, o *dolo acidental*, que não é causa para o negócio, não pode gerar a sua anulabilidade, mas somente a satisfação das perdas e danos a favor do prejudicado. De acordo com o art. 146 do CC, haverá dolo acidental quando o negócio seria praticado pela parte, embora de outro modo. Em suma, é possível defini-lo como aquele que não é causa do ato (*dolus incidens*). Assim, quando se tem o dolo acidental, o negócio seria celebrado de qualquer forma, presente ou não o artifício malicioso. Como se percebe, o dolo acidental não se resolve no plano da validade do negócio, mas de sua eficácia, gerando o dever de reparar o dano sofrido.

A concretizar o dolo acidental, concluiu o Tribunal Catarinense que "incorrem em dolo acidental (art. 146 do Código Civil) os promitentes vendedores que asseguram contratualmente à promitente compradora a posse do imóvel no prazo de 30 dias, mesmo sabedores de que tal estipulação não poderá ser cumprida, por terem recebido antecipadamente do locatário do imóvel compromissado dois meses de aluguel (o que faz presunção de que a ele garantiram a permanência no imóvel pelo período correspondente)" (TJSC, Apelação Cível 2004.036566-1, 2.ª Câmara de Direito Civil, Capital, Rel. Des. Subst. Jaime Luiz Vicari, *DJSC* 26.06.2009, p. 105). Corretamente, o julgado resolve o problema em sede de indenização civil. Também ilustrando, deduziu o Tribunal de Justiça do Paraná o seguinte:

> "Dispõe o art. 146 do Código Civil que o dolo acidental só obriga à satisfação das perdas e danos, e é acidental quando, a seu despeito, o negócio seria realizado, embora por outro modo. E o art. 147 do mesmo Código Privado que nos negócios jurídicos bilaterais, o silêncio intencional de uma das partes a respeito de fato ou qualidade que a outra parte haja ignorado, constitui omissão dolosa, provando-se que sem ela o negócio não se teria celebrado. Aplicando-se os dispositivos em conjunto, deve prevalecer o contrato de compra e venda de estabelecimento quando, a despeito de omissão dolosa do vendedor sobre a necessidade de reparo nas instalações cujo valor é ínfimo em relação ao preço do negócio, o comprador não comprova que, caso tivesse conhecimento do fato, não realizaria o negócio, remanescendo, contudo, o direito a perdas e danos" (TJPR, Apelação Cível 1003565-9, 15.ª Câmara Cível, Cascavel, Rel. Des. Hamilton Mussi Correa, *DJPR* 02.04.2013, p. 255).

Não só o dolo do próprio negociante gera a anulabilidade do negócio, mas também o *dolo de terceiro*. Conforme o art. 148 do CC/2002, isso pode acontecer se a parte a quem aproveite dele tivesse ou devesse ter conhecimento. Em caso contrário, ainda que válido o negócio jurídico, o terceiro responderá por todas as perdas e danos da parte a quem ludibriou.

Simplificando, tendo conhecimento o contratante ou negociante beneficiado, haverá dolo essencial. Não havendo tal conhecimento, o dolo é acidental, o que logicamente depende de prova. De qualquer forma, é difícil a prova desse conhecimento da parte beneficiada ou que ela deveria saber do dolo. Para tanto, deve-se levar em conta a *pessoa natural comum*, o que antes era denominado como *homem médio*, a partir das regras de comportamento e de

438 | DIREITO CIVIL • VOL. 1 – *Flávio Tartuce*

experiência, o que está de acordo com a teoria tridimensional de Reale. Em suma, deve-se ter como parâmetro a conduta do homem razoável (*reasonable man*).

Vejamos mais um quadro esquemático, para simplificar o estudo do tema:

| No *dolo* de terceiro, se a parte a quem aproveite dele: | – tinha ciência | o negócio é anulável |
| | – não tinha ciência | o negócio não é anulável, mas o lesado pode pedir perdas e danos ao autor do dolo |

O atual Código Civil trata também do *dolo do representante legal*, em seu art. 149. Dessa forma, o dolo do representante legal de uma das partes só obriga o representado a responder civilmente até a importância do proveito que teve. Mas se o dolo for do representante convencional, o representado responderá solidariamente com ele por perdas e danos.

Nesse caso, pode ser invocado o art. 932, inc. III, do CC, que trata da responsabilidade do comitente por ato de seu preposto. De acordo com o art. 933 do CC, esta responsabilidade independe de culpa, ou seja, é objetiva, sendo também solidária (art. 942, parágrafo único, do CC). Os dispositivos são aplicados por analogia, pois tratam da responsabilidade extracontratual.

Aplicando o art. 149 do Código Civil, ilustre-se com julgado do Tribunal Paulista que anulou contrato de financiamento, pois o contratante foi induzido a erro por dolo de um representante do banco. Conforme trecho da ementa:

"Fraude a que submetido o mutuário, convencido que foi a realizar o empréstimo para empregar o valor assim obtido em fundo de investimentos inexistente. Golpe praticado por empresa que atuava como 'correspondente' do banco na captação de clientes interessados no empréstimo consignado e na obtenção das respectivas propostas. Quadro de provas evidenciando que a instituição financeira teve participação culposa no episódio, por não ter averiguado adequadamente a idoneidade do 'correspondente' antes de credenciá-lo como tal. Dolo do representante do banco ensejando a anulação de ambos os negócios, coligados (CC, art. 149). Sem significado a circunstância de o autor ter acreditado em promessa de ganhos irreais, porquanto a ganância da vítima é ingrediente fundamental para o êxito da prática do estelionato. Bem proclamada a anulação dos negócios e a restituição, pelo banco corréu, do que o autor pagou por conta do mútuo" (TJSP, Apelação 0011684-24.2012.8.26.0220, Acórdão 7947296, 19.ª Câmara de Direito Privado, Guaratinguetá, Rel. Des. Ricardo Pessoa de Mello Belli, j. 29.09.2014, *DJESP* 03.11.2014).

Encerrando o presente item, cabe esclarecer que o dolo recebe classificações doutrinárias importantes, que devem ser analisadas, com exemplos correspondentes:

I) *Quanto ao conteúdo*:

a) *Dolus bonus* (dolo bom) – pode ser concebido em dois sentidos. Inicialmente, é o dolo tolerável, aceito inclusive nos meios comerciais. São os exageros feitos pelo comerciante ou vendedor em relação às qualidades de um bem que está sendo vendido, mas que não têm a finalidade de prejudicar o comprador. O negócio em que está presente esta modalidade de dolo não é passível de anulação, desde que não venha a enganar o consumidor, mediante publicidade enganosa, prática abusiva vedada pelo art. 37, § 1.º, da Lei 8.078/1990 (Código de Defesa do Consumidor). Em suma, a *lábia* do comerciante, inicialmente, é exemplo de *dolus bonus*. Entretanto, se o vendedor utilizar artifícios de má-fé para enganar o consumidor, o ato poderá ser anulado. Por outro lado, haverá também *dolus bonus* no caso de uma conduta

CAP. 7 · DEFEITOS OU VÍCIOS DO NEGÓCIO JURÍDICO E TEORIA DAS NULIDADES | 439

que visa trazer vantagens a outrem, como, por exemplo, a de oferecer um remédio a alguém alegando ser um suco, para curar essa pessoa, caso em que também não se pode falar em anulabilidade. Pode-se citar, ainda, como exemplo que se enquadra nos dois conceitos, o espelho colocado em uma loja, que *emagrece* o comprador. Trata-se de um artifício tolerável que faz até bem à pessoa.

b) *Dolus malus* (dolo mau) – este sim consiste em ações astuciosas ou maliciosas com o objetivo de enganar alguém e lhe causar prejuízo. Quando se tem o dolo mau, o negócio jurídico poderá ser anulado se houver prejuízo ao induzido e benefício ao autor do dolo ou a terceiro. Como ressaltado, exemplo ocorre na publicidade enganosa (art. 37, § 1.º, CDC), seja ela por ação ou por omissão, em que se promete uma vantagem decorrente de um produto que o consumidor não recebe após a compra.

II) *Quanto à conduta das partes*:

a) *Dolo positivo* (ou comissivo) – é o dolo praticado por ação (conduta positiva). Exemplo é a publicidade enganosa por ação: alguém faz um anúncio em revista de grande circulação pela qual um carro tem determinado acessório, mas quando o comprador o adquire percebe que o acessório não está presente.

b) *Dolo negativo* (ou omissivo) – é o dolo praticado por omissão (conduta negativa), situação em que um dos negociantes ou contratantes é prejudicado. Também é conhecido por *reticência acidental* ou *omissão dolosa*. Exemplo ocorre nas vendas de apartamentos decorados, em que não se revela ao comprador que os móveis são feitos sob medida, induzindo-o a erro (publicidade enganosa por omissão). O dolo negativo fica ainda mais evidenciado nas vendas de *microimóveis* em algumas localidades, caso da cidade de São Paulo, com apartamentos com até 10 metros quadrados, em que não se comunica aos compradores previamente que a decoração tem que ser feita toda sob medida e por empresa especializada, chegando a passar da metade do valor do bem. Podem ser mencionadas, ainda, as vendas de imóveis na planta, em que não se informa aos adquirentes que não será possível instalar aparelhos de ar-condicionado nas unidades ou fechar a varanda, por expressa proibição constante da convenção de condomínio. O art. 147 do CC traz previsão expressa quanto à omissão dolosa, caracterizada por eventual silêncio intencional de uma das partes, a respeito de fato ou qualidade que a outra ignorava. Para a caracterização desse dolo omissivo é preciso que o prejudicado prove que não celebraria o negócio se a omissão não ocorresse.

c) *Dolo recíproco* ou *bilateral* – é a situação em que ambas as partes agem dolosamente, um tentando prejudicar o outro mediante o emprego de artifícios ardilosos. Em regra, haverá uma compensação total dessas condutas movidas pela má-fé, consagração da regra pela qual ninguém pode beneficiar-se da própria torpeza (*nemo auditur propriam turpitudinem allegans*), inclusive se presente de forma recíproca. Segundo o art. 150 do CC/2002, não podem as partes alegar os dolos concorrentes, permanecendo incólume o negócio jurídico celebrado, não cabendo qualquer indenização a título de perdas e danos. Exemplificando, se duas ou mais pessoas agirem com dolo, tentando assim se beneficiar de uma compra e venda, o ato não poderá ser anulado. De toda sorte, se os dolos de ambos os negociantes causarem prejuízos de valores diferentes, pode ocorrer uma *compensação parcial das condutas*, o que gera ao prejudicado em quantia maior o direito de pleitear perdas e danos da outra parte. O dolo bilateral (de ambas as partes) é também denominado pela doutrina *dolo compensado* ou *dolo enantiomórfico*.

7.4 DA COAÇÃO

A coação pode ser conceituada como uma pressão física ou moral exercida sobre o negociante, visando obrigá-lo a assumir uma obrigação que não lhe interessa. Aquele que exerce a coação é denominado *coator* e o que a sofre, *coato*, *coagido* ou *paciente*.

440 | DIREITO CIVIL • VOL. 1 – *Flávio Tartuce*

Pelo art. 151 do CC/2002, a coação, para viciar o negócio jurídico, há de ser relevante, em fundado temor de dano iminente e considerável à pessoa envolvida, à sua família ou aos seus bens.

Eventualmente, dizendo respeito o temor à pessoa não pertencente à família do *coato*, o juiz, com base nas circunstâncias do caso concreto, decidirá se houve coação (art. 151, parágrafo único, do CC). A título de exemplo, se o temor se referir a amigo íntimo do negociante ou à sua namorada, pode-se falar na presença desse vício do consentimento.

A coação pode ser assim classificada:

a) *Coação física (vis absoluta)* – "é o constrangimento corporal que retira toda capacidade de manifestação de vontade, implicando ausência total de consentimento, acarretando nulidade do ato" (DINIZ, Maria Helena. *Curso de direito civil brasileiro...*, 2002, p. 395). A nulidade absoluta estava justificada, pois a situação de coação física fazia com que a pessoa se enquadrasse na antiga previsão do art. 3.º, inc. III, do CC, como alguém que por causa transitória não pode exprimir sua vontade. Entretanto, como demonstrado, o sistema de incapacidades foi alterado substancialmente, passando tais pessoas a ser consideradas como relativamente incapazes, com o Estatuto da Pessoa com Deficiência (novo art. 4.º, inc. III, do CC). Por isso, acreditamos que haverá dificuldade nesse enquadramento anterior. Talvez, a tese da nulidade absoluta possa ser mantida pela afirmação de que o objeto é indeterminado (art. 166, inc. II, do CC), diante de uma vontade que não existe. Ademais, a questão nunca foi pacífica, eis que alguns autores, como Renan Lotufo, sempre entenderam que se tal modalidade de coação estiver presente, o negócio será inexistente (*Código Civil comentado...*, 2003, v. 1, p. 412). Porém, o grande problema da teoria da inexistência é que ela não consta expressamente do Código Civil, que procurou resolver os vícios do negócio jurídico no plano da validade. Em suma, deve-se ficar atento, pois a coação física pode ser tratada tanto como motivo de nulidade absoluta como de inexistência do negócio jurídico. Exemplo de coação física pode ser percebido na hipótese de o vendedor ser espancado e, em estado de inconsciência, obrigado a assinar o contrato. Uma venda celebrada à pessoa hipnotizada constitui outro exemplo de negócio sob coação física. Como se pode notar pelas exemplificações os casos têm pouca relevância prática.

b) *Coação moral ou psicológica (vis compulsiva)* – coação efetiva e presente, causa fundado temor de dano iminente e considerável à pessoa do negociante, à sua família, à pessoa próxima ou aos seus bens, gerando a anulabilidade do ato (art. 151 do CC/2002). O exemplo típico é o de um contrato celebrado sob a ameaça de homicídio de um familiar.

Enuncia o art. 152 da atual codificação material que, ao apreciar a coação, deve o magistrado levar em conta o sexo, a idade, a condição, a saúde, o temperamento do paciente e todas as demais circunstâncias que possam influir na gravidade da pressão exercida. Sintetizando, cabe análise *in concreto* das circunstâncias que circundam o negócio, principalmente as características gerais da pessoa coagida. Aplicando esse dispositivo, cumpre trazer à colação julgado do Tribunal de São Paulo:

> "Direito civil. Ação anulatória de negócio jurídico. Coação e dolo. Alegação de celebração de negócio jurídico sob coação moral. Inexistência de ameaça séria e injusta. Apreciação subjetiva dos supostos pacientes de aludido vício de consentimento, consoante disposto no artigo 152 do Código Civil. Mal, outrossim, evitável ou menor do que o suposto negócio extorquido. Não configuração da coação. Afastamento, ademais, da tese subsidiária de que houve atuação com dolo, diante da inexistência de induzimento em erro. Reconhecimento

de débito existente da apelante em favor da apelada em virtude mesmo da validade de mencionado negócio jurídico. Honorários advocatícios sucumbenciais. Verba mantida no patamar fixado pelo Juízo *a quo*, diante da inexistência de impugnação especificada dos motivos pelos quais a verba deveria ser reduzida. Sentença mantida. Apelação não provida" (TJSP, Apelação Cível 7170680-8, Acórdão 3254291, 13.ª Câmara de Direito Privado, Jundiaí, Rel. Des. Luís Eduardo Scarabelli, j. 12.09.2008, *DJESP* 13.10.2008).

Seguindo nas ilustrações da análise *in concreto*, colaciona-se acórdão do Tribunal de Justiça do Rio Grande do Sul, que entendeu pela existência de coação moral exercida por igreja evangélica, a fim de que uma fiel com sérios problemas psicológicos realizasse doações de valores consideráveis à instituição. A ementa merece a devida leitura, para as reflexões necessárias:

"Responsabilidade civil. Doação. Coação moral exercida por discurso religioso. Ameaça de mal injusto. Promessa de graças divinas. Condição psiquiátrica preexistente. Cooptação da vontade. Dano moral configurado. Indenização arbitrada. 1. Análise do artigo 152 do Código Civil. Critérios para avaliar a coação. A prova dos autos revelou que a autora estava passando por grandes dificuldades em sua vida afetiva (separação litigiosa), profissional (divisão da empresa que construiu junto com seu ex-marido), e psicológica (foi internada por surto maníaco, e diagnosticada com transtorno afetivo bipolar). Por conta disso, foi buscar orientação religiosa e espiritual junto à Igreja Universal do Reino de Deus. Apegou-se à vivência religiosa com fervor, comparecia diariamente aos cultos e participava de forma ativa da vida da igreja. Ou seja, à vista dos critérios valorativos da coação, nos termos do art. 152 do Código Civil, ficou claramente demonstrada sua vulnerabilidade psicológica e emocional, criando um contexto de fragilidade que favoreceu a cooptação da vontade pelo discurso religioso. 2. Análise dos arts. 151 e 153 do Código Civil. Prova da coação moral. Segundo consta da prova testemunhal e digital, a autora sofreu coação moral da igreja que, mediante atuação de seus prepostos, desafiava os fiéis a fazerem doações, fazia promessa de graças divinas, e ameaçava-lhes de sofrer mal injusto caso não o fizessem. No caso dos autos, o ato ilícito praticado pela igreja materializou-se no abuso de direito de obter doações, mediante coação moral. Assim agindo, violou os direitos da dignidade da autora e lhe casou danos morais. Compensação arbitrada em R$ 20.000,00 (vinte mil reais), à vista das circunstâncias do caso concreto. 3. Multa por litigância de má-fé afastada. 4. Redefinida a sucumbência. Recurso da autora conhecido em parte, e nessa parte, provido parcialmente. Prejudicado o recurso da ré. Unânime" (TJRS, Apelação Cível 583443-30.2010.8.21.7000, 9.ª Câmara Cível, Esteio, Rel. Des. Iris Helena Medeiros Nogueira, j. 26.01.2011, *DJERS* 11.03.2011).

O julgado considerou que os pagamentos do dízimo teriam a natureza de doações, e que deveriam ser anulados pela pressão psicológica, cabendo a apuração do prejuízo patrimonial em posterior liquidação de sentença. Nesse contexto, ressalte-se que o montante mencionado ao final da ementa diz respeito apenas aos danos morais suportados pela autora da ação. Em 2018, o acórdão estadual foi confirmado pelo Superior Tribunal de Justiça, que manteve a condenação (STJ, REsp 1.455.521/RS, 3.ª Turma, Rel. Min. Nancy Andrighi, j. 27.02.2018, *DJe* 12.03.2018).

No Projeto de Reforma do Código Civil, almeja-se uma maior neutralidade conceitual para o seu art. 152, que, em tom mais genérico e efetivo, passará expressar que, "no apreciar a coação, ter-se-ão em conta as condições e características pessoais do coato, que possam ter influído na gravidade dela, levando-o a tomar decisão que não tomaria em outras circunstâncias". A proposição afasta discussões subjetivas e até mesmo ideológicas a respeito do comando, sendo salutar e necessária.

442 | DIREITO CIVIL • VOL. 1 – *Flávio Tartuce*

Voltando ao estudo da essência do instituto, essa pressão, desde que moral ou psicológica, vicia o consentimento do contratante ou negociante, sendo o ato passível de anulação, desde que proposta ação anulatória pelo interessado, no prazo decadencial de 4 (quatro) anos, contados de quando cessar a coação (art. 178, I, do CC).

Prevê o art. 154 do atual Código Civil que também a coação exercida por terceiro gera a anulabilidade do negócio, se o negociante beneficiado dela tiver ou devesse ter conhecimento, respondendo ambos solidariamente perante o prejudicado pelas perdas e danos.

Por outro lado, o negócio jurídico permanecerá válido se o negociante beneficiado pela coação dela não tiver ou não devesse ter conhecimento (art. 155 do CC), regra também em consonância com a conservação dos negócios em geral. Mas isso não afasta o dever de indenizar do coator que responderá por todas as perdas e danos que tiver causado, nos moldes dos arts. 402 a 404 da atual codificação, sem prejuízo de danos morais, atentatórios à sua dignidade.

Mais uma vez, a lei, ao se referir ao conhecimento pelo negociante, ampara o conceito nas regras de experiência e na análise da pessoa natural comum.

Desse modo, imagine-se o caso em que alguém celebra um casamento sob pressão de ameaça do irmão da noiva. Se a última tiver ou devesse ter conhecimento dessa coação, o negócio é anulável, respondendo ambos, irmão e irmã, solidariamente. Por outro lado, diante da boa-fé da noiva que não sabia da coação, o casamento é conservado, respondendo o cunhado perante o noivo por eventuais perdas e danos decorrentes de seu ato. Logicamente, os danos devem ser provados, interpretação sistemática do art. 186 do CC/2002.

Seguindo com o estudo do tema, pelo art. 153 do CC não constituem coação:

a) A ameaça relacionada com o exercício regular de um direito reconhecido, como no caso de ameaça de protesto de um título em cartório, sendo existente e devida a dívida.

b) O mero temor reverencial ou o receio de desagradar de pessoa querida ou a quem se deve obediência. Exemplo: casar-se com alguém com medo de desapontar seu irmão, grande amigo. O casamento é válido.

Por derradeiro, com intuito didático, anote-se que o art. 42 do Código de Defesa do Consumidor (Lei 8.078/1990) traz regra específica quanto à coação exercida nas relações de consumo. Prevê esse dispositivo que, na cobrança de dívidas, não pode o consumidor ser exposto ao ridículo nem sofrer coação, o que pode gerar o dever de indenizar danos materiais e morais, diante da presença de prática abusiva, modalidade de abuso de direito. Como exemplo dessa coação, pode-se ilustrar a cobrança vexatória, como no caso de exposição de cheques no balcão do estabelecimento comercial para que todos os clientes conheçam o devedor que não os pagou.

7.5 DO ESTADO DE PERIGO

O estado de perigo constitui, segundo o nosso entendimento, uma forma especial de coação, que não estava tratada no Código Civil de 1916. Entretanto, com a coação moral não se confunde. Pelo art. 156 do Código Civil, haverá estado de perigo toda vez que o próprio negociante, pessoa de sua família ou amigo próximo estiver em perigo, conhecido da outra parte, sendo este a única causa para a celebração do negócio. Tratando-se de pessoa não pertencente à família do contratante, o juiz decidirá segundo as circunstâncias fáticas e regras da razão (*ontognoseologia jurídica* de Reale). Como já demonstrado, há regra semelhante para a coação moral, no art. 151, parágrafo único, do CC.

CAP. 7 · DEFEITOS OU VÍCIOS DO NEGÓCIO JURÍDICO E TEORIA DAS NULIDADES | **443**

No estado de perigo, o negociante temeroso de grave dano ou prejuízo acaba celebrando o negócio, mediante uma prestação exorbitante, presente a onerosidade excessiva (*elemento objetivo*). Para que tal vício ocorra, é necessário que a outra parte tenha conhecimento da situação de risco que atinge o primeiro, *elemento subjetivo* que diferencia o estado de perigo da coação propriamente dita e da lesão. Com tom elucidativo, é interessante a fórmula a seguir:

> ESTADO DE PERIGO = Situação de perigo conhecido da outra parte (elemento subjetivo) + onerosidade excessiva (elemento objetivo).

A sanção a ser aplicada ao ato eivado de estado de perigo é a sua anulação – arts. 171, inc. II, e 178, inc. II, do CC. O último dispositivo consagra prazo decadencial de quatro anos, a contar da data da celebração do ato, para o ingresso da ação anulatória.

Para afastar a anulação do negócio e a correspondente extinção, poderá o juiz utilizar-se da revisão do negócio. Desse modo, filiamo-nos ao entendimento de aplicação analógica do art. 157, § 2.º, do CC/2002 também para os casos de estado de perigo. Essa, aliás, foi a conclusão a que se chegou na *III Jornada de Direito Civil*, promovida pelo Conselho da Justiça Federal e pelo Superior Tribunal de Justiça, com a elaboração do seguinte enunciado doutrinário: "ao 'estado de perigo' (art. 156) aplica-se, por analogia, o disposto no § 2.º do art. 157" (Enunciado n. 148). Com a revisão, busca-se a manutenção do negócio, o princípio da conservação contratual, que mantém íntima relação com a função social dos contratos.

Anoto que o Projeto de Reforma do Código Civil pretende suprir essa lacuna da normativa, em boa hora, incluindo um novo parágrafo no seu art. 156, estabelecendo que "o negócio jurídico será revisto e não anulado, se a parte beneficiada pelo estado de perigo oferecer suplemento compensatório suficiente ou concordar com a redução do proveito ou benefício". Trata-se de mais uma proposição que adota a posição majoritária, constante de enunciado de *Jornada de Direito Civil*, na linha metodológica seguida pela Comissão de Juristas.

Entendo que a equidade e a boa razão devem acompanhar o juiz no momento de se determinar ou não a configuração do estado de perigo, eis que contratantes poderão utilizar tal vício como álibi para a posterior anulação do negócio jurídico. O magistrado, neste contexto, deverá julgar favorecendo o negociante dotado de boa-fé objetiva, aplicando os arts. 113 e 422 do CC.

Ilustração interessante de situação envolvendo o estado de perigo é fornecida por Maria Helena Diniz. Cita a professora o caso de alguém que tem pessoa da família sequestrada, tendo sido fixado o valor do resgate em R$ 10.000,00 (dez mil reais). Um terceiro conhecedor do sequestro oferece para a pessoa justamente os dez mil por uma joia, cujo valor gira em torno de cinquenta mil reais. A venda é celebrada, movida pelo desespero da pessoa que quer salvar o filho. O negócio celebrado é, portanto, anulável (*Curso de direito civil brasileiro...*, 2003, v. 1, p. 401).

Outro exemplo interessante é apontado pelo professor paraibano Rodrigo Toscano de Brito. Sinaliza o doutrinador para o caso do pai que chega com o filho acidentado gravemente em um hospital e o médico diz que somente fará a cirurgia mediante o pagamento de R$ 100.000,00. O preço é pago e a cirurgia é feita, mediante a celebração de um contrato de prestação de serviços. Como se vê, estão presentes todos os requisitos do estado de perigo: há o risco, conhecido pelo médico (*elemento subjetivo*), tendo sido celebrado um negócio desproporcional, com onerosidade excessiva (*elemento objetivo*) (BRITO, Rodrigo Toscano de. Estado de perigo..., 2005, v. IV, p. 63).

444 DIREITO CIVIL • VOL. 1 – *Flávio Tartuce*

Opinando sobre o último caso descrito, pode-se dizer que o melhor caminho a ser percorrido é justamente o da revisão desse contrato de prestação de serviços, celebrado com preço exorbitante. Ora, imagine-se que o valor normal da cirurgia seria de R$ 5.000,00. Com a revisão do negócio jurídico, esse é o valor que deverá ser pago ao médico. Se o negócio fosse anulado, o médico nada receberia, o que conduziria ao enriquecimento sem causa da outra parte.

Ademais, com a revisão do negócio está-se prestigiando a conservação negocial e a função social dos contratos (Enunciado n. 22 do CJF/STJ). Outro entendimento poderia sustentar que o não pagamento visa punir o médico que agiu de má-fé, tendo em vista que houve violação ao princípio da boa-fé objetiva.

Com todo respeito em relação a esse posicionamento, entendo que, nesse caso, a função social dos contratos deve prevalecer, somada à vedação do enriquecimento sem causa (arts. 884 a 886 do CC). Em síntese, o médico será remunerado com a revisão do negócio.

Para encerrar o estudo do estado de perigo, interessante trazer à tona a comum prática do cheque-caução, exigido muitas vezes quando da internação de consumidores em hospitais. Há quem entenda tratar-se de hipótese típica de estado de perigo, mormente quando o paciente médico já tem plano de saúde.

Nesse sentido, leciona Carlos Roberto Gonçalves que "merece ser também citado o exemplo de inegável atualidade e característico de estado de perigo, que é o da pessoa que se vê compelida a efetuar depósito ou a prestar garantia sob a forma de emissão de cambial ou de prestação de fiança, exigidos por hospital para conseguir a internação ou atendimento de urgência de cônjuge ou de parente em perigo de vida" (GONÇALVES, Carlos Roberto. *Direito civil...*, 2010, v. 1, p. 431). Não tem sido diferente o enquadramento de parte da jurisprudência (TJSP, Apelação 0109749-68.2008.8.26.0002, Acórdão 4885202, 18.ª Câmara de Direito Privado, São Paulo, Rel. Des. Rubens Cury, j. 07.12.2010, *DJESP* 24.01.2011; TJSC, Apelação Cível 2009.043712-5, Brusque, Rel. Des. Luiz Carlos Freyesleben, j. 29.06.2010, *DJSC* 08.07.2010, p. 181; TJPR, Apelação Cível 0485768-9, 6.ª Câmara Cível, Curitiba, Rel. Des. Prestes Mattar, *DJPR* 17.10.2008, p. 59; e TJRJ, Apelação Cível 2006.001.49905, 17.ª Câmara Cível, Rel. Des. Edson Aguiar de Vasconcelos, j. 10.01.2007).

Novamente com o devido respeito, esse não parece ser o melhor enquadramento, uma vez que o estado de perigo gera a anulação do ato correspondente (arts. 171 e 178 do CC/2002). Na verdade, é salutar concluir que a exigência de cheque-caução, especialmente quando o consumidor já tem plano de saúde ou quando ausente justo motivo para a negativa de cobertura, configura uma prática ou cláusula abusiva que, por envolver matéria de ordem pública, ocasiona a nulidade do ato correspondente (art. 51 do CDC), sem prejuízo de outras sanções, caso da imputação civil dos danos suportados. Utiliza-se a teoria do *diálogo das fontes*, com solução mais satisfatória aos consumidores. Concluindo corretamente dessa forma, colaciona-se, a título de exemplo:

> "Plano de saúde. Corré que se recusou a cobrir as despesas de internação do autor, sob o fundamento de descredenciamento do plano. Falta de comunicação do associado quanto ao descredenciamento. Recusa que causou danos morais ao autor, que era idoso e estava com a saúde debilitada. Fixação em R$ 9.000,00. Razoabilidade. Exigência de cheque-caução pela corré para prestar atendimento médico. Danos morais. Ocorrência. Fixação em R$ 2.000,00. Recurso do autor provido em parte, improvido o do réu. O corréu Centro Transmontano causou dano moral ao autor, pessoa de idade e que sofria de sérios problemas de saúde, ao negar-se a cobrir as despesas de internação, pois não o informara do descredenciamento do hospital. Ao que tudo indica, o hospital condicionou a prestação de serviço médico à emissão de cheque caução, o que configura prática abusiva e, em face das circunstâncias,

CAP. 7 · DEFEITOS OU VÍCIOS DO NEGÓCIO JURÍDICO E TEORIA DAS NULIDADES | **445**

notadamente o fato de que paciente era idoso e sua internação era emergencial, acarretou danos morais" (TJSP, Apelação 0131319-87.2006.8.26.0000, Acórdão 4931640, 3.ª Câmara de Direito Privado, São Paulo, Rel. Des. Jesus Lofrano, j. 08.02.2011, *DJESP* 02.03.2011).

"Responsabilidade civil. Relação de consumo. Hospital. Situação de emergência. Cheque caução. Exigência para fins de internação. Prática abusiva. Aflição e angústia impostas ao consumidor. Dano moral configurado. Violação do Código de Defesa do Consumidor e de lei estadual. Agravo retido. Cerceamento de defesa. Inocorrência. O juiz é o destinatário da prova e está autorizado a dispensar as desnecessárias ao deslinde da causa (CPC, 130). Não se configura cerceamento de defesa o julgamento antecipado da lide, presentes as condições previstas no artigo 330, inciso I, do CPC. A exigência de cheque-caução para que ocorra a internação hospitalar de paciente em estado grave emergencial, configura prática abusiva, ferindo as disposições do CDC. Configura ainda afronta a Lei Estadual n.º 3.426/00, que proíbe a exigência de depósito prévio de qualquer natureza, para possibilitar internação de doente em situação de urgência e emergência. Dano moral configurado. Valor que atende aos princípios reitores do instituto. Verba honorária bem fixada. Impossibilidade de se aplicar a multa legal por ausência de pedido inicial, não podendo inovar em sede de recurso. Manutenção da sentença. Conhecimento e desprovimento de ambos os recursos" (TJRJ, Apelação 2008.001.57406, 18.ª Câmara Cível, Rel. Des. Rogério de Oliveira Souza, j. 07.04.2009, *DORJ* 13.04.2009, p. 167).

A propósito do enquadramento do estado de perigo em situações de emergência, julgado do Superior Tribunal de Justiça considerou o seguinte, trazendo importantes ressalvas:

"Sacrifício patrimonial extremo de alguém, na busca de assegurar a sua sobrevida ou de algum familiar próximo, não caracteriza o estado de perigo, pois, embora se reconheça que a conjuntura tenha premido a pessoa a se desfazer de seu patrimônio, a depauperação ocorrida foi conscientemente realizada, na busca pelo resguardo da própria integridade física, ou de familiar. Atividades empresariais voltadas especificamente para o atendimento de pessoas em condição de perigo iminente, como se dá com as emergências de hospitais particulares, não podem ser obrigadas a suportar o ônus financeiro do tratamento de todos que lá aportam em situação de risco à integridade física, ou mesmo à vida, pois esse é o público-alvo desses locais, e a atividade que desenvolvem com fins lucrativos é legítima, e detalhadamente regulamentada pelo Poder Público. Se o nosocômio não exigir, nessas circunstâncias, nenhuma paga exagerada, ou impor a utilização de serviços não necessários, ou mesmo garantias extralegais, mas se restringir a cobrar o justo e usual, pelos esforços realizados para a manutenção da vida, não há defeito no negócio jurídico que dê ensejo à sua anulação" (STJ, REsp 1.680.448/MG, 3.ª Turma, Rel. Min. Nancy Andrighi, j. 22.08.2017, *DJe* 29.08.2017).

As afirmações foram repetidas em outro acórdão de 2023, concluindo ao final que "afasta-se a tese de vício de consentimento (estado de perigo), visto não demonstrado excesso no valor cobrado, em se tratando de internação em Centro de Tratamento Intensivo – CTI, além do correto serviço prestado e da adequada informação apresentada à insurgente, remanescendo hígido o encargo contratual a que se comprometeu (pagamento dos serviços médico-hospitalares prestados ao paciente), não havendo falar em ilegalidade ou índole abusiva na cobrança, sob pena de ofensa ao princípio da boa-fé na relação contratual. 4. Agravo interno a que se nega provimento" (STJ, Ag. Int. no AREsp 2.245.964/SP, 4.ª Turma, Rel. Min. Raul Araújo, j. 04.09.2023, *DJe* 08.09.2023).

Entendo que o enquadramento dessas eventuais exigências exageradas por hospitais nas práticas e cláusulas abusivas do CDC afastaria o debate constante do julgado, podendo

446 | DIREITO CIVIL • VOL. 1 – *Flávio Tartuce*

trazer solução diversa a que foi dada pelo acórdão. Novamente, com o devido respeito, não se pode mais insistir na premissa de que o Código Civil é a via de solução para todos os problemas, para a *cura de todos os males*. Em muitos casos, a correta solução de enquadramento está no Código de Defesa do Consumidor e não na lei geral privada. Feito tal importante esclarecimento prático, parte-se para o estudo do instituto da lesão.

7.6 DA LESÃO

Dispõe o art. 157 da atual codificação material que "Ocorre a lesão quando uma pessoa, sob premente necessidade, ou por inexperiência, se obriga a prestação manifestamente desproporcional ao valor da prestação oposta". Essa é a concepção constante na codificação de 2002 que, de acordo com o princípio da operabilidade ou simplicidade, procura a facilitação dos institutos, com a previsão taxativa dos conceitos.

O desafio de descobrir o sentido do instituto ainda permanece, uma vez que grandes são as dificuldades na busca desse conceito emergente, presente que está a desproporção em vários dos contratos que atualmente são celebrados. No presente e no futuro, como sinaliza Renan Lotufo, "caberá ao juiz, diante do caso concreto, averiguar essa desproporção, partindo do acentuado desnível entre as prestações, identificável entre as prestações devidas pelos contratantes" (*Código Civil comentado...*, 2002, v. I, p. 440).

Inicialmente, tem-se a lesão como um vício que acomete a vontade ou o consentimento. Para Maria Helena Diniz, "o instituto da lesão visa proteger o contratante que se encontra em posição de inferioridade, ante o prejuízo por ele sofrido na conclusão do contrato, devido à desproporção existente entre as prestações das duas partes" (*Curso de direito civil brasileiro...*, 2002, p. 399).

Não há como declinar, desse modo, a sua imediata aplicação aos contratos, negócios jurídicos por excelência, daí ser mais um dos pontos de relevância para o direito obrigacional em sentido amplo.

O § 1.º do art. 157 recomenda que a desproporção seja apreciada de acordo com os valores vigentes ao tempo em que foi celebrado o negócio jurídico, o que vai ao encontro da *ontognoseologia jurídica* de Reale, eis que há, na espécie, uma apreciação valorativa, hoje primaz para o Direito Privado.

Eventualmente, em vez do caminho da anulabilidade do negócio jurídico, conforme estabelece o art. 178, inc. II, do CC, o art. 157, § 2.º, do diploma civil em vigor dispõe que a invalidade negocial poderá ser afastada "se for oferecido suplemento suficiente, ou se a parte favorecida concordar com a redução do proveito". Esse oferecimento pelo réu se dá por meio de pedido contraposto na contestação. Esse comando está possibilitando a revisão extrajudicial ou judicial do negócio, constituindo a consagração do princípio da conservação contratual e também da função social do contrato.

Sobre tal relação, é interessante transcrever o teor do Enunciado n. 149 do CJF/STJ: "em atenção ao princípio da conservação dos contratos, a verificação da lesão deverá conduzir, sempre que possível, à revisão judicial do negócio jurídico e não à sua anulação, sendo dever do magistrado promover o incitamento dos contratantes a seguir as regras do art. 157, § 2.º, do Código Civil de 2002". A conclusão, assim, é de que na lesão a regra é a revisão do contrato e não a sua anulação.

Confirmando a tese de que a revisão do negócio é a regra, na *IV Jornada de Direito Civil*, foi aprovado o Enunciado n. 291 do CJF/STJ, prevendo que "nas hipóteses de lesão previstas no art. 157 do Código Civil, pode o lesionado optar por não pleitear a anulação do negócio, deduzindo, desde logo, pretensão com vistas à revisão judicial do negócio por meio da redução do proveito do lesionador ou do complemento do preço". Em suma, é plenamente possível que a parte prejudicada ingresse diretamente com uma ação fundada na lesão, pleiteando a revisão do negócio.

Pois bem, para a caracterização da lesão é necessária a presença de um *elemento objetivo*, formado pela desproporção das prestações, a gerar uma onerosidade excessiva, um prejuízo a uma das partes, bem como um *elemento subjetivo*: a premente necessidade ou inexperiência, conforme previsto no *caput* do art. 157. A fórmula a seguir *serve como luva*:

> LESÃO = Premente necessidade ou inexperiência (elemento subjetivo)
> + onerosidade excessiva (elemento objetivo).

O conceito de premente necessidade é genérico e depende de apreciação pelo aplicador da norma. A compra de um imóvel, uma vez que o direito de moradia está previsto no art. 6.º da CF/1988, como um direito social e fundamental, poderá ser tida como premente necessidade? Acredito que sim, inclusive pela proposta de personalização do Direito Privado, à luz da proteção da dignidade da pessoa humana.

Aliás, cumpre pontuar que, na minha opinião doutrinária, os contratos de financiamento para aquisição da casa própria celebrados no Brasil, em regra, apresentam o presente vício do negócio jurídico, diante de numerosos desequilíbrios que podem ser percebidos em seu conteúdo. Todavia, infelizmente, a jurisprudência superior não tem analisado tais contratos sob tal perspectiva.

Em casos de vulnerabilidade contratual, como naqueles que envolvem o aderente, para quem o conteúdo do negócio é imposto no contrato de adesão, pode-se entender que a premente necessidade é presumida. Sendo assim, não há como concordar com o teor do Enunciado n. 290 do CJF/STJ, da *IV Jornada de Direito Civil*, pelo qual não se pode presumir a premente necessidade ou a inexperiência do lesado.

Destaque-se que, em acórdão de 2019, o Superior Tribunal de Justiça aplicou o teor do enunciado doutrinário em questão, concluindo que "o mero interesse econômico em resguardar o patrimônio investido em determinado negócio jurídico não configura premente necessidade para o fim do art. 157 do Código Civil". No caso concreto, foi afastada a alegação de anulação de uma cláusula penal de perda de todos os valores pagos na compra de um imóvel entre particulares, proposto pelo próprio comprador: "na hipótese em apreço, a cláusula penal questionada foi proposta pelos próprios recorrentes, que não comprovaram a inexperiência ou premente necessidade, motivo pelo qual a pretensão de anulação configura comportamento contraditório, vedado pelo princípio da boa-fé objetiva" (STJ, 1.723.690/DF, 3.ª Turma, Rel. Min. Ricardo Villas Bôas Cueva, j. 06.08.2019).

Com o devido respeito, tenho dúvidas se a boa-fé deve prevalecer sobre flagrantes abusividades, como essa presente no caso concreto, mesmo que seja proposta pela própria parte do negócio jurídico. Em sentido contrário ao enunciado, a propósito, Anderson Schreiber, em posição por mim compartilhada, sustenta que, "embora o Código Civil tenha exigido a premente necessidade ou inexperiência do declarante para a configuração da lesão no direito brasileiro, o instituto começa a se distanciar dos impulsos voluntaristas para estimular o desenvolvimento de uma regra mais ampla de proteção contra a onerosidade excessiva, calcada no princípio do equilíbrio contratual. Na experiência internacional, colhem-se, inclusive, exemplos de maior abertura, como o dos Princípios do Unidroit para os Contratos

448 | DIREITO CIVIL • VOL. 1 – *Flávio Tartuce*

Comerciais Internacionais, que apresentam rol amplo ao tratar da chamada *gross disparity* (art. 3.2.7), instituto assemelhado à nossa lesão. Ali, além da premente necessidade ou inexperiência, alude-se a outros fatores, como o estado de dependência do contratante prejudicado (*dependence*), sua improvidência (*improvidence*) ou, mesmo, sua falta de habilidade negocial (*lack of bargaining skill*), em rol declaradamente exemplificativo (*among other factors*)". E mais, ainda segundo o jurista:

> "O fato de o Código Civil brasileiro, em seu art. 157, não haver empregado expressão semelhante a 'among other factors' não deve representar obstáculo a uma interpretação que reserve caráter exemplificativo às referências à premente necessidade ou inexperiência do contratante. No direito brasileiro contemporâneo, não faltam exemplos de enunciações normativas às quais doutrina e jurisprudência têm atribuído caráter ilustrativo mesmo à falta de um explícito posicionamento nesse sentido por parte do legislador, sendo notório o exemplo do rol *numerus apertus* das entidades familiares, extraído do art. 226 da Constituição, que alude expressamente apenas ao casamento, à união estável e à família monoparental. Nessa mesma direção, a menção do art. 157 à inexperiência ou necessidade não deve ser compreendida como um rol fechado ou taxativo, mas sim como enumeração meramente ilustrativa, a fim de que tais expressões não acabem servindo de obstáculo à apreciação de situações semelhantes que possam não ter tido a fortuna de adentrar o literal enunciado daquela norma" (SCHREIBER, Anderson. *Manual...*, 2018, p. 260).

Nessa linha, nota-se que o conceito de inexperiência é igualmente passível de interpretações divergentes, dificuldade que já foi percebida na subsunção do conceito de *hipossuficiente*, que consta do art. 6.º, VIII, do CDC, e que deu margem a diversas decisões judiciais conflitantes entre si. A hipossuficiência, como se afirma em Direito do Consumidor, pode ser econômica, financeira, política, social ou técnica, o que defere, pela Lei Consumerista, a decretação da inversão do ônus da prova. Pode ser afirmado o mesmo no tocante à lesão, eis que a inexperiência poderá ser econômica, financeira, política, social ou técnica, servindo, no momento, a interpretação do que constitui a hipossuficiência do consumidor, por regra analógica.

Na *V Jornada de Direito Civil*, em 2011, aprovou-se enunciado doutrinário que buscou dar um sentido ao conceito. Assim, "a inexperiência a que se refere o art. 157 não deve necessariamente significar imaturidade ou desconhecimento em relação à prática de negócios jurídicos em geral, podendo ocorrer também quando o lesado, ainda que estipule contratos costumeiramente, não tenha o conhecimento específico sobre o negócio em causa" (Enunciado n. 410). A ementa procura ampliar a ideia de inexperiência, na linha do proposto pelo presente autor, tutelando inclusive os casos de hipossuficiência.

Feitas essas considerações, é interessante citar o trabalho de Pablo Stolze Gagliano e Rodolfo Pamplona Filho, para quem, "analisando ainda o art. 157, pode-se concluir ter havido uma verdadeira mudança axiológica no novo Código Civil, presente este vício de consentimento como verdadeira limitação à autonomia individual da vontade, não mais admitindo o 'negócio da China', uma vez que não se aceitará mais passivamente a ocorrência de negócios jurídicos com prestações manifestamente desproporcionais" (*Novo...*, 2003, v. I, p. 376).

Como os doutrinadores baianos, entendo que a lesão está configurada na prática do *truck system*, hipótese em que o empregador coloca à disposição do empregado mercadorias, no próprio local de trabalho, com preços bem superiores aos praticados no mercado. Essa prática, aliás, é vedada expressamente pelo art. 462, §§ 2.º a 4.º, da CLT.

CAP. 7 · DEFEITOS OU VÍCIOS DO NEGÓCIO JURÍDICO E TEORIA DAS NULIDADES | **449**

Não há dúvidas de que o fator predominante para a caracterização da lesão é justamente a onerosidade excessiva, o *negócio da China* pretendido por um dos negociantes, em detrimento de um desequilíbrio contratual, contra a parte mais fraca da avença.

A base estrutural do vício é, assim, um problema que acomete a vontade, razão pela qual a denominamos *lesão subjetiva*. Esta não se confunde com a lesão objetiva, que consta do art. 480 do CC/2002, conceituada por Álvaro Villaça Azevedo como *lesão enorme (laesio enormis)*, segundo o qual "nesse dispositivo legal está presente, salvo melhor juízo, o entendimento justinianeu de não permitir a onerosidade excessiva e de reprimir cláusulas abusivas, leoninas, que quebram o princípio da comutatividade dos contratos" (O novo Código..., *Questões controvertidas*..., 2004, v. II, p. 26).

Dessa forma, a *lesão objetiva* caracteriza-se pela simples presença da onerosidade excessiva, não se discutindo a questão volitiva como ocorre na lesão subjetiva. Mas dentro do conceito de *lesão subjetiva* está a lesão objetiva, pela menção à prestação desproporcional, que consta do art. 157 do CC.

Cite-se, neste ponto, que a lesão subjetiva, vício do negócio jurídico, já se encontrava prevista no art. 4.º da Lei de Proteção à Economia Popular, Lei 1.521/1951, que define como crime a prática de "obter, ou estipular, em qualquer contrato, abusando da premente necessidade, inexperiência ou leviandade de outra parte, lucro patrimonial que exceda o quinto do valor corrente ou justo da prestação feita ou prometida". Essa forma de lesão era conceituada como *lesão usurária*, presente, por exemplo, nos casos de cobrança de juros abusivos ou de anatocismo (capitalização de juros sobre juros). A *lesão usurária* também é implícita ao Decreto-lei 22.626/1933 (Lei de Usura).

No que concerne a essa *lesão usurária*, restam dúvidas quanto à possibilidade de gerar a nulidade absoluta do negócio jurídico celebrado. Isso porque o art. 11 da Lei de Usura (Decreto 22.626/1933) menciona que qualquer infração ao que constar naquela lei é capaz de gerar nulidade plena e absoluta do pacto. Por certo é que a lesão do art. 157 do CC, regra geral, gera anulabilidade pelo teor do próprio Código Civil (art. 171, inc. II). Como resolver a questão?

Adotando a conservação contratual, princípio anexo à função social do contrato, o presente autor é adepto do posicionamento pela anulabilidade também da lesão usurária. Isso porque, como visto, deve sempre o magistrado procurar a revisão do negócio, mantendo a vontade manifestada pelas partes. Esse entendimento, aliás, foi defendido em nosso livro *Função social dos contratos*, desde a sua primeira edição (2005, p. 213).

Apesar de similar, a lesão não se confunde com o dolo. Quanto a essa diferenciação, consigne-se o teor do Enunciado n. 150 do CJF/STJ, aprovado na *III Jornada de Direito Civil*, pelo qual: "a lesão que trata o art. 157 do Código Civil não exige dolo de aproveitamento". A lesão exige apenas dois elementos: a premente necessidade ou inexperiência e a onerosidade excessiva, elementos estes que não se confundem com o artifício ardiloso presente no dolo. Vale lembrar que o dolo de aproveitamento é aquele que traz um benefício patrimonial do agente. Esse Enunciado n. 150 do CJF/STJ também serve para distinguir a lesão do art. 157 do CC da lesão usurária, pois a última exigiria o referido dolo de aproveitamento.

Destaco que no Projeto de Reforma do Código Civil almeja-se incluir no art. 157 todos os enunciados doutrinários aqui estudados, além de importante ressalva a respeito das pessoas em situação de vulnerabilidade ou hipossuficiência, na linha do que defendi, e resolvendo-se o debate doutrinário antes exposto.

Nesse contexto, consoante o novo § 2.º do dispositivo, "em casos de patente vulnerabilidade ou hipossuficiência da parte, presume-se a existência de premente necessidade ou

450 | DIREITO CIVIL • VOL. 1 – Flávio Tartuce

de inexperiência do lesado". Além disso, o dispositivo seguinte continuará a prever, como está no atual § 2.º, que "não se decretará a anulação do negócio, se for oferecido suplemento suficiente ou se a parte favorecida concordar com a redução do proveito" (§ 3.º). Adotando-se a possibilidade de ingresso da ação de revisão contratual de modo direto, o novo § 4.º: "pode o lesado ingressar diretamente com ação visando à revisão judicial do negócio por meio da redução do proveito da parte contrária ou do complemento do preço". Ainda, seguindo--se o texto do Enunciado n. 150 da *III Jornada de Direito Civil*: "para a caracterização da lesão não se exige dolo de aproveitamento" (proposta de um novo § 5.º do art. 157). Mais uma vez, nota-se que as proposições adotadas pela Comissão de Juristas somente seguem a posição majoritária da doutrina civilista.

Por fim, a lesão de igual modo não se confunde com o estado de perigo, conforme quadro esquemático comparativo com semelhanças e diferenças que consta a seguir:

Lesão (art. 157 do CC)	Estado de Perigo (art. 156 do CC)
Elemento subjetivo: premente necessidade ou inexperiência.	Elemento subjetivo: perigo que acomete o próprio negociante, pessoa de sua família ou amigo íntimo, sendo esse perigo de conhecimento do outro negociante.
Elemento objetivo: prestação manifestamente desproporcional (lesão objetiva).	Elemento objetivo: obrigação excessivamente onerosa (lesão objetiva).
Aplica-se a revisão negocial pela regra expressa do art. 157, § 2.º, do CC, hipótese de subsunção.	Há entendimento doutrinário de aplicação analógica do art. 157, § 2.º, do CC, visando à conservação negocial. Adotada essa tese, há hipótese de integração, não de subsunção.

7.7 DA FRAUDE CONTRA CREDORES

Constitui fraude contra credores a atuação maliciosa do devedor, em estado de insolvência ou na iminência de assim tornar-se, que dispõe de maneira gratuita ou onerosa o seu patrimônio, para afastar a possibilidade de responderem os seus bens por obrigações assumidas em momento anterior à transmissão.

A ilustrar, se *A* tem conhecimento da iminência do vencimento de dívidas em data próxima, em relação a vários credores, e vende a *B* imóvel de seu patrimônio, havendo conhecimento deste do estado de insolvência, estará configurado o vício social a acometer esse negócio jurídico. Mesma conclusão serve para o caso de doação (disposição gratuita).

De acordo com o art. 158 do CC/2002, estão incluídas as hipóteses de remissão ou perdão de dívida, estando caracterizado o ato fraudulento toda vez que o devedor estiver insolvente ou beirando à insolvência. Em situações tais, caberá ação anulatória por parte de credores quirografários eventualmente prejudicados, desde que proposta no prazo decadencial de quatro anos, contados da celebração do negócio fraudulento (art. 178, II, do CC).

Essa ação anulatória é denominada pela doutrina *ação pauliana* ou *ação revocatória*, seguindo rito ordinário no sistema processual anterior; correspondente ao atual procedimento comum. A expressão *ação pauliana* tem origem romana, atribuída ao pretor Paulo.

Igual direito tem o credor cuja garantia tornar-se insuficiente (art. 158, § 1.º, do CC). Conforme o Enunciado n. 151 do Conselho da Justiça Federal e do Superior Tribunal de Justiça, aprovado na *III Jornada de Direito Civil*, "o ajuizamento da ação pauliana pelo credor com garantia real (art. 158, § 1.º) prescinde de prévio reconhecimento judicial da insuficiência da garantia".

CAP. 7 · DEFEITOS OU VÍCIOS DO NEGÓCIO JURÍDICO E TEORIA DAS NULIDADES | **451**

Todavia, somente os credores que já o eram no momento da disposição fraudulenta poderão promover a referida *ação pauliana* (art. 158, § 2.º, do CC). Quanto ao último dispositivo, na *IV Jornada de Direito Civil*, foi aprovado o Enunciado n. 292, prevendo que para os efeitos do art. 158, § 2.º, a anterioridade do crédito é determinada pela causa que lhe dá origem, independentemente de seu conhecimento por decisão judicial. Analisando tal questão, vejamos instigante acórdão do Superior Tribunal de Justiça, que diz respeito à existência de fraude contra credores diante da celebração de compromisso de compra e venda de imóvel:

> "Processo civil e civil. Recurso especial. Fraude contra credores. Anterioridade do crédito. Art. 106, parágrafo único, CC/1916 (art. 158, § 2.º, CC/2002). Promessa de compra e venda não registrada. 1. Da literalidade do art. 106, parágrafo único, do CC/1916, extrai-se que a afirmação da ocorrência de fraude contra credores depende, para além da prova de *consilium fraudis* e de *eventus damni,* da anterioridade do crédito em relação ao ato impugnado. 2. É com o registro da promessa de compra e venda no Cartório de Registro de Imóveis que o direito do promissário comprador alcança terceiros estranhos à relação contratual originária. 3. A promessa de compra e venda não registrada e desacompanhada de qualquer outro elemento que possa evidenciar a alienação do imóvel não afasta a anterioridade do crédito. 4. Recurso especial não provido" (STJ, REsp 1.217.593/RS, 3.ª Turma, Rel. Min. Nancy Andrighi, j. 12.03.2013, *DJe* 18.03.2013).

Como se extrai da ementa transcrita, na fraude contra credores, em regra, há um *elemento objetivo*, formado pela atuação prejudicial do devedor e de terceiro, bem como um *elemento subjetivo*, volitivo, a intenção de prejudicar os credores do primeiro (*consilium fraudis*). A fórmula é, portanto, a seguinte:

> FRAUDE CONTRA CREDORES = Intenção de prejudicar credores (elemento subjetivo) + atuação em prejuízo aos credores (elemento objetivo).

Para que o negócio seja anulado, portanto e em regra, necessária a presença da *colusão*, conluio fraudulento entre aquele que dispõe o bem e aquele que o adquire. O prejuízo causado ao credor (*eventus damni*) também é apontado como elemento objetivo da fraude. Não havendo tais requisitos, não há que falar em anulabilidade do ato celebrado, para os casos de negócios onerosos, como na compra e venda efetivada com objetivo de prejudicar eventuais credores.

Entretanto, para os casos de disposição gratuita de bens, ou de remissão de dívidas (perdão de dívidas), o art. 158 do CC/2002 dispensa a presença do elemento subjetivo (*consilium fraudis*), bastando o evento danoso ao credor. Isso porque o dispositivo em comento prevê que, nesses casos, tais negócios podem ser anulados ainda quando o adquirente ignore o estado de insolvência. Vejamos o quadro a seguir para elucidar a matéria:

Disposição onerosa de bens com intuito de fraude. Exemplo: compra e venda.	Conluio fraudulento (*consilium fraudis*) + evento danoso (*eventus damni*)
Disposição gratuita de bens (exemplo: doação) ou remissão de dívida.	Basta o evento danoso (*eventus damni*)

Segundo o art. 159 do CC/2002, serão igualmente anuláveis os contratos onerosos do devedor insolvente, quando a insolvência for notória, ou houver motivo para ser conhecida do outro contratante. Traz esse dispositivo uma presunção relativa (*iuris tantum*) do *consilium*

452 | DIREITO CIVIL • VOL. 1 – *Flávio Tartuce*

fraudis, a caracterizar o vício social do negócio jurídico. Presumindo o concílio de fraude diante de uma relação de parentesco, destaque-se julgado do Tribunal Paulista:

> "Fraude contra credores. Venda de veículo penhorado entre irmãos. Conluio fraudulento presumido pelo parentesco. Situação de insolvência caracterizada e negócio jurídico celebrado após a constituição do crédito. Art. 106 do CC/16 e art. 159 do CC/02. Improcedência dos embargos. Recurso improvido" (TJSP, Apelação Cível 620.988.4/3, Acórdão 3491578, 4.ª Câmara de Direito Privado, Franca, Rel. Des. Maia da Cunha, j. 12.02.2009, *DJESP* 24.03.2009).

De acordo com o art. 160 da codificação material, se o adquirente dos bens do devedor insolvente ainda não tiver pagado o preço e este for, aproximadamente, o corrente, desobrigar-se-á depositando-o em juízo, com a citação de todos os interessados. Trata-se da denominada *fraude não ultimada*. Mas, se for inferior o preço, o adquirente, para conservar os bens, poderá depositar o montante que lhes corresponda ao valor real – parágrafo único do dispositivo –, outra consagração do princípio da conservação contratual. Ao contrário da lei anterior (art. 108 do CC/1916), não há mais menção à exigência de citação por edital de todos os interessados, disciplina que cabe agora à lei processual.

A *ação pauliana* ou *revocatória* deve ser proposta pelos credores quirografários contra o devedor insolvente, podendo também ser promovida contra a pessoa que celebrou negócio jurídico com o fraudador ou terceiros adquirentes, que hajam procedido de má-fé (art. 161 do CC). O caso é de *litisconsórcio passivo necessário*, nos termos do art. 47 do CPC/1973, correspondente ao art. 114 do CPC/2015. Nesse sentido, interessante transcrever ementa do Tribunal Gaúcho que, com clareza ímpar, reconhece a nulidade do processo pela ausência de citação do litisconsorte:

> "Apelação cível. Posse. Ação pauliana. Citação de litisconsortes. Nulidade do processo desde a fl. 214, inclusive. Conforme parágrafo único do artigo 47 do CPC, em se tratando de litisconsórcio necessário-unitário, o juiz ordenará ao autor que promova a citação de todos os litisconsortes dentro do prazo que assinar, sob pena de declarar extinto o processo. No entanto, o magistrado de primeiro grau determinou pessoalmente a citação dos litisconsortes. Assim, a presente sentença deverá ser desconstituída para que outra venha a ser proferida, após a intimação do autor para que proceda na citação dos litisconsortes, sob pena de extinção do feito sem julgamento do mérito, restando nulo o processo desde a fls. 214, inclusive. Apelo provido em parte. Unânime" (TJRS, Processo 70010325520, 18.ª Câmara Cível, Comarca de Frederico Westphalen, Juiz-Relator Mario Rocha Lopes Filho, j. 24.02.2005).

Na mesma linha, cabe colacionar decisão do Tribunal de São Paulo:

> "Processual civil. Ação pauliana. Ação ajuizada exclusivamente em face dos devedores que negociaram bens imóveis em apontado ato fraudulento. Inadmissibilidade. Hipótese de litisconsórcio necessário, devendo integrar a lide também todos aqueles que participaram do negócio. Interpretação do artigo 161 do CC vigente. Extinção do processo afastada. Concedida oportunidade para regularização do polo passivo da ação, conforme disposto no art. 47, § 1.º do CPC. Recurso provido" (TJSP, Apelação com revisão 186.411.4/9, Acórdão 3679319, 2.ª Câmara de Direito Privado, Franca, Rel. Des. Boris Kauffmann, j. 02.06.2009, *DJESP* 17.07.2009).

Não tem sido diferente a conclusão do Superior Tribunal de Justiça, conforme decisão publicada no seu *Informativo* n. 469 (REsp 750.135/RS, Rel. Min. Paulo de Tarso Sanseverino,

CAP. 7 · DEFEITOS OU VÍCIOS DO NEGÓCIO JURÍDICO E TEORIA DAS NULIDADES | 453

j. 12.04.2011). Entendemos que essa posição deva ser mantida sob a égide do Novo Código de Processo Civil.

Essa *ação pauliana* afasta o enriquecimento sem causa das partes envolvidas com a fraude, ato unilateral condenado pelos arts. 884 a 886 do CC/2002 em sintonia com a socialidade, repondo o bem alienado no acervo do devedor, visando futura satisfação da dívida anterior.

De toda sorte, esclareça-se que, em face de terceiros, a ação pauliana somente poderá ser proposta e surtirá os efeitos desejados se comprovada a sua má-fé. Não sendo o caso, os terceiros estão protegidos, o que representa clara aplicação da teoria da aparência e do princípio da boa-fé. Vários são os julgamentos que reconhecem tal proteção, podendo ser transcrito o seguinte, do Superior Tribunal de Justiça, publicado no seu *Informativo* n. *521*:

> "Direito civil. Manutenção da eficácia de negócio jurídico realizado por terceiro de boa-fé diante do reconhecimento de fraude contra credores. O reconhecimento de fraude contra credores em ação pauliana, após a constatação da existência de sucessivas alienações fraudulentas na cadeia dominial de imóvel que originariamente pertencia ao acervo patrimonial do devedor, não torna ineficaz o negócio jurídico por meio do qual o último proprietário adquiriu, de boa-fé e a título oneroso, o referido bem, devendo-se condenar os réus que agiram de má-fé em prejuízo do autor a indenizá-lo pelo valor equivalente ao dos bens transmitidos em fraude contra o credor. Cumpre ressaltar, de início, que, na ação pauliana, o autor tem como objetivo o reconhecimento da ineficácia (relativa) de ato jurídico fraudulento nos limites do débito do devedor com o credor lesado pela fraude. A lei, entretanto, não tem dispositivo que regulamente, de forma expressa, os efeitos do reconhecimento da fraude contra credores na hipótese em que a ineficácia dela decorrente não puder atingir um resultado útil, por encontrar-se o bem em poder de terceiro de boa-fé. Nesse contexto, poder-se-ia cogitar que a este incumbiria buscar indenização por perdas e danos em ação própria, ainda que se tratasse de aquisição onerosa. Todavia, essa solução seria contrária ao art. 109 do CC/1916 – correspondente ao art. 161 do CC/2002 – e também ao art. 158 do CC/1916 – que tem redação similar à do art. 182 do CC/2002 –, cujo teor dispunha que, anulado o ato, restituir-se-ão as partes ao estado em que antes dele se achavam e, não sendo possível restituí-las, serão indenizadas pelo equivalente. Desse modo, inalcançável o bem em mãos de terceiro de boa-fé, cabe ao alienante, que o adquiriu de má-fé, indenizar o credor. Deve-se, portanto, resguardar os interesses dos terceiros de boa-fé e condenar os réus que agiram de má-fé em prejuízo do autor a indenizá-lo pelo valor equivalente ao dos bens transmitidos em fraude contra o credor – medida essa que se atém aos limites do pedido da petição inicial da ação pauliana, relativo à recomposição do patrimônio do devedor com os mesmos bens existentes antes da prática do ato viciado ou pelo seu equivalente. A propósito, a aludida conclusão, *mutatis mutandis*, vai ao encontro da Súmula n. 92/STJ, que orienta que 'a terceiro de boa-fé não é oponível a alienação fiduciária não anotada no certificado de registro do veículo automotor'. Precedente citado: REsp 28.521-RJ, Quarta Turma, *DJ* de 21.11.1994" (STJ, REsp 1.100.525/RS, Rel. Min. Luis Felipe Salomão, j. 16.04.2013).

A decisão é interessante pelo fato de existirem dois envolvidos na cadeia de transmissão do bem, com má e boa-fé, respectivamente. Como o ato deveria ter sido mantido em relação ao último, encontrou-se uma solução correta para aquele que não estava movido pela boa conduta negocial, tendo que indenizar o credor prejudicado.

Esclarecido tal ponto, seguindo no estudo da categoria, é vital citar o teor da Súmula 195 do STJ, pela qual, "em embargos de terceiro não se anula ato jurídico, por fraude contra credores". Assim, imperiosa a necessidade de se promover a dita *ação pauliana*, não substituída

454 | DIREITO CIVIL • VOL. 1 – *Flávio Tartuce*

pelos embargos de terceiro. Porém, como exceção a essa ementa jurisprudencial, na *II Jornada de Direito Processual Civil*, promovida pelo Conselho da Justiça Federal em setembro de 2018, aprovou-se o Enunciado n. 133, estabelecendo que "é admissível a formulação de reconvenção em resposta aos embargos de terceiro, inclusive para o propósito de veicular pedido típico de ação pauliana, nas hipóteses de fraude contra credores".

Acrescente-se, ademais, que o mesmo Superior Tribunal de Justiça tem analisado a fraude à execução em sede de embargos de terceiro (STJ, AgREsp 726.549/RS, 1.ª Turma, j. 14.06.2005). As diferenças entre os institutos da fraude contra credores e a fraude à execução ainda serão expostas, em visão atualizada frente ao Novo Código de Processo Civil.

No caso de eventual insolvência do devedor não empresário (ou sociedade empresária, para a qual se aplica a Lei 11.101/2005 – Lei de Falências), deverá ser aberto concurso de credores, entrando todos os sujeitos ativos obrigacionais em rateio, na proporção de suas dívidas. Dessa forma, estatui o art. 162 do atual Código Civil que o credor quirografário, que receber do devedor insolvente o pagamento da dívida ainda não vencida, ficará obrigado a repor, em proveito do acervo sobre que se tenha de efetuar o concurso de credores, aquilo que recebeu.

Também nos casos de insolvência, anulados os negócios fraudulentos, a vantagem resultante reverterá em proveito do acervo sobre que se tenha de efetuar o concurso de credores (art. 165 do CC). Se esses negócios tinham por único objeto atribuir direitos preferenciais, mediante hipoteca, penhor ou anticrese, sua invalidade importará somente na anulação da preferência ajustada (art. 165, parágrafo único, do CC).

Estabelece o art. 163 da norma civil codificada a presunção de fraude dos direitos dos outros credores em relação às garantias de dívidas que o devedor insolvente tiver dado a algum credor, caso de presunção relativa (*iuris tantum*). Para Renan Lotufo "há fraude porque a coisa dada em garantia sairá do patrimônio do devedor com o fim de assegurar o direito real, antes que se inicie o rateio paritário. Como isso, os demais credores receberão menos do que aquele que tinha igualdade de condições com eles. É justamente tal diferenciação que a lei visa evitar, presumindo como fraudulento o procedimento do insolvente" (*Código Civil comentado...*, 2002, v. I, p. 454).

O art. 164 do CC/2002 traz uma presunção relativa de boa-fé, relacionada a negócios ordinários indispensáveis à manutenção de estabelecimento mercantil, rural ou industrial, ou à subsistência do devedor e de sua família. De acordo com esse comando legal, "presumem-se, porém, de boa-fé e valem os negócios jurídicos ordinários indispensáveis à manutenção do estabelecimento mercantil, rural ou industrial, ou à subsistência do devedor e de sua família".

Pode-se dizer que a parte final do comando legal traz como conteúdo a *função social da empresa*, bem como o *estatuto jurídico do patrimônio mínimo*, para atender aos interesses do núcleo familiar. Esse dispositivo, sem dúvida, denota ainda a boa-fé objetiva aplicável ao âmbito empresarial. Há também a ideia de *patrimônio mínimo empresarial*, transpondo-se a tese de Luiz Edson Fachin para as pessoas jurídicas.

A propósito, aplicando muito bem o dispositivo em situação fática relativa ao patrimônio mínimo de pessoa natural, julgou o Tribunal de Justiça do Distrito Federal:

> "A fraude contra credores só se presume quando há transmissão gratuita de bens, remissão de dívidas, antecipação de dívida, pagamento de dívidas não vencidas e outorga de direitos preferenciais a um dos credores, o que não é o caso dos autos, onde houve apenas uma cessão de direitos entre a filha da devedora, que adquiriu determinado bem imóvel, através de cessão de direitos, em nome próprio, estabelecendo usufruto em favor

CAP. 7 • DEFEITOS OU VÍCIOS DO NEGÓCIO JURÍDICO E TEORIA DAS NULIDADES | 455

da mãe, que figura como primeira ré nesta ação. Usufruto, aliás, insuscetível de registro, porque o lote encontra-se localizado em condomínio irregular. Simplesmente isto! Por se tratar de bem de família, se aplica ao caso dos autos o art. 164 do CC/2002, segundo o qual se presumem 'de boa-fé e valem os negócios ordinários indispensáveis à manutenção de estabelecimento mercantil, rural ou industrial, ou à subsistência do devedor e de sua família'" (TJDFT, Acórdão 566.722, 20070111125658, 5.ª Turma Cível, Rel. João Egmont, Rev. Alvaro Luis de Araujo Sales Ciarlini, j. 15.02.2012, *DJe* 28.02.2012, p. 163).

Superada a análise dos dispositivos previstos para a fraude contra credores no Código Civil de 2002, cabe trazer ao debate algumas questões processuais.

A primeira refere-se ao fato de que parte da doutrina sempre apontou que a atual codificação material, quanto ao tratamento da matéria, constituiria um retrocesso. Isso porque já havia entendimento anterior de que o ato seria ineficaz e não anulável. Comenta Humberto Theodoro Júnior que "a circunstância de o atual Código repetir *ipsis litteris* o rótulo de anulabilidade aplicado ao negócio em fraude de credores não impede que sua natureza jurídica e seus efeitos práticos sejam, na verdade, os da ineficácia relativa, como antes já demonstramos perante igual texto do vigente Código Civil" (*Fraude...*, 2001, p. 183). Na mesma esteira, aduz Carlos Roberto Gonçalves:

> "O novo Código Civil não adotou, assim, a tese de que se trataria de hipótese de ine-ficácia relativa do negócio, defendida por ponderável parcela da doutrina, segundo a qual, demonstrada a fraude ao credor, a sentença não anulará a alienação, mas simplesmente, como nos casos de fraude à execução, declarará a ineficácia do ato fraudatório perante o credor, permanecendo o negócio válido entre os contratantes: o executado-alienante e o terceiro adquirente" (*Direito civil brasileiro...*, 2003, v. I, p. 413).

Alexandre Freitas Câmara ensina que os defensores da tese pela qual a fraude contra credores gera anulabilidade do negócio jurídico encontram dificuldades em explicar satis-fatoriamente o fenômeno:

> "Basta pensar no seguinte: nos casos em que se está diante de um ato anulável, a con-sequência da anulação é a retirada do ato do 'mundo jurídico', retornando-se ao *status quo ante*. Significa isto dizer que, uma vez anulado um ato jurídico, devem as partes retornar ao estado em que se encontravam antes de o mesmo ter sido praticado" (CÂMARA, Ale-xandre Freitas. *Lições...*, 2004, v. II, p. 211).

Desse modo conclui o processualista carioca: "A fraude contra credores, pois, não é causa de anulabilidade, mas sim de inoponibilidade do ato jurídico. O ato é válido, mas ineficaz em relação ao credor" (CÂMARA, Alexandre Freitas. *Lições...*, 2004, p. 215).

Tem razão em parte essa corrente doutrinária, uma vez que alguns problemas práticos surgem ao se reconhecer a anulabilidade do negócio praticado. Anote-se que, não obstante a lei prever expressamente a solução de anulabilidade, alguns julgados seguem a tese ora exposta, considerando o ato como meramente ineficaz (por todos, ver julgado publicado no *Informativo* n. *467* do STJ, de março de 2011, REsp 971.884/PR, Rel. Min. Sidnei Beneti, j. 22.03.2011).

De fato, essa parece ser a melhor solução a ser adotada *de lege ferenda*. Todavia, frise--se que a lei é clara ao prever que o negócio é eivado pela anulabilidade, e assim deve ser considerado, como entendimento majoritário, até porque tantos outros julgados seguem o caminho expresso na lei (ver, por todos: STJ, REsp 710.810/RS, 4.ª Turma, Rel. Min. João Otávio de Noronha, j. 19.02.2008, *DJe* 10.03.2008).

456 | DIREITO CIVIL • VOL. 1 – *Flávio Tartuce*

Uma questão que merece destaque é que, com a anulação, o bem volta para o patrimônio do devedor que agiu com fraude, o que não representa que o credor que promoveu a ação anulatória irá conseguir a satisfação patrimonial, pois se abre concurso de credores, como exposto. Em suma, podem surgir casos em que a *pessoa ganha, mas não leva*, o que deve ser evitado pelo Direito, pela necessária busca da Justiça.

De qualquer forma, sugere-se que, para as provas de graduação, de pós-graduação e de primeira fase nos concursos públicos, seja adotada a tese da anulabilidade, majoritária entre os civilistas, sendo esses os termos do novo diploma legal privado (art. 171, II, do CC).

A propósito, cabe pontuar que quando da tramitação do Novo Código de Processo Civil o tema foi amplamente debatido, havendo tentativas de inclusão da solução de ineficácia na presença desse vício social do negócio jurídico. Porém, acabou por prevalecer a premissa da anulabilidade, na linha do que já estava no Código Civil. Conforme o art. 790, inciso VI, do CPC/2015, são sujeitos à execução os bens cuja alienação ou gravação com ônus real tenha sido anulada em razão do reconhecimento, em ação autônoma, de fraude contra credores.

Em suma, a tese da ineficácia do ato parece ter sido duramente enfraquecida diante do caminho adotado pelo CPC de 2015.

Outro ponto também fundamental para o estudo do tema é que *não se pode confundir a fraude contra credores com a fraude à execução*.

Inicialmente, a primeira constitui instituto de Direito Civil, enquanto a segunda, instituto de Direito Processual Civil, tratada no art. 593 do CPC/1973; reproduzido com muitas alterações pelo art. 792 do CPC/2015. Vejamos a confrontação dos dois comandos na tabela a seguir, a respeito da fraude à execução:

CPC/2015	CPC/1973
"Art. 792. A alienação ou a oneração de bem é considerada fraude à execução:	"Art. 593. Considera-se em fraude de execução a alienação ou oneração de bens:
I – quando sobre o bem pender ação fundada em direito real ou com pretensão reipersecutória, desde que a pendência do processo tenha sido averbada no respectivo registro público, se houver; II – quando tiver sido averbada, no registro do bem, a pendência do processo de execução, na forma do art. 828;	I – quando sobre eles pender ação fundada em direito real; II – quando, ao tempo da alienação ou oneração, corria contra o devedor demanda capaz de reduzi-lo à insolvência; III – nos demais casos expressos em lei".
III – quando tiver sido averbado, no registro do bem, hipoteca judiciária ou outro ato de constrição judicial originário do processo onde foi arguida a fraude; IV – quando, ao tempo da alienação ou da oneração, tramitava contra o devedor ação capaz de reduzi-lo à insolvência; V – nos demais casos expressos em lei. § 1.º A alienação em fraude à execução é ineficaz em relação ao exequente. § 2.º No caso de aquisição de bem não sujeito a registro, o terceiro adquirente tem o ônus de provar que adotou as cautelas necessárias para a aquisição, mediante a exibição das certidões pertinentes, obtidas no domicílio do vendedor e no local onde se encontra o bem.	

CPC/2015	CPC/1973
§ 3.º Nos casos de desconsideração da personalidade jurídica, a fraude à execução verifica-se a partir da citação da parte cuja personalidade se pretende desconsiderar. § 4.º Antes de declarar a fraude à execução, o juiz deverá intimar o terceiro adquirente, que, se quiser, poderá opor embargos de terceiro, no prazo de 15 (quinze) dias".	

Como se pode perceber, além da existência de demanda capaz a conduzir o devedor à insolvência, também caracteriza a fraude à execução o registro de demandas na matrícula do imóvel relativo ao ato fraudulento. Para o presente autor deve ser mantido o entendimento doutrinário segundo o qual "pouco importa se a demanda era ou não capaz de tornar o devedor insolvente. A insolvência deve ser resultado do ato de alienação ou oneração realizada no curso do processo para que seja considerada em fraude de execução" (CÂMARA, Alexandre Freitas. *Lições...*, 2004, v. II, p. 219).

A demanda relacionada à fraude à execução pode ser uma ação executiva ou ação condenatória. Prevalecia o entendimento pelo qual, para a sua caracterização, deveria o fraudador ter sido ao menos *citado* em uma das referidas demandas, o que passa a ter aplicação somente para o inciso IV do art. 792 do CPC/2015.

Com todo o respeito a esse posicionamento, sempre me filiei à corrente que apontava bastar a simples propositura da demanda para que a fraude à execução estivesse caracterizada, medida que é a mais justa, principalmente pela morosidade que acomete o Poder Judiciário. Exemplificando, se determinada pessoa tem contra si proposta ação de execução cujo objeto é de valor considerável e, após a distribuição desta, vende todo o seu patrimônio, estaria presente a fraude de execução, na nossa opinião. Entretanto, como ainda será desenvolvido, essa premissa encontra-se enfraquecida com a emergência do CPC/2015 e da Lei 13.097/2015.

A propósito, o entendimento do STJ vinha apontando ser necessária a citação válida para a caracterização da fraude à execução. Porém, como se verá, houve uma mudança de entendimento do Tribunal da Cidadania, diante da sua Súmula 375, editada em março de 2009. Por todos os julgados anteriores, transcreve-se o seguinte:

"Embargos de terceiro. Execução. Citação válida. Ajuizamento da ação executiva. A fraude de execução pressupõe citação válida em ação capaz de tornar insolvente o alienante. Não basta o ajuizamento da ação" (STJ, REsp 255.230/RJ, 3.ª Turma, Rel. Min. Humberto Gomes de Barros, j. 1.º.09.2005, *DJ* 26.09.2005, p. 351).

Em verdade, o CPC/2015 acabou por confirmar a ideia da sumular, como também o fez o art. 54 da Lei 13.097, de 19.01.2015, originária da Medida Provisória 656/2014, analisada a seguir.

Superado esse ponto, na fraude à execução não há necessidade de o credor promover *ação pauliana*, uma vez que o ato não é anulável, mas ineficaz perante a ação de execução ou condenatória. Portanto, a alienação ocorrida em fraude à execução pode ser declarada ineficaz e reconhecida no próprio processo de execução mediante simples requerimento da parte lesada.

458 DIREITO CIVIL • VOL. 1 – *Flávio Tartuce*

Os bens penhorados podem, como regra, ser vendidos, desde que o comprador tenha ciência e aceite o fato da penhora. Mas, independentemente dessa venda, os bens penhorados continuam gravados e vinculados ao processo de execução.

Na fraude à execução, sempre se entendeu não haver necessidade de prova do conluio, havendo presunção absoluta (*iure et de iure*) da sua presença. Dessa forma, em regra, não haveria a necessidade de o exequente (ou autor) provar o *consilium fraudis*. Isso porque na fraude à execução o vício é mais grave do que na fraude contra credores, envolvendo ordem pública, por atentado à atuação do Poder Judiciário. Na fraude contra credores, a lesão é à parte, envolvendo ordem privada.

Assim, cumpre esclarecer que a doutrina processualista já vinha apontando uma tendência de subjetivação da responsabilidade na fraude à execução, ou seja, uma tendência de necessidade de prova do conluio e da má-fé do adquirente, o que estaria aproximando o instituto em relação à fraude contra credores (BRENNER, Ana Cristina. A fraude de execução..., jan. 2007, p. 186-200 e CARVALHO, Ernesto Antunes. Reflexões..., In: SHIMURA, Sérgio e WAMBIER, Tereza Arruda Alvim (Coord.). *Processo de execução...*, 2001, v. 2, p. 314). A jurisprudência do Superior Tribunal de Justiça vinha acompanhando essa tendência. Por todos esses julgados, transcreve-se:

> "Processo civil. Fraude à execução. Terceiro de boa-fé. A ineficácia, proclamada pelo art. 593, II, do Código de Processo Civil, da alienação de imóvel com fraude à execução não pode ser oposta ao terceiro de boa-fé. Embargos de divergência conhecidos, mas não providos" (STJ, EREsp 144.190/SP, 2.ª Seção, Rel. Min. Ari Pargendler, j. 14.09.2005, *DJ* 1.º.02.2006, p. 427).

> "Embargos de terceiro. Fraude à execução. Adquirente de boa-fé. Penhora. Inexistência de registro. Alienação feita a antecessor dos embargantes. Ineficácia declarada que não os atinge. 'A sentença faz coisa julgada as partes entre as quais é dada, não beneficiando, nem prejudicando terceiros' (art. 472 do CPC). Ainda que cancelado o registro concernente à alienação havida entre o executado e os antecessores dos embargantes, a estes – terceiros adquirentes de boa-fé – é permitido o uso dos embargos de terceiro para a defesa de sua posse. Inexistindo registro da penhora sobre bem alienado a terceiro, incumbe ao exequente e embargado fazer a prova de que o terceiro tinha conhecimento da ação ou da constrição judicial. Precedentes do STJ. Recurso especial conhecido e provido" (STJ, REsp 144.190/SP, 4.ª Turma, Rel. Min. Barros Monteiro, j. 15.03.2005, *DJ* 02.05.2005, p. 353).

Diante dessa mudança de entendimento, repise-se que foi editada a mencionada Súmula 375 do STJ, prevendo que "o reconhecimento da fraude à execução depende do registro da penhora do bem alienado ou da prova de má-fé do terceiro adquirente". Em suma, houve um *giro de cento e oitenta graus* quanto ao posicionamento jurisprudencial. Em verdade, o teor da súmula até se justifica nos casos de aquisição de imóvel, não se presumindo a má-fé do adquirente se houver demandas em outros estados da federação.

Todavia, para os outros casos o seu teor fica em xeque, conforme expõem alguns processualistas em interlocuções pessoais. De qualquer maneira, há uma forte tendência de tutela da boa-fé na jurisprudência nacional, presumindo-a, como fez a súmula.

Em conclusão, a súmula acaba aproximando a fraude à execução da fraude contra credores. Tal posição, relativa à presunção de boa-fé, foi confirmada por acórdão publicado no *Informativo* n. *552* do Superior Tribunal de Justiça, em incidente de recursos repetitivos e pela sua Corte Especial, nos seguintes termos:

CAP. 7 · DEFEITOS OU VÍCIOS DO NEGÓCIO JURÍDICO E TEORIA DAS NULIDADES | 459

"No que diz respeito à fraude de execução, definiu-se que: (i) é indispensável citação válida para configuração da fraude de execução, ressalvada a hipótese prevista no § 3.º do art. 615-A do CPC; (ii) o reconhecimento da fraude de execução depende do registro da penhora do bem alienado ou da prova de má-fé do terceiro adquirente (Súmula 375/STJ); (iii) a presunção de boa-fé é princípio geral de direito universalmente aceito, sendo milenar a parêmia: a boa-fé se presume, a má-fé se prova; (iv) inexistindo registro da penhora na matrícula do imóvel, é do credor o ônus da prova de que o terceiro adquirente tinha conhecimento de demanda capaz de levar o alienante à insolvência, sob pena de tornar--se letra morta o disposto no art. 659, § 4.º, do CPC; e (v) conforme previsto no § 3.º do art. 615-A do CPC, presume-se em fraude de execução a alienação ou oneração de bens realizada após a averbação referida no dispositivo. De início, deve prevalecer a posição majoritariamente adotada por este Tribunal ao longo do tempo, a qual exige a citação válida como pressuposto para caracterização da fraude de execução (AgRg no REsp 316.905/SP, Quarta Turma, *DJe* 18.12.2008; e REsp 418.109/SP, Terceira Turma, *DJ* 02.09.2002). Quanto ao ônus da prova da intenção do terceiro adquirente, não é razoável adotar entendimento que privilegie a inversão de um princípio geral de direito universalmente aceito, o da presunção da boa-fé, sendo mesmo milenar a parêmia: a boa-fé se presume; a má-fé se prova. A propósito, ensina a doutrina que, para o terceiro, é perfeitamente possível admitir que tenha adquirido o bem alienado pelo litigante ignorando a existência do processo e do prejuízo que este veio a sofrer. Vale dizer: é possível que tenha agido de boa-fé, e à ordem jurídica, em princípio, não interessa desprezar a boa-fé. Ademais, o STJ também já se posicionou no sentido de que 'não tendo o registro imobiliário recebido a notícia da existência da ação, a presunção de licitude da alienação milita em favor do comprador. Entendimento contrário geraria intranquilidade nos atos negociais, conspiraria contra o comércio jurídico, e atingiria a mais não poder a confiabilidade nos registros públicos' (REsp 113.871/DF, Quarta Turma, *DJ* 15.09.1997)" (STJ, REsp 956.943/PR, Rel. originária Min. Nancy Andrighi, Rel. para acórdão Min. João Otávio de Noronha, j. 20.08.2014).

Como se percebe, o aresto atribui a prova da má-fé ao credor que alega a eventual fraude à execução. Essa linha foi adotada igualmente pelo art. 54 da Lei 13.097, de 19.01.2015, segundo a qual os negócios jurídicos que tenham por fim constituir, transferir ou modificar direitos reais sobre imóveis são eficazes em relação a atos jurídicos precedentes, nas hipóteses em que não tenham sido registradas ou averbadas na matrícula do imóvel as seguintes informações: *a)* registro de citação de ações reais ou pessoais reipersecutórias; *b)* averbação, por solicitação do interessado, de constrição judicial, do ajuizamento de ação de execução ou de fase de cumprimento de sentença, procedendo-se nos termos previstos da lei processual vigente; *c)* averbação de restrição administrativa ou convencional ao gozo de direitos registrados, de indisponibilidade ou de outros ônus quando previstos em lei; e *d)* averbação, mediante decisão judicial, da existência de outro tipo de ação cujos resultados ou responsabilidade patrimonial possam reduzir seu proprietário à insolvência, caracterizando justamente a fraude à execução. Como se nota, nos termos da lei, a exigência da fraude à execução depende da existência de algum ato registrado na matrícula do imóvel, o que traria a ideia de *concentração absoluta dos atos na matrícula*.

Constata-se que o Código de Processo Civil de 2015 – especialmente o art. 792, incisos I, II e III –, surge na sistemática da jurisprudência anterior e dessa nova norma, devendo com ela *dialogar*, o que é plenamente possível, pois ambas adotam as mesmas premissas a respeito da boa-fé.

Entretanto, uma questão profundamente debatida na vigência do CPC/2015 e da Lei 13.097/2015 diz respeito à necessidade ou não de se buscar as amplas certidões imobiliárias para a compra de imóveis, com o fito de se afastar a configuração da fraude à execução.

Pela literalidade da última lei específica citada e pelo que consta dos três primeiros incisos do art. 792 do CPC em vigor, a resposta parece negativa, bastando ao comprador verificar a matrícula do imóvel.

Porém, o inciso IV do art. 792 continua a mencionar a fraude à execução quando houver demanda ou demandas capazes de reduzir o devedor à insolvência. Ademais, o § 2.º do art. 792 do Estatuto Processual preceitua que, "no caso de aquisição de bem não sujeito a registro, o terceiro adquirente tem o ônus de provar que adotou as cautelas necessárias para a aquisição, mediante a exibição das certidões pertinentes, obtidas no domicílio do vendedor e no local onde se encontra o bem".

Como se vê, a norma atribui a prova da boa-fé ao adquirente do bem e não a quem alega a fraude, como tem feito a jurisprudência superior. A regra diz respeito, inicialmente, a bens móveis. Todavia, também pode ser aplicada a imóveis que não podem ser registrados por algum entrave formal.

A Lei do Sistema Eletrônico dos Registros Públicos (SERP – Lei 14.382/2022) tentou resolver esse dilema de forma definitiva, introduzindo dois parágrafos no art. 54 da Lei 13.097/2022. Conforme o primeiro deles, "não poderão ser opostas situações jurídicas não constantes da matrícula no registro de imóveis, inclusive para fins de evicção, ao terceiro de boa-fé que adquirir ou receber em garantia direitos reais sobre o imóvel, ressalvados o disposto nos arts. 129 e 130 da Lei 11.101, de 9 de fevereiro de 2005, e as hipóteses de aquisição e extinção da propriedade que independam de registro de título de imóvel" (§ 1.º). Reafirmou-se, assim, a ideia de concentração dos atos na matrícula para a caracterização da fraude à execução.

Em complemento, o novo § 2.º do art. 54 passou a prever que para a validade ou eficácia dos negócios jurídicos previstos na própria norma ou para a caracterização da boa-fé do terceiro adquirente de imóvel ou beneficiário de direito real, não serão exigidas: *a)* a obtenção prévia de quaisquer documentos ou certidões além daqueles requeridos nos termos do § 2.º do art. 1.º da Lei 7.433, de 18 de dezembro de 1985; e *b)* a apresentação de certidões forenses ou de distribuidores judiciais. Assim, pela norma, estariam expressamente dispensadas as provas das certidões dos distribuidores para a aquisição dos imóveis.

De todo modo, essa alteração legislativa pecou por não ter modificado dispositivos do Código de Processo Civil, o que, aliás e na verdade, não poderia ser feito, pois a lei teve origem em Medida Provisória que, nos termos do art. 62 da Constituição Federal, não pode tratar de matéria relativa ao Direito Processual Civil.

Diante da divergência criada pelo CPC/2015 – com ele mesmo e com a Lei 13.097/2015 e agora com a Lei 14.382/2022 –, penso que será necessária uma nova posição do Superior Tribunal de Justiça sobre o assunto, para que pacifique a questão na sua Segunda Seção, com um julgado com força vinculativa às instâncias inferiores.

Até lá, recomenda-se que a praxe em obtenção de amplas certidões pelos compradores de imóveis continue, mesmo com a emergência da Lei do SERP. Exatamente nesse sentido, merece destaque o Enunciado n. 149, aprovado na *II Jornada de Direito Processual Civil* do Conselho da Justiça Federal (2018): "a falta de averbação da pendência de processo ou da existência de hipoteca judiciária ou de constrição judicial sobre bem no registro de imóveis não impede que o exequente comprove a má-fé do terceiro que tenha adquirido a proprie-dade ou qualquer outro direito real sobre o bem".

Destaque-se que, em 2021, surgiu novo julgamento sobre o tema na Terceira Turma do Tribunal, entendendo que a Súmula 375 do STJ aplica-se aos casos de alienações ou vendas sucessivas. Consoante o acórdão que merece destaque:

"As hipóteses em que a alienação ou oneração do bem são consideradas fraude à execução podem ser assim sintetizadas: (I) quando sobre o bem pender ação fundada em direito real ou com pretensão reipersecutória; (II) quando tiver sido averbada, no registro do bem, a pendência do processo de execução; (III) quando o bem tiver sido objeto de constrição judicial nos autos do processo no qual foi suscitada a fraude; (IV) quando, no momento da alienação ou oneração, tramitava contra o devedor ação capaz de reduzi-lo à insolvência (art. 593 do CPC/73 e art. 792 do CPC/2015). Esta Corte tem entendimento sedimentado no sentido de que a inscrição da penhora no registro do bem não constitui elemento integrativo do ato, mas sim requisito de eficácia perante terceiros. Por essa razão, o prévio registro da penhora do bem constrito gera presunção absoluta (*juris et de jure*) de conhecimento para terceiros e, portanto, de fraude à execução caso o bem seja alienado ou onerado após a averbação (art. 659, § 4.º, do CPC/1973; art. 844 do CPC/2015). Presunção essa que também é aplicável à hipótese na qual o credor providenciou a averbação, à margem do registro, da pendência de ação de execução (art. 615-A, § 3.º, do CPC/73; art. 828, § 4.º, do CPC/2015)" (STJ, REsp 1.863.952/SP, 3.ª Turma, Rel. Min. Nancy Andrighi, por unanimidade, j. 26.10.2021).

Como se pode perceber, o *decisum* não resolve totalmente a questão relativa à necessidade das certidões.

Em 2022, a Terceira Turma do Tribunal voltou a se pronunciar sobre o tema, concluindo que o devedor pratica ato em fraude à execução quando transfere imóvel para descendente, mesmo sem averbação da penhora na matrícula do imóvel. Vejamos trecho do aresto:

"Esta Corte tem entendimento sedimentado no sentido de que a inscrição da penhora no registro do bem não constitui elemento integrativo do ato, mas sim requisito de eficácia perante terceiros. Precedentes. Por essa razão, o prévio registro da penhora do bem constrito gera presunção absoluta (*juris et de jure*) de conhecimento para terceiros e, portanto, de fraude à execução caso o bem seja alienado ou onerado após a averbação (art. 659, § 4.º, do CPC/1973; art. 844 do CPC/2015). Essa presunção também é aplicável à hipótese na qual o credor providenciou a averbação, à margem do registro, da pendência de ação de execução (art. 615-A, § 3.º, do CPC/1973; art. 828, § 4.º, do CPC/2015). Por outro lado, se o bem se sujeitar a registro e a penhora ou a execução não tiver sido averbada, tal circunstância não obsta, *prima facie*, o reconhecimento da fraude à execução. Na hipótese, entretanto, caberá ao credor comprovar a má-fé do terceiro; vale dizer, que o adquirente tinha conhecimento acerca da pendência do processo. Essa orientação é consolidada na jurisprudência deste Tribunal Superior e está cristalizada na Súmula 375 do STJ e no julgamento do Tema 243. Entretanto, essa proteção não se justifica quando o devedor procura blindar seu patrimônio dentro da própria família mediante a transferência de bem para seu descendente, sobretudo menor, com objetivo de fraudar execução já em curso. Nessas situações, não há importância em indagar se o descendente conhecia ou não a penhora sobre o imóvel ou se estava ou não de má-fé. Isso porque o destaque é a má-fé do devedor que procura blindar seu patrimônio dentro da própria família" (STJ, REsp 1.981.646/SP, 3.ª Turma, Rel. Min. Nancy Andrighi, j. 02.08.2022, *DJe* 05.08.2022).

Em suma, já era necessário um novo posicionamento da Corte Superior – responsável por uniformizar a jurisprudência em matéria de Direito Privado – quanto ao conflito entre o CPC/2015 e a Lei 13.097/2015, o que ficou reforçado com o surgimento da Lei 14.382/2022 e pelo que está no último aresto, no meu entender.

De todo modo, a tendência para o futuro parece ser a de prevalência da boa-fé do adquirente caso não exista qualquer restrição na matrícula do imóvel, caminhando-se para a antes citada solução pela *concentração absoluta dos atos na matrícula*. Essa posição acaba por favorecer o tráfego jurídico e a conservação dos negócios. Aguardemos nossos julgados do Tribunal da Cidadania sobre a temática.

Encerrando a exposição das diferenças entre a fraude contra credores e a fraude à execução, a sentença da ação *pauliana* é constitutiva negativa, enquanto na fraude à execução a decisão que a reconhece tem natureza declaratória, de ineficácia do ato praticado. Não se olvide, assim, de que a fraude contra credores envolve o plano da validade do negócio jurídico, pois a ação pauliana gera a anulação do negócio. Por seu turno, a fraude à execução diz respeito ao plano da eficácia.

Por último, e para fins didáticos, são apresentadas as diferenças entre as categorias no quadro comparativo a seguir concebido:

Fraude contra credores	Fraude à execução
Instituto de Direito Civil.	Instituto de Direito Processual Civil.
O devedor tem várias obrigações assumidas perante credores e aliena de forma gratuita ou onerosa os seus bens, visando prejudicar tais credores.	O executado já citado em ação de execução ou condenatória aliena bens. Ainda, aliena bem constrito, com o registro da demanda ou de hipoteca judiciária na matrícula do imóvel, nos termos do art. 792, incisos I, II e III, do CPC/2015.
Necessária a presença de dois elementos, em regra: a) *Consilium fraudis* – conluio fraudulento entre devedor e adquirente do bem; b) *Eventus damni* – prejuízo ao credor.	Em regra, bastava a presença de prejuízo ao autor/exequente. Como esse prejuízo também atingiria o Poder Judiciário, sempre se entendeu pela presunção absoluta do conluio fraudulento. Entretanto, o Superior Tribunal de Justiça passou a entender que a má-fé não pode ser presumida. Foi editada a Súmula 375 do STJ, prevendo que o reconhecimento da fraude à execução depende do registro da penhora do bem alienado ou da prova de má-fé do terceiro adquirente. A súmula aproximou o instituto da fraude à execução da fraude contra credores. Essa aproximação foi confirmada pela Lei 13.097/2015 e pelo CPC/2015 (art. 792).
Necessidade de propositura de ação *pauliana* ou revocatória.	Não há necessidade de propositura de ação pauliana, podendo ser a fraude reconhecida mediante simples requerimento da parte.
A sentença da ação anulatória tem natureza **constitutiva negativa**, gerando a anulabilidade do negócio jurídico celebrado (plano da validade).	O reconhecimento da fraude à execução tem natureza **declaratória**, gerando a ineficácia do ato celebrado (plano da eficácia).

7.8 O NOVO TRATAMENTO DA SIMULAÇÃO

É notório que a simulação recebeu novo tratamento pelo Código Civil de 2002 (art. 167), frente ao Código Civil de 1916, o que ainda vem sendo amplamente debatido pela civilística nacional.

A primeira dúvida que existe em relação à simulação é se constitui esta um vício social do negócio jurídico ou causa para a sua nulidade absoluta. Maria Helena Diniz entende que a simulação continua sendo vício do negócio, conceituando o instituto como "declaração enganosa da vontade, visando a produzir efeito diverso do ostensivamente indicado" (*Curso de direito civil brasileiro...*, 2003, p. 403). Assim também o entendimento de Sílvio de Salvo Venosa ao ensinar que "trata-se de um vício social, por diferir dos vícios da vontade" (*Direito civil. Parte geral...*, 2003, p. 467).

Pablo Stolze Gagliano e Rodolfo Pamplona Filho, comentando o novo tratamento dado à simulação, apontam que "embora o novo Código Civil deixe de tratar a simulação ao lado

CAP. 7 · DEFEITOS OU VÍCIOS DO NEGÓCIO JURÍDICO E TEORIA DAS NULIDADES | 463

dos demais vícios de consentimento, deslocando-a para o capítulo referente à 'Invalidade do Negócio Jurídico' (art. 167) – em que a considera como causa de nulidade e não mais como causa de anulação do negócio jurídico –, por questão metodológica e didática desenvolveremos o tema seguindo a sistemática tradicional, ou seja, antes da análise da fraude contra credores" (*Novo...*, 2003, v. I, p. 381). Mais à frente, os jovens baianos conceituam a simulação como vício social. Estou filiado a essa corrente, ou seja, a simulação continua sendo vício social do negócio jurídico, mas que causa a sua nulidade.

Entretanto, essa conclusão está longe de ser pacífica. A título de exemplo, na doutrina atual Inacio de Carvalho Neto (*Curso de direito civil...*, 2006, v. I, p. 433) e Francisco Amaral entendem que a simulação deixou de ser um vício social do negócio jurídico. Para o último doutrinador, a simulação acaba "resultando da incompatibilidade entre esta e a finalidade prática desejada concretamente pelas partes, que desejariam, na verdade, atingir o objetivo diverso da função típica do negócio" (AMARAL, Francisco. *Direito civil...*, p. 531). A simulação, para o culto professor, atinge a *causa negocial*.

Partindo para o seu conceito, na simulação há um desacordo entre a vontade declarada ou manifestada e a vontade interna. Em suma, há uma discrepância entre a vontade e a declaração; entre a essência e a aparência.

A simulação pode ser alegada por terceiros que não fazem parte do negócio, mas também por uma parte contra a outra, conforme reconhece o Enunciado n. 294 do CJF/STJ, aprovado na *IV Jornada de Direito Civil*. Assim, fica superada a regra que constava do art. 104 do CC/1916, pela qual, na simulação, os simuladores não poderiam alegar o vício um contra o outro, pois ninguém poderia se beneficiar da própria torpeza. A regra não mais tem incidência, pois a simulação, em qualquer modalidade, passou a gerar a nulidade do negócio jurídico, sendo questão de ordem pública – a prevalecer inclusive sobre eventual alegação da presença de um comportamento contraditório daquele que alega a simulação, mesmo tendo participado do ato.

Pontue-se que tal entendimento tem sido adotado pela Terceira Turma do STJ, citando o enunciado e a minha posição doutrinária. Segundo um primeiro julgado, "com o advento do CC/02 ficou superada a regra que constava do art. 104 do CC/1916, pela qual, na simulação, os simuladores não poderiam alegar o vício um contra o outro, pois ninguém poderia se beneficiar da própria torpeza. O art. 167 do CC/02 alçou a simulação como causa de nulidade do negócio jurídico. Sendo a simulação uma causa de nulidade do negócio jurídico, pode ser alegada por uma das partes contra a outra (Enunciado n.º 294/CJF da *IV Jornada de Direito Civil*). Precedentes e doutrina. O negócio jurídico simulado é nulo e consequentemente ineficaz, ressalvado o que nele se dissimulou (art. 167, 2.ª parte, do CC/02)" (STJ, REsp 1.501.640/SP, 3.ª Turma, Rel. Min. Moura Ribeiro, j. 27.11.2018, *REPDJe* 07.12.2018, *DJe* 06.12.2018).

Em 2021, surgiu outro acórdão no mesmo sentido, envolvendo a compra e venda do famoso quadro "A Caipirinha", da artista Tarsila do Amaral (STJ, REsp 1.927.496/SP, 3.ª Turma, Rel. Min. Moura Ribeiro, j. 27.04.2021, *DJe* 05.05.2021). Essa parece ser a posição prevalente na Corte Superior.

Na simulação, as duas partes contratantes estão combinadas e objetivam iludir terceiros. Como se percebe, sem dúvida, há um vício de repercussão social, equiparável à fraude contra credores, mas que gera a nulidade e não anulabilidade do negócio celebrado, conforme a inovação constante do art. 167 do CC.

Anteriormente, a simulação somente viciava o negócio jurídico quando houvesse clara intenção de prejudicar terceiros, objetivando o enriquecimento sem causa. Mas esse entendimento

DIREITO CIVIL • VOL. 1 – *Flávio Tartuce*

não pode mais prevalecer. Segundo o Enunciado n. 152, aprovado na *III Jornada de Direito Civil*, promovida pelo Conselho da Justiça Federal e pelo Superior Tribunal de Justiça, "toda simulação, inclusive a inocente, é invalidante".

Dessa forma, entendo que não tem mais qualquer repercussão prática a classificação anterior de simulação maliciosa e inocente, a última tida anteriormente como aquela que não trazia a intenção de prejudicar terceiros. Em havendo simulação de qualquer espécie, o ato é nulo de pleno direito, por atentar contra a ordem pública, como vício social.

Apesar de esse entendimento ter prevalecido na *III Jornada de Direito Civil*, também está longe de ser pacífico. Para Cristiano Chaves de Farias e Nelson Rosenvald, a simulação inocente não pode nulificar o negócio jurídico, pois, "não havendo intenção de prejudicar a terceiros ou mesmo de violar a lei, não parece producente invalidar o negócio jurídico" (*Direito civil. Teoria geral...*, 2006, p. 427).

No mesmo sentido pensa Sílvio de Salvo Venosa, para quem "a simulação inocente, enquanto tal, não leva à anulabilidade do ato porque não traz prejuízo a terceiros. O ordenamento não a considera defeito" (*Direito civil...*, 2004, v. I, p. 491). Com o devido respeito, não há como concordar, pois na simulação a causa da nulidade está relacionada com a repercussão social condenável do ato e não com a intenção das partes, envolvendo a ordem pública. A presunção de dano social, em suma, faz-se presente na simulação.

Em reforço, anote-se que o atual Código Civil não reproduz o art. 103 do CC/1916, segundo o qual a simulação não se consideraria defeito quando não houvesse intenção de prejudicar a terceiros ou de violar disposição de lei. Esta é outra razão para dizer que não há que se falar mais em *simulação inocente*. A posição de nulidade é confirmada, entre outros, por Zeno Veloso, para quem "o Código Civil de 2002 não repetiu o preceito, não traz essa ressalva. Seja inocente ou maliciosa, a simulação é sempre causa de nulidade do negócio jurídico" (*Invalidade do negócio jurídico...*, 2005, p. 92).

Como já foi expresso, o art. 167 do CC/2002 reconhece a nulidade absoluta do negócio jurídico simulado, mas prevê que subsistirá o que se dissimulou, se válido for na substância e na forma. O dispositivo trata da *simulação relativa*, aquela em que, na aparência, há um negócio; e na essência outro.

Dessa maneira, percebe-se na simulação relativa dois negócios: um aparente (*simulado*) e um escondido (*dissimulado*). Eventualmente, esse *negócio camuflado* pode ser tido como válido, no caso de simulação relativa. Segundo o Enunciado n. 153 do CJF/STJ, também aprovado na *III Jornada de Direito Civil*, em 2004, "na simulação relativa, o negócio simulado (aparente) é nulo, mas o dissimulado será válido se não ofender a lei nem causar prejuízo a terceiros". Completando, na *IV Jornada de Direito Civil, de 2006*, aprovou-se o Enunciado n. 293, pelo qual "Na simulação relativa, o aproveitamento do negócio jurídico dissimulado não decorre tão somente do afastamento do negócio jurídico simulado, mas do necessário preenchimento de todos os requisitos substanciais e formais de validade daquele".

Exemplificando, ilustre-se com o caso em que um proprietário cede um imóvel a outrem celebrando, na aparência, um contrato de comodato. Mas, *por detrás dos panos* é cobrado aluguel, havendo uma locação. Aplicando a regra comentada e o teor do enunciado, o comodato é inválido, mas a locação é válida, desde que não ofenda a lei ou os direitos de terceiros e tenha todos os requisitos de validade (art. 104 do CC). Mais uma vez, com esse entendimento, há a busca pela conservação negocial, pela manutenção da autonomia privada.

Outro exemplo pode envolver o contrato de trabalho. Se alguém celebra com outrem um contrato de prestação de serviços regido pelo Código Civil (arts. 593 a 609), mas este,

CAP. 7 · DEFEITOS OU VÍCIOS DO NEGÓCIO JURÍDICO E TEORIA DAS NULIDADES | 465

na verdade, revela a presença de todos os requisitos da relação de emprego previstos na CLT, nesse caso será nulo o contrato de prestação de serviços, mas válido será o contrato de trabalho regido pelas leis trabalhistas. Anote-se que o STJ julgou caso semelhante, em que a empregada figurava como sócia de sociedade empresária de forma simulada. Julgou-se pela nulidade do negócio em decorrência da simulação, concluindo-se ainda pela competência da Justiça do Trabalho para apreciar tais questões (STJ, AgRg nos EDcl no CC 106.660/PR, Rel. Min. Raul Araújo, j. 14.03.2011 – publicado no *Informativo* n. 466).

Em todos os casos, não há a necessidade de uma ação específica para se declarar nulo o ato simulado. Assim, cabe o seu reconhecimento incidental e de ofício pelo juiz em demanda que trate de outro objeto. Nesse sentido, na *VII Jornada de Direito Civil*, realizada em 2015, aprovou-se proposta no sentido de que a simulação prescinde de alegação de ação própria, o que contou com o nosso apoio quando da plenária final do evento. Conforme as suas corretas justificativas, a simulação pode inclusive ser alegada em sede de embargos de terceiro, eis que:

> "Com o advento do Código Civil de 2002 e o fortalecimento do princípio da boa-fé nas relações jurídicas, o 'vício social' da simulação passou a receber tratamento jurídico distinto daquele conferido aos demais vícios do negócio jurídico. Diferentemente das consequências impostas aos negócios jurídicos que contenham os vícios do erro, dolo, coação, estado de perigo, lesão e fraude contra credores, os quais podem ensejar a anulação do negócio (art. 171, II, 177 e 182 do CC), no caso do negócio jurídico simulado, a consequência será a de nulidade (arts. 167, 166, VII, 168 e 169 do CC). Ocorre que ainda tem sido frequente, no âmbito dos tribunais, aplicar-se à simulação tratamento jurídico análogo àquele conferido à fraude contra credores, invocando-se, inclusive, a Súmula 195 do STJ (editada em 1997). (...). Assim, tratando-se de hipótese que gera a nulidade absoluta do negócio, aplica-se o disposto nos artigos 168, *caput* e parágrafo único e 169 do mesmo diploma legal, os quais estabelecem, inclusive, que o juiz deverá se pronunciar a respeito de hipótese de nulidade 'quando conhecer do negócio jurídico ou dos seus efeitos e as encontrar provadas', pronunciando-se, portanto, de ofício".

Feitas tais considerações técnicas e seguindo-se no estudo do tema, o art. 167, § 1.º, do CC elenca hipóteses em que ocorre a simulação, a saber:

a) De negócios jurídicos que visam conferir ou a transmitir direitos a pessoas diversas daquelas às quais realmente se conferem ou transmitem (*simulação subjetiva*).

b) De negócios que contiverem declaração, confissão, condição ou cláusula não verdadeira (modalidade de *simulação objetiva*).

c) De negócios cujos instrumentos particulares forem antedatados ou pós-datados (outra forma de *simulação objetiva*).

Sem prejuízo desses casos, em outros a simulação pode estar presente todas as vezes que houver uma disparidade entre a vontade manifestada e a vontade oculta. Isso faz com que o rol previsto no art. 167 do CC seja meramente exemplificativo (*numerus apertus*), e não taxativo (*numerus clausus*).

O § 2.º do art. 167 ressalva os direitos de terceiros de boa-fé em face dos contraentes do negócio jurídico simulado, mantendo relação direta com o princípio da boa-fé objetiva. Traz esse comando legal a *inoponibilidade do negócio simulado frente a terceiros de boa-fé*. Interpretando esse dispositivo, pode-se dizer que o princípio da boa-fé objetiva envolve

DIREITO CIVIL • VOL. 1 – *Flávio Tartuce*

ordem pública, a exemplo do que ocorre com a função social do contrato (art. 2.035, parágrafo único, do CC).

Isso porque o ato simulado é nulo, envolvendo ordem pública, sendo o caso de nulidade absoluta. Ora, para que o ato seja válido perante terceiros de boa-fé, a boa-fé objetiva deve também ser um preceito de ordem pública. Pois se assim não fosse, não poderia a boa-fé *vencer* o ato simulado. A partir de todas essas conclusões, quanto ao conteúdo, a simulação pode ser classificada da seguinte forma:

a) *Simulação absoluta* – situação em que na aparência se tem determinado negócio, mas na essência a parte não deseja negócio algum. Como exemplo, ilustre-se a situação em que um pai doa imóvel para filho, com o devido registro no Cartório de Registro de Imóveis, mas continua usufruindo do mesmo, exercendo os poderes do domínio sobre a coisa. Mesmo o ato sendo praticado com intuito de fraude contra credores, prevalece a simulação, por envolver ordem pública, sendo nulo de pleno direito.

b) *Simulação relativa* – situação em que o negociante celebra um negócio na aparência, mas na essência almeja outro ato jurídico, conforme outrora exemplificado quanto ao comodato e à locação. A simulação relativa, mais comum de ocorrer na prática, pode ser assim subclassificada:

- *Simulação relativa subjetiva* – caso em que o vício social acomete o elemento subjetivo do negócio, pessoa com que o mesmo é celebrado (art. 167, § 1.º, inc. I, do CC). A parte celebra o negócio com uma parte na aparência, mas com outra na essência, entrando no negócio a figura do *testa de ferro, laranja* ou *homem de palha*, que muitas vezes substitui somente de fato aquela pessoa que realmente celebra o negócio jurídico ou contrato. Trata-se do *negócio jurídico celebrado por interposta pessoa.*

- *Simulação relativa objetiva* – caso em que o vício social acomete o elemento objetivo do negócio jurídico celebrado, o seu conteúdo. Celebra-se um negócio jurídico, mas na realidade há outra figura obrigacional, sendo mascarados os seus elementos verdadeiros. Vale relembrar o seguinte exemplo: para burlar o fisco determinada pessoa celebra um contrato de comodato de determinado imóvel, cobrando aluguel do comodatário. Na aparência há um contrato de empréstimo, mas na essência, trata-se de uma locação. Cite-se, ainda, a compra de um imóvel com valor bem abaixo do declarado.

Em todos os casos, não importando mais a diferenciação acima construída e sem prejuízo de outras teses defendidas pela doutrina, o negócio celebrado é nulo, pelo fato de a simulação envolver preceitos de ordem pública. Dessa forma, é forçoso concluir que a classificação apontada perde a sua importância prática. Pelo sistema anterior, considerava-se a simulação relativa como causa de anulabilidade e a simulação absoluta, de nulidade.

Anoto que, visando a trazer ainda maiores avanços para o instituto da simulação, a fim de encerrar os debates aqui demonstrados, o Projeto de Reforma do Código Civil, em trâmite perante o Senado Federal com a nomeação da Comissão de Juristas pelo Presidente Rodrigo Pacheco, almeja-se alterar o art. 167 do Código Civil. Nesse contexto, com vistas a trazer maior segurança jurídica e certeza a respeito de temas ainda divergentes, encerrando discussões sobre a temática, sobretudo na jurisprudência, há propostas da Relatoria-Geral dessa comissão para a inclusão de três novos parágrafos no art. 167.

CAP. 7 • DEFEITOS OU VÍCIOS DO NEGÓCIO JURÍDICO E TEORIA DAS NULIDADES | **467**

De acordo com o novo § 3.º, que reproduz o Enunciado n. 153 da *III Jornada de Direito Civil* aqui antes citado, "toda simulação, inclusive a inocente, é invalidante". Ademais, pelo novel § 4.º do dispositivo, como está no Enunciado n. 294 *da IV Jornada de Direito Civil*, "sendo a simulação causa de nulidade do negócio jurídico, pode ser alegada por uma das partes contra a outra". Por fim, a proposta de § 5.º do art. 167 do Código Civil passaria a prever que "o reconhecimento da simulação prescinde de ação judicial própria, mas a decisão incidental que a reconhecer fará coisa julgada", o que é em parte o Enunciado n. 578 da *VII Jornada de Direito Civil*. Como se pode perceber, as sugestões são mais do que necessárias, devendo ser acatadas pelo Parlamento Brasileiro.

Encerrando o tratamento da simulação, algumas palavras devem ser ditas quanto à *reserva mental*.

A *reserva mental ou reticência essencial*, prevista no art. 110 do CC/2002, quando ilícita e conhecida do destinatário, é vício social similar à simulação absoluta gerando a nulidade do negócio jurídico. Aqui, é interessante transcrever o inteiro teor do comando em questão: "a manifestação de vontade subsiste ainda que o seu autor haja feito reserva mental de não querer o que manifestou, salvo se dela o destinatário tenha conhecimento". A redação é complicada, até de difícil compreensão, distante da operabilidade que orienta o Código Civil de 2002.

Sobre esse novo conceito, anotam Jones Figueirêdo Alves e Mário Luiz Delgado que "entende-se por reserva mental a emissão intencional de uma declaração não querida em seu conteúdo. Se o declarante diz o que não pretende e o destinatário não sabia que o declarante estava blefando, subsiste o ato. Na hipótese inversa, quando o destinatário conhecia o blefe, é óbvio que não poderia subsistir o ato, uma vez que ambas as partes estavam sabendo que não havia intenção de produzir efeitos jurídicos. O destinatário não se enganou, logo não poderia querer obrigar o declarante, quando sabia que aquela não era a sua manifestação de vontade" (*Código...*, 2005, p. 82).

Resumindo, a reserva mental opera da seguinte forma:

– Se a outra parte dela não tem conhecimento, o negócio é válido.

– Se a outra parte conhece a reserva mental, o negócio é nulo, pois o instituto é similar à simulação.

Na reserva mental, o propósito pode ser tanto de prejudicar o declaratário – o outro negociante –, quanto terceiros, conforme anotam Nelson Nery Jr. e Rosa Maria de Andrade Nery (*Código Civil comentado...*, 2005, p. 228). Esses doutrinadores defendiam, contudo, que o ato atingido pela reserva mental seria inexistente, não nulo.

Como foi dito, entendo que a reserva mental ilícita gera nulidade absoluta do negócio. De qualquer modo, a questão divide a doutrina. Também entendendo pela nulidade, comenta Sílvio de Salvo Venosa que "quando a reserva mental é de conhecimento do declaratário, a situação em muito se aproxima da simulação, do acordo simulatório, tanto que, nessa hipótese, parte da doutrina equipara ambos os institutos. No entanto, o que caracteriza primordialmente a reserva mental é a convicção do declarante de que o declaratário ignora a mentira. Todavia, se o declaratário efetivamente sabe da reserva e com ele compactua, os efeitos inelutavelmente serão de simulação, com aplicação do art. 167" (VENOSA, Sílvio de Salvo. *Direito civil...*, 2004, v. I, p. 495). Igualmente, Álvaro Villaça Azevedo afirma que "a reserva mental conhecida pelo destinatário considera-se simulação, sendo, portanto, nulo o negócio jurídico simulado, nos termos do art. 167, *caput*, 1.ª parte, do atual Código Civil" (AZEVEDO, Álvaro Villaça. *Teoria...*, 2012, p. 183).

468 | DIREITO CIVIL • VOL. 1 – *Flávio Tartuce*

Do Direito Alemão anote-se que a solução apontada por Karl Larenz quanto à reserva mental igualmente é a nulidade absoluta do negócio jurídico correspondente. Ao comentar o art. 116 do Código Civil Alemão, demonstra o doutrinador que, como regra, uma declaração de vontade não é nula porque o declarante fez a reserva mental secreta de não querer o que declarou. Não obstante, ensina que o ato será nulo quando a outra parte descobre tal omissão secreta (LARENZ, Karl. *Derecho civil...*, 1978, p. 496).

No Projeto de Reforma do Código Civil, adota-se esta última solução, em boa hora e visando a dar ao instituto uma efetividade não encontrada nos mais de vinte anos de vigência da codificação privada. Assim, o seu art. 110 passará a prever, de forma mais clara, que "a exteriorização de vontade subsiste, ainda que o seu autor haja feito reserva mental de não querer o que exteriorizou; sendo nula essa exteriorização se dela o destinatário tinha conhecimento". A proposição e os seus debates demonstraram que a Professora Rosa Nery mudou o seu entendimento, passando a defender a nulidade do ato praticado em reserva mental.

Ainda no estudo do tema, é interessante aqui apontar os exemplos de reserva mental indicados por Nelson Nery e Rosa Maria de Andrade Nery. Como se poderá perceber, a similaridade com a simulação é imensa (*Código...*, 2005, p. 229):

a) Declaração do autor de uma obra literária que anuncia que o produto da venda de seus livros será destinado a uma instituição de caridade. Entretanto, o único objetivo é aumentar a venda das obras. Se os compradores dos livros têm conhecimento da reserva, a venda pode ser nulificada.

b) Declaração do testador que, com o objetivo de prejudicar herdeiro, faz disposição em benefício de quem se diz devedor, o que não é verdade.

c) Um homem visando exclusivamente ter relação sexual com uma mulher diz que a tomará como esposa.

d) Uma pessoa declara verbalmente a outra vender-lhe certo bem móvel para enganá-lo, julgando erradamente que a lei sujeita essa venda a escritura pública, pelo qual será nulo o contrato por vício de forma.

e) Estrangeiro em situação irregular no País casa-se com mulher brasileira para não ser expulso pelo serviço de imigração. Se a mulher sabe dessa omissão feita, o casamento será nulo. Se não sabe, o casamento permanece válido.

f) Promessa de mútuo feita a um moribundo insolvente como motivo de consolo.

Os exemplos são interessantes para a compreensão do instituto. Todavia, em uma análise crítica, percebe-se que a reserva mental teve pouca aplicação prática nesses mais de quinze anos de vigência do Código Civil de 2002. Surgiu como grande novidade, mas repercutiu muito pouco, sendo imperiosa, portanto, a mudança proposta para a Reforma do Código Civil, como antes pontuado.

Consigne-se que, muitas vezes, partes negociais têm alegado a presença da reserva mental, o que não convence a jurisprudência. Ilustrando, transcreve-se julgado do Tribunal Paulista:

> "Dano moral. Responsabilidade civil. Dano material. Protesto indevido de título. Ré ainda ajuizou, por conta do mesmo indevido protesto do título, ação falimentar em face da autora. Alegação de que a autora utilizou-se do instituto da reserva mental, do artigo 110 do Código Civil. Inadmissibilidade. Provas dos autos que confirmam o efetivo dano sofrido pela autora com a restrição creditícia que equivocadamente lhe foi imposta. Condenação por danos morais no patamar reduzido de cinquenta vezes o valor do título. Recurso

CAP. 7 · DEFEITOS OU VÍCIOS DO NEGÓCIO JURÍDICO E TEORIA DAS NULIDADES | **469**

improvido" (TJSP, Acórdão 906.238-0/6, 27.ª Câmara de Direito Privado, São José do Rio Preto, Rel. Des. Beatriz Braga, j. 02.05.2006).

Do mesmo Tribunal, também não aplicando o conceito de reserva mental, por não convencer os julgadores:

"Prestação de serviços educacionais. Ação de indenização por reparação de dano material e moral. Lucro cessante. Curso de mestrado em comunicação social não reconhecido pela CAPES/MEC. Termo de acordo firmado entre as partes. Alegação de vício de consentimento. Não caracterizado. Acordo válido. Prevalência da manifestação de vontades. Inadmissibilidade da chamada reserva mental. O autor não é pessoa simples ou deslustrada, que se submeteria a assinar um termo de acordo, sem conhecer seus termos e sem avaliar suas consequências. Acordo claro e inequívoco firmado entre as partes que deve subsistir em razão da boa-fé objetiva. No presente caso o acordo é oponível ao consumidor que não é pessoa intelectual e economicamente simples. Sentença reformada. Recurso da requerida provido e recurso do autor não provido" (TJSP, Apelação 994.05.020068-0, Acórdão 4591137, 9.ª Câmara de Direito Público, Santos, Rel. Des. Oswaldo Luiz Palu, j. 25.11.2009, *DJESP* 04.08.2010).

Como se percebe pelos arestos colacionados, de fato, a reserva mental não teve até o presente momento a incidência concreta que se esperava, sendo isso uma das razões para a proposta de alteração do art. 110 pelo Projeto de Reforma do Código Civil.

7.9 DA INVALIDADE DO NEGÓCIO JURÍDICO. A TEORIA DAS NULIDADES DO NEGÓCIO JURÍDICO

7.9.1 Introdução

De acordo com a melhor doutrina, a expressão *invalidade* em sentido amplo é empregada para designar o negócio que não produz os efeitos desejados pelas partes envolvidas. O Código Civil de 2002 fez a opção de utilizar a expressão, tratada entre os seus arts. 166 a 184, os quais consubstanciam a chamada *teoria das nulidades do negócio jurídico*.

Outros autores preferem utilizar a expressão ineficácia, que representa a situação em que o negócio jurídico não gera efeitos. Entendemos ser melhor utilizar a expressão que consta da lei, sendo certo que o ato inválido é também ineficaz, em regra, diante da *Escada Ponteana*, outrora demonstrada.

Assim, a invalidade e a correspondente ineficácia do negócio jurídico abrangem, segundo a clássica doutrina do Direito Civil:

A teoria das invalidades do negócio jurídico abrange	A inexistência do negócio jurídico
	A nulidade absoluta – negócio nulo
	A nulidade relativa ou anulabilidade – negócio anulável

Ressalte-se que a inexistência do negócio jurídico é estudada neste ponto, pois as situações, muitas vezes, são resolvidas pelo caminho da nulidade. Em reforço, sendo o negócio inexistente, será também inválido. Porém, como se verá, inexistência e nulidade não se confundem. A menção da inexistência na última tabela, portanto, é meramente didática.

470 DIREITO CIVIL • VOL. 1 – *Flávio Tartuce*

Os casos que se passam a estudar a partir de então são importantíssimos para todo o Direito Privado. Nunca é demais lembrar que todo contrato constitui negócio jurídico bilateral. Desse modo, os casos de nulidade e anulabilidade negocial são causas de nulidade e anulabilidade contratual, que geram a extinção dos pactos por causas anteriores ou contemporâneas à sua celebração.

Segue-se, então, na análise de tais situações, especificamente.

7.9.2 Da inexistência do negócio jurídico

O negócio inexistente é aquele que não gera efeitos no âmbito jurídico, pois não preencheu os seus requisitos mínimos, constantes do seu plano de existência. São inexistentes os negócios jurídicos que não apresentam os elementos que formam o suporte fático: partes, vontade, objeto e forma.

Para os adeptos dessa teoria, nessas situações, não é necessária a declaração da invalidade por decisão judicial, porque o ato jamais chegou a existir – não se invalida o que não existe. Costuma-se dizer que o *ato inexistente é um nada para o Direito*.

Como se extrai dos clássicos, a *teoria da inexistência do negócio jurídico* surgiu em 1808 pelo trabalho de Zacarias (ou Zacchariae), para solucionar o problema do casamento entre pessoas do mesmo sexo, eis que não havia previsão no Código Francês a respeito da sua nulidade. Vejamos as palavras de Sílvio Rodrigues a respeito da eclosão da ideia:

> "A ideia surgiu na doutrina francês, através da obra de Zacarias, e apareceu para solucionar um problema que se propunha de maneira relevante, em matéria de casamento. Neste campo, e para manter a estabilidade do matrimônio, a doutrina apregoa e a jurisprudência acolhe o preceito de que não há nulidade virtual, ou seja, todas as eventuais nulidades do casamento devem constar expressamente da lei. *Pás de nullité sans texte!* Casos aparecem, entretanto, em que, embora não se encontre texto de lei, é inconcebível o casamento. Assim, por exemplo, a hipótese de matrimônio entre duas pessoas do mesmo sexo. Embora a lei silencie sobre tal nulidade, é evidente que tal conúbio não pode sobreviver, pois é do próprio conceito de matrimônio ser ele a reunião de sexo diverso" (RODRIGUES, Sílvio. *Direito civil...*, 1994, v. 1, p. 290-291).

Pontue-se, com relação ao casamento entre pessoas do mesmo sexo, que há tendência de seu conhecimento nos países ocidentais evoluídos. Veja-se, no Brasil, a decisão do Supremo Tribunal Federal, de 5 de maio de 2011, reconhecendo a união estável homoafetiva como entidade familiar (publicada no *Informativo* n. 625 do STF).

O julgado motivou decisões seguintes de admissão do casamento entre pessoas do mesmo sexo em nosso país, conforme aprofundamentos que constam do Volume 5 desta coleção. Sucessivamente, muitas unidades da federação, caso do Estado de São Paulo, acabaram por regulamentar a possibilidade de sua celebração nos Cartórios de Registro Civil, por meio de normas das Corregedorias dos respectivos Tribunais Estaduais.

Em 2013, o Conselho da Justiça Federal, por bem, editou a Resolução 175, estabelecendo que "é vedada às autoridades competentes a recusa de habilitação, celebração de casamento civil ou de conversão de união estável em casamento entre pessoas de mesmo sexo" (art. 1.º). Em complemento, estatui-se que "a recusa prevista no art. 1.º implicará a imediata comunicação ao respectivo juiz corregedor para as providências cabíveis" (art. 2.º).

Como se nota, o exemplo que motivou o desenvolvimento da teoria da inexistência esvaziou-se na realidade jurídica brasileira.

CAP. 7 · DEFEITOS OU VÍCIOS DO NEGÓCIO JURÍDICO E TEORIA DAS NULIDADES | 471

Pois bem, alguns autores não são adeptos da *teoria da inexistência do ato ou negócio jurídico*, uma vez que o Código trata apenas do negócio nulo e anulável. De qualquer forma, vários doutrinadores de quilate seguem essa teoria, consubstanciada nos três planos apontados por Pontes de Miranda, caso, por exemplo, de Caio Mário da Silva Pereira, Marcos Bernardes de Mello, Renan Lotufo, Antônio Junqueira de Azevedo, Giselda Maria Fernandes Novaes Hironaka, Sílvio de Salvo Venosa, Pablo Stolze Gagliano, Rodolfo Pamplona Filho, Francisco Amaral, Zeno Veloso, José Fernando Simão, entre outros.

Contrários à *teoria da inexistência* estão Sílvio Rodrigues, Maria Helena Diniz, Rubens Limongi França e Roberto Senise Lisboa. As críticas de Sílvio Rodrigues à ideia de inexistência são bem conhecidas pela civilística nacional. Para este clássico doutrinador, a teoria da inexistência seria inexata, inútil e inconveniente. Inexata, pois, muitas vezes, o ato inexistente cria algo cujos efeitos devem ser afastados por uma ação judicial. Inútil, porque a noção de nulidade absoluta pode substituir a ideia de inexistência muito bem. Inconveniente, uma vez que, sendo considerada desnecessária uma ação judicial para afastar os efeitos do negócio inexistente, o direito à prestação jurisdicional está sendo afastado, principalmente no que concerne às pessoas de boa-fé (RODRIGUES, Sílvio. *Direito civil...*, 1994, v. 1, p. 291-292).

Desse modo, para a corrente doutrinária que não aceita a ideia de ato inexistente, os casos apontados como de inexistência do negócio jurídico são resolvidos com a solução de nulidade. A questão está devidamente aprofundada no Volume 3 (Teoria Geral dos Contratos e Contratos em espécie) e no Volume 5 (Direito de Família) da presente coleção.

Ressalte-se que, como não há qualquer previsão legal a respeito da inexistência do negócio jurídico, a teoria da inexistência não foi adotada expressamente pela codificação de 2002, a exemplo do que ocorreu com o Código de 1916. Como foi demonstrado, o art. 104 do Código Civil de 2002 trata diretamente do plano da validade, assim como o faz a primeira parte do art. 2.035 da mesma codificação. Na realidade, implicitamente, o plano da existência estaria inserido no plano da validade do negócio jurídico. Por isso é que, em tom didático, pode-se afirmar que *o plano da existência está embutido no plano da validade*.

No campo prático, sabe-se que não há sequer a necessidade de se promover a ação correspondente, para declarar o *negócio jurídico inexistente*. Mas, eventualmente, haverá a necessidade de propositura de demanda, a fim de afastar eventuais efeitos decorrentes dessa inexistência de um negócio celebrado, caso, por exemplo, de um casamento. Para essa ação, segundo os adeptos da inexistência, devem ser aplicadas as mesmas regras previstas para a nulidade absoluta.

Nesse ponto reside crítica contundente e prática à teoria da inexistência, por ser muito mais fácil considerar o negócio como nulo, subsumindo as regras previstas para a nulidade absoluta, percorrendo *caminho mais tranquilo*, didática e juridicamente. Dessa forma, as hipóteses para as quais tais autores apontam a inexistência são, de forma indireta, casos de nulidade absoluta.

7.9.3 Da nulidade absoluta

Em sentido amplo, a nulidade é conceituada pela doutrina como a sanção imposta pela lei que determina a privação de efeitos jurídicos do ato negocial, praticado em desobediência ao que a norma jurídica prescreve (DINIZ, Maria Helena. *Curso de direito civil brasileiro...*, 2003, v. 1, p. 447). A nulidade é a consequência prevista em lei, nas hipóteses em que não estão preenchidos os requisitos básicos para a existência válida do ato negocial.

472 | DIREITO CIVIL • VOL. 1 – *Flávio Tartuce*

Duas são as espécies de nulidades, concebendo-se a palavra em sentido amplo ou *lato sensu*: nulidade absoluta (nulidade *stricto sensu*) e nulidade relativa (ou anulabilidade). Trataremos, inicialmente, da primeira hipótese.

Nessa, o negócio jurídico não produz efeitos, pela ausência dos requisitos para o seu plano de validade (art. 104 do CC). A nulidade absoluta ofende regramentos ou normas de ordem pública, sendo o negócio absolutamente inválido, cabendo ação correspondente para declarar a ocorrência do vício.

O art. 166 do CC/2002 estabelece as hipóteses de nulidade, a saber:

a) Quando o negócio for celebrado por absolutamente incapaz, sem a devida representação, conforme rol que consta do art. 3.º do CC, atualmente com menção apenas aos menores de 16 anos, após as alterações realizadas pela Lei 13.146/2015 (inciso I).

b) Na hipótese em que o objeto do negócio for ilícito, impossível, indeterminado ou indeterminável. A impossibilidade do objeto pode ser física ou jurídica (inciso II). Como visto, em relação à ilicitude do objeto, na esteira das lições *ponteanas*, trata-se do *ilícito nulificante*, "que tem por pressupostos o ser contrário a direito, isto é, o infringir princípio do ordenamento jurídico (pressuposto objetivo)" (PONTES DE MIRANDA, Francisco Cavalcanti. *Tratado...*, 1974, t. III, p. 144). Há ainda o *ilícito indenizante*, que gera responsabilidade civil, a ser estudado no próximo volume desta coleção. Por fim, segundo Pontes de Miranda, o *ilícito caducificante* gera a perda de direitos, como ocorre nas hipóteses de perda do poder familiar, estudadas no Volume 5 desta série bibliográfica. Como exemplo de aplicação do *ilícito nulificante* do art. 166, inc. II, da jurisprudência superior, cite-se o caso comum de venda de imóvel em loteamento irregular ou clandestino, tendo a Terceira Turma do STJ julgado, de forma correta, em 2024, que: "não tendo o loteador nem requisitado a aprovação do loteamento perante a Prefeitura Municipal e iniciado mesmo assim a urbanização deste, estar-se-á diante do chamado loteamento clandestino ou irregular. O objeto do contrato de compra e venda de terreno não registrado é ilícito, pois a Lei 6.766/79 objetiva exatamente coibir os nefastos efeitos ambientais e sociais do loteamento irregular. O art. 37 da Lei 6.766/79 estabelece que é vedado vender ou prometer vender parcela de loteamento ou desmembramento não registrado. Tratando-se de nulidade, o fato de o adquirente ter ciência da irregularidade do lote quando da sua aquisição não convalida o negócio, pois, nessas situações, somente se admite o retorno dos contratantes ao 'status quo ante'. Não tendo o loteador providenciado o registro do imóvel, independentemente de ter sido firmada entre particulares cientes da irregularidade do imóvel, a compra e venda de loteamento não registrado é prática contratual taxativamente vedada por lei e que possui objeto ilícito. Por isso, o negócio jurídico deve ser declarado nulo" (STJ, REsp 2.166.273/SP, 3.ª Turma, Rel. Min. Nancy Andrighi, j. 08.10.2024, *DJe* 10.10.2024). Como não poderia ser diferente, por suas próprias razões, o aresto tem o meu total apoio doutrinário.

c) Quando o motivo determinante do negócio, para ambas as partes, for ilícito. Como já analisado, o motivo está no plano subjetivo do negócio, na intenção das partes. Não se confunde, portanto, com a causa negocial, que reside no plano objetivo. Sobre essa previsão, constante do art. 166, inc. III, do CC, ensina Zeno Veloso que "o negócio, em si, não tem objeto ilícito, mas a nulidade é determinada porque, no caso concreto, houve conluio das partes para alcançar um fim ilegítimo e, eventualmente, criminoso. Por exemplo: vende-se um automóvel para que seja utilizado num sequestro; empresta-se uma arma para matar alguém; aluga-se uma casa para a exploração de lenocínio. A venda, o comodato e o aluguel não são negócios que contrariem o Direito, muito ao contrário, mas são fulminados de nulidade, nos exemplos dados, porque o motivo determinante deles, comum a ambas as partes, era ilícito" (*Invalidade do negócio jurídico...*, 2005, p. 77). Anote-se que o Projeto de Reforma do Código Civil pretende ampliar a regra de invalidade, para qualquer hipótese de motivo ilícito que gere a nulidade absoluta, e não apenas para ambas as partes. Nesse contexto, o inciso III passará a mencionar a nulidade absoluta do negócio jurídico quando "motivo determinante for ilícito", o que é melhor e mais técnica solução, na minha opinião doutrinária.

d) Quando o negócio não se revestir da forma prescrita em lei ou quando for preterida alguma solenidade que a lei considera essencial para a sua validade (incisos IV e V). Como a solenidade constitui uma espécie de forma, não haveria a necessidade da última previsão. Assim, os dois incisos devem ser aplicados para o caso de uma compra e venda de imóvel com valor superior a trinta salários mínimos, em que não foi elaborado o contrato por escritura pública, negócio esse que é nulo de pleno direito.

e) Haverá também nulidade do negócio que tiver como objetivo fraudar a lei imperativa. Quanto à previsão do inciso VI do art. 166 do CC, ensina Zeno Veloso que a previsão não se confunde com a ilicitude do objeto. Isso porque, na fraude à lei, há uma infringência oblíqua ou indireta da norma proibitiva. A título de exemplo, o jurista cita o caso de uma retrovenda celebrada, cujo objetivo é o de dar aparência de legalidade a um contrato de mútuo em que foram cobrados juros abusivos (*Invalidade do negócio jurídico...*, 2005, p. 84). Há proposta de alteração desse inciso VI pelo Projeto de Reforma do Código Civil, para que passe a expressar que o negócio jurídico será nulo quando "fraudar lei imperativa ou norma de ordem pública". Na verdade, esse já é o sentido do texto em sua correta interpretação, havendo nulidade absoluta na contrariedade a norma cogente, o que deve constar expressamente na lei, por questão de segurança jurídica, segundo a Comissão de Juristas nomeada no Senado Federal.

f) Nulo será o negócio quando a lei expressamente o declarar (*nulidade expressa* ou *textual*) ou proibir-lhe a prática, sem cominar sanção (*nulidade implícita* ou *virtual*). Ambas as hipóteses constam do art. 166, inc. VII, do CC. Como caso de *nulidade textual*, exemplifica-se com a vedação da doação universal de todos os bens, sem a reserva do mínimo para a sobrevivência do doador (art. 548 do CC). Como exemplo de *nulidade implícita ou virtual*, vale citar a previsão do art. 426 do CC/2002, pelo qual não pode ser objeto de contrato a herança de pessoa viva (vedação do pacto sucessório ou *pacta corvina*). O comando legal, no último caso, apenas veda o ato, não prevendo a sanção, que, no caso, é a *nulidade absoluta virtual*.

Além das situações previstas no art. 166 do CC, foi estudado que o negócio simulado também é nulo, subsistindo apenas o que se dissimulou (art. 167 do CC). Aqui se repise que qualquer modalidade de simulação, mesmo a inocente, é invalidante.

Ainda, conforme analisado quando do estudo dos vícios da vontade, ensina parte da doutrina que o negócio jurídico eivado de coação física (*vis absoluta*) é nulo de pleno direito, pela ausência de vontade, o que ocasionaria a ausência de objeto. Vale repetir que alguns doutrinadores entendem que a hipótese é de negócio inexistente.

Superada a análise dos casos envolvendo a nulidade absoluta, é imperioso verificar quais *os efeitos e procedimentos* decorrentes do seu reconhecimento.

Inicialmente, quando há nulidade absoluta, deve ser proposta uma *ação declaratória de nulidade* que seguia, regra geral, o rito ordinário (CPC/1973); correspondente ao atual procedimento comum (CPC/2015).

Essa ação, diante de sua natureza predominantemente declaratória, é imprescritível, ou melhor, tecnicamente, não está sujeita a prescrição ou decadência. A imprescritibilidade ainda está justificada porque a nulidade absoluta envolve preceitos de ordem pública, impedindo, consequentemente, que o ato convalesça pelo decurso do tempo (art. 169 do CC).

Dessa forma, acredito que, com a emergência do Código Civil de 2002, não cabe mais a alegação da prescritibilidade em vinte anos (agora, dez anos – art. 205 do CC), da referida ação de nulidade, tese que não pode mais prosperar. Em reforço e oportunamente, será demonstrado que, quanto à matéria de prescrição e decadência, adotou a codificação vigente os critérios científicos propostos por Agnelo de Amorim Filho, que relaciona a imprescritibilidade às ações declaratórias (*RT* 300/7 e 744/725).

De toda sorte, cabe deixar claro que a questão não é pacífica, na doutrina e na jurisprudência, sendo pertinente expor as correntes principais a respeito da controvérsia.

De início, adotando a premissa da imprescritibilidade seguida por mim, leciona Álvaro Villaça Azevedo que "a ação de nulidade, a seu turno, é imprescritível" (*Teoria...*, 2012, p. 350). Segundo Sílvio de Salvo Venosa, o art. 169 da atual codificação encerrou polêmica anterior, "para extinguir com a divergência na doutrina, o presente Código é expresso em relação à imprescritibilidade do negócio jurídico" (*Código Civil...*, 2010, p. 191).

Na mesma linha, Jones Figueirêdo Alves e Mário Luiz Delgado ponderam que "esclarece o legislador que o negócio nulo *ipso iure* não pode ser confirmado e que o direito de postular a declaração de sua nulidade não se sujeita à decadência" (*Código...*, 2005, p. 108). Por fim, as palavras de Cristiano Chaves de Farias e Nelson Rosenvald, para quem, "percebe-se, assim, em que pese antigas divergências doutrinárias, que o ato nulo não prescreve" (*Curso...*, 2012, p. 612. v. 1).

Na jurisprudência superior, já se reconhecia, antes mesmo do Código Civil de 2002, que "a ausência de consentimento ou outorga uxória em declaração de transferência de imóvel pertencente ao patrimônio do casal é ato jurídico absolutamente nulo e, por isso, imprescritível, podendo sua nulidade ser declarada a qualquer tempo, além de não produzir qualquer efeito jurídico. Inaplicabilidade à espécie dos arts. 177 e 178 do Código Civil. Precedentes desta Corte" (STJ, REsp 38.549/SP, 3.ª Turma, Rel. Min. Antônio de Pádua Ribeiro, j. 08.06.2000, *DJ* 28.08.2000, p. 70).

Ou, ainda, posicionava-se que: "as nulidades de pleno direito invalidam o registro (Lei 6.015/1973, art. 214). Princípio da continuidade. Segundo boa parte da doutrina, a nulidade, além de insanável, é imprescritível. Conforme precedente da 3.ª Turma do STJ, 'Resultando provado que a escritura de compra e venda for forjada, o ato é tido como nulo e não convalesce pela prescrição' (REsp.12.511, *DJ* de 04.11.1991)" (STJ, REsp 89.768/RS, 3.ª Turma, Rel. Min. Nilson Naves, j. 04.03.1999, *DJ* 21.06.1999, p. 149).

Outros Acórdãos da Corte Superior não discrepam de tal solução. Vejamos ementa publicada em 2013, seguindo o mesmo caminho da imprescritibilidade da nulidade absoluta:

> "Recursos especiais. Falência. Dação em pagamento. Nulidade. Forma prescrita em lei. Alienação. Terceiros de boa-fé. Decisão que não ultrapassa os limites da lide. Legitimidade. Decadência. Prescrição. Retorno das partes ao estado anterior. Enriquecimento ilícito não configurado. Obrigação contratual. Juros de mora. Termo inicial. Honorários. Ação desconstitutiva. 1. O julgamento que levou em consideração causa de pedir e pedido, aplicando a melhor solução à espécie, não é *extra* nem *ultra petita*. 2. A indenização fixada com base nas circunstâncias próprias do caso (valor do negócio anulado), na legislação pertinente (art. 182 do CC), e em decisão judicial fundamentada e atenta aos limites da controvérsia, não caracteriza enriquecimento ilícito. 3. Tratando-se de ação de nulidade de negócio jurídico e não a típica revocatória, não há que se falar em aplicação do art. 55 do DL 7.661/1945, com legitimidade apenas subsidiária dos demais credores em relação

CAP. 7 · DEFEITOS OU VÍCIOS DO NEGÓCIO JURÍDICO E TEORIA DAS NULIDADES | 475

ao Síndico da massa. Qualquer credor habilitado é, em princípio, parte legítima para propor a ação de anulação (art. 30, II, do DL 7.661/1945). 4. Cuidando-se de ação anulatória, tampouco se aplica o prazo do art. 56, § 1.º, do DL 7.661/1945. 5. Os atos nulos não prescrevem, podendo a sua nulidade ser declarada a qualquer tempo. (Precedentes). 6. Constatado que o retorno à situação fática anterior é inviável, não resta ao julgador que declarou nulo negócio jurídico outro caminho que não a determinação da resolução mediante recompensa monetária, nos termos do art. 182, do Código Civil, que também se aplica à nulidade absoluta. 7. Os honorários na ação de natureza predominantemente desconstitutiva, ainda que tenha como consequência lógica uma condenação, devem ser fixados nos termos do art. 20, § 4.º, do CPC. 8. Tratando-se de obrigação contratual, os juros de mora contam-se a partir da citação (arts. 397, do CC, e 219, do CPC). 9. Recursos Especiais improvidos" (STJ, REsp 1.353.864/GO, 3.ª Turma, Rel. Min. Sidnei Beneti, j. 07.03.2013, *DJe* 12.03.2013).

Cite-se, ainda mais recentemente e trazendo interessante exemplo, decisão do Tribunal Paulista que entendeu pela imprescritibilidade da demanda que buscava a nulidade absoluta de sorteio de vagas de garagem em condomínio edilício, citando a minha posição doutrinária. Conforme consta de trecho importante do acórdão, "contrariamente ao pretendido pelo réu, uma vez que a pretensão da autora tem natureza predominantemente declaratória, não está sujeita ao prazo prescricional. No presente caso a situação é ainda mais específica, visto que a destinação das vagas de garagem não foi objeto de deliberação na convenção do condomínio, que as prevê como indeterminadas e tampouco de deliberação assemblear específica para essa finalidade" (TJSP, Apelação 0204733-02.2012.8.26.0100, Acórdão 10176343, 10.ª Câmara de Direito Privado, São Paulo, Rel. Des. Ronnie Herbert Barros Soares, j. 07.02.2017, *DJESP* 24.03.2017).

Porém, há outra corrente que entende que os atos nulos estão sujeitos ao maior prazo de prescrição previsto em lei para a sua declaração de nulidade, especialmente no que toca aos efeitos patrimoniais. Assim, aplicar-se-ia o prazo geral de prescrição de dez anos, previsto no art. 205 da atual codificação. Essa é a opinião, por exemplo, de Gustavo Tepedino, Maria Celina Bodin de Moraes e Heloísa Helena Barboza, citando Caio Mário da Silva Pereira e outros julgados do STJ (*Código...*, 2003, p. 316. v. 1).

Por fim, é possível expor uma corrente que representa uma *terceira via*, pois há quem sustente que a ação para declarar o ato nulo é sempre imprescritível, aplicando-se a prescrição para outras pretensões decorrentes da nulidade do negócio jurídico. A título de exemplo, eventual pedido de reparação civil estaria sujeito ao prazo de três anos tratado pelo art. 206, § 3.º, inc. V, do atual Código Civil.

Nessa trilha doutrinária, o Enunciado n. 536 da *VI Jornada de Direito Civil*: "resultando do negócio jurídico nulo consequências patrimoniais capazes de ensejar pretensões, é possível, quanto a estas, a incidência da prescrição". As justificativas do enunciado citado merecem destaque:

"Parece preponderar na doutrina pátria, não sem discordância respeitável, o entendimento de que não há prescrição da pretensão ao reconhecimento de nulidade em negócio jurídico, embora os seus adeptos optem pela apresentação de fundamentos distintos. Nesse sentido, argumenta-se que a ação de nulidade é de natureza constitutiva e, quando não se encontra submetida a prazo decadencial específico, é imprescritível. Na direção contrária, sustenta-se que, quanto às nulidades, a ação manejável é a declaratória, insuscetível de prescrição ou decadência. O tema, na seara pretoriana, ainda não recebeu tratamento uniforme, havendo precedentes tanto pela sujeição à prescrição com a aplicação do prazo geral quanto pela imprescritibilidade. A redação do art. 169 do Código Civil, ao explicitar que o negócio jurídico eivado de nulidade não subsiste pelo decurso do tempo, favorece a corrente da imprescritibilidade por qualquer dos raciocínios acima, principalmente diante do fato de que o art. 179, em complemento, somente estabelece o prazo genérico de decadência para as hipóteses de negócios anuláveis. Considerada como premissa a imprescritibilidade, deve-se proceder à diferenciação entre o pleito tendente unicamente ao reconhecimento da invalidade dos efeitos patrimoniais dela decorrentes. Quanto a estes, não se pode desconhecer a possibilidade de surgimento de pretensão, de modo a tornar inelutável a incidência da prescrição".

Com o devido respeito, entendo que, atualmente, os efeitos patrimoniais da ação de nulidade também não estão sujeitos à prescrição, pois a ordem pública relativa ao ato nulo prevalece em casos tais. Em suma, se reconhecida a prescritibilidade da pretensão, a declaração de nulidade pode não produzir qualquer efeito jurídico, inclusive nos casos citados nas justificativas do enunciado doutrinário, ao qual não se filia.

De todo modo, no atual Projeto de Reforma do Código Civil, elaborado pela Comissão de Juristas nomeada no Senado Federal, foram feitas propostas de inclusão de dois parágrafos no seu art. 169, prevendo-se no primeiro deles o teor do Enunciado n. 536 da *VI Jornada de Direito Civil*: "§ 1.º. Prescrevem conforme as regras deste Código as pretensões fundadas em consequências patrimoniais danosas decorrentes do negócio jurídico nulo". Foram vencidas, portanto, as minhas resistências doutrinárias quando da discussão da proposta, aguardando-se a sua análise pelo Parlamento Brasileiro.

Feita tal pontuação e seguindo no estudo do tema, as nulidades absolutas, por envolverem ordem pública, podem ser alegadas por qualquer interessado, ou pelo Ministério Público, quando lhe couber intervir (art. 168 do CC).

Também por envolverem o interesse de todos, as nulidades devem ser pronunciadas pelo juiz, quando conhecer do negócio jurídico ou dos seus efeitos (art. 168, parágrafo único, do CC). Trata-se da tão comentada declaração de ofício ou *ex officio* pelo magistrado, sempre indispensável quando os interesses da coletividade estiverem em jogo. Não se olvide de que, nos termos do CPC/2015 (art. 10), antes desse conhecimento de ofício, deve o julgador ouvir as partes da demanda, o que consubstancia a antes referida vedação das *decisões-surpresa*, o que representa aplicação do princípio da boa-fé objetiva processual.

Ademais, pelo mesmo art. 168 do Código Civil, a nulidade absoluta não pode ser suprida, sanada, pelo magistrado mesmo a pedido da parte interessada, novamente diante de seu fundamento na ordem pública.

O citado art. 169 do CC enuncia que o negócio jurídico nulo não pode ser confirmado pelas partes, nem convalesce pelo decurso do tempo. Dessa forma, o ato não pode ser convalidado ou aproveitado. Regra geral, a nulidade absoluta tem um *efeito fatal*, liquidando totalmente o negócio. Consequência prática desse efeito é o que consta do art. 367 do CC, pelo qual não podem ser objeto de novação as obrigações nulas, eivadas de nulidade absoluta. O instituto da novação está aprofundado no Volume 2 da presente coleção, no capítulo que trata do pagamento indireto da obrigação.

Como inovação importante, o Código Civil de 2002 admite a conversão do negócio jurídico nulo em outro de natureza diferente, conforme o seu art. 170, que prescreve: "Se, porém, o negócio jurídico nulo contiver requisitos de outro, subsistirá este quando o fim a que visavam as partes permitir supor que o teriam querido, se houvessem previsto a nulidade". Sobre o tema, é pertinente citar o excelente trabalho de Cláudio Belmonte, fundamentado nesse dispositivo e em outros (*Proteção contratual do consumidor...*, 2002).

CAP. 7 · DEFEITOS OU VÍCIOS DO NEGÓCIO JURÍDICO E TEORIA DAS NULIDADES | **477**

De qualquer sorte, o dispositivo recebe críticas contundentes da doutrina. Antes mesmo da entrada em vigor do Código de 2002, o tema havia sido estudado por João Alberto Schützer Del Nero (*Conversão substancial...*, 2001).

Comentando o então anteprojeto, o jurista já apresentava as seguintes críticas quanto ao atual art. 170 do Código Civil brasileiro: "a) assim como o § 140 do Código Civil alemão e o artigo 1.424 do Código Civil italiano, seria possível a conversão do negócio jurídico apenas em caso de nulidade, não de anulabilidade, nem de ineficácia, em sentido estrito literal do texto – à diferença do artigo 293.º do Código Civil português, que refere expressamente as hipóteses de nulidade e de anulabilidade; b) a expressão 'permitir supor que o teriam querido' não é clara porque tanto poderia referir o querer dirigido ao outro negócio jurídico (e esse parece ser o entendimento mais adequado), como o querer dirigido à subsistência do outro negócio jurídico, ou seja, a chamada 'intenção ou vontade de conversão' (*Konversionsabsicht, Konversionswille* ou *animus convertendi*); e c) o emprego do verbo 'subsistir' poderia sugerir que o outro negócio jurídico já estava, por assim dizer, contido no primeiro e, portanto, não haveria propriamente conversão, mas, sim, apenas manutenção do (outro) negócio jurídico" (DEL NERO, João Alberto Schützer. *Conversão substancial...*, 2001, p. 278).

As críticas se justificam, somando-se o fato de que o dispositivo é mal escrito e de difícil compreensão pela comunidade jurídica em geral.

Quanto ao tema da conversão do negócio nulo, o seu reconhecimento contraria a sistemática anterior, pela qual não era admitido o aproveitamento do negócio jurídico nulo. Nesse sentido, Miguel Maria de Serpa Lopes dizia, com muita propriedade, que a nulidade tinha efeitos destruidores, eis que "nada deve restar do contrato, nenhum efeito, pelo menos futuro, dele pode exsurgir" (*Curso de direito civil...*, 1988, v. I, p. 450). Com a nulidade absoluta o negócio era aniquilado, *transformando-se em cinzas*.

Na atualidade, é possível a conversão do negócio nulo em outro negócio jurídico, aproveitando-o em certo sentido. Para tanto, a lei exige um *elemento subjetivo*, eis que é necessário que os contratantes queiram o outro negócio ou contrato para o qual o negócio nulo será convertido. Implicitamente, devem ter conhecimento da nulidade que acomete o pacto celebrado.

Segundo o Enunciado n. 13 do CJF/STJ, aprovado na *I Jornada de Direito Civil*, há também um *requisito objetivo*, eis que "o aspecto objetivo da conversão requer a existência do suporte fático no negócio a converter-se". Pelo que consta do enunciado, é necessário que a situação fática permita a conversão, particularmente pela certa similaridade entre os elementos do negócio nulo e daquele para o qual ocorrerá a conversão. Em outras palavras, o negócio a ser convertido deve apresentar os pressupostos de existência (*suporte fático*) e os requisitos de validade, ou seja, os *dois primeiros degraus da* Escada Ponteana.

Nesse sentido, a conversão do negócio jurídico constitui o meio jurídico pelo qual o negócio nulo, respeitados certos requisitos, transforma-se em outro negócio, totalmente válido, visando à conservação contratual e à manutenção da vontade, da autonomia privada.

Roberto Senise Lisboa aponta duas teorias em relação à conversão do negócio jurídico. A primeira, denominada *teoria objetiva*, aponta que é desnecessária a apreensão da vontade negocial originária, havendo apenas uma correção da quantificação jurídica do negócio. A segunda, adotada pelo Código Civil Brasileiro, denominada *teoria subjetiva*, segue o entendimento "pelo meio do qual deve o intérprete concluir se subsistiu uma vontade negocial subsidiária, expressa ou tácita, para a conversão". Há, nessa última, uma "presunção de vontade (uma vontade hipotética, conforme Cariota Ferrara)" (*Manual de direito civil...*, 2004, v. I, p. 488). A conclusão é de que o art. 170 do CC traz uma conversão *subjetiva* e *indireta*. *Subjetiva* porque exige a vontade das partes; *indireta* porque o negócio nulo é convertido em outro.

Desse modo, na busca da *verdade real do negócio*, procura-se o equilíbrio entre as partes, afastando-se o caráter individualista e o tecnicismo da codificação anterior. Nesse ponto, há contato com o princípio da função social do contrato, eis que o negócio é analisado no plano prático, concreto, conforme defendido na obra *A função social dos contratos*, desde a sua primeira edição (2005, p. 224). Valoriza-se eventual vontade concreta das partes, mediante uma manifestação posterior. Em reforço, essa conversão está em total sintonia com o princípio da conservação negocial, para o aproveitamento dos negócios jurídicos e das vontades nestes consubstanciadas.

Passando ao campo concreto, como exemplo de conversão do negócio jurídico nulo, pode ser citada a ausência de escritura pública em venda de imóvel com valor superior a trinta salários mínimos, o que acarreta a nulidade absoluta do ato, conforme analisado outrora, quando da discussão do art. 108 do CC.

Pela aplicação dos arts. 170 e 462 do CC em vigor, há a possibilidade de esse ato ser aproveitado, transformando-se a compra e venda nula em compromisso bilateral de compra e venda – espécie de contrato preliminar. Isso porque o último dispositivo prescreve que "o contrato preliminar, exceto quanto à forma, deve conter todos os requisitos essenciais ao contrato a ser celebrado".

Para tanto, imprescindível que as partes, após manifestações de vontade livres, denotem as suas intenções de celebrar esse novo negócio jurídico, elemento subjetivo sem o qual a conversão não é possível. Além disso, o negócio a ser convertido deve ter os requisitos mínimos do outro negócio, o que possibilita a sua convalidação, mas com outros efeitos jurídicos.

A encerrar a análise da nulidade absoluta, pertinente recordar que a sentença que declara a nulidade absoluta tem efeitos *erga omnes*, contra todos, diante da emergência da ordem pública. Os efeitos declaratórios dessa decisão são também *ex tunc*, retroativos ou retro-operantes, desde o momento de trânsito em julgado da decisão até o surgimento do negócio tido como nulo. Em outras palavras e no campo concreto, devem ser considerados nulos todos os atos e negócios celebrados nesse lapso temporal.

Deve ser feita a ressalva de que há uma clara tendência de se tutelar terceiros ou negociantes de boa-fé em face dos atos nulos. Seguindo tal esteira, o preciso Enunciado n. 537 da *VI Jornada de Direito Civil*, *in verbis*: "a previsão contida no art. 169 não impossibilita que, excepcionalmente, negócios jurídicos nulos produzam efeitos a serem preservados quando justificados por interesses merecedores de tutela".

Sou totalmente favorável à linha adotada pelo enunciado doutrinário. No atual Projeto de Reforma do Código Civil, elaborado pela Comissão de Juristas nomeada no Senado Federal, em boa hora e em prol da segurança jurídica, sugere-se que o seu art. 169 receba um § 2.º, preceituando que "a previsão contida no *caput* não impossibilita que, excepcionalmente, negócios jurídicos nulos produzam efeitos decorrentes da boa-fé, ao menos de uma das partes, a serem preservados quando justificados por interesses merecedores de tutela". Mais uma vez, em prol da segurança jurídica, espero que a proposta seja aprovada pelo Congresso Nacional.

Para ilustrar, vale o seguinte exemplo, geralmente utilizado em aulas e exposições sobre o assunto, antes das mudanças engendradas pelo Estatuto da Pessoa com Deficiência. Imagine-se que alguém compra um imóvel de certa pessoa que parecia estar dotada de condições psicológicas normais quando da prática do ato.

Posteriormente, a pessoa é interditada ou submetida à curatela e o laudo médico aponta que o vendedor já era enfermo e deficiente mental sem discernimento para a prática dos atos da vida civil quando a venda foi realizada. Pela regra geral anterior de nulidade, o contrato seria declarado nulo, atingindo também eventuais terceiros de boa-fé, pelos efeitos *erga omnes* e *ex tunc* da sentença declaratória de nulidade absoluta.

CAP. 7 · DEFEITOS OU VÍCIOS DO NEGÓCIO JURÍDICO E TEORIA DAS NULIDADES | **479**

Com o devido respeito, como a eticidade é um dos fundamentos da atual codificação material, não havia como percorrer o último caminho, devendo os negócios serem preservados em face das partes que agiram de boa-fé. Notadamente no caso exposto, a boa-fé é cristalina se o vendedor não aparentava a situação de enfermidade quando o ato foi celebrado.

De toda sorte, cumpre esclarecer que, com o Estatuto da Pessoa com Deficiência, esse exemplo merece sofrer adaptações, especialmente pelo fato de não existirem mais pessoas maiores que sejam absolutamente incapazes no sistema civil, nem as denominações enfermos e deficientes mentais na norma civil, tidas como discriminatórias no atual sistema.

Assim, imagine-se que o caso envolve uma pessoa que não possa exprimir vontade por causa definitiva (novo art. 4.º, inc. III, do CC), que tenha tido a nomeação de um curador, apontando a sentença da ação própria a falta de discernimento quando o ato foi praticado. A diferença é que o ato é anulável e não nulo, devendo, pela mesma forma, ser convalidado pela boa-fé.

Como últimas palavras sobre o tema, infelizmente, a única ressalva expressa quanto ao negociante de boa-fé encontrável na parte geral do Código Civil diz respeito aos terceiros de boa-fé frente ao negócio jurídico simulado (art. 167, § 2.º, do CC/2002). Tal premissa deveria constar como parágrafo único do art. 166, alcançando todas as hipóteses de nulidade absoluta, não só em face de terceiros, mas também quanto a qualquer negociante direto do ato que esteja movido por uma boa conduta.

Automaticamente, a boa-fé venceria não só os negócios jurídicos nulos, mas também os anuláveis. Pela falta de previsão legal nesse sentido, cabe à doutrina e à jurisprudência realizar a devida ponderação entre a boa-fé e as invalidades dos negócios, buscando a conservação dos atos como premissa-regra.

7.9.4 Da nulidade relativa ou anulabilidade

Como se sabe, a nulidade relativa envolve preceitos de ordem privada, de interesse das partes, o que altera totalmente o seu tratamento legal, se confrontada com a nulidade absoluta, antes estudada.

As hipóteses de nulidade relativa ou anulabilidade constam do art. 171 da codificação de 2002, a saber:

a) Quando o negócio for celebrado por relativamente incapaz, sem a devida assistência, conforme rol que consta do art. 4.º do CC.

b) Diante da existência de vício a acometer o negócio jurídico, como o erro, o dolo, a coação moral ou psicológica, a lesão, o estado de perigo ou a fraude contra credores. Lembre-se de que a coação física e a simulação são vícios do negócio jurídico que geram a sua nulidade absoluta, não a nulidade relativa.

c) Nos casos especificados de anulabilidade. Exemplifica-se, mais uma vez, com as previsões dos arts. 1.647 e 1.649 do atual Código Civil. Para determinados atos, elencados no primeiro dispositivo, como no caso da venda de bem imóvel, a norma exige a outorga uxória (mulher) ou marital (marido). Desrespeitado esse dispositivo, caberá ação anulatória a ser promovida pelo cônjuge, no prazo decadencial de dois anos, contados do fim da sociedade conjugal (art. 1.649). No decorrer desta coleção são analisados outros casos de anulabilidade expressos na norma codificada.

Na Comissão de Juristas encarregada da Reforma do Código Civil houve uma preocupação a respeito do tratamento da incapacidade relativa nesse comando, e da correspondente anulabilidade por ela gerada. Sendo assim, propõe-se a inclusão de duas ressalvas para o amparo da circulação dos negócios jurídicos em geral e proteção de negociantes e de terceiros de boa-fé. Nesse contexto, nos termos do projetado § 1.º do seu art. 171, "ressalvados os direitos de terceiros de boa-fé, caso demonstrada a preexistência de incapacidade relativa, a anulabilidade pode ser arguida, mesmo que o ato tenha sido realizado antes da sentença de interdição ou da instituição de curatela parcial". Porém, permanecerá ou subsistirá o "negócio jurídico, se ficar demonstrado que não era razoável exigir que a outra parte soubesse do estado de incapacidade relativa daquele com quem contratava" (§ 2.º). As propostas, como se pode notar, são necessárias para uma maior segurança jurídica nos contratos e negócios em geral, aguardando-se a sua aprovação pelo Congresso Nacional.

Nos casos de anulabilidade, o seu reconhecimento deverá ser pleiteado por meio da denominada *ação anulatória*, que também seguia, como premissa-regra, o rito ordinário; correspondente ao procedimento comum tratado pelo CPC/2015.

Tal ação tem natureza constitutiva negativa, estando relacionada com direitos potestativos, o que justifica os prazos decadenciais a ela referidos (critério científico de Agnelo de Amorim Filho, objeto do próximo capítulo). Esses prazos, regra geral, estão previstos nos arts. 178 e 179 do CC/2002, cuja transcrição integral é pertinente:

"Art. 178. É de quatro anos o prazo de decadência para pleitear-se a anulação do negócio jurídico, contado:

I – no caso de coação, do dia em que ela cessar;

II – no de erro, dolo, fraude contra credores, estado de perigo ou lesão, do dia em que se realizou o negócio jurídico;

III – no de atos de incapazes, do dia em que cessar a incapacidade.

Art. 179. Quando a lei dispuser que determinado ato é anulável, sem estabelecer prazo para pleitear-se a anulação, será este de dois anos, a contar da data da conclusão do ato".

O primeiro dispositivo deve ser aplicado em casos específicos, envolvendo a capacidade relativa e os vícios do negócio jurídico. Nos casos relacionados à incapacidade relativa e a coação, os prazos são contados da cessão, o que parece justo e correto. Nas situações de erro, dolo, coação moral, estado de perigo, lesão e fraude contra credores, o início do prazo se dá com a realização do negócio, o que deve ser tido como celebração do ato, ou seja, quando ele passa a ser válido no campo jurídico (DINIZ, Maria Helena. *Código...*, 2010, p. 203).

Não tem sido diferente a dedução jurisprudencial (STJ, REsp 868.524/MT, 4.ª Turma, Rel. Min. Luis Felipe Salomão, j. 09.02.2010, *DJe* 12.03.2010; STJ, REsp 1.025.920/RO, 3.ª Turma, Rel. Min. Massami Uyeda, j. 15.04.2010, *DJe* 27.04.2010; TJDF, Recurso 2004.01.1.019818-2, Acórdão 400.192, 6.ª Turma Cível, Rel. Des. Otávio Augusto, *DJDFTE* 21.01.2010, p. 148; TJSP, Apelação 992.08.063150-8, Acórdão 4834077, 30.ª Câmara de Direito Privado, Osasco, Rel. Des. Marcos Ramos, j. 24.11.2010, *DJESP* 16.12.2010; e TJRS, Acórdão 70023163959, 18.ª Câmara Cível, Pelotas, Rel. Des. Pedro Celso Dal Pra, j. 13.03.2008, *DOERS* 24.03.2008, p. 56).

O segundo comando traz um prazo geral de decadência para se anular o negócio jurídico, de dois anos, contados da sua conclusão – também no sentido de celebração –, quando não houver prazo especial fixado pelo texto legal.

De qualquer modo, há quem entenda que os prazos dos arts. 178 e 179 do Código Civil devem ser contados não da celebração do ato, mas da sua ciência correspondente. Dessa feita, no caso de uma venda de imóvel, o prazo decadencial para a ação anulatória deve ser contado do registro imobiliário e não da elaboração da escritura.

CAP. 7 • DEFEITOS OU VÍCIOS DO NEGÓCIO JURÍDICO E TEORIA DAS NULIDADES | **481**

Percorrendo esse caminho, José Fernando Simão, em sua primorosa tese de livre-docência defendida na Faculdade de Direito da USP, cita como argumentos a segurança e a estabilidade das relações negociais (SIMÃO, José Fernando. *Tempo e direito civil...*, 2011, p. 290). Igualmente, Zeno Veloso expõe que "tratando-se da ação pauliana, ou revocatória, na hipótese de fraude contra credores, apesar de o termo inicial do prazo de decadência coincidir com o dia em que se realizou o negócio jurídico (art. 178, II), a jurisprudência vem se firmando no entendimento de que tal prazo deve ser contado da data da transcrição do título no registro imobiliário, e não do dia da escritura" (VELOSO, Zeno. *Invalidade...*, 2005, p. 277).

Adotando a mesma premissa a respeito do art. 179 do CC, o Enunciado n. 538 da *VI Jornada de Direito Civil*: "no que diz respeito a terceiros eventualmente prejudicados, o prazo decadencial de que trata o art. 179 do Código Civil não se conta da celebração do negócio jurídico, mas da ciência que dele tiverem".

Na jurisprudência, de fato, podem ser encontrados julgados que também seguem tal dedução jurídica. A ilustrar, tratando de fraude contra credores:

"Direito civil. Agravo no recurso especial. Ação pauliana. Prazo Decadencial. Termo inicial. Registro Imobiliário. A decadência é causa extintiva de direito pelo seu não exercício no prazo estipulado em lei, cujo termo inicial deve coincidir com o conhecimento do fato gerador do direito a ser pleiteado. O termo inicial do prazo decadencial de quatro anos para propositura da ação pauliana é o da data do registro do título aquisitivo no Cartório Imobiliário, ocasião em que o ato registrado passa a ter validade contra terceiros. Precedentes. Agravo no recurso especial não provido" (STJ, AgRg no REsp 743.890/SP, 3.ª Turma, Rel. Min. Nancy Andrighi, j. 20.09.2005, *DJ* 03.10.2005, p. 250).

"Direito civil. Ação pauliana. Fraude na alienação de imóvel. Invalidação. Prazo prescricional/decadencial (art. 178, par. 9.º, V, *b*, CC). Termo *a quo* de fluência. Data do registro do título aquisitivo no álbum imobiliário. Recurso acolhido. – A par da divergência doutrinária acerca da natureza jurídica do prazo quadrienal previsto no art. 178, par. 9.º, V, *b*, CC, se prescricional ou decadencial, impõe-se considerar como termo inicial de sua fluência, em se tratando de invalidação de bem imóvel postulada com base em alegação de fraude, a data do registro do título aquisitivo respectivo no assento imobiliário" (STJ, REsp 36.065/SP, 4.ª Turma, Rel. Min. Sálvio de Figueiredo Teixeira, j. 16.08.1994, *DJ* 10.10.1994, p. 27.175).

Mesmo sendo fortes e contundentes os argumentos expostos, deduzo que por *conclusão* e *realização* deve-se entender o momento quando o negócio jurídico existe e é válido, ou seja, quando a escritura pública é firmada. Nessa esteira, Paulo Lôbo menciona que o dia do começo do prazo decadencial tratado pelos arts. 178 e 179 do CC/2002 é o *início* do negócio jurídico: "Igualmente, conta-se do início do negócio jurídico o prazo para anulação em virtude de erro, dolo, fraude contra credores, estado de perigo ou lesão, porque é o momento em que se exterioriza a vontade viciada, abrindo-se a possibilidade para o interessado pleitear a anulação" (LÔBO, Paulo. *Direito civil...*, 2009, p. 315).

Compartilha dessa forma de pensar Humberto Theodoro Jr., que, comentando o art. 178 do atual Código Civil, ensina: "aqui não é relevante definir quando a pessoa prejudicada tomou conhecimento do defeito do negócio. Para a regra legal, o mais importante é evitar o dilargamento excessivo do prazo de impugnação à validade do contrato. A preocupação se refere à necessidade de serem estáveis as relações jurídicas e, assim, não se sujeitarem à anulação, por tempo muito prolongado" (THEODORO JR., Humberto. *Comentários...*, 2003, t. I, v. III, p. 595).

482 | DIREITO CIVIL • VOL. 1 – *Flávio Tartuce*

Pontue-se, por oportuno, que acórdão do ano de 2014, proferido pela 12.ª Câmara Cível do Tribunal de Justiça de São Paulo, utilizou trecho desta obra para concluir que o prazo tem início a partir da assinatura do contrato, ou seja, da conclusão do negócio jurídico (Apelação 0001793-05.2009.8.26.0601, Rel. Des. Lídia Conceição, j. 09.04.2014).

Superado o estudo dessa divergência, não se pode mais admitir o entendimento jurisprudencial, mesmo por súmulas de Tribunais Superiores, de prazos prescricionais para a anulação de um negócio jurídico, matéria que será devidamente desenvolvida quando do tratamento da prescrição e da decadência (Capítulo 8).

O art. 178, somado ao art. 177, ambos do Código Civil, justificam o fato de a anulabilidade não poder ser reconhecida *ex officio* pelo juiz, devendo ser sempre arguida ou alegada pela parte interessada, mediante ação específica, regra geral. Ademais, diante da sua natureza privada, não cabe ao Ministério Público intervir nas ações que a envolvem.

De acordo com o art. 172 do CC, o negócio anulável pode ser confirmado pelas partes, salvo direito de terceiro, valorização, mais uma vez, da boa-fé objetiva. Trata-se da chamada *convalidação livre da anulabilidade*. Mas esse ato de confirmação deve conter a substância do negócio celebrado e a vontade expressa de mantê-lo, elementos objetivo e subjetivo da convalidação, respectivamente – denominada *confirmação expressa* (art. 173 do CC).

O Código Civil, em seu art. 174, dispensa ("é escusada") a confirmação expressa, quando o negócio já foi cumprido em parte pelo devedor, ciente do vício que o atingia. A confirmação, assim, dar-se-á de forma tácita ou presumida, por meio de conduta do sujeito passivo obrigacional. Mais uma vez, denota-se o intuito de conservação do contrato e do negócio jurídico.

O art. 175 do CC trata da *irrevogabilidade da confirmação*, seja ela expressa ou tácita. Dessa forma, com a confirmação, extinguem-se todas as ações ou exceções, de que contra ele dispusesse o devedor. Não caberá mais, portanto, qualquer requerimento posterior de anulabilidade do negócio anterior, o que está de acordo com a máxima que veda o comportamento contraditório e que tem relação com a boa-fé objetiva (*venire contra factum proprium non potest*).

Segundo o art. 176 da atual codificação, "quando a anulabilidade do ato resultar da falta de autorização de terceiro, será validado se este a der posteriormente". Esse artigo constitui novidade e faz com que o negócio celebrado por menor púbere, sem a autorização do pai ou do tutor, seja validado se a autorização ocorrer posteriormente. Trata-se de outra hipótese de convalidação.

Também quanto ao menor púbere (de 16 a 18 anos), não pode valer-se da própria torpeza, beneficiando-se de ato malicioso (*a malícia supre a idade*). Não pode, portanto, para eximir-se de uma obrigação, invocar a sua idade se dolosamente a ocultou quando inquirido pela outra parte, ou se, no ato de obrigar-se, declarou-se maior. O negócio jurídico reputa-se válido e gera efeitos, afastando-se qualquer anulabilidade, em prol da proteção da boa-fé e da repulsa à má-fé (art. 180 do CC).

No Projeto de Reforma do Código Civil, há proposição de se retirar a menção ao *menor*, como em outras sugestões de mudança da lei, deixando a menoridade de ser uma condição jurídica. Assim, o seu art. 180 passará a expressar que "o adolescente, entre dezesseis e dezoito anos, não pode, para eximir-se de uma obrigação, invocar a sua idade, se dolosamente a ocultou, quando inquirido pela outra parte ou se, no ato de obrigar-se, declarou-se maior".

Complementando esse último dispositivo, preceitua o art. 181 do CC que "ninguém pode reclamar o que, por uma obrigação anulada, pagou a um incapaz, se não provar que reverteu em proveito dele a importância paga". Exemplificando, diante da vedação do enri-

CAP. 7 · DEFEITOS OU VÍCIOS DO NEGÓCIO JURÍDICO E TEORIA DAS NULIDADES | **483**

quecimento sem causa, reconhece-se a possibilidade de a pessoa reaver o dinheiro pago, se provar que o menor dele se beneficiou.

A respeito da sentença da ação anulatória, mais uma vez diante de sua natureza privada, tem ela efeitos *inter partes*. Tradicionalmente, sempre se apontou que os seus efeitos seriam *ex nunc*, não retroativos ou somente a partir do trânsito em julgado da decisão. Essa tese estaria confirmada pelo art. 177 do atual Código Civil, que preceitua:

> "Art. 177. A anulabilidade não tem efeito antes de julgada por sentença, nem se pronuncia de ofício; só os interessados a podem alegar, e aproveita exclusivamente aos que a alegarem, salvo o caso de solidariedade ou indivisibilidade".

O que poderia parecer pacífico em doutrina e jurisprudência não é tão pacífico assim. Isso porque há posicionamento orientando que os efeitos da sentença na ação anulatória (negócio anulável) também seriam retroativos (*ex tunc*) parciais, com fundamento no art. 182 da atual codificação, pelo qual "Anulado o negócio jurídico, restituir-se-ão as partes ao estado em que antes dele se achavam, e, não sendo possível restituí-las, serão indenizadas com o equivalente".

Esse último posicionamento é defendido, na doutrina, por Pablo Stolze Gagliano e Rodolfo Pamplona Filho, citando Humberto Theodoro Júnior e Ovídio Baptista (*Novo...*, 2003, v. I, p. 411). Mas quem melhor demonstra o equívoco é Zeno Veloso. Ensina o mestre que "trata-se, sem dúvida, de entendimento equivocado, que decorre, talvez, da leitura distorcida do art. 177, primeira parte (...), que corresponde ao art. 152, primeira parte, do Código Civil de 1916" (*Invalidade do negócio jurídico...*, 2005, p. 331). E arremata o jurista paraense:

> "O que o art. 177, primeira parte, enuncia é que o negócio anulável ingressa no mundo jurídico produzindo os respectivos efeitos e depende de uma ação judicial, da sentença, para ser decretada a sua anulação. Os efeitos do negócio anulável são precários, provisórios. Advindo a sentença anulatória, os efeitos que vinham produzindo o negócio inquinado são defeitos. Nada resta, nada sobra, nada fica, pois a desconstituição é retroativa, vai à base, ao começo, ao nascimento do negócio jurídico defeituoso e carente, o que, enfática e inequivocamente, afirma o art. 182, como já dizia, no Código velho, no art. 158. Quanto a isso não há mudança alguma, em nosso entendimento. O art. 177, primeira parte, deve ser visto e recebido diante do sistema e interpretado conjuntamente com o art. 182, que transcrevemos acima" (VELOSO, Zeno. *Invalidade do negócio jurídico...*, 2005, p. 331).

Desse modo, há que se defender efeitos retroativos parciais à sentença anulatória, eis que se deve buscar a volta à situação primitiva, anterior à celebração do negócio anulado, se isso for possível. Ademais, cite-se o caso de anulação de um casamento, em que as partes voltam a ser solteiras. Percebe-se claramente a presença de efeitos retroativos.

Apesar de seguirmos esse posicionamento defendido por Zeno Veloso, sempre esclarecemos, no passado, que a visão clássica prevaleceria, sendo forçoso reconhecer apenas os efeitos *ex nunc* da ação anulatória de negócio jurídico.

De toda sorte, frise-se que, quando da *VI Jornada de Direito Civil*, evento realizado em 2013, foi feita proposta de enunciado doutrinário no sentido de ser a corrente seguida por mim a considerada majoritária. De acordo com o exato teor da proposição: "Os efeitos da anulabilidade do negócio jurídico, excetuadas situações particulares como as obrigações de trato sucessivo, relações trabalhistas e em matéria societária, são idênticos aos da nulidade e ocorrem de forma *ex tunc*. Anulado o negócio, os efeitos se projetam para o futuro e também de forma retroativa para o passado".

484 | DIREITO CIVIL • VOL. 1 – *Flávio Tartuce*

Nas suas justificativas, o autor da proposta, juiz de direito e Professor da Universidade Federal do Espírito Santo, Augusto Passamani Bufulin, ressalta o seguinte:

> "No Brasil, apesar de haver uma corrente que defende a eficácia *ex nunc* da ação anulatória, como Maria Helena Diniz, Carlos Roberto Gonçalves e Arnaldo Rizzardo, a corrente majoritária, defendida por Humberto Theodoro Júnior, Zeno Veloso, Pablo Stolze Gagliano, Rodolfo Pamplona Filho, Paulo Nader, Renan Lotufo, Flávio Tartuce, Cristiano Chaves de Farias, Nelson Rosenvald, Leonardo Mattietto, Orlando Gomes e Silvio Rodrigues, afirma que os efeitos da anulabilidade e da nulidade são idênticos no plano da eficácia e operam de forma *ex nunc*, para o futuro, e *ex tunc*, retroativamente ao passado, pois o vício encontra-se presente desde a formação do negócio. Esse é o entendimento correto a ser dado ao art. 182 do CC".

Em suma, há quem veja – com certa razão – que a corrente que apregoa efeitos *ex tunc* para o ato anulável é a majoritária. Talvez a não aprovação do enunciado doutrinário em questão demonstrasse que tal premissa ainda não é a verdadeira.

Ao final do ano de 2016, surgiu decisão monocrática no âmbito do STJ, a aprofundar ainda mais o debate, proferida pela Ministra Maria Isabel Gallotti. De acordo com a julgadora:

> "Na doutrina, não se desconhece da divergência quanto à eficácia da ação anulatória. Segundo defende a doutrina clássica, os efeitos da decisão judicial na ação anulatória não são retro-operantes, possuindo efeitos apenas para o futuro (Maria Helena Diniz, Carlos Roberto Gonçalves, Arnaldo Rizzardo, Caio Mário, e Nelson Nery Jr. e Rosa Maria Nery), de outro giro, a corrente majoritária defende que os efeitos da anulabilidade, no plano da eficácia, são idênticos ao da nulidade, e operam efeitos tanto para o futuro como para o passado, uma vez que algo que é ilegal não pode produzir efeitos (Humberto Theodoro Júnior, Zeno Veloso, Pablo Stolze Gagliano, Rodolfo Pamplona Filho, Paulo Nader, Renan Lotufo, Flávio Tartuce, Cristiano Chaves de Farias, Nelson Rosenvald, Orlando Gomes e Silvio Rodrigues). Esse é o entendimento que se infere do art. 182 do CC/2002. (...). Como se observa, o art. 182 do CC/2002 reza que os efeitos do negócio jurídico inválido devem cessar a partir da sua anulação, se anuláveis, ou não devem produzir efeitos, se nulos. Ressalte-se que é comando imperativo da parte final do art. 182 do CC/2002, a restituição das partes ao estado anterior, ou se impossível a restituição, que haja indenização com o equivalente, como consequência dos efeitos retro-operantes da nulidade ou anulabilidade de qualquer negócio jurídico. Isso porque a restituição das partes ao estado anterior é inerente à eficácia restitutória contida na decisão judicial, sob pena de flagrante injustiça, mesmo em se tratando de anulabilidade de negócio jurídico" (Decisão monocrática no Recurso Especial 1.420.839/MG, Min. Maria Isabel Gallotti, julgada em 07.10.2016).

As palavras transcritas, sem dúvida, reforçam a corrente doutrinária que é seguida por mim, no sentido de que a anulabilidade também produz efeitos *ex tunc*. De fato, talvez seja essa a posição majoritária no momento, tendo ocorrido um *giro de cento e oitenta graus* na civilística nacional.

Ainda no que concerne ao art. 182 do Código Civil, cabe ressaltar que o posicionamento majoritário, na linha do último *decisum*, aponta para a viabilidade de se aplicar o comando também às hipóteses de nulidade absoluta. Essa é a posição, na doutrina, entre outros, de Maria Helena Diniz (*Código Civil anotado...*, 15. ed., 2010, p. 204), Sílvio de Salvo Venosa (*Código Civil interpretado...*, 2010, p. 198), Gustavo Tepedino, Maria Celina Bodin de Moraes e Heloísa Helena Barboza (*Código Civil interpretado...*, 2004, v. 1, p. 328). Tal forma de pensar é que gera a conclusão segundo a qual os efeitos da nulidade são *ex tunc,* conforme antes apontado.

Igualmente, na jurisprudência, podem ser encontrados arestos que fazem incidir o art. 182 do CC/2002 para a nulidade absoluta. Entre tantos julgados, vejamos acórdão assim publicado no *Informativo* n. *517* do Superior Tribunal de Justiça:

"Direito civil. Necessidade de ressarcimento no caso de inviabilidade de retorno à situação anterior à nulidade declarada. O credor, no caso em que tenha recebido em dação em pagamento imóvel de sociedade empresarial posteriormente declarada falida, poderá ser condenado a ressarcir a massa pelo valor do objeto do negócio jurídico, se este vier a ser declarado nulo e for inviável o retorno à situação fática anterior, diante da transferência do imóvel a terceiro de boa-fé. Incide, na situação descrita, o disposto no art. 182 do CC/2002, de acordo com o qual, anulado o negócio jurídico, restituir-se-ão as partes ao estado em que antes dele se achavam, e, não sendo possível restituí-las, serão indenizadas com o equivalente. Trata-se, a propósito, de dispositivo legal que, quanto aos seus efeitos práticos, também tem aplicabilidade nos casos de nulidade absoluta, não tendo incidência restrita às hipóteses de nulidade relativa. Ademais, deve-se preservar a boa-fé de terceiros que sequer participaram do negócio jurídico viciado" (STJ, REsp 1.353.864/GO, Rel. Min. Sidnei Beneti, j. 07.03.2013).

Superada a análise de tais questões, interessante e encerrando o estudo da teoria das nulidades, cabe ainda comentar dois dispositivos.

O primeiro é o art. 183 da norma geral privada, pelo qual a invalidade do instrumento não induz a do negócio jurídico sempre que este puder provar-se por outro meio. Mais uma vez, há a busca da verdade real, da conservação do negócio, da manutenção do ato volitivo. A ilustrar, um contrato preliminar não pode ser anulado, se puder ser provado por testemunhas. Repita-se que a forma é dispensada para o pré-contrato, conforme o art. 462 da codificação vigente.

Por outro prisma, respeitada a intenção das partes, a invalidade parcial de um negócio jurídico não o prejudicará na parte válida, se esta for separável, mais um reconhecimento da conservação do negócio (art. 184 do CC). O dispositivo consagra a máxima latina *utile per inutile non vitiatur*. O que se percebe é o tratamento da *invalidade parcial*, que pode ser absoluta ou relativa.

Assim sendo, ocorrerá a *redução do negócio jurídico* para a parte válida, o que também está sintonizado com a sua conservação. Mas, por esse mesmo comando, a invalidade da obrigação principal implica a das obrigações acessórias, mas a anulabilidade destas não induz a da obrigação principal. Aplica-se a regra de que o acessório segue o principal, não sendo a recíproca verdadeira.

Esse art. 184 do CC/2002 foi objeto de estudo pelo jurista Marcos Jorge Catalan. O doutrinador ressalta que a redução do negócio jurídico está fundada no conceito relativo à máxima *utile per inutile non vitiatur*, "um dos tantos fundidos ao longo do tempo pelo direito romano, autoriza a purificação do negócio com a supressão de partes viciadas deste, desde que o mesmo possa manter sua essência, permitindo desse modo que sejam aproveitados alguns de seus efeitos".

Em suma, a redução do negócio jurídico consiste "no mecanismo que impõe ao juiz o dever de afastar os vícios contidos no negócio jurídico, atribuindo-lhe a obrigação de separar do todo eventual que não possa ser recepcionado pelo sistema" (CATALAN, Marcos Jorge. *Uma leitura inicial da redução do negócio...*, 2007, p. 482-483).

A título de exemplo, pense-se o caso de um negócio jurídico cuja multa ou cláusula penal tenha sido celebrada com lesão (art. 157 do CC). Nesse caso, somente a multa é anulável, permanecendo o restante do negócio como válido. Ocorre a redução do negócio, pois se retira a parte viciada.

Outra ilustração, agora envolvendo a nulidade absoluta, está no art. 549 do Código Civil que consagra a nulidade da doação somente na parte que exceder o que doador poderia dispor por testamento, ou seja, cinquenta por cento do seu patrimônio. Trata-se da nulidade parcial da *doação inoficiosa*, que visa proteger a legítima quota dos herdeiros necessários. A nulidade apenas atinge parte do negócio, conservando-se o seu restante.

Por derradeiro, a concretizar a norma, entendeu o Superior Tribunal de Justiça que "nos termos do art. 184, segunda parte, do CC/2002, 'a invalidade da obrigação principal implica a das obrigações acessórias, mas a destas não induz a da obrigação principal'. Portanto, eventual abusividade de determinadas cláusulas acessórias do contrato não tem relevância para o deslinde desta ação. Ainda que, em tese, transgridam os princípios da boa-fé objetiva, da probidade e da função social do contrato ou imponham ônus excessivo ao recorrido, tais abusos não teriam o condão de contaminar de maneira irremediável o contrato, de sorte a resolvê-lo. Recurso Especial conhecido e provido" (STJ, REsp 783.404/GO, 3.ª Turma, Rel. Min. Fátima Nancy Andrighi, j. 28.06.2007, *DJU* 13.08.2007, p. 364). Como não poderia ser diferente, estou totalmente filiado ao julgado.

7.10 RESUMO ESQUEMÁTICO

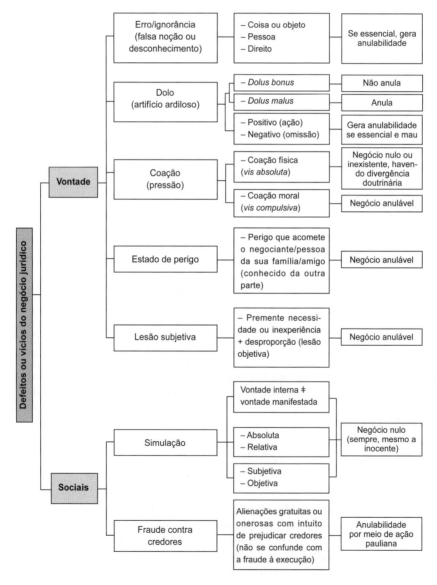

CAP. 7 · DEFEITOS OU VÍCIOS DO NEGÓCIO JURÍDICO E TEORIA DAS NULIDADES | 487

Teoria das nulidades. Negócio nulo e anulável
Quadro comparativo

Negócio Nulo (ordem pública)	Negócio Anulável (ordem privada)
– Negócio celebrado por absolutamente incapaz (art. 3.º do CC), sem a devida representação. – Objeto ilícito, impossível, indeterminado ou indeterminável. – Motivo a ambas as partes for ilícito. – Desrespeito à forma ou preterida alguma solenidade.	– Negócio celebrado por relativamente incapaz (art. 4.º do CC), sem a devida assistência. – Quando houver vício acometendo o negócio jurídico: erro, dolo, coação moral/psicológica, estado de perigo, lesão e fraude contra credores. – Lei prevê a anulabilidade.
– Objetivo do negócio de fraude à lei imperativa. – Lei prevê a nulidade absoluta (nulidade textual) ou proibir o ato sem cominar sanção (nulidade virtual). – Negócio simulado, incluída a reserva mental. – Presença de coação física (*vis absoluta*).	
• Nulidade absoluta (nulidade). • Ação declaratória de nulidade, imprescritível. • Não pode ser suprida nem sanada, inclusive pelo juiz. Exceção: conversão do negócio jurídico (art. 170 do CC). • Ministério Público pode intervir na ação de nulidade absoluta. Cabe decretação de ofício pelo juiz. • Sentença da ação declaratória tem efeitos *erga omnes* (contra todos) e *ex tunc* (retroativos).	• Nulidade relativa (anulabilidade). • Ação anulatória, com previsão de prazos decadenciais. • Pode ser suprida, sanada, inclusive pelas partes (convalidação livre). • Ministério Público não pode intervir na ação anulatória, somente os interessados. Não cabe decretação de ofício pelo juiz. • Sentença da ação anulatória tem efeitos *inter partes* (entre as partes). Quanto ao debate de serem tais efeitos *ex nunc* (não retroativos) ou *ex tunc* (retroativos), há uma tendência atual em se seguir a última posição.

7.11 QUESTÕES CORRELATAS

01. (TRT – MT – FCC – Juiz do Trabalho Substituto – 2015) Quando da venda de sua casa, para não ver prejudicadas as negociações, João deixou de mencionar a Rogério, adquirente, que, no imóvel vizinho, funcionava estridente casa noturna. Ignorando o fato, Rogério acabou por adquirir o imóvel. Considerando-se que, se conhecesse o fato, Rogério não teria celebrado o negócio, o silêncio do vendedor constituiu

(A) omissão dolosa, que não obriga a satisfazer as perdas e danos mas é causa de anulabilidade, a qual depende de iniciativa da parte para ser decretada.

(B) omissão dolosa, que obriga a satisfazer as perdas e danos e é causa de anulabilidade, a qual pode ser conhecida de ofício e não convalesce com o passar do tempo.

(C) omissão dolosa, que obriga a satisfazer as perdas e danos e é causa de anulabilidade, a qual depende de iniciativa da parte para ser decretada.

(D) lesão, que obriga somente a satisfazer as perdas e danos.

(E) lesão, que obriga a satisfazer as perdas e danos e é causa de nulidade, a qual pode ser conhecida de ofício e não convalesce com o passar do tempo.

02. (TRT/RJ – FCC – Juiz do Trabalho Substituto – 2015) NÃO constitui defeito do negócio jurídico, o ato de

(A) assumir obrigação excessivamente onerosa em decorrência da necessidade de salvar-se, ou a pessoa de sua família, de grave dano conhecido pela outra parte.

488 | DIREITO CIVIL • VOL. 1 – *Flávio Tartuce*

(B) incutir ao paciente fundado temor de dano iminente e considerável à sua pessoa, à sua família ou aos seus bens.

(C) manifestar a vontade de assumir obrigação quando o seu autor não a queria e a outra parte desconhecia esta sua intenção.

(D) obrigar-se a prestação manifestamente desproporcional ao valor da prestação oposta, em decorrência de premente necessidade ou de inexperiência.

(E) omitir intencionalmente fato ou qualidade ignorados pela parte contrária, provando-se que sem ela o negócio não se teria realizado.

03. (MANAUSPREV – FCC – Procurador Autárquico – 2015) O negócio jurídico praticado sob coação

(A) é nulo, não se convalidando com o decurso do tempo nem podendo ser confirmado pela vontade das partes.

(B) equipara-se aos praticados sob temor reverencial.

(C) é nulo, podendo ser invalidado, a pedido da parte prejudicada, no prazo decadencial de 4 anos, contado da celebração do negócio.

(D) deve ser interpretado tendo em conta o que, na mesma circunstância, teria feito o homem médio.

(E) é anulável, convalidando-se com o decurso do tempo e podendo ser confirmado pela vontade das partes.

04. (PGE/PR – PUCPR – Procurador do Estado – 2015) Levando em conta a temática dos defeitos do negócio jurídico, considere as seguintes asserções:

I. Suponha que Tício beneficia Caio pela doação de bem imóvel e isso acaba por desfalcar seu patrimônio de forma tal que suas dívidas passam a superar os ativos. Neste caso, os credores quirografários de Tício podem valer-se da ação pauliana visando à anulação da doação. A ação seria dirigida contra Tício e Caio, ainda que este ignorasse o fato de que a liberalidade de Tício havia reduzido-o ao estado de insolvência, porque neste caso não se exige a comprovação da intenção de fraudar para o uso da ação revocatória.

II. Em um negócio jurídico constata-se manifesta desproporção entre prestação e contraprestação decorrente de manifesta inexperiência de uma das partes. Esta não pode invocar a própria inexperiência como causa para anulação do negócio jurídico por lesão, já que isto configuraria *venire contra factum proprium*.

III. Tício aliena um imóvel a Caio para que este o transmita a seu filho Mévio. Constatando-se que a intenção de Tício sempre fora transferir o bem a Mévio, prescindindo da autorização dos demais descendentes, a venda poderá ser invalidada por configurar negócio simulado mediante a interposição de pessoa. Assinale a alternativa CORRETA.

(A) Somente a afirmativa III é verdadeira.

(B) Somente as afirmativas I e III são verdadeiras.

(C) Somente as afirmativas II e III são verdadeiras.

(D) Somente a afirmativa I é verdadeira.

(E) As afirmativas I, II e III são verdadeiras.

05. (PGFN – Esaf – Procurador da Fazenda Nacional – 2015) Analise as proposições abaixo e assinale a opção INCORRETA.

(A) Os negócios de transmissão gratuita de bens ou remissão de dívida, se os praticar o devedor já insolvente, ou por eles reduzido à insolvência, ainda quando o ignore, poderão ser anulados pelos credores quirografários, como lesivos dos seus direitos.

(B) Os contratos onerosos do devedor insolvente serão anuláveis quando a insolvência for notória ou conhecida do outro contratante.

(C) Os negócios fraudulentos serão nulos em relação aos credores cuja garantia se tornar insuficiente.

(D) Anulados os negócios fraudulentos, a vantagem resultante reverterá em proveito do acervo sobre o qual se tenha de efetuar o concurso de credores.

(E) Se os negócios fraudulentos tinham por único objeto atribuir direitos preferenciais, mediante hipoteca, penhor ou anticrese, sua invalidade importará somente na anulação da preferência ajustada.

CAP. 7 · DEFEITOS OU VÍCIOS DO NEGÓCIO JURÍDICO E TEORIA DAS NULIDADES | 489

06. (Outorga de Delegações de Notas e de Registro do Estado de São Paulo – Vunesp – 2016) A simulação

(A) leva à anulação, e não à nulidade do negócio jurídico, salvo se absoluta, quando será possível a conversão substancial, em prestígio do princípio da conservação.

(B) relativa, ainda que maliciosa, não impede a subsistência do negócio dissimulado, se válido for na substância e na forma.

(C) ainda que maliciosa, não pode ser declarada de ofício pelo juiz nem ser invocada pelos simuladores.

(D) é espécie de defeito do negócio jurídico, pouco importando se maliciosa ou inocente.

07. (TRT-4.ª Região – Juiz do Trabalho Substituto – 2016) Assinale a assertiva correta sobre negócio jurídico.

(A) É anulável o negócio jurídico quando não revestir a forma prescrita em lei.

(B) Os negócios jurídicos devem ser interpretados conforme a boa-fé e os usos do lugar onde se dará seu cumprimento.

(C) O negócio jurídico nulo não é suscetível de confirmação, mas convalesce pelo decurso do tempo.

(D) O negócio jurídico anulável pode ser confirmado pelas partes, salvo direito de terceiro.

(E) O termo inicial suspende a aquisição do direito.

08. (TJRS – FAURGS – Juiz de Direito Substituto – 2016) Sobre o negócio jurídico, assinale a alternativa correta.

(A) A invalidade do negócio jurídico por fraude a credores decorre do exercício de direito pessoal do credor, mediante interposição de ação pauliana, no prazo de quatro anos contados do dia da celebração.

(B) A confirmação e a conversão do negócio jurídico inválido só podem ser realizadas se possível o atendimento posterior dos requisitos ausentes por ocasião de sua celebração.

(C) A invalidade do negócio jurídico, por incapacidade absoluta ou relativa do agente, pode ser pronunciada de ofício.

(D) A invalidade do negócio jurídico simulado pode ser pleiteada no prazo de quatro anos contados da conclusão do negócio.

(E) O negócio celebrado pelo representante consigo mesmo é anulável, desde que provado o conflito de interesses com o representado.

09. (TRT-1.ª Região – FCC – Juiz do Trabalho Substituto – 2016) Necessitando, com urgência, comprar remédios muito caros para o tratamento de uma doença da qual padecia e não possuindo rendas ou economias para tanto, o proprietário de certo imóvel o alienou a terceiro por cerca de 1/5 de seu valor de mercado. Agravando-se o quadro do mesmo ex- -proprietário cerca de três anos após a alienação, seu procurador, constituído por escritura pública para representá-lo em todos os atos da vida civil enquanto estivesse em nosocô- mio, substabeleceu a procuração por instrumento particular e o substabelecido ajuizou ação em face de terceiro para anulação da alienação do imóvel, depositando em juízo, à disposição do mesmo terceiro, o valor recebido pelo falecido pela venda do imóvel, com juros e correções legais.

Nesse caso,

(A) o substabelecido poderia mover a ação e o fundamento dela seria a lesão sofrida pelo vendedor.

(B) a compra e venda já estaria perfeita e acabada quando em nosocômio o vendedor, não havendo fundamento legal para a anulação, se ele era maior e capaz ao tempo do negócio.

(C) o substabelecido seria representante da parte legítima e o fundamento da ação seria a venda efetuada durante estado de perigo.

(D) para que o substabelecido pudesse promover a ação, seria necessário que o substabelecimento também tivesse sido feito por instrumento público.

(E) teria ocorrido já decadência do direito de promover a referida ação.

490 | DIREITO CIVIL • VOL. 1 – *Flávio Tartuce*

10. **(CRBio – 1.ª Região – Vunesp – Advogado – 2017)** Assinale a alternativa correta sobre a validade dos negócios jurídicos.

(A) O prazo decadencial para pleitear a anulação de negócio jurídico celebrado por pessoa relativamente incapaz é de 4 (quatro) anos, contados da data da celebração do negócio.

(B) Em caso de simulação do negócio jurídico, subsistirá o negócio dissimulado, se válido for na forma e substância.

(C) A invalidade do instrumento implica na invalidade do próprio negócio jurídico, ainda que este puder provar-se por outro meio.

(D) É anulável o negócio jurídico quando o motivo determinante, comum a ambas as partes, for ilícito.

(E) É absolutamente nulo o negócio jurídico realizado sob coação.

11. **(MPE/RO – FMP Concursos – Promotor de Justiça Substituto – 2017)** Em conformidade com o Código Civil, é correto afirmar:

(A) É anulável o negócio jurídico cujo motivo determinante, comum a ambas as partes, for ilícito.

(B) É nulo o negócio jurídico em que for preterida alguma solenidade que a lei considere essencial para a sua validade.

(C) É nulo o negócio jurídico por vício resultante de erro, dolo, coação, ou lesão.

(D) Para a anulação de negócio jurídico por estado de perigo ou fraude a credores, o prazo decadencial é de 05 (cinco) anos.

(E) Será de 03 (três) anos o prazo para pleitear anulação de negócio jurídico quando não houver prazo estipulado por lei.

12. **(MPT – Procurador do Trabalho – 2017)** Sobre os negócios jurídicos, assinale a alternativa correta:

(A) Equiparam-se à coação a ameaça do exercício regular de direito e o temor reverencial, ainda que decorram de terceiro.

(B) As nulidades devem ser pronunciadas pelo juiz, quando conhecer do negócio jurídico ou de seus efeitos, e as encontrar provadas, salvo se, sendo possível o suprimento da nulidade, esta for requerida pelas partes.

(C) A simulação, que torna nulo o negócio jurídico, será absoluta quando o ato negocial sequer existir na realidade ou quando contiver cláusula, declaração, confissão ou condição totalmente falsa, inexistindo qualquer relação jurídica.

(D) O erro é substancial quando interessa à natureza do negócio jurídico, ao objeto principal da declaração ou a alguma das qualidades a ele essenciais, tornando nulo o negócio jurídico por ele atingido.

(E) Não respondida.

13. **(TJRO – Ieses – Titular de Serviços de Notas e de Registros – Provimento – 2017)** Sobre os defeitos do negócio jurídico, responda de acordo com o Código Civil:

I. O erro de cálculo em um negócio jurídico não autoriza a sua anulação, mas tão somente a retificação da declaração da vontade.

II. Os negócios jurídicos podem ser anulados em razão do dolo de uma das partes, ainda que o dolo não tenha sido a causa do negócio.

III. O negócio jurídico celebrado com coação pode ser anulado, se tal coação incutir ao paciente fundado temor de dano iminente e considerável à sua pessoa, à sua família ou aos seus bens, ou mesmo a pessoa não pertencente à família, caso em que o juiz decidirá se houve coação conforme as circunstâncias.

Assinale a alternativa correta:

(A) Apenas as assertivas I e III são verdadeiras.

(B) Apenas as assertivas I e II são verdadeiras.

(C) Apenas a assertiva II é verdadeira.

(D) Todas as assertivas são verdadeiras.

CAP. 7 · DEFEITOS OU VÍCIOS DO NEGÓCIO JURÍDICO E TEORIA DAS NULIDADES | **491**

14. (DPE/PR – FCC – Defensor Público – 2017) Considere as assertivas abaixo.

I. É possível confirmar um ato a priori anulável, tornando-o válido a posteriori, como na hipótese em que um menor de idade compra um bem e, ao atingir a sua maioridade civil, confirma esse negócio jurídico, ressalvado direito de terceiro.

II. Um determinado contrato nulo pode ser convertido em contrato válido, como na hipótese de compra e venda de bem imóvel, com valor superior a trinta vezes o maior salário-mínimo vigente no País, sem a lavratura de escritura pública; perfazendo-se apenas em compromisso de compra e venda.

III. A invalidade parcial de um negócio jurídico o prejudicará em sua totalidade, ainda que seja possível separar a parte válida da inválida.

IV. Entre duas interpretações possíveis da declaração de vontade, uma que prive de validade e outra que lhe assegure a validade, há de ser adotada a última.

Segundo o Código Civil, está correto o que se afirma apenas em:

(A) III e IV.

(B) II, III e IV.

(C) I, II e IV.

(D) II e IV.

(E) I e III.

15. (TRF-2.ª Região – Juiz Federal Substituto – 2017) Leia as assertivas adiante e, a seguir, marque a opção correta:

I – O ato de renúncia à herança ou de remissão de dívida, praticado por quem tem muitos débitos vincendos, é considerado fraudulento independentemente de prova do dano (*eventus damni*), que é presumido pelo legislador.

II – São anuláveis os contratos onerosos do devedor insolvente, gravosos ao seu patrimônio, quando a insolvência for notória, ainda que não haja prova de ser ela conhecida do outro contratante.

III – A ação pauliana é a via para postular a invalidade do ato em fraude a credores, e está submetida ao prazo prescricional de cinco anos, contados da prática do ato.

IV – O pagamento antecipado, feito pelo devedor insolvente a um de seus credores quirografários, em relação a débito realmente existente, é apto a ser invalidado em benefício do acervo concursal.

(A) Apenas as assertivas I e II estão corretas.

(B) Apenas as assertivas I e III estão corretas.

(C) Apenas as assertivas II e IV estão corretas.

(D) Apenas a assertiva II está correta.

(E) Apenas as assertivas I e IV estão corretas.

16. (Vunesp – Câmara de Itaquaquecetuba/SP – Procurador Jurídico – 2018) A declaração de vontade é elemento estrutural ou requisito de existência do negócio jurídico e exige para sua validade que a vontade seja manifestada livre e espontaneamente, sob pena de invalidar o próprio negócio firmado. Dentre os vícios na manifestação de vontade que possam macular o ato, é correto afirmar que:

(A) a transmissão errônea da vontade por meios interpostos é nula nos mesmos casos em que o é a declaração direta.

(B) pode ser anulado o negócio jurídico por dolo de terceiro, se a parte a quem aproveite dele tivesse ou devesse ter conhecimento; em caso contrário, ainda que subsista o negócio jurídico, o terceiro responderá por todas as perdas e danos da parte a quem ludibriou.

(C) o dolo do representante legal e do representante convencional de uma das partes obriga o representado a responder civil e solidariamente com ele por perdas e danos.

(D) não vicia o negócio jurídico a coação exercida por terceiro, se dela tivesse ou devesse ter conhecimento a parte a que aproveite, mas esta responderá solidariamente com aquele por perdas e danos.

(E) a lesão, diferentemente do estado de perigo, não permite a revisão do contrato como forma de manutenção do negócio jurídico, em razão da premente necessidade ou evidente inexperiência do declarante.

492 | DIREITO CIVIL • VOL. 1 – *Flávio Tartuce*

17. **(Vunesp – Procurador de Universidade Assistente – Unicamp – 2018) Maria colocou sua casa a venda. Joaquim se interessou pelo imóvel e foi conhecê-lo. Maria mostrou a casa a Joaquim e não o informou que na rua, toda sexta-feira, havia uma feira livre. Joaquim comprou a casa, mas ficou muito desapontado, visto que não compraria uma casa numa rua onde existe uma feira livre. O negócio jurídico**

(A) é válido e eficaz, não havendo qualquer anulabilidade, tendo em vista que a existência de uma feira é um fato público que poderia ser descoberto por um comprador mais prudente e diligente.

(B) está eivado pelo vício do erro, podendo ser anulado no prazo máximo de 5 (cinco) anos, contados a partir da assinatura do contrato.

(C) está eivado pelo vício da lesão, podendo ser anulado no prazo máximo de 2 (dois) anos, contados a partir da data da assinatura do contrato.

(D) é nulo de pleno direito, em razão da existência de dolo positivo por parte de Maria, podendo ser desconstituído a qualquer tempo.

(E) está eivado pelo vício do dolo negativo, podendo ser anulado no prazo máximo de 4 (quatro) anos, contados da data da assinatura do contrato.

18. **(Cespe – Juiz Substituto – TJ-CE – 2018) Maria decidiu alugar um imóvel de sua propriedade para Ana, que, no momento da assinatura do contrato, tinha dezessete anos de idade. Nessa situação hipotética, o contrato celebrado pelas partes é:**

(A) nulo, uma vez que foi firmado por pessoa absolutamente incapaz, condição que pode servir de argumento para Ana extinguir o contrato.

(B) anulável, portanto passível de convalidação, ressalvado direito de terceiros.

(C) válido, desde que tenha sido formalizado por escritura pública, visto que tem por objeto um imóvel.

(D) nulo, porque Ana deveria ter sido representada por um de seus genitores.

(E) válido, ainda que Ana não possua capacidade de direito para celebrar o contrato de aluguel.

19. **(Vunesp – Procurador do Estado – PGE-SP – 2018) O ato de assumir obrigação excessivamente onerosa, premido pela necessidade de salvar-se ou a pessoa de sua família, de grave dano conhecido pela outra parte, caracteriza:**

(A) lesão, sujeita ao prazo prescricional de 4 anos para declaração da sua nulidade, contado da cessação do risco.

(B) lesão, sujeita ao prazo decadencial de 4 anos para sua desconstituição, contado da data da celebração do negócio jurídico.

(C) lesão, que torna o negócio jurídico ineficaz enquanto não promovido o reequilíbrio econômico do contrato em sede judicial.

(D) estado de perigo, sujeito ao prazo decadencial de 4 anos para declaração da sua nulidade, contado da cessação do risco.

(E) estado de perigo, sujeito ao prazo decadencial de 4 anos para sua desconstituição, contado da data da celebração do negócio jurídico.

20. **(Vunesp – Delegado de Polícia – PC-BA – 2018) De acordo com a disciplina constante do Código Civil acerca dos vícios de vontade dos negócios jurídicos, assinale a alternativa correta.**

(A) O erro de indicação da pessoa ou da coisa a que se referir a declaração de vontade viciará o negócio, mesmo se, por seu contexto e pelas circunstâncias, for possível identificar a coisa ou pessoa cogitada.

(B) O silêncio intencional de uma das partes a respeito de fato ou qualidade que a outra parte haja ignorado, nos negócios jurídicos bilaterais, constitui omissão culposa, provando-se que, sem ela, o negócio não teria sido celebrado, ou o seria de outro modo.

(C) A coação, para viciar o negócio jurídico, deve incutir ao paciente temor de dano iminente à sua pessoa, à sua família, aos seus bens ou a terceiros, devendo ser levados em conta o sexo, a idade, a condição, a saúde e, no temor referencial, o grau de parentesco.

CAP. 7 • DEFEITOS OU VÍCIOS DO NEGÓCIO JURÍDICO E TEORIA DAS NULIDADES | **493**

(D) Configura-se o estado de perigo quando alguém, premido da necessidade de salvar-se, ou a pessoa pertencente ou não à sua família, de grave dano conhecido ou não pela outra parte, assume obrigação excessivamente onerosa.

(E) Se for oferecido suplemento suficiente, ou se a parte favorecida concordar com a redução do proveito, segundo os valores vigentes ao tempo em que foi celebrado o negócio jurídico, não se decretará a anulação do negócio, nos casos de lesão.

21. (Juiz Federal Substituto – TRF 3.ª Região – 2018) Haverá simulação a gerar invalidade do negócio jurídico quando:

(A) Aquele que recebeu documento assinado com texto não escrito no todo ou em parte formá-lo ou completá-lo por si ou por meio de outrem, violando o pacto feito com o signatário.

(B) A parte alterar documento mediante a supressão ou interpolação unilateral de texto.

(C) O negócio aparentar conferir direitos a pessoas diversas às quais efetivamente eles se conferem.

(D) O ato envolver a transmissão gratuita de bens ou remissão de dívida quando já insolvente o devedor; ou a tal condição reduzido pelos referidos atos.

22. (FGV – Advogado – AL-RO – 2018) Sobre o negócio jurídico, assinale a afirmativa correta.

(A) O Código Civil apresenta os requisitos do negócio jurídico, dentre os quais é incluída a causa.

(B) O falso motivo em um contrato será, em regra, irrelevante para a perfeição do negócio jurídico.

(C) O direito brasileiro não admite a ocorrência de dolo por omissão, pois não há possibilidade de indução em erro quando a pessoa não manifesta a vontade de modo explícito.

(D) O silêncio não pode significar anuência, pois juridicamente quem cala não consente.

(E) Se a lesão ficar caracterizada em um negócio jurídico, não poderá o juiz reconhecer a sanatória do ato.

23. (Titular de Serviços de Notas e de Registros – Remoção – TJ-MG – Consulplan – 2019) De acordo com a disciplina traçada pelo Código Civil acerca dos defeitos dos negócios jurídicos, assinale a alternativa correta.

(A) O dolo acidental é causa de anulação do negócio jurídico, na forma do art. 171, II, do Código Civil.

(B) A coação contemplada no art. 171, II, do Código Civil, como causa de anulação do negócio jurídico, pode ser tanto a absoluta quanto a relativa.

(C) O negócio jurídico simulado é nulo; a despeito dos efeitos ex tunc da declaração que reconhece a nulidade, os terceiros de boa-fé terão os seus direitos ressalvados em face do negócio jurídico simulado.

(D) O estado de perigo disciplinado pelo art. 156, do Código Civil, tem como um de seus elementos a ameaça séria de provocar grave dano ao patrimônio daquele que alega o vício do consentimento em seu favor.

24. (Advogado – Crea-GO – Quadrix – 2019) Com relação ao direito civil, julgue o item.

Suponha-se que João e Maria tenham simulado negócio jurídico. Nesse caso, esse negócio jurídico simulado será nulo, mas o negócio que se dissimulou subsistirá, se for válido na substância e na forma.

( ) Certo ( ) Errado

25. (Procurador Jurídico – Ipremm-SP – VUNESP – 2019) Sobre a fraude contra credores, pode-se corretamente afirmar:

(A) os negócios de transmissão gratuita de bens ou remissão de dívida, se os praticar o devedor já insolvente, ou por eles reduzido à insolvência, ainda quando o ignore, poderão ser anulados pelos credores com garantias reais, como lesivos dos seus direitos.

(B) serão anuláveis os contratos onerosos do devedor insolvente, mesmo não sendo notória a insolvência e não houver motivo para ser conhecida do outro contratante.

(C) se o adquirente dos bens do devedor insolvente ainda não tiver pago o preço e este for, aproximadamente, o corrente, desobrigar-se-á depositando-o em juízo, com a citação de todos os interessados.

(D) o credor quirografário que receber do devedor insolvente o pagamento da dívida ainda não vencida não ficará obrigado a repor aquilo que recebeu, desde que conceda o desconto proporcional ao pagamento antecipado.

(E) presumem-se de boa-fé e valem os negócios ordinários indispensáveis à subsistência do devedor e de sua família, mas não os destinados à manutenção de estabelecimento mercantil, rural ou industrial.

26. (Procurador Jurídico – Ipremm-SP – Vunesp – 2019) É correto afirmar sobre o dolo:

(A) o dolo acidental só leva à anulação do negócio jurídico, sem indenização por perdas e danos, e é acidental quando, a seu despeito, o negócio seria realizado, embora por outro modo.

(B) nos negócios jurídicos bilaterais, o silêncio intencional de uma das partes a respeito de fato ou qualidade que a outra parte haja ignorado constitui omissão dolosa, não havendo a necessidade de prova que sem ela o negócio não se teria celebrado.

(C) pode ser anulado o negócio jurídico por dolo de terceiro apenas se parte a quem aproveite dele tivesse expresso conhecimento; em caso contrário, ainda que subsista o negócio jurídico, o terceiro responderá por todas as perdas e danos da parte a quem ludibriou.

(D) o dolo do representante legal de uma das partes só obriga o representado a responder civilmente até a importância do proveito que teve; se, porém, o dolo for do representante convencional, o representado responderá solidariamente com ele por perdas e danos.

(E) se ambas as partes procederem com dolo, cada uma delas pode alegar o dolo da outra para anular o negócio, ou reclamar indenização, sendo permitida a compensação de dolos.

27. (Procurador do Município – Prefeitura de Ribeirão Preto-SP – Vunesp – 2019) Assinale a alternativa correta sobre o estado de perigo e a lesão.

(A) A lesão pode restar configurada independentemente do dolo de aproveitamento da outra parte, ao contrário do estado de perigo que pressupõe o conhecimento da outra parte a respeito da situação que configura o vício.

(B) Para que se configurem a lesão e o estado de perigo, necessário o dolo de aproveitamento da outra parte, tendo em vista o acolhimento da teoria subjetiva dos vícios do consentimento.

(C) A lesão e o estado de perigo podem se configurar independentemente da existência de dolo de aproveitamento da outra parte, tendo em vista o acolhimento da teoria objetiva dos vícios do consentimento.

(D) O estado de perigo pode restar configurado, independentemente do dolo de aproveitamento da outra parte, ao contrário da lesão que pressupõe o conhecimento da outra parte da situação que configura o vício.

(E) A relevância da existência ou inexistência de dolo de aproveitamento da outra parte deverá ser avaliada no caso concreto pelo juiz na aferição da ocorrência da lesão e do estado de perigo, tendo em vista a aplicação do princípio da boa-fé objetiva.

28. (Inspetor Fiscal de Rendas – Prefeitura de Guarulhos-SP – Vunesp – 2019) Assinale a alternativa correta sobre os defeitos do negócio jurídico.

(A) O erro de direito não gera a anulabilidade do negócio jurídico, mesmo que seja o seu motivo único ou principal, independentemente de resultar ou não em recusa à aplicação da lei.

(B) Nos negócios jurídicos bilaterais, o silêncio intencional de uma das partes a respeito de fato ou qualidade que a outra parte haja ignorado, constitui omissão dolosa, sendo desnecessária a prova de que sem ela o negócio não se teria celebrado.

(C) Não se configura o estado de perigo a necessidade de salvar pessoa não pertencente à família do declarante, sendo vedado ao juiz decidir de forma diversa.

(D) Subsistirá o negócio jurídico, se a coação decorrer de terceiro, sem que a parte a que aproveite dela tivesse ou devesse ter conhecimento, devendo, entretanto, o autor da coação responder por todas as perdas e danos que houver causado ao coacto.

(E) Na lesão aprecia-se a desproporção das prestações segundo os valores ao tempo da alegação da nulidade.

CAP. 7 · DEFEITOS OU VÍCIOS DO NEGÓCIO JURÍDICO E TEORIA DAS NULIDADES | **495**

29. **(Titular de Serviços de Notas e de Registros – Remoção – TJ-MG – Consulplan – 2019) Considerando as disposições do Código Civil acerca dos negócios jurídicos, assinale a alternativa correta.**

(A) A disposição contida no art. 113, do Código Civil, estabelece regra hermenêutica centrada na boa-fé subjetiva.

(B) A impossibilidade inicial do objeto invalida o negócio jurídico se for relativa, ainda que cesse antes de realizada a condição a que ele estiver subordinado.

(C) A manifestação de vontade subsiste, ainda que o seu autor haja feito a reserva mental de não querer o que manifestou, salvo se dela o destinatário tinha conhecimento.

(D) O Código Civil concede ao silêncio o status de declaração de vontade, possível quando as circunstâncias ou os usos o autorizarem, ainda que a hipótese verse sobre negócio jurídico solene.

30. **(Juiz Substituto – TJ-AL – FCC – 2019) De acordo com o Código Civil, o negócio cujo objeto, ao tempo da celebração, é impossível**

(A) é nulo de pleno de direito, ainda que se trate de impossibilidade relativa.

(B) terá validade se a impossibilidade inicial do objeto cessar antes de realizada a condição a que ele estiver subordinado.

(C) é valido, ainda que se trate de impossibilidade absoluta, desde que ela não tenha sido criada por nenhuma das partes.

(D) é válido, porém ineficaz, ainda que se trate de impossibilidade absoluta.

(E) é nulo de pleno direito, porém eficaz, desde que se trate de impossibilidade relativa.

31. **(Procurador Jurídico – Prefeitura de Cerquilho-SP – Vunesp – 2019) De acordo com o Código Civil, sobre o negócio jurídico, é correto afirmar:**

(A) a incapacidade relativa de uma das partes pode ser invocada pela outra em benefício próprio.

(B) a impossibilidade relativa inicial do objeto o invalida.

(C) a validade da declaração de vontade depende de forma especial, mesmo na ausência de previsão legal.

(D) nas declarações de vontade se atenderá mais ao sentido literal da linguagem do que à intenção nelas consubstanciada.

(E) os benéficos e a renúncia serão interpretados estritamente.

32. **(Procurador do Ministério Público de Contas – TCE-RO – Cespe – 2019) É nulo negócio jurídico celebrado**

(A) sem revestir a forma prescrita em lei.

(B) com vício resultante de dolo, quando este for a sua causa.

(C) com erro substancial.

(D) por agente relativamente incapaz.

(E) mediante fraude contra credores.

33. **(Advogado – Câmara de São Felipe D'Oeste – Ibade – 2020) Para que um negócio jurídico seja válido, requer-se que o agente seja capaz, o objeto seja lícito, possível, determinado ou determinável, seja realizado na forma prescrita em lei. nesse sentido, o negócio jurídico será nulo exceto quando:**

(A) for preterida alguma solenidade que a lei considere essencial para a sua validade.

(B) por incapacidade relativa do agente.

(C) por vício resultante de erro.

(D) a impossibilidade inicial do objeto for relativa.

(E) por estado de perigo.

496 DIREITO CIVIL • VOL. 1 – *Flávio Tartuce*

34. **(Analista Judiciário – TRE-PA – IBFC – 2020) Os vícios ou defeitos do negócio jurídico são divididos pela doutrina em duas categorias, os vícios da vontade ou do consentimento e os vícios sociais. Considere as disposições do Código Civil e assinale a alternativa correta:**

(A) Configura-se lesão quando alguém, premido da necessidade de salvar-se, ou a pessoa de sua família, de grave dano conhecido pela outra parte, assume obrigação excessivamente onerosa.

(B) Será nulo o negócio jurídico por dolo de terceiro, se a parte a quem aproveite dele tivesse ou devesse ter conhecimento; em caso contrário, ainda que subsista o negócio jurídico, o terceiro responderá por todas as perdas e danos da parte a quem ludibriou.

(C) Vicia o negócio jurídico a coação exercida por terceiro, se dela tivesse ou devesse ter conhecimento a parte a que aproveite, e esta responderá solidariamente com aquele por perdas e danos.

(D) É anulável o negócio jurídico simulado, mas subsistirá o que se dissimulou, se válido for na substância e na forma. Ressalvam-se os direitos de terceiros de boa-fé em face dos contraentes do negócio jurídico simulado.

35. **(Auditor Fiscal da Receita Estadual – Sefaz-AL – Cespe – 2020) Com base no Código Civil, julgue o item a seguir. Negócio jurídico celebrado por pessoa menor de dezesseis anos de idade é anulável.**

( ) Certo   ( ) Errado

36. **(Juiz Substituto – TJ-MS – FCC – 2020) Verificando a condição culturalmente baixa de José Roberto, lavrador em Ribas do Rio Pardo, Glauco Silva adquire sua propriedade agrícola por R$ 500.000,00, quando o valor de mercado era o de R$ 2.000.000,00. A venda se deu por premente necessidade financeira de José Roberto. Essa situação caracteriza**

(A) erro por parte de José Roberto, em função de sua inexperiência e premente necessidade, anulando--se o negócio jurídico, sem convalidação por se tratar de erro substancial.

(B) estado de perigo, pela premente necessidade de José Roberto, que o fez assumir prejuízo excessivamente oneroso, anulando-se o negócio jurídico, sem possibilidade de convalidação.

(C) dolo de oportunidade de Glauco Silva, anulando-se o negócio jurídico por ter sido a conduta dolosa a causa da celebração do negócio jurídico, podendo este ser convalidado somente se for pago o valor correto, de mercado, pelo imóvel.

(D) lesão, pela manifesta desproporção entre o valor do bem e o que foi pago por ele, em princípio anulando-se o negócio jurídico, salvo se for oferecido suplemento suficiente por Glauco Silva, ou se este concordar com a redução do proveito.

(E) tanto lesão como estado de perigo, nulificando-se o negócio jurídico pela gravidade da conduta, sem possibilidade de ratificação ou convalidação pela excessiva onerosidade a José Roberto.

37. **(Juiz Substituto – TJ-MS – FCC – 2020) Em relação à invalidade do negócio jurídico, considere os enunciados seguintes:**

I. É nulo o negócio jurídico simulado, mas subsistirá o que se dissimulou, se válido for na substância e na forma.

II. O negócio jurídico nulo não é suscetível de confirmação, embora convalesça pelo decurso do tempo.

III. A anulabilidade não tem efeito antes de julgada por sentença, nem se pronuncia de ofício; só os interessados a podem alegar, e aproveita exclusivamente aos que a alegarem, salvo o caso de solidariedade ou indivisibilidade.

IV. Quando a lei dispuser que determinado ato é anulável, sem estabelecer prazo para pleitear-se a anulação, será este de quatro anos, a contar da data da conclusão do ato.

V. Respeitada a intenção das partes, a invalidade parcial de um negócio jurídico não o prejudicará na parte válida, se esta for separável; a invalidade da obrigação principal implica a das obrigações acessórias, mas a destas não induz a da obrigação principal.

Está correto o que se afirma APENAS em

(A) I, III e V.

(B) I, III, IV e V.

CAP. 7 · DEFEITOS OU VÍCIOS DO NEGÓCIO JURÍDICO E TEORIA DAS NULIDADES | **497**

   (C) II, IV e V.

   (D) I, II e III.

   (E) II, III e IV.

38. (Procurador do Estado – PGE-RS – Fundatec – 2021) O dolo, como defeito do negócio jurídico:

   (A) Para gerar a nulidade deve ser essencial.

   (B) Se for acidental só enseja perdas e danos.

   (C) O dolo do representante legal enseja solidariedade do representado.

   (D) Se ambas as partes agirem com dolo, os prejuízos se compensam até os seus respectivos limites.

   (E) O dolo do terceiro afeta o negócio apenas se o beneficiário tivesse conhecimento do mesmo.

39. (Defensor Público – DPE-GO – FCC – 2021) Ao anunciar um veículo à venda, o anunciante instalou alguns itens estéticos no veículo que davam a impressão de se tratar de um modelo mais caro do que o modelo real do carro. Durante as negociações, na presença do vendedor, um terceiro fez menção expressa ao preço em relação ao modelo (referindo-se ao modelo mais caro), mas o vendedor não corrigiu a informação. O comprador, após concretizar a compra e pagar o preço, levou o veículo ao mecânico, quando descobriu que na verdade havia adquirido o carro pensando se tratar de um outro modelo. Ele procura o vendedor e afirma ter interesse em continuar com o veículo, mas deseja um abatimento do preço. O vendedor, por sua vez, afirma que em nenhum momento disse que o veículo era do modelo que o comprador havia imaginado. Nesse caso, trata-se de

   (A) erro sobre o objeto principal da declaração (*error in corpore* ou *error in substantia*), que torna anulável o negócio, no prazo decadencial de 04 (quatro) anos.

   (B) dolo acidental, que em regra não afeta a validade do negócio, porém impõe o dever de indenizar.

   (C) vício redibitório, que permite tanto a anulação do negócio, como o abatimento do preço pago, no prazo decadencial de 30 (trinta) dias para bens imóveis.

   (D) dolo essencial, que torna o negócio anulável, cuja decadência ocorre no prazo de 04 (quatro) anos.

   (E) dolo essencial, que torna o negócio anulável, cuja prescrição ocorre no prazo de 04 (quatro) anos.

40. (Promotor de Justiça Substituto – MPE-MG – Fundep – 2021) Considerando os "defeitos dos negócios jurídicos", analise as assertivas abaixo:

I. Nos negócios jurídicos bilaterais, o silêncio intencional de uma das partes a respeito de fato ou qualidade que a outra parte haja ignorado constitui omissão dolosa, provando-se que sem ela o negócio não se teria celebrado.

II. A coação exercida por terceiro vicia o negócio jurídico, se da coação tivesse ou devesse ter conhecimento a parte a que aproveite, e esta responderá solidariamente com o terceiro por perdas e danos. Caso a parte que aproveite da coação, não tivesse ou devesse ter conhecimento, o negócio jurídico subsistirá, mas o autor da coação responderá por todas as perdas e danos que houver causado ao coacto.

III. Configura-se o estado de perigo quando alguém, sob premente necessidade, ou por inexperiência, se obriga a prestação manifestamente desproporcional ao valor da prestação oposta.

IV. O erro de indicação da pessoa ou da coisa, a que se referir a declaração de vontade, não viciará o negócio quando, por seu contexto e pelas circunstâncias, se puder identificar a coisa ou pessoa cogitada.

Somente está CORRETO o que se afirma em:

   (A) I, II e III.

   (B) I, II e IV.

   (C) I, III e IV.

   (D) II e IV.

498 | DIREITO CIVIL • VOL. 1 – *Flávio Tartuce*

41. (Promotor de Justiça Substituto – MPE-MG – Fundep – 2022) Sobre os negócios jurídicos, é CORRETO afirmar:

(A) São anuláveis os negócios jurídicos, quando as declarações de vontade emanarem de erro substancial que poderia ser percebido por pessoa de diligência normal em face das circunstâncias.

(B) Sua validade requer ter o agente alcançado a maioridade, mesmo que esteja interditado, além de exigir objeto lícito, possível, determinado ou determinável, e forma prescrita ou não defesa em lei.

(C) O silêncio não importa anuência tácita por sempre exigir-se declaração de vontade expressa para a validade do negócio jurídico.

(D) Não invalidam o negócio jurídico condições contraditórias que possam ser interpretadas pelos usos e costumes.

42. (Juiz Substituto – TJSC – FGV – 2022) Geraldo, pai de Mévio, seu primogênito, deseja vender a ele um de seus apartamentos em Florianópolis. No entanto, ambos sabem que os filhos de Geraldo de seu outro casamento, Caio e Tício, jamais concordariam. Sendo assim, Geraldo pediu a seu amigo Júlio que recebesse o apartamento em doação para, após um tempo, vendê-lo a Mévio, pois entre eles não há impedimento.

Nesse caso, ocorreu:

(A) fraude contra credores;

(B) simulação;

(C) dolo;

(D) lesão;

(E) erro.

43. (Promotor de Justiça Substituto – MPE-SE – Cespe/Cebraspe – 2022) De acordo com o Código Civil, é anulável o negócio jurídico

(A) celebrado por menor de 16 anos de idade.

(B) se o motivo determinante for ilícito.

(C) se for destinado a fraudar a lei.

(D) se o objeto for indeterminado.

(E) por vício resultante de coação.

44. (Analista da Defensoria Pública – DPE-RO – Cespe/Cebraspe – 2022) Acerca dos vícios do negócio jurídico, assinale a opção correta.

(A) O negócio jurídico pode ser anulado por ignorância, se a parte a quem aproveite dele tivesse ou devesse ter conhecimento; em caso contrário, ainda que subsista o negócio jurídico, o terceiro responderá por todas as perdas e danos da parte ludibriada.

(B) O dolo acidental é aquele que não é a causa própria do negócio jurídico, não podendo por si só dar razão a sua anulabilidade, mas tão somente a obrigatoriedade de o sujeito agente arcar com perdas e danos, em favor do indivíduo prejudicado.

(C) O erro é um vício de consentimento do negócio jurídico que pode ser conceituado como uma pressão física ou moral que um dos negociantes exerce sobre o outro com a finalidade de induzi-lo a se comprometer com uma obrigação que não lhe é conveniente.

(D) A coação é um vício do negócio jurídico que ocorrerá quando um dos indivíduos ou pessoa de sua família estiver em perigo conhecido pela outra parte, sendo o perigo a única razão para a realização do negócio jurídico.

(E) O dolo ocorre quando um dos negociantes, por inexperiência, se obriga a uma prestação manifestamente desproporcional ao valor da prestação oposta, de maneira que um dos sujeitos do negócio massacra patrimonialmente a parte contrária.

45. (Promotor de Justiça Substituto – MPE-SP – MPE-SP – 2022) A medida (ou mecanismo) da conversão substancial do negócio jurídico

(A) depende da aquiescência dos dois contratantes e necessita de prévia previsão contratual.

(B) não tem previsão no Código Civil e se aplica aos casos de anulabilidade.

CAP. 7 · DEFEITOS OU VÍCIOS DO NEGÓCIO JURÍDICO E TEORIA DAS NULIDADES | 499

(C) permite que uma das partes converta um negócio jurídico, desde que válido, em outro.

(D) pode permitir o aproveitamento de um negócio jurídico eivado de nulidade.

(E) tem previsão em lei especial e se relaciona diretamente com a dinâmica das relações negociais celebradas por meio eletrônico.

46. (MPE-BA – Cespe/Cebraspe – Promotor de Justiça Substituto – 2023) No direito civil, se o erro não derivar de uma falta de normal diligência por parte de quem o invoca, ele será caracterizado como

(A) incidental.

(B) acidental.

(C) perceptível.

(D) substancial.

(E) escusável.

47. (AL-MG – Fumarc – Procurador – 2023) De acordo com o direito civil brasileiro, sobre os defeitos do negócio jurídico, é CORRETO afirmar:

(A) É anulável o negócio jurídico simulado, mas subsistirá o que se dissimulou, se válido for na substância e na forma.

(B) Não vicia o negócio jurídico a coação exercida por terceiro.

(C) O dolo acidental não obriga à satisfação das perdas e danos, e é acidental quando, a seu despeito, o negócio seria realizado, embora por outro modo.

(D) São anuláveis os negócios jurídicos, quando as declarações de vontade emanarem de erro substancial que poderia ser percebido por pessoa de diligência normal, em face das circunstâncias do negócio.

48. (MPE-PA – Cespe/Cebraspe – Promotor de Justiça Substituto – 2023) Em relação aos defeitos do negócio jurídico, assinale a opção correta.

(A) Caracteriza-se como coação a situação em que uma pessoa, por inexperiência, se obriga a prestação desproporcional ao valor da prestação oposta.

(B) A fraude contra credores exige o conhecimento, por parte do terceiro adquirente, do estado de insolvência do devedor.

(C) O falso motivo viciará a declaração de vontade quando, mesmo que não seja expresso, for a razão determinante para a realização do ato.

(D) Nos negócios jurídicos unilaterais, o silêncio intencional de uma das partes a respeito de fato que a outra parte tenha ignorado constitui omissão dolosa.

(E) A alegação de coação não será cabível quando a situação disser respeito a pessoa não pertencente à família do paciente.

49. (TJMS – FGV – Juiz Substituto – 2023) Após a morte de seu pai, Alessandro cedeu para Dejair, por instrumento particular, os quadros que eventualmente herdaria na divisão da herança. Nesse caso, é correto afirmar que o negócio jurídico:

(A) que versa sobre a alienação de bens móveis, é existente, válido e eficaz;

(B) é nulo, por violação de forma prescrita em lei, de modo que não admite qualquer aproveitamento ou convalidação;

(C) é anulável, por violação de forma prescrita em lei, mas admite sua conversão em promessa de cessão;

(D) é nulo, por violação de forma prescrita em lei, mas admite sua conversão em promessa de cessão;

(E) que versa sobre a alienação de bens móveis, é existente, válido e tem eficácia subordinada a fato futuro e incerto, qual seja, Alessandro ser aquinhoado, na divisão, com os quadros que alienou a Dejair.

50. (AGU – Cespe/Cebraspe – Procurador Federal – 2023) De acordo com o que dispõe o Código Civil acerca dos defeitos do negócio jurídico, se o devedor, ao perdoar uma dívida, for reduzido à insolvência, o ato de perdão da dívida poderá ser anulado sob a alegação de

(A) erro.

(B) dolo.

500 DIREITO CIVIL • VOL. 1 – *Flávio Tartuce*

(C) abuso de direito.

(D) lesão.

(E) fraude contra credores.

51. (TJGO – Analista Judiciário – Oficial de Justiça – IV-UFG – 2024) Leia o caso a seguir.

L., atualmente com cinco anos de idade, é filha de M. e T. Durante este ano, a família descobriu que a criança é portadora de leucemia, necessitando, assim, de internação hospitalar e de tratamento de quimioterapia não cobertos pelo plano de saúde contratado. Diante disso, e levando em conta a urgência, os pais procuraram a Operadora que, ciente das consequências, ofertou um aditivo contratual que levaria a um aumento de pelo menos dez vezes o valor da mensalidade paga. Diante da necessidade de salvar sua prole, M. e T. assinaram o acordo, o que permitiu o acesso à prestação do serviço necessário ao tratamento de L. Ocorre que, o montante dispendido, além de exorbitante, compromete o sustento do núcleo familiar.

A partir da consulta de um advogado, foi-lhes informado a respeito da possibilidade de anulação do negócio jurídico com base em defeito tipificado no Código Civil correspondente a

(A) abuso de direito.

(B) coação.

(C) estado de perigo.

(D) lesão.

52. (Câmara de Belo Horizonte-MG – Procurador – Instituto Consulplan – 2024) Levando-se em consideração que os defeitos e invalidades dos negócios jurídicos encontram-se disciplinados na Parte Geral do Código Civil, analise as afirmativas a seguir.

I. Nos negócios jurídicos bilaterais, o silêncio intencional de uma das partes a respeito de fato ou qualidade que a outra parte haja ignorado, constitui omissão dolosa, provando-se que sem ela o negócio não se teria celebrado.

II. Não se considera coação a ameaça do exercício normal de um direito, nem o simples temor reverencial.

III. É nulo o negócio jurídico simulado, mas subsistirá o que se dissimulou, se válido for na substância e na forma.

IV. O negócio jurídico nulo é suscetível de confirmação, convalescendo pelo decurso do tempo.

De acordo com os dispositivos do Código Civil, está correto o que se afirma em

(A) I, II, III e IV.

(B) II e III, apenas.

(C) I, II e III, apenas.

(D) II, III e IV, apenas.

53. (AL-TO – Procurador Jurídico – FGV – 2024) O Hospital Sua Saúde move ação de cobrança de despesas hospitalares de Roseli Silva, requerendo o pagamento de todas as despesas referentes à internação e tratamento de Augusto César, já falecido.

Em sua defesa, Roseli Silva alega que, na qualidade de empregada/cuidadora do falecido Augusto César, o acompanhou em sua internação no Hospital Sua Saúde, pois Augusto César passou mal durante a madrugada e nenhum dos filhos conseguiria chegar em tempo hábil para acompanhar o pai ao hospital. Afirma que assinou a documentação exigida e disponibilizada pelo Hospital, na qualidade de acompanhante, sem ter conhecimento de que estaria assumindo obrigações por despesas médico-hospitalares de seu empregador. Ao contrário, afirma que foi informada que a assinatura dos documentos era apenas para viabilizar a internação.

Diante da situação hipotética narrada, assinale a opção que indica, corretamente, o negócio jurídico celebrado entre Roseli Silva e o Hospital Sua Saúde.

(A) É válido, pois a responsabilização pelo pagamento das despesas consta do contrato assinado.

(B) É anulável por erro essencial quanto à natureza do negócio e ao objeto principal da declaração.

(C) É anulável por estado de perigo, no prazo decadencial de quatro anos.

CAP. 7 · DEFEITOS OU VÍCIOS DO NEGÓCIO JURÍDICO E TEORIA DAS NULIDADES | 501

(D) É anulável por dolo, no prazo decadencial de dois anos.

(E) É nulo, pois configura coação moral absoluta.

54. **(MPE-SC – Promotor de Justiça substituto – Instituto Consulplan – 2024) Um indivíduo, em representação formal de outro, praticou um ato que estava dentro dos poderes expressos no instrumento de representação, ainda que de forma genérica; entretanto, o ato praticado pelo representante, de forma nítida, foi contrário aos interesses do representado. Considerando que pode ser comprovada a não intenção do representado em permitir a realização do ato, nos termos em que foi realizado, o negócio jurídico em desafio será anulável, independentemente da boa-fé do terceiro com quem foi firmado o negócio. O representante será responsável por ressarcir os prejuízos que tenha dado causa ao representado ou ao terceiro, uma vez anulado o negócio jurídico.**

( ) Certo ( ) Errado

55. **(AL-PR – Analista Legislativo – FGV – 2024) G.P.R. ajuizou ação anulatória de doação contra L.B.A, em 20/01/2024, com quem manteve um relacionamento afetivo por cerca de 10 meses. Alega na inicial, que após alguns meses de relacionamento e acreditando que em breve contrairiam matrimônio e formariam uma família, realizou, em 20/10/2020, uma doação no valor de R$100.000,00 para L.B.A que, há época, encontrava-se com séries dificuldades financeiras. G.P.R informa que acreditava que L.B.A ainda não havia aceitado o seu pedido de casamento em razão dos problemas financeiros e que com a doação, prontamente o matrimônio entre os dois seria formalizado.**

Ocorre que, cinco semanas após a doação, L.B.A terminou a relação com G.P.R que, por meio da presente ação pretende a invalidação da doação por erro ou dolo e em razão da reserva mental de só realizar a doação mediante o casamento futuro. Para comprovar a reserva mental, anexa declaração de seu irmão Pedro, afirmando que sabia que G.P.R. só havia feito a doação porque acreditava que se casaria com L.B.A. Em contestação, L.B.A afirma que sempre deixou claro que não se casaria e que, inclusive, a sua foto do perfil de whatsapp é uma imagem com os dizeres "casamento: estou fora", que aceitou a doação e utilizou os valores para quitar suas dívidas, pois nunca desconfiou da referida reserva mental.

Diante da situação hipotética narrada e com base na legislação vigente, assinale a afirmativa correta.

(A) Nos termos da legislação vigente, a reserva mental prevalece e é causa de invalidação do negócio, se provada por qualquer meio de prova admitida em direito, como a declaração emitida por Pedro.

(B) No caso, a reserva mental alegada por G.P.R. não é suficiente para a invalidação do negócio, mas o dolo de L.B.A é presumido e causa bastante para invalidar a doação.

(C) Ainda que reste comprovado que L.B.A induziu G.P.R. ao erro, fazendo-o acreditar que se casariam, não é possível invalidar a doação por dolo em razão do esgotamento do prazo decadencial.

(D) No caso em tela, é possível a invalidação da doação por ingratidão e por erro essencial quanto a pessoa de L.B.A, que manteve relacionamento afetivo e aceitou a doação.

(E) Como L.B.A não sabia e nem tinha como saber da suposta reserva mental alegada por G.P.R., prevalecerá a vontade manifestada para a realização da doação.

GABARITO

1 – C	2 – C	3 – E
4 – B	5 – C	6 – B
7 – D	8 – A	9 – A
10 – B	11 – B	12 – C
13 – A	14 – D	15 – C

16 – B	17 – E	18 – B
19 – E	20 – E	21 – C
22 – B	23 – C	24 – CERTO
25 – C	26 – D	27 – A
28 – D	29 – C	30 – B
31 – E	32 – A	33 – D
34 – C	35 – ERRADO	36 – D
37 – A	38 – B	39 – B
40 – B	41 – A	42 – B
43 – E	44 – B	45 – D
46 – E	47 – D	48 – B
49 – D	50 – E	51 – C
52 – C	53 – B	54 – ERRADO
55 – E		

8

DA PRESCRIÇÃO E DA DECADÊNCIA NO CÓDIGO CIVIL DE 2002. O TRATAMENTO DIFERENCIADO

Sumário: 8.1 Introdução – 8.2 Da prescrição: 8.2.1 Conceito de prescrição; 8.2.2 Disposições gerais sobre a prescrição; 8.2.3 Das causas impeditivas e suspensivas da prescrição; 8.2.4 Das causas de interrupção da prescrição; 8.2.5 Dos prazos de prescrição previstos na Parte Geral do Código Civil. As ações imprescritíveis; 8.2.6 Prescrição e direito intertemporal – 8.3 Da decadência. Conceitos e disposições gerais: 8.3.1 Prazos de decadência – 8.4 Resumo esquemático – 8.5 Questões correlatas – Gabarito.

8.1 INTRODUÇÃO

Como é notório, o exercício de um direito não pode ficar pendente de forma indefinida no tempo. O titular deve exercê-lo dentro de um determinado prazo, pois *o Direito não socorre aqueles que dormem.* Com fundamento na pacificação social, na certeza e na segurança da ordem jurídica é que surge a matéria da prescrição e da decadência. Pode-se também afirmar que as duas categorias jurídicas estão fundadas em uma espécie de boa-fé do próprio legislador e na punição daquele que é negligente com seus direitos e pretensões.

Nesse sentido, conforme ensina Miguel Reale, na exposição de motivos do Código Civil de 2002, um dos principais baluartes na atual codificação é o *princípio da operabilidade*, primeiramente em um sentido de simplicidade, pelo qual se busca facilitar o estudo dos institutos jurídicos privados.

Tal princípio pode ser flagrantemente percebido pelo tratamento dado pela codificação vigente tanto à prescrição quanto à decadência, particularmente pela facilitação de visualização dos institutos. O Código Civil em vigor traz um tratamento diferenciado quanto a tais conceitos: a prescrição consta dos seus arts. 189 a 206; a decadência, dos arts. 207 a 211.

Aliás, os prazos de prescrição estão concentrados em dois artigos do Código Civil: arts. 205 e 206. Os demais prazos, encontrados em outros dispositivos da atual codificação, são, pelo menos em regra, todos decadenciais.

Mas não é só. Como a matéria era demais confusa na vigência do Código Civil de 1916, que concentrava todos os prazos nos seus arts. 177 e 178, visando esclarecer o assunto, Agnelo Amorim Filho concebeu um artigo histórico, em que associou os prazos prescricionais e decadenciais a ações correspondentes, buscando também quais seriam as ações imprescritíveis (Critério científico..., 1960, *RT* 300/7 e 744/725).

Esse brilhante professor paraibano associou a prescrição às ações condenatórias, ou seja, àquelas ações relacionadas com direitos subjetivos, próprio das pretensões pessoais. Assim, a prescrição mantém relação com deveres, obrigações e com a responsabilidade decorrente da inobservância das regras ditadas pelas partes ou pela ordem jurídica.

Por outro lado, a decadência está associada a direitos potestativos e às ações constitutivas, sejam elas positivas ou negativas. As ações anulatórias de atos e negócios jurídicos, logicamente, têm essa última natureza. A decadência, portanto, tem relação com um estado de sujeição, próprio dos direitos potestativos. Didaticamente, é certo que o direito potestativo, por se contrapor a um estado de sujeição, é aquele que *encurrala a outra parte, que não tem saída*.

Por fim quanto à distinção que ora nos interessa, as ações meramente declaratórias, como aquelas que buscam a nulidade absoluta de um negócio, são imprescritíveis, ou melhor, tecnicamente, não estão sujeitas à prescrição ou à decadência. A imprescritibilidade dessa ação específica está também justificada porque a nulidade absoluta envolve ordem pública, não convalescendo pelo decurso do tempo (art. 169 do CC/2002).

Não há a menor dúvida de que o Código Civil de 2002 adotou a teoria do genial doutrinador paraibano. Na própria exposição de motivos da codificação de 2002, apresentada na Câmara dos Deputados em 1975 pelo jurista José Carlos Moreira Alves, consta, quanto à decadência o seguinte:

> "Com efeito, ocorre a decadência quando um *direito potestativo* não é exercido, extrajudicialmente ou judicialmente (nos casos em que a lei – como sucede em matéria de anulação, desquite etc. – exige que o direito de anular, o direito de desquitar-se só possa ser exercido em Juízo, ao contrário, por exemplo, do direito de resgate, na retrovenda, que se exerce extrajudicialmente), dentro do prazo para exercê-lo, o que provoca a decadência desse direito potestativo. Ora, os direitos potestativos são direitos sem pretensão, pois são insusceptíveis de violação, já que a eles não se opõe um dever de quem quer que seja, mas uma sujeição de alguém (o meu direito de anular o negócio jurídico não pode ser violado pela parte a quem a anulação prejudica, pois esta está apenas sujeita a sofrer as consequências da anulação decretada pelo juiz, não tendo, portanto, dever algum que possa descumprir)" (MOREIRA ALVES, José Carlos. *A parte geral...*, 2003, p. 161).

Pela excelência da tese, por diversas vezes serão utilizados os critérios científicos de Agnelo Amorim para solucionar questões controvertidas relativas ao assunto. Assim sendo, não se pode mais aceitar entendimentos jurisprudenciais, inclusive sumulados por Tribunais Superiores, que associam prazos prescricionais a ações que visam anular negócios jurídicos, que têm natureza constitutiva negativa.

A título de exemplo concreto, não tem mais aplicação a Súmula 494 do STF, pela qual: "a ação para *anular* a venda de ascendente a descendente, sem o consentimento dos demais, *prescreve* em vinte anos, contados da data do ato". O texto por último transcrito, por si só, afasta qualquer entendimento nesse sentido. Para o caso em questão, portanto, deve ser aplicado o prazo geral de decadência previsto no art. 179 do CC/2002; dois anos contados da celebração do ato.

CAP. 8 · DA PRESCRIÇÃO E DA DECADÊNCIA NO CC/2002. O TRATAMENTO DIFERENCIADO | **505**

Nesse sentido, cite-se o Enunciado n. 368 do CJF/STJ, aprovado na *IV Jornada de Direito Civil*, pelo qual o prazo para anular venda de ascendente para descendente é decadencial de dois anos (art. 179 do CC). Esse, aliás, é o entendimento atual do Superior Tribunal de Justiça (STJ, REsp 1.356.431/DF, 4.ª Turma, Rel. Min. Luis Felipe Salomão, j. 08.08.2017, *DJe* 21.09.2017; STJ, EDcl no REsp 1.198.907/RS, 4.ª Turma, Rel. Min. Antonio Carlos Ferreira, j. 09.09.2014, *DJe* 18.09.2014; e REsp 771.736-0/SC, 3.ª Turma, Rel. Min. Carlos Alberto Menezes Direito, j. 07.02.2006, v.u.).

Na mesma linha, existem arestos do Tribunal Mineiro (TJMG, Apelação Cível 1.0518.05.085096-6/0011, 15.ª Câmara Cível, Poços de Caldas, Rel. Des. Bitencourt Marcondes, j. 08.05.2008, *DJEMG* 04.06.2008), do Tribunal Paulista (TJSP, Apelação com Revisão, Acórdão 3671454, 6.ª Câmara de Direito Privado, São Caetano do Sul, Rel. Des. Vito Guglielmi, j. 04.06.2009, *DJESP* 26.06.2009) e do Tribunal Gaúcho (TJRS, Acórdão 70027007053, 8.ª Câmara Cível, Giruá, Rel. Des. Rui Portanova, j. 19.11.2009, *DJERS* 26.11.2009, p. 60). Clama-se para que o próprio Supremo Tribunal Federal faça a devida revisão da antiga Súmula 494, que data do remoto ano de 1969. Essa revisão se torna urgente pelo fato de as súmulas dos Tribunais Superiores terem força vinculativa às inferiores instâncias, por previsão de vários dispositivos do CPC/2015, caso dos seus arts. 332, 489, 926 e 927.

Para encerrar o presente tópico, anoto que o Projeto de Reforma do Código Civil pretende simplificar ainda mais o tratamento da prescrição, em prol da segurança jurídica, consagrando um prazo geral de cinco anos, incidente para os casos de responsabilidade civil contratual ou extracontratual, e também para as situações envolvendo o enriquecimento sem causa e a repetição de indébito. Nesse contexto, o art. 205 passará a prever que "a prescrição ocorre em cinco anos, quando a lei não lhe haja fixado prazo menor". E mais, nos termos do seu parágrafo único, "aplica-se o prazo geral do caput deste artigo para a pretensão de reparação civil, derivada da responsabilidade contratual ou extracontratual, e para a pretensão de ressarcimento por enriquecimento sem causa". Sem dúvidas, diante de uma constante aceleração das relações sociais, e da difusão continuada das informações, não se justifica mais o longo prazo de dez anos hoje vigente.

Como foi igualmente debatido na Comissão de Juristas, a adoção de um prazo geral de cinco anos encerrará os eventuais embates sobre a existência de relação civil ou de consumo, já que, no caso das últimas, há um prazo de cinco anos previsto para os acidentes de consumo, nos termos do art. 27 do CDC. Assim, o prazo será o mesmo, não havendo a necessidade de se adentrar nessa discussão técnica, muitas vezes percebida na prática.

Quanto aos prazos especiais do art. 206, também se almeja uma simplificação ainda maior, com prazos apenas de um e três anos, não havendo mais prazos de dois e quatro anos, novamente em prol da facilitação, da simplicidade e da operabilidade.

Superada essa análise introdutória, parte-se agora para a abordagem facilitada da matéria, devendo ser ressaltado que a codificação anterior fazia uma verdadeira confusão na previsão do assunto, notadamente pela concentração dos prazos especiais de prescrição e decadência em um único dispositivo, agora exposto de forma clara, separada e precisa.

8.2 DA PRESCRIÇÃO

8.2.1 Conceito de prescrição

Com o intuito de indicar que não se trata de um direito subjetivo público abstrato de ação, o atual Código Civil adotou a tese da prescrição da pretensão. De acordo com o art. 189 do CC/2002, violado um direito, nasce para o seu titular uma pretensão, que pode ser extinta pela prescrição.

Se o titular do direito permanecer inerte, tem como *pena* a perda da pretensão que teria por via judicial. Repise-se que a prescrição constitui um benefício a favor do devedor, pela aplicação da regra de que *o direito não socorre aqueles que dormem*, diante da necessidade do mínimo de segurança jurídica nas relações negociais.

Não se pode esquecer que a prescrição pode ser *extintiva* – caso da tratada na Parte Geral do Código Civil e que será agora estudada – ou *aquisitiva*, caso da usucapião, que está abordada no Volume 4 da presente coleção, relativo ao Direito das Coisas.

A prescrição extintiva, fato jurídico em sentido estrito, é, nesse contexto, uma sanção ao titular do direito violado, que extingue tanto a pretensão positiva quanto a negativa (exceção ou defesa). Trata-se de um fato jurídico *stricto sensu* justamente pela ausência de vontade humana, prevendo a lei efeitos naturais, relacionados com a extinção da pretensão. A sua origem está no decurso do tempo, exemplo típico de fato natural.

Na doutrina nacional, alguns autores, como Maria Helena Diniz (*Curso...*, 2007, v. 1, p. 383) e Sílvio de Salvo Venosa (*Direito civil...*, 2005, p. 595, v. 1), ainda conceituam a *prescrição extintiva* como a perda do direito de ação ou da própria ação, tese antiga de Clóvis Beviláqua e com a qual não há como concordar, principalmente com a emergência da codificação de 2002.

Porém, conforme elucida Renan Lotufo, ao comentar o art. 189 do atual Código Privado, "não há referência a ação no artigo, mas à pretensão, e é esta que se extingue com o decurso do tempo. Além disso, a menção a algum ato ou fato impeditivo, ou suspensivo, do curso do prazo não entra no conceito, mesmo porque implicarão não tipificação, ou mera forma alternativa na contagem do prazo" (*Código Civil comentado...*, 2003, v. 1, p. 519). Desse modo, merece alento a crítica formulada pelo professor da PUCSP, no sentido de que a prescrição, de fato, constitui a extinção da pretensão. A questão é de opção legislativa quanto à categorização jurídica.

Esclareça-se que a ideia de pretensão adotada pelo Código Civil Brasileiro tem relação com a noção de Windscheid, com o fim de transpor ao Direito Privado a *actio*, oriunda do antigo Direito comum. Trata-se do conceito de direito subjetivo processual, considerado a partir da *possibilidade de processo* (LARENZ, Karl. *Derecho Civil...*, p. 315).

Na prescrição, nota-se que ocorre a extinção da pretensão; todavia, o direito em si permanece incólume, só que sem proteção jurídica para solucioná-lo. Tanto isso é verdade que, se alguém pagar uma dívida prescrita, não pode pedir a devolução da quantia paga, eis que existia o direito de crédito que não foi extinto pela prescrição. Nesse sentido, determina o art. 882 do CC/2002 que não se pode repetir o que se pagou para solver dívida prescrita, ou cumprir obrigação judicialmente inexigível.

Superada essa visão conceitual da prescrição, parte-se para a análise das principais regras relacionadas com a matéria.

8.2.2 Disposições gerais sobre a prescrição

Conforme antes exposto, o Código Civil de 2002 passa a adotar, em seu art. 189, a tese de que a prescrição é a perda ou extinção da pretensão, por relacionar-se com um direito subjetivo ("violado o direito, nasce para o titular a pretensão, a qual se extingue, pela prescrição, nos prazos a que aludem os arts. 205 e 206"). O comando legal faz menção expressa aos arts. 205 e 206, que concentram os prazos de prescrição da codificação de 2002, visando à facilitação (operabilidade, no sentido de simplicidade).

Observa-se e repita-se que o Código Privado de 2002 adota quanto a esse instituto a tese de Agnelo Amorim Filho, que, como visto, em artigo impecável tecnicamente associou os prazos de prescrição às ações condenatórias. De fato, os prazos especiais apresentados no art. 206 dizem respeito a ações condenatórias, particularmente àquelas relativas à cobrança de valores ou à reparação de danos, mantendo uma relação com os *direitos subjetivos*.

Para as ações dessa natureza, em que não houver previsão de prazo específico, aplica--se a regra geral de dez anos, conforme o art. 205 do Código Civil em vigência. Esse prazo incide em qualquer ação, não havendo mais distinção quanto às ações reais e pessoais, como constava do art. 177 do Código Civil de 1916 (20 anos para ações pessoais, 15 anos para ações reais entre ausentes, 10 anos para ações reais entre presentes). A premissa tem relação com a facilitação do Direito Privado, a simplicidade.

Como exemplo de aplicação desse prazo geral de dez anos, o STJ editou a Súmula 412, prescrevendo que "a ação de repetição de indébito de tarifas de água e esgoto sujeita-se ao prazo prescricional estabelecido no Código Civil". Mais recentemente, a Corte Especial do Tribunal acabou por concluir que esse mesmo prazo geral de dez anos tem incidência para a ação de repetição de indébito por cobrança indevida de valores referentes a serviços não contratados de telefonia fixa (STJ, EAREsp 738.991/RS, Corte Especial, Rel. Min. Og Fernandes, j. 20.02.2019, *DJe* 11.06.2019).

Quanto à contagem do prazo prescricional, é o teor do Enunciado n. 14 do CJF/STJ, aprovado na *I Jornada de Direito Civil*, realizada em setembro de 2002:

> "Art. 189: 1) o início do prazo prescricional ocorre com o surgimento da pretensão, que decorre da exigibilidade do direito subjetivo; 2) o art. 189 diz respeito a casos em que a pretensão nasce imediatamente após a violação do direito absoluto ou da obrigação de não fazer".

A doutrina majoritária sempre foi favorável ao que refere o enunciado, sendo certo que os parâmetros que nele constam devem ser aplicados para o início da contagem dos prazos prescricionais. A título de exemplo, pode-se apontar:

- No caso de uma dívida a termo, a prescrição tem início quando ela não é paga (vencimento + inadimplemento).
- No caso de um ato ilícito, a prescrição tem início quando ocorre o evento danoso.

Todavia, esses parâmetros de início da contagem do prazo prescricional – a partir da *violação* do direito subjetivo – vêm sendo contestados jurisprudencialmente. Isso porque cresce na jurisprudência do Superior Tribunal de Justiça a adoção à teoria da *actio nata*, segundo a qual o prazo deve ter início a partir do *conhecimento da violação ou lesão ao direito subjetivo*. Na verdade, essa visão consagra a *feição subjetiva* da *teoria da actio nata*.

José Fernando Simão leciona, em sua tese de livre-docência, que a ideia original de *actio nata* surgiu do trabalho de Savigny, a partir de estudos do Direito Romano:

> "Explica o autor que as condições da prescrição podem ser agrupadas em quatro pontos: *actio nata*; inação não interrompida; *bona fides* e lapso de tempo. Sobre a noção de *actio nata*, Savigny discorre longamente em seu tratado. Nas palavras do autor, 'a primeira

condição de uma prescrição possível coincide com a determinação do seu ponto de partida. Enquanto um direito de ação não existir, não pode deixar de exercê-lo, nem se perderá por negligência. Para que uma prescrição se inicie, é necessária, então, uma *actio nata*. Todo o direito de ação tem duas condições: primeiro, um direito relevante, atual e suscetível de ser reclamado em juízo; sem isso não há prescrição possível. Se, então, uma obrigação estiver limitada por uma condição ou prazo, a prescrição somente se inicia quando a condição for cumprida ou o prazo expirado. É necessária, então, uma violação do direito que determine a ação do titular. Tudo se reduz, pois, a bem caracterizar essa violação do direito, que é a condição da ação. A maior parte das dificuldades nessa matéria é que se tem apreciado mal a natureza dessa violação. Conclui Savigny que, se se subordinar o começo da prescrição ao fato da violação que a ação é chamada a combater, esse começo tem uma natureza puramente objetiva. E pouco importa que o titular do direito tenha ou não conhecimento. Essa circunstância é indiferente, mesmo para as prescrições curtas, salvo, contudo, casos excepcionais, em que se considera o conhecimento que o titular tem da ação" (SIMÃO, José Fernando. *Tempo...*, 2011, p. 268).

Essa ideia de *actio nata*, como se nota, tem um *caráter objetivo puro*, desprezando o conhecimento do dano pelo lesado, pelo menos em regra.

Apesar do trecho final transcrito, constata-se que a lei, a jurisprudência e a própria doutrina têm levado em conta esse *conhecimento* para os fins de fixação do termo *a quo* da prescrição, construindo uma teoria da *actio nata* com *viés subjetivo*.

Nessa esteira, José Fernando Simão expõe que, "contudo, parte da doutrina pondera que não basta surgir a ação (*actio nata*), mas é necessário o conhecimento do fato. Trata-se de situação excepcional, pela qual o início do prazo, de acordo com a exigência legal, só se dá quando a parte tenha conhecimento do ato ou fato do qual decorre o seu direito de exigir. Não basta, assim, que o ato ou fato violador do direito exista para que surja para ela o exercício da ação. Já aqui mais 'liberal', exige a lei o conhecimento pelo titular para que, só assim, se possa falar em ação e também em prescrição desta. O adjetivo 'liberal' utilizado por Brenno Fischer demonstra que, toda vez que a lei se afasta do termo inicial esperado pela segurança jurídica, qual seja, a existência de um fato ou a realização de um negócio ou ato, a doutrina reage mal. Se a prescrição tem por fundamento a segurança, por que se afastar dela?" (SIMÃO, José Fernando. *Tempo...*, 2011, p. 272).

Cabe esclarecer que o próprio José Fernando Simão é favorável à adoção do parâmetro firmado no conhecimento da lesão nos casos de ilícito extracontratual. Segundo o jurista, "para fins de responsabilidade extracontratual, a noção de Savigny de *actio nata* deve ser afastada. Em se tratando de direito disponível no qual não houve negligência ou inércia do titular do direito que desconhecia a existência do próprio crédito e, portanto, a possibilidade de exercício da pretensão, o prazo prescricional só se inicia com o efetivo conhecimento. A afirmação do autor de que a prescrição da ação começa, então, imediatamente após a perpetração do delito, pois há negligência desde que a pessoa lesada demore em propor a ação, não reflete a realidade, mormente em tempos atuais de danos múltiplos que só são conhecidos com o passar do tempo" (SIMÃO, José Fernando. *Tempo...*, 2011, p. 279-280).

Na mesma esteira, da clássica e definitiva obra de Câmara Leal, retira-se trecho em que o doutrinador demonstra a injustiça da análise meramente objetiva quanto ao termo *a quo* do prazo prescricional. Em outras palavras, sustenta o doutrinador a ideia de *actio nata subjetiva* com as seguintes palavras:

"Discute-se, no campo da doutrina, se a prescrição é um fenômeno puramente objetivo, decorrendo o seu início do fato da violação, que torna a ação exercitável, independentemente

CAP. 8 · DA PRESCRIÇÃO E DA DECADÊNCIA NO CC/2002. O TRATAMENTO DIFERENCIADO | 509

da ciência ou conhecimento do titular, ou, se é um fenômeno também subjetivo, ficando o início da prescrição dependendo da condição de que seu titular tenha conhecimento da violação. Savigny é pela doutrina objetiva, dizendo: 'Se se subordina o ponto de partida da prescrição ao fato da violação que a ação é chamada a combater, êste início tem uma natureza puramente objetiva, pouco importando que o titular tenha, ou não conhecimento desta'. Não nos parece racional admitir-se que a prescrição comece a correr sem que o titular do direito violado tenha ciência da violação. Se a prescrição é um castigo à negligência do titular – *cum contra desides homines, et sui juris contentores, odiosa exceptiones oppositae sunt*, – não se compreende a prescrição sem a negligência, e esta, certamente não se dá, quando a inércia do titular decorre da ignorância da violação. Nosso Cód. Civil, a respeito de diversas ações, determina expressamente o conhecimento do fato, de que se origina a ação, pelo titular, como ponto inicial da prescrição" (CÂMARA LEAL, Antonio Luís da. *Da prescrição e da decadência...*, 1959, p. 37).

Realmente, a tese da *actio nata com viés subjetivo* é mais justa, diante do princípio da boa-fé, especialmente com a valorização da informação derivada desse regramento. Como bem salientam Cristiano Chave de Farias e Nelson Rosenvald, "a tese da *actio nata*, reconhecida jurisprudencialmente, melhor orienta a questão. Efetivamente, o início da fluência do prazo prescricional deve decorrer não da violação, em si, de um direito subjetivo, mas, sim, do *conhecimento da violação ou lesão ao direito subjetivo pelo respectivo titular*. Com isso, a boa-fé é prestigiada de modo mais vigoroso, obstando que o titular seja prejudicado por não ter tido conhecimento da lesão que lhe foi imposta. Até porque, e isso não se põe em dúvida, é absolutamente possível afrontar ao direito subjetivo de alguém sem que o titular tenha imediato conhecimento" (FARIAS, Cristiano Chaves; ROSENVALD, Nelson. *Curso de direito civil...*, 2015, p. 622).

Os primeiros julgados aplicavam a tese ao Direito Tributário e ao Direito Administrativo. Mais recentemente, surgiram outras decisões, incidindo esse parâmetro à esfera civil. Para ilustrar, cumpre transcrever julgado em que a teoria da *actio nata* de caráter subjetivo foi aplicada a caso envolvendo a responsabilidade civil do Estado:

> "Administrativo. Responsabilidade civil do Estado. Pretensão de indenização contra a Fazenda Nacional. Erro médico. Danos morais e patrimoniais. Procedimento cirúrgico. Prescrição. Quinquídio do art. 1.º do Decreto 20.910/1932. Termo inicial. Data da consolidação do conhecimento efetivo da vítima das lesões e sua extensão. Princípio da *actio nata*. 1. O termo *a quo* para aferir o lapso prescricional para ajuizamento de ação de indenização contra o Estado não é a data do acidente, mas aquela em que a vítima teve ciência inequívoca de sua invalidez e da extensão da incapacidade de que restou acometida. Precedentes da Primeira Seção. 2. É vedado o reexame de matéria fático-probatória em sede de recurso especial, a teor do que prescreve a Súmula n. 07 desta Corte. Agravo regimental improvido" (STJ, AgRg no REsp 931.896/ES, 2.ª Turma, Rel. Min. Humberto Martins, j. 20.09.2007, *DJ* 03.10.2007, p. 194).

Ainda no campo jurisprudencial, essa versão da teoria da *actio nata* também pode ser retirada do teor da Súmula 278 do mesmo Tribunal Superior, que enuncia: "o termo inicial do prazo prescricional, na ação de indenização, é a data em que o segurado teve ciência inequívoca da incapacidade laboral". Aliás, completando o teor da sumular e prestigiando a versão subjetiva da *actio nata*, na *VII Jornada de Direito Civil* (2015) aprovou-se enunciado estabelecendo que "nas pretensões decorrentes de doenças profissionais ou de caráter progressivo, o cômputo da prescrição iniciar-se-á somente a partir da ciência inequívoca da incapacidade do indivíduo, da origem e da natureza dos danos causados" (Enunciado n. 579).

510 | DIREITO CIVIL • VOL. 1 – *Flávio Tartuce*

Também do Tribunal da Cidadania, igualmente para ilustrar, vejamos julgado publicado no seu *Informativo* n. *470*, fazendo incidir essa versão da *actio nata* para hipótese de erro médico, contando-se o prazo prescricional da data da ciência da lesão, ou seja, de quando a parte tomou ciência que havia instrumentos cirúrgicos no seu corpo:

"Erro médico. Prescrição. Termo *a quo*. A Turma, na parte conhecida, deu provimento ao recurso especial da vítima de erro médico para afastar a prescrição reconhecida em primeira instância e mantida pelo tribunal de origem. *In casu*, a recorrente pleiteou indenização por danos morais sob a alegação de que, ao realizar exames radiográficos em 1995, foi constatada a presença de uma agulha cirúrgica em seu abdome. Afirmou que o objeto foi deixado na operação cesariana ocorrida em 1979, única cirurgia a que se submeteu. Nesse contexto, consignou-se que o termo *a quo* da prescrição da pretensão indenizatória pelo erro médico é a data da ciência do dano, não a data do ato ilícito. Segundo o Min. Relator, se a parte não sabia que havia instrumentos cirúrgicos em seu corpo, a lesão ao direito subjetivo era desconhecida, portanto ainda não existia pretensão a ser demandada em juízo. Precedente citado: REsp 694.287/RJ, *DJ* 20/9/2006" (STJ, REsp 1.020.801/SP, Rel. Min. João Otávio de Noronha, j. 26.04.2011).

Seguindo nas concretizações práticas, a teoria da *actio nata com viés subjetivo* é abstraída da conclusão de que, no caso de falecimento de pessoa da família, o início do prazo prescricional para que os parentes promovam a demanda reparatória se dá com o falecimento do ente querido. Assim concluindo: "o termo inicial da contagem do prazo prescricional na hipótese em que se pleiteia indenização por danos morais e/ou materiais decorrentes do falecimento de ente querido é a data do óbito, independentemente da data da ação ou omissão. Não é possível considerar que a pretensão à indenização em decorrência da morte nasça antes do evento que lhe deu causa" (STJ, REsp 1.318.825/SE, Rel. Min. Nancy Andrighi, j. 13.11.2012, publicado no seu *Informativo* n. *509*).

Consigne-se que, no ano de 2014, o mesmo Tribunal da Cidadania proferiu acórdão em sede de incidente de recursos repetitivos quanto ao termo inicial para a cobrança do antigo seguro DPVAT, atual SPVAT (Seguro Obrigatório para Proteção de Vítimas de Acidentes de Trânsito).

Conforme publicação constante do seu *Informativo* n. *544*, "no que diz respeito ao termo inicial do prazo prescricional nas demandas por indenização do seguro DPVAT que envolvem invalidez permanente da vítima: *a)* o termo inicial do prazo prescricional é a data em que o segurado teve ciência inequívoca do caráter permanente da invalidez; e *b)* exceto nos casos de invalidez permanente notória, a ciência inequívoca do caráter permanente da invalidez depende de laudo médico, sendo relativa a presunção de ciência" (STJ, REsp 1.388.030/MG, Rel. Min. Paulo de Tarso Sanseverino, j. 11.06.2014).

A questão se consolidou de tal forma que, em 2016, o Superior Tribunal de Justiça editou a Súmula 573 com o mesmo teor da tese destacada no julgado transcrito. Eis mais um caso em que a aplicação da *actio nata* mostra-se mais efetiva socialmente.

Em 2017, surgiu outro aresto aplicando a *actio nata subjetiva* a caso envolvendo plágio, em ofensa a direitos autorais. Consoante a tese fixada em julgado publicado no *Informativo* n. *609* da Corte, "o termo inicial da pretensão de ressarcimento nas hipóteses de plágio se dá quando o autor originário tem comprovada ciência da lesão a seu direito subjetivo e de sua extensão, não servindo a data da publicação da obra plagiária, por si só, como presunção de conhecimento do dano". Na dicção da sua ementa, que confirma a tendência aqui demonstrada, "a jurisprudência do Superior Tribunal de Justiça, em casos envolvendo o termo inicial da prescrição das demandas indenizatórios por dano extracontratual, tem prestigiado o acesso à justiça em detrimento da segurança jurídica, ao afastar a data do dano como marco temporal. Precedentes" (STJ, REsp 1.645.746/BA, 3.ª Turma, Rel. Min. Ricardo Villas Bôas Cueva, j. 06.06.2017, *DJe* 10.08.2017).

Como outra ilustração a respeito da *actio nata subjetiva*, destaco acórdão do ano de 2022, da mesma Terceira Turma do STJ, que considerou como termo inicial da prescrição para a ação de indenização por danos materiais e morais a data da ciência inequívoca dos efeitos do ato lesivo. O grande mérito desse *decisum* é trazer parâmetros para a adoção excepcional dessa vertente: "a) a submissão da pretensão a prazo prescricional curto; b) a constatação, na hipótese concreta, de que o credor tinha ou deveria ter ciência do nascimento da pretensão, o que deve ser apurado a partir da boa-fé objetiva e de *standards* de atuação do homem médio; c) o fato de se estar diante de responsabilidade civil por ato ilícito absoluto; e d) a expressa previsão legal a impor a aplicação do sistema subjetivo" (STJ, REsp 1.836.016/PR, 3.ª Turma, Rel. Min. Ricardo Villas Bôas Cueva, Rel. p/ Acórdão Min. Nancy Andrighi, por maioria, j. 10.05.2022).

Por fim, como último exemplo jurisprudencial superior, conclui a Corte em 2024 a respeito do gravíssimo dano decorrente do abuso sexual infantil que "o termo inicial da prescrição nos casos de abuso sexual durante a infância e adolescência não pode ser automaticamente vinculado à maioridade civil, sendo essencial analisar o momento em que a vítima tomou plena ciência dos danos em sua vida, aplicando-se a teoria subjetiva da *actio nata*" (STJ, REsp 2.123.047/SP, 4.ª Turma, Rel. Min. Antonio Carlos Ferreira, por unanimidade, j. 23.04.2024, *DJe* 30.04.2024).

Em sede legislativa, a teoria foi adotada pelo art. 27 do Código de Defesa do Consumidor, pelo qual, havendo acidente de consumo, o prazo prescricional de cinco anos tem início do conhecimento do dano e de sua autoria.

Por tudo o que foi exposto, nota-se que há, assim, um novo dimensionamento do tema da prescrição, melhor adaptado às ideias de eticidade e socialidade, valorizando-se a questão da informação. Realmente, a teoria da *actio nata subjetiva* parece a atender à realidade social contemporânea e à boa-fé objetiva.

Anoto que, a par desses desafios doutrinários e jurisprudenciais, no Projeto de Reforma do Código Civil, após intensos debates na Comissão de Juristas e votação final, acabou prevalecendo proposição de alteração do seu art. 189 que conjuga ideias formuladas por mim e pela Ministra Maria Isabel Gallotti.

Pela proposta, mantém-se a redação do seu *caput* ("Violado o direito, nasce para o titular a pretensão que se extingue pela prescrição, nos prazos a que aludem os arts. 205 e 206"). No novo § 1.º do comando, insere-se em parte o teor do Enunciado n. 14 da *I Jornada de Direito Civil*, adotando-se expressamente a *actio nata objetiva* ou de *viés objetivo* como regra do sistema civil: "o início do prazo prescricional ocorre com o surgimento da pretensão, que decorre da exigibilidade do direito subjetivo".

A *actio nata subjetiva* ou de *viés subjetivo* é incluída como exceção, para as situações envolvendo a responsabilidade civil extracontratual, no novo § 2.º do art. 189: "ressalvado o previsto na legislação especial, nos casos de responsabilidade civil extracontratual, a contagem do prazo prescricional inicia-se a partir do momento em que o titular do direito tem conhecimento ou deveria ter, do dano sofrido e de quem o causou".

De todo modo, adotando-se o modelo de outros países, como a Alemanha, em casos tais, há um prazo máximo para o dano surgir ou aparecer, que é o lapso temporal total de dez anos, o dobro do prazo geral de prescrição, que passará a ser de cinco anos: "Nas hipóteses do

§ 2.º, quando o dano, por sua natureza, só puder ser conhecido em momento futuro, o prazo contar-se-á do momento em que dele, e de seu autor, tiver ciência o lesado, observado que, independentemente do termo inicial, o termo final da prescrição não excederá o prazo máximo de 10 anos, contados da data da violação do direito" (novo § 3.º do art. 186 do Código Civil).

Essa foi a proposta que prevaleceu na Comissão de Juristas, após intensos debates entre doutrinadores e julgadores, em prol da segurança jurídica, que hoje não é encontrada no tema do início do prazo prescricional. Espera-se, portanto, a sua aprovação pelo Parlamento Brasileiro, com o fim de se sanar essa lacuna hoje existente.

Superado o tema do início dos prazos de prescrição, o art. 190 do CC/2002 traz novidade na lei civil, frente ao Código Civil de 1916, prevendo que a exceção prescreve no mesmo prazo em que a pretensão. A exceção é vista como um *contradireito* diante da pretensão, geralmente com o fim de negá-la ou de afastar o seu cumprimento (LARENZ, Karl. *Derecho civil...*, p. 321).

Segundo o Código Civil, os prazos aplicáveis às pretensões igualmente devem regulamentar as defesas e exceções correspondentes, de acordo com a equivalência material, consagração, em parte, do princípio da *actio nata*, pelo qual o prazo também pode ter início a partir da ciência da lesão ao direito subjetivo. Isso porque o réu da ação poderá ter conhecimento da lesão ao seu direito subjetivo justamente pela propositura da ação por alguém que também lhe deve determinada quantia. Sendo assim, não poderá perder o prazo para alegar, por exemplo, a compensação das dívidas.

Por razões óbvias, o dispositivo em análise também será aplicado às demandas condenatórias. Sobre essa inovação, o Código Civil atual supre uma omissão da codificação anterior, sendo certo que "alguns autores chegaram a defender a imprescritibilidade da exceção, o que não faz nenhum sentido. Prescrito o direito de ação, não há o que ser excepcionado" (ALVES, Jones Figueirêdo; DELGADO, Mário Luiz. *Código...*, 2005, p. 122).

Ainda no que concerne ao art. 190 do Código Civil, na *V Jornada de Direito Civil* aprovou-se enunciado doutrinário estabelecendo que o comando somente incide às exceções impróprias, aquelas que são dependentes ou não autônomas, caso da compensação. Por outra via, as exceções propriamente ditas, independentes ou autônomas são imprescritíveis, como é a alegação de pagamento direto ou de coisa julgada (Enunciado n. 415). A proposta, de autoria de André Borges de Carvalho Barros, segue a doutrina de Maria Helena Diniz (*Código...*, 2010, p. 215).

Na dicção do art. 191 do atual Código Civil, passou a ser admitida a renúncia à prescrição por parte daquele que dela se beneficia, ou seja, o devedor. Está superada a admissão da renúncia prévia, pois a renúncia somente é possível após se consumar a prescrição. Inicialmente, essa renúncia à prescrição poderá ser *expressa*, mediante declaração comprovada e idônea do devedor, sem vícios.

Pode ocorrer ainda a renúncia *tácita* da prescrição, por condutas do devedor que induzem a tal fato, como o pagamento total ou mesmo parcial da dívida prescrita, que não pode ser repetida, exemplo que é de obrigação natural (art. 882 do CC). Igualmente há renúncia tácita à prescrição no caso de acordo para parcelamento da dívida (TJMG, Apelação Cível 1.0145.02.003944-5/0011, 6.ª Câmara Cível, Juiz de Fora, Rel. Des. Edilson Olímpio Fernandes, j. 20.10.2009, *DJEMG* 11.12.2009).

Como corretamente decidiu o STJ em 2016, "a renúncia tácita da prescrição somente se perfaz com a prática de ato inequívoco de reconhecimento do direito pelo prescribente. Assim, não é qualquer postura do obrigado que enseja a renúncia tácita, mas aquela considerada manifesta, patente, explícita, irrefutável e facilmente perceptível. No caso concreto, a

CAP. 8 · DA PRESCRIÇÃO E DA DECADÊNCIA NO CC/2002. O TRATAMENTO DIFERENCIADO | 513

mera declaração feita pelo devedor, no sentido de que posteriormente apresentaria proposta de pagamento do débito decorrente das mensalidades escolares, não implicou renúncia à prescrição. Dessa forma, afastada a tese da renúncia à prescrição, o processo deve ser extinto, com resolução do mérito" (STJ, REsp 1.250.583/SP, 4.ª Turma, Rel. Min. Luis Felipe Salomão, j. 03.05.2016, *DJe* 27.05.2016).

Ou, mais recentemente, da mesma Corte Superior: "a renúncia tácita da prescrição somente se viabiliza mediante a prática de ato inequívoco de reconhecimento do direito pelo prescribente" (STJ, Ag. Int. no AREsp 918.906/BA, 4.ª Turma, Rel. Min. Maria Isabel Gallotti, j. 14.02.2017, *DJe* 21.02.2017). As corretas conclusões têm fundamento no art. 114 do Código Civil, segundo o qual a renúncia não admite interpretação extensiva, apenas restritiva. A par dessa realidade jurídica, em casos de dúvidas, não há que reconhecer que houve renúncia à prescrição.

Essa renúncia à prescrição ainda pode ser *judicial* – quando manifestada em juízo –, ou *extrajudicial* – fora dele, como se dá no caso da celebração de um instrumento público ou particular em que a parte declara que está renunciando à prescrição.

Como é notório, os prazos de prescrição não podem ser alterados por acordo das partes, outra inovação que consta do art. 192 do CC/2002. O comando legal em questão somente consolida o entendimento doutrinário anterior, pelo qual a prescrição somente teria origem legal, não podendo os seus prazos ser alterados por ato volitivo. Aqui, reside ponto diferenciador em relação à decadência, que pode ter origem convencional, conforme será visto oportunamente. Trazendo interessante aplicação prática do art. 192 do Código Privado, transcreve-se julgado do Tribunal de Justiça do Distrito Federal:

> "Prescrição. Execução de contrato de financiamento. Vencimento antecipado. *Dies a quo* do prazo prescricional. Alteração do prazo prescricional. Impossibilidade. 1) Para que seja considerado o prazo prescricional do Código Civil revogado é preciso que já tenha havido a redução do prazo e, ainda, ter transcorrido mais da metade do prazo quando da entrada em vigor no novo código. 2) O prazo prescricional inicia-se da data em que ocorreu o vencimento antecipado da dívida, uma vez que é nesta data que o direito é violado e nasce a pretensão do credor. 3) Ter-se o prazo prescricional como iniciado na data do fim do contrato, e não do vencimento antecipado, violaria o disposto no *art. 192 do Código Civil*, pois se estaria alterando prazo estabelecido em Lei. 4) Recurso conhecido e improvido" (TJDF, Recurso inominado 2008.07.1.001151-3, Acórdão 328.066, 2.ª Turma Cível, Rel. Des. Luciano Vasconcelos, *DJDFTE* 10.11.2008, p. 100).

Na mesma linha, entendeu o Tribunal de Justiça de São Paulo que a previsão de prazo prescricional para ressarcimento inserido em contrato de compra e venda de ações de sociedade representa clara violação do art. 192 do Código Civil, norma de ordem pública que não pode ser contrariada por convenção das partes, premissa que sempre deve prevalecer (TJSP, Apelação 9132334-30.2009.8.26.0000, Acórdão 5924801, 6.ª Câmara de Direito Privado, São Paulo, Rel. Des. Francisco Loureiro, j. 24.05.2012, *DJESP* 11.06.2012).

Ainda a ilustrar a aplicação da regra, tem-se entendido que o termo de renegociação do contrato ou da dívida não pode prolongar o prazo de prescrição para cobrança, que somente decorre de lei (TJSP, Apelação 0011746-16.2011.8.26.0506, Acórdão 7859717, 37.ª Câmara de Direito Privado, Ribeirão Preto, Rel. Des. João Pazine Neto, j. 16.09.2014, *DJESP* 25.09.2014). Desse modo, havendo previsão contratual que contrarie o disposto no art. 192 do Código Privado, estará presente mais uma hipótese de *nulidade absoluta*

514 | DIREITO CIVIL • VOL. 1 – *Flávio Tartuce*

virtual, pois a lei proíbe a prática do ato, sem cominar sanção (art. 166, inc. VI, segunda parte, do CC/2002).

Dispõe o art. 193 da codificação material vigente que a prescrição pode ser alegada em qualquer grau de jurisdição, pela parte a quem aproveita (o devedor ou qualquer interessado). Ilustrando, a prescrição pode ser alegada em sede de apelação, ainda que não alegada em contestação:

> "Direitos civil e processual civil. Prescrição. Espécie extintiva. Alegação. Apelação. Possibilidade. Art. 162, CC. Silêncio em contestação. Irrelevância. Precedentes. Recurso especial. Enunciado n. 7 da Súmula/STJ. Recurso desacolhido. I – A prescrição extintiva pode ser alegada em qualquer fase do processo, nas instâncias ordinárias, mesmo que não tenha sido deduzida na fase própria de defesa ou na inicial dos embargos à execução. II – A pretensão recursal, que depende do reexame de documentos apresentados nas instâncias ordinárias, não comporta análise nesta Corte, a teor do Enunciado n. 7 de sua Súmula" (STJ, REsp 157.840/SP, 4.ª Turma, Rel. Min. Sálvio de Figueiredo Teixeira, j. 16.05.2000, *DJ* 07.08.2000, p. 109).

Em complemento, anote-se que, em julgado envolvendo o Direito Tributário, concluiu o STJ que a prescrição pode ser conhecida de ofício em qualquer grau de jurisdição, por envolver matéria de ordem pública, não havendo supressão de instância (STJ, AgRg-REsp 1.176.688/RJ, 1.ª Turma, Rel. Min. Luiz Fux, j. 10.08.2010, *DJE* 13.10.2010).

A propósito, a jurisprudência superior tem entendido em arestos mais atuais que tal alegação – ou conhecimento de ofício –, por envolver ordem pública, pode-se dar até na instância superior, desde que ocorra o necessário e prévio prequestionamento da matéria a ser julgada. Julgando desse modo, por todos os recentes acórdãos: "o exame no âmbito do recurso especial de questões de ordem pública susceptíveis de serem conhecidas de ofício em qualquer tempo e grau de jurisdição, como é o caso da prescrição, não prescinde seja atendido o requisito do prequestionamento" (STJ, Ag. Int. no Ag. Rg no Ag. 1.076.043/RS, 4.ª Turma, Rel. Min. Maria Isabel Gallotti, j. 15.08.2017, *DJe* 21.08.2017. Ver também: Ag. Rg. no AREsp 75.065/SP, 4.ª Turma, Rel. Min. Maria Isabel Gallotti, j. 18.12.2014, *DJe* 06.02.2015). Na mesma linha, sobre o conhecimento de ofício em qualquer grau de jurisdição, confirmando o julgado antes transcrito: "a prescrição, matéria de ordem pública, pode ser reconhecida de ofício ou a requerimento das partes, a qualquer tempo e grau de jurisdição" (STJ, Ag. Int. nos EDcl no REsp 1.250.171/SP, 4.ª Turma, Rel. Min. Maria Isabel Gallotti, j. 27.04.2017, *DJe* 05.05.2017).

O Projeto de Reforma do Código Civil pretende incluir norma expressa nesse sentido, para que não pairem dúvidas quanto a essa possibilidade. Nesse contexto, o art. 193 passará a prever que "a prescrição pode ser alegada pela parte a quem aproveita e será conhecida a qualquer tempo pelo julgador, nas instâncias ordinária ou extraordinária, respeitado o contraditório". Com a necessária aprovação do texto, pelo Congresso Nacional, resolve-se mais um dilema jurisprudencial, em prol da segurança jurídica.

Na prática, é muito comum a sua alegação ocorrer em sede de contestação, não como preliminar processual, mas como preliminar de mérito, porque com a sua apreciação serão analisadas questões de direito material. Tanto isso é verdade que a decisão interlocutória que afasta a alegação de prescrição é recorrível, de imediato, por meio de agravo de instrumento, como bem vem entendendo o Superior Tribunal de Justiça (STJ, REsp 1.738.756/MG, 3.ª Turma, Rel. Min. Nancy Andrighi, j. 19.02.2019, *DJe* 22.02.2019).

Como o Código Civil de 2002 não traz qualquer novidade em relação à matéria, continua em vigor a Súmula 150 do STF, pela qual prescreve "a execução no mesmo prazo

CAP. 8 · DA PRESCRIÇÃO E DA DECADÊNCIA NO CC/2002. O TRATAMENTO DIFERENCIADO | 515

da prescrição da ação". Cumpre salientar que não sou adepto da *prescrição intercorrente* na esfera privada, aquela que corre no curso de demanda ou ação, sobretudo no curso da execução. Aliás, o entendimento majoritário entre os civilistas sinalizava contra essa forma de prescrição, diante da morosidade que sempre acometeu o Poder Judiciário no Brasil.

De toda sorte, o Código de Processo Civil de 2015 acabou por incluir a *prescrição intercorrente* nas ações de execução, na linha do que já era admitido na esfera do Direito Tributário e das execuções fiscais. Em continuidade a esse tratamento, a Lei 14.195/2021 trouxe alterações legislativas a respeito do tema. Curiosamente, a norma, que tem origem na MP 1.040, trata da facilitação da abertura de empresas, não tendo qualquer relação, direta ou indireta, com o tema da prescrição.

Nesse diploma, foi incluído um novo art. 206-A no Código Civil, além de mudanças no art. 921 do CPC. Sobre as últimas, entendo serem inconstitucionais, pois o art. 62 do Texto Maior veda que medidas provisórias tratem de questões relativas ao Direito Processual Civil. A questão está pendente de análise no Supremo Tribunal Federal, com destaque para a ADI 7005. Eventual julgamento do seu conteúdo será analisado na *Sala de Aula Virtual* que acompanha a presente obra.

Sobre o novo art. 206-A do Código Civil, com redação óbvia, estabelece que "a prescrição intercorrente observará o mesmo prazo de prescrição da pretensão, observadas as causas de impedimento, de suspensão e de interrupção da prescrição previstas neste Código e observado o disposto no art. 921 da Lei 13.105, de 16 de março de 2015 (Código de Processo Civil)". Havia certo debate se a norma estaria em vigor, por conta dos vetos que foram feitos à Lei 14.195/2021. Com o fim de afastar qualquer dúvida, a Medida Provisória 1.085, de 27 de dezembro de 2021, confirmou a sua inclusão (art. 14), o que foi confirmado pela Lei do Sistema Eletrônico dos Registros Públicos (SERP – Lei 14.382/2022), que reeditou o seu conteúdo, não havendo mais qualquer dúvida a respeito de sua vigência, apesar do meu entendimento de que a previsão já estava em vigor desde 2021.

A respeito do texto anterior da primeira Medida Provisória, Pablo Stolze Gagliano e Salomão Viana já pontuavam que ele não traria qualquer alteração na ordem jurídica:

> "O sentido a ser extraído do novo texto normativo é o de que o prazo para consumação da prescrição intercorrente é o mesmo prazo legalmente previsto para prescrição da pretensão original, que foi exercitada por meio da propositura da demanda. Convenhamos: trata-se da adoção de um critério lógico, cuja aplicação – pode-se arriscar – seria até intuitiva. Aliás, de tão intuitiva, a aplicação desse critério vem se dando de há muito, no âmbito jurisprudencial. Afinal, não teria sentido a criação, pelo intérprete, de um prazo para a prescrição intercorrente que fosse maior ou menor do que aquele que a própria lei já estabelece para a prescrição da pretensão que foi exercitada por meio da propositura da demanda. Anote-se, ainda, que a utilização, pelo aplicador do Direito, de prazos, para a prescrição intercorrente, distintos dos prazos que a própria ordem jurídica já estabelece, expressamente, para a prescrição da pretensão que foi exercitada por meio da propositura da demanda não passaria pelo crivo da aplicação do postulado da razoabilidade. Resta, por tudo isso, no máximo, somente uma palavra em favor da iniciativa legislativa: o enunciado do novo artigo tem a serventia de inserir, em texto legal, norma cuja existência na ordem jurídica já era percebida há muito tempo pelo intérprete, mas o intérprete não tinha à sua disposição um texto para se apoiar" (GAGLIANO, Pablo Stolze; VIANA, Salomão. *A prescrição intercorrente...*, 2021).

Entendo que a conclusão é exatamente a mesma sobre o texto vigente, tendo sido tal aspecto observado pelo Senador Irajá Silvestre, quando da tramitação do projeto de lei de conversão da MP na Lei 14.195/2021. Segundo ele, citando os últimos juristas em seu relatório, "esse novo preceito apenas positiva o que já é pacífico na doutrina e na jurisprudência, como alertam os juristas baianos Pablo Stolze e Salomão Viana no seu artigo 'A prescrição intercorrente e a nova MP n.º 1.040/21 (Medida Provisória de Ambiente de Negócios)', publicado no *site* do *JusBrasil* referente ao 'Direito Civil Brasileiro', coordenado pelo professor Rodrigo Toscano de Brito. Todavia, a positivação aí é bem-vinda por consolidar interpretação e evitar divergências posteriores". Em suma, não há qualquer mudança significativa no texto aprovado, inclusive pelo que está previsto na Lei do SERP.

A Lei 14.195/2021, como pontuado, também alterou o Estatuto Processual em vigor quanto ao tratamento da prescrição intercorrente. O art. 921 do CPC/2015 estabelece, entre as hipóteses de suspensão da execução, o fato de não serem localizados o executado ou bens penhoráveis (inciso III). O critério foi alterado pela nova norma, uma vez que antes se mencionava o fato de o executado não possuir bens penhoráveis. Essa alteração de critério, que visa a um aumento do reconhecimento da prescrição intercorrente, é nefasta, pois o parâmetro para aplicação do instituto deixa de ser a eventual negligência do credor, passando a ser o simples fato de o devedor ou seus bens não serem localizados.

Em verdade, o comando processual havia detalhado alguns elementos que parte da jurisprudência já entendia como viáveis para gerar a prescrição no curso do processo de execução. A ilustrar, entre os mais recentes arestos, decidiu-se que "não corre a prescrição intercorrente durante o prazo de suspensão do processo de execução determinada pelo juízo. Para a retomada de seu curso, faz-se necessária a intimação pessoal do credor para diligenciar no processo, porque é a sua inação injustificada que faz retomar-se o curso prescricional" (STJ, AgRg no AREsp 585.415/SP, 4.ª Turma, Rel. Min. Maria Isabel Gallotti, j. 25.11.2014, *DJe* 09.12.2014). Em complemento:

> "O reconhecimento da prescrição intercorrente vincula-se não apenas ao elemento temporal, mas também à ocorrência de inércia da parte autora em adotar providências necessárias ao andamento do feito. Consignado no acórdão recorrido que o credor não adotou comportamento inerte, inviável o recurso especial que visa alterar essa conclusão, em razão do óbice imposto pela Súmula 7/STJ" (STJ, AgRg no AREsp 33.751/SP, 3.ª Turma, Rel. Min. João Otávio de Noronha, j. 25.11.2014, *DJe* 12.12.2014).

Conforme anotei, esse último critério parece ter sido desconsiderado com a mudança da Lei 14.195/2021. Por fim, colaciono: "de acordo com precedentes do STJ, a prescrição intercorrente só poderá ser reconhecida no processo executivo se, após a intimação pessoal da parte exequente para dar andamento ao feito, a mesma permanece inerte. Precedentes. Conforme orientação pacífica desta Corte, é necessária a intimação pessoal do autor da execução para o reconhecimento da prescrição intercorrente. Precedentes" (STJ, AgRg no AREsp 131.359/GO, 4.ª Turma, Rel. Min. Marco Buzzi, j. 20.11.2014, *DJe* 26.11.2014).

Voltando-se ao texto legal a respeito do instituto da prescrição intercorrente, o § 1.º do art. 921 do CPC/2015 preceitua que "na hipótese do inciso III, o juiz suspenderá a execução pelo prazo de 1 (um) ano, durante o qual se suspenderá a prescrição". Em continuidade, está expresso que, "decorrido o prazo máximo de 1 (um) ano sem que seja localizado o executado ou que sejam encontrados bens penhoráveis, o juiz ordenará o arquivamento dos autos" (§ 2.º do art. 921 do CPC). Além disso, a norma estabelece que "os autos serão desarquivados para prosseguimento da execução se a qualquer tempo forem encontrados bens penhoráveis" (§ 3.º do art. 921 do CPC). Essas regras não foram alteradas pela Lei 14.195/2021.

CAP. 8 · DA PRESCRIÇÃO E DA DECADÊNCIA NO CC/2002. O TRATAMENTO DIFERENCIADO | 517

Porém, o § 4.º do art. 921 da Norma Processual foi modificado, passando a prever que "o termo inicial da prescrição no curso do processo será a ciência da primeira tentativa infrutífera de localização do devedor ou de bens penhoráveis, e será suspensa, por uma única vez, pelo prazo máximo previsto no § 1.º deste artigo". Antes estava disposto que, "decorrido o prazo de que trata o § 1.º sem manifestação do exequente, começa a correr o prazo de prescrição intercorrente". Observe-se que essa última alteração da lei foi claramente influenciada por decisão do Superior Tribunal de Justiça, em sede de recursos repetitivos, a respeito da Fazenda Pública, em que foram fixadas as seguintes teses:

"4.1.) O prazo de 1 (um) ano de suspensão do processo e do respectivo prazo prescricional previsto no art. 40, §§ 1.º e 2.º, da Lei 6.830/1980 – LEF tem início automaticamente na data da ciência da Fazenda Pública a respeito da não localização do devedor ou da inexistência de bens penhoráveis no endereço fornecido, havendo, sem prejuízo dessa contagem automática, o dever de o magistrado declarar ter ocorrido a suspensão da execução; 4.1.1.) Sem prejuízo do disposto no item 4.1., nos casos de execução fiscal para cobrança de dívida ativa de natureza tributária (cujo despacho ordenador da citação tenha sido proferido antes da vigência da Lei Complementar 118/2005), depois da citação válida, ainda que editalícia, logo após a primeira tentativa infrutífera de localização de bens penhoráveis, o Juiz declarará suspensa a execução. 4.1.2.) Sem prejuízo do disposto no item 4.1., em se tratando de execução fiscal para cobrança de dívida ativa de natureza tributária (cujo despacho ordenador da citação tenha sido proferido na vigência da Lei Complementar 118/2005) e de qualquer dívida ativa de natureza não tributária, logo após a primeira tentativa frustrada de citação do devedor ou de localização de bens penhoráveis, o Juiz declarará suspensa a execução.

4.2.) Havendo ou não petição da Fazenda Pública e havendo ou não pronunciamento judicial nesse sentido, findo o prazo de 1 (um) ano de suspensão, inicia-se automaticamente o prazo prescricional aplicável (de acordo com a natureza do crédito exequendo) durante o qual o processo deveria estar arquivado sem baixa na distribuição, na forma do art. 40, §§ 2.º, 3.º e 4.º da Lei 6.830/1980 – LEF, findo o qual o Juiz, depois de ouvida a Fazenda Pública, poderá, de ofício, reconhecer a prescrição intercorrente e decretá-la de imediato;

4.3.) A efetiva constrição patrimonial e a efetiva citação (ainda que por edital) são aptas a interromper o curso da prescrição intercorrente, não bastando para tal o mero peticionamento em juízo, requerendo, *v.g.*, a feitura da penhora sobre ativos financeiros ou sobre outros bens. Os requerimentos feitos pelo exequente, dentro da soma do prazo máximo de 1 (um) ano de suspensão mais o prazo de prescrição aplicável (de acordo com a natureza do crédito exequendo), deverão ser processados, ainda que para além da soma desses dois prazos, pois, citados (ainda que por edital) os devedores e penhorados os bens, a qualquer tempo – mesmo depois de escoados os referidos prazos –, considera-se interrompida a prescrição intercorrente, retroativamente, na data do protocolo da petição que requereu a providência frutífera.

4.4.) A Fazenda Pública, em sua primeira oportunidade de falar nos autos (art. 245 do CPC/1973, correspondente ao art. 278 do CPC/2015), ao alegar nulidade pela falta de qualquer intimação dentro do procedimento do art. 40 da LEF, deverá demonstrar o prejuízo que sofreu (exceto a falta da intimação que constitui o termo inicial – 4.1., onde o prejuízo é presumido), por exemplo, deverá demonstrar a ocorrência de qualquer causa interruptiva ou suspensiva da prescrição.

4.5.) O magistrado, ao reconhecer a prescrição intercorrente, deverá fundamentar o ato judicial por meio da delimitação dos marcos legais que foram aplicados na contagem do respectivo prazo, inclusive quanto ao período em que a execução ficou suspensa" (STJ, REsp 1.340.553/RS, 1.ª S., Rel. Min. Mauro Campbell Marques, j. 12.09.2018, *DJe* 16.10.2018).

Por óbvio, mais uma vez, a alteração foi efetivada para que a prescrição intercorrente seja mais facilmente reconhecida, diminuindo-se o acervo de processos perante os Tribunais. Infelizmente, o mesmo pode ser dito quanto ao novo § 4.º-A do art. 921 do CPC, igualmente influenciado pelo último *decisum*. Consoante o seu texto, "a efetiva citação, intimação do devedor ou constrição de bens penhoráveis interrompe o prazo de prescrição, que não corre pelo tempo necessário à citação e à intimação do devedor, bem como para as formalidades da constrição patrimonial, se necessária, desde que o credor cumpra os prazos previstos na lei processual ou fixados pelo juiz". O texto legal anterior, mais direto e claro, previa que "decorrido o prazo de que trata o § 1.º sem manifestação do exequente, começa a correr o prazo de prescrição intercorrente".

Por fim, sem prejuízo dos comandos seguintes, merece ser comentado o § 5.º do art. 921 do CPC, igualmente alterado pela Lei 14.195/2021 e também influenciado pelo transcrito precedente superior. No seu texto ora em vigor, "o juiz, depois de ouvidas as partes, no prazo de 15 (quinze) dias, poderá, de ofício, reconhecer a prescrição no curso do processo e extingui-lo, sem ônus para as partes". A previsão anterior era no sentido de que "o juiz, depois de ouvir as partes, no prazo de 15 dias, poderá, de ofício, reconhecer esta prescrição e extinguir o processo, sem menção ao curso do processo e a ausência de ônus para as partes".

Seja como for, mesmo com essas mudanças, acredito que, em uma realidade de justiça cível célere, o instituto da prescrição intercorrente até poderia ser admitido. Sendo assim, se o CPC/2015 realmente agilizar os procedimentos e diminuir a demora das demandas, o que não ocorreu até o presente momento de forma satisfatória, a prescrição intercorrente poderá ser saudável. Caso contrário, poderá ser um desastre institucional. Mais uma vez, o tempo e a prática demonstrarão se o instituto veio em boa hora ou não.

Em tom suplementar, tenho sustentado em palestras e exposições sobre o CPC/2015 que, em casos de patente má-fé do devedor que, por exemplo, vende todos os seus bens e se ausenta do País, para que corra a prescrição intercorrente, esta não deve ser admitida. Para dar sustento a tal forma de pensar, lembro que a boa-fé objetiva é princípio consagrado não só pelo Código Civil, mas também pelo Estatuto Processual Emergente, especialmente pelo seu art. 5.º. Continuo a pensar dessa forma, mesmo com as recentes alterações do art. 921 da norma instrumental.

Como último aspecto quanto ao tema, pontue-se que, antes mesmo da entrada em vigor do CPC/2015, o STJ já havia citado a prescrição intercorrente nele prevista, em especial quanto à manutenção do teor da Súmula 150 do STF. Vejamos a ementa do aresto:

"Recurso especial. Civil. Processual civil. Execução. Ausência de bens passíveis de penhora. Suspensão do processo. Inércia do exequente por mais de treze anos. Prescrição intercorrente. Ocorrência. Súmula 150/STF. Negativa de prestação jurisdicional. Não ocorrência. Honorários advocatícios. Revisão óbice da Súmula 7/STJ. 1. Inocorrência de maltrato ao art. 535 do CPC quando o acórdão recorrido, ainda que de forma sucinta, aprecia com clareza as questões essenciais ao julgamento da lide. 2. 'Prescreve a execução no mesmo prazo da prescrição da ação' (Súmula 150/STF). 3. 'Suspende-se a execução: (...) quando o devedor não possuir bens penhoráveis' (art. 791, inciso III, do CPC). 4. Ocorrência de prescrição intercorrente, se o exequente permanecer inerte por prazo superior ao de prescrição do direito material vindicado. 5. Hipótese em que a execução permaneceu suspensa por treze anos sem que o exequente tenha adotado qualquer providência para a localização de bens penhoráveis. 6. Desnecessidade de prévia intimação do exequente para dar andamento ao feito. 7. Distinção entre abandono da causa, fenômeno processual, e prescrição, instituto de direito material. 8. Ocorrência de prescrição intercorrente no caso

CAP. 8 · DA PRESCRIÇÃO E DA DECADÊNCIA NO CC/2002. O TRATAMENTO DIFERENCIADO | 519

concreto. 9. Entendimento em sintonia com o novo Código de Processo Civil. 10. Revisão da jurisprudência desta Turma. 11. Incidência do óbice da Súmula 7/STJ no que tange à alegação de excesso no arbitramento dos honorários advocatícios. 12. Recurso especial desprovido" (STJ, REsp 1.522.092/MS, 3.ª Turma, Rel. Min. Paulo de Tarso Sanseverino, j. 06.10.2015, *DJe* 13.10.2015).

Como se retira do último aresto, vários julgados da Terceira Turma do Superior Tribunal de Justiça vinham entendendo pela necessidade de intimação do exequente para se manifestar sobre a consumação do prazo extintivo, quanto a fatos ocorridos na vigência do CPC/1973. Todavia, pelos mesmos acórdãos, não haveria a necessidade de sua intimação para que desse andamento ao feito, o que seria dispensável para dar início à prescrição intercorrente. Ressalte-se que esse debate dizia respeito ao reconhecimento da prescrição intercorrente relativa a fatos que ocorrerem antes do tratamento constante do CPC/2015, que é expresso quanto à desnecessidade de notificação do exequente, para que dê andamento ao feito. Por todos os acórdãos que assim concluía, veja-se também:

> "Nos termos da jurisprudência recentemente firmada nesta Turma, nos casos de suspensão da execução por ausência de bens penhoráveis, ainda que se dispense a intimação pessoal da parte para dar andamento ao feito, deve-se intimar o exequente para se manifestar a respeito do atingimento do prazo de prescrição intercorrente (REsp 1.593.786/SC, Rel. Ministro Paulo de Tarso Sanseverino, Terceira Turma, j. 22.09.2016, *DJe* 30.09.2016). Prevalece, pois, a necessidade de intimação pessoal da parte exequente, devendo ser mantida a decisão agravada" (STJ, AgRg no AREsp 718.731/SP, 3.ª Turma, Rel. Min. Moura Ribeiro, j. 1.º.12.2016, *DJe* 15.12.2016).

Entretanto, havia divergência na Corte Superior, pois na sua Quarta Turma vinha-se concluindo, em julgados prolatados sobre fatos ocorridos na vigência do Código de Processo Civil de 1973, que haveria a necessidade de intimação prévia do exequente para dar andamento ao feito. Por todos os arestos que julgavam desse modo: "na hipótese, como o deferimento da suspensão da execução ocorreu sob a égide do CPC/1973 (ago./1998), há incidência do entendimento jurisprudencial consolidado no sentido de que não tem curso o prazo de prescrição intercorrente enquanto a execução estiver suspensa com base na ausência de bens penhoráveis (art. 791, III), exigindo-se, para o seu início, a intimação do exequente para dar andamento ao feito" (STJ, REsp 1.620.919/PR, 4.ª Turma, Rel. Min. Luis Felipe Salomão, j. 10.11.2016, *DJe* 14.12.2016).

O tema foi enfrentado pelo Ministro Marco Aurélio Bellizze de Oliveira, em artigo publicado na obra *Direito civil. Diálogos entre a doutrina e a jurisprudência*, coordenada por este autor e pelo Ministro Luis Felipe Salomão, lançada em 2018. Em seu trabalho, o julgador expõe os argumentos na mesma linha dos primeiros arestos, da Terceira Turma, aguardando o julgador a pacificação do assunto pela Segunda Seção do STJ. Vejamos as suas palavras mais relevantes:

> "A alteração de entendimento jurisprudencial propugnada pela Terceira Turma do STJ não promove a aplicação do novo Código de Processo Civil a situações pretéritas. Definitivamente, não. O CPC/1973 nem sequer regulou a prescrição intercorrente e, como consectário lógico de sua imprevisão, em momento algum dispôs que o início do prazo da prescrição intercorrente estaria condicionado à intimação da parte exequente. Tratava-se de uma interpretação analógica, atrelada ao instituto do abandono da causa, que, conforme demonstrado, em nada tangencia a prescrição, a evidenciar a inadequação

do entendimento então adotado. Desse modo, não se pode afirmar que o NCPC modificou o tratamento a ser dado à matéria, ao expressamente preceituar – aliás, em absoluta consonância com o instituto – a desnecessidade de intimação do exequente, para efeito de início do prazo da prescrição intercorrente. Tampouco se afigura adequado concluir que o CPC/2015, ao assim dispor, inovou, propriamente, sobre a questão. Na verdade, o novo Código de Processo Civil normatizou a prescrição intercorrente, a ela conferindo exatamente o mesmo tratamento então ofertado pela Lei de Execução Fiscal. Anteriormente à vigência do CPC/2015 – diante da existência de uma lacuna na lei para regular uma situação absolutamente similar a outra que, por sua vez, encontra-se devidamente disciplinada por lei –, de todo recomendável, se não de rigor, a aplicação analógica, como forma primeira de integração do direito.

Logo, a interpretação conferida à prescrição intercorrente que ora se propõe observa detidamente a natureza do instituto, considerado, ainda, o correlato tratamento das leis substantiva e adjetiva à época vigentes (Código Civil, Código de Processo Civil de 1973 e Lei de Execuções Fiscais). A existência de regra de transição não infirma tal conclusão, devendo-se, naturalmente, bem explicitar a sua hipótese de incidência, coerente com a compreensão até aqui externada. Dispõe o art. 1.056 do NCPC: 'Considerar-se-á como termo inicial do prazo da prescrição prevista no art. 924, inciso V, inclusive para as execuções em curso, a data de vigência deste Código'. Conforme anotado, exaurido o ato judicial de suspensão do processo executivo, que se dá com o esgotamento do período em que o processo ficou suspenso (por no máximo um ano), o prazo prescricional da pretensão executiva volta a correr por inteiro, automaticamente. Apesar da impropriedade do termo 'inclusive' constante do dispositivo legal em comento, certo é que a regra de transição somente poderia ter incidência nas execuções em curso; nunca naquelas em que o prazo prescricional intercorrente, nos termos ora propugnados, já tenha se consumado, ou mesmo se iniciado, já que não se afiguraria adequado simplesmente renovar o prazo prescricional intercorrente sem qualquer razão legal que o justifique. Por conseguinte, a regra de transição tem aplicação, exclusivamente, aos processos executivos em tramitação, que se encontrem suspensos, por ausência de bens penhoráveis, por ocasião da entrada em vigor do Código de Processo Civil de 2015. Assim, encontrando-se suspenso o processo executivo, o prazo da prescrição intercorrente começa a fluir um ano contado da entrada em vigor do NCPC, em interpretação conjunta dos arts. 1.056 e 921, §§ 1.º e 4.º, do mesmo diploma legal. Efetivamente, não faz nenhum sentido aplicar a regra de transição aos casos em que o prazo prescricional intercorrente já se encontra integralmente consumado, conferindo-se, inadvertidamente, novo prazo ao exequente inerte. Do contrário, permitir-se-á que a pretensão executiva seja exercida por mais de dez, quinze ou mais anos, em absoluto descompasso com o propósito de estabilização das relações jurídicas e, por consequência, de pacificação social, bem como do próprio enunciado n. 150 da súmula do STF, segundo o qual a pretensão executiva prescreve no mesmo prazo da pretensão da reparação. Sob essa perspectiva, sem olvidar a relevância dos entendimentos jurisprudenciais, como fonte do direito, notadamente robustecida pelo CPC/2015, tem-se que a mudança de entendimento jurisprudencial, salutar ao aprimoramento da prestação jurisdicional, não abala a segurança jurídica, especialmente em matéria de prescrição. Não é razoável supor que a pessoa que detenha uma pretensão não a exerça imediatamente ou dentro de um prazo razoável que a lei repute adequado, sugestionada ou pré-condicionada a alguma orientação jurisprudencial. Ao contrário, é o comportamento inerte agregado a um prazo indefinido ou demasiadamente dilatado por imprópria interpretação para o exercício da pretensão em juízo que gera intranquilidade social, passível de mera constatação" (OLIVEIRA, Marco Aurélio Bellizze. Questões... In: SALOMÃO, Luis Felipe; TARTUCE, Flávio (Coord.). *Direito civil...*, 2018. p. 164-165).

CAP. 8 · DA PRESCRIÇÃO E DA DECADÊNCIA NO CC/2002. O TRATAMENTO DIFERENCIADO | 521

Da minha parte, filio-me à solução que prevalecia na Quarta Turma, mais consentânea com o contraditório e o princípio da boa-fé objetiva, seja material ou processual, baluarte do Código Civil de 2002 e do Código de Processo Civil de 2015. Sendo assim, para os fatos ocorridos na vigência do CPC/1973, entendo pela necessidade de notificação prévia do credor ou exequente para depois se dar início ao prazo de prescrição intercorrente, medida drástica que somente pode ser admitida com todas as ressalvas e comunicações.

A questão foi pacificada pela Segunda Seção do Superior Tribunal de Justiça em 27 de junho de 2018, por cinco votos a quatro, seguindo-se essa posição da Terceira Turma, liderada pelo Ministro Bellizze. O julgamento se deu no primeiro incidente de assunção de competência (IAC) analisado pela Corte, instituto criado pelo Novo CPC para a concretização de um sistema de precedentes (STJ, Recurso Especial 1.604.412/SC). As teses firmadas no julgamento foram as seguintes, após amplos e profundos debates:

> "1.1 – Incide a prescrição intercorrente nas causas de natureza privada regidas pelo CPC de 73 quando o exequente permanece inerte por prazo superior da prescrição do direito material reivindicado conforme interpretação extraída do artigo 202, parágrafo único, do Código Civil de 2002. 1.2 – O termo inicial do prazo prescricional na vigência do CPC de 73 conta-se do fim do prazo judicial de suspensão do processo ou, inexistindo prazo fixado, do transcurso de um ano – aplicação analógica do artigo 40 da Lei 6.830. 1.3 – O termo inicial do artigo 1.056 do CPC de 2015 tem incidência apenas nas hipóteses em que o processo se encontrava suspenso na data de entrada em vigor da nova lei processual, uma vez que não se pode extrair interpretação que viabilize o reinício ou reabertura de prazo prescricional ocorridos na vigência do revogado CPC de 73 – aplicação irretroativa de norma processual. 1.4 – O contraditório é princípio constitucional que deve ser respeitado em todas as manifestações do Judiciário, que deve zelar por sua observância, inclusive nas hipóteses de declaração de ofício da prescrição intercorrente, devendo o credor ser previamente intimado para opor algum fato impeditivo à incidência da prescrição".

Apesar de não concordar com a primeira parte do que restou pacificado, a última tese resolve um sério problema relativo ao conhecimento de ofício da prescrição, tema que será desenvolvido a seguir.

Feitas tais considerações sobre a prescrição intercorrente, pontue-se que o panorama quanto à alegação da prescrição pela parte mudou recentemente no nosso país, alteração que também foi confirmada pelo CPC de 2015.

Isso porque *previa* o art. 194 do Código Civil que "o juiz não pode suprir, de ofício, a alegação de prescrição, salvo se favorecer a absolutamente incapaz". Utiliza-se a expressão no passado, pois o dispositivo em questão foi inicialmente revogado pela Lei 11.280, de 16 de fevereiro de 2006.

Com a revogação desse dispositivo, perderam sentido dois enunciados do Conselho da Justiça Federal, aprovados nas *Jornadas de Direito Civil*. O primeiro é o de número 154, pelo qual o juiz deveria suprir de ofício a alegação de prescrição em favor do absolutamente incapaz. Já o Enunciado n. 155 do CJF/STJ dispunha que estaria revogado o § 5.º do art. 219 do CPC/1973 que previa: "não se tratando de direitos patrimoniais, o juiz poderá, de ofício, conhecer da prescrição e decretá-la de imediato".

Esse último dispositivo processual também foi alterado pela Lei 11.280/2006, que passou a ter a seguinte expressão: "o juiz pronunciará, de ofício, a prescrição". Como se vê, a alteração do texto foi substancial, justamente o oposto do que estava tratado. Caiu o mito de que a prescrição não poderia ser conhecida de ofício. Isso, em prol de *suposta* celeridade processual. Em tom crítico, pode-se dizer que o Código Civil era harmônico quanto ao tema de prescrição, principalmente se confrontado com a decadência. Mas essa harmonia foi quebrada pela reforma processual anterior, como se verá adiante.

O conhecimento de ofício da prescrição foi confirmado pelo Código de Processo Civil de 2015, que ampliou essa forma de julgar para a decadência. De início, o Estatuto Processual emergente passou a reconhecer a possibilidade de improcedência liminar do pedido, sendo uma das suas causas a percepção da ocorrência da prescrição ou da decadência (art. 332, § 1.º, do CPC/2015). Em complemento, destaque-se a regra do art. 487 da lei instrumental emergente, com a seguinte redação: "haverá resolução de mérito quando o juiz: (...). II – decidir, de ofício ou a requerimento, sobre a ocorrência de decadência ou prescrição".

Como se pode notar, a matéria ficou consolidada somente na lei processual, não havendo mais qualquer disposição a ela no Código Civil. Foi retirada a exceção a favor do absolutamente incapaz, que não mais será aplicada. Além disso, não há mais menção a prescrição relacionada a direitos não patrimoniais, simplesmente porque não existe prescrição que não esteja relacionada com direitos subjetivos com esse caráter.

É importante trazer alguns aprofundamentos técnicos quanto ao reconhecimento da prescrição de ofício, debates que permanecem com a emergência do CPC/2015. Aliás, demonstrando que há aplicação prática e efetiva da prescrição de ofício, verifica-se que o STJ editou em novembro de 2009 a Súmula 409, dispondo que, em execução fiscal, a prescrição ocorrida antes da propositura da ação pode ser decretada de ofício.

Pois bem, o primeiro aprofundamento relativo à matéria decorre de uma dúvida: como o reconhecimento da prescrição é de ofício, esta constitui matéria de ordem pública?

Alguns autores respondem positivamente, caso de Nelson Nery e Rosa Maria de Andrade Nery (*Código de Processo Civil...*, 2006, p. 408), Maria Helena Diniz (*Curso...*, 2007, v. 1, p. 397) e Roberto Senise Lisboa (*Comentários...*, 2006, p. 283).

Entretanto, parece-me ser prematuro fazer essa afirmação. Isso porque a prescrição envolve direitos patrimoniais e, portanto, a ordem privada. Entendem que a prescrição não passou a ser matéria de ordem pública Rodrigo Reis Mazzei (*A prescrição...*, 2007, p. 553) e José Fernando Simão (*Prescrição...*, abr. 2006).

Como *terceira via*, mas seguindo a segunda corrente, pode-se afirmar que, realmente, a prescrição não é matéria de ordem pública, mas a celeridade processual o é. Isso porque a Constituição Federal passou a assegurar como direito fundamental o direito ao razoável andamento do processo e à celeridade das ações judiciais (art. 5.º, inc. LXXVIII, da CF/1988, introduzido pela EC 45/2004). O reconhecimento da prescrição de ofício foi criado justamente para a tutela desses direitos. E, como é notório, o Novo CPC reafirma a necessidade dessa agilização dos procedimentos, ganhando força esta terceira via, com o seu surgimento. Nos termos do art. 4.º do CPC/2015, as partes têm o direito de obter em prazo razoável a solução integral do mérito, incluída a atividade satisfativa.

Outro problema está relacionado com a renúncia judicial à prescrição. Vejamos um exemplo. Alguém cobra judicialmente uma dívida, supostamente prescrita. Qual a decisão inicial do juiz?

Para um *prático*, a resposta é: uma sentença em que é reconhecida a prescrição de ofício, julgando-se extinta a ação com resolução do mérito, agora por meio da improcedência liminar do pedido (art. 332, § 1.º, do CPC/2015). Para um *técnico*: o juiz deve determinar a citação do réu para que se manifeste quanto à renúncia à prescrição.

CAP. 8 · DA PRESCRIÇÃO E DA DECADÊNCIA NO CC/2002. O TRATAMENTO DIFERENCIADO | **523**

Essa resposta *técnica*, que me parece ser a mais correta, foi dada anteriormente na *IV Jornada de Direito Civil*, com a aprovação do Enunciado n. 295 CJF/STJ, que tem a seguinte redação: "A revogação do art. 194 do Código Civil pela Lei 11.280/2006, que determina ao juiz o reconhecimento de ofício da prescrição, não retira do devedor a possibilidade de renúncia admitida no art. 191 do texto codificado". Em sentido idêntico, comentava Rodrigo Reis Mazzei ser necessária a intimação do réu (devedor), para que se manifeste quanto à renúncia à prescrição (*A prescrição...*, 2007, p. 553); posição que era compartilhada por Álvaro Villaça Azevedo, jurista que é referência para mim (AZEVEDO, Álvaro Villaça. *Teoria...*, 2012, p. 183).

Tecnicamente, sempre estivemos filiados a tal entendimento, pois, caso contrário, a autonomia privada, manifestada pelo direito de se pagar uma dívida prescrita em juízo e renunciando à prescrição, estará seriamente ferida. Sendo a autonomia privada um valor associado à liberdade constitucional, pode-se até afirmar que a inovação é inconstitucional, caso este direito de renúncia à prescrição não seja assegurado.

Ademais, a primeira resposta pode ser injusta, pois afasta a possibilidade de discussão, em juízo, das causas impeditivas, suspensivas e interruptivas da prescrição. Esse entendimento vinha sendo adotado pelo Superior Tribunal de Justiça, com menção a novos doutrinadores contemporâneos do Direito Civil Brasileiro:

"Recurso especial. Tributário. Prescrição. Decretação *ex officio*. Prévia oitiva da Fazenda Pública. Nulidade. Inexistente. 1. 'Apesar da clareza da legislação processual, não julgamos adequado o indeferimento oficioso da inicial. De fato, constata-se uma perplexidade. O magistrado possui uma 'bola de cristal' para antever a inexistência de causas impeditivas, suspensivas ou interruptivas ao curso da prescrição?' (Nelson Rosenvald in Prescrição da Exceção à Objeção. Leituras Complementares de Direito Civil. Cristiano Chaves de Farias, org. Salvador: Edições Jus Podivm, 2007. pág. 190). 2. A prévia oitiva da Fazenda Pública é requisito para a decretação da prescrição prevista no art. 40, § 4.º, da Lei 6.830/1980, bem como da prescrição referida no art. 219, § 5.º, do CPC, ainda que esse último dispositivo silencie, no particular. 3. Deve-se interpretar sistematicamente a norma processual que autoriza o juiz decretar *ex officio* a prescrição e a existência de causas interruptivas e suspensivas do prazo que não podem ser identificadas pelo magistrado apenas à luz dos elementos constantes no processo. 4. Embora tenha sido extinto o processo em primeira instância sem a prévia oitiva da Fazenda Pública, quando da interposição do recurso de apelação, esta teve a oportunidade de suscitar a ocorrência de causa suspensiva ou interruptiva do prazo prescricional. Assim, não há que ser reconhecida a nulidade da decisão que decretou a extinção do feito. 5. A exigência da prévia oitiva do Fisco tem em mira dar-lhe a oportunidade de arguir eventuais óbices à decretação da prescrição. Havendo possibilidade de suscitar tais alegações nas razões da apelação, não deve ser reconhecida a nulidade da decisão recorrida. 6. Recurso especial não provido" (STJ, REsp 1.005.209/RJ, 2.ª Turma, Rel. Min. Castro Meira, j. 08.04.2008, *DJ* 22.04.2008, p. 1).

Tudo isso pelo prisma mais técnico e menos prático, que felizmente vinha prevalecendo muitas vezes.

Entendo que essa última posição deve ser mantida com o Código de Processo Civil em vigor, pela prevalência de dois outros dispositivos instrumentais, analisados em conjunto. O primeiro deles é o outrora citado art. 487, parágrafo único, do CPC/2015, segundo o qual, ressalvada a hipótese do § 1.º do art. 332, a prescrição e a decadência não serão reconhecidas sem que antes seja dada às partes oportunidade de se manifestar. Apesar da ressalva à improcedência liminar do pedido, parece ter grande força, como verdadeiro norte principiológico processual, o art. 10 da norma emergente. De acordo com esse preceito, "o juiz não pode decidir, em grau algum de jurisdição, com base em fundamento a respeito do qual não se tenha dado às partes oportunidade de se manifestar, ainda que se trate de matéria sobre a qual deva decidir de ofício".

Ora, o julgamento liminar em casos de prescrição parece ferir esse último dispositivo, lesando claramente o contraditório. Já adiantando que esse deve ser mesmo o posicionamento da doutrina no futuro, na *VII Jornada de Direito Civil*, promovida pelo Conselho da Justiça Federal em 2015, aprovou-se enunciado segundo o qual "em complemento ao Enunciado 295, a decretação *ex officio* da prescrição ou da decadência deve ser precedida de oitiva das partes" (Enunciado n. 581). Cabe destacar que o Ministro Bellizze, do Superior Tribunal de Justiça, segue a mesma solução, conforme desenvolve em seu artigo publicado em obra sob minha coordenação e do Ministro Luis Felipe Salomão. Vejamos as suas palavras:

> "Ainda que sob essas motivações, a decretação da prescrição, de ofício, sem a oitiva da outra parte, mesmo que com ela se beneficie, encerra óbices insanáveis, em absoluta inadequação com a natureza do instituto. Não se afigura possível ao juiz, em substituição à parte que com a prescrição venha a se beneficiar, supor que esta não se valeria do direito de renunciar à prescrição consumada ou, de outro modo, a ela não se objetaria quando tiver, por exemplo, o interesse que se reconheça a cobrança indevida de dívida, decorrente de pagamento já realizado, a gerar a repetição em dobro do indébito, nos termos do art. 940 do Código Civil. À vista de tal incongruência, o Código de Processo Civil de 2015 teve o mérito de, a par da possibilidade de reconhecimento de ofício da prescrição pelo magistrado, impor a este, antes, a viabilização do indispensável contraditório. Seu art. 10 é claro ao dispor: (...). Especificamente sobre a prescrição (e a decadência), o art. 487 do novo Código de Processo Civil preceitua que 'haverá resolução de mérito quando o juiz: (...) II – decidir de ofício ou a requerimento, sobre a ocorrência de decadência ou prescrição'. E, em seu parágrafo único, assentou-se que: 'ressalvada a hipótese do § 1.º do art. 332 [improcedência liminar do pedido], a prescrição e a decadência não serão reconhecidas sem que antes seja dada às partes oportunidade de manifestar-se'. Sem descurar do avanço da disposição legal sob comento (que, como visto, viabiliza o imprescindível contraditório), a ressalva contida no preceito legal, em nossa compreensão, não se compatibiliza com a natureza do instituto. Assim, mesmo em se tratando de reconhecimento liminar da improcedência do pedido com base na prescrição consumada, imprescindível que se confira às partes, inclusive a que com ela venha a se beneficiar, a oportunidade de sobre ela se manifestar, necessariamente. A exceção legal, como se constata, parte da errônea presunção de que a improcedência liminar do pedido com base na prescrição – decisão de mérito que é – somente prejudicaria ou diria respeito ao demandante, ao qual, para se opor a tal decisão, seria conferida a via recursal. Mais uma vez, não caberia (agora) à lei supor que a parte demandada (a quem, em tese, o reconhecimento da prescrição beneficiaria) não se valeria do direito de renunciá-la ou de objetá-la, para, no curso do próprio processo, por exemplo, buscar a repetição em dobro do indébito, em razão de anterior pagamento, com esteio no art. 940 do Código Civil. Tem-se, por conseguinte, que, mesmo na hipótese de improcedência liminar do pedido, com fulcro no reconhecimento da prescrição da pretensão, há que se conferir às partes, antes, oportunidade de se manifestarem sobre a matéria, com fulcro no art. 10 do Código de Processo Civil/2015, consentâneo com o instituto em comento, em que pese a expressa ressalva contida no parágrafo único do art. 487 do referido diploma legal" (OLIVEIRA, Marco Aurélio Bellizze. Questões..., In: SALOMÃO, Luis Felipe; TARTUCE, Flávio (Coord.). *Direito civil...*, 2018, p. 155-156).

Concluindo exatamente do mesmo modo, merecem ser destacados os seguintes julgados estaduais, por todos e na mesma linha:

CAP. 8 · DA PRESCRIÇÃO E DA DECADÊNCIA NO CC/2002. O TRATAMENTO DIFERENCIADO | 525

"É vedado ao juiz, ressalvada a hipótese do § 1.º do art. 332 do CPC, segundo a exata dicção do parágrafo único do art. 487 do CPC, reconhecer a prescrição, ou mesmo a decadência, sem que antes seja dada às partes a oportunidade de manifestar-se (arts. 9.º e 10 do CPC)" (TJDF, Apelação Cível 2011.01.1.044711-7, Acórdão 103.6046, 2.ª Turma Cível, Rel. Des. Sandra Reves, j. 02.08.2017, *DJDFTE* 08.08.2017).

"Parte ré que não suscitou a prescrição no curso do processo. Magistrado que pode decretar a prescrição de ofício, depois de ouvir as partes. Art. 487, parágrafo único, do CPC/2015. Proibição à decisão surpresa. Artigos 9.º e 10 do CPC/2015. Sentença proferida contra o autor, sem sua prévia oitiva sobre a prescrição. Violação aos princípios do contraditório e da ampla defesa. Anulação da sentença. Processo que não está em condições de imediato julgamento. Anula-se a sentença, para que seja dado regular prosseguimento ao feito, ficando prejudicado o recurso de apelação" (TJRJ, Apelação 0039732-58.2015.8.19.0001, 25.ª Câmara Cível Consumidor, Rel. Des. Sergio Seabra Varella, j. 20.06.2017, *DORJ* 27.07.2017, p. 519).

Destaque-se novamente que em junho de 2018 essa posição foi adotada pela Segunda Seção do Tribunal da Cidadania para os fins de conhecimento da prescrição intercorrente de ofício, relativa aos fatos ocorridos na vigência do CPC/1973. Isso se deu no julgamento de incidente de assunção de competência (IAC) nos autos do Recurso Especial 1.604.412/SC. Conforme a tese firmada, "o contraditório é princípio constitucional que deve ser respeitado em todas as manifestações do Judiciário, que deve zelar por sua observância, inclusive nas hipóteses de declaração de ofício da prescrição intercorrente, devendo o credor ser previamente intimado para opor algum fato impeditivo à incidência da prescrição".

Espera-se que tal premissa seja aplicada para todos os casos de conhecimento *ex officio* da prescrição, além da prescrição intercorrente para os fatos ocorridos na vigência do sistema processual anterior, com a imperiosa necessidade de oitiva das partes, o que inclui também o devedor nessas outras situações concretas.

Aliás, no tocante à suposta inconstitucionalidade da inovação, que foi confirmada pelo CPC em vigor, merecem ser lidas as críticas contundentes formuladas pelo processualista Alexandre Freitas Câmara, em artigo científico (Reconhecimento de ofício..., Disponível em: <www.flaviotartuce.adv.br>. Seção Processo Civil. Acesso em: 19 abr. 2007). Desse provocativo texto merece destaque:

"Tenho para mim que esta é uma modificação amalucada ou, como disse no título que atribuí ao presente estudo, descabeçada. Penso, e o digo aqui sem qualquer pudor, que o legislador brasileiro demonstra, agora, que perdeu totalmente o juízo.

Registro, desde logo, que até mesmo a Bíblia (e não vai aqui nenhuma manifestação religiosa, frise-se) admite que o sábio perca o juízo: 'Verdadeiramente, a opressão faz endoidecer até o sábio, e o suborno corrompe o coração'. Pois parece que o legislador perdeu, apesar de sua costumeira sabedoria, o siso. Algumas normas jurídicas integrantes do ordenamento brasileiro bem mostram isso, e a de que aqui se trata é apenas mais um exemplo, sendo possível lembrar de outros.

(...).

Verifica-se, pois, que a existência de uma incoerência entre normas jurídicas contraria três valores que, no Brasil, são constitucionalmente assegurados: isonomia, adequação, segurança jurídica.

O princípio da isonomia, como é notório (e, por isso mesmo, dispensa comprovação), está consagrado no art. 5.º, *caput*, da Constituição da República (que afirma que todos

526 | DIREITO CIVIL • VOL. 1 – *Flávio Tartuce*

são iguais perante a lei). Já a adequação é um dos elementos integrantes do princípio da razoabilidade, o qual tem sua *sedes materiae* no art. 5.º, LIV, da Constituição da República. Por fim, o princípio da segurança jurídica está, também, expressamente consagrado no *caput* do art. 5.º da *Lex Legum*.

Assim, outra conclusão não há a não ser a que aqui se aponta: sendo a norma autorizadora do reconhecimento *ex officio* da prescrição incoerente com o sistema jurídico brasileiro, deve ela ser considerada inconstitucional".

Superada a visão crítica de Alexandre Câmara quanto à alteração legislativa, consagra a norma privada que os relativamente incapazes e as pessoas jurídicas têm ação contra os seus assistentes ou representantes legais, que derem causa à prescrição, ou não a alegarem oportunamente (art. 195 do CC/2002). Desse modo, a atual codificação material enuncia a possibilidade de os relativamente incapazes e as pessoas jurídicas promoverem ações correspondentes contra seus representantes ou prepostos que deram causa à perda de uma pretensão ou não a alegaram quando deviam tê-lo feito.

No que toca ao último caso, o artigo em questão, sem dúvida, pode ser aplicado aos advogados ou procuradores, que têm responsabilidade subjetiva por tais fatos, mediante culpa, nos termos dos arts. 186 do CC e 14, § 4.º, do CDC.

Comparando-se o art. 195 do atual Código Civil com o texto anterior (art. 164 do CC/1916), ampliam-se as possibilidades, deferindo direito que antes não estava reconhecido também às pessoas jurídicas, tanto de direito público quanto de direito privado.

Como última regra geral da prescrição da Lei Geral Privada a ser comentada, dispõe o art. 196 do atual Código Civil que "a prescrição iniciada contra uma pessoa continua a correr contra o seu sucessor". A codificação de 2002 substituiu a expressão *herdeiro*, que constava do art. 165 do CC/1916, pelo termo *sucessor*. Dessa forma, alarga-se a possibilidade de continuidade da prescrição, tanto em decorrência de ato *mortis causa* (testamento ou legado) quanto *inter vivos* (compra ou sucessão de empresas).

8.2.3 Das causas impeditivas e suspensivas da prescrição

O Código Civil consagra, entre os seus arts. 197 e 201, hipóteses em que o prazo de prescrição é impedido ou suspenso. Além dessas hipóteses de impedimento e de suspensão, não se pode esquecer que, antes do reconhecimento da prescrição intercorrente, a prescrição ficará suspensa pelo período de um ano, durante a suspensão da execução (art. 921, § 1.º, do CPC/2015). Além disso, a Lei 14.010/2020 trouxe o impedimento e a suspensão da prescrição diante da pandemia de Covid-19, como será analisado a seguir.

Inicialmente, enuncia o art. 197 do CC/2002 que não corre a prescrição nas seguintes hipóteses:

a)   entre os cônjuges, na constância da sociedade conjugal;

b)   entre ascendente e descendente, durante o poder familiar;

c)   entre tutelados ou curatelados e seus tutores ou curadores, durante a tutela ou curatela.

O efeito da adoção do dispositivo citado, que denota as causas impeditivas da prescrição, equivale ao da suspensão. Dessa forma, se o prazo ainda não foi iniciado, não correrá. Caso contrário, cessando a causa de suspensão, o prazo continua a correr do ponto em que parou.

CAP. 8 · DA PRESCRIÇÃO E DA DECADÊNCIA NO CC/2002. O TRATAMENTO DIFERENCIADO | **527**

Pelo tratamento legal dos seus incisos, observa-se que os casos em questão envolvem situações entre pessoas, não dependendo de qualquer conduta do credor ou do devedor, ao contrário do que ocorre com a interrupção da prescrição. Parte-se então para uma análise aprofundada desse art. 197 do CC/2002.

Pelo seu inciso I, entre marido e mulher não correrá a prescrição ainda não iniciada ou, se iniciada, será suspensa. O Código de 2002 substitui a expressão *matrimônio* por *sociedade conjugal* afastando dúvidas anteriores, uma vez que a última é que estabelece o regime de bens. A princípio, a separação de fato não impede a aplicação da regra, somente correndo a prescrição a partir do trânsito em julgado da sentença de separação judicial (consensual ou litigiosa), da sentença de divórcio direto ou da escritura pública de separação ou divórcio. Todavia, conforme comentado no Volume 5 da presente coleção, surge entendimento de que a separação de fato pode pôr fim à sociedade conjugal, o que pode ser levado em conta para os fins de prescrição (STJ, REsp 555.771/SP, 4.ª Turma, Rel. Min. Luis Felipe Salomão, j. 05.05.2009, *DJe* 18.05.2009). Concluindo, dessa forma, da jurisprudência estadual:

> "Apelação e recurso adesivo. Família. Ação de divórcio. Partilha de bens. Regime da comunhão universal de bens. 1. Comunicação de todos os bens dos cônjuges havidos antes ou durante a sociedade conjugal, cessando a comunicabilidade a partir do implemento da separação de fato. 2. Prestação de contas. Prescrição da pretensão. Imóveis de propriedade comum vendidos pelo ex-marido após da separação de fato com outorga de procuração pela ex-mulher. Sentença confirmada. Apelação e recurso adesivo desprovidos" (TJRS, Apelação Cível 0288417-42.2017.8.21.7000, 7.ª Câmara Cível, Caxias do Sul, Rel. Des. Sandra Brisolara Medeiros, j. 28.02.2018, *DJERS* 07.03.2018).

Ou, ainda, do Superior Tribunal de Justiça, e citando esta obra:

> "Na linha da doutrina especializada, razões de ordem moral ensejam o impedimento da fluência do curso do prazo prescricional na vigência da sociedade conjugal (art. 197, I, do CC/02), cuja finalidade consistiria na preservação da harmonia e da estabilidade do matrimônio. Tanto a separação judicial (negócio jurídico) como a separação de fato (fato jurídico), comprovadas por prazo razoável, produzem o efeito de pôr termo aos deveres de coabitação, de fidelidade recíproca e ao regime matrimonial de bens (elementos objetivos), e revelam a vontade de dar por encerrada a sociedade conjugal (elemento subjetivo). Não subsistindo a finalidade de preservação da entidade familiar e do respectivo patrimônio comum, não há óbice em considerar passível de término a sociedade de fato e a sociedade conjugal. Por conseguinte, não há empecilho à fluência da prescrição nas relações com tais coloridos jurídicos. Por isso, a pretensão de partilha de bem comum após mais de 30 (trinta) anos da separação de fato e da partilha amigável dos bens comuns do ex-casal está fulminada pela prescrição" (STJ, REsp 1.660.947/TO, 3.ª Turma, Rel. Min. Moura Ribeiro, j. 05.11.2019, *DJe* 07.11.2019).

De todo modo, apesar de trazer premissas corretas, o julgado é passível de crítica, pelo menos em parte, pelo fato de envolver não a prescrição, mas a decadência. Porém, em sentido contrário, estando alinhado ao texto literal da norma jurídica:

> "Nos termos do artigo 1.571, III e § 1.º, do Código Civil, o casamento válido somente se dissolve pela morte de um dos cônjuges ou pelo divórcio, não correndo a prescrição entre os cônjuges durante a constância da sociedade conjugal. Embora tenha havido a separação de fato do casal em 2008, enquanto não decretado o divórcio (ocorrido em 2013), o casamento permanece válido, havendo, portanto, causa impeditiva da prescrição,

nos termos do artigo 197, I, do Código Civil. Ajuizada a ação de reparação civil dentro do prazo de três anos estabelecido no artigo 206, 3.º, V, do citado Diploma Legal, afasta-se a prescrição no caso em comento" (TJDF, Apelação 2014.09.1.012566-9, Acórdão 935516, 4.ª Turma Cível, Rel. Des. Cruz Macedo, *DJDFTE* 27.04.2016, p. 329).

Ademais, as conclusões referentes à separação judicial e extrajudicial devem ser vistas com ressalvas, eis que estou filiado ao entendimento pelo qual a Emenda do Divórcio (EC 66/2010) retirou do sistema a separação de direito. A premissa é mantida mesmo tendo o CPC/2015 reafirmado a separação judicial e a extrajudicial em vários de seus preceitos. Esse tema, do mesmo modo, está aprofundado no Volume 5 desta série bibliográfica.

Diante da proteção constitucional da união estável (art. 226 da CF/1988), na *IV Jornada de Direito Civil*, foi aprovado o Enunciado n. 296 do CJF/STJ prevendo que "não corre a prescrição entre os companheiros, na constância da união estável". Tal conclusão tem sido aplicada por alguns julgados, contando com o nosso apoio (TJSP, Apelação 0144195-55.2012.8.26.0100, Acórdão 11092085, 9.ª Câmara de Direito Privado, São Paulo, Rel. Des. Piva Rodrigues, j. 28.11.2017, *DJESP* 24.01.2018, p. 4984; TJRS, Apelação Cível 570037-68.2012.8.21.7000, 12.ª Câmara Cível, Nova Petrópolis, Rel. Des. Umberto Guaspari Sudbrack, j. 25.09.2014, *DJERS* 29.09.2014; e TJMG, Apelação Cível 1.0702.08.432531-6/0011, 13.ª Câmara Cível, Uberlândia, Rel. Des. Luiz Carlos Gomes da Mata, j. 04.06.2009, *DJEMG* 29.06.2009).

Como reforço para a tese, acrescente-se que o CPC/2015 teve a feliz opção de equalizar a união estável ao casamento para praticamente todos os fins processuais. O legislador mais recente parece ser favorável à extensão das regras de uma entidade familiar para a outra, sempre que isso for possível.

O Projeto de Reforma do Código Civil pretende resolver os dois problemas aqui expostos. Primeiro, para mencionar a *constância da conjugalidade*, fazendo que a separação de fato já seja causa para o início do prazo prescricional. Segundo, por incluir no texto os conviventes que vivam em união estável. Com isso, o seu art. 197, inc. I, passará a mencionar que não corre a prescrição entre "os cônjuges ou conviventes, na constância da conjugalidade". Como se pode perceber, mais uma vez, a proposição sana lacunas, na linha da doutrina e da jurisprudência majoritárias.

A prescrição ainda permanece suspensa na constância do poder familiar, entre ascendentes e descendentes (pais e filhos, em regra) – inciso II. Nota-se a adequação do texto à nova realidade do Direito de Família (*despatriarcalização*), por suprimir-se a expressão *pátrio poder*, eminentemente patriarcal, superada pela nova dimensão dada à família pelo Texto Constitucional. Utiliza-se, portanto, a expressão *poder familiar*.

Nesses casos, o prazo prescricional inicia-se da data em que o menor completa 18 anos, exceção feita aos casos de emancipação, previstos no art. 5.º da codificação civil ou de destituição do poder familiar. O Projeto de Reforma do Código Civil, em relação a esse comando, pretende apenas trocar a expressão "poder familiar" por "autoridade parental", pois esta última passa a ser adotada pela Norma Geral Privada em outras previsões.

A título de exemplo da norma atual, julgado do Superior Tribunal de Justiça concluiu que não corre a prescrição entre pai e filho menor no caso de ação reparatória de danos decorrentes do abandono afetivo, tema que está exposto e aprofundado nos Volumes 2 e 5 da presente coleção (STJ, REsp 1.298.576/RJ, Rel. Min. Luis Felipe Salomão, j. 21.08.2012, publicado no *Informativo* n. *502*).

O Código Civil atual mantém a regra anterior, pela qual não corre a prescrição entre tutor e tutelado, curador e curatelado na vigência da tutela e da curatela, institutos de direito

CAP. 8 · DA PRESCRIÇÃO E DA DECADÊNCIA NO CC/2002. O TRATAMENTO DIFERENCIADO | 529

assistencial, relacionados com a administração de bens dos incapazes menores e maiores, respectivamente (inciso III). No Projeto de Reforma do Código Civil, pretende-se incluir também que o prazo de prescrição não corre entre guardiães e pessoas sob a sua guarda, por questão de equalização da norma para outra situação similar.

Se por um lado essa previsão não constitui qualquer inovação, por outro é interessante anotar que não se prevê mais suspensão da prescrição a favor do credor pignoratício, do mandante, do depositante, do devedor, de pessoas representadas e de seus herdeiros, em decorrência de bens confiados à sua guarda (art. 168 do CC/1916), razão pela qual, entre essas pessoas, eventuais pretensões condenatórias terão curso de prescrição normal.

O art. 198 do CC/2002 em vigor preconiza que também não corre a prescrição contra os incapazes, com a emergência do Estatuto da Pessoa com Deficiência apenas os menores de 16 anos (art. 3.º do CC); contra os ausentes do País em serviço público da União, dos Estados ou dos Municípios e contra os que se acharem servindo nas Forças Armadas, em tempo de guerra.

No que concerne aos incapazes, pode ser formulado o seguinte quadro esquemático:

	Relativamente incapazes	Corre contra ou a favor
PRESCRIÇÃO	**Absolutamente incapazes**	Se contra: a prescrição não corre
		Se a favor: a prescrição corre

Estou filiado ao entendimento doutrinário pelo qual o art. 198 do CC/2002 trata de causas suspensivas da prescrição, eis que, na maioria das vezes, nos casos apresentados, o prazo já terá o seu início em curso. Observa-se, mais uma vez, conforme o comentário anterior, que todos os incisos tratam de hipóteses envolvendo situações entre pessoas.

Para ilustrar, o prazo inicialmente corrido em relação aos absolutamente incapazes, apresentados no art. 3.º do atual Código Civil, ficará suspenso (menores de 16 anos, na previsão atualizada pelo Estatuto da Pessoa com Deficiência). Eventualmente, se não teve início a contagem do prazo, haverá causa impeditiva, em consonância com a proteção dos absolutamente incapazes, que envolve a ordem pública e os interesses da coletividade.

Também se almeja incluir nessa previsão uma ressalva na Reforma do Código Civil, no sentido de que não corre a prescrição em detrimento "dos absolutamente incapazes e dos relativamente incapazes, estes últimos enquanto não lhes for dado assistente". Assim sendo, com a alteração almejada, o prazo correrá a partir da nomeação do assistente do relativamente incapaz, pois o último já terá condições de se defender.

Sem qualquer inovação do que constava no texto anterior, haverá causa suspensiva em relação àqueles que estiverem fora do Brasil, prestando serviço público aos órgãos da administração direta ou indireta do Estado.

A expressão *ausentes*, utilizada no comando legal em questão, não se refere especificamente à ausência tratada entre os arts. 22 a 39 da codificação material, mas àqueles que estiverem fora do País. De qualquer forma, há entendimento pelo qual a ausência, causa de morte presumida, está incluída nesse art. 198, inc. II, do CC. Esse é o teor do Enunciado n. 156 do CJF/STJ, aprovado na *III Jornada de Direito Civil* no sentido de que "desde o termo inicial do desaparecimento, declarado em sentença, não corre a prescrição contra o ausente". A proposta desse enunciado foi formulada por João Baptista Villela, um dos maiores civilistas brasileiros, reconhecido internacionalmente.

530 | DIREITO CIVIL • VOL. 1 – *Flávio Tartuce*

Também por questão de bom senso, suspende-se a prescrição relativamente aos militares que estiverem servindo o exército, a marinha ou a aeronáutica em tempos de guerra, caso, por exemplo, dos brasileiros enviados a outros países para compor os serviços de paz da Organização das Nações Unidas (ONU). Apesar do nome *serviços de paz, os tempos são de guerra*, obviamente. Até por motivos práticos, pela impossibilidade de citação muitas vezes percebida no caso concreto, o prazo deverá permanecer suspenso.

Já o art. 199 do CC elenca, ao mesmo tempo, causas impeditivas (incs. I e II) e causa suspensiva (inc. III), que merecem o mesmo tratamento prático, envolvendo situações entre pessoas.

Segundo o inciso I do art. 199, não corre a prescrição pendendo condição suspensiva, o que é uma causa impeditiva. A condição pode ser conceituada como um evento futuro e incerto que suspende a aquisição de direitos, bem como a eficácia de um ato ou negócio jurídico (plano da eficácia, terceiro degrau da *Escada Ponteana*). Como é notório, o termo inicial tem a mesma eficácia dessa condição suspensiva, conforme consta do art. 135 do Código Civil.

Desse modo, exemplifica-se com o caso de um contrato de locação. Antes do termo inicial, como não poderia ser diferente, não correrá qualquer prescrição, eis que o contrato ainda não teve o seu início. Outro exemplo de condição suspensiva pode ser retirado da Súmula 229 do STJ, pela qual o "pedido de pagamento de indenização à seguradora suspende o prazo de prescrição até que o segurado tenha ciência da decisão".

Outra causa impeditiva é o não vencimento do prazo (art. 199, inc. II, do CC). Deduz--se que o comando legal em questão refere-se não ao prazo de prescrição, mas àquele fixado para um ato ou negócio jurídico. Não estando vencido o prazo, pela não ocorrência do termo final – evento futuro e certo que põe fim aos direitos decorrentes de um negócio –, assinalado pela lei ou pela vontade das partes, não se pode falar em prescrição, havendo causa impeditiva da extinção da pretensão. Ilustrando de forma ainda mais específica, não vencido o prazo para pagamento de uma dívida, não corre a prescrição.

Por fim, pelo mesmo comando legal, há causa suspensiva pendendo ação de evicção (art. 199, inc. III). A evicção pode ser conceituada como a perda da coisa em decorrência de uma decisão judicial ou apreensão administrativa que a atribui a terceiro, cujo tratamento legal específico consta entre os arts. 447 a 457 do CC. São partes da evicção: o evictor (ou evincente) – aquele que pleiteia a coisa –, o evicto (ou evencido) – aquele que perde a coisa, o adquirente – e o alienante – aquele que transfere a coisa litigiosa, em ato motivado pela má-fé. De acordo com o primeiro dispositivo citado, pendendo qualquer ação entre essas pessoas, a prescrição permanecerá suspensa em relação aos outros envolvidos. A título de exemplo, se ainda correr a ação reivindicatória proposta pelo terceiro contra o adquirente do bem, o prazo da pretensão regressiva do último em face do alienante não correrá.

Determina o art. 200 do atual Código Civil que quando a ação se originar de fato que deva ser apurado no juízo criminal, não correrá a prescrição antes da respectiva sentença definitiva. Trata-se de uma inovação, que traz *causa impeditiva* pela qual, na pendência de apuração criminal, não corre a prescrição até o trânsito em julgado da sentença a ser prolatada nesse âmbito. Esse dispositivo legal tem aplicação direta aos casos que envolvem a pretensão indenizatória, com prazo prescricional de três anos, contados da ocorrência do evento danoso ou do conhecimento de sua autoria, conforme o art. 206, § 3.º, inc. V, do atual CC. Entre os vários julgados que aplicam o art. 200 do CC, colaciona-se o seguinte, do Tribunal de Justiça do Rio de Janeiro:

CAP. 8 · DA PRESCRIÇÃO E DA DECADÊNCIA NO CC/2002. O TRATAMENTO DIFERENCIADO | **531**

"Direito civil. Demanda reparatória. Acidente automobilístico. Ocorrência de lesões corporais, além da morte da companheira. Inocorrência de prescrição, cujo prazo apenas começa a fluir a partir do trânsito em julgado da sentença penal condenatória. Inteligência dos artigos 200 e 935, ambos do Código Civil. Raciocínio que se mostra coerente com o sistema da reparação civil *ex delicto*, sobretudo em razão do conteúdo dos artigos 63 e 64 do CPP; 91, I, do CP; e 475-N, II, do CPC. Impossibilidade de liquidação da sentença proferida no âmbito criminal apenas porque a demanda reparatória foi proposta em face da concessionária de serviços de transporte. Danos morais configurados. Circunstâncias do evento que fornecem elementos capazes de justificar a fixação da compensação em patamares superiores àqueles estabelecidos na sentença. Autor que comprova que nos seis meses posteriores ao acidente não teve condições de realizar suas atividades laborativas em razão de grave abalo psicológico, inclusive com o uso de medicamentos. Possibilidade de conhecimento de questão não resolvida inteiramente na primeira instância, com base no artigo 515, § 1.º, do CPC. Lesões corporais que, embora compensáveis, não causaram dano estético ao autor. Reparação fixada em R$ 96.000,00, sendo R$ 80.000,00 relativos à morte da companheira do autor e o restante pelas lesões corporais por este sofridas. Desprovimento do recurso do réu e parcial provimento ao recurso do autor" (TJRJ, Apelação 2009.001.57118, 2.ª Câmara Cível, Rel. Des. Alexandre Câmara, j. 07.10.2009, *DORJ* 13.10.2009, p. 126).

Também da jurisprudência, conforme decisão publicado *no Informativo* n. *500* do STJ, a finalidade do art. 200 do CC/2002 "é evitar soluções contraditórias entre os juízos cíveis e criminais, especialmente quando a solução do processo penal seja determinante do resultado do cível. Sendo assim, permite-se à vítima aguardar a solução da ação penal para, apenas depois, desencadear a demanda indenizatória na esfera cível. Por isso, é fundamental que exista processo penal em curso ou, pelo menos, a tramitação de inquérito policial até o seu arquivamento" (STJ, REsp 1.180.237/MT, Min. Paulo de Tarso Sanseverino, j. 19.06.2012).

De toda sorte, há certo conflito entre o comando ora estudado e o art. 935 do vigente Código Civil, eis que esse dispositivo enuncia que a responsabilidade civil independe da criminal. Consigne-se que a referida independência não é total, pois o curso do prazo prescricional civil depende da apuração dos fatos no âmbito criminal, pelo que consta da inovação ora visualizada.

Para deixar a norma mais clara e efetiva, o Projeto de Reforma do Código Civil pretende incluir no seu art. 200 um parágrafo único, enunciando que "aplica-se o disposto no caput somente após a instauração do inquérito policial ou com o recebimento da denúncia ou da queixa, retroagindo seus efeitos à data do ato, desde que não decorrido o prazo de 5 (cinco) anos". Nos termos das precisas justificativas da Subcomissão de Parte Geral, "considerando que diversos ilícitos criminais não dão ensejo a medidas investigativas no âmbito criminal, condicionar o início do prazo prescricional cível ao trânsito em julgado na esfera penal acaba por criar uma indesejada hipótese de imprescritibilidade. Nesse sentido, a sugestão proposta traz maior segurança jurídica trazendo limites à suspensão da prescrição". Como não poderia ser diferente, pelas suas próprias justificativas, sou totalmente favorável à proposição.

Segundo o art. 201 do CC/2002, suspensa a prescrição em favor de um dos credores solidários, esta suspensão só aproveitará aos demais se a obrigação for indivisível. Desse modo, no caso de solidariedade ativa, por regra a suspensão da prescrição que favorece um dos cocredores não atinge os demais. A única exceção feita é para a obrigação indivisível, nos termos do art. 258 da codificação. As diferenças ente a obrigação solidária e a obrigação indivisível constam do Volume 2 da presente coleção.

DIREITO CIVIL • VOL. 1 – *Flávio Tartuce*

Desse modo, sendo a obrigação solidária ou divisível, somente será beneficiado pela suspensão do prazo prescricional aquele que se encontrar em uma das situações descritas pelos comandos legais apresentados anteriormente, que trazem benefícios de natureza personalíssima, por envolverem situações entre pessoas, conforme foi comentado.

Para encerrar esta seção, necessário comentar o art. 3.º da Lei 14.010/2020, que instituiu o Regime Jurídico Emergencial e Transitório das relações jurídicas de Direito Privado (RJET) no período da pandemia de Covid-19. A norma tem origem no PL 1.179/2020, que contou com a atuação de vários civilistas, por iniciativa do Ministro Dias Toffoli e do Senador Antonio Anastasia, e a liderança do Professor Otavio Luiz Rodrigues. A redação desse preceito recebeu da minha parte, em atuação conjunta com os Professores José Fernando Simão e Maurício Bunazar, propostas de aprimoramento.

Diante das dificuldades geradas pela pandemia e do necessário distanciamento social, o art. 3.º do RJET prevê em seu *caput* que os prazos prescricionais são considerados impedidos ou suspensos, conforme o caso, a partir da entrada em vigor da lei – o que se deu em 12 de junho de 2020 –, até 30 de outubro do mesmo ano. Desse modo, se o prazo ainda não teve o seu início, permanecerá vedado até essa data final. Caso tenha já começado a sua contagem, ocorrerá a sua suspensão, com os efeitos aqui antes estudados, novamente até o dia que consta da norma. A título de exemplo, a regra tem incidência para todos os casos alcançados pelo art. 206 do Código Civil, que serão ainda estudados, a respeito dos prazos especiais de prescrição.

Eventualmente, caso seja necessária a volta de medidas de distanciamento social mais rígidas, diante de novas ondas da pandemia, penso que o prazo de incidência da norma pode ser estendido ou eventualmente renovado, por força de uma nova norma.

O § 1.º desse art. 3.º da Lei 14.010/2020 estabelece que o comando não se aplica enquanto perdurarem as hipóteses específicas de impedimento, suspensão e interrupção dos prazos prescricionais dispostas no ordenamento jurídico nacional. A ilustrar, se estiver presente qualquer uma das situações descritas nos arts. 197, 198, 199 do Código Civil, não se justifica o impedimento ou a suspensão prevista na lei especial, prevalecendo a subsunção da regra da codificação privada. Vale lembrar, a propósito, que o art. 2.º da norma específica determina que ela não revoga ou altera qualquer preceito legal, o que confirma o seu caráter transitório.

Por fim, anote-se que o § 2.º do art. 3.º do RJET estende a mesma regra do *caput* para a decadência, conforme será abordado quando do estudo do instituto.

8.2.4 Das causas de interrupção da prescrição

Ao contrário do que ocorre com as causas impeditivas e suspensivas, a interrupção do prazo prescricional envolve *condutas* do credor ou do devedor. Relativamente aos seus efeitos, é cediço que a interrupção faz com que o prazo retorne ao seu início, *partindo do seu ponto zero*.

Pois bem, estatui o art. 202, *caput*, do atual Código Civil que a interrupção da prescrição somente poderá ocorrer *uma vez*, novidade que traz alguns problemas práticos, conforme será analisado.

Como primeira hipótese de interrupção (art. 202, inc. I, do CC), esta pode ocorrer "por despacho do juiz, mesmo incompetente, que ordenar a citação, se o interessado a promover no prazo e na forma da lei processual".

CAP. 8 · DA PRESCRIÇÃO E DA DECADÊNCIA NO CC/2002. O TRATAMENTO DIFERENCIADO | **533**

De início, sempre se confrontou esse dispositivo, novidade parcial, com o art. 219 do CPC/1973, que preceituava: "A citação válida torna prevento o juízo, induz litispendência e faz litigiosa a coisa; e, ainda quando ordenada por juiz incompetente, constitui em mora o devedor e interrompe a prescrição. § 1.º A interrupção da prescrição retroagirá à data da propositura da ação".

Sendo assim, restava a dúvida: haveria realmente um conflito entre tais normas ou antinomia? O Código Civil de 2002 revogou o Código de Processo Civil de 1973? Sempre acreditamos que não.

Isso porque a melhor resposta doutrinária era aquela dada por Carlos Roberto Gonçalves (Prescrição: questões relevantes e polêmicas. *Questões controvertidas...*, 2003, v. I), entre os civilistas; e Flávio Luiz Yarshell (A interrupção..., *Síntese Jornal*, n. 75, p. 13, maio 2003), entre os processualistas. Sempre entenderam esses doutrinadores que não houve revogação. Na verdade, os dois artigos deveriam ser interpretados sistematicamente e em complemento. O que se procurava fazer era um diálogo de complementaridade entre as duas leis, outra aplicação da festejada tese do *diálogo das fontes*, de Erik Jayme e Cláudia Lima Marques.

A solução, então, era a seguinte: a interrupção dar-se-ia com o despacho do juiz (Código Civil), retroagindo essa interrupção ao momento da propositura da ação (Código de Processo Civil). Seguindo a ideia, na *V Jornada de Direito Civil* aprovou-se enunciado com o seguinte teor: "o art. 202, I, do CC, deve ser interpretado sistematicamente com o art. 219, § 1.º, do CPC, de modo a se entender que o efeito interruptivo da prescrição, produzido pelo despacho que ordena a citação, possui efeito retroativo até a data da propositura da demanda" (Enunciado n. 417).

Essa tese foi adotada pelo Código de Processo Civil de 2015, pois o seu art. 240 preceitua: "a citação válida, ainda quando ordenada por juízo incompetente, induz litispendência, torna litigiosa a coisa e constitui em mora o devedor, ressalvado o disposto nos arts. 397 e 398 da Lei n.º 10.406, de 10 de janeiro de 2002 (Código Civil). § 1.º A interrupção da prescrição, operada pelo despacho que ordena a citação, ainda que proferido por juízo incompetente, retroagirá à data de propositura da ação". Em suma, a questão parece ter sido resolvida pelo Estatuto Processual emergente.

O Projeto de Reforma do Código Civil pretende igualmente seguir essa linha, passando o inciso I do seu art. 202 a mencionar, encerrando o debate, que a interrupção da prescrição dar-se-á "pelo despacho que ordenar a citação, retroagindo seus efeitos para a data da propositura da ação, mesmo que incompetente o juiz ou o árbitro para o exame do mérito, e desde que o autor a promova no prazo e na forma da lei processual".

Acrescente-se, por oportuno e na linha da proposta, que a instauração de procedimento arbitral também interrompe a prescrição, conforme inclusão que foi realizada na Lei de Arbitragem, por força da Lei 13.129/2015. Nos termos do art. 19, § 2.º, da Lei 9.307/1996, "a instituição da arbitragem interrompe a prescrição, retroagindo à data do requerimento de sua instauração, ainda que extinta a arbitragem por ausência de jurisdição". Para a jurisprudência superior, de forma correta, "mesmo antes do advento da Lei n. 13.129/2015, a instauração de procedimento arbitral constitui causa de interrupção do prazo prescricional". Isso porque "a inequívoca iniciativa da parte em buscar a tutela dos seus direitos por um dos meios que lhes são disponibilizados, ainda que sem a intervenção estatal, é suficiente para derruir o estado de inércia sem o qual não é possível falar na perda do direito de ação pelo seu não exercício em prazo razoável. A modificação perpetrada pela Lei n. 13.129/2015 veio somente consolidar a orientação que já era adotada pela doutrina majoritária" (STJ, REsp 1.981.715/GO, 3.ª Turma, Rel. Min. Ricardo Villas Bôas Cueva, por unanimidade, j. 17.09.2024).

534 | DIREITO CIVIL • VOL. 1 – *Flávio Tartuce*

Sobre o momento exato dessa interrupção, filio-me à corrente encabeçada por Francisco Cahali, para quem "deverá ser considerado como ato interruptivo da prescrição a inequívoca iniciativa em provocar o início da arbitragem. Ou seja, no exato instante em que a parte, comprovadamente, demonstra seu propósito de materializar o juízo arbitral, deve-se atribuir ao fato a força interruptiva da prescrição. E, na diversidade de forma para se dar início a arbitragem, peculiar do sistema arbitral, qualquer delas deve ser aceita" (*Curso...*, 2015, p. 282-283).

Feito tal esclarecimento sobre a arbitragem, com aquele entendimento anterior, confirmado pelo art. 240 do Novo CPC, ficava prejudicado o teor da Súmula 106 do STJ pela qual, "proposta a ação no prazo fixado para o seu exercício, a demora na citação por motivos inerentes ao mecanismo da justiça não justifica o acolhimento da arguição da prescrição ou decadência". Isso porque o que é relevante para se verificar a existência da prescrição é a data da propositura da demanda. De toda sorte, a solução a ser considerada é a mesma constante da ementa sumular.

O mesmo art. 202 do CC prevê nos seus incisos II e III que ocorre a interrupção da prescrição por protesto judicial (nos termos do inciso I, antes comentado), bem como pelo protesto cambiário. A codificação emergente inovou ao dispor sobre a possibilidade de interromper-se a prescrição, além do protesto judicial – ação específica de jurisdição voluntária que visa dar publicidade a uma situação fática ou jurídica –, também pelo protesto extrajudicial ou cambiário, aquele realizado perante o cartório extrajudicial de protesto de títulos. Dessa forma, está totalmente prejudicada a Súmula 153 do STF, pela qual "Simples protesto cambiário não interrompe a prescrição".

Sobre o protesto cambiário, julgado do Superior Tribunal de Justiça de 2020 traz a seguinte conclusão:

> "O protesto também pode produzir outros efeitos, como a comprovação da impontualidade injustificada, para efeitos falimentares, ou a interrupção da prescrição, na forma do art. 202, III, do CC/02. Na letra de câmbio sem aceite, tanto o protesto por falta ou recusa de aceite quanto o por falta ou recusa de pagamento devem ser tirados contra o sacador, que emitiu a ordem de pagamento não honrada, e não contra o sacado, que não pode ser compelido, sequer pelo protesto, a aceitar a obrigação inserida na cártula. Inteligência do art. 21, § 5.º, da Lei 9.492/97. (...). A prescrição interrompida pelo protesto cambial se refere única e exclusivamente à ação cambiária e somente tem em mira a pretensão dirigida ao responsável principal e, eventualmente, aos devedores indiretos do título, entre os quais não se enquadra o sacado não aceitante. Aplicação do princípio da autonomia das relações cambiais. Na hipótese concreta, a recorrente sacou letra de câmbio em que apontou como sacada a recorrida e se colocou na posição de beneficiária da ordem de pagamento, levando o título a protesto com o propósito de interromper o prazo prescricional para a cobrança da dívida que serviu de ensejo à emissão da cártula. Na hipótese dos autos, a recorrente, ao protestar o título contra a recorrida não aceitante, tirou o protesto indevidamente contra pessoa que não poderia ser indicada em referido ato documental, praticando, assim, ato ilícito, devendo, pois, responder pelas consequências de seus atos; e a interrupção da prescrição pelo protesto do título não se dá em relação à dívida causal que originou a emissão da cártula" (STJ, REsp 1.748.779/MG, 3.ª Turma, Rel. Min. Nancy Andrighi, j. 19.05.2020, *DJe* 25.05.2020).

Mas há um problema relacionado a essa interrupção, que, segundo o Código Civil de 2002, somente poderá ocorrer *uma vez*. Pois bem, imagine-se um caso em que houve o protesto cambiário (art. 202, inc. III, do CC/2002), o que gera a interrupção da prescrição. Com a propositura da ação (art. 202, inc. I, do CC/2002), o prazo continuará a fluir? Se a

CAP. 8 · DA PRESCRIÇÃO E DA DECADÊNCIA NO CC/2002. O TRATAMENTO DIFERENCIADO | **535**

resposta for afirmativa, o autor deve receber o seu crédito até o final do prazo, sob pena de extinção da pretensão. É essa a melhor interpretação? Penso que não, sendo certo que dois são os caminhos a seguir para responder negativamente.

- *1.º caminho*: Apontado por Caio Mário da Silva Pereira (*Instituições...*, 2003, v. I, p. 700). Para o clássico jurista, forçoso entender que nos casos de protesto (judicial ou extrajudicial) a citação para o procedimento definitivo (ação para cobrança, por exemplo) não perde o efeito interruptivo. Assim, nessas situações, a interrupção pode se dar mais de uma vez (*dualidade de interrupções da prescrição*). Diz Caio Mário, para chegar a essa conclusão, que "nenhuma lei pode receber interpretação que conduza ao absurdo".

- *2.º caminho*: Entender que a ação proposta suspende a prescrição, conforme o art. 199, I, do CC, eis que a ação é uma condição suspensiva. Essa proposta é a mais condizente com o texto legal, eis que está amparada naquilo que a codificação consagra.

Anote-se que a polêmica surge tanto no caso de protesto judicial (art. 202, inc. II, do CC) quanto no de protesto cambiário (art. 202, inc. III, do CC), sendo a segunda solução a melhor, pois não *atropela* totalmente a regra do art. 202, *caput*, do CC. Em outros casos, estudados a seguir, o problema também emerge.

Para resolver esse quase eterno problema, anoto que o Projeto de Reforma do Código Civil pretende retirar do *caput* do art. 202 a restrição de que a interrupção da prescrição somente pode ocorrer uma vez, transferindo a regra para o seu novo § 1.º, a saber: "a interrupção da prescrição só poderá ocorrer uma vez, salvo na hipótese do inciso I deste artigo". Com isso, soluciona-se de forma definitiva uma das maiores controvérsias doutrinárias e jurisprudenciais da Parte Geral do Código Civil.

Complemento que também há proposição de se alterar o inciso II do comando, para que unifique as duas regras em estudo e expresse, de forma efetiva e em prol da extrajudicialização, que a interrupção da prescrição se dará "por qualquer outra forma de interpelação judicial ou extrajudicial, como a notificação do devedor ou o protesto de documentos que contenham obrigação exigível". Espera-se, portanto, que as duas sugestões formuladas pela Comissão de Juristas sejam acatadas pelo Parlamento Brasileiro.

Superada esta discussão, destaque-se que a prescrição ainda é interrompida pela apresentação do título de crédito em juízo de inventário ou em concurso de credores (art. 202, inc. IV, do CC). Aqui cabe somente destacar que a habilitação de crédito promovida pelo credor no processo de inventário, falência, ou insolvência civil interrompe a prescrição, havendo ato praticado pelo credor.

Anoto que igualmente há proposta de alteração desta última regra no Projeto de Reforma do Código Civil, passando o inciso III do art. 202 a prever que a interrupção se dará "pela apresentação do título da dívida em juízo de inventário, em procedimento de concurso de credores, em procedimentos de arrecadação de bens ou em protesto no rosto dos autos de processo judicial ou arbitral". Com a descrição das hipóteses almeja-se uma maior segurança jurídica para a previsão.

Também qualquer ato judicial que constitua em mora o devedor gera a interrupção da prescrição (art. 202, inc. V, do CC). Assim, a notificação e a interpelação judicial, além do protesto judicial antes referido, continuam gerando a interrupção da prescrição, além de constituir o devedor em mora (mora *solvendi ex persona*). Neste ponto, do mesmo modo pode surgir hipótese relacionada à última polêmica discutida, ou seja, quanto à *dualidade das interrupções da prescrição*.

Deve ficar claro que a notificação extrajudicial, via cartório de títulos e documentos, não gera a interrupção da prescrição, pela ausência de previsão legal específica. O mesmo pode ser dito quanto a qualquer ato extrajudicial promovido pelo credor com esse objetivo, caso de uma carta enviada pelo correio. De toda sorte, estou filiado aos projetos de lei em tramitação no Congresso Nacional que visam incluir a notificação extrajudicial no preceito, em prol da *desjudicialização*.

Essa é a opinião, por exemplo, de José Fernando Simão, em parecer publicado na *Revista comemorativa dos 140 anos do Instituto dos Advogados de São Paulo*, no final de 2014. O CPC/2015, aliás, não trouxe essa solução, que continua sendo proposta *de lege ferenda*. Em 2018 foi proposto no Senado Federal o Projeto de Lei 12, oriundo da *Comissão Mista de Desburocratização*. Atendendo a sugestão formulada por mim, propõe-se que o art. 202, inc. V, do Código Civil passe a prever expressamente que a interpelação extrajudicial interrompa a prescrição.

Exatamente no mesmo sentido, o Projeto de Reforma do Código Civil pretende inserir previsão no inciso IV do seu art. 202 para que ocorra a interrupção da prescrição "por qualquer ato judicial ou extrajudicial que constitua em mora o devedor". Diante da pluralidade de proposições, espera-se que uma delas seja aprovada pelo Congresso Nacional Brasileiro.

Pois bem, restou evidenciado que o art. 202, nos seus incisos I a V, prevê casos em que *condutas do credor* podem gerar a interrupção da prescrição. Mas o inciso VI traz o único caso em que *condutas do devedor* trazem o mesmo efeito, a saber:

> "Art. 202. A interrupção da prescrição, que somente poderá ocorrer uma vez, dar-se-á:
> (...)
> VI – por qualquer ato inequívoco, ainda que extrajudicial, que importe reconhecimento do direito pelo devedor".

Diante desse comando legal, qualquer atuação do devedor que importe em reconhecimento total ou parcial da existência da dívida gera a interrupção da prescrição. Como exemplos de atos que têm esse condão, podem ser citados o pagamento de juros ou de cláusula penal, o envio de correspondência reconhecendo de forma expressa a dívida, o seu pagamento parcial ou total, entre outros.

Porém, de maneira correta, a jurisprudência superior tem entendimento segundo o qual o mero "pedido de concessão de prazo para analisar documentos com o fim de verificar a existência de débito não tem o condão de interromper a prescrição" (STJ, REsp 1.677.895/SP, 3.ª Turma, Rel. Min. Nancy Andrighi, j. 06.02.2018, *DJe* 08.02.2018, publicado no *Informativo* n. *619* do STJ).

Essas condutas interruptivas do devedor podem ocorrer no plano judicial ou extrajudicial, segundo consta do próprio dispositivo transcrito. No plano judicial, vejamos concretização constante do Enunciado n. 416 da *V Jornada de Direito Civil* do Conselho da Justiça Federal e do Superior Tribunal de Justiça: "A propositura de demanda judicial pelo devedor, que importe impugnação do débito contratual ou de cártula representativa do direito do credor, é causa interruptiva da prescrição". O entendimento constante do enunciado doutrinário em apreço pode ser encontrado na jurisprudência do Superior Tribunal de Justiça. A ilustrar:

> "A propositura de demanda judicial pelo devedor, seja anulatória, seja de sustação de protesto, que importe em impugnação do débito contratual ou de cártula representativa do direito do credor, é causa interruptiva da prescrição. A manifestação do credor, de

CAP. 8 • DA PRESCRIÇÃO E DA DECADÊNCIA NO CC/2002. O TRATAMENTO DIFERENCIADO | 537

forma defensiva, nas ações impugnativas promovidas pelo devedor, afasta a sua inércia no recebimento do crédito, a qual implicaria a prescrição da pretensão executiva; além de evidenciar que o devedor tinha inequívoca ciência do interesse do credor em receber aquilo que lhe é devido. O art. 585, § 1.º, do CPC deve ser interpretado em consonância com o art. 202, VI, do Código Civil. Logo, se admitida a interrupção da prescrição, em razão das ações promovidas pelo devedor, mesmo que se entenda que o credor não estava impedido de ajuizar a execução do título, ele não precisava fazê-lo antes do trânsito em julgado dessas ações, quando voltaria a correr o prazo prescricional" (STJ, REsp 1.321.610/SP, 3.ª Turma, Rel. Min. Nancy Andrighi, j. 21.02.2013, *DJe* 27.02.2013).

De toda sorte, conforme outrora exposto, entendo que é melhor enquadrar a propositura de demanda como condição suspensiva, e não como causa interruptiva. Isso porque, frise-se, a interrupção da prescrição, pela própria dicção do art. 202, *caput*, do Código Civil, somente pode ocorrer uma vez, o que obstaria outra interrupção com o ingresso de nova demanda, caso de uma ação de cobrança posterior, por exemplo.

Como derradeira observação sobre o último inciso do dispositivo, acatando proposta do Ministro João Otávio de Noronha, a Comissão de Juristas encarregada da Reforma do Código Civil sugere que a parte final do seu art. 202, inc. V, passe a mencionar expressamente a ação revisional proposta pelo devedor, como causa interruptiva da prescrição.

Como se sabe, há divergência no âmbito do Superior Tribunal de Justiça sobre o tema. De um lado, pela interrupção do prazo prescricional em casos tais e para ilustrar: STJ, REsp 1.956.817, 3.ª Turma, Min. Ricardo Villas Bôas Cueva, j. 14.06.2022; AREsp 2.019.580/PR, 3.ª Turma, Min. Paulo de Tarso Sanseverino, publ. 18.04.2022; AREsp 1.777.133, 4.ª Turma, Rel. Min. Luis Felipe Salomão, publ. 22.02.2022; AREsp 1.806.291/SP, 3.ª Turma, Rel. Min. Moura Ribeiro, publ. 08.04.2021; e REsp 1.896.170/PR, 3.ª Turma, Rel. Min. Ricardo Villas Bôas Cueva, publ. 1.º.02.2021. De outro lado, no sentido da não interrupção do prazo de prescrição pela ação revisional proposta pelo devedor: AREsp 1.711.103/SP, 4.ª Turma, Rel. Min. Antonio Carlos Ferreira, publ. 19.05.2022; REsp 1.861.701/MS, 3.ª Turma, Rel. Min. Paulo de Tarso Sanseverino, publ. 25.11.2021; e REsp 1.470.532/SP, 3.ª Turma, Rel. Min. Moura Ribeiro, publ. 26.10.2017. Com a proposta, portanto, mais uma vez, encerra-se uma divergência jurisprudencial, trazendo maior certeza e previsibilidade para o instituto da prescrição, e trazendo estabilidade para as relações privadas.

Superada a análise das hipóteses de interrupção da prescrição, pertinente comentar outras regras que constam da codificação quanto à matéria.

Inicialmente, prevê o parágrafo único do art. 202 que a prescrição interrompida recomeça a correr da data do ato que a interrompeu, ou do último ato do processo para interrompê-la. Não há novidade nesse comando, que reconhece como o principal efeito da interrupção o reinício da contagem do prazo, cessada a sua causa, ao contrário do que se dá com a suspensão, em que o prazo continua a contar de quando parou. Deve ficar claro que o efeito interruptivo cessa da ocorrência do ato que a interromper, seja no plano processual ou fora dele.

No caso de interrupção por ato judicial, o último ato do processo a ser considerado é o trânsito em julgado da sentença. Nesse sentido, por todos os arestos superiores e entre os mais recentes: "em se tratando de causa interruptiva judicial, a citação válida tem o condão de interromper o prazo prescricional independentemente do desfecho dado ao processo – se com ou sem julgamento de mérito –, fazendo com que a fluência do prazo prescricional se reinicie, por inteiro, apenas após o último ato do processo (qual seja, o trânsito em julgado), nos termos do parágrafo único do art. 202 do Código Civil.

538 | DIREITO CIVIL • VOL. 1 – *Flávio Tartuce*

Precedentes" (STJ, REsp 1.726.222/SP, 3.ª Turma, Rel. Min. Marco Aurélio Bellizze, j. 17.04.2018, *DJe* 24.04.2018).

No Projeto de Reforma do Código Civil, almeja-se incluir expressamente a menção à arbitragem e aos procedimentos arbitrais nessa regra, que ficará mais clara e técnica, dividida em dois parágrafos. Consoante o novo § 1.º do art. 202, "a prescrição interrompida recomeça a correr da data do ato que a interrompeu ou do último ato do expediente ou do procedimento destinado a interrompê-la". E, conforme o § 2.º, "a interrupção da prescrição só poderá ocorrer uma vez, salvo na hipótese do inciso I deste artigo". Como se pode perceber de outros trechos desta obra, é mais do que necessário equiparar a arbitragem ao processo judicial para os fins de prescrição, em prol da extrajudicialização, o que representa tendência legislativa, doutrinária e jurisprudencial, e um dos motes jurídicos adotados pela Comissão de Juristas.

Por outra via, dispõe o art. 203 do CC/2002 em vigor que: "a prescrição pode ser interrompida por qualquer interessado". O Código Civil atual apresenta agora um sentido genérico quanto às pessoas que podem, por ato próprio, interromper a prescrição. A expressão genérica "qualquer interessado" substitui o rol taxativo previsto anteriormente (CC/1916: "Art. 174. Em cada um dos casos do artigo 172, a interrupção pode ser promovida: I – Pelo próprio titular do direito em via de prescrição; II – Por quem legalmente o represente; III – Por terceiro que tenha legítimo interesse"). A inovação é mais justa, estando sintonizada como princípio da operabilidade. Adota-se um sentido aberto, o que está mais de acordo com a *concepção realeana*, que inspira o nosso Código Civil.

Dentro dessa ideia, cabe interpretação pelo aplicador do direito, no que se refere à *ontognoseologia jurídica* antes estudada. Incumbe ao juiz, dentro das regras de equidade e razoabilidade, apontar quem seria o *interessado* referido no dispositivo. Obviamente, continuam abarcadas pelo texto genérico atual as situações antes previstas, envolvendo o titular da pretensão, o seu representante e aquele que tenha legítimo interesse, como no caso do cocredor, do codevedor e dos sucessores das partes envolvidas com a pretensão. Todavia, o modelo atual é aberto (*numerus apertus*) e não mais fechado (*numerus clausus*).

Enuncia o art. 204, *caput*, do CC/2002 que a interrupção da prescrição por um credor não aproveita aos outros. Do mesmo modo, a interrupção operada contra o codevedor, ou seu herdeiro, não prejudica aos demais coobrigados. A codificação atual continua reconhecendo o caráter personalíssimo do ato interruptivo, sendo certo que este não aproveitará aos cocredores, codevedores ou herdeiros destes, nos casos de ausência de previsão de solidariedade. Sem prejuízo dessa previsão, constam regras específicas nos parágrafos do dispositivo.

De acordo com o seu § 1.º, excepcionando a regra prevista no *caput* do artigo, a interrupção da prescrição atingirá os credores e devedores solidários, bem como os herdeiros destes. Isso, se a solidariedade estiver prevista em lei ou no contrato celebrado pelas partes, seguindo a lógica do que consta do art. 265 do CC, pelo qual a solidariedade contratual não se presume nas relações civis.

O § 2.º do dispositivo enuncia que no caso dos herdeiros do devedor, entretanto, deve ser observada norma específica. Havendo interrupção contra um dos herdeiros do devedor solidário, esta não prejudicará os demais, a não ser que a obrigação seja indivisível (art. 258 do CC).

Por fim, de acordo com o § 3.º do art. 204, no caso de interrupção da prescrição em prejuízo do devedor principal, essa também atingirá o fiador. Isso porque, conforme regra básica do Direito Civil, tudo o que ocorre na obrigação principal repercute na obrigação

CAP. 8 · DA PRESCRIÇÃO E DA DECADÊNCIA NO CC/2002. O TRATAMENTO DIFERENCIADO | **539**

acessória, natureza que possui o contrato de fiança, acessório por excelência (*princípio da gravitação jurídica*).

Aplicando a última norma, entendeu o Superior Tribunal de Justiça que a interrupção da prescrição que atinge o fiador não repercute com o mesmo efeito para o devedor principal, no caso o locatário, "haja vista que o principal não acompanha o destino do acessório e, por conseguinte, a prescrição continua correndo em favor deste. Como disposição excepcional, a referida norma deve ser interpretada restritivamente, e, como o legislador previu, de forma específica, apenas a interrupção em uma direção – a interrupção produzida contra o principal devedor prejudica o fiador –, não seria de boa hermenêutica estender a exceção em seu caminho inverso" (STJ, REsp 1.276.778/MS, 4.ª Turma, Rel. Min. Luis Felipe Salomão, j. 28.03.2017, *DJe* 28.04.2017).

Cabe ressaltar, contudo, que o acórdão traz uma exceção, no sentido de que a interrupção em face do fiador poderá prejudicar o devedor principal nas hipóteses em que a referida relação for reconhecida como de devedores solidários, renunciando o fiador ao benefício de ordem ou assumindo tal condição por força do contrato. Em casos tais, passa a ter incidência o § 1.º do art. 204 da codificação material, antes exposto.

Superada a análise dos casos de interrupção da prescrição, passa-se ao estudo dos prazos prescricionais previstos no atual Código Civil.

8.2.5 Dos prazos de prescrição previstos na Parte Geral do Código Civil. As ações imprescritíveis

O prazo da prescrição, como se sabe, é o espaço de tempo que decorre entre seu termo inicial e final.

Ao contrário da codificação anterior, o Código Civil de 2002 optou por um critério simplificado de 10 anos para o prazo prescricional geral, tanto para as ações pessoais como para as reais, salvo quando a lei lhe tenha fixado prazo menor (art. 205 do CC).

Assim, os prazos de prescrição recebem a seguinte classificação:

a) *Prazo ordinário ou comum* – quando não houver previsão de prazo especial, tem-se o prazo prescricional de 10 anos, tanto para as ações pessoais quanto reais.

b) *Prazos especiais* – prazos mais exíguos para possibilitar o exercício de certos direitos subjetivos, em situações especiais – art. 206, §§ 1.º a 5.º, do CC. Os prazos de prescrição, no Código Civil de 2002, estão *todos* previstos no citado art. 206 e são de 1, 2, 3, 4 ou 5 anos, de acordo com o número do parágrafo correspondente.

A seguir estão demonstrados esses prazos especiais de prescrição:

§ 1.º) Prescrevem em 1 (um) ano:

a) A pretensão dos hospedeiros ou fornecedores de víveres destinados a consumo no próprio estabelecimento, para o pagamento da hospedagem ou dos alimentos.

b) A pretensão do segurado contra o segurador, ou a deste contra aquele, contado o prazo:

- para o segurado, no caso de seguro de responsabilidade civil, da data em que é citado para responder à ação de indenização proposta pelo terceiro prejudicado, ou da data que a este indeniza, com a anuência do segurador;
- quanto aos demais seguros, da ciência do fato gerador da pretensão.

Para a jurisprudência superior, contudo, esse prazo de um ano não se aplica aos casos de reembolso de despesas médico-hospitalares alegadamente cobertas pelo contrato de plano de saúde ou de seguro-saúde, mas que não foram adimplidas pela operadora, incidindo o prazo geral de dez anos do art. 205 do Código Civil (STJ, REsp 1.756.283/SP, 2.ª Seção, por unanimidade, Rel. Min. Luis Felipe Salomão, j. 11.03.2020, *DJe* 03.06.2020). Entendeu a mesma Corte Superior, ainda, em julgamento de Incidente de Assunção de Competência (IAC) no ano de 2021, que "o prazo prescricional para o exercício de qualquer pretensão do segurado, em face do segurador, e vice-versa, baseado em suposto inadimplemento de deveres principais secundários ou anexos, derivados do contrato de seguro, *ex vi* do disposto no art. 206, parag. único, I, II, *b*, do CC/02, art. 178, parag. 6.º do CC/1916" (STJ, REsp 1.303.374/ES, 2.ª Seção, Rel. Min. Luis Felipe Salomão, j. 30.11.2021).

Importante pontuar que esse dispositivo foi revogado expressamente pela nova *Lei do Seguro*, Lei 15.040, de 9 de dezembro de 2024, e que tem prazo de *vacatio legis* de um ano, retirando-se do Código Civil todo o tratamento da matéria. Com essa revogação expressa, a Lei Geral Privada terá aplicação até o final de 2025, momento em que passarão a ter aplicação as novas regras desse novo *microssistema legislativo*.

Consoante o novo art. 126, inc. I, da *Lei do Seguro*, o prazo de um ano está mantido para a maioria das demandas securitárias, prevendo que prescrevem nesse lapso temporal, contado o prazo da ciência do respectivo fato gerador: *a)* a pretensão da seguradora para a cobrança do prêmio ou qualquer outra pretensão contra o segurado e o estipulante do seguro; *b)* a pretensão do corretor de seguro para a cobrança de suas comissões; *c)* as pretensões das cosseguradoras, entre si; *d)* as pretensões existentes entre seguradoras, resseguradoras e retrocessionárias; e *e)* a pretensão do segurado para exigir indenização, capital, reserva matemática, prestações vencidas de rendas temporárias ou vitalícias e restituição de prêmio em seu favor, após a recepção da recusa expressa e motivada da seguradora. O seu inciso II, porém, inaugurará no sistema securitário um inédito prazo de três anos, para a pretensão dos beneficiários ou terceiros prejudicados para exigir da seguradora indenização, capital, reserva matemática, prestações vencidas de rendas temporárias ou vitalícias, a contar da ciência do fato gerador da pretensão.

Ainda sobre a temática, também há um art. 127 na nova *Lei do Seguro* que procura afastar o teor da Súmula 229 do STJ, aqui antes estudada, enunciando que, "além das causas previstas na Lei nº 10.406, de 10 de janeiro de 2002 (Código Civil), a prescrição da pretensão relativa ao recebimento de indenização ou capital será suspensa uma única vez quando a seguradora receber pedido de reconsideração da recusa de pagamento". Em complemento, o seu parágrafo único estabelece que "cessa a suspensão no dia em que o interessado for comunicado pela seguradora de sua decisão final".

Como a nova norma ainda não está em vigor quando do lançamento desta edição 2025 do livro, ainda demandará da minha parte maiores reflexões, o que constará nesta obra nas suas edições sucessivas, a partir de 2026. De todo modo, penso que haverá muitos debates e discussões sobre o seu teor, especialmente porque já há uma jurisprudência consolidada sobre os temas securitários no País.

c) A pretensão dos tabeliães, auxiliares da justiça, serventuários judiciais, árbitros e peritos, pela percepção de emolumentos, custas e honorários.

d) A pretensão contra os peritos, pela avaliação dos bens que entraram para a formação do capital de sociedade anônima, contado da publicação da ata da assembleia que aprovar o laudo.

CAP. 8 · DA PRESCRIÇÃO E DA DECADÊNCIA NO CC/2002. O TRATAMENTO DIFERENCIADO | **541**

e) A pretensão dos credores não pagos contra os sócios ou acionistas e os liquidantes, contado o prazo da publicação da ata de encerramento da liquidação da sociedade.

§ 2.º) Prescreve em 2 (dois) anos a pretensão para haver prestações alimentares já fixadas, a partir da data em que se vencerem. Esclareça-se que a ação de alimentos em si não está sujeita à prescrição ou à decadência. Apenas prescrevem em dois anos os valores fixados em sentença ou em acordo, a partir dos respectivos vencimentos (*prescrição parcial ou parcelar*). Sobre o tema, esclarece Nestor Duarte que, "quando o direito se dividir em cotas periódicas, distingue-se a prescrição nuclear, ou de fundo de direito, da prescrição parcelar" (DUARTE, Nestor. *Código...* 4. ed., 2010, p. 144). A primeira atinge toda a pretensão; a segunda, apenas parcelas relativas ao direito subjetivo.

§ 3.º) Prescrevem em 3 (três) anos:

a) A pretensão relativa a aluguéis de prédios urbanos ou rústicos.

b) A pretensão para receber prestações vencidas de rendas temporárias ou vitalícias.

c) A pretensão para haver juros, dividendos ou quaisquer prestações acessórias, pagáveis, em períodos não maiores de um ano, com capitalização ou sem ela.

d) A pretensão de ressarcimento de enriquecimento sem causa. A previsão é genérica, podendo enquadrar várias situações. A ilustrar, da jurisprudência paulista: "Restituição. Distrato da venda e compra de imóvel que se deu em 26.07.04 e no qual constou a não devolução dos valores pagos. Prazo prescricional que é de três anos para a pretensão de ressarcimento de enriquecimento sem causa, nos termos do art. 206, § 3.º, IV, do Código Civil. Prazo já consumado porque a ação foi proposta em 28.02.2008. Correta a r. sentença que reconheceu a prescrição" (TJSP Apelação Cível 673.295.4/3, Acórdão 4137373, 4.ª Câmara de Direito Privado, Cotia, Rel. Des. Maia da Cunha, j. 15.10.2009, *DJESP* 17.11.2009). Segundo o STJ, entre vários exemplos, aqui se enquadra a pretensão de nulidade de cláusula de reajuste prevista em contrato de plano ou seguro de assistência à saúde ainda vigente, com a consequente repetição do indébito. Isso porque a citada ação é fundada no enriquecimento sem causa da seguradora, conclusão feita em julgamento de demandas repetitivas, com força vinculativa para decisões de primeira e segunda instância (STJ, REsp 1.360.969/RS, Rel. Min. Marco Buzzi, Rel. p/ acórdão Min. Marco Aurélio Bellizze, 2.ª Seção, julgado em 10.08.2016, *DJe* 19.09.2016). Para Gustavo Tepedino, Heloísa Helena Barboza e Maria Celina Bodin de Moraes, "o prazo prescricional em foco deve ser contado a partir do momento em que a parte lesada tem ciência do enriquecimento sem causa de terceiro à sua custa e não do momento em que houver o enriquecimento em si" (TEPEDINO, Gustavo; BARBOZA, Heloísa Helena; MORAES, Maria Celina Bodin de. *Código Civil interpretado...*, 2003, p. 406). Essa também é a minha posição doutrinária, pois valoriza a teoria da *actio nata subjetiva*, na linha do que antes foi desenvolvido.

e) A pretensão de reparação civil – prazo este que era de vinte anos, aplicando-se a regra geral do Código de 1916 pela ausência de norma específica, e alterou a sistemática da matéria de responsabilidade civil, conforme tópico que ainda será discutido. Pelo tratamento específico que consta do atual Código Civil, deve-se entender que estão canceladas as seguintes súmulas: Súmula 39 do STJ – "Prescreve em vinte anos a ação para haver indenização, por responsabilidade civil, de sociedade de economia mista"; Súmula 143 do STJ – "Prescreve em cinco anos a ação de perdas e danos pelo uso de marca comercial" e Súmula 22 do 1.º TACSP – "Prescreve em cinco anos as ações de indenização decorrentes de

542 | DIREITO CIVIL • VOL. 1 – *Flávio Tartuce*

acidente ferroviário propostos contra a Ferrovia Paulista S/A". Para todos esses casos, deverá ser aplicado o prazo legal de três anos, eis que as hipóteses anteriores tratavam de reparação civil. Anote-se que na *V Jornada de Direito Civil* aprovou-se enunciado polêmico, de autoria do Professor Gustavo Tepedino, estabelecendo que o prazo de três anos tem incidência tanto na responsabilidade contratual quanto na extracontratual (Enunciado n. 419). A questão não era pacífica, uma vez que julgados anteriores do STJ concluíam pela aplicação de outros prazos especificados em outros preceitos e não no comando em análise, havendo a citada responsabilidade civil contratual. Assim, aplicando o prazo geral de dez anos do art. 205 do CC/2002, a demonstrar ser essa a posição que vinha prevalecendo na jurisprudência superior: STJ, REsp 1.5912.23/PR, 3.ª Turma, Rel. Min. João Otávio de Noronha, j. 02.06.2016, *DJe* 09.06.2016; REsp 1.176.320/RS, 3.ª Turma, Rel. Min. Sidnei Beneti, j. 19.02.2013, *DJe* 26.02.2013; REsp 1.222.423/SP, 4.ª Turma, Rel. Min. Luis Felipe Salomão, j. 15.09.2011, *DJe* 01.02.2012; e REsp 1.276.311/RS, 4.ª Turma, Rel. Min. Luis Felipe Salomão, j. 20.09.2011, *DJe* 17.10.2011. Porém, nos últimos anos, surgiram julgados superiores, especialmente no âmbito da Terceira Turma do STJ, aplicando o prazo de três anos tanto para a responsabilidade contratual como para a extracontratual, na linha do enunciado exposto. Nessa esteira: "O termo 'reparação civil', constante do art. 206, § 3.º, V, do CC/2002, deve ser interpretado de maneira ampla, alcançando tanto a responsabilidade contratual (arts. 389 a 405) como a extracontratual (arts. 927 a 954), ainda que decorrente de dano exclusivamente moral (art. 186, parte final), e o abuso de direito (art. 187). Assim, a prescrição das pretensões dessa natureza originadas sob a égide do novo paradigma do Código Civil de 2002 deve observar o prazo comum de três anos. Ficam ressalvadas as pretensões cujos prazos prescricionais estão estabelecidos em disposições legais especiais" (STJ, REsp 1.281.594/SP, 3.ª Turma, Rel. Min. Marco Aurélio Bellizze, j. 22.11.2016, *DJe* 28.11.2016). Ou, ainda, tratando de responsabilidade civil contratual pela evicção: "independentemente do seu *nomen juris*, a natureza da pretensão deduzida em ação baseada na garantia da evicção é tipicamente de reparação civil decorrente de inadimplemento contratual, a qual se submete ao prazo prescricional de três anos, previsto no art. 206, § 3.º, V, do CC/02" (STJ, REsp 1.577.229/MG, 3.ª Turma, Rel. Min. Nancy Andrighi, j. 08.11.2016, *DJe* 14.11.2016). Sempre entendi que o primeiro caminho, pelo prazo de dez anos, seria a melhor solução, especialmente quando a responsabilidade civil contratual envolver a tutela de vulneráveis, como consumidores e aderentes. Em 27 de junho de 2018, a questão havia sido supostamente pacificada na Segunda Seção do Tribunal da Cidadania, tendo prevalecido a tese pelo prazo de dez anos para a responsabilidade civil contratual decorrente do inadimplemento, notadamente se não houve uma dívida líquida, certa quanto à existência e determinada quanto ao seu valor. Em outras palavras, afastou-se a unificação de prazos que era seguida por julgados mais recentes da Terceira Turma. A afirmação se deu no julgamento dos Embargos de Divergência 1.280.825, de relatoria da Ministra Nancy Andrighi, que mudou seu entendimento anterior. Juntou-se ela aos Ministros da Quarta Turma da Corte, formando maioria, em face dos julgadores da Terceira Turma. Segundo a sua argumentação principal, a regra para os casos de descumprimento do contrato é a execução específica da obrigação, uma vez que "ao credor é permitido exigir do devedor o exato cumprimento daquilo que foi avençado. Se houver mora, além da execução específica da prestação, o credor pode pleitear eventuais perdas e danos. Na hipótese de inadimplemento definitivo, o credor poderá escolher entre a execução pelo equivalente ou a resolução da relação jurídica contratual. Em ambas as alternativas, poderá requerer, ainda, o pagamento de perdas e danos". Desse modo, existem três pretensões potenciais por parte do credor, o que exige do intérprete a aplicação das mesmas regras para todas elas: "não parece haver sentido jurídico nem lógica

CAP. 8 · DA PRESCRIÇÃO E DA DECADÊNCIA NO CC/2002. O TRATAMENTO DIFERENCIADO | 543

a afirmação segundo a qual o credor tem um prazo para exigir o cumprimento da obrigação e outro para reclamar o pagamento das perdas e danos". Diante desse cenário, entendeu-se que não havia razão para se entender pelo prazo de três anos para as pretensões reparatórias por inadimplemento, raciocínio que também é preciso na minha opinião doutrinária, o que se soma à afirmação de diferenças entre a responsabilidade contratual e a extracontratual (STJ, EREsp 1.280.825/RJ, 2.ª Seção, Rel. Min. Nancy Andrighi, j. 27.06.2018, *DJe* 02.08.2018). Todavia, a pacificação definitivamente ainda não havia ocorrido, pois o tema ainda teve que ser apreciado pela Corte Especial do STJ que, em maio de 2019, mais uma vez concluiu pela incidência do prazo geral de dez anos para a responsabilidade civil contratual. Conforme o trecho principal da ementa, que teve pequena maioria de votos, "a prescrição, enquanto corolário da segurança jurídica, constitui, de certo modo, regra restritiva de direitos, não podendo assim comportar interpretação ampliativa das balizas fixadas pelo legislador. A unidade lógica do Código Civil permite extrair que a expressão 'reparação civil' empregada pelo seu art. 206, § 3.º, V, refere-se unicamente à responsabilidade civil aquiliana, de modo a não atingir o presente caso, fundado na responsabilidade civil contratual. Corrobora com tal conclusão a bipartição existente entre a responsabilidade civil contratual e extracontratual, advinda da distinção ontológica, estrutural e funcional entre ambas, que obsta o tratamento isonômico. O caráter secundário assumido pelas perdas e danos advindas do inadimplemento contratual impõe seguir a sorte do principal (obrigação anteriormente assumida). Dessa forma, enquanto não prescrita a pretensão central alusiva à execução da obrigação contratual, sujeita ao prazo de 10 anos (caso não exista previsão de prazo diferenciado), não pode estar fulminado pela prescrição o provimento acessório relativo à responsabilidade civil atrelada ao descumprimento do pactuado" (STJ, EREsp 1.281.594/SP, Corte Especial, Rel. Min. Benedito Gonçalves, Rel. p/ Acórdão Min. Felix Fischer, j. 15.05.2019, *DJe* 23.05.2019). Vale relembrar que o Projeto de Reforma do Código Civil pretende superar essa divergência também na lei, conforme a nova redação proposta para o art. 205, com prazo geral de prescrição de cinco anos aplicável aos casos de responsabilidade civil contratual ou extracontratual e às demandas fundadas no enriquecimento sem causa. Assim, o art. 205 preceituará em seu *caput* que "a prescrição ocorre em cinco anos, quando a lei não lhe haja fixado prazo menor". E, nos termos do seu parágrafo único, "aplica-se o prazo geral do *caput* deste artigo para a pretensão de reparação civil, derivada da responsabilidade contratual ou extracontratual, e para a pretensão de ressarcimento por enriquecimento sem causa". Espera-se que o Congresso Nacional apoie essa iniciativa, em prol da segurança jurídica e da necessária estabilidade das relações privadas. Exposta essa complicada divergência, que restou finalmente superada, pelo menos na jurisprudência, relativamente às ações de responsabilidade civil decorrentes de acidente de trabalho, filia-se à corrente segundo a qual continua em vigor o prazo prescricional de cinco anos, previsto para o trabalhador urbano ou o rural (art. 7.º, inc. XXIX, da CF/1988), prazo esse que é mais favorável ao trabalhador--vulnerável. Nessa linha de conclusão, o preciso Enunciado n. 420 do CJF/STJ, da *V Jornada de Direito Civil*: "não se aplica o art. 206, § 3.º, V, do Código Civil às pretensões indenizatórias decorrentes de acidente de trabalho, após a vigência da Emenda Constitucional 45, incidindo a regra do art. 7.º, XXIX, da Constituição da República". Por fim, deve ser mencionado enunciado aprovado na *VII Jornada de Direito Civil* (2015), que ordena a aplicação do prazo de três anos para as ações regressivas das seguradoras contra os causadores do evento: "é de 3 anos, pelo art. 206, § 3.º, V, do CC, o prazo prescricional para a pretensão indenizatória da seguradora contra o causador do dano ao segurado, pois a seguradora sub--roga-se em seus direitos" (Enunciado n. 580).

544 | DIREITO CIVIL • VOL. 1 – *Flávio Tartuce*

f) A pretensão de restituição dos lucros ou dividendos recebidos de má-fé, correndo o prazo da data em que foi deliberada a distribuição.

g) A pretensão contra as pessoas em seguida indicadas por violação da lei ou do estatuto, contado o prazo:

- para os fundadores, da publicação dos atos constitutivos da sociedade anônima;
- para os administradores, ou fiscais, da apresentação, aos sócios, do balanço referente ao exercício em que a violação tenha sido praticada, ou da reunião ou assembleia geral que dela deva tomar conhecimento;
- para os liquidantes, da primeira assembleia semestral posterior à violação.

h) A pretensão para haver o pagamento de título de crédito, a contar do vencimento, ressalvadas as disposições de lei especial. Esse dispositivo somente se aplica a títulos de crédito atípicos, aqueles sem previsão legal. Não se aplica ao cheque e à duplicata, por exemplo, que têm tratamento legal específico (art. 903 do CC).

i) A pretensão do beneficiário contra o segurador, e a do terceiro prejudicado, no caso de seguro de responsabilidade civil obrigatório. Aqui se enquadra a cobrança do DPVAT, nos termos da Súmula 405 do STJ.

§ 4.º) Prescreve em 4 (quatro) anos a pretensão relativa à tutela, a contar da data da aprovação das contas.

§ 5.º) Prescrevem em 5 (cinco) anos:

a) A pretensão de cobrança de dívidas líquidas constantes de instrumento público ou particular. Aplicando tal preceito, vejamos instigante acórdão do Superior Tribunal de Justiça, relativo ao prazo para cobrança de anuidades de advogados pela Ordem dos Advogados do Brasil, com montante determinado: "após a entrada em vigor do CC/2002, é de cinco anos o prazo de prescrição da pretensão de cobrança de anuidades pela OAB. De acordo com o art. 46, parágrafo único, da Lei 8.906/1994, constitui título executivo extrajudicial a certidão passada pelo Conselho competente referente a crédito decorrente de contribuição devida à OAB, não sendo necessária, para sua validade, sequer a assinatura do devedor ou de testemunhas. Assim, o título que embasa a referida cobrança é espécie de instrumento particular que veicula dívida líquida, sujeitando-se, portanto, ao prazo quinquenal estabelecido no art. 206, § 5.º, I, do CC/2002, aplicável à 'pretensão de cobrança de dívidas líquidas constantes de instrumento público ou particular'. É certo que, até o início da vigência do CC/2002, não havia norma específica regulando a prescrição da referida pretensão, motivo pelo qual se lhe aplicava o prazo geral de vinte anos previsto no CC/1916. Todavia, com o advento do CC/2002, havendo regra específica a regular o caso, qual seja, a do art. 206, § 5.º, I, é inaplicável o prazo geral de dez anos previsto no art. 205 do mesmo diploma legal" (STJ, AgRg nos EDcl no REsp 1.267.721/PR, Rel. Min. Castro Meira, j. 11.12.2012, publicado no seu *Informativo* n. *513*). Como outra ilustração, em 2017, o Superior Tribunal de Justiça acabou por consolidar a posição no sentido de que o prazo de cinco anos previsto neste primeiro inciso do § 5.º do art. 206 subsume-se para que o condomínio geral ou edilício exerce a pretensão de cobrança de taxa condominial ordinária ou extraordinária, constante em instrumento público ou particular, a contar do dia seguinte ao vencimento da prestação. O julgamento novamente foi em incidente de recursos repetitivos, tendo força vinculativa para a primeira e segunda instância (STJ, REsp 1.483.930/DF, 2.ª Seção, Rel. Min.

CAP. 8 · DA PRESCRIÇÃO E DA DECADÊNCIA NO CC/2002. O TRATAMENTO DIFERENCIADO | 545

Luis Felipe Salomão, j. 23.11.2016, *DJe* 1.º.02.2017). Entretanto, seguindo outro caminho, pontue-se que a mesma Corte entendeu que o prazo para cobrança de valores constantes de mútuo verbal situa-se na regra geral dos dez anos (art. 205 do CC), por ausência de previsão legal e impossibilidade de enquadramento na hipótese aqui exposta (STJ, REsp 1.510.619/SP, 3.ª Turma, Rel. Min. Ricardo Villas Bôas Cueva, j. 19.06.2017). Também a merecer destaque, em 2019, a mesma Terceira Turma do STJ fixou a tese segundo a qual "é quinquenal o prazo prescricional aplicável à pretensão de cobrança, materializada em boleto bancário, ajuizada por operadora do plano de saúde contra empresa que contratou o serviço de assistência médico-hospitalar para seus empregados" (STJ, REsp 1.763.160/SP, 3.ª Turma, Rel. Min. Ricardo Villas Bôas Cueva, j. 17.09.2019, *DJe* 20.09.2019, publicado no seu *Informativo* n. *657*).

b) A pretensão dos profissionais liberais em geral, procuradores judiciais, curadores e professores pelos seus honorários, contado o prazo da conclusão dos serviços, da cessação dos respectivos contratos ou mandato. Como se nota, em tal previsão se enquadram as cobranças de créditos em benefício dos advogados em geral frente aos seus clientes.

c) A pretensão do vencedor para haver do vencido o que despendeu em juízo.

Expostos os prazos de prescrição, como é notório, a prescritibilidade é a regra, colocada à disposição do devedor, uma vez que o direito não socorre aqueles que dormem. Já a imprescritibilidade constitui a exceção. Reunindo o que de melhor há na doutrina e na jurisprudência, na minha opinião doutrinária, são imprescritíveis as pretensões que versem sobre:

- Os direitos da personalidade, relacionados com a vida, a integridade físico-psíquica, a honra, o nome, a imagem e a intimidade. Ressalte-se que, seguindo esta linha, o Superior Tribunal de Justiça tem entendido pela imprescritibilidade da ação reparatória que diz respeito a torturas praticadas quando da ditadura militar no Brasil (por todos, um dos primeiros julgados sobre o tema: STJ, REsp 379.414/PR, 1.ª Turma, Rel. Min. José Delgado, *DJ* 17.02.2003. Mais recentemente, ver acórdão publicado no *Informativo* n. *523* daquela Corte Superior). Em 2021, a questão se consolidou no STJ de tal forma que foi editada a Súmula 647: "são imprescritíveis as ações indenizatórias por danos morais e materiais decorrentes de atos de perseguição política com violação de direitos fundamentais ocorridos durante o regime militar".

- O estado da pessoa, como a filiação, a condição conjugal e a cidadania. Exemplificando, o filho nascido fora de um casamento pode mover ação de investigação de paternidade a qualquer momento, não havendo prescrição para tanto. Cite-se ainda a previsão do tão criticado art. 1.601 do CC pelo qual "cabe ao marido o direito de contestar a paternidade dos filhos nascidos de sua mulher, sendo tal ação imprescritível", bem como da Súmula 149 do STF de que "é imprescritível a ação de investigação de paternidade, mas não o é a de petição de herança".

- As ações declaratórias de nulidades absolutas, por envolverem questões de ordem pública. A nulidade não convalesce pelo decurso do tempo (art. 169 do CC/2002).

- As pretensões relativas ao Direito de Família no que concerne à questão inerente à existência de pensão alimentícia, à vida conjugal, à nulidade do casamento, à separação, ao divórcio, ao reconhecimento e à dissolução de união estável.

- As ações referentes a bens públicos de qualquer natureza, que são bens imprescritíveis, uma vez que não podem ser objeto de usucapião (arts. 183, § 3.º, e 191, parágrafo único, da CF/1988).

546 | DIREITO CIVIL • VOL. 1 – *Flávio Tartuce*

Nunca é demais citar o artigo de Agnelo Amorim Filho, intitulado *Critério científico para distinguir a prescrição da decadência e para identificar as ações imprescritíveis* (publicado na *RT* 300/7 e republicado na *RT* 744/725). O Código Civil atual adotou a teoria do renomado professor paraibano, sendo certo que quando se tem ação com natureza predominantemente declaratória, a mesma será imprescritível, ou melhor, não sujeita à prescrição ou à decadência. Ao contrário, se a natureza da ação for condenatória, inibitória ou de reparação de danos, o prazo correspondente será prescricional.

Como se pode perceber, todos os prazos elencados no art. 206 estão relacionados com ações dessas naturezas e de cunho patrimonial, tratando particularmente de cobrança de valores e reparação de danos.

Encerrada a análise dos prazos prescricionais, parte-se para o estudo da relação entre prescrição e o direito intertemporal.

8.2.6 Prescrição e direito intertemporal

Conforme antes comentado, para dirimir dúvidas em relação à aplicação das normas no tempo, prevê o Código Civil de 2002 um capítulo específico trazendo normas de direito intertemporal, denominado *Das Disposições Finais e Transitórias* (arts. 2.028 a 2.046 do CC).

Dessa forma, quanto aos prazos de prescrição cuja contagem se iniciou na vigência do Código Civil de 1916, aplica-se a regra de direito intertemporal constante do art. 2.028 da atual codificação, em complicada e confusa previsão, a saber:

> "Art. 2.028. Serão os da lei anterior os prazos, quando reduzidos por este Código, e se, na data de sua entrada em vigor, já houver transcorrido mais da metade do tempo estabelecido na lei revogada".

A questão é importante e merece comentários detalhados, sem prejuízo de outras abordagens que serão feitas nesta coleção. Para facilitar a visualização do dispositivo, será analisado, por exemplo, o caso de indenização por reparação civil, cujo prazo prescricional foi reduzido de vinte anos (regra geral do Código Civil de 1916) para três anos (regra especial, prevista no art. 206, § 3.º, inc. V, do CC/2002).

Ilustrando a aplicação do art. 2.028 do CC, se na data da entrada em vigor do Código Civil de 2002 já houver transcorrido treze anos (mais da metade do prazo anterior), o prazo anterior deve ser aplicado, ou seja, vinte anos, contados da ocorrência do evento. Assim, o autor-demandante tem sete anos, além dos treze já transcorridos.

Pelo contrário, se quando da entrada em vigor do atual Código (11.01.2003, para a maioria da doutrina, tese com a qual se concorda), houver transcorrido cinco anos (evento danoso ocorrido em 11.01.1998), que representa menos da metade do prazo da lei velha, aplica-se o prazo da lei nova, com a contagem iniciada a partir da data em que entrou em vigor a atual codificação. Desse modo, além dos cinco anos já corridos, terá o titular da pretensão indenizatória mais três anos para exercê-la, vencendo o seu prazo no dia 11.01.2006.

Aliás, nessa última data prescreveram inúmeras pretensões que se enquadram no exemplo acima, particularmente aquelas relacionadas com eventos danosos ocorridos de 1994 a 2002.

Esse é o entendimento consubstanciado no Enunciado n. 50 do Conselho da Justiça Federal, aprovado na *I Jornada de Direito Civil* e que tem a seguinte redação: "Art. 2.028. A partir da vigência do novo Código Civil, o prazo prescricional das ações de reparação de

CAP. 8 · DA PRESCRIÇÃO E DA DECADÊNCIA NO CC/2002. O TRATAMENTO DIFERENCIADO | **547**

danos que não houver atingido a metade do tempo previsto no Código Civil de 1916 fluirá por inteiro, nos termos da nova lei (art. 206)".

Em complemento, na *IV Jornada de Direito Civil*, aprovou-se o Enunciado n. 299: "Iniciada a contagem de determinado prazo sob a égide do Código Civil de 1916, e vindo a lei nova a reduzi-lo, prevalecerá o prazo antigo, desde que transcorrido mais de metade deste na data da entrada em vigor do novo Código. O novo prazo será contado a partir de 11 de janeiro de 2003, desprezando-se o tempo anteriormente decorrido, salvo quando o não aproveitamento do prazo já vencido implicar aumento do prazo prescricional previsto na lei revogada, hipótese em que deve ser aproveitado o prazo já transcorrido durante o domínio da lei antiga, estabelecendo-se uma continuidade temporal".

A posição constante dos enunciados vem sendo seguida pelos Tribunais Brasileiros há tempos. Para demonstrar essa tendência, transcrevo as seguintes ementas do extinto Segundo Tribunal de Alçada Civil do Estado de São Paulo, verdadeiros precedentes estaduais sobre o assunto:

"Reparação de danos. Prazo prescricional de três anos que não atingiu sua metade. Fluência integral do prazo, após o advento do Código Civil de 2002. O prazo prescricional de três anos das ações de reparação de danos (art. 206, § 3.º, V, do CC) que não tenham atingido a metade do tempo previsto no Código Civil de 1916, fluirá por inteiro a partir da vigência do novo Código Civil" (2.º TACSP, AI 828.231-0/0, 10.ª Câmara, Rel. Juiz Soares Levada, j. 16.12.2003, v.u., *RT* 824/286).

"Ação de indenização por acidente de trabalho fundada no direito civil. Prescrição. Fato ocorrido durante a vigência do Código Civil de 1916. Ação ajuizada após a entrada em vigor do Código Civil de 2002. Interpretação do art. 2.028 do Código Reale. Reduzido, pelo novo Código Civil, o prazo prescricional da pretensão de reparação civil de vinte anos para três anos, aplica-se o prazo novo se, na data da entrada em vigor do Código Reale, ainda não houver transcorrido mais da metade do tempo estabelecido na lei revogada. O termo inicial do novo prazo (reduzido) começou a fluir em 11/1/2003, data de início da vigência do Código Civil, sob pena de aplicação retroativa do novo prazo prescricional. Inteligência dos arts. 2.028 e 206, § 3.º, inciso V, do novo Código Civil e do art. 177 do Código Civil de 1916" (2.º TACSP, AI 847.171-0/0, 5.ª Câmara, Rel. Juiz Manoel de Queiroz Pereira Calças, j. 28.04.2004; v.u. *BAASP* 2381/3179-j).

"Os prazos prescricionais previstos no novo Código Civil correm, somente, a partir da sua entrada em vigor. As ações de indenização por acidente de trabalho regidas pelo direito comum são de competência da Justiça Comum. Negaram provimento" (2.º TACSP, AI 804.799-0/3, 6.ª Câmara, Rel. Juiz Sousa Moreira, j. 24.09.2003; v.u.).

"A lei nova, sob pena de inconstitucionalidade, não pode retroagir para suprimir direitos e, assim, a redução do prazo prescricional conta-se a partir de sua entrada em vigor" (2.º TACSP, AI 830.741-0/8, Cubatão, 2.ª Câmara, Rel. Juiz Felipe Ferreira, j. 15.03.2004; v.u.).

Com relação à jurisprudência do Superior Tribunal de Justiça podem ser transcritos os seguintes acórdãos, por todos:

"Civil e processo civil. Recurso especial. Admissibilidade. Deficiência na fundamentação. Súmula n. 7, STJ. Aplicação. Necessidade de revisão do contexto fático-probatório. Prescrição. Prazo reduzido. Contagem que se inicia com a vigência do novo Código Civil.

548 | DIREITO CIVIL • VOL. 1 – *Flávio Tartuce*

Causa dano moral quem divulga de nome completo da vítima de crime sexual. *Quantum* razoável. É inadmissível o recurso especial deficientemente fundamentado. Aplicável à espécie a Súmula n. 284, STF. A pretensão de simples reexame de prova não enseja recurso especial. Aplicação da Súmula n. 7, STJ. O prazo prescricional em curso, quando diminuído pelo novo Código Civil, só sofre a incidência da redução a partir da sua entrada em vigor. Precedentes" (STJ, REsp 896.635/MT, 3.ª Turma, Rel. Min. Nancy Andrighi, j. 26.02.2008, *DJ* 10.03.2008, p. 1).

"Civil. Processual civil. Recurso especial. Ação de indenização. Danos morais e materiais. Prescrição. Inocorrência. Prazo. Código Civil. Vigência. Termo inicial. 1. À luz do novo Código Civil os prazos prescricionais foram reduzidos, estabelecendo o art. 206, § 3.º, V, que prescreve em três anos a pretensão de reparação civil. Já o art. 2.028 assenta que 'serão os da lei anterior os prazos, quando reduzidos por este Código, e se, na data de sua entrada em vigor, já houver transcorrido mais da metade do tempo estabelecido na lei revogada'. Infere-se, portanto, que tão somente os prazos em curso que ainda não tenham atingido a metade do prazo da lei anterior (menos de dez anos) estão submetidos ao regime do Código vigente, ou seja, 3 (três) anos. Entretanto, consoante nossa melhor doutrina, atenta aos princípios da segurança jurídica, do direito adquirido e da irretroatividade legal, esses três anos devem ser contados a partir da vigência do novo Código, ou seja, 11 de janeiro de 2003, e não da data da ocorrência do fato danoso. 2. Conclui-se, assim, que, no caso em questão, a pretensão do ora recorrente não se encontra prescrita, pois o ajuizamento da ação ocorreu em 24.06.2003, antes, portanto, do decurso do prazo prescricional de três anos previsto na vigente legislação civil. 3. Recurso conhecido e provido, para reconhecer a inocorrência da prescrição e determinar o retorno dos autos ao juízo de origem" (STJ, REsp 698.195/DF, 4.ª Turma, Rel. Min. Jorge Scartezzini, j. 04.05.2006, *DJ* 29.05.2006, p. 254).

Acrescento que tal entendimento tem sido aplicado a outras hipóteses de redução dos prazos, como nos casos a seguir, somente para ilustrar:

"Agravo interno no agravo em recurso especial. Prescrição. Regra de transição. Direito intertemporal. Art. 2.028 do Código Civil de 2002. Ausência de prescrição. Decisão monocrática mantida. 1. Hipótese em que a parte ora agravada, em seu recurso especial, sustentou a tese de que o novo prazo prescricional não deve ser contado a partir do vencimento do contrato, que ocorreu no dia 5 de maio de 1999, mas sim da entrada em vigor do Código Civil de 2002, que ocorreu no dia 11 de janeiro de 2003. 2. De fato, a jurisprudência do STJ é firme no sentido de que, conforme a regra de transição prevista no art. 2.028 do CC/2002, quando reduzido o prazo prescricional pela lei nova e houver o transcurso de menos da metade do tempo estabelecido no CC/1916, o termo inicial da prescrição deve ser fixado a partir da data de entrada em vigor do CC/2002, ou seja, 11.01.2003. 3. No caso ora em apreço, ficou consignado no aresto objurgado que o dies a quo da contagem do prazo prescricional, mesmo aplicando a regra de transição do art. 2.028 do CC/2002, seria a data do vencimento do contrato, ocorrido no ano de 1999, entendimento que não encontra respaldo na jurisprudência desta Corte Superior. 4. Considerando o momento de entrada em vigor do novo Código Civil (11.01.2003), bem como a data do ajuizamento da ação monitória (25.11.2005), conforme a moldura fática estampada no acórdão recorrido, verifica-se que a pretensão não se encontra prescrita. 5. Agravo interno não provido" (STJ, Ag. Int. no AREsp 1.417.538/BA, 4.ª Turma, Rel. Min. Luis Felipe Salomão, j. 24.09.2019, *DJe* 30.09.2019).

"Processual civil. Agravo interno em recurso especial. Ação de cobrança. Débitos condominiais. Prescrição. Prazo quinquenal. Prazo prescricional. Redução pela aplicação da

CAP. 8 · DA PRESCRIÇÃO E DA DECADÊNCIA NO CC/2002. O TRATAMENTO DIFERENCIADO | 549

regra de transição do art. 2.028 do CC/02. Início com a vigência do novo diploma civilista. 1. Ação de cobrança de taxas condominiais. 2. O lapso de prescrição aplicável às pretensões de cobrança de taxas condominiais é de 5 anos, nos termos do art. 206, § 5.º, I, do CC/02. Súmula 568/STJ. 3. Reduzido o prazo prescricional pela regra de transição do art. 2.028 do CC/02, deve a fluência deste prazo iniciar a partir da entrada em vigor do novo diploma civil, qual seja, 11.01.2003. Súmula 568/STJ. 4. Agravo interno não provido" (STJ, Ag. Int. no REsp 1.742.232/CE, 3.ª Turma, Rel. Min. Nancy Andrighi, j. 1.º.04.2019, *DJe* 03.04.2019).

Apesar de consolidado, destaca-se que esse tratamento dado ao dispositivo vem recebendo críticas contundentes de parte da doutrina, como faz Gustavo Rene Nicolau, que levanta a questão da inconstitucionalidade dessa aplicação do dispositivo, fazendo nova proposta de sua interpretação. São suas palavras:

"Tal interpretação, *data venia*, leva a uma inconstitucionalidade do artigo em estudo, pois viola o direito de igualdade, outorgando prazos maiores para o inerte credor – que deixou passar mais da metade do prazo – e prazos menores para os credores em que o lapso não transcorreu pela metade.

Repare neste exemplo:

* Prazo diminuído de 20 (vinte) para 3 (três) anos.

Credor A deixou já deixou fluir 11 (onze) anos (tendo passado metade do prazo, aplicamos o prazo antigo). Terá então mais 9 (nove) para cobrar o devedor.

Credor B já deixou correr 2 (dois) anos (não tendo passado metade do prazo, aplicamos o novo prazo). Terá então apenas mais três anos para levar sua pretensão a juízo.

Utilizar tal interpretação prejudica o credor que verá seu prazo drasticamente diminuído em inúmeras situações, pelo simples fato de metade do prazo não ter escoado; o que inclusive afronta princípios básicos de um ordenamento civil como a segurança das relações jurídicas e a estabilidade social, sem falar na desigualdade entre os credores, que fere diretamente a Constituição Federal.

Para salvar a lei da inconstitucionalidade, sugerimos uma interpretação conforme, dando ao artigo uma nova leitura, aplicando o prazo antigo em duas situações distintas: a) em todos os prazos diminuídos pela nova Lei; b) em todos os prazos que – na data da entrada em vigor do novo Código – já houver transcorrido mais da metade do tempo.

A inserção de um novo ordenamento civilista requer toda uma adaptação da sociedade que deve se integrar aos poucos com sua nova 'constituição'. Não seria justo exigir a imediata aplicação dos novos prazos aos já em curso, mormente em face da redução de praticamente todos os prazos prescricionais (no que – na maioria dos casos – andou bem o legislador face à dinâmica das comunicações e da interação social)" (NICOLAU, Gustavo Rene. *Verdadeiras modificações...* Disponível em: <www.flaviotartuce.adv.br>. Acesso em: 25 jan. 2005).

A proposta é interessante, gerando reflexões. De qualquer forma, deve ser adotado o primeiro posicionamento assinalado, que é o majoritário da doutrina, também aplicado pela jurisprudência em sua maioria. Isso para os casos de redução do prazo de prescrição, à luz da codificação anterior.

Mas como fica a questão para os casos em que o Código Civil de 2002 aumentou o prazo anteriormente previsto? Isso ocorreu, por exemplo, com a previsão do art. 206, § 1.º, do CC/2002, conforme confrontação a seguir:

CC/1916	CC/2002
Art. 178. (...) (...) § 5.º Em 6 (seis) meses: V – a ação dos hospedeiros, estalajadeiros (...) ou fornecedores de víveres destinados ao consumo no próprio estabelecimento, pelo preço da hospedagem ou dos alimentos fornecidos; contado o prazo do último pagamento.	Art. 206. (...) § 1.º Em um ano: I – a pretensão dos hospedeiros ou forne-cedores de víveres destinados a consumo no próprio estabelecimento, para o paga-mento da hospedagem ou dos alimentos; (...).

Concluo que, em casos tais, aplica-se o novo prazo, computando-se o tempo ocorrido na vigência do Código Civil anterior. O credor é beneficiado, pois ganha um tempo maior, como bem assinala a mais qualificada doutrina (AMARAL, Francisco. *Direito civil...*, 2003, p. 590).

Como se pode notar, grandes foram e são os desafios percebidos na aplicação do art. 2.028 do Código Civil de 2002 nos últimos anos, dispositivo que tem conteúdo confuso e truncado, até de difícil compreensão. Por isso, na Reforma do Código Civil, a Comissão de Juristas propôs norma de Direito Intertemporal direta e clara a respeito do tema, em prol da operabilidade e da facilitação do Direito Privado.

Nos termos do art. 12 do Projeto, "os prazos de prescrição e de decadência, aumentados ou diminuídos por esta Lei, têm aplicação imediata para os fatos em curso, iniciando-se o prazo da sua entrada em vigor". A título de sua incidência, como visto, sugere-se a redução do prazo geral de prescrição, do art. 205, de dez para cinco anos, tendo esse novo lapso temporal incidência imediata, a partir da data em que as alterações entrarem em vigor. De forma muito mais simples e eficiente, portanto, sendo imperiosa a sua aprovação pelo Congresso Nacional.

8.3 DA DECADÊNCIA. CONCEITOS E DISPOSIÇÕES GERAIS

Uma das novidades da codificação material vigente consiste no tratamento específico dado à decadência, conceituada como a perda de um direito, em decorrência da ausência do seu exercício. Lembre-se mais uma vez dos critérios científicos de Agnelo de Amorim Filho, para quem os prazos decadenciais estão relacionados com direitos potestativos, bem como com aquelas ações que visam constituir positiva ou negativamente atos e negócios jurídicos, como no caso da ação anulatória de negócio jurídico.

Além dessa diferenciação, fica fácil identificar um prazo decadencial no atual Código Civil, eis que estão todos expostos fora do art. 206 do CC, principalmente na Parte Especial da codificação. Ademais, os prazos em dias, meses e ano e dia serão sempre decadenciais, uma vez que os de prescrição são sempre em anos, conforme rol dos arts. 205 e 206 do Código Privado. Mas fica o alerta: existem também prazos decadenciais em anos, como aqueles que constam dos arts. 178, 179, 501 e 1.649 da codificação emergente, entre outros.

A decadência pode ter origem na lei (*decadência legal*) ou na autonomia privada, na convenção entre as partes envolvidas com o direito potestativo (*decadência convencional*).

CAP. 8 · DA PRESCRIÇÃO E DA DECADÊNCIA NO CC/2002. O TRATAMENTO DIFERENCIADO | 551

Como ilustração da última, cite-se o prazo de garantia dado pelo vendedor em benefício do comprador, como está previsto no art. 446 do Código Civil. No âmbito jurisprudencial, o Superior Tribunal de Justiça entendeu ser possível a convenção de prazo decadencial para a utilização de diárias adquiridas em clube de turismo (STJ, REsp 1.778.574/DF, 3.ª Turma, Rel. Min. Marco Aurélio Bellizze, j. 18.06.2019, *DJe* 28.06.2019).

Conforme o art. 207 da codificação material, salvo disposição legal em contrário, não se aplicam à decadência as normas que impedem, suspendem ou interrompem a prescrição.

A novidade do tratamento da decadência, diante da codificação anterior, pode ser sentida nesse dispositivo, que enuncia não se sujeitar a decadência às causas de impedimento, suspensão e interrupção da prescrição, já tratadas no presente capítulo. Entretanto, constam algumas exceções no próprio Código Civil, como a do artigo subsequente, pelo qual a prescrição não corre contra os absolutamente incapazes apresentados no art. 3.º do Código Civil (atualmente apenas os menores de 16 anos, diante das mudanças engendradas pela Lei 13.146/2015).

Complementando, o art. 501, parágrafo único, do atual Código Civil também apresenta uma espécie de impedimento da decadência. Isso porque o art. 500 do atual Código consagra as opções do comprador prejudicado para o caso de vícios em uma compra e venda por medida ou por extensão (venda *ad mensuram*).

O prazo decadencial de um ano está previsto no *caput* do comando subsequente (art. 501), contado do registro do título em cartório. Conforme o seu parágrafo único, o prazo não terá início se houver atraso na imissão de posse atribuível ao alienante.

Na ótica do Código de Defesa do Consumidor, igualmente pode ser percebida exceção no art. 26, § 2.º, incs. I e III, que tratam dos vícios dos produtos e serviços e pelos quais obstam a decadência da reclamação comprovadamente formulada e fundamentada pelo consumidor até a resposta do fornecedor ou do prestador, bem como a instauração do inquérito civil. Os efeitos desse óbice são iguais ao da suspensão, já comentados outrora.

Além disso, como antes pontuado, a Lei 14.010/2020 passou a prever no seu art. 3.º, § 2.º, a possibilidade de impedimento ou suspensão da decadência em virtude da pandemia de Covid-19, entre os dias 12 de junho e 30 de outubro de 2020. Conforme o seu teor, "este artigo aplica-se à decadência, conforme ressalva prevista no art. 207 da Lei n.º 10.406, de 10 de janeiro de 2002". A título de ilustração, todas os prazos decadenciais para a propositura de ações anulatórias de contratos e outros negócios jurídicos, visando reconhecer a sua nulidade relativa, ficaram impedidos ou suspensos entre essas datas.

Anoto que, diante desse contínuo tratamento na legislação especial, a Comissão de Juristas encarregada da Reforma do Código Civil pretende incluir no seu art. 207 um parágrafo único, prevendo que se aplica o disposto no seu *caput*, a respeito de a decadência não poder ser impedida, suspensiva ou interrompida como premissa geral, aos prazos decadenciais previstos na legislação especial.

Feita essa nota, prevê o art. 208 do CC/2002 que "aplica-se à decadência o disposto nos arts. 195 e 198, I". Conforme outrora abordado, o artigo em questão apresenta a primeira exceção que analisamos quanto ao comando anterior, indicando o impedimento da decadência em relação aos absolutamente incapazes. Aplicando a premissa, ilustre-se com decisão do STJ, publicada no seu *Informativo* n. *482*:

> "Ação rescisória. Prazo decadencial. Discute-se no REsp se o prazo de dois anos previsto no art. 495 do CPC para a propositura de ação rescisória flui em desfavor de incapazes. Noticiam os autos que os recorrentes, ainda menores de idade, ajuizaram ação de

indenização visando à condenação dos recorridos pelos danos morais sofridos em razão da morte de seu avô, em virtude de acidente em que esteve envolvido veículo pertencente a um dos recorridos. O acórdão que julgou o recurso de apelação interposto reformou a sentença para julgar improcedente o pedido. Alegaram, na inicial da ação rescisória, que os fundamentos da improcedência tomaram o pedido relativo ao dano moral como se se tratasse de dano material, pois exigiu a dependência econômica como requisito para acolhimento do pleito. O relator, monocraticamente, julgou extinta a ação rescisória ao fundamento de ter ocorrido decadência. Alegam os recorrentes que, à época, por serem menores absolutamente incapazes, não fluía contra eles prazo, nem de decadência nem de prescrição. Admitido o REsp, o Min. Relator entendeu que o prazo para o ajuizamento da ação rescisória é de decadência (art. 495, CPC), por isso se aplica a exceção prevista no art. 208 do CC/2002, segundo a qual os prazos decadenciais não fluem contra os absolutamente incapazes. Esse entendimento foi acompanhado pelos demais Ministros, que deram provimento ao REsp e determinaram o prosseguimento da ação rescisória" (STJ, REsp 1.165.735/MG, Rel. Min. Luis Felipe Salomão, j. 06.09.2011).

Ademais, o vigente Código Civil consagra o direito de ação regressiva dos incapazes e das pessoas jurídicas contra seus representantes ou assistentes para os casos de não alegação oportuna da decadência a favor do representado (art. 195 do CC). Essa ação regressiva também pode ser proposta contra o advogado que vier a representar o incapaz ou a empresa.

Ambos os comandos legais aqui estudados (arts. 207 e 208 do CC) devem ser aplicados tanto à *decadência legal* quanto à *decadência convencional*.

Inicialmente, cabe diferenciar a *decadência legal*, que tem origem na lei, como em dispositivos do Código Civil e do Código de Defesa do Consumidor; da *decadência convencional*, que tem origem na vontade das partes, estando prevista em contrato. Como exemplo de decadência convencional, reitere-se a garantia contratual dada pelo vendedor na alienação onerosa de bens e de produtos. No caso da última, eventual extinção do contrato pela perda desse direito é conceituada como *caducidade contratual*.

Dizia Caio Mário da Silva Pereira que o tratamento dado à decadência convencional deveria ser, pelo menos em parte, o mesmo dado à prescrição, o que pode ser percebido pelo art. 209 do CC, pelo qual: "É nula a renúncia à decadência fixada em lei" (*Instituições...*, 2004, p. 691-692). Mais uma vez, com intuito didático, socorremo-nos de um quadro esquemático:

RENÚNCIA	À prescrição:	Só se admite depois de consumada e desde que não acarrete prejuízo a terceiros
	À decadência:	– legal: é nula
		– convencional: admite-se

Dessa forma, não é admitida a renúncia à decadência legal, o mesmo não se podendo dizer quanto à convencional. Para esta última, por analogia, deve ser aplicada a regra do art. 191 do Código Civil, cabendo a renúncia pelo devedor após a consumação, não sendo também aceita a renúncia prévia da decadência convencional.

Mas o que se percebe é que, se Caio Mário da Silva Pereira ainda estivesse entre nós, deveria rever os seus conceitos.

Isso porque, de acordo com o art. 210 do CC/2002, deve o juiz, de ofício, conhecer da decadência, quando estabelecida por lei. Assim sendo, por envolver preceito de ordem pública, o juiz deve decretar de ofício a decadência legal, julgando a ação improcedente com

CAP. 8 • DA PRESCRIÇÃO E DA DECADÊNCIA NO CC/2002. O TRATAMENTO DIFERENCIADO | **553**

a resolução do mérito, conforme estava no art. 269, inc. IV, do CPC/1973 e, agora, está no art. 487, inc. II, do CPC/2015. A novidade do CPC ora em vigor é fazer menção ao reconhecimento de ofício da decadência, sem dizer sobre qual delas se dará o pronunciamento.

De toda maneira, quanto à decadência convencional, há regra específica vedando o seu reconhecimento de ofício pelo juiz. Trata-se do art. 211 do CC, segundo o qual: "se a decadência for convencional, a parte a quem aproveita pode alegá-la em qualquer grau de jurisdição, mas o juiz não pode suprir a alegação".

Nesse ponto, o tratamento da decadência convencional não é mais igual ao da prescrição. Por isso é que, se ainda estivesse entre nós, Caio Mário teria que rever os seus conceitos. Isso, diante da Lei 11.280/2006, que revogou a previsão do art. 194 do CC e alterou o § 5.º do art. 219 do CPC/1973, prevendo que o juiz deve reconhecer de ofício a prescrição; sistemática mantida com o CPC de 2015, como antes exposto.

Para esclarecer as diferenças entre a decadência legal e a convencional, propomos o quadro a seguir:

Decadência Legal	Decadência Convencional
Deve ser reconhecida de ofício pelo juiz (art. 210 do CC), como ocorre com a prescrição.	Não pode ser reconhecida pelo juiz (art. 211 do CC).
Não pode ser renunciada pela parte (art. 209 do CC).	Pode ser renunciada após a consumação, assim como ocorre com a prescrição.

Aliás, fazendo uma análise crítica, percebe-se, aqui, porque a lei processual quebrou com a harmonia do sistema. A prescrição, agora, deve ser conhecida de ofício, como já era com a decadência legal. Então surge a indagação: será que ainda merece alento fático a regra pela qual a decadência convencional não pode ser conhecida de ofício? Parece-me que não, fazendo uma análise sistemática da norma material codificada.

Todavia, como visto, o CPC/2015 confirmou essa previsão de conhecimento de ofício da prescrição. Também reconheceu o mesmo caminho para a decadência, sem elucidar para qual delas. Como o art. 211 do Código Civil não foi revogado, tudo continua como dantes. A falta de harmonia no sistema permanece, o que não foi atentado pelos legisladores da nova norma instrumental que emerge. Em suma, perdeu-se a chance, com o Código de Processo Civil de 2015, de se resolver definitivamente esse desequilíbrio de tratamento.

De toda sorte, a Comissão de Juristas encarregada da Reforma do Código Civil pretende corrigir esses descompassos, aproximando a decadência convencional da prescrição, como deve ser. Nos termos do projetado art. 209, "é nula a renúncia à decadência fixada em lei; a decadência convencional pode ser renunciada pela parte a quem aproveita, na forma do art. 191 deste Código". Assim, como ocorre hoje com a prescrição, a decadência convencional poderá ser renunciada.

Além disso, serão incluídas previsões a respeito do conhecimento de ofício de qualquer modalidade de decadência, sempre se respeitando o contraditório, e prevendo o projetado art. 210 do Código Civil que "deve o juiz, de ofício, conhecer da decadência, seja ela legal ou convencional, respeitado o contraditório". Por fim, nos termos do novo art. 211, "a decadência legal ou convencional pode ser alegada pela Parte a quem aproveita ou conhecida de ofício pelo julgador, a qualquer tempo". Com isso, sem dúvidas todas as lacunas e deficiências apontadas em meus comentários doutrinários serão supridas, sanadas e corrigidas.

Superada essa análise, passa-se ao estudo de alguns prazos específicos de prazos decadenciais.

8.3.1 Prazos de decadência

Os prazos prescricionais estão discriminados no art. 206 do CC. Logo, todos os demais prazos estabelecidos em outros artigos, tanto na parte geral quanto na parte especial do Código Civil, são decadenciais. Deve ficar claro que a parte geral da codificação traz prazos de decadência, como os já transcritos arts. 178 e 179.

Vejamos alguns prazos decadenciais, que podem ser tidos como os mais importantes, apenas de forma exemplificativa:

a) 3 dias – sendo a coisa móvel, inexistindo prazo estipulado para exercer o direito de preempção (preferência), após a data em que o comprador tiver notificado o vendedor (art. 516 do CC).

b) 30 dias – contados da tradição da coisa, para o exercício do direito de propor a ação em que o comprador pretende o abatimento do preço da coisa móvel recebida com vício redibitório – *ação estimatória* –, ou rescindir o contrato e reaver o preço pago, mais perdas e danos – *ação redibitória* (art. 445 do CC).

c) 60 dias – para exercer o direito de preempção, inexistindo prazo estipulado, se a coisa for imóvel, contados da data em que o comprador tiver notificado o vendedor (art. 516 do CC).

d) 180 dias – para o condômino, a quem não se deu conhecimento da venda, haver para si a parte vendida a estranhos, depositando o valor correspondente ao preço – direito de preferência ou prelação legal –, sendo a coisa móvel (art. 513, parágrafo único, do CC). O prazo é o mesmo para anular casamento do menor quando não autorizado por seu representante legal, contados os 180 dias do dia em que cessou a incapacidade (se a iniciativa for do incapaz), a partir do casamento (se a ação for proposta pelo representante legal) ou da morte do incapaz (ação proposta pelos herdeiros) – art. 1.555 do CC. O mesmo prazo vale para a anulação de casamento, do incapaz de consentir, prazo contado da data da sua celebração (art. 1.560, inc. I, do CC). Também é de 180 dias o prazo para anular o casamento de menor de 16 anos, contado o prazo do dia em que o mesmo perfez a idade núbil para o caso de a demanda ser proposta pelo próprio menor ou da data do matrimônio para a ação proposta pelos seus representantes legais (art. 1.560, § 2.º, do CC).

e) 1 ano – para obter a redibição ou abatimento no preço, se a coisa viciada for imóvel, contado o prazo da entrega efetiva ou do conhecimento do vício (art. 445 do CC). O prazo decadencial de um ano também vale para se pleitear revogação de doação por ingratidão ou diante da inexecução do encargo, contado da data do conhecimento do doador do fato que a autorizar (art. 559 do CC).

f) 1 ano e 1 dia – para desfazer janela, sacada, terraço ou goteira sobre o seu prédio, em face do vizinho, prazo esse que é contado da conclusão da obra (art. 1.302 do CC).

g) 2 anos – para anular negócio jurídico, não havendo prazo, contado da data da conclusão do ato, prazo geral de anulação dos atos e negócios jurídicos (art. 179 do CC). Mesmo prazo vale para exercer o direito de preferência se a coisa for imóvel (art. 513, parágrafo único, do CC), bem como para anular casamento se incompetente a autoridade celebrante (art. 1.560, inc. II, do CC) e para pleitear anulação de ato praticado pelo consorte sem a outorga do outro, conforme rol do art. 1.647 do CC, contado do término da sociedade conjugal (art. 1.649 do CC).

h) 3 anos – para o vendedor de coisa imóvel recobrá-la, se reservou para si o direito de retrovenda, mediante a devolução do preço e o reembolso das despesas do comprador (art. 505 do CC). O mesmo prazo é previsto para anular casamento celebrado com erro essencial quanto à pessoa do outro cônjuge, contado da data da sua celebração (art. 1.560, inc. III, do CC).

i) 4 anos – para pleitear anulação de negócio jurídico celebrado com vício do consentimento ou vício social, contados: nos casos de coação, do dia em que ela cessar;

CAP. 8 • DA PRESCRIÇÃO E DA DECADÊNCIA NO CC/2002. O TRATAMENTO DIFERENCIADO | 555

nos de erro, dolo, fraude contra credores, estado de perigo ou lesão, do dia em que se realizou o negócio jurídico (art. 178, inc. II, do CC). O prazo de quatro anos de igual modo serve para os casos de anulação do negócio jurídico por incapacidade do agente, prazo contado de quando cessar a incapacidade (art. 178, inc. I, do CC). Também é de quatro anos o prazo para anulação de casamento celebrado sob coação, a contar da celebração do ato (art. 1.560, inc. IV, do CC).

j) 5 anos – prazo para impugnar a validade de testamento, contado da data de seu registro (art. 1.859 do CC).

Mais uma vez consigne-se que, de acordo com a obra de Agnelo Amorim Filho (*Critério científico para distinguir a prescrição da decadência e para identificar as ações imprescritíveis*), os prazos decadenciais referem-se às ações constitutivas, sejam elas positivas ou negativas, diante da existência de um direito potestativo. Na grande maioria das vezes, relacionada com prazo decadencial, tem-se a ação constitutiva negativa típica, que é a ação anulatória. Exemplo mais comum da prática é a hipótese de se pleitear a anulação de um negócio jurídico por nulidade relativa, situação em que o prazo correspondente é decadencial.

8.4 RESUMO ESQUEMÁTICO

Distinções entre prescrição e decadência

Reunindo tudo o que aqui foi comentado, as diferenças entre os institutos da prescrição extintiva e da decadência podem ser percebidas, claramente, pelo quadro a seguir:

Prescrição	Decadência
Extingue a pretensão.	Extingue o direito.
Prazos somente estabelecidos pela lei.	Prazos estabelecidos pela lei (decadência legal) ou por convenção das partes (decadência convencional).
Deve ser conhecida de ofício pelo juiz.	A decadência legal deve ser reconhecida de ofício pelo magistrado, o que não ocorre com a decadência convencional.
A parte pode não alegá-la. Pode ser renunciada pelo devedor após a consumação.	A decadência legal não pode ser renunciada, em qualquer hipótese. A decadência convencional pode ser renunciada após a consumação, também pelo devedor (mesmo tratamento da prescrição).
Não corre contra determinadas pessoas.	Corre contra todas, com exceção dos absolutamente incapazes (art. 3.º do CC).
Previsão de casos de impedimento, suspensão ou interrupção.	Não pode ser impedida, suspensa ou interrompida, regra geral, com exceção de regras específicas.
Relacionada com direitos subjetivos, atinge ações condenatórias (principalmente cobranças e reparação de danos).	Relacionada com direitos potestativos, atinge ações constitutivas positivas e negativas (principalmente ações anulatórias).
Prazo geral de 10 anos (art. 205 do CC).	Não há, para a maioria da doutrina, prazo geral de decadência. Há um prazo geral para anular negócio jurídico, de dois anos contados da sua celebração,conforme o art. 179 do CC.
Prazos especiais de 1, 2, 3, 4 e 5 anos, previstos no art. 206 do CC.	Prazos especiais em dias, meses, ano e dia e anos (1 a 5 anos), todos previstos em outros dispositivos, fora dos arts. 205 e 206 do CC.

556 | DIREITO CIVIL • VOL. 1 – *Flávio Tartuce*

Ademais, baseado nos critérios científicos de Agnelo Amorim Filho e nas previsões legislativas que constam do Código Civil de 2002, elaborei uma *fórmula* que dá segurança ao aplicador do direito, para identificar se determinado prazo é prescricional ou decadencial. Vejamos:

Fórmula para identificar se o prazo é prescricional ou decadencial *(FÓRMULA TARTUCE)*

Regra 1 – Procure identificar a contagem de prazos. Se a contagem for em dias, meses ou ano e dia, o prazo é decadencial. Se o prazo for em anos, poderá ser o prazo de prescrição ou de decadência.

Regra 2 – Aplicável quando se tem prazo em anos. Procure identificar a localização do prazo no Código Civil. Se o prazo em anos estiver previsto no art. 206 será de prescrição, se estiver fora do art. 206 será de decadência.

Regra 3 – Aplicável quando se tem prazo em anos e a questão não mencionou em qual artigo o mesmo está localizado. Utilizar os critérios apontados por Agnelo Amorim Filho: se a ação correspondente for condenatória, o prazo é prescricional. Se a ação for constitutiva positiva ou negativa, o prazo é decadencial.

Causas impeditivas, suspensivas e interruptivas da prescrição

1) *Causas impeditivas* (arts. 197, incs. I a III, e 199, incs. I e II, do CC)

As causas impeditivas são as circunstâncias que impedem que o curso prescricional se inicie. Seus efeitos são os mesmos da suspensão da prescrição. Assim, não corre prescrição:

- entre marido e mulher na constância da sociedade conjugal – se o casamento se der após o prazo ter iniciado, é caso de suspensão;
- entre ascendentes e descendentes durante o poder familiar;
- entre tutelados ou curatelados e seus tutores e curadores, durante a tutela ou curatela;
- pendendo condição suspensiva;
- não estando vencido o prazo.

Observação: Percebe-se que as causas impeditivas estarão presentes quando houver, regra geral, *situações* envolvendo condições pessoais.

2) *Causas suspensivas* (arts. 198, incs. I, II e III, e 199, inc. III, do CC)

São as situações que paralisam temporariamente o curso prescricional já iniciado, com efeitos similares às causas impeditivas. Superado o fato, a prescrição continua a correr, computado o prazo decorrido antes do fato.

São causas que suspendem a prescrição:

- contra os absolutamente incapazes (art. 3.º do CC – agora apenas os menores de 16 anos);
- contra os ausentes do Brasil em serviço público da União, dos Estados e Municípios;
- contra os ausentes, no sentido dos arts. 22 a 39 do CC;
- contra os que se acharem servindo nas Forças Armadas, em tempo de guerra;
- entre evictor e evicto, pendendo ação de evicção (perda da propriedade para terceiro em virtude de ato jurídico anterior e de sentença judicial).

CAP. 8 · DA PRESCRIÇÃO E DA DECADÊNCIA NO CC/2002. O TRATAMENTO DIFERENCIADO | 557

As causas suspensivas e as impeditivas têm o mesmo regime jurídico. Apenas fazem cessar temporariamente o curso da prescrição. Percebe-se, dentro dessa lógica, que as causas suspensivas também estarão presentes quando se têm *situações* envolvendo pessoas. Interessante visualizar o esquema gráfico a seguir:

Suspensão da prescrição

Anos				Anos	
1.º	2.º	3.º	Suspensão do prazo	4.º	5.º
Fluxo de prazo prescricional de 5 anos, onde já decorreram 3 anos.				Cessada a suspensão, o prazo retoma seu fluxo pelo saldo (no caso são 2 anos).	

3) *Causas interruptivas* (arts. 202 a 204 do CC)

Situações que liquidam com a prescrição já iniciada, de modo que o seu prazo recomeça a correr por inteiro da data do ato que a interrompeu. A interrupção, pelo Código Civil de 2002, somente pode ocorrer uma vez. A interrupção depende, em regra, de um comportamento do credor, que deve mostrar interesse no exercício ou proteção do direito.

São causas que interrompem a prescrição (art. 202 do CC):

- Despacho do juiz, mesmo incompetente, que ordenar a citação, se o interessado a promover no prazo e na forma da lei processual; o que retroage à data da propositura da ação (CPC).

- Protesto judicial e *cambiário* destinado a prevenir a responsabilidade, prover a conservação e ressalva de direitos ou manifestar qualquer intenção de modo formal; ato do credor que constitui o devedor em mora.

- Apresentação do título de crédito em juízo de inventário ou em concurso de devedores. A habilitação do credor em inventário, na falência ou nos autos de insolvência civil, constitui comportamento que demonstra a intenção de interromper a prescrição.

- Qualquer ato judicial que constitua em mora o devedor. Lembre-se que o ato extrajudicial de constituição de mora não interrompe a prescrição, caso da notificação extrajudicial.

- Qualquer ato inequívoco do devedor, ainda que extrajudicial, que importe reconhecimento do direito do credor (exemplos: pagamento de uma parcela do débito, pagamento de multa, pagamento de juros).

Vale a visualização a seguir:

Interrupção da prescrição

Anos				Anos				
1.º	2.º	3.º	Interrupção do prazo	1.º	2.º	3.º	4.º	5.º
Fluxo de um prazo prescricional de 5 anos, onde já decorreram 3 anos.				Interrompido, o prazo fluirá por mais 5 anos; inicia-se novamente, por apenas uma vez mais.				

Direito intertemporal

Se o Código Civil de 2002 reduziu o prazo prescricional – caso da reparação civil de danos, de 20 anos para 3 anos (art. 206, § 3.º, inc. V, do CC), aplica-se o art. 2.028 do CC:

558 | DIREITO CIVIL • VOL. 1 – *Flávio Tartuce*

1) Caso tenha decorrido mais da metade do tempo estabelecido na lei revogada (Código Civil de 1916), aplica-se o prazo da lei anterior. Isso, no exemplo acima, para os casos em que já houver transcorrido mais de 10 anos em 11 de janeiro de 2003.

2) Caso tenha decorrido metade ou menos da metade do tempo estabelecido na lei anterior (Código Civil de 1916), aplica-se o prazo do novo Código Civil, contado o lapso temporal da data de entrada em vigor da codificação de 2002 (para a maioria dos juristas, a partir de 11 de janeiro de 2003). Nos casos de reparação civil, quando houver transcorrido 10 anos ou menos, tendo como base quando o atual Código entrou em vigor.

8.5 QUESTÕES CORRELATAS

1. (PGFN – Esaf – Procurador da Fazenda Nacional – 2015) Relativamente à prescrição e decadência, assinale a opção correta.

(A) A renúncia da prescrição só valerá quando expressa e feita sem prejuízo de terceiro, antes de ela se consumar.

(B) A interrupção da prescrição por um credor não aproveita aos outros; da mesma forma, quando operada contra o codevedor ou seu herdeiro, não prejudica aos demais coobrigados.

(C) A prescrição pode ser alegada em qualquer grau de jurisdição, por qualquer interessado, e seus prazos podem ser alterados por acordo entre as partes.

(D) A interrupção da prescrição só poderá ocorrer uma vez, por despacho do juiz competente, no prazo e na forma da lei processual. Uma vez interrompida, recomeça a correr da data do ato que suspendeu a interrupção.

(E) Aplicam-se à decadência as mesmas normas que impedem, suspendem ou interrompem a prescrição.

2. (TJ-DPF – Cespe – Juiz de Direito Substituto – 2015) No que se refere aos institutos da prescrição e da decadência no direito civil, assinale a opção correta.

(A) As causas suspensivas dos prazos prescricionais se justificam pela ausência da inércia do credor e envolvem, assim, uma atitude deliberada do credor em direção à preservação do seu direito.

(B) O rol das causas suspensivas da prescrição previstas na lei civil é, ao contrário do que ocorre com o das causas interruptivas, exemplificativo – *numerus apertus*.

(C) É admissível, por expressa convenção, renunciar previamente à prescrição, desde que a situação não envolva direito de pessoa incapaz.

(D) O juiz deve conhecer, de ofício, a decadência prevista em lei ou a convencionada livremente pelos interessados.

(E) Se, de negócio nulo, resultarem consequências patrimoniais capazes de ensejar pretensões, será possível a incidência, quanto a estas, da prescrição.

3. (TCE-CE – FCC – Procurador de Contas – 2015) Em relação à prescrição, considere:

I. As pretensões que protegem os direitos da personalidade e as que se vinculam ao estado das pessoas são imprescritíveis, como regra geral.

II. Não corre a prescrição entre os cônjuges, na constância da sociedade conjugal.

III. A prescrição iniciada contra uma pessoa continua a correr contra o seu sucessor.

IV. A prescrição só pode ser interrompida pelo titular do direito violado.

V. A exceção prescreve no mesmo prazo em que a pretensão.

Está correto o que se afirma APENAS em

(A) I, II, III e V.

(B) II, III, IV e V.

CAP. 8 · DA PRESCRIÇÃO E DA DECADÊNCIA NO CC/2002. O TRATAMENTO DIFERENCIADO | 559

(C) I, II e III.

(D) II, III e IV.

(E) I, IV e V.

4. **(TJRR – FCC – Juiz Substituto – 2015) A respeito da prescrição e da decadência considere as seguintes afirmações:**

I. A prescrição e a decadência fixadas em lei são irrenunciáveis.

II. A decadência convencional pode ser alegada pela parte a quem aproveita somente dentro do prazo da contestação, mas a decadência legal pode ser alegada a qualquer tempo no processo e o juiz dela deverá conhecer de ofício.

III. O juiz pode, de ofício, reconhecer a prescrição, ainda que a pretensão se refira a direitos patrimoniais, mas não pode, de ofício, suprir a alegação, pela parte, de decadência convencional.

IV. Salvo disposição legal em contrário, não se aplicam à decadência as normas que impedem, suspendem ou interrompem a prescrição.

V. Não corre prescrição pendente condição suspensiva ou ação de evicção.

Está correto o que se afirma APENAS em:

(A) II, III e IV.

(B) I, II e III.

(C) III, IV e V.

(D) I, II e IV.

(E) II, IV e V.

5. **(TRF-5.ª Região – Cespe – Juiz Federal Substituto – 2015) Acerca da prescrição, assinale a opção correta.**

(A) Entre os cônjuges, na constância da sociedade conjugal, o prazo prescricional poderá ser interrompido, mas não suspenso, já que vai de encontro à ordem pública o alongamento indefinido do prazo.

(B) Diferentemente do que ocorre com a renúncia expressa, o Código Civil estabelece que a renúncia tácita à prescrição somente poderá ocorrer após a consumação do prazo.

(C) Por ser medida que vai ao encontro do interesse público, a redução dos prazos prescricionais é permitida pelo Código Civil.

(D) A prescrição poderá ser alegada por cônjuge, ascendente ou descendente, da parte que aproveite, caso seja demonstrado benefício jurídico que os afete direta ou indiretamente.

(E) De acordo com o STJ, o termo inicial do prazo prescricional das ações indenizatórias, em observância ao princípio da *actio nata*, é a data em que a lesão e os seus efeitos são constatados.

6. **(PGE-MT – FCC – Procurador do Estado – 2016) Francisco tomou R$ 300.000,00 (trezentos mil reais) emprestados de Eduardo e não pagou no prazo avençado. Eduardo, por sua vez, deixou de ajuizar ação no prazo legal, dando azo à prescrição. Não obstante, Francisco pagou Eduardo depois de escoado o prazo prescricional. Depois de realizado o pagamento, Francisco ajuizou ação contra Eduardo para reaver a quantia paga. A alegação**

(A) procede, porque a prescrição atinge o próprio direito de crédito e sua renúncia somente é admitida, se realizada de maneira expressa, depois que se consumar, desde que sem prejuízo de terceiro.

(B) procede, porque, embora a prescrição atinja não o direito, mas a pretensão, sua renúncia somente é admitida quando realizada de maneira expressa, antes de se consumar, desde que feita sem prejuízo de terceiro.

(C) improcede, porque a prescrição atinge não o direito, mas a pretensão, além de admitir renúncia, de maneira expressa ou tácita, depois que se consumar, desde que feita sem prejuízo de terceiro.

(D) improcede, porque, embora apenas a decadência admita renúncia, a prescrição atinge não o direito, mas a pretensão.

(E) procede, porque a prescrição atinge o próprio direito de crédito e não admite renúncia.

560 | DIREITO CIVIL • VOL. 1 – *Flávio Tartuce*

7. **(TJM-SP – Vunesp – Juiz de Direito Substituto – 2016) Sobre a decadência, assinale a alternativa correta.**

(A) Deve o juiz, de ofício, conhecer da decadência convencional, desde que existam nos autos elementos para conhecê-la.

(B) Salvo disposição legal em contrário, não se aplicam à decadência as normas que impedem, suspendem ou interrompem a prescrição.

(C) Se a decadência for legal, a parte a quem aproveita deve alegá-la em qualquer grau de jurisdição, mas o juiz não pode suprir a alegação, em razão de renúncia tácita.

(D) A decadência fixada em lei poderá ser renunciada por sujeito maior e com plena capacidade.

(E) Não corre a decadência contra os que se acharem servindo nas Forças Armadas, em tempo de guerra.

8. **(SEGEP-MA – FCC – Procurador de Estado 2.ª Classe – 2016) Jonas firmou contrato com Sidney, por instrumento particular, emprestando-lhe R$ 10.000,00, os quais deveriam ser devolvidos em janeiro de 2010. Em fevereiro de 2014 Jonas faleceu, deixando somente herdeiros maiores e capazes. Em fevereiro de 2015, o espólio de Jonas ajuizou ação de execução contra Sidney, que, nos embargos, não abordou a questão da prescrição. Fê-lo, porém, em sede de recurso. O Tribunal**

(A) deverá conhecer da matéria e decretar a prescrição, cujo prazo, de cinco anos, iniciado quando Jonas era vivo, continuou a correr contra seus sucessores.

(B) não deverá conhecer da matéria, em razão da preclusão.

(C) deverá conhecer da matéria mas não decretar a prescrição, cujo prazo, de cinco anos, reiniciou-se, contra os sucessores de Jonas, na data de seu falecimento.

(D) deverá conhecer da matéria mas não decretar a prescrição, cujo prazo, de dez anos, não se ultimou.

(E) deverá conhecer da matéria e decretar a prescrição, cujo prazo, de três anos, findara enquanto Jonas era vivo.

9. **(DPE-MT – UFMT – Defensor Público – 2016) Sobre a prescrição e a decadência, assinale a afirmativa correta.**

(A) Não corre prescrição contra o relativamente incapaz.

(B) O termo inicial da prescrição nas ações de indenização é a data do fato, e não a data em que restar constatada a lesão ou seus efeitos, em observância ao princípio da *actio nata*.

(C) A renúncia à prescrição poderá ser expressa ou tácita e deve ser realizada depois que se consumar.

(D) A interrupção da prescrição, que somente poderá ocorrer uma vez, dar-se-á por qualquer ato, judicial ou extrajudicial, que constitua em mora o devedor.

(E) A renúncia à decadência fixada em lei será válida, mas não se admite, nesse caso, a modalidade tácita.

10. **(TJRO – Ieses – Titular de Serviços de Notas e de Registros – Provimento – 2017) Em relação à prescrição e decadência, responda de acordo com o Código Civil:**

I. A interrupção da prescrição e da decadência pode ocorrer mais de uma vez no curso do prazo.

II. A interrupção do prazo prescricional por um dos credores solidários aproveita aos outros.

III. A interrupção da prescrição produzida contra o principal devedor não prejudica o fiador.

Assinale a alternativa correta:

(A) Apenas as assertivas I e III são verdadeiras.

(B) Apenas as assertivas I e II são verdadeiras.

(C) Apenas a assertiva II é verdadeira.

(D) Todas as assertivas são verdadeiras.

CAP. 8 · DA PRESCRIÇÃO E DA DECADÊNCIA NO CC/2002. O TRATAMENTO DIFERENCIADO | **561**

11. **(TJRO – Ieses – Titular de Serviços de Notas e de Registros – Remoção – 2017) De acordo com as disposições gerais do capítulo do Código civil que trata da prescrição é correto afirmar exceto:**

(A) A prescrição iniciada contra uma pessoa continua a correr contra o seu sucessor.

(B) A renúncia da prescrição pode ser expressa ou tácita, e só valerá, sendo feita, sem prejuízo de terceiro, depois que a prescrição se consumar; tácita é a renúncia quando se presume de fatos do interessado, incompatíveis com a prescrição.

(C) Os prazos de prescrição podem ser alterados por acordo das partes.

(D) A prescrição pode ser alegada em qualquer grau de jurisdição, pela parte a quem aproveita.

12. **(PGE/AC – FMP Concursos – Procurador do Estado – 2017) Considere as seguintes afirmativas sobre os temas da prescrição e da decadência no âmbito do Código Civil. Assinale a alternativa correta.**

(A) Os prazos de prescrição podem ser alterados por acordo das partes.

(B) A prescrição iniciada contra uma pessoa continua a correr contra o seu sucessor.

(C) Corre a prescrição, ainda que pendente ação de evicção.

(D) A interrupção da prescrição por um credor aproveita aos outros.

(E) A prescrição ocorre em vinte anos, quando a lei não lhe haja fixado prazo menor.

13. **(Prefeitura de Penalva/MA – IMA – Procurador Municipal – 2017) Nos termos do Código Civil, acerca dos prazos da prescrição, é correto afirmar que:**

(A) Prescreve em um ano a pretensão contra os peritos, pela avaliação dos bens que entraram para a formação do capital de sociedade anônima, contado da publicação da ata da assembleia que aprovar o laudo.

(B) Prescreve em um ano a pretensão dos credores não pagos contra os sócios ou acionistas e os liquidantes, contado o prazo do registro da ata de encerramento da liquidação da sociedade.

(C) Prescreve em três anos a pretensão do vencedor para haver do vencido o que despendeu em juízo.

(D) Prescreve em um ano a pretensão do beneficiário contra o segurador, e a do terceiro prejudicado, no caso de seguro de responsabilidade civil obrigatório.

14. **(MPE/PR – Promotor Substituto – 2017) É causa de suspensão do prazo prescricional:**

(A) O casamento das partes da relação jurídica.

(B) O despacho do juiz que ordenar a citação, se o interessado a promover no prazo e na forma da lei processual.

(C) O protesto cambial.

(D) Qualquer ato judicial que constitua em mora o devedor.

(E) Qualquer ato inequívoco que importe reconhecimento do direito pelo devedor.

15. **(CFO/DF – Quadrix – Procurador Jurídico – 2017) Julgue o item subsecutivo com base em conhecimentos relativos ao direito civil.**

Violado o direito, nasce para o titular a pretensão, que se extingue pela prescrição e cujos prazos podem ser livremente alterados por acordo expresso entre as partes.

( ) Certo   ( ) Errado

16. **(FCC – Oficial de Justiça Avaliador Federal – TRT-15.ª Região – 2018) Em contrato de compra e venda a prazo, as partes convencionaram que o prazo de prescrição para cobrança de valores inadimplidos seria de 6 meses, apenas, e não o previsto na lei civil. Essa cláusula:**

(A) não tem validade, porque os prazos de prescrição não podem ser alterados por acordo das partes, seja para reduzir, seja para ampliar esse prazo.

562 | DIREITO CIVIL • VOL. 1 – *Flávio Tartuce*

(B) não tem validade porque o acordo diminui o prazo prescricional, só sendo possível ampliar esse prazo, em benefício do titular do direito violado.

(C) tem validade, porque se trata de um negócio jurídico privado, prevalecendo o princípio de que o contrato faz lei entre as partes.

(D) tem validade nesse caso específico, porque se trata de compra e venda a prazo, que possui regra específica autorizando a diminuição dos prazos prescricionais.

(E) tem validade por diminuir o prazo da prescrição; não teria validade para ampliar o prazo, pois isso prejudicaria o devedor da obrigação contraída.

17. (FCC – Analista Judiciário – TRT-15.ª Região – 2018) Em relação à prescrição, considere:

I. A suspensão da prescrição em favor de um dos credores solidários é personalíssima e não beneficia os demais em nenhuma hipótese.

II. A prescrição pode ser alegada em qualquer grau de jurisdição, pela parte a quem aproveita.

III. A prescrição ocorre em dez anos, quando a lei não lhe haja fixado prazo menor.

IV. A prescrição iniciada contra uma pessoa cessa em relação ao seu sucessor.

Está correto o que consta APENAS de:

(A) I e IV.

(B) I, II e III.

(C) II, III e IV.

(D) I, III e IV.

(E) II e III.

18. (Cespe – Juiz Substituto – TJ-CE – 2018) Em um contrato, as partes pactuaram livremente o prazo de trinta dias para o exercício de eventual direito de arrependimento. Esse prazo possui natureza:

(A) prescricional e pode ser reconhecido de ofício pelo juiz.

(B) prescricional e somente pode ser suscitado pelas partes.

(C) decadencial e pode ser reconhecido de ofício pelo juiz.

(D) decadencial e somente pode ser suscitado pelas partes.

(E) diversa da prescricional ou decadencial.

19. (FUMARC – Delegado de Polícia Substituto – PC-MG – 2018) Sobre a prescrição e a decadência, é CORRETO afirmar:

(A) A interrupção da prescrição é comum, aproveitando, em qualquer caso, a todos os credores ainda que somente um a tenha promovido.

(B) A prescrição está ligada às ações constitutivas e desconstitutivas; já a decadência está relacionada às ações condenatórias.

(C) As ações declaratórias, por serem direitos pessoais, estão sujeitas ao prazo prescricional de 5 anos.

(D) Se a decadência for convencional, a parte a quem aproveita pode alegá-la em qualquer grau de jurisdição, mas o juiz não pode suprir a alegação.

20. (Vunesp – Procurador – Fapesp – 2018) Interrompe-se a prescrição:

(A) pendendo ação de evicção.

(B) não estando vencido o prazo.

(C) pendendo condição suspensiva.

(D) por qualquer ato judicial que constitua em mora o devedor.

(E) contra os absolutamente incapazes.

CAP. 8 · DA PRESCRIÇÃO E DA DECADÊNCIA NO CC/2002. O TRATAMENTO DIFERENCIADO | **563**

21. **(Cespe – Analista Judiciário – STM – 2018) De acordo com o Código Civil e considerando o entendimento doutrinário acerca das pessoas naturais, das obrigações e da prescrição e decadência, julgue o item a seguir.**

A renúncia a prazo decadencial fixado em lei somente será considerada válida se for feita de modo expresso e na forma escrita.

( ) Certo   ( ) Errado

22. **(Vunesp – Procurador Jurídico – Prefeitura de Bauru-SP – 2018) Para salvar a vida de seu marido, Marta assumiu, perante Pedro, obrigação excessivamente onerosa em outubro de 2013. Em janeiro de 2018, Marta decide processar Pedro para reaver o valor pago. Nesse caso,**

(A) Marta decaiu do direito de reaver o valor pago e Pedro não pode renunciar à decadência, devendo o juiz reconhecer de ofício.

(B) Marta decaiu do direito de reaver o valor pago, mas Pedro pode renunciar à decadência.

(C) Marta decaiu do direito de reaver o valor pago, mas por ser um direito potestativo, o juiz não pode declarar a decadência de ofício.

(D) o direito de Marta cobrar o valor pago excessivamente em razão do vício da vontade conhecido como estado de perigo está prescrito.

(E) o direito de Marta cobrar o valor pago excessivamente não está prescrito, considerando o prazo geral de dez anos previsto no código civil.

23. **(Titular de Serviços de Notas e de Registros – Remoção – TJ-MG – CONSULPLAN – 2019) Considerando os prazos prescricionais previstos no Código Civil, assinale a alternativa correta.**

(A) Prescreve em três anos a pretensão do vencedor para haver do vencido o que despendeu em juízo.

(B) Prescreve em cinco anos a pretensão de restituição dos lucros ou dividendos recebidos de má-fé, correndo o prazo da data em que foi deliberada a distribuição.

(C) Prescreve em um ano a pretensão para haver juros, dividendos ou quaisquer prestações acessórias, pagáveis, em períodos não maiores de um ano, com capitalização ou sem ela.

(D) Prescreve em um ano a pretensão dos credores não pagos contra os sócios ou acionistas e os liquidantes, contado o prazo da publicação da ata de encerramento da liquidação da sociedade.

24. **(Titular de Serviços de Notas e de Registros – Provimento – TJ-MG – CONSULPLAN – 2019) Dentre as hipóteses declinadas a seguir, assinale aquela que corresponde a uma causa interruptiva da prescrição prevista no art. 202, do Código Civil.**

(A) A vigência da sociedade conjugal.

(B) A incapacidade decorrente da hipótese prevista no art. 3.º, do Código Civil.

(C) O serviço militar das forças armadas dos que estiverem fora do país, em tempo de guerra.

(D) A prática de ato inequívoco, ainda que extrajudicial, que importe reconhecimento do direito pelo devedor.

25. **(Juiz Substituto – TJ-AL – FCC – 2019) Luciana e Roberto casaram-se no ano de 2004 sob o regime da separação de bens, divorciando-se em 2018, quando desfizeram a sociedade conjugal. Em 2013, Luciana, culposamente, colidiu seu automóvel com o de Roberto, causando-lhe danos. Nesse caso, a pretensão de Roberto obter a correspondente reparação civil de Luciana, segundo o Código Civil,**

(A) é imprescritível.

(B) prescreveu em 2016.

(C) prescreverá em 2021.

(D) prescreveu em 2018.

(E) prescreverá em 2028.

564 | DIREITO CIVIL • VOL. 1 – *Flávio Tartuce*

26. **(Agente de Fiscalização Tributária – Prefeitura de São José-SC – Ieses – 2019) Sobre a decadência e a prescrição, previstas no Código Civil Brasileiro, assinale a assertiva correta:**
I. A renúncia da prescrição pode ser expressa ou tácita, e só valerá, sendo feita, sem prejuízo de terceiro, depois que a prescrição se consumar; tácita é a renúncia quando se presume de fatos do interessado, incompatíveis com a prescrição.
II. Se a decadência for convencional, a parte a quem aproveita pode alegá-la em qualquer grau de jurisdição, mas o juiz não pode suprir a alegação.
III. Suspensa a prescrição em favor de um dos credores solidários, só aproveitam os outros se a obrigação for indivisível.
IV. A interrupção da prescrição por um credor aproveita aos outros; semelhantemente, a interrupção operada contra o codevedor, ou seu herdeiro, não prejudica aos demais coobrigados.
A sequência correta é:
(A) Apenas as assertivas I, II e III estão corretas.
(B) As assertivas I, II, III e IV estão corretas.
(C) Apenas as assertivas I e IV estão corretas.
(D) Apenas a assertiva III está correta.

27. **(Procurador do Município – Prefeitura de Ribeirão Preto-SP – Vunesp – 2019) Considerando o entendimento atual do Superior Tribunal de Justiça, é correto afirmar que o prazo prescricional para pretensão de reparação civil baseada em inadimplemento contratual é de**
(A) 3 anos.
(B) 10 anos.
(C) 5 anos.
(D) 4 anos.
(E) 1 ano.

28. **(Procurador – Prefeitura de Valinhos-SP – Vunesp – 2019) Quanto ao direito de renunciar à prescrição, indique a alternativa correta.**
(A) Qualquer postura do devedor pode levar a ser considerada como uma renúncia tácita.
(B) A postura irrefutável, explícita do credor é passível de ser acatada como renúncia tácita.
(C) Os prazos de prescrição podem ser alterados por acordo das partes, assim como os de renúncia.
(D) Tácita é a renúncia quando se presume de fatos do interessado, incompatíveis com a prescrição.
(E) A renúncia tácita não é reconhecida pelo ordenamento brasileiro, mas apenas para decadência.

29. **(Procurador do Município – Prefeitura de São José do Rio Preto-SP – Vunesp – 2019) Fátima e Nanci celebraram um contrato de depósito, no qual Fátima receberia o valor de R$ 5.000,00 (cinco mil reais) para guardar, pelo prazo de 1 (um) ano, os móveis pertencentes ao apartamento de Nanci, que seria locado para fins comerciais. Ao final do prazo, Fátima se recusou a devolver os bens, alegando que os bens não pertenciam a Nanci. Passaram-se 4 (quatro) anos da recusa em devolver os móveis objeto do contrato.**
Diante da situação hipotética, considerando a possibilidade de obter a reparação pelo inadimplemento contratual, assinale a alternativa correta.
(A) A ação está prescrita, considerando que o prazo estabelecido pelo Código Civil é de 3 (três) anos.
(B) A ação está prescrita, considerando que o prazo estabelecido pelo Código Civil é de 3 (três) anos, mas Fátima responde caso o prejuízo seja resultante de caso fortuito ou força maior.
(C) A ação não está prescrita, considerando que o prazo estabelecido pelo Código Civil é de 5 (cinco) anos, e respondem pelo inadimplemento todos os bens de Fátima.
(D) A ação não está prescrita, considerando que o prazo estabelecido pelo Código Civil é de 5 (cinco) anos, e Fátima responde pelas perdas e danos, mais juros e atualização monetária.
(E) A ação não está prescrita, considerando que o prazo estabelecido pelo Código Civil é de 10 (dez) anos para os casos de inadimplemento contratual.

CAP. 8 · DA PRESCRIÇÃO E DA DECADÊNCIA NO CC/2002. O TRATAMENTO DIFERENCIADO | **565**

30. **(Advogado – Câmara de Apucarana-PR – Fauel – 2020) Com base exclusivamente no Código Civil, é correto afirmar que:**

(A) Quando a ação se originar de fato que deva ser apurado no juízo criminal, correrá a prescrição independentemente da sentença criminal definitiva, em razão da independência das instâncias.

(B) Suspensa a prescrição em favor de um dos credores solidários, só aproveitam os outros se a obrigação for divisível.

(C) Prescreve em três anos, a pretensão relativa à tutela, a contar da data da aprovação das contas.

(D) Se a decadência for convencional, a parte a quem aproveita pode alegá-la em qualquer grau de jurisdição, mas o juiz não pode suprir a alegação.

31. **(Auditor Fiscal da Receita Estadual – Sefaz-AL – Cespe – 2020) Com base no Código Civil, julgue o item a seguir. As partes podem alterar, por acordo, os prazos de prescrição, inclusive mediante renúncia expressa ou tácita.**

( ) Certo   ( ) Errado

32. **(Advogado – Câmara de Patrocínio-MG – Fundep – 2020) Quanto aos prazos prescricionais previstos no Código Civil, assinale a alternativa correta.**

(A) Prescreve em três anos a pretensão para haver prestações alimentares, a partir da data em que se vencerem.

(B) Prescreve em cinco anos a pretensão dos tabeliães, auxiliares da justiça, serventuários judiciais, árbitros e peritos, pela percepção de emolumentos, custas e honorários.

(C) Prescreve em quatro anos a pretensão dos profissionais liberais em geral pelos seus honorários, contado o prazo da conclusão dos serviços.

(D) Prescreve em um ano a pretensão dos credores não pagos contra os sócios ou acionistas e os liquidantes, contado o prazo da publicação da ata de encerramento da liquidação da sociedade.

33. **(Advogado – Prefeitura de São Roque-SP – Vunesp – 2020) Foi celebrado um negócio jurídico bilateral no qual uma das partes, intencionalmente, silenciou a respeito de fato que a outra parte ignorou e que, se fosse conhecido, não se teria celebrado o negócio jurídico. Constou no instrumento contratual que as partes renunciam ao prazo para pleitear a anulação do negócio por vício do consentimento.**

Pode-se corretamente afirmar que

(A) em regra, aplicam-se à decadência as normas que impedem, suspendem ou interrompem a prescrição.

(B) é nula a renúncia ao prazo decadencial previsto em lei.

(C) não pode o juiz, em eventual litígio, conhecer de ofício da decadência, em razão da renúncia realizada no negócio jurídico.

(D) a decadência prevista em lei deve ser alegada na primeira oportunidade que falar nos autos, sob pena de preclusão.

(E) o prazo decadencial para se pleitear a anulação do negócio jurídico por vícios do consentimento é de 3 anos.

34. **(Advogado – EBSERH – Vunesp – 2020) Assinale a alternativa correta a respeito da prescrição.**

(A) Suspensa a prescrição em favor de um dos credores solidários, só aproveitam os outros se a obrigação for indivisível.

(B) A interrupção por um dos credores solidários aproveita aos outros, mas a interrupção efetuada contra o devedor solidário não envolve seus herdeiros.

(C) A interrupção produzida contra o principal devedor não prejudica o fiador.

(D) Não corre a prescrição pendendo condição resolutiva.

(E) Qualquer ato extrajudicial que constitua em mora o devedor interrompe a prescrição.

566 | DIREITO CIVIL • VOL. 1 – *Flávio Tartuce*

35. (Procurador do Estado – PGE-RS – Fundatec – 2021) NÃO é causa interruptiva da prescrição:

(A) O despacho de juiz incompetente que ordena a citação.

(B) O protesto cambial.

(C) O reconhecimento inequívoco do devedor judicial ou extrajudicialmente.

(D) A constituição em mora do devedor por ato extrajudicial.

(E) O protesto judicial determinado por juiz, ainda que incompetente.

36. (Procurador Jurídico – Prefeitura de Guarujá-SP – Vunesp – 2021) Acerca da prescrição e decadência, assinale a alternativa correta.

(A) Prescrição é a perda do direito potestativo pela inércia do seu titular no período determinado em lei, e a decadência é a perda de uma pretensão decorrente da violação de um direito em razão da inércia do legitimado pelo prazo previsto em lei.

(B) A decadência apenas se aplica às ações de natureza condenatória, e a prescrição apenas se aplica às ações de natureza constitutiva ou desconstitutiva.

(C) Não corre a decadência contra os menores de 16 (dezesseis) anos, bem como não corre a prescrição entre os cônjuges, na constância da sociedade conjugal.

(D) A renúncia à prescrição somente pode ser feita, sem prejuízo de terceiros, e antes de se consumar; a renúncia à decadência prevista em lei é permitida, desde que sem prejuízo de terceiros.

(E) A prescrição que não estiver prevista em lei ocorre em 10 (dez) anos, e a decadência não prevista em lei ocorre em 5 (cinco) anos.

37. (Promotor de Justiça Substituto – MPE-SC – Cespe/Cebraspe – 2021) Márcio e Leandro, em conluio, aparentaram celebrar determinado negócio jurídico diverso do que realmente ficou firmado entre ambos, tendo sido realizado o respectivo registro em cartório competente.

Considerando essa situação hipotética, julgue o item a seguir, à luz do Código Civil e da jurisprudência do STJ.

A simulação não se sujeita à prescrição nem à decadência.

( ) Certo ( ) Errado

38. (Juiz Substituto – TJGO – FCC – 2021) Na Lei 14.010, de 10 de junho de 2020, que entrou em vigor na data de sua publicação, há a seguinte disposição: Art. 3.º – Os prazos prescricionais consideram-se impedidos ou suspensos, conforme o caso, a partir da entrada em vigor desta Lei até 30 de outubro de 2020. Referida Lei classifica-se como

(A) temporária e especial e, findos seus efeitos, as disposições do Código Civil sobre a mesma matéria foram repristinadas.

(B) temporária, e os efeitos desta disposição se extinguiram em 30 de outubro de 2020, independentemente de outra lei que a revogasse, subsistindo as regras do Código Civil sobre suspensão e óbice da fluição dos prazos prescricionais.

(C) permanente, no que diz respeito ao impedimento do prazo, mas temporária, no que se refere à suspensão do prazo prescricional.

(D) permanente, por tratar de matéria disciplinada no Código Civil e cuja perda de eficácia dependerá de outra lei que a revogue.

(E) temporária, e seus efeitos se extinguiram em 30 de outubro de 2020, mas é necessária outra lei que restabeleça as regras do Código Civil sobre a matéria, porque não existe repristinação automática da lei.

39. (Juiz Substituto – TJPE – FGV – 2022) Maria, após consumir álcool, assume a direção de seu carro e causa acidente de trânsito, vitimando João que, seguindo todas as regras de trânsito, voltava de seu plantão. No acidente, João bate a cabeça, sofre grave traumatismo e permanece, a partir do evento, em estado comatoso por seis anos. Felizmente, após tal prazo, João se recupera e decide ajuizar demanda de reparação civil em face de Maria.

Com base nos fatos narrados e no Código Civil/2002, é correto afirmar que a pretensão de João:

(A) está fulminada pela prescrição, já que ultrapassados os dois anos previstos para exercício de seu direito;

CAP. 8 · DA PRESCRIÇÃO E DA DECADÊNCIA NO CC/2002. O TRATAMENTO DIFERENCIADO | 567

(B) não pode estar prescrita, já que não corre prescrição contra os absolutamente incapazes, abarcados aqueles que, por causa transitória, não puderem exprimir vontade;

(C) está fulminada pela prescrição, já que ultrapassados os cinco anos previstos para exercício de seu direito;

(D) não pode estar prescrita, já que o prazo previsto para exercício de seu direito é o prazo geral do Código Civil, qual seja, prazo de dez anos;

(E) está fulminada pela prescrição, já que ultrapassados os três anos previstos para o exercício de seu direito.

40. (Promotor de Justiça Substituto – MPE-MG – Fundep – 2022) O Código Civil de 2002, em seu Título IV, disciplinou a prescrição e a decadência optando por adotar uma fórmula para distinguir os prazos decadenciais e prescricionais. Considerando os critérios legislativos adotados no Código Civil, analise as afirmativas a seguir:

I. É prescricional o prazo de 1 ano previsto para a pretensão dos tabeliães, auxiliares da justiça, serventuários judiciais, árbitros e peritos, pela percepção de emolumentos, custas e honorários.

II. É prescricional o prazo de 180 dias previsto para que o titular da construção-base ou da laje, a quem não se der conhecimento da alienação de qualquer das unidades sobrepostas, haja para si, mediante depósito do respectivo preço, a parte alienada a terceiros.

III. É decadencial o prazo de 180 dias previsto para pleitear-se a anulação do negócio concluído pelo representante em conflito de interesses com o representado, se tal fato era ou devia ser do conhecimento de quem com aquele tratou.

IV. É prescricional o prazo de 3 anos previsto para que o vendedor de coisa imóvel exerça o direito de recobrá-la, restituindo o preço recebido e reembolsando as despesas do comprador, inclusive as que, durante o período de resgate, se efetuaram com a sua autorização escrita.

Assinale a alternativa CORRETA:

(A) Apenas as assertivas I, II e IV são verdadeiras.

(B) Apenas as assertivas I e III são verdadeiras.

(C) Apenas as assertivas II e IV são verdadeiras.

(D) As assertivas I, II, III e IV são verdadeiras.

41. (Procurador Municipal – Prefeitura de Laguna-SC – Unesc – 2022) De acordo com a Lei 10.406/2002 – Código Civil, analise as assertivas relacionadas a prescrição e identifique as corretas:

I. A renúncia da prescrição pode ser expressa ou tácita, e só valerá, sendo feita, sem prejuízo de terceiro, depois que a prescrição se consumar; tácita é a renúncia quando se presume de fatos do interessado, incompatíveis com a prescrição.

II. A prescrição pode ser alegada em qualquer grau de jurisdição, pela parte a quem aproveita.

III. Os relativamente incapazes e as pessoas jurídicas têm ação contra os seus assistentes ou representantes legais, que derem causa à prescrição, ou não a alegarem oportunamente.

IV. A prescrição iniciada contra uma pessoa não continua a correr contra o seu sucessor.

É CORRETO o que se afirma em:

(A) I, II, III e IV.

(B) I, II e III, apenas.

(C) II e III, apenas.

(D) I e II, apenas.

(E) III e IV, apenas.

42. (Procurador do Estado – PGE-RO – Cespe/Cebraspe – 2022) Decorridos dois terços do prazo prescricional relativo a aluguéis de prédios urbanos contra uma pessoa, advindo sua morte e ocorrendo hipótese de suspensão do prazo, para configurar a prescrição, restará contra o seu sucessor, cessada a causa suspensiva, o prazo de:

(A) 1 ano.

(B) 2 anos.

(C) 5 anos.

(D) 3 anos.

(E) 4 anos.

43. (DPE-RJ – FGV – Defensor Público – 2023) Considerando as regras dispostas no Código Civil acerca dos institutos da prescrição e da decadência, é correto afirmar que:

(A) prescreve em três anos a pretensão de restituição dos lucros ou dividendos recebidos de má-fé, correndo o prazo da data em que foi deliberada a distribuição;

(B) é nula a renúncia à decadência fixada em lei. Ademais, deve o juiz, de ofício, conhecer da decadência, seja sua natureza legal ou convencional;

(C) violado o direito, nasce para o titular a pretensão, a qual se extingue, pela prescrição, sendo certo que os prazos prescricionais podem ser alterados por acordo das partes;

(D) constitui causa suspensiva da prescrição a apresentação do título de crédito em juízo de inventário ou em concurso de credores;

(E) prescreve em dois anos a pretensão para haver juros, dividendos ou quaisquer prestações acessórias, pagáveis, em períodos não maiores de um ano, com ou sem capitalização.

44. (DPE-RJ – FGV – Defensor Público – 2023) Joana contratou certo plano de saúde coletivo empresarial, em 20/01/2009, encontrando-se em situação regular. No ano de 2015, fora diagnosticada com glaucoma primário de ângulo aberto, sendo submetida à trabeculectomia, processo cirúrgico nos olhos para o tratamento de glaucoma. Afirmou que, no mesmo ano, iniciara terapia antiangiogênica ocular (a seguir denominada Anti-VEGF), a fim de evitar a perda da visão. Consignou que o referido tratamento não fora custeado pela operadora, que fundou a recusa na falta de previsão no rol da Agência Nacional de Saúde (ANS). Enfatizou que fora diagnosticada por médico credenciado pelo plano de saúde, que prescreveu o tratamento adequado. Aduziu que o único tratamento disponível a evitar a cegueira crônica acelerada que avança na requerente é realizado por meio de aplicações de substâncias nos olhos, sendo cada aplicação estimada no valor de quatro mil reais. Em 2016, ajuíza demanda judicial contra o plano de saúde, requerendo o custeio dos medicamentos Bevacizumabe (Avastin) e Aflibercepte (Eylia) para aplicação intravítrea, em razão de ser portadora da doença oftalmológica edema macular; o pagamento de indenização por danos morais; e o ressarcimento de despesas com aplicações dos medicamentos realizadas em agosto de 2015, solicitadas e negadas pela empresa.

Especificamente no que diz respeito ao pleiteado ressarcimento dos valores pagos em 2015, o Superior Tribunal de Justiça assentou entendimento de que o prazo é de:

(A) um ano;

(B) dois anos;

(C) três anos;

(D) cinco anos;

(E) dez anos.

45. (PGM-RJ – Cespe/Cebraspe – Procurador-Geral do Município de Natal – 2023) Segundo o Código Civil, é causa que impede ou suspende a prescrição

(A) a ausência do réu do país.

(B) despacho do juiz que ordene a citação

(C) o reconhecimento do direito pelo devedor.

(D) a ação decorrer de fato que deva ser apurado no juízo criminal.

(E) ato judicial que constitua em mora o devedor.

46. (MPE-SP – Vunesp – Promotor de Justiça Substituto – 2023) A respeito da prescrição e da decadência, é correto afirmar:

(A) O pagamento dos juros da dívida não interrompe a prescrição.

(B) A interrupção da prescrição por um credor não aproveita aos outros.

CAP. 8 · DA PRESCRIÇÃO E DA DECADÊNCIA NO CC/2002. O TRATAMENTO DIFERENCIADO | 569

(C) Salvo disposição legal em contrário, aplicam-se à decadência as normas que impedem, suspendem ou interrompem a prescrição.

(D) É válida a renúncia à decadência fixada em lei.

(E) A exceção não prescreve no mesmo prazo em que a pretensão.

47. (PGE-ES – Cespe/Cebraspe – Procurador do Estado – 2023) Conforme entendimento do STJ, a discussão envolvendo repetição de indébito por cobrança indevida de valores contratuais

(A) prescreve em cinco anos.

(B) decai em um ano.

(C) prescreve em três anos.

(D) decai em quatro anos.

(E) prescreve em dez anos.

48. (MPE-AM – Cespe/Cebraspe – Promotor de Justiça Substituto – 2023) Luiz era credor de Armando em uma obrigação contratual de pagar quantia certa. Decorridos dois anos do vencimento da obrigação, Armando faleceu sem que Luiz tivesse ajuizado ação para pleitear o seu crédito.

Nessa situação hipotética, a prescrição

(A) foi interrompida pela morte de Armando.

(B) ficará suspensa pelo prazo de seis meses, salvo se, em tempo inferior, for aberto o inventário (judicial ou extrajudicial), hipótese em que o prazo prescricional continuará a fluir a partir dessa abertura.

(C) estará suspensa até a abertura do inventário.

(D) continuará a fluir contra os sucessores de Armando.

(E) será interrompida caso os sucessores de Armando sejam desconhecidos.

49. (MPE-MG – Promotor de Justiça Substituto – IBPG – 2024) Considere as assertivas a seguir:

I. Não corre a prescrição para José (72 anos) cobrar de Paulo (40 anos) dívida decorrente de não pagamento de empréstimo, porque José é pai de Paulo.

II. A prescrição pode ser interrompida por qualquer interessado.

III. É válida a renúncia à decadência fixada em contrato.

IV. Maria causou acidente automobilístico no ano de 2015. As vítimas do acidente podem hoje pretender a reparação civil, porque, no caso, é de 10 anos o prazo prescricional.

V. A interrupção da prescrição ocorrerá por qualquer ato, ainda que extrajudicial, que constitua em mora o devedor.

Assinale a alternativa CORRETA, nos termos da legislação vigente:

(A) Apenas as assertivas I, II e IV são verdadeiras.

(B) Apenas as assertivas I, III e V são verdadeiras.

(C) Apenas as assertivas III e IV são verdadeiras.

(D) Apenas as assertivas II e III são verdadeiras.

(E) Apenas as assertivas IV e V são verdadeiras.

50. (TCE-AC – Analista Administrativo – Cespe/Cebraspe – 2024) Julgue o item a seguir, em relação à Lei de Introdução às Normas do Direito Brasileiro (LINDB) bem como ao tratamento dado pelo Código Civil aos contratos, à prescrição e à decadência.

As normas que impedem, suspendem ou interrompem a prescrição são aplicáveis à decadência, ressalvada disposição contratual em sentido diverso.

( ) Certo   ( ) Errado

51. (Câmara de Piracicaba-SP – Procurador Legislativo – Fundatec – 2024) Quanto à prescrição e à decadência, observado o disposto no Código Civil, Lei 10.406/2002, assinale a alternativa INCORRETA.

(A) A interrupção operada contra um dos herdeiros do devedor solidário prejudica os outros herdeiros ou devedores, inclusive quando se trate de obrigações e direitos divisíveis.

DIREITO CIVIL • VOL. 1 – *Flávio Tartuce*

(B) A renúncia da prescrição pode ser tácita.

(C) A prescrição iniciada contra uma pessoa continua a correr contra o seu sucessor.

(D) Não corre a prescrição entre ascendentes e descendentes, durante o poder familiar.

(E) A interrupção da prescrição por um credor não aproveita aos outros; semelhantemente, a interrupção operada contra o codevedor, ou seu herdeiro, não prejudica aos demais coobrigados.

52. (DPE-AC – Defensor Público – Cespe/Cebraspe – 2024) De acordo com o STJ e o Código Civil, o alvo da eficácia da prescrição é

(A) a pretensão, sendo esta fenômeno de direito material que impede a cobrança do cumprimento da prestação pelas vias judicial e extrajudicial.

(B) a ação, sendo aquela, por esse motivo, fenômeno de direito processual que impede a cobrança do cumprimento da prestação apenas pela via judicial.

(C) o direito subjetivo, sendo ela um fenômeno de direito material que permite a cobrança do cumprimento da prestação apenas pela via extrajudicial.

(D) a pretensão, sendo esta fenômeno de direito processual que impede a cobrança do cumprimento da prestação apenas pela via judicial.

(E) a pretensão, sendo esta instituto de direito processual que permite a cobrança do cumprimento da prestação pelas vias judicial e extrajudicial.

53. (PGE-SP – Procurador do Estado – Vunesp – 2024) Assinale a alternativa correta sobre prazos prescricionais, tendo em vista o entendimento do Superior Tribunal de Justiça.

(A) Aplica-se o prazo prescricional trienal – previsto no Código Civil de 2002 – às ações indenizatórias ajuizadas contra a Fazenda Pública, em detrimento do prazo quinquenal contido no Decreto 20.910/32.

(B) É trienal o prazo prescricional para que o condomínio geral ou edilício (vertical ou horizontal) exercite a pretensão de cobrança de taxa condominial ordinária ou extraordinária, constante em instrumento público ou particular, a contar do dia seguinte ao vencimento da prestação.

(C) É ânuo o prazo prescricional para exercício de qualquer pretensão do segurado em face do segurador – e vice-versa – baseada em suposto inadimplemento de deveres.

(D) A pretensão de reparação civil lastreada na responsabilidade contratual submete-se ao prazo quinquenal.

(E) A pretensão de repetição de indébito de contrato de cédula de crédito rural prescreve no prazo de cinco anos.

54. (TRF-5.ª Região – Residência Judicial – IBFC – 2024) A respeito da prescrição e da decadência no Código Civil de 2002, analise as afirmativas abaixo e dê valores Verdadeiro (V) ou Falso (F).

( ) A prescrição só pode ser alegada pela parte a quem aproveita na petição inicial ou na contestação.

( ) Os prazos de prescrição podem ser alterados por acordo das partes.

( ) A exceção prescreve no mesmo prazo em que a pretensão.

Assinale a alternativa que apresenta a sequência correta de cima para baixo.

(A) V – F – V

(B) F – V – F

(C) F – F – V

(D) V – V – F

GABARITO

1 – B	2 – E	3 – A
4 – D	5 – E	6 – C
7 – B	8 – A	9 – C
10 – C	11 – C	12 – B
13 – A	14 – A	15 – ERRADO
16 – A	17 – E	18 – D
19 – D	20 – D	21 – ERRADO
22 – D	23 – D	24 – D
25 – C	26 – A	27 – B
28 – D	29 – E	30 – D
31 – ERRADO	32 – D	33 – B
34 – B	35 – D	36 – C
37 – CERTO	38 – B	39 – E
40 – B	41 – B	42 – A
43 – A	44 – E	45 – D
46 – B	47 – E	48 – D
49 – D	50 – ERRADO	51 – A
52 – A	53 – C	54 – C

9

A PROVA DO NEGÓCIO JURÍDICO NO CÓDIGO CIVIL DE 2002. VISÃO ATUALIZADA DIANTE DO CPC/2015

Sumário: 9.1 Introdução. A necessidade de o Código Civil trazer um capítulo específico quanto à prova – 9.2 Os meios de prova previstos pelo Código Civil de 2002. Análise das regras constantes da atual codificação privada – 9.3 Presunções, perícias e investigação de paternidade. Tratamento legal e análise prática – 9.4 Confrontação entre o art. 221 do Código Civil e o art. 784, II, do CPC/2015, correspondente ao art. 585, II, do CPC/1973. Aplicação do estudo das antinomias ou lacunas de conflito – 9.5. Do tratamento da ata notarial e da carga dinâmica da prova no Código de Processo Civil de 2015 – 9.6 Resumo esquemático – 9.7 Questões correlatas – Gabarito.

9.1 INTRODUÇÃO. A NECESSIDADE DE O CÓDIGO CIVIL TRAZER UM CAPÍTULO ESPECÍFICO QUANTO À PROVA

Uma vez aperfeiçoado, o negócio jurídico pode necessitar de um meio de prova, visando à certeza e à segurança jurídica. Assim, a prova pode ser conceituada como "um conjunto de meios empregados para demonstrar, legalmente, a existência de negócios jurídicos" (BEVILÁQUA, Clóvis. *Comentários...*, 1972, v. 1, p. 260). Na divisão do negócio jurídico, a prova, em regra, encontra-se no plano da eficácia, pois mantém relação com as consequências do ato ou negócio (terceiro degrau da *Escada Ponteana*).

Muitas vezes o estudioso do direito se depara com assuntos inter ou multidisciplinares, que envolvem vários âmbitos do estudo jurídico, caso, por exemplo, da concepção do *Direito Civil Constitucional*, aqui analisada.

O presente capítulo procurará analisar as interações existentes entre o Código Civil de 2002 e o Código de Processo Civil de 2015 em relação à prova, tema que tem *concepção híbrida*, por interessar tanto à matéria substantiva quanto à instrumental. Como é notório, na seara probatória, muitas confusões surgem na prática, particularmente no âmbito do Poder Judiciário, diante de tentativas de se compatibilizar as regras materiais e processuais.

DIREITO CIVIL • VOL. 1 – Flávio Tartuce

Tentarei aqui diminuir eventuais dificuldades, analisando os meios de prova do negócio jurídico à luz do Código Civil de 2002, do Código de Processo Civil de 1973 e do Código de Processo Civil de 2015. Procurarei, portanto, *diálogos* entre as três leis, outra aplicação da festejada tese do *diálogo das fontes,* explicada no primeiro capítulo deste livro. Também analisarei as propostas do Projeto de Reforma do Código Civil, que pretende resolver muitos dos conflitos e desatualizações hoje encontrados no texto das duas codificações a respeito da temática.

O Código Civil de 2002 trouxe, entre os seus arts. 212 a 232, um capítulo específico sobre os meios de prova do negócio jurídico, em que se buscou facilitar a matéria regulamentada anteriormente pelo Direito Processual, particularmente pelo Código de Processo Civil antecedente. Seguiu, assim, em parte, o exemplo do Código Civil de 1916, que cuidava da "Forma dos Atos Jurídicos e da sua Prova" entre os seus arts. 129 a 144. Cabe esclarecer que o Código Civil não traz regras quanto à *teoria geral da prova,* tratada pela norma instrumental, mas somente quanto às provas em espécie.

Alguns processualistas criticam tal tratamento legal, pois o assunto interessa mais ao direito instrumental do que ao direito material. Alexandre Freitas Câmara, por exemplo, expõe que:

> "O Código Civil é criticável por diversas razões, entre as quais não distinguir entre a prova e a forma dos atos jurídicos (sendo certo que o Código Civil de 1916 fazia expressamente a distinção). Há, porém, no Código Civil de 2002 disposições que, não obstante postas no título 'da prova', tratam da forma do ato jurídico, como por exemplo os parágrafos do art. 215, que tratam dos requisitos formais da escritura pública. Mais criticável do que isso, todavia, é a própria inclusão de regras sobre prova no Código Civil. Ainda que se admita a ideia de que a prova é instituto de natureza mista, com aspectos processuais e substanciais, é o Código de Processo Civil a sede adequada de sua regulamentação. Isso se dá porque o direito probatório é o mesmo, qualquer que seja a natureza da matéria de fundo. (...). Além disso, não se pode deixar de dizer que muitas das disposições do Código Civil de 2002 sobre prova são incompatíveis com o modelo processual brasileiro" (CÂMARA, Alexandre Freitas. *Lições de direito processual...,* 2004, p. 397).

Na realidade, muito ao contrário é de se concordar com as palavras de Sílvio de Salvo Venosa, afastando-se qualquer crítica mais contundente em relação a tal previsão:

> "Como é íntimo o conteúdo do negócio jurídico com sua prova, é acertado o enfoque do Código Civil, ao traçar os princípios fundamentais e dispor sobre os meios de prova. A utilidade de um direito mede-se pela possibilidade de que se dispõe para se realizar a prova de um fato. De nada adianta possuir um direito se não se tem os meios para prová-lo. Na verdade, o que se prova não é o direito. Prova-se o fato relacionado com um direito. A demonstração da evidência em juízo é a finalidade elementar do processo na busca da verdade processual. Isso porque nem sempre o que se logra provar em uma lide coincide com a verdade real. Não há outra solução para o Direito a não ser contentar-se com a 'verdade processual'" (VENOSA, Sílvio de Salvo. *Direito civil...,* 2003, p. 549).

Pelas últimas lições, deve-se compreender que essa previsão legislativa pode ser considerada correta, como ponto de apoio conceitual para o estudioso do direito. Com certeza, a prova do negócio jurídico também está na sua seara material, tendo as regras da codificação privada caráter de normas gerais.

CAP. 9 · PROVA DO NEGÓCIO JURÍDICO NO CC/2002 | 575

Na dúvida, devem ser aplicadas as regras processuais previstas no Código de Processo Civil, conforme será defendido no estudo que se segue (critério da *especialidade*). Trata--se de importante dedução para um possível diálogo entre as duas normas. Desse modo, a crítica primaz de Alexandre Freitas Câmara, de uma suposta incompatibilidade entre as normas, é afastada.

Passa-se então a analisar os preceitos que constam no atual Código Civil em relação ao tema da prova. A matéria, como se disse, está atualizada diante do Código de Processo Civil de 2015, que também revogou três dispositivos da codificação substantiva sobre o tema.

9.2 OS MEIOS DE PROVA PREVISTOS PELO CÓDIGO CIVIL DE 2002. ANÁLISE DAS REGRAS CONSTANTES DA ATUAL CODIFICAÇÃO PRIVADA

O art. 212 do CC/2002 enuncia que, salvo o negócio a que se impõe forma especial, o fato jurídico pode ser provado mediante:

a) confissão;
b) documento;
c) testemunha;
d) presunção;
e) perícia.

Desse modo, a atual codificação material privada prevê que os fatos jurídicos – incluindo-se, logicamente, os atos e negócios jurídicos – podem ser provados por confissão, documentos, testemunhas, presunções e perícias em sentido genérico. Os processualistas criticam tal dispositivo, eis que estabelece um rol de institutos jurídicos de naturezas diversas, pois os testemunhos e documentos são fonte de prova; confissões e perícias, meios de prova e as presunções, meras conclusões de dedução, de raciocínio (DIDIER JR., Fredie. *Regras processuais...*, 2004, p. 37). A crítica, como não poderia ser diferente, é ainda apontada por Alexandre Freitas Câmara, principalmente por essa confusão (*Lições de direito processual...*, 2004, p. 407).

Pelo que já constava do art. 332 do CPC/1973, deve-se entender que o rol do art. 212 do Código Civil é meramente exemplificativo (*numerus apertus*), uma vez que, segundo a lei processual anterior, "todos os meios legais, bem como os moralmente legítimos, ainda que não especificados neste Código, são hábeis para provar a verdade dos fatos, em que se funda a ação ou a defesa" (TARTUCE, Fernanda. *Meios de prova...*, 2006. p. 163-175).

Com aperfeiçoamento de redação, prescreve o art. 369 do CPC/2015 que "as partes têm o direito de empregar todos os meios legais, bem como os moralmente legítimos, ainda que não especificados neste Código, para provar a verdade dos fatos em que se funda o pedido ou a defesa e influir eficazmente na convicção do juiz". A menção à *influência eficaz* no convencimento do magistrado tem relação direta com o *espírito* de boa-fé objetiva adotado pelo Novo Estatuto Processual, especialmente pelo seu art. 5.º.

Nesse contexto, mesmo por uma suposta impossibilidade de enquadramento como prova documental, vinha-se entendendo ser cabível a prova eletrônica, considerada aquela captada licitamente na *internet*, no meio digital.

A propósito, na *IV Jornada de Direito Civil*, evento de outubro de 2006, foi aprovado o Enunciado n. 297 do CJF/STJ, preceituando que "o documento eletrônico tem valor probante, desde que seja apto a conservar a integridade de seu conteúdo e idôneo a apontar sua autoria, independentemente da tecnologia empregada". Em complemento, foi ainda aprovado, no mesmo evento, o Enunciado n. 298, a saber: "Os arquivos eletrônicos incluem-se no conceito de 'reproduções eletrônicas de fatos ou de coisas', do art. 225 do Código Civil, aos quais deve ser aplicado o regime jurídico da prova documental".

O CPC/2015 admite a utilização desse meio de prova em vários de seus preceitos. *Ab initio*, frise-se a inteligência retirada do art. 422, especialmente do seu § 1.º, *in verbis*: "Qualquer reprodução mecânica, como a fotográfica, a cinematográfica, a fonográfica ou de outra espécie, tem aptidão para fazer prova dos fatos ou das coisas representadas, se a sua conformidade com o documento original não for impugnada por aquele contra quem foi produzida. § 1.º As fotografias digitais e as extraídas da rede mundial de computadores fazem prova das imagens que reproduzem, devendo, se impugnadas, ser apresentada a respectiva autenticação eletrônica ou, não sendo possível, realizada perícia".

Outros artigos igualmente merecem ser citados. Conforme o art. 439 do Estatuto Processual emergente, a utilização de documentos eletrônicos no processo convencional dependerá de sua conversão à forma impressa e de verificação de sua autenticidade, nos termos da lei. O juiz apreciará o valor probante do documento eletrônico não convertido, assegurando às partes o acesso ao seu teor (art. 440 do CPC/2015). Com tom suplementar, serão admitidos documentos eletrônicos produzidos e conservados com a observância da legislação específica (art. 441 do CPC/2015).

Cumpre destacar que a jurisprudência tem admitido provas extraídas de *sites de relacionamentos* e de redes sociais, como se retira dos seguintes arestos, relacionados a pagamento de alimentos, entre muitos que poderiam ser trazidos à colação:

> "Agravo de instrumento. Alimentos provisórios Liminares. Majoração. Indeferimento. Caso de alguma prova de sinal exterior de riqueza exibido pelo alimentante em rede social que deve ser considerada. Alimentos liminares majorados para meio salário mínimo. Deram parcial provimento" (TJRS, Agravo de Instrumento 210386-13.2014.8.21.7000, 8.ª Câmara Cível, Capão da Canoa, Rel. Des. Rui Portanova, j. 21.08.2014, *DJERS* 26.08.2014).

> "Agravo de instrumento. Alimentos gravídicos. Fixação. Cabimento. Valor inferior ao postulado. Na análise do pedido de fixação de alimentos gravídicos, em face da peculiaridade da situação, não há exigir muito rigor, sob pena de inviabilizar o atendimento à finalidade da Lei. Precedentes jurisprudenciais. Conversas em rede social que demonstram a existência de relação afetiva entre a agravante e o agravado na época da concepção fazem prova suficiente para fins de fixação liminar de alimentos gravídicos. Na falta de comprovação mais efetiva das possibilidades do alimentante, não há fixar *quantum* no montante postulado, mas sim em valor inferior, equivalente a 50% do salário mínimo. Deram parcial provimento" (TJRS, Agravo de Instrumento 52567-13.2014.8.21.7000, 8.ª Câmara Cível, Rel. Des. Rui Portanova, j. 10.04.2014, *DJERS* 17.04.2014).

Mais recentemente, já sob a égide do Estatuto Processual emergente, o Superior Tribunal de Justiça admitiu que um *e-mail* sirva como prova para instruir uma ação monitória. Conforme o *decisum*, "o correio eletrônico (*e-mail*) pode fundamentar a pretensão monitória, desde que o juízo se convença da verossimilhança das alegações e da idoneidade das declarações, possibilitando ao réu impugnar-lhe pela via processual adequada. O exame sobre a validade, ou não, da correspondência eletrônica (*e-mail*) deverá ser auferido no caso concreto, juntamente com os demais elementos de prova trazidos pela parte autora" (STJ, REsp 1.381.603/MS, Rel.

Min. Luis Felipe Salomão, 4.ª Turma, julgado em 06.10.2016, *DJe* 11.11.2016). O julgado é bem interessante, trazendo análise contemporânea dos documentos probatórios, consentânea com a efetividade dos atos e negócios jurídicos e com o que consta do CPC/2015.

No Projeto de Reforma do Código Civil, como não poderia ser diferente, também se almeja incluir no art. 212 da Norma Geral Privada regras a respeito da prova eletrônica, além de se adotar uma previsão mais ampla e abrangente relativa ao tema, na linha do que está no Estatuto Processual. Nesse contexto, o *caput* do dispositivo civil enunciará que "o fato jurídico pode ser provado por qualquer meio lícito de prova, inclusive por documentos digitais, desde que assegurada sua integridade e autenticidade, por meios tecnológicos atuais e idôneos". E mais, consoante o seu novel § 2.º, "a utilização de tecnologia digital para a emissão de documentos contratuais deverá garantir a viabilidade de seu arquivamento ou a de sua impressão". Como se pode perceber, as sugestões de alterações do texto são mais do que necessárias, são urgentes.

Além disso, a Comissão de Juristas propõe um § 2.º no art. 212, consagrando-se a viabilidade de negócios jurídicos processuais atinentes à prova em relações paritárias, em que há ampla negociação do conteúdo entre as partes. Nos seus termos, "as partes, em negócios jurídicos paritários, podem convencionar sobre fontes, meios, procedimento e valoração da prova, observadas as normas gerais sobre a validade dos negócios jurídicos previstas neste Código desde que a convenção não cuide de provas legais, mormente as enumeradas nos arts. 9º e 10 e as legalmente prescritas para a forma de atos e de negócios jurídicos".

Como tenho destacado, um dos motes doutrinários adotados para a Reforma do Código Civil é o de aumento considerável da liberdade, *destravando* a vida das pessoas, sobretudo em contratos paritários e simétricos, em que há igualdade entre os negociantes. Por óbvio que a regra não se aplicará aos contratos de adesão, aqueles em que o conteúdo é imposto por uma das partes, havendo por vezes alguma assimetria entre elas.

No mesmo sentido, aliás, o art. 374 do Código de Processo Civil receberá um parágrafo único, igualmente tratando de um negócio jurídico processual a respeito da prova. Como é cedido, em sua redação atual o *caput* do comando prevê que não dependem de prova os fatos: *a)* notórios; *b)* afirmados por uma parte e confessados pela parte contrária; *c)* admitidos no processo como incontroversos; e *d)* em cujo favor milita presunção legal de existência ou de veracidade. Consoante a projeção que ora se faz, "ressalvadas as leis especiais, em negócios jurídicos paritários, os fatos especificamente descritos e aceitos pelas partes como verdadeiros, em específica cláusula contratual de negócio jurídico válido e eficaz, não precisam ser provados, salvo se a controvérsia residir exatamente quanto à sua validade ou eficácia". A proposição tem grande utilidade para grandes contratos, sobretudo os de natureza empresarial, excetuados, por óbvio, os contratos de consumo e de adesão.

Feita essa nota sobre o processo de atualização da Lei Geral Privada Brasileira, partindo-se para a análise dos institutos hoje previstos no art. 212 do Código Civil em vigor, à luz do CPC/2015, inicialmente, a confissão pode ser conceituada como uma declaração feita por uma pessoa, contra quem se procura provar um fato, ato ou negócio jurídico. Na mesma linha, preceitua o art. 389 do Código de Processo vigente que "há confissão, judicial ou extrajudicial, quando a parte admite a verdade de fato contrário ao seu interesse e favorável ao do adversário". O preceito reproduz o art. 348 do CPC/1973, sem qualquer modificação conceitual.

Essa declaração pode ocorrer no plano judicial ou extrajudicial, de forma espontânea ou provada. No que concerne à confissão judicial, vejamos a confrontação do tratamento nos dois Estatutos Instrumentais:

Código de Processo Civil de 2015	Código de Processo Civil de 1973
"Art. 390. A confissão judicial pode ser espontânea ou provocada. § 1.º A confissão espontânea pode ser feita pela própria parte ou por representante com poder especial. § 2.º A confissão provocada constará do termo de depoimento pessoal".	"Art. 349. A confissão judicial pode ser espontânea ou provocada. Da confissão espontânea, tanto que requerida pela parte, se lavrará o respectivo termo nos autos; a confissão provocada constará do depoimento pessoal prestado pela parte. Parágrafo único. A confissão espontânea pode ser feita pela própria parte, ou por mandatário com poderes especiais".

Como se percebe, houve uma melhora na organização do antigo comando, passando a ter dois parágrafos, mais claros e didáticos. No caso de confissão espontânea realizada por terceiro, não consta mais o termo *mandatário*, mas *representante*, por ser mais amplo e mais adequado tecnicamente. No restante, os preceitos se equivalem.

No que diz respeito à confissão extrajudicial, enuncia o Código de Processo Civil de 2015 que, quando feita oralmente, só terá eficácia nas situações em que a lei não exija prova literal (art. 394). Trata-se de um aperfeiçoamento do art. 353 do CPC/1973, que previa: "a confissão extrajudicial, feita por escrito à parte ou a quem a represente, tem a mesma eficácia probatória da judicial; feita a terceiro, ou contida em testamento, será livremente apreciada pelo juiz. Parágrafo único. Todavia, quando feita verbalmente, só terá eficácia nos casos em que a lei não exija prova literal". Verifica-se que não houve a reprodução do que estava no *caput* da norma anterior, o que parece ter perdido sentido com o CPC de 2015. Todavia, a questão pende de estudo mais aprofundado pela doutrina e pela jurisprudência, especialmente entre os processualistas.

Pode a confissão ser expressa ou tácita, sendo a última prevista no art. 341 da lei instrumental emergente, segundo a qual, "incumbe também ao réu manifestar-se precisamente sobre as alegações de fato constantes da petição inicial, presumindo-se verdadeiras as não impugnadas, salvo se: I – não for admissível, a seu respeito, a confissão; II – a petição inicial não estiver acompanhada de instrumento que a lei considerar da substância do ato; III – estiverem em contradição com a defesa, considerada em seu conjunto". Trata-se de reprodução quase literal do art. 302 do CPC/1973, com modificações de palavras que não alteram o seu sentido.

Seguindo na exposição da categoria, deve-se entender que o termo *confissão*, constante do inciso I do art. 212 do Código Civil, abarca também o depoimento pessoal, com tratamento em separado na legislação processual (arts. 385 a 388 do CPC/2015; arts. 342 a 347 do CPC/1973). Nesse trilhar, na *III Jornada de Direito Civil*, evento promovido pelo Conselho da Justiça Federal em 2004, foi aprovado o Enunciado n. 157, com a seguinte dicção: "o termo 'confissão' deve abarcar o conceito *lato* de depoimento pessoal, tendo em vista que este consiste em meio de prova de maior abrangência, plenamente admissível no ordenamento jurídico brasileiro".

Conforme o art. 385, *caput*, do CPC/2015, cabe à parte requerer o depoimento pessoal da outra parte, a fim de que esta seja interrogada na audiência de instrução e julgamento, sem prejuízo do poder do juiz de ordená-lo de ofício. A possibilidade de determinação de ofício pelo juiz foi mantida, na linha do que constava do art. 342 do CPC/1973, o que vem em boa hora, especialmente nas hipóteses envolvendo matérias de ordem pública, caso das nulidades absolutas dos atos e negócios jurídicos.

Ainda no que concerne à confissão, ela não tem qualquer eficácia se provém de quem não é capaz de dispor do direito a que se referem os fatos confessados (art. 213 do CC/2002).

CAP. 9 · PROVA DO NEGÓCIO JURÍDICO NO CC/2002 | **579**

Como regra então inovadora, o atual Código Civil passou a tratar especificamente da matéria. Houve introdução de comando semelhante no art. 392, § 1.º, do CPC/2015, *in verbis*: "§ 1.º A confissão será ineficaz se feita por quem não for capaz de dispor do direito a que se referem os fatos confessados".

Inicialmente, nota-se que não terá eficácia a confissão se declarada por pessoa que não poderia dispor do direito relacionado com os fatos confessados. Concretizando o diploma, da jurisprudência trabalhista, colaciona-se:

> "Ato jurídico voluntário e pessoal do confitente, a quem prejudicam os fatos revelados em benefício do seu adversário. Assim, só pode ser praticado pelo titular do direito controvertido, não cabendo aludir à confissão de terceiro em prejuízo da parte contrária. Inteligência dos arts. 213 do Código Civil e 348 do Código de Processo Civil" (TRT da 2.ª Região, Recurso 0000156-50.2014.5.02.0055, Acórdão 2014/0833174, 5.ª Turma, Rel. Des. Fed. José Ruffolo, *DJESP* 29.09.2014).

Ainda a exemplificar, não é eficaz a confissão feita por absolutamente incapaz (art. 3.º do CC/2002). O dispositivo menciona atualmente apenas os menores de 16 anos, diante das mudanças feitas pelo Estatuto da Pessoa com Deficiência, aqui tão comentadas. Assim, como a pessoa com deficiência passa a ser plenamente capaz, a confissão feita por ela, em regra, é válida e eficaz.

O art. 213 do Código Civil deve ser interpretado de acordo com o que preconiza o *caput* do art. 392 do CPC/2015, no sentido de que não vale como confissão a admissão, em juízo, de fatos relativos a direitos indisponíveis; reprodução literal do art. 351 do CPC/1973. Ilustrando, não valerá a confissão relacionada com os direitos da personalidade, pelo teor do art. 11 do CC/2002. Em reforço, pelo que está nesse último comando material, que mantém íntima relação com o princípio de proteção da dignidade da pessoa humana (art. 1.º, inc. III, da CF/1988), não terá validade a confissão que acarrete renúncia a direitos inerentes à própria pessoa.

Seguindo, prevê o parágrafo único do art. 213 do CC/2002 que, se a confissão for feita por representante de determinada pessoa, somente é eficaz nos limites em que este pode vincular o representado. Eis outra norma que não estava tratada no antigo CPC e que passou a integrar o novo diploma (art. 392, § 2.º, do CPC/2015). Os aludidos comandos, como se percebe, classificam a confissão como *ato não personalíssimo* ou *impessoal*, admitindo que seja feita por representante – caso de um mandatário –, tendo eficácia apenas nos limites da representação. Cumpre lembrar que, para a confissão, é necessário ter o representado (mandante) conferido poderes especiais ao representante (mandatário). A regra também vale para a representação legal, tratada especificamente pela atual codificação civil de 2002, entre os seus arts. 115 a 120.

Mais uma vez a título de exemplo, aplicando esse parágrafo único do art. 213 do Código Civil, em ilustração que serve para o CPC/2015, concluiu o Tribunal de Justiça de São Paulo, em ação de despejo por falta de pagamento, que "não se confere qualquer eficácia jurídica à confissão feita por representante sem poderes expressos para tanto ou que vier exceder aos poderes recebidos. Inteligência dos arts. 349, parágrafo único, do CPC, e 213, parágrafo único, do Código Civil" (TJSP, Apelação 0076744-32.2006.8.26.0000, Acórdão 5022181, 28.ª Câmara de Direito Privado, Ipuã, Rel. Des. Mello Pinto, j. 22.03.2011, *DJESP* 11.04.2011).

A confissão é reconhecida como ato irrevogável e irretratável, não sendo possível qualquer modalidade de arrependimento, conforme consta do art. 214 do Código Civil.

580 | DIREITO CIVIL • VOL. 1 – *Flávio Tartuce*

Não havia previsão no mesmo sentido no antigo Código de Processo Civil. Porém, no Novo Código Processual foi introduzida a mesma premissa na primeira parte do seu art. 393.

Dessa forma, o confitente – aquele que confessa – não pode tentar contradizer-se, hipótese típica de aplicação da máxima *nemo potest venire contra factum proprium*, afirmação que veda o comportamento contraditório, conceito usualmente relacionado à boa-fé objetiva. Parece-me que os legisladores, civil e processual, não foram felizes ao utilizarem o termo *revogação*, que deve ser empregado para as hipóteses de extinção de negócios por quebra de confiança (promessa de recompensa, mandato, comodato), o que não é o caso. Melhor seria falar em *irretratabilidade*.

O mesmo art. 214 do CC/2002 admite que se anule a confissão se houver erro de fato ou coação. Surge, no presente ponto, questão de divergência, possivelmente sanada pelo Código de Processo Civil de 2015.

Isso porque o art. 352 do CPC/1973 estabelecia também a anulabilidade da confissão por dolo. Todavia, mudei o entendimento manifestado nas três primeiras edições desta obra, guiado pelo parecer de Alexandre Freitas Câmara, no sentido de que "este dispositivo não revoga o art. 352 do CPC por não ser com ele incompatível, nem tratar da matéria de forma exauriente (já que não faz qualquer alusão ao dolo, o qual – evidentemente – é causa de anulação de atos jurídicos), e não haveria qualquer razoabilidade de se afirmar que, a partir da vigência do Código de 2002, não mais seria impossível invalidar a confissão obtida pelo induzimento do confitente em erro" (CÂMARA, Alexandre Freitas. *Lições...*, 2004. v. II, p. 407).

De qualquer forma, a questão sempre foi polêmica. Entre os civilistas, alguns entendiam que a confissão não poderia ser anulada por dolo, justamente porque se deve fazer uma interpretação restritiva do art. 214 do CC/2002 (CARVALHO NETO, Inacio de. *Curso...*, 2006. v. I, p. 519). Em sentido próximo, outros doutrinadores sustentavam que a confissão não seria anulada por dolo, mantendo-se válida a declaração e gerando-se apenas o direito de indenização à vítima (VENOSA, Sílvio de Salvo. *Direito Civil...*, 2004. v. I, p. 572).

O CPC/2015 não faz mais menção ao dolo, o que tende a sepultar definitivamente a polêmica, adotando a mesma redação do art. 214 do Código Civil. Na dicção do *caput* do seu art. 393, "A confissão é irrevogável, mas pode ser anulada se decorreu de erro de fato ou de coação".

Além disso, nota-se que a única hipótese de erro admitida para a anulação é o erro de fato; o que não engloba o erro de direito, relativamente ao conhecimento de uma informação jurídica. Vale lembrar que o erro de direito é causa de anulação dos atos e negócios jurídicos, nos termos do art. 139, inc. III, do Código Civil, regra que não alcança a confissão.

Pelo mesmo art. 393 do CPC/2015, o único caminho para a anulação da confissão parece ser o da ação anulatória. Isso porque não houve reprodução dos incisos do art. 352 do CPC/1973, pelo qual a confissão, quando emanasse de erro, dolo ou coação, poderia ser revogada: *a)* por ação anulatória, se pendente o processo em que foi feita; e *b)* por ação rescisória, depois de transitada em julgado a sentença da qual constituísse o único fundamento.

Em evento de debate sobre as repercussões do Novo CPC para o Direito Civil, promovido pela Associação dos Advogados de São Paulo e pela Escola Nacional da Advocacia do Conselho Federal da OAB em janeiro de 2015, Daniel Amorim Assumpção Neves criticou essa alteração, pois, em muitos casos, não será mais possível rescindir uma sentença baseada em confissão eivada de vício. Desse modo, a parte que alega o problema na declaração pode *ganhar e não levar*, pois não conseguirá desfazer a decisão transitada em julgado. O jurista tem razão e o panorama introduzido pelo dispositivo instrumental não é satisfatório.

Consoante o parágrafo único desse art. 393 do CPC/2015, a legitimidade para a ação anulatória da confissão é exclusiva do confitente – aquele que confessa – e pode ser transferida a seus herdeiros se ele falecer após a propositura da demanda. Essa legitimação, em regra personalíssima, estava no parágrafo único do art. 352 do CPC/1973, havendo apenas pequenas modificações de redação, sem mudanças no seu sentido.

Além dos casos de anulabilidade, deve-se entender que cabe a nulidade absoluta da confissão nas hipóteses constantes dos arts. 166 e 167 do CC/2002. Isso porque a nulidade absoluta envolve ordem pública e normas imperativas. Uma hipótese a ser citada é a de simulação na confissão. Segue-se o entendimento segundo o qual a ação declaratória de nulidade é imprescritível, por envolver ordem pública e diante do seu caráter declaratório (critério de Agnelo Amorim Filho). Além disso, pode ser suscitada a regra em que a nulidade não convalesce pelo decurso do tempo (art. 169 do CC/2002).

Depois do tratamento da confissão, o Código Civil regulamenta a prova documental, que também demonstra um ato, fato ou negócio jurídico, com previsão entre seus arts. 215 a 226. De qualquer forma, têm razão os processualistas antes citados quando afirmam que o dispositivo tem mais relação com a forma do que com a prova do negócio. E, como se sabe, a forma do negócio está no plano de sua validade, nos termos do art. 104, inc. III, do Código Civil em vigor; enquanto a prova, no plano da eficácia.

Inicialmente, o Código Civil atual consagra no seu art. 215 que a escritura pública, lavrada em notas de tabelião, é documento dotado de fé pública, fazendo *prova plena*. Esse dispositivo sempre recebeu críticas, principalmente entre os processualistas, por ainda conter menção segundo a qual a escritura pública faz *prova plena* dos atos e negócios jurídicos. Por certo, a expressão *prova plena* não vem sendo mais utilizada tanto no direito material quanto no processual, particularmente pela tendência de relativização de princípios e direitos. A par dessa realidade, como se verá mais à frente e com maiores detalhes, o Projeto de Reforma do Código Civil pretende retirar essa expressão do seu art. 215.

Tanto isso é verdade que não há no vigente CPC qualquer utilização do termo destacado no último parágrafo. O art. 405 do CPC/2015 cuidou de repetir a ideia constante no art. 364 do CPC/1973, no sentido de que o documento público faz prova não só da sua formação, mas também dos fatos que o escrivão, o chefe de secretaria, o tabelião ou o servidor declarar que ocorreram em sua presença.

Em verdade, a menção ao valor e à força probante dos documentos, em cotejo com outras provas, revela resquícios do antigo sistema da *prova tarifada*, pelo qual o juiz ficava adstrito a valorar mais intensamente alguns meios de prova do que outros. Como é notório, vige o *sistema da persuasão racional* ou *do livre convencimento motivado*, de sorte que não há mais tal vinculação por parte do juiz, a quem compete sopesar os elementos probatórios consoante o seu entendimento fundamentado.

Nessa linha, na *III Jornada de Direito Civil*, foi aprovado o Enunciado n. 158 do CJF/STJ, pelo qual "a amplitude da noção de 'prova plena' (isto é, 'completa') importa presunção relativa acerca dos elementos indicados nos incisos do § 1.º, devendo ser conjugada com o disposto no parágrafo único do art. 219". Concluindo, a referida *prova plena* não é tão *plena assim*, pois traz uma presunção relativa (*iuris tantum*), e não absoluta (*iure et de iure*), conforme entenderam os juristas que participaram daquela *Jornada de Direito Civil*, realizada no ano de 2004.

Compartilhando dessa forma de pensar, colaciona-se preciso aresto do Superior Tribunal de Justiça, publicado no seu *Informativo n. 541*, com o seguinte trecho:

"A quitação dada em escritura pública gera presunção relativa do pagamento, admitindo prova em contrário que evidencie a invalidade do instrumento eivado de vício que o torne falso. Com efeito, nos termos do art. 215 do CC, a escritura lavrada em cartório tem fé pública, o que significa dizer que é documento dotado de presunção de veracidade. O que ocorre com a presunção legal do referido dispositivo é a desnecessidade de se provar os fatos contidos na escritura (à luz do que dispõe o art. 334, IV, do CPC) e também a inversão do ônus da prova, em desfavor de quem, eventualmente, suscite a sua invalidade. (...) Portanto, a quitação dada em escritura pública não é uma 'verdade indisputável', na medida em que admite a prova de que o pagamento não foi efetivamente realizado, evidenciando, ao fim, a invalidade do instrumento em si, porque eivado de vício que o torna falso. Assim, entende-se que a quitação dada em escritura pública presume o pagamento, até que se prove o contrário" (STJ, REsp 1.438.432/GO, 3.ª Turma, Rel. Min. Nancy Andrighi, j. 22.04.2014).

Exatamente no mesmo sentido, no final de 2020, julgou a Quarta Turma do STJ o seguinte: "consoante delineado pela Corte local, com amparo nos elementos de convicção dos autos, inviável conferir o atributo de prova plena, absoluta e incontestável à escritura aquisitiva – como pretende a insurgente – a fim de desconstituir a exigibilidade do crédito executado, pois no documento não consta pagamento algum na presença do servidor cartorário ao exequente ou aos antigos proprietários e, por consequência, não existe relação direta, ou prejudicial, entre o que foi declarado na escritura e a obrigação de pagar assumida pela recorrente perante o exequente no contrato particular de compromisso de compra e venda" (STJ, REsp. 1.288.552/MT, 4.ª Turma, Rel. Min. Marco Buzzi, j. 24.11.2020, *DJe* 02.12.2020).

A presunção relativa, em suma, refere-se aos elementos que devem fazer parte da escritura pública (art. 215, § 1.º, do CC/2002), a saber: *a)* a data e o local de sua realização; *b)* o reconhecimento da identidade e da capacidade das partes e de todos que hajam comparecido ao ato, por si, como representantes, intervenientes ou testemunhas; *c)* o nome, a nacionalidade, o estado civil, a profissão, o domicílio e a residência das partes e dos demais comparecentes, com a indicação, quando necessária, do regime de bens do casamento, do nome do outro cônjuge e da filiação; *d)* a manifestação clara da vontade das partes e dos intervenientes; *e)* a referência ao cumprimento das exigências legais e fiscais inerentes à legitimidade do ato; *f)* a declaração de que a escritura foi lida na presença das partes e dos demais comparecentes, ou de que todos a leram; e *g)* a assinatura das partes e dos demais comparecentes, bem como a do Tabelião ou seu substituto legal, encerrando o ato. Assim como o seu antecessor, o Código de Processo Civil de 2015 não traz os elementos desse ato público, devendo o dispositivo material ser considerado para todos os fins.

Pontue-se que a escritura pública será lavrada no Tabelionato de Notas, nos termos da organização e regulamentação específica prevista na Lei de Registros Públicos (Lei 6.015/1973). Tendo em vista a celeridade dos atos e a diminuição de burocracias, entrou em vigor em nosso País a Lei 11.441/2007, possibilitando que o divórcio e o inventário sejam celebrados, extrajudicialmente, por escritura pública. Tal possibilidade foi confirmada pelo Código Civil de 2015, em seus arts. 733 e 610, tema tratado nos Volumes 5 e 6 desta coleção.

Aprofunde-se que o oficial do cartório de notas deverá elaborar a escritura pública seguindo esses seus requisitos mínimos, previstos no art. 215, § 1.º, incisos I a VII, do Código Civil em vigor. A falta de um dos requisitos acarretará a nulidade absoluta do ato, nos termos do art. 166, incisos IV e V, do CC, havendo desrespeito à forma ou à solenidade, o que comprova a tese de que a escritura está no plano da validade do negócio jurídico (segundo degrau da *Escada Ponteana*).

Vale mais uma vez consignar que a escritura pública pode ser lavrada em qualquer Tabelionato de Notas do território nacional, sem competência territorial, em regra, não se confundindo com o registro imobiliário, que deve ser realizado no Cartório de Registro de Imóveis do local de situação do imóvel. De todo modo, como se verá a seguir, para a escritura pública feita pela via digital, a competência territorial deve ser observada, conforme o antigo art. 6.º do Provimento 100/2020 do CNJ e a atual norma do Código Nacional de Normas, estudados na sequência.

Também pertinente referir-se novamente ao art. 108 da atual codificação material, pelo qual a escritura pública somente será necessária para a alienação de imóveis com valor superior a 30 salários mínimos. Para os demais casos, está dispensada a sua elaboração, podendo o ato ser aperfeiçoado por instrumento particular.

Particularmente à matéria, o Código Civil de 2002 passou a exigir, para a elaboração da escritura pública pelo Tabelionato de Notas, a referência ao cumprimento das exigências legais e fiscais inerentes à legitimidade do ato (art. 215, § 1.º, inc. V, do CC). Para tanto, podem ser citadas a quitação de impostos, como o IPTU, e a outorga conjugal exigida pelo art. 1.647 do CC/2002. O inciso em comento valoriza a ética e a boa-fé objetiva como baluartes da codificação substantiva, pelo fato de exigir o pagamento das dívidas fiscais.

Pelos incisos VI e VII do art. 215, § 1.º, do CC/2002, a legislação civil continua exigindo a leitura da escritura pública pelo notário aos comparecentes, para que conheçam o seu teor, bem como a assinatura das partes e do próprio tabelião, mais uma vez sob pena de nulidade do ato praticado (art. 166, incs. IV e V, do CC).

Determina o § 2.º do art. 215 do CC/2002 que, se algum comparecente não puder ou não souber escrever, outra pessoa capaz assinará por ele, a seu rogo (a seu pedido). Por tal norma, a atual codificação privada admite que outra pessoa assine em nome do interessado, se este não souber escrever, sendo perfeitamente válida a escritura pública nessas situações.

A escritura será redigida na língua nacional, conforme ordem do § 3.º do mesmo art. 215 da codificação material. Tendente à simplicidade ou à operabilidade dos atos, negócios e contratos, o Código Civil vigente continua exigindo que o notário elabore a escritura pública em língua portuguesa, também sob pena de nulidade da escritura.

Recomenda-se, dentro do bom senso, que a linguagem do documento seja acessível às partes, evitando-se expressões superadas, ininteligíveis ou de difícil compreensão, inclusive expressas em latim. Uma escritura mal elaborada, com graves defeitos de linguagem, também poderá ser declarada nula, nos termos do art. 166, incisos IV e V, do CC, por desrespeito à forma ou à solenidade.

Igualmente, de acordo com a valorização da informação, em sintonia com a boa-fé objetiva, se qualquer dos comparecentes não souber a língua nacional e o tabelião não entender o idioma em que se expressa, deverá comparecer tradutor público para servir de intérprete (art. 215, § 4.º, do CC). Pelo mesmo dispositivo, não havendo tradutor na localidade, será nomeada outra pessoa capaz que, a juízo do tabelião, tenha idoneidade e conhecimento bastantes; hipótese, por exemplo, de um professor de línguas local. Caso esses requisitos não sejam obedecidos, o Código Civil reconhece a nulidade do ato, continuando a proteger o princípio da informação e a confiança depositada entre as partes.

Por outro lado, se algum dos comparecentes não for conhecido do tabelião, nem puder identificar-se por documento, deverão participar do ato pelo menos duas testemunhas que o conheçam e atestem sua identidade (art. 215, § 5.º, do CC). Deve-se entender que esse parágrafo apresenta as regras a serem aplicadas para o ato em ordem inversa.

Assim sendo, o tabelião, inicialmente, deve buscar a identificação do celebrante por documento hábil e lícito acompanhado por foto, como cédula de identidade ou outro que o substitua. Não sendo possível, caberá a identificação pessoal com base na confiança. No caso de impossibilidade destas, a identidade do comparecente deverá ser provada por duas testemunhas, que conheçam e atestem quem é a pessoa a celebrar o ato ou negócio.

Todas essas regras continuam em vigor com a emergência do CPC/2015, que apenas cuidou de repetir o que estava nos arts. 366 e 367 do CPC/1973. Nesse contexto, quando a lei exigir instrumento público como algo da substância do ato, nenhuma outra prova, por mais especial que seja, pode suprir-lhe a falta (art. 406 do CPC/2015). Além disso, o documento feito por oficial público incompetente ou sem a observância das formalidades legais, sendo subscrito pelas partes, tem a mesma eficácia probatória do documento particular (art. 407 do CPC/2015).

Como outro aspecto relativo à escritura pública como solenidade para os atos e negócios jurídicos em geral, relembro que o anterior Provimento 100 do CNJ, de maio de 2020, passou a possibilitar que a escritura pública seja feita pela via eletrônica, trazendo requisitos adicionais de validades quando a instrumentalização for feita digitalmente. Em 2023, o seu conteúdo foi incorporado pelo Código Nacional de Normas do CNJ (CNN-CNJ). Nos termos do seu original art. 3.º, são requisitos de validade para o ato notarial eletrônico: *a)* a videoconferência notarial para captação do consentimento das partes sobre os termos do ato jurídico; *b)* a concordância expressada pela partes com os termos do ato notarial eletrônico; *c)* a assinatura digital pelas partes, exclusivamente pelo e-notariado; *d)* a assinatura do Tabelião de Notas com a utilização de certificado digital ICP-Brasil; e *e)* o uso de formatos de documentos de longa duração com assinatura digital.

Também a merecer destaque, sobre a gravação da videoconferência notarial, nos termos do parágrafo único desse art. 3.º, deverá conter ela, no mínimo: *a)* a identificação, a demonstração da capacidade e a livre manifestação das partes atestadas pelo tabelião de notas; *b)* o consentimento das partes e a concordância com a escritura pública; *c)* o objeto e o preço do negócio pactuado; *d)* a declaração da data e horário da prática do ato notarial; e *e)* a declaração acerca da indicação do livro, da página e do tabelionato onde será lavrado o ato notarial (art. 286 do CNN-CNJ). O desrespeito a qualquer um desses requisitos de validade gera a nulidade absoluta do negócio jurídico, nos termos dos antes citados incs. IV e V do art. 166 do Código Civil.

Sobre a competência territorial para esses atos eletrônicos, destaque-se que deve ser observada uma regra específica. Conforme o art. 6.º do mesmo Provimento 100/2020 do CNJ, "a competência para a prática dos atos regulados neste Provimento é absoluta e observará a circunscrição territorial em que o tabelião recebeu sua delegação, nos termos do art. 9.º da Lei n. 8.935/1994". Esse dispositivo equivale ao art. 289 do CNN. O desrespeito a essa regra gera a nulidade absoluta do ato correspondente, mais uma vez por desrespeito ao que consta do art. 166, incs. IV e V, da codificação privada. A justificativa da norma está nos "considerandos" do provimento, uma vez que há "a necessidade de evitar a concorrência predatória por serviços prestados remotamente que podem ofender a fé pública notarial".

Para encerrar o estudo do art. 215 da Lei Geral Privada, como não poderia ser diferente, existem propostas de sua atualização, de supressão de lacuna e de insuficiência, na linha dos meus comentários doutrinários. Assim, como primeira delas e mais importante, sugere-se a retirada da menção à *prova plena* no seu *caput*, passando o dispositivo a enunciar que "a escritura pública lavrada em notas de tabelião, inclusive a eletrônica, é documento dotado de fé pública, fazendo prova com presunção relativa de existência e validade do que nela estiver declarado".

Além disso, quantos aos requisitos da escritura pública (§ 1.º), o seu inc. I, de forma mais efetiva, passará a mencionar o "reconhecimento da identidade e da capacidade das partes e de quantos hajam comparecido ao ato, por si, como representantes, intervenientes ou testemunhas". Altera-se ainda o inc. III da norma, para que mencione também o convivente que viva em união estável, além do cônjuge e na linha de outras propostas de alteração ("III – nome, filiação, nacionalidade, estado civil, profissão, domicílio e residência das partes e demais comparecentes, com a indicação, quando necessária, do regime de bens do casamento, nome do outro cônjuge ou do convivente").

Como última proposta de relevo a ser comentada sobre esse preceito, o § 2.º do art. 215 do Código Civil passará a prever, de forma mais técnica e autorizando o uso de novas tecnologias, que, "se algum comparecente não puder ou não souber escrever, outra pessoa capaz assinará por ele, a seu rogo, sem prejuízo de o tabelião providenciar-lhe assinatura eletrônica".

Acrescento que há proposta de se incluir na codificação material, no novo livro de *Direito Civil Digital*, tratamento relativo às assinaturas digitais ou eletrônicas, tema que hoje está tratado na Lei 14.063/2002. Essa proposição segue o *mote* da volta do protagonismo do Código Civil, perdido nos últimos anos. Nesse contexto, em dispositivo ainda sem numeração, são previstas como modalidades de assinaturas eletrônicas, na linha do que já está previsto na lei especial citada: *a)* a *assinatura eletrônica simples*, sendo a que permite identificar o seu signatário; e a que anexa ou associa dados a outros dados em formato eletrônico do signatário; *b)* a *assinatura eletrônica avançada*, a que utiliza certificados não emitidos pela chave pública brasileira da ICP-Brasil ou outro meio de comprovação da autoria e da integridade de documentos em forma eletrônica, desde que admitido pelas partes como válido ou aceito pela pessoa a quem for oposto o documento, com características determinadas; e *c)* a *assinatura eletrônica qualificada*, a que utiliza certificado digital da ICP-Brasil. Esta última assinatura é a que será considerada, por outra proposta, como requisito para a validade de documentos constitutivos, modificativos ou extintivos de posições jurídicas que produzam efeitos perante terceiros, ou seja, para as escrituras públicas.

Superada a análise do art. 215 do CC/2002, e dos dispositivos e normas que o complementam, enuncia o seu art. 216 que farão a mesma prova que os originais as certidões textuais de qualquer peça judicial, do protocolo das audiências, ou de qualquer outro livro a cargo do escrivão, sendo extraídas por ele, ou sob a sua vigilância, e por ele subscritas, assim como os traslados de autos, quando por outro escrivão consertados. Pelo que consta do dispositivo, o Código Civil de 2002 continua reconhecendo a fé pública e a força probante das certidões textuais com inteiro teor (*verbo ad verbum*) de peça judicial, protocolo de audiências ou livro a cargo de escrivão. Nesse sentido, vale transcrever os conceitos correlatos, apontados por Maria Helena Diniz:

> "Certidão. A certidão textual, seja 'verbo *ad verbum*' (inteiro teor), seja em breve relatório, é a reprodução do conteúdo de ato escrito, registrado em autos ou em livro, feita por pessoa investida de fé pública.
>
> Traslado. O traslado de autos é a cópia fiel, passada pelo próprio escrivão ou por outro concertada, de documentos constantes do arquivo judiciário. O concerto, portanto, nada mais é do que o ato de conferir a cópia com o original" (DINIZ, Maria Helena. *Código Civil...*, 2005. p. 258).

Conforme a parte final do art. 216 do Código Civil, observa-se que o documento deve ser extraído pelo próprio escrivão ou por terceiro, sob sua vigilância, devendo ser subscrito pelo primeiro. De acordo com o mesmo preceito, as cópias trasladadas dos autos somente terão validade quando concertadas por outro escrivão. A expressão *concerto*, grafada com *c*,

586 | DIREITO CIVIL • VOL. 1 – *Flávio Tartuce*

significa conferir o documento com o correspondente original. Por um equívoco, constou do texto final do dispositivo a palavra *conserto*, com *s*, ao contrário do correto texto do Código Civil de 1916. Dessa forma, pelo erro de grafia, deve ser entendido *concerto*, com *c*, como aponta a própria Professora Maria Helena Diniz, na obra por último transcrita.

Partindo para a legislação processual, com sentido próximo, pelo menos parcialmente, é imperioso expor os seguintes diplomas, para a devida confrontação:

Código de Processo Civil de 2015	Código de Processo Civil de 1973
"Art. 425. Fazem a mesma prova que os originais:	"Art. 365. Fazem a mesma prova que os originais:
I – as certidões textuais de qualquer peça dos autos, do protocolo das audiências ou de outro livro a cargo do escrivão ou do chefe de secretaria, se extraídas por ele ou sob sua vigilância e por ele subscritas;	I – as certidões textuais de qualquer peça dos autos, do protocolo das audiências, ou de outro livro a cargo do escrivão, sendo extraídas por ele ou sob sua vigilância e por ele subscritas;
II – os traslados e as certidões extraídas por oficial público de instrumentos ou documentos lançados em suas notas;	II – os traslados e as certidões extraídas por oficial público, de instrumentos ou documentos lançados em suas notas;
III – as reproduções dos documentos públicos, desde que autenticadas por oficial público ou conferidas em cartório com os respectivos originais;	III – as reproduções dos documentos públicos, desde que autenticadas por oficial público ou conferidas em cartório, com os respectivos originais;
IV – as cópias reprográficas de peças do próprio processo judicial declaradas autênticas pelo advogado, sob sua responsabilidade pessoal, se não lhes for impugnada a autenticidade;	IV – as cópias reprográficas de peças do próprio processo judicial declaradas autênticas pelo próprio advogado sob sua responsabilidade pessoal, se não lhes for impugnada a autenticidade (incluído pela Lei 11.382, de 2006).
V – os extratos digitais de bancos de dados públicos e privados, desde que atestado pelo seu emitente, sob as penas da lei, que as informações conferem com o que consta na origem;	V – os extratos digitais de bancos de dados, públicos e privados, desde que atestado pelo seu emitente, sob as penas da lei, que as informações conferem com o que consta na origem (incluído pela Lei 11.419, de 2006);
VI – as reproduções digitalizadas de qualquer documento público ou particular, quando juntadas aos autos pelos órgãos da justiça e seus auxiliares, pelo Ministério Público e seus auxiliares, pela Defensoria Pública e seus auxiliares, pelas procuradorias, pelas repartições públicas em geral e por advogados, ressalvada a alegação motivada e fundamentada de adulteração.	VI – as reproduções digitalizadas de qualquer documento, público ou particular, quando juntados aos autos pelos órgãos da Justiça e seus auxiliares, pelo Ministério Público e seus auxiliares, pelas procuradorias, pelas repartições públicas em geral e por advogados públicos ou privados, ressalvada a alegação motivada e fundamentada de adulteração antes ou durante o processo de digitalização (incluído pela Lei 11.419, de 2006).
§ 1.º Os originais dos documentos digitalizados mencionados no inciso VI deverão ser preservados pelo seu detentor até o final do prazo para propositura de ação rescisória.	§ 1.º Os originais dos documentos digitalizados, mencionados no inciso VI do *caput* deste artigo, deverão ser preservados pelo seu detentor até o final do prazo para interposição de ação rescisória (incluído pela Lei 11.419, de 2006).
§ 2.º Tratando-se de cópia digital de título executivo extrajudicial ou de documento relevante à instrução do processo, o juiz poderá determinar seu depósito em cartório ou secretaria".	§ 2.º Tratando-se de cópia digital de título executivo extrajudicial ou outro documento relevante à instrução do processo, o juiz poderá determinar o seu depósito em cartório ou secretaria (incluído pela Lei 11.419, de 2006)".

CAP. 9 · PROVA DO NEGÓCIO JURÍDICO NO CC/2002 | 587

Como se nota, as normas processuais têm sentido bem mais amplo quanto à força probante de documentos copiados, sejam públicos ou particulares. Constata-se, ainda, que o CPC/2015 acabou por reproduzir o que já estava no antigo *Codex*, com as reformas que foram realizadas nos últimos anos. A sua única novidade parece ser o reconhecimento da força probante de documentos emitidos pela Defensoria Pública, equiparada ao Ministério Público e às Procuradorias pelo inciso VI do novo art. 425 do CPC/2015.

Nos exatos termos do que consta do inciso II das duas normas confrontadas, prevê o Código Civil que as certidões e os traslados extraídos por tabelião ou oficial de registro terão a mesma força probante de instrumentos ou documentos lançados em suas notas (art. 217 do CC/2002). Em outras palavras, continuam tendo força probante, dotados de fé pública, os documentos trasladados e as certidões, extraídos por tabelião de cartório de notas ou oficial deste. Em suma, pelo que se retira dos dispositivos visualizados, pode-se afirmar que todos os documentos referidos têm a mesma força probante que a escritura pública e o seu correspondente traslado.

Prevê o art. 218 do CC/2002, ainda tratando da prova documental, que os traslados e as certidões serão considerados instrumentos públicos, se os originais tiverem sido produzidos em juízo como prova de algum ato. Esse comando equivalia parcialmente ao art. 364 do CPC/1973, pelo qual, "o documento público faz prova não só da sua formação, mas também dos fatos que o escrivão, o tabelião, ou o funcionário declarar que ocorreram em sua presença". O art. 405 do CPC/2015 ampliou ainda mais o sentido do preceito anterior, enunciando que "o documento público faz prova não só da sua formação, mas também dos fatos que o escrivão, o chefe de secretaria, o tabelião ou o servidor declarar que ocorreram em sua presença". A inovação é a menção ao chefe da secretaria e a substituição da palavra *funcionário* por *servidor*.

Ainda sobre a prova documental, as declarações constantes de documentos assinados presumem-se verdadeiras em relação aos signatários, segundo o art. 219 do CC/2002. Como não poderia ser diferente, continua a toda prova o sistema pelo qual os documentos assinados, públicos ou particulares, têm eficácia entre as partes que lançaram neles suas assinaturas. Isso porque esse comando material equivalia ao art. 368, *caput*, do CPC/1973, que tinha a seguinte redação: "as declarações constantes do documento particular, escrito e assinado, ou somente assinado, presumem-se verdadeiras em relação ao signatário".

Houve repetição integral pelo art. 408 do CPC/2015, sem modificações. Nos dois dispositivos – material e processual –, a presunção é relativa (*iuris tantum*), admitindo prova em contrário, objetivando a certeza e a segurança jurídica. A ilustrar todas essas deduções, da jurisprudência trabalhista, cabe transcrever: "Os cartões de ponto provam a duração da jornada (§ 2.º, art. 74, CLT), pela presunção relativa de veracidade da prova documental, prevista nos arts. 219 do Código Civil e 368 do CPC. Como o empregado não provou a falsidade dessa prova documental, nem demonstrou, ainda que por amostragem ou simples indicação, a existência de diferenças de horas extras não pagas, ônus que lhe cabia, nos termos dos arts. 818, CLT, e inciso I, art. 333, CPC, prevalece a quitação exarada nos recibos de salários" (TRT da 3.ª Região, Recurso Ordinário 0000572-11.2013.5.03.0092, Rel. Des. Jales Valadão Cardoso, *DJEMG* 05.12.2014, p. 87).

O parágrafo único do art. 219 do CC/2002 determina que, "não tendo relação direta, porém, com as disposições principais ou com a legitimidade das partes, as declarações enunciativas não eximem os interessados em sua veracidade do ônus de prová-las". Como antes exposto, essa regra deve ser aplicada à escritura pública, completando o art. 215 do atual Código Civil, conforme o Enunciado n. 158, aprovado na *III Jornada de Direito Civil* do Conselho da Justiça Federal.

Mas não é só, uma vez que o artigo traz alguns conceitos interessantes. As *disposições principais* – também conceituadas como *dispositivas* – são aquelas que mantêm relação direta com os elementos essenciais do ato – partes, objeto, vontade e forma, estando nos planos da existência e da validade do negócio jurídico. Por seu turno, as *declarações enunciativas*, regra geral, não mantêm relação imediata com as regras principais do ato ou negócio, muito menos com a legitimidade das partes.

Como exemplos de disposições enunciativas, podem ser citadas aquelas relacionadas com a qualificação dos negociantes, não sendo esta essencial ao ato. Mesmo assim, cabe ao declarante o ônus de provar a veracidade da sua declaração. Pontue-se que essa distinção consta do parágrafo único do novo art. 408 do CPC/2015, que repetiu o complemento do art. 368 do CPC/1973, com a seguinte expressão: "Quando, todavia, contiver declaração de ciência de determinado fato, o documento particular prova a ciência, mas não o fato em si, incumbindo o ônus de prová-lo ao interessado em sua veracidade".

Anoto que no Projeto de Reforma do Código Civil há propostas de melhora da redação do art. 219 do Código Civil, para *dialogar* com esses dispositivos instrumentais e tratar das novas tecnologias. Nesse contexto, na projeção do seu *caput*, "as declarações constantes de documentos assinados, inclusive por meio digital e na forma prevista neste Código, presumem-se relativamente verdadeiras em relação aos signatários". Em complemento, de forma mais clara e técnica, o seu parágrafo único preverá que, "não tendo relação direta, porém, com as disposições principais ou com a legitimidade das partes, as declarações enunciativas não eximem os interessados do ônus da prova de sua veracidade".

Segundo o art. 220 do Código Civil em vigor, "a anuência ou a autorização de outrem, necessária à validade de um ato, provar-se-á do mesmo modo que este, e constará, sempre que se possa, do próprio instrumento". Em determinadas situações, a lei exige anuência ou autorização de terceiro para a prática de alguns atos, caso da necessidade de *outorga conjugal*, prevista no art. 1.647 do CC/2002, a englobar a *outorga uxória* – da mulher – e a *outorga marital* – do marido.

Exemplificando de outro modo, ainda envolvendo hipótese de legitimação, cite-se a venda de ascendente a descendente, que depende de autorização dos outros descendentes e do cônjuge do alienante, sob pena de anulabilidade, exceção feita ao regime da separação obrigatória, de acordo com o art. 496 do CC/2002.

Nas duas situações descritas, consoante determina o art. 220 do CC/2002, para a venda de imóvel mediante escritura pública, a outorga conjugal ou dos filhos também deverá assumir a mesma forma, fazendo prova do negócio jurídico. O Novo CPC não traz preceito semelhante, assim como o seu antecessor, continuando a ter plena subsunção a regra material comentada.

Seguindo, na dicção do art. 221 do Código Civil, o instrumento particular, feito e assinado, ou somente assinado por quem esteja na livre disposição e administração de seus bens, prova as obrigações convencionais de qualquer valor. Porém, conforme o mesmo comando, os seus efeitos, bem como os da cessão, não se operam, a respeito de terceiros, antes de registrado no registro público. Esse dispositivo será analisado mais à frente, em seção própria.

Interessante lembrar que o instrumento particular não tem a *suposta* força probante absoluta, como o escrito público. Eventualmente, aquilo que consta do instrumento particular pode ser provado por outras formas, como por meio de testemunhas (art. 221, parágrafo único, do CC). É notório, por regra, que o instrumento particular gera efeitos entre as partes negociantes (*inter partes*). Para valer perante terceiros, deverá ser registrado no Cartório de Títulos e Documentos, situação em que passa a ter eficácia *erga omnes*, nos termos do próprio art. 221 do CC/2002.

O art. 222 da codificação material trata do telegrama, prevendo que, quando lhe for contestada a autenticidade, faz prova mediante conferência com o original assinado. Mesmo não havendo regra semelhante no Código de 1916, compreendia-se que o comando em questão era novidade parcial, uma vez que constavam normas sobre o telegrama no Código de Processo Civil de 1973 (arts. 374 e 375).

O Código de Processo Civil de 2015 reproduziu literalmente esse tratamento anterior, mantendo o *diálogo* em relação ao Código Civil de 2002. Segundo o seu art. 413, *caput*, o telegrama, o radiograma ou qualquer outro meio de transmissão tem a mesma força probatória do documento particular, se o original constante da estação expedidora tiver sido assinado pelo remetente.

Em complemento, nos termos do seu parágrafo, a firma do remetente poderá ser reconhecida pelo tabelião, declarando-se essa circunstância no original depositado na estação expedidora. Além disso, conforme o art. 414 do *Codex*, o telegrama ou o radiograma presume-se relativamente de acordo com o original, provando as datas de sua expedição e do recebimento pelo destinatário.

Como destacado nas edições anteriores deste livro, a então inovação desse art. 222 do Código Civil nasceu desatualizada, pela falta de menção ao fax e à mensagem enviada por correio eletrônico (*e-mail*), via *internet*. Como se sabe, o telegrama e o radiograma já não têm a mesma utilização do passado. Contudo, mesmo diante da falta de previsão legal, o art. 222 da atual codificação material também poderia ser aplicado a esses documentos, os quais têm força probante se não houver qualquer ilicitude. De todo modo, diante de sua enorme desatualização, o Projeto de Reforma do Código Civil pretende revogar expressamente o seu art. 222.

Relativamente ao correio eletrônico, é interessante observar que à conclusão semelhante chegou a Comissão de Obrigações e Contratos da *I Jornada de Direito Civil*, promovida pelo Conselho da Justiça Federal, pelo teor do seu Enunciado n. 18: " a 'quitação regular' referida no art. 319 do novo Código Civil engloba a quitação dada por meios eletrônicos ou por quaisquer formas de 'comunicação à distância', assim entendida aquela que permite ajustar negócios jurídicos e praticar atos jurídicos sem a presença corpórea simultânea das partes ou de seus representantes".

O art. 319 do CC/2002 trata da prova do pagamento, dada pela quitação. Como reforço à questão da prova eletrônica, podem ser mais uma vez mencionados os Enunciados n. 297 e 298 do CJF/STJ, da *IV Jornada de Direito Civil*. O CPC/2015, como exposto anteriormente, trata expressamente da prova construída na rede mundial de computadores, especialmente em seu art. 422, § 1.º.

Segundo o art. 223 do CC/2002, a cópia fotográfica de documento, conferida por tabelião de notas, valerá como prova de declaração da vontade, mas, impugnada sua autenticidade, deverá ser exibido o original. Apesar da falta de menção de tratamento quanto à cópia fotográfica ou reprográfica (o popular *xerox*), havia regra correspondente no art. 385 do CPC/1973, pelo qual "a cópia de documento particular tem o mesmo valor probante que o original, cabendo ao escrivão, intimadas as partes, proceder à conferência e certificar a conformidade entre a cópia e o original. § 1.º Quando se tratar de fotografia, esta terá de ser acompanhada do respectivo negativo. § 2.º Se a prova for uma fotografia publicada em jornal, exigir-se-ão o original e o negativo".

O *caput* do diploma revogado foi repetido integralmente pelo art. 423 do CPC/2015, sem os seus parágrafos, o que merece elogios. Primeiro, porque as exigências do negativo e do original da fotografia eram formalidades excessivas, muito exageradas. Segundo, pela prevalência fática atual de fotografias digitais, sem a existência de negativos.

O art. 223 do Código Civil ainda tinha correspondência parcial com o art. 384 do Código de Processo Civil anterior, relacionado ao art. 423 do CPC/2015. Estabelecem ambos os comandos processuais que as reproduções dos documentos particulares, fotográficas ou obtidas por outros processos de repetição, valem como certidões, sempre que o escrivão ou o chefe de secretaria certificar sua conformidade com o original.

Pelo que consta de todos esses dispositivos, a conferência pelo tabelião estabelece apenas a presunção relativa (*iuris tantum*) de autenticidade do documento. Na hipótese de impugnação de sua autenticidade, torna-se imprescindível a apresentação do original, visando à certeza, à segurança jurídica e à verdade real.

Contudo, em alguns casos, para o exercício de determinado direito, a lei exige a exibição do documento original ou do título de crédito (duplicata, cheque etc.). Nessas situações, a prova produzida não dispensará a apresentação do documento correspondente, mais uma vez, em prol da certeza e da segurança jurídica (art. 223, parágrafo único, do CC/2002).

Valorizando a informação, enuncia o art. 224 da codificação material privada que os documentos redigidos em língua estrangeira serão traduzidos para o português, para dar a eles os mesmos efeitos legais em nosso país. Dessa forma, o atual Código Civil continua exigindo que o negócio jurídico seja celebrado em nossa língua vernácula. Para os documentos estrangeiros, é exigida a tradução por especialista juramentado e autorizado juridicamente, visando à validade e à eficácia do ato em nosso país. Não há dúvida de que continua em vigor o art. 148 da Lei de Registros Públicos (Lei 6.015/1973), *in verbis*: "os títulos, documentos e papéis escritos em língua estrangeira, uma vez adotados os caracteres comuns, poderão ser registrados no original, para o efeito da sua conservação ou perpetuidade. Para produzirem efeitos legais no País e para valerem contra terceiros, deverão, entretanto, ser vertidos em vernáculo e registrada a tradução, o que, também, se observará em relação às procurações lavradas em língua estrangeira".

Outrossim, continuava merecendo aplicação o art. 157 do CPC/1973, pelo qual "só poderá ser junto aos autos documento redigido em língua estrangeira, quando acompanhado de versão em vernáculo, firmada por tradutor juramentado". O CPC/2015 traz a mesma previsão no seu art. 192, de maneira aperfeiçoada, ao enunciar que "em todos os atos e termos do processo é obrigatório o uso da língua portuguesa. Parágrafo único. O documento redigido em língua estrangeira somente poderá ser juntado aos autos quando acompanhado de versão para a língua portuguesa tramitada por via diplomática ou pela autoridade central, ou firmada por tradutor juramentado".

Como se percebe, passou-se a admitir a versão elaborada por autoridade diplomática ou afim. Não se pode afastar a relação entre esses dispositivos e o art. 13 da Constituição Federal de 1988, que compara a língua portuguesa aos demais símbolos da República Federativa do Brasil (a bandeira, o hino nacional, as armas e os selos nacionais).

O antigo Projeto Ricardo Fiuza (PL 6.960/2002) pretendia alterar o art. 224 do CC/2002, que passaria a ter a seguinte redação: "os documentos redigidos em língua estrangeira serão traduzidos para o vernáculo e registrados em Títulos e Documentos para terem efeitos legais no país". Como se vê, a projeção exigia expressamente o registro no Cartório de Títulos e Documentos.

Nunca concordei com a proposta de alteração, o que dificultaria o trabalho dos interessados, estando afastada a pretensão de mudança do princípio da simplicidade ou operabilidade, um dos baluartes da codificação material. A emergência do CPC/2015 confirma essa constatação, pois pretende agilizar os procedimentos e reduzir a burocracia, premissas que têm sido valorizadas sobremaneira nos últimos anos. É pertinente deixar claro que a proposta foi inicialmente vetada pelo Deputado Vicente Arruda, então nomeado na Comissão de Redação, Constituição e Justiça da Câmara dos Deputados para apreciar a questão, pelas seguintes razões:

> "Não nos parece procedente a pretendida alteração. Em primeiro lugar, o próprio Autor da proposição lembra que, nos termos do art. 13 da Carta Magna, a língua portuguesa é a língua oficial do País; em segundo lugar, o dispositivo do Código em questão trata da validade e da eficácia do documento estrangeiro no Brasil, pois acha-se inserido no capítulo relativo à prova do fato jurídico, e não da sua validade contra terceiros, a qual requer, aí sim, o competente registro, havendo de vigorar, lado a lado, portanto, essa disposição do novo Código com a regra insculpida na Lei dos Registros Públicos. Pela rejeição".

Anoto que o atual Projeto de Reforma do Código Civil não segue a ideia do antigo Projeto Ricardo Fiuza, que era excessivamente burocrático. Nos termos do hoje proposto art. 224 da codificação privada, com o mesmo sentido atual e mero ajuste de redação, "os documentos redigidos em língua estrangeira, para produzir efeitos jurídicos no País, serão traduzidos para a língua portuguesa". E, com vistas à *operabilidade*, no sentido de simplificação da prova, o seu parágrafo único enunciará que, "nos casos em que, em processo judicial, for possível a completa compreensão do documento pelas partes, por seus procuradores e pelo juiz, estes podem concordar com a dispensa da tradução, prevista no *caput*, para evitar custos que as partes não possam suportar". Sem dúvidas, trata-se da inclusão na Lei Civil de outro negócio jurídico processual.

Seguindo, nos termos do art. 225 do Código Civil, as reproduções fotográficas, cinematográficas, os registros fonográficos e quaisquer outras reproduções mecânicas ou eletrônicas de fatos ou de coisas fazem *prova plena* destes, se a parte, contra quem forem exibidos, não lhes impugnar a exatidão. Mais uma vez, deve-se criticar o uso da expressão destacada, conforme antes exposto.

Esse comando legal, novidade na codificação material civil, equivalia ao art. 383 do CPC/1973, segundo o qual, "qualquer reprodução mecânica, como a fotográfica, cinematográfica, fonográfica ou de outra espécie, faz prova dos fatos ou das coisas representadas, se aquele contra quem foi produzida lhe admitir a conformidade. Parágrafo único. Impugnada a autenticidade da reprodução mecânica, o juiz ordenará a realização de exame pericial".

O diploma civil aprimorava a regra processual anterior, estabelecendo que a força probante das reproduções não depende de autenticação por tabelião, desde que a parte contra quem forem exibidas não lhes impugnar a exatidão. Pela Lei Processual Civil anterior, exigia-se que a parte contrária admitisse a autenticidade das reproduções; já pelo Código Civil, essa autenticidade é presumida sempre que a parte contrária não impugnar tais documentos. Trata-se, mais uma vez, de presunção relativa, ou *iuris tantum*, sendo interessante sempre a perícia quando houver dúvidas, na linha do que estava no parágrafo único do art. 383 da codificação processual civil.

O último dispositivo foi ampliado pelo novo art. 422 do CPC/2015, aqui antes transcrito, que aprimora o tratamento, cuidando agora dos documentos eletrônicos obtidos na internet. Para abrandar mais ainda o texto, o novel preceito utiliza o termo *tem aptidão para fazer prova dos fatos* em vez de *faz prova dos fatos*. A possibilidade de impugnação do documento passa a compor a cabeça da norma, e não mais o seu parágrafo único. Deve-se

592 | DIREITO CIVIL • VOL. 1 – Flávio Tartuce

entender, em *diálogo* com o Código Civil, que a autenticidade dos documentos é presumida relativamente, sempre quando não houver impugnação de alguém.

O § 1.º do art. 422 do CPC/2015, como visto, trata das fotografias digitais e das extraídas da rede mundial de computadores, fazendo prova das imagens que reproduzem. Em situações de sua impugnação, deverá ser apresentada a respectiva autenticação eletrônica ou, não sendo possível, realizada perícia, para os devidos fins probatórios. Seguindo, conforme o § 2.º do novo art. 422 do CPC/2015, se se tratar de fotografia publicada em jornal ou revista, será exigido um exemplar original do periódico, se for impugnada a sua veracidade pela outra parte. Por fim, todas essas regras são aplicadas à forma impressa de mensagem eletrônica, conhecida popularmente como *e-mail* (art. 422, § 3.º, do CPC/2015).

Encerrando o tratamento quanto à prova documental, determina o art. 226 do Código Civil que os livros e fichas dos empresários e sociedades fazem prova contra as pessoas a que pertencem, e, em seu favor, quando, escriturados sem vício extrínseco ou intrínseco, forem confirmados por outros subsídios.

Como novidade frente à codificação de 1916, o Código Civil de 2002 incorporou dispositivos anteriormente presentes no Código de Processo Civil de 1973, particularmente nos seus arts. 378 a 382. Esses comandos equivalem, com algumas alterações de redação – especialmente pelo uso do termo *empresarial*, em substituição a *comercial*, com variantes –, aos arts. 417 a 421 do CPC/2015. Vejamos, em mais uma tabela comparativa:

Código de Processo Civil de 2015	Código de Processo Civil de 1973
"Art. 417. Os livros empresariais provam contra seu autor, sendo lícito ao empresário, todavia, demonstrar, por todos os meios permitidos em direito, que os lançamentos não correspondem à verdade dos fatos".	"Art. 378. Os livros comerciais provam contra o seu autor. É lícito ao comerciante, todavia, demonstrar, por todos os meios permitidos em direito, que os lançamentos não correspondem à verdade dos fatos".
"Art. 418. Os livros empresariais que preencham os requisitos exigidos por lei provam a favor de seu autor no litígio entre empresários".	"Art. 379. Os livros comerciais, que preencham os requisitos exigidos por lei, provam também a favor do seu autor no litígio entre comerciantes".
"Art. 419. A escrituração contábil é indivisível, e, se dos fatos que resultam dos lançamentos, uns são favoráveis ao interesse de seu autor e outros lhe são contrários, ambos serão considerados em conjunto, como unidade".	"Art. 380. A escrituração contábil é indivisível: se dos fatos que resultam dos lançamentos, uns são favoráveis ao interesse de seu autor e outros lhe são contrários, ambos serão considerados em conjunto como unidade".
"Art. 420. O juiz pode ordenar, a requerimento da parte, a exibição integral dos livros empresariais e dos documentos do arquivo:	"Art. 381. O juiz pode ordenar, a requerimento da parte, a exibição integral dos livros comerciais e dos documentos do arquivo:
I – na liquidação de sociedade;	I – na liquidação de sociedade;
II – na sucessão por morte de sócio;	II – na sucessão por morte de sócio;
III – quando e como determinar a lei".	III – quando e como determinar a lei".
"Art. 421. O juiz pode, de ofício, ordenar à parte a exibição parcial dos livros e dos documentos, extraindo-se deles a suma que interessar ao litígio, bem como reproduções autenticadas".	"Art. 382. O juiz pode, de ofício, ordenar à parte a exibição parcial dos livros e documentos, extraindo-se deles a suma que interessar ao litígio, bem como reproduções autenticadas".

Como é notório, a ideia de *comerciante* foi substituída pela de *empresário*, especialmente pela revogação do Código Comercial de 1850 pelo Código Civil de 2002, que incorporou a matéria nele tratada no seu livro sobre o Direito Empresarial, unificando parcialmente o Direito das Obrigações.

Resumindo as regras previstas na lei processual anterior e emergente, constantes da tabela, e confrontando-as com o que está na codificação privada, pode-se afirmar que os livros e as fichas dos empresários provam contra as pessoas a eles relacionadas. Eventualmente, não havendo vícios confirmados, a interpretação poderá ser favorável a essas pessoas, empresários, sócios e administradores.

Continua ainda vigente a regra pela qual a *escrituração é indivisível*. Sendo alguns fatos resultantes dos lançamentos favoráveis aos interesses de seu autor e outros desfavoráveis, ambos devem ser considerados em conjunto, situação em que o aplicador do Direito apreciará com equidade e razoabilidade. Em situações que envolvam o interesse público e social, o juiz poderá ordenar, *ex officio*, a exibição parcial dos livros e documentos, extraindo deles o que interessar ao litígio.

O art. 226 do Código Civil reproduz, ainda, regra contida no Código Comercial de 1850, ora revogada, segundo a qual os registros lançados nos livros empresariais fazem prova contra os empresários (art. 23). Por estar adaptada à teoria da empresa e à consolidação parcial do Direito Privado, a codificação material em vigor utiliza o termo *empresários* em vez de *comerciantes*, na linha do que foi exposto anteriormente.

A força probante dos livros e das fichas empresariais não é absoluta, sucumbindo diante das hipóteses em que a lei exige escritura pública ou documento particular para a prova do fato, ato ou negócio jurídico (art. 226, parágrafo único, do CC/2002). Como exemplo do último caso – exigência de escrito particular –, pode-se citar a regra do art. 288 do Código Civil de 2002, pela qual a cessão de crédito somente será eficaz em relação a terceiros se forem observados os requisitos mínimos para o mandato (art. 654, § 1.º, do CC): *a)* a indicação do lugar onde foi passado; *b)* a qualificação do cedente e do cessionário; *c)* a data da outorga; e *d)* o objetivo da cessão, com a designação e a extensão dos poderes e direitos transmitidos.

Em todas as hipóteses, ainda pelo parágrafo único do art. 226 do Código Civil, a prova pode ser afastada (elidida) pela comprovação da falsidade ou inexatidão dos lançamentos, via perícia técnica. Mais uma vez, a codificação material privilegia a busca da certeza, da segurança e da verdade real.

Logo em seguida, a Lei Geral Privada trata das testemunhas, que são as pessoas chamadas a depor sobre fatos, visando atestar veracidade de ato ou negócio jurídico. As testemunhas convocadas a depor em juízo são denominadas *testemunhas judiciárias*. Fora dele, são chamadas de *testemunhas instrumentárias* as que se pronunciam sobre determinado documento.

Iniciando o tratamento quanto à prova testemunhal, previa o art. 227, *caput*, do CC/2002 que: "salvo os casos expressos, a prova exclusivamente testemunhal só se admite nos negócios jurídicos cujo valor não ultrapasse o décuplo do maior salário mínimo vigente no País ao tempo em que foram celebrados". Cuidava o dispositivo, especificamente, da *testemunha instrumentária*.

Esse comando material, na realidade, repetia a regra do art. 401 do CPC/1973, segundo o qual, "a prova exclusivamente testemunhal só se admite nos contratos cujo valor não exceda o décuplo do maior salário mínimo vigente no País, ao tempo em que foram celebrados". Acertadamente, com alcance mais genérico, a codificação civil utilizava a expressão *negócios jurídicos* em vez de *contratos*, o que veio em boa hora.

De acordo com o princípio da operabilidade, no sentido de efetividade ou concretude, o valor estava expresso em salários mínimos, afastando a possibilidade de a inflação ou a desvalorização declinar a aplicação da regra, como ocorreu com o art. 141 do CC/1916, seu correspondente, que previa o valor de *dez mil cruzeiros*.

O Código de Processo Civil de 2015 revogou expressamente esse art. 227, *caput*, do Código Civil, conforme consta do seu art. 1.072. Além disso, não reproduziu o que estava no art. 401 do Código de Processo Civil anterior. Em tom ampliado, o novo art. 442 do CPC/2015 determina que a prova testemunhal é sempre admissível, não dispondo a lei de modo diverso.

Nesse contexto, a prova testemunhal passa a ser utilizada como meio de prova de negócios jurídicos de qualquer valor. Parece não ter sentido a permanência, pois não houve revogação expressa do parágrafo único do art. 227 do Código Civil, com a seguinte redação: "qualquer que seja o valor do negócio jurídico, a prova testemunhal é admissível como subsidiária ou complementar da prova por escrito". Ora, a prova testemunhal não será prova subsidiária, mas sempre meio principal e cabível em todas as situações concretas, não importando mais o valor do negócio jurídico correspondente. Por isso, a melhor solução seria a revogação expressa desse parágrafo único do art. 227, o que está sendo proposto pela Comissão de Juristas encarregada da Reforma do Código Civil.

Ainda sobre esse parágrafo do art. 227, na *I Jornada de Direito Notarial e Registral*, realizada em 2022 pelo Conselho da Justiça Federal e pelo STJ, aprovou-se o Enunciado n. 70, prevendo que a "prova escrita da celebração de um negócio jurídico pode ser complementada por ata notarial que reproduza diálogos por meio de aplicativos e redes sociais, nos termos do art. 227, parágrafo único, do Código Civil". Sobre a ata notarial, tratarei mais à frente.

De qualquer modo, a revogação do *caput* do art. 227 do CC/2002 vem em boa hora, na linha de redução de burocracia e de busca da verdade real. Ademais, faz desaparecer uma expressão de *prova tarifada*, pela exigência de requisitos para a prova testemunhal.

O art. 228 do CC/2002 vedava expressamente como testemunhas: *a)* os menores de 16 anos (inciso I); *b)* aqueles que, por enfermidade ou retardamento mental, não tivessem discernimento para a prática dos atos da vida civil (inciso II); *c)* os cegos e surdos, quando a ciência do fato que se quer provar dependa dos sentidos que lhes faltam (inciso III); *d)* o interessado no litígio, o amigo íntimo ou o inimigo capital das partes (inciso IV); e *e)* os cônjuges, os ascendentes, os descendentes e os colaterais até o terceiro grau de alguma das partes, por consanguinidade, ou afinidade (inciso V).

De toda sorte, houve a revogação expressa dos incisos II e III deste art. 228 do Código Civil pela Lei 13.146/2015, que instituiu o Estatuto da Pessoa com Deficiência, cujo objetivo foi a plena inclusão das pessoas com deficiência, na linha da Convenção de Nova York, tratado internacional de direitos humanos do qual o Brasil é signatário e que tem força de Emenda à Constituição.

Assim, não existem mais no sistema civil as normas que consideravam como impossibilitados para depor como testemunhas aqueles que, por enfermidade ou *retardamento mental*, não tivessem discernimento para a prática dos atos da vida civil e os cegos e surdos, quando a ciência do fato que se quer provar dependesse dos sentidos que lhes faltassem. O objetivo da revogação foi a inclusão das pessoas com deficiência, conforme desenvolvido no Capítulo 3 desta obra. Os demais incisos do art. 228 da norma material, que tratam dos menores de 16 anos, do interessado no litígio, do amigo íntimo e do inimigo das partes, continuam em vigor, devidamente adaptados à norma instrumental, como se verá.

Além disso, foi incluído pelo mesmo Estatuto da Pessoa com Deficiência um § 2.º no art. 228 do Código Civil, prescrevendo que a pessoa com deficiência poderá testemunhar em igualdade de condições com as demais pessoas, sendo-lhe assegurados todos os recursos de *tecnologia assistiva*. Essa tecnologia, ainda pouco conhecida no País, é associada a todos os recursos e serviços que contribuem para proporcionar ou ampliar as habilidades funcionais das pessoas com deficiência e, consequentemente, promover a sua inclusão social.

A título de exemplo, podem ser citados os sistemas computadorizados especiais, os programas de informática que contemplam a acessibilidade, o uso de roupas adaptadas, a implantação de dispositivos para adequação da postura, os recursos para mobilidade manual, os equipamentos de comunicação alternativa, os aparelhos de escuta assistida, as chaves e os acionadores especiais e os auxílios visuais.

Anote-se que o antigo parágrafo único do art. 228 do CC/2002 passou a ser um § 1.º, dispondo que para a prova de fatos que só elas conheçam, pode o juiz admitir o depoimento das pessoas a que se refere ao comando. Aqui não houve qualquer alteração gerada pelo Estatuto da Pessoa com Deficiência.

Fazendo a devida confrontação processual, inclusive com essas recentes alterações pelo citado Estatuto, a norma repetiu regra anteriormente prevista no art. 142 do CC/1916, dispondo que "não podem ser admitidos como testemunhas" em sentido genérico, ao contrário do art. 405 do CPC/1973, que apresentava a divisão entre *incapazes*, *impedidos* e *suspeitos* para atuarem como testemunhas. Fez o mesmo o art. 447 do CPC/2015. Vejamos a comparação dos dois comandos:

Código de Processo Civil de 2015	Código de Processo Civil de 1973
"Art. 447. Podem depor como testemunhas todas as pessoas, exceto as incapazes, impedidas ou suspeitas.	"Art. 405. Podem depor como testemunhas todas as pessoas, exceto as incapazes, impedidas ou suspeitas (redação dada pela Lei 5.925, de 01.10.1973).
§ 1.º São incapazes:	§ 1.º São incapazes (redação dada pela Lei 5.925, de 01.10.1973):
I – o interdito por enfermidade ou deficiência mental;	I – o interdito por demência (redação dada pela Lei 5.925, de 01.10.1973);
II – o que, acometido por enfermidade ou retardamento mental, ao tempo em que ocorreram os fatos, não podia discerni-los, ou, ao tempo em que deve depor, não está habilitado a transmitir as percepções;	II – o que, acometido por enfermidade, ou debilidade mental, ao tempo em que ocorreram os fatos, não podia discerni-los; ou, ao tempo em que deve depor, não está habilitado a transmitir as percepções (redação dada pela Lei 5.925, de 01.10.1973);
III – o que tiver menos de 16 (dezesseis) anos;	III – o menor de 16 (dezesseis) anos (incluído pela Lei 5.925, de 01.10.1973);
IV – o cego e o surdo, quando a ciência do fato depender dos sentidos que lhes faltam.	IV – o cego e o surdo, quando a ciência do fato depender dos sentidos que lhes faltam (incluído pela Lei 5.925, de 01.10.1973)
§ 2.º São impedidos:	§ 2.º São impedidos (redação dada pela Lei 5.925, de 01.10.1973):
I – o cônjuge, o companheiro, o ascendente e o descendente em qualquer grau e o colateral, até o terceiro grau, de alguma das partes, por consanguinidade ou afinidade, salvo se o exigir o interesse público ou, tratando-se de causa relativa ao estado da pessoa, não se puder obter de outro modo a prova que o juiz repute necessária ao julgamento do mérito;	I – o cônjuge, bem como o ascendente e o descendente em qualquer grau, ou colateral, até o terceiro grau, de alguma das partes, por consanguinidade ou afinidade, salvo se o exigir o interesse público, ou, tratando-se de causa relativa ao estado da pessoa, não se puder obter de outro modo a prova, que o juiz repute necessária ao julgamento do mérito (redação dada pela Lei 5.925, de 01.10.1973);

Código de Processo Civil de 2015	Código de Processo Civil de 1973
II – o que é parte na causa;	II – o que é parte na causa (incluído pela Lei 5.925, de 01.10.1973);
III – o que intervém em nome de uma parte, como o tutor, o representante legal da pessoa jurídica, o juiz, o advogado e outros que assistam ou tenham assistido as partes.	III – o que intervém em nome de uma parte, como o tutor na causa do menor, o representante legal da pessoa jurídica, o juiz, o advogado e outros, que assistam ou tenham assistido as partes (incluído pela Lei 5.925, de 01.10.1973).
§ 3.º São suspeitos:	§ 3.º São suspeitos (redação dada pela Lei 5.925, de 01.10.1973):
	I – o condenado por crime de falso testemunho, havendo transitado em julgado a sentença (redação dada pela Lei 5.925, de 01.10.1973);
	II – o que, por seus costumes, não for digno de fé (redação dada pela Lei 5.925, de 01.10.1973);
I – o inimigo da parte ou o seu amigo íntimo; II – o que tiver interesse no litígio.	III – o inimigo capital da parte, ou o seu amigo íntimo (redação dada pela Lei 5.925, de 01.10.1973); IV – o que tiver interesse no litígio (redação dada pela Lei 5.925, de 01.10.1973).
§ 4.º Sendo necessário, pode o juiz admitir o depoimento das testemunhas menores, impedidas ou suspeitas. § 5.º Os depoimentos referidos no § 4.º serão prestados independentemente de compromisso, e o juiz lhes atribuirá o valor que possam merecer".	§ 4.º Sendo estritamente necessário, o juiz ouvirá testemunhas impedidas ou suspeitas; mas os seus depoimentos serão prestados independentemente de compromisso (art. 415) e o juiz lhes atribuirá o valor que possam merecer (redação dada pela Lei 5.925, de 01.10.1973)".

A interpretação que seguia – e que continuo defendendo – é a mesma antes exposta, ou seja, em momentos de dúvida, buscam-se as expressões detalhadas que constam da lei processual, que têm caráter especial frente ao Código Civil. Quanto às testemunhas impedidas e suspeitas, terá plena subsunção as regras dos §§ 4.º e 5.º do novo diploma, sem qualquer *contaminação* pela lei civil.

Desse modo, sendo necessário – e não mais estritamente necessário –, pode o juiz admitir o depoimento das testemunhas menores, impedidas ou suspeitas. Entretanto, os seus depoimentos serão prestados independentemente de compromisso e o juiz lhes atribuirá o valor que possam merecer. Pensamos que continuará a existir a figura dos *informantes do juízo,* cujas oitivas são importantes para formar o convencimento do magistrado no que concerne à lide.

Partindo para a análise pontual dos incisos do art. 228 do Código Civil, em sua redação original, os menores de 16 anos, menores impúberes e então demais absolutamente incapazes (art. 3.º, inc. III, do CC/2002), não poderiam ser ouvidos como testemunhas. No CPC anterior, eram considerados como incapazes para a prova (art. 405, § 1.º), o que foi reproduzido pelo CPC/2015 (art. 447, § 1.º). Já os maiores de 16 anos e menores de 18 anos, apesar de menores púberes, podem ser ouvidos, desde que demonstrem discernimento para tanto; premissa que deve ser tida como mantida com a emergência da novel legislação instrumental.

Como antes se expôs, o Código Civil dispunha que não seriam admitidas como testemunhas as pessoas que, por enfermidade mental, não tivessem discernimento para a prática dos atos e negócios da vida civil (art. 228, inc. II, do CC/2002). Todavia, essa norma foi revogada expressamente pela Lei 13.146/2015 (Estatuto da Pessoa com Deficiência). Nota-se que houve a revogação apenas da norma material e não do tratamento constante do Código de Processo Civil, o que gera problemas.

Assim, *a priori* e pela literalidade do texto legal, tais pessoas poderão apenas testemunhar a respeito da prova do negócio jurídico e não no âmbito processual, pois não foi feita qualquer alteração da norma instrumental, especialmente do CPC/2015. Portanto, parece que houve *sério cochilo legislativo*, a ser sanado nos próximos anos, para a plena inclusão das pessoas com deficiência, visando a sua atuação como testemunhas no âmbito processual.

Com relação a esses incapazes, pontue-se que houve uma mudança no uso de expressões nas normas processuais. O CPC anterior estabelecia que eram incapazes para testemunhar os interditos por demência e os que, acometidos por enfermidade ou debilidade mental, ao tempo em que ocorreram os fatos, não pudessem discerni-los; ou, ao tempo em que deveriam depor, não estivessem habilitados a transmitir as suas percepções.

O art. 447, § 1.º, inc. I, do CPC/2015 menciona os interditos por enfermidade ou deficiência mental. O inciso seguinte passa a expressar, também com termos mais claros e atuais, "o que, acometido por enfermidade ou retardamento mental, ao tempo em que ocorreram os fatos, não podia discerni-los, ou, ao tempo em que deve depor, não está habilitado a transmitir as percepções". Tais expressões mostram-se incompatíveis com o Estatuto da Pessoa com Deficiência e com a Convenção de Nova York, sendo possível sustentar a sua inconstitucionalidade, diante da força constitucional de tais preceitos, aqui antes destacada.

De acordo com o art. 228, inc. III, do Código Civil, não poderiam ser admitidos como testemunhas os cegos e os surdos, mais uma norma que foi revogada pelo Estatuto da Pessoa com Deficiência (Lei 13.146/2015).

Porém, no plano processual, vislumbra-se mais um *cochilo legislativo*, pois, com relação à condição de testemunha, há incapacidade nos dois casos, conforme os arts. 405, § 1.º, inc. IV, do CPC/1973 e 447, § 1.º, inc. IV, do CPC/2015, que vedam a possibilidade de a pessoa testemunhar quando a ciência do fato depender dos sentidos que lhe faltam. Revogou-se a norma civil, mas esqueceu-se do tratamento constante do CPC, que continua tendo aplicação, sendo essa mais uma falha técnica do Estatuto da Pessoa com Deficiência, que precisa ser corrigida, especialmente no plano legislativo.

A propósito, na *II Jornada de Direito Processual Civil*, promovida pelo Conselho da Justiça Federal em setembro de 2018, a comissão sobre Parte Geral chegou a aprovar enunciado doutrinário com a seguinte dicção: "a pessoa com deficiência poderá ser testemunha, cabendo ao juiz valorar o seu depoimento". Porém, por falta de consenso quanto à necessidade de distinção das pessoas com deficiência, especialmente se esta for física ou cognitiva, a proposta acabou por não ser aprovada na plenária do evento. Também houve divergências quanto ao termo a ser utilizado, sem que isso implicasse discriminação da pessoa com deficiência, fazendo que proposta doutrinária fosse barrada, infelizmente.

Os interessados no litígio, bem como os cônjuges, ascendentes, descendentes e colaterais até terceiro grau, não são admitidos como testemunhas (art. 228, incs. IV e V, do CC/2002). A regra aplica-se tanto ao parentesco consanguíneo (pais, avós, filhos, netos, irmãos e tios) como por afinidade (sogro, sogra, madrasta, padrasto, enteados e cunhados), e mesmo àquele decorrente de parentesco civil (adoção, parentalidade socioafetiva ou inseminação artificial heteróloga).

Relativamente aos parentes, o Código de Processo Civil anterior estabelecia que eram impedidos para testemunhar (art. 405, § 2.º, inc. I, do CPC/1973). Diante da proteção constitucional da união estável, retirada do art. 226, § 3.º, da CF/1988, o CPC/2015 incluiu menção ao companheiro no seu art. 447, § 2.º, inc. I, como ocorreu em praticamente todos os dispositivos que fazem menção ao cônjuge. Consigne-se, a propósito, que desde tempos remotos assim vinha entendendo a melhor jurisprudência, inclusive a superior (por todos: STJ, REsp 81.551/TO, 3.ª Turma, Rel. Min. Waldemar Zveiter, j. 23.09.1997).

Ainda de acordo com a jurisprudência, esclareça-se que os descendentes podem prestar depoimentos em causas que envolvam o casamento ou a união estável de seus ascendentes: "A jurisprudência é pacífica no entendimento de que, a exemplo do que ocorre no direito canônico, os descendentes prestem depoimento em causas matrimoniais" (TJSP, Ap. 224760, Rel. Barbosa Pereira, *RF* 248/201). Trata-se de aplicação da parte final do dispositivo em análise, ora mantido, segundo o qual se admite a prova testemunhal dos parentes tratando--se de causa relativa ao estado de pessoa, caso não se possa obter de outro modo a prova que o juiz repute necessária ao julgamento do mérito da demanda.

Em relação ao interessado no litígio – primeira parte do art. 228, inc. IV, do Código Civil –, há hipótese de suspeição, de acordo com o que estava art. 405, § 3.º, inc. IV, do CPC/1973, confirmado pelo art. 447, § 3.º, inc. II, do CPC/2015. Destaque-se, a propósito, que não se menciona mais, como suspeito, o condenado por crime de falso testemunho, havendo transitado em julgado a sentença (art. 405, § 3.º, inc. I, do CPC/1973). Isso porque a mentira declarada em uma demanda não pode, automaticamente, *condenar* a outra; o que viola a ideia constitucional de presunção de inocência.

Não se declara também como suspeito aquele que, por seus costumes, não for digno de fé (art. 405, § 3.º, inc. II, do CPC/1973), por não estar de acordo com a presunção de boa--fé que guia o sistema privado, seja o material e, agora, o processual. Manteve-se a menção ao inimigo da parte – que não precisa ser mais *capital* – e ao seu amigo íntimo (art. 405, § 3.º, inc. III, do CPC/1973 e art. 447, § 3.º, inc. I, do CPC/2015).

Conforme o antigo parágrafo único do art. 228 do Código Civil, atual § 1.º, foi ampliada a possibilidade de se ouvirem pessoas impedidas e suspeitas, a despeito do que constava do art. 143 do Código Civil revogado. De qualquer forma, pelo tom genérico, a hipótese dos ascendentes por consanguinidade ou afinidade enquadra-se no parágrafo único ora comentado, principalmente em relação àquelas ações que envolvam o nascimento e o óbito dos filhos. Não se pode esquecer, ademais, da viabilidade sempre existente de oitiva de pessoas como *informantes do juízo*, premissa mantida pelo § 5.º do novo art. 447 do Estatuto Processual.

Ainda sobre a prova testemunhal, previa o art. 229 do Código Civil que ninguém poderia ser obrigado a depor sobre fato: *a)* a cujo respeito, por estado ou profissão, deves-se guardar segredo; *b)* a que não pudesse responder sem desonra própria, de seu cônjuge, parente em grau sucessível, ou amigo íntimo; *c)* que o expusesse, ou às pessoas referidas no inciso antecedente, a perigo de vida, de demanda, ou de dano patrimonial imediato.

Pelo que constava anteriormente, no Código Civil de 1916, percebia-se que o texto material antecedente era genérico ao proteger o sigilo profissional e a ética, em total conso-nância com o Texto Constitucional (art. 5.º, inc. XIV, da CF/1988). A regra anterior, constante do art. 144 do CC/1916, era de que "ninguém pode ser obrigado a depor de fatos, a cujo respeito, por estado ou profissão, deva guardar segredo". Sempre foi citado o exemplo do padre, que não poderia depor sobre fatos a ele levados pela confissão.

O então art. 229 do Código Civil de 2002 estava melhor adaptado à lei processual anterior, particularmente ao art. 406 do CPC/1973, que assim dispunha: "Art. 406. A teste-munha não é obrigada a depor de fatos: I – que lhe acarretem grave dano, bem como ao seu cônjuge e aos seus parentes consanguíneos ou afins, em linha reta, ou na colateral em segundo grau; II – a cujo respeito, por estado ou profissão, deva guardar sigilo".

Em síntese, o Código Civil de 2002 afastava a necessidade de a pessoa depor em casos que pudessem gerar a desonra própria, do seu cônjuge, parente em grau sucessível – na linha reta, até o infinito e na linha colateral até quarto grau – ou amigo íntimo. Em todas essas situações, as regras também deveriam ser aplicadas ao companheiro ou à companheira. Quanto à menção ao amigo íntimo, inovação então festejada, caberia ao juiz da causa apreciar caso a caso. Uma namorada ou um namorado poderia ser considerado como amigo íntimo.

Porém, a exemplo do que ocorreu com o *caput* do art. 227 do Código Civil, o art. 229 da lei geral material também foi revogado expressamente pelo art. 1.072, inc. II, do Novo Código de Processo Civil. O teor do art. 406 do CPC/1973 acabou por ser reproduzido pelo art. 448 do CPC/2015, preceituando que a testemunha não é obrigada a depor sobre fatos: *a)* que lhe acarretem grave dano, bem como a seu cônjuge ou companheiro – mais uma vez incluído – e a seus parentes consanguíneos ou afins, em linha reta ou na colateral, até o terceiro grau; e *b)* a cujo respeito, por estado ou profissão, deva guardar sigilo.

Como se nota, foi mantida a tutela relativa ao segredo da profissão, e o clássico exemplo do padre e da confissão a ele realizada. Quanto à proteção dos interesses pessoais da testemunha e dos seus parentes, o termo *grave dano* – mais genérico – substituiu a ideia de *desonra*, mais específica. Por derradeiro, o sistema processual não reproduziu o afastamento da declaração da testemunha que a expunha, ou seus familiares, a perigo de vida, de demanda, ou de dano patrimonial imediato. Parece-me que tais conceitos podem perfeitamente se enquadrar no inciso I do art. 448, que menciona a possibilidade futura de prejuízos, de qualquer natureza. Por isso, nos parece que não havia a necessidade de revogação expressa do art. 229 do Código Civil de 2002.

Para findar o tópico, destaco que no Projeto de Reforma do Código Civil pretende-se resolver alguns dos problemas e dilemas ora expostos. Quanto ao art. 228, inc. I, almeja-se a sua revogação, para que as pessoas com menos de dezesseis anos também possam ser admitidas como testemunhas, desde que não sejam impedidas ou suspeitas. Nesse contexto, o art. 447, § 4.º, do CPC/2015 passará a prever até que, "sendo necessário, pode o juiz admitir o depoimento das testemunhas com menos de dezoito anos de idade, impedidas ou suspeitas".

De toda sorte, é incluída uma norma protetiva no § 3.º do art. 228 do CC/2002, no sentido de que "o depoimento de crianças e adolescentes observará o disposto nos arts. 699 e 699-A da Lei nº 13.105, de 16 de março de 2015, e na Lei nº 13.431, de 4 de abril de 2017, no que couberem". Assim, em todas as hipóteses de depoimentos de crianças e adolescentes, o juiz deverá estar acompanhado por especialista, caso de psicólogo e assistente social. Além disso, o juiz deverá sempre indagar às partes e ao Ministério Público se há risco de violência doméstica ou familiar contra a pessoa com menos de dezoito anos, fixando o prazo de cinco dias para a apresentação de prova ou de indícios pertinentes, e tomando medidas efetivas para evitá-la e para coibi-la.

Como outra proposição a ser destacada, o inciso V do art. 228 do Código Civil passará a prever que não podem ser admitidos como testemunhas "os cônjuges, os conviventes, os ascendentes, os descendentes e os colaterais, até o terceiro grau de alguma das partes, por parentesco natural ou civil, bem como por afinidade". Inclui-se, assim, o convivente que viva em união estável e a menção ao parentesco civil, caso da parentalidade socioafetiva. *Espelhando* essa regra, o art. 447, § 2.º, inc. I, do CPC/2015 passará a expressar como impedidos para atuarem como testemunhas "o cônjuge, o convivente, o ascendente e o descendente em qualquer grau e o colateral, até o terceiro grau, de alguma das partes, por consanguini-

DIREITO CIVIL • VOL. 1 – *Flávio Tartuce*

dade ou afinidade, salvo se o exigir o interesse público ou, tratando-se de causa relativa ao estado da pessoa, não se puder obter de outro modo a prova que o juiz repute necessária ao julgamento do mérito".

Ainda em relação ao art. 228 da Lei Geral Privada, o seu § 1.º passará a prever que "pode o juiz admitir o depoimento das pessoas a que se refere este artigo, para a prova de fatos que só elas conheçam". O ajuste aqui é meramente redacional, para que a sua previsão fique mais clara. Quanto à pessoa com deficiência, em boa hora e com novo ajuste redacional, o § 2.º do art. 228 preceituará que "à pessoa capaz, com deficiência, que necessite de cuidados especiais, serão assegurados todos os recursos de tecnologia assistiva para sua oitiva".

Vale ainda destacar que os incisos I, II, III e IV do § 1.º do art. 447 do Código de Processo Civil são todos revogados expressamente pelo Projeto de Reforma do Código Civil, eis que hoje são desatualizados diante da proteção das crianças e dos adolescentes e do Estatuto da Pessoa com Deficiência, utilizando-se até mesmo expressões tidas como discriminatórias, como "deficiência mental" e "retardamento mental". Como bem justificaram os juristas integrantes da Subcomissão de Parte Geral, com total razão e sobre as pessoas hoje elencadas no Estatuto Processual como incapazes para serem testemunhas, "crianças e adolescentes podem depor como testemunha, mas esse testemunho deve ser dado em depoimento especial". Quanto às pessoas com deficiência, a alteração "foi realizada para manter a coerência com relação às alterações propostas pela Subcomissão no ponto da incapacidade, sendo certo que a revogação proposta no artigo 447 do CPC não trouxe prejuízos nesse ponto". Espera-se, portanto, a aprovação dessas propostas pelo Parlamento Brasileiro, o que é urgente e necessário.

Superada a análise das regras relativas à prova no Código Civil, devidamente confrontadas com o CPC de 2015 e com as propostas de Reforma da Lei Geral Privada, vejamos o tratamento constante da codificação material a respeito das presunções. Com relação ao tema, também houve um impacto com a emergência do Estatuto Processual de 2015.

9.3 PRESUNÇÕES, PERÍCIAS E INVESTIGAÇÃO DE PATERNIDADE. TRATAMENTO LEGAL E ANÁLISE PRÁTICA

Após as regras relativas à prova do negócio jurídico, o Código Civil, em seus arts. 230 a 232, *tratava* originalmente das perícias e presunções. O termo é utilizado no passado, eis que o art. 230 também foi revogado textualmente pelo art. 1.072, inc. II, do CPC/2015. Estabelecia esse diploma material que "as presunções, que não as legais, não se admitem nos casos em que a lei exclui a prova testemunhal".

Como presunções, devem ser entendidas as *deduções feitas pela lei, ou pelo aplicador do direito, que partem de um fato conhecido para chegar a algo desconhecido*. Quando a presunção constar da lei, haverá a *presunção legal*. Por outro lado, haverá a *presunção simples ou hominis* quando deduzida pelo juiz da causa ou pelo aplicador do direito, deixada ao seu livre critério, guiado pela equidade e pela razoabilidade.

A última presunção não merecia aplicação em todas as hipóteses em que a lei proibisse a prova exclusivamente testemunhal, como naquelas envolvendo negócios jurídicos com valor superior a dez salários mínimos, nos termos do também revogado art. 227, *caput*, do CC/2002. Como esse último preceito foi retirado do sistema jurídico expressamente, não parecia existir mais fundamento para o art. 229, que tomou o mesmo destino.

O último dispositivo revogado, porém, não afastava a adoção das presunções legais em casos tais, classificadas como presunções relativas (*iuris tantum*), aquelas que admitem prova

CAP. 9 · PROVA DO NEGÓCIO JURÍDICO NO CC/2002 | 601

em contrário; e presunções absolutas (*iure et de iure*), que não admitem prova em contrário. As primeiras são mais comuns e podem ser observadas em vários dispositivos da codificação material privada, como no art. 322 – presunção de pagamento – e no art. 1.597 – presunções de paternidade.

As últimas – presunções absolutas – são mais raras. Como exemplo de presunção absoluta, pode ser apontada a presunção *iure et de iure* de vulnerabilidade do consumidor, o que justifica a aplicação do Código de Defesa do Consumidor, norma essencialmente protetiva. Nessa linha, Roberto Senise Lisboa aponta que "a presunção absoluta de vulnerabilidade do consumidor deve ser entendida nos limites propostos pelo próprio microssistema positivado. Assim, entende-se que o consumidor é vulnerável 'no mercado de consumo', isto é, quando sujeita-se às práticas de oferta, publicidade e de fornecimento de produtos e serviços, bem como aos contratos referentes à aquisição deles" (LISBOA, Roberto Senise. *Responsabilidade civil...*, 2001. p. 85). A conclusão é retirada da análise do art. 4.º, inc. I, da Lei 8.078/1990.

Com a modificação engendrada pelo novo sistema processual, revogando-se o art. 230 do Código Civil, tanto as presunções relativas ou absolutas, sejam elas legais ou simples, podem ser amplamente aplicadas pelo juiz da causa, sem a existência de qualquer restrição, o que merece aplausos.

O art. 231 do Código Civil traz regra importante e muito comentada nos últimos tempos, enunciando que "aquele que se nega a submeter-se a exame médico necessário não poderá aproveitar-se de sua recusa". Não houve qualquer alteração provocada pela emergência do Código de Processo Civil de 2015, que não traz comando com conteúdo semelhante. Então, tudo continua como dantes quanto a esta última norma material.

Nesse dispositivo, a atual codificação material inovou substancialmente frente ao Código Civil de 1916, apresentando entendimento outrora consolidado na jurisprudência e relacionando a presunção com a realização de perícia. Há no comando a vedação de que a pessoa crie uma situação para dela tirar proveito (*tu quoque*).

A máxima *tu quoque*, anexa à boa-fé objetiva, está relacionada com a *regra de ouro cristã*, que enuncia: *não faça contra o outro o que você não faria contra si mesmo*. A expressão tem origem na frase de dor do Imperador romano Júlio César ao seu filho adotivo Brutus, que havia participado do atentado que o vitimou, querendo dizer "*Até tu?*" (GODOY, Cláudio Luiz Bueno de. *Função Social...*, 2004. p. 88).

Apesar de o comando legal mencionar o *exame médico* em geral, o dispositivo tem aplicação intensa e imediata às concreções envolvendo o exame de DNA. Como é notório, tendo em vista a proteção dos direitos existenciais e de personalidade, particularmente dos direitos de *quarta geração ou dimensão*, ninguém pode ser obrigado a fazer o referido exame, sendo vedada qualquer forma de condução coercitiva determinada por juiz. Continua em vigor o princípio pelo qual ninguém pode ser compelido a fazer prova contra si mesmo, que foi positivado pelo art. 379 do CPC/2015, segundo o qual "preservado o direito de não produzir prova contra si própria, incumbe à parte. (...)". Porém, o Código Civil de 2002 apresenta uma primeira presunção no caso descrito, não podendo o pai que se nega a fazer o exame aproveitar-se dessa recusa (presunção relativa ou *iuris tantum*).

Nessa sintonia, há ainda no art. 231 do CC/2002 a consagração da regra pela qual *ninguém pode beneficiar-se da própria torpeza*, o que é corolário da boa-fé. O objetivo do legislador é claro no sentido de, mais uma vez, buscar a certeza, a segurança jurídica e a verdade real.

Completando essa regra, determina o art. 232 da codificação civil que a recusa à perícia médica ordenada pelo juiz poderá suprir a prova que se pretendia obter com o exame, outra inovação constante da nossa codificação. A exemplo do dispositivo material que o antecede, esse artigo não foi alterado pelo CPC/2015, que não consagra conteúdo com o mesmo teor.

Desse modo, ainda em busca da *verdade real*, o Código Civil de 2002 apresenta presunção relativa (*iuris tantum*) em que aquele que se nega a fazer o exame médico ordenado pelo juiz terá contra si a presunção da prova a que o exame almeja. Exemplificando, em tons práticos, contra o suposto pai que se nega a fazer o exame haverá a presunção relativa da paternidade. Complementando, cite-se o teor da Súmula 301 do STJ, segundo a qual, "em ação investigatória, a recusa do suposto pai a submeter-se ao exame de DNA induz a presunção *juris tantum* de paternidade". Um dos julgados que gerou a súmula tratou de um caso em que o suposto pai, por mais de dez vezes, se negou a fazer o dito exame.

Em data mais próxima, entrou em vigor a Lei 12.004/2009, que acrescentou à Lei 8.560/1992 o art. 2.º-A, determinando o seguinte:

> "Art. 2º-A. Na ação de investigação de paternidade, todos os meios legais, bem como os moralmente legítimos, serão hábeis para provar a verdade dos fatos. Parágrafo único. A recusa do réu em se submeter ao exame de código genético – DNA gerará a presunção da paternidade, a ser apreciada em conjunto com o contexto probatório".

Discutiu-se a necessidade prática dessa lei, eis que a conclusão do seu conteúdo já era retirada dos dispositivos do Código Civil aqui comentados e da jurisprudência consolidada.

Em continuidade de estudo, após uma longa tramitação no Congresso Nacional, foi promulgada e publicada a Lei 14.138/2021, que acrescenta um § 2.º ao art. 2.º-A da Lei 8.560/1992 para permitir, em sede de ação de investigação de paternidade, a realização do exame de pareamento do código genético (DNA) em parentes do suposto pai. Conforme expressa o novo comando legal, "se o suposto pai houver falecido ou não existir notícia de seu paradeiro, o juiz determinará, a expensas do autor da ação, a realização do exame de pareamento do código genético (DNA) em parentes consanguíneos, preferindo-se os de grau mais próximo aos mais distantes, importando a recusa em presunção da paternidade, a ser apreciada em conjunto com o contexto probatório".

Parte da doutrina tratava da realização desse exame em relação aos parentes, sendo necessário destacar as palavras de Rolf Madaleno, especialmente quanto aos comentários ao projeto que gerou a Lei 14.138/2021:

> "A Súmula n. 301 do STJ é mais específica ainda, ao expor que 'em ação investigatória, a recusa do suposto pai em submeter-se ao exame de DNA, induz presunção *juris tantum* de paternidade', deixando evidente que apenas a recusa do indigitado pai induz à presunção, tanto que, por conta dessa omissão legal é que tramita pelo Congresso Nacional, o Projeto de Lei do Senado de n. 415/2009, com o propósito de alterar o art. 2.º da Lei 8.560/1992, e nele acrescentar o § 7.º, que tem a seguinte redação: '§ 7.º Se o suposto pai houver falecido, ou não exista notícia do seu paradeiro, o juiz determinará a realização do exame de código genético – DNA em parentes consanguíneos, preferindo os de grau mais próximo, importando a recusa desses em presunção da paternidade'.
>
> Como deflui desse Projeto de Lei 415/2009, em trâmite no Congresso Nacional, é justamente a ausência de lei regulando a presunção de paternidade diante da recusa dos parentes consanguíneos do investigado que infirma concluir seja inconstitucional presumir um elo de filiação, ou de confissão de negativa de paternidade, se o filho, ou os parentes do réu se negarem a realizar a perícia genética, sendo princípio constitucional intransponível, que ninguém está obrigado a fazer o que a lei não manda.

CAP. 9 · PROVA DO NEGÓCIO JURÍDICO NO CC/2002 | **603**

A essa mesma conclusão chegou a Quarta Turma do Superior Tribunal de Justiça, no Recurso Especial 714.969/MS, ao afirmar que a presunção relativa gerada pela recusa em realizar o exame em DNA só deve incidir quando for originada pelo pretenso genitor, conforme a dicção da Súmula 301 do STJ, por se tratar de direito personalíssimo e indisponível, o que não impede, evidentemente, de o juiz apreciar a negativa como um indício, de acordo com o art. 232 do Código Civil e as demais circunstâncias e provas.

Existem posições divergentes nos tribunais estaduais, merecendo destaque o acórdão oriundo do Quarto Grupo Cível do TJ/RS, nos embargos infringentes 70.013.371.869, concluindo por ensejar a presunção de veracidade do vínculo de filiação pelo não comparecimento injustificado dos irmãos do falecido ao exame em DNA. Agora, em câmbio, não restam dúvidas de que os herdeiros do falecido e indigitado pai devem figurar no polo passivo da ação de investigação de paternidade, cumulada ou não, com petição de herança, pois como herdeiros universais respondem pessoalmente ao processo de investigação de paternidade (CPC, art. 43; CC, arts. 1.601, parágrafo único e 1.606, parágrafo único)" (MADALENO, Rolf. *Curso...*, 2011. p. 549-550).

Além dos julgados mencionados, o doutrinador destacava, antes da alteração legislativa de 2021, que "o indício da omissão dos parentes, portanto, não se compara com a recusa do suposto pai, primeiro, porque as regras de presunção contidas na Lei 12.004/2009 e na Súmula 301 do STJ são endereçadas ao suposto pai renitente, e não para os seus parentes. Depois, diante do evento morte do indigitado genitor, o autor da ação dispõe de outras provas biológicas, que podem ser periciadas sobre os restos mortais do falecido com a exumação do cadáver, isso se o corpo não foi cremado, isto se não existir material biológico que ele tenha, ainda em vida, depositado em custódia em um laboratório ou banco genético, com a finalidade específica de esse material ser consultado pela autoridade competente e interferir positiva ou negativamente nos direitos constitucionais concernentes à identidade e origem genética de outras pessoas" (MADALENO, Rolf. *Curso...*, 2011. p. 550-551).

A Lei 14.138/2021 parece ter superado divergências anteriores, possibilitando de forma incontestável a realização do exame de DNA nos parentes do falecido investigado, gerando a sua recusa a presunção relativa ou *iuris tantum* do vínculo biológico, a ser analisada com outras provas. Assim, com o novo comando, passaram a ser úteis e necessárias as previsões anteriores do art. 2.º-A da Lei 8.560/1992, introduzidas em 2009, que são completadas pela nova norma.

Anoto que julgados superiores já vinham entendendo dessa forma, pela presença de uma presunção relativa e aplicando o enunciado de súmula antes citado. Como se retira de acórdão da Quarta Turma do STJ, do ano de 2015, e de outros sucessivos, na mesma linha e com igual relator: "inexistindo a prova pericial capaz de propiciar certeza quase absoluta do vínculo de parentesco (exame de impressões do DNA), diante da recusa dos irmãos paternos do investigado em submeter-se ao referido exame, comprova-se a paternidade mediante a análise dos indícios e presunções existentes nos autos, observada a presunção *juris tantum*, nos termos da Súmula 301/STJ. Precedentes" (STJ, Ag. Rg. no AREsp. 499.722/DF, 4.ª Turma, Rel. Min. Raul Araújo, j. 18.12.2014, *DJe* 06.02.2015).

Como palavras finais sobre a nova norma, na linha das lições de Rolf Madaleno, pode-se concluir que a Lei 14.138/2021 fez que a negativa dos parentes do investigado falecido ao exame de DNA deixasse de ser um mero indício do vínculo biológico, passando a gerar uma presunção. Conforme se retira da doutrina processualista que sigo, a presunção representa uma relação entre o fato indiciário (provado) e o fato presumido (não provado), "decorrente da constatação lógica de que, se o primeiro ocorreu, muito provavelmente o segundo terá

604 | DIREITO CIVIL • VOL. 1 – *Flávio Tartuce*

ocorrido" (ASSUMPÇÃO NEVES, Daniel Amorim. *Manual...*, 2019. p. 714). Sendo assim, não se pode negar que o impacto da negativa ao exame de pareamento genético pelo parente passa a gerar o mesmo efeito da negativa pelo próprio investigado.

Feita essa importante atualização, o que se percebe, portanto, é que não cabe mais como outrora, em ações desse tipo, a mera prova testemunhal, muitas vezes fundada no relacionamento plúrimo da mãe com vários homens ao mesmo tempo (*exceptio plurium concubentium*). Essa alegação, aliás, pode ser tida como violadora da dignidade da mãe, podendo até ensejar a reparação dos danos morais por ela suportados.

Pela quase certeza absoluta do exame de DNA, meio de prova dos mais eficientes, deve o magistrado determinar a sua realização. Negando-se o suposto pai a fazer o exame de DNA, poderá o juiz valer-se da referida presunção, baseada também em outros meios probatórios. Cabe ao juiz, portanto, a análise do caso concreto. É interessante deixar claro que se trata de uma presunção relativa, afastada pela realização posterior do exame de DNA.

Por uma questão de bom senso e pela igualdade consagrada no Texto Maior, o art. 232 do CC/2002 também se aplica à mãe que eventualmente se nega a fazer a perícia médica visando identificar a maternidade, situação que se tornou comum nos últimos tempos, principalmente nas hipóteses de troca de bebês em maternidades e hospitais. Igualmente se aplica aos sucessores do suposto pai que se negam a fazer o exame ou não autorizam a realização de necropsia do falecido, conforme entendeu o Tribunal de Santa Catarina:

> "Agravo retido. Cerceamento de defesa. Oitiva de testemunhas. Prova realizada por precatória. Nulidade refutada. Desprovimento. Apelação cível. Ação de investigação de paternidade. Reconhecimento recaído em pessoa falecida. Negativa pura e simples dos herdeiros em realizar o exame de DNA. Presunção de paternidade. Exegese dos arts. 231 e 232 do Código Civil. Aplicação subsidiária da Súmula 301 do STJ. Sentença mantida. Apelo desprovido. A recusa desprovida de justificativa dos herdeiros em realizar o exame de DNA, nas ações de investigação de paternidade, faz incidir a redação dos arts. 231 e 232 do Código Civil, de modo que a paternidade do investigado convola-se em presumida" (TJSC, Acórdão 2007.060709-4, 3.ª Câmara de Direito Civil, Rio do Sul, Rel. Des. Fernando Carioni, *DJSC* 16.04.2008, p. 136).

Com relação ao último dispositivo, foi feita proposta de enunciado na *III Jornada de Direito Civil*, *in verbis*: "a perícia de que trata o art. 232 há de ser realizada por especialista formado em medicina, justificando-se qualquer recusa de submissão a tal exame sempre que os laboratórios e peritos não pertencerem ao ramo de medicina". Essa proposta de enunciado doutrinário, com o qual há que se concordar, aplica-se principalmente aos exames feitos extrajudicialmente, em laboratórios especializados, e traz no seu conteúdo a aplicação do princípio da boa-fé para a perícia em questão. No entanto, infelizmente, o enunciado doutrinário não foi aprovado pela comissão da Parte Geral na *III Jornada de Direito Civil*.

Anoto que, diante de toda essa complexidade que hoje existe a respeito do tema, o Projeto de Reforma do Código Civil pretende revogar expressamente o seu art. 232. A ideia surgiu na Subcomissão de Parte Geral e, conforme as suas justificativas, "o art. 232 do Código Civil é tecnicamente mal redigido: fala em 'poderá suprir', o que do ponto de vista normativo nada quer dizer, e se restringe às perícias médicas, e não a qualquer perícia. O avanço, posterior a 2002, nas provas genéticas e as mudanças promovidas pela Lei n. 12.010/2009 na Lei n. 8.560/1992 (Lei da Investigação de paternidade ou maternidade) também tornaram obsoleto e desnecessário este dispositivo, que merece, por isso, revogação". A proposição foi aceita pela Relatoria-Geral e pelos demais membros da Comissão de Juristas.

De fato, o exame de DNA vem sendo apontado pela doutrina e pela jurisprudência como meio de prova dos mais eficazes, justamente porque dá certeza quase absoluta da ausência ou da presença do vínculo biológico. Compreendemos que os comandos legais ora estudados constituem normas de ordem pública, mantendo relação direta com o princípio de proteção da dignidade da pessoa humana (art. 1.º, inc. III, da CF/1988), bem como com a igualdade entre filhos, havidos ou não da relação de casamento (art. 227, § 6.º, da CF/1988 e art. 1.596 do CC).

Entretanto, uma questão de grande relevância prática cabe ser levantada a respeito do tema: pode o réu dessa ação negar-se a fazer tal exame? Caso ocorra a negativa, caberá a prisão civil?

Sobre esse tema, sempre discorreram muito bem Pablo Stolze Gagliano e Rodolfo Pamplona Filho. Lembram esses doutrinadores contemporâneos o seguinte:

> "Em artigo publicado no *site* do Conselho da Justiça Federal, o Ministro Moreira Alves ponderou: 'No Supremo Tribunal Federal, não há muito, tivemos uma vasta discussão em *habeas corpus*, em que uma juíza havia determinado, debaixo de vara, a condução de um investigando de paternidade que se recusava a extrair sangue para efeito do exame de DNA. A juíza não teve dúvida e disse: conduza-se, ainda que à força. Ele alegava: tenho terror e pânico até de injeção, quanto mais de tirar sangue. Depois de uma vasta discussão no Plenário do Supremo Tribunal Federal, por 6 votos a 5, considerou-se que isso atingia um direito de personalidade dele de não querer tirar sangue, mas corria contra ele, obviamente, a presunção de que realmente fosse o pai'" (GAGLIANO, Pablo Stolze; PAMPLONA FILHO, Rodolfo. *Novo Curso...*, 2003. v. I, p. 455).

Na situação descrita, percebe-se um claro choque entre direitos fundamentais ou de personalidade: direito ao reconhecimento do vínculo de paternidade *x* direito à integridade física e intimidade. Qual desses direitos deve prevalecer? A questão parece simples, mas não o é. Deve-se fazer uma ponderação entre esses direitos fundamentais, conforme prescreve o tão citado Enunciado n. 274 do CJF/STJ, da *IV Jornada de Direito Civil*, evento promovido pelo Conselho da Justiça Federal no ano de 2006: "Os direitos da personalidade, regulados de maneira não exaustiva pelo Código Civil, são expressões da cláusula geral de tutela da pessoa humana, contida no art. 1.º, III, da Constituição (princípio da dignidade da pessoa humana). Em caso de colisão entre eles, como nenhum pode sobrelevar os demais, deve-se aplicar a técnica da ponderação".

Vale lembrar, seguindo o que foi desenvolvido no Capítulo 3 desta obra, que a ponderação passou a compor legalmente o Código de Processo Civil de 2015, com grandes impactos para o futuro, de acordo com a precisa dicção do seu art. 489, § 2.º, *in verbis*: "No caso de colisão entre normas, o juiz deve justificar o objeto e os critérios gerais da ponderação efetuada, enunciando as razões que autorizam a interferência na norma afastada e as premissas fáticas que fundamentam a conclusão".

No caso descrito, há, de um lado, o direito do filho em saber quem é o seu pai, o que envolve a sua dignidade (*direito à verdade biológica*). Do outro, o direito à integridade física e à intimidade genética do suposto pai, o que também envolve a sua dignidade (*direito à intimidade biológica*). Parece-me não existir outra saída que não seja a adoção da *técnica de ponderação ou de pesagem*.

Partindo-se para outra técnica para a solução do problema, *clássica*, diga-se de passagem, nota-se um claro choque de normas de primeiro grau no plano hierárquico, tido como um conflito propriamente dito, caso de antinomia real, envolvendo dois direitos da personalidade. Sendo assim, deve o aplicador do direito buscar socorro nos arts. 4.º e 5.º da Lei de Introdução.

Aplicando de forma imediata o princípio de proteção da dignidade da pessoa humana (art. 4.º da Lei de Introdução c/c o art. 1.º, inc. III, da CF/1988) e o fim social da norma (art. 5.º da Lei de Introdução), conclui-se que a condução coercitiva do suposto pai não pode ocorrer, pela proteção indeclinável do direito à liberdade e à intimidade. Como aponta a melhor doutrina, que segue os citados critérios clássicos, "o pai pode se negar a fazer o teste, por ser um atentado à sua privacidade, imagem científica e intangibilidade corporal" (DINIZ, Maria Helena. *Curso...*, 2003. v. 5).

Desse modo, há a proteção dos direitos de *quarta geração ou dimensão*, aqueles relacionados com o patrimônio genético da pessoa humana, valorizada a sua dignidade à luz do Texto Maior. Assim entendeu o Supremo Tribunal Federal, em votação apertada, conforme ementa a seguir transcrita:

> "Investigação de paternidade. Exame DNA. Condução do réu 'debaixo de vara'. Discrepa, a mais não poder, de garantias constitucionais implícitas e explícitas – preservação da dignidade humana, da intimidade, da intangibilidade do corpo humano, do império da lei e da inexecução específica e direta de obrigação de fazer – provimento judicial que, em ação civil de investigação de paternidade, implique determinação no sentido de o réu ser conduzido ao laboratório, 'debaixo de vara', para coleta do material indispensável à feitura do Exame DNA. A recusa resolve-se no plano jurídico-instrumental, consideradas a dogmática, a doutrina e a jurisprudência, no que voltadas ao deslinde das questões ligadas à prova dos fatos" (STF, HC 71.373/RS, Tribunal Pleno, Rel. Min. Francisco Rezek, Rel. p/ o acórdão Min. Marco Aurélio, j. 10.11.1994, *DJ* 22.11.1996, p. 45.686, Ement. v. 1851-02, p. 397).

Como aponta Mônica Aguiar, professora da Universidade Federal da Bahia, o julgado acaba representando a tutela do *Habeas Genoma*. Suas palavras merecem destaque, propondo uma nova medida processual para a proteção dos dados biológicos, que não foi adotada pelo CPC/2015, infelizmente:

> "Outrossim, há que ressaltar que a informação genética é única, singular, haja vista que todo indivíduo é geneticamente irrepetível. Os dados dos genótipos são inalteráveis. (...) A proteção desse direito há de ser garantida pela construção de um instrumento processual próprio intitulado *Habeas Genoma*, que deve ser preferencialmente preventivo para assegurar que não ocorra o acesso ilícito aos dados pessoais do genoma humano" (AGUIAR, Mônica. *Direito à intimidade genética...*, 2006. p. 203).

Resumindo, ponderou-se a favor do direito do suposto pai, de forma majoritária. Contudo, há quem entenda que deveria ter prevalecido o direito do filho. Nesse sentido, filia-se à renomada jurista Maria Celina Bodin de Moraes, que critica a decisão, pois haveria um abuso de direito por parte do suposto réu no caso em questão. É o seu parecer: "o direito à integridade física configura verdadeiro direito subjetivo da personalidade, garantido constitucionalmente, cujo exercício, no entanto, se torna abusivo se servir de escusa para eximir a comprovação, acima de qualquer dúvida, de vínculo genético, a fundamentar adequadamente as responsabilidades decorrentes da relação de paternidade" (MORAES, Maria Celina Bodin de. *Recusa à realização...*, 1997. p. 194).

De qualquer forma, mesmo sendo esse o caminho, de preservação do direito do investigado, caso o suposto pai se negue a fazer o exame, correrá contra ele a presunção de

CAP. 9 · PROVA DO NEGÓCIO JURÍDICO NO CC/2002 | 607

que mantém o vínculo, de acordo com as regras previstas nos arts. 231 e 232 do CC/2002, o que há tempos vem sendo aplicado pela melhor jurisprudência (Súmula 301 do STJ).

A título de exemplo, se um suposto pai se nega a fazer o exame por cinco vezes, correrá contra ele tal presunção. De todo modo, uma vez que a presunção é relativa, deve o juiz analisar outras provas fáticas antes de sentenciar a ação de investigação de paternidade. Esgotados todos os meios de prova, e sendo determinada a nova realização do exame, negando-se mais uma vez o suposto pai, pode o juiz da causa entender que a presunção passa a ser absoluta (*iure et de iure*). Tudo isso, reafirme-se, foi mantido integralmente com a emergência do CPC de 2015, ora em vigor.

9.4 CONFRONTAÇÃO ENTRE O ART. 221 DO CÓDIGO CIVIL E O ART. 784, II, DO CPC/2015, CORRESPONDENTE AO ART. 585, II, DO CPC/1973. APLICAÇÃO DO ESTUDO DAS ANTINOMIAS OU LACUNAS DE CONFLITO

Conforme antes mencionado, prevê o art. 221, *caput*, do CC/2002:

> "Art. 221. O instrumento particular, feito e assinado, ou somente assinado por quem esteja na livre disposição e administração de seus bens, prova as obrigações convencionais de qualquer valor; mas os seus efeitos, bem como os da cessão, não se operam, a respeito de terceiros, antes de registrado no registro público".

Com relação a tal dispositivo material, debateu-se logo após a emergência da codificação material de 2002 se ele revogou ou não a então norma do art. 585, inc. II, do CPC/1973, que estabelecia ser título executivo extrajudicial o documento particular assinado pelo devedor e por duas testemunhas. O debate tende a persistir, como ainda se verá mais à frente, pois o comando processual anterior foi rigorosamente repetido pelo art. 784, inc. III, do CPC/2015.

Como o art. 221 da atual codificação material usa o termo *documento somente assinado*, estaria afastada a necessidade de assinatura de duas testemunhas para os negócios jurídicos, visando à ação executiva? Sempre respondeu positivamente o jurista e magistrado paulista Antonio Jeová Santos, nos seguintes termos:

> "O art. 221 do CC/2002 revogou, de forma tácita, o art. 585, II, do CPC, na parte que exige duas testemunhas para que o documento seja considerado título executivo, porque 'lex porterior derrogat priorem' ou no vernáculo: 'lei posterior revoga a anterior'. Aos contratos celebrados na vigência do atual Código, não mais será necessária a presença de testemunhas para a existência do título executivo. Ao deixar de ter este requisito para a validade de contrato, não pode a regra processual subsistir, mantendo a exigência para que o contrato seja tido como título executivo extrajudicial.
>
> Contratos firmados depois da vigência do Código Civil de 2002 que não tenham testemunhas, quando descumpridos e se tiverem os demais requisitos para a execução, como a liquidez, certeza e exigibilidade, servirão como título executivo, abstraída a parte do art. 585, II, do CPC que mantinha a obrigatoriedade de que no documento constasse a assinatura de duas testemunhas, para que a parte pudesse lançar mão do processo de execução" (SANTOS, Antonio Jeová. *Direito intertemporal...*, 2003. p. 122).

Com o devido respeito, nunca me filiei a esse entendimento, desde a primeira edição desta obra, publicada no ano de 2004. Ao contrário da posição de Antonio Jeová Santos,

608 | DIREITO CIVIL • VOL. 1 – *Flávio Tartuce*

entendo que, no caso descrito, não haveria uma antinomia de primeiro grau aparente, devendo a norma posterior (o Código Civil de 2002) prevalecer sobre a norma anterior (o Código de Processo Civil de 1973), gerando a revogação do seu art. 585, inc. II. Se assim fosse, a questão igualmente estaria solucionada com a emergência do CPC vigente, que é posterior.

Na realidade, a minha posição sempre foi no sentido de que o art. 221 do CC/2002 constitui uma *norma geral posterior*, se comparada com o art. 585, inc. II, do CPC/1973, *norma especial anterior.* A primeira constitui norma geral porque não trata especificamente do processo de execução, mas da prova do negócio jurídico de maneira genérica. Aliás, esse é o posicionamento sempre defendido em relação a todo o tratamento previsto no Código Civil quanto à prova do negócio jurídico, conforme se depreende da leitura do presente capítulo, desde o seu início.

Por outra via, o art. 585, inc. II, do CPC/1973 constituía norma especial anterior. Especial porque tratava do processo de execução, como norma processual específica. Anterior porque realmente o Código de Processo Civil antigo entrou em vigor antes do Código Civil de 2002.

Sendo assim, havia, no caso em questão, uma antinomia, conflito de normas entre os dois dispositivos. No entanto, tratava-se de uma *antinomia aparente*, uma vez que sempre houve *metacritério* para solução desse conflito, devendo prevalecer a especialidade do Código de Processo Civil de 1973. A antinomia era, ainda, uma colisão de *segundo grau*, envolvendo, além desse critério, o cronológico.

Como é notório, o critério da especialidade deverá prevalecer sobre o critério cronológico, eis que consta da Constituição Federal, na segunda parte do princípio constitucional da isonomia, consagrado pelo art. 5.º, *caput*, da Lei Maior (*a lei deve tratar de maneira desigual os desiguais*) (sobre o tema, ver: DINIZ, Maria Helena. *Conflito de normas...*, 2003). Essa é a razão relevante para que continuasse a ser aplicada a regra processual, estabelecida no art. 585, inc. II, do CPC/1973.

Por isso, continuo a entender pela necessidade da assinatura de duas testemunhas, para que determinado negócio jurídico ou contrato seja considerado título executivo extrajudicial, pelo menos em regra. Anote-se que o debate e a conclusão expostos nesta obra, em edições anteriores, constam de acórdãos do Tribunal de Justiça de São Paulo. Vejamos duas dessas ementas:

"Execução de título extrajudicial. Contrato de compra e venda de fundo de comércio. Ausência de assinatura de duas testemunhas. Extinção do feito sem julgamento do mérito. Sentença mantida. Recurso não provido. 1. Ação executiva fundada em contrato particular de compra e venda de fundo de comércio, sem assinatura de duas testemunhas. Impossibilidade. 2. Documento que não constitui título executivo extrajudicial. Art. 585, II, CPC. 3. Antinomia com o art. 221, do Código Civil em vigor. Inocorrência. Norma civilista genérica e que diz respeito à prova do negócio jurídico. 4. Prevalência da regra específica do Código de Processo Civil, a qual contém os requisitos para que o negócio jurídico válido e eficaz constitua título executivo. Precedentes. 5. Sentença de extinção do feito, sem julgamento de mérito, mantida. 6. Apelação da autora não provida" (TJSP, Apelação 0034458-20.2011.8.26.0564, 6.ª Câmara de Direito Privado, São Bernardo do Campo, Rel. Des. Alexandre Lazzarini, j. 06.09.2012).

"Contrato. Instrumento particular de confissão de dívida. Assinatura por duas testemunhas. Imprescindibilidade para conferir executividade ao documento. Hipótese em que testemunhas, advogados, vieram a propor ação de execução do contrato que subscreveram, representando a credora. Impedimento legal (art. 405, § 2.º, III, do CPC). Presunção absoluta de interesse. Título destituído de eficácia executiva. Extinção da execução sem resolução do mérito. Embargos do devedor procedentes. Apelação provida para esse fim" (TJSP, Apelação 991.07.085930-1, Acórdão 4657409, 19.ª Câmara de Direito Privado, Mogi Guaçu, Rel. Des. Ricardo Negrão, j. 27.07.2010, *DJESP* 31.08.2010).

Cabe ressaltar que outros julgados da mesma Corte Paulista seguem a mesma premissa, que acaba prevalecendo no Tribunal Bandeirante, na linha do primeiro aresto transcrito. Como o CPC de 2015 repetiu a exigência das duas testemunhas, a tese anterior e supostamente minoritária parecia ter perdido a sua força.

Entretanto, no ano de 2018, surgiu um julgado do Superior Tribunal de Justiça reforçando a visão até então tida como minoritária, o que abriu o debate novamente e gerou a discussão da temática perante o Congresso Nacional. Em aresto da sua Terceira Turma, entendeu-se que constitui título executivo extrajudicial o contrato eletrônico de mútuo assinado digitalmente – por meio de criptografia assimétrica –, em conformidade com a infraestrutura brasileira de chaves públicas. Foi dispensada a assinatura de duas testemunhas no reconhecimento desse caráter executivo. Como consta do *decisum,* em trecho que merece destaque:

> "Nem o Código Civil, nem o Código de Processo Civil, inclusive o de 2015, mostraram--se permeáveis à realidade negocial vigente e, especialmente, à revolução tecnológica que tem sido vivida no que toca aos modernos meios de celebração de negócios, que deixaram de se servir unicamente do papel, passando a se consubstanciar em meio eletrônico. A assinatura digital de contrato eletrônico tem a vocação de certificar, através de terceiro desinteressado (autoridade certificadora), que determinado usuário de certa assinatura a utilizara e, assim, está efetivamente a firmar o documento eletrônico e a garantir serem os mesmos os dados do documento assinado que estão a ser sigilosamente enviados. Em face destes novos instrumentos de verificação de autenticidade e presencialidade do contratante, possível o reconhecimento da executividade dos contratos eletrônicos" (STJ, REsp 1.495.920/ DF, 3.ª Turma, Rel. Min. Paulo de Tarso Sanseverino, j. 15.05.2018, *DJe* 07.06.2018).

Com o devido respeito, apesar de representar uma saudável tentativa de redução de entraves burocráticos, não me filiava ao julgamento superior, por contrariar a afirmação de ser o rol dos títulos executivos taxativo ou *numerus clausus.* Entendo, na verdade, que essa mudança e o reconhecimento devem se dar no plano legislativo, como almejava o grande *Projeto de Lei de Desburocratização,* originário do Senado Federal, e que teve a minha atuação consultiva colaborativa (PLS 22/2018).

Esse necessário tratamento legislativo a respeito do tema constante do último julgado veio com a Lei 14.620/2023, que incluiu um novo § 4.º ao art. 784 do CPC, prevendo que, "nos títulos executivos constituídos ou atestados por meio eletrônico, é admitida qualquer modalidade de assinatura eletrônica prevista em lei, dispensada a assinatura de testemunhas quando sua integridade for conferida por provedor de assinatura". Não se pode negar uma forte influência do *decisum* na elaboração da nova norma, que passa a ser considerada para os devidos fins práticos, dispensando-se a necessidade de duas testemunhas prevista no inciso III do comando, nos casos de atendidos os seus requisitos na contratação eletrônica.

9.5 DO TRATAMENTO DA ATA NOTARIAL E DA CARGA DINÂMICA DA PROVA NO CÓDIGO DE PROCESSO CIVIL DE 2015

A encerrar o presente capítulo, oportuno trazer para comentários dois temas que não estavam tratados no Código de Processo Civil de 1973 e que passaram a ser regulados, com importantes repercussões para o direito material: a utilização da ata notarial como meio de prova e a carga dinâmica da prova.

Os temas são tratados neste adendo especial pelo fato de não terem relação com a matéria de Direito Civil solicitada dos alunos de graduação no primeiro semestre dos cursos de Direito. Assim, as abordagens que se seguem servem como orientação para aqueles que querem aprofundar seus estudos, especialmente no âmbito da pós-graduação e no campo profissional.

Em relação ao primeiro instituto, a ata notarial, o novo art. 384 do CPC/2015 preceitua que a existência e o modo de existir de algum fato podem ser atestados ou documentados, a requerimento do interessado, mediante ata lavrada por tabelião. Conforme o único parágrafo da norma, dados representados por imagem ou som gravados em arquivos eletrônicos poderão constar da ata notarial.

Pontue-se que, com importantes consequências práticas, a ata notarial passou a ser admitida para a prova da posse *ad usucapionem*, visando à usucapião extrajudicial ou administrativa (inclusão do novo art. 216-A na Lei de Registros Públicos – Lei 6.015/1973).

A elaboração de atas notariais para prova de fatos já é realidade brasileira, especialmente para demonstrar documentos que são encontrados na *internet* e cujo conteúdo pode ser a vir retirado da grande rede de computadores. Nos termos do Enunciado n. 70, aprovado na *I Jornada de Direito Notarial e Registral*, aqui antes exposto, a prova escrita da celebração de um negócio jurídico pode ser complementada por ata notarial que reproduza diálogos por meio de aplicativos e redes sociais. A esse propósito, vejamos o que observa Fernanda Tartuce:

> "Ante a efemeridade de dados e o crescente uso de comunicações eletrônicas, é de suma relevância registrar elementos de prova colhidos no suporte digital, como vídeos, mensagens e imagens postadas na *internet*. Nesse cenário, registrar a ocorrência do fato pela ata notarial é um eficiente meio de perenizar informações que podem desaparecer. Por meio da ata notarial, o notário certifica ocorrências e acontecimentos com imparcialidade e autenticidade, pré-constituindo prova sobre páginas eletrônicas, *sites* ou outros documentos eletrônicos (como *e-mails* ou mensagens de celular), fixando um fato. Por esse meio também é possível provar fatos caluniosos, injúrias e difamações. Como se percebe, trata-se de uma forma interessante de registro – sobretudo, porque é robustecida pela fé pública com que é constituída. Sua eficácia *juris tantum* tem o condão de transferir o ônus da prova àquele que pretender provar o equívoco contido no documento público; tal inversão do ônus probatório, por si só, é causa suficiente para tirar dos cobiçosos o desejo de, na esperança de sucesso, deduzirem demandas infundadas" (TARTUCE, Fernanda. *Prova nos processos...*, 2014, p. 48-49).

A doutrinadora demonstra em seu texto a importância da ata notarial para as demandas de Direito de Família – que recebeu um capítulo específico no CPC/2015 –, especialmente para os vulneráveis que tenham dificuldade de produção probatória, caso dos alimentandos. Cita, ainda, a viabilidade de sua utilização para a prova de abusos cometidos por pais e para demonstrar atos de alienação parental. E arremata, com palavras às quais estou filiado totalmente: "há muitos outros fatos que foram e poderão ser objeto de ata notarial, como a constatação de mensagem de texto em telefone celular e a existência de mensagens em programa de comunicação pessoal na *internet*. A inventividade dos advogados foi e sempre será essencial para imaginar e concretizar novas possibilidades de uso da ata notarial em prol do direito de seus clientes e da concretização dos princípios do Direito de Família" (TARTUCE, Fernanda. *Prova nos Processos...* 2014, p. 51).

No que diz respeito à *carga dinâmica da prova*, era ela apontada como exceção às premissas fixadas pelo art. 333 do CPC/1973, no sentido de que o ônus da prova incumbia: *a)* ao autor da ação, quanto ao fato constitutivo do seu direito; *b)* ao réu, quanto à existência de fato impeditivo, modificativo ou extintivo do direito do autor (sobre o tema: ZANETTI,

CAP. 9 · PROVA DO NEGÓCIO JURÍDICO NO CC/2002 | 611

Paulo Rogério. *Flexibilização das regras...*, 2001; GRINOVER, Ada Pellegrini; WATANABE, Kazuo; LAGRASTA, Caetano (Coord.). *Mediação...*, 2007).

Sabe-se que essas premissas foram reafirmadas pelo art. 373, *caput*, do CPC/2015. Entretanto, sem prejuízos de outros comandos que tratam da sua viabilidade, os seus parágrafos passaram a prescrever que "§ 1.º Nos casos previstos em lei ou diante de peculiaridades da causa relacionadas à impossibilidade ou à excessiva dificuldade de cumprir o encargo nos termos do *caput* ou à maior facilidade de obtenção da prova do fato contrário, poderá o juiz atribuir o ônus da prova de modo diverso, desde que o faça por decisão fundamentada, caso em que deverá dar à parte a oportunidade de se desincumbir do ônus que lhe foi atribuído. § 2.º A decisão prevista no § 1.º deste artigo não pode gerar situação em que a desincumbência do encargo pela parte seja impossível ou excessivamente difícil. § 3.º A distribuição diversa do ônus da prova também pode ocorrer por convenção das partes, salvo quando: I – recair sobre direito indisponível da parte; II – tornar excessivamente difícil a uma parte o exercício do direito".

Já é consolidado que a inversão do ônus da prova tratada pelo art. 6.º, inciso VIII, do Código de Defesa do Consumidor representou notável avanço, teórico e prático, quanto à justa distribuição dos encargos probatórios, facilitando muito as *jornadas processuais* dos consumidores em suas contendas. Porém, era realmente necessário estender a viabilidade de distribuição diferenciada dos encargos probatórios. Uma hipótese a ser citada, inicialmente não abrangida pela Lei 8.078/1990, diz respeito aos aderentes contratuais que não são consumidores.

Como é cediço, o contrato de adesão não necessariamente é um contrato de consumo, como reconhece o Enunciado n. 171, aprovado na *III Jornada de Direito Civil*, do Conselho da Justiça Federal e do Superior Tribunal de Justiça. O contrato de adesão é aquele que tem *conteúdo imposto* por uma das partes – o estipulante – à outra – o aderente. O contrato de consumo é aquele que atende aos requisitos constantes dos arts. 2.º e 3.º do CDC, configurado pelo fornecimento de produtos ou pela prestação de serviços por um profissional, que desenvolve atividade no mercado de consumo, a um consumidor, destinatário final, fático e econômico, do objeto do negócio.

Muitos contratos contemporâneos são de adesão sem serem de consumo, caso da franquia, da locação imobiliária, da fiança típica e da representação comercial. Nota-se, em muitas situações envolvendo tais pactos, a presença de um aderente contratual, submetido a um conteúdo negocial imposto unilateralmente, abusivo e extorsivo, como regra.

Parece-me plenamente viável a adoção da *carga dinâmica da prova*, em prol desses sujeitos, especialmente para proteger o pequeno empresário, que não é consumidor, por utilizar aquele contrato como fonte de produção e de rendas, não sendo destinatário final fático e econômico do seu objeto. Ora, amplia-se a proteção do aderente inaugurada pelo Código Civil de 2002, sobretudo pelos seus arts. 423 ("Quando houver no contrato de adesão cláusulas ambíguas ou contraditórias, dever-se-á adotar a interpretação mais favorável ao aderente") e 424 ("Nos contratos de adesão, são nulas as cláusulas que estipulem a renúncia antecipada do aderente a direito resultante da natureza do negócio").

Outra utilização da carga dinâmica da prova diz respeito, novamente, às ações de Direito de Família. Nessa linha, vejamos as palavras de Caetano Lagrasta, um dos pioneiros a fazer tal correlação no Brasil:

> "No Direito de Família, com absoluta certeza, existe o momento da inversão do ônus e da aplicação da carga dinâmica da prova, como corolários do princípio constitucional da garantia da dignidade da pessoa humana, em aplicação extensiva do conceito de política pública em seu mínimo existencial, coroando o referido princípio na esfera processual, como tratamento igualitário das partes e, reitere-se, a afastar o retrocesso social.

A discussão sobre este momento, numa primeira abordagem, indica não poder ultrapassar a fase instrutória, não só diante da natureza da causa, como em razão de sua evidente aplicação caso a caso. Desta forma, não será possível imaginar-se que ao definir o juiz os pontos controvertidos da demanda, também na incansável busca por uma solução conciliada, em tudo superior àquela da sentença, seja-lhe permitido recorrer a formalismos omissivos.

Na linha de raciocínio da aplicação de políticas públicas ao Direito de Família (LAGRASTA, 2011) delongas ou omissões irão configurar um retrocesso social, seja por proteger aquele que possuir melhor capacidade técnica ou econômica, em evidente prejuízo da parte hipossuficiente ou vulnerável. Para Watanabe (2011) independeria até mesmo de sua situação econômica, diante da manifesta vulnerabilidade (*op. cit.*, p. 8) – pois, ao recusar o magistrado a aplicação correta do princípio da carga dinâmica da prova, assumiria atitude de indisfarçável comodismo ou formalismo retrógrado.

Assim, no mais das vezes, por evidente vulnerabilidade, a recusa nas ações de alimentos, a ser apreciada antes do encerramento da fase probatória, afeta a sobrevivência ou desenvolvimento do alimentando ou da prole, por fazer prevalecer o interesse da parte mais capacitada técnica ou economicamente sobre o direito à dignidade dos credores.

Outra não é a situação quando do surgimento da desconsideração da pessoa jurídica inversa ou da pessoa física, quando o participante da relação omite bens, transferindo-os para a família ou, na condição inversa, os atribui a terceiro para prejudicar o cônjuge ou companheiro. Ao agir com dolo intenso – característica da fraude – estabelece nexo de causalidade que permite, além das reprimendas processuais, a indenização por danos morais" (LAGRASTA NETO, Caetano. *Carga...*, 2012. p. 344-345).

O texto transcrito conta com o meu total apoio doutrinário, cabendo destacar as exatas palavras ditas sobre a desconsideração inversa da personalidade jurídica, que igualmente recebeu tratamento específico no Código de Processo Civil de 2015 e está desenvolvida no Capítulo 4 deste livro.

Acredita-se que a carga dinâmica da prova e a ampliação da sua inversão tornam mais justo e efetivo o Direito Processual Civil no Brasil, em prol daqueles que merecem ser protegidos. Isso já vem ocorrendo nos anos de vigência do CPC de 2015.

9.6 RESUMO ESQUEMÁTICO

Prova do negócio jurídico (rol exemplificativo – *numerus apertus*):

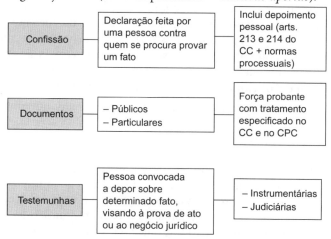

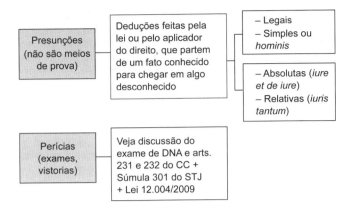

9.7 QUESTÕES CORRELATAS

01. (TJMS – Vunesp – Juiz Substituto – 2015) Assinale a alternativa correta no que tange às provas e seus meios de produção, de acordo com a legislação civil aplicável e entendimento jurisprudencial sobre a matéria.

(A) A confissão prevalece sobre os demais meios de prova e a prova documental, em regra, prevalece sobre a prova testemunhal.

(B) Os relativamente incapazes podem ser admitidos como testemunhas, desde que não haja outra causa impeditiva.

(C) Admite-se a prova exclusivamente testemunhal para os negócios jurídicos cujo valor não ultrapasse o décuplo do maior salário mínimo vigente no país, desde que a testemunha não seja única.

(D) Não se presume verdadeiro aquilo que consta em ata notarial, pois a fé pública do notário não alcança esse tipo de documento.

(E) A recusa do suposto pai a submeter-se ao exame de DNA implica na presunção *juris et de jure* de paternidade.

02. (TRT-8.ª Região – Juiz do Trabalho Substituto – 2015) Quanto às reproduções eletrônicas de fatos ou de coisas no Código Civil Brasileiro, é CORRETO afirmar que:

(A) São consideradas prova apenas quando improcedente a impugnação sobre sua exatidão.

(B) São válidas como prova plena de fatos ou de coisas desde que acompanhadas de outro meio probante.

(C) Têm presunção de prova *juris et de jure*.

(D) Não são consideradas prova, se não demonstrada sua fonte de registro, reprodução ou divulgação.

(E) São consideradas prova plena, se a parte, contra quem forem exibidas, não lhes impugnar a exatidão.

03. (PC – CE – Vunesp – Delegado de Polícia Civil de 1.ª Classe – 2015) No que tange às provas e seus meios de produção, assinale a alternativa correta.

(A) São exemplos dos meios de prova a confissão, o documento, a testemunha, a presunção e a perícia, não havendo, em regra, hierarquia entre os meios de prova.

(B) Admite-se a prova exclusivamente testemunhal para os negócios jurídicos que ultrapassem o décuplo do maior salário mínimo vigente no País, desde que haja mais de uma testemunha.

(C) Os parentes colaterais por afinidade podem ser admitidos como testemunhas, independentemente do grau de parentesco.

(D) A recusa à realização de exame médico necessário não pode gerar presunção em desfavor daquele que se nega.

(E) Não é permitida a recusa a prestar depoimento sobre fato a cujo respeito, por estado ou profissão, deva guardar segredo.

614 | DIREITO CIVIL • VOL. 1 – *Flávio Tartuce*

04. **(TRT-23.ª Região – FCC – Juiz do Trabalho Substituto – 2015)** *"Quando o trabalho mental, e certamente lógico, pelo qual fundando-se no fato conhecido se chega ao fato desconhecido, é deixado ao prudente critério do juiz, quer dizer, quando as consequências daquele trabalho constituem o resultado a que chegou o raciocínio do juiz, tem-se uma presunção simples, também chamada de homem* (praesumptio hominis). *Assim, definem-na comumente como consequência que o juiz, segundo prudente critério, deduz de um fato conhecido para chegar a um desconhecido."* (Moacyr Amaral Santos, *Prova Judiciária no Cível e Comercial*, Vol. 5, p. 435, Max Limonad, Editor de Livros de Direito). Essa espécie de presunção, no Direito brasileiro,

(A) é admitida, porque em falta de normas jurídicas particulares, o juiz aplicará as regras de experiência comum subministradas pela observação do que ordinariamente acontece e ainda as regras da experiência técnica, ressalvado, quanto a esta, o exame pericial.

(B) é inadmissível, porque todo fato deve ser provado para que o juiz acolha a pretensão do autor ou rejeite a exceção aposta pelo réu.

(C) é desconhecida, só podendo aplicar-se quando incorporar um princípio geral de direito.

(D) não é admitida, porque a lei só se ocupa das presunções legais.

(E) é admitida sem qualquer restrição, sempre podendo substituir o exame pericial.

05. **(TJPI – FCC – Juiz Substituto – 2015)** A existência e o modo de existir de algum fato podem ser atestados ou documentados

(A) por qualquer servidor público, dada a fé pública dos atos por ele praticados.

(B) por simples declaração do interessado, que se presume verdadeira.

(C) somente pelo registro de documento particular em cartório de títulos e documentos.

(D) por tabelião em ata notarial, a requerimento do interessado.

(E) apenas por escritura pública de declaração, lavrada em notas de tabelião.

06. **(TRT-2.ª Região – Juiz do Trabalho Substituto – 2016)** É INCORRETO afirmar que, não havendo imposição legal de forma especial, o fato jurídico pode ser provado mediante:

(A) Confissão.

(B) Presunção.

(C) Testemunha.

(D) Dedução.

(E) Perícia.

07. **(TJSE – FCC – Juiz Substituto – 2015)** A escritura pública lavrada em notas de Tabelião

(A) faz prova plena, mas não é documento dotado de fé pública, podendo ser impugnada por qualquer interessado.

(B) é documento dotado de fé pública, mas não faz prova plena, porque o convencimento do juiz é livre.

(C) é documento dotado de fé pública, fazendo prova plena.

(D) firma presunção absoluta de veracidade do que nele constar, por ser documento dotado de fé pública.

(E) é documento público, mas não dotado de fé pública, porque o Tabelião exerce suas funções em caráter privado, por delegação do Estado, por isso, também, não faz prova plena.

08. **(Advogado (HUGG-Unirio) – EBSERH/IBFC – 2017)** Assinale a alternativa correta sobre testemunhas após analisar os itens a seguir e considerar as normas da Lei Federal 10.406, de 10/01/2002 (Código Civil).

(A) Não podem ser admitidos como testemunhas o amigo íntimo ou o inimigo capital das partes e aqueles que, por enfermidade ou retardamento mental, não tiverem discernimento para a prática dos atos da vida civil

(B) Não podem ser admitidos como testemunhas o interessado no litígio e aqueles que, por enfermidade ou retardamento mental, não tiverem discernimento para a prática dos atos da vida civil

CAP. 9 · PROVA DO NEGÓCIO JURÍDICO NO CC/2002 | 615

(C) Não podem ser admitidos como testemunhas os menores de dezesseis anos e o interessado no litígio

(D) Não podem ser admitidos como testemunhas os menores de dezesseis anos e os cegos e surdos, quando a ciência do fato que se quer provar dependa dos sentidos que lhes faltam

(E) Não podem ser admitidos como testemunhas os cegos e surdos, quando a ciência do fato que se quer provar dependa dos sentidos que lhes faltam e aqueles que, por enfermidade ou retardamento mental, não tiverem discernimento para a prática dos atos da vida civil

09. (CRBio-1.ª Região – Vunesp – Advogado – 2017) Assinale a alternativa correta sobre as provas e seus meios de produção, de acordo com as disposições do Código Civil de 2002.

(A) A pessoa com deficiência poderá testemunhar em igualdade de condições com as demais pessoas, sendo-lhe assegurados todos os recursos de tecnologia assistiva.

(B) O sobrinho de determinada parte pode ser admitido para produção de prova testemunhal.

(C) A confissão é ato personalíssimo, sendo absolutamente ineficaz a confissão realizada por representante legal ou convencional.

(D) Os menores entre 16 (dezesseis) e 18 (dezoito) anos não podem ser admitidos como testemunhas.

(E) A recusa à perícia médica ordenada pelo juiz não poderá suprir a prova que se pretendia obter com o exame.

10. (Juiz de Direito Substituto – TJ-MG – Consulplan – 2018) Quanto às provas, segundo o Código Civil, analise as afirmativas a seguir.

I. Os documentos redigidos em língua estrangeira não precisam ser traduzidos para o português para ter efeitos legais no Brasil.

II. As declarações constantes de documentos assinados presumem-se verdadeiras em relação aos signatários, porém, não tendo relação direta com as disposições principais ou com a legitimidade das partes, as declarações enunciativas não eximem os interessados do ônus de prová-las.

III. A escritura pública, redigida em língua portuguesa e lavrada em notas de tabelião, é documento dotado de fé pública, fazendo prova plena, mesmo que o comparecente não saiba a língua nacional e, neste caso, desde que o tabelião entenda o idioma em que se expressa.

IV. O fato jurídico pode ser provado pela confissão que é irrevogável, porém, pode ser anulada se decorreu de erro de fato ou de coação.

Estão corretas as afirmativas:

(A) I, II, III e IV.

(B) I e IV, apenas.

(C) I, II e III, apenas.

(D) II, III e IV, apenas.

11. (Procurador – Fapesp – Vunesp – 2018) Considerando que a realização do negócio jurídico poderá ser comprovada por meio de testemunhas, assinale a alternativa correta.

(A) Qualquer que seja o valor do negócio jurídico, a prova testemunhal é admissível como subsidiária ou complementar da prova por escrito.

(B) A prova exclusivamente testemunhal só se admite nos negócios jurídicos cujo valor não ultrapasse o décuplo do maior salário-mínimo vigente no País ao tempo em que foram celebrados.

(C) Podem ser admitidos como testemunhas de um negócio jurídico, os colaterais, até o terceiro grau de alguma das partes, por consanguinidade, ou afinidade.

(D) O cônjuge, bem como o ascendente e o descendente em qualquer grau, podem ser admitidos como testemunhas, desde que tenham participado, de alguma forma, na elaboração da disposição de vontade.

(E) O tutor, representante legal do incapaz, pode testemunhar sobre a prova de fatos que só eles conheçam, desde que tenha assistido o incapaz no ato.

616 | DIREITO CIVIL • VOL. 1 – *Flávio Tartuce*

12. (Procurador Autárquico – Vunesp – 2018) Sobre a teoria geral e meios de prova, assinale a alternativa correta.

(A) A escritura pública, lavrada em notas de tabelião, é documento dotado de fé pública, fazendo prova plena.

(B) O fato jurídico não pode ser provado por presunção.

(C) A confissão pode ser revogada quando restar comprovado arrependimento da parte.

(D) As declarações constantes de documentos assinados presumem-se verdadeiras em relação aos signatários, desde que as assinaturas sejam reconhecidas em cartório.

(E) Apenas nos negócios jurídicos cujo valor seja inferior a trinta salários mínimos, a prova testemunhal é admissível como subsidiária ou complementar da prova por escrito.

13. (Defensor Público – DPE-AP – FCC – 2018) A respeito das disposições gerais do negócio jurídico e da prova dos fatos jurídicos, de acordo com o Código Civil atualmente em vigor,

(A) as declarações constantes de documentos assinados presumem-se verdadeiras em relação aos signatários e terceiros mencionados.

(B) a escritura pública é essencial à validade dos negócios jurídicos que visem à constituição, transferência, modificação ou renúncia de direitos reais sobre imóveis de qualquer valor.

(C) salvo os casos expressos, a prova exclusivamente testemunhal só se admite nos negócios jurídicos cujo valor não ultrapasse o décuplo do maior salário mínimo vigente no País ao tempo em que foram celebrados.

(D) o instrumento particular, feito por terceiro e somente assinado por quem esteja na livre disposição e administração de seus bens, prova as obrigações convencionais de qualquer valor.

(E) a cópia fotográfica de documento, conferida por tabelião de notas, valerá como prova de declaração da vontade, e, ainda que impugnada sua autenticidade, dispensa a exibição do original.

14. (Delegado de Polícia – PC-RS – Fundatec – 2018) Quanto à prova dos fatos jurídicos, analise as seguintes assertivas:

I. A confissão é irrevogável, mas pode ser anulada se decorreu de erro de fato ou de coação.

II. A escritura pública, lavrada em notas de tabelião, é documento dotado de fé pública, fazendo prova plena, desde que observado o cumprimento das exigências legais e fiscais inerentes à legitimidade do ato.

III. O instrumento particular, quando assinado por quem esteja na livre administração de seus bens, faz prova e opera seus efeitos, a respeito de terceiros, independentemente de qualquer registro público.

IV. As declarações constantes de documentos assinados se presumem verdadeiras em relação aos signatários apenas se confirmadas, no mesmo documento, por duas testemunhas.

Quais estão INCORRETAS?

(A) Apenas I e IV.

(B) Apenas III e IV.

(C) Apenas I, II e III.

(D) Apenas I, II e IV.

(E) Apenas II, III e IV.

15. (Procurador – Prefeitura de Valinhos – SP – Vunesp – 2019) O negócio jurídico se dá por meio de forma livre ou especial. A forma especial se subdivide em complexa, escritura pública e instrumento particular. Havendo um negócio jurídico livre, que exige forma solene, este se prova substancialmente por

(A) confissão.

(B) documento.

(C) testemunha.

(D) presunção.

(E) perícia.

CAP. 9 · PROVA DO NEGÓCIO JURÍDICO NO CC/2002 | **617**

16. **(Procurador Jurídico – Prefeitura de Poá – SP – Vunesp – 2019) Sobre a previsão legal de provas no Código Civil, assinale a alternativa correta.**

(A) A confissão é irrevogável, mas pode ser declarada nula se decorrente de erro de fato ou de coação.

(B) Farão a mesma prova que os originais as certidões textuais de qualquer peça judicial, do protocolo das audiências, ou de outro qualquer livro a cargo do escrivão, sendo extraídas por ele, ou sob a sua vigilância, e por ele subscritas, assim como os traslados de autos, quando por outro escrivão consertados.

(C) A prova resultante dos livros e fichas é bastante mesmo nos casos em que a lei exige escritura pública, ou escrito particular revestido de requisitos especiais, mas pode ser ilidida pela comprovação da falsidade ou inexatidão dos lançamentos.

(D) Qualquer que seja o valor do negócio jurídico, a prova testemunhal não é admissível, nem como subsidiária ou complementar da prova por escrito.

(E) As declarações constantes de documentos assinados não se presumem verdadeiras em relação aos signatários.

17. **(Titular de Serviços de Notas e de Registros – Remoção – TJ-DFT – Cespe – 2019) Conforme as disposições sobre provas constantes no Código Civil, o instrumento particular assinado por quem esteja em livre disposição e administração de seus próprios bens**

(A) não prova obrigações convencionais; logo, não ocorrem efeitos em relação a terceiros.

(B) prova obrigações convencionais e é condição suficiente para a ocorrência de efeitos em relação a terceiros.

(C) prova obrigações convencionais, mas eventuais efeitos em relação a terceiros ocorrerão somente após registro em registro público.

(D) não prova obrigações convencionais, pois tal efeito depende da efetivação do assento em registro público.

(E) prova obrigações convencionais, mas essa prova não pode ser suprida por outra de caráter legal.

18. **(Juiz Leigo – TJ-CE – Instituto Consulplan – 2019) Nos termos do Código Civil brasileiro, a escritura pública, lavrada em notas de tabelião, é documento dotado de fé pública, fazendo prova plena. Marque a assertiva que NÃO apresenta elemento basilar da escritura pública.**

(A) Data e local de sua realização.

(B) Autorização do juízo de registros públicos.

(C) Manifestação clara da vontade das partes.

(D) Nome, nacionalidade, estado civil, profissão, domicílio e residência das partes.

19. **(Juiz Substituto – TJ-MS – FCC – 2020) Quanto à prova:**

(A) Em nenhuma hipótese admitir-se-á depoimento de menores de dezesseis anos.

(B) A pessoa com deficiência poderá testemunhar em igualdade de condições com as demais pessoas, sendo-lhe assegurados todos os recursos de tecnologia assistiva.

(C) A recusa à perícia médica ordenada pelo juiz não poderá suprir a prova que se pretendia obter com o exame.

(D) As declarações constantes de documentos assinados são verdadeiras em relação aos signatários e terceiros, estes desde que partícipes do ato enunciado.

(E) O instrumento particular, feito e assinado, ou somente assinado por quem esteja na livre disposição e administração de seus bens, prova as obrigações convencionais de qualquer valor, bem como operam-se seus efeitos imediatamente em relação a terceiros, independentemente de outras formalidades legais.

20. **(TJAM – TJAM – Titular de Serviços de Notas e de Registros – 2023) O Código Civil regulamenta meios de prova dos fatos jurídicos mediante confissão, documento, testemunha, presunção e perícia. A respeito do assunto, leia as assertivas abaixo.**

I. A recusa à perícia médica ordenada pelo juiz não poderá suprir a prova que se pretendia obter com o exame.

II. A cópia fotográfica de documento, conferida por tabelião de notas, valerá como prova de declaração da vontade, e supre a ausência do título de crédito, ou do original, inclusive nos casos em que a lei ou as circunstâncias condicionarem o exercício do direito à sua exibição.

III. A pessoa com deficiência poderá testemunhar em igualdade de condições com as demais pessoas, sendo-lhe assegurados todos os recursos de tecnologia assistiva.

Considerando as assertivas acima, assinale a alternativa correta:

(A) Apenas a assertiva III está correta.

(B) Estão corretas as assertivas I, II, III.

(C) Apenas estão corretas as assertivas I e II.

(D) Apenas estão corretas as assertivas II e III.

21. **(TRF-5.ª Região – Residência Judicial – IBFC – 2024) Dispõe o Código Civil de 2002, em seu artigo 212, que, salvo o negócio a que se impõe forma especial, o fato jurídico pode ser provado mediante confissão, documento, testemunha, presunção e perícia. A respeito do que dispõe o mencionado Código acerca da prova, assinale a alternativa incorreta.**

(A) Não tem eficácia a confissão se provém de quem não é capaz de dispor do direito a que se referem os fatos confessados.

(B) A confissão é irrevogável e não pode ser anulada.

(C) O instrumento particular, feito e assinado, ou somente assinado por quem esteja na livre disposição e administração de seus bens, prova as obrigações convencionais de qualquer valor; mas os seus efeitos, bem como os da cessão, não se operam, a respeito de terceiros, antes de registrado no registro público.

(D) Aquele que se nega a submeter-se a exame médico necessário não poderá aproveitar-se de sua recusa.

GABARITO

01 – B	02 – E	03 – A
04 – A	05 – D	06 – D
07 – C	08 – C	09 – A
10 – D	11 – A	12 – A
13 – D	14 – B	15 – B
16 – B	17 – C	18 – B
19 – B	20 – A	21 – B

BIBLIOGRAFIA

AGRA, Walber de Moura. *Curso de direito constitucional*. 4. ed. Rio de Janeiro: Forense, 2008.

AGUIAR, Mônica. *Direito à intimidade genética em face do art. 232 do Código Civil e sua defesa pela criação de um Habeas Genoma. Prova, exame médico e presunção. O art. 232 do Código Civil*. Coord. Fredie Didier Jr. e Rodrigo Mazzei. Salvador: JusPodivm, 2006.

ALEXY, Robert. *Teoria de los derechos fundamentales*. Trad. Ernesto Garzón Valdés. Madrid: Centro de Estudios Constitucionales, 1993.

ALEXY, Robert. *Teoria dos direitos fundamentais*. Trad. Virgílio Afonso da Silva. São Paulo: Malheiros, 2008.

ALVES, Jones Figueirêdo; DELGADO, Mário Luiz. *Código Civil anotado*. São Paulo: Método, 2005.

ALVES, Jones Figueirêdo; DELGADO, Mário Luiz. *Questões controvertidas no novo Código Civil*. São Paulo: Método, 2005. v. IV.

AMARAL, Francisco. *Direito civil – Introdução*. 5. ed. Rio de Janeiro: Renovar, 2003.

AMORIM FILHO, Agnelo. Critério científico para distinguir a prescrição da decadência e para identificar as ações imprescritíveis. *RT* 300/7 e 744/725.

ASSUMPÇÃO NEVES, Daniel Amorim. *Manual de direito processual civil*. Volume único. 11. ed. Salvador: JusPodivm, 2019.

ATAIDE JR., Vicente de Paula. Os animais no Anteprojeto de Reforma do Código Civil: nem coisas, nem pessoas. *Migalhas*, 30 jul. 2024. Disponível em: <https://www.migalhas.com.br/coluna/reforma-do-codigo-civil/412220/os-animais-no-anteprojeto-de-reforma-do-codigo-civil>. Acesso em: 26 set. 2024.

ATALIBA, Geraldo. *República e Constituição*. São Paulo: RT, 1985.

AZEVEDO, Álvaro Villaça. *Bem de família*. São Paulo: José Bushatsky, 1974.

AZEVEDO, Álvaro Villaça. *Bem de família*. São Paulo: RT, 2001.

AZEVEDO, Álvaro Villaça. *Código Civil comentado*. Coord. Álvaro Villaça Azevedo. São Paulo: Atlas, 2003. v. II.

620 | DIREITO CIVIL • VOL. 1 – *Flávio Tartuce*

AZEVEDO, Álvaro Villaça. O novo Código Civil brasileiro: tramitação; função social do contrato; boa-fé objetiva; teoria da imprevisão e, em especial, onerosidade excessiva – *laesio enormis*. In: DELGADO, Mário Luiz; ALVES, Jones Figueirêdo. *Questões controvertidas no novo Código Civil*. São Paulo: Método, 2004. v. II.

AZEVEDO, Álvaro Villaça. *Teoria geral do direito civil*. Parte geral. São Paulo: Atlas, 2012.

AZEVEDO, Antônio Junqueira. *Negócio jurídico*. Existência, validade e eficácia. 4. ed. São Paulo: Saraiva, 2002.

BARROS, Sérgio Resende de. *Contribuição dialética para o constitucionalismo*. Campinas: Millenium, 2008.

BARROSO, Lucas Abreu. Situação atual do art. 4.º da Lei de Introdução. *Revista de Direito Constitucional*, n. 5.

BARROSO, Luís Roberto. *Curso de direito constitucional contemporâneo*. Os conceitos fundamentais e a construção do novo modelo. São Paulo: Saraiva, 2009.

BELMONTE, Cláudio. *Proteção contratual do consumidor* – Conservação e redução do negócio jurídico no Brasil e em Portugal. São Paulo: RT, 2002.

BEVILÁQUA, Clóvis. *Código Civil dos Estados Unidos do Brasil*. Ed. histórica. Rio de Janeiro: Ed. Rio, 1977. t. I.

BEVILÁQUA, Clóvis. *Código dos Estados Unidos do Brasil*. Rio de Janeiro: Ed. Rio, 1940. v. I.

BEVILÁQUA, Clóvis. *Comentários ao Código Civil*. 4. ed. Rio de Janeiro: Francisco Alves 1972. v. 1.

BITTAR, Carlos Alberto. *Direito civil na Constituição de 1988*. 2. ed. São Paulo: RT, 1991.

BOBBIO, Norberto. *Teoria do ordenamento jurídico*. Trad. Maria Celeste Cordeiro Leite dos Santos. 7. ed. Brasília: UNB, 1996.

BONAVIDES, Paulo. *Curso de direito constitucional*. 17. ed. São Paulo: Malheiros, 2005.

BORGES, Roxana Cardoso. *Disponibilidade dos direitos de personalidade e autonomia privada*. São Paulo: Saraiva, 2005.

BRANCO, Gerson Luiz Carlos. O culturalismo de Miguel Reale e sua expressão no novo Código Civil. In: BRANCO, Gerson Luiz Carlos; MARTINS-COSTA, Judith. *Diretrizes teóricas do novo Código Civil brasileiro*. São Paulo: Saraiva, 2002.

BRASILINO, Fabio Ricardo. A desconsideração da personalidade jurídica positiva. *Revista de Direito Empresarial: ReDE*, v. 2, n. 6, p. 91-105, nov.-dez. 2014.

BRENNER, Ana Cristina. A fraude de execução examinada a partir da jurisprudência do Superior Tribunal de Justiça. *Revista de Direito Privado*, n. 143, p. 186-200, jan. 2007.

BRITO, Rodrigo Toscano de. Estado de perigo e lesão: entre a previsão de nulidade e a necessidade de equilíbrio das relações contratuais. In: DELGADO, Mário Luiz; ALVES, Jones Figueirêdo. *Questões controvertidas no novo Código Civil*. São Paulo: Método, 2005. v. IV.

CAHALI, Francisco José. *Curso de arbitragem*. 5. ed. São Paulo: RT, 2015.

CÂMARA, Alexandre Freitas. *Lições de direito processual civil*. 9. ed. Rio de Janeiro: Lumen Juris, 2004. v. II.

CÂMARA LEAL, Antonio Luís da. *Da prescrição e da decadência*. Teoria geral do direito civil. 2. ed. Rio de Janeiro: Forense, 1959.

CANARIS, Claus-Wilhelm. *Direitos fundamentais e direito privado*. Coimbra: Almedina, 2003.

CANOTILHO, José Joaquim Gomes. *Estudos sobre direitos fundamentais.* Coimbra: Coimbra, 2004.

CARVALHO, Ernesto Antunes. Reflexões sobre a configuração da fraude de execução segundo a atual jurisprudência do STJ. In: SHIMURA, Sérgio; WAMBIER, Tereza Arruda Alvim. *Processo de execução e assuntos afins.* São Paulo: RT, 2001. v. 2.

CARVALHO FILHO, José dos Santos. *Manual de direito administrativo.* 17. ed. Rio de Janeiro: Lumen Juris, 2007.

CARVALHO NETO, Inacio de. *Curso de direito civil brasileiro.* Curitiba: Juruá, 2006. v. I.

CATALAN, Marcos Jorge. Do conflito existente entre o modelo adotado pela Lei 10.406/2002 – CC/2002 – e art. 4.º da Lei de Introdução. *Revista de Direito Privado,* n. 25, ano 7, p. 222-232, jan.-mar. 2006.

CATALAN, Marcos Jorge. Uma leitura inicial da redução do negócio jurídico. In: DELGADO, Mário Luiz; ALVES, Jones Figueirêdo. *Questões controvertidas no novo Código Civil.* São Paulo: Método, 2007.

CAVALIERI FILHO, Sérgio. *Programa de responsabilidade civil.* São Paulo: Malheiros, 2003.

CHINÈ, Giuseppe; FRATINI, Marco; ZOPPINI, Andrea. *Manuale di diritto civile.* 4. ed. Roma: Nel Diritto, 2013.

CHINELLATO, Silmara Juny. *A tutela civil do nascituro.* São Paulo: Saraiva, 2001.

CHINELLATO, Silmara Juny. Adoção de nascituro e a quarta era dos direitos: razões para se alterar o *caput* do art. 1.621 do novo Código Civil. In: DELGADO, Mário Luiz; ALVES, Jones Figueirêdo. *Questões controvertidas no novo Código Civil.* São Paulo: Método, 2003.

CHINELLATO, Silmara Juny. *Código Civil interpretado.* 2. ed. São Paulo: Manole, 2009.

CHINELLATO, Silmara Juny (Coord.). *Código Civil interpretado.* 3. ed. Org. Costa Machado. São Paulo: Manole, 2010.

CHINELLATO, Silmara Juny. Direito de autor e direitos da personalidade: reflexões à luz do Código Civil. *Tese para concurso de Professor Titular de Direito Civil.* São Paulo, 2008.

COELHO, Fábio Ulhoa. *Curso de direito comercial.* 8. ed. São Paulo: Saraiva, 2005. v. 2.

COELHO, Fábio Ulhoa. *Curso de direito comercial.* 11. ed. São Paulo: Saraiva, 2008. v. 2.

COELHO, Fábio Ulhoa. *Curso de direito comercial.* 15. ed. São Paulo: Saraiva, 2011. v. 2.

DALLEGRAVE NETO, José Affonso. Nulidade do contrato de trabalho e o novo Código Civil. *O impacto do novo Código Civil no direito do trabalho.* São Paulo: LTr, 2003.

DE CUPIS, Adriano. *Os direitos da personalidade.* Trad. Adriano Vera Jardim e Antonio Miguel Caeiro. Lisboa: Morais Editora, 1961.

DEL NERO, João Alberto Schützer. *Conversão substancial do negócio jurídico.* Rio de Janeiro: Renovar, 2001.

DELGADO, José. A ética e a boa-fé no novo Código Civil. In: DELGADO, Mário Luiz; ALVES, Jones Figueirêdo. *Questões controvertidas do novo Código Civil.* São Paulo: Método, 2003.

DELGADO, Mário Luiz. *Problemas de direito intertemporal no Código Civil.* São Paulo: Saraiva, 2004.

DELGADO, Mário Luiz. *Código Civil comentado:* doutrina e jurisprudência. Rio de Janeiro: Forense, 2019.

DELGADO, Mário Luiz. *A sociedade simples não deve ser extinta: graves equívocos no projeto de conversão da MP 1.040/21.* Disponível em: <https://www.migalhas.com.br/coluna/

migalhas-contratuais/348353/a-sociedade-simples-nao-deve-ser-extinta>. Acesso em: 4 nov. 2021.

DIAS, Maria Berenice. *Manual de direito das famílias*. Porto Alegre: Livraria do Advogado, 2005.

DIDIER JR., Fredie. *Regras processuais no novo Código Civil*. São Paulo: Saraiva, 2004.

DIDIER JR., Fredie; OLIVEIRA, Rafael Alexandria de; BRAGA, Paula Sarno. *Curso de direito processual civil*. 10. ed. Salvador: JusPodivm, 2015. v. 2.

DINIZ, Maria Helena. *As lacunas no direito*. 7. ed. São Paulo: Saraiva, 2002.

DINIZ, Maria Helena. *Código Civil anotado*. 10. ed. São Paulo: Saraiva, 2004.

DINIZ, Maria Helena. *Código Civil anotado*. 11. ed. São Paulo: Saraiva, 2005.

DINIZ, Maria Helena. *Código Civil anotado*. 15. ed. São Paulo: Saraiva, 2010.

DINIZ, Maria Helena. *Código Civil comentado*. In: TAVARES DA SILVA, Regina Beatriz. 6. ed. São Paulo: Saraiva, 2008.

DINIZ, Maria Helena. *Comentários ao Código Civil*. São Paulo: Saraiva, 2005. v. 22.

DINIZ, Maria Helena. *Compêndio de introdução ao estudo do direito*. 15. ed. São Paulo: Saraiva, 2003.

DINIZ, Maria Helena. *Conceito de norma jurídica como problema de essência*. 4. ed. São Paulo: Saraiva, 2003.

DINIZ, Maria Helena. *Conflito de normas*. São Paulo: Saraiva, 2003.

DINIZ, Maria Helena. *Curso de direito civil*. 24. ed. São Paulo: Saraiva, 2007. v. 1.

DINIZ, Maria Helena. *Curso de direito civil brasileiro*. Direito de família. 17. ed. São Paulo: Saraiva, 2002. v. 5.

DINIZ, Maria Helena. *Curso de direito civil brasileiro*. Direito de família. 18. ed. São Paulo: Saraiva, 2003. v. 5.

DINIZ, Maria Helena. *Curso de direito civil brasileiro*. Parte geral. 17. ed. São Paulo: Saraiva, 2002. v. 1.

DINIZ, Maria Helena. *Curso de direito civil brasileiro*. Parte geral. 18. ed. São Paulo: Saraiva, 2003. v. 1.

DINIZ, Maria Helena. *Curso de direito civil brasileiro*. Teoria geral do direito civil. 24. ed. São Paulo: Saraiva, 2007. v. 1.

DINIZ, Maria Helena. *Dicionário jurídico*. São Paulo: Saraiva, 2005. t. I.

DINIZ, Maria Helena. *Lei de Introdução interpretada*. 8. ed. São Paulo: Saraiva, 2001.

DINIZ, Maria Helena. *Novo Código Civil comentado*. In: FIUZA, Ricardo. São Paulo: Saraiva, 2002.

DINIZ, Maria Helena. *Novo Código Civil comentado*. 2. ed. In: FIUZA, Ricardo. São Paulo: Saraiva, 2003.

DINIZ, Maria Helena. *O estado atual do biodireito*. 2. ed. São Paulo: Saraiva, 2002.

DUARTE, Nestor. *Código Civil comentado*. 4. ed. Barueri: Manole, 2010.

DWORKIN, Ronald. *Uma questão de princípio*. Trad. Luís Carlos Borges. São Paulo: Martins Fontes, 2005.

ENGISCH, Karl. *Introdução do pensamento jurídico*. 2. ed. Lisboa: Fundação Calouste Gulbenkian, 1964.

BIBLIOGRAFIA | **623**

FACHIN, Luiz Edson. *Direito civil*. Sentidos, transformações e fim. Rio de Janeiro: Renovar, 2014.

FACHIN, Luiz Edson. *Estatuto jurídico do patrimônio mínimo*. Rio de Janeiro: Renovar, 2001.

FACHIN, Luiz Edson. *Teoria crítica do direito civil*. 2. ed. Rio de Janeiro: Renovar, 2003.

FARIAS, Cristiano Chaves de. *Direito civil*. Parte geral. Salvador: JusPodivm, 2003.

FARIAS, Cristiano Chaves de; ROSENVALD, Nelson. *Curso de direito civil*. Parte geral e LINDB. 10. ed. Salvador: JusPodivm, 2012. v. 1.

FARIAS, Cristiano Chaves de; ROSENVALD, Nelson. *Curso de direito civil*. Parte Geral e LINDB. 13. ed. São Paulo: Atlas, 2015. v. 1.

FARIAS, Cristiano Chaves de; ROSENVALD, Nelson. *Direito civil*. Teoria geral. 4. ed. Rio de Janeiro: Lumen Juris, 2006.

FERREIRA, Olavo Augusto Vianna Alves. Competências do Supremo Tribunal Federal e do Superior Tribunal de Justiça na EC 45/2004. In: TAVARES, André Ramos; LENZA, Pedro; ALARCÓN, Pietro de Jesús Lora. *Reforma do Judiciário*. São Paulo: Método, 2005.

FIUZA, César. *Código Civil anotado*. In: PEREIRA, Rodrigo da Cunha. Porto Alegre: Síntese, 2004.

FIUZA, Ricardo. *O novo Código Civil e as propostas de aperfeiçoamento*. São Paulo: Saraiva, 2003.

FRITZ, Karina. Tribunal de Stuttgart nega guarda compartilhada de animal. *Migalhas*, 30 jul. 2019. Disponível em: <https://www.migalhas.com.br/GermanReport/133,MI307594,-31047-Tribunal+de+Stuttgart+nega+guarda+compartilhada+de+anima>. Acesso em: 4 ago. 2019.

GAGLIANO, Pablo Stolze. *Contrato de namoro*. Disponível em: <http://www.flaviotartuce.adv.br>. Seção Artigos de convidados. Acesso em: 2 mar. 2005.

GAGLIANO, Pablo Stolze; PAMPLONA FILHO, Rodolfo. *Novo curso de direito civil*. 4. ed. São Paulo: Saraiva, 2003. v. I.

GAGLIANO, Pablo Stolze; PAMPLONA FILHO, Rodolfo. *Novo curso de direito civil*. Parte geral. 14. ed. São Paulo: Saraiva, 2012. v. 1.

GAGLIANO, Pablo Stolze; VIANA, Salomão. *A prescrição intercorrente e a nova MP nº 1.040/21 (Medida Provisória de "Ambiente de Negócios")*. Disponível em: <https://direitocivilbrasileiro.jusbrasil.com.br/artigos/1186072938/a-prescricao-intercorrente-e-a-nova--mp-n-1040-21-medida-provisoria-de-ambiente-de-negocios>. Acesso em: 5 nov. 2021.

GAJARDONI, Fernando. *Teoria geral do processo*. Comentários ao CPC de 2015. Parte geral. São Paulo: Método, 2015.

GARCIA, Leonardo de Medeiros. *Direito do consumidor*. 3. ed. Niterói: Impetus, 2007.

GODOY, Cláudio Luiz Bueno de. *Função social do contrato*. São Paulo: Saraiva, 2004.

GOMES, Orlando. *Contratos*. 25. ed. atual. por Humberto Theodoro Júnior. Rio de Janeiro: Forense, 2002.

GOMES, Orlando. Direitos da personalidade e responsabilidade civil. *Novos temas de direito civil*. Rio de Janeiro: Forense, 1983.

GOMES, Orlando. *Obrigações*. Rio de Janeiro: Forense, 2003.

GONÇALVES, Carlos Roberto. *Direito civil*. Parte geral. 8. ed. São Paulo: Saraiva, 2010. v. 1.

GONÇALVES, Carlos Roberto. *Direito civil brasileiro*. 4. ed. São Paulo: Saraiva, 2007. v. 1.

GONÇALVES, Carlos Roberto. *Direito civil brasileiro*. Parte geral. São Paulo: Saraiva, 2003. v. 1.

GONÇALVES, Carlos Roberto. *Direito civil brasileiro*. Parte geral. 8. ed. São Paulo: Saraiva, 2010. v. 1.

GONÇALVES, Carlos Roberto. Prescrição: questões relevantes e polêmicas. In: DELGADO, Mário Luiz; ALVES, Jones Figueirêdo. *Questões controvertidas do novo Código Civil*. São Paulo: Método, 2003. v. I.

GRINOVER, Ada Pellegrini; WATANABE, Kazuo; LAGRASTA, Caetano (Coord.). *Mediação e gerenciamento do processo*. São Paulo: Atlas, 2007.

HIRONAKA, Giselda Maria Fernandes Novaes. Sobre peixes e afeto – um devaneio sobre a ética no Direito de Família. In: PEREIRA, Rodrigo da Cunha. *Família e dignidade humana*. Anais do V Congresso Brasileiro de Direito de Família. Belo Horizonte: IBDFAM, 2006.

HIRONAKA, Giselda Maria Fernandes Novaes; TARTUCE, Flávio; SIMÃO, José Fernando. O Código Civil de 2002 e a Constituição Federal: 5 anos e 20 anos. *Os 20 anos da Constituição da República Federativa do Brasil*. Coord. Alexandre de Moraes. São Paulo: Atlas, 2009.

KELSEN, Hans. *Teoria pura do direito*. Trad. João Baptista Machado. 6. ed. Coimbra: Arménio Amado, 1984.

KIRSTE, Stephan. *Introdução à filosofia do direito*. Trad. Paula Nasser. Belo Horizonte: Fórum, 2013.

KÜMPEL, Vitor Frederico. *Introdução ao estudo do direito*. Lei de Introdução e hermenêutica jurídica. São Paulo: Método, 2007.

LAGRASTA NETO, Caetano. Carga dinâmica da prova. A parte vulnerável. In: LAGRASTA NETO, Caetano; TARTUCE, Flávio; SIMÃO, José Fernando. *Direito de família*. Novas tendências e julgamentos emblemáticos. 2. ed. São Paulo: Atlas, 2012.

LARENZ, Karl. *Derecho civil*. Parte general. Tradução e notas de Miguel Izquierdo y Mácias--Picavea. Madrid: Editorial Revista de Derecho Privado, 1978.

LIMA, Frederico Henrique Viegas de. *Condomínio em edificações*. São Paulo: Saraiva, 2010.

LIMONGI FRANÇA, Rubens. *Enciclopédia Saraiva do Direito*. São Paulo: Saraiva, 1977. v. 28.

LIMONGI FRANÇA, Rubens. *Instituições de direito civil*. 4. ed. São Paulo: Saraiva, 1996.

LIMONGI FRANÇA, Rubens. *Instituições de direito civil*. 5. ed. São Paulo: Saraiva, 1999.

LIMONGI FRANÇA, Rubens. *Princípios gerais do direito*. 2. ed. São Paulo: RT, 1971.

LISBOA, Roberto Senise. *Comentários ao Código Civil*. In: CAMILLO, Carlos Eduardo Nicoletti; TALAVERA, Glauber Moreno; FUJITA, Jorge Shiguemitsu; SCAVONE JR., Luiz Antonio. São Paulo: RT, 2006.

LISBOA, Roberto Senise. *Manual de direito civil*. 3. ed. São Paulo: RT, 2004. v. I.

LISBOA, Roberto Senise. *Responsabilidade civil nas relações de consumo*. São Paulo: RT, 2001.

LÔBO, Paulo. *Direito civil*. Parte geral. São Paulo: Saraiva, 2009.

LÔBO, Paulo. *Teoria geral das obrigações*. São Paulo: Saraiva, 2005.

LOPES, Lucas Miotto. EU não quero saber! Uma defesa do direito de não saber como independente do direito à privacidade. *Revista Direito, Estado e Sociedade*, Rio de Janeiro: PUCRJ, 2014, p. 82-97.

LORENZETTI, Ricardo Luís. *Fundamentos de direito privado*. São Paulo: RT, 1998.

LOTUFO, Renan. *Código Civil comentado*. São Paulo: Saraiva, 2002. v. I.

LOTUFO, Renan. Da oportunidade da codificação civil. Novo Código Civil. Aspectos relevantes. *Revista dos Advogados da Associação dos Advogados de São Paulo, ano XXII*, n. 68, p. 21, dez. 2002.

MADALENO, Rolf. *Direito de família*. Aspectos polêmicos. 2. ed. Porto Alegre: Livraria do Advogado, 1999.

MADALENO, Rolf. *Curso de direito de família*. 4. ed. Rio de Janeiro: Forense, 2011.

MARQUES, Claudia Lima; BENJAMIM, Antonio Herman de V.; MIRAGEM, Bruno. *Comentários ao Código de Defesa do Consumidor*. São Paulo: RT, 2004.

MARQUES, Claudia Lima; BENJAMIM, Antonio Herman de V.; MIRAGEM, Bruno. *Comentários ao Código de Defesa do Consumidor*. 3. ed. São Paulo: RT, 2010.

MARTINS-COSTA, Judith. *Direito civil e Constituição*: relações do projeto com a Constituição. Comentários sobre o Projeto de Código Civil brasileiro. Conselho da Justiça Federal. Série Cadernos do CEJ, v. 20.

MARTINS-COSTA, Judith. O novo Código Civil brasileiro: em busca da "ética da situação. In: BRANCO, Gerson Luiz Carlos; MARTINS-COSTA, Judith. *Diretrizes teóricas do novo Código Civil brasileiro*. São Paulo: Saraiva, 2002.

MAZZEI, Rodrigo Reis. A prescrição e a sua pronúncia de ofício. In: DELGADO, Mário Luiz; ALVES, Jones Figueirêdo. *Questões controvertidas no novo Código Civil*. São Paulo: Método, 2007. v. 6.

MELLO, Marcos Bernardes de. *Teoria do fato jurídico*. Plano da existência. 7. ed. São Paulo: Saraiva, 1995.

MELO, Marco Aurélio Bezerra de. Questões polêmicas sobre o condomínio edilício. In: TARTUCE, Flávio; SALOMÃO, Luis Felipe (Coord.). *Direito civil*. Diálogos entre a doutrina e a jurisprudência. São Paulo: Atlas, 2018.

MELO, Marco Aurélio Bezerra de. *Código Civil comentado*: doutrina e jurisprudência. Rio de Janeiro: Forense, 2019.

MENGER, Antonio. *El derecho civil y los pobres*. Trad. Adolfo Posada. Madrid: Libreria General de Victoriano Suárez, 1898.

MIRANDA, Jorge; MEDEIROS, Rui. *Constituição portuguesa anotada*. Coimbra: Coimbra, 2005. t. I.

MÔNACO, Gustavo Ferraz de Campos. *Código Civil interpretado*. 3. ed. Coord. Silmara Juny Chinellato. Barueri: Manole, 2010.

MONTEIRO, Washington de Barros. *Curso de direito civil*. Parte geral. 39. ed. atual. por Ana Cristina de Barros Monteiro França Pinto. São Paulo: Saraiva, 2003. v. 1.

MORAES, Maria Celina Bodin. O princípio da dignidade humana. In: MORAES, Maria Celina Bodin de. *Princípios do direito civil contemporâneo*. Rio de Janeiro: Renovar, 2006.

MORAES, Maria Celina Bodin. Recusa à realização do exame de DNA na investigação de paternidade e direitos da personalidade. In: BARRETO, Vicente. *A nova família*: problemas e perspectivas. Rio de Janeiro: Renovar, 1997.

MOREIRA ALVES, José Carlos. *A parte geral do Projeto de Código Civil brasileiro*. 2. ed. São Paulo: Saraiva, 2003.

MOREIRA, Eduardo Ribeiro. *Neoconstitucionalismo*. A invasão da Constituição. São Paulo: Método, 2008. v. 7. (Coleção Professor Gilmar Mendes.)

NASCIMENTO, Carlos Valder do. *Coisa julgada inconstitucional*. Rio de Janeiro: América Jurídica.

NEGRÃO, Theotonio. *Código de Processo Civil e legislação processual em vigor*. 39. ed. São Paulo: Saraiva, 2007.

NERY JUNIOR, Nelson; NERY, Rosa Maria de Andrade. *Código Civil anotado*. 2. ed. São Paulo: RT, 2004.

NERY JUNIOR, Nelson; NERY, Rosa Maria de Andrade. *Código Civil comentado*. 3. ed. São Paulo: RT, 2005.

NERY JUNIOR, Nelson; NERY, Rosa Maria de Andrade. *Código de Processo Civil comentado*. 6. ed. São Paulo: RT, 2006.

NERY JUNIOR, Nelson; NERY, Rosa Maria de Andrade. *Novo Código Civil*. São Paulo: RT, 2003.

NERY, Rosa Maria de Andrade. *Introdução ao pensamento jurídico e à teoria geral do direito privado*. São Paulo: RT, 2008.

NEVES, Daniel Amorim Assumpção. *Impenhorabilidade de bens*. Análise com vistas à efetivação da tutela jurisdicional. Disponível em: <http://www.flaviotartuce.adv.br/secoes/artigosf/Daniel_impenhorabil.doc>. Acesso em: 17 out. 2007.

NEVES, Daniel Amorim Assumpção. *Novo CPC comentado*. Salvador: JusPodivm, 2016.

NEVES, Daniel Amorim Assumpção. *Novo Código de Processo Civil*. Inovações, alterações e supressões comentadas. São Paulo: GEN, 2015.

NICOLAU, Gustavo René. *Desconsideração da personalidade jurídica*. In: CANEZIN, Claudete Carvalho. *Arte jurídica*. Curitiba: Juruá, 2006. v. III.

NICOLAU, Gustavo René. *Verdadeiras modificações do novo Código Civil*. Disponível em: <http://www.flaviotartuce.adv.br>. Seção Artigos de convidados. Acesso em: 25 jan. 2005.

NOGUEIRA, Pedro Henrique Pedrosa. *Negócios jurídicos processuais*. Análise dos provimentos judiciais como atos negociais. 2011. Dissertação (Mestrado) – Universidade Federal da Bahia. Disponível em: <https://repositorio.ufba.br/ri/bitstream/ri/10743/1/Pedro%20Henrique.pdf>. Acesso em: 22 jan. 2015.

OLIVEIRA, Carlos Eduardo Elias de. A segurança hermenêutica nos vários ramos do direito e nos cartórios extrajudiciais: repercussões da LINDB após a Lei n. 13.655/2018. Disponível em: <www.flaviotartuce.adv.br>. Acesso em: 30 ago. 2018.

OLIVEIRA, Marco Aurélio Bellizze. Questões polêmicas sobre a prescrição. In: SALOMÃO, Luis Felipe; TARTUCE, Flávio (Coord.). *Direito civil*. Diálogos entre a doutrina e a jurisprudência. São Paulo: Atlas, 2018.

PALANDT, Otto. *Bürgerliches Gesetzbuch*. München: C.H. Beck, 2017.

PEREIRA, Caio Mário da Silva. *Instituições de direito civil*. 19. ed. Rio de Janeiro: Forense, 2003. v. I.

PEREIRA, Caio Mário da Silva. *Instituições de direito civil*. 20. ed. Rio de Janeiro: Forense, 2004. v. I.

PEREIRA, Caio Mário da Silva. *Instituições de direito civil*. Contratos. 16. ed. rev. e atual. por Regis Fichtner. Rio de Janeiro: Forense, 2012. v. III.

PEREIRA, Rodrigo da Cunha. *Código Civil anotado*. Porto Alegre: Síntese, 2004.

PERLINGIERI, Pietro. *Perfis do direito civil*. Introdução ao direito civil constitucional. 2. ed. Trad. Maria Cristina De Cicco. Rio de Janeiro: Renovar, 2002.

BIBLIOGRAFIA | 627

PIVA, Rui Carvalho. *Bem ambiental*. São Paulo: Max Limonad, 2001.

PONTES DE MIRANDA, Francisco Cavalcanti. *Tratado de direito privado*. 4. ed. São Paulo: RT, 1974. t. II.

PONTES DE MIRANDA, Francisco Cavalcanti. *Tratado de direito privado*. 4. ed. São Paulo: RT, 1974. t. III.

PONTES DE MIRANDA, Francisco Cavalcanti. *Tratado de direito privado*. 4. ed. São Paulo: RT, 1974. t. IV.

PONTES DE MIRANDA, Francisco Cavalcanti. *Tratado de direito privado*. 4. ed. São Paulo: RT, 1974. t. V.

PONTES DE MIRANDA, Francisco Cavalcanti. *Tratado de direito privado*. 4. ed. São Paulo: RT, 1974. t. LIII.

RÁO, Vicente. *Ato jurídico*. São Paulo: RT, 1994.

REALE, Miguel. *Lições preliminares de direito*. 21. ed. São Paulo: Saraiva, 1994.

REALE, Miguel. *Teoria tridimensional do direito*. Situação atual. São Paulo: Saraiva, 2003.

REALE, Miguel. *Teoria tridimensional do direito*. Situação atual. 5. ed. 5. tir. São Paulo: Saraiva, 2003.

REALE, Miguel. Um artigo-chave do Código Civil. *História do Novo Código Civil*. Biblioteca de Direito Civil. Estudos em homenagem ao Professor Miguel Reale. São Paulo: RT, 2005. v. 1.

REALE, Miguel. *Visão geral do novo Código Civil*. *Jus Navigandi*, Teresina, ano 6, n. 54, fev. 2002. Disponível em: <http://www1.jus.com.br/doutrina/texto.asp?id=2718>. Acesso em: 30 dez. 2003.

REQUIÃO, Rubens. *Curso de direito comercial*. 23. ed. São Paulo: Saraiva, 1998. v. 1.

RIBEIRO, Ney Rodrigo Lima. *Direitos da personalidade*. Coord. Jorge Miranda, Otavio Luiz Rodrigues Jr. e Gustavo Bonato Fruet. São Paulo: Atlas, 2012.

RODRIGUES, Silvio. *Direito civil*. 17. ed. São Paulo: Saraiva, 1987. v. 1.

RODRIGUES, Silvio. *Direito civil*. 33. ed. São Paulo: Saraiva, 2003. v. I.

RODRIGUES, Silvio. *Direito civil*. Parte geral. 24. ed. São Paulo: Saraiva, 1994. v. 1.

ROPPO, Enzo. *O contrato*. Trad. Ana Coimbra e M. Januário C. Gomes. Coimbra: Almedina, 1988.

SALOMÃO, Luis Felipe; TARTUCE, Flávio (Coord.). *Direito civil*. Diálogos entre a doutrina e a jurisprudência. São Paulo: Atlas, 2018.

SANTOS, Antonio Jeová. *Direito intertemporal e o novo Código Civil*. São Paulo: Saraiva, 2003.

SARLET, Ingo Wolfgang. *A Constituição concretizada*. Porto Alegre: Livraria do Advogado, 2003.

SARLET, Ingo Wolfgang. *A eficácia dos direitos fundamentais*. 5. ed. Porto Alegre: Livraria do Advogado, 2005.

SARLET, Ingo Wolfgang. *As dimensões da dignidade da pessoa humana*: construindo uma compreensão jurídico-constitucional necessária e possível. Dimensões da dignidade. Ensaios de filosofia do direito e direito constitucional. Porto Alegre: Livraria do Advogado, 2005.

SARMENTO, Daniel. *Direito adquirido, emenda constitucional, democracia e justiça social*. Livres e iguais. Rio de Janeiro: Lumen Juris, 2006.

628 | DIREITO CIVIL • VOL. 1 – *Flávio Tartuce*

SARMENTO, Daniel. *Direitos fundamentais e relações privadas.* Rio de Janeiro: Lumen Juris, 2004.

SCHREIBER, Anderson. *Código Civil comentado*: doutrina e jurisprudência. Rio de Janeiro: Forense, 2019.

SCHREIBER, Anderson. *Direitos da personalidade.* São Paulo: Atlas, 2011.

SCHREIBER, Anderson. *Manual de direito civil contemporâneo.* São Paulo: Saraiva Educação, 2018.

SCHREIBER, Anderson. *Código Civil comentado*: doutrina e jurisprudência. Rio de Janeiro: Forense, 2019.

SERPA LOPES, Miguel Maria de. *Curso de direito civil.* 6. ed. Rio de Janeiro: Freitas Bastos, 1988. v. I.

SERPA LOPES, Miguel Maria de. *Lei de Introdução.* 2. ed. Rio de Janeiro: Freitas Bastos, 1959. v. I.

SILVA, José Afonso da. *Aplicabilidade das normas constitucionais.* 3. ed. São Paulo: Malheiros, 1998.

SILVA, José Afonso da. *Manual da Constituição de 1988.* São Paulo: Malheiros, 2002.

SIMÃO, José Fernando. *Prescrição e sua alegação* – Lei 11.280 e a revogação do art. 194 do Código Civil. Jornal Carta Forense, São Paulo, n. 34, abr. 2006.

SIMÃO, José Fernando. *Código Civil comentado*: doutrina e jurisprudência. Rio de Janeiro: Forense, 2019.

SIMÃO, José Fernando. Requisitos do erro como vício do consentimento no Código Civil. In: DELGADO, Mário Luiz; ALVES, Jones Figueirêdo. *Questões controvertidas no novo Código Civil.* São Paulo: Método, 2007. v. 6.

SIMÃO, José Fernando. *Tempo e direito civil.* Prescrição e decadência. Tese apresentada à Faculdade de Direito da USP como requisito para obtenção do título de Livre-Docente em Direito Civil. São Paulo: 2011.

SIMÃO, José Fernando. *Vícios do produto no Código Civil e no Código de Defesa do Consumidor.* São Paulo: Atlas, 2003.

STRECK, Lenio Luiz. Ponderação de normas no novo CPC? É o Caos. Presidente Dilma, por favor, Veta!. *Consultor Jurídico.* Disponível em: <http://www.conjur.com.br/2015-jan-08/senso-incomum-ponderacao-normas-cpc-caos-dilma-favor-veta>. Acesso em: 24 jan. 2015.

TARTUCE, Fernanda. Meios de prova no Código de Processo Civil e no Código Civil. In: TARTUCE, Flávio; CASTILHO, Ricardo. *Direito civil.* Direito patrimonial. Direito existencial. São Paulo: Método, 2006.

TARTUCE, Fernanda. Prova nos processos de família e no Projeto do CPC: ônus da prova, provas ilícitas e ata notarial. *Revista Nacional de Direito de Família e Sucessões*, Porto Alegre: Lex Magister, n. 2, p. 48-49, set.-out. 2014.

TARTUCE, Flávio. *A função social dos contratos.* Do Código de Defesa do Consumidor ao novo Código Civil. São Paulo: Método, 2005.

TARTUCE, Flávio. *A função social dos contratos.* Do Código de Defesa do Consumidor ao Código Civil de 2002. São Paulo: Método, 2007.

TARTUCE, Flávio. A revisão do contrato pelo novo Código Civil. Crítica e proposta de alteração do art. 317 da Lei 10.406/2002. In: DELGADO, Mário Luiz; ALVES, Jones Figueirêdo. *Questões controvertidas no novo Código Civil.* São Paulo: Método, 2003.

TARTUCE, Flávio. A situação jurídica do nascituro: uma página a ser virada no direito brasileiro. *Questões controvertidas no novo Código Civil*. São Paulo: Método, 2007.

TARTUCE, Flávio. *Código Civil comentado*: doutrina e jurisprudência. 6. ed. Rio de Janeiro: Forense, 2025.

TARTUCE, Flávio. *Direito civil*. Direito das obrigações e responsabilidade civil. 20. ed. Rio de Janeiro: Forense, 2025. v. 2.

TARTUCE, Flávio. *Direito civil*. Teoria geral dos contratos. 20. ed. Rio de Janeiro: Forense, 2025. v. 3.

TARTUCE, Flávio. *Direito civil*. Direito das coisas. 17. ed. Rio de Janeiro: Forense, 2025. v. 4.

TARTUCE, Flávio. *Direito civil*. Direito de família. 20. ed. Rio de Janeiro: Forense, 2025. v. 5.

TARTUCE, Flávio. *Direito civil*. Direito das sucessões. 18. ed. Rio de Janeiro: Forense, 2025. v. 6.

TARTUCE, Flávio. *Manual de Direito Civil*. 15. ed. São Paulo; Método, 2025.

TARTUCE, Flávio; ASSUMPÇÃO NEVES, Daniel Amorim. *Manual de Direito do Consumidor*. 14. ed. São Paulo: Método, 2025.

TARTUCE, Flávio. *Responsabilidade Civil*. 6. ed. São Paulo; Método, 2025.

TARTUCE, Flávio. *O Novo CPC e o direito civil*. 2. ed. São Paulo: Método, 2016.

TARTUCE, Flávio; OLIVEIRA, Carlos Eduardo Elias de. *Lei do Sistema Eletrônico de Registros Públicos*. Rio de Janeiro: Forense, 2023.

TAVARES, André Ramos. *Nova lei da súmula vinculante*. São Paulo: Método, 2007.

TAVEIRA JR., Felipe. Bens digitais. Campinas: Scortecci Editora, 2018.

TELLES JR., Goffredo. *O direito quântico*. 5. ed. São Paulo: Max Limonad, 1971.

TEPEDINO, Gustavo. A técnica de representação e os novos princípios contratuais. In: TARTUCE Flávio; CASTILHO, Ricardo. *Direito civil*. Direito patrimonial. Direito existencial. Estudos em homenagem à Professora Giselda Maria Fernandes Novaes Hironaka. São Paulo: Método, 2006.

TEPEDINO, Gustavo. A tutela da personalidade no ordenamento civil-constitucional brasileiro. *Temas de direito civil*. Rio de Janeiro: Renovar, 2004. t. I.

TEPEDINO, Gustavo. Crise das fontes normativas e técnica legislativa na parte geral do Código Civil de 2002. *A parte geral do novo Código Civil*. Estudos na perspectiva civil--constitucional. 2. ed. rev. Rio de Janeiro: Renovar, 2003.

TEPEDINO, Gustavo. Normas constitucionais e direito civil na construção unitária do ordenamento. In: SOUZA NETO, Cláudio Pereira de; SARMENTO, Daniel (Coord.). *A constitucionalização do direito*. Rio de Janeiro: Lumen Juris, 2007.

TEPEDINO, Gustavo. Normas constitucionais e relações de direito civil na experiência brasileira. *Temas de direito civil*. Rio de Janeiro: Renovar, 2005. t. II.

TEPEDINO, Gustavo. Premissas metodológicas para a constitucionalização do direito civil. *Temas de direito civil*. Rio de Janeiro: Renovar, 2004. t. 2.

TEPEDINO, Gustavo. Premissas metodológicas para a constitucionalização do direito civil. *Temas de direito civil*. 3. ed. Rio de Janeiro: Renovar, 2004.

TEPEDINO, Gustavo. *Texto de apoio para o curso à distância em Direito Civil Constitucional*, oferecido pela PUC/MG, out. 2004. Enviado por mensagem eletrônica.

630 | DIREITO CIVIL • VOL. 1 – *Flávio Tartuce*

TEPEDINO, Gustavo; BARBOZA, Heloisa Helena; MORAES, Maria Celina Bodin de. *Código Civil interpretado*. Rio de Janeiro: Renovar, 2003. v. 1.

TEPEDINO, Gustavo; BARBOZA, Heloisa Helena; MORAES, Maria Celina Bodin de. *Código Civil interpretado conforme a Constituição da República*. Rio de Janeiro: Renovar, 2004. v. I.

TEPEDINO, Gustavo; DONATO OLIVA, Milena. Fundamentos do Direito Civil. 3. ed. Teoria Geral do Direito Civil. Rio de Janeiro: Forense, 2022. v. 1.

THEODORO JR., Humberto. *Comentários ao novo Código Civil*. Coord. Sálvio de Figueiredo Teixeira. Rio de Janeiro: Forense, 2003. t. I, v. III.

THEODORO JR., Humberto. *Fraude contra credores*. Belo Horizonte: Del Rey, 2001.

THEODORO JR., Humberto; NUNES, Dierle; BAHIA, Alexandre Melo Franco; PEDRON, Flávio Quinaud. *Novo CPC*. Fundamentos e sistematização. Rio de Janeiro: Forense, 2015.

VELOSO, Zeno. *Comentários à Lei de Introdução*. Belém: Unama, 2005.

VELOSO, Zeno. *Invalidade do negócio jurídico*. 2. ed. Belo Horizonte: Del Rey, 2005.

VELOSO, Zeno. *Novo casamento do cônjuge do ausente*. Disponível em: <http://www.flavio-tartuce.adv.br>. Seção Artigos de convidados. Acesso em: 6 fev. 2006.

VELOSO, Zeno. *Quando entrou em vigor o novo Código?* Disponível em: <http://www.flaviotartuce.adv.br>. Seção Artigos de convidados. Acesso em: 6 fev. 2006.

VENOSA, Sílvio de Salvo. *Código civil interpretado*. São Paulo: Saraiva, 2010.

VENOSA, Sílvio de Salvo. *Direito civil*. Parte geral. 3. ed. São Paulo: Atlas, 2003. v. 1.

VENOSA, Sílvio de Salvo. *Direito civil*. Parte geral. 4. ed. São Paulo: Atlas, 2004. v. 1.

VENOSA, Sílvio de Salvo. *Direito civil*. Teoria geral do direito civil. 5. ed. São Paulo: Atlas, 2005. v. 1.

VIGLIAR, José Marcelo Menezes. *A reforma do Judiciário e as súmulas de efeitos vinculantes*. In: TAVARES, André Ramos; LENZA, Pedro; ALARCÓN, Pietro de Jesús Lora. *Reforma do Judiciário*. São Paulo: Método, 2005.

WALD, Arnoldo. *Curso de direito civil brasileiro. Obrigações e contratos*. São Paulo: RT, 2000.

WELTER, Belmiro Pedro. *Coisa julgada na investigação de paternidade*. Porto Alegre: Síntese, 2002.

YARSHELL, Flávio Luiz. *A interrupção da prescrição pela citação*: confronto entre o novo Código Civil e o Código de Processo Civil. *Síntese Jornal*, Porto Alegre: Síntese, n. 75, p. 13, maio 2003.

ZANETTI, Paulo Rogério. *Flexibilização das regras sobre o ônus da prova*. São Paulo: Malheiros, 2001.